SAMMLUNG TUSCULUM

Wissenschaftliche Beratung:

Gerhard Fink, Manfred Fuhrmann, Erik Hornung,
Joachim Latacz, Rainer Nickel

M. VALERIUS MARTIALIS

EPIGRAMME

Lateinisch-deutsch

Herausgegeben und übersetzt von
Paul Barié und Winfried Schindler

ARTEMIS & WINKLER

Für Willibald Heilmann

Die Deutsche Bibliothek – CIP-Einheitsaufnahme

MARTIALIS, MARCUS VALERIUS:
Epigramme: lateinisch/deutsch/
M. Valerius Martialis.
Hrsg. und übers. von Paul Barié und Winfried Schindler. –
2. Aufl. Düsseldorf; Zürich: Artemis und Winkler, 2002
(Sammlung Tusculum)
ISBN 3-7608-1712-2

2., verbesserte Auflage
© Patmos Verlag GmbH & Co. KG
Artemis & Winkler Verlag, Düsseldorf/Zürich
Alle Rechte, einschließlich derjenigen des auszugsweisen Abdrucks,
der fotomechanischen und elektronischen Wiedergabe, vorbehalten.
Satz: Dörlemann Satz, Lemförde
Druck und Verarbeitung: Pustet, Regensburg
Printed in Germany
ISBN 3-7608-1712-2
www.patmos.de

INHALT

BUCH DER SCHAUSPIELE
DE SPECTACULIS LIBER 8

EPIGRAMME · EPIGRAMMATA 34

Erstes Buch · Liber primus 34
Zweites Buch · Liber secundus 120
Drittes Buch · Liber tertius 182
Viertes Buch · Liber quartus 252
Fünftes Buch · Liber quintus 320
Sechstes Buch · Liber sextus 384
Siebtes Buch · Liber septimus 450
Achtes Buch · Liber octavus 526
Neuntes Buch · Liber nonus 594
Zehntes Buch · Liber decimus 680
Elftes Buch · Liber undecimus 766
Zwölftes Buch · Liber duodecimus 846
Dreizehntes Buch · Liber tertius decimus (Xenia) 920
Vierzehntes Buch · Liber quartus decimus
(Apophoreta) 970

ANHANG

Zur Textgestalt 1061
Zur Metrik 1085
Einführung
  Dichtung und Wahrheit 1089
  Martials Leben 1092

Lessings Gattungstheorie und Martial-Rezeption ... 1103
Herders Lessing-Rezeption und Ausblick
auf Erich Kästner 1113
Stationen der modernen Martial-Philologie 1117
Die Themen der Epigramme 1133
Publikationsdaten der Bücher 1145
Erläuterungen 1147
Literaturhinweise 1465
Index der Eigennamen 1471
Alphabetisches Verzeichnis
der lateinischen Gedichtanfänge 1509
Zu dieser Ausgabe 1550

M. VALERII MARTIALIS
DE SPECTACULIS LIBER

MARTIAL
BUCH DER SCHAUSPIELE

DE SPECTACULIS LIBER

1

Barbara pyramidum sileat miracula Memphis,
    Assyrius iactet nec Babylona labor;
nec Triviae templo molles laudentur Iones,
    dissimulet Delon cornibus ara frequens;
aëre nec vacuo pendentia Mausolea 5
    laudibus inmodicis Cares in astra ferant.
omnis Caesareo cedit labor Amphitheatro,
    unum pro cunctis fama loquetur opus.

2

Hic ubi sidereus propius videt astra colossus
    et crescunt media pegmata celsa via,
invidiosa feri radiabant atria regis
    unaque iam tota stabat in urbe domus.
hic ubi conspicui venerabilis Amphitheatri 5
    erigitur moles, stagna Neronis erant.
hic ubi miramur velocia munera thermas,
    abstulerat miseris tecta superbus ager.
Claudia diffusas ubi porticus explicat umbras,
    ultima pars aulae deficientis erat. 10
reddita Roma sibi est et sunt te praeside, Caesar,
    deliciae populi, quae fuerant domini.

BUCH DER SCHAUSPIELE

Das Amphitheater als das letzte und größte Weltwunder

Das barbarische Memphis schweige von den Wundern der Pyramiden,
mit Babylon prahle nicht assyrische Leistung;
auch lobe man nicht wegen Trivias Tempel die weichlichen Jonier;
der Altar, aus vielen Hörnern geschichtet, verleugne den Namen Delos,
und das in luftigem Raume schwebende Mausoleum
sollen die Karer nicht mit übermäßigem Lob zu den Sternen erheben.
Jegliche Leistung tritt nunmehr vor dem kaiserlichen Amphitheater
    zurück:
Ein einziges Werk für alle nennt künftig der Ruhm.

Statt Neros Goldenem Haus Einrichtungen für die Allgemeinheit

Hier, wo das Kolossalbild des Sonnengottes die Sterne aus größerer
    Nähe sieht
und mitten auf der Straße die Baugerüste in die Höhe wachsen,
strahlten zuvor die verhaßten Hallen des grausamen Regenten,
und nur noch ein einziger Palast stand in der ganzen Stadt.
Hier, wo der ehrwürdige Bau des eindrucksvollen Amphitheaters
sich erhebt, lagen Neros künstliche Teiche;
hier, wo wir die Thermen bewundern, das rasch vollendete Geschenk,
hatten die protzigen Gärten den Armen die Unterkünfte
    weggenommen;
und wo die Claudische Kolonnade jetzt weite Schatten wirft,
war der letzte Teil des endenden Palastes.
Rom ist sich wiedergegeben, und unter deiner Obhut, Caesar,
genießt das Volk, was zuvor der Tyrann genoß.

3

Quae tam seposita est, quae gens tam barbara, Caesar,
    ex qua spectator non sit in urbe tua?
venit ab Orpheo cultor Rhodopeïus Haemo,
    venit et epoto Sarmata pastus equo,
et qui prima bibit deprensi flumina Nili, 5
    et quem supremae Tethyos unda ferit;
festinavit Arabs, festinavere Sabaei,
    et Cilices nimbis hic maduere suis.
crinibus in nodum torti venere Sygambri,
    atque aliter tortis crinibus Aethiopes. 10
vox diversa sonat populorum, tum tamen una est,
    cum verus patriae diceris esse pater.

4 (4,5–6 = 5 SB)

Turba gravis paci placidaeque inimica quieti,
    quae semper miseras sollicitabat opes,
traducta est oculis nec cepit harena nocentis:
    et delator habet quod dabat exilium.
exulat Ausonia profugus delator ab urbe: 5
    haec licet inpensis principis adnumeres.

5 (6 SB)

Iunctam Pasiphaen Dictaeo credite tauro:
    vidimus, accepit fabula prisca fidem.
nec se miretur, Caesar, longaeva vetustas:
    quidquid fama canit, praestat harena tibi.

BUCH DER SCHAUSPIELE

Die Völker eilen herbei ...

Welches Volk lebte so weit entfernt, wäre so unzivilisiert, Caesar,
daß sich nicht auch aus ihm ein Zuschauer in deiner Hauptstadt befände?
Es kam von des Orpheus Haemus der rhodopeïsche Bauer,
es kam der Sarmate, der sich von dem Blut seines Pferdes ernährt,
auch wer aus den endlich entdeckten Nilquellen trinkt,
und wen die Wellen am äußersten Rande des Weltmeers erreichen;
es eilte der Araber, es eilten die Sabäer herbei,
und Kilikier wurden hier von den Schauern ihrer Heimat naß.
Es kamen Sugambrer, die Haare zum Knoten geschlungen,
und Äthiopier mit ihren anders geschlungenen Haaren.
Verschieden ertönt die Sprache der Völker, doch wird sie dann zu einer
    einzigen,
wenn man dich als den »wahren Vater des Vaterlandes« ausruft.

Ausschaltung des Denunziantentums

Die Schar, die den Frieden bedroht, Feindin eines geruhsamen Lebens,
die ständig die bedauernswerten Reichen beunruhigte,
wurde vorgeführt, nicht faßte die Arena die Schurken.
Und der Denunziant bekommt das, was er gab: die Verbannung.
Der Denunziant geht fluchtartig aus der ausonischen Stadt in die
    Verbannung:
Das zähle man zu den öffentlichen Ausgaben des Kaisers.

Öffentliche Inszenierung der Pasiphaë-Sage

Zweifelt nicht mehr daran, daß Pasiphaë sich mit dem diktäischen Stier
    verband:
Wir sahen es mit eigenen Augen, und glaubhaft wurde die alte Geschichte.
Nicht mehr soll sich die Urzeit noch länger selber bestaunen, Caesar:
Alles, was die Sage besingt, führt dir die Arena vor.

6 (7 SB)

Belliger invictis quod Mars tibi servit in armis,
   non satis est, Caesar, servit et ipsa Venus.

6b (8 SB)

Prostratum vasta Nemees in valle leonem
   nobile et Herculeum fama canebat opus.
prisca fides taceat: nam post tua munera, Caesar,
   haec iam feminea vidimus acta manu.

7 (9 SB)

Qualiter in Scythica religatus rupe Prometheus
   adsiduam nimio pectore pavit avem,
nuda Caledonio sic viscera praebuit urso
   non falsa pendens in cruce Laureolus.
vivebant laceri membris stillantibus artus 5
   inque omni nusquam corpore corpus erat.
denique supplicium ⟨dignum tulit: ille parentis⟩
   vel domini iugulum foderat ense nocens,
templa vel arcano demens spoliaverat auro,
   subdiderat saevas vel tibi, Roma, faces. 10
vicerat antiquae sceleratus crimina famae,
   in quo, quae fuerat fabula, poena fuit.

Venus im Dienst des Kaisers: Frauenkämpfe in der Arena

Daß dir der streitbare Mars inmitten unbesiegbarer Waffen dient,
Caesar, ist nicht genug: Venus selbst dient dir sogar.

Ein weiblicher Herkules in der Arena

Daß in dem weiten Tal von Nemea der Löwe erlegt wurde,
besang die Sage als berühmte Herkules-Tat.
Das Zeugnis aus der Vorzeit verstumme jetzt! Denn nach den Spielen,
    die du uns, Caesar, geschenkt hast,
sahen wir: Das konnte schon von Frauenhand geleistet werden.

Bestrafung eines ›Prometheus‹ als blutiges Schaustück

Wie Prometheus, an den skythischen Felsen gefesselt,
mit seiner gewaltigen Brust den Raubvogel immerfort nährte,
so bot Laureolus nackt seinen Leib dem kaledonischen Bären
und hing dabei an einem echten Kreuz.
Seine zerfetzten Glieder lebten noch, während er verblutete,
und am ganzen Körper sah man vom Körper nichts mehr.
Er erlitt schließlich die Todesstrafe, die er verdiente, hatte der Frevler
    doch seinem Vater
oder auch seinem Herrn mit dem Schwert die Kehle durchbohrt,
oder er hatte verblendet aus Tempeln den geheimen Goldschatz geraubt
oder an dich, Rom, die rasenden Fackeln gelegt.
Der Verbrecher hatte die Vergehen der alten Sage noch überboten.
Ihm wurde, was Mythos gewesen war, zur tödlichen Strafe.

8 (10 SB)

Daedale, Lucano cum sic lacereris ab urso,
 quam cuperes pinnas nunc habuisse tuas!

9 (11 SB)

Praestitit exhibitus tota tibi, Caesar, harena
 quae non promisit proelia rhinoceros.
o quam terribilis exarsit pronus in iras!
 quantus erat taurus, cui pila taurus erat!

10 (12 SB)

Laeserat ingrato leo perfidus ore magistrum,
 ausus tam notas contemerare manus,
sed dignas tanto persolvit crimine poenas,
 et qui non tulerat verbera, tela tulit.
quos decet esse hominum tali sub principe mores, 5
 qui iubet ingenium mitius esse feris!

11 (13 SB)

Praeceps sanguinea dum se rotat ursus harena,
 inplicitam visco perdidit ille fugam.

Tödliche Inszenierung der Dädalus-Sage

Wie sehr wünschtest du, Dädalus, als der lukanische Bär dich so
>   zerfleischte,
du hättest jetzt deine Flügel gehabt!

Nashorn gegen Stier

Das Rhinozeros, das man dir, Caesar, im ganzen Rund der Arena
>   vorführte, bestand
Kämpfe, die niemand von ihm erwartete.
In welch schrecklicher Wut entbrannte es beim Vorwärtsstürmen!
Welch ein gewaltiger ›Stier‹ war das, für den der Stier – eine Strohpuppe
>   war!

Bestrafung eines undankbaren Löwen als politisches Signal

Ein treuloser Löwe hatte mit undankbarem Rachen seinen Wärter
>   verletzt,
hatte es gewagt, die ihm so vertrauten Hände mit Blut zu beflecken.
Doch bekam er die verdiente Strafe für sein schweres Vergehen:
Er, der keine Peitschenhiebe erhalten hatte, erhielt jetzt die Lanzenstiche.
Wie müssen die Sitten der Menschen unter solch einem Herrscher sein,
der wilden Tieren eine mildere Gesinnungsart vorschreibt!

Ein nach Vogelstellerart eingefangener Bär

Während ein Bär, vornüber gestürzt, sich auf dem blutigen Kampfplatz
>   wälzte,
verlor er, in Vogelleim verfangen, jede Möglichkeit zur Flucht.

splendida iam tecto cessent venabula ferro,
  nec volet excussa lancea torta manu;
deprendat vacuo venator in aëre praedam,
  si captare feras aucupis arte placet.

12 (14 SB)

Inter Caesareae discrimina saeva Dianae
  fixisset gravidam cum levis hasta suem,
exiluit partus miserae de vulnere matris.
  o Lucina ferox, hoc peperisse fuit?
pluribus illa mori voluisset saucia telis,
  omnibus ut natis triste pateret iter.
quis negat esse satum materno funere Bacchum?
  sic genitum numen credite: nata fera est.

13 (15 SB)

Icta gravi telo confossaque vulnere mater
  sus pariter vitam perdidit atque dedit.
o quam certa fuit librato dextera ferro!
  hanc ego Lucinae credo fuisse manum.
experta est numen moriens utriusque Dianae,
  quaque soluta parens quaque perempta fera est.

14 (16 SB)

Sus fera iam gravior maturi pignore ventris
  emisit fetum, vulnere facta parens;

Man lasse jetzt die glänzenden Jagdspeere mit verhüllter Eisenspitze ruhen,
und nicht mehr fliege die Lanze, mit Schwung aus der Hand geschleudert;
in der Luft, mit bloßen Händen, ergreife der Jäger die Beute,
wenn man wilde Tiere mit der Kunst des Vogelstellers fangen will.

Eine Sau gebiert in der Arena I

Als bei den grausamen und gefahrvollen Spielen der kaiserlichen Diana
ein leichter Speer eine trächtige Sau getroffen hatte,
sprang aus der Wunde der armen Mutter ein Junges heraus.
O barbarische Lucina, das sollte eine Entbindung gewesen sein?
Gewünscht hätte sich jenes Tier, von mehr Treffern verwundet zu sterben,
damit all ihren Kindern dieser traurige Geburtsweg offen gewesen wäre.
Wer bestreitet, daß Bacchus einer toten Mutter entstammte?
Daß auf diese Weise eine Gottheit geboren werden konnte, seid dessen
    sicher: Ein Tier kam so auf die Welt.

Eine Sau gebiert in der Arena II

Von wuchtiger Lanze durchbohrt und tödlich verletzt,
verlor ein Mutterschwein das Leben – und gab es im gleichen Moment.
O wie sicher war die Rechte, die das Eisen schwang!
Das war, glaub' ich, die Hand Lucinas selber.
Sterbend erfuhr das Tier das göttliche Walten der doppelten Diana:
Die eine erlöste die Mutter, die andere tötete das Tier.

Eine Sau gebiert in der Arena III

Eine Wildsau, schwer schon tragend an der reifen Frucht ihres Leibes,
brachte ihr Junges zur Welt, durch die Wunde zur Mutter geworden.

nec iacuit partus, sed matre cadente cucurrit.
  o quantum est subitis casibus ingenium!

15 (17 SB)

Summa tuae, Meleagre, fuit quae gloria famae,
  quantast Carpophori portio, fusus aper!
ille et praecipiti venabula condidit urso,
  primus in Arctoi qui fuit arce poli,
stravit et ignota spectandum mole leonem,   5
  Herculeas potuit qui decuisse manus,
et volucrem longo porrexit vulnere pardum.
  praemia cum † laudem ferre adhuc poteram. †

16 (18 SB)

Raptus abît media quod ad aethera taurus harena,
  non fuit hoc artis, sed pietatis opus.

16b (19 AB)

Vexerat Europen fraterna per aequora taurus:
  at nunc Alciden taurus in astra tulit.
Caesaris atque Iovis confer nunc, Fama, iuvencos:
  par onus ut tulerint, altius iste tulit.

Nicht blieb das Neugeborene am Boden liegen, nein, während die
    Mutter fiel, lief es davon.
O was für ein genialer Plan steckt hinter manch plötzlichem Unglück!

Carpophorus, der Super-Gladiator

Was für dich, Meleager, den Gipfel des Ruhms bedeutete,
ein zur Strecke gebrachter Eber: welch kleiner Teil ist das vom Ruhm des
    Carpophorus!
Er stieß Wurfspeere in einen anstürmenden Bären,
der unter dem arktischen Himmel einmalig war,
erlegte auch einen respektablen Löwen von nie gesehener Größe,
der in die Hände eines Herkules gehört hätte,
und einen Panther im Sprung streckte er mit weitklaffender Wunde
    nieder…

›Himmelfahrt‹ eines Stieres (Fragment)

Daß ein Stier mitten aus der Arena in den Himmel entschwand,
war kein Werk der Kunst, sondern der frommen Verehrung.

›Herkules‹, von einem Stier ›zu den Sternen emporgetragen‹

Der Stier hatte Europa durch das Meer seines Bruders gebracht,
doch jetzt trug den Alkiden ein Stier zu den Sternen empor.
Nun vergleiche du, Fama, Caesars und Jupiters Stier!
Trugen sie auch die gleiche Last: der hier trug sie höher empor.

17 (20 SB)

Quod pius et supplex elephas te, Caesar, adorat
   hic modo qui tauro tam metuendus erat,
non facit hoc iussus, nulloque docente magistro,
   crede mihi, nostrum sentit et ille deum.

18 (21 SB)

Lambere securi dextram consueta magistri
   tigris, ab Hyrcano gloria rara iugo,
saeva ferum rabido laceravit dente leonem:
   res nova, non ullis cognita temporibus.
ausa est tale nihil, silvis dum vixit in altis: 5
   postquam inter nos est, plus feritatis habet.

19 (22 SB)

Qui modo per totam flammis stimulatus harenam
   sustulerat raptas taurus in astra pilas,
occubuit tandem cornu maiore petitus,
   dum facilem tolli sic elephanta putat.

20 (23 SB)

Cum peteret pars haec Myrinum, pars illa Triumphum,
   promisit pariter Caesar utraque manu.
non potuit melius litem finire iocosam.
   o dulce invicti principis ingenium!

Ein Elephant als Garant für die Göttlichkeit des Kaisers

Daß fromm und demütig ein Elephant dir, Caesar, huldigt,
der eben noch hier für den Stier so furchterregend war,
das tat er nicht auf Geheiß, und kein Dompteur hatte es ihm beigebracht.
Glaube mir, auch er spürte unseren Gott.

Tiger gegen Löwe

Daran gewöhnt, die Rechte seines unbesorgten Wärters zu lecken,
zerfleischte ein Tiger, ein seltenes Prachtexemplar von den hyrkanischen
    Bergen,
mit rasendem Biß wütend einen wilden Löwen –
etwas Unerhörtes, was man noch nie zuvor erlebt hatte.
Solches wagte er nie, solange er tief in den Wäldern lebte:
Seit er unter uns ist, besitzt er mehr Wildheit.

Stier gegen Elefant

Der Stier, der eben noch, von den Flammen wütend gemacht, durch die
    ganze Arena
die Strohpuppen packte und zu den Sternen emporwarf,
sank endlich, von einem größeren Horn getroffen, sterbend zu Boden,
während er noch glaubte, einen Elefanten könne man genausoleicht
    emporwerfen.

Zwei beim Arena-Publikum gleich beliebte Tierkämpfer

Als das Publikum teils nach Myrinus, teils nach Triumphus verlangte,
gab Caesar mit beiden Händen eine doppelte Zusage.
Besser hätte er den amüsanten Streitfall gar nicht beenden können.
O welch liebenswerte, geniale Lösung unseres unübertroffenen Fürsten!

21 (24 SB)

Quidquid in Orpheo Rhodope spectasse theatro
   dicitur, exhibuit, Caesar, harena tibi.
repserunt scopuli mirandaque silva cucurrit,
   quale fuisse nemus creditur Hesperidum.
adfuit inmixtum pecori genus omne ferarum   5
   et supra vatem multa pependit avis,
ipse sed ingrato iacuit laceratus ab urso.
   haec tantum res est facta παρ' ἱστορίαν.

21b (25 SB)

Orphea quod subito tellus emisit hiatu,
   mersa – miramur? – venit ab Eurydice.

22 + 23 (26 SB)

Sollicitant pavidi dum rhinocerota magistri
   seque diu magnae colligit ira ferae,
desperabantur promissi proelia Martis;
   sed tandem rediit cognitus ante furor.
namque gravem cornu gemino sic extulit ursum,   5
   iactat ut inpositas taurus in astra pilas.

[23]
Norica quam certo venabula dirigit ictu
   fortis adhuc teneri dextera Carpophori.
ille tulit geminos facili cervice iuvencos,
   illi cessit atrox bubalus atque vison: 10
hunc leo cum fugeret, praeceps in tela cucurrit.
   i nunc et lentas corripe, turba, moras.

Mythenwidriger Tod des ›Orpheus‹ durch einen Bären

Was das Rhodope-Gebirge in der Orpheus-Szene gesehen haben soll,
hat jetzt die Arena dir, Caesar, geboten.
Felsen krochen heran, ein Zauberwald eilte herbei,
so schön, wie man sich den Hesperiden-Hain vorstellt.
Wilde Tiere aller Art waren da, den Haustieren zugesellt,
und über des Sängers Haupt schwebten zahlreiche Vögel.
Doch er selber lag da, zerfleischt von einem undankbaren Bären.
Dieser Vorfall nur wich von der mythischen Erzählung ab.

Orpheus und der Bär II

Wenn die Erde plötzlich aufklaffend Orpheus herauskommen ließ,
kam er – was wundert's – von Eurydike aus der Tiefe.

Rhinozeros in der Arena

Während die Wärter ängstlich das Rhinozeros reizten
und sich schon lange der Zorn in dem mächtigen Tier ansammelte,
glaubte man nicht mehr an die versprochenen Kämpfe des Mars;
doch endlich kehrte die Wut zurück, die man von früher her kannte:
Denn einen schweren Bären hob es so mit dem doppelten Horn empor,
wie der Stier die Strohpuppen, die man ihm gibt, zu den Sternen
        emporschleudert.
[23]
Wie sicher war der Stoß, mit dem norische Speere lenkte
die tapfere Hand des noch so jungen Carpophorus!
Zwei junge Stiere trug er leichthin auf dem Nacken,
ihm erlagen der unbändige Büffel und das Bison;
ein Löwe lief auf der Flucht vor ihm direkt in die Lanzen hinein.
Geh' jetzt, Volksmenge, und beschwere dich, daß man dich zu lange
        warten läßt!

24 (27 SB)

Si quis ades longis serus spectator ab oris,
 cui lux prima sacri muneris ista fuit,
ne te decipiat ratibus navalis Enyo
 et par unda fretis, hic modo terra fuit.
non credis? specta, dum lassant aequora Martem: 5
 parva mora est, dices: 'hic modo pontus erat.'

25 (28 SB)

Quod nocturna tibi, Leandre, pepercerit unda
 desine mirari: Caesaris unda fuit.

25b (29 SB)

Cum peteret dulces audax Leandros amores
 et fessus tumidis iam premeretur aquis,
sic miser instantes adfatus dicitur undas:
 'parcite dum propero, mergite cum redeo.'

26 (30 SB)

Lusit Nereïdum docilis chorus aequore toto
 et vario faciles ordine pinxit aquas.

Ein Seegefecht in der Arena mit überraschender Änderung der Szenerie

Wenn du erst spät als Zuschauer von fernen Gestaden hier bist
und dies für dich der erste Tag des kaiserlichen Schauspiels war,
dann soll dich das Seegefecht nicht mit Schiffen irritieren
und auch nicht das Wasser, das dem Meere gleicht: Hier war eben noch
    Land.
Du glaubst es nicht? Dann schau' hin, während die Fluten den Mars
    ermüden!
Nur ein Augenblick vergeht, und du wirst sagen: »Hier war eben noch
    das Meer!«

›Leander‹, von den Wellen verschont

Daß die nächtlichen Wellen dich, Leander, verschonten,
darüber wundere dich nicht länger: Caesars Wellen waren es.

Leanders letzter Wunsch

Als Leander tollkühn zu seiner süßen Geliebten schwamm
und den Erschöpften schon der Wogenschwall überflutete,
soll der arme Junge den bedrohlichen Wellen diese Worte zugerufen
    haben:
»Verschont mich, während ich hineile, verschlingt mich, während ich
    zurückkehre!«

Wasser-Reigen mit Nereïden und mythischem Gefolge

Es spielte auf der ganzen Fläche des Meeres der Nereïden gelehrige Schar
und malte in wechselnder Anordnung Figuren in das gefällige Wasser.

fuscina dente minax recto fuit, ancora curvo:
  credidimus remum credidimusque ratem,
et gratum nautis sidus fulgere Laconum
  lataque perspicuo vela tumere sinu.
quis tantas liquidis artes invenit in undis?
  aut docuit lusus hos Thetis aut didicit.

27 (32 SB)

Saecula Carpophorum, Caesar, si prisca tulissent,
  pavisset nullas barbara terra feras,
non Marathon taurum, Nemee frondosa leonem,
  Arcas Maenalium non timuisset aprum.
hoc armante manus Hydrae mors una fuisset,
  huic percussa foret tota Chimaera semel.
igniferos possit sine Colchide iungere tauros,
  possit utramque feram vincere Pasiphaes.
si vetus aequorei revocetur fabula monstri,
  Hesionen solvet solus et Andromedan.
Herculeae laudis numeretur gloria: plus est
  bis denas pariter perdomuisse feras.

28 (34 SB)

Augusti labor hic fuerat committere classes
  et freta navali sollicitare tuba.
Caesaris haec nostri pars est quota? vidit in undis
  et Thetis ignotas et Galatea feras;
vidit in aequoreo ferventes pulvere currus
  et domini Triton isse putavit equos:

Ein Dreizack drohte mit geradem, ein Anker mit krummem Zahn:
Wir glaubten ein Ruder, glaubten ein Schiff zu sehen,
und daß den Seeleuten das Gestirn der Spartaner gnädig erstrahle,
daß breit, in deutlich sichtbarem Bausch, die Segel sich blähten.
Wer erfand solche Künste in den klaren Wellen?
Entweder lehrte Thetis diese Spiele, oder sie lernte sie erst.

Carpophorus, der Super-Gladiator II

Hätten die mythischen Zeiten, Caesar, den Carpophorus geboren,
kein Barbarenland hätte dann wilde Tiere ernährt,
nicht hätte Marathon den Stier, das reichbelaubte Nemea den Löwen,
nicht hätten die Arkadier den Mänalischen Eber fürchten müssen.
Hätte er seine Arme bewaffnet, hätte es einen einzigen Tod für die Hydra
        gegeben,
und die Chimäre wäre ganz auf einmal von ihm erledigt worden.
Er könnte feuerspeiende Stiere ohne die Kolchierin anschirren,
er könnte Pasiphaës doppelgestaltiges Tier besiegen.
Und sollte die alte Sage von dem Meerungeheuer wiederkehren,
würde er ganz allein Hesione erlösen und Andromeda dazu.
Mag man auch die berühmten Taten des Herkules aufzählen: mehr ist es,
zweimal zehn Bestien auf einmal bezwungen zu haben!

Spiele im Amphitheater zu Wasser und zu Lande

Das Werk des Augustus war es gewesen, hier Naumachien zu veranstalten
und Meeresfluten mit der Schiffstrompete in Aufruhr zu versetzen.
Was für ein Bruchteil ist das von dem, was unser Caesar uns bot! In den
        Wellen sahen
Thetis und Galatea unbekannte Tiere.
Triton sah in der Meeresgischt dahinbrausende Wagen,
meinte, die Rosse seines Herrn seien vorbeigezogen.

dumque parat saevis ratibus fera proelia Nereus,
  horruit in liquidis ire pedestris aquis.
quidquid et in Circo spectatur et Amphitheatro,
  id dives, Caesar, praestitit unda tibi.   10
Fucinus et diri taceantur stagna Neronis:
  hanc norint unam saecula naumachiam.

29 (31 SB)

Cum traheret Priscus, traheret certamina Verus,
  esset et aequalis Mars utriusque diu,
missio saepe viris magno clamore petita est;
  sed Caesar legi paruit ipse suae: –
lex erat, ad digitum posita concurrere parma: –   5
  quod licuit, lances donaque saepe dedit.
inventus tamen est finis discriminis aequi:
  pugnavere pares, subcubuere pares.
misit utrique rudes et palmas Caesar utrique:
  hoc pretium virtus ingeniosa tulit.   10
contigit hoc nullo nisi te sub principe, Caesar:
  cum duo pugnarent, victor uterque fuit.

30 (33 SB)

Concita veloces fugeret cum damma Molossos
  et varia lentas necteret arte moras,
Caesaris ante pedes supplex similisque roganti
  constitit, et praedam non tetigere canes.

Und während Nereus harte Kämpfe mit bedrohlichen Schiffen
    vorbereitete,
erschrak er plötzlich davor, in dem klaren Wasser zu Fuß zu gehen.
Alles, was man sonst im Circus und im Amphitheater anschauen kann,
das hat dir, Caesar, das Wasser reichlich gewährt.
Vom Fucinersee und den Teichen des grausamen Nero soll nicht mehr
    die Rede sein:
Von dieser Seeschlacht allein sollen die Jahrhunderte noch wissen.

Zwei Sieger im Zweikampf

Als Priscus genauso wie Verus immer noch weiterkämpfte
und lange Zeit der Ausgang für beide unentschieden war,
erbat man wiederholt mit lauten Rufen Gnade für die Männer.
Doch Caesar hielt sich an sein eigenes Gesetz:
Sie sollten, so das Gesetz, einander ohne Schild angreifen, bis einer den
    Finger heben würde.
Was ihm erlaubt war: Schüsseln und Geschenke, das gab er oft.
Dennoch fand sich schließlich ein Ende des unentschiedenen
    Kampfes:
Jeder dem anderen gleich fochten sie und gaben sich geschlagen.
Beiden ließ Caesar den Stab und beiden die Palme reichen:
Diesen Preis brachte ihnen ihr Mut und ihre Geschicklichkeit ein.
Das konnte nur unter deiner Herrschaft, Caesar, geschehen:
Obwohl zwei gegeneinander kämpften, waren beide Sieger.

Sensible Antilope

Als eine aufgescheuchte Antilope vor den flinken Molossern floh
und sich mit wechselnder List Atempausen ersann,
blieb sie endlich demütig, einer Bittenden ähnlich, vor Caesars Füßen
stehen – und die Hunde rührten die Beute nicht an.

. . . .   5
   haec intellecto principe dona tulit.
numen habet Caesar: sacra est haec, sacra potestas,
   credite: mentiri non didicere ferae.

31 (35 SB)

Da veniam subitis: non displicuisse meretur,
   festinat, Caesar, qui placuisse tibi.

32 (36 SB)

Cedere maiori virtutis fama secunda est.
   illa gravis palma est, quam minor hostis habet.

33 (37 SB)

Flavia gens, quantum tibi tertius abstulit heres!
   paene fuit tanti, non habuisse duos.

. . . .
Dieses Geschenk erhielt sie, weil sie den Fürsten erkannt hatte.
Caesar waltet als ein Gott, heilig, ja heilig ist diese seine Macht,
glaubt mir: Zu lügen haben wilde Tiere nicht gelernt.

Widmung an den Kaiser mit der Bitte um Nachsicht

Habe Nachsicht mit meinen plötzlichen Einfällen! Mißfallen verdient
  nicht,
wer sich, Caesar, dir zu gefallen beeilt.

Einem allzu schwachen Konkurrenten zu unterliegen,
ist bedrückend

Einem Größeren zu weichen, ist der zweite, immer noch ruhmvolle
  Platz für eine Leistung;
jene Siegespalme ist bedrückend, die ein zu schwacher Gegner erringt.

Verwünschung Domitians

Flaviergeschlecht, wieviel hat dir der dritte Erbe genommen!
Beinahe hätte es sich gelohnt, die beiden anderen nicht gehabt zu haben.

M. VALERII MARTIALIS
EPIGRAMMATA

MARTIAL

EPIGRAMME

LIBER PRIMUS

Spero me secutum in libellis meis tale temperamentum, ut de illis queri non possit quisquis de se bene senserit, cum salva infimarum quoque personarum reverentia ludant; quae adeo antiquis auctoribus defuit ut nominibus non tantum veris abusi sint sed et magnis.

[5] mihi fama vilius constet et probetur in me novissimum ingenium. absit a iocorum nostrorum simplicitate malignus interpres nec epigrammata mea scribat: inprobe facit qui in alieno libro ingeniosus est. lascivam verborum veritatem, id est epigrammaton linguam, excusarem, si meum esset exemplum: [10] sic scribit Catullus, sic Marsus, sic Pedo, sic Gaetulicus, sic quicumque perlegitur.

si quis tamen tam ambitiose tristis est ut apud illum in nulla pagina latine loqui fas sit, potest epistola vel potius titulo contentus esse. epigrammata illis scribuntur qui solent spectare Florales. [15] non intret Cato theatrum meum, aut si intraverit, spectet. videor mihi meo iure facturus si epistolam versibus clusero:

Nosses iocosae dulce cum sacrum Florae
festosque lusus et licentiam volgi,
cur in theatrum, Cato severe, venisti?
an ideo tantum veneras, ut exires?

ERSTES BUCH

Ich hoffe, daß ich mich in meinen Büchlein von solcher Mäßigung habe leiten lassen, daß niemand mit gesunder Selbsteinschätzung sich über sie beklagen kann, wahren sie doch in ihren Scherzen den Respekt sogar gegenüber Personen aus den untersten Schichten; daran mangelte es den alten Autoren in einem Grade, daß sie nicht nur mit wirklichen, sondern sogar mit bedeutenden Namen Mißbrauch trieben.

So teuer darf *mein* Ruhm nicht erkauft sein, und mein Talent sei das letzte, dem der Beifall gelten soll. Die Hände lasse von der Harmlosigkeit meiner Scherze jeder böswillige Interpret, genauso wie er meine Epigramme nicht umschreiben soll: Bösartig handelt, wer an einem fremden Buche sein Talent demonstrieren will. Für die frivole Direktheit der Formulierungen, also die der Gattung Epigramm eigene Sprache, würde ich mich entschuldigen, wenn ich das erste Beispiel dafür geliefert hätte: So schreibt schließlich ein Catull, so Marsus, so Pedo, so Gaetulicus, so jeder, den man ganz und gründlich liest.

Sollte dennoch jemand so affektiert prüde sein, daß man bei ihm auf keiner Seite die Dinge beim Namen nennen darf, dann kann er sich mit diesem Brief oder besser noch mit dem Buchtitel zufriedengeben. Epigramme werden für Leute geschrieben, die sich gern das Florafest anschauen. Nicht betrete ein Cato mein Theater, oder, wenn er es betritt, dann soll er auch zuschauen. Ich glaube, ich habe ein Recht darauf, den Brief mit Versen zu beschließen:

Du kanntest doch die liebliche Feier der scherzhaften Flora,
die festlichen Spiele und die Ausgelassenheit der Leute;
warum bist du dann, gestrenger Cato, ins Theater gekommen?
Oder warst du nur deshalb da, um fortzugehen?

1

Hic est quem legis ille, quem requiris,
toto notus in orbe Martialis
argutis epigrammaton libellis:
cui, lector studiose, quod dedisti
viventi decus atque sentienti,   5
rari post cineres habent poetae.

2

Qui tecum cupis esse meos ubicumque libellos
    et comites longae quaeris habere viae,
hos eme, quos artat brevibus membrana tabellis:
    scrinia da magnis, me manus una capit.
ne tamen ignores ubi sim venalis et erres   5
    urbe vagus tota, me duce certus eris:
libertum docti Lucensis quaere Secundum
    limina post Pacis Palladiumque forum.

3

Argiletanas mavis habitare tabernas,
    cum tibi, parve liber, scrinia nostra vacent.
nescis, heu, nescis dominae fastidia Romae:
    crede mihi, nimium Martia turba sapit.
maiores nusquam rhonchi: iuvenesque senesque   5
    et pueri nasum rhinocerotis habent.

Dichterruhm schon zu Lebzeiten

Du liest ihn, du fragst nach ihm, und hier ist er:
Martial, in der ganzen Welt bekannt
durch die scharfzüngigen Büchlein seiner Epigramme:
Den Ruhm, den du ihm, begeisterter Leser,
noch während er lebt und es empfinden kann, erwiesen hast,
erreichen Dichter, selbst nachdem sie zu Asche geworden sind, selten nur.

Eine ›Taschenbuchausgabe‹

Wenn du meine Büchlein überall bei dir haben willst
und sie dir als Begleiter für eine lange Reise wünschst,
dann kaufe diese hier: Das Pergamentformat reduziert sie auf eine
      knappe Zahl von Blättern.
Buchrollenbehälter verwende für die großen Werke, mich kann man mit
      einer Hand fassen.
Damit du aber genau weißt, wo ich zu kaufen bin, und nicht ziellos
herumirrst in der ganzen Stadt, wirst du an mir einen zuverlässigen
      Führer haben:
Suche Secundus auf, den Freigelassenen des gelehrten Lucensis,
hinter der Schwelle des Pax-Tempels und dem Forum der Pallas.

Der Dichter an sein Buch

Lieber willst du in den Ladengeschäften beim Argiletum wohnen,
wo doch bei mir zu Hause die Buchrollenbehälter für dich, mein
      Büchlein, reserviert sind.
Du kennst eben nicht, ach nein, du kennst nicht die Arroganz der
      Herrin Roma:
Glaube mir, allzu verwöhnt im Geschmack ist das Volk des Mars.
Nirgends ist der spöttisch näselnde Ton stärker: Junge Männer, Greise
und Kinder haben eine Rhinozeros-Nase.

audieris cum grande sophos, dum basia iactas,
   ibis ab excusso missus in astra sago.
sed tu ne totiens domini patiare lituras
   neve notet lusus tristis harundo tuos, 10
aetherias, lascive, cupis volitare per auras:
   i, fuge; sed poteras tutior esse domi.

4

Contigeris nostros, Caesar, si forte libellos,
   terrarum dominum pone supercilium.
consuevere iocos vestri quoque ferre triumphi,
   materiam dictis nec pudet esse ducem.
qua Thymelen spectas derisoremque Latinum, 5
   illa fronte precor carmina nostra legas.
innocuos censura potest permittere lusus:
   lasciva est nobis pagina, vita proba.

5

'Do tibi naumachiam, tu das epigrammata nobis:
   vis, puto, cum libro, Marce, natare tuo.'

6

Aetherias aquila puerum portante per auras
   inlaesum timidis unguibus haesit onus:
nunc sua Caesareos exorat praeda leones
   tutus et ingenti ludit in ore lepus.

Noch während du ein lautes »Bravo!« hörst und Kußhände wirfst,
wirst du schon himmelwärts auf einer ausgebreiteten Decke
    emporgeschnellt.
Damit du aber nicht so oft die Korrekturen deines Herrn erdulden mußt
und die gestrenge Schreibfeder nicht deine losen Scherze rügt,
wünschst du dir, frivoles Büchlein, durch himmlische Lüfte zu fliegen:
Geh' nur, mach' dich davon, doch sicherer hättest du bei mir zu Hause
    sein können.

Bitte an den Kaiser um wohlwollende Aufnahme der Gedichte

Sollten dir vielleicht meine Büchlein in die Hände fallen, Caesar,
dann lege den stolzen Ernst ab, mit dem du die Welt regierst.
Scherzworte mußtest du stets auch bei deinen Triumphen ertragen,
und ein Feldherr schämt sich nicht, wenn er Anlaß ist für Witzeleien.
So wie du dir Thymele anschaust, den Spötter Latinus,
mit der gleichen Miene lies bitte auch meine Gedichte.
Harmlose Scherze kann die Zensur gestatten:
Frivol ist jede Seite bei mir, doch rechtschaffen mein Leben.

Gehöre ich zusammen mit meinem Buch ins Wasser?

»Ich biete dir ein Seegefecht, du bietest mir Epigramme.
Marcus, du willst, vermute ich, mitsamt deinem Buche schwimmen.«

Wunder der Dressur: Löwe und Hase I

Durch die himmlischen Lüfte trug der Adler den Jungen,
und unverletzt hing an den ängstlichen Krallen die Last.
Nunmehr stimmt die kaiserlichen Löwen ihre eigene Beute gnädig,
und ein Hase spielt ungefährdet in dem gewaltigen Rachen.

quae maiora putas miracula? summus utrisque 5
  auctor adest: haec sunt Caesaris, illa Iovis.

7

Stellae delicium mei columba,
Verona licet audiente dicam,
vicit, Maxime, passerem Catulli.
tanto Stella meus tuo Catullo
quanto passere maior est columba. 5

8

Quod magni Thraseae consummatique Catonis
  dogmata sic sequeris salvos ut esse velis,
pectore nec nudo strictos incurris in ensis,
  quod fecisse velim te, Deciane, facis.
nolo virum facili redimit qui sanguine famam, 5
  hunc volo, laudari qui sine morte potest.

9

Bellus homo et magnus vis idem, Cotta, videri:
  sed qui bellus homo est, Cotta, pusillus homo est.

Was hältst du für das größere Wunder? Beides bewirkt die höchste
        Macht:
Das hier ist Caesars, das dort Jupiters Wunder.

Der Dichter Stella und sein Gedicht auf die Taube

Meines Stella Liebling, die Taube,
hat – sagen will ich's, auch wenn es Verona hört –
den Sperling Catulls übertroffen, Maximus.
So viel größer ist mein Stella als dein Catull,
wie seine Taube größer als dessen Sperling ist.

Wahres Heldentum ist unheroisch

Wenn du die Lehrsätze des großen Thrasea und des vollkommenen Cato
befolgst, doch ohne dabei das Leben verlieren zu wollen,
und nicht mit entblößter Brust in gezückte Schwerter hineinstürzt,
dann handelst du so, Decianus, wie ich es mir von dir wünsche.
Nicht schätze ich einen Mann, der mit leichtfertig vergossenem Blut sich
        Ruhm erkauft,
wohl aber den, der Anerkennung finden kann auch ohne zu sterben.

Ein hübscher Mann ist kein richtiger Mann

Als hübscher Mann und als großer dazu willst du gelten, Cotta:
Doch wer ein hübscher Mann ist, Cotta, der ist winzig als Mann.

10

Petit Gemellus nuptias Maronillae
et cupit et instat et precatur et donat.
adeone pulchra est? immo foedius nil est.
quid ergo in illa petitur et placet? tussit.

11

Cum data sint equiti bis quina nomismata, quare
   bis decies solus, Sextiliane, bibis?
iam defecisset portantis calda ministros,
   si non potares, Sextiliane, merum.

12

Itur ad Herculei gelidas qua Tiburis arces
   canaque sulphureis Albula fumat aquis,
rura nemusque sacrum dilectaque iugera Musis
   signat vicina quartus ab urbe lapis.
hic rudis aestivas praestabat porticus umbras, 5
   heu quam paene novum porticus ausa nefas!
nam subito conlapsa ruit, cum mole sub illa
   gestatus biiugis Regulus esset equis.
nimirum timuit nostras Fortuna querelas,
   quae par tam magnae non erat invidiae. 10
nunc et damna iuvant; sunt ipsa pericula tanti:
   stantia non poterant tecta probare deos.

Hustenreiz – ihr einziger Reiz

Gemellus wünscht die Ehe mit Maronilla:
Er begehrt, drängt, bittet und beschenkt sie.
Ist sie so schön? Im Gegenteil, keine ist häßlicher als sie.
Was macht sie dann begehrenswert und reizvoll? Sie hustet.

Ein versoffener Ritter bei einer kaiserlichen Weinspende

Da ein Ritter zweimal fünf Marken erhielt, wieso
trinkst du dann, Sextilianus, allein für zweimal zehn?
Den kaiserlichen Dienern wäre schon längst das warme Wasser zum
    Nachschenken ausgegangen,
würdest du, Sextilianus, nicht unvermischten Wein trinken.

Rettung des Patrons im letzten Moment I

Wo man zu den kühlen Anhöhen der Herkules-Stadt Tibur geht
und wo weiß schäumend die Albula mit schweflichem Wasser dampft,
verweist der vierte Meilenstein, vom nahen Rom aus,
auf einen Landsitz, einen heiligen Hain und auf Morgen Landes, die den
    Musen teuer sind.
Hier spendete eine ländlich-schlichte Säulenhalle Schatten in der
    sommerlichen Hitze.
O weh! Welch unerhörten Frevel hätte sich die Halle beinahe geleistet!
Denn plötzlich stürzte sie in sich zusammen, als unter dem schweren Bau
Regulus auf seinem Zweigespann hindurchgefahren war.
Sicherlich fürchtete unsere Klagen Fortuna,
die unseren so mächtigen Groll nicht hätte ertragen können.
Jetzt stimmt auch der Schaden noch froh, und selbst die Gefährdung
    ist bedeutungsvoll:
Ein Dach, das noch stand, hätte die Existenz der Götter nicht beweisen
    können.

13

Casta suo gladium cum traderet Arria Paeto,
  quem de visceribus strinxerat ipsa suis,
'si qua fides, vulnus quod feci non dolet,' inquit,
  'sed tu quod facies, hoc mihi, Paete, dolet.'

14

Delicias, Caesar, lususque iocosque leonum
  vidimus – hoc etiam praestat harena tibi –
cum prensus blando totiens a dente rediret
  et per aperta vagus curreret ora lepus.
unde potest avidus captae leo parcere praedae? 5
  sed tamen esse tuus dicitur: ergo potest.

15

O mihi post nullos, Iuli, memorande sodales,
  si quid longa fides canaque iura valent,
bis iam paene tibi consul tricensimus instat,
  et numerat paucos vix tua vita dies.
non bene distuleris videas quae posse negari, 5
  et solum hoc ducas, quod fuit, esse tuum.
exspectant curaeque catenatique labores,
  gaudia non remanent, sed fugitiva volant.
haec utraque manu conplexuque adsere toto:
  saepe fluunt imo sic quoque lapsa sinu. 10
non est, crede mihi, sapientis dicere 'vivam':
  sera nimis vita est crastina: vive hodie.

Eine tapfere Frau, die noch vor ihrem Mann den Selbstmord wählte

Als die tugendhafte Arria ihrem Paetus den Dolch reichte,
den sie selbst gerade aus ihrem Leib gezogen hatte,
sagte sie: »Bei meiner Treue: Die Wunde, die ich mir zugefügt habe, tut
    nicht weh;
aber die du dir gleich zufügen wirst, die, Paetus, tut mir weh.«

Wunder der Dressur: Löwe und Hase II

Caesar, wir erlebten den Spaß, die Spiele und Scherze der Löwen
– auch das bietet dir ja die Arena –,
wie ein Hase, liebevoll mit den Zähnen gepackt, immer wieder
    herausfand
und durch den geöffneten Rachen frei hin- und herlief.
Wieso kann ein gieriger Löwe die Beute, die er einfing, verschonen?
Doch dir soll er ja gehören: Also kann er es.

Mahnung an den Freund: Lebe heute schon!

O Julius, den ich vor allen meinen Gefährten zuerst nennen muß,
falls lange Vertrautheit und ehrwürdige Rechte noch etwas gelten:
Beinahe steht dir schon zum zweiten Mal der dreißigste Konsul ins Haus,
und dein Leben zählt kaum ein paar Tage.
Nicht gut tust du daran zu verschieben, was dir, wie du siehst, vielleicht
    auch versagt wird,
und nur das solltest du für dein Eigentum halten, was es vorher schon war.
Sorgen und eine lange Kette von Mühen warten auf dich,
Freuden verweilen nicht, nein, sie verschwinden wie im Flug.
Nach ihnen greife mit beiden Händen, mit ganzer Umarmung:
Auch so werden sie noch oft tief aus deinem Innern entgleiten.
Glaube mir, kein Weiser sagt: »Ich werde leben.«
Zu spät kommt das auf morgen verschobene Leben: Lebe heute!

16

Sunt bona, sunt quaedam mediocria, sunt mala plura
  quae legis hic: aliter non fit, Avite, liber.

17

Cogit me Titus actitare causas
et dicit mihi saepe 'magna res est.'
res magna est, Tite, quam facit colonus.

18

Quid te, Tucca, iuvat vetulo miscere Falerno
  in Vaticanis condita musta cadis?
quid tantum fecere boni tibi pessima vina?
  aut quid fecerunt optima vina mali?
de nobis facile est; scelus est iugulare Falernum
  et dare Campano toxica saeva mero.
convivae meruere tui fortasse perire:
  amphora non meruit tam pretiosa mori.

19

Si memini, fuerant tibi quattuor, Aelia, dentes:
  expulit una duos tussis et una duos.
iam secura potes totis tussire diebus:
  nil istic quod agat tertia tussis habet.

Unterschiedliche Qualität meiner Epigramme

Manches ist gut, manches mittelmäßig, mehr noch ist schlecht
von dem, was du hier liest: Anders kommt ein Buch nicht zustande,
Avitus.

Versteckte Bettelei um ein bäuerliches Anwesen

Titus drängt mich, Prozesse zu führen,
und sagt mir oft: »Das ist ein guter Job!«
Ein guter Job ist, Titus, was ein Landwirt macht.

Ein Gastgeber als Weinpanscher

Tucca, was versprichst du dir davon, wenn du altem Falernerwein Most
beimischst,
den man in Vatikaner Krügen aufbewahrt?
Was hat dir der schlechteste Wein denn so Gutes getan?
Oder was hat dir der beste Wein so Böses getan?
Für uns ist das nicht weiter schlimm, doch ein Verbrechen ist es, den
Falerner zu ruinieren
und in den kampanischen Wein grausige Gifte zu geben.
Deine Gäste haben vielleicht ihren Untergang verdient,
solch ein kostbarer Krug Wein hat bestimmt nicht zu sterben verdient.

Keinen Zahn mehr hat Aelia zu verlieren

Wenn ich mich richtig erinnere, hattest du noch vier Zähne, Aelia:
Ein Husten stieß zwei, der nächste wieder zwei hinaus.
Von nun an kannst du jeden Tag unbesorgt husten:
Bei dir gibt es für einen dritten Husten nichts mehr zu tun.

20

Dic mihi, quis furor est? turba spectante vocata
  solus boletos, Caeciliane, voras.
quid dignum tanto tibi ventre gulaque precabor?
  boletum qualem Claudius edit, edas.

21

Cum peteret regem, decepta satellite dextra
  ingessit sacris se peritura focis.
sed tam saeva pius miracula non tulit hostis
  et raptum flammis iussit abire virum:
urere quam potuit contempto Mucius igne, 5
  hanc spectare manum Porsena non potuit.
maior deceptae fama est et gloria dextrae:
  si non errasset, fecerat illa minus.

22

Quid nunc saeva fugis placidi, lepus, ora leonis?
  frangere tam parvas non didicere feras.
servantur magnis isti cervicibus ungues
  nec gaudet tenui sanguine tanta sitis.
praeda canum lepus est, vastos non implet hiatus: 5
  non timeat Dacus Caesaris arma puer.

Ein ›feiner‹ Gastgeber, der die aufgetragenen Pilze allein verdrückt

Sag' mir, was soll der Irrsinn? Die Schar deiner Gäste schaut zu,
und du, Caecilianus, frißt als einziger Pilze.
Welche gerechte Strafe soll ich dir wünschen bei einem so riesigen Magen
        und dem entsprechenden Maul?
Einen Pilz, wie Claudius ihn aß: den sollst du essen.

Mucius Scaevola

Als die rechte Hand den König suchte, sich aber durch den Leibwächter
        getäuscht sah,
legte sie sich, um zu verbrennen, auf den heiligen Herd.
Doch ein so grausiges Wunder ertrug der edle Feind nicht:
Er riß den Mann von den Flammen weg und befahl ihm zu gehen:
Die Hand, die Mucius, das Feuer nicht achtend, verbrennen konnte,
die konnte Porsenna nicht ansehen.
Größer sind Ruhm und Ehre der Rechten, die sich getäuscht hat:
Hätte sie sich nicht geirrt, hätte sie weniger vollbracht.

Der Kleine braucht den Großen nicht zu fürchten: Löwe und Hase III

Was fliehst du, Hase, jetzt vor dem grimmigen Maul des friedlichen
        Löwen?
So kleine Tiere tot zu beißen hat es nicht gelernt.
Vorgesehen sind diese Krallen für kräftige Nacken,
solch gewaltiger Durst hat keine Freude an spärlichem Blut.
Beute von Hunden ist der Hase, einen riesigen Rachen füllt er nicht aus:
Ein dakisches Kind braucht sich nicht vor Caesars Waffen zu fürchten.

23

Invitas nullum nisi cum quo, Cotta, lavaris
  et dant convivam balnea sola tibi.
mirabar quare numquam me, Cotta, vocasses:
  iam scio me nudum displicuisse tibi.

24

Aspicis incomptis illum, Deciane, capillis,
  cuius et ipse times triste supercilium,
qui loquitur Curios adsertoresque Camillos?
  nolito fronti credere: nupsit heri.

25

Ede tuos tandem populo, Faustine, libellos
  et cultum docto pectore profer opus,
quod nec Cecropiae damnent Pandionis arces
  nec sileant nostri praetereantque senes.
ante fores stantem dubitas admittere Famam
  teque piget curae praemia ferre tuae?
post te victurae per te quoque vivere chartae
  incipiant: cineri gloria sera venit.

26

Sextiliane, bibis quantum subsellia quinque
  solus: aqua totiens ebrius esse potes;

Eingeladen wird nur, wer ihm beim Baden gefällt

Du lädst nur jemanden ein, mit dem du badest, Cotta,
und nur die Thermen liefern dir einen Gast.
Ich wunderte mich, Cotta, warum du mich niemals zu dir gebeten hattest:
Jetzt weiß ich's: Nackt hab' ich dir nicht gefallen.

Lasterhaftigkeit hinter altväterlicher Strenge

Decianus, siehst du jenen Mann da mit den ungekämmten Haaren,
dessen finsteren Blick du selber auch fürchtest,
der nur von Curiern spricht und Camillern, Roms Rettern?
Trau nicht seinem Gesicht: Gestern spielte er die Braut.

Literarischer Ruhm nach dem Tode kommt zu spät – für dich

Bring' endlich deine Schriften unter die Leute, Faustinus,
und veröffentliche das mit gelehrter Bildung geschmückte Werk,
das weder Pandions kekropische Burgstadt mißbilligen wird
noch die Alten bei uns hier schweigend übergehen werden.
Du zögerst, den Ruhm einzulassen, der schon vor deiner Tür steht,
und es stört dich, den Lohn für deine Leistung zu ernten?
Die nach dir leben werden, deine Schriften, sollen jetzt auch schon
        deinetwegen zu leben
beginnen: Für die Asche kommt der Ruhm zu spät.

Ein unverschämter Säufer bei einem öffentlichen Fest

Sextilianus, so viel wie fünf Bänke zusammen trinkst du
allein: Vom Wasser schon könntest du bei so einem Quantum betrunken
        sein;

nec consessorum vicina nomismata tantum,
 aera sed a cuneis ulteriora petis.
non haec Paelignis agitur vindemia prelis
 uva nec in Tuscis nascitur ista iugis,
testa sed antiqui felix siccatur Opimi,
 egerit et nigros Massica cella cados.
a copone tibi faex Laletana petatur,
 si plus quam decies, Sextiliane, bibis.

27

Hesterna tibi nocte dixeramus,
quincunces puto post decem peractos,
cenares hodie, Procille, mecum.
tu factam tibi rem statim putasti
et non sobria verba subnotasti
exemplo nimium periculoso:
μισῶ μνάμονα συμπόταν, Procille.

28

Hesterno fetere mero qui credit Acerram,
 fallitur: in lucem semper Acerra bibit.

29

Fama refert nostros te, Fidentine, libellos
 non aliter populo quam recitare tuos.
si mea vis dici, gratis tibi carmina mittam:
 si dici tua vis, hoc eme, ne mea sint.

und du bittest nicht nur die neben dir Sitzenden um Marken,
sondern du wünschst dir auch noch Münzen von den entfernteren Reihen.
Doch hier geht es nicht um die Weinlese aus pälignischen Keltern,
und diese Traube stammt auch nicht von tuskischen Hängen,
nein, hier leert man den köstlichen Krug des alten Opimius,
und die Kammer für Massikerwein liefert ihre dunklen Krüge.
Hole du dir vom Kneipenwirt Laletaner-Hefebrühe,
wenn du, Sextilianus, mehr als zehnmal trinkst.

Eine im Suff ausgesprochene Einladung darf man nicht ernst nehmen

Gestern in der Nacht hatte ich dir gesagt,
nach zehn Bechern, die wir leerten, glaub' ich,
du könntest heute bei mir speisen, Procillus.
Du hast das gleich für dich als Tatsache genommen
und hast im Suff Geäußertes dir insgeheim gemerkt –
ein Präzedenzfall, der alles andere als harmlos ist:
»Ich hasse einen Zechkumpanen mit Gedächtnis«, Procillus!

Eine notorische Säuferin

Wer glaubt, Acerra stinke nach dem Wein von gestern,
irrt sich: Acerra trinkt immer, bis es hell wird.

Ein Plagiator, der meine Gedichte als seine eigenen vorträgt

Gerüchteweise kann man hören, Fidentinus, daß du meine Büchlein
vor dem Publikum ganz so vorträgst, als wären's deine eigenen.
Wenn du willst, daß sie als die meinen gelten, dann schicke ich dir die
    Gedichte umsonst.
Willst du, daß man sie für die deinen hält, dann bezahle dafür, damit sie
    mir nicht mehr gehören!

30

Chirurgus fuerat, nunc est vispillo Diaulus.
  coepit quo poterat clinicus esse modo.

31

Hos tibi, Phoebe, vovet totos a vertice crines
  Encolpos, domini centurionis amor,
grata Pudens meriti tulerit cum praemia pili.
  quam primum longas, Phoebe, recide comas,
dum nulla teneri sordent lanugine voltus   5
  dumque decent fusae lactea colla iubae;
utque tuis longum dominusque puerque fruantur
  muneribus, tonsum fac cito, sero virum.

32

Non amo te, Sabidi, nec possum dicere quare:
  hoc tantum possum dicere, non amo te.

33

Amissum non flet cum sola est Gellia patrem;
  si quis adest, iussae prosiliunt lacrimae.
non luget quisquis laudari, Gellia, quaerit:
  ille dolet vere qui sine teste dolet.

Arzt oder Leichenträger, verwandte Berufe I

Arzt war Diaulus, jetzt ist er Leichenträger.
Auf die Art, wie er es konnte, hat er schon zu Beginn seiner Laufbahn
    die Leute auf die Bahre gelegt.

Ein Knabe, der seine Locken dem Apollon weiht

Dir, Phöbus, weiht sämtliche Haare von seinem Kopf
Encolpos, der Geliebte seines Herrn, des Zenturionen,
wenn erst Pudens den willkommenen Lohn des wohl verdienten
    Primipilats erhalten hat.
So schnell wie möglich schneide, Phöbus, du ihm die langen Haare ab,
solange sein zartes Gesicht noch von keinem Bartflaum entstellt ist
und solange eine wallende Mähne seinen milchweißen Hals ziert;
und damit Herr und Knabe noch recht lange deine Gaben genießen
    können,
mache, daß bald er geschoren, doch spät erst zum Manne wird.

Unmotivierte Aversion

Ich mag dich nicht, Sabidius, aber ich kann nicht sagen warum:
Nur das kann ich sagen: Ich mag dich nicht.

Geheuchelte Trauer

Ist Gellia allein, weint sie nicht über den Verlust ihres Vaters;
ist jemand da, schießen wie auf Befehl die Tränen hervor.
Der trauert nicht, Gellia, der dafür gelobt zu werden wünscht:
Wirklich leidet, wer ohne Zeugen leidet.

34

Incustoditis et apertis, Lesbia, semper
  liminibus peccas nec tua furta tegis,
et plus spectator quam te delectat adulter
  nec sunt grata tibi gaudia si qua latent.
at meretrix abigit testem veloque seraque   5
  raraque Summemmi fornice rima patet.
a Chione saltem vel ab Iade disce pudorem:
  abscondunt spurcas et monumenta lupas.
numquid dura tibi nimium censura videtur?
  deprendi veto te, Lesbia, non futui.   10

35

Versus scribere me parum severos
nec quos praelegat in schola magister,
Corneli, quereris: sed hi libelli,
tamquam coniugibus suis mariti,
non possunt sine mentula placere.   5
quid si me iubeas thalassionem
verbis dicere non thalassionis?
quis Floralia vestit et stolatum
permittit meretricibus pudorem?
lex haec carminibus data est iocosis,   10
ne possint, nisi pruriant, iuvare.
quare deposita severitate
parcas lusibus et iocis rogamus,
nec castrare velis meos libellos.
Gallo turpius est nihil Priapo.   15

Eine Dirne, die es für alle sichtbar treibt

Unbewacht und offen ist immer deine Tür, Lesbia,
wenn du sündigst; deine verstohlenen Liebschaften verbirgst du nicht,
und mehr amüsiert dich der Voyeur als der Liebhaber.
Nicht genehm ist dir ein Vergnügen, das sich im Verborgenen abspielt.
Eine Dirne dagegen verjagt durch Vorhang und Riegel jeden Zeugen,
und selten nur ist im Bordell des Summemmius ein Spalt offen.
Lerne doch wenigstens von Chione und Ias Schamgefühl:
Grabmäler dienen selbst schmutzigen Huren als Versteck.
Erscheint dir das als ein zu harter Vorwurf?
Ich will ja nur, daß man dich nicht dabei erwischt, Lesbia, und nicht, daß
    du dich nicht mehr vögeln läßt.

Keine Kastration meiner Scherzgedichte!

Ich schriebe zu wenig ernste Verse
und keine, die der Lehrer in der Schule vorlesen möchte,
klagst du, Cornelius: Aber diese Büchlein
können, ganz so wie Männer bei ihren Frauen,
nicht ohne den Schwanz Gefallen finden.
Würdest du etwa von mir verlangen, daß ich ein Hochzeitslied
mit Worten dichte, die nicht zur Hochzeit passen?
Wer steckt beim Flora-Fest (die Tänzerinnen) in Kleider,
gesteht den Dirnen die züchtige Stola zu?
Für Scherzgedichte gilt die Regel:
Sie können keinen Spaß machen, wenn sie nicht aufgeilen.
Lege deshalb bitte die Strenge ab,
übe Nachsicht mit meinen Spielen und Scherzen,
und wünsche nicht, meine Büchlein zu kastrieren:
Nichts ist so widerlich wie ein Priap als Eunuch.

36

Si, Lucane, tibi vel si tibi, Tulle, darentur
    qualia Ledaei fata Lacones habent,
nobilis haec esset pietatis rixa duobus,
    quod pro fratre mori vellet uterque prior,
diceret infernas et qui prior isset ad umbras: 5
    'vive tuo, frater, tempore, vive meo.'

37

Ventris onus misero, nec te pudet, excipis auro,
    Basse, bibis vitro: carius ergo cacas.

38

Quem recitas meus est, o Fidentine, libellus:
    sed male cum recitas, incipit esse tuus.

39

Si quis erit raros inter numerandus amicos,
    quales prisca fides famaque novit anus,
si quis Cecropiae madidus Latiaeque Minervae
    artibus et vera simplicitate bonus,
si quis erit recti custos, mirator honesti   5
    et nihil arcano qui roget ore deos,

Bruderliebe nach dem Vorbild der Dioskuren

Wäre dir, Lucanus, oder dir, Tullus, dasselbe Schicksal beschieden,
 wie es die spartanischen Leda-Söhne haben,
dann gäbe es unter euch beiden darin einen edlen Wettstreit
 geschwisterlicher Liebe,
daß jeder als erster für seinen Bruder sterben wollte,
und wer zuerst zu den Schatten der Unterwelt käme, würde sagen:
»Lebe du deine Zeit, Bruder, lebe auch meine dazu!«

Vornehm geschissen

Die Last deines Leibes fängst du in einem erbarmungswürdigen
 Goldnapf auf – und schämst dich nicht dabei;
doch du trinkst, Bassus, aus einem Glas: Teurer kackst du also.

Ein Plagiator, der miserabel rezitiert

Mein Büchlein ist es, Fidentinus, aus dem du vorliest,
doch wenn du schlecht vorliest, wird es immer mehr deins.

Elogium auf einen Freund von Format

Wenn jemand zu den seltenen Freunden zu rechnen ist,
 wie sie frühere Treue und die alte Sage kennt,
wenn jemand von den Künsten der kekropischen und der latinischen
 Minerva erfüllt
und in ungekünstelter Aufrichtigkeit gut ist,
wenn jemand ein Hüter des Rechtes ist, ein Bewunderer ehrenhaften
 Handelns,
auch die Götter um nichts bittet, was er nicht offen äußern könnte,

si quis erit magnae subnixus robore mentis:
  dispeream si non hic Decianus erit.

40

Qui ducis vultus et non legis ista libenter,
  omnibus invideas, livide, nemo tibi.

41

Urbanus tibi, Caecili, videris.
non es, crede mihi. Quid ergo? verna,
hoc quod transtiberinus ambulator,
qui pallentia sulphurata fractis
permutat vitreis, quod otiosae 5
vendit qui madidum cicer coronae,
quod custos dominusque viperarum,
quod viles pueri salariorum,
quod fumantia qui tomacla raucus
circumfert tepidis cocus popinis, 10
quod non optimus urbicus poeta,
quod de Gadibus inprobus magister,
quod bucca est vetuli dicax cinaedi.
quare desine iam tibi videri,
quod soli tibi, Caecili, videris, 15
qui Gabbam salibus tuis et ipsum
posses vincere Tettium Caballum.
non cuicumque datum est habere nasum:
ludit qui stolida procacitate,
non est Tettius ille, sed caballus. 20

wenn jemand sich auf seine Seelenstärke stützen kann:
ich wette um mein Leben, wenn das nicht mein Decianus ist!

Verwünschung eines Neiders

Du verziehst das Gesicht und liest so etwas nicht gern:
Mögest du alle beneiden, du Mißgünstiger, und keiner dich!

Ein primitiver Witzemacher

Für geistreich hältst du dich, Caecilius.
Das bist du nicht, glaub' mir. Was dann? Ein frecher Schwätzer,
vergleichbar einem fliegenden Händler in Trastevere,
der gelbliche Schwefelfäden für Glasscherben umtauscht,
wie jemand, der einem Kreis von Müßiggängern
nassen Erbsenbrei verkauft,
wie der Wärter und Dompteur von Schlangen,
wie die billigen Burschen der Salzfischhändler,
wie der heisere Koch, der dampfende Würstchen
aus stickigen Kneipen herumträgt,
wie ein Straßenpoet ohne großes Talent,
wie ein verruchter Impresario von Gades,
wie das Lästermaul eines ältlichen Schwulen.
Drum höre schon auf, dich für etwas zu halten,
wofür nur du allein dich, Caecilius, hältst;
meinst du doch, du könntest Gabba mit deinem Witz und selbst
Tettius Caballus übertreffen.
Nicht jedem ist es gegeben, eine feine Nase zu haben.
Wer mit tölpelhafter Dreistigkeit scherzt,
ist kein Tettius, sondern ein wiehernder Gaul.

42

Coniugis audisset fatum cum Porcia Bruti
  et subtracta sibi quaereret arma dolor,
'nondum scitis' ait 'mortem non posse negari?
  credideram fatis hoc docuisse patrem.'
dixit et ardentis avido bibit ore favillas. 5
  i nunc et ferrum, turba molesta, nega.

43

Bis tibi triceni fuimus, Mancine, vocati
  et positum est nobis nil here praeter aprum,
non quae de tardis servantur vitibus uvae
  dulcibus aut certant quae melimela favis,
non pira quae longa pendent religata genesta 5
  aut imitata brevis Punica grana rosas,
rustica lactantis nec misit Sassina metas
  nec de Picenis venit oliva cadis:
nudus aper, sed et hic minimus qualisque necari
  a non armato pumilione potest. 10
et nihil inde datum est; tantum spectavimus omnes:
  ponere aprum nobis sic et harena solet.
ponatur tibi nullus aper post talia facta,
  sed tu ponaris cui Charidemus apro.

Gattenliebe bis in den Tod

Als Porcia vom Schicksal des Brutus, ihres Mannes, hörte
und in ihrem Schmerz nach der Waffe verlangte, die man ihr genommen
 hatte,
sagte sie: »Wißt ihr noch nicht, daß man den Tod niemandem verweigern
 kann?
Ich hatte geglaubt, mein Vater habe dies durch sein Schicksal gelehrt.«
So sprach sie und verschlang mit gierigem Mund die glühende Asche.
Ach geh' doch, du lästige Menge, und verweigere ihr den Dolch!

Ein geiziger Gastgeber, der einen winzigen Eber vorsetzt

Zweimal dreißig Personen waren wir, die du eingeladen hattest, Mancinus,
und nur ein Eber wurde uns gestern vorgesetzt:
Nicht Trauben, die man noch spät im Jahr an den Reben ließ,
oder Quitten, die mit süßem Wabenhonig konkurrieren,
oder Birnen, die an langem Ginster festgebunden hängen,
oder Granatäpfel, die kurzgeschnittenen Rosen ähneln,
auch schickte weder das ländliche Sassina Käse in Kegelform,
noch kamen Oliven aus picenischen Krügen:
Ein nackter Eber nur, und der war zudem winzig klein und so,
daß ein Zwerg ihn ohne Waffen hätte erlegen können.
Aber auch davon gab man uns nichts: Wir durften ihn alle nur anschauen.
Genauso setzt man uns gewöhnlich einen Eber auch in der Arena vor.
Nach einem solchen Verhalten möge man dir keinen Eber mehr vorsetzen,
doch dich setze man, gleich Charidemus, einem Eber vor.

44

Lascivos leporum cursus lususque leonum
    quod maior nobis charta minorque gerit
et bis idem facimus, nimium si, Stella, videtur
    hoc tibi, bis leporem tu quoque pone mihi.

45

Edita ne brevibus pereat mihi cura libellis,
    dicatur potius τὸν δ' ἀπαμειβόμενος.

46

Cum dicis 'propero, fac si facis', Hedyli, languet
    protinus et cessat debilitata Venus.
expectare iube: velocius ibo retentus.
    Hedyli, si properas, dic mihi 'ne properem'.

47

Nuper erat medicus, nunc est vispillo Diaulus:
    quod vispillo facit, fecerat et medicus.

Revanchiere dich für die literarischen Hasen mit kulinarischen Hasen

Daß den Lauf mutwilliger Hasen und das Spiel der Löwen
ein größeres und ein kleineres Gedicht von mir behandeln
und ich zweimal dasselbe bringe: wenn dir das zu viel erscheint, Stella,
dann setze auch du mir zweimal einen Hasen vor!

Epische Technik der Repetition im Epigrammbuch?

Damit meine dichterischen Bemühungen, die in schmalen Büchlein
    veröffentlicht sind, nicht vergebens seien,
soll es lieber heißen: »Ihm entgegnet darauf.«

Grundregel fürs Liebesspiel

Hedylis, wenn du sagst: »Ich hab's eilig, so mach' schon, wenn du es
    machst!«,
erschlafft sofort meine Liebeskraft und zieht sich geschwächt zurück.
Befiehl mir zu warten, dann komme ich – weil gebremst – schneller zur
    Sache.
Hast du es eilig, Hedylis, dann sag' mir: »Beeile dich nicht!«

Arzt oder Leichenträger, verwandte Berufe II

Vor kurzem war Diaulus noch Arzt, jetzt ist er Leichenträger:
Was er als Leichenträger tut, hatte er auch als Arzt schon getan.

48

Rictibus his tauros non eripuere magistri,
  per quos praeda fugax itque reditque lepus;
quodque magis mirum, velocior exit ab hoste
  nec nihil a tanta nobilitate refert.
tutior in sola non est cum currit harena,
  nec cavea tanta conditur ille fide.
si vitare canum morsus, lepus inprobe, quaeris,
  ad quae confugias ora leonis habes.

49

Vir Celtiberis non tacende gentibus
  nostraeque laus Hispaniae,
videbis altam, Liciniane, Bilbilin,
  equis et armis nobilem,
senemque Caium nivibus, et fractis sacrum
  Vadaveronem montibus,
et delicati dulce Boterdi nemus,
  Pomona quod felix amat.
tepidi natabis lene Congedi vadum
  mollesque Nympharum lacus,
quibus remissum corpus adstringes brevi
  Salone, qui ferrum gelat.
praestabit illic ipsa figendas prope
  Voberca prandenti feras.
aestus serenos aureo franges Tago
  obscurus umbris arborum;
avidam rigens Dercenna placabit sitim
  et Nutha, quae vincit nives.

Wunder der Dressur: Löwe und Hase IV

Dompteure konnten keine Stiere diesem Rachen wieder entreißen,
durch den jetzt als flüchtige Beute ein Hase hin- und herläuft;
und was noch erstaunlicher ist: Munterer verläßt er den Feind
und nimmt von der großen Vornehmheit des Tieres sogar etwas an.
Sicherer ist er nicht, wenn er in der leeren Arena läuft,
nicht ist er so verläßlich in einem Käfig geborgen.
Wenn du dem Biß der Hunde entgehen willst, du unverfrorener Hase,
dann hast du als Zufluchtsort – das Löwenmaul.

Geleitgedicht für einen in die Heimat zurückreisenden Freund

Licinianus, den die keltiberischen Völker stets im Munde führen sollen,
du Ruhm unseres Spaniens,
bald wirst du das hohe Bilbilis wiedersehen,
das berühmt ist durch Pferde und Waffen,
den altehrwürdigen, schneebedeckten Caius, den heiligen
Vadavero in zerklüfteter Berglandschaft
und den süßen Hain des reizenden Boterdum,
den die Segen spendende Pomona liebt.
Du wirst dann im sanft strömenden, flachen Wasser des warmen
              Congedus schwimmen
und in den milden Nymphenseen;
bist du davon entspannt, wirst du alsbald den Leib
im Salo straffen, der das Eisen stählt.
Dort wird Voberca dir von selbst das Wild
zum Abschuß liefern aus der Nähe zum frühen Mahl.
Du wirst die Glut der Sonnentage am goldhaltigen Tajo bezwingen,
geborgen im dunklen Schatten der Bäume;
den brennenden Durst werden dir die erfrischend kalte Dercenna stillen
und die Nutha, die kühler noch als Schnee ist.

at cum December canus et bruma impotens
    Aquilone rauco mugiet,
aprica repetes Tarraconis litora
    tuamque Laletaniam.
ibi inligatas mollibus dammas plagis
    mactabis et vernas apros
leporemque forti callidum rumpes equo,
    cervos relinques vilico.
vicina in ipsum silva descendet focum
    infante cinctum sordido;
vocabitur venator et veniet tibi
    conviva clamatus prope;
lunata nusquam pellis et nusquam toga
    olidaeque vestes murice;
procul horridus Liburnus et querulus cliens,
    imperia viduarum procul;
non rumpet altum pallidus somnum reus,
    sed mane totum dormies.
mereatur alius grande et insanum sophos:
    miserere tu felicium
veroque fruere non superbus gaudio,
    dum Sura laudatur tuus.
non inpudenter vita quod relicum est petit,
    cum fama quod satis est habet.

50

Si tibi Mistyllos cocus, Aemiliane, vocatur,
    dicatur quare non Taratalla mihi?

Doch wenn der weißgraue Dezember und der ungestüme Winter
im rauhen Nordwind aufbrüllen,
dann wirst du wieder den sonnigen Strand von Tarraco aufsuchen
und dein Laletanien.
Dort wirst du Rehe, die sich in elastischen Netzen verfingen,
schlachten und hauseigene Eber
und den schlauen Hasen auf kräftigem Pferd zu Tode hetzen –
die Hirsche wirst du dann dem Gutsverwalter überlassen.
Der nahe Wald wird dir geradezu in den Herd hinabsteigen,
den eine schmutzige Kinderschar umringt.
Geladen wird der Jäger, und es kommt zu dir
ein Gast, den man aus der Nähe ruft.
Nirgendwo ein Halbmondschuh, nirgendwo eine Toga
oder nach Purpur riechende Kleider.
Weit weg sind ruppige Liburnersklaven und jammernde Klienten,
weit weg die Ansprüche der Witwen.
Kein bleicher Angeklagter stört deinen tiefen Schlummer,
nein: du wirst den ganzen Morgen schlafen.
Mag ein anderer sich ein grandioses, tolles »Bravo« verdienen:
Blicke du mitleidig auf diese Glücklichen herab,
und genieße ohne Hochmut die wahren Freuden,
während man deinen Sura preist.
Nicht unverschämt fordert das Leben, was übrig bleibt,
wenn der Ruhm hat, was genug ist.

Alberne homerische Namen fürs Küchenpersonal

Aemilianus, wenn du deinen Koch »Mistyllos« nennst,
warum soll er dann bei mir nicht ›Taratalla‹ heißen?

51

Non facit ad saevos cervix, nisi prima, leones.
  quid fugis hos dentes, ambitiose lepus?
scilicet a magnis ad te descendere tauris
  et quae non cernunt frangere colla velint.
desperanda tibi est ingentis gloria fati:
  non potes hoc tenuis praeda sub hoste mori.

52

Commendo tibi, Quintiane, nostros –
nostros dicere si tamen libellos
possum, quos recitat tuus poeta –:
si de servitio gravi queruntur,
adsertor venias satisque praestes,
et, cum se dominum vocabit ille,
dicas esse meos manuque missos.
hoc si terque quaterque clamitaris,
inpones plagiario pudorem.

53

Una est in nostris tua, Fidentine, libellis
pagina, sed certa domini signata figura,
quae tua traducit manifesto carmina furto.
sic interpositus villo contaminat uncto
urbica Lingonicus Tyrianthina bardocucullus,
sic Arretinae violant crystallina testae,

Wunder der Dressur: Löwe und Hase V

Grimmige Löwen interessiert nur ein erstklassiger Nacken.
Was fliehst du vor diesen Zähnen, eitler Hase?
Meinst du vielleicht, sie möchten sich von mächtigen Stieren zu dir
    herablassen
und ein Genick brechen, das sie gar nicht wahrnehmen?
Den Ruhm eines gewaltigen Schicksals darfst du dir nicht erhoffen:
Nicht kann eine schmächtige Beute wie du unter einem Feind wie
    diesem sterben.

Bitte um Schutz gegen einen hartnäckigen Plagiator

Ich empfehle dir, Quintianus, meine Büchlein
– wenn ich die noch als mein bezeichnen
kann, die dein Dichter vorliest –:
Sollten sie sich über die harte Knechtschaft beklagen,
dann tritt bitte du als ihr Beschützer auf und leiste hinlänglich Bürgschaft,
und wenn jener sich darauf beruft, er sei ihr Herr,
dann sag' ihm, sie seien von mir, und ich hätte sie freigelassen.
Wenn du das drei- oder viermal laut verkündest,
wirst du dem Plagiator Schamgefühl beibringen.

Ein Plagiator, der sich selbst verrät

Eine einzige Seite in meinem Büchlein ist von dir, Fidentinus,
aber sie ist geprägt von dem eindeutigen Abbild ihres Herrn,
und sie überführt deine Gedichte des offenkundigen Diebstahls.
So versaut ein lingonischer Kapuzenmantel mit seinen zottig-fettigen
    Tierhaaren
mondäne Purpurgewänder, wenn man ihn dazwischenlegt,
so verschandelt Tongeschirr aus Arretium Kristallgefäße,

sic niger in ripis errat cum forte Caystri,
inter Ledaeos ridetur corvus olores,
sic ubi multisona fervet sacer Atthide lucus,
inproba Cecropias offendit pica querelas. 10
indice non opus est nostris nec iudice libris:
stat contra dicitque tibi tua pagina 'fur es.'

54

Si quid, Fusce, vacas adhuc amari –
nam sunt hinc tibi, sunt et hinc amici –
unum, si superest, locum rogamus,
nec me, quod tibi sim novus, recuses:
omnes hoc veteres tui fuerunt. 5
tu tantum inspice qui novus paratur
an possit fieri vetus sodalis.

55

Vota tui breviter si vis cognoscere Marci,
    clarum militiae, Fronto, togaeque decus,
hoc petit, esse sui nec magni ruris arator,
    sordidaque in parvis otia rebus amat.
quisquam picta colit Spartani frigora saxi 5
    et matutinum portat ineptus have,
cui licet exuviis nemoris rurisque beato
    ante focum plenas explicuisse plagas

so wird ein schwarzer Rabe, wenn er zufällig am Ufer des Kaystros
>umherläuft,
mitten unter Ledas Schwänen ausgelacht,
so stört eine Elster frech die kekropischen Klagelieder,
wenn der heilige Hain vom kunstvollen Gesang der Athenerin erschallt.
Meine Bücher brauchen keinen Ankläger oder Richter:
Die eine Seite von dir steht gegen dich auf und sagt: »Ein Dieb bist du!«

Der Dichter wirbt um die Freundschaft eines potentiellen Gönners

Wenn du noch eine Freundschaft in deinem Leben ›unterbringen‹
>kannst, Fuscus,
– du bist ja nur so von Freunden umringt –
dann bitte ich dich um einen Platz, falls einer noch übrig ist,
und weise mich nicht ab, nur weil ich neu für dich bin:
Alle deine alten Freunde sind dies auch einmal gewesen.
Prüfe du nur, ob der neu gewonnene
ein altvertrauter Gefährte werden könnte.

Wunsch, auf dem Lande zu leben

Willst du kurz die Wunschvorstellungen deines Marcus erfahren,
Fronto, du ruhmvolle Leuchte in Krieg und Frieden,
nun, das begehrt er: Pflüger zu sein auf seinem eigenen, wenn auch nicht
>großen Landsitz,
und er liebt ein schlichtes und ruhiges Leben bei bescheidenem Wohlstand.
Antichambriert jemand gern in kalt-bunten Hallen aus lakonischem
>Marmor
und trägt töricht dorthin den morgendlichen Klienten-Gruß,
wenn es ihm vergönnt ist, glücklich über die Beute aus Wald und
>Feld,
vor dem Herd die vollen Netze auszubreiten,

et piscem tremula salientem ducere saeta
   flavaque de rubro promere mella cado? 10
pinguis inaequales onerat cui vilica mensas
   et sua non emptus praeparat ova cinis?
non amet hanc vitam quisquis me non amat, opto,
   vivat et urbanis albus in officiis.

56

Continuis vexata madet vindemia nimbis:
   non potes, ut cupias, vendere, copo, merum.

57

Qualem, Flacce, velim quaeris nolimve puellam?
   nolo nimis facilem difficilemque nimis.
illud quod medium est atque inter utrumque probamus:
   nec volo quod cruciat nec volo quod satiat.

58

Milia pro puero centum me mango poposcit:
   risi ego, sed Phoebus protinus illa dedit.
hoc dolet et queritur de me mea mentula secum
   laudaturque meam Phoebus in invidiam.

den zappelnden Fisch an zitternder Schnur zu angeln
und aus einem rötlichen Topf goldgelben Honig herauszuholen?
Dem eine dralle Verwalterin die wackeligen Tische belädt
und Asche von Holz, das er nicht erst kaufen mußte, die hauseigenen
    Eier gar werden läßt?
Möge, wer mich nicht liebt, auch ein solches Leben nicht lieben: Das
    wünsche ich ihm,
und so lebe er denn mit bleichem Gesicht für seine hauptstädtischen
    Verpflichtungen!

Natürlich gepanschter Wein

Durch ständige Regengüsse attackiert, triefen die Trauben zur Zeit der
    Lese:
Da kannst du, Kneipenwirt, auch wenn du es wolltest, keinen reinen
    Wein verkaufen.

Nicht zu willig, nicht zu spröde will ich mein Mädchen

Welche Sorte Mädchen ich will oder nicht will, fragst du mich, Flaccus?
Ich will keine, die zu gefügig, aber auch keine, die zu spröde ist.
Das, was die Mitte hält und dazwischen liegt, sagt mir zu:
Nicht will ich, was mich auf die Folter spannt, noch, wessen ich
    überdrüssig werde.

So viel konnte ich für den schönen Knaben nicht bezahlen

Hunderttausend verlangte von mir der Sklavenhändler für den Knaben:
Ich habe ihn ausgelacht, doch Phöbus gab sie sofort.
Mein Schwanz bedauert das und beklagt sich insgeheim über mich
und lobt Phöbus mir zum Ärger und Neid.

sed sestertiolum donavit mentula Phoebo   5
    bis decies: hoc da tu mihi, pluris emam.

59

Dat Baiana mihi quadrantes sportula centum.
    inter delicias quid facit ista fames?
redde Lupi nobis tenebrosaque balnea Grylli:
    tam male cum cenem, cur bene, Flacce, laver?

60

Intres ampla licet torvi lepus ora leonis,
    esse tamen vacuo se leo dente putat.
quod ruet in tergum vel quos procumbet in armos,
    alta iuvencorum volnera figet ubi?
quid frustra nemorum dominum regemque fatigas?   5
    non nisi delecta pascitur ille fera.

61

Verona docti syllabas amat vatis,
    Marone felix Mantua est,
censetur Aponi Livio suo tellus
    Stellaque nec Flacco minus,
Apollodoro plaudit imbrifer Nilus,   5
    Nasone Paeligni sonant,

Aber zwei Milliönchen brachte dem Phöbus schon sein Schwanz ein:
Besorg mir ebensoviel, und ich kann auch mehr bezahlen!

*Beim Aufenthalt in einem mondänen Badeort
braucht man das nötige Kleingeld*

Die Sportula in Bajae bringt mir hundert Quadranten ein.
Was bedeutet dieses Hungergeld unter lauter Köstlichkeiten?
Gib mir die schummrigen Bäder des Lupus und Gryllus zurück:
Wenn ich so schlecht speise, wozu soll ich dann prächtig baden, Flaccus?

*Ein Großer läßt sich von einem Kleinen nicht herausfordern –
Löwe und Hase VI*

Magst du auch, Hase, in den weiten Rachen des grimmigen Löwen
      eindringen,
der Löwe glaubt doch, er habe nichts zwischen den Zähnen.
Auf was für ein Rückenstück soll er sich stürzen, über welche Flanken
      herfallen,
wo kann er die tiefen Wunden schlagen, die er jungen Stieren zufügt?
Warum plagst du vergeblich den Herrn und König der Wälder?
Der nährt sich nur von erlesenem Wild.

*Jeder Ort liebt seinen speziellen Autor –
und so auch mich mein Bilbilis*

Verona liebt die Elfsilber seines gelehrten Dichters,
Mantua ist glücklich über seinen Maro,
das Land der Aponus-Quelle wird nach seinem Livius eingeschätzt
und nicht weniger nach Stella und Flaccus,
dem Apollodor spendet der wasserreiche Nil Beifall,
Naso preisen lautstark die Päligner,

duosque Senecas unicumque Lucanum
  facunda loquitur Corduba,
gaudent iocosae Canio suo Gades,
  Emerita Deciano meo:
te, Liciniane, gloriabitur nostra
  nec me tacebit Bilbilis.

62

Casta nec antiquis cedens Laevina Sabinis
  et quamvis tetrico tristior ipsa viro
dum modo Lucrino, modo se permittit Averno,
  et dum Baianis saepe fovetur aquis,
incidit in flammas: iuvenemque secuta relicto
  coniuge Penelope venit, abît Helene.

63

Ut recitem tibi nostra rogas epigrammata. nolo.
  non audire, Celer, sed recitare cupis.

64

Bella es, novimus, et puella, verum est,
et dives, quis enim potest negare?
sed cum te nimium, Fabulla, laudas,
nec dives neque bella nec puella es.

von beiden Senecas und dem einzigartigen Lukan
spricht das beredte Corduba,
das lebenslustige Gades freut sich über seinen Canius,
Emerita über meinen Decianus:
Deiner, Licinianus, wird sich unser Bilbilis rühmen
– und auch mich nicht schweigend übergehen.

Auswirkungen eines Kuraufenthalts für eine Dame

Keusch war Laevina und stand darin nicht vor den Sabinerinnen der
    Frühzeit zurück,
prüder war sie selbst noch als ihr gestrenger Mann.
Als sie sich aber einmal dem Lukriner-, einmal dem Averner-See überließ
und sich oft in den Wassern von Bajae entspannte,
entbrannte sie in heftiger Liebe: Sie verließ ihren Mann und lief einem
    Jüngeren nach.
Als Penelope kam sie, als Helena reiste sie ab.

Weigerung, Epigramme vorzutragen

Daß ich dir meine Epigramme vorlese, darum bittest du, doch ich
    weigere mich:
Hören willst du sie nicht, Celer, sondern vortragen!

Dein Eigenlob zerstört das Bild, das du abgibst

Schön bist du, ich weiß, und ein junges Mädchen, das stimmt,
und reich, wer könnte das leugnen?
Doch wenn du dich zu sehr selber lobst, Fabulla,
bist du weder reich noch schön noch ein junges Mädchen.

65

Cum dixi ficus, rides quasi barbara verba
  et dici ficos, Caeciliane, iubes.
dicemus ficus, quas scimus in arbore nasci,
  dicemus ficos, Caeciliane, tuos.

66

Erras, meorum fur avare librorum,
fieri poetam posse qui putas tanti,
scriptura quanti constet et tomus vilis:
non sex paratur aut decem sophos nummis.
secreta quaere carmina et rudes curas 5
quas novit unus scrinioque signatas
custodit ipse virginis pater chartae,
quae trita duro non inhorruit mento.
mutare dominum non potest liber notus.
sed pumicata fronte si quis est nondum 10
nec umbilicis cultus atque membrana,
mercare: tales habeo; nec sciet quisquam.
aliena quisquis recitat et petit famam,
non emere librum, sed silentium debet.

67

'Liber homo es nimium', dicis mihi, Ceryle, semper.
  in te qui dicit, Ceryle, liber homo est.

Grammatische Belehrung über die Flexion von »ficus«

Wenn ich »ficûs« gesagt habe, lachst du darüber wie über ein fehlerhaftes
     Wort
und forderst mich, Caecilianus, auf, »ficos« für »Feigen« zu sagen.
Ich werde (weiterhin) von »ficûs« sprechen, die bekanntlich auf Bäumen
     wachsen,
ich werde von »ficos« sprechen, Caecilianus, von »Geschwüren« – bei dir.

Seinen Autor wechseln kann ein bekanntes Buch nicht

Du irrst dich, habgieriger Dieb meiner Bücher,
wenn du glaubst, so viel nur koste es, Dichter zu werden,
wie die Abschrift eines Buches und ein billiger Band.
Ein »Bravo« erwirbt man nicht für sechs oder zehn Sesterze:
Suche nach unpublizierten Gedichten und Rohentwürfen,
die nur einer kennt und die in einem Schrein, wo sie versiegelt sind,
der Vater des jungfräulichen Papiers persönlich verwahrt,
das auch nicht, vom harten Kinn gerieben, angerauht ist.
Seinen Herrn wechseln kann ein bekanntes Buch nicht.
Doch wenn es eins gibt, das noch keine vom Bimsstein geglätteten
     Ränder hat
und auch nicht mit Buchrollenstäben und einem pergamentenen Futteral
     geschmückt ist,
dann kauf' es! Solche habe ich: Keiner wird es erfahren.
Wer fremde Werke vorliest und damit Ruhm erstrebt,
der sollte nicht ein Buch kaufen, sondern das Stillschweigen des Autors.

Frei ist, wer sich gegen dich zu äußern wagt

»Du bist ein allzu freier Mensch«, sagst du ständig zu mir, Cerylus.
Wer sich gegen dich äußert, Cerylus, der ist ein freier Mensch.

68

Quidquid agit Rufus, nihil est nisi Naevia Rufo.
   si gaudet, si flet, si tacet, hanc loquitur.
cenat, propinat, poscit, negat, innuit: una est
   Naevia; si non sit Naevia, mutus erit.
scriberet hesterna patri cum luce salutem, 5
   'Naevia lux' inquit 'Naevia lumen, have.'
haec legit et ridet demisso Naevia voltu.
   Naevia non una est: quid, vir inepte, furis?

69

Coepit, Maxime, Pana quae solebat,
nunc ostendere Canium Tarentos.

70

Vade salutatum pro me, liber: ire iuberis
   ad Proculi nitidos, officiose, lares.
quaeris iter, dicam. vicinum Castora canae
   transibis Vestae virgineamque domum;
inde sacro veneranda petes Palatia clivo, 5
   plurima qua summi fulget imago ducis.
nec te detineat miri radiata colossi
   quae Rhodium moles vincere gaudet opus.

Ein närrisch Verliebter

Was immer Rufus tut, nichts außer Naevia existiert für Rufus.
Wenn er sich freut, wenn er weint, wenn er schweigt: er spricht nur
            von ihr.
Er speist, erhebt das Glas, fordert, lehnt ab, nickt zu: nur eine gibt es
            für ihn,
Naevia; geht es einmal nicht um Naevia, gleich ist er stumm.
Als er am gestrigen Tag seinem Vater einen Gruß schickte,
schrieb er: »Naevia, mein Sonnenschein, Naevia, mein Leben,
            sei gegrüßt!«
Naevia liest das und lacht mit gesenktem Kopf.
Es gibt nicht nur Naevia: Was rast du so, du närrischer Mann?

Verblüffende Ähnlichkeit mit grinsender Panstatue

Der Tarentos, Maximus, der sonst immer seinen Pan zeigte,
zeigt neuerdings den Canius.

Geleitgedicht für das Buch nebst Wegbeschreibung

Zieh' los, mein Buch, um statt meiner zu grüßen: Gehen sollst du,
dienstbeflissenes, zu des Proculus prächtigem Haus.
Du fragst nach dem Weg, ich will ihn dir sagen: An Kastor,
            dem Nachbarn der altersgrauen
Vesta, und am Haus der Jungfrauen gehst du vorbei;
von dort eilst du auf der Heiligen Straße zum ehrwürdigen Palatium,
wo das Bild des höchsten Fürsten an vielen Stellen aufleuchtet.
Nicht soll dich das strahlende Monument des imposanten Kolosses
            aufhalten,
dem es gelingt, das Wunderwerk von Rhodos zu übertreffen.

flecte vias hac qua madidi sunt tecta Lyaei
  et Cybeles picto stat Corybante tholus.   10
protinus a laeva clari tibi fronte Penates
  atriaque excelsae sunt adeunda domus.
hanc pete: ne metuas fastus limenque superbum:
  nulla magis toto ianua poste patet,
nec propior quam Phoebus amat doctaeque sorores.   15
  si dicet: 'quare non tamen ipse venit?'
sic licet excuses: 'quia qualiacumque leguntur
  ista, salutator scribere non potuit.'

71

Laevia sex cyathis, septem Iustina bibatur,
  quinque Lycis, Lyde quattuor, Ida tribus.
omnis ab infuso numeretur amica Falerno,
  et quia nulla venit, tu mihi, Somne, veni.

72

Nostris versibus esse te poetam,
  Fidentine, putas cupisque credi?
sic dentata sibi videtur Aegle
  emptis ossibus Indicoque cornu;
sic quae nigrior est cadente moro,   5
  cerussata sibi placet Lycoris.
hac et tu ratione qua poeta es,
  calvus cum fueris, eris comatus.

Biege dort ab, wo das Haus des trunkenen Lyaeus ist
und Kybeles Kuppelbau mit der gemalten Korybantenschar steht.
Gleich zur linken Seite mußt du dann das berühmte Heim
und die Halle des hochragenden Palastes aufsuchen.
Dorthin eile! Abweisende Pracht und eine stolze Schwelle brauchst du
    nicht zu fürchten:
Kein Tor öffnet sich so weit von einem Türpfosten zum andern,
keins, das Apollon und die gelehrten Schwestern inniger lieben.
Wenn er dann fragt: »Weshalb kommt er denn nicht selber?«
magst du mich so entschuldigen: »Vom welchem Wert auch immer das
    ist, was man von ihm liest:
als regelmäßiger Besucher hätte er es gar nicht schreiben können.«

Namen-Trinken auf das Wohl aller Freundinnen

Auf Laevia will ich sechs, auf Justina sieben Becher trinken,
fünf auf Lycis, auf Lyde vier, auf Ida drei.
Der Name jeder Freundin soll von dem eingeschenkten Falerner gezählt
    werden;
und weil keine gekommen ist, komm du zu mir, Schlaf!

Als Plagiator erkannt

Mit meinen Versen ein Dichter zu sein,
Fidentinus, meinst du und wünschst, daß man es dir glaube?
Genauso meint Aegle, sie habe noch alle Zähne,
nachdem sie Knochen gekauft hat und indisches Horn;
genauso gefällt sich Lycoris, die schwärzer ist als die fallreife Maulbeere,
wenn sie mit Bleiweiß geschminkt ist.
Nach der gleichen Methode, nach der du ein Dichter bist,
wirst du auch, wenn du kahl geworden bist, die volle Haarpracht haben.

73

Nullus in urbe fuit tota qui tangere vellet
 uxorem gratis, Caeciliane, tuam,
dum licuit: sed nunc positis custodibus ingens
 turba fututorum est: ingeniosus homo es.

74

Moechus erat: poteras tamen hoc tu, Paula, negare.
 ecce vir est: numquid, Paula, negare potes?

75

Dimidium donare Lino quam credere totum
 qui mavolt, mavolt perdere dimidium.

76

O mihi curarum pretium non vile mearum,
 Flacce, Antenorei spes et alumne laris,
Pierios differ cantusque chorosque sororum;
 aes dabit ex istis nulla puella tibi.
quid petis a Phoebo? nummos habet arca Minervae; 5
 haec sapit, haec omnes fenerat una deos.
quid possunt hederae Bacchi dare? Pallados arbor
 inclinat varias pondere nigra comas.
praeter aquas Helicon et serta lyrasque dearum
 nil habet et magnum, sed perinane sophos. 10

Seit du deine Frau bewachst, ist sie begehrenswert

Keinen Menschen gab es in der ganzen Stadt, der deine Frau,
Caecilianus, berühren wollte, nicht mal umsonst,
als es noch möglich war; jetzt aber, da du Wächter aufgestellt hast,
gibt es eine gewaltige Schar von Liebhabern: Ein Schlaumeier bist du!

Aufdeckung eines Ehebruchs durch Heirat

Ein Ehebrecher war er, doch du konntest es leugnen, Paula.
Sieh, nun ist er dein Mann: Kannst du es etwa immer noch leugnen,
  Paula?

Ganz geschenkt ist bei ihm halb gewonnen

Wer dem Linus lieber die Hälfte schenken als die ganze Summe
leihen will, will lieber nur die Hälfte verlieren.

Willst du reich werden, dann laß die Finger von der Poesie!

Flaccus, in deiner Freundschaft finde ich keinen geringen Gewinn für
  meine Bemühungen,
du Hoffnung und Sohn von Antenors Heimat,
laß pïerische Gesänge und die Reigen der Schwestern auf sich beruhen:
Geld wird dir dafür keines dieser Mädchen geben.
Was willst du von Phöbus? Münzen hat die Truhe Minervas;
sie ist klug, sie allein leiht allen Göttern Geld.
Was kann dir der Efeu des Bacchus geben? Der Baum der Pallas
neigt schwarz von der Last das buntschimmernde Laub.
Der Helikon hat nichts außer Bächen, Kränzen und Leiern der Göttinnen
und ein lautes, aber wertloses »Bravo«.

quid tibi cum Cirrha? quid cum Permesside nuda?
　　Romanum propius divitiusque forum est.
illic aera sonant: at circum pulpita nostra
　　et steriles cathedras basia sola crepant.

77

Pulchre valet Charinus et tamen pallet.
parce bibit Charinus et tamen pallet.
bene concoquit Charinus et tamen pallet.
sole utitur Charinus et tamen pallet.
tingit cutem Charinus et tamen pallet.　　　　　　5
cunnum Charinus lingit et tamen pallet.

78

Indignas premeret pestis cum tabida fauces
　　inque ipsos vultus serperet atra lues,
siccis ipse genis flentes hortatus amicos
　　decrevit Stygios Festus adire lacus.
nec tamen obscuro pia polluit ora veneno　　　　5
　　aut torsit lenta tristia fata fame,
sanctam Romana vitam sed morte peregit
　　dimisitque animam nobiliore rogo.
hanc mortem fatis magni praeferre Catonis
　　fama potest: huius Caesar amicus erat.　　　　10

Was willst du mit Kirrha, was mit der nackten Nymphe des Permessus?
Näher und reicher ist das Forum Romanum.
Dort klimpert das Geld: Doch um unsre Podeste
und fruchtlosen Vortragssessel herum schallt es von Kußhänden nur.

Ein notorisches Bleichgesicht

Prächtig gesund ist Charinus, und doch ist er blaß.
Mäßig trinkt Charinus, und doch ist er blaß.
Gut verdaut Charinus, und doch ist er blaß.
Es sonnt sich Charinus, und doch ist er blaß.
Die Haut schminkt sich Charinus, und doch ist er blaß.
Die Möse leckt Charinus, und doch ist er blaß.

Freitod eines Schwerkranken nach Catos Vorbild

Als ein zehrendes Geschwür den schuldlosen Hals von Festus befiel
und die schwarze Seuche sogar auf sein Gesicht kroch,
tröstete er selber trockenen Auges die weinenden Freunde
und beschloß, zu den stygischen Wassern zu gehen.
Doch er entstellte sein edles Gesicht nicht durch verborgen wirkendes
        Gift,
machte auch sein trauriges Ende nicht durch einen langsamen
        Hungertod qualvoll,
sondern beschloß sein untadeliges Leben mit einem römischen Tod
und entließ seine Seele auf eine edlere Art des Sterbens.
Diesen Tod kann der Ruhm noch über das Schicksal des großen Cato
        stellen:
Caesar war sein Freund.

79

Semper agis causas et res agis, Attale, semper:
  est, non est quod agas, Attale, semper agis.
si res et causae desunt, agis, Attale, mulas.
  Attale, ne quod agas desit, agas animam.

80

Sportula, Cane, tibi suprema nocte petita est.
  occidit puto te, Cane, quod una fuit.

81

A servo scis te genitum blandeque fateris,
  cum dicis dominum, Sosibiane, patrem.

82

Haec quae pulvere dissipata multo
longas porticus explicat ruinas,
en quanto iacet absoluta casu!
tectis nam modo Regulus sub illis
gestatus fuerat recesseratque, 5
victa est pondere cum suo repente,
et postquam domino nihil timebat,

Ein Umtriebiger

Immer betreibst du Prozesse, betreibst Geschäfte, Attalus, immer:
Ob's was zu tun gibt für dich oder nicht, Attalus: immer betreibst du etwas.
Wenn es an Prozessen und Geschäften fehlt, treibst du, Attalus, Maulesel.
Attalus, damit dir nicht fehlt, was du treiben kannst: Treib' dir die Seele aus dem Leib!

Tod durch das Ausbleiben einer Sportula

In der letzten Nacht deines Lebens, Canus, holtest du dir noch eine Sportula.
Umgebracht hat dich, wie ich meine, Canus, daß es nur eine war.

Sosibianus verrät sich als Bastard

Daß du von einem Sklaven abstammst, weißt du; du gibst es ja auch schmeichlerisch zu,
wenn du, Sosibianus, deinen Vater »Herr« nennst.

Rettung des Patrons im letzten Moment II

Diese Säulenhalle – in einer Wolke von Staub auseinandergebrochen,
breitet sie weit ihre Trümmer aus –
sieh, freigesprochen von dem Vorwurf, eine große Katastrophe ausgelöst zu haben, liegt sie da!
Denn Regulus war eben noch unter ihrem Dache
durchgefahren und hatte sich gerade entfernt,
als sie plötzlich von ihrem eigenen Gewicht überwältigt wurde,
und, nachdem für den Herrn nichts mehr zu befürchten war,

securo ruit incruenta damno.
tantae, Regule, post metum querelae
quis curam neget esse te deorum,   10
propter quem fuit innocens ruina?

83

Os et labra tibi lingit, Manneia, catellus:
   non miror, merdas si libet esse cani.

84

Uxorem habendam non putat Quirinalis,
cum velit habere filios, et invenit
quo possit istud more: futuit ancillas
domumque et agros implet equitibus vernis.
pater familiae verus est Quirinalis.   5

85

Venderet excultos colles cum praeco facetus
   atque suburbani iugera pulchra soli,
'errat' ait 'si quis Mario putat esse necesse
   vendere: nil debet, fenerat immo magis.'
'quae ratio est igitur?' 'servos ibi perdidit omnes   5
   et pecus et fructus, non amat inde locum.'
quis faceret pretium nisi qui sua perdere vellet
   omnia? sic Mario noxius haeret ager.

einstürzte: ohne Blutvergießen, der Schaden war nicht beunruhigend.
Nun, da die Angst vor einem so gewaltigen Wehklagen vorbei ist,
wer kann da, Regulus, leugnen, daß dir die Fürsorge der Götter gilt,
dem zuliebe der Einsturz harmlos blieb?

Übler Mundgeruch

Mund und Lippen leckt dir, Manneia, dein Hündchen:
Nicht mehr wundre ich mich, wenn Hunde Scheiße mögen.

Der Herr hält sich ans Personal

Eine Ehefrau müsse er nicht haben, meint Quirinalis,
doch er will Söhne haben, und er fand
die Lösung dafür: Er vögelt seine Mägde
und füllt so Haus und Hof mit Ritter-Sklaven.
Echter Vater einer Großfamilie ist Quirinalis!

Ein ungeschickter Grundstücksmakler

Als ein witziger Ausrufer sorgfältig bebaute Anhöhen zum Verkauf anbot
und in der Nähe der Stadt Morgen vorzüglichen Landes,
sprach er: »Ein Irrtum ist es, wenn jemand meint, Marius sei zum
　　　　Verkauf gezwungen:
Er hat keine Schulden, im Gegenteil, er verleiht sogar Geld.«
»Was ist dann aber der Grund?« »Er hat dort all seine Sklaven,
das Vieh und die Ernte verloren, daher mag er den Ort nicht.«
Wer würde da ein Kaufangebot machen, außer er möchte all sein Hab
　　　　und Gut verlieren?
So bleibt Marius auf dem unheilvollen Land sitzen.

86

Vicinus meus est manuque tangi
de nostris Novius potest fenestris.
quis non invideat mihi putetque
horis omnibus esse me beatum,
iuncto cui liceat frui sodale? 5
tam longe est mihi quam Terentianus,
qui nunc Niliacam regit Syenen.
non convivere, nec videre saltem,
non audire licet, nec urbe tota
quisquam est tam prope tam proculque nobis. 10
migrandum est mihi longius vel illi.
vicinus Novio vel inquilinus
sit, si quis Novium videre non volt.

87

Ne gravis hesterno fragres, Fescennia, vino,
    pastillos Cosmi luxuriosa voras.
ista linunt dentes iantacula, sed nihil obstant,
    extremo ructus cum redit a barathro.
quid quod olet gravius mixtum diapasmate virus 5
    atque duplex animae longius exit odor?
notas ergo nimis fraudes deprensaque furta
    iam tollas et sis ebria simpliciter.

88

Alcime, quem raptum domino crescentibus annis
    Labicana levi caespite velat humus,

Mein Nachbar: hautnah und doch unerreichbar

Mein Nachbar ist Novius; mit der Hand
kann man ihn von meinen Fenstern aus berühren.
Wer würde mich nicht beneiden und annehmen,
ich sei zu jeder Stunde glücklich,
da ich die Annehmlichkeit eines Gefährten ganz in meiner Nähe
  genießen dürfe?
So fern ist er mir wie Terentianus,
der jetzt Syene am Nil verwaltet.
Mit ihm gemeinsam zu speisen, ihn auch nur zu sehen
oder zu hören, ist mir unmöglich; in der ganzen Stadt
gibt es niemanden, der mir zugleich so nah und so fern wäre.
Entweder müßte ich oder er weiter wegziehen.
Nachbar oder Mitbewohner bei Novius
sollte sein, wer Novius nicht zu sehen wünscht.

Auf eine Säuferin

Damit du nicht so stark nach dem Wein von gestern duftest, Fescennia,
schluckst du massenweise Pillen von Cosmus.
Solch Frühstück beschmiert zwar die Zähne, ist aber wirkungslos,
wenn ein Rülpser aus der Tiefe des Schlundes aufsteigt.
Stinkt nicht der Geifer, mit Streupulver vermischt, noch ärger,
und dringt so nicht der verdoppelte Duft deines Atems viel weiter?
Allzu bekannte Tricks und längst entdeckte Listen
laß endlich sein, und sei ganz einfach – betrunken!

Auf den Tod eines geliebten Knaben

Alcimus, deinem Herrn in der Blüte der Jahre entrissen,
den die labikanische Erde mit leichtem Rasen bedeckt,

accipe non Pario nutantia pondera saxo,
　　quae cineri vanus dat ruitura labor,
sed faciles buxos et opacas palmitis umbras　　　　5
　　quaeque virent lacrimis roscida prata meis
accipe, care puer, nostri monimenta doloris:
　　hic tibi perpetuo tempore vivet honor.
cum mihi supremos Lachesis perneverit annos,
　　non aliter cineres mando iacere meos.　　　　10

89

Garris in aurem semper omnibus, Cinna,
garrire et illud teste quod licet turba.
rides in aurem, quereris, arguis, ploras,
cantas in aurem, iudicas, taces, clamas,
adeoque penitus sedit hic tibi morbus,　　　　5
ut saepe in aurem, Cinna, Caesarem laudes.

90

Quod numquam maribus iunctam te, Bassa, videbam
　　quodque tibi moechum fabula nulla dabat,
omne sed officium circa te semper obibat
　　turba tui sexus, non adeunte viro,
esse videbaris, fateor, Lucretia nobis:　　　　5
　　at tu, pro facinus, Bassa, fututor eras.
inter se geminos audes committere cunnos
　　mentiturque virum prodigiosa Venus.
commenta es dignum Thebano aenigmate monstrum,
　　hic ubi vir non est, ut sit adulterium.　　　　10

empfange nicht die von parischem Marmor schwankende Last
– da diese verfallen wird, ist es vergebliche Mühe, sie der Asche schenken
   zu wollen –,
sondern leichte Buchsbäume und das schattige Dunkel des Weinstocks;
auch einen Grasplatz, der, betaut von meinen Tränen, grünt,
empfange, lieber Knabe, als Zeichen meines Schmerzes:
Diese Form der Ehrung wird für dich immer lebendig sein.
Wenn Lachesis mir dann die letzten Jahre abgespult hat,
soll meine Asche, so mein Wille, nicht anders ruhen.

Notorischer Wichtigtuer

Du schwätzt allen immer ins Ohr, Cinna,
auch bei Dingen, über die man schwätzen darf, wenn alle Welt Zeuge ist.
Du lachst ins Ohr, jammerst, rügst und weinst,
du singst ins Ohr, urteilst, schweigst und schreist,
und dermaßen tief sitzt bei dir diese Krankheit,
daß du oft ins Ohr, Cinna, den Caesar lobst.

Als Lesbe entlarvt

Weil ich dich, Bassa, niemals mit Männern zusammen sah
und weil dir keinerlei Gerede einen Liebhaber gab,
vielmehr stets eine Schar von Geschlechtsgenossinnen um dich herum
jeden Dienst versah, ohne daß ein Mann je dazukam,
schienst du für mich, ich gestehe es, eine Lucretia zu sein.
Doch du, Bassa, warst – welche Schande! – eine Frau, die vögelt.
Du wagst es, deine Möse mit der einer anderen Frau zusammenzubringen,
und den Mann imitiert deine unnatürliche Leidenschaft.
Du dachtest dir eine Perversität aus, die dem thebanischen Rätsel würdig
         war:
daß es dort Hurerei gibt, wo kein Mann ist.

91

Cum tua non edas, carpis mea carmina, Laeli.
  carpere vel noli nostra vel ede tua.

92

Saepe mihi queritur non siccis Cestos ocellis,
  tangi se digito, Mamuriane, tuo.
non opus est digito: totum tibi Ceston habeto,
  si dest nil aliud, Mamuriane, tibi.
sed si nec focus est nudi nec sponda grabati   5
  nec curtus Chiones Antiopesve calix,
cerea si pendet lumbis et scripta lacerna
  dimidiasque nates Gallica paeda tegit,
pasceris et nigrae solo nidore culinae
  et bibis inmundam cum cane pronus aquam: 10
non culum, neque enim est culus, qui non cacat olim,
  sed fodiam digito qui superest oculum:
nec me zelotypum nec dixeris esse malignum.
  denique pedica, Mamuriane, satur.

93

Fabricio iunctus fido requiescit Aquinus,
  qui prior Elysias gaudet adisse domos.
ara duplex primi testatur munera pili:
  plus tamen est, titulo quod breviore legis:
'iunctus uterque sacro laudatae foedere vitae,   5
  famaque quod raro novit, amicus erat.'

Vorschlag an einen dichtenden Kritiker

Obwohl du deine Gedichte nicht herausgibst, bekrittelst du, Laelius,
  meine:
Entweder bekrittle meine nicht, oder aber gib deine heraus!

Warnung an einen Hungerleider, der einem Knaben nachstellt

Oft beklagt sich Cestos bei mir mit Tränen in den Augen,
daß du, Mamurianus, ihn mit den Fingern anfaßt.
Zu befingern brauchst du ihn nicht: Nimm dir doch Cestos ganz,
wenn dir weiter nichts fehlt, Mamurianus.
Doch wenn du weder einen Herd noch das Gestell eines nackten Bettes
  hast,
auch nicht einen kaputten Becher wie Chione oder Antiope,
wenn dir ein gelblicher, bekleckerter Schurz um die Lenden hängt
und eine gallische Jacke dir den Hintern nur halb bedeckt,
du dich allein vom Bratenduft aus einer rauchgeschwärzten Küche nährst
und gebückt mit deinem Hund schmutziges Wasser trinkst,
dann bohr ich dir den Finger – nicht in den Arsch, denn das ist kein
  Arsch, der längst nicht mehr kackt –,
sondern in das Auge, das dir noch verblieb:
Behaupte nicht, ich sei eifersüchtig oder boshaft.
Kurzum: nimm dir Knaben vor, wenn du satt bist, Mamurianus!

Grabschrift für zwei befreundete Zenturionen

Mit dem treuen Fabricius vereint, ruht Aquinus,
der gerne als erster das Elysische Haus aufsuchte.
Der doppelte Altar zeugt von ihrem Dienst als ranghöchste Zenturionen.
Mehr jedoch drückt aus, was auf der kürzeren Inschrift zu lesen ist:
»Vereint durch den heiligen Bund eines lobenswerten Lebens,
waren beide – was der Ruhm nur selten kennt – Freunde.«

94

Cantasti male, dum fututa es, Aegle.
iam cantas bene; basianda non es.

95

Quod clamas semper, quod agentibus obstrepis, Aeli,
    non facis hoc gratis: accipis, ut taceas.

96

Si non molestum est teque non piget, scazon,
nostro rogamus pauca verba Materno
dicas in aurem sic ut audiat solus.
amator ille tristium lacernarum
et baeticatus atque leucophaeatus,   5
qui coccinatos non putat viros esse
amethystinasque mulierum vocat vestes,
nativa laudet, habeat et licet semper
fuscos colores, galbinos habet mores.
rogabit unde suspicer virum mollem.   10
una lavamur: aspicit nihil sursum,
sed spectat oculis devorantibus draucos
nec otiosis mentulas videt labris.
quaeris quis hic sit? excidit mihi nomen.

Sex und Gesang

Schlecht hast du gesungen, als man dich noch vögelte, Aegle.
Jetzt singst du gut, doch küssen mag man dich nicht.

Bezahltes Schweigen eines notorischen Schreiers vor Gericht

Wenn du dauernd schreist, wenn du vor Gericht die Redner übertönst,
　　Aelius,
dann tust du das nicht umsonst: Du kassierst dafür, daß du den Mund
　　hältst.

Ein sich seriös gebender Schwuler

Wenn es dir nicht lästig ist und nichts ausmacht, Hinkvers,
dann sag' doch bitte unserem Maternus ein paar Worte
so ins Ohr, daß er allein sie hören kann!
Jener Liebhaber von tristen Mänteln,
der in bätische Wolle und aschgrau gekleidet ist,
der behauptet, wer scharlachrote Gewänder trage, sei kein Mann,
und Amethystpurpur nur für Frauenkleider gelten läßt:
mag der auch seine ›natürliche‹ Garderobe loben und stets
dunkle Farben tragen, so hat er doch einen grünlichgelben Charakter.
Fragen wird er, wieso ich in ihm einen Schwulen vermute.
Wir gehen zusammen ins Bad: Dort schaut er nie nach oben,
sondern blickt mit gierigen Augen auf die Kraftprotze
und sieht mit unruhig zuckenden Lippen auf ihre Schwänze.
Wissen willst du, wer der Mann ist? Sein Name ist mir entfallen.

97

Cum clamant omnes, loqueris tunc, Naevole, tantum,
  et te patronum causidicumque putas.
hac ratione potest nemo non esse disertus.
  ecce, tacent omnes: Naevole, dic aliquid.

98

Litigat et podagra Diodorus, Flacce, laborat.
  sed nil patrono porrigit: haec cheragra est.

99

Non plenum modo vicies habebas,
sed tam prodigus atque liberalis
et tam lautus eras, Calene, ut omnes
optarent tibi centies amici.
audit vota deus precesque nostras   5
atque intra, puto, septimas Kalendas
mortes hoc tibi quattuor dederunt.
at tu sic quasi non foret relictum,
sed raptum tibi centies, abisti
in tantam miser esuritionem,   10
ut convivia sumptuosiora,
toto quae semel apparas in anno,
nigrae sordibus explices monetae,
et septem veteres tui sodales
constemus tibi plumbea selibra.   15
quid dignum meritis precemur istis?
optamus tibi milies, Calene.
hoc si contigerit, fame peribis.

Den Mund aufzumachen wagt er nur, wenn alle schreien

Wenn alle schreien, nur dann redest du, Naevolus,
und hältst dich für einen Anwalt und Advokaten.
Auf diese Weise kann jeder eloquent sein.
Da, jetzt schweigen alle: Naevolus, sag' doch 'was!

Fußgicht und Gicht an der Hand

Diodorus prozessiert und leidet, Flaccus, an der Fußgicht.
Doch nichts gibt er seinem Anwalt: Das ist Gicht an der Hand.

Geiz als Folge immensen Reichtums

Noch nicht hattest du zwei Millionen voll,
und doch warst du so spendabel und freigebig,
so generös, Calenus, daß alle
Freunde dir zehn Millionen wünschten.
Ein Gott hat unser Flehn und unsre Bitten erhört,
und in der Zeit von sieben Monaten, glaube ich,
haben dir diese Summe vier Todesfälle gegeben.
Aber als wären dir nicht zehn Millionen hinterlassen,
sondern geraubt worden,
bist du Unglücksmensch in solche Hungersnot geraten,
daß du das besonders aufwendige Festmahl,
das du einmal nur im ganzen Jahr herrichtest,
mit schmutzigen, schwarzen Kupfermünzen bestreitest,
und wir, deine sieben alten Kumpel,
dich nur ein bleiernes Halbpfund kosten.
Was sollen wir als angemessene Belohnung für solche Wohltaten erbitten?
Hundert Millionen wünschen wir dir, Calenus.
Wenn du die bekommst, stirbst du gewiß den Hungertod.

100

Mammas atque tatas habet Afra, sed ipsa tatarum
   dici et mammarum maxima mamma potest.

101

Illa manus quondam studiorum fida meorum
   et felix domino notaque Caesaribus,
destituit primos viridis Demetrius annos:
   quarta tribus lustris addita messis erat.
ne tamen ad Stygias famulus descenderet umbras,   5
   ureret inplicitum cum scelerata lues,
cavimus et domini ius omne remisimus aegro:
   munere dignus erat convaluisse meo.
sensit deficiens sua praemia meque patronum
   dixit ad infernas liber iturus aquas.   10

102

Qui pinxit Venerem tuam, Lycori,
blanditus, puto, pictor est Minervae.

103

'Si dederint superi decies mihi milia centum',
   dicebas nondum, Scaevola, iustus eques,

Kindisches Gebaren einer Alten

Mamas und Papas hat Afra, aber sie selbst
kann man wohl als die älteste Mama von all den Papas und Mamas
bezeichnen.

Nachruf auf einen jungen Schreiber

Die einst so zuverlässige Hand bei meiner Schriftstellerei,
ein Glücksfall für seinen Herrn und auch den Caesaren bekannt,
der jugendliche Demetrius, verlor sehr früh schon sein Leben:
Den drei Lustren schloß sich nur noch die vierte Ernte an.
Doch damit er nicht als mein Diener zu den stygischen Schatten
 hinabsteige,
als ihn die schreckliche Seuche umschlang und verzehrte,
traf ich Vorsorge und verzichtete auf jegliches Herrenrecht gegenüber
 dem Kranken:
Er hätte verdient, durch mein Geschenk zu genesen.
Sterbend empfand er noch seine Belohnung und nannte mich seinen
 Schutzherrn,
um dann als freier Mann zu den Wassern der Unterwelt aufzubrechen.

Ein verunglücktes Venusbild

Der Künstler, der deine Venus malte, Lycoris,
wollte wohl der Minerva schmeicheln.

Der Reichtum erst machte ihn geizig

»Wenn mir die Himmlischen eine Million Sesterze gäben«,
sprachst du, Scaevola, als du noch nicht offiziell Ritter warst,

'qualiter o vivam, quam large quamque beate!'
  riserunt faciles et tribuere dei.
sordidior multo post hoc toga, paenula peior,
  calceus est sarta terque quaterque cute,
deque decem plures semper servantur olivae,
  explicat et cenas unica mensa duas,
et Veientani bibitur faex crassa rubelli,
  asse cicer tepidum constat et asse Venus.
in ius, o fallax atque infitiator, eamus:
  aut vive aut decies, Scaevola, redde deis.

104

Picto quod iuga delicata collo
pardus sustinet inprobaeque tigres
indulgent patientiam flagello,
mordent aurea quod lupata cervi,
quod frenis Libyci domantur ursi
et, quantum Calydon tulisse fertur,
paret purpureis aper capistris,
turpes esseda quod trahunt visontes
et molles dare iussa quod choreas
nigro belua non negat magistro:
quis spectacula non putet deorum?
haec transit tamen, ut minora, quisquis
venatus humiles videt leonum,
quos velox leporum timor fatigat.
dimittunt, repetunt, amantque captos,
et securior est in ore praeda,
laxos cui dare perviosque rictus
gaudent et timidos tenere dentes,

»o wie würde ich leben, wie freigebig und wie glücklich!«
Die Götter lächelten wohlgefällig und gewährten es ihm.
Viel schmutziger ist seitdem die Toga und schlechter das Reisecape,
das Leder am Schuh dreifach und vierfach geflickt.
Von zehn Oliven werden die meisten immer aufbewahrt,
ein einziger gedeckter Tisch bietet zwei Mahlzeiten an,
und vom Rotwein aus Veji trinkt man den dicken Bodensatz;
ein As nur kostet dich lauwarmer Erbsenbrei, ein As nur die Liebe.
Vor Gericht, du Betrüger und Wortbrüchiger, wollen wir gehen:
Lebe wirklich, oder aber gib deine Million, Scaevola, den Göttern
  zurück!

Wunder der Dressur: Löwe und Hase VII

Daß am scheckigen Hals ein zierliches Joch
der Panther trägt und bösartige Tiger
nachsichtig die Peitsche dulden,
daß Hirsche auf goldene Trensen beißen,
daß numidische Bären sich mit Zügeln zähmen lassen,
und – von der Größe, wie einst Kalydon ihn hervorgebracht haben
  soll –
ein Eber sich dem purpurnen Halfter fügt,
daß häßliche Bisons Streitwagen ziehen
und das Ungetüm sich seinem schwarzen Dompteur nicht widersetzt,
auf Kommando elegante Reigentänze aufzuführen:
wer sähe das nicht als Schauspiele für Götter an?
Doch all das übergeht als weniger sensationell,
wer die zurückhaltenden Jagderfolge von Löwen sieht,
welche die hastende Angst der Hasen müde macht:
Sie lassen sie los, holen sie zurück, lieben, was sie fingen,
und besonders sicher ist die Beute in ihrem Rachen:
Sie mögen es, ihr das Maul zum Durchschlüpfen weit zu öffnen
und die Zähne dabei ängstlich still zu halten,

mollem frangere dum pudet rapinam,
stratis cum modo venerint iuvencis. 20
haec clementia non paratur arte,
sed norunt cuï serviant leones.

105

In Nomentanis, Ovidi, quod nascitur arvis,
   accepit quotiens tempora longa, merum
exuit annosa mores nomenque senecta:
   et quidquid voluit, testa vocatur anus.

106

Interponis aquam subinde, Rufe,
et si cogeris a sodale, raram
diluti bibis unciam Falerni.
numquid pollicita est tibi beatam
noctem Naevia sobriasque mavis 5
certae nequitias fututionis?
suspiras, retices, gemis: negavit.
crebros ergo licet bibas trientes
et durum iugules mero dolorem.
quid parcis tibi, Rufe? dormiendum est. 10

107

Saepe mihi dicis, Luci carissime Iuli,
   'scribe aliquid magnum: desidiosus homo es.'
otia da nobis, sed qualia fecerat olim
   Maecenas Flacco Vergilioque suo:

schämen sie sich doch, ihren zarten Fang totzubeißen,
da sie gerade erst vom Erlegen junger Stiere kamen.
Solche Milde wird nicht durch Dressur ermöglicht,
vielmehr wissen die Löwen, wem sie dienen.

Wenn der Wein von Nomentum alt wird

Ovidius, wenn der Wein, der auf den Fluren Nomentums wächst,
für längere Zeit gelagert ist,
dann legt er in hohem Alter Charakter und Namen ab:
Und egal, was er wollte, wird er alter Krug genannt.

Rat an einen frustrierten Liebhaber

Gern setzt du, Rufus, Wasser dem Weine zu,
und wenn ein Freund dich drängt,
trinkst du selten nur von verdünntem Falernerwein ein Schlückchen.
Hat etwa Naevia dir eine Freudennacht versprochen,
und willst du lieber in nüchternem Zustand
den Sex so richtig frivol genießen?
Du seufzt, bleibst stumm und stöhnst: Sie hat »nein« gesagt.
Also darfst du jede Menge Becher trinken
und den harten Liebesschmerz im Wein ertränken.
Was hältst du dich zurück, Rufus? Dir bleibt doch nur – zu schlafen!

Bitte an einen potentiellen Gönner: Schenk' mir freie Zeit!

Oft sagst du, lieber Lucius Julius, zu mir:
»Schreibe etwas Großes: Ein Faulpelz bist du.«
Gib mir freie Zeit, doch so, wie sie einst
Maecenas seinem Flaccus und seinem Vergil gewährte:

condere victuras temptem per saecula curas
   et nomen flammis eripuisse meum.
in steriles nolunt campos iuga ferre iuvenci:
   pingue solum lassat, sed iuvat ipse labor.

108

Est tibi – sitque precor multos crescatque per annos –
   pulchra quidem, verum transtiberina domus:
at mea Vipsanas spectant cenacula laurus,
   factus in hac ego sum iam regione senex.
migrandum est, ut mane domi te, Galle, salutem:
   est tanti, vel si longius illa foret.
sed tibi non multum est, unum si praesto togatum:
   multum est, hunc unum si mihi, Galle, nego.
ipse salutabo decuma te saepius hora:
   mane tibi pro me dicet havere liber.

109

Issa est passere nequior Catulli,
Issa est purior osculo columbae,
Issa est blandior omnibus puellis,
Issa est carior Indicis lapillis,
Issa est deliciae catella Publi.
hanc tu, si queritur, loqui putabis;
sentit tristitiamque gaudiumque.

Dann will ich versuchen, literarische Werke zu schaffen, die
    Jahrhunderte hindurch leben,
und meinen Namen den Flammen (des Scheiterhaufens) zu entreißen.
Auf karge Felder wollen junge Stiere ihr Joch nicht hinaustragen:
Fetter Boden macht müde, doch die Anstrengung dabei beglückt.

Mein Buch soll statt meiner dich morgens begrüßen

Du besitzt zwar – und ich bete, daß es dir bleibe und über viele Jahre
    noch größer werde –
ein schönes Haus, aber es liegt jenseits des Tiber:
Meine Dachkammern schauen jedoch auf die Vipsanischen
    Lorbeerbäume;
in dieser Gegend bin ich nunmehr alt geworden.
Eine Reise muß ich unternehmen, um dich, Gallus, frühmorgens bei dir
    zu Hause begrüßen zu können:
Das ist bestimmt der Mühe wert, auch wenn es noch viel weiter bis
    dorthin wäre.
Aber für dich ist es nicht viel, wenn ich dir einen Klienten in der Toga biete;
für mich ist es viel, wenn ich mir, Gallus, diesen einen erspare.
Ich selbst will dich öfter dann zur zehnten Stunde begrüßen:
Statt meiner soll morgens mein Buch zu dir sagen: Guten Tag!

Das Hündchen Issa

Issa ist neckischer als der Sperling Catulls,
Issa ist reiner als der Kuß der Taube,
Issa ist zärtlicher als alle jungen Mädchen,
Issa ist kostbarer als indische Perlen,
Issa ist das Lieblingshündchen von Publius.
Jault sie, dann meint man, sie rede;
sie empfindet Trauer und Freude mit.

collo nixa cubat capitque somnos,
ut suspiria nulla sentiantur;
et desiderio coacta ventris
gutta pallia non fefellit ulla,
sed blando pede suscitat toroque
deponi monet et rogat levari.
castae tantus inest pudor catellae,
ignorat Venerem; nec invenimus
dignum tam tenera virum puella.
hanc ne lux rapiat suprema totam,
picta Publius exprimit tabella,
in qua tam similem videbis Issam,
ut sit tam similis sibi nec ipsa.
Issam denique pone cum tabella:
aut utramque putabis esse veram,
aut utramque putabis esse pictam.

110

Scribere me quereris, Velox, epigrammata longa.
   ipse nihil scribis: tu breviora facis.

111

Cum tibi sit sophiae par fama et cura deorum,
   ingenio pietas nec minor ipsa suo:
ignorat meritis dare munera, qui tibi librum
   et qui miratur, Regule, tura dari.

An seinen Hals gelehnt, ruht sie und schläft ein,
ohne daß man dabei ihren Atem spürt;
selbst wenn ein leibliches Bedürfnis sie zwingt,
hat sie noch nie mit einem Tropfen die Decken beschmutzt,
vielmehr weckt sie mit sanfter Pfote, mahnt,
sie vom Lager hinunterzulassen, und bittet, daß man sie dann wieder
    hochnehme.
So viel Scham steckt in dem keuschen Hündchen,
daß es von der Liebe nichts weiß: Wir fanden
noch kein Männchen, das einer so feinen Geliebten würdig gewesen wäre.
Damit ihr letzter Tag sie ihm nicht völlig entziehe,
ließ Publius sie in einem Gemälde abbilden,
auf dem man eine so große Ähnlichkeit mit Issa feststellen kann,
daß sie nicht einmal sich selbst so ähnlich ist.
Setze Issa nur einmal neben das Bild:
Entweder wirst du beide für echt
oder beide für gemalt halten.

Antwort an einen Kritiker

Du klagst, Velox, ich schriebe so lange Epigramme.
Selbst schreibst du nichts: Du machst die kürzeren.

Geleitgedicht für Geschenke an den Gönner Regulus

Da der Ruhm deiner Weisheit deinem Eifer in der Verehrung der Götter
    gleichkommt
und deine fromme Gesinnung selbst nicht geringer ist als das mit ihr
    verbundene Talent,
versteht Verdienste nicht entsprechend zu honorieren, wer sich darüber
    wundert,
daß man dir ein Buch – und daß man dir, Regulus, Weihrauch schenkt.

112

Cum te non nossem, dominum regemque vocabam:
  nunc bene te novi: iam mihi Priscus eris.

113

Quaecumque lusi iuvenis et puer quondam
apinasque nostras, quas nec ipse iam novi,
male conlocare si bonas voles horas
et invidebis otio tuo, lector,
a Valeriano Pollio petes Quinto, 5
per quem perire non licet meis nugis.

114

Hos tibi vicinos, Faustine, Telesphorus hortos
  Faenius et breve rus udaque prata tenet.
condidit hic natae cineres nomenque sacravit
  quod legis Antullae, dignior ipse legi.
ad Stygias aequum fuerat pater isset ut umbras: 5
  quod quia non licuit, vivat, ut ossa colat.

115

Quaedam me cupit, – invide, Procille! –
loto candidior puella cycno,
argento, nive, lilio, ligustro:
sed quandam volo nocte nigriorem,

Kündigung des Klientenstatus

Als ich dich noch nicht kannte, nannte ich dich »Herr« und »Gebieter«.
Jetzt kenne ich dich gut: Von nun an wirst du für mich »Priscus« sein.

Wenn man meine Jugendgedichte unbedingt lesen will

Was ich einst als junger Mann und als Knabe spielerisch dichtete
– Possen von mir, die ich sogar selbst nicht mehr kenne –,
kannst du dir, Leser, falls du deine kostbaren Stunden schlecht anlegen
und deiner freien Zeit übel mitspielen willst,
von Quintus Valerianus Pollius besorgen:
Ihm ist es zu verdanken, daß meine poetischen Nichtigkeiten nicht
    untergehen.

Grabstätte des Mädchens Antulla

Faenius Telesphorus besitzt die Gärten dort in deiner Nähe, Faustinus,
ein Stück Land und feuchte Wiesen.
Hier barg er die Asche seiner Tochter und verewigte den Namen
Antullas, den du da liest; besser, man läse seinen eigenen.
Gerechter wäre es gewesen, der Vater hätte zu den stygischen Schatten
    gehen müssen.
Da er es nicht durfte, lebe er weiter, um ihre Gebeine zu ehren.

Kein Grund zur Eifersucht auf mich

Mich begehrt – sei nur neidisch, Procillus! –
ein Mädchen, weißer als ein Schwan, wenn er gebadet hat,
als Silber, Schnee, Lilie und Liguster.
Doch ich will eine, die schwärzer ist als die Nacht,

formica, pice, graculo, cicada. 5
iam suspendia saeva cogitabas:
si novi bene te, Procille, vives.

116

Hoc nemus aeterno cinerum sacravit honori
   Faenius et culti iugera pulchra soli.
hoc tegitur cito rapta suis Antulla sepulchro,
   hoc erit Antullae mixtus uterque parens.
si cupit hunc aliquis, moneo, ne speret agellum: 5
   perpetuo dominis serviet iste suis.

117

Occurris quotiens, Luperce, nobis,
'vis mittam puerum' subinde dicis,
'cui tradas epigrammaton libellum,
lectum quem tibi protinus remittam?'
non est quod puerum, Luperce, vexes. 5
longum est, si velit ad Pirum venire,
et scalis habito tribus sed altis.
quod quaeris propius petas licebit.
Argi nempe soles subire Letum:
contra Caesaris est forum taberna 10
scriptis postibus hinc et inde totis,
omnis ut cito perlegas poetas.
illinc me pete. nec roges Atrectum –
hoc nomen dominus gerit tabernae –:
de primo dabit alterove nido 15

als Ameise, Pech, Dohle oder Zikade.
Du dachtest schon an grausames Erhängen?
Kenne ich dich recht, Procillus, dann wirst du weiterleben.

Grabepigramm für Antulla

Den Hain hier und die schönen Morgen bestellten Bodens
hat Faenius zur ewigen Ehre der Asche geweiht.
Das Grabmal hier deckt Antulla zu, die ihren Lieben so bald entrissen
    wurde,
hier werden sich auch beide Eltern mit Antulla vereinen.
Wenn jemand dieses kleine Stück Land begehrt, rate ich ihm, nicht
    darauf zu hoffen:
Ewig wird es seinen Herrschaften zur Verfügung stehn.

Willst du mich lesen, dann geh zum Buchhändler

Immer wenn du mir begegnest, Lupercus,
sagst du gleich: »Soll ich nicht meinen Burschen schicken?
Ihm kannst du das Büchlein mit den Epigrammen geben.
Wenn ich es ausgelesen habe, schick' ich es sofort zurück.«
Du brauchst deinen Burschen nicht zu bemühen, Lupercus.
Weit ist es, wenn er bis »Zur Birne« kommen will,
und ich wohne drei Treppen hoch, und zwar recht steile.
Was du suchst, kannst du dir ganz in deiner Nähe holen.
Du gehst doch öfter am Argiletum vorbei:
Gegenüber Caesars Forum ist ein Laden,
dessen Pfosten beiderseits ganz beschrieben sind,
so daß du rasch alle Dichter durchgehen kannst.
Von dort hole mich! Du brauchst Atrectus
– so heißt der Besitzer des Ladens – nicht erst lange zu bitten:
Er wird dir gleich aus dem ersten oder zweiten Fach

rasum pumice purpuraque cultum
denarîs tibi quinque Martialem.
'tanti non es' ais? sapis, Luperce.

118

Cui legisse satis non est epigrammata centum,
    nil illi satis est, Caediciane, mali.

den mit Bimsstein geglätteten und in Purpur gebundenen
Martial für fünf Denare reichen.
»So viel bist du nicht wert«, sagt du? Du bist ein kluger Kopf, Lupercus!

Schlußgedicht: Jetzt ist's genug!

Wem die Lektüre von hundert Epigrammen nicht genug ist,
der bekommt, Caedicianus, vom Schlechten nie genug.

LIBER SECUNDUS

VAL. MARTIALIS DECIANO SUO SAL.
'Quid nobis' inquis 'cum epistula? parum enim tibi praestamus, si legimus epigrammata? quid hic porro dicturus es quod non possis versibus dicere? video quare tragoedia atque comoedia epistulam accipiant, quibus pro se loqui non licet: [5] epigrammata curione non egent et contenta sunt sua, id est mala, lingua: in quacumque pagina visum est, epistulam faciunt. noli ergo, si tibi videtur, rem facere ridiculam et in toga saltantis inducere personam. denique videris an te delectet contra retiarium ferula. ego inter illos sedeo qui protinus reclamant.' [10] puto me hercules, Deciane, verum dicis. quid si scias cum qua et quam longa epistola negotium fueris habiturus? itaque quod exigis fiat. debebunt tibi si qui in hunc librum inciderint, quod ad primam paginam non lassi pervenient.

I

Ter centena quidem poteras epigrammata ferre,
    sed quis te ferret perlegeretque, liber?
at nunc succincti quae sint bona disce libelli.
    hoc primum est, brevior quod mihi charta perit;
deinde, quod haec una peragit librarius hora, 5
    nec tantum nugis serviet ille meis;
tertia res haec est, quod si cui forte legeris,
    sis licet usque malus, non odiosus eris.

ZWEITES BUCH

Valerius Martialis grüsst seinen Decianus.
»Was soll ich«, fragst du, »mit einem Brief? Leiste ich dir denn noch zu wenig, wenn ich deine Epigramme lese? Was willst du hier noch weiter sagen, was du nicht in Versen sagen könntest? Ich sehe ja ein, weshalb eine Tragödie oder eine Komödie einen Brief mitbekommen: Sie können nicht für sich selber sprechen. Epigramme brauchen keinen Herold, sie begnügen sich mit ihrer eigenen Sprache, und die ist boshaft. Auf jeder Seite, wo es ihnen beliebt, produzieren sie einen Brief. Mach' also bitte, wenn's geht, nichts Lächerliches, und laß' nicht einen Tänzer in der Toga auftreten! Kurz: überlege, ob es dir Spaß bereitet, mit dem Rohrstock gegen einen Netzkämpfer anzutreten. Ich sitze unter denen, die sofort laut protestieren.« Beim Herkules, ich glaube, du hast recht, Decianus; doch wenn du erst wüßtest, mit welchem und welch langem Brief du zu tun haben solltest! Drum geschehe, was du verlangst. Alle, die an dieses Buch geraten, werden es dir zu verdanken haben, wenn sie nicht schon müde zur ersten Seite gelangen.

Vorteile eines kurzen Buches

Dreihundert Epigramme könntest du bestimmt ertragen,
aber wer könnte dann dich ertragen und zu Ende lesen, mein Buch?
Doch erfahre jetzt, welche Qualitäten ein Büchlein mit hochgeschürztem
    Gewand hat:
Erstens verbrauche ich weniger Papier;
zweitens wird der Kopist damit in einer einzigen Stunde fertig
und ist nicht auf so lange Zeit der Sklave meiner poetischen Nichtigkeiten;
drittens findest du vielleicht einen Leser,
dann machst du ihm keinen Verdruß, magst du auch von vorne bis
    hinten boshaft sein.

te conviva leget mixto quincunce, sed ante
 incipiat positus quam tepuisse calix.   10
esse tibi tanta cautus brevitate videris?
 ei mihi, quam multis sic quoque longus eris!

2

Creta dedit magnum, maius dedit Africa nomen,
 Scipio quod victor quodque Metellus habet;
nobilius domito tribuit Germania Rheno,
 et puer hoc dignus nomine, Caesar, eras.
frater Idumaeos meruit cum patre triumphos,   5
 quae datur ex Chattis laurea, tota tua est.

3

Sexte, nihil debes, nil debes, Sexte, fatemur.
 debet enim, si quis solvere, Sexte, potest.

4

O quam blandus es, Ammiane, matri!
quam blanda est tibi mater, Ammiane!
fratrem te vocat et soror vocatur.
cur vos nomina nequiora tangunt?
quare non iuvat hoc quod estis esse?   5
lusum creditis hoc iocumque? non est:

Lesen wird dich der Gast beim Wein, wenn man ihm fünf Schöpfkellen gemischt hat,
und zwar noch bevor der Becher, den man ihm vorsetzte, lauwarm zu werden beginnt.
Bildest du dir ein, bei solcher Kürze vor Tadel geschützt zu sein?
Weh mir, wie vielen bist du auch so noch lang!

Lob Domitians

Kreta verlieh einen großen, Afrika einen noch größeren Namen;
Scipio trägt ihn als Sieger, es trägt ihn Metellus.
Einen edleren noch erkannte Germanien nach Bezwingung des Rheins zu,
und bereits als Knabe, Caesar, warst du dieses Namens würdig.
Dein Bruder verdiente zusammen mit dem Vater den Triumph über Idumäa;
der Lorbeer, der für die Chatten verliehen wurde, gehört dir ganz allein.

Du schuldest mir nichts

Sextus, nichts schuldest du mir, nichts schuldest du mir, Sextus, ich gebe es zu:
Denn Schuldner, Sextus, kann nur sein, wer auch zu zahlen vermag.

Ödipale Mutter-Sohn-Beziehung

O wie zärtlich bist du, Ammianus, zur Mutter!
Wie zärtlich ist zu dir, Ammianus, die Mutter!
»Bruder« nennt sie dich und wird selbst »Schwester« genannt.
Warum beeindrucken euch so verfängliche Namen?
Weshalb seid ihr nicht lieber einfach das, was ihr seid?
Seht ihr ein Spiel, einen Scherz darin? – Das ist es nicht:

matrem, quae cupit esse se sororem,
nec matrem iuvat esse nec sororem.

5

Ne valeam, si non totis, Deciane, diebus
  et tecum totis noctibus esse velim.
sed duo sunt quae nos disiungunt milia passum:
  quattuor haec fiunt, cum rediturus eam.
saepe domi non es, cum sis quoque, saepe negaris: 5
  vel tantum causis vel tibi saepe vacas.
te tamen ut videam, duo milia non piget ire;
  ut te non videam, quattuor ire piget.

6

I nunc, edere me iube libellos.
lectis vix tibi paginis duabus
spectas eschatocollion, Severe,
et longas trahis oscitationes.
haec sunt, quae relegente me solebas 5
rapta exscribere, sed Vitellianis,
haec sunt, singula quae sinu ferebas
per convivia cuncta, per theatra,
haec sunt aut meliora si qua nescis.
quid prodest mihi tam macer libellus, 10
nullo crassior ut sit umbilico,
si totus tibi triduo legatur?
numquam deliciae supiniores.

Eine Mutter, welche die Schwester zu sein begehrt,
will weder Mutter noch Schwester sein.

Zu strapaziöser Freundschaftsdienst

Tot will ich umfallen, Decianus, wenn ich nicht an sämtlichen Tagen
und sämtlichen Nächten mit dir zusammen sein möchte.
Doch zwei Meilen sind es, die uns trennen;
vier werden daraus, muß ich doch wieder nach Hause zurück.
Oft bist du nicht da, und auch wenn du es bist, läßt du dich verleugnen:
Oft hast du nur Zeit für deine Plädoyers oder auch für dich selbst.
Um dich zu sehen, macht es mir dennoch nichts aus, zwei Meilen zu
    gehen;
doch um dich nicht zu sehen, macht es mir etwas aus, vier Meilen zu
    gehen.

Der enttäuschte Dichter

Ach geh' doch, dränge du mich, meine Büchlein herauszugeben!
Kaum hast du zwei Seiten gelesen,
da schielst du schon, Severus, auf das letzte Blatt
und verziehst den Mund zu anhaltendem Gähnen.
Dabei sind das die Gedichte, die du mir, sooft ich sie vorlas,
aus den Händen zu reißen und zu kopieren pflegtest, und das auf
    zierlichen Billets;
sie sind es, die du einzeln im Gewandbausch mitnahmst
auf alle Parties, in die Theater,
sie sind es, oder bessere, falls du einige noch nicht kennst.
Was nützt mir ein Büchlein, so mager,
daß es nicht dicker ist als ein Buchrollenknauf,
wenn du drei Tage brauchst, um es ganz zu lesen?
Nie hat man Vergnügliches blasierter behandelt.

lassus tam cito deficis viator,
et cum currere debeas Bovillas, 15
interiungere quaeris ad Camenas?
i nunc, edere me iube libellos.

7

Declamas belle, causas agis, Attale, belle,
  historias bellas, carmina bella facis,
componis belle mimos, epigrammata belle,
  bellus grammaticus, bellus es astrologus,
et belle cantas et saltas, Attale, belle, 5
  bellus es arte lyrae, bellus es arte pilae.
nil bene cum facias, facias tamen omnia belle.
  vis dicam quid sis? magnus es ardalio.

8

Si qua videbuntur chartis tibi, lector, in istis
  sive obscura nimis sive Latina parum,
non meus est error: nocuit librarius illis
  dum properat versus adnumerare tibi.
quod si non illum sed me peccasse putabis, 5
  tunc ego te credam cordis habere nihil.
'ista tamen mala sunt.' quasi nos manifesta negemus!
  haec mala sunt, sed tu non meliora facis.

Machst du beim Wandern auch so schnell schlapp
und willst du, wenn du nach Bovillae eilen mußt,
schon bei den Camenen rasten?
Ach geh' doch, dränge du mich, meine Büchlein herauszugeben!

Ein Dilettant, der vieles »ganz nett« macht

Du deklamierst nett, Prozesse führst du, Attalus, nett,
nette Geschichten, nette Gedichte machst du,
Mimen verfaßt du nett, Epigramme nett,
ein netter Grammatiker, netter Astrologe bist du,
und nett singst, nett tanzt du, Attalus, auch.
nett ist dein Lyraspiel, nett dein Ballspiel.
Obwohl du nichts gut machst, machst du dennoch alles ›nett‹.
Soll ich dir sagen, was du bist? Ein großer Wichtigtuer.

Die Mängel des Buches

Wenn dir, Leser, so manches auf diesen Seiten
als allzu dunkel erscheint oder als zu wenig korrektes Latein,
dann ist das nicht meine Schuld: Der Kopist hat sie verdorben,
als er sich beeilte, dir die Verse zu übergeben.
Meinst du aber, nicht er, sondern ich hätte die Fehler begangen,
dann nehme ich an, dir fehlt's an Verstand.
»Doch das hier ist schlecht!« Als ob ich, was klar ist, bestritte!
Ja, das hier ist schlecht, doch du machst es nicht besser.

9

Scripsi, rescripsit nil Naevia, non dabit ergo.
　sed puto quod scripsi legerat: ergo dabit.

10

Basia dimidio quod das mihi, Postume, labro,
　laudo: licet demas hinc quoque dimidium.
vis dare maius adhuc et inenarrabile munus?
　hoc tibi habe totum, Postume, dimidium.

11

Quod fronte Selium nubila vides, Rufe,
quod ambulator porticum terit seram,
lugubre quiddam quod tacet piger voltus,
quod paene terram nasus indecens tangit,
quod dextra pectus pulsat et comam vellit: 5
non ille amici fata luget aut fratris,
uterque natus vivit et precor vivat,
salva est et uxor sarcinaeque servique,
nihil colonus vilicusque decoxit.
maeroris igitur causa quae? domi cenat. 10

Keine Antwort von einer Dame ist auch eine Antwort

Ich schrieb an Naevia, sie schrieb nicht zurück, also wird sie mir ihre
  Gunst nicht gewähren;
doch was ich schrieb, hat sie, glaub' ich, gelesen, also wird sie mir ihre
  Gunst gewähren.

Bloß keinen Kuß von Postumus

Daß du mir Küsse gibst, Postumus, mit halber Lippe,
dafür lobe ich dich, doch magst du gern auch davon die Hälfte
  weglassen.
Willst du mir noch ein größeres, ein unaussprechliches Geschenk
  machen?
Behalte diese Hälfte, Postumus, ganz für dich!

Trauer eines erfolglosen Mahlzeitjägers

Wenn du mit düsterer Stirn den Selius siehst, Rufus,
wenn er, ein später Bummler, sich in der Säulenhalle herumtreibt,
wenn sein verdrossenes Gesicht etwas Kummervolles verschweigt,
wenn seine häßliche Nase fast den Erdboden berührt,
wenn er mit der Rechten die Brust schlägt und sich die Haare rauft,
dann trauert er nicht um den Tod eines Freundes oder Bruders:
Beide Söhne leben, und ich wünsche: recht lange noch,
wohlauf sind seine Frau, seine Habseligkeiten, auch die Sklaven,
nicht hat sein Pächter oder sein Verwalter ihn ruiniert.
Was ist dann der Grund für seine Trauer? – Zu Hause muß er speisen.

12

Esse quid hoc dicam quod olent tua basia murram
 quodque tibi est numquam non alienus odor?
hoc mihi suspectum est, quod oles bene, Postume, semper:
 Postume, non bene olet qui bene semper olet.

13

Et iudex petit et petit patronus.
solvas censeo, Sexte, creditori.

14

Nil intemptatum Selius, nil linquit inausum,
 cenandum quotiens iam videt esse domi.
currit ad Europen et te, Pauline, tuosque
 laudat Achilleos, sed sine fine, pedes.
si nihil Europe fecit, tunc Saepta petuntur, 5
 si quid Phillyrides praestet et Aesonides.
hinc quoque deceptus Memphitica templa frequentat,
 adsidet et cathedris, maesta iuvenca, tuis.
inde petit centum pendentia tecta columnis,
 illinc Pompei dona nemusque duplex. 10
nec Fortunati spernit nec balnea Fausti,
 nec Grylli tenebras Aeoliamque Lupi:
nam thermis iterum ternis iterumque lavatur.
 omnia cum fecit, sed renuente deo,

Postumus riecht verdächtig gut

Was soll ich dazu sagen, daß deine Küsse nach Myrrhe riechen
und daß du ständig einen fremdartigen Duft um dich hast?
Verdächtig ist mir, daß du, Postumus, immer gut riechst:
Der riecht nicht gut, Postumus, der immer gut riecht.

Prozessiere nicht, zahle!

Der Richter will von dir Geld, der Anwalt will von dir Geld –
meine Meinung dazu, Sextus: Du solltest dem Gläubiger zahlen.

Noch einmal der erfolglose Mahlzeitjäger

Es gibt nichts, was Selius nicht versuchte, nichts, was er nicht riskierte,
sooft er sieht, er müsse nunmehr zu Hause speisen.
Er läuft zur Portikus der Europa, und dich, Paulinus,
und deine Achilleus-Füße lobt er – und zwar endlos.
Hilft ihm die Europa nicht weiter, dann eilt er zu den Saepta Iulia, um zu erkunden,
ob Philyras, ob Äsons Sohn ihm etwas zu bieten haben.
Sieht er sich auch dort getäuscht, dann sucht er den Memphis-Tempel auf
und nimmt, o traurige Kuh, Platz auf den Sesseln bei dir.
Von da aus eilt er zu dem Dach, das auf hundert Säulen ruht,
von dort zu dem Geschenk des Pompejus und dem doppelten Hain.
Auch die Bäder des Fortunatus oder Faustus verschmäht er nicht,
nicht das finstere Reich des Gryllus oder die äolische Höhle des Lupus,
denn in den drei Thermen, da badet er wieder und immer wieder.
Hat er das alles getan, ohne daß ein Gott mit ihm Erbarmen hatte,

lotus ad Europes tepidae buxeta recurrit, 15
 si quis ibi serum carpat amicus iter.
per te perque tuam, vector lascive, puellam,
 ad cenam Selium tu, rogo, taure, voca.

15

Quod nulli calicem tuum propinas
humane facis, Horme, non superbe.

16

Zoilus aegrotat: faciunt hanc stragula febrem.
 si fuerit sanus, coccina quid facient?
quid torus a Nilo, quid Sidone tinctus olenti?
 ostendit stultas quid nisi morbus opes?
quid tibi cum medicis? dimitte Machaonas omnis. 5
 vis fieri sanus? stragula sume mea.

17

Tonstrix Suburae faucibus sedet primis,
cruenta pendent qua flagella tortorum
Argique Letum multus obsidet sutor.
sed ista tonstrix, Ammiane, non tondet,
non tondet, inquam. quid igitur facit? radit. 5

eilt er nach dem Bäderbesuch zu den Buchsbaumgängen der
    sonnengewärmten Europa zurück,
in der Hoffnung, daß ihm dort noch ein Freund zu später Stunde über
    den Weg läuft.
Bei dir und bei deiner Geliebten, du lüsterner Entführer,
bitte ich: Lade, du Stier, den Selius zum Mahl ein!

Von einem, der den Becher nicht weiterreicht

Daß du niemandem mit deinem Becher zuprostest,
das tust du, Hormus, aus Menschenfreundlichkeit und nicht aus
    Hochmut.

Um seine Purpurdecken vorzuführen, muß er krank sein

Zoïlus ist krank, die Decken sind schuld an dem Fieber.
Wär' er gesund, was sollten die Scharlachdecken dann?
Wozu das Polster vom Nil, wozu das mit stark riechendem Purpur
    gefärbte?
Was außer der Krankheit stellt seinen törichten Reichtum zur Schau?
Was willst du mit den Ärzten? Entlaß alle Äskulap-Söhne!
Gesund willst du werden? Dann nimm doch meine Decken!

Anrüchiger ›Kundendienst‹ einer Friseuse

Gleich vorne am Eingang zur Subura sitzt eine Friseuse,
dort, wo die blutigen Geißeln der Folterer hängen
und zahlreiche Flickschuster das Argiletum belagern.
Doch diese Friseuse, Ammianus, schert keinem die Haare.
Sie schert nicht, sag' ich. Was sie dann tut? Sie nimmt ihre Kunden aus.

18

Capto tuam, pudet heu, sed capto, Maxime, cenam,
    tu captas aliam: iam sumus ergo pares.
mane salutatum venio, tu diceris isse
    ante salutatum: iam sumus ergo pares.
sum comes ipse tuus tumidique anteambulo regis, 5
    tu comes alterius: iam sumus ergo pares.
esse sat est servum, iam nolo vicarius esse.
    qui rex est regem, Maxime, non habeat.

19

Felicem fieri credis me, Zoile, cena?
    felicem cena, Zoile, deinde tua?
debet Aricino conviva recumbere clivo,
    quem tua felicem, Zoile, cena facit.

20

Carmina Paulus emit, recitat sua carmina Paulus.
    nam quod emas possis iure vocare tuum.

21

Basia das aliis, aliis das, Postume, dextram.
    dicis 'utrum mavis? elige.' malo manum.

Ein Patron, der selbst einen Patron hat, ist kein Patron für mich

Jagd mach' ich bei dir – ach, wie schäme ich mich – mache dennoch Jagd
 auf eine Mahlzeit bei dir, Maximus.
Du jagst anderswo auch danach: Jetzt sind wir also gleich.
Morgens komm' ich, um dich zu begrüßen, es heißt, du seiest schon
 vorher weggegangen,
ebenfalls zum Morgengruß: Jetzt sind wir also gleich.
Selber begleite ich dich, schreite her vor dem aufgeblasenen Patron,
du bist eines anderen Begleiter: Jetzt sind wir also gleich.
Sklave zu sein, reicht mir, ich will nicht länger eines Sklaven Lakai sein.
Ein Patron, Maximus, soll keinen Patron haben.

Bei Zoïlus zu Gast, nein danke!

Du glaubst, Zoïlus, ich werde glücklich durch eine Mahlzeit,
glücklich, Zoïlus, und dann noch durch eine Mahlzeit bei dir?
Der muß an Aricias Hügel als Gast sich lagern,
den eine Mahlzeit bei dir, Zoïlus, glücklich macht.

Gekaufte Gedichte sind noch lang keine eigenen

Gedichte kauft Paulus, seine Gedichte trägt Paulus vor.
Denn was man sich kaufe, könne man doch zu recht als Eigentum
 bezeichnen.

Lieber die Hand als den Mund

Küsse gibst du den einen, den anderen gibst du, Postumus, die Rechte.
Du sagst: »Was von beiden ist dir lieber? Wähle!« – Lieber ist mir die
 Hand.

22

Quid mihi vobiscum est, o Phoebe novemque sorores?
 ecce nocet vati Musa iocosa suo.
dimidio nobis dare Postumus ante solebat
 basia, nunc labro coepit utroque dare.

23

Non dicam, licet usque me rogetis,
qui sit Postumus in meo libello,
non dicam: quid enim mihi necesse est
has offendere basiationes
quae se tam bene vindicare possunt? 5

24

Si det iniqua tibi tristem fortuna reatum,
 squalidus haerebo pallidiorque reo:
si iubeat patria damnatum excedere terra,
 per freta, per scopulos exulis ibo comes.
dat tibi divitias: ecquid sunt ista duorum? 5
 das partem? 'multum est.' Candide, das aliquid?
mecum eris ergo miser: quod si deus ore sereno
 adnuerit, felix, Candide, solus eris.

Postumus rächt sich an mir mit Küssen

Was habe ich euch getan, Phöbus und ihr Neun Schwestern?
Siehe, die scherzhafte Muse schadet ihrem eigenen Sänger:
Mit halber Lippe nur gab mir sonst Postumus Küsse,
jetzt fing er an, mich mit vollem Mund zu küssen.

Postumus bleibt Anonymus

Ich sag's nicht, auch wenn ihr mich noch so oft bittet,
wer Postumus in meinem Büchlein ist,
ich sag's nicht, denn wozu hab' ich es nötig,
all diese Küsse zu kränken,
die sich so ausgezeichnet zu rächen verstehen?

Im Glück willst du allein bleiben

Wenn Fortuna dir böswillig das traurige Los eines Angeklagten beschert,
werde ich mich dir im Trauergewand anschließen und blasser noch als
selbst der Beklagte sein;
wenn sie verlangt, daß du, schuldig gesprochen, die Heimaterde verläßt,
werde ich über Meere und Klippen als Begleiter in die Verbannung gehen
mit dir.
Reichtum gibt sie dir: Gehört der etwa uns beiden?
Gibst du mir einen Teil davon ab? »Das wär' aber viel.« Candidus, gibst
du etwas?
Gemeinsam mit mir willst du also unglücklich sein, doch wenn ein Gott
dir mit freundlichem Gesicht
zunickt, Candidus, willst du allein glücklich sein.

25

Das numquam, semper promittis, Galla, roganti.
  si semper fallis, iam rogo, Galla, nega.

26

Quod querulum spirat, quod acerbum Naevia tussit,
  inque tuos mittit sputa subinde sinus,
iam te rem factam, Bithynice, credis habere?
  erras: blanditur Naevia, non moritur.

27

Laudantem Selium cenae cum retia tendit
  accipe, sive legas sive patronus agas:
'effecte! graviter! cito! nequiter! euge! beate!
  hoc volui!' 'facta est iam tibi cena, tace.'

28

Rideto multum qui te, Sextille, cinaedum
  dixerit et digitum porrigito medium.
sed nec pedico es nec tu, Sextille, fututor,
  calda Vetustinae nec tibi bucca placet.
ex istis nihil es, fateor, Sextille: quid ergo es?   5
  nescio, sed tu scis res superesse duas.

Ein klares Nein ist mir lieber

Niemals gewährst du mir deine Gunst, immer versprichst du es, Galla,
> wenn ich dich bitte;
wenn du mich immer täuschst, Galla, so sage doch endlich, ich bitte
> dich, »nein«!

Hustenreiz

Weil Naevia so kläglich schnauft, weil sie so bitterlich hustet
und dir sogar nicht selten auf dein Gewand spuckt,
glaubst du, Bithynicus, du habest dein Ziel schon erreicht;
du irrst dich: Naevia kokettiert, sie stirbt nicht.

Erfolgreicher Mahlzeitjäger

Hör' nur, wie Selius dich lobt, wenn er seine Netze für eine Mahlzeit
> auswirft,
ob du nun rezitierst oder als Anwalt auftrittst vor Gericht:
»Perfekt! Großartig! Wie schnell! Wie raffiniert! Bravo! Gratuliere!
Genau das habe ich mir vorgestellt!« – »Dein Essen ist schon bereit,
> sei jetzt still!«

Nur zwei Sexpraktiken bleiben übrig

Lache nur laut, Sextillus, wenn einer dich einen Schwulen nennt,
und zeige ihm den Mittelfinger!
Doch du treibst es, Sextillus, weder mit Knaben noch mit Frauen,
und auch Vetustinas warmer Mund verlockt dich nicht.
Nichts dergleichen, zugegeben, bist du, Sextillus; was also bist du dann?
Ich weiß es nicht, doch du weißt: Zwei Möglichkeiten bleiben übrig.

29

Rufe, vides illum subsellia prima terentem,
  cuius et hinc lucet sardonychata manus
quaeque Tyron totiens epotavere lacernae
  et toga non tactas vincere iussa nives,
cuius olet toto pinguis coma Marcelliano
  et splendent volso bracchia trita pilo,
non hesterna sedet lunata lingula planta,
  coccina non laesum pingit aluta pedem,
et numerosa linunt stellantem splenia frontem.
  ignoras quid sit? splenia tolle, leges.

30

Mutua viginti sestertia forte rogabam,
  quae vel donanti non grave munus erat.
quippe rogabatur felixque vetusque sodalis
  et cuius laxas arca flagellat opes.
is mihi 'dives eris, si causas egeris' inquit.
  quod peto da, Gai: non peto consilium.

31

Saepe ego Chrestinam futui. det quam bene quaeris?
  supra quod fieri nil, Mariane, potest.

Mein Patron ist ein feiger Opportunist

Habe ich mit Balbus Streit, dann willst du Balbus nicht vor den Kopf
  stoßen,
Ponticus; geht's gegen Licinus, heißt's: »Auch der ist ein bedeutender
  Mann.«
Mein Grundstücks-Nachbar Patrobas ruiniert mir oft mein kleines Stück
  Land:
Gegen »einen Freigelassenen Caesars« vorzugehen hast du Angst.
Laronia verweigert mir meinen Sklaven und behält ihn,
du gibst zur Antwort: »Sie ist kinderlos, reich, alt und verwitwet.«
Glaube mir: Nicht gut ist es, einem Freund zu dienen, der selber ein
  Sklave ist:
Frei muß sein, wer mein Herr zu sein wünscht.

So eine – und so was – küsse ich nicht

Warum ich dich nicht küsse, Philaenis? Glatzköpfig bist du.
Warum ich dich nicht küsse, Philaenis? Rot bist du.
Warum ich dich nicht küsse, Philaenis? Einäugig bist du.
Wer das küßt, Philaenis, der treibt's mit dem Mund.

Eine Mutter, die sich einen jungen Liebhaber kaufte

Weil dir Phileros gefällt, den du dir mit deiner ganzen Mitgift gekauft hast,
läßt du, Galla, es zu, daß deine drei Söhne Hungers sterben.
Eine so große Gefälligkeit gewährst du deinem grauen Schoß,
für den auch ehrbare Liebe sich längst nicht mehr schickt.
Mögen dich die Götter zur ewigen Freundin von Phileros machen,
o Mutter, verglichen mit dir war auch Pontia nicht schlechter.

35

Cum sint crura tibi simulent quae cornua lunae,
  in rhytio poteras, Phoebe, lavare pedes.

36

Flectere te nolim, sed nec turbare capillos;
  splendida sit nolo, sordida nolo cutis;
nec mitratorum nec sit tibi barba reorum:
  nolo virum nimium, Pannyche, nolo parum.
nunc sunt crura pilis et sunt tibi pectora saetis 5
  horrida, sed mens est, Pannyche, volsa tibi.

37

Quidquid ponitur hinc et inde verris,
mammas suminis imbricemque porci
communemque duobus attagenam,
mullum dimidium lupumque totum
muraenaeque latus femurque pulli 5
stillantemque alica sua palumbum.
haec cum condita sunt madente mappa,
traduntur puero domum ferenda:
nos accumbimus otiosa turba.
ullus si pudor est, repone cenam: 10
cras te, Caeciliane, non vocavi.

Auf einen Mann mit O-Beinen

Da du Beine hast, die der Mondsichel gleichen,
könntest du, Phöbus, in einem Trinkhorn deine Füße baden.

Körper behaart, Verstand ausgerupft

Daß du dir die Haare flichst, will ich nicht, noch daß du sie wirr trägst;
deine Haut will ich nicht glänzend und will ich nicht schmutzig;
weder gleiche dein Bart dem von Trägern der Mitra noch dem von
      Angeklagten vor Gericht:
Ich will nicht, Pannychus, daß du zu sehr, will nicht, daß du zu wenig
      Mann bist.
Jetzt starren dir die Beine von Haaren und die Brust von Borsten,
doch Sinn und Verstand, Pannychus, sind dir ausgerupft.

Ein unverschämter Gast

Was immer man auftischt, du schnappst es dir, mal von hier, mal von da:
Saueuter, ein Schweinerippchen,
ein Haselhuhn, das für zwei bestimmt war,
eine halbe Meerbarbe, den ganzen Seebarsch,
ein Muränenfilet, einen Hähnchenschlegel
und eine Taube, von der ihre Gerstentunke tropft.
Ist das alles in die fett-triefende Serviette verpackt,
bekommt es dein Sklave, der trägt's dann nach Haus.
Wir liegen allesamt untätig zu Tisch.
Wenn du noch irgendein Schamgefühl hast, dann bring das Essen wieder
      zurück:
Für morgen, Caecilianus, hab' ich dich nicht eingeladen.

38

Quid mihi reddat ager quaeris, Line, Nomentanus?
  hoc mihi reddit ager: te, Line, non video.

39

Coccina famosae donas et ianthina moechae:
  vis dare quae meruit munera? mitte togam.

40

Uri Tongilius male dicitur hemitritaeo.
  novi hominis fraudes: esurit atque sitit.
subdola tenduntur crassis nunc retia turdis,
  hamus et in mullum mittitur atque lupum.
Caecuba saccantur quaeque annus coxit Opimi, 5
  conduntur parco fusca Falerna vitro.
omnes Tongilium medici iussere lavari:
  o stulti, febrem creditis esse? gula est.

41

'Ride si sapis, o puella, ride'
Paelignus, puto, dixerat poeta.
sed non dixerat omnibus puellis.
verum ut dixerit omnibus puellis,
non dixit tibi: tu puella non es, 5

Ertrag des Landguts

Was mir mein Landsitz bei Nomentum einbringt, fragst du mich, Linus.
Das bringt mir der Landsitz ein: Dich, Linus, brauche ich nicht zu sehen.

Falsche Gewänder für eine Ehebrecherin

Scharlachrote und veilchenfarbene Gewänder schenkst du der
 verrufenen Ehebrecherin.
Willst du ihr die Geschenke geben, die sie verdient hat? Dann schick' ihr
 eine Toga!

Als Krankheit kaschierte Freßsucht

Tongilius, sagt man, leide arg unter dem Halb-Dreitage-Fieber.
Ich kenne die Schliche des Mannes: Hunger hat er und Durst.
Heimtückische Netze spannt man derzeit für fette Drosseln,
und den Angelhaken legt man für Meerbarbe und Seebarsch aus.
Caecuber sieht man durch und die Weine, die das Jahr des Opimius
 reifen ließ,
dunklen Falerner gießt man in schmale Flakons.
Sämtliche Ärzte verordnen Tongilius Bäder:
O ihr Dummköpfe, das sei Fieber, meint ihr? Es ist sein gefräßiges Maul.

Weine, Mädchen, weine

»Lache, Mädchen, wenn du klug bist, lache!«
sagte, glaub' ich, der pälignische Dichter:
Doch er sagte es nicht für alle Mädchen,
und hätt' er es auch zu allen Mädchen gesagt,
zu dir hat er es bestimmt nicht gesagt: Du bist kein Mädchen mehr

et tres sunt tibi, Maximina, dentes,
sed plane piceique buxeique.
quare si speculo mihique credis,
debes non aliter timere risum,
quam ventum Spanius manumque Priscus, 10
quam cretata timet Fabulla nimbum,
cerussata timet Sabella solem.
voltus indue tu magis severos,
quam coniunx Priami nurusque maior.
mimos ridiculi Philistionis 15
et convivia nequiora vita
et quidquid lepida procacitate
laxat perspicuo labella risu.
te maestae decet adsidere matri
lugentique virum piumve fratrem, 20
et tantum tragicis vacare Musis.
at tu iudicium secuta nostrum
plora, si sapis, o puella, plora.

42

Zoile, quid solium subluto podice perdis?
   spurcius ut fiat, Zoile, merge caput.

43

Κοινὰ φίλων. haec sunt, haec sunt tua, Candide, κοινά,
   quae tu magnilocus nocte dieque sonas:
te Lacedaemonio velat toga lota Galaeso
   vel quam seposito de grege Parma dedit:

und hast, Maximina, auch nur drei Zähne,
und die haben ganz die Farbe von Pech und von Buchsbaumholz.
Wenn du daher dem Spiegel und mir glaubst,
mußt du dich genauso vor dem Lachen fürchten
wie Spanius vor dem Wind und Priscus vor einer Hand,
wie Fabulla, die mit Kreide beschmierte, sich vor einem Regenschauer
und Sabella, die mit Bleiweiß geschminkte, sich vor der Sonne fürchten.
Setze du dir eine strengere Miene auf
als des Priamos Gattin und ältere Schwiegertochter!
Die Mimen des Komikers Philistion
und zu ausgelassene Bankette meide
nebst allem, was durch witzige Frechheit
die Lippen zu sichtbarem Lachen öffnet!
Für dich schickt es sich, neben einer trauernden Mutter zu sitzen,
die um den Mann, um den lieben Bruder klagt,
und dich nur den tragischen Musen zu widmen.
Du aber folge meinem Rat, und
weine, Mädchen, wenn du klug bist, weine!

Unten pfui und oben pfui

Zoïlus, was verunreinigst du das Wasser im Becken, indem du deinen
    Hintern darin wäschst?
Damit es noch schmutziger wird, tauche, Zoïlus, deinen Kopf hinein!

Freundschaft in Wort und in Tat

»Freunden ist alles gemeinsam.« – Das, Candidus, das sind deine
    ›Gemeinsamkeiten‹,
von denen du bei Tag und bei Nacht großsprecherisch tönst:
Dich umhüllt eine Toga, im spartanischen Galaesus gewaschen,
oder eine, die dir Parma aus erlesener Herde lieferte,

at me, quae passa est furias et cornua tauri, 5
 noluerit dici quam pila prima suam.
misit Agenoreas Cadmi tibi terra lacernas:
 non vendes nummis coccina nostra tribus.
tu Libycos Indis suspendis dentibus orbis:
 fulcitur testa fagina mensa mihi. 10
inmodici tibi flava tegunt chrysendeta mulli:
 concolor in nostra, cammare, lance rubes.
grex tuus Iliaco poterat certare cinaedo:
 at mihi succurrit pro Ganymede manus.
ex opibus tantis veteri fidoque sodali 15
 das nihil et dicis, Candide, Κοινὰ φίλων?

44

Emi seu puerum togamve pexam
seu tres, ut puta, quattuorve libras,
Sextus protinus ille fenerator,
quem nostis veterem meum sodalem,
ne quid forte petam timet cavetque, 5
et secum, sed ut audiam, susurrat:
'septem milia debeo Secundo,
Phoebo quattuor, undecim Phileto,
et quadrans mihi nullus est in arca.'
o grande ingenium mei sodalis! 10
durum est, Sexte, negare, cum rogaris,
quanto durius, antequam rogeris!

doch mich ein Gewand, das die Wut und die Hörner des Stieres erlebt
> hat
und das nicht die erste beste Strohpuppe hätte ihr eigen nennen wollen.
Das Land des Kadmos hat dir Agenors Mäntel geschickt:
Mein scharlachrotes Gewand kannst du nicht einmal für drei Sesterze
> verkaufen.
Du läßt deine libyschen Tischplatten auf indischen Zähnen ruhen,
mein Buchenholztisch stützt sich auf Ziegeln aus Ton.
Riesige Meerbarben bedecken bei dir die gelb schimmernden,
> goldverzierten Platten,
in meiner rotbraunen Schüssel leuchtest du, gleichfarbiges Meerkrebslein.
Deine Dienerschar könnt' es mit dem trojanischen Lustknaben
> aufnehmen,
doch mir assistiert als Ganymed nur meine eigene Hand.
Von solchen Reichtums Fülle gibst du nichts dem alten, treuen
> Gefährten ab
und sagst dann, Candidus: »Freunden ist alles gemeinsam«?

Vorbeugende Ablehnung einer noch gar nicht ausgesprochenen Bitte

Habe ich mir einen Sklaven gekauft, eine Toga mit noch voller Wolle
oder drei, vielleicht auch vier Pfund Silbergeschirr,
sofort befürchtet Sextus, der bekannte Wucherer,
den ihr als meinen alten Gefährten kennt,
ich könnt' ihn vielleicht um etwas bitten; er nimmt sich in acht
und murmelt bei sich, doch so, daß ich es hören muß:
»Siebentausend schulde ich dem Secundus,
dem Phöbus vier, elf dem Philetus,
und kein Viertel-As ist in meiner Truhe.«
Wie klug und erfindungsreich ist doch mein Gefährte!
Hart ist, Sextus, ein Nein, wenn man dich bittet,
um wieviel härter noch, bevor man dich bittet!

45

Quae tibi non stabat praecisa est mentula, Glypte.
   demens, cum ferro quid tibi? Gallus eras.

46

Florida per varios ut pingitur Hybla colores,
   cum breve Sicaniae ver populantur apes,
sic tua subpositis conlucent prela lacernis,
   sic micat innumeris arcula synthesibus,
atque omnem vestire tribum tua candida possunt, 5
   Apula non uno quae grege terra tulit.
tu spectas hiemem succincti lentus amici
   pro scelus, et lateris frigora trita tui.
quantum erat, infelix, pannis fraudare duobus –
   quid renuis? – non te, Naevole, sed tineas? 10

47

Subdola famosae moneo fuge retia moechae,
   levior o conchis, Galle, Cytheriacis.
confidis natibus? non est pedico maritus:
   quae faciat duo sunt: irrumat aut futuit.

Überflüssige Operation

Deinen Schwanz, der dir nie stand, Glyptus, ließest du beschneiden.
Dummkopf, wozu brauchtest du das Messer? Ein Kastrat warst du eh
 schon.

Ein knausriger Patron mit vollem Kleider›schrank‹

Wie die blühende Hybla sich bunt färbt,
wenn Siziliens Bienen den kurzen Frühling ausplündern,
so leuchten deine Kleiderpressen von den untergelegten Mänteln,
so schimmert deine Truhe von zahllosen Freizeitgewändern,
und einen ganzen Stadtbezirk kannst du in deine blendendweißen Togen
 stecken,
die das Land Apulien nicht mit einer Herde nur hervorgebracht hat.
Doch gefühllos betrachtest du die Winter-Nöte deines dürftig
 gekleideten Freundes
– Schande über dich! – und die fadenscheinige, nicht wärmende
 Kleidung deines Gefolges.
Welch großes Opfer hätte es, du Elender, bedeutet, um zwei Tücher zu
 berauben
– was winkst du ab? – nicht dich, Naevolus, sondern – die Motten!

Warnung an einen jungen Ehebrecher

Ich mahne dich: Meide die listigen Netze der verrufenen Ehebrecherin,
Gallus, glatter als Kytheras Muscheln.
Du verläßt dich auf deine Hinterbacken? Ihr Mann ist kein Päderast:
Er kennt zwei Methoden nur: Er benutzt Mund oder Möse.

48

Coponem laniumque balneumque,
tonsorem tabulamque calculosque
et paucos, sed ut eligam, libellos:
unum non nimium rudem sodalem
et grandem puerum diuque levem　　　　　5
et caram puero meo puellam:
haec praesta mihi, Rufe, vel Butuntis,
et thermas tibi habe Neronianas.

49

Uxorem nolo Telesinam ducere: quare?
　moecha est. sed pueris dat Telesina. volo.

50

Quod fellas et aquam potas, nil, Lesbia, peccas.
　qua tibi parte opus est, Lesbia, sumis aquam.

51

Unus saepe tibi tota denarius arca
　cum sit et hic culo tritior, Hylle, tuo,
non tamen hunc pistor, non auferet hunc tibi copo,
　sed si quis nimio pene superbus erit.
infelix venter spectat convivia culi　　　　　5
　et semper miser hic esurit, ille vorat.

Bescheidene Wunschliste des Dichters

Einen Kneipenwirt, einen Metzger, ein Bad,
einen Friseur, ein Brettspiel und die Steinchen dazu,
und wenige Büchlein, die ich mir aber selbst aussuchen kann;
einen nicht zu ungebildeten Freund,
einen stattlichen und noch lange bartlosen Jungen
und ein Mädchen, in das mein Junge verliebt ist,
das gib mir, Rufus, mag es auch in Butunti sein,
und behalte du für dich die Nero-Thermen!

Verlockende Aussichten im Fall einer Heirat

»Heiraten will ich Telesina nicht.« Warum?
»Sie hat Liebhaber.« – Doch Telesina treibt's mit Knaben. – »Ja, dann will ich.«

Ein ›sauberer‹ Mund

Daß du's mit dem Mund machst und dann Wasser trinkst, ist keine Schande, Lesbia:
Du verwendest, Lesbia, Wasser für den Körperteil, der es nötig hat.

Der Bauch hat das Nachsehen

Obwohl du oft nur einen einzigen Denar in der ganzen Truhe hast
und auch der abgeriebener ist als dein Arsch, Hyllus,
wird ihn doch weder der Bäcker noch der Schankwirt von dir erhalten,
sondern einer, der stolz ist auf seinen enormen Penis.
Untröstlich betrachtet der Bauch das Festmahl für den Arsch,
und immer muß er jämmerlich hungern, indes der andre sein Fressen bekommt.

52

Novit loturos Dasius numerare: poposcit
   mammosam Spatalen pro tribus: illa dedit.

53

Vis fieri liber? mentiris, Maxime, non vis:
   sed fieri si vis, hac ratione potes.
liber eris, cenare foris si, Maxime, nolis,
   Veientana tuam si domat uva sitim,
si ridere potes miseri chrysendeta Cinnae,   5
   contentus nostra si potes esse toga,
si plebeia Venus gemino tibi vincitur asse,
   si tua non rectus tecta subire potes.
haec tibi si vis est, si mentis tanta potestas,
   liberior Partho vivere rege potes.   10

54

Quid de te, Line, suspicetur uxor
et qua parte velit pudiciorem,
certis indiciis satis probavit,
custodem tibi quae dedit spadonem.
nil nasutius hac maligniusque.   5

55

Vis te, Sexte, coli: volebam amare.
parendum est tibi: quod iubes, coleris.
sed si te colo, Sexte, non amabo.

Dreifacher Eintrittspreis

Dasius weiß die Badegäste richtig zu zählen: So verlangte er
von der vollbusigen Spatale Eintrittsgeld für drei; und die gab es ihm.

Freiheit in der Beschränkung

Frei willst du werden? Du lügst, Maximus, du willst es gar nicht;
aber wenn du es wirklich werden willst, versuch' es auf folgende Art:
Frei wirst du sein, Maximus, wenn du nicht auswärts speisen willst,
wenn schon Vejentaner Wein deinen Durst stillt,
wenn du über die goldverzierten Schüsseln des elenden Cinna lachen
        kannst,
wenn du mit einer Toga wie meiner zufrieden bist,
wenn du dir für zwei As eine Venus aus dem Volke eroberst,
wenn du nur gebückt in dein Haus eintreten kannst.
Wenn du so viel Willenskraft und Seelenstärke hast,
dann kannst du freier als der Partherkönig leben.

Ein Eunuch als Hüter für den Ehemann

Was deine Frau von dir vermutet, Linus,
und an welchem Körperteil sie dich anständiger möchte,
das hat sie mit deutlichen Zeichen genügend bewiesen,
als sie dir einen Eunuchen zum Wächter gab.
Niemand hat eine feinere Nase und ist boshafter als sie.

Klientendienst oder Zuneigung

Hofiert willst du werden, Sextus, und ich wollte dich eigentlich lieben.
Hören muß ich auf dich, und so wirst du wie befohlen hofiert;
doch wenn ich dich hofiere, Sextus, dann lieb' ich dich nicht.

56

Gentibus in Libycis uxor tua, Galle, male audit
 inmodicae foedo crimine avaritiae.
sed mera narrantur mendacia: non solet illa
 accipere omnino. quid solet ergo? dare.

57

Hic quem videtis gressibus vagis lentum,
amethystinatus media qui sccat Saepta,
quem non lacernis Publius meus vincit,
non ipse Cordus alpha paenulatorum,
quem grex togatus sequitur et capillatus 5
recensque sella linteisque lorisque,
oppigneravit modo modo ad Cladi mensam
vix octo nummis anulum, unde cenaret.

58

Pexatus pulchre rides mea, Zoile, trita.
 sunt haec trita quidem, Zoile, sed mea sunt.

Die allzu gefällige Frau eines Gouverneurs

Bei Libyens Völkern steht deine Gattin, Gallus, in schlechtem Ruf:
Man macht ihr den beschämenden Vorwurf maßloser Habgier.
Doch pure Lügen erzählt man; sie pflegt überhaupt nie
zu nehmen. – Was pflegt sie dann? – Zu geben.

Da spielt sich einer auf, und nichts ist dahinter

Den ihr hier gemächlich und mit ziellosen Schritten herumlaufen seht,
der, amethystfarben gekleidet, den Weg mitten durch die Saepta Iulia
    nimmt,
den auch mein Publius nicht mit seinen Umhängen übertrifft,
selbst Cordus nicht, die Nummer eins unter den Trägern eleganter
    Reisemäntel,
dem eine Eskorte von Klienten in der Toga und von langhaarigen Pagen
    folgt
und ein Tragsessel, neu ausgestattet mit Vorhängen und Gurten,
– der hat eben, eben erst der Bank des Cladus
für knapp acht Geldstücke seinen (Ritter-)Ring verpfändet, um damit
    sein Essen bezahlen zu können.

Ärmlich, aber mein

In dichte Wolle gekleidet, lachst du, Zoïlus, über mein fadenscheiniges
    Outfit.
Fadenscheinig ist es zwar, Zoïlus – aber es ist mein.

59

Mica vocor: quid sim cernis, cenatio parva:
　　ex me Caesareum prospicis ecce tholum.
frange toros, pete vina, rosas cape, tinguere nardo:
　　ipse iubet mortis te meminisse deus.

60

Uxorem armati futuis, puer Hylle, tribuni,
　　supplicium tantum dum puerile times.
vae tibi, dum ludis, castrabere. iam mihi dices
　　'non licet hoc.' quid? tu quod facis, Hylle, licet?

61

Cum tibi vernarent dubia lanugine malae,
　　lambebat medios inproba lingua viros.
postquam triste caput fastidia vispillonum
　　et miseri meruit taedia carnificis,
uteris ore aliter nimiaque aerugine captus　　　　　5
　　adlatras nomen quod tibi cumque datur.
haereat inguinibus potius tam noxia lingua:
　　nam cum fellaret, purior illa fuit.

Memento mori!

»Kleiner Bissen« nennt man mich; was ich bin, siehst du: ein kleiner
    Raum zum Speisen.
Von mir aus blickst du, schau' nur, auf das Mausoleum der Caesaren.
Laß dich in die Polster fallen, bestelle den Wein, nimm Rosen, beträufle
    dich mit Nardenöl!
Der Gott selbst fordert dich auf: Denk' an den Tod!

Gefährliche Liebschaft eines Jungen

Hyllus, Junge, du vögelst die Frau des waffenbewehrten Tribunen,
wobei du nichts Schlimmeres glaubst befürchten zu müssen als die
    spezielle Bestrafung von Jungen.
Weh dir! Noch während du schäkerst, wirst du kastriert! Gleich wirst du
    zu mir sagen:
»Das darf er doch nicht!« – Na und, Hyllus: Darfst du etwa, was du da
    tust?

Eine Zunge, erst schamlos, dann unverschämt

Als sich dir die Wangen gerade mit kaum erkennbarem Flaum bedeckten,
leckte schon deine schamlose Zunge die Männer in der Mitte;
seitdem dein ekelhafter Kopf den Widerwillen der Totengräber
und den Abscheu des elenden Henkers verdient,
benutzt du anders den Mund, und, erfaßt von giftigem Neid,
bellst du jeden Namen an, den man dir nennt.
Besser hinge deine so schädliche Zunge noch an Genitalien,
denn, als sie dort leckte, war sie sauberer.

62

Quod pectus, quod crura tibi, quod bracchia vellis,
    quod cincta est brevibus mentula tonsa pilis:
hoc praestas, Labiene, tuae – quis nescit? – amicae.
    cui praestas, culum quod, Labiene, pilas?

63

Sola tibi fuerant sestertia, Miliche, centum,
    quae tulit e sacra Leda redempta via.
Miliche, luxuria est si tanti dives amares.
    'non amo' iam dices: haec quoque luxuria est.

64

Dum modo causidicum, dum te modo rhetora fingis
    et non decernis, Laure, quid esse velis,
Peleos et Priami transît et Nestoris aetas
    et fuerat serum iam tibi desinere.
incipe, tres uno perierunt rhetores anno,   5
    si quid habes animi, si quid in arte vales.
si schola damnatur, fora litibus omnia fervent,
    ipse potest fieri Marsua causidicus.
heia age, rumpe moras: quo te sperabimus usque?
    dum quid sis dubitas, iam potes esse nihil.   10

Verdächtige Enthaarung des Hintern

Daß du dir die Brust, die Beine, die Arme rupfst,
daß dein Schwanz nach der Rasur nur mit kurzen Haaren umkränzt ist,
all das, Labienus, tust du – weiß man – deiner Freundin zuliebe;
doch wem zuliebe enthaarst du deinen Arsch, Labienus?

Doppelte Geldverschwendung wegen einer Frau

Hunderttausend Sesterze, Milichus, besäßest du nur,
und die bekam Leda, als du sie an der Heiligen Straße kauftest.
Milichus, Verschwendung wär's, wenn du selbst als reicher Mann so viel
    für die Liebe gäbest.
»Ich liebe sie nicht«, sagst du sofort. – Das ist nochmal Verschwendung.

Mahnung an einen Unentschlossenen

Während du dich einmal als Anwalt und dann wieder als Rhetor siehst
und dich nicht entscheiden kannst, Laurus, was du werden willst,
ist bereits das Lebensalter von Peleus, Priamos und Nestor vergangen,
und schon wäre es zu spät für dich, um mit dem Beruf aufzuhören.
Fang' endlich an – drei Rhetoren sind in einem Jahr gestorben –,
wenn du nur etwas Willensstärke hast, wenn du etwas von dem Metier
    verstehst.
Lehnst du die Schule ab: alle Foren wimmeln von Prozessen,
selbst die Marsyas-Statue könnte dort zum Anwalt werden.
Los, mein Freund, gib das Zögern auf: Wie lange noch sollen wir auf
    dich warten?
Während du noch schwankst, was du bist, kann's dir alsbald passieren,
    daß du nichts bist.

65

Cur tristiorem cernimus Saleianum?
'an causa levis est?' inquis, 'extuli uxorem.'
O grande fati crimen! o gravem casum!
illa, illa dives mortua est Secundilla,
centena decies quae tibi dedit dotis? 5
nollem accidisset hoc tibi, Saleiane.

66

Unus de toto peccaverat orbe comarum
   anulus, incerta non bene fixus acu.
hoc facinus Lalage speculo, quo viderat, ulta est,
   et cecidit saevis icta Plecusa comis.
desine iam, Lalage, tristes ornare capillos, 5
   tangat et insanum nulla puella caput.
hoc salamandra notet vel saeva novacula nudet,
   ut digna speculo fiat imago tua.

67

Occurris quocumque loco mihi, Postume, clamas
   protinus et prima est haec tua vox 'quid agis?'
hoc, si me decies una conveneris hora,
   dicis: habes puto tu, Postume, nil quod agas.

Kondolenz mit Hintergedanken

Weshalb sehen wir Saleianus in einem derart traurigem Zustand?
»Ist das etwa eine Lappalie«, sagst du, »ich habe meine Frau zu Grabe
  getragen.«
Welch großes Verbrechen des Schicksals! Welch schlimmes Unglück!
Sie, ja sie, die reiche Secundilla ist gestorben,
die dir eine Million als Mitgift brachte?
Tut mir leid, daß gerade dir das passieren mußte, Saleianus!

Brutalität einer Herrin

Eine einzige Locke vom ganzen Kranz ihrer Frisur fügte sich nicht ein,
weil sie durch die zu locker sitzende Nadel schlecht befestigt war.
Mit dem Spiegel, in dem sie es sah, rächte sich Lalage für das ›Verbrechen‹,
und getroffen sank Plecusa zu Boden, ein Opfer der grausamen Frisur.
Hör' schon auf, Lalage, dein Unglückshaar kunstvoll legen zu lassen,
kein Mädchen berühre künftig deinen verrückten Kopf.
Ein Salamander brandmarke ihn, oder ein Messer entblöße ihn grausam,
damit das Bild, das du abgibst, deines Spiegels würdig werde.

Ein Müßiggänger, der ständig schwatzen möchte

Überall, wo du mir über den Weg läufst, Postumus, rufst du sofort,
und das ist dein erstes Wort: »Was tust du so?«
Auch wenn du mich zehnmal in einer Stunde triffst,
sagst du es: Offenbar hast du, Postumus, nichts zu tun.

68

Quod te nomine iam tuo saluto,
quem regem et dominum prius vocabam,
ne me dixeris esse contumacem:
totis pillea sarcinis redemi.
reges et dominos habere debet 5
qui se non habet atque concupiscit
quod reges dominique concupiscunt.
servom si potes, Ole, non habere,
et regem potes, Ole, non habere.

69

Invitum cenare foris te, Classice, dicis:
    si non mentiris, Classice, dispeream.
ipse quoque ad cenam gaudebat Apicius ire:
    cum cenaret, erat tristior ille, domi.
si tamen invitus vadis, cur, Classice, vadis? 5
    'cogor' ais: verum est; cogitur et Selius.
en rogat ad cenam Melior te, Classice, rectam.
    grandia verba ubi sunt? si vir es, ecce, nega.

70

Non vis in solio prius lavari
quemquam, Cotile: causa quae, nisi haec est,
undis ne fovearis irrumatis?
primus te licet abluas: necesse est
ante hic mentula quam caput lavetur. 5

Autarkie nach Aufgabe des Klientendienstes

Wenn ich dich jetzt mit deinem Namen grüße,
den ich früher »König« und »Herr« nannte,
dann behaupte nicht, ich sei unverschämt:
Mit all meinem Besitz habe ich mir den Filzhut der Freiheit erkauft.
Könige und Herren soll haben,
wer sich selbst nicht hat und (deshalb) begehrt,
was Könige und Herren begehren.
Wenn du den Sklaven, Olus, nicht haben kannst,
kannst du, Olus, auch den ›König‹ nicht haben.

Ein Mahlzeitjäger, der sein Parasitentum nicht zugibt

Daß du nur ungern bei anderen ißt, beteuerst du, Classicus.
Um mein Leben wette ich, Classicus, wenn du da nicht lügst.
Selbst Apicius war froh, wenn er zu einem Essen gehen konnte:
Mußte er zu Hause speisen, war er stets ziemlich betrübt.
Doch wenn du nur ungern gehst, weshalb, Classicus, gehst du dann?
»Man zwingt mich dazu«, sagst du, und das stimmt; auch Selius zwingt
    man dazu.
Doch sieh, Melior lädt dich, Classicus, zu einer ordentlichen Mahlzeit ein.
Wo sind jetzt deine großen Worte? Bist du ein Mann, dann sag' ab!

Umkehrung der Reihenfolge beim Waschen angebracht

Du willst nicht, daß sich jemand vor dir im Bassin wäscht,
Cotilus: Welch anderen Grund gibt es dafür, als daß
du nicht in besudeltem Wasser baden magst?
Du kannst dich ruhig als erster darin reinigen, doch mußt du dann
zuerst den Schwanz und dann den Kopf drin waschen.

71

Candidius nihil est te, Caeciliane. notavi,
    si quando ex nostris disticha pauca lego,
protinus aut Marsi recitas aut scripta Catulli.
    hoc mihi das, tamquam deteriora legas,
ut conlata magis placeant mea? credimus istud: 5
    malo tamen recites, Caeciliane, tua.

72

Hesterna factum narratur, Postume, cena
    quod nollem – quis enim talia facta probet? –
os tibi percisum quanto non ipse Latinus
    vilia Panniculi percutit ora sono:
quodque magis mirum est, auctorem criminis huius   5
    Caecilium tota rumor in urbe sonat.
esse negas factum: vis hoc me credere? credo.
    quid quod habet testes, Postume, Caecilius?

73

⟨Quid faciat se scire Lyris negat ebria semper.⟩
    quid faciat volt scire Lyris? quod sobria: fellat.

Hinterhältiger Rat an einen Rezitator

Niemand ist von so lauterer Gesinnung wie du, Caecilianus, ich hab' es bemerkt.
Wenn ich einmal ein paar Distichen von mir vorlese,
gleich trägst du dann Verse von Domitius Marsus oder Catull vor.
Tust du das mir zuliebe, so als läsest du dort schlechtere Verse,
daß, mit ihnen verglichen, die meinen besser gefallen? Ich glaub' schon.
Dennoch wäre es mir lieber, Caecilianus, du trügst deine eigenen vor.

Ein skandalöser Schlag ins Gesicht

Gestern beim Essen, erzählt man, Postumus, sei etwas passiert,
was ich lebhaft bedaure – wer könnte solch einen Vorfall gutheißen? –
Man gab dir einen so gewaltigen Schlag ins Gesicht, wie selbst Latinus nicht
dem Panniculus ins verachtenswerte Gesicht trifft.
Und, was noch mehr überrascht: In ganz Rom geht das Gerücht um,
Caecilius habe diese Untat verübt.
Du bestreitest den Vorfall; du willst, daß ich dir's glaube? Ich tu's ja.
Doch was dann, Postumus, wenn Caecilius Zeugen hat?

Auf eine Fellatrix

⟨Lyris behauptet stets, sie wisse nicht, was sie mache, wenn sie betrunken sei;⟩
Was sie da mache, will Lyris wissen? Was sie auch im nüchternen
Zustand macht: sie macht's mit dem Mund.

74

Cinctum togatis post et ante Saufeium,
quanta reduci Regulus solet turba,
ad alta tonsum templa cum reum misit,
Materne, cernis? invidere nolito.
comitatus iste sit precor tuus numquam.
hos illi amicos et greges togatorum
Fuficulenus praestat et Faventinus.

75

Verbera securi solitus leo ferre magistri
   insertamque pati blandus in ora manum
dedidicit pacem subito feritate reversa,
   quanta nec in Libycis debuit esse iugis.
nam duo de tenera puerilia corpora turba,
   sanguineam rastris quae renovabat humum,
saevos et infelix furiali dente peremit:
   Martia non vidit maius harena nefas.
exclamare libet: 'crudelis, perfide praedo,
   a nostra pueris parcere disce lupa!'

76

Argenti libras Marius tibi quinque reliquit,
   cui nihil ipse dabas: hic tibi verba dedit.

Klientenschar auf Pump

Siehst du, Maternus, den Saufeius, der vorn und hinten von Togaträgern
    umringt ist,
einer Klientenschar, so groß, wie sie Regulus meist nach Hause begleitet,
wenn er einen frisch rasierten Angeklagten zum hohen Tempel schickte?
Sei nicht neidisch auf ihn!
Ein solches Gefolge wünsche ich dir niemals!
All diese ›Freunde‹ und Scharen von Togaträgern
werden ihm von Fuficulenus und Faventinus finanziert.

Ein Löwe läuft Amok

Ein Löwe, gewohnt, die Schläge seines unbesorgten Herrn zu ertragen
und die ihm ins Maul gesteckte Hand freundlich zu dulden,
verlernte plötzlich seine Friedfertigkeit, und eine Wildheit kehrte zurück,
wie sie sich nicht einmal auf Libyens Anhöhen gehört hätte.
Denn zwei Knaben aus der zarten Schar,
die gerade den blutigen Boden mit Hacken erneuerte,
brachte er, rasend und verderbenbringend, mit wütendem Biß um.
Ein größeres Verbrechen sah niemals die Arena des Mars.
Da möchte man ausrufen: »Du grausamer, heimtückischer Räuber,
lerne von unserer Wölfin, Knaben zu verschonen!«

Minimale Erbschaft

Marius hat dir fünf Pfund Silber hinterlassen,
– ein Mann, dem du selber nie etwas gabst: Der hat dir ein Schnippchen
    geschlagen.

77

Cosconi, qui longa putas epigrammata nostra,
  utilis unguendis axibus esse potes.
hac tu credideris longum ratione colosson
  et puerum Bruti dixeris esse brevem.
disce quod ignoras: Marsi doctique Pedonis   5
  saepe duplex unum pagina tractat opus.
non sunt longa quibus nihil est quod demere possis,
  sed tu, Cosconi, disticha longa facis.

78

Aestivo serves ubi piscem tempore, quaeris?
  in thermis serva, Caeciliane, tuis.

79

Invitas tunc me cum scis, Nasica, vocasse.
  excusatum habeas me rogo: ceno domi.

80

Hostem cum fugeret, se Fannius ipse peremit.
  hic, rogo, non furor est, ne moriare, mori?

Antwort auf Kritik an der Länge der Epigramme

Cosconius, du meinst, meine Epigramme seien lang:
Du taugst nur zum Schmieren von Wagenachsen.
Nach diesem Maßstab könnte man den Koloß für lang halten
und den Knaben des Brutus als kurz bezeichnen.
Laß dich belehren, was dir entging: Bei Marsus und dem gelehrten Pedo
nimmt ein einziges Gedicht oft zwei Seiten ein.
Lang ist nie, wovon man nichts wegnehmen kann.
Aber du, Cosconius, machst lange Distichen.

Thermen als Fischbehälter?

Du fragst, wo du im Sommer deine Fische aufbewahren sollst?
Bewahre sie, Caecilianus, in deinen Thermen auf!

Antwort auf eine heuchlerische Einladung

Du lädst mich immer dann ein, Nasica, wenn du weißt, daß ich selber
    Gastgeber bin.
So nimm bitte von mir als Entschuldigung entgegen: »Ich speise zu
    Hause.«

Flucht in den Tod aus Furcht vor dem Tod

Auf der Flucht vor dem Feind tötete sich Fannius selbst.
Ich frage dich: Ist das nicht verrückt, zu sterben, damit man nicht stirbt?

81

Laxior hexaphoris tua sit lectica licebit:
  cum tamen haec tua sit, Zoile, sandapila est.

82

Abscisa servom quid figis, Pontice, lingua?
  nescis tu populum, quod tacet ille, loqui?

83

Foedasti miserum, marite, moechum,
et se, qui fuerant prius, requirunt
trunci naribus auribusque voltus.
credis te satis esse vindicatum?
erras: iste potest et irrumare. 5

84

Mollis erat facilisque viris Poeantius heros:
  volnera sic Paridis dicitur ulta Venus.
cur lingat cunnum Siculus Sertorius, hoc est:
  abs hoc occisus, Rufe, videtur Eryx.

Trotz Prunksänfte ein elender Kerl

Mag deine Sänfte auch geräumiger sein als die mit sechs Trägern:
Da sie jedoch dir gehört, Zoïlus, ist sie eine Totenbahre.

Cum tacet clamat

Weshalb schneidest du deinem Sklaven die Zunge ab, Ponticus, bevor du
     ihn ans Kreuz schlagen läßt?
Weißt du nicht, daß die Leute erzählen, was er nicht sagen kann?

Unvollständige Bestrafung eines Galans

Den unglücklichen Liebhaber deiner Frau hast du übel entstellt,
     Ehemann,
und so sehnt sich nach seiner früheren Gestalt
das an Nase und Ohren verstümmelte Gesicht.
Meinst du, du habest dich genügend gerächt?
Du irrst dich: Der kann noch einen Mund bedienen.

Perverse Veranlagung als Strafe der Göttin

Weibisch und den Männern gefällig war der pöantische Held:
So habe Venus, erzählt man, die Wunden des Paris gerächt.
Daß der Sizilier Sertorius die Fotze leckt, hat folgenden Grund:
Von ihm wurde, Rufus, offenbar Eryx erschlagen.

85

Vimine clausa levi niveae custodia coctae,
　hoc tibi Saturni tempore munus erit.
dona quod aestatis misi tibi mense Decembri
　si quereris, rasam tu mihi mitte togam.

86

Quod nec carmine glorior supino
nec retro lego Sotaden cinaedum,
nusquam Graecula quod recantat echo
nec dictat mihi luculentus Attis
mollem debilitate galliambon: 5
non sum, Classice, tam malus poeta.
quid si per gracilis vias petauri
invitum iubeas subire Ladan?
turpe est difficiles habere nugas
et stultus labor est ineptiarum. 10
scribat carmina circulis Palaemon,
me raris iuvat auribus placere.

87

Dicis amore tui bellas ardere puellas,
　qui faciem sub aqua, Sexte, natantis habes.

Geschenke zur falschen Jahreszeit

Ein von leichtem Flechtwerk umschlossenes Behältnis mit gekochtem
   und schneegekühltem Wasser
soll mein Geschenk an dich für die Zeit des Saturn sein.
Klagst du, daß ich dir ein Präsent für den Sommer im Monat Dezember
   schickte,
dann schicke du mir doch eine dünne Toga!

Poetische Selbstbeschränkung

Wenn ich mich keiner Verse rühme, die auch rückwärts zu lesen sind,
und auch nichts schreibe, was, von hinten gelesen, obszöne Sotadeen
   ergibt,
wenn auch nirgends ein griechisches Echo zurücktönt
oder der glänzende Attis mir
einen haltlosen, weichlichen Galliambus diktiert,
dann bin ich deshalb, Classicus, doch kein so schlechter Dichter.
Wie wär's, wenn man von Ladas verlangte, gegen seinen Willen
auf dem schmalen Weg des Akrobatenseiles zu gehen?
Häßlich ist es, poetische Nichtigkeiten kompliziert zu machen,
und töricht ist Angestrengtheit bei albernem Spaß.
Mag Palaemon seine Gedichte für größere Kreise schreiben:
Mir macht es Freude, wenigen Ohren zu gefallen.

Froschgesicht

Du behauptest, hübsche Mädchen erglühten vor Liebe zu dir,
dabei hast du, Sextus, das Gesicht von einem, der unter Wasser
   schwimmt.

88

Nil recitas et vis, Mamerce, poeta videri.
 quidquid vis esto, dummodo nil recites.

89

Quod nimio gaudes noctem producere vino
 ignosco: vitium, Gaure, Catonis habes.
carmina quod scribis Musis et Apolline nullo
 laudari debes: hoc Ciceronis habes.
quod vomis, Antoni: quod luxuriaris, Apici.
 quod fellas, vitium dic mihi cuius habes?

90

Quintiliane, vagae moderator summe iuventae,
 gloria Romanae, Quintiliane, togae,
vivere quod propero pauper nec inutilis annis,
 da veniam: properat vivere nemo satis.
differat hoc patrios optat qui vincere census
 atriaque inmodicis artat imaginibus.
me focus et nigros non indignantia fumos
 tecta iuvant et fons vivus et herba rudis.
sit mihi verna satur, sit non doctissima coniunx,
 sit nox cum somno, sit sine lite dies.

Lies ja keine Gedichte von dir vor!

Nichts rezitierst du und willst, Mamercus, als Dichter gelten.
Sei alles, was du willst, wenn du nur nichts rezitierst!

Fehlendes Vorbild für ein anrüchiges Sexualverhalten

Daß du dich freust, mit Unmengen Wein die Nacht zu verlängern,
verzeih' ich: Da hast du, Gaurus, Catos Laster.
Daß du Gedichte ohne die Musen und ohne Apollon verfaßt,
muß man loben: Das hast du mit Cicero,
daß du kotzt, mit Antonius, daß du schlemmst, mit Apicius gemein.
Daß du's mit der Zunge machst, sag' mir, von wem hast du das Laster?

Des Dichters bescheidene Glücksvorstellung

Quintilian, du hoher Erzieher einer flatterhaften Jugend,
Quintilian, du Ruhm der römischen Toga,
daß ich mich beeile zu leben, arm wie ich bin und nicht von den Jahren
 verbraucht,
das verzeihe mir: Daß er lebe, damit beeilt sich niemand genug.
Aufschieben mag es, wer sein väterliches Vermögen zu übertreffen
 wünscht
und sein Atrium mit zahllosen Ahnenbildern vollstopft.
Mich erfreuen ein Herd und ein Dach, das den schwarzen Rauch nicht
 übel nimmt,
ein muntrer Quell und ein schlichter Rasen.
Ich wünsche mir einen satten Sklaven, eine nicht allzu gelehrte Frau,
Schlaf in der Nacht, und ohne einen Prozeß den Tag.

91

Rerum certa salus, terrarum gloria, Caesar,
   sospite quo magnos credimus esse deos,
si festinatis totiens tibi lecta libellis
   detinuere oculos carmina nostra tuos,
quod fortuna vetat fieri permitte videri,   5
   natorum genitor credar ut esse trium.
haec, si displicui, fuerint solacia nobis;
   haec fuerint nobis praemia, si placui.

92

Natorum mihi ius trium roganti
Musarum pretium dedit mearum
solus qui poterat. valebis, uxor.
non debet domini perire munus.

93

'Primus ubi est' inquis 'cum sit liber iste secundus?'
   quid faciam si plus ille pudoris habet?
tu tamen hunc fieri si mavis, Regule, primum,
   unum de titulo tollere iota potes.

Bitte um Verleihung des Dreikinderrechts

Du Garant für das Heil der Welt und Ruhm der Länder, Caesar,
dessen Wohlergehen uns glauben läßt, daß es große Götter gibt:
Wenn meine Gedichte, die du in oftmals hastig geschriebenen Büchlein
    zu lesen bekamst,
je deine Augen gefesselt haben,
dann gewähre mir, das nach außen darzustellen, was zu werden mir das
    Schicksal versagt hat:
daß ich gelten darf als Vater von drei Kindern.
Dies wäre mir Trost, wenn ich mißfiel;
dies wäre mir Lohn, wenn ich gefiel.

Die Erfüllung der Bitte um Verleihung des Dreikinderrechts

Das Dreikinderrecht gab mir auf meine Bitten
als Belohnung für meine Dichtung
er, der allein es konnte. Lebe wohl, Ehefrau!
Das Geschenk des Herrn darf nicht verloren gehen.

Auch das zweite Buch kann ein erstes sein

»Wo ist das erste Buch«, fragst du, »da doch dieses das zweite ist?«
Was soll ich machen, wenn jenes zu schüchtern ist?
Willst du jedoch das hier lieber zum ersten machen, Regulus,
dann brauchst du nur eine Eins aus dem Titel zu nehmen.

LIBER TERTIUS

1

Hoc tibi quidquid id est longinquis mittit ab oris
   Gallia Romanae nomine dicta togae.
hunc legis et laudas librum fortasse priorem:
   illa vel haec mea sunt, quae meliora putas.
plus sane placeat domina qui natus in urbe est: 5
   debet enim Gallum vincere verna liber.

2

Cuius vis fieri, libelle, munus?
festina tibi vindicem parare,
ne nigram cito raptus in culinam
cordylas madida tegas papyro
vel turis piperisve sis cucullus. 5
Faustini fugis in sinum? sapisti.
cedro nunc licet ambules perunctus
et frontis gemino decens honore
pictis luxurieris umbilicis,
et te purpura delicata velet, 10
et cocco rubeat superbus index.
illo vindice nec Probum timeto.

DRITTES BUCH

Gallia togata läßt mit diesem Buch grüßen!

Das hier, welche Bedeutung ihm auch zukommt, schickt dir aus fernen Landstrichen
Gallien, das nach der römischen Toga benannt ist.
Du liest dieses und lobst vielleicht das frühere Buch:
Doch ob du diese oder jene Verse für besser hältst, sie alle sind von mir.
Mehr mag dir allerdings der Band gefallen, der in der weltbeherrschenden Stadt entstand,
denn ein Buch aus Rom muß über ein gallisches siegen.

Aufforderung an das Buch, sich den richtigen Beschützer zu suchen

Wem willst du zum Geschenk werden, mein Büchlein?
Beeile dich, dir einen Beschützer zu besorgen,
damit man dich nicht alsbald zur rauchgeschwärzten Küche entführt
und du mit feuchtem Papyrus Thunfische zudeckst
oder als Tüte für Weihrauch oder Pfeffer Verwendung findest!
Flüchtest du in den Gewandbausch von Faustinus? Du hast Geschmack.
Mit Zedernöl gesalbt, kannst du so deinen Weg gehen
und, beiderseits an den Außenrändern dekorativ gestaltet,
mit den bemalten Buchrollenknäufen prahlen;
auch soll dich feiner Purpur umhüllen
und stolz der scharlachrote Titel leuchten.
Bei so einem Beschützer brauchst du nicht einmal den Probus zu fürchten.

3

[Formonsam faciem nigro medicamine celas,
    sed non formonso corpore laedis aquas.
ipsam crede deam verbis tibi dicere nostris:
    'aut aperi faciem, aut tunicata lava.']

4

Romam vade, liber: si, veneris unde, requiret,
    Aemiliae dices de regione viae.
si, quibus in terris, qua simus in urbe, rogabit,
    Corneli referas me licet esse Foro.
cur absim, quaeret: breviter tu multa fatere: 5
    'non poterat vanae taedia ferre togae.'
'quando venit?' dicet: tu respondeto: 'poeta
    exierat: veniet, cum citharoedus erit.'

5

Vis commendari sine me cursurus in urbem,
    parve liber, multis, an satis unus erit?
unus erit, mihi crede, satis, cui non eris hospes,
    Iulius, adsiduum nomen in ore meo.
protinus hunc primae quaeres in limine Tectae: 5
    quos tenuit Daphnis, nunc tenet ille lares.
est illi coniunx, quae te manibusque sinuque
    excipiet, tu vel pulverulentus eas.

Falsch verhüllt

[Dein schönes Gesicht verhüllst du mit einer schwarzen Schminke,
doch mit deinem unschönen Körper beleidigst du das Wasser des Bades.
Glaub' mir, die Göttin selber sagt dir mit meinen Worten:
»Entweder zeige dein Gesicht, oder aber bade im Kleid!«]

Ratschläge an das Buch für eine Reise nach Rom

Nach Rom ziehe, mein Buch, und wenn man sich dort erkundigt,
    woher du kommst,
dann sage: aus der Region, durch welche die Via Aemilia verläuft.
Und wenn man fragt, in welchem Land und in welcher Stadt ich jetzt sei,
darfst du berichten, ich sei in Forum Cornelii.
Will man wissen, weshalb ich nicht in Rom bin, dann bekenne in
    knappen Worten viel:
»Er konnte nicht länger den Ekel am sinnlosen Togadienst ertragen.«
»Und wann kommt er zurück?« wird es heißen, du antworte dann:
    »Als Dichter
war er weggegangen, er kommt wieder, wenn er's zum Sänger gebracht
    hat.«

Einem Freund braucht man sein Buch nicht erst zu empfehlen

Willst du, mein Büchlein, wenn du jetzt ohne mich nach Rom eilst,
daß ich dich vielen empfehle, oder ist dir einer genug?
Einer, glaub' mir, genügt, und bei ihm wirst du kein Fremder sein:
Julius, sein Name ist stets in meinem Mund.
Gleich zu Beginn der Säulenhallenstraße mußt du ihn suchen;
er besitzt jetzt das Haus, das früher Daphnis besaß.
Er hat eine Frau, die dich mit ihren Händen und ihrem Herzen
aufnimmt, auch wenn du staubbedeckt ankommst.

hos tu seu pariter sive hanc illumve priorem
 videris, hoc dices 'Marcus havere iubet,' 10
et satis est: alios commendet epistola: peccat
 qui commendandum se putat esse suis.

6

Lux tibi post Idus numeratur tertia Maias,
 Marcelline, tuis bis celebranda sacris.
inputat aetherios ortus haec prima parenti,
 libat florentes haec tibi prima genas.
magna licet dederit iucundae munera vitae, 5
 plus numquam patri praestitit ille dies.

7

Centum miselli iam valete quadrantes,
anteambulonis congiarium lassi,
quos dividebat balneator elixus.
quid cogitatis, o fames amicorum?
regis superbi sportulae recesserunt. 5
'nihil stropharum est: iam salarium dandum est.'

8

'Thaida Quintus amat.' 'quam Thaida?' 'Thaida luscam.'
 unum oculum Thais non habet, ille duos.

Siehst du sie beide zusammen, siehst du zuerst sie oder ihn,
dann brauchst du nur zu sagen: »Marcus läßt grüßen.«
Das genügt, andere mag ein Brief empfehlen: Falsch handelt,
wer meint, sich seinen Freunden empfehlen zu müssen.

Gratulation zum Fest der Bartweihe

Den dritten Tag nach den Iden des Mai zählst du jetzt,
den du, Marcellinus, zweimal mit einem Opferfest für dich begehen mußt:
Er ließ deinen Vater zum ersten Mal das Licht der Welt schauen,
und er nimmt als Erstlingsopfer den Flaum deiner Wangen entgegen.
Obwohl dieser Tag deinem Vater schon das kostbare Geschenk eines
      glücklichen Lebens gab,
so hat er ihm doch niemals mehr als heute gewährt.

Ersatz für Wegfall der Geld-Sportula

Armselige hundert Quadranten, lebt wohl jetzt,
Spende für einen erschöpften Lakaien,
die ein schweißtriefender Bademeister auszuteilen pflegte.
Was denkt ihr jetzt, ihr ausgehungerten Freunde?
Das Tagegeld unseres stolzen Patrons ist ausgeblieben!
»Keine Ausflüchte! Jetzt muß man uns ein Gehalt geben!«

Blind vor Liebe

»Quintus liebt Thaïs.« Welche Thaïs? »Die nur ein Auge hat.«
Ein Auge fehlt der Thaïs, ihm fehlen beide.

9

Versiculos in me narratur scribere Cinna.
    non scribit, cuius carmina nemo legit.

10

Constituit, Philomuse, pater tibi milia bina
    menstrua perque omnis praestitit illa dies,
luxuriam premeret cum crastina semper egestas
    et vitiis essent danda diurna tuis.
idem te moriens heredem ex asse reliquit.   5
    exheredavit te, Philomuse, pater.

11

Si tua nec Thais nec lusca est, Quinte, puella,
    cur in te factum distichon esse putas?
'sed simile est aliquid.' – pro Laide Thaida dixi?
    dic mihi, quid simile est Thais et Hermione?
tu tamen es Quintus: mutemus nomen amantis: 5
    si non vult Quintus, Thaida Sextus amet.

Wer keine Leser findet, ist kein Schriftsteller

Cinna, erzählt man sich, schreibt gegen mich Verse.
Der schreibt nicht, dessen Verse niemand liest.

Enterbung durch Großzügigkeit

Philomusus, dein Vater bestimmte dir zweitausend Sesterze
monatlich, und er zahlte sie tagweise aus,
weil deiner Verschwendung immer rasch der Mangel des nächsten Tages
   folgte
und man deinem lasterhaften Leben nur Tagesrationen zubilligen
   konnte.
Und als er starb, machte er dich zum Gesamterben.
Enterbt hat dich, Philomusus, dein Vater!

Reaktion auf einen ›betroffenen‹ Leser

Wenn, Quintus, dein Mädchen nicht Thaïs heißt und ihr auch kein Auge
   fehlt,
warum nimmst du dann an, mein Distichon sei auf dich gemünzt?
»Da gibt es aber eine gewisse Ähnlichkeit.« – Hatte ich statt Laïs Thaïs
   gesagt?
Sag' mir: Sind etwa »Thaïs« und »Hermione« ähnlich?
Du bist doch Quintus: Ändern wir also den Namen des Liebhabers!
Wenn Quintus nicht will, dann soll eben Sextus die Thaïs lieben.

12

Unguentum, fateor, bonum dedisti
convivis here, sed nihil scidisti.
res salsa est bene olere et esurire.
qui non cenat et unguitur, Fabulle,
hic vere mihi mortuus videtur. 5

13

Dum non vis pisces, dum non vis carpere pullos
 et plus quam patri, Naevia, parcis apro,
accussas rumpisque cocum, tamquam omnia cruda
 attulerit. numquam sic ego crudus ero.

14

Romam petebat esuritor Tuccius
 profectus ex Hispania.
occurrit illi sportularum fabula:
 a ponte rediit Mulvio.

15

Plus credit nemo tota quam Cordus in urbe.
 'cum sit tam pauper, quomodo?' caecus amat.

Gut gesalbt, aber hungrig

Gutes Salböl, zugegeben, spendiertest du
gestern deinen Gästen, doch nichts hast du ihnen servieren lassen.
Ein Witz ist es, gut zu duften und dabei zu hungern!
Wer nichts zu essen bekommt und gesalbt wird, Fabullus,
ist, meine ich, wirklich schon gestorben.

Bei deinem Essen gibt es wenigsten keine Verdauungsbeschwerden

Da du weder Fische noch Hähnchen tranchieren willst,
Naevia, und mit dem Eber schonungsvoller umgehst als mit deinem Vater,
beschimpfst und schlägst du den Koch, er habe alles unverdaulich serviert.
Auf *diese* Weise werde ich niemals Verdauungsbeschwerden bekommen.

Kein Tagegeld mehr, daher umsonst aus Spanien angereist

Nach Rom eilte Tuccius, der Hungerleider,
angereist aus Spanien.
Da traf ihn das Gerücht von der Sportula:
Kehrt machte er an der Mulvischen Brücke.

Wortspiel mit »credere«

Keiner gibt in ganz Rom großzügiger Kredit als Cordus.
»Wenn er so arm ist, wie macht er das?« Er liebt und ist blind dabei.

16

Das gladiatores, sutorum regule, Cerdo,
  quodque tibi tribuit subula, sica rapit.
ebrius es: neque enim faceres hoc sobrius umquam,
  ut velles corio ludere, Cerdo, tuo.
lusisti corio: sed te, mihi crede, memento   5
  nunc in pellicula, Cerdo, tenere tua.

17

Circumlata diu mensis scribilita secundis
  urebat nimio saeva calore manus;
sed magis ardebat Sabidi gula: protinus ergo
  sufflavit buccis terque quaterque suis.
illa quidem tepuit digitosque admittere visa est,   5
  sed nemo potuit tangere: merda fuit.

18

Perfrixisse tuas questa est praefatio fauces.
  cum te excusaris, Maxime, quid recitas?

19

Proxima centenis ostenditur ursa columnis,
  exornant fictae qua platanona ferae.

Schuster, bleib bei deinen Leisten!

Gladiatorenspiele veranstaltest du, Cerdo, kleiner König der Flickschuster,
und was dir die Ahle einbrachte, nimmt dir der Dolch wieder weg.
Besoffen bist du, denn niemals würdest du nüchtern
um deine eigene Haut spielen, Cerdo.
Nun, du hast um deine Haut gespielt. Doch glaub' mir und denk daran:
Bleib', Cerdo, hinfort bei deinem Fell!

Eine Torte – erst zu heiß, dann ungenießbar

Eine warme Torte, lange als zweiter Gang herumgereicht,
verbrannte durch ungewöhnliche Hitze grausam die Hände.
Doch viel heißer war die Freßgier von Sabidius, also blies er sofort
drei-, viermal mit seinen Backen darauf.
Die Torte wurde zwar lauwarm dadurch, und man konnte, so schien es,
    die Finger daran lassen,
doch keiner vermochte sie anzufassen: Scheiße war sie.

Ein heiserer Redner

Dein Hals sei erkältet, klagtest du zu Beginn deiner Rede.
Jetzt, da du dich dafür entschuldigt hast, Maximus, weshalb trägst du
    noch vor?

Bronzebär mit Vipern-Seele

In der Nähe der Hundertsäulenhalle ist eine Bärin zu sehen,
dort, wo Skulpturen wilder Tiere einen Platanenhain schmücken.

huius dum patulos adludens temptat hiatus
　pulcher Hylas, teneram mersit in ora manum.
vipera sed caeco scelerata latebat in aere
　vivebatque anima deteriore fera.
non sensit puer esse dolos, nisi dente recepto
　dum perit. o facinus, falsa quod ursa fuit!

20

Dic, Musa, quid agat Canius meus Rufus:
utrumne chartis tradit ille victuris
legenda temporum acta Claudianorum?
an quae Neroni falsus adstruit scriptor,
an aemulatur inprobi iocos Phaedri?
lascivus elegis an severus herois?
an in cothurnis horridus Sophocleis?
an otiosus in schola poetarum
lepore tinctos Attico sales narrat?
hinc si recessit, porticum terit templi
an spatia carpit lentus Argonautarum?
an delicatae sole rursus Europae
inter tepentes post meridie buxos
sedet ambulatve liber acribus curis?
Titine thermis an lavatur Agrippae
an inpudici balneo Tigillini?
an rure Tulli fruitur atque Lucani?
an Pollionis dulce currit ad quartum?
an aestuantis iam profectus ad Baias
piger Lucrino nauculatur in stagno?
'vis scire quid agat Canius tuus? ridet.'

Als der schöne Hylas im Spiel den weitgeöffneten Rachen untersuchen
    wollte,
steckte er seine zarte Hand in das Maul.
Doch eine schändliche Viper lag verborgen in dem dunklen Erzgebilde,
und das wilde Tier lebte mit einer Seele, die schlimmer als seine eigene
    war.
Der Junge spürte den tückischen Angriff erst, als er an dem Biß
zugrunde ging. Welches Unglück, daß die Bärin nicht echt war!

Canius Rufus, der ewig lächelnde Dichter

Sage mir, Muse, was mein Canius Rufus treibt:
Vertraut er Blättern an, die überdauern sollen,
damit man lese, was zur Zeit des Claudius geschah
oder was ein Fälscher Nero zuschrieb?
Oder eifert er den Scherzen des respektlosen Phaedrus nach?
Ist er frivol in elegischen, von herber Strenge in epischen Versen,
schaurig schön auf sophokleïschem Kothurn?
Erzählt er geruhsam im Club der Poeten
mit attischer Anmut getränkte Witze?
Wenn er von dort weggegangen ist, spaziert er dann auf und ab durch die
    Säulenhalle des Tempels,
oder bummelt er gemächlich durch die Argonautenhalle?
Oder sitzt und promeniert er, frei von nagenden Sorgen,
wiederum in der Sonne bei der anmutigen Europa,
nachmittags zwischen den warmen Buchsbaumbüschen?
Badet er in den Titus- oder Agrippa-Thermen
oder im Bad des schamlosen Tigillinus?
Oder genießt er den Landsitz von Tullus und Lucanus?
Oder eilt er zu Pollios lieblichem Landgut beim vierten Meilenstein?
Oder hat er sich schon auf den Weg zur warmen Bucht von Bajae gemacht
und schaukelt faul auf dem Lukrinersee?
»Wissen willst du, was dein Canius treibt? Er lacht!«

21

Proscriptum famulus servavit fronte notatus.
   non fuit haec domini vita, sed invidia.

22

Dederas, Apici, bis trecenties ventri,
et adhuc supererat centies tibi laxum.
hoc tu gravatus ut famem et sitim ferre
summa venenum potione perduxti.
nihil est, Apici, tibi gulosius factum.   5

23

Omnia cum retro pueris opsonia tradas,
   cur non mensa tibi ponitur a pedibus?

24

Vite nocens rosa stabat moriturus ad aras
   hircus, Bacche, tuis victima grata sacris.
quem Tuscus mactare deo cum vellet aruspex,
   dixerat agresti forte rudique viro
ut cito testiculos et acuta falce secaret,   5
   taeter ut inmundae carnis abiret odor.

Rache eines gebrandmarkten Sklaven

Seinen geächteten Herrn rettete ein Diener, der an der Stirn das Brandmal trug.
Das war keine Lebensrettung des Herrn, sondern Feindseligkeit.

Der Giftbecher als letzte Delikatesse

Sechzig Millionen Sesterze, Apicius, hattest du schon deinem Magen spendiert,
und immer noch blieben dir volle zehn übrig.
Du weigertest dich, diese Situation zu ertragen, die für dich Hunger und Durst bedeutete,
und schlürftest daher als letzten Trunk den Giftbecher.
Nichts hast du, Apicius, jemals mehr nach Feinschmeckerart getan!

Ein unmöglicher Gast

Wenn du schon alle Beilagen den Sklaven hinter dir reichst,
warum stellt man dann den Tisch nicht gleich in deinem Rücken auf?

Kastrierung des Opferpriesters statt des Bockes

Schuldig, weil er die Rebe benagte, stand, zum Sterben bestimmt, vor dem Altar
ein Bock: willkommenes Opfer, Bacchus, für dein Fest.
Als der etruskische Opferbeschauer ihn dem Gott darbringen wollte,
sagte er, wie sich's ergab, zu einem ungeschlachten Bauern,
er solle rasch mit scharfer Sichel die Hoden abschneiden,
damit der widerwärtige Geruch des unsauberen Fleisches vergehe.

ipse super virides aras luctantia pronus
    dum resecat cultro colla premitque manu,
ingens iratis apparuit hirnea sacris.
    occupat hanc ferro rusticus atque secat,   10
hoc ratus antiquos sacrorum poscere ritus
    talibus et fibris numina prisca coli.
sic, modo qui Tuscus fueras, nunc Gallus aruspex,
    dum iugulas hircum, factus es ipse caper.

25

Si temperari balneum cupis fervens,
Faustine, quod vix Iulianus intraret,
roga lavetur rhetorem Sabineium.
Neronianas is refrigerat thermas.

26

Praedia solus habes et solus, Candide, nummos,
    aurea solus habes, murrina solus habes,
Massica solus habes et Opimi Caecuba solus,
    et cor solus habes, solus et ingenium.
omnia solus habes – nec me puta velle negare! -   5
    uxorem sed habes, Candide, cum populo.

Doch während er selbst, über den grünen Altar geneigt,
den sich windenden Hals mit dem Messer abtrennte und ihn dabei mit
    der Hand niederdrückte,
wurde – ein schlimmes Omen bei einem Opfer – ein gewaltiger
    Leistenbruch sichtbar.
Der Bauer greift danach und schneidet ihn mit dem Eisen ab,
in dem Glauben, alte Opferrituale verlangten das
und man ehre mit solchen Organen archaische Gottheiten.
So bist du, eben noch ein etruskischer, jetzt ein ›gallischer‹
    Opferbeschauer
und wurdest, während du das Tier schlachtetest, selber zum Bock.

Ein frostiger Redner

Wenn du die Temperatur in deinem Bad, das so glühend heiß ist,
Faustinus, daß Julianus es kaum betreten würde, zu senken wünschst,
dann lade den Rhetor Sabineius zum Baden ein!
Der kühlt sogar die Neronischen Thermen ab.

Vieles hast du für dich allein, aber nicht alles

Landgüter hast du für dich nur und für dich nur, Candidus, dein vieles
    Geld,
goldnes Geschirr hast du für dich nur, achatne Gefäße hast du für dich nur,
Massikerwein hast du für dich nur und Caecuber vom Opimius-Jahrgang
    für dich nur,
Verstand hast du für dich nur und für dich nur Talent.
Alles hast du für dich nur, glaub' ja nicht, ich wollte es bestreiten –
deine Frau aber hast du, Candidus, mit allen gemein.

27

Numquam me revocas, venias cum saepe vocatus:
    ignosco, nullum si modo, Galle, vocas.
invitas alios: vitium est utriusque. 'quod?' inquis.
    et mihi cor non est et tibi, Galle, pudor.

28

Auriculam Mario graviter miraris olere.
    tu facis hoc: garris, Nestor, in auriculam.

29

Has cum gemina compede dedicat catenas,
Saturne, tibi Zoilus, anulos priores.

30

Sportula nulla datur; gratis conviva recumbis:
    dic mihi, quid Romae, Gargiliane, facis?
unde tibi togula est et fuscae pensio cellae?
    unde datur quadrans? unde vir es Chiones?
cum ratione licet dicas te vivere summa, 5
    quod vivis, nulla cum ratione facis.

Einseitige Gastfreundschaft

Obwohl du oft meiner Einladung folgst, erwiderst du sie nie.
Ich verzeih's dir, Gallus, vorausgesetzt, du lädst überhaupt niemanden ein.
Doch du lädst andere ein. Der Fehler liegt bei uns beiden. »Wieso?«
    fragst du:
Mir fehlt's an Verstand, dir, Gallus, an Takt.

Ein stinkender Stänkerer

Du wunderst dich darüber, daß das Ohr von Marius gewaltig stinkt.
Du richtest das an, Nestor: du schwätzt ihm ständig ins Ohr.

Fingerringe statt Ketten an den Füßen

Diese Ketten mit Fesseln für beide Füße weiht,
Saturn, dir Zoïlus – seine ›Ringe‹ aus früheren Tagen.

Ohne Geld-Sportula ist ein Klient aufgeschmissen

Keine Sportula wird mehr ausgeteilt, doch umsonst kannst du als Gast
    zu Tische liegen.
Sage mir, Gargilianus, was machst du da in Rom?
Woher nimmst du die Toga des Klienten und den Mietzins für deine
    düstere Kammer?
Woher nimmst du deinen Quadranten, womit bist du Chiones Liebhaber?
Auch wenn du erklärst, daß du höchst vernünftig lebst:
allein *daß* du lebst, tust du ohne vernünftigen Grund.

31

Sunt tibi, confiteor, diffusi iugera campi
   urbanique tenent praedia multa lares,
et servit dominae numerosus debitor arcae
   sustentatque tuas aurea massa dapes.
fastidire tamen noli, Rufine, minores: 5
   plus habuit Didymus, plus Philomelus habet.

32

Non possum vetulam. quereris, Matrinia? possum
   et vetulam, sed tu mortua, non vetula es.
possum Hecubam, possum Niobam, Matrinia, sed si
   nondum erit illa canis, nondum erit illa lapis.

33

Ingenuam malo, sed si tamen illa negetur,
   libertina mihi proxuma condicio est.
extremo est ancilla loco: sed vincet utramque
   si facie, nobis haec erit ingenua.

34

Digna tuo cur sis indignaque nomine, dicam.
   frigida es et nigra es: non es et es Chione.

Gegen die Arroganz eines Reichen

Du besitzt, ich gebe es zu, ganze Morgen weiträumigen Landes,
und dein Haus in Rom nimmt den Platz vieler Landgüter ein.
Zahlreiche Schuldner sind an ihre Herrin, deine Geldkasse, versklavt,
und pures Gold trägt dein festliches Mahl.
Sieh trotzdem nicht arrogant auf Geringere herab, Rufinus:
Didymus hatte mehr – und Philomelus hat mehr.

Grenzen meiner Potenz bei einer Alten

Ich kann keine Alte. Du beklagst dich darüber, Matrinia? Ich kann
auch eine Alte, aber du bist schon eine Leiche und keine Alte.
Ich könnte Hekuba, ich könnte Niobe, doch nur dann, Matrinia,
wenn die eine noch keine Hündin und die andere noch kein Stein ist.

Meine erotische Rangordnung

Eine Freigeborene ziehe ich vor, wenn ich die aber nicht haben kann,
ist meine zweite Wahl eine Freigelassene.
An letzter Stelle erst kommt die Sklavin; doch wenn sie die beiden
durch ihre Anmut übertrifft, wird sie für mich eine Freigeborene sein.

Ein Name, der paßt und doch wiederum nicht paßt

Sagen will ich dir, weshalb du deinen Namen verdienst und auch wieder
    nicht verdienst:
Kalt bist du und schwarz bist du – bist Chione und bist es nicht.

35

Artis Phidiacae toreuma clarum
pisces aspicis: adde aquam, natabunt.

36

Quod novus et nuper factus tibi praestat amicus,
   hoc praestare iubes me, Fabiane, tibi:
horridus ut primo semper te mane salutem
   per mediumque trahat me tua sella lutum,
lassus ut in thermas decuma vel serius hora   5
   te sequar Agrippae, cum laver ipse Titi.
hoc per triginta merui, Fabiane, Decembres,
   ut sim tiro tuae semper amicitiae?
hoc merui, Fabiane, toga tritaque meaque,
   ut nondum credas me meruisse rudem?   10

37

Irasci tantum felices nostis amici.
   non belle facitis, sed iuvat hoc: facite.

Fische auf einem Gefäß, täuschend echt

Du siehst Fische, ein herrliches Reliefgefäß von des Phidias
    Künstlerhand:
Gib Wasser hinein, und sie werden schwimmen.

Entlaß mich aus dem Frondienst des Klienten!

Was ein neuer Freund, der es eben erst geworden ist, für dich leistet,
das soll ich für dich leisten, Fabianus:
daß ich, vor Kälte schaudernd, dich immer beim ersten Morgengrauen
    begrüße,
und mich dein Tragsessel mitten durch den Schlamm zieht,
daß ich dir erschöpft zur zehnten Stunde oder später noch
in die Agrippa-Thermen folge, obwohl ich selbst in den Titus-Thermen
    bade.
Habe ich das in dreißig Jahren verdient, Fabianus,
daß ich immer noch ein Neuling in deiner Freundschaft bin?
Habe ich das verdient, Fabianus, mit meiner verschlissenen und auf
    eigene Kosten gekauften Toga,
daß du glaubst, ich hätte mir immer noch nicht die Entlassung verdient?

Der Zorn reicher Freunde

Nur euren Zorn, ihr reichen Freunde, versteht ihr zu zeigen.
Schön tut ihr nicht daran, aber es kommt euch zupaß: so tut's!

38

Quae te causa trahit vel quae fiducia Romam,
 Sexte? quid aut speras aut petis inde? refer.
'causas' inquis 'agam Cicerone disertior ipso
 atque erit in triplici par mihi nemo foro.'
egit Atestinus causas et Civis – utrumque
 noras –; sed neutri pensio tota fuit.
'si nihil hinc veniet, pangentur carmina nobis:
 audieris, dices esse Maronis opus.'
insanis: omnes gelidis quicumque lacernis
 sunt ibi, Nasones Vergiliosque vides.
'atria magna colam.' vix tres aut quattuor ista
 res aluit, pallet cetera turba fame.
'quid faciam? suade: nam certum est vivere Romae.'
 si bonus es, casu vivere, Sexte, potes.

39

Iliaco similem puerum, Faustine, ministro
 lusca Lycoris amat. quam bene lusca videt!

40 (41)

Inserta phialae Mentoris manu ducta
lacerta vivit et timetur argentum.

Unbedingt in Rom willst du leben?

Welcher Grund oder welche Zuversicht zieht dich nach Rom,
Sextus? Was erhoffst du dir oder was willst du von dort, erzähle!
»Gerichtsreden«, sagst du, »will ich halten, beredter selbst als Cicero sein;
keiner wird mir auf den drei Foren gewachsen sein.«
Gerichtsreden hielten Atestinus und Civis – du kanntest ja beide –,
doch beide konnten davon nicht die ganze Miete bezahlen.
»Wenn das nichts einbringen sollte, werde ich Verse schmieden;
hörst du sie an, sagst du bestimmt: Das ist Maros Werk.«
Du spinnst: Unter denen, die in kalten Mänteln
dort frieren, siehst du lauter ›Nasos‹ oder ›Vergile‹.
»Ich werde den Kontakt mit bedeutenden Häusern pflegen.« Kaum drei
    oder vier gibt es,
die diese Kunst je ernährt hat, die übrige Schar ist blaß vor Hunger.
»Was soll ich dann tun? Gib mir einen Rat! Denn in Rom zu leben, bin
    ich entschlossen.«
Wenn du gut bist, kannst du, Sextus, vom Zufall leben.

Einäugige Liebe

Einen Jungen, der dem trojanischen Mundschenk gleicht, Faustinus,
liebt Lycoris, die Einäugige. Wie gut sie mit einem Auge sieht!

Angst vor einer ziselierten Eidechse

Die auf der Schale von Mentors Hand ziselierte
Eidechse lebt – und man hat Angst vor dem Silbergefäß.

41 (40)

Mutua quod nobis ter quinquagena dedisti
    ex opibus tantis, quas gravis arca premit,
esse tibi magnus, Telesine, videris amicus.
    tu magnus, quod das? immo ego, quod recipis.

42

Lomento rugas uteri quod condere temptas,
    Polla, tibi ventrem, non mihi labra linis.
simpliciter pateat vitium fortasse pusillum:
    quod tegitur, maius creditur esse malum.

43

Mentiris iuvenem tinctis, Laetine, capillis,
    tam subito corvus, qui modo cycnus eras.
non omnes fallis; scit te Proserpina canum:
    personam capiti detrahet illa tuo.

44

Occurrit tibi nemo quod libenter,
quod, quacumque venis, fuga est et ingens
circa te, Ligurine, solitudo,
quid sit, scire cupis? nimis poeta es.

Der Irrtum des reichen Gläubigers

Weil du mir dreimal fünfzigtausend Sesterze auf Pump gegeben hast
von dem gewaltigen Reichtum, den deine schwere Geldtruhe kaum
    fassen kann,
bildest du dir ein, Telesinus, ein großartiger Freund zu sein.
Großartig bist du, weil du sie mir gibst? Nein, vielmehr ich, weil du sie
    von mir zurückbekommst.

Ein körperlicher Makel, den man zu verstecken sucht

Wenn du mit Bohnenmehl die Falten an deinem Unterleib zu verbergen
    versuchst,
Polla, dann beschmierst du dir zwar den Bauch, doch mir nicht die Lippen.
Offen zeige man einen Fehler, der vielleicht nur gering ist:
Ein Makel, den man verdeckt, gilt für größer als er ist.

Schwarz gefärbte Haare können den Tod nicht hinters Licht führen

Mit deinen gefärbten Haaren, Laetinus, täuschst du einen Jüngling vor,
bist so plötzlich zum Raben geworden, wo du eben noch ein Schwan
    warst.
Nicht alle führst du so hinters Licht: Proserpina weiß, daß du grau bist:
Sie wird dir die Maske vom Kopf ziehen.

Auf der Flucht vor einem aufdringlichen Dichter

Daß dir niemand gern begegnet,
daß, wohin du auch kommst, Flucht einsetzt und gewaltige
Öde rings um dich herrscht, Ligurinus,
dafür willst du den Grund wissen? Du bist allzusehr Dichter.

hoc valde vitium periculosum est.
non tigris catulis citata raptis,
non dipsas medio perusta sole,
nec sic scorpios inprobus timetur.
nam tantos, rogo, quis ferat labores?
et stanti legis et legis sedenti,
currenti legis et legis cacanti.
in thermas fugio: sonas ad aurem.
piscinam peto: non licet natare.
ad cenam propero: tenes euntem.
ad cenam venio: fugas edentem.
lassus dormio: suscitas iacentem.
vis, quantum facias mali, videre?
vir iustus, probus, innocens timeris.

45

Fugerit an Phoebus mensas cenamque Thyestae
    ignoro: fugimus nos, Ligurine, tuam.
illa quidem lauta est dapibusque instructa superbis,
    sed nihil omnino te recitante placet.
nolo mihi ponas rhombos mullumve bilibrem
    nec volo boletos, ostrea nolo: tace.

46

Exigis a nobis operam sine fine togatam:
    non eo, libertum sed tibi mitto meum.

Das ist ein höchst gefährliches Laster.
Nicht die Tigermutter, die sich beim Raub ihrer Jungen aufregt,
nicht die Schlange, die von der Mittagssonne ausgedörrt ist,
und auch nicht der heimtückische Skorpion werden dermaßen gefürchtet.
Denn wer, frage ich dich, kann solche Qualen erdulden?
Steht man, dann liest du, und du liest, wenn man sitzt,
läuft man, dann liest du, und du liest, wenn man kackt.
In die Thermen flüchte ich: Du posaunst in mein Ohr.
Zum Schwimmbecken strebe ich: Schwimmen ist unmöglich.
Zum Mahle eile ich: Du hältst mich beim Gehen fest.
Zum Mahle erscheine ich: Du verjagst mich beim Essen.
Erschöpft schlafe ich ein: Du scheuchst mich beim Liegen auf.
Willst du sehen, wieviel Unheil du anrichtest?
Du bist ein Mann: gerecht, tüchtig, tust keinem was zuleide – und doch
    hat man Angst vor dir.

*Ein Gastgeber, der mit dem Vorlesen seiner Gedichte
das Essen verdirbt*

Ob einst Phöbus vor dem Tisch und dem Mahl des Thyestes flüchtete,
weiß ich nicht, uns jedenfalls, Ligurinus, treibt deine Tafel in die Flucht.
Wohl ist sie prächtig und mit superben Speisen versehen,
doch wenn du dabei vorliest, mundet uns überhaupt nichts.
Ich will gar nicht, daß du mir Steinbutte vorsetzt oder eine zwei Pfund
    schwere Meerbarbe,
ich will auch keine Pilze oder Austern, nur: Sei still!

*Alles, was du von mir als Klienten verlangst,
kann mein Freigelassener besser*

Endlos verlangst du von mir den Klienten-Dienst in der Toga:
Ich komme nicht, dafür schicke ich dir meinen Freigelassenen.

'non est' inquis 'idem.' multo plus esse probabo:
 vix ego lecticam subsequar, ille feret.
in turbam incideris, cunctos umbone repellet:
 invalidum est nobis ingenuumque latus.
quidlibet in causa narraveris, ipse tacebo:
 at tibi tergeminum mugiet ille sophos.
lis erit, ingenti faciet convicia voce:
 esse pudor vetuit fortia verba mihi.
'ergo nihil nobis' inquis 'praestabis amicus?'
 quidquid libertus, Candide, non poterit.

47

Capena grandi porta qua pluit gutta
Phrygiumque Matris Almo qua lavat ferrum,
Horatiorum qua viret sacer campus
et qua pusilli fervet Herculis fanum,
Faustine, plena Bassus ibat in reda,
omnis beati copias trahens ruris.
illic videres frutice nobili caules
et utrumque porrum sessilesque lactucas
pigroque ventri non inutiles betas;
illic coronam pinguibus gravem turdis
leporemque laesum Gallici canis dente
nondumque victa lacteum faba porcum.
nec feriatus ibat ante carrucam,
sed tuta faeno cursor ova portabat.
urbem petebat Bassus? immo rus ibat.

»Das ist nicht dasselbe«, sagst du. Ich beweise dir, daß es viel mehr ist:
Ich kann der Sänfte kaum folgen, er wird sie tragen;
kommst du ins Gedränge, er wird alle mit dem Ellbogen zur Seite
    drängen:
Schwach ist meine Brust – und einem Freigeborenen entsprechend.
Wenn du in einem Prozeß irgend etwas erzählst, werde ich kein Wort
    dazu sagen,
doch er wird dir zubrüllen ein dreifaches »Bravo!«
Gibt's einen Rechtsstreit, dann wird er mit gewaltiger Stimme
    drauflosschimpfen,
mir hat das Taktgefühl verboten, starke Worte zu äußern.
»Willst du als mein Freund mir also gar nichts bieten?« fragst du:
All das, Candidus, was ein Freigelassener nicht bieten kann.

Eine Landpartie mit importierten Erzeugnissen

Dort, wo es von der Porta Capena in schweren Tropfen regnet,
wo der Almo das phrygische Messer der Großen Mutter wäscht,
wo die heilige Flur der Horatier grünt,
wo der Kultraum des kleinen Herkules von Menschen wimmelt,
Faustinus, zog auf vollbeladenem Reisewagen Bassus dahin
und nahm die ganze Fülle eines gesegneten Landgutes mit.
Da konnte man prachtvolle Kohlköpfe sehen,
zweierlei Lauch, niedrig gewachsenen Lattichsalat
und rote Bete, die für den trägen Leib nützlich sind.
Da war zu sehen ein Kranz, schwer von fetten Drosseln,
ein Hase, den ein gallischer Jagdhund gerissen hatte,
und ein Spanferkel, das noch keine Bohnen fressen konnte;
auch ging nicht der Läufer müßig vor dem Wagen her,
sondern trug vom Heu geschützte Eier.
Zog Bassus nach Rom? Im Gegenteil, er ging aufs Land.

48

Pauperis extruxit cellam, sed vendidit Olus
 praedia: nunc cellam pauperis Olus habet.

49

Veientana mihi misces, ubi Massica potas:
 olfacere haec malo pocula quam bibere.

50

Haec tibi, non alia, est ad cenam causa vocandi,
 versiculos recites ut, Ligurine, tuos.
deposui soleas, adfertur protinus ingens
 inter lactucas oxygarumque liber:
alter perlegitur, dum fercula prima morantur: 5
 tertius est, nec adhuc mensa secunda venit:
et quartum recitas et quintum denique librum.
 putidus est, totiens si mihi ponis aprum.
quod si non scombris scelerata poemata donas,
 cenabis solus iam, Ligurine, domi. 10

Erst spielt er den Armen, dann ist er's

Eine Armenkammer ließ Olus einrichten, aber er mußte seinen
 Grundbesitz verkaufen:
Jetzt hat Olus eine Armenkammer.

Minderwertiger Wein für den Gast

Wein von Veji mischst du mir, wenn du Massiker trinkst.
Lieber will ich an diesen Bechern riechen als trinken.

Ein penetranter Dichter

Nur einen einzigen Grund hast du und keinen anderen, Gäste zum
 Essen einzuladen:
Du willst deine Verslein vortragen, Ligurinus.
Kaum habe ich meine Sandalen abgelegt, da serviert man alsbald von
 gewaltigem Umfang
zwischen Lattichsalat und pikanter Fischsauce – ein Buch.
Ein zweites liest man vor, während der erste Gang sich hinzieht.
Das dritte Buch ist dran, und noch immer kommt nicht das zweite
 Gericht.
Und dann liest du das vierte Buch vor und schließlich das fünfte.
Setzt du mir so oft einen Eber vor, ist er verdorben.
Willst du aber deine verfluchten Gedichte nicht den Makrelen spendieren,
dann kannst du künftig, Ligurinus, für dich allein zu Hause speisen.

51

Cum faciem laudo, cum miror crura manusque,
 dicere, Galla, soles 'nuda placebo magis',
et semper vitas communia balnea nobis.
 numquid, Galla, times ne tibi non placeam?

52

Empta domus fuerat tibi, Tongiliane, ducentis:
 abstulit hanc nimium casus in urbe frequens.
conlatum est deciens. rogo, non potes ipse videri
 incendisse tuam, Tongiliane, domum?

53

Et voltu poteram tuo carere
et collo manibusque cruribusque
et mammis natibusque clunibusque,
et, ne singula persequi laborem,
tota te poteram, Chloe, carere. 5

54

Cum dare non possim quod poscis, Galla, rogantem,
 multo simplicius, Galla, negare potes.

Warum zeigst du dich mir nicht nackt?

Wenn ich dein Gesicht lobe, wenn ich deine Schenkel und Arme
    bewundere,
dann sagst du, Galla, stets: »Nackt werde ich dir noch mehr gefallen«,
und vermeidest es immer, gemeinsam mit mir zu baden.
Fürchtest du etwa, Galla, daß *ich* dir nicht gefalle?

Hast du vielleicht dein Haus selbst angezündet?

Für zweihunderttausend Sesterze hattest du dir, Tongilianus, das Haus
    gekauft,
zerstört hat es ein in Rom nur allzu häufiger Unglücksfall.
Eine ganze Million brachte man zusammen. Ich frage dich, Tongilianus:
Kann nicht der Eindruck entstehen, du habest dein Haus selber in Brand
    gesteckt?

Ich kann auf dich ganz verzichten, meine Liebe

Auf dein Gesicht könnt' ich verzichten,
auf Hals, Hände und Beine,
auf Brüste, Hinterbacken und Gesäß,
und, um nicht mühsam alles einzeln aufzuführen:
Ich könnte ganz auf dich verzichten, Chloë.

Ein Mädchen, zu teuer für mich

Da ich nicht geben kann, was du verlangst, Galla, wenn ich dich haben
    will,
könntest du viel einfacher »nein« sagen, Galla.

55

Quod quacumque venis Cosmum migrare putamus
  et fluere excusso cinnama fusa vitro,
nolo peregrinis placeas tibi, Gellia, nugis.
  scis, puto, posse meum sic bene olere canem.

56

Sit cisterna mihi quam vinea malo Ravennae,
  cum possim multo vendere pluris aquam.

57

Callidus inposuit nuper mihi copo Ravennae:
  cum peterem mixtum, vendidit ille merum.

58

Baiana nostri villa, Basse, Faustini
non otiosis ordinata myrtetis
viduaque platano tonsilique buxeto
ingrata lati spatia detinet campi,
sed rure vero barbaroque laetatur. 5
hic farta premitur angulo Ceres omni
et multa fragrat testa senibus autumnis;
hic post Novembres imminente iam bruma
seras putator horridus refert uvas.
truces in alta valle mugiunt tauri 10
vitulusque inermi fronte prurit in pugnam.

An eine zu stark parfümierte Frau

Überall, wo du hinkommst, meint man, Cosmus paziere vorbei,
und aus dem Glas gegossen fließe in Strömen das Zimtöl;
ich mag aber nicht, daß du dir, Gellia, mit so exotischem Zeug gefällst.
Du weißt vermutlich: So gut duften kann auch – mein Hund.

Kostbares Wasser in Ravenna

Eine Zisterne hätt' ich in Ravenna lieber als einen Weinberg,
denn Wasser könnt' ich dort viel teurer verkaufen.

Betrug durch reinen Wein in Ravenna

Ein schlauer Schankwirt hat mich vor kurzem in Ravenna 'reingelegt:
Als ich Wein mit Wasser verlangte, verkaufte er mir puren Wein.

Zwei Arten von Landgütern, zwei Lebensformen

Lieber Bassus, der Bajaner Landsitz unseres Faustinus,
nicht angelegt mit unrentablen Myrtenpflanzungen,
mit Platanen ohne Rebranken oder gestutzten Buchsbaumhecken,
umfaßt keine ungenutzten Flächen einer weiten Flur,
sondern erfreut sich einer richtigen, ›barbarischen‹ Bewirtschaftung.
Hier drängt sich prallvoll die Frucht der Ceres in jedem Winkel,
und viele Krüge duften nach späten Herbsten;
hier bringt auch noch, wenn der November vorüber und die
        Wintersonnenwende nahe ist,
der Winzer, vor Kälte schauernd, die späten Trauben heim.
Trotzig brüllen im tiefen Tal die Stiere,
und das Kälbchen, mit noch unbewehrter Stirn, juckt es zum Kampf.

vagatur omnis turba sordidae chortis,
argutus anser gemmeique pavones
nomenque debet quae rubentibus pinnis
et picta perdix Numidicaeque guttatae 15
et impiorum phasiana Colchorum;
Rhodias superbi feminas premunt galli;
sonantque turres plausibus columbarum,
gemit hinc palumbus, inde cereus turtur.
avidi secuntur vilicae sinum porci 20
matremque plenam mollis agnus expectat.
cingunt serenum lactei focum vernae
et larga festos lucet ad lares silva.
non segnis albo pallet otio caupo,
nec perdit oleum lubricus palaestrita, 25
sed tendit avidis rete subdolum turdis
tremulave captum linea trahit piscem
aut inpeditam cassibus refert dammam.
exercet hilares facilis hortus urbanos,
et paedagogo non iubente lascivi 30
parere gaudent vilico capillati,
et delicatus opere fruitur eunuchus.
nec venit inanis rusticus salutator:
fert ille ceris cana cum suis mella
metamque lactis Sassinate de silva; 35
somniculosos ille porrigit glires,
hic vagientem matris hispidae fetum,
alius coactos non amare capones.
et dona matrum vimine offerunt texto
grandes proborum virgines colonorum. 40
facto vocatur laetus opere vicinus;
nec avara servat crastinas dapes mensa,
vescuntur omnes ebrioque non novit

Da schweift die ganze Schar des schmuddeligen Hofvolks umher:
schnatternde Gänse, wie Edelsteine schimmernde Pfaue,
der Vogel, der seinen Namen den roten Federn verdankt,
das gefleckte Rebhuhn, Perlhühner aus Numidien
und Fasane aus dem frevlerischen Kolchierland;
stolze Hähne besteigen Hennen aus Rhodos,
die Türme rauschen vom lauten Flügelschlag der Tauben,
hier gurrt der Täuberich, dort die wachsfarbene Turteltaube.
Gierig laufen die Schweine der Schürze der Bäuerin nach,
und das zarte Lamm wartet auf das volle Euter seiner Mutter.
Den heiteren Herd umringen Sklavenkinder, von Milch genährt,
und mächtig lodert das Holz vor den festlich geschmückten Hausgöttern.
Kein träger Schankwirt hat einen blassen Teint vom bleich machenden
    Müßiggang,
kein von Fett triefender Ringkampflehrer vergeudet das Öl,
nein, den gierigen Drosseln spannt man listig das Netz
und zieht an zitternder Angelschnur den gefangenen Fisch heraus,
oder man bringt ein Reh nach Hause, das sich im Netz verfing.
Ein pflegeleichter Garten beschäftigt die vergnügten Sklaven aus der Stadt,
ohne das Kommando eines Pagenaufsehers
gehorchen die ausgelassenen Lockenköpfe gern dem Gutsverwalter,
und auch der verweichlichte Eunuch genießt seine Arbeit.
Nicht kommen mit leeren Händen die Bauern zum Gruß:
Einer bringt hellen Honig samt den Waben
und einen Käse-Kegel aus dem Sassinater Wald;
jener liefert Haselmäuse: Siebenschläfer,
der ein Böckchen, das meckernde Jungtier einer struppigen Mutter,
ein anderer Kapaune, denen zu lieben verwehrt ist.
Gaben ihrer Mütter überreichen in geflochtenem Weidenkorb
die stattlichen Töchter tüchtiger Bauern.
Nach getaner Arbeit lädt man einen fröhlichen Nachbarn ein;
die Tafel hält nicht geizig die festlichen Speisen für den nächsten Tag
    zurück;
für alle ist genug zu essen da, und auch der Diener, satt geworden,

satur minister invidere convivae.
at tu sub urbe possides famem mundam 45
et turre ab alta prospicis meras laurus,
furem Priapo non timente securus;
et vinitorem farre pascis urbano
pictamque portas otiosus ad villam
holus, ova, pullos, poma, caseum, mustum. 50
rus hoc vocari debet, an domus longe?

59

Sutor Cerdo dedit tibi, culta Bononia, munus,
    fullo dedit Mutinae: nunc ubi copo dabit?

60

Cum vocer ad cenam non iam venalis ut ante,
    cur mihi non eadem quae tibi cena datur?
ostrea tu sumis stagno saturata Lucrino,
    sugitur inciso mitulus ore mihi:
sunt tibi boleti, fungos ego sumo suillos: 5
    res tibi cum rhombo est, at mihi cum sparulo.
aureus inmodicis turtur te clunibus implet,
    ponitur in cavea mortua pica mihi.
cur sine te ceno cum tecum, Pontice, cenem?
    sportula quod non est prosit: edamus idem. 10

kennt keinen Neid auf den trunkenen Gast.
Doch du besitzt am Stadtrand einen schicken Hungersitz
und blickst von einem hohen Turm auf lauter Lorbeerbäume herab,
bist frei von Sorgen, denn Priap braucht keinen Dieb zu fürchten;
deinen Winzer mußt du mit Mehl aus der Stadt ernähren,
und du läßt an Feiertagen dir in dein ausgemaltes Landhaus
Kohl, Eier, Hühner, Äpfel, Käse und Most bringen.
Soll man das ein Landgut nennen oder ein Stadthaus, das weit draußen
  liegt?

Auch unfeine Leute sponsern Gladiatorenspiele

Cerdo, der Schuster, richtete für dich, gepflegtes Bologna, ein
  Gladiatorenspiel aus,
ein Tuchwalker richtete es für Modena aus. Wo wird der Kneipenwirt
  jetzt welche ausrichten?

Ungleiche Bewirtung

Da ich zum Essen eingeladen werde, seit ich kein bezahlter Klient mehr
  bin wie früher,
warum setzt man mir dann nicht das gleiche Essen vor wie dir?
Du nimmst dir Austern, die im Lukrinersee sich sättigten,
ich sauge eine Miesmuschel aus und schneide mir dabei in den Mund.
Du hast Champignons, ich muß mir die Saupilze nehmen.
Du hast es mit dem Steinbutt, ich hab's mit der Brachse zu tun.
Eine goldgelbe Taube füllt dir mit ihren mächtigen Keulen den Magen,
mir wird eine Elster vorgesetzt, die im Käfig starb.
Weshalb speise ich ohne dich, da ich doch, Ponticus, mit dir speise?
Daß es die Sportula nicht mehr gibt, soll mir nützen: Essen wir das gleiche!

61

Esse nihil dicis quidquid petis, inprobe Cinna:
   si nil, Cinna, petis, nil tibi, Cinna, nego.

62

Centenis quod emis pueros et saepe ducenis,
   quod sub rege Numa condita vina bibis,
quod constat decies tibi non spatiosa supellex,
   libra quod argenti milia quinque rapit,
aurea quod fundi pretio carruca paratur,   5
   quod pluris mula est quam domus empta tibi:
haec animo credis magno te, Quinte, parare?
   falleris: haec animus, Quinte, pusillus emit.

63

Cotile, bellus homo es: dicunt hoc, Cotile, multi.
   audio: sed quid sit, dic mihi, bellus homo?
'bellus homo est, flexos qui digerit ordine crines,
   balsama qui semper, cinnama semper olet;
cantica qui Nili, qui Gaditana susurrat,   5
   qui movet in varios bracchia volsa modos;
inter femineas tota qui luce cathedras
   desidet atque aliqua semper in aure sonat,
qui legit hinc illinc missas scribitque tabellas;

»Nichts« hast du von mir verlangt

Was du von mir verlangst, sei gar nichts, sagst du, unverschämter Cinna.
Wenn du gar nichts, Cinna, verlangst, dann, Cinna, schlag' ich dir auch
   gar nichts ab.

Großmannssucht eines kleinen Geistes

Wenn du dir für hunderttausend und oft auch für zweihunderttausend
   Sesterze Knaben kaufst,
wenn du Weine trinkst, die man unter König Numa einlagerte,
wenn dich Geschirr, das kaum Platz einnimmt, eine Million kostet,
wenn ein Pfund Silberzeug dir fünftausend Sesterze raubt,
wenn du einen vergoldeten Wagen um den Preis eines Landguts erwirbst,
wenn du ein Maultier gekauft hast, das teurer als ein Haus ist:
Glaubst du dann, daß du das alles in großartiger Gesinnung erwirbst,
   Quintus?
Du täuschst dich: So etwas, Quintus, kauft nur ein Kleingeist.

Porträt eines Belami

Cotilus, ein netter Mann bist du; das sagen, Cotilus, viele.
Ich höre es; doch sag' mir, was ist das, ein netter Mann?
»Ein netter Mann ist, wer seine gekräuselten Haare ordentlich legt,
wer immer nach Balsam, immer nach Zimtsaft duftet,
wer Lieder vom Nil, wer gaditanische vor sich hin trällert,
wer seine enthaarten Arme nach wechselnden Rhythmen bewegt;
wer den ganzen Tag zwischen den Sesseln der Damen
faul herumsitzt und dabei immer in irgendein Ohr flüstert;
wer von hier, von dort gesandte Briefchen liest und auch selbst welche
   schreibt,

pallia vicini qui refugit cubiti;
qui scit quam quis amet, qui per convivia currit,
  Hirpini veteres qui bene novit avos.'
quid narras? hoc est, hoc est homo, Cotile, bellus?
  res pertricosa est, Cotile, bellus homo.

64

Sirenas hilarem navigantium poenam
blandasque mortes gaudiumque crudele,
quas nemo quondam deserebat auditas,
fallax Ulixes dicitur reliquisse.
non miror: illud, Cassiane, mirarer,
si fabulantem Canium reliquisset.

65

Quod spirat tenera malum mordente puella,
  quod de Corycio quae venit aura croco;
vinea quod primis cum floret cana racemis,
  gramina quod redolent, quae modo carpsit ovis;
quod myrtus, quod messor Arabs, quod sucina trita,
  pallidus Eoo ture quod ignis olet;
gleba quod aestivo leviter cum spargitur imbre,
  quod madidas nardo passa corona comas:
hoc tua, saeve puer Diadumene, basia fragrant.
  quid si tota dares illa sine invidia?

wer es ängstlich vermeidet, den Mantel am Arm seines Nachbarn zu
   streifen;
wer Bescheid weiß, wer welche gerade liebt, wer von einem Gelage zum
   anderen eilt,
wer den Stammbaum von Hirpinus auswendig weiß.«
Was du nicht sagst! Ist das, ist das, Cotilus, ein netter Mann?
Eine sehr komplizierte Sache, Cotilus, ist ein netter Mann!

Ein Odysseus wäre rettungslos verloren

Vor den Sirenen – sie bedeuteten für die Seefahrer heitere Qual,
betörenden Tod und grausame Freude,
und keiner, der sie einst hörte, kam von ihnen los –
soll der verschlagene Odysseus sich gerettet haben.
Das wundert mich nicht. Darüber, Cassianus, würde ich mich wundern,
hätte er sich vor Canius retten können, wenn dieser beim Erzählen ist.

Duftende Knabenküsse

Wie der Apfel sein Aroma verströmt, wenn ein zartes Mädchen
   hineinbeißt,
wie es der Lufthauch tut, der vom Safran Kilikiens kommt;
wie der Weinberg, wenn er weißgrau in den ersten Traubenkämmen
   erblüht,
wie das Gras duftet, das soeben ein Schaf abrupfte;
wie die Myrte, wie der arabische Pflücker, wie geriebener Bernstein,
wie Feuer, fahl vom Weihrauch des Morgenlandes, riecht;
wie die Scholle, wenn leicht sie vom Sommerregen benetzt wird,
wie ein Kranz, der das von Nardenöl feuchte Haar berührte:
So köstlich duften deine Küsse, du grausamer Knabe Diadumenos.
Doch wie erst, wenn du sie alle ohne Widerstreben gäbest!

66

Par scelus admisit Phariis Antonius armis:
 abscidit voltus ensis uterque sacros.
illud, laurigeros ageres cum laeta triumphos,
 hoc tibi, Roma, caput, cum loquereris, erat.
Antoni tamen est peior quam causa Pothini: 5
 hic facinus domino praestitit, ille sibi.

67

Cessatis, pueri, nihilque nostis,
Vatreno Rasinaque pigriores,
quorum per vada tarda navigantes
lentos tinguitis ad celeuma remos.
iam prono Phaethonte sudat Aethon 5
exarsitque dies et hora lassos
interiungit equos meridiana.
at vos tam placidas vagi per undas
tuta luditis otium carina.
non nautas puto vos, sed Argonautas. 10

68

Huc est usque tibi scriptus, matrona, libellus.
 cui sint scripta rogas interiora? mihi.
gymnasium, thermae, stadium est hac parte: recede.
 exuimur: nudos parce videre viros.

Bewertung der Ermordung von Pompejus und Cicero

Ein Verbrechen, das dem mit der pharischen Waffe gleicht, beging
    Antonius:
In beiden Fällen trennte das Schwert heilige Häupter ab.
Den einen Kopf besaßest du, Rom, als du freudig lorbeerbekränzte
    Triumphe feiertest,
den anderen, als du das Wort ergriffst.
Doch die Tat des Antonius ist schlimmer als die des Pothinus:
Dieser führte das Verbrechen für seinen Herrn aus, jener für sich.

»Argo-Nauten«-Kalauer

Faul seid ihr Burschen und versteht überhaupt nichts,
seid träger als Vatrenus und Rasina,
durch deren langsame Gewässer fahrend,
ihr auf Kommando im Takt die zähen Ruder eintaucht.
Schon neigt sich Phaëthon, und Aëthon schwitzt,
der Tag ist glühend heiß geworden, und die Mittagsstunde
läßt zwischendurch die müden Pferde rasten.
Doch ihr, die ihr euch durch die so sanften Wellen treiben laßt,
verspielt auf sicherem Boote müßig eure Zeit.
Nauten (Schiffer) seid ihr nicht, glaub' ich, sondern Argo-Nauten
    (Träge Schiffer).

Ab jetzt wird's frivol

Bis hierher ist das Büchlein für dich geschrieben, ehrbare Dame des
    Hauses.
Für wen dann die folgenden Seiten geschrieben sind, fragst du? Für mich!
Sporthalle, Thermen, Rennbahn, all das ist in diesem Teil: Entferne dich,
wir ziehen uns aus, erspar' es dir, nackte Männer anzusehen!

hinc iam deposito post vina rosasque pudore, 5
  quid dicat, nescit, saucia Terpsichore:
schemate nec dubio, sed aperte nominat illam
  quam recipit sexto mense superba Venus,
custodem medio statuit quam vilicus horto,
  opposita spectat quam proba virgo manu. 10
si bene te novi, longum iam lassa libellum
  ponebas, totum nunc studiosa legis.

69

Omnia quod scribis castis epigrammata verbis
  inque tuis nulla est mentula carminibus,
admiror, laudo; nihil est te sanctius uno:
  at mea luxuria pagina nulla vacat.
haec igitur nequam iuvenes facilesque puellae, 5
  haec senior, sed quem torquet amica, legat.
at tua, Cosconi, venerandaque sanctaque verba
  a pueris debent virginibusque legi.

70

Moechus es Aufidiae, qui vir, Scaevine, fuisti;
  rivalis fuerat qui tuus, ille vir est.
cur aliena placet tibi, quae tua non placet, uxor?
  numquid securus non potes arrigere?

Ab jetzt, nach Wein und Rosen, verliert Terpsichore jede Scheu
und weiß beschwipst nicht, was sie sagt.
Ganz unverblümt und offen nennt sie jetzt das Ding,
das Venus stolz im Monat Juni empfängt,
das als Wächter der Gutsverwalter mitten in den Garten stellt,
bei dessen Anblick ein anständiges Mädchen die Hand vor die Augen hält.
Kenn' ich dich recht, dann wolltest du das Büchlein wegen seiner Länge
        schon müde
beiseite legen – und liest es jetzt eifrig zu Ende.

›Jugendfreie‹ und frivole Epigrammdichtung

Daß du all deine Epigramme mit züchtigen Worten schreibst
und in deinen Gedichten kein Schwanz vorkommt,
das bewundere, lobe ich, niemand ist so ehrbar wie du allein;
bei mir dagegen ist keine Seite frei von Frivolem.
Lesen sollen dies daher ausgelassene Jugendliche und leichtsinnige
        Mädchen,
ein Älterer auch, doch nur dann, wenn ihn seine Freundin noch quält!
Dagegen sind deine respektablen und hehren Worte, Cosconius,
für Knaben und Jungfrauen zum Lesen bestimmt.

Die Exfrau als Geliebte

Jetzt bist du Aufidias Liebhaber, nachdem du früher ihr Mann warst,
        Scaevinus,
und der dein Rivale war, ist jetzt ihr Mann.
Warum gefällt dir die Frau eines andern, die dir als die deine nicht gefällt?
Kannst du etwa ohne Risiko keinen Steifen bekommen?

71

Mentula cum doleat puero, tibi, Naevole, culus,
   non sum divinus, sed scio quid facias.

72

Vis futui nec vis mecum, Saufeia, lavari.
   nescio quod magnum suspicor esse nefas.
aut tibi pannosae dependent pectore mammae
   aut sulcos uteri prodere nuda times
aut infinito lacerum patet inguen hiatu   5
   aut aliquid cunni prominet ore tui.
sed nihil est horum, credo, pulcherrima nuda es.
   si verum est, vitium peius habes: fatua es.

73

Dormis cum pueris mutuniatis,
et non stat tibi, Phoebe, quod stat illis.
quid vis me, rogo, Phoebe, suspicari?
mollem credere te virum volebam,
sed rumor negat esse te cinaedum.   5

Ich weiß, was du treibst

Wenn dem Jungen der Schwanz und dir, Naevolus, der Arsch weh
    tut:
nun, ein Prophet bin ich nicht, aber ich weiß, was du treibst.

Seltsame Sprödheit

Du willst, daß ich dich vögle, und willst nicht mit mir zusammen baden,
    Saufeia.
Irgendeinen bösen Makel, vermute ich, muß es da geben.
Wie Lumpen hängen dir vielleicht die Brüste herab,
oder du fürchtest, bist du nackt, die Furchen an deinem Bauch
    preiszugeben,
oder dein geschundenes Geschlecht klafft mit einem riesigen Spalt,
oder es ragt etwas aus dem Eingang deiner Scham heraus.
Doch nichts dergleichen, glaub' ich, ist der Fall: Nackt bist du am
    schönsten.
Wenn das stimmt, hast du einen schlimmeren Fehler: Du bist eine Närrin.

Du bist nicht einfach ein Schwuler

Du schläfst mit Knaben, die starke Schwänze haben,
und bei dir steht nicht, Phöbus, was bei jenen steht.
Was soll ich, frag' ich dich, Phöbus, da vermuten?
Glauben wollt' ich schon, daß du ein Schwuler bist;
doch das Gerücht sagt, daß du kein Kinäde seist.

74

Psilothro faciem levas et dropace calvam.
 numquid tonsorem, Gargiliane, times?
quid facient ungues? nam certe non potes illos
 resina Veneto nec resecare luto.
desine, si pudor est, miseram traducere calvam: 5
 hoc fieri cunno, Gargiliane, solet.

75

Stare, Luperce, tibi iam pridem mentula desît,
 luctaris demens tu tamen arrigere.
sed nihil erucae faciunt bulbique salaces
 inproba nec prosunt iam satureia tibi.
coepisti puras opibus corrumpere buccas: 5
 sic quoque non vivit sollicitata Venus.
mirari satis hoc quisquam vel credere possit,
 quod non stat, magno stare, Luperce, tibi?

76

Arrigis ad vetulas, fastidis, Basse, puellas,
 nec formonsa tibi sed moritura placet.
hic, rogo, non furor est, non haec est mentula demens?
 cum possis Hecaben, non potes Andromachen!

Enthaarung an der falschen Stelle

Mit einem Haartilgemittel glättest du dein Gesicht und mit einer
    Pechmütze deinen Schädel.
Fürchtest du dich etwa, Gargilianus, vor dem Friseur?
Was machst du dann mit deinen Nägeln? Denn ganz bestimmt kannst
    du sie nicht
mit Harz oder venetischer Tonerde kürzen.
Hör' auf, wenn du noch Ehrgefühl hast, deinen traurigen Schädel dem
    Gespött preiszugeben:
So behandeln, Gargilianus, Frauen gewöhnlich – ihre Scham.

Was bei dir nicht steht, kommt dich teuer zu stehen

Schon lange, Lupercus, steht dir der Schwanz nicht mehr stramm,
trotzdem mühst du Tor dich immer wieder ab, einen Steifen hinzukriegen.
Doch da richten Senfkohl nichts aus und aufgeilende Zwiebel,
und auch das scharf machende Bohnenkraut kann dir nicht weiterhelfen.
Nun hast du damit begonnen, dank deinem Vermögen manch sauberen
    Mund zu mißbrauchen,
aber auch so lebt deine Potenz, wiewohl stimuliert, nicht mehr auf.
Könnte sich einer genug darüber wundern oder auch glauben,
daß, was nicht steht, teuer zu stehen dich kommt, Lupercus?

Er kann's nur bei einer Alten

Einen Steifen hast du bei alten Frauen, Bassus, und junge Mädchen
    verschmähst du,
dir gefällt keine schöne, nur eine, die dem Tod schon nah ist.
Ist das nicht Wahnsinn, frage ich dich, ist dieser Schwanz nicht verrückt?
Hekuba kannst du, aber Andromache kannst du nicht?

77

Nec mullus nec te delectat, Baetice, turdus,
   nec lepus est umquam nec tibi gratus aper;
nec te liba iuvant nec sectae quadra placentae,
   nec Libye mittit nec tibi Phasis aves:
capparin et putri cepas allece natantis   5
   et pulpam dubio de petasone voras,
teque iuvant gerres et pelle melandrya cana,
   resinata bibis vina, Falerna fugis.
nescio quod stomachi vitium secretius esse
   suspicor: ut quid enim, Baetice, σαπροφαγεῖς?   10

78

Minxisti currente semel, Pauline, carina.
   meiere vis iterum? iam Palinurus eris.

79

Rem peragit nullam Sertorius, inchoat omnes.
   hunc ego, cum futuit, non puto perficere.

80

De nullo loqueris, nulli maledicis, Apici:
   rumor ait linguae te tamen esse malae.

Weshalb frißt du nur stinkendes Zeug?

Weder Meerbarbe noch Drossel finden deinen Gefallen, Baeticus,
weder Hase noch Eber sind dir je willkommen,
Fladen schmecken dir nicht, kein Stück von dem aufgeschnittenen
    Kuchen,
weder schickt dir Libyen noch der Phasis seine Vögel,
nein, Kapern und Zwiebeln, die in faulig stinkender Fischsauce
    schwimmen,
und das Fleisch von einem dubiosen Schweineschinken schlingst du
    hinunter;
billige Salzfische schmecken dir und Bauchstücke vom Thunfisch mit
    grauer Haut,
Harzweine trinkst du, den Falerner meidest du.
Irgendeine geheime Magenstörung vermute ich:
Wieso, Baeticus, ißt du sonst, was faulig ist?

Pinkel-Assoziationen

Gepinkelt hast du einmal, Paulinus, auf fahrendem Schiff.
Willst du noch einmal pinkeln? Gleich wirst du ein Palinurus sein.

Von einem, der nie und mit nichts zu Ende kommt

Nichts führt Sertorius zu Ende, doch alles beginnt er:
Auch wenn er vögelt, kommt er vermutlich nicht zum Ziel.

Schlimme Zunge

Über keinen redest du, machst keinen schlecht, Apicius:
Dennoch sagen die Leute, du habest eine schlimme Zunge.

81

Quid cum femineo tibi, Baetice Galle, barathro?
  haec debet medios lambere lingua viros.
abscisa est quare Samia tibi mentula testa,
  si tibi tam gratus, Baetice, cunnus erat?
castrandum caput est: nam sis licet inguine Gallus, 5
  sacra tamen Cybeles decipis: ore vir es.

82

Conviva quisquis Zoili potest esse,
Summemmianas cenet inter uxores
curtaque Ledae sobrius bibat testa:
hoc esse levius puriusque contendo.
iacet occupato galbinatus in lecto 5
cubitisque trudit hinc et inde convivas
effultus ostro Sericisque pulvillis.
stat exoletus suggeritque ructanti
pinnas rubentes cuspidesque lentisci,
et aestuanti tenue ventilat frigus 10
supina prasino concubina flabello,
fugatque muscas myrtea puer virga.
percurrit agili corpus arte tractatrix
manumque doctam spargit omnibus membris;
digiti crepantis signa novit eunuchus 15
et delicatae sciscitator urinae
domini bibentis ebrium regit penem.
at ipse retro flexus ad pedum turbam
inter catellas anserum exta lambentis
partitur apri glandulas palaestritis 20

Man sollte dich auch noch oben kastrieren

Was hast du, Eunuch Baeticus, mit der weiblichen Spalte zu tun?
So eine Zunge, wie du sie hast, sollte Männer unten lecken.
Weshalb wurde dir der Schwanz mit samischer Scherbe abgeschnitten,
wenn die Möse für dich, Baeticus, so attraktiv war?
Den Kopf muß man dir kastrieren; denn magst du auch unten ein Eunuch
      sein,
so hintergehst du doch Kybeles Kult: Mit deinem Mund bist du ein Mann.

Ein widerlicher Gastgeber, der sich mit Völlerei aufspielt

Jeder, der es fertigbringt, bei Zoïlus zu Gast zu sein,
sollte lieber bei den Frauen des Summemmius speisen
und nüchtern bleibend aus Ledas gesprungenem Krug trinken;
das wäre, da bin ich mir sicher, einfacher und sauberer.
Gelbgrün bekleidet ruht er auf dem Speisesofa, das er eingenommen hat,
und stößt mit den Ellenbogen da und dort an die Gäste,
gestützt auf Purpur und Kissen aus chinesischem Seidenstoff.
Der Lustknabe steht daneben und reicht seinem rülpsenden Herrn
rote Federn und Zahnstocher aus Mastixholz.
Wenn es ihm heiß wird, fächelt ihm sanfte Kühlung
mit grünem Wedel eine auf dem Rücken liegende Konkubine zu,
und Fliegen verscheucht ein Knabe mit dem Myrtenzweig.
Eine Masseuse knetet mit flinker Kunst seinen Körper durch
und läßt ihre kundige Hand über sämtliche Glieder gleiten.
Die Zeichen seines schnalzenden Fingers kennt der Eunuch,
und, wohlbedacht auf den feinen Urin,
lenkt er den besoffenen Schwanz seines zechenden Herrn.
Doch der Hausherr, sich rückwärts an die Sklavenschar zu seinen Füßen
      wendend,
inmitten der Hündchen, die an den Gänseinnereien lecken,
verteilt an seine Ringkampflehrer Schweinsdrüsen

et concubino turturum natis donat;
Ligurumque nobis saxa cum ministrentur
vel cocta fumis musta Massilitanis,
Opimianum morionibus nectar
crystallinisque murrinisque propinat. 25
et Cosmianis ipse fusus ampullis
non erubescit murice aureo nobis
dividere moechae pauperis capillare.
septunce multo deinde perditus stertit:
nos accubamus et silentium rhonchis 30
praestare iussi nutibus propinamus.
hos Malchionis patimur inprobi fastus,
nec vindicari, Rufe, possumus: fellat.

83

Ut faciam breviora mones epigrammata, Corde.
   'fac mihi quod Chione': non potui brevius.

84

Quid narrat tua moecha? non puellam
dixi, Gongylion. quid ergo? linguam.

85

Quis tibi persuasit naris abscidere moecho?
   non hac peccatum est parte, marite, tibi.
stulte, quid egisti? nihil hic tua perdidit uxor,
   cum sit salva tui mentula Deiphobi.

und spendiert seinem Lustknaben von Tauben die Hinterbacken.
Während uns Wein von den Felsen Liguriens serviert wird
oder Most, gekocht in massilischem Rauch,
prostet er seinen Narren mit dem Nektar des Opimius-Jahrgangs
in Bechern aus Kristall oder Flußspat zu,
und selbst übergossen von Cosmus-Salbenfläschchen,
wird er nicht rot, wenn er an uns aus goldner Muschel
die Haarpomade einer armen Dirne verteilt.
Durch so viele Sieben-Unzen-Becher dann total erledigt, schnarcht er.
Wir liegen zu Tisch, und da man uns auffordert, sein Sägen
    stillschweigend anzuhören,
können wir uns nur mit Gesten zutrinken.
Diese Arroganz des widerlichen Malchio müssen wir uns gefallen lassen
und können uns nicht einmal, Rufus, an ihm rächen: Er macht's mit
    dem Mund.

Kürzer geht's nicht

Du mahnst mich, die Epigramme kürzer zu machen, Cordus.
»Mach mir's wie Chione!« – Kürzer konnt' ich's nicht.

Mißverständnis

Was erzählt deine Hure? Nicht das Mädchen
meinte ich, Gongylion. »Was dann?« Die Zunge.

Bestrafung an der falschen Stelle.

Wer hat dir geraten, dem Ehebrecher die Nase abzuschneiden?
Nicht mit diesem Teil, lieber Ehemann, hat er sich an dir versündigt.
Idiot, was hast du getan? Damit hat deine Frau nichts verloren,
blieb doch der Schwanz deines Deïphobus intakt.

86

Ne legeres partem lascivi, casta, libelli,
  praedixi et monui: tu tamen, ecce, legis.
sed si Panniculum spectas et, casta, Latinum, –
  non sunt haec mimis inprobiora, – lege.

87

Narrat te rumor, Chione, numquam esse fututam
  atque nihil cunno purius esse tuo.
tecta tamen non hac, qua debes, parte lavaris:
  si pudor est, transfer subligar in faciem.

88

Sunt gemini fratres, diversa sed inguina lingunt.
  dicite, dissimiles sunt magis an similes?

89

Utere lactucis et mollibus utere malvis:
  nam faciem durum, Phoebe, cacantis habes.

90

Vult, non vult dare Galla mihi, nec dicere possum,
  quod vult et non vult, quid sibi Galla velit.

Auch eine tugendhafte Dame liest gern meine frivolen Gedichte

Einen Teil meines frivolen Büchleins nicht zu lesen, tugendhafte Dame,
hab' ich dir vorher eingeschärft und dich gewarnt: Doch siehe da,
    du liest es trotzdem!
Nun, wenn du dir Panniculus und Latinus anschauen kannst,
    tugendhafte Dame,
– meine Verse sind nicht unanständiger als die Mimen – dann lies sie!

Verhülle den Körperteil, mit dem du's treibst!

Chione, es geht das Gerücht, du seiest noch nie gevögelt worden
und nichts sei reiner als deine Möse.
Doch wenn du badest, bist du dort, wo's nötig wäre, nicht verhüllt.
Hast du Schamgefühl, dann zieh dir den Schurz vors Gesicht!

Zwillinge mit unterschiedlichen sexuellen Praktiken

Zwillingsbrüder sind sie, doch sie lecken unterschiedliche Genitalien.
Sagt, sind sie nun mehr ungleich oder mehr gleich?

Verzerrtes Gesicht

Nimm Lattichblätter und nimm mild wirkende Malven,
du machst nämlich ein Gesicht, Phöbus, als müßtest du hart kacken.

Was will sie denn?

Galla will, will sich mir nicht hingeben, und so kann ich auch nicht sagen,
weil sie will und nicht will, was denn Galla wirklich will.

91

Cum peteret patriae missicius arva Ravennae,
  semiviro Cybeles cum grege iunxit iter.
huic comes haerebat domini fugitivus Achillas
  insignis forma nequitiaque puer.
hoc steriles sensere viri: qua parte cubaret   5
  quaerunt. sed tacitos sensit et ille dolos:
mentitur, credunt. somni post vina petuntur:
  continuo ferrum noxia turba rapit
exciduntque senem spondae qui parte iacebat;
  namque puer pluteo vindice tutus erat.   10
subpositam quondam fama est pro virgine cervam,
  at nunc pro cervo mentula subposita est.

92

Ut patiar moechum rogat uxor, Galle, sed unum.
  huic ego non oculos eruo, Galle, duos?

93

Cum tibi trecenti consules, Vetustilla,
et tres capilli quattuorque sint dentes,
pectus cicadae, crus colorque formicae;
rugosiorem cum geras stola frontem
et araneorum cassibus pares mammas;   5

In übler Gesellschaft kastriert

Als ein entlassener Soldat den Fluren seiner Heimatstadt Ravenna zueilte,
ging mit ihm auf demselben Weg Kybeles weibische Schar.
Der schloß sich als Begleiter Achillas an, ein seinem Herrn entlaufener
    Sklave,
ein Junge, ungewöhnlich schön und ungewöhnlich durchtrieben.
Die Kastraten merkten das; auf welcher Seite er schlafe,
fragen sie ihn; aber er merkte auch selbst etwas von dem hinterhältigen
    Vorhaben:
Er belügt sie, und sie glauben es ihm. Nach dem Weingenuß sucht man
    das Nachtlager auf.
Alsbald greift die kriminelle Schar nach dem Messer,
und sie kastrieren den Alten, der an der vorderen Seite im Bett lag;
der Junge nämlich war außer Gefahr, ihn schützte das Wandbrett des
    Bettes.
Die Sage erzählt, einst habe eine Hirschkuh die Jungfrau ersetzt;
doch hier wurde ein ›Hirsch‹ durch einen Schwanz ersetzt.

Ihr einziger Liebhaber

Daß ich ihren Liebhaber akzeptiere, Gallus, darum bittet meine Frau,
    und zwar nur einen.
Reiß' ich ihm da nicht beide Augen aus, Gallus?

An eine abstoßende, heiratslustige Alte

Obwohl du dreihundert Konsuln erlebt hast, Vetustilla,
nur noch drei Haare besitzt und vier Zähne,
die Brust einer Grille, die Schenkel und den Teint einer Ameise hast,
obwohl deine Stirn mehr Runzeln zeigt, als dein Gewand Falten hat,
und deine Brüste Spinnenweben gleichen,

cum conparata rictibus tuis ora
Niliacus habeat corcodilus angusta,
meliusque ranae garriant Ravennates,
et Atrianus dulcius culix cantet,
videasque quantum noctuae vident mane, 10
et illud oleas quod viri capellarum,
et anatis habeas orthopygium macrae,
senemque Cynicum vincat osseus cunnus;
cum te lucerna balneator extincta
admittat inter bustuarias moechas; 15
cum bruma mensem sit tibi per Augustum
regelare nec te pestilentia possit:
audes ducentas nupturire post mortes
virumque demens cineribus tuis quaeris.
prurire quid si Sattiae velit saxum? 20
quis coniugem te, quis vocabit uxorem,
Philomelus aviam quam vocaverat nuper?
quod si cadaver exiges tuum scalpi,
sternatur Orci de triclinio lectus,
thalassionem qui tuum decet solus, 25
ustorque taedas praeferat novae nuptae:
intrare in istum sola fax potest cunnum.

94

Esse negas coctum leporem poscisque flagella.
    mavis, Rufe, cocum scindere quam leporem.

obwohl, verglichen mit deinem Rachen,
das Nilkrokodil ein enges Maul hat,
die Frösche von Ravenna schöner quaken
und die Mücken an der Adria lieblicher surren,
du so gut siehst wie Nachteulen früh am Morgen
und genauso stinkst wie die Ziegenböcke,
du den hervorstehenden Steiß einer mageren Ente hast
und deine knochenharte Scham einen greisen Kyniker erledigen würde;
obwohl dich der Bademeister, wenn er das Licht löscht,
noch mit den Huren hereinläßt, die sich bei den Gräbern herumtreiben,
obwohl schon den ganzen Monat August hindurch für dich Winter ist
und auch das Pestfieber dich nicht wieder auftauen könnte,
wagst du es, der schon zweihundert starben, dich heiratslustig
      aufzuführen,
und suchst, verrückt wie du bist, einen Mann für deine Asche.
Was wäre, wenn Sattias Grabstein geil sein wollte?
Wer wird dich »Gattin«, wer »Ehefrau« nennen,
wo dich kürzlich Philomelus noch »Großmutter« nannte?
Doch wenn du verlangst, daß man deinen Leichnam stimuliert,
soll man dir aus dem Triclinium des Orkus das Bett richten,
das allein zu deiner Hochzeit paßt,
und der Leichenverbrenner soll der Braut dann die Hochzeitslichter
      vorantragen:
Allein die Fackel vermag in so eine Möse einzudringen.

Grausamer Gastgeber

Nicht ganz durch sei der Hase, sagst du, und verlangst nach der Geißel:
Lieber willst du, Rufus, den Koch zerlegen als den Hasen.

95

Numquam dicis have sed reddis, Naevole, semper,
   quod prior et corvus dicere saepe solet.
cur hoc expectas a me, rogo, Naevole, dicas:
   nam, puto, nec melior, Naevole, nec prior es.
praemia laudato tribuit mihi Caesar uterque
   natorumque dedit iura paterna trium.
ore legor multo notumque per oppida nomen
   non expectato dat mihi fama rogo.
est et in hoc aliquid: vidit me Roma tribunum
   et sedeo qua te suscitat Oceanus.
quot mihi Caesareo facti sunt munere cives,
   nec famulos totidem suspicor esse tibi.
sed pedicaris, sed pulchre, Naevole, ceves.
   iam iam tu prior es, Naevole, vincis: have.

96

Lingis, non futuis meam puellam
et garris quasi moechus et fututor.
si te prendero, Gargili, tacebis.

Ich soll dich immer als ersten grüßen

Niemals sagst du als erster: Sei gegrüßt, sondern erwiderst, Naevolus,
      immer nur meinen Gruß,
wo doch sogar ein Rabe gewöhnlich als erster grüßt.
Sag' mir bitte, Naevolus, warum du das immer von mir erwartest!
Du bist ja, so meine ich, nicht besser, Naevolus, oder mir überlegen.
Zwei Caesaren würdigten mich, sie verliehen mir Auszeichnungen
und gaben mir den Status eines Vaters von drei Kindern.
In vieler Leute Mund bin ich und werde gelesen, einen in allen
      Landstädten bekannten Namen
gibt mir der Ruhm, ohne daß ich auf den Scheiterhaufen warten müßte.
Auch darin liegt eine gewisse Bedeutung: Rom sah mich im Range eines
      Tribunen,
und ich sitze dort, wo dich der Theateraufseher aufscheucht.
So viele Menschen wie über mich durch Caesars Gnade römische Bürger
      geworden sind,
so viele Diener, vermute ich, hast du nicht einmal.
Doch du läßt dich von hinten nehmen, Naevolus, und wackelst hübsch
      mit dem Hintern.
Ja, nunmehr bist du mir überlegen, Naevolus, Sieger bist du:
      Sei gegrüßt!

Ich stopf dir den Mund

Du leckst mein Mädchen, du fickst es nicht
und redest wie ein Ehebrecher und Ficker daher.
Wenn ich dich kriege, Gargilius, wirst du still sein.

97

Ne legat hunc Chione, mando tibi, Rufe, libellum.
 carmine laesa meo est, laedere et illa potest.

98

Sit culus tibi quam macer, requiris?
pedicare potes, Sabelle, culo.

99

Irasci nostro non debes, Cerdo, libello.
 ars tua non vita est carmine laesa meo.
innocuos permitte sales. cur ludere nobis
 non liceat, licuit si iugulare tibi?

100

Cursorem sexta tibi, Rufe, remisimus hora,
 carmina quem madidum nostra tulisse reor:
imbribus inmodicis caelum nam forte ruebat.
 non aliter mitti debuit ille liber.

Angst vor Chiones Rache-Reaktion auf mein Buch

Chione soll dieses Büchlein nicht lesen, lautet mein Auftrag an dich,
    Rufus.
In meinem Gedicht wird sie verletzt, und verletzen kann auch sie.

› Verarschung ‹

Wie mager dein Hintern sei, fragst du?
Du kannst, Sabellus, mit deinem Hintern einen andern hinten bedienen.

Nicht deine Person wollte ich treffen

Du mußt nicht auf mein Büchlein böse sein, Cerdo,
dein Handwerk, nicht deine Person wurde in meinem Gedicht
    angegriffen.
Gestatte die harmlosen Witze! Weshalb sollt' ich
nicht scherzen dürfen, wenn dir das Abstechen erlaubt ist?

Ironisierende Selbstunterschätzung

Den Läufer, Rufus, habe ich dir zur sechsten Stunde zurückgeschickt,
und vermutlich hat er dir völlig durchnäßt meine Gedichte gebracht:
Gewaltige Regengüsse stürzten nämlich gerade vom Himmel.
Nicht anders befördert zu werden verdiente dies Buch.

LIBER QUARTUS

1

Caesaris alma dies et luce sacratior illa
  conscia Dictaeum qua tulit Ida Iovem,
longa, precor, Pylioque veni numerosior aevo
  semper et hoc voltu vel meliore nite.
hic colat Albano Tritonida multus in auro   5
  perque manus tantas plurima quercus eat;
hic colat ingenti redeuntia saecula lustro
  et quae Romuleus sacra Tarentos habet.
magna quidem, superi, petimus sed debita terris:
  pro tanto quae sunt inproba vota deo?   10

2

Spectabat modo solus inter omnes
nigris munus Horatius lacernis,
cum plebs et minor ordo maximusque
sancto cum duce candidus sederet.
toto nix cecidit repente caelo: 5
albis spectat Horatius lacernis.

VIERTES BUCH

Gebet zum Geburtstag des Kaisers

O du segensreicher Geburtstag Caesars, heiliger als jener lichte Tag,
da, eingeweiht, der Ida den diktäischen Zeus der Welt gab.
Dauere lange an, ich bitte dich, komm häufiger noch als die Jahre, die der
    Greis von Pylos erreichte,
und strahle stets mit dem heutigen oder mit noch schönerem Gesicht!
Möge er vielmals die Göttin vom Tritonsee mit albanischem Golde feiern,
möge durch seine so machtvollen Hände oft der goldene Eichenkranz
    gehen;
möge er die Wiederkehr des Jahrhundertfestes mit einem gewaltigen
    Staatsopfer feiern
und die heiligen Riten begehen, die beim Tarentos des Romulus
    stattfinden.
Um Großes bitten wir euch zwar, ihr Himmlischen, doch ihr schuldet es
    der Welt:
Welche Wünsche wären zu vermessen für einen so machtvollen Gott?

Den kaiserlichen Maßgaben für die Kleiderordnung hilft notfalls auch der Himmel nach

Eben noch schaute als einziger unter allen anderen
Horaz den Spielen im schwarzen Gewande zu,
während das gewöhnliche Volk, der niedere und der höchste Stand
zusammen mit dem ehrwürdigen Fürsten ganz in Weiß dasaßen.
Plötzlich fiel vom Himmel dichter Schnee:
Im weißen Gewande schaut nun auch Horaz zu.

3

Aspice quam densum tacitarum vellus aquarum
    defluat in voltus Caesaris inque sinus.
indulget tamen ille Iovi, nec vertice moto
    concretas pigro frigore ridet aquas,
sidus Hyperborei solitus lassare Bootae
    et madidis Helicen dissimulare comis.
quis siccis lascivit aquis et ab aethere ludit?
    suspicor has pueri Caesaris esse nives.

4

Quod siccae redolet palus lacunae,
crudarum nebulae quod Albularum,
piscinae vetus aura quod marinae,
quod pressa piger hircus in capella,
lassi vardaicus quod evocati,
quod bis murice vellus inquinatum,
quod ieiunia sabbatariarum,
maestorum quod anhelitus reorum,
quod spurcae moriens lucerna Ledae,
quod ceromata faece de Sabina,
quod vulpis fuga, viperae cubile,
mallem quam quod oles olere, Bassa.

5

Vir bonus et pauper linguaque et pectore verus,
    quid tibi vis urbem qui, Fabiane, petis?

Schneefall im Theater

Sieh nur, wie ein dichtes Vlies von lautlosem Wasser
auf Caesars Gesicht und Gewand herabsinkt!
Dennoch sieht er es Jupiter nach, und ohne den Kopf zu bewegen,
lacht er über das Wasser, das in der lähmenden Kälte gefror,
gewohnt, den Sternen des hyperboreïschen Bootes zu trotzen
und trotz nasser Haare den Großen Bären zu ignorieren.
Wer amüsiert sich da über das trockene Wasser und spielt mit uns vom
    Himmel her?
Sollte dieser Schnee von Caesars kleinem Sohn kommen?

Bassa, du stinkst gewaltig

Wie der Sumpf eines ausgetrockneten Teiches stinkt,
wie die Dünste der fauligen Albula,
wie die abgestandene Luft eines Meerfischweihers,
wie der träge Bock auf der Ziege, die er besprang,
wie der Stiefel eines müden Veteranen,
wie das zweimal mit Purpur getränkte Schaffell,
wie das Sabbat-Fasten der Jüdinnen,
wie der keuchende Atem bedrückter Angeklagter,
wie die verlöschende Öllampe der schmutzigen Leda,
wie die Salben aus Sabinerhefe,
wie der Fuchs auf der Flucht oder das Schlangennest –
möcht' ich lieber riechen, als wonach du riechst, Bassa.

Illusionen über das Leben in Rom

Ein rechtschaffener Mann bist du, ohne große Mittel, doch ehrlich in
    Wort und Gesinnung:
Was versprichst du dir da, Fabianus, wenn es dich jetzt nach Rom zieht?

qui nec leno potes nec comissator haberi
 nec pavidos tristi voce citare reos
nec potes uxorem cari corrumpere amici
 nec potes algentes arrigere ad vetulas,
vendere nec vanos circa Palatia fumos
 plaudere nec Cano plaudere nec Glaphyro:
unde miser vives? 'homo certus, fidus amicus –'
 hoc nihil est: numquam sic Philomelus eris.

6

Credi virgine castior pudica
et frontis tenerae cupis videri,
cum sis inprobior, Malisiane,
quam qui compositos metro Tibulli
in Stellae recitat domo libellos.

7

Cur, here quod dederas, hodie, puer Hylle, negasti,
 durus tam subito qui modo mitis eras?
sed iam causaris barbamque annosque pilosque.
 o nox quam longa es quae facis una senem!
quid nos derides? here qui puer, Hylle, fuisti,
 dic nobis, hodie qua ratione vir es?

Du kannst doch nicht als Kuppler auftreten oder als Zechkumpan
oder verschüchterte Angeklagte mit ernster Stimme aufrufen
oder die Frau eines teuren Freundes verführen
oder bei frigiden alten Weibern einen Steifen bekommen
oder windige Sensationen über das Kaiserhaus verkaufen
oder den Claqueur für Canus und Glaphyrus abgeben:
Wovon willst du Ärmster leben? »Ein zuverlässiger Mann, ein treuer
    Freund ...«
Das bedeutet hier gar nichts: So wirst du nie ein Philomelus sein.

Seitenhieb auf einen dichtenden Zeitgenossen

Daß man dich für tugendhafter halte als ein züchtiges Mädchen
und dir die Unschuld von deiner zarten Stirn ablese,
wünschst du, Malisianus, obwohl du unverschämter bist
als der Kerl, der in Tibulls Versmaß verfaßte
Büchlein in Stellas Hause vorliest.

Ein Knabe, der über Nacht zum Mann wurde

Hyllus, mein Knabe, warum hast du heute verweigert, was du gestern
    gewährtest,
warum bist du plötzlich so schroff, wo du eben noch sanft warst?
Doch nunmehr führst du Bart, Jahre und Haare als Grund vor.
O wie lang bist du, Nacht, wenn du, eine einzige nur, zum Greise machst!
Warum mokierst du dich über mich? Gestern warst du noch ein Knabe,
    Hyllus,
verrate mir, wieso du heute ein Mann bist!

8

Prima salutantes atque altera conterit hora,
    exercet raucos tertia causidicos,
in quintam varios extendit Roma labores,
    sexta quies lassis, septima finis erit,
sufficit in nonam nitidis octava palaestris,   5
    imperat extructos frangere nona toros:
hora libellorum decuma est, Eupheme, meorum,
    temperat ambrosias cum tua cura dapes
et bonus aetherio laxatur nectare Caesar
    ingentique tenet pocula parca manu.   10
tunc admitte iocos: gressu timet ire licenti
    ad matutinum nostra Thalia Iovem.

9

Sotae filia clinici, Labulla,
deserto sequeris Clytum marito
et donas et amas: ἔχεις ἀσώτως.

10

Dum novus est nec adhuc rasa mihi fronte libellus,
    pagina dum tangi non bene sicca timet,

Die geeignete Stunde für die Präsentation meiner Gedichte beim Kaiser

Die erste und die zweite Stunde strapazieren die zum Morgengruß erscheinenden Klienten,
die dritte beschäftigt die heiseren Anwälte,
bis zum Ende der fünften entfaltet Rom allerlei Geschäftigkeit,
die sechste bedeutet Siesta für die Müden, in der siebten ist diese zu Ende,
bis in die neunte hinein reicht die achte Stunde für salbölglänzende Ringkämpfe,
die neunte verlangt, die aufeinandergelegten Polster einzudrücken.
Die Stunde aber für meine Büchlein, Euphemus, ist die zehnte,
wenn du sorgfältig die himmlischen Speisen aufeinander abstimmst
und der gütige Caesar sich bei göttlichem Nektartrunk entspannt
und mit seiner machtvollen Hand nur maßvoll den Becher ergreift.
Dann erst laß meine Scherzgedichte vor: Es scheut sich meine Thalia, mit keckem Schritt
frühmorgens schon vor ›Jupiter‹ zu treten.

Wortspiel mit dem Vatersnamen

Labulla, Tochter des Arztes Sota,
du läufst deinem Mann davon und rennst Clytus hinterher,
machst Geschenke und liebst ihn: Unheilbar krank bist du.

Übersendung des neuen Buches mit der Lizenz zum Streichen

Solange mein Büchlein noch neu ist und die Ränder nicht geglättet sind,
solange die Seite, weil sie nicht richtig getrocknet ist, keine Berührung duldet,

i puer et caro perfer leve munus amico
 qui meruit nugas primus habere meas.
curre, sed instructus: comitetur Punica librum
 spongea: muneribus convenit illa meis.
non possunt nostros multae, Faustine, liturae
 emendare iocos: una litura potest.

11

Dum nimium vano tumefactus nomine gaudes
 et Saturninum te, miser, esse pudet,
impia Parrhasia movisti bella sub ursa,
 qualia qui Phariae coniugis arma tulit.
excideratne adeo fatum tibi nominis huius,
 obruit Actiaci quod gravis ira freti?
an tibi promisit Rhenus quod non dedit illi
 Nilus, et Arctois plus licuisset aquis?
ille etiam nostris Antonius occidit armis,
 qui tibi conlatus, perfide, Caesar erat.

12

Nulli, Thaï, negas, sed si te non pudet istud,
 hoc saltem pudeat, Thaï, negare nihil.

geh', mein Junge, und überbringe das bescheidene Geschenk dem teuren
   Freund,
der es verdient hat, als erster meine poetischen Nichtigkeiten zu
   bekommen.
Eile, aber mit dem Nötigen versehen: Es begleite mein Buch ein punischer
Schwamm: Der paßt zu meinem Geschenk.
Nicht können, Faustinus, zahlreiche Streichungen
meine Scherzgedichte verbessern: Das kann nur ein einziger Strich.

Antonius, denk' an das Ende von Antonius!

Während du dich, von Stolz geschwellt, unbändig über deinen eitlen
   Namen freust
und dich, du Elender, schämst, Saturninus zu sein,
hast du einen frevelhaften Krieg unter der parrhasischen Bärin begonnen,
genauso wie er, der die Waffen seiner pharischen Gemahlin getragen hat.
War dir so sehr das Schicksal dieses Namens entfallen,
den in gewaltigem Zorn der *aktische* Sund begrub?
Oder versprach dir der Rhein, was der Nil jenem nicht gab,
und wäre den *arktischen* Fluten mehr gestattet gewesen?
Auch jener berühmte Antonius kam durch unsere Waffen um,
und der war, verglichen mit dir, du Verräter, ein Caesar.

Ein allzu gefälliges Mädchen

Zu niemandem sagst du »nein«, Thaïs, aber wenn du dich dessen schon
   nicht schämst,
dann solltest du dich doch wenigstens schämen, Thaïs, daß du zu nichts
   »nein« sagst.

13

Claudia, Rufe, meo nubit Peregrina Pudenti:
 macte esto taedis, o Hymenaee, tuis.
tam bene rara suo miscentur cinnama nardo,
 Massica Theseis tam bene vina favis;
nec melius teneris iunguntur vitibus ulmi, 5
 nec plus lotos aquas, litora myrtus amat.
candida perpetuo reside, Concordia, lecto,
 tamque pari semper sit Venus aequa iugo:
diligat illa senem quondam, sed et ipsa marito
 tum quoque, cum fuerit, non videatur anus. 10

14

Sili, Castalidum decus sororum,
qui periuria barbari furoris
ingenti premis ore perfidosque
astus Hannibalis levisque Poenos
magnis cedere cogis Africanis: 5
paulum seposita severitate,
dum blanda vagus alea December
incertis sonat hinc et hinc fritillis
et ludit tropa nequiore talo,
nostris otia commoda Camenis, 10
nec torva lege fronte, sed remissa
lascivis madidos iocis libellos.
sic forsan tener ausus est Catullus
magno mittere Passerem Maroni.

Zur Hochzeit eines Freundes

Claudia Peregrina, lieber Rufus, heiratet meinen Pudens:
Glück und Segen für den mit deinen Hochzeitsfackeln geschlossenen
    Bund, o Hymenäus!
Ganz so vereinigt sich kostbarer Zimt mit dem passenden Nardenöl,
ganz so Massikerwein mit theseïschem Honig.
Nicht schöner ranken sich schlanke Reben um Ulmen,
nicht stärker liebt der Lotus das Wasser und die Myrte das Ufer.
Strahlend laß dich für immer, Concordia, beim Ehebett nieder,
und Venus sei stets dem so gleichen Paare hold.
Sie möge ihn einst im Alter noch lieben, doch auch selbst ihrem Mann
dann, wenn sie es geworden ist, nicht erscheinen als alte Frau.

Werbung für das eigene Buch bei Silius Italicus

Silius, du Stolz der kastalischen Schwestern,
der die Meineide barbarischer Wut
mit machtvoller Stimme niederschmettert, die treulose
Hinterlist Hannibals und die leichtfertigen Punier
zwingt, vor den großen Africani zu weichen:
Laß ein wenig den Ernst beiseite,
wenn der unbeständige Dezember mit den lockenden Würfeln
hier und da vom Klappern launischer Knobelbecher ertönt
und das Wurfspiel mit den noch boshafteren Knöchelchen die Leute
    foppt,
und widme meinen Camenen deine freie Zeit.
Nicht mit finsterer, nein mit entspannter Stirn lies
meine mit ausgelassenen Scherzen getränkten Büchlein!
So wagte vielleicht der zärtliche Catull,
dem großen Maro seinen »Sperling« zu schicken.

15

Mille tibi nummos hesterna luce roganti
    in sex aut septem, Caeciliane, dies
'non habeo' dixi: sed tu causatus amici
    adventum lancem paucaque vasa rogas.
stultus es? an stultum me credis, amice? negavi   5
    mille tibi nummos, milia quinque dabo?

16

Privignum non esse tuae te, Galle, novercae
    rumor erat, coniunx dum fuit illa patris.
non tamen hoc poterat vivo genitore probari.
    iam nusquam pater est, Galle, noverca domi est.
magnus ab infernis revocetur Tullius umbris   5
    et te defendat Regulus ipse licet,
non potes absolvi: nam quae non desinit esse
    post patrem, numquam, Galle, noverca fuit.

17

Facere in Lyciscam, Paule, me iubes versus,
quibus illa lectis rubeat et sit irata.
o Paule, malus es: irrumare vis solus.

Hartnäckige Pumpversuche

Als du mich gestern um tausend Sesterze
für sechs oder sieben Tage batest, Caecilianus,
sagte ich zu dir: »So viel habe ich nicht.« Doch jetzt nimmst du die
    Ankunft eines Freundes zum Vorwand
und bittest um eine Schüssel und ein wenig Geschirr.
Bist du blöd? Oder glaubst du, daß ich blöd sei, mein Freund? Ich
    verweigerte
dir tausend Sesterze, und da soll ich dir fünftausend geben?

Der Stiefsohn als Liebhaber der Stiefmutter

Daß du nicht der Stiefsohn deiner Stiefmutter bist, Gallus,
darüber tuschelte man überall, solange sie die Frau deines Vaters war.
Doch ließ sich das zu Lebzeiten deines Erzeugers nicht beweisen.
Jetzt ist dein Vater nirgendwo mehr, Gallus, die Stiefmutter aber ist im
    Haus.
Mag man auch den großen Tullius von den Schatten der Unterwelt
    zurückrufen
und würde Regulus persönlich deine Verteidigung übernehmen,
du kannst trotzdem nicht freigesprochen werden: Denn eine Stiefmutter,
    die nach dem Tode deines Vaters
nicht aufhört, es zu sein, die ist, Gallus, nie eine Stiefmutter gewesen.

Heimtückischer Rat

Du ermunterst mich, Verse auf Lycisca zu machen, Paulus,
damit sie nach der Lektüre rot werde und in Wut gerate.
O Paulus, du bist hinterhältig: Lecken lassen willst du sie nur bei dir.

18

Qua vicina pluit Vipsanis porta columnis
  et madet adsiduo lubricus imbre lapis,
in iugulum pueri, qui roscida tecta subibat,
  decidit hiberno praegravis unda gelu:
cumque peregisset miseri crudelia fata, 5
  tabuit in calido volnere mucro tener.
quid non saeva sibi voluit Fortuna licere?
  aut ubi non mors est, si iugulatis aquae?

19

Hanc tibi Sequanicae pinguem textricis alumnam,
  quae Lacedaemonium barbara nomen habet,
sordida, sed gelido non aspernanda Decembri
  dona, peregrinam mittimus endromida:
seu lentum ceroma teris tepidumve trigona 5
  sive harpasta manu pulverulenta rapis,
plumea seu laxi partiris pondera follis
  sive levem cursu vincere quaeris Athan,
ne madidos intret penetrabile frigus in artus
  neve gravis subita te premat Iris aqua. 10
ridebis ventos hoc munere tectus et imbris
  nec sic in Tyria sindone tutus eris.

Unwahrscheinlicher Todesfall

Dort wo der Torbogen nahe bei den Vipsanius-Säulen tropft
und das schlüpfrige Straßenpflaster vom dauernden Regen naß ist,
drang einem Jungen, der unter dem feuchten Dach hindurchging,
ein Eiszapfen, überschwer vom Winterfrost, in den Hals.
Und als er das grausame Ende des unglücklichen Knaben herbeigeführt hatte,
schmolz die dünne Spitze in der warmen Wunde.
Gibt es etwas, was sich die schreckliche Fortuna noch nicht hat herausnehmen wollen?
Oder wo ist der Tod nicht gegenwärtig, wenn sogar Wasser, du, die Kehle durchschneidest?

Eine Wolldecke – *nicht fein, aber praktisch*

Dieses dicke Produkt einer sequanischen Weberin
– aus einem Barbarenland stammt es und trägt einen spartanischen Namen –,
ein zwar nicht feines, aber im kalten Dezember nicht zu verachtendes
Geschenk: eine exotische Wolldecke, schicke ich dir
für den Fall, daß du dich im zähen Ringkampf abmühst oder daß du mit der Hand nach dem warmen Ball im Dreiecksspiel
oder nach staubigen Fangbällen haschst
oder das Federgewicht des weichen Schlagballs zuwirfst
oder im Wettlauf den leichtfüßigen Athas zu besiegen suchst,
damit dir nicht dabei durchdringende Kälte in die verschwitzten Glieder fahre
oder Iris dir schwer mit plötzlichem Regenguß zusetze.
In dieses Geschenk eingehüllt, wirst du über Winde und Schauer lachen können:
So geschützt wirst du nicht einmal in einem Gewand aus tyrischem Leinen sein.

20

Dicit se vetulam, cum sit Caerellia pupa:
  pupam se dicit Gellia, cum sit anus.
ferre nec hanc possis, possis, Colline, nec illam:
  altera ridicula est, altera putidula.

21

Nullos esse deos, inane caelum
adfirmat Segius: probatque, quod se
factum, dum negat haec, videt beatum.

22

Primos passa toros et adhuc placanda marito
  merserat in nitidos se Cleopatra lacus,
dum fugit amplexus. sed prodidit unda latentem;
  lucebat, totis cum tegeretur aquis:
condita sic puro numerantur lilia vitro, 5
  sic prohibet tenuis gemma latere rosas.
insilui mersusque vadis luctantia carpsi
  basia: perspicuae plus vetuistis aquae.

Zwei Frauen, die nicht zu ihrem Alter stehen

Caerellia sagt, sie sei eine alte Frau, obwohl sie fast noch ein Kind ist.
Sie sei noch ein Kind, sagt Gellia, obwohl sie schon eine Alte ist.
Unerträglich ist diese genauso wie jene, Collinus:
Die eine ist lächerlich, abstoßend die andere.

Ein Atheist

Götter gebe es nicht und der Himmel sei leer,
versichert Segius und ist selbst der Beweis dafür:
Sieht er doch, während er das leugnet, daß er sein Glück gemacht
   hat.

Die spröde Braut

Kleopatra hatte gerade das erste Liebeslager erlebt und mußte noch von
   ihrem Ehemann getröstet werden,
da war sie schon in den glitzernden See getaucht,
um (weiteren) Umarmungen zu entkommen. Aber das feuchte Element
   verriet ihr Versteck:
Sie leuchtete hervor, obwohl sie vom Wasser völlig bedeckt wurde:
So kann man Lilien, die hinter klarem Glas verwahrt sind, zählen,
so verhindert dünnes Kristall, daß sich Rosen dahinter verstecken.
Ich sprang ihr hinterher, tauchte im Wasser und rang der Spröden Kuß
   für Kuß ab.
Mehr hast du, durchsichtiges Wasser, nicht erlaubt.

23

Dum tu lenta nimis diuque quaeris
quis primus tibi quisve sit secundus,
Graium quos epigramma conparavit,
palmam Callimachus, Thalia, de se
facundo dedit ipse Bruttiano. 5
qui si Cecropio satur lepore
Romanae sale luserit Minervae,
illi me facias, precor, secundum.

24

Omnes quas habuit, Fabiane, Lycoris amicas
    extulit: uxori fiat amica meae.

25

Aemula Baianis Altini litora villis
    et Phaethontei conscia silva rogi,
quaeque Antenoreo Dryadum pulcherrima Fauno
    nupsit ad Euganeos Sola puella lacus,
et tu Ledaeo felix Aquileia Timavo, 5
    hic ubi septenas Cyllarus hausit aquas:
vos eritis nostrae requies portusque senectae,
    si iuris fuerint otia nostra sui.

Mein Rang als Epigrammatiker

Da du allzu zögerlich und lange schon dir die Frage stellst, Thalia,
wer unter den Griechen im Rang der erste und wer der zweite sei
von denen, die das Epigramm miteinander wetteifern ließ:
Die Palme gab Kallimachos von sich aus
an den eloquenten Bruttianus weiter.
Sollte der einmal von kekropischer Anmut genug haben
und sich im witzig-geistreichen Spiel der römischen Minerva versuchen
     wollen,
dann gewähre du mir die Gunst, nach ihm der zweite zu sein.

›Tödliche‹ Freundin gesucht

Alle ihre Freundinnen, Fabianus, hat Lycoris
zu Grabe getragen: Könnte sie doch die Freundin meiner Frau werden!

Alterssitz des Dichters im Venezianischen

Strand Altinums, der mit den Landhäusern von Bajae konkurrieren kann,
Wald, der Zeuge wurde von Phaëthons Scheiterhaufen,
Sola, du schönstes Mädchen unter den Baumnymphen, die den Faunus
     aus Antenors Land
am Euganischen See geheiratet hat,
und du, Aquileja, glücklich über den ledäischen Timavus,
dort, wo Kyllaros Wasser aus den sieben Mündungen schlürfte:
Ihr werdet Ruhepunkt und Hafen meines Alters sein,
wenn ich frei über meine Muße verfügen kann.

26

Quod te mane domi toto non vidimus anno,
   vis dicam quantum, Postume, perdiderim?
tricenos, puto, bis, vicenos ter, puto, nummos.
   ignosces: togulam, Postume, pluris emo.

27

Saepe meos laudare soles, Auguste, libellos.
   invidus ecce negat: num minus ergo soles?
quid quod honorato non sola voce dedisti
   non alius poterat quae dare dona mihi?
ecce iterum nigros conrodit lividus ungues.   5
   da, Caesar, tanto tu magis, ut doleat.

28

Donasti tenero, Chloe, Luperco
Hispanas Tyriasque coccinasque,
et lotam tepido togam Galaeso,
Indos sardonychas, Scythas zmaragdos,
et centum dominos novae monetae: 5
et quidquid petit usque et usque donas.
vae glabraria, vae tibi misella:
nudam te statuet tuus Lupercus.

Ein geiziger Patron

Ein ganzes Jahr habe ich dich morgens nicht besucht,
und nun möchtest du wissen, Postumus, wieviel mir dadurch verloren
 ging?
Ich glaube, zweimal dreißig Sesterze oder vielmehr dreimal zwanzig,
 glaube ich.
Verzeih: für eine kleine Toga, Postumus, zahle ich mehr.

Bettelei beim Kaiser

Oft pflegst du meine Büchlein zu loben, Augustus.
Doch sieh, ein Neider bestreitet ihren Wert: Lobst du sie also jetzt
 weniger oft?
Soll ich noch hinzufügen, daß du mich nicht mit Worten allein geehrt,
sondern mir auch Geschenke gegeben hast, die kein anderer mir hätte
 geben können?
Sieh, blaß vor Neid nagt er wieder an seinen schwarzen Nägeln.
Caesar, gib mir um so mehr, damit es ihn richtig schmerzt!

Warnung an eine Frau, die einen Jungen mit Geschenken überhäuft

Chloë, du hast dem zarten Lupercus
spanische, phönizische und scharlachrote Mäntel geschenkt
und eine im warmen Galaesus gewaschene Toga,
indische Sardonyxe, skythische Smaragde
und hundert Kaisermünzen neuer Prägung:
Was immer er begehrt, du schenkst es ihm in Hülle und Fülle.
Weh dir, du Liebhaberin glatt geschorener Buhlknaben, weh dir,
 du Unselige:
Dein Lupercus wird dich noch nackt stehen lassen.

29

Obstat, care Pudens, nostris sua turba libellis
  lectoremque frequens lassat et implet opus.
rara iuvant: primis sic maior gratia pomis,
  hibernae pretium sic meruere rosae;
sic spoliatricem commendat fastus amicam   5
  ianua nec iuvenem semper aperta tenet.
saepius in libro numeratur Persius uno
  quam levis in tota Marsus Amazonide.
tu quoque de nostris releges quemcumque libellis,
  esse puta solum: sic tibi pluris erit.   10

30

Baiano procul a lacu, monemus,
piscator, fuge, ne nocens recedas.
sacris piscibus hae natantur undae,
qui norunt dominum manumque lambunt
illam, qua nihil est in orbe maius.   5
quid quod nomen habent et ad magistri
vocem quisque sui venit citatus?
hoc quondam Libys impius profundo,
dum praedam calamo tremente ducit,
raptis luminibus repente caecus   10
captum non potuit videre piscem,
et nunc sacrilegos perosus hamos
Baianos sedet ad lacus rogator.
at tu, dum potes, innocens recede
iactis simplicibus cibis in undas,   15
et pisces venerare delicatos.

Laß dich vom Umfang meines Werkes nicht abschrecken

Lieber Pudens, dem Erfolg meiner Büchlein steht ihre große Zahl im
>   Wege:
Ein Werk, das ständig größer wird, macht den Leser müde und satt.
Rares erfreut: So finden die ersten Äpfel größeren Gefallen,
so werden Rosen im Winter besonders geschätzt;
so macht auch Sprödigkeit die Freundin, die dich ausnimmt, erst reizvoll,
und eine stets offene Tür hält keinen jungen Mann.
Mehr Pluspunkte gewinnt Persius für ein einziges Buch
als der leichtfertige Marsus für sein ganzes Amazonen-Epos.
Liest auch du wieder irgendeines von meinen Büchlein,
dann denke dabei, es sei das einzige: So wird es für dich wertvoller sein.

Die heiligen Fische des Kaisers

Fliehe weit weg von Bajaes See, das rat' ich dir,
Fischer, damit du nicht als Frevler abziehst.
Hier im Wasser schwimmen heilige Fische,
die ihren Herrn kennen und ihm die Hand lecken –
die mächtigste, die es auf Erden gibt.
Sogar einen Namen haben sie, und auf des Meisters
Stimme kommt ein jeder, sobald er gerufen wird.
Als ein gottloser Libyer einmal aus dieser Tiefe
die Beute mit zitternder Angelrute zog,
konnte er, plötzlich des Augenlichts beraubt und erblindet,
den gefangenen Fisch nicht mehr sehen.
Jetzt sitzt er voll Haß auf den verruchten Angelhaken
als Bettler am See von Baiae.
Doch du, entferne dich, solange du es noch kannst, ohne schuldig
>   geworden zu sein,
wirf harmloses Futter ins Wasser,
und verehre die reizenden Fische!

31

Quod cupis in nostris dicique legique libellis
  et nonnullus honos creditur iste tibi,
ne valeam si non res est gratissima nobis
  et volo te chartis inseruisse meis.
sed tu nomen habes averso fonte sororum   5
  inpositum, mater quod tibi dura dedit;
quod nec Melpomene, quod nec Polyhymnia possit
  nec pia cum Phoebo dicere Calliope.
ergo aliquod gratum Musis tibi nomen adopta:
  non semper belle dicitur 'Hippodame'.   10

32

Et latet et lucet Phaethontide condita gutta,
  ut videatur apis nectare clusa suo.
dignum tantorum pretium tulit illa laborum:
  credibile est ipsam sic voluisse mori.

33

Plena laboratis habeas cum scrinia libris,
  emittis quare, Sosibiane, nihil?
'edent heredes' inquis 'mea carmina.' quando?
  tempus erat iam te, Sosibiane, legi.

Scherzhafte Übertragung eines Frauennamens ins Griechische

Wünschst du, in meinen Büchlein genannt und gelesen zu werden,
und siehst du darin vielleicht eine große Ehre für dich,
dann soll es mir schlecht ergehen, wenn ich das nicht sehr gern tue
und dich in meine Gedichte aufnehmen möchte.
Doch du trägst einen Namen, von dem die Quelle der Schwestern sich
    abwandte,
als du ihn bekamst, wenig sensibel war die Mutter, die ihn dir gab;
ihn könnten weder Melpomene noch Polyhymnia,
noch die holde Kalliope mit Apollons Beistand aussprechen.
Nimm also einen Namen an, der den Musen willkommen ist:
Nicht schön ist es, immer »Hippodame« zu sagen.

Biene im Bernsteintropfen

Die Biene verbirgt sich und leuchtet hervor, geborgen in einem
    Bernsteintropfen,
als wäre sie im eigenen Nektar eingeschlossen.
Für ihre so emsige Mühe bekam sie den verdienten Lohn:
Man könnte meinen, sie habe selbst so sterben wollen.

Ein Autor, der zu Lebzeiten nichts veröffentlichen will

Wenn du schon Schreine voll fertiger Bücher besitzt,
warum gibst du dann nichts von ihnen heraus, Sosibianus?
»Die Erben«, sagst du, »werden meine Gedichte edieren.« Doch wann?
Es wäre an der Zeit, dich schon jetzt zu lesen, Sosibianus.

34

Sordida cum tibi sit, verum tamen, Attale, dicit,
  quisquis te niveam dicit habere togam.

35

Frontibus adversis molles concurrere dammas
  vidimus et fati sorte iacere pari.
spectavere canes praedam, stupuitque superbus
  venator cultro nil superesse suo.
unde leves animi tanto caluere furore? 5
  sic pugnant tauri, sic cecidere viri.

36

Cana est barba tibi, nigra est coma: tinguere barbam
  non potes – haec causa est – et potes, Ole, comam.

37

'Centum Coranus et ducenta Mancinus,
trecenta debet Titius, hoc bis Albinus,
decies Sabinus alterumque Serranus;
ex insulis fundisque tricies soldum,
ex pecore redeunt ter ducena Parmensi': 5
totis diebus, Afer, hoc mihi narras

Eine Toga zum Frieren

Obwohl du eine schmutzige Toga hast, Attalus, sagt dennoch jeder die Wahrheit,
der versichert, du habest eine wie Schnee.

Grausamer Antilopenkampf

Wir sahen, wie sanfte Antilopen mit der Stirn feindlich aufeinander losgingen
und wie sie, im Tode vereint, am Boden lagen.
Hunde starrten die Beute an, und der stolze Jäger stellte verblüfft fest,
daß für sein Messer nichts mehr zu tun sei.
Wie ist es möglich, daß zarte Wesen sich in solcher Wut erhitzten?
So kämpfen Stiere, so sind Männer gefallen.

Weiß der Bart und schwarz das Haar

Weiß ist dein Bart, schwarz ist dein Haar. Den Bart färben
kannst du nicht – das ist der Grund –, doch beim Haar, da kannst du es, Olus.

Wer so mit seinem Geld protzt, sollte den Zuhörer bezahlen

»Hunderttausend schuldet mir Coranus, zweihunderttausend Mancinus,
dreihunderttausend Titius, das Doppelte Albinus,
eine Million Sabinus, eine zweite Serranus;
von Mietshäusern und Grundstücken sind es drei Millionen Gesamtkapital,
die Schafherden in Parma bringen sechshunderttausend ein.«
Jeden Tag, Afer, berichtest du mir dasselbe.

et teneo melius ista quam meum nomen.
numeres oportet aliquid, ut pati possim:
cotidianam refice nauseam nummis:
audire gratis, Afer, ista non possum. 10

38

Galla, nega: satiatur amor nisi gaudia torquent:
    sed noli nimium, Galla, negare diu.

39

Argenti genus omne conparasti,
et solus veteres Myronos artes,
solus Praxitelus manum Scopaeque,
solus Phidiaci toreuma caeli,
solus Mentoreos habes labores. 5
nec desunt tibi vera Gratiana
nec quae Callaico linuntur auro
nec mensis anaglypta de paternis.
argentum tamen inter omne miror
quare non habeas, Charine, purum. 10

40

Atria Pisonum stabant cum stemmate toto
    et docti Senecae ter numeranda domus;
praetulimus tantis solum te, Postume, regnis:
    pauper eras et eques sed mihi consul eras.

Ich kenne es besser als meinen eigenen Namen.
Bezahlen mußt du mir etwas dafür, damit ich's ertragen kann.
Mach mir mein tägliches Erbrechen-Müssen in barer Münze wieder gut!
Umsonst kann ich das nicht länger anhören, Afer.

Psychologie der Liebe

Galla, sag' »nein«: Überdrüssig wird man der Liebe, wenn ihre Freuden
      nicht quälen.
Aber sag' nicht allzu lange »nein«, Galla!

Wertvolles Silber, aber unsauberer Mund des Besitzers

Alle Arten von Silber hast du angeschafft,
du allein besitzt die alte Kunst Myrons,
du allein, was die Hand von Praxiteles und von Skopas schuf,
du allein Reliefs vom Meißel des Phidias,
du allein die Arbeiten Mentors.
Weder fehlen dir echte Gratianer
noch mit galizischem Gold überzogene Gefäße
oder ziselierte Schüsseln von den Tafeln deiner Ahnen.
Doch bei all dem Silber überrascht mich,
warum du kein reines hast, Charinus.

Ein unzuverlässiger Patron

Während mir die Halle der Pisonen mit ihrer ganzen Ahnengalerie
      offenstand
und das Haus des gelehrten Seneca, das man dreifach zählen muß,
habe ich so königlichen Haushalten allein dich, Postumus, vorgezogen.
Unvermögend warst du und ein Ritter, doch warst du ein Konsul für mich.

tecum ter denas numeravi, Postume, brumas: 5
  communis nobis lectus et unus erat.
iam donare potes, iam perdere, plenus honorum,
  largus opum: expecto, Postume, quid facias.
nil facis et serum est alium mihi quaerere regem.
  hoc, Fortuna, placet? 'Postumus inposuit.' 10

41

Quid recitaturus circumdas vellera collo?
  conveniunt nostris auribus ista magis.

42

Si quis forte mihi possit praestare roganti,
  audi, quem puerum, Flacce, rogare velim.
Niliacis primum puer hic nascatur in oris:
  nequitias tellus scit dare nulla magis.
sit nive candidior: namque in Mareotide fusca 5
  pulchrior est quanto rarior iste color.
lumina sideribus certent mollesque flagellent
  colla comae: tortas non amo, Flacce, comas.
frons brevis atque modus leviter sit naribus uncis,
  Paestanis rubeant aemula labra rosis. 10
saepe et nolentem cogat nolitque volentem,
  liberior domino saepe sit ille suo;

Dreißig Winter habe ich mit dir zusammen verbracht, Postumus:
Ein gemeinsames Lager hatten wir, ein einziges.
Nunmehr kannst du Geschenke machen, nunmehr verschwenden, mit
    Ehren überhäuft
und reich an Geld und Macht: Ich bin gespannt, Postumus, was du tust.
Nichts tust du, und für mich ist es zu spät, mir einen anderen Patron zu
    suchen.
Ist das in deinem Sinn, Fortuna? – »Postumus hat (uns) hereingelegt.«

Ein schlechter Vortragskünstler

Weshalb legst du ein Fell um den Hals, wenn du vortragen willst?
Besser paßt es für unsere Ohren.

Idealvorstellung von einem Lustknaben

Wenn mir vielleicht jemand auf meine Bitte hin einen Knaben anbieten
    könnte,
dann vernimm, Flaccus, meine Wunschvorstellung von ihm!
Erstens soll der Knabe am Nilufer geboren sein:
Kein Land versteht sich besser auf Frivoles.
Er soll weißer als Schnee sein: Denn in der bräunlich dunklen Mareotis
ist diese Farbe um so schöner, je seltener sie vorkommt.
Seine Augen sollen mit dem Glanz der Sterne konkurrieren können und
    Locken weich seinen Hals umwallen;
gekräuseltes Haar, Flaccus, mag ich nicht.
Die Stirn sei niedrig, und die leicht gewölbte Nase habe das rechte Maß,
die Lippen sollen im Rot sich mit Paestums Rosen messen.
Er soll mich oft anmachen, wenn ich nicht will, und sich mir verweigern,
    wenn ich will,
und oft sei er noch hemmungsloser als sein Herr;

et timeat pueros, excludat saepe puellas:
    vir reliquis, uni sit puer ille mihi.
'iam scio, nec fallis: nam me quoque iudice verum est.   15
    talis erat' dices 'noster Amazonicus.'

43

Non dixi, Coracine, te cinaedum:
non sum tam temerarius nec audax
nec mendacia qui loquar libenter.
si dixi, Coracine, te cinaedum,
iratam mihi Pontiae lagonam,   5
iratum calicem mihi Metili:
iuro per Syrios tibi tumores,
iuro per Berecyntios furores.
quid dixi tamen? hoc leve et pusillum,
quod notum est, quod et ipse non negabis: 10
dixi te, Coracine, cunnilingum.

44

Hic est pampineis viridis modo Vesbius umbris,
    presserat hic madidos nobilis uva lacus:
haec iuga, quam Nysae colles plus Bacchus amavit,
    hoc nuper Satyri monte dedere choros.
haec Veneris sedes, Lacedaemone gratior illi,   5
    hic locus Herculeo nomine clarus erat.
cuncta iacent flammis et tristi mersa favilla:
    nec superi vellent hoc licuisse sibi.

vor Knaben soll er sich fürchten und oft die Mädchen abweisen;
Mann sei er für alle anderen, Knabe für mich allein.
»Ich weiß schon Bescheid, du kannst mich nicht täuschen, denn es
    stimmt auch nach meinem Urteil:
Genauso war doch«, wirst du sagen, »mein Amazonicus.«

Einen Schwulen habe ich dich nicht genannt

Einen Schwulen habe ich dich nicht genannt, Coracinus,
so verwegen und frech bin ich nicht,
bin auch kein Mann, der gern Lügen verbreitet.
Wenn ich dich einen Schwulen genannt habe, Coracinus,
dann soll mich strafen der Krug der Pontia,
soll mich strafen der Becher des Metilius!
Ich schwör's dir bei den syrischen Geschwülsten,
ich schwör's bei den berekyntischen Ekstasen.
Doch was habe ich eigentlich gesagt? Ohne Gewicht ist's, etwas ganz
    Geringfügiges,
was bekannt ist und was du auch selber nicht leugnen wirst:
Ich sagte, Coracinus, du seiest ein Fotzenlecker.

Nach dem Vesuvausbruch im Jahr 79

Hier der Vesuv war eben noch grün im Schatten der Reben,
hier hatte edler Wein die Kufen bis zum Überlaufen gefüllt;
hier die Anhöhen hat Bacchus mehr als die Hügel von Nysa geliebt,
hier auf dem Berg haben eben noch die Satyrn Reigentänze aufgeführt.
Hier war der Venus Sitz, ihr lieber noch als Sparta,
hier war der Ort, durch den Namen des Herkules berühmt.
All das liegt in Flammen und in trostloser Asche versunken darnieder.
Selbst die Götter wünschten, daß dies nicht in ihrer Macht gestanden
    hätte.

45

Haec tibi pro nato plena dat laetus acerra,
  Phoebe, Palatinus munera Parthenius,
ut qui prima novo signat quinquennia lustro,
  impleat innumeras Burrus Olympiadas.
fac rata vota patris: sic te tua diligat arbor   5
  gaudeat et certa virginitate soror,
perpetuo sic flore mices, sic denique non sint
  tam longae Bromio quam tibi, Phoebe, comae.

46

Saturnalia divitem Sabellum
fecerunt: merito tumet Sabellus,
nec quemquam putat esse praedicatque
inter causidicos beatiorem.
hos fastus animosque dat Sabello   5
farris semodius fabaeque fresae,
et turis piperisque tres selibrae,
et Lucanica ventre cum Falisco,
et nigri Syra defruti lagona,
et ficus Libyca gelata testa   10
cum bulbis cocleisque caseoque.
Piceno quoque venit a cliente
parcae cistula non capax olivae,
et crasso figuli polita caelo
septenaria synthesis Sagunti,   15
Hispanae luteum rotae toreuma,

Gebet an Apollon aus Anlaß des fünften Geburtstags von Burrus

Für seinen Sohn weiht froh dir, Phöbus, diese Gaben aus voller
    Räucherpfanne
Parthenius, des Kaisers Kämmerer,
damit Burrus, der sein erstes Jahrfünft mit dem Beginn eines neuen
    Lustrums abschließt,
noch zahllose Olympiaden erlebe.
Erhöre die Gebete des Vaters, dann liebe dich dein Baum,
und deine Schwester erfreue sich ihrer unzweifelhaften Jungfräulichkeit,
dann erstrahle du immer im Schmuck der Blumen, und Bromius
    schließlich
trage seine Locken nicht so lang wie du, Phöbus.

Spott über die armseligen Saturnaliengeschenke für einen Anwalt

Die Saturnalien haben Sabellus reich
gemacht: Zu Recht wirft sich Sabellus in die Brust,
meint und posaunt's hinaus,
er sei der glücklichste von allen Rechtsanwälten.
Diesen Dünkel und Hochmut verleihen Sabellus
ein halbes Scheffel Mehl, gestoßene Bohnen,
von Weihrauch und von Pfeffer drei Halbpfunde,
Lukanerwürste nebst Saumagen aus Falerii,
ein syrischer Krug mit dunklem Most,
gelierte Feigen in einem libyschen Topf,
dazu Zwiebeln, Schnecken und Käse.
Auch kam von einem Klienten aus Picenum
ein Kistchen, das kaum die paar Oliven faßte,
und, mit dem groben Töpfermeißel geglättet,
ein Siebenersatz Saguntiner Geschirr
– Reliefarbeit in Ton von spanischer Töpferscheibe –,

et lato variata mappa clavo.
Saturnalia fructuosiora
annis non habuit decem Sabellus.

47

Encaustus Phaethon tabula tibi pictus in hac est.
   quid tibi vis, dipyrum qui Phaethonta facis?

48

Percidi gaudes, percisus, Papyle, ploras.
   cur, quae vis fieri, Papyle, facta doles?
paenitet obscenae pruriginis? an magis illud
   fles, quod percidi, Papyle, desieris?

49

Nescit, crede mihi, quid sint epigrammata, Flacce,
   qui tantum lusus illa iocosque vocat.
ille magis ludit qui scribit prandia saevi
   Tereos aut cenam, crude Thyesta, tuam,
aut puero liquidas aptantem Daedalon alas,   5
   pascentem Siculas aut Polyphemon ovis.
a nostris procul est omnis vesica libellis
   Musa nec insano syrmate nostra tumet.
'illa tamen laudant omnes, mirantur, adorant.'
   confiteor: laudant illa sed ista legunt.   10

ein Tuch noch, dekoriert mit breitem Purpursaum.
So ertragreiche Saturnalien
hat Sabellus in zehn Jahren nicht gehabt.

Phaëthons zweiter Feuertod

Auf dem Tafelbild hier findest du Phaëthon in Enkaustik gemalt.
Was hast du dir dabei gedacht, daß du Phaëthon zweimal brennen läßt?

Tristesse hinterher

Du freust dich, wenn man dich nimmt, Papylus, und hinterher heulst du.
Warum bedauerst du, Papylus, was du so magst, sobald es geschehen ist?
Bereust du dann deine schamlose Geilheit, oder weinst du gar,
Papylus, eher deshalb, weil es vorbei ist?

Epigramm gegen Epos

Glaube mir, Flaccus, von Epigrammen versteht nichts,
wer in ihnen nur Spielereien und Scherze sieht.
Jener spielt mehr, der das Mahl des grausamen
Tereus beschreibt oder das Gelage bei dir, brutaler Thyestes,
oder den Dädalus, wie er dem Sohne die schmiegsamen Flügel anpaßt,
oder den Polyphem, wie er in Sizilien seine Schafe zur Weide führt.
Meine Büchlein sind frei von jeglichem Schwulst,
meine Muse plustert sich nicht in tragischer Robe auf.
»Aber das andere loben, bewundern und beten alle an!«
Zugegeben, sie loben's, doch *meine* Gedichte lesen sie.

50

Quid me, Thai, senem subinde dicis?
 nemo est, Thai, senex ad irrumandum.

51

Cum tibi non essent sex milia, Caeciliane,
　ingenti late vectus es hexaphoro:
postquam bis decies tribuit dea caeca sinumque
　ruperunt nummi, factus es, ecce, pedes.
quid tibi pro meritis et tantis laudibus optem?　　　5
　di reddant sellam, Caeciliane, tibi.

52

Gestari iunctis nisi desinis, Hedyle, capris,
　qui modo ficus eras, iam caprificus eris.

53

Hunc, quem saepe vides intra penetralia nostrae
　Pallados et templi limina, Cosme, novi
cum baculo peraque senem, cui cana putrisque
　stat coma et in pectus sordida barba cadit,
cerea quem nudi tegit uxor abolla grabati,　　　5
　cui dat latratos obvia turba cibos,

Der Greis als Liebhaber

Warum nennst du mich beständig einen Alten, Thaïs?
Niemand ist, Thaïs, zu alt dafür, daß man es ihm mit dem Mund macht.

Die Wirkung plötzlichen Reichtums

Als du noch keine sechstausend hattest, Caecilianus,
ließest du dich breit auf riesiger Sänfte von sechs Männern tragen.
Seitdem dir die blinde Göttin zwei Millionen schenkte
und die vielen Geldstücke den Bausch deines Gewandes zum Platzen
    bringen, sieh, da gehst du zu Fuß.
Was soll ich dir als Belohnung für deine Meriten und solch löbliches
    Verhalten wünschen?
Die Götter mögen dir deine Sänfte zurückgeben, Caecilianus!

Hämorrhoiden

Wenn du weiterhin mit dem Ziegengespann fährst, Hedylus,
wirst du, der eben noch eine Feigwarze war, demnächst eine
    Ziegenbockfeige sein.

Kein Kyniker, sondern arm wie ein Hund

Den Alten da, den du, Cosmus, oft im Heiligtum unserer Pallas siehst
und im Inneren des neuen Tempels,
mit Stock und Ranzen, dem grau und verwahrlost
die Haare stehn, dem auf die Brust ein schmutziger Bart fällt,
den ein vergilbter Mantel, die ›Braut‹ seiner nackten Pritsche, bedeckt
und dem die vorbeiströmende Menge Brot reichen, um das er sie anbellt –

esse putas Cynicum deceptus imagine ficta:
    non est hic Cynicus, Cosme: quid ergo? canis.

54

O cui Tarpeias licuit contingere quercus
    et meritas prima cingere fronde comas,
si sapis, utaris totis, Colline, diebus
    extremumque tibi semper adesse putes.
lanificas nulli tres exorare puellas
    contigit: observant quem statuere diem.
divitior Crispo, Thrasea constantior ipso
    lautior et nitido sis Meliore licet:
nil adicit penso Lachesis fusosque sororum
    explicat et semper de tribus una secat.

55

Luci, gloria temporum tuorum,
qui Caium veterem Tagumque nostrum
Arpis cedere non sinis disertis:
Argivas generatus inter urbes
Thebas carmine cantet aut Mycenas,
aut claram Rhodon aut libidinosae
Ledaeas Lacedaemonos palaestras:
nos Celtis genitos et ex Hiberis
nostrae nomina duriora terrae
grato non pudeat referre versu:
saevo Bilbilin optimam metallo,
quae vincit Chalybasque Noricosque,

hereingefallen auf die Erscheinung, die er vortäuscht, hältst du ihn für
      einen Kyniker.
Doch Kyniker ist er nicht, Cosmus. »Was dann?« Ein Hund.

Carpe diem!

O Collinus, der du den tarpejischen Eichenkranz gewinnen
und dein würdiges Haar mit dem ersten Siegeslaub umwinden durftest,
wenn du klug bist, dann nutze alle Tage,
und nimm immer an, dies sei der letzte.
Die drei Wolle spinnenden Mädchen umzustimmen, ist noch keinem
gelungen: An dem Tag, den sie bestimmt haben, halten sie fest.
Magst du auch reicher als Crispus, charaktervoller selbst als Thrasea sein
und eleganter noch als der stattliche Melior:
Nichts fügt Lachesis der Wollmenge hinzu: Was die Schwestern
      gesponnen haben,
wickelt sie ab, und immer schneidet eine von den dreien den Faden ab.

Lob der nordspanischen Heimat

Lucius, du Stolz deiner Zeit,
du läßt es nicht zu, daß der alte Caius und unser Tagus
hinter dem eloquenten Arpi zurückstehen:
Wer in argivischen Städten geboren wurde,
soll Theben oder Mykene besingen
oder das berühmte Rhodos oder
Ledas Ringerschulen im schamlosen Sparta:
Wir, die wir von Kelten und Spaniern abstammen,
sollten uns nicht schämen, wenn wir die härteren Namen unseres Landes
in Versen dankbar wiedergeben:
Bilbilis, ausgezeichnet durch das grausame Metall,
das Chalyber und Noriker übertrifft,

et ferro Plateam suo sonantem,
quam fluctu tenui sed inquieto
armorum Salo temperator ambit, 15
Tutelamque chorosque Rixamarum,
et convivia festa Carduarum,
et textis Peterin rosis rubentem,
atque antiqua patrum theatra Rigas,
et certos iaculo levi Silaos, 20
Turgontique lacus Turasiaeque,
et parvae vada pura Tvetonissae,
et sanctum Buradonis ilicetum,
per quod vel piger ambulat viator,
et quae fortibus excolit iuvencis 25
curvae Manlius arva Vativescae.
haec tam rustica, delicate lector,
rides nomina? rideas licebit,
haec tam rustica malo quam Butuntos.

56

Munera quod senibus viduisque ingentia mittis,
    vis te munificum, Gargiliane, vocem?
sordidius nihil est, nihil est te spurcius uno,
    qui potes insidias dona vocare tuas:
sic avidis fallax indulget piscibus hamus, 5
    callida sic stultas decipit esca feras.
quid sit largiri, quid sit donare docebo,
    si nescis: dona, Gargiliane, mihi.

und das von seinem Eisen dröhnende Platea,
das mit schwacher, aber unruhiger Strömung
der Salo – dazu bestimmt, die Waffen zu härten – umflutet,
dann Tutela und die Reigentänze von Rixamae
und die Festgelage von Carduae
und Peteris, rotschimmernd von Rosengirlanden,
und Rigae, das alte Theater unserer Väter,
und die mit leichtem Speere treffsicheren Silaër
und die Seen von Turgontum und Turasia
und das klare Wasser des Städtchens Tvetonissa
und Burados heiliger Steineichenwald,
durch den selbst ein fauler Wanderer gern spazieren geht,
und die Fluren des hügeligen Vativesca,
die Manlius mit kräftigen Jungstieren bestellt.
Lachst du über diese so bäuerlichen Namen,
verwöhnter Leser? Lache nur:
All diese so bäuerlichen Namen habe ich lieber als Butunti.

Der ›freigebige‹ Erbschleicher

Weil du Greisen und Witwen riesige Geschenke schickst,
soll ich dich freigebig nennen, Gargilianus?
So habgierig, so schmutzig bist nur du allein,
bringst du es doch fertig, deine heimtückischen Anschläge noch als
       Gaben zu bezeichnen.
So umschmeichelt der tückische Angelhaken die gierigen Fische,
so lockt der Köder, raffiniert ausgelegt, das ahnungslose Wild.
Was Freigebigkeit, was Schenken heißt, will ich dich lehren,
wenn du's nicht weißt: Beschenke, Gargilianus, mich!

57

Dum nos blanda tenent lascivi stagna Lucrini
   et quae pumiceis fontibus antra calent,
tu colis Argei regnum, Faustine, coloni,
   quo te bis decimus ducit ab urbe lapis.
horrida sed fervent Nemeaei pectora monstri,5
   nec satis est Baias igne calere suo.
ergo sacri fontes et litora grata valete,
   Nympharum pariter Nereïdumque domus.
Herculeos colles gelida vos vincite bruma,
   nunc Tiburtinis cedite frigoribus.10

58

In tenebris luges amissum, Galla, maritum.
   non plorare pudet te, puto, Galla virum.

59

Flentibus Heliadum ramis dum vipera repit,
   fluxit in obstantem sucina gemma feram:
quae dum miratur pingui se rore teneri,
   concreto riguit vincta repente gelu.
ne tibi regali placeas, Cleopatra, sepulchro,5
   vipera si tumulo nobiliore iacet.

»Bajae im Winter, Tibur im Sommer«

Während mich die lockenden Fluten des frivolen Lukrinersees
und die Grotten dort fesseln, die von vulkanischen Quellen erwärmt
    sind,
hältst du dich, Faustinus, im Reich des argivischen Siedlers auf,
wohin dich von Rom aus der zwanzigste Meilenstein leitet.
Doch es glüht die struppige Brust des nemeïschen Monsters,
und es genügt nicht, daß Bajae heiß ist von der eigenen Glut.
Drum lebt wohl, ihr heiligen Quellen und anmutigen Ufer,
Wohnung der Nymphen und Nereïden zugleich!
Triumphiert über die Herkules-Hügel im eisigen Winter,
jetzt aber gebt euch geschlagen vor Tiburs erfrischender Kühle!

Trauer einer untreuen Frau

In der Dunkelheit trauerst du um den Verlust deines Ehemannes, Galla:
Deinen Mann *nicht* zu beweinen, glaube ich, schämst du dich, Galla.

Bernsteingrab für eine Viper

Gerade als eine Viper über die weinenden Zweige der Heliaden kroch,
floß ein Bernsteintropfen auf das Tier, das im Wege war.
Während es noch staunte, von dem klebrigen Tau festgehalten zu werden,
wurde es – gebannt von der Eiseskälte – plötzlich starr.
Bilde dir nichts auf deine königliche Gruft ein, Kleopatra,
wenn schon eine Viper in einem edleren Grabe ruht!

60

Ardea solstitio Castranaque rura petantur
  quique Cleonaeo sidere fervet ager,
cum Tiburtinas damnet Curiatius auras
  inter laudatas ad Styga missus aquas.
nullo fata loco possis excludere: cum mors   5
  venerit, in medio Tibure Sardinia est.

61

Donasse amicum tibi ducenta, Mancine,
nuper superbo laetus ore iactasti.
quartus dies est, in schola poetarum
dum fabulamur, milibus decem dixti
emptas lacernas munus esse Pompullae,   5
sardonycha verum lineisque ter cinctum
duasque similes fluctibus maris gemmas
dedisse Bassam Caeliamque iurasti.
here de theatro, Pollione cantante,
cum subito abires, dum fugis, loquebaris,   10
hereditatis tibi trecenta venisse,
et mane centum, et post meridie centum.
quid tibi sodales fecimus mali tantum?
miserere iam crudelis et sile tandem.
aut, si tacere lingua non potest ista,   15
aliquando narra quod velimus audire.

Kein (Luftkur-)Ort schützt vor plötzlichem Tod

Zur Sommersonnenwende besuche man getrost Ardea und die Fluren
   von Castrum
und jede Landschaft, die unter dem Löwen von Cleonae glüht,
seit Curiatius das luftige Klima Tiburs verwünscht,
denn er wurde inmitten der vielgerühmten Wasser zum Styx geschickt.
Nirgendwo kann man das Schicksal ausschließen: Wenn der Tod
naht, ist mitten in Tibur Sardinien.

*Von einem, der mit Kapitaleinkünften renommiert
und nichts herausrückt*

Ein Freund habe dir zweihunderttausend gegeben,
das hast du, Mancinus, neulich überall vollmundig und freudig
   herausposaunt.
Drei Tage ist's her: Während wir uns im Club der Poeten
unterhielten, sagtest du, die für zehntausend
gekauften Mäntel seien ein Geschenk der Pompulla;
einen echten Sardonyx, von Bändern dreimal umschlungen,
und ein Paar Edelsteine, den Wellen des Meeres gleichend,
schworst du, hätten dir Bassa und Caelia gegeben.
Als du gestern das Theater während Pollios Gesang
plötzlich verließest, sprachst du beim hastigen Aufbruch davon,
als Erbschaft seien dir dreihunderttausend zugefallen,
dazu morgens noch hunderttausend und am Nachmittag hunderttausend.
Was haben wir, deine Kameraden, dir denn so Schlimmes angetan?
Hab' schon Erbarmen mit uns, du Grausamer, und halt' endlich den
   Mund!
Oder, wenn deine Zunge schon nicht schweigen kann,
dann erzähl' uns doch 'mal, was wir hören wollen!

62

Tibur in Herculeum migravit nigra Lycoris,
 omnia dum fieri candida credit ibi.

63

Dum petit a Baulis mater Caerellia Baias,
 occidit insani crimine mersa freti.
gloria quanta perit vobis! haec monstra Neroni
 nec iussae quondam praestiteratis, aquae.

64

Iuli iugera pauca Martialis
hortis Hesperidum beatiora
longo Ianiculi iugo recumbunt:
lati collibus eminent recessus
et planus modico tumore vertex 5
caelo perfruitur sereniore
et curvas nebula tegente valles
solus luce nitet peculiari;
puris leniter admoventur astris
celsae culmina delicata villae. 10
hinc septem dominos videre montis
et totam licet aestimare Romam,
Albanos quoque Tusculosque colles
et quodcumque iacet sub urbe frigus,
Fidenas veteres brevesque Rubras, 15
et quod virgineo cruore gaudet
Annae pomiferum nemus Perennae.

Glaube an eine Wunderkur

Nach Tibur, der Herkules-Stadt, zog die schwarze Lycoris,
im Glauben, dort werde alles strahlend weiß.

Eine Mutter ertrank im Meer, Agrippina nicht

Als Caerellia, eine Mutter, von Bauli nach Bajae reiste,
starb sie, ertrunken durch die Schuld des rasenden Meeres.
Welch ein Ruhm ging euch, ihr Fluten, verloren! Einen derart
  abscheulichen Dienst
hattet ihr Nero einst, obwohl er's befahl, nicht erwiesen.

Der Landsitz des Julius Martialis

Die wenigen Morgen des Julius Martialis,
prächtiger noch als die Gärten der Hesperiden,
liegen am langgestreckten Berghang des Janiculum.
Weite Refugien erheben sich auf den Hügeln,
und der flache Gipfel mit seiner geringen Erhöhung
genießt ein besonders heiteres Himmelsblau:
Während der Nebel die Talmulden einhüllt,
leuchtet jener allein in ungewöhnlichem Lichte.
Zu den klaren Sternen steigt sanft
der reizende Giebel des hochragenden Landhauses empor.
Von der einen Seite kann man die sieben beherrschenden Hügel sehen
und ganz Rom würdigen,
desgleichen die Albaner- und Tuskerberge
und alle kühlen Orte in der Umgebung der Stadt:
das alte Fidenae und das kleine Rubrae
und den obstreichen Hain der Anna Perenna,
der sich am Jungfrauenblut erfreut.

illinc Flaminiae Salariaeque
gestator patet essedo tacente,
ne blando rota sit molesta somno, 20
quem nec rumpere nauticum celeuma
nec clamor valet helciariorum,
cum sit tam prope Mulvius sacrumque
lapsae per Tiberim volent carinae.
hoc rus, seu potius domus vocanda est, 25
commendat dominus: tuam putabis,
tam non invida tamque liberalis,
tam comi patet hospitalitate:
credas Alcinoi pios Penates
aut facti modo divitis Molorchi. 30
vos nunc omnia parva qui putatis,
centeno gelidum ligone Tibur
vel Praeneste domate pendulamque
uni dedite Setiam colono,
dum me iudice praeferantur istis 35
Iuli iugera pauca Martialis.

65

Oculo Philaenis semper altero plorat.
   quo fiat istud quaeritis modo? lusca est.

66

Egisti vitam semper, Line, municipalem,
   qua nihil omnino vilius esse potest.
Idibus et raris togula est excussa Kalendis
   duxit et aestates synthesis una decem.

Von der anderen Seite ist auf der Via Flaminia und der Salaria
der Reisende zwar zu sehen, doch ohne daß man den Wagen hört,
so stört kein Rad den sanften Schlaf (der Hausbewohner);
den vermögen auch keine Ruderkommandos
oder Rufe von Treidlern zu unterbrechen,
obwohl die Mulvische Brücke so nahe ist und durch den heiligen
Tiber die Schiffskiele schnell dahingleiten.
Diesen Landsitz, den man besser ein Palais nennen sollte,
macht sein Herr empfehlenswert. Du wirst ihn für deinen eigenen halten:
So großzügig, so einladend,
mit so liebenswerter Gastlichkeit steht er offen.
Du fühlst dich wie in dem gastfreundlichen Heim des Alkinoos
oder des Molorchus, kurz nachdem er reich geworden ist.
Ihr aber, die ihr das alles jetzt für unansehnlich haltet,
bearbeitet nur mit hundert Hacken das eiskalte Tibur
oder Praeneste, und übergebt die Hänge
von Setia an einen einzigen Pächter,
wo doch – so mein Urteil – all dem vorzuziehen sind
die wenigen Morgen des Julius Martialis.

Weinen mit einem Auge?

Philaenis weint immer nur mit einem Auge.
Wie das möglich sei, fragt ihr? Sie hat bloß eins.

Wo ist nur die geerbte Million geblieben?

Du hast dein Leben immer in einer Landstadt verbracht, Linus,
billiger kann man gar nicht leben.
An den Iden nur und selten auch an den Kalenden wurde deine kleine
      Toga ausgeschüttelt,
und dein einziges Hausgewand hat bei dir zehn Sommer lang gehalten.

saltus aprum, campus leporem tibi misit inemptum,
    silva gravis turdos exagitata dedit.
captus flumineo venit de gurgite piscis,
    vina ruber fudit non peregrina cadus.
nec tener Argolica missus de gente minister,
    sed stetit inculti rustica turba foci.
vilica vel duri conpressa est nupta coloni,
    incaluit quotiens saucia vena mero.
nec nocuit tectis ignis nec Sirius agris,
    nec mersa est pelago nec fuit ulla ratis.
subposita est blando numquam tibi tessera talo,
    alea sed parcae sola fuere nuces.
dic ubi sit decies, mater quod avara reliquit.
    nusquam est: fecisti rem, Line, difficilem.

67

Praetorem pauper centum sestertia Gaurus
    orabat cana notus amicitia,
dicebatque suis haec tantum desse trecentis,
    ut posset domino plaudere iustus eques.
praetor ait 'scis me Scorpo Thalloque daturum,
    atque utinam centum milia sola darem.'
ah pudet ingratae, pudet ah male divitis arcae.
    quod non vis equiti, vis dare, praetor, equo?

Der Bergwald schickte dir kostenlos den Eber, das Feld den Hasen,
der Wald lieferte fette Drosseln, die du dort aufjagtest,
gefangen kam aus der reißenden Strömung des Flusses der Fisch,
ein rötlicher Krug spendierte einheimische Weine.
Kein zarter Diener, vom argivischen Volke gesandt,
sondern eine bäurische Schar stand an dem ländlichen Herd.
Die Frau des Gutsverwalters oder auch das junge Eheweib des rauhen
      Pächters nahmst du dir her,
sobald dein Blut sich unter der Wirkung des Weins erhitzte.
Weder hat Feuer dir das Dach noch der Sirius die Felder ruiniert.
Weder versank ein Schiff von dir im Meer, noch besaßest du je eins.
Niemals ersetzten bei dir die Würfel das verlockende Spiel mit den
      Knöcheln,
sondern der riskanteste Wurf waren nur ein paar Nüsse.
Sag', wo ist die Million Sesterze, die dir die geizige Mutter hinterließ!
Nirgends ist sie: Da hast du, Linus, eine schwierige Leistung vollbracht!

Ein Pferd wichtiger als ein Freund

Um hunderttausend Sesterze bat der in bescheidenen Verhältnissen
      lebende Gaurus den Prätor,
mit dem ihn eine alte Freundschaft verband,
und sagte dazu, nur diese Summe fehle ihm noch zu seinen
      dreihunderttausend,
um dem Herrscher als rechtmäßiger Ritter Beifall spenden zu können.
Der Prätor antwortete: »Du weißt, daß ich dem Scorpus und dem
      Thallus Geld geben muß,
und wie glücklich wäre ich, ich müßte ihnen nur hunderttausend geben.«
O Schande über die undankbare, o Schande über die verflucht volle
      Geldtruhe!
Was du nicht für einen Ritter ausgeben willst, das willst du, Prätor, für
      ein Reittier spendieren?

68

Invitas centum quadrantibus et bene cenas.
 ut cenem invitor, Sexte, an ut invideam?

69

Tu Setina quidem semper vel Massica ponis,
 Papyle, sed rumor tam bona vina negat:
diceris hac factus caelebs quater esse lagona.
 nec puto nec credo, Papyle, nec sitio.

70

Nihil Ammiano praeter aridam restem
moriens reliquit ultimis pater ceris.
fieri putaret posse quis, Marulline,
ut Ammianus mortuum patrem nollet?

71

Quaero diu totam, Safroni Rufe, per urbem,
 si qua puella neget: nulla puella negat.
tamquam fas non sit, tamquam sit turpe negare,
 tamquam non liceat: nulla puella negat.
casta igitur nulla est? sunt castae mille. quid ergo
 casta facit? non dat, non tamen illa negat.

Statt der Sportula eine (mickrige) Mahlzeit

Du lädst mich für hundert Quadranten zum Essen ein und speist selbst
  prächtig.
Werde ich eingeladen, um zu speisen, Sextus, oder um neidisch zu sein?

Vorsicht vor diesem Wein

Du kredenzt zwar immer Setiner oder Massiker,
Papylus, doch es geht das Gerücht, deine Weine seien nicht so gut:
Man behauptet, mit diesem Krug seiest du schon viermal Witwer
  geworden.
Das vermut' ich nicht und glaub' ich nicht, Papylus, aber Durst hab' ich
  keinen.

Nichts zu erben außer einem Strick

Nichts außer einem dürren Strick
hinterließ dem Ammianus sterbend der Vater in seinem Testament.
Wer hätte damit gerechnet, Marullinus, es könne der Fall eintreten,
daß Ammianus *nicht* den Tod seines Vaters wünschte?

Kein Mädchen sagt ›nein‹

Lange schon erkundige ich mich überall in der Stadt, Safronius Rufus,
ob irgendein Mädchen ›nein‹ sagt: Kein Mädchen sagt ›nein‹.
Als ob's Unrecht, als ob's schändlich wäre, ›nein‹ zu sagen,
als ob's verboten wäre: Kein Mädchen sagt ›nein‹.
»Keusch ist also keine?« – »Doch, keusch sind unzählige.« – »Was also
macht dann die Keusche?« – »Sie gibt sich nicht hin und sagt trotzdem
  nicht ›nein‹.«

72

Exigis ut donem nostros tibi, Quinte, libellos.
  non habeo, sed habet bybliopola Tryphon.
'aes dabo pro nugis et emam tua carmina sanus?
  non' inquis 'faciam tam fatue.' nec ego.

73

Cum gravis extremas Vestinus duceret horas
  et iam per Stygias esset iturus aquas,
ultima volventis oravit pensa sorores,
  ut traherent parva stamina pulla mora,
iam sibi defunctus caris dum vivit amicis. 5
  moverunt tetricas tam pia vota deas.
tunc largas partitus opes a luce recessit
  seque mori post hoc credidit ille senem.

74

Aspicis inbelles temptent quam fortia dammae
  proelia? tam timidis quanta sit ira feris?
in mortem parvis concurrere frontibus ardent.
  vis, Caesar, dammis parcere? mitte canes.

Ich würde meine eigenen Gedichte auch nicht kaufen

Du verlangst, Quintus, daß ich dir meine Büchlein schenke.
Ich hab' sie nicht mehr, doch Tryphon, mein Verleger, hat sie.
»Ich soll Geld für poetische Nichtigkeiten ausgeben und deine Gedichte
    kaufen, obwohl ich bei Verstand bin?
So töricht«, sagst du, »werde ich nicht handeln.« – Ich auch nicht.

Nachruf auf Vestinus

Als der kranke Vestinus seine letzten Stunden erlebte
und schon durch die Wasser des Styx gehen sollte,
bat er die Schwestern, welche die letzten Lebensfäden abrollten,
das dunkle Garn noch für eine kurze Zeitspanne in die Länge zu ziehen,
da er, für sich schon tot, nur noch für seine lieben Freunde lebte.
Diese so frommen Wünsche rührten die finsteren Göttinnen.
Darauf verteilte er seinen großen Reichtum und schied aus dem Leben
in dem Bewußtsein, nunmehr als Greis zu sterben.

Kampfeswut bei sonst friedfertigen Antilopen

Siehst du, wie friedfertige Antilopen sich mutige Kämpfe liefern,
wie gewaltig bei solch scheuen Tieren die Wut ist?
Sie brennen darauf, mit ihren kleinen Geweihen bis auf den Tod zu
    kämpfen.
Willst du die Antilopen schonen, Caesar? Dann laß die Hunde los!

75

O felix animo, felix, Nigrina, marito
  atque inter Latias gloria prima nurus:
te patrios miscere iuvat cum coniuge census,
  gaudentem socio participique viro.
arserit Euhadne flammis iniecta mariti, 5
  nec minor Alcestin fama sub astra ferat:
tu melius: certo meruisti pignore vitae
  ut tibi non esset morte probandus amor.

76

Milia misisti mihi sex bis sena petenti:
  ut bis sena feram bis duodena petam.

77

Numquam divitias deos rogavi
contentus modicis meoque laetus:
paupertas, veniam dabis, recede.
causast quae subiti novique voti?
pendentem volo Zoilum videre. 5

Eine vorbildliche Ehefrau

O Nigrina, glücklich durch dein Wesen, glücklich durch deinen
    Ehemann,
einmalig ist dein Ruhm unter den römischen Frauen:
Es macht dir Freude, das Vermögen des Vaters und des Gatten zu
    vereinen,
und gern siehst du in deinem Mann den Partner und Teilhaber.
Mag Euhadne sich auf den Scheiterhaufen ihres Mannes geworfen und
    sich mit ihm verbrannt haben,
mag nicht geringerer Ruhm Alkestis zu den Sternen erheben –
du hast noch besser gehandelt: Durch das deutliche Zeugnis deines
    Lebens hast du verdient,
deine Liebe nicht erst durch den Tod beweisen zu müssen.

Ich muß um das Doppelte bitten

Sechstausend hast du mir geschickt, als ich um zwölftausend bat:
Um zwölftausend zu bekommen, werde ich dich um
    vierundzwanzigtausend bitten.

Reich möcht' ich werden, damit der Neider sich umbringt

Zufrieden mit meinen bescheidenen Mitteln und froh über das, was ich
    besitze,
habe ich die Götter niemals um Reichtum gebeten.
Armut, gestatte mir die Bitte: verschwinde!
Was der Grund für den plötzlichen, neuen Wunsch ist?
Ich will Zoïlus hängen sehen.

78

Condita cum tibi sit iam sexagensima messis
   et facies multo splendeat alba pilo,
discurris tota vagus urbe, nec ulla cathedra est
   cui non mane feras inrequietus 'have';
et sine te nulli fas est prodire tribuno, 5
   nec caret officio consul uterque tuo;
et sacro decies repetis Palatia clivo
   Sigerosque meros Partheniosque sonas.
haec faciant sane iuvenes: deformius, Afer,
   omnino nihil est ardalione sene. 10

79

Hospes eras nostri semper, Matho, Tiburtini.
   hoc emis. inposui: rus tibi vendo tuum.

80

Declamas in febre, Maron: hanc esse phrenesin
   si nescis, non es sanus, amice Maron.
declamas aeger, declamas hemitritaeos:
   si sudare aliter non potes, est ratio.
'magna tamen res est.' erras; cum viscera febris 5
   exurit, res est magna tacere, Maron.

Ein umtriebiger Wichtigtuer, der in die Jahre gekommen ist

Obwohl dir schon zum sechzigsten Mal die Ernte eingebracht wurde
und dein Gesicht weiß schimmert von vielen Stoppeln,
läufst du kreuz und quer durch die ganze Stadt, und keine Sänfte gibt es,
der du nicht unermüdlich deinen Morgengruß entbietest;
kein Tribun hat die Chance, ohne dich auszugehen,
und weder der eine noch der andere Konsul muß auf deine
    Dienstfertigkeit verzichten;
zehnmal eilst du auf der Heiligen Straße zum Kaiserpalast
und redest vollmundig nur von Leuten wie Sigerus und Parthenius.
Wenn schon, dann sollen das jüngere Leute tun: Nichts, Afer,
ist so in jeder Hinsicht abstoßend wie ein Wichtigtuer, der in die Jahre
    kam.

Überflüssiger Kauf eines Landgutes

Dauernd, Matho, warst du Gast auf meinem Tiburtinum.
Das kaufst du jetzt. Hereingelegt habe ich dich: Ich verkaufe dir deinen
    eigenen Landsitz.

Deklamiersucht trotz Fieber

Du deklamierst im Fieber, Maron: Wenn du nicht merkst,
daß das der helle Wahnsinn ist, bist du nicht richtig im Kopf, Freund
    Maron.
Du deklamierst, wenn du krank bist, deklamierst im Fieber von drei
    Tagen:
Wenn du anders nicht schwitzen kannst, dann ist das noch zu verstehen.
»Es ist doch eine große Leistung, vorzutragen!« Du irrst dich: Wenn
    Fieber
dein Inneres ausglüht, ist es eine große Leistung zu schweigen, Maron.

81

Epigramma nostrum cum Fabulla legisset
negare nullam quo queror puellarum,
semel rogata bisque terque neglexit
preces amantis. iam, Fabulla, promitte:
negare iussi, pernegare non iussi.

82

Hos quoque commenda Venuleio, Rufe, libellos
    inputet et nobis otia parva roga,
immemor et paulum curarum operumque suorum
    non tetrica nugas exigat aure meas.
sed nec post primum legat haec summumve trientem,
    sed sua cum medius proelia Bacchus amat.
si nimis est legisse duos, tibi charta plicetur
    altera: divisum sic breve fiet opus.

83

Securo nihil est te, Naevole, peius; eodem
    sollicito nihil est, Naevole, te melius.
securus nullum resalutas, despicis omnes,
    nec quisquam liber nec tibi natus homo est:
sollicitus donas, dominum regemque salutas,
    invitas. esto, Naevole, sollicitus.

So war meine Behauptung (IV 71):
»Kein Mädchen sagt NEIN« nicht gemeint

Als Fabulla mein Epigramm gelesen hatte,
in dem ich beklage, daß kein Mädchen ›nein‹ sage,
ignorierte sie, als sie einmal, zweimal, dreimal gebeten wurde,
das Werben des Verliebten. Sei schon entgegenkommend, Fabulla!
›Nein‹ zu sagen habe ich empfohlen, aber nicht für immer.

Bitte, die Gedichte weiterzureichen

Rufus, empfiehl auch diese Büchlein dem Venuleius,
und bitte ihn, für mich eine kleine Pause einzuplanen;
für kurze Zeit möge er seine Sorgen und Geschäfte vergessen
und meine poetischen Nichtigkeiten nicht mit Unmut beurteilen.
Aber nicht nach dem ersten oder dem letzten Becher lese er sie,
sondern mittendrin, wenn Bacchus seine Kämpfe liebt.
Ist es ihm zu viel, zwei Büchlein zu lesen, dann magst du
eins davon zusammenrollen: So geteilt wird das Werk kurz sein.

Bekümmert bist du mir lieber als sorgenfrei

Bist du sorgenfrei, Naevolus, gibt es nichts Schlimmeres als dich;
bist du bekümmert, Naevolus, gibt es nichts Besseres als dich.
Bist du sorgenfrei, erwiderst du niemandes Gruß und schaust verächtlich
    auf alle herab,
keiner ist dann in deinen Augen ein freier Mann oder überhaupt auf der
    Welt.
Bist du bekümmert, machst du Geschenke, grüßt mich als deinen Herrn
    und Patron,
lädst mich ein: Sei bekümmert, Naevolus!

84

Non est in populo nec urbe tota
a se Thaida qui probet fututam,
cum multi cupiant rogentque multi.
tam casta est, rogo, Thais? immo fellat.

85

Nos bibimus vitro, tu murra, Pontice. quare?
 prodat perspicuus ne duo vina calix.

86

Si vis auribus Atticis probari,
exhortor moneoque te, libelle,
ut docto placeas Apollinari.
nil exactius eruditiusque est,
sed nec candidius benigniusque: 5
si te pectore, si tenebit ore,
nec rhonchos metues maligniorum,
nec scombris tunicas dabis molestas.
si damnaverit, ad salariorum
curras scrinia protinus licebit, 10
inversa pueris arande charta.

Ein (im übrigen) keusches Mädchen

Niemanden gibt es im Volk, nicht in ganz Rom,
der glaubhaft machen könnte, er habe Thaïs gevögelt,
obwohl viele das wünschen und viele drum bitten.
So keusch ist Thaïs? frage ich. O nein, sie macht's mit dem Mund.

Ein Hausherr, der seinen Gästen anderen Wein serviert

Wir trinken aus Glas, du aus Achat, Ponticus. Weshalb?
Ein durchsichtiger Becher würde verraten, daß es zwei verschiedene
    Weine gibt.

Mein Büchlein auf dem Weg zu einem kritisch-wohlwollenden Freund

Willst du von attischen Ohren akzeptiert werden,
dann ermuntere und ermahne ich dich, mein Büchlein,
dem gelehrten Apollinaris zu gefallen.
Keiner ist sorgfältiger, keiner mehr gebildet,
keiner aber auch lauterer und gütiger:
Trägt er dich im Herzen und auf den Lippen,
dann brauchst du weder das Naserümpfen von besonders boshaften
    Leuten zu fürchten,
noch wirst du die peinliche Umhüllung für Makrelen abgeben.
Urteilt er dich ab, dann kannst du
gleich zu den Papyrusbehältern der Salzfischhändler laufen,
Büchlein, gut genug dann für Kinder zum Bekritzeln deiner Rückseite.

87

Infantem secum semper tua Bassa, Fabulle,
 conlocat et lusus deliciasque vocat,
et, quo mireris magis, infantaria non est.
 ergo quid in causa est? pedere Bassa solet.

88

Nulla remisisti parvo pro munere dona,
 et iam Saturni quinque fuere dies.
ergo nec argenti sex scripula Septiciani
 missa nec a querulo mappa cliente fuit,
Antipolitani nec quae de sanguine thynni   5
 testa rubet, nec quae cottana parva gerit,
nec rugosarum vimen breve Picenarum,
 dicere te posses ut meminisse mei?
decipies alios verbis voltuque benigno,
 nam mihi iam notus dissimulator eris.   10

89

Ohe, iam satis est, ohe, libelle,
iam pervenimus usque ad umbilicos.
tu procedere adhuc et ire quaeris,
nec summa potes in schida teneri,
sic tamquam tibi res peracta non sit,   5
quae prima quoque pagina peracta est.
iam lector queriturque deficitque,
iam librarius hoc et ipse dicit
'ohe, iam satis est, ohe, libelle.'

Frau mit Blähungen

Fabullus, deine Bassa hat ständig ein Kleinkind bei sich,
sie nennt es »mein Liebling« und »mein Schatz«;
dabei – wundere dich noch mehr – macht sie sich nichts aus Kindern.
Was ist also der Grund dafür? Bassa furzt ständig.

Enttäuschung über das Ausbleiben von Saturnaliengeschenken

Keine Geschenke hast du mir bislang als Gegengabe für mein kleines
    Präsent geschickt,
und schon sind fünf Tage der Saturnalien vorbei.
Hattest du denn keine sechs Skrupel Silberware von Septicius
oder eine Serviette, die dir ein jammernder Klient schickte,
oder einen Topf, der vom Blut eines Thunfischs aus Antipolis
noch rot ist oder winzige Feigen enthält,
oder ein Weidenkörblein mit runzeligen Oliven aus Picenum,
so daß du sagen könntest, du habest an mich gedacht?
Andere wirst du mit Worten und freundlichen Blicken täuschen können,
für mich bist du jedenfalls von nun an als Heuchler entlarvt.

Jetzt ist Schluß mit Gedichten für dies Büchlein

Nun aber reicht's, es reicht, mein Büchlein,
jetzt sind wir schon bis zum Buchrollenknauf gelangt,
und du willst immer noch weitergehen
und kannst nicht mal bei der letzten Kolumne gestoppt werden,
so als wär' dein Geschäft noch nicht erledigt,
das indes auf der ersten Seite bereits erledigt war.
Schon klagt der Leser und gibt auf,
schon sagt selbst der Kopist:
»Nun aber reicht's, es reicht, mein Büchlein!«

LIBER QUINTUS

1

Hoc tibi, Palladiae seu collibus uteris Albae,
   Caesar, et hinc Triviam prospicis, inde Thetin,
seu tua veridicae discunt responsa sorores,
   plana suburbani qua cubat unda freti,
seu placet Aeneae nutrix seu filia Solis
   sive salutiferis candidus Anxur aquis,
mittimus, o rerum felix tutela salusque,
   sospite quo gratum credimus esse Iovem.
tu tantum accipias: ego te legisse putabo
   et tumidus Galla credulitate fruar.

2

Matronae puerique virginesque,
vobis pagina nostra dedicatur.
tu, quem nequitiae procaciores
delectant nimium salesque nudi,
lascivos lege quattuor libellos:
quintus cum domino liber iocatur;
quem Germanicus ore non rubenti
coram Cecropia legat puella.

FÜNFTES BUCH

Widmungsgedicht an Domitian

Ob du auf den Höhen des palladischen Alba weilst,
Caesar, und von der einen Seite auf die Trivia, von der anderen auf die
    Thetis blickst,
ob die weissagenden Schwestern von dir ihre Antworten lernen,
dort, wo die Wellen des Meeres sanft schlafen am Rande der Stadt,
ob dir des Äneas Amme gefällt, ob die Tochter der Sonne
oder Anxur, die leuchtende Stadt mit ihren heilenden Quellen:
Beglückender Schützer und Heiland der Welt, das hier sende ich dir,
durch dessen Wohlergehen – so unser Glaube – sich Jupiters
    Dankbarkeit erweist.
Nur entgegenzunehmen brauchst du es, ich will mir dann einbilden, daß
    du es gelesen hast,
und werde stolzgeschwellt mich meiner gallischen Leichtgläubigkeit
    überlassen.

Ein unverfängliches Büchlein

Ihr Ehefrauen, Knaben und Mädchen,
euch sind diese Seiten gewidmet.
Du, den dreistere Nichtigkeiten
ganz besonders erfreuen und unverhüllter Spott,
magst die vier frivolen Büchlein lesen.
Das fünfte Buch treibt seinen Spaß in der Gesellschaft unseres Herrn;
Germanicus kann es ohne Erröten
in Gegenwart der kekropischen Jungfrau lesen.

3

Accola iam nostrae Degis, Germanice, ripae,
   a famulis Histri qui tibi venit aquis,
laetus et attonitus viso modo praeside mundi,
   adfatus comites dicitur esse suos:
'sors mea quam fratris melior, cui tam prope fas est   5
   cernere, tam longe quem colit ille deum.'

4

Fetere multo Myrtale solet vino,
sed fallat ut nos, folia devorat lauri
merumque cauta fronde, non aqua miscet.
hanc tu rubentem prominentibus venis
quotiens venire, Paule, videris contra,   5
dicas licebit 'Myrtale bibit laurum.'

5

Sexte, Palatinae cultor facunde Minervae,
   ingenio frueris qui propiore dei –
nam tibi nascentes domini cognoscere curas
   et secreta ducis pectora nosse licet –:
sit locus et nostris aliqua tibi parte libellis,   5
   qua Pedo, qua Marsus quaque Catullus erit.
ad Capitolini caelestia carmina belli
   grande cothurnati pone Maronis opus.

Der Daker Degis huldigt Domitian

Degis, Anwohner des nunmehr uns gehörenden Ufers,
der von den dienstbaren Wassern des Hister zu dir, Germanicus, kam,
soll froh und begeistert, sobald er den Herrscher der Welt erblickte,
an seine Begleiter die Worte gerichtet haben:
»Mein Los ist besser als das meines Bruders: Ich darf aus so großer Nähe
den Gott schauen, den jener aus so weiter Ferne verehrt.«

Lorbeer-Genuß einer Säuferin

Myrtale stinkt gewöhnlich vom vielen Weingenuß,
doch damit wir nichts merken, verschlingt sie Lorbeerblätter,
mischt den Wein vorsichtshalber mit dem Laub und nicht mit Wasser.
Wann immer du siehst, wie sie mit rotem Gesicht und hervortretenden
    Adern
dir, Paulus, entgegenkommt,
magst du sagen: »Myrtale hat Lorbeer getrunken.«

An den Bibliothekar des Kaisers

Sextus, du eloquenter Verehrer der Minerva vom Palatin,
der aus größerer Nähe Geist und Genie des Gottes genießt
– dir ist es ja gestattet, die Sorgen des Herrschers, bereits wenn sie
    entstehen, kennenzulernen
und die verborgenen Gedanken des Fürsten zu erfahren –,
finde doch bitte auch für meine Büchlein irgendein Plätzchen,
dort, wo man Pedo, wo Marsus und wo man Catullus plaziert!
Zu den himmlischen Liedern vom Kampf ums Kapitol
lege Maros tragisch-erhabenes Werk!

6

Si non est grave nec nimis molestum,
Musae, Parthenium rogate vestrum:
sic te serior et beata quondam
salvo Caesare finiat senectus
et sis invidia favente felix, 5
sic Burrus cito sentiat parentem:
admittas timidam brevemque chartam
intra limina sanctioris aulae.
nosti tempora tu Iovis sereni,
cum fulget placido suoque vultu, 10
quo nil supplicibus solet negare.
non est quod metuas preces iniquas:
numquam grandia nec molesta poscit
quae cedro decorata purpuraque
nigris pagina crevit umbilicis. 15
nec porrexeris ista, sed teneto
sic tamquam nihil offeras agasque.
si novi dominum novem sororum,
ultro purpureum petet libellum.

7

Qualiter Assyrios renovant incendia nidos,
 una decem quotiens saecula vixit avis,
taliter exuta est veterem nova Roma senectam
 et sumpsit vultus praesidis ipsa sui.
iam precor oblitus notae, Vulcane, querelae 5
 parce: sumus Martis turba sed et Veneris:

Bitte an Parthenius, das Buch dem Kaiser zu überreichen

Falls es nicht schwierig und allzu lästig ist,
ihr Musen, dann tragt folgende Bitte eurem Parthenius vor:
So wahr ich wünsche, daß ein spätes und seliges Alter einmal
dein Dasein beende und Caesar dann noch lebe
und du unter dem Beifall des Neides glücklich seiest,
so wahr ich wünsche, daß Burrus rasch seinen Vater verstehe,
möchte ich, daß du das schüchterne, schmale Buch
über die Schwelle der so ehrwürdigen Halle Zutritt finden läßt.
Du kennst die Zeiten, da Jupiter heiter ist,
wenn er mit seinem ihm eigenen gütigen Gesicht strahlt,
mit dem er demütig Flehenden nichts zu verweigern pflegt.
Du brauchst keine unangemessenen Bitten zu befürchten,
nie stellen meine Seiten große und lästige Forderungen:
Mit Zedernöl und Purpur geschmückt,
sind sie zwischen den schwarzen Knäufen ihres Buchrollenstabes
  gewachsen.
Strecke es auch nicht direkt entgegen, sondern halte es nur in der
  Hand,
so als ob du nichts anbötest oder tun wolltest.
Wofern ich den Herrn der Neun Schwestern wirklich kenne,
wird er ganz von sich aus nach dem purpurnen Büchlein verlangen.

Wiederaufbau des zerstörten Rom und Bitte an Vulcanus

So wie Feuer assyrische Nester erneuert,
wenn ein einziger Vogel zehn Jahrhunderte lang gelebt hat,
ganz so hat das neue Rom sein Greisenalter abgelegt
und von sich aus die Züge seines Beschützers angenommen.
Vulcanus, vergiß jetzt, ich bitte darum, deine bekannten Beschwerden
und schone uns! Wir sind des Mars, aber auch der Venus Schar.

parce, pater: sic Lemniacis lasciva catenis
    ignoscat coniunx et patienter amet.

8

Edictum domini deique nostri,
quo subsellia certiora fiunt
et puros eques ordines recepit,
dum laudat modo Phasis in theatro,
Phasis purpureis ruber lacernis,
et iactat tumido superbus ore:
'tandem commodius licet sedere,
nunc est reddita dignitas equestris;
turba non premimur, nec inquinamur' –
haec et talia dum refert supinus,
illas purpureas et adrogantes
iussit surgere Leïtus lacernas.

9

Languebam: sed tu comitatus protinus ad me
    venisti centum, Symmache, discipulis.
centum me tetigere manus aquilone gelatae:
    non habui febrem, Symmache, nunc habeo.

10

'Esse quid hoc dicam vivis quod fama negatur
    et sua quod rarus tempora lector amat?'

Schone uns, Vater! Dafür möge dann deine verführerische Gattin die
    lemnischen Fesseln
verzeihen und lieben – mit Maß und Geduld.

Arroganz eines ›falschen Ritters‹ im Theater

Gerade als Phasis das Edikt unseres Herrn und Gottes,
durch das die Sitzverteilung strenger festgelegt wird
und die Ritterschaft ihre (von Plebejern) gesäuberten Bankreihen
    zurückbekommt –
gerade als er kürzlich im Theater dieses Edikt lobte,
Phasis, rot leuchtend in seinem Purpurgewand,
und mit überheblicher Miene stolz sich brüstete:
»Endlich kann man bequemer sitzen,
nunmehr ist die Ritterehre wiederhergestellt,
und vom Pöbel wird man nicht mehr bedrängt oder beschmutzt« –
gerade als er solcherlei mit zurückgeworfenem Haupte äußerte,
befahl Leïtus diesem arroganten
Purpurmantel aufzustehen.

Arzt mit Assistentenschar beim Krankenbesuch

Kraftlos lag ich da, doch du kamst sofort zu mir,
begleitet von hundert Schülern, Symmachus.
Hundert Hände, eiskalt vom Nordwind, betasteten mich:
Fieber hatte ich keins, Symmachus, jetzt habe ich es.

Mit dem Ruhm habe ich keine Eile

»Was soll ich dazu sagen, daß den Lebenden der Ruhm versagt bleibt
und daß nur wenige Leser die eigene Zeit lieben?«

hi sunt invidiae nimirum, Regule, mores,
　praeferat antiquos semper ut illa novis.
sic veterem ingrati Pompei quaerimus umbram,　　5
　sic laudant Catuli vilia templa senes.
Ennius est lectus salvo tibi, Roma, Marone,
　et sua riserunt saecula Maeoniden,
rara coronato plausere theatra Menandro,
　norat Nasonem sola Corinna suum.　　10
vos tamen o nostri ne festinate libelli:
　si post fata venit gloria, non propero.

11

Sardonychas, zmaragdos, adamantas, iaspidas uno
　versat in articulo Stella, Severe, meus.
multas in digitis, plures in carmine gemmas
　invenies: inde est haec, puto, culta manus.

12

Quod nutantia fronte perticata
gestat pondera Masclion superbus,
aut grandis Ninus omnibus lacertis
septem quod pueros levat vel octo,
res non difficilis mihi videtur,　　5
uno cum digito vel hoc vel illo
portet Stella meus decem puellas.

Sicherlich, Regulus, gehört es zum Wesen des Neides,
daß er die Früheren immer den Neuen vorzieht.
So suchen wir, undankbar wie wir sind, die alte, schattige Promenade
    des Pompejus auf,
so loben Greise noch jetzt des Catulus dürftigen Tempelbau.
Den Ennius hast du zu Maros Lebzeiten gelesen, Rom,
das eigene Jahrhundert lachte den Mäoniden aus;
nur wenige Theater klatschten dem preisgekrönten Menander Beifall,
Corinna war die einzige, die ihren Naso kannte.
Ihr jedoch, meine Büchlein, laßt euch Zeit!
Wenn der Ruhm erst nach dem Tode kommt, habe ich es nicht eilig.

Stellas Juwelen

Sardonyxe, Smaragde, Diamanten und Jaspisse
dreht mein Stella an einem einzigen Finger, Severus.
Viele Juwelen wirst du an seiner Hand, doch mehr noch in seinen
    Gedichten
entdecken, und von daher, glaube ich, ist auch seine Hand geschmückt.

Stellas Ringe

Daß schwankende Gewichte auf einer Stange
Masclion stolz mit der Stirn balanciert
oder daß der riesige Ninus mit der ganzen Kraft seiner Arme
sieben oder acht Jungen emporhebt,
scheint mir nicht schwierig zu sein,
da doch an einem einzigen Finger, an dem oder jenem,
mein Stella zehn Mädchen trägt.

13

Sum, fateor, semperque fui, Callistrate, pauper,
 sed non obscurus nec male notus eques,
sed toto legor orbe frequens et dicitur 'hic est',
 quodque cinis paucis hoc mihi vita dedit.
at tua centenis incumbunt tecta columnis   5
 et libertinas arca flagellat opes,
magnaque Niliacae servit tibi gleba Syenes
 tondet et innumeros Gallica Parma greges.
hoc ego tuque sumus: sed quod sum non potes esse:
 tu quod es, e populo quilibet esse potest.   10

14

Sedere primo solitus in gradu semper
tunc, cum liceret occupare, Nanneius
bis excitatus terque transtulit castra,
et inter ipsas paene tertius sellas
post Gaiumque Luciumque consedit.   5
illinc cucullo prospicit caput tectus
oculoque ludos spectat indecens uno.
et hinc miser deiectus in viam transit,
subsellioque semifultus extremo
et male receptus altero genu iactat   10
equiti sedere Leïtoque se stare.

Dichterstolz einem reichen Freigelassenen gegenüber

Zugegeben, Callistratus: ich bin und ich war immer ohne großes
> Vermögen,
aber doch kein unbekannter oder übel beleumundeter Ritter,
vielmehr liest man mich ausgiebig überall in der Welt und sagt, auf mich
> deutend: »Der da ist es«,
und was der Tod wenigen nur, das hat mir bereits das Leben gewährt.
Dein Dach dagegen ruht auf hundert Säulen,
und deine Geldtruhe setzt den ganzen Reichtum eines Freigelassenen in
> Umlauf;
dienen muß dir die weite Flur von Syene am Nil,
und das gallische Parma schert dir zahllose Herden.
So sind wir beide, ich und du, doch was ich bin, kannst du nicht sein:
Was du bist, kann jeder beliebige aus dem Volke sein.

Ein falscher Ritter im Theater

Gewohnt, immer in der ersten Reihe zu sitzen,
als es noch erlaubt war, dort Platz zu nehmen,
mußte Nanneius, zwei- oder dreimal aufgescheucht, sein Lager verlegen,
und ließ sich direkt zwischen den Stühlen förmlich als dritter
hinter Gaius und Lucius nieder.
Von dort lugt er hervor, die Kapuze über den Kopf gezogen,
und schaut sich mit einem Auge – ein abstoßender Anblick! –
> die Spiele an.
Von da vertrieben, begibt sich der elende Kerl auf den Gang hinaus,
und halb abgestützt auf dem äußersten Ende der Bank
und widerwillig akzeptiert, betont er vor den Rittern
mit dem einem Knie, daß er sitze, und vor Leïtus, daß er stehe.

15

Quintus nostrorum liber est, Auguste, iocorum
  et queritur laesus carmine nemo meo,
gaudet honorato sed multus nomine lector,
  cui victura meo munere fama datur.
'quid tamen haec prosunt quamvis venerantia multos?'   5
  non prosint sane, me tamen ista iuvant.

16

Seria cum possim, quod delectantia malo
  scribere, tu causa es, lector amice, mihi,
qui legis et tota cantas mea carmina Roma:
  sed nescis quanti stet mihi talis amor.
nam si falciferi defendere templa Tonantis   5
  sollicitisque velim vendere verba reis,
plurimus Hispanas mittet mihi nauta metretas
  et fiet vario sordidus aere sinus.
at nunc conviva est comissatorque libellus
  et tantum gratis pagina nostra placet.   10
sed non et veteres contenti laude fuerunt,
  cum minimum vati munus Alexis erat.
'belle' inquis 'dixti: satis et laudabimus usque.'
  dissimulas? facies me, puto, causidicum.

Des Dichters Freude über sein Buch

Das hier, Augustus, ist das fünfte Buch meiner Scherzgedichte,
und keiner kann sich beklagen, ein Gedicht von mir habe ihn verletzt,
vielmehr freut sich so mancher Leser, daß sein Name geehrt ist,
dem meine Gabe bleibenden Ruhm verleiht.
»Doch was nützen dir all diese Verse, wenn sie auch vielen Komplimente machen?«
Nützen mögen sie allerdings nicht, doch mir machen sie Spaß.

Meine Verse bringen mir außer Lesern nichts ein

Zwar könnte ich auch Ernstes schreiben, doch daß ich Unterhaltsames vorziehe,
dafür bist du mir, lieber Leser, der Grund,
du, der meine Gedichte liest und in ganz Rom singt.
Aber du weißt nicht, wie teuer mich solche Liebe zu stehen kommt.
Denn wollte ich den Tempel des sichelgragenden Donnerers vor Gericht vertreten
oder aufgeregten Angeklagten meine Worte verkaufen,
dann schickte mir so mancher Seemann spanische Fässer,
und der Bausch meines Gewandes würde schmutzig von diversem Geld.
Doch jetzt ist mein Büchlein Tischkumpan und Zechgenosse,
und nur wenn meine Zeilen nichts kosten, finden sie Gefallen.
Aber auch die Alten waren nicht einfach mit lobenden Worten zufrieden,
als noch die geringste Gabe für den Dichter ein Alexis war.
»Gut gesprochen«, sagst du, »und uneingeschränkt findest du stets unseren Beifall.«
Stellst du dich dumm? Du willst mich, glaub' ich, zum Advokaten machen.

17

Dum proavos atavosque refers et nomina magna,
 dum tibi noster eques sordida condicio est,
dum te posse negas nisi lato, Gellia, clavo
 nubere, nupsisti, Gellia, cistibero.

18

Quod tibi Decembri mense, quo volant mappae
gracilesque ligulae cereique chartaeque
et acuta senibus testa cum Damascenis,
praeter libellos vernulas nihil misi,
fortasse avarus videor aut inhumanus. 5
odi dolosas munerum et malas artes:
imitantur hamos dona: namque quis nescit
avidum vorata decipi scarum musca?
quotiens amico diviti nihil donat,
o Quintiane, liberalis est pauper. 10

19

Si qua fides veris, praeferri, maxime Caesar,
 temporibus possunt saecula nulla tuis.
quando magis dignos licuit spectare triumphos?
 quando Palatini plus meruere dei?

Große Ansprüche bei der Partnersuche
mit höchst bescheidenem Ergebnis

Während du deine Urgroßväter, Urahnen und all die großen Namen
    anführst,
während für dich ein Ritter wie unsereiner nur eine verächtliche Partie
    ist,
während du noch behauptest, du könntest nur einen breiten
    Purpurstreifen heiraten, Gellia,
hast du, Gellia, einen Polizeidiener geheiratet.

Mein Saturnaliengeschenk sind nur meine Büchlein

Daß ich dir im Monat Dezember, in dem Tücher ins Haus flattern,
grazile Löffelchen, Wachskerzen, Papier
und ein konischer Krug mit alten Damaszenerfeigen,
außer meinen hauseigenen Büchlein nichts weiter geschickt habe,
läßt mich vielleicht geizig oder unhöflich erscheinen.
Ich hasse bei Präsenten listig-böse Absichten:
Geschenke gleichen Angelhaken, denn wer wüßte nicht,
daß sich der gierige Papageifisch von der Fliege, die er verschlingt,
    ködern läßt?
Wenn ein bescheiden lebender Mann dem reichen Freund nichts schenkt,
o Quintianus, ist er großzügig.

Verklausulierte Bettelei vor dem Kaiser

Schenkt man der Wahrheit Glauben, mächtiger Caesar, dann hält
keine Epoche einen Vergleich mit der Zeit unter dir aus.
Wann war es möglich, würdigere Triumphzüge anzuschauen,
wann haben die Götter des Palatin größeren Dank verdient?

pulchrior et maior quo sub duce Martia Roma?
    sub quo libertas principe tanta fuit?
est tamen hoc vitium sed non leve, sit licet unum,
    quod colit ingratas pauper amicitias.
quis largitur opes veteri fidoque sodali,
    aut quem prosequitur non alienus eques?
Saturnaliciae ligulam misisse selibrae
    damnatisve togae scripula tota decem
luxuria est, tumidique vocant haec munera reges:
    qui crepet aureolos forsitan unus erit.
quatenus hi non sunt, esto tu, Caesar, amicus:
    nulla ducis virtus dulcior esse potest.
iam dudum tacito rides, Germanice, naso
    utile quod nobis do tibi consilium.

20

Si tecum mihi, care Martialis,
securis liceat frui diebus,
si disponere tempus otiosum
et verae pariter vacare vitae:
nec nos atria nec domos potentum
nec litis tetricas forumque triste
nossemus nec imagines superbas;
sed gestatio, fabulae, libelli,
campus, porticus, umbra, Virgo, thermae,

Unter welchem Herrscher war Rom, die Stadt des Mars, schöner und
 ansehnlicher?
Unter welchem Fürsten herrschte je solch große Freiheit?
Nur einen Mangel gibt es, und zwar keinen geringen, wenn er auch der
 einzige ist:
Wer unbemittelt ist, erhält für die Freundschaften, die er pflegt, keinen
 Dank.
Wer schenkt Reichtum dem alten, treuen Gefährten,
oder wer erhält von einem Ritter, den er selbst dazu gemacht hat, das
 Geleit?
An den Saturnalien einen halb Pfund schweren Silberlöffel geschickt zu
 haben
oder ganze zehn Gramm einem zum Dienst in der Toga Verdammten
gilt als Verschwendung, und unsere aufgeblasenen Patrone sprechen von
 ›Geschenken‹.
Vielleicht findet sich ein einziger, der mit Goldstückchen klimpert.
Da nun das alles keine Freunde sind, sei du, Caesar, einer:
Keine Herrschertugend kann liebenswerter sein.
Schon lange lächelst du still und verschmitzt, Germanicus,
weil ich dir einen Rat zu meinem eigenen Vorteil gebe.

Epikureischer Wunsch nach dem wirklichen Leben

Wenn ich mit dir zusammen, teurer Martialis,
sorgenfreie Tage genießen dürfte,
wenn ich in Muße über die Zeit verfügen
und für ein wirkliches Leben gemeinsam mit dir frei sein könnte,
dann bräuchten wir nichts von den Hallen und Palästen der Mächtigen
 zu wissen,
nichts von tristen Prozessen und dem trübsinnigen Forum
und nichts von den stolzen Ahnenbildern,
sondern Promenieren, Plaudern, Bücher,
Marsfeld, Säulenhalle, Schatten, der Jungfrauenbrunnen, Thermen,

haec essent loca semper, hi labores.
nunc vivit necuter sibi, bonosque
soles effugere atque abire sentit,
qui nobis pereunt et inputantur.
quisquam vivere cum sciat, moratur?

21

Quintum pro Decimo, pro Crasso, Regule, Macrum
    ante salutabat rhetor Apollodotus.
nunc utrumque suo resalutat nomine. quantum
    cura laborque potest! scripsit et edidicit.

22

Mane domi nisi te volui meruique videre,
    sint mihi, Paule, tuae longius Esquiliae.
sed Tiburtinae sum proximus accola pilae,
    qua videt anticum rustica Flora Iovem:
alta Suburani vincenda est semita clivi
    et numquam sicco sordida saxa gradu,
vixque datur longas mulorum rumpere mandras
    quaeque trahi multo marmora fune vides.
illud adhuc gravius quod te post mille labores,
    Paule, negat lasso ianitor esse domi.

das wären stets unsere Treffpunkte, das unsere Aktivitäten.
Jetzt lebt keiner von uns beiden ein ihm gemäßes Leben, und wir spüren,
daß glückliche Sonnentage entfliehen und entschwinden,
die uns verlorengehen und doch angerechnet werden:
Zögert da einer noch, wo er doch weiß, was Leben heißt?

Schwaches Namensgedächtnis

Quintus statt Decimus und Macer statt Crassus sagte, mein Regulus,
früher beim Grüßen stets der Rhetor Apollodotus.
Jetzt erwidert er bei beiden mit dem richtigen Namen den Gruß. Wieviel
    doch
Sorgfalt und Mühe vermögen! Er schrieb sie auf – und lernte sie
    auswendig.

Ein Patron, der selber antichambriert

Hätte ich es nicht gewünscht und verdient, dich heute morgen zu Hause
    zu besuchen,
dann könnte für mich, Paulus, dein Esquilin getrost noch weiter entfernt
    sein.
Aber ich wohne ganz in der Nähe des Tiburtinischen Pfeilers,
dort, wo die ländliche Flora auf den alten Jupitertempel blickt.
Den steilen Pfad von der Subura hügelaufwärts muß ich bewältigen
und die schmutzigen Steine, und das niemals trockenen Fußes,
und kaum ist es möglich, die langen Reihen der Maultiere zu
    durchbrechen
und die Marmorblöcke, die man, du siehst es, mit so vielen Seilen zieht.
Härter noch ist, daß der Türhüter nach tausend Strapazen
mir, dem Erschöpften, erklärt, du, Paulus, seiest gar nicht zu Hause.

exitus hic operis vani togulaeque madentis:
    vix tanti Paulum mane videre fuit.
semper inhumanos habet officiosus amicos?
    rex, nisi dormieris, non potes esse meus.

23

Herbarum fueras indutus, Basse, colores,
    iura theatralis dum siluere loci.
quae postquam placidi censoris cura renasci
    iussit et Oceanum certior audit eques,
non nisi vel cocco madida vel murice tincta
    veste nites et te sic dare verba putas.
quadringentorum nullae sunt, Basse, lacernae
    aut meus ante omnis Cordus haberet equum.

24

Hermes Martia saeculi voluptas,
Hermes omnibus eruditus armis,
Hermes et gladiator et magister,
Hermes turba sui tremorque ludi,
Hermes, quem timet Helius sed unum,
Hermes, cui cadit Advolans sed uni,
Hermes vincere nec ferire doctus,
Hermes subpositicius sibi ipse,
Hermes divitiae locariorum,
Hermes cura laborque ludiarum,
Hermes belligera superbus hasta,
Hermes aequoreo minax tridente,
Hermes casside languida timendus,

Das ist dann der Lohn vergeblicher Anstrengung und einer triefend
    nassen Toga:
Es lohnte kaum der Mühe, frühmorgens den Paulus zu besuchen.
Hat denn ein eifriger Klient immer nur unhöfliche Freunde?
Wenn du nicht noch schläfst, kannst du nicht mein Patron sein.

Auf einen ›falschen Ritter‹

In die Farbe der Gräser warst du gekleidet, Bassus,
solange die Platzordnung im Theater außer Kraft war.
Nachdem die Fürsorge eines milden Zensors sie wiedererstehen ließ
und weniger dubiose Ritter auf den Platzanweiser hören,
glänzt du nur in scharlachtriefendem oder purpurgefärbtem
Gewand und glaubst, du könntest ihm so ein Schnippchen schlagen.
Mäntel im Wert von vierhunderttausend gibt es nicht, Bassus,
oder es müßte mein Cordus als erster ein Pferd besitzen.

Hymnus auf Hermes, den Gladiator

Hermes, kriegerische Freude des Jahrhunderts,
Hermes, in allen Waffengattungen erfahren,
Hermes, Fechter und Fechtmeister zugleich,
Hermes, Verwirrung und Schrecken seiner Schüler,
Hermes, den Helius fürchtet, und zwar als einzigen,
Hermes, dem Advolans unterliegt, und zwar als einzigem,
Hermes, geschult zu siegen, ohne zu verwunden,
Hermes, der nur für sich selbst Ersatzmann ist,
Hermes, Gewinn der Spekulanten,
Hermes, Liebe und Not der Gladiatorenfrauen,
Hermes, stolz mit der Kriegslanze,
Hermes, drohend mit dem Dreizack des Meeres,
Hermes, furchteinflößend mit herabhängendem Helmbusch,

Hermes gloria Martis universi,
Hermes omnia solus et ter unus.   15

25

'Quadringenta tibi non sunt, Chaerestrate: surge,
  Leïtus ecce venit: sta, fuge, curre, late.'
ecquis, io, revocat discedentemque reducit?
  ecquis, io, largas pandit amicus opes?
quem chartis famaeque damus populisque loquendum?   5
  quis Stygios non volt totus adire lacus?
hoc, rogo, non melius quam rubro pulpita nimbo
  spargere et effuso permaduisse croco?
quam non sensuro dare quadringenta caballo,
  aureus ut Scorpi nasus ubique micet?   10
o frustra locuples, o dissimulator amici,
  haec legis et laudas? quae tibi fama perit!

26

Quod alpha dixi, Corde, paenulatorum
te nuper, aliqua cum iocarer in charta,
si forte bilem movit hic tibi versus,
dicas licebit beta me togatorum.

Hermes, Zierde des Mars in allen Kampfarten,
Hermes, alles allein und dreimal einer.

Nutzloser Reichtum

»Vierhunderttausend hast du nicht, Chaerestratus, steh' auf!
Sieh, da kommt Leïtus: Los, flieh', lauf', versteck' dich!«
Ruft ihn etwa – hurra! – jemand zurück und bringt ihn zurück, wenn er weggeht?
Öffnet etwa ein Freund – hurra! – großzügig seine Geldkiste?
Wen übergebe ich in meinen Versen dem Ruhm und den Menschen, daß sie von ihm reden?
Wer lehnt es ab, vollständig zu den Wassern des Styx zu gelangen?
Ist das, ich bitte euch, nicht besser, als rote Parfümwolken über die Sitzreihen
zu versprengen und von ausgegossenem Safran zu triefen
oder als vierhunderttausend auszugeben für einen Gaul, der davon nichts merken kann,
damit golden die Nase von Scorpus überall glänzt?
O du, so nutzlos reich, o du Heuchler von Freundschaft:
Du liest diese Verse und lobst sie? Was für ein Ruhm dir entgeht!

»Number one« und »Number two«

Daß ich dich, Cordus, kürzlich »die Nummer eins unter den Trägern eleganter Reisemäntel« nannte,
als ich in einem Gedicht einige scherzhafte Bemerkungen machte –
wenn dir dieser Vers vielleicht die Galle überlaufen ließ,
dann kannst du mich ruhig »die Nummer zwei unter den Trägern der Toga« nennen.

27

Ingenium studiumque tibi moresque genusque
 sunt equitis, fateor: cetera plebis habes.
bis septena tibi non sint subsellia tanti,
 ut sedeas viso pallidus Oceano.

28

Ut bene loquatur sentiatque Mamercus,
efficere nullis, Aule, moribus possis:
pietate fratres Curvios licet vincas,
quiete Nervas, comitate Rusones,
probitate Macros, aequitate Mauricos,   5
oratione Regulos, iocis Paulos:
robiginosis cuncta dentibus rodit.
hominem malignum forsan esse tu credas:
ego esse miserum credo, cui placet nemo.

29

Si quando leporem mittis mihi, Gellia, dicis:
 'formonsus septem, Marce, diebus eris.'
si non derides, si verum, lux mea, narras,
 edisti numquam, Gellia, tu leporem.

Kein Ritterplatz im Theater

Zugegeben: Geist, literarische Bildung, Charakter und die Herkunft
eines Ritters, die hast du; das andere hast du mit dem Volk gemein.
Doch sollten dir die Plätze in den ersten vierzehn Reihen nicht so viel
    bedeuten,
daß du beim Anblick des Platzanweisers mit bleichem Gesicht dasitzt.

Ein bedauernswerter Mäkler

Daß Mamercus gut von dir redet und denkt,
das könntest du, Aulus, durch keine charakterlichen Qualitäten erreichen:
Du magst durch liebevolle Zuneigung die Brüder Curvius übertreffen,
durch Gelassenheit einen Nerva, durch Freundlichkeit einen Ruso,
durch Rechtschaffenheit einen Macer, durch Gerechtigkeitssinn einen
    Mauricus,
durch die Kunst der Rede einen Regulus, durch deinen Witz einen Paulus:
Mit seinen vom Neid zerfressenen Zähnen nagt er alles an.
Du glaubst vielleicht, er sei ein böser Mensch:
Ich glaube, bedauernswert ist, wem niemand gefällt.

Hasenbraten als Schönheitsmittel

Wenn du mir einmal einen Hasen schickst, Gellia, dann sagst du:
»Du wirst für sieben Tage schön sein, Marcus.«
Wenn du mich nicht verspotten willst, wenn du, mein Augenstern, die
    Wahrheit sagst,
dann hast du, Gellia, selber nie einen Hasen gegessen.

30

Varro, Sophocleo non infitiande cothurno
 nec minus in Calabra suspiciende lyra,
differ opus nec te facundi scaena Catulli
 detineat cultis aut elegia comis;
sed lege fumoso non aspernanda Decembri5
 carmina, mittuntur quae tibi mense suo:
commodius nisi forte tibi potiusque videtur
 Saturnalicias perdere, Varro, nuces.

31

Aspice quam placidis insultet turba iuvencis
 et sua quam facilis pondera taurus amet.
cornibus hic pendet summis, vagus ille per armos
 currit et in toto ventilat arma bove.
at feritas inmota riget: non esset harena5
 tutior et poterant fallere plana magis.
nec trepidant gestus, sed de discrimine palmae
 securus puer est sollicitumque pecus.

32

Quadrantem Crispus tabulis, Faustine, supremis
 non dedit uxori. 'cui dedit ergo?' sibi.

Meine Dezembergedichte – ein Saturnaliengeschenk an dich

Varro, unbestrittener Meister im sophokleïschen Kothurn
und nicht weniger bewundernswert im Lied zur kalabrischen Lyra,
lege dein Werk jetzt beiseite! Auch soll dich nicht die Bühne des
    eloquenten Catull
fesseln oder die Elegie mit sorgsam gepflegtem Haar,
sondern lies statt dessen Gedichte, die im rauchigen Dezember nicht zu
    verachten sind
und die ich dir gerade im passenden Monat schicke –
falls es dir nicht vielleicht bequemer und besser erscheint,
Varro, an den Saturnalien Nüsse beim Spiel zu verlieren.

Akrobaten auf Stieren – ein ungewöhnlicher Dressurakt

Schau, wie friedlich die Jungstiere sind, auf denen die Akrobatenschar
    herumspringt,
und wie willig der Stier seine Last akzeptiert!
Der hier hängt an den Hörnerspitzen, der dort läuft über die Schultern
    hin und her
und schwingt die Waffen überall auf dem Rind.
Doch trotz seiner Wildheit steht das Tier starr und regungslos: Nicht
    wäre der Sand (der Arena)
sicherer, und ebener Boden könnte eher straucheln lassen.
Nicht sind die Bewegungen fahrig, vielmehr ist beim Kampf um den Sieg
unbekümmert der Knabe – und ängstlich das Tier.

Von einem, der sich selbst beerbt

Nicht das Viertel von einem As, Faustinus, gab Crispus
in seinem Testament seiner Frau. »Wem gab er dann sein Vermögen?« –
    Sich selbst.

33

Carpere causidicus fertur mea carmina: qui sit
 nescio: si sciero, vae tibi, causidice.

34

Hanc tibi, Fronto pater, genetrix Flaccilla, puellam
 oscula commendo deliciasque meas,
parvola ne nigras horrescat Erotion umbras
 oraque Tartarei prodigiosa canis.
inpletura fuit sextae modo frigora brumae, 5
 vixisset totidem ni minus illa dies.
inter tam veteres ludat lasciva patronos
 et nomen blaeso garriat ore meum.
mollia non rigidus caespes tegat ossa nec illi,
 terra, gravis fueris: non fuit illa tibi. 10

35

Dum sibi redire de Patrensibus fundis
ducena clamat coccinatus Euclides
Corinthioque plura de suburbano
longumque pulchra stemma repetit a Leda
et suscitanti Leïto reluctatur, 5
equiti superbo, nobili, locupleti
cecidit repente magna de sinu clavis.
numquam, Fabulle, nequior fuit clavis.

Drohworte an einen Kritiker

Ein Advokat, erzählt man, kritisiert meine Gedichte. Um wen es sich handelt,
weiß ich noch nicht; doch wehe dir, Advokat, wenn ich es weiß!

Grabepigramm für Erotion

Vater Fronto und Mutter Flaccilla, euch empfehle ich dies Mädchen hier,
meine Küsse und meine Wonne.
Klein-Erotion soll nicht vor den schwarzen Schatten erschaudern müssen
und vor dem unheimlichen Maul des Höllenhundes.
Fast hätte sie die Kälte der sechsten Wintersonnenwende vollendet,
hätte sie nicht genauso viele Tage weniger gelebt.
Ausgelassen möge sie unter der Obhut so alter Beschützer spielen
und mit lispelndem Mund meinen Namen plappern.
Kein starrer Rasen bedecke ihre zarten Gebeine, und nicht sei du ihr,
Erde, schwer, sie war's ja auch dir nicht.

Ein Schlüssel verrät den falschen Ritter

Noch während Euclides in scharlachrotem Gewand laut renommierte,
von seinem Landsitz bei Patrae erwirtschafte er zweihunderttausend,
mehr noch von seinem Gut am Stadtrand von Korinth,
während er seinen langen Stammbaum von der schönen Leda herleitete
und mit dem Platzanweiser Leïtus rang, der ihn wegjagen wollte,
da fiel diesem stolzen, edlen und wohlhabenden Ritter
plötzlich ein großer Schlüssel aus dem Bausch des Gewandes:
Niemals, Fabullus, war ein Schlüssel boshafter.

36

Laudatus nostro quidam, Faustine, libello
  dissimulat, quasi nil debeat: inposuit.

37

Puella senibus dulcior mihi cycnis,
agna Galaesi mollior Phalantini,
concha Lucrini delicatior stagni,
cui nec lapillos praeferas Erythraeos
nec modo politum pecudis Indicae dentem
nivesque primas liliumque non tactum;
quae crine vicit Baetici gregis vellus
Rhenique nodos aureamque nitellam;
fragravit ore quod rosarium Paesti,
quod Atticarum prima mella cerarum,
quod sucinorum rapta de manu gleba;
cui conparatus indecens erat pavo,
inamabilis sciurus et frequens phoenix.
adhuc recenti tepet Erotion busto,
quam pessimorum lex amara fatorum
sexta peregit hieme, nec tamen tota,
nostros amores gaudiumque lususque.
et esse tristem me meus vetat Paetus,
pectusque pulsans pariter et comam vellens:
'deflere non te vernulae pudet mortem?
ego coniugem' inquit 'extuli et tamen vivo,
notam, superbam, nobilem, locupletem.'
quid esse nostro fortius potest Paeto?
ducentiens accepit et tamen vivit.

Enttäuschung über das ausbleibende Geschenk

Jemand, den ich in meinem Büchlein gelobt habe, Faustinus,
stellt sich dumm, als ob er mir nichts dafür schuldete: Hereingelegt hat er
    mich.

Erotion

Ein Mädchen, mit süßerer Stimme als die dem Tode nahen (singenden)
    Schwäne,
zarter als ein Lamm am phalantinischen Galaesus,
köstlicher als eine Muschel vom Lukrinersee,
man würde ihr nicht erythräische Perlen vorziehen,
nicht den frisch polierten Zahn des indischen Tieres,
nicht den ersten Schnee und die unberührte Lilie;
mit ihrem Haar übertraf sie das Vlies der Herde am Baetis,
die Zöpfe vom Rhein und die goldgelbe Haselmaus;
es duftete ihr Mund wie der Rosenhain von Paestum,
wie der erste Honig aus Attikas Waben,
wie ein Stück Bernstein, gerade aus der Hand genommen;
verglichen mit ihr war der Pfau nicht schön,
nicht liebenswert das Eichhörnchen und nicht einmalig der Phönix:
Erotion ist noch warm in ihrem frischen Grab,
das bittere Gesetz eines entsetzlichen Geschickes
ließ ihr Leben im sechsten Winter enden, der noch nicht einmal
    vollendet war,
sie, meine Liebe, meine Freude, meine Spielkameradin.
Und da verbietet mir mein Paetus, traurig zu sein;
er schlägt seine Brust, rauft dabei sein Haar:
»Schämst du dich nicht, den Tod einer kleinen Sklavin zu beweinen?
Ich«, sprach er, »habe meine Gattin zu Grabe getragen und lebe doch weiter,
und sie war prominent und stolz, vornehm und reich!«
Wer könnte tapferer als mein Paetus sein?
Erbte zwanzig Millionen – und lebt doch weiter!

38

Calliodorus habet censum – quis nescit? – equestrem,
 Sexte, sed et fratrem Calliodorus habet.
'quadringenta seca' qui dicit σῦκα μερίζει:
 uno credis equo posse sedere duos?
quid cum fratre tibi, quid cum Polluce molesto?
 non esset Pollux si tibi, Castor eras.
unus cum sitis, duo, Calliodore, sedebis?
 surge: σολοικισμόν, Calliodore, facis.
aut imitare genus Ledae – cum fratre sedere
 non potes –: alternis, Calliodore, sede.

39

Supremas tibi triciens in anno
signanti tabulas, Charine, misi
Hyblaeis madidas thymis placentas.
defeci: miserere iam, Charine:
signa rarius, aut semel fac illud,
mentitur tua quod subinde tussis.
excussi loculosque sacculumque:
Croeso divitior licet fuissem,
Iro pauperior forem, Charine,
si conchem totiens meam comesses.

40

Pinxisti Venerem, colis, Artemidore, Minervam:
 et miraris opus displicuisse tuum?

Vermögensteilung ergäbe zwei halbe Ritter

Calliodorus hat – wer wüßte es nicht – das Vermögen eines Ritters,
Sextus, doch Calliodorus hat auch einen Bruder.
»Teile die Vierhunderttausend!« – wer das sagt, der teilt Feigen:
Glaubst du, zwei könnten auf *einem* Pferd sitzen?
Was hast du mit deinem Bruder zu tun, was mit dem lästigen Pollux?
Hättest du den Pollux nicht, ein Kastor wärest du dann.
Obwohl ihr nur einer sein könnt, willst du, Calliodorus, zu zweit sitzen?
Steh' auf, einen grammatischen Fehler, Calliodorus, begehst du!
Oder aber mach's wie die Söhne der Leda: Zusammen mit dem Bruder
    sitzen,
das kannst du nicht: Wechsle dich im Sitzen mit ihm ab, Calliodorus!

Zu oft machtest du ein neues Testament

Dreißigmal im Jahr schickte ich dir,
weil du dein Testament ebensooft versiegeltest, Charinus,
von Hyblas Thymian-Honig triefende Kuchen.
Ich bin am Ende: Habe Mitleid jetzt, Charinus!
Entweder versiegle seltener, oder aber mach' endlich einmal das,
was dein Husten ständig vortäuscht.
Ausgeleert habe ich Kasse und Geldbeutel:
Auch wenn ich reicher als Krösus gewesen wäre,
wär' ich jetzt, Charinus, ärmer als Irus,
wenn du so oft meinen Bohneneintopf gegessen hättest.

Venus, gemalt von einem Verehrer Minervas

Venus hast du gemalt, Minerva verehrst du, Artemidorus:
Und da wunderst du dich, daß dein Werk mißfiel?

41

Spadone cum sis eviratior fluxo,
et concubino mollior Celaenaeo,
quem sectus ululat Matris entheae Gallus,
theatra loqueris et gradus et edicta
trabeasque et Idus fibulasque censusque, 5
et pumicata pauperes manu monstras.
sedere in equitum liceat an tibi scamnis
videbo, Didyme: non licet maritorum.

42

Callidus effracta nummos fur auferet arca,
    prosternet patrios impia flamma lares:
debitor usuram pariter sortemque negabit,
    non reddet sterilis semina iacta seges:
dispensatorem fallax spoliabit amica, 5
    mercibus extructas obruet unda rates.
extra fortunam est quidquid donatur amicis:
    quas dederis solas semper habebis opes.

43

Thais habet nigros, niveos Laecania dentes.
    quae ratio est? emptos haec habet, illa suos.

Vielleicht ein Ritter, aber bestimmt kein richtiger Mann

Obwohl du unmännlicher bist als ein schlaffer Kastrat
und weichlicher als der Buhlknabe von Celaenae,
den der verschnittene Priester der in Exstase versetzenden Mutter
    heulend anruft,
redest du immer nur von Theatern, von Sitzreihen und Erlassen,
von der Festtracht der Ritter, von den Iden, den Spangen und dem
    Ritterzensus
und zeigst mit deiner glattpolierten Hand auf die armen Leute.
Ob du auf Ritterbänken sitzen darfst,
das werde ich noch sehen, Didymus; auf denen für Ehemänner hast du
    nichts zu suchen.

Freundschaft – der wahre Reichtum

Ein geschickter Dieb kann deine Truhe aufbrechen und dein Geld daraus
    stehlen,
ein unbarmherziges Feuer dein väterliches Haus zerstören,
ein Schuldner den Zins samt dem Kapital abstreiten,
ein unfruchtbares Feld die ausgestreute Saat verweigern;
eine tückische Geliebte den Verwalter ausplündern,
Wellen können deine Schiffe, auf denen Waren sich stapeln, versenken.
Dem Zufall entzogen ist nur, was man Freunden schenkt:
Allein Schätze, die du gibst, wirst du für immer haben.

Schwarze Zähne, weiße Zähne

Thaïs hat schwarze, Laecania schneeweiße Zähne.
Was der Grund dafür ist? Gekaufte hat diese, jene ihre eigenen.

44

Quid factum est, rogo, quid repente factum,
ad cenam mihi, Dento, quod vocanti, —
quis credat? — quater ausus es negare?
sed nec respicis et fugis sequentem,
quem thermis modo quaerere et theatris   5
et conclavibus omnibus solebas.
sic est, captus es unctiore mensa
et maior rapuit canem culina.
iam te, sed cito, cognitum et relictum
cum fastidierit popina dives,   10
antiquae venies ad ossa cenae.

45

Dicis formonsam, dicis te, Bassa, puellam.
 istud quae non est dicere, Bassa, solet.

46

Basia dum nolo nisi quae luctantia carpsi
 et placet ira mihi plus tua quam facies,
ut te saepe rogem, caedo, Diadumene, saepe:
 consequor hoc, ut me nec timeas nec ames.

Ein abtrünniger Gast

Was ist passiert, ich bitte dich, was ist plötzlich passiert,
daß du mir, Dento, als ich dich zum Essen einlud
– wer kann's glauben? –, viermal abzusagen wagtest?
Du blickst dich nicht einmal um und fliehst auch noch vor mir, wenn ich
 dir folge,
wo du doch eben erst in Thermen und Theatern
und in allen Bedürfnisanstalten ständig meine Gesellschaft suchtest.
Das ist der Grund: Von einer fetteren Tafel bist du beeindruckt,
und eine größere Küche hat den Hund entführt.
Wenn aber bald, und das dauert nicht lange, die reichhaltige Kneipe
 deiner überdrüssig ist,
weil man dich erkannt hat und gern auf dich verzichtet,
dann wirst du zu den Knochen der früheren Tafel zurückkehren.

Selbstlob eines Mädchens

Bassa, du sagst, du seiest schön, du sagst, du seiest ein Mädchen.
Das sagt, Bassa, gewöhnlich nur eine, die es nicht ist.

Sado-masochistische Knabenliebe

Weil ich nur Küsse mag, die ich dir abringen muß,
und mir dein Zorn mehr noch als dein Gesicht gefällt,
schlage ich dich oft, Diadumenos, um dich oft bitten zu müssen.
So kommt es, daß du mich weder fürchtest noch liebst.

47

Numquam se cenasse domi Philo iurat, et hoc est:
 non cenat, quotiens nemo vocavit eum.

48

Quid non cogit amor? secuit nolente capillos
 Encolpos domino, non prohibente tamen.
permisit flevitque Pudens: sic cessit habenis
 audaci questus de Phaethonte pater:
talis raptus Hylas, talis deprensus Achilles
 deposuit gaudens, matre dolente, comas.
sed tu ne propera – brevibus ne crede capillis –
 tardaque pro tanto munere, barba, veni.

49

Vidissem modo forte cum sedentem
solum te, Labiene, tres putavi.
calvae me numerus tuae fefellit:
sunt illinc tibi, sunt et hinc capilli
quales vel puerum decere possint;
nudumst in medio caput nec ullus
in longa pilus area notatur.
hic error tibi profuit Decembri,
tunc cum prandia misit Imperator:
cum panariolis tribus redisti.
talem Geryonen fuisse credo.
vites censeo porticum Philippi:
si te viderit Hercules, peristi.

Schmarotzer-Allüren

Philo schwört, er habe niemals zu Hause gespeist, und das stimmt auch:
Er speist nicht, wenn niemand ihn eingeladen hat.

Lockenopfer

Wozu zwingt nicht die Liebe? Die Haare schnitt sich Encolpos ab
gegen den Willen seines Herrn, aber nicht gegen dessen Verbot.
Pudens erlaubte es mit Tränen: So überließ der Vater,
trotz seiner Klagen über den tollkühnen Wunsch, Phaëthon die Zügel.
So legte Hylas, nachdem er geraubt, so Achilleus, nachdem er entdeckt war,
frohgemut und, obwohl die Mutter trauerte, die Locken ab.
Doch beeile du dich nicht – verlaß dich nicht auf dein kurzes Haar! –
und als Dank für eine so große Gabe komme du, Bart, erst spät!

Ein Kahlkopf mit Appetit für drei

Als ich dich eben so da sitzen sah,
dich ganz allein, da meinte ich, Labienus, es seien drei.
Deine Glatze hat mich zahlenmäßig getäuscht:
Hier hast du Haare, und da hast du Haare,
wie sie wohl zu einem Knaben passen könnten.
Doch nackt ist in der Mitte der Kopf, und kein einziges
Haar ist auf weitem Gelände feststellbar.
Die gleiche optische Täuschung hat dir im Dezember genützt,
damals, als der Kaiser die Leute bewirtete:
Mit drei Brotkörbchen hast du dich auf den Heimweg gemacht.
So war Geryones, glaub' ich, einst beschaffen.
Meide, rat' ich dir, die Halle des Philippus:
Wenn dich Herkules sieht, bist du verloren.

50

Ceno domi quotiens, nisi te, Charopine, vocavi,
　protinus ingentes sunt inimicitiae,
meque potes stricto medium transfigere ferro,
　si nostrum sine te scis caluisse focum.
nec semel ergo mihi furtum fecisse licebit?
　inprobius nihil est hac, Charopine, gula.
desine iam nostram, precor, observare culinam,
　atque aliquando meus det tibi verba cocus.

51

Hic, qui libellis praegravem gerit laevam,
notariorum quem premit chorus levis,
qui codicillis hinc et inde prolatis
epistolisque commodat gravem voltum
similis Catoni Tullioque Brutoque,
exprimere, Rufe, fidiculae licet cogant,
have Latinum, χαῖρε non potest Graecum.
si fingere istud me putas, salutemus.

52

Quae mihi praestiteris memini semperque tenebo.
　cur igitur taceo, Postume? tu loqueris.
incipio quotiens alicui tua dona referre,
　protinus exclamat 'dixerat ipse mihi.'
non belle quaedam faciunt duo: sufficit unus
　huic operi: si vis ut loquar, ipse tace.
crede mihi, quamvis ingentia, Postume, dona
　auctoris pereunt garrulitate sui.

Bewußte Nicht-Einladung eines penetranten Gastes

Sooft ich zu Hause speise, ohne dich eingeladen zu haben, Charopinus,
gibt es sofort riesige Feindschaft,
und du könntest mich mit gezücktem Schwert völlig durchbohren,
wenn du erfährst, daß mein Herd ohne deine Anwesenheit warm wurde.
Darf ich dich denn nicht wenigstens einmal hintergehen?
Nichts ist ärgerlicher, Charopinus, als dein gefräßiges Maul.
Hör' schon auf, ich bitte dich, meine Küche zu überwachen,
und bisweilen soll dich mein Koch beschwindeln dürfen!

Arroganter Anwalt

Der hier den linken Arm voll Bücher trägt,
den der bartlose Chor der Stenographen umdrängt,
der bei von hier, von da gereichten Notizbüchern
und Briefen eine entsprechend würdige Miene aufsetzt,
einem Cato, Tullius oder Brutus gleich,
kann, Rufus, auch wenn die Folter ihn zwänge,
nicht auf lateinisch »have«, auf griechisch χαῖρε sagen.
Wenn du glaubst, ich erfinde das, dann wollen wir ihn grüßen.

Diskretion beim Schenken angebracht

Was du für mich geleistet hast, weiß ich, und ich werde es nie vergessen.
Weshalb schweige ich also, Postumus? Du redest ja davon!
Sooft ich ansetze, jemandem von deinen Geschenken zu berichten,
ruft er sofort: »Das hat er mir selbst schon gesagt.«
Nicht schön ist es manchmal, tun zwei dasselbe; einer genügt
für diese Aufgabe. Wenn du willst, daß ich rede, dann schweige selbst!
Glaube mir, Postumus, auch die großartigsten Geschenke
überleben nicht die Geschwätzigkeit ihres Spenders.

53

Colchida quid scribis, quid scribis, amice, Thyesten?
   quo tibi vel Nioben, Basse, vel Andromachen?
materia est, mihi crede, tuis aptissima chartis
   Deucalion vel, si non placet hic, Phaethon.

54

Extemporalis factus est meus rhetor:
Calpurnium non scripsit, et salutavit.

55

Dic mihi, quem portas, volucrum regina? 'Tonantem.'
   nulla manu quare fulmina gestat? 'amat.'
quo calet igne deus? 'pueri.' cur mitis aperto
   respicis ore Iovem? 'de Ganymede loquor.'

56

Cui tradas, Lupe, filium magistro
quaeris sollicitus diu rogasque.
omnes grammaticosque rhetorasque
devites moneo: nihil sit illi
cum libris Ciceronis aut Maronis,   5
famae Tutilium suae relinquat;
si versus facit, abdices poetam.
artes discere vult pecuniosas?

Ins Wasser oder ins Feuer mit deinen Werken!

Wieso schreibst du von der Kolchierin, wieso schreibst du von Thyestes,
　　Freund?
Was fängst du, Bassus, mit Niobe, was mit Andromache an?
Für deine Papiere, glaub' mir, ist der am besten geeignete Stoff
Deukalion, oder, falls der dir nicht gefällt, Phaëthon.

Leichte Verbesserung des Namensgedächtnisses

Extemporieren hat mein Rhetor gelernt!
»Calpurnius« notierte er sich nicht und begrüßte ihn dennoch mit Namen.

Auf ein Bild des von seinem Adler getragenen Jupiter

Sage mir, wen trägst du da, König der Vögel? »Den Donnerer.«
Warum hält er keine Blitze in der Hand? »Er ist verliebt.«
Für wen erglüht der Gott? »Für einen Knaben«. Doch wieso blickst du
　　sanft,
mit offenem Schnabel, zu Jupiter zurück? »Von Ganymed spreche ich.«

Karriere-Empfehlung

Welchem Lehrer du deinen Sohn übergeben sollst, Lupus,
forschst und fragst du besorgt schon lange.
Die Grammatiker und Rhetoren sollst du alle
meiden, rat' ich dir; nichts habe er zu schaffen
mit den Büchern Ciceros oder Maros;
den Tutilius überlaß' er seinem Ruhm;
macht er Verse, dann enterbe den Dichter.
Will er Künste lernen, die Geld einbringen?

fac discat citharoedus aut choraules;
si duri puer ingeni videtur,
praeconem facias vel architectum.

57

Cum voco te dominum, noli tibi, Cinna, placere:
    saepe etiam servum sic resaluto tuum.

58

Cras te victurum, cras dicis, Postume, semper.
    dic mihi, cras istud, Postume, quando venit?
quam longe cras istud, ubi est? aut unde petendum?
    numquid apud Parthos Armeniosque latet?
iam cras istud habet Priami vel Nestoris annos.
    cras istud quanti, dic mihi, posset emi?
cras vives? hodie iam vivere, Postume, serum est:
    ille sapit quisquis, Postume, vixit heri.

59

Quod non argentum, quod non tibi mittimus aurum,
    hoc facimus causa, Stella diserte, tua.
quisquis magna dedit, voluit sibi magna remitti;
    fictilibus nostris exoneratus eris.

Dann laß ihn Lyraspieler werden oder Flötist;
scheint der Junge aber schwerfällig zu sein,
dann mach' ihn zum Auktionator oder Architekten!

Wenn ich dich »Herr« nenne, heißt das noch nicht viel

Wenn ich dich »Herr« anrede, dann bilde dir, Cinna, darauf nichts ein!
Oft erwidere ich so auch den Gruß deines Sklaven.

Carpe diem!

Morgen werdest du leben, sagst du, Postumus, immer.
Sag' mir: dieses ›morgen‹, Postumus, wann kommt es?
Wie weit ist dieses ›morgen‹ entfernt, wo ist es? Woher soll man es holen?
Es hat sich doch wohl nicht bei Parthern und Armeniern versteckt?
Schon hat dieses ›morgen‹ die Jahre von Priamos oder Nestor.
Dieses ›morgen‹: um welchen Preis, sag' mir, kann man es kaufen?
Morgen willst du leben? Heute zu leben, Postumus, ist schon zu spät.
Der ist weise, Postumus, der bereits gestern lebte!

Bescheidene Geschenke

Wenn ich dir kein Geschirr aus Silber, wenn ich dir keines aus Gold
        schicke,
dann tue ich das, redegewandter Stella, dir zuliebe.
Wer große Geschenke macht, will auch große bekommen;
mit meiner Töpferware wirst du entlastet sein.

60

Adlatres licet usque nos et usque
et gannitibus inprobis lacessas,
certum est hanc tibi pernegare famam,
olim quam petis, in meis libellis
qualiscumque legaris ut per orbem. 5
nam te cur aliquis sciat fuisse?
ignotus pereas, miser, necesse est.
non derunt tamen hac in urbe forsan
unus vel duo tresve quattuorve,
pellem rodere qui velint caninam: 10
nos hac a scabie tenemus ungues.

61

Crispulus iste quis est, uxori semper adhaeret
    qui, Mariane, tuae? crispulus iste quis est?
nescio quid dominae teneram qui garrit in aurem
    et sellam cubito dexteriore premit?
per cuius digitos currit levis anulus omnis, 5
    crura gerit nullo qui violata pilo?
nil mihi respondes? 'uxoris res agit' inquis
    'iste meae.' sane certus et asper homo est,
procuratorem voltu qui praeferat ipso:
    acrior hoc Chius non erit Aufidius. 10
o quam dignus eras alapis, Mariane, Latini:
    te successurum credo ego Panniculo.
res uxoris agit? res ullas crispulus iste?
    res non uxoris, res agit iste tuas.

Zur Strafe für deine Beleidigungen schweig ich dich tot

Magst du mich auch wieder und wieder ankläffen
und mit deinem aufdringlichen Belfern provozieren,
so bin ich doch entschlossen, dir den Ruhm zu verweigern,
den du schon lange begehrst: daß man in meinen Büchlein
überall in der Welt – ob so oder so – von dir lese.
Denn weshalb sollte jemand wissen, daß du jemals existiert hast?
Anonym mußt du Elender verschwinden.
Doch wird's vielleicht in dieser Stadt
ein oder zwei, auch drei oder vier Leute geben,
die das Hundefell benagen möchten:
Ich selbst werde meine Nägel von dieser Räude fernhalten.

»Er besorgt die Geschäfte meiner Frau«

Wer ist dieser Kraushaarige, der ständig an deiner Frau
hängt, Marianus? Wer ist dieser Kraushaarige,
der irgend etwas der Herrin in ihr empfindsames Ohr schwätzt
und sich mit dem rechten Arm auf ihren Sessel stützt,
über dessen sämtliche Finger ein leichter Ring läuft,
dessen Beine kein einziges Haar entstellt?
Nichts antwortest du mir darauf? »Er besorgt die Geschäfte meiner
    Frau«, sagst du.
Sicher ist er ein verläßlicher, barscher Mann,
der allein schon durch seine Miene den Vermögensverwalter zur Schau
    stellt:
Energischer als der wird auch Aufidius von Chios nicht sein.
O wie sehr verdientest du, Marianus, die Ohrfeigen des Mimen Latinus:
Du wirst, glaub' ich, der Nachfolger von Panniculus sein.
Die Geschäfte deiner Frau besorgt er? – Geschäfte und dieser
    Kraushaarige?
Nicht die Geschäfte deiner Frau besorgt er, sondern dein eignes Geschäft.

62

Iure tuo nostris maneas licet hospes in hortis,
    si potes in nudo ponere membra solo,
aut si portatur tecum tibi magna supellex:
    nam mea iam digitum sustulit hospitibus.
nulla tegit fractos – nec inanis – culcita lectos,
    putris et abrupta fascia reste iacet.
sit tamen hospitium nobis commune duobus:
    emi hortos; plus est: instrue tu; minus est.

63

'Quid sentis' inquis 'de nostris, Marce, libellis?'
    sic me sollicitus, Pontice, saepe rogas.
admiror, stupeo: nihil est perfectius illis,
    ipse tuo cedet Regulus ingenio.
'hoc sentis?' inquis 'faciat tibi sic bene Caesar,
    sic Capitolinus Iuppiter.' immo tibi.

64

Sextantes, Calliste, duos infunde Falerni,
    tu super aestivas, Alcime, solve nives,
pinguescat nimio madidus mihi crinis amomo
    lassenturque rosis tempora sutilibus.
tam vicina iubent nos vivere Mausolea,
    cum doceant ipsos posse perire deos.

Bitte an einen Gast, den Hausrat selber mitzubringen

Ganz nach deinem Belieben magst du als Gast in meinen Gärten verweilen,
wenn du deine Glieder auf nacktem Boden ausstrecken kannst
oder wenn du eine große Menge Hausrat mitbringst,
denn meiner bat schon längst durch Heben der Hand die Gäste um Gnade.
Keine Matratze – auch keine leere – bedeckt die zerbrochene Bettstatt,
verrottet und mit abgerissener Schnur liegt der Bettgurt am Boden.
Dennoch sei das Quartier uns beiden gemeinsam:
Ich habe die Gärten gekauft: das ist mehr! Statte du sie aus: das ist weniger.

Unechte Bewunderung eines Literaten

»Marcus«, sagst du, »was denkst du von meinen Büchlein?«
So fragst du mich, Ponticus, oftmals besorgt.
Ich bewundere sie, bin fasziniert; nichts Vollkommeneres gibt es als sie,
selbst Regulus muß hinter deinem Genie zurückstehen.
»Denkst du das wirklich?« sagst du, »dann sei dir Caesar gnädig,
dann sei es der kapitolinische Jupiter!« – O nein, lieber dir!

Lebensgenuß und Todesgewißheit

Zwei Becher Falerner gieße ein, Callistus,
und du, Alcimus, löse für den Sommer aufgehobenen Schnee darin auf,
fett glänze mein Haar, triefend von des Balsams Fülle,
und die Schläfen mögen unter dem Gewicht der aus Rosen gewundenen Kränze ermüden.
Zu leben mahnen uns die Mausoleen ganz in der Nähe,
da sie uns belehren, daß selbst Götter sterben können.

65

Astra polumque dedit, quamvis obstante noverca,
    Alcidae Nemees terror et Arcas aper
et castigatum Libycae ceroma palaestrae
    et gravis in Siculo pulvere fusus Eryx,
silvarumque tremor, tacita qui fraude solebat   5
    ducere non rectas Cacus in antra boves.
ista tuae, Caesar, quota pars spectatur harenae!
    dat maiora novus proelia mane dies.
quot graviora cadunt Nemeaeo pondera monstro!
    quot tua Maenalios conlocat hasta sues!   10
reddatur si pugna triplex pastoris Hiberi,
    est tibi qui possit vincere Geryonen.
saepe licet Graiae numeretur belua Lernae,
    inproba Niliacis quid facit Hydra feris?
pro meritis caelum tantis, Auguste, dederunt   15
    Alcidae cito di, sed tibi sero dabunt.

66

Saepe salutatus numquam prior ipse salutas:
    sic eris 'aeternum', Pontiliane, 'vale'.

Grandioser als die Taten des Herkules

Den gestirnten Himmel verliehen dem Alkiden, obwohl die Stiefmutter
  es zu verhindern suchte,
der Schrecken Nemeas und der arkadische Eber,
die Bestrafung des Ringers auf dem libyschen Kampfplatz,
der gewaltige Eryx, niedergestreckt im Staube Siziliens,
und Cacus, der Schrecken der Wälder, der in heimlichem Betrug
die Rinder rückwärts in seine Höhle zu schleppen pflegte.
Doch welch kleiner Teil nur, Caesar, ist das von dem, was in deiner
  Arena gezeigt wird!
Größere Kämpfe beschert schon frühmorgens der neue Tag.
Wie viele Ungetüme, massiger als das von Nemea, fallen da!
Wie viele Mänalische Eber bringt deine Lanze zur Strecke!
Wenn der dreifache Kampf mit dem spanischen Hirten wiederum
  stattfinden sollte,
dann hast du auch den Mann dazu, der den Geryones besiegen könnte.
Mag man auch das Untier des griechischen Lerna immer wieder zählen
  müssen:
Was stellt die schlimme Hydra dar im Vergleich mit den Geschöpfen
  vom Nil?
Für solche Verdienste haben, Augustus, die Götter den Himmel
früh dem Alkiden verliehen; doch dir werden sie erst spät ihn verleihen.

Ein für allemal: Leb' wohl!

Oft habe ich dich gegrüßt, du selbst grüßt niemals als erster:
So wirst du, Pontilianus, für mich ein »Lebe-wohl-für-immer« sein.

67

Hibernos peterent solito cum more recessus
 Atthides, in nidis una remansit avis.
deprendere nefas ad tempora verna reversae
 et profugam volucres diripuere suae.
sero dedit poenas: discerpi noxia mater   5
 debuerat, sed tunc cum laceravit Ityn.

68

Arctoa de gente comam tibi, Lesbia, misi,
 ut scires quanto sit tua flava magis.

69

Antoni, Phario nihil obiecture Pothino
 et levius tabula quam Cicerone nocens:
quid gladium demens Romana stringis in ora?
 hoc admisisset nec Catilina nefas.
impius infando miles corrumpitur auro,   5
 et tantis opibus vox tacet una tibi.
quid prosunt sacrae pretiosa silentia linguae?
 incipient omnes pro Cicerone loqui.

Tod einer Schwalbe als späte mythische Bestrafung

Als die attischen Vögel in gewohnter Weise zu ihren Winterquartieren
    strebten,
blieb eine einzige Schwalbe im Nest zurück.
Die andern entdeckten den Frevel bei der Rückkehr im Frühling,
und die eigenen Artgenossen zerrissen den abtrünnigen Vogel.
Spät erst traf ihn die Strafe: Zerstückelt zu werden, das hätte die
    schuldige Mutter
verdient, doch damals, als sie den Itys zerriß.

Bei Übersendung einer blonden Perücke

Haar von einem Volk aus dem Norden habe ich dir geschickt, Lesbia,
damit du weißt, wieviel blonder deins ist.

Ciceros Ermordung, das Kapitalverbrechen des Antonius

Antonius, du hast keinen Grund, den pharischen Pothinus zu tadeln,
und weniger schuldig machtest du dich durch die Proskriptionslisten als
    durch den Mord an Cicero.
Was zückst du Rasender das Schwert gegen den Mund von Rom?
So eine Freveltat hätte nicht einmal Catilina begangen!
Ein ehrloser Soldat ließ sich vom verfluchten Golde bestechen:
So viel Geld mußtest du aufwenden, damit eine einzige Stimme
    verstummt.
Doch was nützt dir das teuer erkaufte Schweigen der heiligen Zunge?
Alle werden anfangen, für Cicero das Wort zu ergreifen.

70

Infusum sibi nuper a patrono
plenum, Maxime, centiens Syriscus
in sellariolis vagus popinis
circa balnea quattuor peregit.
o quanta est gula, centiens comesse!
quanto maior adhuc, nec accubare!

71

Umida qua gelidas summittit Trebula valles
    et viridis cancri mensibus alget ager,
rura Cleonaeo numquam temerata leone
    et domus Aeolio semper amica Noto
te, Faustine, vocant: longas his exige messes
    collibus; hibernum iam tibi Tibur erit.

72

Qui potuit Bacchi matrem dixisse Tonantem,
    ille potest Semelen dicere, Rufe, patrem.

73

Non donem tibi cur meos libellos
oranti totiens et exigenti
miraris, Theodore? magna causa est:
dones tu mihi ne tuos libellos.

Von einem Freigelassenen, der ein Vermögen verfraß

Die über ihn kürzlich von seinem Patron ausgeschütteten
vollen zehn Millionen, Maximus, hat Syriscus
in Garküchen, wo man auf Stühlen sitzt, herumbummelnd,
im Umkreis von vier Thermen durchgebracht.
Wie groß muß ein Schlund sein, um zehn Millionen zu verfressen!
Wieviel größer noch, dabei nicht einmal zu Tisch zu liegen!

Trebula im Sommer so kühl wie Tibur im Winter

Wo das feuchte Trebula über kühle Täler ragt
und die grüne Flur in den Monaten unter dem Krebs friert,
dorthin rufen dich, Faustinus, der Landsitz, den der Löwe von Cleonae
    niemals versehrt hat,
und das dem äolischen Notus stets freundlich zugewandte Haus.
Die langen Erntemonate verbringe auf diesen Hügeln:
Für einen Winteraufenthalt wird dir dann Tibur tauglich erscheinen.

Mutter Zeus und Vater Semele

Wer den Donnerer als Mutter des Bacchus bezeichnen konnte,
der kann genausogut Semele seinen Vater nennen, Rufus.

Weigerung, die eigenen Bücher zu verschenken

Warum ich dir meine Büchlein nicht schenke,
obwohl du doch so oft darum bittest und es nachgerade verlangst,
darüber wunderst du dich, Theodorus? Der Grund ist gewichtig:
Damit du mir nicht deine Büchlein schenkst.

74

Pompeios iuvenes Asia atque Europa, sed ipsum
 terra tegit Libyes, si tamen ulla tegit.
quid mirum toto si spargitur orbe? iacere
 uno non poterat tanta ruina loco.

75

Quae legis causa nupsit tibi Laelia, Quinte,
 uxorem potes hanc dicere legitimam.

76

Profecit poto Mithridates saepe veneno
 toxica ne possent saeva nocere sibi.
tu quoque cavisti cenando tam male semper
 ne posses umquam, Cinna, perire fame.

77

Narratur belle quidam dixisse, Marulle,
 qui te ferre oleum dixit in auricula.

78

Si tristi domicenio laboras,
Torani, potes esurire mecum.
non derunt tibi, si soles προπίνειν,
viles Cappadocae gravesque porri,

Pompejus und seine Söhne

Asien und Europa bedecken die Söhne des Pompejus,
aber ihn selbst die libysche Erde, wenn überhaupt Erde ihn bedeckt.
Ist es ein Wunder, wenn er in der ganzen Welt verstreut ist?
So gewaltige Trümmer konnten nicht Ruhe finden an einem Ort.

Legitimierung eines ehebrecherischen Verhältnisses

Laelia, die dich ›des Gesetzes wegen‹ heiratete, Quintus,
kannst du jetzt deine ›legitime Gattin‹ nennen.

Gewöhnung ist alles

Mithridates erreichte, indem er häufig Gift trank,
daß ihm starke toxische Mixturen nicht schaden konnten.
So hast auch du, indem du immer so kümmerlich speist,
dafür gesorgt, Cinna, daß du niemals Hungers sterben kannst.

Allzu ›geneigtes Ohr‹

Jemand soll eine hübsche Bemerkung gemacht haben, Marullus:
Er sagte, du habest Öl im Ohr.

Einladung zu einem bescheidenen Mahl bei mir

Wenn du dich bei dir zu Hause mit einem trostlosen Essen quälst,
Toranius, dann kannst du auch hungern bei mir.
Nicht wirst du, wenn du gern zuvor etwas trinkst,
dabei wohlfeilen kappadokischen Lattichsalat und kräftig duftenden
      Porree vermissen,

divisis cybium latebit ovis.
ponetur digitis tenendus ustis
nigra coliculus virens patella,
algentem modo qui reliquit hortum,
et pultem niveam premens botellus,
et pallens faba cum rubente lardo.
mensae munera si voles secundae,
marcentes tibi porrigentur uvae
et nomen pira quae ferunt Syrorum,
et quas docta Neapolis creavit,
lento castaneae vapore tostae:
vinum tu facies bonum bibendo.
post haec omnia forte si movebit
Bacchus quam solet esuritionem,
succurrent tibi nobiles olivae,
Piceni modo quas tulere rami,
et fervens cicer et tepens lupinus.
parva est cenula, – quis potest negare? –
sed finges nihil audiesve fictum
et voltu placidus tuo recumbes;
nec crassum dominus leget volumen,
nec de Gadibus inprobis puellae
vibrabunt sine fine prurientes
lascivos docili tremore lumbos;
sed quod nec grave sit nec infacetum,
parvi tibia Condyli sonabit.
haec est cenula. Claudiam sequeris.
quam nobis cupis esse tu priorem?

Thunfisch-Haché versteckt sich unter halbierten Eiern.
Man setzt dir vor – und man hält's in Fingern, die sich dabei verbrennen –
grünen Kohl auf schwarzer Schüssel,
der gerade erst den frostigen Garten verließ,
ein Würstchen, das sich im schneeweißen Brei eindrückt,
und helle Bohnen mit rötlichem Speck.
Wenn du dann die Zugaben des Nachtisches willst,
wird man dir schrumpelige Trauben reichen,
Birnen, die den Namen »Syrer« tragen,
und Kastanien, langsam im Dampf geröstet,
die das gelehrte Neapel hervorbrachte.
Den Wein wirst du dadurch qualifizieren, daß du ihn trinkst.
Wenn nach all dem Bacchus wie gewohnt
vielleicht den Appetit anregt,
dann leisten dir edle Oliven gute Dienste,
die eben noch picenische Äste trugen,
heiße Kichererbsen und lauwarme Wolfsbohnen.
Bescheiden ist mein Mahl – wer kann es leugnen? –,
doch brauchst du nichts vorzulügen oder dir Erlogenes anzuhören
und liegst gemütlich mit deinem eigenen Gesicht zu Tische;
weder wird der Hausherr einen dicken Wälzer vorlesen,
noch werden Mädchen aus dem verruchten Gades,
während sie endlos aufgeilen,
die lasziven Hüften in kundigem Zittern kreisen lassen.
Doch was weder lästig noch reizlos sein dürfte:
Die Flöte des kleinen Condylus wird ertönen.
Das ist mein bescheidenes Mahl. Du wirst neben Claudia Platz nehmen:
Welches Mädchen deiner Wahl soll dann oberhalb von mir zu Tische
    liegen?

79

Undecies una surrexti, Zoile, cena,
 et mutata tibi est synthesis undecies,
sudor inhaereret madida ne veste retentus
 et laxam tenuis laederet aura cutem.
quare ego non sudo, qui tecum, Zoile, ceno?
 frigus enim magnum synthesis una facit.

80

Non totam mihi, si vacabis, horam
dones et licet inputes, Severe,
dum nostras legis exigisque nugas.
'durum est perdere ferias': rogamus
iacturam patiaris hanc ferasque.
quod si legeris ista cum diserto
– sed numquid sumus inprobi? – Secundo,
plus multo tibi debiturus hic est
quam debet domino suo libellus.
nam securus erit, nec inquieta
lassi marmora Sisyphi videbit,
quem censoria cum meo Severo
docti lima momorderit Secundi.

81

Semper pauper eris, si pauper es, Aemiliane.
 dantur opes nullis nunc nisi divitibus.

Ständiger Kleiderwechsel eines Gecken

Elfmal, Zoïlus, bist du während eines einzigen Essens aufgestanden,
und elfmal hast du das Hausgewand gewechselt,
damit ja nicht der Schweiß, der sich in dem feuchten Gewand festsetzt,
    an dir hafte
und ein leichter Luftzug der schlaffen Haut schade.
Weshalb ich beim Dinieren mit dir nicht schwitze, Zoïlus?
Du siehst ja: ein einziges Hausgewand produziert große Kälte.

Bitte um Prüfung des Buches

Keine ganze Stunde brauchst du mir, wenn du Zeit hast, zu schenken,
– und du darfst sie mir, Severus, auch noch in Rechnung stellen –
während du meine poetischen Nichtigkeiten liest und überprüfst.
»Hart ist es, freie Tage zu vertun«. – Ich bitte dich darum,
diesen Verlust mit Geduld zu ertragen.
Wenn du das aber auch noch gemeinsam
– bin ich da etwa unverschämt? – mit dem sprachgewandten Secundus
    liest,
dann wird dir das Büchlein viel mehr noch verdanken,
als es schon seinem Herrn verdankt.
Denn so kann es unbesorgt sein, sieht nicht den rastlosen
Marmorblock des erschöpften Sisyphus vor sich,
wenn, gemeinsam mit meinem Severus,
der gelehrte Secundus kritisch daran feilt.

Die Armen bleiben arm, die Reichen werden reicher

Immer wirst du arm bleiben, wenn du arm bist, Aemilianus.
Heutzutage wird der Reichtum nur noch an die Wohlhabenden vergeben.

82

Quid promittebas mihi milia, Gaure, ducenta,
  si dare non poteras milia, Gaure, decem?
an potes et non vis? rogo, non est turpius istud?
  i, tibi dispereas, Gaure: pusillus homo es.

83

Insequeris, fugio; fugis, insequor; haec mihi mens est:
  velle tuum nolo, Dindyme, nolle volo.

84

Iam tristis nucibus puer relictis
clamoso revocatur a magistro,
et blando male proditus fritillo,
arcana modo raptus e popina,
aedilem rogat udus aleator. 5
Saturnalia transiere tota,
nec munuscula parva nec minora
misisti mihi, Galla, quam solebas.
sane sic abeat meus December:
scis certe, puto, vestra iam venire 10
Saturnalia, Martias Kalendas;
tunc reddam tibi, Galla, quod dedisti.

Ein mickriger Gönner, der viel verspricht

Weshalb versprachst du mir, Gaurus, zweihunderttausend,
wenn du mir, Gaurus, keine zehntausend geben konntest?
Kannst du vielleicht und willst nicht? Ich frage dich: Ist das nicht
    schändlicher noch?
Verschwinde und und geh' an dir selbst zugrunde, Gaurus: Ein
    kleinlicher Mensch bist du!

Sei spröde, nur dann kann ich dich begehren

Folgst du mir, so fliehe ich; fliehst du, so folge ich dir; das ist meine
    Einstellung:
Dein »Ich will« will ich nicht, Dindymus, dein »Ich will nicht« will ich!

Wie du mir (an den Saturnalien), so ich dir (an den Matronalien)

Schon muß der Knabe traurig von den Nüssen lassen,
wird vom brüllenden Lehrer zurückgerufen;
vom lockenden Würfelspiel böse reingelegt,
bittet, gerade aus versteckter Kneipe abgeführt,
der betrunkene Spieler den Ädil um Gnade.
Die Saturnalien sind jetzt ganz vorüber,
und keine kleinen Geschenke, nicht mal kleinere noch
als sonst, hast du mir geschickt, Galla.
Nun gut, so mag denn mein Dezember vergehen:
Sicherlich weißt du, so denk' ich doch, daß bald euer
Saturnalien-Fest kommt, die Mars-Kalenden;
dann erhältst du, Galla, von mir zurück, was du gegeben hast.

LIBER SEXTUS

1

Sextus mittitur hic tibi libellus,
in primis mihi care Martialis:
quem si terseris aure diligenti,
audebit minus anxius tremensque
magnas Caesaris in manus venire. 5

2

Lusus erat sacrae conubia fallere taedae,
　lusus et inmeritos execuisse mares.
utraque tu prohibes, Caesar, populisque futuris
　succurris, nasci quos sine fraude iubes.
nec spado iam nec moechus erit te praeside quisquam: 5
　at prius – o mores! – et spado moechus erat.

3

Nascere Dardanio promissum nomen Iulo,
　vera deum suboles; nascere, magne puer,
cui pater aeternas post saecula tradat habenas,
　quique regas orbem cum seniore senex.

SECHSTES BUCH

Bitte um Durchsicht des sechsten Buches

Hiermit wird dir das sechste Büchlein zugeschickt,
mein Martialis, der mir lieb vor allen andern ist:
Hast du an ihm noch sorgfältig Verbesserungen vorgenommen,
wird es mit weniger Angst und Bangen riskieren,
in die machtvollen Hände des Caesar zu gelangen.

Domitians Ehegesetzgebung und Kastrationsverbot

Ein Spiel machte man sich daraus, die Ehe zu brechen, die durch die
    Brautfackel geheiligt war,
ein Spiel auch, unschuldige männliche Wesen zu kastrieren.
Beides verbietest du, Caesar, und stehst künftigen Generationen bei,
forderst, daß sie geboren werden, ohne daß man sich an ihnen vergehe;
keinen Eunuchen, keinen Ehebrecher wird's mehr unter deinem
    Regiment geben,
doch früher – welche Sitten! – war Ehebrecher sogar der Eunuch.

Zur bevorstehenden Geburt eines Prinzen

O komme zur Welt jetzt, du Held, verheißen dem dardanischen Julus,
du wirkliches Götterkind, komme zur Welt, holder Knabe,
dem der Vater nach Generationen die ewigen Zügel (des Reichs)
    übergeben
und der als alter Mann noch an der Seite des Älteren den Erdkreis
    regieren möge.

ipsa tibi niveo trahet aurea pollice fila
   et totam Phrixi Iulia nebit ovem.

4

Censor maxime principumque princeps,
cum tot iam tibi debeat triumphos,
tot nascentia templa, tot renata,
tot spectacula, tot deos, tot urbes:
plus debet tibi Roma quod pudica est.

5

Rustica mercatus multis sum praedia nummis:
   mutua des centum, Caeciliane, rogo.
nil mihi respondes? tacitum te dicere credo
   'non reddes': ideo, Caeciliane, rogo.

6

Comoedi tres sunt, sed amat tua Paula, Luperce,
   quattuor: et κωφὸν Paula πρόσωπον amat.

7

Iulia lex populis ex quo, Faustine, renata est
   atque intrare domos iussa Pudicitia est,

Julia selber wird dir mit dem schneeweißen Finger die goldenen Fäden
    ziehen
und des Phrixos ganzes Vlies verweben.

Domitians Ehegesetzgebung

Höchster Richter der Sitten, der Fürsten Fürst,
obwohl dir Rom schon so viele Triumphe verdankt,
so viele neu entstehende Tempel, so viele wieder aufgebaute,
so viele Schauspiele, so viele Götter und Städte,
verdankt es dir mehr noch: daß es gesittet ist.

Arglistige Bitte um Geld

Ein ländliches Gut habe ich mir für viel Geld gekauft:
Leih' mir doch bitte hunderttausend, Caecilianus!
Du erwiderst mir nichts? Im stillen, glaube ich, sagst du:
»Du gibst es ja doch nicht zurück.« – Deswegen bitt' ich dich ja,
    Caecilianus!

Paula liebt auch das stumme Gesicht …

Drei Komödien-Schauspieler gibt es, doch deine Paula, Lupercus, liebt
vier: Paula liebt auch das stumme Gesicht.

Heirat am laufenden Band

Seit das Julische Gesetz für die Menschen wieder gilt, Faustinus,
und die Keuschheit aufgefordert ist, die Häuser zu betreten,

aut minus aut certe non plus tricesima lux est,
  et nubit decimo iam Telesilla viro.
quae nubit totiens, non nubit: adultera lege est.
  offendor moecha simpliciore minus.

8

Praetores duo, quattuor tribuni,
septem causidici, decem poetae
cuiusdam modo nuptias petebant
a quodam sene. non moratus ille
praeconi dedit Eulogo puellam.
dic, numquid fatue, Severe, fecit?

9

In Pompeiano dormis, Laevine, theatro:
  et quereris si te suscitat Oceanus?

10

Pauca Iovem nuper cum milia forte rogarem,
  'ille dabit' dixit 'qui mihi templa dedit.'
templa quidem dedit ille Iovi, sed milia nobis
  nulla dedit: pudet, ah, pauca rogasse Iovem.
at quam non tetricus, quam nulla nubilus ira,
  quam placido nostras legerat ore preces!
talis supplicibus tribuit diademata Dacis
  et Capitolinas itque reditque vias.

sind es dreißig Tage: eher weniger, und bestimmt nicht mehr,
und Telesilla heiratet bereits den zehnten Mann.
Eine Frau, die so oft heiratet, heiratet nicht, sie betrügt nur legal.
Weniger stößt mich eine ab, die aufrichtiger die Ehe bricht.

Auktionator – eine gute Partie für ein Mädchen?

Zwei Prätoren, vier Tribunen,
sieben Advokaten, zehn Poeten
wollten kürzlich die Tochter eines älteren Herrn heiraten.
Der gab unverzüglich
das Mädchen dem Auktinonator Eulogus.
Sag', hat er etwa dumm gehandelt, Severus?

Im Theater aufgeweckt oder aufgescheucht?

Im Pompejus-Theater schläfst du, Laevinus:
Und dann beklagst du dich, wenn dich der Ordner aufscheucht?

Zuversicht, vom Kaiser doch noch den erbetenen Geldbetrag zu bekommen

Als ich Jupiter kürzlich um nur wenige Tausender bat,
sagte er: »Jener gibt sie bestimmt, der mir die Tempel gegeben hat.«
Tempel gab jener dem Jupiter zwar, doch Tausender
gab er mir keine. Wie schäme ich mich, ach, daß ich so wenig nur von
    Jupiter erbat!
Aber wie las er mein Bittgesuch, mit welch freundlicher Miene!
Keineswegs finster oder von Zorn verdüstert war er dabei!
So war seine Haltung, als er den flehenden Dakern das Diadem verlieh,
so geht er die Straßen zum Kapitol hinauf und wieder zurück.

dic precor, o nostri dic conscia virgo Tonantis,
   si negat hoc vultu, quo solet ergo dare?   10
sic ego: sic breviter posita mihi Gorgone Pallas:
   'quae nondum data sunt, stulte, negata putas?'

11

Quod non sit Pylades hoc tempore, non sit Orestes
   miraris? Pylades, Marce, bibebat idem,
nec melior panis turdusve dabatur Orestae,
   sed par atque eadem cena duobus erat.
tu Lucrina voras, me pascit aquosa peloris: 5
   non minus ingenua est et mihi, Marce, gula.
te Cadmea Tyros, me pinguis Gallia vestit:
   vis te purpureum, Marce, sagatus amem?
ut praestem Pyladen, aliquis mihi praestet Oresten.
   hoc non fit verbis, Marce: ut ameris, ama.   10

12

Iurat capillos esse, quos emit, suos
Fabulla: numquid ⟨ergo⟩, Paule, peierat?

Sag', ich bitte dich, Jungfrau, die du die Gedanken unseres Donnerers
     kennst:
Wenn er mit dieser Miene sich weigert, mit welcher pflegt er dann
     zu geben?
So ich, und so erwiderte Pallas mir knapp und legte dabei die Gorgo zur
     Seite:
»Was man dir noch nicht geschenkt hat, meinst du, das sei dir
     verweigert, du Tor?«

Damit man dich liebt, liebe selbst!

Daß es heutzutage keinen Pylades mehr gibt und keinen Orestes,
darüber wunderst du dich? Pylades trank, Marcus, denselben Wein,
und nicht besser war das Brot, die Drossel, die man Orestes reichte,
nein, ein und dasselbe Mahl teilten beide.
Du verschlingst Lukriner Austern, mich nährt die wäßrige Muschel:
Doch nicht weniger edel, Marcus, ist mein eigener Gaumen.
Dich kleidet das kadmeïsche Tyrus, mich Gallien mit dicker Wolle:
Willst du, daß ich im groben Wollmantel, dich, Marcus, in deinem
     Pupurgewand liebe?
Damit ich den Pylades spiele, muß einer mir den Orest spielen.
Das geschieht nicht mit Worten, Marcus: Damit man dich liebt, liebe
     selbst!

Zweideutiger Schwur

Fabulla schwört, das Haar, das sie gekauft hat, sei ihr eigenes.
Schwört sie also falsch, Paulus?

13

Quis te Phidiaco formatam, Iulia, caelo,
 vel quis Palladiae non putet artis opus?
candida non tacita respondet imagine lygdos
 et placido fulget vivus in ore decor.
ludit Acidalio, sed non manus aspera, nodo, 5
 quem rapuit collo, parve Cupido, tuo.
ut Martis revocetur amor summique Tonantis,
 a te Iuno petat ceston et ipsa Venus.

14

Versus scribere posse te disertos
adfirmas, Laberi: quid ergo non vis?
versus scribere qui potest disertos,
non scribat, Laberi, virum putabo.

15

Dum Phaethontea formica vagatur in umbra,
 inplicuit tenuem sucina gutta feram.
sic modo quae fuerat vita contempta manente,
 funeribus facta est nunc pretiosa suis.

16

Tu qui falce viros terres et pene cinaedos,
 iugera sepositi pauca tuere soli.

Auf eine Statue von Domitians Nichte Julia

Wer meinte nicht, Julia, daß dich der Meißel eines Phidias geformt habe,
oder wer hielte dich nicht für ein Werk von Pallas (Athenes) Kunst?
Der blendendweiße Marmor spricht zu uns in einem Bild, das nicht
    stumm ist,
und auf dem sanften Gesicht erstrahlt lebendige Schönheit.
Es spielt ihre so überaus zarte Hand mit dem akidalischen Gürtel,
den sie von deinem Hals, kleiner Cupido, geraubt hat.
Damit die Liebe des Mars und des hohen Donnergottes zurückkehre,
soll sich Juno von dir den Gürtel holen und sogar Venus!

An einen ›Dichter‹, der keine Gedichte schreibt

Kunstvolle Verse könnest du schreiben,
versicherst du, Laberius: Wieso also willst du es nicht?
Sollte jemand, der kunstvolle Verse schreiben kann,
sie nicht aufschreiben wollen, Laberius, dann ist er für mich ein Held.

Ameise in Bernsteingrab

Während eine Ameise im Schatten von Phaëthons Baum herumkroch,
legte sich ein Bernsteintropfen um das winzige Tier.
So wurde sie, die eben, da ihr Leben noch dauerte, verachtet war,
durch ihr Grab jetzt zu einer Kostbarkeit.

An einen Priap

Der du mit deiner Sichel die Männer erschreckst und mit deinem Glied
    die Schwulen,
schütze die wenigen Morgen abgelegenen Landes!

sic tua non intrent vetuli pomaria fures,
    sed puer et longis pulchra puella comis.

17

Cinnam, Cinname, te iubes vocari.
non est hic, rogo, Cinna, barbarismus?
tu si Furius ante dictus esses,
Fur ista ratione dicereris.

18

Sancta Salonini terris requiescit Hiberis,
    qua melior Stygias non videt umbra domos.
sed lugere nefas: nam qui te, Prisce, reliquit,
    vivit qua voluit vivere parte magis.

19

Non de vi neque caede nec veneno,
sed lis est mihi de tribus capellis:
vicini queror has abesse furto.
hoc iudex sibi postulat probari:
tu Cannas Mithridaticumque bellum   5
et periuria Punici furoris
et Sullas Mariosque Muciosque
magna voce sonas manuque tota.
iam dic, Postume, de tribus capellis.

Dafür sollen keine ältlichen Diebe deinen Obstgarten betreten,
nein, ein Knabe nur und ein schönes Mädchen mit langem Haar.

Bedenkliche Art der Namensänderung bei einem Freigelassenen

Cinna, o Cinnamus, willst du jetzt heißen.
Ich bitte dich, Cinna: Ist das nicht ein Barbarismus?
Hätte man dich vorher Furius genannt,
müßtest du nach dieser Methode jetzt Fur heißen.

Nachruf auf einen Landsmann

Des Saloninus ehrwürdiger Schatten ruht im iberischen Land –
kein beßrer erblickte jemals das stygische Haus.
Doch trauern um ihn darf man nicht: Denn der dich, Priscus, verließ,
lebt weiter in dem Teil, in dem er lieber leben wollte.

Um drei Ziegen und um nichts anderes geht es mir vor Gericht

Nicht wegen Gewalt, Mord oder Gift,
nein um drei Ziegen führe ich meinen Prozeß:
Die, so klage ich, sind verschwunden, weil mein Nachbar sie stahl.
Der Richter verlangt, daß man es ihm beweise:
Doch du bringst Cannae und den mithridatischen Krieg,
die Meineide kampfwütiger Punier
und alle möglichen Männer wie Sulla, Marius und Mucius
laut tönend und gestenreich vor.
Sprich jetzt endlich, Postumus, von meinen drei Ziegen!

20

Mutua te centum sestertia, Phoebe, rogavi,
 cum mihi dixisses 'exigis ergo nihil?'
inquiris, dubitas, cunctaris meque diebus
 teque decem crucias: iam rogo, Phoebe, nega.

21

Perpetuam Stellae dum iungit Ianthida vati
 laeta Venus, dixit 'plus dare non potui.'
haec coram domina; sed nequius illud in aurem:
 'tu ne quid pecces, exitiose, vide.
saepe ego lascivom Martem furibunda cecidi, 5
 legitimos esset cum vagus ante toros.
sed postquam meus est, nulla me paelice laesit:
 tam frugi Iuno vellet habere virum.'
dixit et arcano percussit pectora loro.
 plaga iuvat: sed tu iam, dea, caede duos. 10

22

Quod nubis, Proculina, concubino
et, moechum modo, nunc facis maritum,
ne lex Iulia te notare possit:
non nubis, Proculina, sed fateris.

*Lieber ein klares Nein auf meine Bitte
als dieses ständige Hin und Her*

Phöbus, ich bat dich, mir hunderttausend Sesterze zu leihen,
hattest du mir doch gesagt: »Du verlangst also gar nichts von mir?«
Du prüfst, zögerst und zauderst, quälst mich und dich
zehn Tage schon: Ich bitte dich, Phöbus: sag' endlich »nein«!

Dem Dichter Stella zur Hochzeit

Als Venus für immer Ianthis mit Stella, dem Dichter, vereinte,
sprach sie voll Freude zu ihm: »Mehr geben konnte ich nicht.«
So viel im Beisein der Herrin, doch dann maliziöser ins Ohr ihm:
»Du Schlimmer, daß du sie ja nicht betrügst!
Oft habe ich voll Wut den lüsternen Mars geschlagen,
als er sich vor unserer offiziellen Vermählung herumtrieb;
doch seitdem er mein ist, hat er mich mit keiner Geliebten gekränkt:
So solide hätte Juno gern ihren Mann!«
Das sprach sie und traf mit dem magischen Gürtel seine Brust.
Der Schlag hilft. Doch nunmehr, Göttin, treffe beide dein Schlag!

Der Ehebrecher avanciert zum Ehemann

Wenn du, Proculina, deinen Bettgefährten heiratest
und den Ehebrecher von gestern nunmehr zum Ehemann machst,
damit das Julische Gesetz dich nicht belangen kann,
dann heiratest du nicht, Proculina, sondern legst ein Geständnis ab.

23

Stare iubes semper nostrum tibi, Lesbia, penem:
   crede mihi, non est mentula quod digitus.
tu licet et manibus blandis et vocibus instes,
   te contra facies imperiosa tua est.

24

Nil lascivius est Charisiano:
Saturnalibus ambulat togatus.

25

Marcelline, boni suboles sincera parentis,
   horrida Parrhasio quem tegit ursa iugo,
ille vetus pro te patriusque quid optet amicus
   accipe et haec memori pectore vota tene:
cauta sit ut virtus nec te temerarius ardor
   in medios enses saevaque tela ferat.
bella velint Martemque ferum rationis egentes,
   tu potes et patris miles et esse ducis.

26

Periclitatur capite Sotades noster.
reum putatis esse Sotaden? non est.
arrigere desît posse Sotades: lingit.

Nicht auf Kommando steht mein Schwanz stramm

Immer verlangst du, Lesbia, daß mein Glied für dich stramm steht.
Glaube mir: Der Schwanz ist nicht das gleiche wie ein Finger.
Magst du ihn auch mit zärtlichen Händen und Worten bedrängen:
Gegen dich spricht gebieterisch dein Gesicht.

Charisianus trägt die Toga an den Saturnalien

Niemand ist ausgelassener als Charisianus:
An den Saturnalien spaziert er in der Toga umher.

Umsicht sei deine Form der Tapferkeit

Marcellinus, du edler Sproß eines vortrefflichen Vaters,
über dem die kältestarrende Bärin mit dem parrhasischen Wagen steht,
vernimm, was dein alter Freund und der deines Vaters für dich ersehnt,
und halte diese Wünsche in einem erinnernden Herzen fest:
Umsichtig sei deine Tapferkeit, und nicht soll dich hitziger Leichtsinn
mitten in Schwerter und grimmige Lanzen fortreißen!
Kriege und den grausamen Mars mögen die sich wünschen, die ohne
       Vernunft sind:
Du kannst Soldat sein für deinen Vater *und* deinen Herrscher.

Ultima ratio eines Impotenten

Unser Sotades riskiert seinen Kopf.
Ihr glaubt, Sotades sei angeklagt? Das nicht.
Sotades kann keinen Steifen mehr haben: So leckt er.

27

Bis vicine Nepos – nam tu quoque proxima Florae
    incolis et veteres tu quoque Ficelias –
est tibi, quae patria signatur imagine voltus,
    testis maternae nata pudicitiae.
tu tamen annoso nimium ne parce Falerno, 5
    et potius plenos aere relinque cados.
sit pia, sit locuples, sed potet filia mustum:
    amphora cum domina nunc nova fiet anus.
Caecuba non solos vindemia nutriat orbos:
    possunt et patres vivere, crede mihi. 10

28

Libertus Melioris ille notus,
tota qui cecidit dolente Roma,
cari deliciae breves patroni,
hoc sub marmore Glaucias humatus
iuncto Flaminiae iacet sepulchro: 5
castus moribus, integer pudore,
velox ingenio, decore felix.
bis senis modo messibus peractis
vix unum puer adplicabat annum.
qui fles talia, nil fleas, viator. 10

Hinterlasse deiner Tochter nicht alles Gute!

Nepos, zweimal mein Nachbar – denn du wohnst auch ganz in der
 Nähe der Flora,
du auch in dem alten Ficeliae –
eine Tochter hast du; ihr Gesicht zeigt ganz die Züge des Vaters,
und sie bezeugt die Unbescholtenheit der Mutter.
Du jedoch spar' nicht so sehr mit dem bejahrten Falerner,
und hinterlasse ihr lieber mit Geld gefüllte Krüge!
Zugegeben: deine Tochter ist liebevoll, und so soll sie auch reich sein,
 doch trinken soll sie den jungen Wein.
Die jetzt neue Amphora wird mit ihrer Besitzerin alt werden.
Die Caecuber-Lese soll nicht nur Kinderlose laben:
Auch Väter können leben, glaube mir!

Grabinschrift für einen knapp dreizehnjährigen Jungen

Meliors Freigelassener, allen wohl bekannt,
der zum Kummer von ganz Rom verstarb,
seines teuren Patrons kurze Freude –
Glaucias – bestattet unter diesem Marmor hier,
ruht in seinem Grab neben der Flaminischen Straße:
sittsam und unverdorben,
rasch von Verstand und mit Anmut beglückt.
Zweimal sechs Erntemonate hatte der Knabe vollendet
und ein knappes Jahr gerade noch angefügt.
Weinst du, Wanderer, über ein solches Geschick, dann mögest du selbst
 nie über etwas weinen müssen.

29

Non de plebe domus nec avarae verna catastae,
  sed domini sancto dignus amore puer,
munera cum posset nondum sentire patroni,
  Glaucia libertus iam Melioris erat.
moribus hoc formaeque datum: quis blandior illo?   5
  aut quis Apollineo pulchrior ore fuit?
inmodicis brevis est aetas et rara senectus.
  quidquid amas, cupias non placuisse nimis.

30

Sex sestertia si statim dedisses,
cum dixti mihi 'sume, tolle, dono',
deberem tibi, Paete, pro ducentis.
at nunc cum dederis diu moratus,
post septem, puto, vel novem Kalendas,   5
vis dicam tibi veriora veris?
sex sestertia, Paete, perdidisti.

31

Uxorem, Charideme, tuam scis ipse sinisque
  a medico futui: vis sine febre mori.

Nachruf auf denselben Knaben

Ein Knabe, nicht vom gewöhnlichen Gesinde des Hauses und auch kein
 Abkömmling des feilschenden Sklavenmarkts,
sondern der reinen Liebe seines Herrn würdig:
Als er noch nicht die Gabe seines Patrons ermessen konnte,
war Glaucias schon Meliors Freigelassener.
Seinem Charakter und seiner Schönheit verdankte er das: Wer war
 zärtlicher als er?
Oder wer war schöner als er mit seinem Apollon-Gesicht?
Für ungewöhnliche Menschen ist die Lebenszeit kurz und selten das Alter.
Was immer du liebst, wünsche, daß es dir nicht allzusehr gefalle!

Dankbarkeit gibt es nur bei rascher Hilfeleistung

Hättest du mir die sechstausend Sesterze gleich gegeben,
als du zu mir sagtest: »Hier, steck' sie ein, nimm sie mit, ich schenke sie
 dir«,
dann hätte ich bei dir, Paetus, Schulden für zweihunderttausend.
Doch jetzt, da du sie mir erst nach langem Zögern gegeben hast,
nach sieben, mein' ich, oder neun Monatsersten,
willst du, daß ich dir die volle Wahrheit sage?
Die sechstausend, Paetus, hast du verloren.

Ein Arzt als Liebhaber der Frau ist lebensgefährlich

Du weißt es nur zu gut, Charidemus, und duldest es auch,
daß der Arzt es mit deiner Frau treibt: Du willst ohne Fieber sterben.

32

Cum dubitaret adhuc belli civilis Enyo
 forsitan et posset vincere mollis Otho,
damnavit multo staturum sanguine Martem
 et fodit certa pectora tota manu.
sit Cato, dum vivit, sane vel Caesare maior:
 dum moritur, numquid maior Othone fuit?

33

Nil miserabilius, Matho, pedicone Sabello
 vidisti, quo nil laetius ante fuit.
furta, fugae, mortes servorum, incendia, luctus
 adfligunt hominem, iam miser et futuit.

34

Basia da nobis, Diadumene, pressa. 'quot?' inquis.
 Oceani fluctus me numerare iubes
et maris Aegaei sparsas per litora conchas
 et quae Cecropio monte vagantur apes,
quaeque sonant pleno vocesque manusque theatro,
 cum populus subiti Caesaris ora videt.
nolo quot arguto dedit exorata Catullo
 Lesbia: pauca cupit qui numerare potest.

Othos Größe im Tod

Als die Furie des Bürgerkrieges noch unschlüssig war
und der weichliche Otho wohl noch hätte siegen können,
da verwarf er den Krieg, der noch viel Blut kosten würde,
und durchbohrte mit sicherer Hand tief seine Brust.
Zugegeben, Cato war vielleicht, solange er lebte, größer sogar noch als
>>>>Caesar:
Doch als er starb, war er da etwa größer als Otho?

Aus Verzweiflung heterosexuell

Nichts Elenderes, Matho, als den Päderasten Sabellus
kannst du dir vorstellen, der früher von allen der fröhlichste war.
Diebstähle, Flucht oder Tod von Sklaven, Brände und Trauerfälle
drücken den Mann nieder, und seitdem vögelt der Arme sogar.

Kußgedicht an den kindlichen Sklaven Diadumenos

Gib mir leidenschaftliche Küsse, Diadumenos! »Wie viele?« fragst du.
Da verlangst du von mir, daß ich des Ozeans Wellen zähle,
die an den Stränden der Ägäis verstreuten Muscheln,
die Bienen, die auf dem kekropischen Berg ausschwärmen,
und all die Stimmen und Hände, die im vollen Theater immer dann
>>>>Beifall spenden,
wenn das Volk plötzlich des Kaisers Gesicht sieht.
Nicht will ich nur so viele Küsse, wie Lesbia sie, seine Bitten erhörend,
>>>>dem klangvollen Catull schenkte:
Nur wenige Küsse begehrt, wer sie noch zählen kann!

35

Septem clepsydras magna tibi voce petenti
 arbiter invitus, Caeciliane, dedit.
at tu multa diu dicis vitreisque tepentem
 ampullis potas semisupinus aquam.
ut tandem saties vocemque sitimque, rogamus
 iam de clepsydra, Caeciliane, bibas.

36

Mentula tam magna est tantus tibi, Papyle, nasus,
 ut possis, quotiens arrigis, olfacere.

37

Secti podicis usque ad umbilicum
nullas reliquias habet Charinus,
et prurit tamen usque ad umbilicum.
o quanta scabie miser laborat!
culum non habet, est tamen cinaedus.

38

Aspicis ut parvus nec adhuc trieteride plena
 Regulus auditum laudet et ipse patrem?
maternosque sinus viso genitore relinquat
 et patrias laudes sentiat esse suas?
iam clamor centumque viri densumque corona
 volgus et infanti Iulia tecta placent.

Vorschlag an einen Dauerredner

Sieben Wasseruhren, die du mit lauter Stimme verlangtest,
hat dir, Caecilianus, widerstrebend der Richter gegeben.
Doch du redest viel und lang und trinkst dazu aus gläsernen Krügen,
halb rückwärts dich lehnend, lauwarmes Wasser.
Damit du endlich deiner Stimme und deinem Durst genüge tun kannst,
      bitten wir dich:
Trink' gleich aus der Wasseruhr, Caecilianus!

Enorme Maße oben und unten

So groß ist dein Schwanz und so riesig deine Nase, Papylus,
daß du, wenn du einen Steifen hast, daran riechen kannst.

Immer noch verkehrt herum

Von seinem Hintern, der gespalten bis zum Nabel war,
blieb Charinus nichts mehr übrig,
und trotzdem juckt's ihn bis zum Nabel.
Ach, wie leidet der Arme an seiner Geilheit!
Einen Arsch hat er nicht mehr und ist trotzdem schwul!

Wünsche für den kleinen Regulus

Siehst du, wie sogar der kleine Regulus, noch nicht ganz drei Jahre alt,
seinem Vater applaudiert, wenn er ihn reden hört,
wie er den Schoß der Mutter, kaum hat er den Vater gesehen, verläßt
und spürt, daß der Ruhm seines Vaters auch der seine ist?
Schon gefallen dem Kindchen das Geschrei, das Hundertmännergericht,
die Menge, dicht gedrängt im Kreis, und die Basilica Iulia.

acris equi suboles magno sic pulvere gaudet,
   sic vitulus molli proelia fronte cupit.
di, servate, precor, matri sua vota patrique,
   audiat ut natum Regulus, illa duos.   10

39

Pater ex Marulla, Cinna, factus es septem
non liberorum: namque nec tuus quisquam
nec est amici filiusve vicini,
sed in grabatis tegetibusque concepti
materna produnt capitibus suis furta.   5
hic qui retorto crine Maurus incedit
subolem fatetur esse se coci Santrae.
at ille sima nare, turgidis labris
ipsa est imago Pannychi palaestritae.
pistoris esse tertium quis ignorat,   10
quicumque lippum novit et videt Damam?
quartus cinaeda fronte, candido voltu
ex concubino natus est tibi Lygdo:
percide, si vis, filium: nefas non est.
hunc vero acuto capite et auribus longis,   15
quae sic moventur ut solent asellorum,
quis morionis filium negat Cyrtae?
duae sorores, illa nigra et haec rufa,
Croti choraulae vilicique sunt Carpi.
iam Niobidarum grex tibi foret plenus   20
si spado Coresus Dindymusque non esset.

Eines feurigen Pferdes Fohlen freut sich *so* über den kräftig aufgewirbelten
    Staub,
so begehrt der junge Stier Kämpfe mit seiner noch glatten Stirn.
Ihr Götter, erfüllt, ich bitte darum, der Mutter und dem Vater ihre
    Wünsche,
daß eines Tages Regulus seinen Sohn und die Mutter beide Männer
    anhören kann.

Ein stolzer Vater von sieben Nicht-Kindern

Marulla machte dich, Cinna, zum Vater von sieben
›Nicht-Kindern‹: Denn kein einziges stammt von dir,
und es ist auch kein Sohn dabei von einem Freund oder Nachbarn,
nein, auf Pritschen und auf Matten gezeugt,
verraten sie in ihren Gesichtern die Fehltritte ihrer Mutter.
Der hier, der Maure, der mit krausem Haar daherkommt,
kann nicht verleugnen, daß er der Sprößling Santras, des Kochs, ist.
Doch jener mit der platten Nase und den wulstigen Lippen
ist exakt das Abbild von Pannychos, deinem Trainer im Ringen.
Daß des Bäckers Sohn der dritte ist, wer wüßt' es nicht,
der den triefäugigen Dama kennt und vor sich sieht?
Den vierten mit der schwulen Miene und dem blassen Teint
hat dir dein Buhlknabe Lygdus gezeugt:
treib's, wenn du willst, mit deinem eigenen Sohn: Das ist kein Verbrechen.
Aber der hier mit dem spitzen Kopf und den langen Ohren,
die so beweglich sind wie sonst nur bei Eseln,
wer kann bestreiten, daß er der Sohn des Hausnarren Cyrta ist?
Die beiden Schwestern dort, die schwarze und die rote,
sind die Töchter von Crotus, dem Flötenspieler, und von Carpus,
    deinem Pächter.
Schon hättest du die Schar der Niobiden voll,
wären Coresus und Dindymus nicht Eunuchen.

40

Femina praeferri potuit tibi nulla, Lycori:
    praeferri Glycerae femina nulla potest.
haec erit hoc quod tu: tu non potes esse quod haec est.
    tempora quid faciunt! hanc volo, te volui.

41

Qui recitat lana fauces et colla revinctus,
    hic se posse loqui, posse tacere negat.

42

Etrusci nisi thermulis lavaris,
inlotus morieris, Oppiane.
nullae sic tibi blandientur undae,
non fontes Aponi rudes puellis,
non mollis Sinuessa fervidique 5
fluctus Passeris aut superbus Anxur,
non Phoebi vada principesque Baiae.
nusquam tam nitidum vacat serenum:
lux ipsa est ibi longior, diesque
nullo tardius a loco recedit. 10
illic Taygeti virent metalla
et certant vario decore saxa,
quae Phryx et Libys altius cecidit.
siccos pinguis onyx anhelat aestus
et flamma tenui calent ophitae. 15
ritus si placeant tibi Laconum,
contentus potes arido vapore

Sie will ich, dich h a b' ich gewollt

Keine Frau konnte man dir, Lycoris, vorziehen:
Keine Frau kann man Glycera vorziehen.
Sie wird sein, was du bist: Du kannst nicht sein, was sie ist.
Was doch die Zeit bewirkt! Sie will ich, dich hab' ich gewollt.

Redner mit Wollschal um den Hals

Wer öffentlich vorträgt und dabei Kehle und Hals mit dem Wollschal
  umhüllt,
sagt damit, daß er nicht reden und nicht schweigen kann.

Versäumtes Badeglück

Wenn du nicht in den Thermen von Etruscus badest,
wirst du, Oppianus, einmal sterben, ohne je ein Bad genommen zu haben,
keine Wellen werden dir so schmeicheln,
nicht die Aponusquellen, von Mädchen gemieden,
nicht das milde Sinuessa und die heißen
Fluten des Passer oder das stolze Anxur,
nicht des Phöbus Wasser noch Bajae, die fürstliche.
Nirgendwo öffnet sich so strahlend der heitere Himmel:
Dort bleibt es länger hell, und der Tag
zieht sich von keinem Orte später zurück.
Dort leuchtet grün der Marmor des Taÿgetos,
und es wetteifern in bunter Pracht die Steine,
die der Phryger und der Libyer aus größerer Tiefe schnitten.
Fettig glänzender Alabaster haucht trockene Hitze aus,
und von feinem Feuer glühen die Ophiten:
Gefallen dir die Bräuche der Spartaner,
kannst du, zufriedengestellt durch ein heißes Dampfbad,

cruda Virgine Marciave mergi;
quae tam candida, tam serena lucet
ut nullas ibi suspiceris undas   20
et credas vacuam nitere lygdon.
non adtendis et aure me supina
iam dudum quasi neglegenter audis.
inlotus morieris, Oppiane.

43

Dum tibi felices indulgent, Castrice, Baiae
   canaque sulphureis nympha natatur aquis,
me Nomentani confirmant otia ruris
   et casa iugeribus non onerosa suis.
hoc mihi Baiani soles mollisque Lucrinus,   5
   hoc vestrae mihi sunt, Castrice, divitiae.
quondam laudatas quocumque libebat ad undas
   currere nec longas pertimuisse vias,
nunc urbis vicina iuvant facilesque recessus,
   et satis est pigro si licet esse mihi.   10

44

Festive credis te, Calliodore, iocari
   et solum multo permaduisse sale.
omnibus adrides, dicteria dicis in omnis;
   sic te convivam posse placere putas.
at si ego non belle, sed vere dixero quiddam,   5
   nemo propinabit, Calliodore, tibi.

in die frische Virgo oder Marcia tauchen;
so hell, so heiter leuchtet sie,
daß du dort überhaupt kein Wasser vermutest
und meinst, es glänze in leerem Becken der Lygdos.
Du achtest nicht auf meine Worte und hörst mit halbem Ohr
schon lange mir zu, als ob es dir gleichgültig wäre:
Ohne je ein Bad genommen zu haben, wirst du einmal sterben, Oppianus!

Faul und zufrieden auf meinem bescheidenen Landgut

Während dich das glückliche Bajae verwöhnt, Castricus,
und man in dem von schwefeligen Quellen weißen Wasser schwimmen
      kann,
stärken mich die Ruhe meines Nomentaner Landsitzes
und meine Hütte, die das zugehörige Grundstück nicht erdrückt.
Das sind für mich Sonnentage von Bajae, und der milde Lukrinersee,
das ist für mich euer Reichtum, Castricus.
Früher hatte ich Lust, in renommierte Badeorte – wohin auch immer –
zu eilen und keine weiten Wege zu scheuen,
jetzt gefallen mir die Umgebung von Rom und die leicht erreichbaren
      Ruheorte,
und es genügt mir, wenn ich faul sein darf.

Ein aufdringlicher Witzbold ist kein gerngesehener Gast

Du bildest dir ein, Calliodorus, daß du feine Scherze machst
und als einziger vor zahllosen Witzen sprudelst.
Allen lächelst du zu, sagst deine Sticheleien gegen alle;
so meinst du als Gast gefallen zu können.
Wenn ich aber – nicht hübsch, aber wahr – etwas sagen darf:
Niemand wird mit dir, Calliodorus, auf deine Gesundheit trinken.

45

Lusistis, satis est: lascivi nubite cunni:
  permissa est vobis non nisi casta Venus.
haec est casta Venus? nubit Laetoria Lygdo:
  turpior uxor erit quam modo moecha fuit.

46

Vapulat adsidue veneti quadriga flagello
  nec currit: magnam rem, Catiane, facit.

47

Nympha, mei Stellae quae fonte domestica puro
  laberis et domini gemmea tecta subis,
sive Numae coniunx Triviae te misit ab antris
  sive Camenarum de grege nona venis:
exolvit votis hac se tibi virgine porca   5
  Marcus, furtivam quod bibit, aeger, aquam.
tu contenta meo iam crimine gaudia fontis
  da secura tui: sit mihi sana sitis.

48

Quod tam grande sophos clamat tibi turba togata,
  non tu, Pomponi, cena diserta tua est.

Laetorias Heirat ist auch keine moralische Lösung

Amüsiert habt ihr euch, jetzt ist es genug: Heiratet endlich, ihr lüsternen
    Fotzen!
Gestattet ist euch nur noch keusche Liebe.
Aber ist das keusche Liebe? Laetoria heiratet Lygdus:
Schändlicher wird sie als Gattin sein denn als Ehebrecherin eben noch.

Spott auf »Die Blauen« im Zirkus

Ständig bekommt das Viergespann der Blauen Partei die Peitsche zu
    spüren,
und trotzdem läuft es nicht: Es macht, Catianus, gerade ein großes
    Geschäft.

Opfergabe an eine Quellnymphe wegen eines verbotenen Trunkes

Nymphe, die du in meines Stellas Haus mit reiner Quelle
dahinfließt und unter das prachtvoll schimmernde Dach deines Herrn
    eintrittst –
ob dich Numas Gattin aus den Grotten der Trivia gesandt hat
oder du als neunte aus der Camenen Schar kommst:
Marcus erfüllt vor dir sein Gelübde mit diesem Ferkel,
weil er als Kranker verstohlen dein Wasser trank.
Zufrieden mit dem Geständnis meiner Schuld gewähre nunmehr
den sorglosen Genuß deiner Quelle: So sei mir heilsam mein Durst!

Wes Brot ich eß', des Lied ich sing'

Wenn dir die Klientenschar in der Toga ein so kräftiges »Bravo!« zuruft,
dann bist nicht du, Pomponius, dein Mahl ist eloquent.

49

Non sum de fragili dolatus ulmo,
nec quae stat rigida supina vena
de ligno mihi quolibet columna est,
sed viva generata de cupressu:
quae nec saecula centiens peracta 5
nec longae cariem timet senectae.
hanc tu, quisquis es o malus, timeto.
nam si vel minimos manu rapaci
hoc de palmite laeseris racemos,
nascetur, licet hoc velis negare, 10
inserta tibi ficus a cupressu.

50

Cum coleret puros pauper Telesinus amicos,
    errabat gelida sordidus in togula:
obscenos ex quo coepit curare cinaedos,
    argentum, mensas, praedia solus emit.
vis fieri dives, Bithynice? conscius esto. 5
    nil tibi vel minimum basia pura dabunt.

51

Quod convivaris sine me tam saepe, Luperce,
    inveni noceam qua ratione tibi.
irascor: licet usque voces mittasque rogesque –
    'quid facies?' inquis. quid faciam? veniam.

Ein Priap warnt vor potentiellen Dieben

Bin nicht aus zerbrechlicher Ulme geschnitzt,
und nicht ist meine Säule, die in starrem Geäder nach oben ragt,
aus irgendeinem Holz,
nein, ich bin aus urwüchsiger Zypresse geschaffen,
die weder hundertmal abgelaufene Jahrhunderte
noch den Zerfall eines langen Alters fürchtet.
Fürchte du sie, wer du auch seist, du Übeltäter!
Denn wenn du mit räuberischer Hand auch nur die kleinsten
Trauben an diesem Weinstock anrührst,
dann wird dir, magst du es auch bestreiten wollen,
von der Zypresse, die man dir dann einpfropft, eine Feige wachsen.

Mit sauberen Küssen kannst du nicht reich werden

Als Telesinus, damals noch arm, nur saubere Freunde schätzte,
irrte er schäbig in eisiger Toga umher.
Seitdem er damit begann, schamlose Schwule zu hofieren,
kauft er exklusiv Silber, Tische und Land.
Willst du reich werden, Bithynicus? Dann sei dir bewußt:
Saubere Küsse bringen dir nichts, aber auch gar nichts ein.

Rache des nicht Eingeladenen

Da du so oft ohne mich dinierst, Lupercus,
habe ich herausgefunden, auf welche Weise ich dir schaden kann.
Böse bin ich auf dich; selbst wenn du mich noch so oft rufen, nach mir
    schicken und mich bitten würdest –
»Was wirst du machen?« fragst du: Was ich mache? Ich komme!

52

Hoc iacet in tumulo raptus puerilibus annis
    Pantagathus, domini cura dolorque sui,
vix tangente vagos ferro resecare capillos
    doctus et hirsutas excoluisse genas.
sis licet, ut debes, tellus, placata levisque,
    artificis levior non potes esse manu.

53

Lotus nobiscum est, hilaris cenavit, et idem
    inventus mane est mortuus Andragoras.
tam subitae mortis causam, Faustine, requiris?
    in somnis medicum viderat Hermocraten.

54

Tantos et tantas si dicere Sextilianum,
    Aule, vetes, iunget vix tria verba miser.
'quid sibi vult?' inquis. dicam quid suspicer esse:
    tantos et tantas Sextilianus amat.

55

Quod semper casiaque cinnamoque
et nido niger alitis superbae
fragras plumbea Nicerotiana,

Grabschrift auf einen im Knabenalter verstorbenen Barbier

Hier in diesem Hügel ruht, im Knabenalter dahingerafft,
Pantagathus, die Liebe und der Kummer seines Herrn,
der sich darauf verstand, die wirren Haare mit der Schere fast ohne
    Berührung zu schneiden
und die struppigen Wangen zu rasieren.
Magst du auch, Erde, wie du es uns schuldest, sanft und leicht sein:
Leichter als die Hand dieses Künstlers kannst du nicht sein.

Traum vom Arzt als Todesursache

Gebadet hat Andragoras mit uns und heiter gespeist, und dann
fand man ihn am nächsten Morgen tot.
Du fragst nach dem Grund eines so plötzlichen Todes, Faustinus?
Im Traum hatte er den Arzt Hermocrates gesehen.

Auf einen, der verräterischerweise immer von »so großen« spricht

Wenn du dem Sextilianus verbötest, »so große« – ob männlich oder
    weiblich – zu sagen,
Aulus, würde der Arme kaum drei Worte zusammenbringen.
»Was meint er damit?« fragst du. Ich will dir sagen, was ich dahinter
    vermute:
Sextilianus liebt »so große«: ob männlich oder weiblich.

Verdächtig parfümiert

Weil du immer, geschwärzt von Kassia und von Zimtsaft
und von dem Nest des stolzen Vogels,
nach den Bleigefäßen des Niceros duftest,

rides nos, Coracine, nil olentis:
malo quam bene olere nil olere.

56

Quod tibi crura rigent saetis et pectora villis,
    verba putas famae te, Charideme, dare?
extirpa, mihi crede, pilos de corpore toto
    teque pilare tuas testificare natis.
'quae ratio est?' inquis. scis multos dicere multa:
    fac pedicari te, Charideme, putent.

57

Mentiris fictos unguento, Phoebe, capillos
    et tegitur pictis sordida calva comis.
tonsorem capiti non est adhibere necesse:
    radere te melius spongea, Phoebe, potest.

58

Cernere Parrhasios dum te iuvat, Aule, triones
    comminus et Getici sidera ferre poli,
o quam paene tibi Stygias ego raptus ad undas
    Elysiae vidi nubila fusca plagae!
quamvis lassa tuos quaerebant lumina vultus
    atque erat in gelido plurimus ore Pudens.

lachst du darüber, Coracinus, daß ich nach nichts rieche.
Ich ziehe es vor, statt gut zu riechen, nach nichts zu riechen.

Sorge dafür, daß man dich wenigstens nur für einen Schwulen hält!

Weil dir die Beine von Borsten und die Brust von struppigen Haaren starren,
meinst du, Charidemus, du könntest dem Klatsch mit einem Trick entgehen?
Rupf dir, glaub' mir's, die Haare am ganzen Körper aus,
und beweise, daß du auch deinen Hintern enthaarst.
»Und weshalb?« fragst du. Du weißt, daß viele vieles sagen:
Mach, Charidemus, daß man dich für einen Schwulen hält!

Auf einen Glatzkopf mit aufgemalter Frisur

Du täuschst mit Salbe künstliche Haare vor, Phöbus,
und deine schmutzige Glatze ist mit aufgemalter Frisur bedeckt.
Einen Barbier brauchst du für deinen Kopf nicht zu bemühen:
Besser kann dich, Phöbus, ein Schwamm rasieren.

Gruß des genesenden Dichters an einen fern im Felde stehenden Freund

Während es dich freut, Aulus, die parrhasische Bärin ganz aus der Nähe zu betrachten
und die Gestirne des getischen Himmels zu ertragen,
ach, da wäre ich dir fast zu den stygischen Fluten entrissen worden
und hätte die düsteren Wolken der elysischen Region gesehen.
Obwohl ermattet, suchten meine Augen die Züge deines Gesichts,
und der Name Pudens war ständig auf meinen eisigen Lippen.

si mihi lanificae ducunt non pulla sorores
 stamina nec surdos vox habet ista deos,
sospite me sospes Latias reveheris ad urbes
 et referes pili praemia clarus eques. 10

59

Et dolet et queritur sibi non contingere frigus
 propter sescentas Baccara gausapinas,
optat et obscuras luces ventosque nivesque
 odit et hibernos, si tepuere, dies.
quid fecere mali nostrae tibi, saeve, lacernae 5
 tollere de scapulis quas levis aura potest?
quanto simplicius, quanto est humanius illud,
 mense vel Augusto sumere gausapinas!

60 (61)

Laudat, amat, cantat nostros mea Roma libellos,
 meque sinus omnes, me manus omnis habet.
ecce rubet quidam, pallet, stupet, oscitat, odit.
 hoc volo: nunc nobis carmina nostra placent.

61 (60)

Rem factam Pompullus habet, Faustine: legetur
 et nomen toto sparget in orbe suum.

Wenn mir die spinnenden Schwestern nicht düstere Fäden ziehen
und diese Stimme nicht zu tauben Göttern dringt,
dann werde ich wieder gesund, und gesund wirst auch du zu Latiums
    Städten zurückfahren
und – ein berühmter Ritter – als Belohnung das Primipilat erhalten.

Kleiderprobleme eines Nordländers in Rom

Baccara leidet und klagt, daß ihm keine kalten Tage beschert seien,
und das wegen seiner zahllosen dicken Wollmäntel;
und so wünscht er sich einen finsteren Himmel, Winde und Schneefälle
und haßt Wintertage, wenn sie mild sind.
Was taten dir, du Grausamer, unsere leichten Gewänder Schlimmes an,
die schon ein sanfter Windhauch von den Schultern heben kann?
Wieviel einfacher, wieviel menschlicher wäre es,
wenn du selbst im Monat August schon deine dicken Wollmäntel trügest!

Rezeptionserwartungen

Mein Rom lobt, liebt, rezitiert meine Büchlein,
mich birgt jeder Gewandbausch, mich hält jede Hand.
Sieh, manch einer wird rot, erbleicht, stutzt, sperrt den Mund auf,
    empört sich.
Und genau das will ich: Jetzt gefallen mir meine Gedichte.

Gelehrsamkeit allein genügt nicht,
um in der Dichtung Ruhm zu erlangen

Pompullus hat es geschafft, Faustinus: Man wird ihn lesen,
und er wird seinen Namen in der ganzen Welt verbreiten.

'sic leve flavorum valeat genus Usiporum,
  quisquis et Ausonium non amat imperium.'
ingeniosa tamen Pompulli scripta feruntur:
  'sed famae non est hoc, mihi crede, satis:
quam multi tineas pascunt blattasque diserti
  et redimunt soli carmina docta coci!
nescioquid plus est, quod donat saecula chartis:
  victurus genium debet habere liber.'

62

Amisit pater unicum Salanus:
cessas munera mittere, Oppiane?
heu crudele nefas malaeque Parcae!
cuius vulturis hoc erit cadaver?

63

Scis te captari, scis hunc qui captat, avarum,
  et scis qui captat quid, Mariane, velit.
tu tamen hunc tabulis heredem, stulte, supremis
  scribis et esse tuo vis, furiose, loco.
'munera magna tamen misit.' sed misit in hamo;
  et piscatorem piscis amare potest?
hicine deflebit vero tua fata dolore?
  si cupis, ut ploret, des, Mariane, nihil.

»Genauso möge das unzuverlässige Volk der blonden Usiper gedeihen
und alle, die gegen Ausoniens Herrschaft sind!«
Die Schriften des Pompullus gelten aber als geistreich!
»Doch für den Ruhm, glaub' mir, ist das nicht genug:
Wie viele talentierte Dichter füttern die Motten und Schaben,
und nur die Köche kaufen gelehrte Gedichte!
Irgend etwas kommt noch dazu, was den Schriften Jahrhundertgeltung
      verleiht:
Um fortzuleben, muß ein Buch einen Schutzgeist haben.«

Gute Chancen für einen Erbschleicher

Vater Salanus verlor den einzigen Sohn:
Und du zögerst noch, Geschenke zu schicken, Oppianus?
Ach, grausames Verhängnis, böse Parzen!
Welchem Geier wird diese Leiche gehören?

Naivität gegenüber einem Erbschleicher

Daß man Jagd auf dich macht, weißt du, und du weißt, daß er, der jagt,
      voller Habgier ist,
und weißt auch, was er, der jagt, von dir will, Marianus.
Und da setzt du Tor ihn als Erben in deinem Testament ein
und willst, du Verrückter, daß er an deine Stelle trete.
»Er hat doch große Geschenke geschickt!« Aber er schickte sie am
      Angelhaken;
und kann denn den Fischer der Fisch lieben?
Wird gerade *der* in echtem Schmerz einmal dein Los beklagen?
Wenn du wünschst, daß er weint, darfst du ihm nichts geben, Marianus!

64

Cum sis nec rigida Fabiorum gente creatus
nec qualem Curio, dum prandia portat aranti,
hirsuto peperit deprensa sub ilice coniunx,
sed patris ad speculum tonsi matrisque togatae
filius et possit sponsam te sponsa vocare:　　　　　5
emendare meos, quos novit fama, libellos
et tibi permittis felicis carpere nugas –
has, inquam, nugas, quibus aurem advertere totam
non aspernantur proceres urbisque forique,
quas et perpetui dignantur scrinia Sili　　　　　10
et repetit totiens facundo Regulus ore,
quique videt propius magni certamina Circi
laudat Aventinae vicinus Sura Dianae,
ipse etiam tanto dominus sub pondere rerum
non dedignatur bis terque revolvere Caesar.　　　　　15
sed tibi plus mentis, tibi cor limante Minerva
acrius et tenues finxerunt pectus Athenae.
ne valeam, si non multo sapit altius illud,
quod cum panticibus laxis et cum pede grandi
et rubro pulmone vetus nasisque timendum　　　　　20
omnia crudelis lanius per compita portat.
audes praeterea, quos nullus noverit, in me
scribere versiculos miseras et perdere chartas.
at si quid nostrae tibi bilis inusserit ardor,
vivet et haerebit totoque legetur in orbe,　　　　　25

Massiver Angriff auf einen Kritiker

Obwohl du weder von dem gestrengen Geschlecht der Fabier abstammst
noch so einer bist, wie ihn die Gattin dem struppigen Curius unter einer
    Steineiche überraschend gebar,
während sie ihrem pflügenden Mann gerade das Essen brachte,
sondern der Sohn eines Vaters bist, der vor dem Spiegel sich schor, einer
    Mutter, welche die Toga tragen mußte,
und deine Braut dich Braut nennen könnte,
erlaubst du dir, mein Büchlein, die der Ruhm bereits kennt, korrigieren
    zu wollen
und meine geglückten Nichtigkeiten zu kritisieren –
diese Nichtigkeiten, sage ich, denen volle Aufmerksamkeit zuzuwenden
die führenden Männer der Stadt und des Forums nicht verschmähen;
die auch der unsterbliche Silius damit ehrt, daß sie in seinen
    Bücherkapseln verwahrt werden,
und die mit beredtem Mund Regulus immer wieder vorträgt,
die Sura, Nachbar der Diana vom Aventin, lobt,
er, der die Wettkämpfe im großen Zirkus ganz aus der Nähe sieht;
die sogar Caesar, der Herrscher, trotz der großen Last der Staatsgeschäfte
zwei- und dreimal aufzurollen sich nicht zu schade ist.
Aber du hast ja mehr Verstand; dein Geist ist schärfer, da Minerva ihn dir
    schliff,
und das feine Athen hat deinen Geschmack geprägt.
Um mein Leben wette ich, wenn nicht mehr Esprit hat
das alte und für die Nase abstoßende Schlachtvieh,
das zusammen mit schlaffen Därmen, mit mächtigem Fuß und mit
    blutroter Lunge
ein roher Fleischer durch alle Gassen trägt.
Zudem wagst du, mickrige Verse auf mich zu schreiben,
die niemand zur Kenntnis nehmen will, und das arme Papier zu ruinieren.
Doch wenn dir die Glut meiner Galle etwas aufbrennt,
dann wird es leben und dir anhängen, und in der ganzen Stadt wird
    man's lesen,

stigmata nec vafra delebit Cinnamus arte.
sed miserere tui rabido nec perditus ore
fumantem nasum vivi temptaveris ursi.
sit placidus licet et lambat digitosque manusque,
si dolor et bilis, si iusta coegerit ira, 30
ursus erit: vacua dentes in pelle fatiges
et tacitam quaeras, quam possis rodere, carnem.

65

'Hexametris epigramma facis' scio dicere Tuccam.
   Tucca, solet fieri, denique, Tucca, licet.
'sed tamen hoc longum est.' solet hoc quoque, Tucca, licetque:
   si breviora probas, disticha sola legas.
conveniat nobis ut fas epigrammata longa 5
   sit transire tibi, scribere, Tucca, mihi.

66

Famae non nimium bonae puellam,
quales in media sedent Subura,
vendebat modo praeco Gellianus.
parvo cum pretio diu liceret,
dum puram cupit adprobare cunctis, 5
adtraxit prope se manu negantem
et bis terque quaterque basiavit.
quid profecerit osculo requiris?
sescentos modo qui dabat negavit.

und kein Cinnamus wird mit raffinierter Kunst die Brandmale tilgen
    können.
Hab' doch Mitleid mit dir, und versuche dich nicht – verkommen wie du
    bist – mit wütendem Mund
an der schnaubenden Nase eines lebendigen Bären!
Mag er auch sanft sein und Finger und Hände lecken:
Wenn Schmerz und Galle, wenn gerechter Zorn ihn dazu bringen,
dann ist er ein Bär. Mühe deine Zähne an einem leeren Fell ab,
und such' dir zum Benagen Fleisch, das nicht sprechen kann!

Verteidigung des langen vorigen Gedichtes

Ich weiß, Tucca sagt: »Ein Epigramm in Hexametern machst du.«
Tucca, das kommt öfter vor, schließlich ist's, Tucca, erlaubt.
»Doch das hier ist lang.« Auch das, Tucca, kommt vor und ist
    erlaubt:
Wenn du nur kürzere akzeptierst, dann lies allein die Distichen.
Einigen wir uns: Epigramme, die lang sind, zu übergehen,
steht dir zu – sie zu schreiben, Tucca, mir.

Geschäftsschädigende Küsse

Ein Mädchen von nicht allzu gutem Rufe,
so wie sie mitten auf der Subura sitzen,
wollte gerade der Auktionator Gellianus verkaufen.
Weil es lange für einen niedrigen Preis angeboten wurde
und er allen beweisen wollte, daß es sauber sei,
zog er mit der Hand das sich sträubende Mädchen an sich
und küßte es zwei- und drei- und viermal.
Was er mit seinem Kuß erreichte, willst du wissen?
Der eben noch sechshundert geben wollte, verzichtete.

67

Cur tantum eunuchos habeat tua Gellia quaeris,
    Pannyche? volt futui Gellia nec parere.

68

Flete nefas vestrum sed toto flete Lucrino,
    Naides, et luctus sentiat ipsa Thetis.
inter Baianas raptus puer occidit undas
    Eutychos ille, tuum, Castrice, dulce latus.
hic tibi curarum socius blandumque levamen,   5
    hic amor, hic nostri vatis Alexis erat.
numquid te vitreis nudum lasciva sub undis
    vidit et Alcidae nympha remisit Hylan?
an dea femineum iam neglegit Hermaphroditum
    amplexu teneri sollicitata viri?   10
quidquid id est, subitae quaecumque est causa rapinae,
    sit, precor, et tellus mitis et unda tibi.

69

Non miror quod potat aquam tua Bassa, Catulle:
    miror quod Bassae filia potet aquam.

Lauter Eunuchen als Liebhaber

Warum deine Gellia nur Eunuchen hat, fragst du,
Pannychus? Gellia will gevögelt werden, aber sie will keine Kinder.

Trauerepigramm für einen ertrunkenen Knaben

Beweint eure Freveltat, ja beweint sie auf dem ganzen Lukrinersee,
ihr Najaden, und Trauer empfinde auch Thetis selber!
Fortgerissen in den Wellen von Bajae, kam ein Knabe ums Leben,
Eutychos, dein lieblicher Begleiter, Castricus.
Er war dir ein Gefährte in deinen Sorgen und zärtlicher Trost,
er war der Liebling und der Alexis unseres Dichters.
Sah dich, als du nackt warst, etwa die lüsterne Nymphe im kristallklaren
    Wasser,
und schickte sie Hylas dem Alkiden zurück?
Oder verschmäht die Göttin nunmehr den verweiblichten
    Hermaphroditen,
erregt von der Vorstellung, einen zarten jungen Mann zu umarmen?
Was immer es sein mag und was auch der Grund ist für den plötzlichen
    Raub:
Möge, so fleh' ich, die Erde und auch das Wasser dir leicht sein!

Mutter und Tochter trinken Wasser

Ich wundere mich nicht, daß deine Bassa Wasser trinkt, Catullus:
Ich wundere mich, daß Bassas Tochter Wasser trinkt.

70

Sexagesima, Marciane, messis
acta est et, puto, iam secunda Cottae
nec se taedia lectuli calentis
expertum meminit die vel uno.
ostendit digitum, sed inpudicum, 5
Alconti Dasioque Symmachoque.
at nostri bene conputentur anni
et quantum tetricae tulere febres
aut languor gravis aut mali dolores
a vita meliore separetur: 10
infantes sumus et senes videmur.
aetatem Priamique Nestorisque
longam qui putat esse, Marciane,
multum decipiturque falliturque.
non est vivere, sed valere vita est. 15

71

Edere lascivos ad Baetica crusmata gestus
    et Gaditanis ludere docta modis,
tendere quae tremulum Pelian Hecubaeque maritum
    posset ad Hectoreos sollicitare rogos,
urit et excruciat dominum Telethusa priorem: 5
    vendidit ancillam, nunc redimit dominam.

72

Fur notae nimium rapacitatis
conpilare Cilix volebat hortum,

Leben heißt: gesund sein

Die sechzigste Ernte, Marcianus,
hat Cotta erlebt und zwei weitere, glaub' ich,
ohne daß er sich entsänne, die Unbill eines fieberwarmen Bettes
auch nur einen Tag erlebt zu haben.
Den Finger, und zwar den unzüchtigen, zeigt er
Alkon, Dasius und Symmachus.
Aber berechnet man meine Jahre richtig
und zieht all das vom besseren Teil des Lebens ab,
was widrige Fieberanfälle davon nahmen
oder lästige Schwäche und böse Schmerzen:
Dann bin ich noch ein Kind und nur zum Schein ein alter Mann.
Wer das Leben eines Priamos oder Nestor
für lang ansieht, Marcianus,
täuscht sich gewaltig und betrügt sich selbst:
Leben heißt nicht am Leben zu sein, sondern gesund zu sein.

Erst Magd, dann Herrin

Sie, die geschickt darin ist, zu bätischem Kastagnettenklang
      verführerische Bewegungen auszuführen
und in gaditanischen Rhythmen zu kokettieren,
die noch den zitternden Pelias aufgeilen und Hekubas Gemahl
bei Hektors Scheiterhaufen erregen könnte,
Telethusa, entflammt und quält ihren früheren Herrn:
Die er als Sklavin verkauft hat, kauft er jetzt als Herrin zurück.

Der gestohlene Priap

Cilix, ein Dieb, nur allzu bekannt ob seiner Raubgier,
wollte einen Garten plündern,

ingenti sed erat, Fabulle, in horto
praeter marmoreum nihil Priapum.
dum non vult vacua manu redire, 5
ipsum subripuit Cilix Priapum.

73

Non rudis indocta fecit me falce colonus:
    dispensatoris nobile cernis opus.
nam Caeretani cultor ditissimus agri
    hos Hilarus colles et iuga laeta tenet.
aspice quam certo videar non ligneus ore 5
    nec devota focis inguinis arma geram,
sed mihi perpetua numquam moritura cupresso
    Phidiaca rigeat mentula digna manu.
vicini, moneo, sanctum celebrate Priapum
    et bis septenis parcite iugeribus. 10

74

Medio recumbit imus ille qui lecto,
calvam trifilem semitatus unguento,
foditque tonsis ora laxa lentiscis,
mentitur, Aefulane: non habet dentes.

doch in dem riesigen Garten, Fabullus, war
nichts, nur aus Marmor ein Priap.
Da Cilix aber nicht mit leeren Händen heim wollte,
ließ er halt den Priap mitgehn.

Ein Priap stellt sich vor

Kein grober Pächter hat mich ungeschickt mit dem Gartenmesser
        gemacht:
Du siehst das edle Werk eines Gutsverwalters.
Denn der reichste Bauer des caeretanischen Landes,
Hilarus, besitzt diese Hügel und üppigen Hänge.
Sieh, wie ich mit meinem markanten Gesicht so gar nicht hölzern
        erscheine
und wie ich die Waffen meines Geschlechtes präsentiere, die nicht für
        den Ofen bestimmt sind,
nein: unvergänglich, aus dauerhaftem Zypressenholz,
würdig den Händen eines Phidias, steht steif mir der Schwanz.
Ihr Nachbarn, ich ermahne euch: verehrt den heiligen Priap,
und respektiert die vierzehn Morgen Land!

Ein Zahnloser benutzt Zahnstocher

Der da zuunterst auf der mittleren Liege Platz nahm,
der seine mit drei Haaren bedeckte Glatze mit Salböl gescheitelt hat
und in seinem weit offenen Mund mit Zahnstochern aus Mastixholz
        herumbohrt,
lügt, Aefulanus: Er hat keine Zähne!

75

Cum mittis turdumve mihi quadramve placentae,
 sive femur leporis sive quid his simile est,
buccellas misisse tuas te, Pontia, dicis.
 has ego non mittam, Pontia, sed nec edam.

76

Ille sacri lateris custos Martisque togati,
 credita cui summi castra fuere ducis,
hic situs est Fuscus. licet hoc, Fortuna, fateri:
 non timet hostilis iam lapis iste minas;
grande iugum domita Dacus cervice recepit
 et famulum victrix possidet umbra nemus.

77

Cum sis tam pauper quam nec miserabilis Iros,
 tam iuvenis quam nec Parthenopaeus erat,
tam fortis quam nec cum vinceret Artemidorus,
 quid te Cappadocum sex onus esse iuvat?
rideris multoque magis traduceris, Afer,
 quam nudus medio si spatiere foro.
non aliter monstratur Atlans cum compare ginno
 quaeque vehit similem belua nigra Libyn.
invidiosa tibi quam sit lectica requiris?
 non debes ferri mortuus hexaphoro.

Gefährliche Leckerbissen einer Giftmischerin

Wenn du mir eine Drossel oder eine Portion Kuchen schickst,
einen Hasenschlegel oder etwas dergleichen,
dann sagst du, Pontia, du habest mir deine Leckerbissen geschickt.
Weggeben werde ich sie nicht, Pontia, selber essen aber auch nicht.

Grabepigramm für einen Offizier

Der Leibwächter des erhabenen Kaisers, des Mars in der Toga,
dem die Garnison des höchsten Fürsten anvertraut war,
Fuscus, liegt hier. Das darf man, Fortuna, bekennen:
Nicht mehr braucht dieser Stein die Drohungen des Feindes zu fürchten.
Der Daker hat seinen Nacken gebeugt und sich unter unser machtvolles
        Joch gefügt,
und der siegreiche Schatten des Helden besitzt den ihm dienenden Hain.

Von einem, der sich aufspielt

Obwohl du so arm bist wie nicht einmal der elende Irus,
so jung, wie nicht einmal Parthenopaeus war,
so stark, wie auch, als er siegte, nicht Artemidorus:
weshalb freut es dich dann, die Last von sechs Kappadokiern zu sein?
Man lacht dich aus, Afer, und du stellst dich damit noch mehr bloß,
als wenn du mitten auf dem Forum nackt herumspaziertest.
Nicht anders zeigt man auf den Atlas mit seinem Maulesel, der genauso
        winzig ist (wie er),
und auf das dunkle Tier, das einen ihm ähnlichen Libyer trägt.
Willst du wissen, wie sehr deine Sänfte Mißgunst erregt?
Nicht einmal als Toter darfst du auf einer Sechsersänfte getragen werden.

78

Potor nobilis, Aule, lumine uno
luscus Phryx erat alteroque lippus.
huic Heras medicus 'bibas caveto:
vinum si biberis, nihil videbis.'
ridens Phryx oculo 'valebis' inquit.   5
misceri sibi protinus deunces
sed crebros iubet. exitum requiris?
vinum Phryx, oculus bibit venenum.

79

Tristis es et felix. sciat hoc Fortuna caveto:
  ingratum dicet te, Lupe, si scierit.

80

Ut nova dona tibi, Caesar, Nilotica tellus
  miserat hibernas ambitiosa rosas.
navita derisit Pharios Memphiticus hortos,
  urbis ut intravit limina prima tuae:
tantus veris honos et odorae gratia Florae   5
  tantaque Paestani gloria ruris erat;
sic, quacumque vagus gressumque oculosque ferebat,
  tonsilibus sertis omne rubebat iter.
at tu Romanae iussus iam cedere brumae
  mitte tuas messes, accipe, Nile, rosas.   10

Ein Säufer ohne Rücksicht auf Verluste

Phryx, der notorische Zecher, war, Aulus, auf einem Auge
blind, und das andere triefte ihm.
Zu ihm sprach Heras, sein Arzt: »Laß das Trinken!
Wenn du Wein trinkst, wirst du bald gar nichts mehr sehen.«
Lachend sprach Phryx zu seinem Auge: »Leb' wohl!«
Ließ gleich elf Becher, und zwar mehrmals,
für sich mischen. Das Resultat willst du wissen?
Phryx trank Wein und sein Auge Gift.

Ein Undankbarer

Traurig bist du und bevorzugt vom Glück. Laß das ja Fortuna nicht
    wissen!
Undankbar wird sie dich heißen, Lupus, wenn sie es erfährt.

Rosen im römischen Winter

Als ein neues Geschenk hatte dir, Caesar, das Land vom Nil,
um deine Gunst werbend, Rosen im Winter geschickt.
Der Schiffer von Memphis mokierte sich über die pharischen Gärten,
gleich als er die Schwelle deiner Stadt betreten hatte:
Derart eindrucksvoll war der Frühlingsschmuck und der Liebreiz der
    duftenden Flora,
derart eindrucksvoll die Pracht aus Paestums Gärten;
so sehr war ringsum, wohin auch immer er die Schritte lenkte und die
    Augen schweifen ließ,
jeder Weg purpurgefärbt von Rosengirlanden.
Doch du, der jetzt vor dem römischen Winter zurückstehen muß,
schicke deine Ernten, und nimm, Nil, dafür Rosen entgegen!

81

Iratus tamquam populo, Charideme, lavaris:
　inguina sic toto subluis in solio.
nec caput hic vellem sic te, Charideme, lavare.
　et caput ecce lavas: inguina malo laves.

82

Quidam me modo, Rufe, diligenter
inspectum, velut emptor aut lanista,
cum vultu digitoque subnotasset,
'tune es, tune' ait 'ille Martialis,
cuius nequitias iocosque novit　　　　　　　　　　5
aurem qui modo non habet Batavam?'
subrisi modice, levique nutu
me quem dixerat esse non negavi.
'cur ergo' inquit 'habes malas lacernas?'
respondi: 'quia sum malus poeta.'　　　　　　　　10
hoc ne saepius accidat poetae,
mittas, Rufe, mihi bonas lacernas.

83

Quantum sollicito fortuna parentis Etrusco,
　tantum, summe ducum, debet uterque tibi.
nam tu missa tua revocasti fulmina dextra:
　hos cuperem mores ignibus esse Iovis.

Unappetitliches Waschen im Bad

Du badest, Charidemus, als ob du über die Leute verärgert wärest,
und so wäschst du deinen Unterleib im ganzen Bassin.
Ich wünschte mir, daß du nicht genauso noch deinen Kopf darin
    wäschst, Charidemus.
Tatsächlich, auch den Kopf wäschst du dir: Lieber ist mir's, wenn du
    deinen Unterleib wäschst.

Ein Wink mit dem Zaunpfahl

Kürzlich, Rufus, betrachtete mich jemand eindringlich,
ganz so wie ein Sklavenhändler oder Fechtmeister,
und nachdem er mit Blick und Finger auf mich gewiesen hatte,
fragte er: »Bist du denn nicht der berühmte Martialis,
dessen frivole Scherze jeder kennt,
der nicht gerade Batáver-Ohren hat?«
Ich lächelte bescheiden, und mit leichtem Nicken
gab ich zu, der Besagte zu sein.
»Warum trägst du dann«, sprach er, »einen so schlechten Mantel?«
Zur Antwort gab ich: »Weil ich ein schlechter Dichter bin.«
Damit das nicht öfter dem Dichter passiere,
schick' mir doch bitte, Rufus, einen Mantel von Qualität!

Dank für Rückberufung aus der Verbannung

So viel Dank wie dem besorgten Etruscus das Schicksal seines Vaters
    schuldet,
so viel, erhabener Fürst, schulden jetzt beide dir.
Denn du riefst die Blitze zurück, die du mit deiner Rechten geschleudert
    hast:
Ich wünschte, solches Verhalten zeigte auch Jupiters feuriger Strahl.

si tua sit summo, Caesar, natura Tonanti,　　　　　　　　5
　utetur toto fulmine rara manus.
muneris hoc utrumque tui testatur Etruscus,
　esse quod et comiti contigit et reduci.

84

Octaphoro sanus portatur, Avite, Philippus.
　hunc tu si sanum credis, Avite, furis.

85

Editur en sextus sine te mihi, Rufe Camoni,
　nec te lectorem sperat, amice, liber:
impia Cappadocum tellus et numine laevo
　visa tibi cineres reddit et ossa patri.
funde tuo lacrimas orbata Bononia Rufo,　　　　　　　5
　et resonet tota planctus in Aemilia:
heu qualis pietas, heu quam brevis occidit aetas!
　viderat Alphei praemia quinta modo.
pectore tu memori nostros evolvere lusus,
　tu solitus totos, Rufe, tenere iocos,　　　　　　　　10
accipe cum fletu maesti breve carmen amici
　atque haec absentis tura fuisse puta.

Besäße der erhabene Donnerer deine Natur, Caesar,
dann würde seine Hand nur selten die gesamte Energie des Blitzes
 benutzen.
Etruscus bezeugt dankbar diese deine doppelte Huld,
hatte er doch das Glück, seinen Vater erst zu begleiten und dann
 zurückzuführen.

Gesund und verrückt

Auf von acht Sklaven getragener Sänfte läßt Philippus, wiewohl gesund,
 sich tragen, Avitus.
Hältst du den für gesund, dann bist du, Avitus, verrückt.

Nachruf auf einen gefallenen jungen Freund

Sieh, mein sechstes Buch muß ich ohne dich, Rufus Camonius,
 herausbringen
und darf nicht mehr, mein Freund, auf dich als Leser hoffen.
Das kappadokische Land, das unmenschliche, das sich dir unter einer
 verhängnisvollen Gottheit
zeigte, gibt deinem Vater nur die Asche und die Gebeine zurück.
Vergieße Tränen, Bononia, der man ihren Rufus geraubt hat,
und auf der ganzen Aemilia mögen Trauergesänge widerhallen.
Ach, welch kindliche Liebe, welch kurzes Leben verging!
Er hatte gerade fünfmal den Siegespreis am Alpheos erlebt.
Du, der meine poetischen Spielereien oft auswendig vortrug,
Rufus, und sich ganze Scherzgedichte merkte,
empfange mit Tränen das kurze Gedicht deines traurigen Freundes,
und betrachte diese Verse als Weihrauch, den er dir aus der Ferne
 darbringt.

86

Setinum dominaeque nives densique trientes,
  quando ego vos medico non prohibente bibam?
stultus et ingratus nec tanto munere dignus
  qui mavult heres divitis esse Midae.
possideat Libycas messis Hermumque Tagumque, 5
  et potet caldam, qui mihi livet, aquam.

87

Di tibi dent et tu, Caesar, quaecumque mereris:
  di mihi dent et tu quae volo, si merui.

88

Mane salutavi vero te nomine casu
  nec dixi dominum, Caeciliane, meum.
quanti libertas constat mihi tanta, requiris?
  centum quadrantes abstulit illa mihi.

89

Cum peteret seram media iam nocte matellam
  arguto madidus pollice Panaretus,
Spoletina data est sed quam siccaverat ipse,
  nec fuerat soli tota lagona satis.

Wunsch des Kranken nach schneegekühltem Setiner-Wein

Setiner und Schnee meiner Herrin und ihr, Becher, immer wieder neu
 gefüllt,
wann kann ich euch trinken, ohne daß der Arzt es verbietet?
Töricht und undankbar ist und so edler Gabe nicht würdig,
wer es vorzieht, Erbe des reichen Midas zu sein.
Libysche Ernten, den Hermus, den Tagus möge besitzen
und angewärmtes Wasser trinken, wer mir das neidet!

Verschämte Bettelei beim Kaiser

Mögen die Götter und du dir, Caesar, geben, was du verdienst:
Mögen die Götter und du mir geben, was ich wünsche, sofern ich es
 verdient habe.

Strafe für unbekümmertes Verhalten

Heute morgen habe ich dich zufällig mit dem richtigen Namen begrüßt
und habe dich, Caecilianus, nicht »meinen Herrn« genannt.
Wieviel mich eine solche Ungeniertheit koste, willst du wissen?
Hundert Quadranten hat sie mir genommen.

Ein Säufer, der den Wein ganz ohne Wasser trinkt

Als spät um Mitternacht schon Panaretus einen Nachttopf
feuchtfröhlich mit einem Daumenschnippen verlangte,
reichte man ihm die Spoletiner Weinkanne, und zwar eine, die er selber
 zuvor geleert hatte,
doch war nicht einmal die ganze für ihn allein genug gewesen.

ille fide summa testae sua vina remensus 5
 reddidit oenophori pondera plena sui.
miraris, quantum biberat, cepisse lagonam?
 desine mirari, Rufe: merum biberat.

90

Moechum Gellia non habet nisi unum.
turpe est hoc magis: uxor est duorum.

91

Sancta ducis summi prohibet censura vetatque
 moechari. gaude, Zoile, non futuis.

92

Caelatus tibi cum sit, Anniane,
serpens in patera Myronos arte,
Vaticana bibis: bibis venenum.

93

Tam male Thais olet quam non fullonis avari
 testa vetus media sed modo fracta via,
non ab amore recens hircus, non ora leonis,
 non detracta cani transtiberina cutis,

Peinlich genau gab er in den Tonkrug seinen Wein wieder von sich
und erstattete so das volle Gewicht seiner ›Weinflasche‹ zurück.
Du wunderst dich, daß die Kanne genausoviel faßte, wie er getrunken
    hatte?
Wundre dich nicht weiter, Rufus: Er hatte seinen Wein pur getrunken.

Mit einem einzigen Liebhaber ist Gellia Bigamistin

Gellia hat nur einen einzigen Liebhaber.
Um so schlimmer ist das: Dann ist sie die Frau von zweien.

Zoïlus ist kein Ehebrecher

Die ehrwürdige Verordnung des allerhöchsten Fürsten untersagt und
    verbietet,
die Ehe zu brechen. Freu' dich, Zoïlus, vögeln tust du ja nicht!

Billiger Wein in edler Schale

Obwohl für dich, Annianus, eine Schlange ziseliert wurde
auf die in Myrons Kunst gefertigte Schale,
trinkst du Vatikaner: Du trinkst Gift.

Thaïs stinkt immer nach Thaïs

So schlecht riecht Thaïs wie nicht einmal des knausrigen Walkers
altes Gefäß, das ihm auch noch mitten auf der Straße gerade entzweibrach,
wie nicht der Bock, der frisch von der Liebe kommt, nicht der Rachen
    eines Löwen,
nicht das einem Hund weggezogene Fell in Trastevere,

pullus abortivo nec cum putrescit in ovo, 5
 amphora corrupto nec vitiata garo.
virus ut hoc alio fallax permutet odore,
 deposita quotiens balnea veste petit,
psilothro viret aut acida latet oblita creta
 aut tegitur pingui terque quaterque faba. 10
cum bene se tutam per fraudes mille putavit,
 omnia cum fecit, Thaida Thais olet.

94

Ponuntur semper chrysendeta Calpetano
 sive foris seu cum cenat in urbe domi.
sic etiam in stabulo semper, sic cenat in agro.
 non habet ergo aliud? non habet immo suum.

nicht ein Küken, wenn es im abgestorbenen Ei verfault,
oder ein Krug, der durch verdorbene Fischsauce verunreinigt ist.
Um diesen Gifthauch listigerweise mit einem anderen Duft zu
    vertauschen,
macht sie sich, sooft sie entkleidet zum Bad eilt,
mit Enthaarungscreme grün, oder sie verbirgt sich ganz, weil sie sich mit
    Essigkreide bestreicht,
oder sie deckt sich dreifach, vierfach mit fettem Bohnenmehl zu.
Glaubt sie sich dann durch tausend Mittel der Täuschung ganz sicher
und hat sie alles getan, dann riecht Thaïs – nach Thaïs.

Einer, der angibt mit Geschirr, das ihm nicht gehört

Immer trägt man mit Gold verziertes Geschirr dem Calpetanus auf,
ob er nun auswärts speist oder daheim in der Stadt.
So speist er sogar in einer Herberge immer, so auf dem Lande.
Hat er denn kein anderes? Nein, eigenes hat er nicht.

LIBER SEPTIMUS

1

Accipe belligerae crudum thoraca Minervae,
　ipsa Medusaeae quem timet ira comae.
dum vacat, haec, Caesar, poterit lorica vocari:
　pectore cum sacro sederit, aegis erit.

2

Invia Sarmaticis domini lorica sagittis
　et Martis Getico tergore fida magis,
quam vel ad Aetolae securam cuspidis ictus
　texuit innumeri lubricus unguis apri:
felix sorte tua, sacrum cui tangere pectus　　　　5
　fas erit et nostri mente calere dei.
i comes et magnos inlaesa merere triumphos
　palmataeque ducem, sed cito, redde togae.

3

Cur non mitto meos tibi, Pontiliane, libellos?
　ne mihi tu mittas, Pontiliane, tuos.

SIEBENTES BUCH

Ein Panzerhemd für Domitian

Nimm den rauhen Harnisch der kriegerischen Minerva entgegen,
den selbst die zornigen Schlangenhaare der Medusa fürchten.
Solange er unbenutzt ist, Caesar, kann man ihn Brustpanzer nennen:
Wenn er auf deiner heiligen Brust sitzt, wird er eine Ägis sein.

Auf den Brustpanzer Domitians

Brustpanzer unseres Herrn – undurchdringlich für sarmatische Pfeile,
zuverlässiger als der getische Schild des Mars –,
der zum sicheren Schutz selbst gegen die Stöße eines ätolischen Speers
aus den glatten Klauen zahlloser Eber angefertigt ist:
Sei glücklich über dein Los, denn dir ist es erlaubt, die heilige Brust zu berühren
und dich zu wärmen an dem Geist unsres Gottes.
Geh' du als sein Begleiter, verdiene unverletzt dir große Triumphe,
und gib uns den Fürsten zurück, und zwar rasch, in der Toga,
die Palmzweige schmücken!

Du bleibst von meinem Buch verschont

Warum ich dir meine Büchlein nicht schicke, Pontilianus?
Damit du, Pontilianus, mir nicht deine schickst.

4

Esset, Castrice, cum mali coloris,
versus scribere coepit Oppianus.

5

Si desiderium, Caesar, populique patrumque
 respicis et Latiae gaudia vera togae,
redde deum votis poscentibus. invidet hosti
 Roma suo, veniat laurea multa licet:
terrarum dominum propius videt ille tuoque   5
 terretur vultu barbarus et fruitur.

6

Ecquid Hyperboreis ad nos conversus ab oris
 Ausonias Caesar iam parat ire vias?
certus abest auctor sed vox hoc nuntiat omnis:
 credo tibi, verum dicere, Fama, soles.
publica victrices testantur gaudia chartae,   5
 Martia laurigera cuspide pila virent.
rursus, io, magnos clamat tibi Roma triumphos
 invictusque tua, Caesar, in urbe sonas.
sed iam laetitiae quo sit fiducia maior,
 Sarmaticae laurus nuntius ipse veni.   10

Ein blasser Poet

Da Oppianus eine kränkliche Gesichtsfarbe hatte, Castricus,
begann er, Verse zu schreiben.

Bitte um Rückkehr des Kaisers von seiner Expedition
gegen die Sarmaten

Wenn du, Caesar, die Sehnsucht des Volks und des Senats
erwägst und die wahren Freuden von Latiums Bürgern,
dann gib den drängenden Bitten ihren Gott zurück!
Rom ist neidisch auf seinen Feind, wenn auch viele Siegesdepeschen
  eintreffen:
Den Herrn der Welt sieht jener aus größerer Nähe,
vor deinem Antlitz erschrickt der Barbar – und genießt es auch.

In Erwartung von Domitians Heimkehr I

Wendet sich Caesar zu uns von den hyperborëischen Küsten
und bereitet sich schon vor, auf Ausonias Straßen zu gehen?
Niemand verbürgt sich dafür, doch jegliche Stimme verkündet es:
Ich glaube dir, Fama, du pflegst ja die Wahrheit zu sagen.
Siegverkündende Depeschen bestätigen die öffentliche Freude:
Die Lanzen des Mars sind grün an den lorbeertragenden Spitzen.
Wieder – welche Freude! – bejubelt Rom deine großen Triumphe,
und »Unbesiegter!« erschallt es, Caesar, von dir in deiner Stadt.
Doch damit die Zuversicht unserer Freude größer noch sei:
Komm du selber als Bote des sarmatischen Lorbeers!

7

Hiberna quamvis Arctos et rudis Peuce
et ungularum pulsibus calens Hister
fractusque cornu iam ter inprobo Rhenus
teneat domantem regna perfidae gentis
te, summe mundi rector et parens orbis: 5
abesse nostris non tamen potes votis.
illic et oculis et animis sumus, Caesar,
adeoque mentes omnium tenes unus
ut ipsa magni turba nesciat Circi
utrumne currat Passerinus an Tigris. 10

8

Nunc hilares, si quando, mihi, nunc ludite, Musae:
    victor ab Odrysio redditur orbe deus.
certa facis populi tu primus vota, December:
    iam licet ingenti dicere voce 'venit!'
felix sorte tua! poteras non cedere Iano, 5
    gaudia si nobis quae dabit ille dares.
festa coronatus ludet convicia miles,
    inter laurigeros cum comes ibit equos.
fas audire iocos levioraque carmina, Caesar,
    et tibi, si lusus ipse triumphus amat. 10

In Erwartung von Domitians Heimkehr II

Wenn auch die winterliche Bärin und die rauhe Peuke,
der Hister, den der Hufschlag erwärmt,
und der Rhein, dem dreimal schon das dreiste Horn abbrach,
dich festhalten, während du die Königreiche eines abtrünnigen Volkes
    unterwirfst,
erhabener Lenker der Welt und Vater des Erdkreises,
kannst du dich trotzdem nicht unseren Bitten verschließen.
Dort bei dir sind wir mit unseren Augen und Herzen, Caesar,
und so sehr fesselst allein du die Gedanken aller,
daß selbst die Menschenmenge im großen Zirkus nicht weiß,
ob Passerinus läuft oder Tigris.

Aussicht auf baldige Rückkehr Domitians

Jetzt, wenn überhaupt jemals, treibt euer heiteres Spiel für mich,
    ihr Musen:
Siegreich wird uns der Gott aus der odrysischen Welt wiedergegeben.
Als erster läßt du die Wünsche des Volkes in Erfüllung gehen, Dezember:
Schon darf man mit machtvoller Stimme rufen: »Er kommt!«
Sei glücklich über dein Los! Du müßtest dem Janus nicht den Vorrang
    einräumen,
wenn du uns die Freuden schenktest, die jener uns demnächst schenkt.
Bekränzt wird der Soldat die beim Festzug üblichen Spottlieder singen,
wenn er die lorbeergeschmückten Pferde begleitet.
Auch du, Caesar, mußt dir Scherze und recht leichtfertige Lieder anhören,
wo doch der Triumphzug selbst das Spiel mit dem Spott liebt.

9

Cum sexaginta numeret Cascellius annos,
 ingeniosus homo est: quando disertus erit?

10

Pedicatur Eros, fellat Linus: Ole, quid ad te
 de cute quid faciant ille vel ille sua?
centenis futuit Matho milibus: Ole, quid ad te?
 non tu propterea sed Matho pauper erit.
in lucem cenat Sertorius: Ole, quid ad te, 5
 cum liceat tota stertere nocte tibi?
septingenta Tito debet Lupus: Ole, quid ad te?
 assem ne dederis crediderisve Lupo.
illud dissimulas ad te quod pertinet, Ole,
 quodque magis curae convenit esse tuae. 10
pro togula debes: hoc ad te pertinet, Ole.
 quadrantem nemo iam tibi credit: et hoc.
uxor moecha tibi est: hoc ad te pertinet, Ole.
 poscit iam dotem filia grandis: et hoc.
dicere quindecies poteram quod pertinet ad te: 15
 sed quid agas ad me pertinet, Ole, nihil.

Ewiges Talent

Cascellius zählt jetzt sechzig Jahre,
und ist doch ein Mann mit Talent: Wann wird er ein vollendeter Redner
 sein?

Was dich nichts angeht – und was dich sehr angeht

Eros läßt sich von hinten nehmen, Linus macht's mit dem Mund: Olus,
 was geht es dich an,
was der oder jener mit seiner eigenen Haut anstellt?
Hunderttausend zahlt Matho fürs Vögeln: Olus, was geht es dich an?
Deswegen wirst nicht du, sondern Matho arm sein.
Bis in den hellen Tag hinein speist Sertorius: Olus, was geht es dich an,
da du doch die ganze Nacht schnarchen kannst?
Siebenhunderttausend schuldet Lupus dem Titus: Olus, was geht es
 dich an?
Gib keinen Heller dem Lupus, und borg' ihm auch keinen!
Das aber verschweigst du, was dich angeht, Olus,
und worum du dich mehr kümmern solltest.
Du schuldest das Geld für deine mickrige Toga: Das geht dich was an,
 Olus.
Niemand borgt dir jetzt noch einen Heller: auch das.
Deine Frau betrügt dich: Das geht dich was an, Olus.
Deine erwachsene Tochter verlangt schon ihre Mitgift: auch das.
Mehr als ein Dutzend Punkte könnte ich anführen für das, was dich
 angeht:
Doch was du treibst, Olus, das geht *mich* nichts an.

11

Cogis me calamo manuque nostra
emendare meos, Pudens, libellos.
o quam me nimium probas amasque
qui vis archetypas habere nugas!

12

Sic me fronte legat dominus, Faustine, serena
  excipiatque meos qua solet aure iocos,
ut mea nec iuste quos odit pagina laesit
  et mihi de nullo fama rubore placet.
quid prodest, cupiant cum quidam nostra videri,   5
  si qua Lycambeo sanguine tela madent,
vipereumque vomat nostro sub nomine virus,
  qui Phoebi radios ferre diemque negat?
ludimus innocui: scis hoc bene: iuro potentis
  per genium Famae Castaliumque gregem   10
perque tuas aures, magni mihi numinis instar,
  lector inhumana liber ab invidia.

13

Dum Tiburtinis albescere solibus audit
  antiqui dentis fusca Lycoris ebur,
venit in Herculeos colles. quid Tiburis alti
  aura valet! parvo tempore nigra redit.

Wunsch nach einer autorisierten Buchausgabe

Du willst mich zwingen, mit dem Schreibrohr und eigenhändig
meine Büchlein zu verbessern, Pudens.
O wie sehr schätzest und liebst du mich!
Meine poetischen Nichtigkeiten wünschst du als Original!

Verteidigung der eigenen Dichtung

Möge mit heiterer Stirn der Herr mich lesen, Faustinus,
und meinen Scherzen wie sonst Gehör schenken,
so gewiß meine Dichtung auch die nicht verletzt hat, die sie zu Recht
   haßt,
und mir kein Ruhm gefällt, bei dem ich andere beschäme.
Was nützt es mir, wenn manche nur zu gern
ihre vom Blut des Lykambes triefenden Geschosse als meine
   Erzeugnisse ausgeben,
wenn jemand Viperngift unter meinem Namen verspritzt,
der sich scheut, die Strahlen des Phöbus und das Tageslicht zu ertragen?
Ich scherze harmlos, du weißt es genau: Ich schwöre es
beim Genius der machtvollen Fama und bei der kastalischen Schar
und bei deinem Ohr, das für mich einer machtvollen Gottheit
   gleichkommt,
mein Leser, der du frei bist von unfreundlicher Mißgunst.

Vergebliche Bemühung um vornehme Blässe

Als die braune Lycoris hörte, in der Sonne von Tibur
bleiche das Elfenbein von einem verwitterten Zahn,
kam sie zu den Hügeln des Herkules. Was richtet nicht alles
die Luft des hochgelegenen Tiburs aus! Nach kurzer Zeit schon kehrte
  sie schwarz zurück.

14

Accidit infandum nostrae scelus, Aule, puellae;
  amisit lusus deliciasque suas:
non quales teneri ploravit amica Catulli
  Lesbia, nequitiis passeris orba sui,
vel Stellae cantata meo quas flevit Ianthis,
  cuius in Elysio nigra columba volat:
lux mea non capitur nugis neque amoribus istis
  nec dominae pectus talia damna movent:
bis senos puerum numerantem perdidit annos,
  mentula cui nondum sesquipedalis erat.

15

Quis puer hic nitidis absistit Ianthidos undis?
  effugit dominam Naida numquid Hylas?
o bene quod silva colitur Tirynthius ista
  et quod amatrices tam prope servat aquas!
securus licet hos fontes, Argynne, ministres:
  nil facient Nymphae: ne velit ipse cave.

16

Aera domi non sunt, superest hoc, Regule, solum
  ut tua vendamus munera: numquid emis?

Lesbias Spatz, Ianthis' Taube und der Junge meiner Freundin

Ein unsägliches Unglück widerfuhr, Aulus, meinem Mädchen:
Sie verlor ihr Spielzeug und ihr ganzes Entzücken:
Nicht wie Lesbia es einst bejammerte, des zärtlichen Catull Freundin,
beraubt der neckischen Streiche ihres Spatzes,
noch wie die von meinem Stella besungene Ianthis es beweinte,
deren Taube nun schwarz im Elysium fliegt:
Mein Schatz läßt sich durch derartige Scherze und Liebeleien nicht
    beeindrucken,
ein solcher Verlust rührt nicht meiner Herrin Herz:
Sie verlor einen Jungen, der zweimal sechs Jahre zählte,
dem der Schwanz noch keine anderthalb Fuß lang war.

Hüte dich, schöner Knabe,
der Herkules-Statue zu nahe zu kommen!

Wer ist der Junge hier, der sich von den glänzenden Wellen der Ianthis
    abwendet?
Flüchtete Hylas vielleicht vor der Najade, seiner Herrin?
Wie gut, daß man den Helden von Tiryns in diesem Haine verehrt
und daß er das verliebte Gewässer so ganz aus der Nähe bewacht!
Sorglos magst du, Argynnus, aus dieser Quelle einschenken:
Nichts können die Nymphen dir antun: Daß er es nicht selber will,
    davor nimm dich in acht!

»Kauf' mir deine eigenen Geschenke ab!«

Geld hab' ich keines zu Hause, nur das bleibt mir, Regulus, übrig,
daß ich deine Geschenke verkaufe: Kaufst du sie mir etwa ab?

17

Ruris bibliotheca delicati,
vicinam videt unde lector urbem,
inter carmina sanctiora si quis
lascivae fuerit locus Thaliae,
hos nido licet inseras vel imo, 5
septem quos tibi misimus libellos
auctoris calamo sui notatos:
haec illis pretium facit litura.
at tu munere delicata parvo
quae cantaberis orbe nota toto, 10
pignus pectoris hoc mei tuere,
Iuli bibliotheca Martialis.

18

Cum tibi sit facies de qua nec femina possit
 dicere, cum corpus nulla litura notet,
cur te tam rarus cupiat repetatque fututor
 miraris? vitium est non leve, Galla, tibi.
accessi quotiens ad opus mixtisque movemur 5
 inguinibus, cunnus non tacet, ipsa taces.
di facerent ut tu loquereris et ille taceret:
 offendor cunni garrulitate tui.
pedere te mallem: namque hoc nec inutile dicit
 Symmachus et risum res movet ista simul. 10
quis ridere potest fatui poppysmata cunni?
 cum sonat hic, cui non mentula mensque cadit?

Auf die Bibliothek des Freundes und Gönners

Bibliothek des reizenden Landguts,
von wo aus der Leser auf die nahe Hauptstadt blickt:
falls unter den seriöseren Dichtungen
noch Platz ist für meine leichtfertige Thalia,
dann magst du in einer Nische, und sei's auch im untersten Fache,
die sieben Büchlein einreihen, die ich dir schickte,
nachdem sie vom Schreibrohr ihres Verfassers verbessert wurden:
Diese Korrektur macht ihren Wert aus.
Du aber, die mein kleines Geschenk als reizend
besingen und in der ganzen Welt bekannt machen wird,
bewahre dies Unterpfand meiner herzlichen Zuneigung auf,
Bibliothek des Julius Martialis!

Peinliche Laute beim Liebesakt

Du hast ein Gesicht, über das auch eine Frau nichts Negatives sagen
    könnte,
und auch kein Makel entstellt deinen Körper;
weshalb dann aber so selten ein Liebhaber dich begehrt und zum
    zweiten Mal aufsucht,
fragst du verwundert? Du hast einen nicht geringen Mangel, Galla.
Sooft ich ans Werk gehe und wir uns, ineinander verschlungen, bewegen,
schweigt deine Vagina nicht, nur du selber schweigst.
Könnten es doch die Götter bewirken, daß *du* sprichst und *jene* schweigt!
Abgestoßen bin ich von der Geschwätzigkeit deiner Vagina.
Ich wollte lieber, du furztest, denn auch das ist nicht unnütz,
sagt Symmachus, und der Vorfall ruft gleichzeitig Lachen hervor.
Doch wer kann lachen über die Schnalzlaute einer albernen Vagina?
Wenn sie sich vernehmen läßt, bei wem fallen da nicht Schwanz und Mut
    zugleich in sich zusammen?

dic aliquid saltem clamosoque obstrepe cunno
  et, si adeo muta es, disce vel inde loqui.

19

Fragmentum quod vile putas et inutile lignum,
  haec fuit ignoti prima carina maris,
quam nec Cyaneae quondam potuere ruinae
  frangere nec Scythici tristior ira freti.
saecula vicerunt: sed quamvis cesserit annis, 5
  sanctior est salva parva tabella rate.

20

Nihil est miserius neque gulosius Santra.
rectam vocatus cum cucurrit ad cenam,
quam tot diebus noctibusque captavit,
ter poscit apri glandulas, quater lumbum,
et utramque coxam leporis et duos armos, 5
nec erubescit peierare de turdo
et ostreorum rapere lividos cirros.
buccis placentae sordidam linit mappam;
illic et uvae conlocantur ollares
et Punicorum pauca grana malorum 10
et excavatae pellis indecens volvae
et lippa ficus debilisque boletus.
sed mappa cum iam mille rumpitur furtis,

Sag' endlich 'was, und übertöne deine geschwätzige Vagina,
und, wenn du schon so stumm bist, dann lerne wenigstens von dort
 aus – zu sprechen!

Reliquie vom Schiff der Argonauten

Das Bruchstück hier, in dem du nur ein billiges und nutzloses Stück
 Holz siehst,
war der erste Schiffskiel auf unbekanntem Meer,
den weder die bedrohlichen kyanischen Felsen jemals zerschmettern
 konnten
noch des skythischen Meeres viel unheilvollere Wut.
Die Jahrhunderte erst haben ihn besiegt: Doch obwohl es den Jahren
 erlag,
ist die schmale Planke jetzt heiliger als es das erhaltene Schiff wäre.

Ein armseliger Schlemmer

Niemand ist jämmerlicher und gefräßiger als Santra.
Eilt er, weil er eingeladen wurde, zu einem richtigen Mahl,
nach dem es ihn so viele Tage und Nächte gelüstete,
verlangt er dreimal Eberdrüsen, viermal Lenden,
beide Hasenkeulen und die zwei Schultern dazu,
errötet auch nicht, einen Meineid wegen einer Drossel zu schwören
und die blaßblauen Austernfäden an sich zu raffen.
Mit Kuchenstückchen verschmiert er sein schmutziges Mundtuch;
dort werden auch eingelegte Trauben plaziert,
einige Kerne von punischen Äpfeln,
die abstoßende Haut der ausgehöhlten Sautasche,
eine safttriefende Feige und ein kümmerlicher Pilz.
Wenn aber das Mundtuch schon von tausend Diebstählen zum Platzen
 voll ist,

rosos tepenti spondylos sinu condit
et devorato capite turturem truncum.15
colligere longa turpe nec putat dextra
analecta quidquid et canes reliquerunt.
nec esculenta sufficit gulae praeda,
mixto lagonam replet ad pedes vino.
haec per ducentas cum domum tulit scalas20
seque obserata clusit anxius cella
gulosus ille, postero die vendit.

21

Haec est illa dies, magni quae conscia partus
    Lucanum populis et tibi, Polla, dedit.
heu! Nero crudelis nullaque invisior umbra,
    debuit hoc saltem non licuisse tibi.

22

Vatis Apollinei magno memorabilis ortu
    lux redit: Aonidum turba, favete sacris.
haec meruit, cum te terris, Lucane, dedisset,
    mixtus Castaliae Baetis ut esset aquae.

dann verbirgt er noch im warmen Gewandbausch angenagte Muscheln
und den Rest einer Taube, deren Kopf er zuvor hinuntergeschlungen hat.
Und er hält es auch nicht für anstößig, mit langem Arm all das
    einzusammeln,
was der die Reste auflesende Sklave und die Hunde übrigließen.
Doch seinem gierigen Maul genügt nicht 'mal die Beute, die man essen
    kann:
Er füllt den Krug zu seinen Füßen mit zusammengeschüttetem Wein.
Hat er das alles über zweihundert Stiegen nach Hause getragen
und sich ängstlich in die verriegelte Kammer eingesperrt,
der Vielfraß, dann verkauft er es am nächsten Tag.

Zum Geburtstag Lukans I

Heute ist der Tag, der, als Zeuge einer bedeutenden Geburt,
Lukan den Völkern und dir, Polla, geschenkt hat.
Wehe, grausamer Nero, den kein anderer Tod mehr verhaßt gemacht
    hat:
Das wenigstens hätte dir nicht erlaubt sein dürfen!

Zum Geburtstag Lukans II

Der Tag kehrt zurück, der erinnerungswürdig bleibt durch die hohe
    Geburt des apollinischen Sängers:
Mädchenschar von Aonien, sei du wohl gesonnen der festlichen Feier!
Dieser Tag hat es verdient, da er dich, Lukan, der Erde schenkte,
daß der Baetis sich mit dem kastilischen Quell vereinte.

23

Phoebe, veni, sed quantus eras cum bella tonanti
   ipse dares Latiae plectra secunda lyrae.
quid tanta pro luce precer? tu, Polla, maritum
   saepe colas et se sentiat ille coli.

24

Cum Iuvenale meo quae me committere temptas,
   quid non audebis, perfida lingua, loqui?
te fingente nefas Pyladen odisset Orestes,
   Thesea Pirithoi destituisset amor,
tu Siculos fratres et maius nomen Atridas   5
   et Ledae poteras dissociare genus.
hoc tibi pro meritis et talibus inprecor ausis,
   ut facias illud quod, puto, lingua, facis.

25

Dulcia cum tantum scribas epigrammata semper
   et cerussata candidiora cute,
nullaque mica salis nec amari fellis in illis
   gutta sit, o demens, vis tamen illa legi!
nec cibus ipse iuvat morsu fraudatus aceti,   5
   nec grata est facies cui gelasinus abest.

Zum Geburtstag Lukans III

Phöbus, komm, und zwar so machtvoll, wie du warst, als du dem
    donnernden Sänger der Kriege
selber das zweite Plektrum der latinischen Lyra reichtest!
Was soll ich an einem so großen Tage erbitten? Daß du, Polla, deinen
    Mann
noch oft ehren kannst und daß jener fühle, wie du ihn ehrst.

Verwünschung eines Verleumders

Falsche Zunge, du versuchst, mich mit meinem Juvenal zu entzweien,
was wirst du *nicht* zu erzählen wagen?
Bei Verbrechen, wie du sie dir ausdenkst, hätte Orestes den Pylades
    gehaßt,
des Peirithoos Liebe den Theseus im Stich gelassen,
du hättest die sizilischen Brüder und – ein größerer Name noch – die
    Atriden
und die Leda-Kinder auseinanderbringen können.
Drum wünsche ich dir für deine ›Verdienste‹ und für solche
    Unverschämtheiten,
daß du, Zunge, das tust, was du, wie ich glaube, tust.

Gegen einen Epigrammdichter ›ohne Biß‹

Obwohl du immer nur Epigramme schreibst, die lieblich sind
und blasser als mit Bleiweiß geschminkte Haut,
und kein Körnchen Salz, kein Tropfen bitterer Galle in ihnen ist,
willst du Tor dennoch, daß man sie liest!
Selbst die Speise schmeckt nicht, betrügt man sie um die Schärfe des
    Essigs,
noch hat Charme ein Gesicht, dem die Lachgrübchen fehlen.

infanti melimela dato fatuasque mariscas:
    nam mihi, quae novit pungere, Chia sapit.

26

Apollinarem conveni meum, scazon,
et si vacabit – ne molestus accedas –,
hoc qualecumque, cuius aliqua pars ipse est,
dabis: hoc facetae carmen inbuant aures.
si te receptum fronte videris tota, 5
noto rogabis ut favore sustentet.
quanto mearum, scis, amore nugarum
flagret: nec ipse plus amare te possum.
contra malignos esse si cupis tutus,
Apollinarem conveni meum, scazon. 10

27

Tuscae glandis aper populator et ilice multa
    iam piger, Aetolae fama secunda ferae,
quem meus intravit splendenti cuspide Dexter,
    praeda iacet nostris invidiosa focis.
pinguescant madido laeti nidore penates 5
    flagret et exciso festa culina iugo.
sed cocus ingentem piperis consumet acervum
    addet et arcano mixta Falerna garo:
ad dominum redeas, noster te non capit ignis,
    conturbator aper: vilius esurio. 10

Einem Kleinkind gib Honigäpfel und fade Marisken:
Denn mir schmeckt die Feige von Chios, die pikant zu sein versteht.

Bitte an Apollinaris, die Patronage der Gedichte zu übernehmen

Suche meinen Apollinaris auf, Hinkvers,
und, falls er Zeit hat – tritt nicht an ihn heran, wenn du ihm lästig bist! –,
sollst du ihm das hier geben: so wie es ist, wovon er selbst ein Teil ist.
Seine geistreichen Ohren sollen die ersten sein, die meine Verse
       kennenlernen.
Wenn du siehst, daß man dich ohne Stirnrunzeln aufnimmt,
dann sollst du ihn bitten, er möge dir mit gewohnter Gefälligkeit beistehen.
Du weißt ja, wie er von Liebe zu meinen Nichtigkeiten glüht:
Mehr Liebe kann auch ich selbst dir nicht entgegenbringen.
Wenn du dich gegen böswillige Kritiker schützen willst,
suche meinen Apollinaris auf, Hinkvers!

Ein zu opulentes Mahl für meine Verhältnisse

Ein Eber, Plünderer tuskischer Eicheln, schon träge von der Ausbeute so
       vieler Eichen,
der zweite an Ruhm gleich nach dem ätolischen Tier,
den mein Dexter mit dem glänzenden Speer durchbohrte,
liegt auf meinem Herd, eine neiderregende Beute.
Mögen sich meine Hausgötter froh am fetten Dampf sättigen,
und die festliche Küche erglühe vom abgeholzten Bergwald.
Aber der Koch wird riesige Mengen Pfeffer verbrauchen
und Falerner hinzutun, den er mit exklusivem Garum gemischt hat.
Kehre zurück zu deinem Herrn, meine Feuerstelle ist zu klein für dich,
Eber du, der mich bankrott macht: Ich will weniger teuer meinen
       Hunger stillen.

28

Sic Tiburtinae crescat tibi silva Dianae
  et properet caesum saepe redire nemus,
nec Tartesiacis Pallas tua, Fusce, trapetis
  cedat et inmodici dent bona musta lacus;
sic fora mirentur, sic te Palatia laudent,
  excolat et geminas plurima palma fores:
otia dum medius praestat tibi parva December,
  exige, sed certa, quos legis, aure iocos.
'scire libet verum? res est haec ardua.' sed tu
  quod tibi vis dici dicere, Fusce, potes.

29

Thestyle, Victoris tormentum dulce Voconi,
  quo nemo est toto notior orbe puer,
sic etiam positis formonsus amere capillis
  et placeat vati nulla puella tuo:
paulisper domini doctos sepone libellos,
  carmina Victori dum lego parva tuo.
et Maecenati, Maro cum cantaret Alexin,
  nota tamen Marsi fusca Melaenis erat.

Bitte um ein kompetentes Urteil über die Epigramme

So gewiß ich wünsche, daß dein Wald der Diana in Tibur wachse,
der oft abgeholzte Hain sich rasch erneuere,
auch deine Olivenernte, Fuscus, nicht vor tartessischen Ölpressen zurückstehe
und übervolle Bottiche dir einen edlen Most spenden;
so gewiß ich wünsche, daß die Foren dich bewundern, auch der Kaiserpalast dich lobe
und Palmzweige in großer Zahl dir die Türflügel schmücken,
(genau so ernsthaft) prüfe, solange dir die Mitte des Dezembers eine Ruhepause gewährt,
und zwar mit gespannter Aufmerksamkeit, die Scherzgedichte, die du liest.
»Möchtest du die Wahrheit wissen? Das ist keine leichte Aufgabe!« Aber du,
Fuscus, kannst doch zu mir sagen, was du dir selbst gern sagen läßt!

Auch vor deinem seriöser schreibenden Herrn soll meine leichte Dichtung zu Gehör kommen

Thestylus, du süße Qual des Voconius Victor,
kein Junge ist in der ganzen Welt bekannter als du:
So wahr du, schön wie du bist, geliebt werden sollst, auch wenn du einmal deine Locken abgelegt hast,
und deinem Dichter kein einziges Mädchen gefallen solle:
Lege jetzt die gelehrten Büchlein deines Herrn ein wenig zur Seite,
während ich deinem Victor meine kurzen Gedichte vortrage.
Auch dem Maecenas war, als Maro von Alexis sang,
dennoch des Marsus braune Melaenis wohl vertraut.

30

Das Parthis, das Germanis, das, Caelia, Dacis,
  nec Cilicum spernis Cappadocumque toros;
et tibi de Pharia Memphiticus urbe fututor
  navigat, a rubris et niger Indus aquis;
nec recutitorum fugis inguina Iudaeorum,
  nec te Sarmatico transit Alanus equo.
qua ratione facis, cum sis Romana puella,
  quod Romana tibi mentula nulla placet?

31

Raucae chortis aves et ova matrum
et flavas medio vapore Chias
et fetum querulae rudem capellae
nec iam frigoribus pares olivas
et canum gelidis holus pruinis
de nostro tibi missa rure credis?
o quam, Regule, diligenter erras!
nil nostri, nisi me, ferunt agelli.
quidquid vilicus Umber aut colonus
aut rus marmore tertio notatum
aut Tusci tibi Tusculive mittunt,
id tota mihi nascitur Subura.

32

Attice, facundae renovas qui nomina gentis
  nec sinis ingentem conticuisse domum,

Caelia steht nicht auf römische Männer

Du gibst dich Parthern, gibst dich Germanen, gibst dich, Caelia, Dakern hin,
verschmähst auch nicht der Kilikier, der Kappadokier Bett;
auch aus der pharischen Stadt fährt der Freier von Memphis zu dir übers Wasser
und der dunkle Inder vom Roten Meer;
du meidest auch nicht das Glied der beschnittenen Juden,
nicht zieht bei dir auf sarmatischem Pferd der Alane vorüber.
Wie kommst du dazu – du bist doch ein römisches Mädchen –,
daß dir kein römischer Schwanz gefällt?

Nichts außer mich selbst ›trägt‹ mein kleines Landgut

Geflügel vom lärmenden Hühnerhof sowie Hühnereier
und von mäßiger Wärme gelbliche Chier-Feigen
und der meckernden Ziege unbeholfenes Jungtier,
auch Oliven, die dem Frost nicht länger standhalten,
und Kohl, grauweiß vom eisigen Rauhreif,
glaubst du, das alles wurde dir von meinem Landgut geschickt?
O wie gründlich du dich irrst, Regulus!
Nichts außer mich selbst trägt mein Gütchen.
Was dein umbrischer Verwalter oder Pächter
oder dein Landsitz, den der dritte Meilenstein bezeichnet,
oder Tusker dir und Tuskuler schicken,
das wächst für mich überall in der Subura.

Sport zu treiben ist Faulheit

Atticus, der du den Namen einer eloquenten Familie wiederbelebst
und nicht zuläßt, daß ein mächtiges Haus verstumme,

te pia Cecropiae comitatur turba Minervae,
  te secreta quies, te sophos omnis amat.
at iuvenes alios fracta colit aure magister
  et rapit inmeritas sordidus unctor opes.
non pila, non follis, non te paganica thermis
  praeparat aut nudi stipitis ictus hebes,
vara nec in lento ceromate bracchia tendis,
  non harpasta vagus pulverulenta rapis,
sed curris niveas tantum prope Virginis undas
  aut ubi Sidonio taurus amore calet.
per varias artes, omnis quibus area servit,
  ludere, cum liceat currere, pigritia est.

33

Sordidior caeno cum sit toga, calceus autem
  candidior prima sit tibi, Cinna, nive:
deiecto quid, inepte, pedes perfundis amictu?
  collige, Cinna, togam; calceus ecce perit.

34

Quo possit fieri modo, Severe,
ut vir pessimus omnium Charinus
unam rem bene fecerit, requiris?
dicam, sed cito. quid Nerone peius?

dich begleitet getreu die Schar der kekropischen Minerva,
dich liebt, wer in abgeschiedener Muße lebt, dich jeder, der philosophiert.
Andere junge Leute dagegen betreut ein Fechtmeister mit zerschlagenem
    Ohr,
und ein schmuddeliger Masseur ergaunert sich unverdienten Reichtum
    von ihnen.
Kein Ball, auch kein mit Luft oder mit Federn gefüllter,
oder der Hieb mit dem stumpfen Schwert auf den bloßen Pfahl macht
    dich reif für das Bad;
du streckst und krümmst nicht die Arme im zähklebrigen Ringkampf,
hastest nicht hin und her nach den staubigen Fangbällen,
sondern du läufst nur nahe bei den eisigen Wassern der Virgo
oder dort, wo der Stier in Liebe zu der Sidonierin glüht.
In verschiedenen Sportarten, wie sie jeder Platz bietet,
sich spielerisch zu betätigen, wenn man laufen kann, ist Faulheit.

Tadellos weiße Schuhe, aber schmutzige Toga

Während deine Toga, Cinna, schmutziger als Dreck, dein Schuhwerk
    jedoch
weißer noch ist als der erste Schnee,
warum läßt du Tor dann dein Gewand herabfallen und über die Füße
    wallen?
Raff' deine Toga zusammen, Cinna: Dein Schuhwerk, sieh, wird sonst
    ruiniert.

Kann auch ein übler Typ etwas Nützliches schaffen?

Wie es geschehen konnte, mein Severus,
daß Charinus, der schlechteste aller Männer,
eine Sache vortrefflich machte, willst du wissen?
Ich sag's dir sofort: Was gibt's Schlimmeres als Nero?

quid thermis melius Neronianis? 5
non dest protinus, ecce, de malignis
qui sic rancidulo loquatur ore:
'quid? tu tot domini deique nostri
praefers muneribus Neronianas?'
thermas praefero balneis cinaedi. 10

35

Inguina succinctus nigra tibi servos aluta
  stat, quotiens calidis tota foveris aquis.
sed meus, ut de me taceam, Laecania, servos
  Iudaeum nulla sub cute pondus habet,
sed nudi tecum iuvenesque senesque lavantur. 5
  an sola est servi mentula vera tui?
ecquid femineos sequeris, matrona, recessus,
  secretusque tua, cunne, lavaris aqua?

36

Cum pluvias madidumque Iovem perferre negaret
  et rudis hibernis villa nataret aquis,
plurima, quae posset subitos effundere nimbos,
  muneribus venit tegula missa tuis.
horridus, ecce, sonat Boreae stridore December: 5
  Stella, tegis villam, non tegis agricolam?

Was gibt's Besseres als Neros Thermen?
Doch sieh, gleich ist einer von den Verleumdern zur Stelle,
der so mit ekelhaftem Munde spricht:
»Was, den so zahlreichen Prachtbauten unseres Herrrn und Gottes
ziehst du die Neronischen Thermen vor?«
Die Thermen ziehe ich dem Privatbad dieses Schwulen vor.

Gespielte Sittsamkeit einer Dame

Die Lenden von dunkel gegerbtem Leder umhüllt, steht ein Sklave an
    deiner Seite,
sooft du dich ganz vom warmen Wasser des Bades verwöhnen läßt.
Mein Sklave dagegen – von mir selbst will ich schweigen, Laecania –
trägt von der Vorhaut befreit sein gewichtiges jüdisches Organ.
Aber es baden junge und alte Männer nackt mit dir zusammen.
Ist vielleicht einzig der Schwanz deines Sklaven echt?
Suchst du, würdige Dame, etwa die für Frauen reservierten Räume auf
und badest, du geile Person, diskret in Wasser, das nur für dich da ist?

Laß mich bitte nicht ›im Regen stehn‹!

Als mein Haus die Regengüsse und das nasse Wetter nicht länger
    ertragen wollte
und baufällig im winterlichen Wasser schwamm,
wurden mir – als Geschenk von dir – Ziegel jede Menge geschickt,
geeignet, plötzliche Wolkenbrüche abfließen zu lassen.
Schauerlich, fürwahr ertönt der Dezember im Heulen des Nordwinds:
Stella, du deckst das ländliche Haus, willst du nicht auch den bedecken,
    der das Land bestellt?

37

Nosti mortiferum quaestoris, Castrice, signum?
  est operae pretium discere theta novum:
exprimeret quotiens rorantem frigore nasum,
  letalem iuguli iusserat esse notam.
turpis ab inviso pendebat stiria naso, 5
  cum flaret madida fauce December atrox:
collegae tenuere manus: quid plura requiris?
  emungi misero, Castrice, non licuit.

38

Tantus es et talis nostri, Polypheme, Severi
  ut te mirari possit et ipse Cyclops.
sed nec Scylla minor. quod si fera monstra duorum
  iunxeris, alterius fiet uterque timor.

39

Discursus varios vagumque mane
et fastus et have potentiorum
cum perferre patique iam negaret,
coepit fingere Caelius podagram.
quam dum volt nimis adprobare veram 5
et sanas linit obligatque plantas
inceditque gradu laborioso,
– quantum cura potest et ars doloris! –
desît fingere Caelius podagram.

Kein Todesurteil, ohne daß der Richter sich schneuzt

Du kennst doch, Castricus, des Quästors todbringendes Zeichen?
Es lohnt die Mühe, ein neues Theta zu lernen:
Sooft er seine vom Frost tropfende Nase schneuze,
sei das, so sein Befehl, das Todessignal für den Hals des Delinquenten.
Nun hing an seiner verhaßten Nase ein häßlicher Eiszapfen,
da der gräßliche Dezember mit naßkaltem Schlunde blies:
Die Kollegen hielten seine Hände fest. Was fragst du noch weiter?
Sich die Nase zu schneuzen, Castricus, war dem Armen nicht gestattet.

Zwei Sklaven, so monströs wie ihre mythischen Namen

So riesig bist du und von solchem Aussehen, Polyphemus, Sklave
  meines Severus,
daß selbst der Kyklop dich bestaunen könnte.
Aber Skylla ist auch nicht kleiner. Wenn du nun die beiden unbändigen
  Monster
zusammentust, wird einer der Schreck des anderen werden.

Caelius spielt so lange den Kranken, bis er es wirklich ist

Als Caelius sich weigerte, das viele Hin- und Herlaufen, die unsteten
  Morgenbesuche,
die Arroganz und den hochmütigen Gruß der Mächtigeren
länger zu ertragen und zu erleiden,
fing er an, die Fußgicht vorzutäuschen;
und da er zu sehr ihre Echtheit beweisen wollte,
die gesunden Füße einschmierte und verband
und sich mit mühsamen Schritten vorwärtsbewegte
– was die Sorgfalt und Kunst zu leiden alles fertigbringt! –,
da hörte Caelius auf, die Fußgicht vorzutäuschen.

40

Hic iacet ille senex Augusta notus in aula,
  pectore non humili passus utrumque deum;
natorum pietas sanctis quem coniugis umbris
  miscuit: Elysium possidet ambo nemus.
occidit illa prior viridi fraudata iuventa: 5
  hic prope ter senas vixit Olympiadas.
sed festinatis raptum tibi credidit annis,
  aspexit lacrimas quisquis, Etrusce, tuas.

41

Cosmicos esse tibi, Semproni Tucca, videris:
  cosmica, Semproni, tam mala quam bona sunt.

42

Muneribus cupiat si quis contendere tecum,
  audeat hic etiam, Castrice, carminibus.
nos tenues in utroque sumus vincique parati:
  inde sopor nobis et placet alta quies.
tam mala cur igitur dederim tibi carmina, quaeris? 5
  Alcinoo nullum poma dedisse putas?

Grabschrift für den Vater des Claudius Etruscus

Hier ruht jener Greis, bekannt am Hofe des Kaisers,
der – ein Mann ohne niedrige Gesinnung – den Gott auf doppelte Weise
    erlebte;
die Liebe seiner Söhne hat ihn jetzt mit dem heiligen Schatten der Gattin
    vereint:
Der elysische Hain besitzt nun beide.
Sie starb eher, betrogen um ihre blühende Jugend,
er lebte beinahe dreimal sechs Olympiaden lang.
Doch jeder, der deine Tränen erblickte, Etruscus,
mußte glauben, er sei dir in frühen Jahren jäh entrissen worden.

Wortspiel mit »cosmicus«

›Kosmopolit‹, Sempronius Tucca, glaubst du zu sein:
Doch unter ›Kosmischem‹ gibt's sowohl Gutes wie Schlechtes,
    Sempronius!

Castricus Gedichte zu schenken heißt: Eulen nach Athen tragen

Wenn einer wünscht, in Geschenken mit dir zu konkurrieren,
dann soll er den Wettstreit auch mit Gedichten riskieren, Castricus.
Ich bin in beidem schwach und bereit, mich besiegen zu lassen:
Daher gefallen mir der Schlaf und tiefe Ruhe.
Weshalb ich dir dann so schlechte Gedichte geschenkt habe, fragst du?
Meinst du, nie habe jemand Alkinoos Früchte geschenkt?

43

Primum est ut praestes, si quid te, Cinna, rogabo;
 illud deinde sequens ut cito, Cinna, neges.
diligo praestantem; non odi, Cinna, negantem:
 sed tu nec praestas nec cito, Cinna, negas.

44

Maximus ille tuus, Ovidi, Caesonius hic est,
 cuius adhuc vultum vivida cera tenet.
hunc Nero damnavit: sed tu damnare Neronem
 ausus es et profugi, non tua, fata sequi:
aequora per Scyllae magnus comes exulis isti, 5
 qui modo nolueras consulis ire comes.
si victura meis mandantur nomina chartis
 et fas est cineri me superesse meo:
audiet hoc praesens venturaque turba fuisse
 illi te, Senecae quod fuit ille suo. 10

45

Facundi Senecae potens amicus,
caro proximus aut prior Sereno,
hic est Maximus ille, quem frequenti
felix littera pagina salutat.
hunc tu per Siculas secutus undas, 5

Sofortige Ablehnung einer Bitte ist besser als längeres Hinhalten

Das erste ist, daß du es gewährst, wenn ich dich, Cinna, um etwas bitte,
das zweite ist dann, daß du, Cinna, es rasch abschlägst.
Ich schätze den, der es gewährt, nicht hasse ich den, Cinna der es
  abschlägt.
Aber du gewährst es nicht, Cinna, und schlägst es auch nicht rasch ab.

Auf ein Bild des Caesonius

Dies hier, Ovidius, ist dein Freund Maximus Caesonius,
dessen Züge das Wachsbild noch lebendig bewahrt.
Nero hat ihn verurteilt, doch du riskiertest es, Nero zu verurteilen
und dich dem Schicksal des Exilierten, das nicht dein eigenes war,
  anzuschließen;
durch die Gewässer der Skylla fuhrst du mit ihm, ein hochherziger
  Begleiter des Verbannten,
obwohl du noch kurz zuvor als Begleiter des Konsuls nicht mitgehen
  wolltest.
Wenn Namen (von Persönlichkeiten), die weiterleben sollen, meinen
  Schriften anvertraut werden
und mir erlaubt ist, meine eigene Asche zu überleben,
dann werden jetzt und künftig die Leute es hören,
daß du jenem das warst, was jener seinem Seneca war.

Auf ein Bild des Caesonius II

Der machtvolle Freund des eloquenten Seneca,
der nächste nach dem teuren Serenus oder noch vor diesem,
das ist jener Maximus hier vor dir, den auf so vielen Seiten
der glückverheißende Buchstabe grüßt.
Indem du durch die sizilischen Gewässer diesem folgtest,

o nullis, Ovidi, tacende linguis,
sprevisti domini furentis iras.
miretur Pyladen suum vetustas,
haesit qui comes exuli parentis.
quis discrimina conparet duorum?   10
haesisti comes exuli Neronis.

46

Commendare tuum dum vis mihi carmine munus
    Maeonioque cupis doctius ore loqui,
excrucias multis pariter me teque diebus,
    et tua de nostro, Prisce, Thalia tacet.
divitibus poteris musas elegosque sonantes   5
    mittere: pauperibus munera πεζά dato.

47

Doctorum Licini celeberrime Sura virorum,
    cuius prisca gravis lingua reduxit avos,
redderis – heu, quanto fatorum munere! – nobis
    gustata Lethes paene remissus aqua.
perdiderant iam vota metum securaque flebat   5
    † tristitia et lacrimis iamque peractus eras: †
non tulit invidiam taciti regnator Averni
    et ruptas Fatis reddidit ipse colus.

Ovidius, dessen Namen keine Stimme verschweigen darf,
hast du des wütenden Tyrannen Zorn verachtet.
Ihren Pylades mag die alte Zeit bewundern,
der als Gefährte dem von der Mutter Verbannten sich anschloß.
Wer wollte die Gefährdungen beider vergleichen?
Du hast dich als Begleiter dem von Nero Verbannten angeschlossen.

Verse sind's nicht, was ich von dir erwarte

Während du mir mit einem Gedicht dein Geschenk empfehlen möchtest
und gerne kunstvoller als der mäonische Mund sprächest,
quälst du seit vielen Tagen mich und dich zugleich,
und deine Thalia, Priscus, sie schweigt: zum Schaden für mich.
Den Reichen kannst du Musengesang und wohltönende Elegien
schicken: den Armen gib prosaische Geschenke!

Mahnung an einen von tödlicher Krankheit genesenen Freund:
Carpe diem

Licinius Sura, du berühmtester von allen Gelehrten,
dessen archaischer Stil uns die ehrwürdigen Ahnen zurückbrachte,
du wirst uns wiedergegeben und – o durch welch großes Geschenk des Schicksals! –
zurückgesandt, nachdem du fast schon das Wasser der Lethe gekostet hast.
Schon hatten unsre Gebete die bange Ungewißheit verloren, †unsere Trauer weinte und war sich ihrer sicher:
schon warst du in unseren Tränen gestorben.†
Der Herrscher des schweigenden Avernus ertrug nicht unsere Wut
und gab selbst den abgerissenen Faden an die Herrinnen des Schicksals zurück.

scis igitur quantas hominum mors falsa querelas
 moverit et frueris posteritate tua. 10
vive velut rapto fugitivaque gaudia carpe:
 perdiderit nullum vita reversa diem.

48

Cum mensas habeat fere trecentas,
pro mensis habet Annius ministros:
transcurrunt gabatae volantque lances.
has vobis epulas habete, lauti:
nos offendimur ambulante cena. 5

49

Parva suburbani munuscula mittimus horti:
 faucibus ova tuis, poma, Severe, gulae.

50

Fons dominae, regina loci quo gaudet Ianthis,
 gloria conspicuae deliciumque domus,
cum tua tot niveis ornetur ripa ministris
 et Ganymedeo luceat unda choro:
quid facit Alcides silva sacratus in ista? 5
 tam vicina tibi cur tenet antra deus?
numquid Nympharum notos observat amores,
 tam multi pariter ne rapiantur Hylae?

Du weißt also, welche Klagen unter den Menschen der Gedanke an
 deinen vermeintlichen Tod
hervorrief, und erfreust dich deiner zweiten Existenz.
Lebe wie von einem geraubten Gut und pflücke die flüchtigen Freuden!
Möge das Leben, das zu dir zurückkehrte, keinen einzigen Tag verlieren!

Mir ist ein Mahl zuwider, das nur ›vorbeiläuft‹

Obwohl Annius etwa dreihundert Tische hat,
hat er statt der Tische Diener:
Schüsseln eilen vorbei, und Teller fliegen:
Behaltet solche Festessen für euch, ihr feinen Leute!
Mir ist ein Mahl zuwider, das vorbeiläuft.

Minimale Gaben aus meinem Vorstadtgütchen

Kleine Geschenke schicke ich dir aus dem Garten der Vorstadt:
für deinen Rachen Eier, Severus, und Früchte für den Gaumen.

An die Quelle im Park der Ianthis

Herrinnenquelle, an der sich Ianthis freut, die Königin des Ortes,
du köstlicher Ruhm eines illustren Hauses,
wenn so viele schneeweiße Diener dein Ufer schmücken
und in deinem Wasser sich der Reigen der Ganymeden spiegelt:
Was macht da der Alkide, den man in diesem Park verehrt?
Warum hat der Gott so nahe bei dir seine Grotte?
Überwacht er vielleicht die bekannten Liebesabenteuer der Nymphen,
damit nicht so viele Hylas-Gestalten auf einmal geraubt werden?

51

Mercari nostras si te piget, Urbice, nugas
　et lasciva tamen carmina nosse libet,
Pompeium quaeres – et nosti forsitan – Auctum;
　ultoris prima Martis in aede sedet:
iure madens varioque togae limatus in usu　　　　　5
　non lector meus hic, Urbice, sed liber est.
sic tenet absentes nostros cantatque libellos
　ut pereat chartis littera nulla meis:
denique, si vellet, poterat scripsisse videri;
　sed famae mavult ille favere meae.　　　　　　10
hunc licet a decuma – neque enim satis ante vacabit –
　sollicites, capiet cenula parva duos;
ille leget, bibe tu; nolis licet, ille sonabit:
　et cum 'iam satis est' dixeris, ille leget.

52

Gratum est quod Celeri nostros legis, Aucte, libellos,
　si tamen et Celerem quod legis, Aucte, iuvat.
ille meas gentes, Celtas et rexit Hiberos,
　nec fuit in nostro certior orbe fides.
maior me tanto reverentia turbat et aures　　　　　5
　non auditoris, iudicis esse puto.

Pompejus Auctus: ein Kenner und Liebhaber
von Martials Dichtung

Wenn du keine Lust hast, meine Nichtigkeiten zu kaufen, Urbicus,
und du doch meine frivolen Gedichte kennenlernen willst,
dann mußt du nur den Pompejus Auctus aufsuchen – vielleicht kennst
    du ihn ja schon;
er hat seinen Sitz gleich am Eingang zum Tempel des Rächers Mars:
Durchdrungen vom Recht und versiert auf so manchem Terrain, wo
    man die Toga (des Advokaten) trägt,
ist er mein Leser nicht, Urbicus, sondern er ist – mein Buch.
So gut behält er meine Gedichte und trägt sie vor, auch wenn er sie nicht
    zur Hand hat,
daß von all meinen Versen auch nicht *ein* Buchstabe verloren geht.
Kurz, wenn er nur wollte, könnte er als ihr Verfasser erscheinen,
doch er zieht es vor, meinen Ruhm wohlwollend zu fördern.
Ihn magst du ab der zehnten Stunde – denn vorher hat er kaum etwas
    Zeit –
stören, eine kleine Mahlzeit wird dann auf euch beide warten;
er wird lesen, du magst trinken dabei. Selbst wenn du's nicht willst, wird
    er laut deklamieren:
Und auch wenn du sagst: »Jetzt ist's genug«, wird er weiterlesen.

Der Hörer als Richter

Lieb ist es mir, daß du meine Büchlein dem Celer vorliest, Auctus,
doch nur, wenn auch dem Celer gefällt, was du, Auctus, liest.
Er hat meine Landsleute, Kelten und Iberer, regiert:
Nie gab es festere Zuverlässigkeit in unserer Welt.
Um so mehr beunruhigt mich mein Respekt vor ihm, und ich sehe
nicht das Ohr eines Hörers, sondern das eines Richters in ihm.

53

Omnia misisti mihi Saturnalibus, Umber,
   munera, contulerant quae tibi quinque dies:
bis senos triplices et dentiscalpia septem;
   his comes accessit spongea, mappa, calix,
semodiusque fabae cum vimine Picenarum   5
   et Laletanae nigra lagona sapae;
parvaque cum canis venerunt cottana prunis
   et Libycae fici pondere testa gravis.
vix puto triginta nummorum tota fuisse
   munera quae grandes octo tulere Syri.   10
quanto commodius nullo mihi ferre labore
   argenti potuit pondera quinque puer!

54

Semper mane mihi de me mera somnia narras,
   quae moveant animum sollicitentque meum.
iam prior ad faecem, sed et haec vindemia venit,
   exorat noctes dum mihi saga tuas;
consumpsi salsasque molas et turis acervos;   5
   decrevere greges, dum cadit agna frequens;
non porcus, non chortis aves, non ova supersunt.
   aut vigila aut dormi, Nasidiane, tibi.

55

Nulli munera, Chreste, si remittis,
nec nobis dederis remiserisque:
credam te satis esse liberalem.

Armselige Saturnaliengeschenke

An den Saturnalien hast du mir all die Geschenke geschickt, Umber,
die dir die fünf Tage eingebracht hatten:
Zwölf dreiblättrige Schreibtafeln und sieben Zahnstocher;
in ihrem Geleit kamen ein Schwamm, eine Serviette, ein Becher,
ein Halbmaß Bohnen nebst einem Weidenkorb mit Picener Oliven
und ein schwärzlicher Krug Laletaner Mostsirup;
es trafen ein: kleine, getrocknete Feigen mit weißlichen Pflaumen,
dazu, schwer vom Gewicht, ein Topf mit libyschen Feigen.
Ich glaube, kaum dreißig Sesterze waren die Geschenke insgesamt wert,
die aber acht riesige Syrer trugen.
Wieviel bequemer und ohne jede Mühe hätte mir statt dessen
fünf Pfund Silbergeschirr ein junger Sklave bringen können!

Deine Träume kommen mich teuer zu stehen

Immer erzählst du mir morgens lauter Träume von mir,
die mich beunruhigen und ängstigen.
Schon kam der vorige und auch der heurige Wein bis zur Hefe,
während die Wahrsagerin deine Nächte für mich entsühnt;
Salzschrot habe ich verbraucht und Haufen von Weihrauch;
auch meine Herde nahm ab, da ein Lamm nach dem anderen fiel;
kein Schwein, keine Hühner vom Hof, keine Eier sind mir geblieben.
Entweder bleib' wach, Nasidianus, oder schlafe – für dich!

Empörung über das Ausbleiben von Geschenken

Wenn du an niemand Geschenke als Gegengabe schickst, Chrestus,
dann brauchst du auch mir keine zu geben oder an mich zu
    schicken.
Ich werde dann immer noch glauben, daß du ziemlich großzügig bist.

sed si reddis Apicio Lupoque
et Gallo Titioque Caesioque,   5
linges non mihi – nam proba et pusilla est –
sed quae de Solymis venit perustis
damnatam modo mentulam tributis.

56

Astra polumque pia cepisti mente, Rabiri,
　　Parrhasiam mira qui struis arte domum.
Phidiaco si digna Iovi dare templa parabit,
　　has petet a nostro Pisa Tonante manus.

57

Castora de Polluce Gabinia fecit Achillan:
　　πὺξ ἀγαθός fuerat, nunc erit ἱππόδαμος.

58

Iam sex aut septem nupsisti, Galla, cinaedis,
　　dum coma te nimium pexaque barba iuvat.
deinde experta latus madidoque simillima loro
　　inguina nec lassa stare coacta manu

Aber wenn du mit Apicius und Lupus,
mit Gallus, Titius und Caesius Geschenke tauschst,
dann sollst du nicht bei mir lecken – denn meiner ist anständig und winzig –
sondern lecke den Schwanz, der aus Jerusalem nach dem Brande der Stadt kam
und vor kurzem erst verurteilt wurde, Kopfsteuer zu zahlen.

Loblied auf den Architekten von Domitians Palast

Die Sterne und den Himmel hast du mit frommem Sinn erfaßt, Rabirius,
der du mit erstaunlicher Kunst den parrhasischen Palast erbaust.
Wenn Pisa je plant, dem Jupiter des Phidias einen Tempel zu schenken,
 der seiner würdig ist,
dann wird es von unserem Donnerer diese Hände erbitten.

Aus Pollux wird ein Kastor

Aus einem Pollux hat Gabinia den Achillas in einen Kastor verwandelt:
»Stark mit der Faust« war er gewesen, doch jetzt wird er ein »Pferdebändiger« sein.

Der richtige Mann für Galla

Schon sechs oder sieben Schwule hast du geheiratet, Galla,
da dich ihr langes Haar und der sorgsam gekämmte Bart über die Maßen erfreut.
Doch dann, wenn du die Lenden erprobt hast und ihr Geschlecht, das einem schlappen Lederriemen gleicht
und sich auch nicht mit einer sich abmühenden Hand zum Stehen bringen läßt,

deseris inbelles thalamos mollemque maritum, 5
  rursus et in similes decidis usque toros.
quaere aliquem Curios semper Fabiosque loquentem,
  hirsutum et dura rusticitate trucem:
invenies: sed habet tristis quoque turba cinaedos:
  difficile est vero nubere, Galla, viro. 10

59

Non cenat sine apro noster, Tite, Caecilianus.
  bellum convivam Caecilianus habet.

60

Tarpeiae venerande rector aulae,
quem salvo duce credimus Tonantem,
cum votis sibi quisque te fatiget
et poscat dare quae dei potestis:
nil pro me mihi, Iuppiter, petenti 5
ne suscensueris velut superbo.
te pro Caesare debeo rogare:
pro me debeo Caesarem rogare.

61

Abstulerat totam temerarius institor urbem
  inque suo nullum limine limen erat.
iussisti tenuis, Germanice, crescere vicos,
  et modo quae fuerat semita, facta via est.

verläßt du das unkriegerische eheliche Lager und den weichlichen
        Ehemann –
und fällst doch immer wieder auf ähnliche Bettgenossen herein.
Suche einen, der gern von den Curiern und den Fabiern spricht,
der struppig und rauh ist in seiner bäuerlich-plumpen Art:
Sicher findest du ihn; aber auch die düstere Schar hat ihre Schwulen.
Schwer ist es, Galla, einen wirklichen Mann zu heiraten.

Ein Eber als Tischgenosse

Nicht diniert unser Caecilianus ohne einen Eber, Titus:
Caecilianus hat einen hübschen Tischgenossen.

Gebet an Jupiter – für den Kaiser

Ehrwürdiger Lenker der tarpejischen Halle,
den wir am Wohlergehen unseres Fürsten als den Donnerer erkennen,
da dich jeder mit seinen Bitten ermüdet
und das von dir verlangt, was ihr Götter geben könnt:
zürne mir nicht, als wäre ich hochmütig,
wenn ich nichts für mich selbst erbitte, Jupiter.
Dich muß ich für Caesar anrufen:
Für *mich* muß ich Caesar anrufen.

Verschönerung des Straßenbildes durch Domitian

Rücksichtslos hatten die Händler die ganze Stadt in Beschlag genommen,
und da, wo eine Schwelle sein sollte, gab's keine Schwelle mehr.
Du, Germanicus, ließest die schmalen Gassen breiter werden,
und was eben noch ein Pfad war, wurde eine Straße.

nulla catenatis pila est praecincta lagonis 5
 nec praetor medio cogitur ire luto,
stringitur in densa nec caeca novacula turba
 occupat aut totas nigra popina vias.
tonsor, copo, cocus, lanius sua limina servant.
 nunc Roma est, nuper magna taberna fuit. 10

62

Reclusis foribus grandes percidis, Hamille,
 et te deprendi, cum facis ista, cupis,
ne quid liberti narrent servique paterni
 et niger obliqua garrulitate cliens.
non pedicari se qui testatur, Hamille, 5
 illud saepe facit quod sine teste facit.

63

Perpetui numquam moritura volumina Sili
 qui legis et Latia carmina digna toga,
Pierios tantum vati placuisse recessus
 credis et Aoniae Bacchica serta comae?
sacra cothurnati non attigit ante Maronis 5
 implevit magni quam Ciceronis opus:
hunc miratur adhuc centum gravis hasta virorum,
 hunc loquitur grato plurimus ore cliens.
postquam bis senis ingentem fascibus annum
 rexerat adserto qui sacer orbe fuit, 10

Kein Pfeiler ist mit angeketteten Krügen behängt,
und nicht braucht der Prätor mitten durch den Dreck zu gehen,
nicht zückt man in der dichten Menge blindlings ein Rasiermesser,
und keine rauchgeschwärzte Garküche nimmt die ganze Straßenseite ein.
Barbier, Kneipenwirt, Koch und Metzger hüten ihre eigene Schwelle.
Jetzt ist es Rom, vor kurzem noch war es ein großer Laden.

Vorspiegelung männlich-aktiven Sexualverhaltens

Bei geöffneter Tür besorgst du's deinen erwachsenen Dienern, Hamillus,
und wünschst, daß man dich bei deinem Tun erwische,
damit die Freigelassenen und die von deinem Vater geerbten Sklaven ja
    nicht 'was andres erzählen
oder ein boshafter Klient mit zweideutigem Geschwätz.
Wer durch Zeugen beweisen will, daß man ihn nicht von hinten nimmt,
    Hamillus,
tut häufig das, was er ohne Zeugen tut.

Lobrede auf Silius Italicus

Du Leser der unvergänglichen Werke des unsterblichen Silius
und seiner Verse, die der römischen Toga würdig sind,
glaubst du, dem Dichter hätten nur piërische Abgeschiedenheit gefallen
und bacchische Kränze auf dem aonischen Haar?
Das Heiligtum des erhabenen Maro betrat er nicht eher,
als er des großen Cicero Werk vollbracht hatte.
Ihn bewundert noch heute die würdevolle Lanze der hundert Männer,
von ihm spricht mit dankbarem Mund so mancher Klient.
Nachdem er mit den zwölf Rutenbündeln ein bedeutsames Jahr gelenkt
    hatte,
das ein heiliges war, da in ihm der Erdkreis befreit wurde,

emeritos Musis et Phoebo tradidit annos
  proque suo celebrat nunc Helicona foro.

64

Qui tonsor fueras tota notissimus urbe
  et post hoc dominae munere factus eques,
Sicanias urbes Aetnaeaque regna petisti,
  Cinname, cum fugeres tristia iura fori.
qua nunc arte graves tolerabis inutilis annos?
  quid facit infelix et fugitiva quies?
non rhetor, non grammaticus ludive magister,
  non Cynicus, non tu Stoicus esse potes,
vendere nec vocem Siculis plausumque theatris:
  quod superest, iterum, Cinname, tonsor eris.

65

Lis te bis decumae numerantem frigora brumae
  conterit una tribus, Gargiliane, foris.
ah miser et demens! viginti litigat annis
  quisquam cui vinci, Gargiliane, licet?

hat er die Jahre der wohlverdienten Ruhe den Musen und Phöbus geweiht,
und anstelle des ihm vertrauten Forums besucht er jetzt häufig den Helikon.

Tiefer Fall eines Ritters

Du, der bekannteste Barbier in der ganzen Stadt,
und daher durch der Herrin Geschenk zum Ritter gemacht,
bist jetzt in die sizilischen Städte und in das Reich des Ätna geeilt,
Cinnamus, als du vor den strengen Gesetzen des Forums fliehen mußtest.
Mit welchem Beruf wirst du jetzt, unnütz geworden, die Last der Jahre tragen?
Unglücklich und verbannt: was fängst du da mit der Ruhe an?
Nicht Redner, nicht Grammatiker, nicht Schulmeister,
nicht Kyniker oder Stoiker kannst du sein,
auch nicht deine Stimme und dein Klatschen dem Theater der Sikuler verkaufen.
Was dir bleibt, Cinnamus, ist nur eins: Du wirst wieder Barbier sein müssen.

Verliere schleunigst deinen Prozeß!

Gargilianus, schon zählst du die Kälte des zwanzigsten Winters,
und noch immer reibt dich ein einziger Prozeß auf, in drei Instanzen geführt.
Du armer Irrer! Prozessiert einer zwanzig Jahre,
dem es, Gargilianus, freisteht, den Rechtsstreit zu verlieren?

66

Heredem Fabius Labienum ex asse reliquit:
  plus meruisse tamen se Labienus ait.

67

Pedicat pueros tribas Philaenis
et tentigine saevior mariti
undenas dolat in die puellas.
harpasto quoque subligata ludit
et flavescit haphe, gravesque draucis 5
halteras facili rotat lacerto,
et putri lutulenta de palaestra
uncti verbere vapulat magistri:
nec cenat prius aut recumbit ante
quam septem vomuit meros deunces; 10
ad quos fas sibi tunc putat redire,
cum coloephia sedecim comedit.
post haec omnia cum libidinatur,
non fellat – putat hoc parum virile –,
sed plane medias vorat puellas. 15
di mentem tibi dent tuam, Philaeni,
cunnum lingere quae putas virile.

68

Commendare meas, Instanti Rufe, Camenas
  parce precor socero: seria forsan amat.
quod si lascivos admittit et ille libellos,
  haec ego vel Curio Fabricioque legam.

Zu wenig geerbt

Fabius machte Labienus zum Erben des ganzen Vermögens.
Trotzdem behauptet Labienus, er habe mehr zu bekommen verdient.

Tageslauf einer Tribade

Die Tribade Philaenis treibt's mit Knaben
und, wilder noch in ihrer Geilheit als ein Ehemann,
besorgt sie's elf Mädchen an einem Tag.
Auch mit dem Fangball spielt sie aufgeschürzt,
wird staubig-gelb vom Sand und schwingt mit leichtem Arm
Hanteln herum, die schwer für Muskelprotze sind,
und, dreckbeschmiert vom staubigen Ringplatz,
läßt sie sich von ihrem öltriefenden Trainer durchwalken;
sie diniert nicht, liegt nicht zu Tische, bevor sie
sieben Becher puren Wein wieder ausgekotzt hat;
denen glaubt sie sich dann wieder zuwenden zu dürfen,
wenn sie sechzehn Lendenstücke vertilgt hat.
Wenn sie nach all dem die Lust packt,
leckt sie nicht – das wär' ihr nicht männlich genug –
sondern frißt völlig in der Mitte auf – die Mädchen.
Mögen die Götter dir deinen Teil an Verstand geben, Philaenis,
wenn du meinst, die Möse zu lecken sei männlich.

Die Epigramme – vielleicht auch eine Lektüre für Seriöse

Unterlaß' es bitte, Instantius Rufus, meine Camenen deinem
        Schwiegervater zu empfehlen!
Vielleicht liebt er nur ernste Sachen.
Wenn aber auch er die frivolen Büchlein akzeptiert,
dann kann ich daraus sogar Curius und Fabricius vorlesen.

69

Haec est illa tibi promissa Theophila, Cani,
 cuius Cecropia pectora dote madent.
hanc sibi iure petat magni senis Atticus hortus,
 nec minus esse suam Stoica turba velit.
vivet opus quodcumque per has emiseris aures;   5
 tam non femineum nec populare sapit.
non tua Pantaenis nimium se praeferat illi,
 quamvis Pierio sit bene nota choro.
carmina fingentem Sappho laudarit amatrix:
 castior haec et non doctior illa fuit.   10

70

Ipsarum tribadum tribas, Philaeni,
recte, quam futuis, vocas amicam.

71

Ficosa est uxor, ficosus et ipse maritus,
 filia ficosa est et gener atque nepos,
nec dispensator nec vilicus ulcere turpi
 nec rigidus fossor sed nec arator eget.
cum sint ficosi pariter iuvenesque senesque,   5
 res mira est, ficos non habet unus ager.

Auf ein Porträt von Theophila, der Braut des Dichters Canius

Das hier, mein Canius, ist Theophila, die dir Versprochene,
deren Herz von der kekropischen Gabe durchdrungen ist.
Mit Recht könnte der attische Garten des großen Alten Anspruch auf sie erheben,
und genauso gern sähe auch die Gruppe der Stoiker sie als eine der Ihren an.
Leben wird jedes Werk, das du auf dem Weg über ihr Ohr herausbringst:
So ganz und gar nicht nach Frauenart oder gewöhnlich ist ihr Geschmack.
Nicht sollte deine Pantaenis sich allzu sehr über sie stellen,
wenn sie auch dem piërischen Chor gut bekannt ist.
Sappho, die Liebende, müßte die Lieder loben, die jene dichtete:
Theophila ist die Sittsamere, und gelehrter war auch Sappho nicht.

Freundin – doppelsinnig

Philaenis, du Tribade aller Tribaden,
zu Recht nennst du die Frau, die du vögelst, »Freundin«.

Wortspiel: Feige / Feigwarze

Feigen hat die Ehefrau, Feigen hat auch der Mann selber,
die Tochter hat Feigen, ebenso Schwiegersohn und Enkel,
nicht ist der Schatzmeister, nicht der Verwalter frei von dem häßlichen Geschwür,
nicht der rauhe Bauer oder der Pflüger.
Obwohl mit Feigen gleichermaßen Junge und Alte versehen sind,
ist es erstaunlich: Nicht ein einziges Feld trägt Feigen.

72

Gratus sic tibi, Paule, sit December
nec vani triplices brevesque mappae
nec turis veniant leves selibrae,
sed lances ferat et scyphos avorum
aut grandis reus aut potens amicus: 5
seu quod te potius iuvat capitque,
sic vincas Noviumque Publiumque
mandris et vitreo latrone clusos;
sic palmam tibi de trigone nudo
unctae det favor arbiter coronae 10
nec laudet Polybi magis sinistras:
si quisquam mea dixerit malignus
atro carmina quae madent veneno,
ut vocem mihi commodes patronam
et quantum poteris, sed usque, clames: 15
'non scripsit meus ista Martialis.'

73

Esquiliis domus est, domus est tibi colle Dianae,
    et tua Patricius culmina vicus habet;
hinc viduae Cybeles, illinc sacraria Vestae,
    inde novum, veterem prospicis inde Iovem.
dic ubi conveniam, dic qua te parte requiram: 5
    quisquis ubique habitat, Maxime, nusquam habitat.

Eintreten für den Dichter als Gegengabe für Saturnalien-Wünsche

Möge dir, Paulus, der Dezember huldvoll sein:
Keine billigen Notizbüchlein aus drei Tafeln oder kleine Tücher
und läppische Halbpfundpäckchen Weihrauch sollen bei dir eintreffen,
sondern Schüsseln bringe dir und Becher aus Großväterzeit
ein prominenter Angeklagter oder ein mächtiger Freund;
oder du magst auch – was dich besonders erfreut und einnimmt –
Novius und Publius besiegen,
indem du sie mit deinen Bauern und dem gläsernen Räuber einschließt;
es reiche dir den Palmzweig beim nackten Spiel mit dem Ball im Dreieck
die schiedsrichterliche Gunst der gesalbten Schar,
und sie rühme nicht stärker des Polyb(i)us Schläge mit der linken Hand.
Sollte allerdings ein Böswilliger erklären,
von mir seien die Gedichte verfaßt, die von schwarzem Gifte triefen,
dann leihe mir bitte deine Stimme als Anwalt,
und rufe laut, so sehr du nur kannst, und zwar immer wieder:
»Nein, mein Martial hat das da nicht geschrieben.«

Wer überall wohnt, wohnt nirgends

Auf dem Esquilin hast du ein Haus, ein Haus hast du auf Dianas Hügel,
und die Patrizierstraße besitzt ein hohes Gebäude von dir.
Von hier aus blickst du auf das Heiligtum Kybeles, der verwitweten
        Göttin, von dort aus auf das der Vesta,
von da auf den neuen, von dort auf den alten Jupitertempel.
Sag' mir, wo treff' ich dich an, sag' mir, wo soll ich dich suchen?
Wer überall wohnt, Maximus, der wohnt nirgendwo.

74

Cyllenes caelique decus, facunde minister,
 aurea cui torto virga dracone viret:
sic tibi lascivi non desit copia furti,
 sive cupis Paphien seu Ganymede cales;
maternaeque sacris ornentur frondibus Idus
 et senior parca mole prematur avus:
hunc semper Norbana diem cum coniuge Carpo
 laeta colat, primis quo coiere toris.
hic pius antistes sophiae sua dona ministrat,
 hic te ture vocat fidus et ipse Iovi.

75

Vis futui gratis, cum sis deformis anusque.
 res perridicula est: vis dare nec dare vis.

76

Quod te diripiunt potentiores
per convivia, porticus, theatra,
et tecum, quotiens ita incidisti,
gestari iuvat et iuvat lavari:
nolito nimium tibi placere.
delectas, Philomuse, non amaris.

Ein Hochzeitstag am Geburtstag Merkurs

Kyllenes und des Himmels Zierde, du wortgewaltiger Diener,
dem der goldene Stab mit der gewundenen Schlange ergrünt,
wahrlich: es soll dir die Gelegenheit zu leichtfertigen Streichen nicht
    fehlen,
ob du nun die paphische Göttin begehrst oder dich für Ganymed
    erwärmst;
mögen die Iden deiner Mutter mit dem heiligen Laub geschmückt sein
und dein bejahrter Großvater von minder schwerer Last gedrückt werden:
Norbana möge mit Carpus, dem Gatten, stets diesen Tag
froh begehen, an dem sie sich zum ersten Male auf dem ehelichen Lager
    vereint haben.
Hier bringt er als frommer Priester der Weisheit seine Gaben dar,
hier ruft er dich mit Weihrauch an, treu ergeben auch er seinem Jupiter.

Zweideutiges »dare«

Du willst umsonst gevögelt werden, obwohl du häßlich und alt bist.
Der Fall ist höchst lächerlich: Du willst dich hingeben und nichts dafür
    geben.

Du bist nur der Hofnarr der Großen

Daß um dich sich die großen Herren reißen
bei Gastmählern, in Säulenhallen und Theatern,
und dich, sooft du ihnen begegnest,
gern in der Sänfte mitnehmen und gern mit dir baden,
darauf bilde dir nicht zu viel ein:
Du amüsierst sie, Philomusus, geliebt wirst du nicht.

77

Exigis ut nostros donem tibi, Tucca, libellos.
  non faciam: nam vis vendere, non legere.

78

Cum Saxetani ponatur coda lacerti
  et, bene si cenas, conchis inuncta tibi:
sumen, aprum, leporem, boletos, ostrea, mullos
  mittis: habes nec cor, Papyle, nec genium.

79

Potavi modo consulare vinum.
quaeris quam vetus atque liberale?
ipso consule conditum: sed ipse
qui ponebat erat, Severe, consul.

80

Quatenus Odrysios iam pax Romana triones
  temperat et tetricae conticuere tubae,
hunc Marcellino poteris, Faustine, libellum
  mittere: iam chartis, iam vacat ille iocis.
sed si parva tui munuscula quaeris amici   5
  commendare, ferat carmina nostra puer:
non qualis Geticae satiatus lacte iuvencae
  Sarmatica rigido ludit in amne rota,

Dir schenk' ich meine Gedichte nicht

Du verlangst, daß ich dir meine Büchlein schenke, Tucca.
Ich werde es nicht tun: Du willst sie ja verkaufen, nicht lesen.

Großzügig gegen andere, knausrig bei sich selbst

Während man dir den Schwanz einer saxetanischen Makrele vorsetzt
und, wenn du gut speist, grobe Bohnen, in Öl getunkt,
schickst du Saueuter, Eber, Hase, Pilze, Austern und Rotbart:
Du bist weder gescheit noch genußfähig, Papylus!

Konsularischer Wein

Vor kurzem trank ich konsularischen Wein.
Du fragst: wie alt und wie edel?
Er wurde unter dem Konsul selbst gelagert.
Freilich war, der ihn vorsetzte, Severus, selber Konsul.

Bitte um Weitersendung eines Büchleins

Da der römische Friede die odrysischen Ochsen nunmehr auf die rechte
       Bahn lenkt
und die kriegerischen Trompeten verstummten,
kannst du, Faustinus, dem Marcellinus dies Büchlein schicken:
Schon hat er Zeit für die Lektüre und für die Scherze.
Willst du jedoch die kleine Gabe deines Freundes warm empfehlen,
dann soll ein Knabe meine Gedichte überreichen:
Allerdings nicht einer, der, satt von der Milch eines getischen Rindes,
auf dem gefrorenen Fluß mit dem sarmatischen Rad spielt,

sed Mitylenaei roseus mangonis ephebus
   vel non caesus adhuc matre iubente Lacon.
at tibi captivo famulus mittetur ab Histro
   qui Tiburtinas pascere possit oves.

81

'Triginta toto mala sunt epigrammata libro.'
   si totidem bona sunt, Lause, bonus liber est.

82

Menophili penem tam grandis fibula vestit
   ut sit comoedis omnibus una satis.
hunc ego credideram – nam saepe lavamur in unum –
   sollicitum voci parcere, Flacce, suae:
dum ludit media populo spectante palaestra,
   delapsa est misero fibula: verpus erat.

83

Eutrapelus tonsor dum circuit ora Luperci
   expingitque genas, altera barba subit.

sondern der rosige Ephebe eines mitylenischen Sklavenhändlers
oder ein Spartanerjunge, der noch nicht auf Geheiß seiner Mutter
    ausgepeitscht wurde.
Dafür wird dir dann vom bezwungenen Hister ein Diener gesandt,
der deine tiburtinischen Schafe weiden kann.

An einen Kritiker, der dreißig Epigramme pro Buch für schlecht hält

»Dreißig Epigramme sind schlecht in dem ganzen Buch.«
Wenn genau so viele gut sind, Lausus, dann ist es ein gutes Buch.

Peinliche Entblößung eines Penis

Den Penis des Menophilus verhüllt eine so große Fibel,
daß sie allein für sämtliche Komödianten ausreichte.
Ich hatte von ihm geglaubt – wir baden ja öfter zusammen –
er schone nur besorgt seine Stimme, Flaccus.
Doch als er mitten auf dem Ringplatz spielte und die Leute zuschauten,
glitt dem Armen die Fibel zu Boden – er war ein Beschnittener.

Langsamer Barbier – schnell wachsender Bart

Während der Barbier Eutrapelus um das Gesicht des Lupercus
    herumläuft
und ihm die Wangen verschönert, wächst schon wieder ein Bart.

84

Dum mea Caecilio formatur imago Secundo
   spirat et arguta picta tabella manu,
i, liber, ad Geticam Peucen Histrumque iacentem:
   haec loca perdomitis gentibus ille tenet.
parva dabis caro sed dulcia dona sodali: 5
   certior in nostro carmine vultus erit;
casibus hic nullis, nullis delebilis annis
   vivet, Apelleum cum morietur opus.

85

Quod non insulse scribis tetrasticha quaedam,
   disticha quod belle pauca, Sabelle, facis,
laudo nec admiror. facile est epigrammata belle
   scribere, sed librum scribere difficile est.

86

Ad natalicias dapes vocabar,
essem cum tibi, Sexte, non amicus.
quid factum est, rogo, quid repente factum est,
post tot pignora nostra, post tot annos
quod sum praeteritus vetus sodalis?   5
sed causam scio. nulla venit a me
Hispani tibi libra pustulati
nec levis toga nec rudes lacernae.
non est sportula quae negotiatur;

Das Buch eilt dem Porträt des Dichters voraus

Während das Porträt von mir für Caecilius Secundus noch Gestalt
annimmt
und das Bild, mit geschickter Hand gemalt, bereits zu atmen beginnt,
gehe du, mein Buch, zur getischen Peuke und dem besiegten Ister:
Diese Gegend mit ihren unterworfenen Völkern regiert er.
Klein, doch liebenswert ist das Geschenk, das du dem teuren Gefährten
bringst:
Deutlicher wird mein Gesicht in meinen Versen sein.
Durch keine Unglücksfälle, durch keine Jahre zerstörbar,
wird es leben, wenn des Apelles Werk bereits stirbt.

Ein ganzes Buch Epigramme – das ist eine Kunst!

Daß du nicht ohne Witz einige Vierzeiler schreibst,
daß du ein paar nette Distichen anfertigst, Sabellus,
das lobe ich, ohne es zu bewundern. Leicht ist's, nette Epigramme zu
schreiben.
Doch ein Buch Epigramme zu schreiben ist schwer.

Geschenke nährst du, nicht deine Freunde

Zum Geburtstagsschmaus wurde ich regelmäßig geladen,
als ich, Sextus, noch nicht mit dir befreundet war.
Was ist geschehen, ich bitte dich, was ist plötzlich geschehen,
daß nach unseren vielen Freundschaftserweisen, nach so vielen Jahren,
man mich, deinen alten Gefährten, überging?
Doch ich weiß den Grund: Von mir kamen
kein Pfund feinen spanischen Silbergeschirrs zu dir,
keine glatte Toga, keine ungetragenen Mäntel.
Gastfreundschaft ist das nicht, treibt man Handel damit.

pascis munera, Sexte, non amicos.
iam dices mihi 'vapulet vocator.'

87

Si meus aurita gaudet lagalopece Flaccus,
   si fruitur tristi Canius Aethiope;
Publius exiguae si flagrat amore catellae,
   si Cronius similem cercopithecon amat;
delectat Marium si perniciosus ichneumon,
   pica salutatrix si tibi, Lause, placet;
si gelidum collo nectit Cadilla draconem,
   luscinio tumulum si Telesilla dedit:
blanda Cupidinei cur non amet ora Labyrtae
   qui videt haec dominis monstra placere suis?

88

Fertur habere meos, si vera est fama, libellos
   inter delicias pulchra Vienna suas.
me legit omnis ibi senior iuvenisque puerque
   et coram tetrico casta puella viro.
hoc ego maluerim quam si mea carmina cantent
   qui Nilum ex ipso protinus ore bibunt;
quam meus Hispano si me Tagus impleat auro
   pascat et Hybla meas, pascat Hymettos apes.
non nihil ergo sumus nec blandae munere linguae
   decipimur: credam iam, puto, Lause, tibi.

Geschenke nährst du, Sextus, nicht deine Freunde.
Gleich wirst du mir sagen: »Der Bote soll Prügel bekommen!«

Rechtfertigung einer Knaben-Wahl

Wenn mein Flaccus glücklich ist, einen Luchs mit langen Ohren zu
    besitzen,
wenn Canius Gefallen an einem finsteren Äthiopen hat;
wenn Publius vor Liebe zu einem winzigen Hündchen erglüht,
wenn Cronius eine Meerkatze liebt, die ihm ähnlich ist;
wenn dem Marius ein bedrohliches Ichneumon Spaß macht,
wenn dir, Lausus, die Elster gefällt, die dich immer begrüßt;
wenn Cadilla eine eisige Schlange um ihren Hals schlingt,
wenn Telesilla ihrer Nachtigall einen Grabhügel weiht:
Wer sieht, wie diese Absonderlichkeiten ihren Besitzern gefallen,
    weshalb sollte der nicht
das reizende Gesicht von Labyrtas lieben, der dem Amor gleicht?

Dichterruhm in der Provinz

Meine Büchlein, heißt es – so denn die Kunde stimmt –,
zähle das schöne Vienna unter seine Kostbarkeiten.
Jedermann liest mich dort: der Alte, der Junge, der Knabe
und in Gegenwart ihres strengen Mannes die junge sittsame Frau.
Das ist mir viel lieber, als rezitierte meine Gedichte,
wer das Wasser des Nils gleich aus der Quelle trinkt,
lieber auch, als wenn mich mein Tagus mit spanischem Gold in Fülle
    beschenkte
und der Hybla oder der Hymettus meine Bienen nährte.
Also bin ich doch auch jemand und werde nicht von der
    Gunstbezeugung einer mir schmeichelnden Zunge
geblendet: Ich meine, ich kann dir schon glauben, Lausus!

89

I, felix rosa, mollibusque sertis
nostri cinge comas Apollinaris.
quas tu nectere candidas, sed olim,
sic te semper amet Venus, memento.

90

Iactat inaequalem Matho me fecisse libellum:
 si verum est, laudat carmina nostra Matho.
aequales scribit libros Calvinus et Umber:
 aequalis liber est, Cretice, qui malus est.

91

De nostro, facunde, tibi, Iuvenalis, agello
 Saturnalicias mittimus, ecce, nuces.
cetera lascivis donavit poma puellis
 mentula custodis luxuriosa dei.

92

'Si quid opus fuerit, scis me non esse rogandum'
 uno bis dicis, Baccara, terque die.
appellat rigida tristis me voce Secundus:
 audis et nescis, Baccara, quid sit opus.
pensio te coram petitur clareque palamque: 5
 audis et nescis, Baccara, quid sit opus.

Rosen als Freundesgabe

Geh', du glückliche Rose, und umwinde mit weichen Girlanden
meines Apollinaris Haare;
denke daran – aber erst viel später! –, sie auch zu bekränzen, wenn sie
    weiß geworden sind;
dafür soll Venus dich immer lieben!

Ein »gleichmäßiges« Buch wäre ein vernichtendes Urteil

Matho verbreitet, ich hätte ein qualitativ ungleiches Büchlein gemacht:
Wenn das wahr ist, dann lobt Matho meine Gedichte.
Gleichmäßige Bücher schreiben Calvinus und Umber:
Gleichmäßig ist nur ein Buch, das schlecht ist, Creticus.

Nüsse als kleines Saturnaliengeschenk

Von meinem kleinen Landgut, du eloquenter Juvenal, schicke ich dir,
schau her, Nüsse zum Saturnalienfest.
Die übrigen Früchte hat lockeren Mädchen
der üppige Schwanz des Gottes geschenkt, der den Garten bewacht.

Auf deine nichtssagenden Angebote verzichte ich

»Wenn du etwas brauchst, du weißt, daß du mich nicht erst darum bitten
    mußt« –
das sagst du mir, Baccara, zweimal, dreimal an einem Tag.
Mit unerbittlicher Stimme mahnt mich der unfreundliche Secundus an:
Du hörst es, Baccara, und weißt nicht, was ich brauche.
Laut und deutlich verlangt man die Miete von mir, und du stehst dabei:
Du hörst es, Baccara, und weißt nicht, was ich brauche.

esse queror gelidasque mihi tritasque lacernas:
   audis et nescis, Baccara, quid sit opus.
hoc opus est, subito fias ut sidere mutus,
   dicere ne possis, Baccara: 'si quid opus.'   10

93

Narnia, sulphureo quam gurgite candidus amnis
   circuit, ancipiti vix adeunda iugo,
quid tam saepe meum nobis abducere Quintum
   te iuvat et lenta detinuisse mora?
quid Nomentani causam mihi perdis agelli,   5
   propter vicinum qui pretiosus erat?
sed iam parce mihi, nec abutere, Narnia, Quinto:
   perpetuo liceat sic tibi ponte frui.

94

Unguentum fuerat, quod onyx modo parva gerebat:
   olfecit postquam Papylus, ecce, garumst.

95

Bruma est et riget horridus December,
audes tu tamen osculo nivali
omnes obvius hinc et hinc tenere
et totam, Line, basiare Romam.

Ich jammere, daß meine Mäntel kalt und abgewetzt sind:
Du hörst es, Baccara, und weißt nicht, was ich brauche.
Das brauche ich jetzt, daß du, vom Schlage getroffen, plötzlich
    verstummst,
damit du nicht sagen kannst, Baccara: »Wenn du etwas brauchst«.

Das umbrische Narnia entzieht mir zu oft meinen Freund und Gutsnachbarn

Narnia, das der weißliche Fluß mit seinen schwefligen Strudeln
umströmt, kaum zugänglich wegen eines doppelten Bergjoches,
weshalb macht es dir Spaß, mir meinen Quintus so oft zu entführen
und ihn über lange Zeit festzuhalten?
Weshalb verdirbst du mir die Vorteile meines kleinen Nomentaner
    Landguts,
das wegen meines Nachbarn mir wertvoll war?
Doch von jetzt ab verschone mich, Narnia, und übertreibe es nicht mit
    meinem Quintus:
Für immer mögest du dafür deiner Brücke dich erfreun!

Beschnuppertes Salböl

Salböl war es gewesen, was eben noch das Onyxbüchslein enthielt:
Nachdem Papylus daran roch, sieh, da ist es Fischsauce.

Lästige Winterküsse

Wintersonnenwende ist es, und schaurig starrt der Dezember:
Trotzdem wagst du es, Linus, mit einem eisigen Kusse
unterwegs jeden, ob er von hier kommt oder von dort, anzuhalten
und ganz Rom abzuküssen.

quid posses graviusque saeviusque 5
percussus facere atque verberatus?
hoc me frigore basiet nec uxor
blandis filia nec rudis labellis,
sed tu dulcior elegantiorque,
cuius livida naribus caninis 10
dependet glacies rigetque barba,
qualem forficibus metit supinis
tonsor Cinyphio Cilix marito.
centum occurrere malo cunnilingis
et Gallum timeo minus recentem. 15
quare si tibi sensus est pudorque,
hibernas, Line, basiationes
in mensem rogo differas Aprilem.

96

Conditus hic ego sum Bassi dolor, Urbicus infans,
    cui genus et nomen maxima Roma dedit.
sex mihi de prima derant trieteride menses,
    ruperunt tetricae cum male pensa deae.
quid species, quid lingua mihi, quid profuit aetas? 5
    da lacrimas tumulo, qui legis ista, meo:
sic ad Lethaeas, nisi Nestore serior, undas
    non eat, optabis quem superesse tibi.

97

Nosti si bene Caesium, libelle,
montanae decus Umbriae Sabinum,
Auli municipem mei Pudentis,

Was könntest du uns zur Strafe Schlimmeres, Ärgeres antun,
angenommen man hätte dich zusammmengeschlagen und verprügelt?
Bei dieser Kälte würde mich meine Frau nicht küssen,
nicht mit zärtlichen Lippen das brave Töchterchen.
Doch du bist ja lieblicher und feiner!
Blaugrau hängt von deiner Hundenase
ein Eiszapfen herab, und es starrt dir der Bart,
ganz so wie ihn mit nach oben gerichteter Schere
ein kilikischer Hirte dem kinyphischen Bock absäbelt.
Lieber will ich hundert Fotzenleckern begegnen,
und weniger fürchte ich den frisch kastrierten Kybelepriester.
Wenn du daher noch Taktgefühl und Scham besitzest,
dann verschiebe, ich bitte dich, mein Linus,
deine Winterküsse auf den Monat April!

Grabschrift für ein kleines Kind

Dem Bassus zum Kummer wurde ich, der kleine Urbicus, hier bestattet,
dem das mächtige Rom Herkunft und Namen gab.
Sechs Monate fehlten mir noch von den ersten drei Jahren,
als die finsteren Göttinnen böswillig das Gesponnene abrissen.
Was haben mir die schöne Gestalt, meine Sprache, mein kindliches Alter
    genützt?
Spende meinem Grabhügel Tränen, wenn du das liest:
Dann möge zum Wasser der Lethe später erst als Nestor gelangen,
wem dein Wunsch gilt, daß er dich überlebe.

An das eigene Buch auf dem Weg zu einem Freund

Wenn du Caesius Sabinus gut kennst, mein Büchlein,
ihn, des gebirgigen Umbriens stolze Zierde
und meines Aulus Pudens Landsmann,

illi tu dabis haec vel occupato:
instent mille licet premantque curae,   5
nostris carminibus tamen vacabit:
nam me diligit ille proximumque
Turni nobilibus legit libellis.
o quantum tibi nominis paratur!
o quae gloria! quam frequens amator!   10
te convivia, te forum sonabit,
aedes, compita, porticus, tabernae.
uni mitteris, omnibus legeris.

98

Omnia, Castor, emis: sic fiet ut omnia vendas.

99

Sic placidum videas semper, Crispine, Tonantem
　　nec te Roma minus quam tua Memphis amet:
carmina Parrhasia si nostra legentur in aula,
　　– namque solent sacra Caesaris aure frui –
dicere de nobis ut lector candidus aude: 5
　　'temporibus praestat non nihil iste tuis,
nec Marso nimium minor est doctoque Catullo.'
　　hoc satis est: ipsi cetera mando deo.

dann sollst du ihm das hier geben, auch wenn er beschäftigt ist.
Mögen auch tausend Sorgen ihn bedrohen und bedrücken,
so wird er dennoch für meine Lieder Muße finden:
Denn mich liebt er und liest mich auch gleich
nach des Turnus vortrefflichen Büchlein.
Welch großer Name wartet auf dich,
welcher Ruhm, welch zahlreiche Verehrer!
Von dir werden die Tischgesellschaften ertönen, von dir das Forum,
Häuser, Wegkreuzungen, Hallen und Kneipen:
Einem wirst du geschickt, von allen gelesen.

Du kaufst dich arm!

Alles, Kastor, kaufst du; so wird's kommen, daß du alles verkaufst.

Bitte um ein gutes Wort beim Kaiser

Immer mögest du, Crispinus, den Donnerer in seiner Huld erleben,
und nicht weniger liebe dich Rom als dein Memphis:
Wenn man aber meine Gedichte am parrhasischen Hofe liest
– sie erleben ja oft die Freude, daß sie Caesars heiliges Ohr erreichen –
dann habe den Mut, als aufrichtiger Leser von mir zu sagen:
»Er leistet einen anerkennenswerten Beitrag für deine Zeit;
gar nicht so viel geringer ist er als Marsus und der gelehrte Catullus.«
Das ist genug: Den Rest überlasse ich dem Gott in Person.

LIBER OCTAVUS

Imperatori Domitiano Caesari Augusto Germanico Dacico Valerius Martialis s.
Omnes quidem libelli mei, domine, quibus tu famam, id est vitam, dedisti, tibi supplicant; et, puto, propter hoc legentur. [5] hic tamen, qui operis nostri octavus inscribitur, occasione pietatis frequentius fruitur. minus itaque ingenio laborandum fuit, in cuius locum materia successerat: quam quidem subinde aliqua iocorum mixtura variare temptavimus, ne caelesti verecundiae tuae laudes suas, quae facilius te fatigare possint quam nos satiare, [10] omnis versus ingereret.

quamvis autem epigrammata a severissimis quoque et summae fortunae viris ita scripta sint ut mimicam verborum licentiam adfectasse videantur, ego tamen illis non permisi tam lascive loqui quam solent. cum pars libri et maior et melior ad maiestatem sacri nominis tui alligata sit, [15] meminerit non nisi religiosa purificatione lustratos accedere ad templa debere. quod ut custoditurum me lecturi sciant, in ipso libelli huius limine profiteri brevissimo placuit epigrammate.

I

Laurigeros domini, liber, intrature penates
 disce verecundo sanctius ore loqui.

ACHTES BUCH

Dem Kaiser Domitianus Caesar Augustus Germanicus Dacicus sendet Valerius Martialis seinen Gruss.

Zwar huldigen, o Herr, alle meine Büchlein, denen du Ruhm, und das heißt: Leben, gegeben hast, demütig dir, und deswegen, so glaube ich, wird man sie auch lesen: Doch dieses hier, welches das achte meines Werkes betitelt ist, nutzt freudig noch häufiger die Gelegenheit zu frommer Verehrung. Deshalb brauchte ich auch weniger Erfindungsgabe aufzubieten, war doch an deren Stelle der Stoff getreten: Diesen versuchte ich allerdings gelegentlich durch eine Beimischung von Scherzen abwechslungsreich zu gestalten, damit nicht deiner göttlichen Zurückhaltung jeder Vers seine Lobsprüche aufdränge, die dich eher ermüden als mich zufriedenstellen könnten.

Obwohl aber auch von ausnehmend sittenstrengen und hochstehenden Männern Epigramme offenbar in der Absicht geschrieben wurden, die für den Mimus typische Freiheit des Ausdrucks zu erreichen, habe ich ihnen dennoch nicht gestattet, so frivol zu reden wie gewöhnlich. Da der größere und bessere Teil des Buches an die Erhabenheit deines heiligen Namens geknüpft ist, soll er sich erinnern, daß die Tempel nur betreten darf, wer in gewissenhafter Läuterung entsühnt ist; und damit meine künftigen Leser wissen, daß ich mich daran halten werde, fand ich es gut, gleich an der Schwelle meines Büchleins mich dazu in einem ganz kurzen Epigramm zu bekennen.

Ein Buch ohne Frivolitäten

Du mein Buch, dazu bestimmt, das lorbeergeschmückte Haus unseres
    Herrn zu betreten,
lerne mit züchtigem Munde ehrerbietiger zu sprechen!

nuda recede Venus; non est tuus iste libellus:
   tu mihi, tu Pallas Caesariana, veni.

2

Fastorum genitor parensque Ianus
victorem modo cum videret Histri,
tot vultus sibi non satis putavit
optavitque oculos habere plures:
et lingua pariter locutus omni 5
terrarum domino deoque rerum
promisit Pyliam quater senectam.
addas, Iane pater, tuam rogamus.

3

'Quinque satis fuerant: nam sex septemve libelli
   est nimium: quid adhuc ludere, Musa, iuvat?
sit pudor et finis: iam plus nihil addere nobis
   fama potest: teritur noster ubique liber;
et cum rupta situ Messalae saxa iacebunt 5
   altaque cum Licini marmora pulvis erunt,
me tamen ora legent et secum plurimus hospes
   ad patrias sedes carmina nostra feret.'
finieram, cum sic respondit nona sororum,
   cui coma et unguento sordida vestis erat: 10
'tune potes dulcis, ingrate, relinquere nugas?
   dic mihi, quid melius desidiosus ages?

Nackte Venus, verschwinde! Nicht dir gehört dies Büchlein:
Du nur, du, des Kaisers Pallas, komme zu mir!

Gebet an Janus für den Kaiser

Als Janus, des Kalenders Schöpfer und Vater,
vor kurzem den Sieger vom Hister sah,
meinte er, seine vielen Gesichter seien ihm nicht genug,
und wünschte, noch mehr Augen zu haben;
und gleichzeitig mit allen Zungen sprechend,
hat er dem Herrn der Erde und dem Gott der Welt
viermal ein pylisches Alter versprochen.
Bitte, gib ihm, Vater Janus, auch noch das deine dazu!

Rechtfertigung der ›leichten‹ Muse

»Fünf waren genug, sechs oder sieben Büchlein
sind schon zu viel: Was lockt es dich, Muse, noch weiter zu spielen?
Übe Zurückhaltung und mache jetzt Schluß! Unmöglich kann mir
der Ruhm mehr noch gewähren: Überall ist mein Buch in jeder Hand;
wenn Messalas steinernes Denkmal verwittert und geborsten daliegt
und der hochragende Marmor des Licinus einmal zu Staub zerfällt,
wird man mich immer noch lesen, und so mancher Fremde
wird meine Gedichte mit sich zum heimischen Wohnsitz tragen.«
Ich hatte geendet, als mit diesen Worten mir die neunte der Schwestern
    erwiderte
– Haar und Gewand troffen ihr von Salböl –:
»Undankbarer, kannst du denn deine liebenswerten poetischen Scherze
    aufgeben?
Sag' mir, was willst du bei deiner Trägheit denn Besseres tun?

an iuvat ad tragicos soccum transferre cothurnos
   aspera vel paribus bella tonare modis,
praelegat ut tumidus rauca te voce magister
   oderit et grandis virgo bonusque puer?
scribant ista graves nimium nimiumque severi,
   quos media miseros nocte lucerna videt.
at tu Romano lepidos sale tinge libellos:
   adgnoscat mores vita legatque suos.
angusta cantare licet videaris avena,
   dum tua multorum vincat avena tubas.'

15

20

4

Quantus, io, Latias mundi conventus ad aras
   suscipit et solvit pro duce vota suo!
non sunt haec hominum, Germanice, gaudia tantum,
   sed faciunt ipsi nunc, puto, sacra dei.

5

Dum donas, Macer, anulos puellis,
desisti, Macer, anulos habere.

6

Archetypis vetuli nihil est odiosius Eucti
   – ficta Saguntino cymbia malo luto –;

Reizt es dich etwa, den leichten Schuh mit dem Kothurn der Tragödie zu
        tauschen
oder im Gleichmaß des Verses von grausigen Kriegen zu tönen,
damit ein aufgeblasener Lehrer mit heiserer Stimme dich vorliest
und große Mädchen und edle Knaben dich hassen?
Sollen doch die allzu Seriösen und allzu Ernsten solcherlei schreiben,
die Ärmsten, denen mitten in der Nacht noch die Lampe dabei zusieht.
Du aber tauche in römischen Witz deine geistreichen Büchlein:
Seine eigenen Sitten erkenne und lese das Leben darin!
Scheinst du auch bloß auf dünnem Halme zu spielen:
Wenn nur dein Halm die Trompetenstöße von so vielen andern
        übertönt!«

Gelübde für den Kaiser

O welch gewaltige Versammlung der ganzen Welt an Latiums Altären,
wo jeder für seinen Fürsten Gelübde ablegt und einlöst!
Das ist, Germanicus, nicht nur ein Freudenfest der Menschen,
sondern die Götter selbst, meine ich, bringen jetzt Opfer dar.

Von einem, der allzu großzügig Ringe verschenkt

Weil du, Macer, den Mädchen Ringe schenkst,
hast du, Macer, jetzt selbst keine Ringe mehr.

Junger Wein, in antiken Gefäßen serviert

Nichts ist widerwärtiger als die Originale des ältlichen Euctus
– Trinkschalen, aus Saguntiner Ton geformt, sind mir lieber –,

argenti fumosa sui cum stemmata narrat
   garrulus et verbis mucida vina facit:
'Laomedonteae fuerant haec pocula mensae:
   ferret ut haec muros struxit Apollo lyra.
hoc cratere ferox commisit proelia Rhoetus
   cum Lapithis: pugna debile cernis opus.
hi duo longaevo censentur Nestore fundi:
   pollice de Pylio trita columba nitet.
hic scyphus est in quo misceri iussit amicis
   largius Aeacides vividiusque merum.
hac propinavit Bitiae pulcherrima Dido
   in patera, Phrygio cum data cena viro est.'
miratus fueris cum prisca toreumata multum,
   in Priami calathis Astyanacta bibes.

7

Hoc agere est causas, hoc dicere, Cinna, diserte,
   horis, Cinna, decem dicere verba novem?
sed modo clepsydras ingenti voce petisti
   quattuor. o quantum, Cinna, tacere potes!

8

Principium des, Iane, licet velocibus annis
   et renoves voltu saecula longa tuo,

wenn er geschwätzig von den rauchgeschwärzten Stammbäumen seines
    Silbergeschirrs erzählt
und den Wein mit seinen Worten schimmlig macht:
»Diese Becher hier gehörten einst zu Laomedons Tafel;
um sie zu bekommen, hat Apollon mit den Klängen seiner Lyra die
    Mauern erbaut.
Um diesen Mischkrug hier lieferte der wilde Rhoetus Gefechte
den Lapithen: Vom Kampf siehst du das Werk beschädigt.
Dies Trinkgefäß hier mit dem doppelten Boden gewinnt durch den
    hochbetagten Nestor seinen Wert:
Blankgerieben von dem pylischen Daumen, glänzt die Taube darauf.
Das hier ist der Pokal, worin der Äakide den Freunden
besonders reichlich und feurig den Wein zu mischen befahl.
In dieser Schale hier trank die wunderschöne Dido Bitias zu,
als sie das Festmahl für den phrygischen Helden gab.«
Und wenn du dann die Reliefs auf den antiken Gefäßen hinlänglich
    bewundert hast,
bekommst du in den Priamos-Kelchen einen Astyanax zu trinken.

Ein sprachloser Anwalt

Heißt das Prozesse führen, Cinna, heißt das eloquent sprechen,
wenn du, Cinna, in zehn Stunden ganze neun Worte sprichst?
Doch du hast gerade eben mit gewaltiger Stimme vier Wasseruhren
    verlangt.
O wie lange du schweigen kannst, Cinna!

Janus erlebt in seinem Monat die glückliche Heimkehr des Kaisers

Obwohl du den dahineilenden Jahren ihren Beginn setzt, Janus,
und die langen Jahrhunderte mit deinem Gesicht erneuerst;

te primum pia tura rogent, te vota salutent,
   purpura te felix, te colat omnis honos:
tu tamen hoc mavis, Latiae quod contigit urbi   5
   mense tuo reducem, Iane, videre deum.

9

Solvere dodrantem nuper tibi, Quinte, volebat
   lippus Hylas, luscus vult dare dimidium.
accipe quam primum; brevis est occasio lucri:
   si fuerit caecus, nil tibi solvet Hylas.

10

Emit lacernas milibus decem Bassus
Tyrias coloris optimi. lucrifecit.
'adeo bene emit?' inquis. immo non solvet.

11

Pervenisse tuam iam te scit Rhenus in urbem;
   nam populi voces audit et ille tui:
Sarmaticas etiam gentes Histrumque Getasque
   laetitiae clamor terruit ipse novae.
dum te longa sacro venerantur gaudia Circo,   5
   nemo quater missos currere sensit equos.
nullum Roma ducem, nec te sic, Caesar, amavit:
   te quoque iam non plus, ut velit ipsa, potest.

obwohl wir dich als ersten mit frommem Weihrauch einladen, dich mit
> Gebeten begrüßen,
dich der purpurne Glanz, dich jedes Staatsamt ehrt,
ist dir doch das lieber, was Latiums Stadt jetzt zuteil wurde:
daß du in deinem Monat, Janus, den Gott heimkehren siehst.

Rette wenigstens einen Teil deines Arzthonorars!

Bezahlen wollte dir, Quintus, kürzlich drei Viertel
der triefäugige Hylas; einäugig geworden, will er dir die Hälfte geben.
Nimm es sofort, kurz ist die Gelegenheit zum Gewinn:
Ist er erst blind, wird dir Hylas nichts mehr zahlen.

Ein gutes Geschäft

Bassus kaufte sich Kapuzenmäntel für zehntausend,
tyrische, in schönster Farbe: Ein Geschäft hat er dabei gemacht.
»Hat er denn so billig eingekauft?« fragst du. O nein, nur zahlen wird er
> nicht.

Triumphaler Empfang Domitians

Schon weiß es der Rhein, daß du heimgekehrt bist in deine Hauptstadt,
denn selbst er vernimmt die Stimmen deines Volkes.
Auch die sarmatischen Stämme, den Hister, die Geten
versetzte allein schon das ungewöhnliche Freudengeschrei in Schrecken.
Während im festlichen Zirkus dir lang anhaltende Jubelrufe unsere
> Verehrung bezeugten,
merkte niemand, daß die Pferde schon viermal losliefen.
Keinen Fürsten hat Rom, auch dich nicht, Caesar, je so geliebt:
Mehr lieben kann es selbst dich nicht, auch wenn es das wollte.

12

Uxorem quare locupletem ducere nolim
　quaeritis? uxori nubere nolo meae.
inferior matrona suo sit, Prisce, marito:
　non aliter fiunt femina virque pares.

13

Morio dictus erat: viginti milibus emi.
　redde mihi nummos, Gargiliane: sapit.

14

Pallida ne Cilicum timeant pomaria brumam
　mordeat et tenerum fortior aura nemus,
hibernis obiecta notis specularia puros
　admittunt soles et sine faece diem.
at mihi cella datur non tota clusa fenestra, 5
　in qua nec Boreas ipse manere velit.
sic habitare iubes veterem crudelis amicum?
　arboris ergo tuae tutior hospes ero.

15

Dum nova Pannonici numeratur gloria belli,
　omnis et ad reducem dum litat ara Iovem,

Der Mann muß in der Ehe ›gleichberechtigter‹ sein

Weshalb ich mir keine reiche Frau nehmen möchte,
fragt ihr? Ich möchte nicht von meiner Frau geheiratet werden.
Untergeordnet sei die Ehefrau ihrem Mann, Priscus;
anders werden Mann und Frau nicht gleich.

Ein kluger Narr

Ein Narr sei er, hieß es von ihm: Für zwanzigtausend habe ich ihn gekauft.
Gib mir mein Geld zurück, Gargilianus: er ist klug!

Luxuriöse Gartenanlage, ruinöses Gästezimmer

Damit deine blassen kilikischen Obstgärten nicht die
    Wintersonnenwende zu fürchten brauchen
und ein allzu starker Luftzug an deiner zarten Baumpflanzung nage,
lassen gläserne Scheiben, die sich den winterlichen Südwinden
    entgegenstellen,
die vollen Sonnenstrahlen durchkommen und einen ungetrübten Tag.
Doch mir gibt man ein Zimmer, das kein ganz gebliebener Fensterladen
    verschließt,
in dem selbst der Nordwind nicht länger ausharren möchte.
So läßt du, Grausamer, deinen alten Freund wohnen?
Besser geschützt werde ich daher als Gast deines Baumes sein.

›Stiller‹ Triumph Domitians

Während man den neuen Ruhm des Pannonischen Krieges mitzählt
und jeder Altar Jupiter als dem Gott der glücklichen Heimkehr opfert,

dat populus, dat gratus eques, dat tura senatus,
　　et ditant Latias tertia dona tribus:
hos quoque secretos memorabit Roma triumphos,
　　nec minor ista tuae laurea pacis erit,
quod tibi de sancta credis pietate tuorum.
　　principis est virtus maxima nosse suos.

16

Pistor qui fueras diu, Cypere,
causas nunc agis et ducena quaeris:
sed consumis et usque mutuaris.
a pistore, Cypere, non recedis:
et panem facis et facis farinam.

17

Egi, Sexte, tuam pactus duo milia causam.
　　misisti nummos quod mihi mille quid est?
'narrasti nihil' inquis 'et a te perdita causa est.'
　　tanto plus debes, Sexte, quod erubui.

18

Si tua, Cerrini, promas epigrammata vulgo,
　　vel mecum possis vel prior ipse legi:

während dankbar Volk, Ritter und Senat Weihrauch spenden
und eine dritte Schenkung Latiums Bezirke bereichert,
wird Rom auch an diesen diskreten Triumph denken,
und nicht wird jetzt dein Friedenslorbeer geringer sein,
da du dir ja der frommen Liebe der Deinen gewiß sein kannst.
Eines Fürsten größte Leistung ist es, die Seinen zu kennen.

Erst Bäcker, dann Advokat

Cyperus, lange Zeit warst du Bäcker,
jetzt führst du Plädoyers vor Gericht und verdienst dabei
  zweihunderttausend.
Doch du gibst alles aus und lebst ständig auf Pump.
Vom Bäcker, Cyperus, kommst du nicht los:
Du machst Brot und machst Mehl.

Auch daß ich vor Gericht schwieg, hat seinen Preis

Deinen Prozeß habe ich geführt, Sextus, und ausgemacht waren
  zweitausend;
wie kommt es, daß du mir nur tausend geschickt hast?
»Du hast den Fall überhaupt nicht dargelegt« sagst du, »und durch dich
  ging der Prozeß verloren.«
Um so mehr schuldest du mir, Sextus, dafür, daß ich vor Scham errötet
  bin.

Ein mehr als fairer Dichterfreund

Brächtest du, Cerrinius, deine Epigramme öffentlich heraus,
könnte man dich mit mir zusammen lesen oder sogar noch vor mir.

sed tibi tantus inest veteris respectus amici
 carior ut mea sit quam tua fama tibi.
sic Maro nec Calabri temptavit carmina Flacci,
 Pindaricos nosset cum superare modos,
et Vario cessit Romani laude cothurni,
 cum posset tragico fortius ore loqui.
aurum et opes et rura frequens donabit amicus:
 qui velit ingenio cedere rarus erit.

19

Pauper videri Cinna vult; et est pauper.

20

Cum facias versus nulla non luce ducenos,
 Vare, nihil recitas. non sapis, atque sapis.

21

Phosphore, redde diem: quid gaudia nostra moraris?
 Caesare venturo, Phosphore, redde diem.
Roma rogat. placidi numquid te pigra Bootae
 plaustra vehunt, lento quod nimis igne venis?
Ledaeo poteras abducere Cyllaron astro:
 ipse suo cedet nunc tibi Castor equo.
quid cupidum Titana tenes? iam Xanthus et Aethon
 frena volunt, vigilat Memnonis alma parens.
tarda tamen nitidae non cedunt sidera luci,
 et cupit Ausonium luna videre ducem.

Doch du besitzt so viel Respekt vor dem alten Freund,
daß meine Anerkennung dir wichtiger ist als deine eigene.
So versuchte sich Maro nicht an den Liedern des kalabrischen Flaccus,
obwohl er es verstanden hätte, pindarische Klänge zu übertreffen,
und überließ Varius den Ruhm des römischen Kothurns,
obwohl er im tragischen Ton kraftvoller sprechen konnte.
Gold und Schätze und Land wird häufig ein Freund verschenken:
Einer, der mit seinem Talent zurückstehen will, wird eine Seltenheit sein.

Gespielt, aber echt

Arm will Cinna scheinen, und er ist auch arm.

Ein talentloser Dichter

Obwohl kein Tag vergeht, an dem du nicht zweihundert Verse machst,
liest du, Varus, nichts davon vor. Du bist ohne Witz und doch gewitzt.

In Erwartung des Kaisers

Morgenstern, bringe den neuen Tag! Was verzögerst du unsere Freuden?
Caesar kommt gleich, Morgenstern, bringe den neuen Tag!
Rom bittet darum. Fährt dich etwa des gemächlichen Bootes
träges Gespann, daß du mit allzu zögerlichem Lichtschein kommst?
Du hättest Kyllaros dem Leda-Gestirn entführen können:
Kastor persönlich wird dir jetzt sein Pferd abtreten.
Was hältst du den drängenden Titan zurück? Xanthus und Aethon
wollen schon die Zügel, Memnons nährende Mutter ist wach.
Trotzdem weichen die zaudernden Sterne nicht vor dem glänzenden Tag,
und der Mond wünscht sich, den ausonischen Fürsten zu sehen.

iam, Caesar, vel nocte veni: stent astra licebit,
  non derit populo te veniente dies.

22

Invitas ad aprum, ponis mihi, Gallice, porcum.
  hybrida sum, si das, Gallice, verba mihi.

23

Esse tibi videor saevus nimiumque gulosus,
  qui propter cenam, Rustice, caedo cocum.
si levis ista tibi flagrorum causa videtur,
  ex qua vis causa vapulet ergo cocus?

24

Si quid forte petam timido gracilique libello,
  inproba non fuerit si mea charta, dato.
et si non dederis, Caesar, permitte rogari:
  offendunt numquam tura precesque Iovem.
qui fingit sacros auro vel marmore vultus,
  non facit ille deos: qui rogat, ille facit.

Komm' jetzt, Caesar, und sei's in der Nacht: Wenn auch die Sterne noch
        stehen,
wird dem Volk, erscheinst du endlich, nicht das Tageslicht fehlen.

Du hast mir den falschen Braten vorgesetzt

Zu einem Wildschwein lädst du mich ein und setzt mir dann ein zahmes
        Schwein vor, Gallicus.
Ein Bastard bin ich, Gallicus, wenn du mich auf diese Weise hintergehen
        kannst.

Wofür ich meinen Koch verprügle

Grausam scheine ich dir zu sein und allzu gefräßig,
Rusticus, weil ich wegen des Essens meinen Koch schlage.
Wenn dir der Anlaß für die Peitsche zu geringfügig erscheint,
aus welchem Anlaß sollte dann ein Koch Prügel bekommen?

Wer den Kaiser bittet, macht ihn damit zum Gott

Wenn ich dich vielleicht um etwas in meinem scheuen, schmalen
        Büchlein ersuche,
dann gewähre es – falls meine Seiten nicht unverschämt sind.
Und wenn du es mir nicht gewährst, Caesar, dann erlaube doch, daß
        man dich bittet:
Weihrauch und Gebete beleidigen Jupiter nie.
Wer in Gold, in Marmor die heiligen Züge abbildet,
erschafft nicht die Götter: Wer sie bittet, der erst erschafft sie.

25

Vidisti semel, Oppiane, tantum
aegrum me male: saepe te videbo.

26

Non tot in Eois timuit Gangeticus arvis
    raptor, in Hyrcano qui fugit albus equo,
quot tua Roma novas vidit, Germanice, tigres:
    delicias potuit nec numerare suas.
vincit Erythraeos tua, Caesar, harena triumphos   5
    et victoris opes divitiasque dei:
nam cum captivos ageret sub curribus Indos,
    contentus gemina tigride Bacchus erat.

27

Munera qui tibi dat locupleti, Gaure, senique,
    si sapis et sentis, hoc tibi ait 'morere.'

28

Dic, toga, facundi gratum mihi munus amici,
    esse velis cuius fama decusque gregis?
Apula Ledaei tibi floruit herba Phalanthi,
    qua saturat Calabris culta Galaesus aquis?
an Tartesiacus stabuli nutritor Hiberi   5
    Baetis in Hesperia te quoque lavit ove?

Ich wünsche dich krank

Einmal nur besuchtest du mich, Oppianus,
als ich schlimm erkrankt war: Oft möchte ich dich besuchen können!

Ein ganzes Rudel Tiger in der Arena

Nicht fürchtete im Lande der Morgenröte so zahlreiche Tiger
der Jäger vom Ganges, der blaß vor Angst auf hyrkanischem Pferde flieht,
wie sie dein Rom, Germanicus, jetzt als Neuheit sah:
Nicht einmal zählen konnte es seine Lieblingstiere.
Deine Arena, Caesar, übertrifft die erythräischen Triumphzüge,
Reichtum und Prachtentfaltung des siegreichen Gottes;
denn als Bacchus gleich hinter seinem Wagen die gefangenen Inder führte,
war er zufrieden mit einem Tigerpaar.

Wer einen reichen Alten beschenkt, will ihn beerben

Reich bist du und alt, und wer dir da Geschenke gibt, Gaurus,
der sagt dir damit, falls du Vernunft und Gespür hast: »stirb!«

Verschämte Bitte um eine neue Toga

Sage mir, Toga, willkommenes Geschenk eines eloquenten Freundes,
welcher Herde Ruhm und Zier du sein möchtest.
Blühte für dich das apulische Gras des spartanischen Phalanthus,
dort, wo der Galaesus die bestellte Flur mit kalabrischem Wasser sättigt?
Hat der tartessische Ernährer des hiberischen Stalles,
der Baetis, auch dich auf einem hesperischen Schaf gewaschen?

an tua multifidum numeravit lana Timavum,
   quem pius astrifero Cyllarus ore bibit?
te nec Amyclaeo decuit livere veneno
   nec Miletos erat vellere digna tuo. 10
lilia tu vincis nec adhuc delapsa ligustra
   et Tiburtino monte quod albet ebur;
Spartanus tibi cedet olor Paphiaeque columbae,
   cedet Erythraeis eruta gemma vadis:
sed licet haec primis nivibus sint aemula dona, 15
   non sunt Parthenio candidiora suo.
non ego praetulerim Babylonos picta superbae
   texta Samiramia quae variantur acu;
non Athamanteo potius me mirer in auro,
   Aeolium dones si mihi, Phrixe, pecus. 20
o quantos risus pariter spectata movebit
   cum Palatina nostra lacerna toga!

29

Disticha qui scribit, puto, vult brevitate placere.
   quid prodest brevitas, dic mihi, si liber est?

30

Qui nunc Caesareae lusus spectatur harenae,
   temporibus Bruti gloria summa fuit.

Oder hat deine Wolle die zahlreichen Mündungsarme des Timavus
gezählt,
aus dem der treue Kyllaros mit seinem Sternenmund trank?
Weder paßte es zu dir, dunkel von amykläischem Purpur gefärbt zu sein,
noch war Milet deines Vlieses würdig.
Lilien übertriffst du und Liguster, dessen Blüten noch nicht abfielen,
Elfenbein auch, das auf tiburtinischer Höhe bleicht;
vor dir müssen der spartanische Schwan und die paphischen Tauben
zurückstehen,
zurückstehen muß auch die Perle, die man aus erythräischen Gewässern
herausgeholt hat;
doch wenn sich dieses Geschenk auch mit dem ersten Schnee messen
kann,
so strahlt es doch nicht heller als sein Spender Parthenius.
Nicht würde ich die bunten Stoffe des stolzen Babylon vorziehen,
die von der Nadel der Semiramis bestickt sind;
nicht würde ich mich lieber im Gold des Athamas bewundern,
falls du, Phrixos, mir das äolische Schaf schenken solltest.
O welch Gelächter wird mein Kapuzenmantel erregen,
wenn man ihn zusammen mit der palatinischen Toga sieht!

Was nützt Kürze, wenn es um ein ganzes Buch geht?

Wer Distichen schreibt, der will, glaube ich, durch Kürze gefallen.
Doch was nützt Kürze, sag' mir, geht es um ein Buch?

Ein imponierender Mucius Scaevola in der Arena

Das Schauspiel, das man jetzt in der kaiserlichen Arena betrachten kann,
brachte zu den Zeiten des Brutus höchsten Ruhm ein.

aspicis ut teneat flammas poenaque fruatur
 fortis et attonito regnet in igne manus!
ipse sui spectator adest et nobile dextrae
 funus amat: totis pascitur illa sacris;
quod nisi rapta foret nolenti poena, parabat
 saevior in lassos ire sinistra focos.
scire piget post tale decus quid fecerit ante:
 quam vidi satis hanc est mihi nosse manum.

31

Nescio quid de te non belle, Dento, fateris,
 coniuge qui ducta iura paterna petis.
sed iam supplicibus dominum lassare libellis
 desine et in patriam serus ab urbe redi:
nam dum tu longe deserta uxore diuque
 tres quaeris natos, quattuor invenies.

32

Aëra per tacitum delapsa sedentis in ipsos
 fluxit Aratullae blanda columba sinus.
luserat hoc casus, nisi inobservata maneret
 permissaque sibi nollet abire fuga.
si meliora piae fas est sperare sorori
 et dominum mundi flectere vota valent,

Du siehst, wie die Hand tapfer in die Flammen greift und die Strafe noch
  genießt,
wie sie über die verblüffte Glut triumphiert!
Als sein eigener Zuschauer ist er dabei und liebt den edlen Tod seiner
  Rechten:
Die weidet sich an ihrer vollständigen Aufopferung;
und wäre die Strafe ihr nicht gewaltsam entrissen worden,
hätte sich, wütender noch, seine Linke beeilt, in das müde Feuer zu fassen.
Zu wissen, was er vorher getan hat, interessiert mich nicht mehr nach
  solch ruhmvoller Tat:
Die Hand zu kennen, die ich hier sah, ist mir genug.

*Verräterischer Wunsch eines kinderlosen Ehemanns,
das Dreikinderprivileg zu bekommen*

Etwas gewiß nicht Vorteilhaftes verrätst du von dir, Dento,
wenn du dich, nachdem du geheiratet hast, um das Vaterrecht bewirbst.
Hör' doch schon auf, mit Bittgesuchen den Herrn zu belästigen,
und kehre spät aus der Hauptstadt in die Heimat zurück!
Während du nämlich, so weit und so lang schon getrennt von der Gattin,
drei Kinder dir wünschst, findest du vielleicht daheim – vier.

Ein gutes Omen für den verbannten Bruder

Durch die stille Luft glitt eine Taube herab und schwebte zärtlich
Aretulla dort, wo sie saß, geradewegs auf den Schoß.
Ein Spiel des Zufalls konnte das sein, doch sie blieb, ohne daß man sie
  bewachte,
und weigerte sich wegzufliegen, obwohl ihr die Flucht erlaubt war.
Wenn es der liebenden Schwester vergönnt ist, auf eine Besserung der
  Lage zu hoffen,
und wenn Bitten den Herrn der Welt zu rühren vermögen,

haec a Sardois tibi forsitan exulis oris,
  fratre reversuro, nuntia venit avis.

33

De praetoricia folium mihi, Paule, corona
  mittis et hoc phialae nomen habere iubes.
hac fuerat nuper nebula tibi pegma perunctum,
  pallida quam rubri diluit unda croci.
an magis astuti derasa est ungue ministri   5
  brattea, de fulcro quam reor esse tuo?
illa potest culicem longe sentire volantem
  et minimi pinna papilionis agi;
exiguae volitat suspensa vapore lucernae
  et leviter fuso rumpitur icta mero.   10
hoc linitur sputo Iani caryota Kalendis,
  quam fert cum parco sordidus asse cliens.
lenta minus gracili crescunt colocasia filo,
  plena magis nimio lilia sole cadunt;
nec vaga tam tenui discurrit aranea tela,   15
  tam leve nec bombyx pendulus urget opus.
crassior in facie vetulae stat creta Fabullae,
  crassior offensae bulla tumescit aquae;
fortior et tortos servat vesica capillos
  et mutat Latias spuma Batava comas.   20
hac cute Ledaeo vestitur pullus in ovo,
  talia lunata splenia fronte sedent.

dann ist dieser Vogel vielleicht von den sardischen Küsten des Verbannten
zu dir als ein Bote gekommen, und dein Bruder wird alsbald
zurückkehren.

Ein allzu ärmliches Saturnaliengeschenk

Ein Blatt vom prätorischen Kranz schickst du mir, Paulus,
und verlangst, daß man es ›Schale‹ nenne.
Unlängst noch war das Theatergerüst vor deinen Augen mit so einem
Hauch überzogen,
den dann eine blasse Welle rötlichen Safrans auflöste.
Oder ist es vielleicht, vom Nagel eines pfiffigen Dieners abgekratzt,
ein Goldblättchen, das vermutlich von deinem Bettgestell stammt?
Dein Schälchen kann schon von weitem das Schwirren einer Mücke
empfinden
und von den Flügeln eines winzigen Schmetterlings bewegt werden.
Es flattert in der Luft, vom Rauch einer schmächtigen Lampe zum
Schweben gebracht,
bricht auch entzwei, getroffen von behutsam eingegossenem Wein.
Mit solcher ›Spucke‹ bestreicht man an den Janus-Kalenden die Dattel,
die der armselige Klient zusammen mit einer bescheidenen
Kupfermünze überreicht.
Zähe Lotusblumen wachsen mit weniger schlanken Fäden,
und fülliger fallen, wenn die Sonne zu intensiv ist, Lilien(kelch)blätter
zur Erde.
Weder läuft die unstete Spinne auf so dünnem Gewebe umher,
noch produziert der Seidenwurm hängend ein so leichtes Werk.
Dicker steht die Schminkkreide im Gesicht der alten Fabulla,
dicker schwillt die (Luft-)Blase an, wenn man auf's Wasser schlägt.
Stärker ist auch die Schweinsblase, die geflochtene Haare schützt,
und der batavische Schaum, der römische Haare färbt.
Mit solch einer Haut ist das Junge in Ledas Ei bekleidet,
ähnlich dünne Pflaster sitzen halbmondförmig auf der Stirn.

quid tibi cum phiala, ligulam cum mittere possis,
   mittere cum possis vel cocleare mihi,-
magna nimis loquimur - cocleam cum mittere possis,
   denique cum possis mittere, Paule, nihil?

34

Archetypum Myos argentum te dicis habere.
   quod sine te factum est hoc magis archetypum est?

35

Cum sitis similes paresque vita,
uxor pessima, pessimus maritus,
miror non bene convenire vobis.

36

Regia pyramidum, Caesar, miracula ride;
   iam tacet Eoum barbara Memphis opus:
pars quota Parrhasiae labor est Mareoticus aulae?
   clarius in toto nil videt orbe dies.
septenos pariter credas adsurgere montes,
   Thessalicum brevior Pelion Ossa tulit;
aethera sic intrat nitidis ut conditus astris
   inferiore tonet nube serenus apex

Was willst du also mit deiner Schale, da du doch einen Löffel schicken
   könntest,
da du mir gar nur ein Löffelchen schicken könntest
– von allzu gewichtigen Gaben sprechen wir immer noch –, da du ein
   Schneckenhaus schicken könntest,
da du schließlich, Paulus, nichts schicken könntest?

Eine angeblich echte Antiquität

Eine originale Silberanfertigung von Mys behauptest du zu haben:
Was ohne dein Zutun hergestellt wurde, ist das eher ein Original?

Kein harmonisches Ehepaar

Da ihr euch ähnlich seid und in eurem Lebensstil gleicht:
du, die schlechteste Frau, er der schlechteste Mann,
bin ich überrascht, daß ihr nicht miteinander harmoniert.

Auf Domitians himmelhohen Palast

Belächle, Caesar, das Königswunder der Pyramiden!
Nunmehr schweigt das barbarische Memphis von seinem
   morgenländischen Werk.
Welch kleinen Teil des parrhasischen Palastes stellt der mareotische Bau
   dar!
Nichts Prächtigeres sieht der Tag auf der ganzen Welt.
Glauben könnte man, die sieben Hügel erhöhen sich übereinander,
weniger hoch trug der Ossa den thessalischen Pelion empor.
So weit reicht der Palast in den Äther hinauf, daß seine heitere Spitze,
   errichtet unter den leuchtenden Sternen,
in den Wolken darunter den Donner erweckt

et prius arcano satietur lumine Phoebi
  nascentis Circe quam videt ora patris.   10
haec, Auguste, tamen, quae vertice sidera pulsat,
  par domus est caelo sed minor est domino.

37

Quod Caietano reddis, Polycharme, tabellas,
  milia te centum num tribuisse putas?
'debuit haec' inquis. tibi habe, Polycharme, tabellas
  et Caietano milia crede duo.

38

Qui praestat pietate pertinaci
sensuro bona liberalitatis,
captet forsitan aut vicem reposcat:
at si quis dare nomini relicto
post manes tumulumque perseverat,   5
quaerit quid nisi parcius dolere?
refert sis bonus an velis videri.
praestas hoc, Melior, sciente fama,
qui sollemnibus anxius sepulti
nomen non sinis interire Blaesi,   10
et de munifica profusus arca
ad natalicium diem colendum
scribarum memori piaeque turbae
quod donas, facis ipse Blaesianum.

und sich am geheimem Licht des Phöbus sättigt,
bevor noch Kirke das Gesicht ihres neu erscheinenden Vaters sieht.
Zwar ist, Augustus, dies Haus, das mit dem Scheitel die Sterne streift,
so hoch wie der Himmel, doch weniger groß ist es noch als sein Herr.

Erlassene Schulden – ein fragwürdiges Geschenk

Weil du, Polycharmus, dem Caietanus seinen Schuldschein zurückgibst,
meinst du da etwa, ihm hunderttausend geschenkt zu haben?
»Soviel schuldete er«, sagst du. Behalte deinen Schuldschein für dich,
        Polycharmus,
und gib Caietanus für zweitausend Kredit!

Eine alljährliche Gedenkfeier für einen toten Freund

Wer in beharrlicher Ergebenheit
großzügige Gaben einem Menschen entgegenbringt, der sie noch
        wahrnehmen kann,
will vielleicht erben oder erwartet eine Gegengabe.
Doch wenn jemand dem hinterbliebenen Namen
noch über Tod und Bestattung hinaus weiterhin Geschenke macht,
was sucht der dann sonst als selbst weniger zu leiden?
Groß ist der Unterschied zwischen einem, der gut ist oder es nur
        scheinen will.
Du erreichst das, Melior, man weiß es und erzählt davon:
Sorgsam bedacht läßt du in jährlicher Feier
den Namen des Blaesus auch nach seinem Tode nicht untergehen;
und indem du verschwenderisch aus voller Truhe,
um seinen Geburtstag zu begehen,
die Schar der Schreiber, die seiner fromm gedenkt,
beschenkst, machst du selbst ein Fest nach des Blaesus Art.

hoc longum tibi, vita dum manebit, 15
hoc et post cineres erit tributum.

39

Qui Palatinae caperet convivia mensae
  ambrosiasque dapes non erat ante locus:
hic haurire decet sacrum, Germanice, nectar
  et Ganymedea pocula mixta manu.
esse velis, oro, serus conviva Tonantis: 5
  at tu si properas, Iuppiter, ipse veni.

40

Non horti neque palmitis beati
sed rari nemoris, Priape, custos,
ex quo natus es et potes renasci,
furaces, moneo, manus repellas
et silvam domini focis reserves: 5
si defecerit haec, et ipse lignum es.

41

'Tristis Athenagoras non misit munera nobis
  quae medio brumae mittere mense solet.'
an sit Athenagoras tristis, Faustine, videbo:
  me certe tristem fecit Athenagoras.

Diese Ehrung wirst du lange, für die Dauer deines Lebens,
sie wirst du auch dann noch, wenn du zu Asche geworden bist, ihm
    erweisen.

Der Eßsaal in Domitians Palast

Um die Tischgesellschaft der kaiserlichen Tafel
und das ambrosische Mahl aufzunehmen, gab es früher keine
    Räumlichkeit:
Hier kann man jetzt, Germanicus, angemessen den göttlichen Nektar
    schlürfen
und Becher, die von eines Ganymed Hand gemischt sind.
Spät erst, so bete ich, mögest du der Gast des Donnerers werden:
Hast du es aber eilig, Jupiter, dann komme selbst!

An einen Priap, der notfalls im Ofen landet

Priap, nicht eines Gartens oder üppigen Weinbergs,
sondern eines kargen Haines Wächter,
aus dem du selber stammst und neu entstehen kannst:
Scheuche, ich mahne dich, die diebischen Hände fort
und erhalte den Wald für den Herd des Herrn:
Verschwindet jener, dann dienst du selber als Holz.

Kummer über ausbleibende Weitergabe
von Saturnalien-Geschenken

»Athenagoras schickte mir, traurig wie er war, nicht die Geschenke,
die er gewöhnlich mitten im Monat der Wintersonnenwende schickte.«
Ob Athenagoras traurig ist, das sehe ich später, Faustinus:
Mich jedenfalls hat Athenagoras jetzt schon traurig gemacht.

42

Si te sportula maior ad beatos
non corruperit, ut solet, licebit
de nostro, Matho, centies laveris.

43

Effert uxores Fabius, Chrestilla maritos,
 funereamque toris quassat uterque facem.
victores committe, Venus: quos iste manebit
 exitus una duos ut Libitina ferat.

44

Titulle, moneo, vive: semper hoc serum est;
sub paedagogo coeperis licet, serum est.
at tu, miser Titulle, nec senex vivis,
sed omne limen conteris salutator
et mane sudas urbis osculis udus, 5
foroque triplici sparsus ante equos omnis
aedemque Martis et colosson Augusti
curris per omnis tertiasque quintasque.
rape, congere, aufer, posside: relinquendum est.
superba densis arca palleat nummis, 10
centum explicentur paginae Kalendarum,
iurabit heres te nihil reliquisse,
supraque pluteum te iacente vel saxum,

Hundert Quadranten für hundertmal baden

Wenn eine größere Sportula bei reichen Leuten
dich nicht wie üblich ködert, dann kannst du,
Matho, auf meine Kosten hundertmal – baden gehen.

Maliziöser Wunsch für zwei, die gut zusammenpassen würden

Zu Grabe trägt Fabius seine Frauen, Chrestilla ihre Männer,
beide schwingen die Todesfackel über dem Hochzeitsbett.
Bring', Venus, die Sieger zusammen: Erwartet sie doch
am Ende, daß *eine* Libitina beide zugleich zu Grabe trägt.

Mahnung zu leben statt rastlos anzuschaffen

Titullus, ich rate dir: Lebe! Immer ist es schon zu spät;
   magst du auch schon unter deinem ersten Lehrer damit beginnen: Es ist zu spät.
Doch du, armer Titullus, lebst nicht einmal jetzt als Greis,
vielmehr trittst du zum Morgengruß jede Schwelle ab
und schwitzt schon in der Frühe, bist feucht von den Küssen der ganzen Stadt,
und, über die drei Foren dich verbreitend: vor allen Reiterstatuen,
vor dem Tempel des Mars und dem Koloß des Augustus,
bist du eilig unterwegs zu jeder dritten und fünften Tagesstunde.
Raffe zusammen, häufe an, trage weg, besitze: Zurücklassen mußt du es doch.
Mag stolz die Truhe blinken, mit Münzen dicht gefüllt,
mögen hundert Seiten Zinseinnahmen am Monatsersten aufgeschlagen werden:
Schwören wird der Erbe, du habest ihm nichts hinterlassen,
und liegst du erst auf der Totenbahre oder auf Stein,

fartus papyro dum tibi torus crescit,
flentis superbus basiabit eunuchos; 15
tuoque tristis filius, velis nolis,
cum concubino nocte dormiet prima.

45

Priscus ab Aetnaeis mihi, Flacce, Terentius oris
    redditur: hanc lucem lactea gemma notet;
defluat et lento splendescat turbida lino
    amphora centeno consule facta minor.
continget nox quando meis tam candida mensis? 5
    tam iusto dabitur quando calere mero?
cum te, Flacce, mihi reddet Cythereia Cypros,
    luxuriae fiet tam bona causa meae.

46

Quanta tua est probitas tanta est praestantia formae,
    Ceste puer, puero castior Hippolyto.
te secum Diana velit doceatque natare,
    te Cybele molli mallet habere Phryge;
tu Ganymedeo poteras succedere lecto, 5
    sed durus domino basia sola dares.
felix, quae tenerum vexabit sponsa maritum
    et quae te faciet prima puella virum!

während mit Papyrus vollgestopft dir der Scheiterhaufen wächst,
wird er stolz die weinenden Eunuchen küssen,
und dein trauernder Sohn wird, ob's dir paßt oder nicht,
mit deinem Buhlknaben schlafen – gleich in der ersten Nacht.

Freudiges Fest bei der Rückkehr eines Freundes

Von den Gestaden des Ätna, Flaccus, wird mir Terentius Priscus
wiedergegeben: Eine milchweiße Perle markiere diesen Tag!
Aus dem Krug fließe der Wein, der durch hundert Konsuljahre weniger
    geworden ist,
und im Leinensieb werde der trübe in langsamem Durchlauf geklärt!
Wann wird wieder eine so strahlende Nacht meinem Tische zuteil?
Wann ist es mir wieder vergönnt, mich so zu Recht am Wein zu erhitzen?
Wenn das kytherëische Zypern dich, Flaccus, mir zurückgibt,
dann wird es für mich einen so triftigen Grund zu ausgelassenem Feiern
    geben.

Preis eines anmutigen Knaben

So eindrucksvoll wie dein lauteres Wesen ist auch die überragende
    Schönheit deiner Gestalt,
Knabe Cestos, keuscher noch als der Knabe Hippolytos.
Dich möchte Diana bei sich haben und dich das Schwimmen lehren,
dich würde Kybele lieber als ihren weichlichen Phrygier besitzen;
du könntest Ganymeds Platz auf dem Lager einnehmen,
doch spröde gäbest du nur Küsse deinem Herrn.
Glücklich die Braut, die einen so zarten Ehemann plagt,
und das Mädchen, das als erstes dich zum Manne macht!

47

Pars maxillarum tonsa est tibi, pars tibi rasa est,
 pars vulsa est. unum quis putet esse caput?

48

Nescit cui dederit Tyriam Crispinus abollam,
 dum mutat cultus induiturque togam.
quisquis habes, umeris sua munera redde, precamur:
 non hoc Crispinus te sed abolla rogat.
non quicumque capit saturatas murice vestes
 nec nisi deliciis convenit iste color.
si te praeda iuvat foedique insania lucri,
 qua possis melius fallere, sume togam.

49 (50)

Quanta Gigantei memoratur mensa triumphi
 quantaque nox superis omnibus illa fuit,
qua bonus accubuit genitor cum plebe deorum
 et licuit Faunis poscere vina Iovem:
tanta tuas celebrant, Caesar, convivia laurus;
 exhilarant ipsos gaudia nostra deos.
vescitur omnis eques tecum populusque patresque
 et capit ambrosias cum duce Roma dapes.
grandia pollicitus quanto maiora dedisti!
 promissa est nobis sportula, recta data est.

Dreifache Enthaarungsaktion

Teils sind die Wangen geschoren bei dir, teils sind sie bei dir rasiert,
teils auch gerupft. Wer dächte da noch, das sei ein einziger Kopf?

An einen unbekannten Dieb

Crispinus weiß nicht mehr, wem er seinen tyrischen Mantel gab,
als er die Kleider wechselte und die Toga anzog.
Wer auch immer ihn hat: gib bitte den Schultern ihr Eigentum zurück!
Nicht Crispinus ersucht dich darum, sondern der Mantel.
Nicht zu jedem, der nach purpurgetränkten Gewändern greift,
nein, nur zu vornehmer Eleganz paßt diese Farbe.
Wenn dich der Diebstahl lockt und die Sucht nach schnödem Gewinn,
dann nimm, womit du besser täuschen kannst: eine Toga!

Auf das Festmahl, das Domitian nach dem Sarmatischen Krieg dem Volk von Rom gab

So prachtvoll wie die Tafel beim Triumph über die Giganten gewesen
    sein soll,
und so prachtvoll wie jene Nacht für alle Himmlischen war,
da der gütige Vater mit dem gemeinen Göttervolk zu Tische lag
und die Faune von Jupiter Wein verlangen durften:
genauso prachtvoll, Caesar, feiert jetzt die Tischgesellschaft den von dir
    errungenen Lorbeerkranz;
selbst die Götter heitert unsere Freude auf.
Es speisen mit dir zusammen alle Ritter, das Volk und die Väter,
und ganz Rom nimmt mit seinem Fürsten ein göttliches Mahl ein.
Großes hast du verheißen, doch wieviel Größeres gabst du!
Versprachst uns eine Spende und gabst jetzt ein richtiges Mahl.

50 (51)

Quis labor in phiala? docti Myos anne Myronos?
  Mentoris haec manus est an, Polyclite, tua?
livescit nulla caligine fusca nec odit
  exploratores nubila massa focos;
vera minus flavo radiant electra metallo 5
  et niveum felix pustula vincit ebur.
materiae non cedit opus: sic alligat orbem,
  plurima cum tota lampade luna nitet.
stat caper Aeolio Thebani vellere Phrixi
  cultus: ab hoc mallet vecta fuisse soror; 10
hunc nec Cinyphius tonsor violaverit et tu
  ipse tua pasci vite, Lyaee, velis.
terga premit pecudis geminis Amor aureus alis,
  Palladius tenero lotos ab ore sonat:
sic Methymnaeo gavisus Arione delphin 15
  languida non tacitum per freta vexit onus.
imbuat egregium digno mihi nectare munus
  non grege de domini sed tua, Ceste, manus;
Ceste, decus mensae, misce Setina: videtur
  ipse puer nobis, ipse sitire caper. 20
det numerum cyathis Istanti littera Rufi:
  auctor enim tanti muneris ille mihi.
si Telethusa venit promissaque gaudia portat,
  servabor dominae, Rufe, triente tuo;
si dubia est, septunce trahar; si fallit amantem, 25
  ut iugulem curas, nomen utrumque bibam.

Auf eine von Instantius Rufus geschenkte wertvolle Trinkschale

Wessen Arbeit steckt in der Schale: des kunstfertigen Mys oder
  des Myron?
Ist es Mentors Hand oder die deine, Polyklet?
Von keiner Trübung ist sie dunkel verfärbt,
kein wolkiges Metall scheut das prüfende Feuer.
Echtes Elektron strahlt von minder gelbem Metallglanz,
und das kostbare Silber daran übertrifft noch schneeweißes Elfenbein.
Mit dem Material konkurriert die Ausführung: So schließt den Kreis
der volle Mond, wenn er ganz in seinem Lichte strahlt.
Ein Bock steht da, mit dem äolischen Fell des thebanischen Phrixos
  geschmückt:
Von diesem hätte die Schwester sich lieber tragen lassen;
ihn möchte kein kinyphischer Scherer verletzen, und du selber,
Lyaeus, wünschtest, daß er deinen Rebstock abweide.
Auf dem Rücken des Tieres sitzt mit seinem Flügelpaar ein goldener
  Amor;
die Lotusflöte der Pallas ertönt aus seinem zarten Mund.
So trug der Delphin einst, froh über den Methymnäer Arion,
seine nicht stumme Last durch das ruhige Meer.
Es fülle mir nun das erlesene Geschenk mit dem dazu passenden Nektar
keiner aus der Schar des Herrn, sondern, Cestos, nur deine Hand.
Cestos, du Zierde der Tafel, mische Setinerwein!
Selbst der Knabe, ja selbst der Bock scheint mir zu dürsten.
Die Buchstaben von »Instantius Rufus« mögen die Anzahl der Becher
  bestimmen,
denn er ist der Spender eines so großen Geschenkes an mich.
Wenn Telethusa kommt und die versprochenen Freuden bringt,
werde ich mich für die Herrin mit einem Trient für dich, Rufus, schonen.
Wenn sie noch unentschlossen ist, dann gedulde ich mich mit sieben
  Bechern; und wenn sie den Liebenden täuscht,
werde ich, um den Kummer zu töten, beide Namen vertrinken.

51 (49)

Formonsam sane sed caecus diligit Asper.
　　plus ergo, ut res est, quam videt Asper amat.

52

Tonsorem puerum, sed arte talem
qualis nec Thalamus fuit Neronis,
Drusorum cuï contigere barbae,
aequandas semel ad genas rogatus
Rufo, Caediciane, commodavi. 5
dum iussus repetit pilos eosdem,
censura speculi manum regente,
expingitque cutem facitque longam
detonsis epaphaeresin capillis,
barbatus mihi tonsor est reversus. 10

53 (55)

Auditur quantum Massyla per avia murmur,
　　innumero quotiens silva leone furit,
pallidus attonitos ad Poena mapalia pastor
　　cum revocat tauros et sine mente pecus:
tantus in Ausonia fremuit modo terror harena. 5
　　quis non esse gregem crederet? unus erat,
sed cuius tremerent ipsi quoque iura leones,
　　cui diadema daret marmore picta Nomas.

Blind vor Liebe

Gewiß: Asper liebt eine Schöne, aber er ist blind.
Mehr als er sieht, liebt Asper also in diesem Fall.

Der ausgeliehene Barbierjunge

Den Barbier, ein Kind noch, doch im Metier erfahren,
so wie nicht einmal Neros Thalamus war,
dem doch die Drusus-Bärte oblagen,
habe ich dem Rufus ausgeliehen, Caedicianus,
als er drum bat, man möge ihm einmal die Wangen glätten.
Während mein Barbier, wie man's von ihm verlangte, sich dieselben
        Haare erneut vornahm –
die Kontrolle im Spiegel lenkte die Hand dabei –,
ihm die Haut schminkte und noch lange,
obwohl die Haare bereits abgeschnitten waren, ›Nachlese‹ hielt,
ist er selbst mit einem Bart zu mir zurückgekommen.

Ein mächtiger Löwe in der Arena

So stark das Gebrüll ist, das man in massylischer Wildnis zu hören
        bekommt,
sooft der Wald von zahllosen Löwen in Aufruhr ist,
wenn, bleich vor Furcht, der Hirte zu den punischen Zelten
die entsetzten Stiere und das kopflose Vieh zurückruft:
so stark war der Schrecken, der soeben auf dem ausonischen
        Kampfplatz tobte.
Wer hätte nicht ein ganzes Rudel vermutet? Einer nur war es,
vor dessen überlegener Macht jedoch selbst Löwen erzitterten
und dem Numidien mit seinem farbigen Marmor das Diadem reichen
        könnte.

o quantum per colla decus, quem sparsit honorem
    aurea lunatae, cum stetit, umbra iubae! 10
grandia quam decuit latum venabula pectus
    quantaque de magna gaudia morte tulit!
unde tuis, Libye, tam felix gloria silvis?
    a Cybeles numquid venerat ille iugo?
an magis Herculeo, Germanice, misit ab astro 15
    hanc tibi vel frater vel pater ipse feram?

54 (53)

Formonsissima quae fuere vel sunt,
sed vilissima quae fuere vel sunt,
o quam te fieri, Catulla, vellem
formonsam minus aut magis pudicam!

55 (56)

Temporibus nostris aetas cum cedat avorum
    creverit et maior cum duce Roma suo,
ingenium sacri miraris desse Maronis
    nec quemquam tanta bella sonare tuba.
sint Maecenates, non derunt, Flacce, Marones 5
    Vergiliumque tibi vel tua rura dabunt.
iugera perdiderat miserae vicina Cremonae
    flebat et abductas Tityrus aeger oves:
risit Tuscus eques paupertatemque malignam
    reppulit et celeri iussit abire fuga. 10

O welche Anmut, welche Majestät verbreitete über seinen Nacken
der goldene Schatten seiner halbmondförmigen Mähne, sobald diese sich
　　　aufrichtete!
Wie sehr paßte die breite Brust zu den gewaltigen Speeren,
und welche Freude empfand er selbst über diesen großartigen Tod!
Woher wurde deinen Wäldern, Libyen, so ein beneidenswertes
　　　Prachtstück zuteil?
War er vielleicht von Kybeles Gespann gekommen?
Oder schickte vielmehr, Germanicus, aus dem Sternbild des Herkules
dir der Bruder oder der Vater selbst dieses Tier?

An eine, die zu schön ist, um sittsam zu sein

Du Schönste von allen Frauen, die es jemals gab und noch gibt,
aber auch Billigste von allen, die es jemals gab und noch gibt,
wie sehr wünschte ich, du würdest, Catulla,
weniger schön oder züchtiger sein!

Mäzen gesucht!

Da die Epoche der Vorfahren mit unserer Zeit nicht mithalten kann
und Rom sich mit seinem Fürsten noch mächtiger entfaltete,
wunderst du dich, daß ein Talent wie das des göttlichen Maro jetzt fehlt
und daß niemand Kriege mit so kräftigem Trompetenklang besingt.
Laß Mäzene erscheinen, dann werden, Flaccus, Männer wie Maro nicht
　　　fehlen,
und einen Vergil wird dir sogar dein Landgut schenken.
Seine Morgen Land hatte Tityrus verloren, ganz nah bei dem
　　　unglücklichen Cremona,
und er weinte, bekümmert, daß man ihm die Schafe genommen habe.
Da lachte der tuskische Ritter, trieb die bösartige Armut zurück
und hieß sie verschwinden in eiliger Flucht.

'accipe divitias et vatum maximus esto;
   tu licet et nostrum' dixit 'Alexin ames.'
adstabat domini mensis pulcherrimus ille
   marmorea fundens nigra Falerna manu,
et libata dabat roseis carchesia labris 15
   quae poterant ipsum sollicitare Iovem.
excidit attonito pinguis Galatea poetae
   Thestylis et rubras messibus usta genas;
protinus Italiam concepit et 'Arma virumque',
   qui modo vix Culicem fleverat ore rudi. 20
quid Varios Marsosque loquar ditataque vatum
   nomina, magnus erit quos numerare labor?
ergo ego Vergilius, si munera Maecenatis
   des mihi? Vergilius non ero, Marsus ero.

56 (54)

Magna licet totiens tribuas, maiora daturus
   dona, ducum victor, victor et ipse tui,
diligeris populo non propter praemia, Caesar,
   te propter populus praemia, Caesar, amat.

57

Tres habuit dentes, pariter quos expuit omnes,
   ad tumulum Picens dum sedet ipse suum;
collegitque sinu fragmenta novissima laxi
   oris et adgesta contumulavit humo.

»Reichtum empfange, und sei hinfort der größte der Dichter;
du darfst sogar«, fügte er hinzu, »meinen Alexis lieben.«
Am Tisch seines Herrn stand der anmutige Knabe,
schenkte mit marmorner Hand dunklen Falerner ein
und reichte den Pokal, nachdem er mit Rosenlippen gekostet hatte,
die Jupiter sogar hätten erregen können.
Wie gebannt vergaß da der Dichter die üppige Galatea
und Thestylis mit ihren von der Erntezeit rotbraunen Wangen.
Sofort ersann er »Italien« und »Waffentaten und den Helden«,
er, der eben noch als dichtender Neuling mühsam »Die Mücke« beweint
    hatte.
Was soll ich Männer wie Varius, wie Marsus nennen und Namen von
    reich gewordenen Dichtern,
die aufzuzählen anstrengend wäre?
Würde also ein Vergil aus mir, wenn du mir Maecenas-Geschenke gäbest?
Nicht ein Vergil, ein Marsus werde ich sein.

Die Liebe des Volkes ist unabhängig von den Gaben des Kaisers

Obwohl du so oft große Gaben verteilst, um noch größere zu geben,
die führenden Männer, ja auch dich selbst übertreffend,
wirst du, Caesar, vom Volk nicht der großzügigen Geschenke wegen
    geschätzt:
Nein, deinetwegen, Caesar, liebt das Volk die großzügigen Geschenke!

Vorwegnahme der eigenen Beerdigung

Drei Zähne noch hatte Picens, die er gleichzeitig alle ausspuckte,
als er leibhaftig an seinem Grabe saß;
er sammelte im Bausch des Gewandes die letzten Reste seines lockeren
    Kiefers,
scharrte Erde zusammen und begrub sie darin.

ossa licet quondam defuncti non legat heres: 5
  hoc sibi iam Picens praestitit officium.

58

Cum tibi tam crassae sint, Artemidore, lacernae,
  possim te Sagarim iure vocare meo.

59

Aspicis hunc uno contentum lumine, cuius
  lippa sub adtrita fronte lacuna patet?
ne contemne caput, nihil est furacius illo;
  non fuit Autolyci tam piperata manus.
hunc tu convivam cautus servare memento: 5
  tunc furit atque oculo luscus utroque videt:
pocula sollicti perdunt ligulasque ministri
  et latet in tepido plurima mappa sinu;
lapsa nec a cubito subducere pallia nescit
  et tectus laenis saepe duabus abit;   10
nec dormitantem vernam fraudare lucerna
  erubuit fallax, ardeat illa licet.
si nihil invasit, puerum tunc arte dolosa
  circuit et soleas subripit ipse suas.

Wenn er gestorben ist, braucht dereinst sein Erbe nicht erst die Gebeine
    zu sammeln:
Diesen Dienst hat sich Picens selbst schon erwiesen.

Wortspiel

Da du dermaßen dicke Mäntel trägst, Artemidor,
könnte ich dich mit gutem Recht »Sagaris« nennen.

Kleptomanie

Siehst du den hier, dem ein Auge genügt, unter dessen
abgefeimter Stirn ein triefendes Loch klafft?
Unterschätze nicht diesen Kopf: Nichts ist so diebisch wie er;
nicht war die Hand des Autolykos derart raffiniert.
Ist er dein Gast, dann vergiß nicht, ihn sorgsam zu beobachten:
Dann nämlich wütet er und sieht einäugig mit beiden Augen.
Becher und Löffel verlieren die skrupulösen Diener,
und in seinem warmen Gewandbausch verschwindet so manche
    Serviette;
gut versteht er es auch, vom Arm heruntergeglittene Mäntel zu
    entwenden,
und oft geht er mit zwei Umhängen über der Toga davon;
auch einen schlafenden Sklaven um die Lampe zu betrügen,
schämt sich der Gauner nicht, sogar wenn jene noch brennt.
Kann er sonst nichts ergattern, umschleicht er seinen Burschen mit List
    und mit Tücke
und klaut sich selber die eigenen Sandalen.

60

Summa Palatini poteras aequare Colossi,
　si fieres brevior, Claudia, sesquipede.

61

Livet Charinus, rumpitur, furit, plorat
et quaerit altos unde pendeat ramos:
non iam quod orbe cantor et legor toto,
nec umbilicis quod decorus et cedro
spargor per omnes Roma quas tenet gentes, 5
sed quod sub urbe rus habemus aestivum
vehimurque mulis non ut ante conductis.
quid inprecabor, o Severe, liventi?
hoc opto: mulas habeat et suburbanum.

62

Scribit in aversa Picens epigrammata charta,
　et dolet averso quod facit illa deo.

63

Thestylon Aulus amat sed nec minus ardet Alexin,
　forsitan et nostrum nunc Hyacinthon amat.
i nunc et dubita vates an diligat ipsos,
　delicias vatum cum meus Aulus amet.

Eine riesengroße Frau

Die Höhe des palatinischen Kolosses könntest du erreichen,
wenn du um anderthalb Fuß gekürzt würdest, Claudia.

Neid auf mein kleines Landgut

Vor Neid erblaßt Charinus, ihn zerreißt es, er rast und jammert,
hält Ausschau nach hohen Ästen, um sich aufzuhängen:
Nicht weil man mich jetzt überall in der Welt rezitiert und liest,
noch weil ich, attraktiv gemacht durch Buchrollenknäufe und Zedernöl,
bei allen Völkern, die Rom beherrscht, verbreitet bin,
nein, weil ich am Rande der Stadt ein Sommerhaus habe
und mich nicht mehr wie früher auf gemieteten Maultieren fortbewege.
Was soll ich, o Severus, meinem Neider Böses wünschen?
Das erbitte ich für ihn: Maultiere soll er haben und einen Landsitz am
 Rande der Stadt.

Ein Epigrammatiker ohne Inspiration

Noch auf die Rückseite des Blattes schreibt Picens Epigramme
und ist betrübt, daß der Gott ihm dabei den Rücken kehrt.

Liebt, wer die Lieblinge der Dichter liebt, auch die Dichter?

Aulus liebt Thestylus, doch nicht weniger glüht er für Alexis,
und vielleicht liebt er jetzt meinen Hyakinthos.
Geh' jetzt und zweifle noch, ob er die Dichter selber mag,
da mein Aulus die Lieblinge der Dichter liebt!

64

Ut poscas, Clyte, munus exigasque,
uno nasceris octiens in anno
et solas, puto, tresve quattuorve
non natalicias habes Kalendas.
sit vultus tibi levior licebit 5
tritis litoris aridi lapillis,
sit moro coma nigrior caduco,
vincas mollitia tremente plumas
aut massam modo lactis alligati,
et talis tumor excitet papillas 10
qualis cruda viro puella servat,
tu nobis, Clyte, iam senex videris:
tam multos quis enim fuisse credat
natalis Priamive Nestorisve?
sit tandem pudor et modus rapinis. 15
quod si ludis adhuc semelque nasci
uno iam tibi non sat est in anno,
natum te, Clyte, nec semel putabo.

65

Hic ubi Fortunae Reducis fulgentia late
 templa nitent, felix area nuper erat:
hic stetit Arctoi formonsus pulvere belli
 purpureum fundens Caesar ab ore iubar;
hic lauru redimita comas et candida cultu 5
 Roma salutavit voce manuque ducem.

Von einem, der Geburtstage am laufenden Band feiert

Um ein Geschenk zu fordern und einzutreiben, Clytus,
wirst du achtmal in einem Jahr geboren,
und nur, vermute ich, drei oder vier
geburtstagsfreie Monatserste hast du.
Mag dein Gesicht auch glatter sein
als abgeschliffene Kiesel am trockenen Strand,
mag dein Haar schwärzer sein als Maulbeeren, die zum Fallen reif sind,
und mag die zitternde Zartheit deiner Wangen flaumige Federn übertreffen
oder einen Laib von soeben geronnener Milch;
mag solche Schwellung deine Brustwarzen erregen,
wie sie ein unerfahrenes Mädchen ihrem künftigen Mann bewahrt:
Mir, Clytus, kommst du bereits vor wie ein Greis.
Denn wer könnte glauben, daß so zahlreich
die Geburtstage von Priamos oder von Nestor waren?
Schäm' dich endlich und finde ein Maß für deine Raubzüge!
Wenn du aber noch weiter dein Spiel mit uns treibst und einmal geboren
        zu sein
in einem Jahr dir auch künftig nicht genug ist,
dann, Clytus, bist du für mich auch nicht *einmal* geboren.

Die Stätte des Triumphes nach Domitians Sieg über die Sarmaten

Hier, wo der funkelnde Tempel der Fortuna Redux weithin
leuchtet, war kürzlich ein vom Glück begünstigter Platz:
Hier stand, mit dem Staub des nördlichen Krieges geschmückt,
Caesar und verströmte purpurnen Glanz von seinem Gesicht.
Hier grüßte, lorbeerbekränzt das Haar und in blendendweißer
        Gewandung,
Rom seinen Fürsten mit Mund und mit Hand.

grande loci meritum testantur et altera dona:
    stat sacer et domitis gentibus arcus ovat;
hic gemini currus numerant elephanta frequentem,
    sufficit inmensis aureus ipse iugis.   10
haec est digna tuis, Germanice, porta triumphis:
    hos aditus urbem Martis habere decet.

66

Augusto pia tura victimasque
pro vestro date Silio, Camenae.
bis senos iubet en redire fasces,
nato consule, nobilique virga
vatis Castaliam domum sonare   5
rerum prima salus et una Caesar.
gaudenti superest adhuc quod optet,
felix purpura tertiusque consul.
Pompeio dederit licet senatus
et Caesar genero sacros honores,   10
quorum pacificus ter ampliavit
Ianus nomina: Silius frequentes
mavult sic numerare consulatus.

67

Horas quinque puer nondum tibi nuntiat et tu
    iam conviva mihi, Caeciliane, venis,

Auch noch ein weiteres Geschenk bezeugt die hohe Bedeutung des Ortes:
Ein heiliger Bogen erhebt sich und frohlockt über die bezwungenen
    Völker.
Zwei gleiche Wagen sieht man darauf, gezogen von nicht wenigen
    Elefanten,
er selber in Gold meistert die gewaltigen Gespanne.
Dieses Portal, Germanicus, ist deiner Triumphe würdig:
Solch einen Zugang zu haben paßt zu der Stadt des Mars.

Glückwünsche an Silius zum Konsulat seines Sohnes

Spendet dem Augustus gottgefälligen Weihrauch und Opfer
für euren Silius, Camenen!
Seht, sein Sohn ist Konsul: Caesar läßt die zwölf Rutenbündel
    wiederkehren
und von dem ruhmreichen Liktorstab
des Dichters kastalisches Haus ertönen –
er, der Welt erstes und einziges Heil.
Trotz all seiner Freude bleibt indes e i n Wunsch noch offen:
das beglückende Pupurgewand eines dritten Konsulats.
Zwar hat der Senat dem Pompejus
und Caesar seinem Schwiegersohn die erhabenen Ehren verliehen,
deren Namen Janus, der Friedensstifter, dreimal verherrlichte:
Doch Silius zieht es vor, mehrmalige
Konsulate auf d i e s e Weise zu zählen.

Ein zu früher Mittags-Gast

Dein Sklave meldet dir noch nicht die fünfte Stunde,
und schon kommst du als Gast zu mir, Caecilianus,

cum modo distulerint raucae vadimonia quartae
     et Floralicias lasset harena feras.
   curre, age, et inlotos revoca, Calliste, ministros;
     sternantur lecti: Caeciliane, sede.
   caldam poscis aquam: nondum mihi frigida venit;
     alget adhuc nudo clusa culina foco.
   mane veni potius; nam cur te quinta moretur?
     ut iantes, sero, Caeciliane, venis.

68

   Qui Corcyraei vidit pomaria regis,
     rus, Entelle, tuae praeferet ille domus.
   invida purpureos urat ne bruma racemos
     et gelidum Bacchi munera frigus edat,
   condita perspicua vivit vindemia gemma
     et tegitur felix nec tamen uva latet:
   femineum lucet sic per bombycina corpus,
     calculus in nitida sic numeratur aqua.
   quid non ingenio voluit natura licere?
     autumnum sterilis ferre iubetur hiems.

69

   Miraris veteres, Vacerra, solos
   nec laudas nisi mortuos poetas.
   ignoscas petimus, Vacerra: tanti
   non est, ut placeam tibi, perire.

obwohl sie gerade die Gerichtstermine der vierten Stunde, wo man sich
    heiser schrie, vertagt haben
und die Arena das Wild am Florafest müde hetzt.
Los, lauf' und rufe die Diener zurück, Callistus, bevor sie zum Baden
    gehen!
Man lege die Polster zurecht: Caecilianus, nimm Platz!
Warmes Wasser verlangst du: Noch nicht einmal kaltes habe ich da;
die Küche ist derzeit geschlossen und eisig und der Herd noch leer.
Komm' lieber am Morgen; weshalb denn auf die fünfte Stunde warten?
Um zu frühstücken, Caecilianus, kommst du zu spät.

Winter-Ernte im Glashaus

Auch wer die Obstgärten des korkyräischen Königs sah,
wird deinen Landsitz, Entellus, vorziehen.
Damit nicht der neidische Winter die purpurnen Reben angreife
und eisige Kälte die Gaben des Bacchus aufzehre,
lebt dein Wein geborgen unter durchsichtigen Scheiben;
geschützt ist die köstliche Traube und doch nicht versteckt:
So leuchtet ein Frauenkörper durch seidne Gewänder hindurch,
so kann man Steinchen zählen im klaren Wasser.
Was wollte die Natur nicht menschlicher Erfindungsgabe alles erlauben?
Einen Herbst hervorzubringen, verlangt man jetzt vom unfruchtbaren
    Winter.

Ist nur ein verstorbener Dichter ein guter Dichter?

Nur die Alten bewunderst du, Vacerra,
und lobst allein die toten Dichter.
Verzeih', ich bitte dich, Vacerra: So viel ist's mir nicht wert
zu sterben, nur um dir zu gefallen.

70

Quanta quies placidi tantast facundia Nervae,
    sed cohibet vires ingeniumque pudor.
cum siccare sacram largo Permessida posset
    ore, verecundam maluit esse sitim,
Pieriam tenui frontem redimire corona
    contentus famae nec dare vela suae.
sed tamen hunc nostri scit temporis esse Tibullum,
    carmina qui docti nota Neronis habet.

71

Quattuor argenti libras mihi tempore brumae
    misisti ante annos, Postumiane, decem;
speranti plures – nam stare aut crescere debent
    munera – venerunt plusve minusve duae;
tertius et quartus multo inferiora tulerunt;
    libra fuit quinto, Septiciana quidem;
besalem ad scutulam sexto pervenimus anno;
    post hunc in cotula rasa selibra data est;
octavus ligulam misit sextante minorem;
    nonus acu levius vix cocleare tulit.
quod mittat nobis decumus iam non habet annus:
    quattuor ad libras, Postumiane, redi.

Nervas Selbstbescheidung als Dichter

Imponierend wie seine Gelassenheit ist auch die Eloquenz des milden
    Nerva,
doch Bescheidenheit hält seine Energie und seine Begabung zurück.
Obwohl er die heilige Permessis mit vollem Mund hätte austrinken
    können,
zog er es vor, daß sein Durst nur maßvoll sei,
zufrieden schon, mit schmalem Kranz die piërische Stirn zu umwinden
und nicht für den eigenen Ruhm die Segel zu setzen.
Daß er dennoch der Tibull unserer Zeit ist, weiß jeder,
der die Verse des gelehrten Nero kennt.

Jedes Jahr ein kleineres Saturnalien-Geschenk

Vier Pfund Silbergerät hast du mir zur Wintersonnenwende
vor zehn Jahren, Postumianus, geschickt;
ich hoffte auf mehr – denn Geschenke müssen bleiben oder wachsen –,
da kamen zwei Pfund: ein bißchen mehr, ein bißchen weniger;
das dritte und das vierte Jahr brachten noch viel kleinere Gaben;
im fünften war's gerade ein Pfund, und zwar von Septicius eins;
zu einem Schälchen, acht Unzen schwer, kam ich im sechsten Jahr;
danach gab's ein knappes halbes Pfund in Form eines kleinen Bechers;
das achte Jahr schickte einen Löffel, der wog weniger als zwei Unzen;
das neunte brachte gerade noch ein Löffelchen, das leichter war als eine
    Nadel;
das zehnte hat mir schon nichts mehr weiter zu schicken:
Postumianus, kehr' zu den vier Pfund zurück!

72

Nondum murice cultus asperoque
morsu pumicis aridi politus
Arcanum properas sequi, libelle,
quem pulcherrima iam redire Narbo,
docti Narbo Paterna Votieni, 5
ad leges iubet annuosque fasces:
votis quod paribus tibi petendum est,
continget locus ille et hic amicus.
quam vellem fieri meus libellus!

73

Istanti, quo nec sincerior alter habetur
   pectore nec nivea simplicitate prior,
si dare vis nostrae vires animosque Thaliae
   et victura petis carmina, da quod amem.
Cynthia te vatem fecit, lascive Properti; 5
   ingenium Galli pulchra Lycoris erat;
fama est arguti Nemesis formonsa Tibulli;
   Lesbia dictavit, docte Catulle, tibi:
non me Paeligni nec spernet Mantua vatem,
   si qua Corinna mihi, si quis Alexis erit. 10

74

Oplomachus nunc es, fueras opthalmicus ante.
   fecisti medicus quod facis oplomachus.

Mein Büchlein möcht' ich werden!

Obwohl du noch nicht mit der purpurnen Hülle geschmückt und auch nicht vom rauhen
Biß des trockenen Bimssteins geglättet bist,
beeilst du dich, mein Büchlein, dem Arcanus zu folgen,
den das herrliche Narbo,
das Narbo Paterna des gelehrten Votiënus,
nunmehr für ein Jahr zur Rechtsprechung und zur Ausübung des obersten Amtes zurückruft.
Was du mit deinen Wünschen gleichermaßen erbitten mußt,
wird dir alsbald zuteil: jener ferne Ort und dieser mir nahe Freund.
Wie gern würde ich selbst zu meinem Büchlein werden!

Schenke mir zur Inspiration jemanden zum Liebhaben!

Istantius – kein anderer gilt als so lauter im Herzen,
keiner erreicht deine Redlichkeit, die rein ist wie der Schnee –
willst du meiner Muse Tatkraft und Mut verleihen
und verlangst du Lieder, die bleiben, dann gib mir, was ich lieben kann!
Cynthia machte dich zum Dichter, tändelnder Properz;
die schöne Lycoris war die Inspiration des Gallus;
die anmutige Nemesis ist der Ruhm des klangvollen Tibull;
Lesbia diktierte dir, gelehrter Catull, deine Verse:
Nicht wird mich das Volk der Päligner, nicht Mantua als Sänger verachten,
wenn ich eine Corinna, wenn ich einen Alexis finden könnte.

Vom Augenarzt zum Gladiator

Gladiator bist du jetzt und warst vorher Augenarzt:
Du hast als Arzt das gemacht, was du als Gladiator machst.

75

Dum repetit sera conductos nocte penates
  Lingonus a Tecta Flaminiaque recens,
expulit offenso vitiatum pollice talum
  et iacuit toto corpore fusus humi.
quid faceret Gallus, qua se ratione moveret?
  ingenti domino servulus unus erat,
tam macer ut minimam posset vix ferre lucernam:
  succurrit misero casus opemque tulit.
quattuor inscripti portabant vile cadaver,
  accipit infelix qualia mille rogus;
hos comes invalidus summissa voce precatur,
  ut quocumque velint corpus inane ferant:
permutatur onus stipataque tollitur alte
  grandis in angusta sarcina sandapila.
hic mihi de multis unus, Lucane, videtur
  cui merito dici 'mortue Galle' potest.

76

'Dic verum mihi, Marce, dic amabo;
nil est quod magis audiam libenter.'
sic et cum recitas tuos libellos,
et causam quotiens agis clientis,
oras, Gallice, me rogasque semper.
durum est me tibi quod petis negare.
vero verius ergo quid sit audi:
verum, Gallice, non libenter audis.

Rettung auf einer Totenbahre für einen (fast) »toten Gallier«

Als ein Lingone spät in der Nacht sein gemietetes Quartier wieder
    aufsuchte
– er kam gerade von der Tecta und der Flaminia zurück –,
da stieß er mit dem großen Zeh an, renkte sich den verletzten Knöchel aus
und lag nun in voller Länge auf dem Boden gestreckt.
Was hätte der Gallier tun, wie hätte er sich bewegen sollen?
Der riesige Herr hatte nur einen einzigen, winzigen Sklaven,
der so mager war, daß er kaum die kleinste Lampe halten konnte.
Da stand dem Armen der Zufall bei und brachte ihm Hilfe.
Vier öffentliche Sklaven trugen einen dürftigen Leichnam,
wie sie zu Tausenden der unselige Scheiterhaufen aufnimmt;
die bittet der schwächliche Begleiter mit unterwürfiger Stimme,
sie möchten doch den leblosen Körper je nach Belieben irgendwo anders
    hinbringen:
So vertauscht man die Last; das riesige Bündel
wird auf die enge Bahre gezwängt und in die Höhe gehoben.
Der scheint mir von vielen der einzige zu sein, Lucanus,
den man mit Recht »Toter Gallier« nennen kann.

Meine Wahrheit für dich

»Sag' mir die Wahrheit, Marcus, sei so gut und sag' sie mir,
nichts will ich lieber hören.«
So bittest und bedrängst du mich immer, Gallicus,
ob du nun aus deinen Büchlein vorliest
oder den Fall eines Klienten vor Gericht vertrittst.
Hart ist es für mich, dir dein Ersuchen abzuschlagen.
Höre also, was wahrer noch als die Wahrheit ist:
Die Wahrheit, Gallicus, hörst du nicht gern.

77

Liber, amicorum dulcissima cura tuorum,
  Liber, in aeterna vivere digne rosa,
si sapis, Assyrio semper tibi crinis amomo
  splendeat et cingant florea serta caput;
candida nigrescant vetulo crystalla Falerno   5
  et caleat blando mollis amore torus.
qui sic vel medio finitus vixit in aevo,
  longior huic facta est quam data vita fuit.

78

Quos cuperet Phlegraea suos victoria ludos,
  Indica quos cuperet pompa, Lyaee, tuos,
fecit Hyperborei celebrator Stella triumphi,
  o pudor! o pietas! et putat esse parum.
non illi satis est turbato sordidus auro   5
  Hermus et Hesperio qui sonat orbe Tagus.
omnis habet sua dona dies: nec linea dives
  cessat et in populum multa rapina cadit;
nunc veniunt subitis lasciva nomismata nimbis,
  nunc dat spectatas tessera larga feras,   10
nunc implere sinus securos gaudet et absens
  sortitur dominos, ne laceretur, avis.
quid numerem currus ter denaque praemia palmae,
  quae dare non semper consul uterque solet?
omnia sed, Caesar, tanto superantur honore,   15
  quod spectatorem te tua laurus habet.

Intensität macht die Länge des Lebens aus

Liber, um dich sind deine Freunde zärtlich besorgt,
Liber, du verdienst es, inmitten immerblühender Rosen zu leben:
Hast du Verstand, dann laß dein Haar stets von assyrischem Balsam glänzen
und Blütenkränze dein Haupt umwinden;
laß helles Kristall sich von altem Falerner dunkel färben
und dein weiches Lager von zärtlicher Liebe erglühen.
Wer so gelebt hat, und käme auch in der Mitte des Lebens das Ende,
dem wurde ein längeres Dasein zuteil als es ihm gegeben war.

*Auf die Spiele aus Anlaß der Beendigung
von Domitians Sarmatenkrieg*

Festliche Spiele, wie sie sich der Phlegräische Sieg gewünscht,
wie sie sich dein indischer Zug, Lyaeus, gewünscht hätte,
gab Stella, der die Feier des hyperboreischen Triumphes gestaltete;
welche Bescheidenheit, welche Hingabe! Und er meint noch, das sei zu wenig.
Nicht genügt ihm der Hermus, trübe vom aufgewühlten Goldstaub,
und der Tagus, der in der hesperischen Welt braust.
Jeder Tag hat seine eigenen Gaben; die reichlich bestückte Schnur
kommt nicht zur Ruhe, und üppige Beute fällt in die Menge:
Bald regnen in plötzlichen Schauern frivol bebilderte Münzen herab,
bald bieten Coupons großzügig das Wild an, das ausgestellt war;
bald sind die Vögel froh, einen sicheren Gewandbausch auszufüllen, und finden – ohne anwesend zu sein,
damit man sie nicht in Stücke reißt – durch das Los ihre Herrn.
Was soll ich die Wagen aufzählen und die dreimal zehn Siegespreise,
wie sie nicht immer ein Konsulpaar zu geben pflegt?
Doch alles das, Caesar, wird übertoffen durch die hohe Ehre,
daß dein eigener Triumph dich selber zum Zuschauer hat.

79

Omnis aut vetulas habes amicas
aut turpis vetulisque foediores.
has ducis comites trahisque tecum
per convivia, porticus, theatra.
sic formonsa, Fabulla, sic puella es.

80

Sanctorum nobis miracula reddis avorum
   nec pateris, Caesar, saecula cana mori,
cum veteres Latiae ritus renovantur harenae
   et pugnat virtus simpliciore manu.
sic priscis servatur honos te praeside templis
   et casa tam culto sub Iove numen habet;
sic nova dum condis, revocas, Auguste, priora:
   debentur quae sunt quaeque fuere tibi.

81

Non per mystica sacra Dindymenes
nec per Niliacae bovem iuvencae,
nullos denique per deos deasque
iurat Gellia, sed per uniones.
hos amplectitur, hos perosculatur,
hos fratres vocat, hos vocat sorores,
hos natis amat acrius duabus.
his si quo careat misella casu,
victuram negat esse se nec horam.

Schön bist du nur im Kontrast

All deine Freundinnen sind entweder alte Weiber
oder häßlich und abstoßender noch als alte Weiber.
Die nimmst du zur Begleitung und schleppst sie mit dir
durch Bankette, Säulenhallen und Theater.
Auf diese Weise bist du schön, Fabulla, auf diese Weise mädchenhaft.

Dank an Domitian für die Erneuerung alter Bräuche

Du gibst uns die Wunder der ehrwürdigen Ahnen zurück
und duldest nicht, Caesar, daß die vergangenen Jahrhunderte sterben,
wenn jetzt die früheren Bräuche der römischen Arena erneuert werden
und die Tapferkeit mit der schlichteren Hand kämpft.
So bleibt auch den uralten Tempeln unter deiner Regierung ihre Würde
    bewahrt,
und DIE HÜTTE behält unter einem Jupiter, der so verehrt wird, ihre
    sakrale Bedeutung.
So rufst du, Augustus, während du Neues gründest, das Frühere zurück:
Was jetzt ist und was einmal war, beides verdankt man dir.

Spott auf eine in ihre Perlen vernarrte Frau

Nicht beim mystischen Kult der Dindymene,
nicht beim Stier der Jungkuh vom Nil,
bei keinen Göttern und Göttinnen schließlich
schwört Gellia, sondern bei ihren Perlen.
Die umarmt, die küßt sie ab,
die nennt sie Brüder, die nennt sie Schwestern,
die liebt sie stürmischer als ihre beiden Kinder.
Sollte die Ärmste sie durch einen Unglücksfall verlieren,
wolle sie, sagt sie, auch nicht eine Stunde länger leben.

eheu, quam bene nunc, Papiriane,
Annaei faceret manus Sereni!

82

Dante tibi turba querulos, Auguste, libellos
   nos quoque quod domino carmina parva damus,
posse deum rebus pariter Musisque vacare
   scimus et haec etiam serta placere tibi.
fer vates, Auguste, tuos: nos gloria dulcis,
   nos tua cura prior deliciaeque sumus.
non quercus te sola decet nec laurea Phoebi:
   fiat et ex hedera civica nostra tibi.

Ach, Papirianus, wie gut würde jetzt
die Hand des Annaeus Serenus reagieren!

Bitte an Domitian, die Werke der Dichter wohlwollend aufzunehmen

Klagende Bittschriften schickt dir die Menge, Augustus,
und wenn nun auch wir an unseren Herrn kleine Gedichte schicken,
dann wissen wir: Unser Gott kann sich Zeit nehmen für die
    Staatsgeschäfte wie für die Musen,
und auch dieses (poetische) Blumengebinde findet dein Wohlgefallen.
Habe Nachsicht mit deinen Sängern, Augustus, wir sind dein köstlicher
    Ruhm,
uns galt deine Zuwendung und Freude schon früher.
Nicht der Eichenkranz nur gebührt dir oder der Lorbeer des Phöbus:
Auch unsere Bürgerkrone aus Efeu werde dir zuteil!

LIBER NONUS

Have, mi Torani, frater carissime. epigramma, quod extra ordinem paginarum est, ad Stertinium clarissimum virum scripsimus, qui imaginem meam ponere in bibliotheca sua voluit. de quo scribendum tibi putavi, ne ignorares Avitus iste quis vocaretur. vale et para hospitium.

Note, licet nolis, sublimi pectore vates,
   cui referet serus praemia digna cinis,
hoc tibi sub nostra breve carmen imagine vivat,
   quam non obscuris iungis, Avite, viris:
'ille ego sum nulli nugarum laude secundus,   5
   quem non miraris sed puto, lector, amas.
maiores maiora sonent: mihi parva locuto
   sufficit in vestras saepe redire manus.'

I

Dum Ianus hiemes, Domitianus autumnos,
Augustus annis commodabit aestates,
dum grande famuli nomen adseret Rheni
Germanicarum magna lux Kalendarum,
Tarpeia summi saxa dum patris stabunt,   5
dum voce supplex dumque ture placabit
matrona divae dulce Iuliae numen:

NEUNTES BUCH

Sei gegrüßt, mein Toranius, liebster Bruder! Das Epigramm, das nicht in den Zusammenhang des Buches gehört, habe ich an Stertinius, diesen ausgezeichneten Mann, gerichtet, der ein Bild von mir in seiner Bibliothek aufstellen wollte. Ich glaubte, dir von ihm schreiben zu müssen, damit dir nicht unbekannt bleibe, welcher Avitus da angeredet wird. Lebe wohl und bereite mir ein Willkommen!

Der du bekannt bist, wenn auch gegen deinen Willen, als ein feinsinniger
    Dichter,
dem erst ein später Tod den verdienten Lohn bringen wird,
dies kurze Gedicht soll für dich unter meinem Bilde leben,
das du, Avitus, unter die Bilder von nicht unbedeutenden Männern
    einreihst.
»Ich bin derjenige, der mit seinen poetischen Nichtigkeiten hinter
    keinem an Ruhm zurücksteht,
den du, Leser, nicht bestaunst, sondern, glaube ich, liebst.
Größere mögen von Größerem tönen: Für mich, der nur
    Unbedeutendes geäußert hat,
genügt es, wenn ihr mich oft wieder in eure Hände nehmt.«

Der Tempel der gens Flavia mit Julias Grab

Solange Janus den Winter, Domitian den Herbst,
Augustus jedem Jahr den Sommer verleiht,
solange der große Tag der Germanicus-Kalenden
den bedeutenden Namen des dienstbaren Rheins beansprucht,
solange der tarpejische Fels des höchsten Vaters steht,
solange demütig bittend die Frauen mit Worten und mit Weihrauch
die liebliche Hoheit der göttlichen Julia gnädig stimmen:

manebit altum Flaviae decus gentis
cum sole et astris cumque luce Romana.
invicta quidquid condidit manus, caeli est.   10

2

Pauper amicitiae cum sis, Lupe, non es amicae
   et queritur de te mentula sola nihil.
illa siligineis pinguescit adultera cunnis,
   convivam pascit nigra farina tuum.
incensura nives dominae Setina liquantur,   5
   nos bibimus Corsi pulla venena cadi;
empta tibi nox est fundis non tota paternis,
   non sua desertus rura sodalis arat;
splendet Erythraeis perlucida moecha lapillis,
   ducitur addictus, te futuente, cliens;   10
octo Syris suffulta datur lectica puellae,
   nudum sandapilae pondus amicus erit.
i nunc et miseros, Cybele, praecide cinaedos:
   haec erat, haec cultris mentula digna tuis.

3

Quantum iam superis, Caesar, caeloque dedisti
   si repetas et si creditor esse velis,

solange wird auch der hochragende Prachtbau des flavischen Geschlechtes
    bestehen bleiben,
zusammen mit der Sonne und den Sternen und dem römischen Tageslicht.
Was je eine unbesiegte Hand geschaffen hat, gehört dem Himmel.

Arm ist er nur für seine Freunde

Während du arm bist für deine Freunde, Lupus, bist du es nicht für deine
    Freundin,
und allein dein Schwanz braucht sich über nichts bei dir zu beklagen.
Deine Geliebte wird fett von obszön geformtem Weizengebäck,
deinen Gast ernährt nur schwarzes Mehl.
Für die Herrin wird Setiner geseiht, der Schnee erhitzen kann,
wir trinken trübe Giftbrühe aus korsischem Krug;
für das vom Vater ererbte Gut kaufst du dir eine Nacht – und die nicht
    mal ganz,
von dir im Stich gelassen, pflügt dein Kamerad ein Feld, das ihm nicht
    gehört;
dein Kebsweib erstrahlt im Glanz erythräischer Steine,
dein Klient wird, während du sie vögelst, in die Schuldhaft abgeführt;
eine Sänfte, die von acht Syrern getragen wird, spendierst du dem
    Mädchen,
eine nackte Last auf der Totenbahre wird dein Freund sein.
Geh nur, Kybele, und kastriere weiterhin elende Schwule:
Dieser Schwanz da, ja *der* hätte dein Messer verdient.

Die Götter könnten Domitian ihre Schulden nicht zurückzahlen

Wenn du zurückfordertest, wieviel du schon den Göttern und dem
    Himmel gegeben hast, Caesar,
und wenn du ihr Gläubiger sein wolltest:

grandis in aetherio licet auctio fiat Olympo
  coganturque dei vendere quidquid habent,
conturbabit Atlans et non erit uncia tota 5
  decidat tecum qua pater ipse deum:
pro Capitolinis quid enim tibi solvere templis,
  quid pro Tarpeiae frondis honore potest?
quid pro culminibus geminis matrona Tonantis?
  Pallada praetereo: res agit illa tuas. 10
quid loquar Alciden Phoebumque piosque Laconas?
  addita quid Latio Flavia templa polo?
expectes et sustineas, Auguste, necesse est:
  nam tibi quod solvat non habet arca Iovis.

4

Aureolis futui cum possit Galla duobus
  et plus quam futui, si totidem addideris,
aureolos a te cur accipit, Aeschyle, denos?
  non fellat tanti Galla. quid ergo? tacet.

5 (6)

Tibi, summe Rheni domitor et parens orbis,
pudice princeps, gratias agunt urbes:
populos habebunt; parere iam scelus non est.
non puer avari sectus arte mangonis
virilitatis damna maeret ereptae, 5

fände dann auch im hohen Olymp eine große Versteigerung statt
und wären die Götter gezwungen, ihren ganzen Besitz zu verkaufen,
so würde Atlas bankrott machen, und nicht ein volles Zwölftel
brächte der Göttervater selber für einen Vergleich mit dir auf.
Denn was könnte er dir für die kapitolinischen Tempel zahlen
und für den Ruhm des tarpejischen Laubs,
was die Gattin des Donnerers für ihre beiden Häuser?
Pallas übergehe ich, sie vertritt ja deine Interessen.
Was soll ich noch den Alkiden, Phöbus und die in geschwisterlicher
        Liebe einander treu ergebenen Spartaner nennen,
was den flavischen Tempel, der dem römischen Himmel hinzugefügt
        wurde?
Abwarten mußt du und in Geduld dich üben, Augustus:
Denn Jupiters Kasse hat nicht die Mittel, dich dafür zu bezahlen.

Erkauftes Schweigen einer Dirne

Da Galla sich für zwei Goldstücke vögeln läßt,
und mehr noch als vögeln, wenn du ihr nochmals soviele gibst,
weshalb nimmt sie dann von dir, Aeschylus, zehn Goldstücke?
Für weniger macht's doch Galla schon mit dem Mund. Warum also?
        Sie schweigt darüber.

Domitians Kinderschutz

Dir, hoher Bezwinger des Rheins und Vater des Erdkreises,
ehrbarer Fürst, sagen Dank die Städte:
Bevölkert werden sie sein, und Gebären ist kein Verbrechen mehr.
Kein Knabe muß noch, weil der Eingriff eines habgierigen
        Sklavenhändlers ihn verstümmelte,
um den Verlust der ihm geraubten Männlichkeit trauern,

nec quam superbus conputet stipem leno
dat prostituto misera mater infanti.
qui nec cubili fuerat ante te quondam,
pudor esse per te coepit et lupanari.

6 (7)

Dicere de Libycis reduci tibi gentibus, Afer,
    continuis volui quinque diebus 'have':
'non vacat' aut 'dormit' dictum est bis terque reverso.
    iam satis est: non vis, Afer, havere: vale.

7 (8)

Tamquam parva foret sexus iniuria nostri
    foedandos populo prostituisse mares,
iam cunae lenonis erant, ut ab ubere raptus
    sordida vagitu posceret aera puer:
inmatura dabant infandas corpora poenas.   5
    non tulit Ausonius talia monstra pater,
idem qui teneris nuper succurrit ephebis,
    ne faceret steriles saeva libido viros.
dilexere prius pueri iuvenesque senesque,
    at nunc infantes te quoque, Caesar, amant.   10

und keine unglückliche Mutter reicht ihrem zur Prostitution
    gezwungenen Kind den Geldbetrag,
den ein arroganter Kuppler berechnet.
Die Scham, die vor dir früher auch dem Ehebett fehlte,
ist durch dein Verdienst jetzt sogar schon im Bordell zu finden.

Keine Zeit, meine Begrüßung entgegenzunehmen

Als du von Libyens Völkern zurückkehrtest, Afer,
wollte ich an fünf Tagen hintereinander dir meinen Willkommensgruß
    entbieten.
»Er hat keine Zeit« oder »Er schläft«, sagte man mir, obwohl ich
    zweimal, dreimal wiederkam.
Jetzt reicht es mir. Du willst nicht, daß ich dich willkommen heiße, Afer?
    Dann leb' wohl!

Domitians Verbot der Kastration

Als ob das unserem Geschlecht angetane Unrecht gering wäre,
daß man dem Volk zur Schändung männliche Wesen preisgab,
gehörte jetzt schon die Wiege dem Kuppler, so daß, weggerissen von der
    Mutterbrust,
der kleine Junge mit seinem Wimmern schmutziges Geld verlangte.
Unreife Körper erlitten unsägliche Pein.
Nicht ertrug Ausoniens Vater solche Scheußlichkeiten,
er, der kürzlich erst zarten Epheben Hilfe brachte,
damit nicht grausame Gier Männer unfruchtbar mache.
Zuvor verehrten dich Knaben, junge Männer, Greise;
doch jetzt lieben dich, Caesar, sogar Säuglinge.

8 (9)

Nil tibi legavit Fabius, Bithynice, cui tu
 annua, si memini, milia sena dabas.
plus nulli dedit ille: queri, Bithynice, noli:
 annua legavit milia sena tibi.

9 (10)

Cenes, Canthare, cum foris libenter,
clamas et maledicis et minaris.
deponas animos truces monemus:
liber non potes et gulosus esse.

10 (5)

Nubere vis Prisco: non miror, Paula: sapisti.
 ducere te non vult Priscus: et ille sapit.

11

Nomen cum violis rosisque natum,
quo pars optima nominatur anni,
Hyblam quod sapit Atticosque flores,
quod nidos olet alitis superbae;
nomen nectare dulcius beato, 5
quo mallet Cybeles puer vocari
et qui pocula temperat Tonanti,
quod si Parrhasia sones in aula,
respondent Veneres Cupidinesque;

Das künftig ersparte ›Schmiergeld‹ ist deine Erbschaft

Nichts, Bithynicus, hat dir Fabius vermacht, dem du doch,
erinnere ich mich recht, jährlich sechstausend gabst.
Mehr hat er keinem gegeben, brauchst nicht zu klagen, Bithynicus:
Jährlich sechstausend hat er dir vermacht!

Frei und gefräßig in einem kann man nicht sein

Obwohl du, Cantharus, gern außer Haus speist,
lärmst du und fluchst und drohst.
Leg' dein ungestümes Temperament ab, rat' ich dir:
Frei *und* gefräßig kannst du nicht sein.

Zwei kluge Einstellungen zu einer möglichen Heirat

Den Priscus willst du heiraten: Das überrascht mich nicht, Paula; du bist
    klug.
Priscus will dich nicht zur Frau nehmen: Auch er ist klug.

Earinos – ein unmetrischer Name

Name, zusammen mit Veilchen und Rosen geboren,
nach dem sich der beste Teil des Jahres nennt,
der nach Hybla und nach attischen Blüten schmeckt,
der nach dem Nest des stolzen Vogels duftet;
Name, süßer als der beseligende Nektar,
mit dem sich Kybeles Knabe lieber rufen ließe,
er auch, der dem Donnerer die Becher mischt,
dem, wenn du am parrhasischen Hofe ertönst,
die Liebesgöttinnen und Liebesgötter Antwort geben;

nomen nobile, molle, delicatum 10
versu dicere non rudi volebam:
sed tu syllaba contumax rebellas.
dicunt Eiarinon tamen poetae,
sed Graeci quibus est nihil negatum
et quos Ἄρης Ἄρης decet sonare: 15
nobis non licet esse tam disertis
qui Musas colimus severiores.

12 (13)

Nomen habes teneri quod tempora nuncupat anni,
   cum breve Cecropiae ver populantur apes:
nomen Acidalia meruit quod harundine pingi,
   quod Cytherea sua scribere gaudet acu;
nomen Erythraeis quod littera facta lapillis, 5
   gemma quod Heliadum pollice trita notet;
quod pinna scribente grues ad sidera tollant;
   quod decet in sola Caesaris esse domo.

13 (12)

Si daret autumnus mihi nomen, Oporinos essem,
   horrida si brumae sidera, Chimerinos;
dictus ab aestivo Therinos tibi mense vocarer:
   tempora cui nomen verna dedere quis est?

den edlen, zarten und köstlichen Namen
wollte ich gern in einem eleganten Verse nennen:
Aber du, störrische Silbe, rebellierst.
Und doch sagen die Dichter »Eiarinos«,
freilich griechische, denen alles erlaubt ist
und die »Ares« einmal mit langem, einmal mit kurzem »a« deklamieren
    dürfen:
Uns ist nicht gestattet, so eloquent zu sein,
die wir strengere Musen ehren.

Earinos – ein ganz besonderer Name

Einen Namen hast du, der die zarte Jahreszeit bezeichnet,
wenn die kekropischen Bienen den kurzen Frühling plündern;
einen Namen, der es verdiente, von dem akidalischen Rohr gemalt zu
    werden,
den mit ihrer Nadel zu sticken Kytheras Göttin sich freut;
einen Namen, den Buchstaben, geformt aus erythräischen Edelsteinen,
den ein Heliaden-Juwel, vom Daumen warm gerieben, darstellen
und den Kraniche, indem sie ihn fliegend in die Luft zeichnen, zu den
    Sternen emportragen sollten;
ein Name, der einzig allein in Caesars Palast gehört.

Spiel mit Namen nach den Jahreszeiten

Wenn der Herbst mir den Namen gäbe, wär' ich Oporinos,
wenn die schaurigen Wintersterne mir einen gäben, hieße ich
    Chimerinos;
wär' ich nach dem Sommer benannt, würdest du mich Therinos nennen:
Wer ist's dann, dem die Frühlingszeit den Namen gab?

14

Hunc quem mensa tibi, quem cena paravit amicum
 esse putas fidae pectus amicitiae?
aprum amat et mullos et sumen et ostrea, non te.
 tam bene si cenem, noster amicus erit.

15

Inscripsit tumulis septem scelerata virorum
 'se fecisse' Chloe. quid pote simplicius?

16

Consilium formae speculum dulcisque capillos
 Pergameo posuit dona sacrata deo
ille puer tota domino gratissimus aula,
 nomine qui signat tempora verna suo.
felix quae tali censetur munere tellus!
 nec Ganymedeas mallet habere comas.

17

Latonae venerande nepos, qui mitibus herbis
 Parcarum exoras pensa brevesque colos,
hos tibi laudatos domino, rata vota, capillos
 ille tuus Latia misit ab urbe puer;
addidit et nitidum sacratis crinibus orbem,
 quo felix facies iudice tuta fuit.

Tischfreundschaft

Glaubst du, der Mann, den die Tafel, den die Mahlzeit dir zum Freunde
    machte,
sei dir in herzlicher Freundschaft zugetan?
Den Eber liebt er, Meerbarben, das Saueuter und Austern, nicht dich.
Wenn man bei mir genausogut dinierte, wäre er auch *mein* Freund.

Verräterisches Bekenntnis auf einem Grabstein

Chloë, die verruchte, schrieb auf das Grab ihrer sieben Männer,
sie habe es gemacht. – Was könnte aufrichtiger sein?

Weihgeschenk des Earinos

Seinen Spiegel, den Schönheitsberater, und sein liebliches Haupthaar
brachte dem pergamenischen Gott als Weihgeschenk dar
jener Knabe, der dem Herrn der liebste am ganzen Hofe ist,
der mit seinem Namen die Frühlingszeit benennt.
Gücklich das Land, das einer solchen Gabe für würdig befunden wird!
Selbst Ganymeds Haar würde es nicht lieber besitzen.

Bitte des Earinos an Äskulap

Latonas verehrungswürdiger Enkel, der mit milden Kräutern
das gesponnene Werk der Parzen und ihre kurzen Wollfäden beschwört,
hier diese von seinem Herrn gepriesenen Locken schickte dir in
    Erfüllung eines Gelübdes
dein Knabe aus Latiums Stadt.
Dem geopferten Haar legte er auch die glänzende Scheibe bei,
nach deren Urteil er sich über sein beglückendes Gesicht gewiß sein
    konnte.

tu iuvenale decus serva, ne pulchrior ille
　in longa fuerit quam breviore coma.

18

Est mihi – sitque precor longum te praeside, Caesar –
　rus minimum, parvi sunt et in urbe lares.
sed de valle brevi quas det sitientibus hortis
　curva laboratas antlia tollit aquas:
sicca domus queritur nullo se rore foveri,
　cum mihi vicino Marcia fonte sonet.
quam dederis nostris, Auguste, penatibus undam,
　Castalis haec nobis aut Iovis imber erit.

19

Laudas balnea versibus trecentis
cenantis bene Pontici, Sabelle.
vis cenare, Sabelle, non lavari.

20

Haec, quae tota patet tegiturque et marmore et auro,
　infantis domini conscia terra fuit.
felix o, quantis sonuit vagitibus et quas
　vidit reptantis sustinuitque manus.

Erhalte du ihm die jugendliche Anmut, damit er nicht schöner
war im lang wallenden Haar als er es im kurzen jetzt ist.

Bitte um Wasserleitungen

Mir gehört – und lange möge es mir, so bitte ich, unter deinem Schutze,
    Caesar, bleiben –
ein winziger Landsitz, klein ist auch mein Heim in der Stadt.
Doch aus dem engen Tal hebt ein Pumpenschwengel nur mühsam das
    Wasser empor,
um es den dürstenden Gärten zu spenden;
mein trockenes Stadthaus beklagt sich, kein Tropfen erquicke es,
wo doch die Marcia mit ihrer Quelle in meiner Nähe rauscht.
Das Naß, das du, Augustus, meinen Penaten gibst,
wird für mich Kastalias Quell oder Jupiters Regen sein.

Er lobt das Bad und meint etwas anderes

Du lobst in dreihundert Versen das Bad
des Ponticus, bei dem man so vorzüglich speist, Sabellus.
Speisen willst du, Sabellus, nicht baden.

Domitians Geburtshaus

Diese Stätte hier – ganz offen liegt sie da und ist mit Marmor und Gold
    gedeckt –
erlebte unseren Herrn als ein kleines Kind.
Die glückliche, von welch kraftvollem Wimmern erscholl sie,
und welch krabbelnde Hände hat sie erblickt und gehalten!

hic steterat veneranda domus quae praestitit orbi
    quod Rhodos astrifero, quod pia Creta polo.
Curetes texere Iovem crepitantibus armis,
    semiviri poterant qualia ferre Phryges:
at te protexit superum pater et tibi, Caesar,
    pro iaculo et parma fulmen et aegis erat.

21

Artemidorus habet puerum sed vendidit agrum;
    agrum pro puero Calliodorus habet.
dic uter ex istis melius rem gesserit, Aucte:
    Artemidorus amat, Calliodorus arat.

22

Credis ob haec me, Pastor, opes fortasse rogare
    propter quae populus crassaque turba rogat,
ut Setina meos consumat gleba ligones
    et sonet innumera compede Tuscus ager;
ut Mauri Libycis centum stent dentibus orbes
    et crepet in nostris aurea lamna toris,
nec labris nisi magna meis crystalla terantur
    et faciant nigras nostra Falerna nives;
ut canusinatus nostro Syrus assere sudet
    et mea sit culto sella cliente frequens;
aestuet ut nostro madidus conviva ministro,
    quem permutatum nec Ganymede velis;
ut lutulenta linat Tyrias mihi mula lacernas
    et Massyla meum virga gubernet equum.

Hier hatte das verehrungswürdige Haus gestanden, das dem Erdkreis
    das gleiche schenkte,
wie Rhodos, wie Kreta, das fromme, dem gestirnten Himmel.
Die Kureten schützten Jupiter mit klirrenden Waffen,
wie sie die phrygischen Halbmänner tragen konnten:
Doch dich beschirmte der Vater der Götter, und für dich, Caesar,
traten an die Stelle von Wurfspeer und Schild der Blitz und die Ägis.

Knabe gegen Land: Wer hat das bessere Geschäft gemacht?

Artemidor hat einen Knaben, doch verkauft hat er sein Land;
Calliodorus hat Land statt eines Knaben.
Sag', Auctus, wer von den beiden das bessere Geschäft gemacht hat:
Artemidorus liebt, Calliodorus pflügt.

Warum nach Reichtum verlangen?

Pastor, du glaubst vielleicht, ich verlangte aus dem gleichen Grund nach
    Reichtum,
aus dem das Volk und die breite Masse danach verlangen:
daß die setinische Scholle meine Hacken verschleiße
und vom Geklirr zahlloser Sklavenketten mein tuskisches Feld dröhne;
daß hundert maurische Rundtische auf libyschen Zähnen stünden
und an meinem Bett goldenes Blech klappere;
daß meine Lippen nur große Kristallgefäße abrieben
und mein Falerner den Schnee dunkel färbe;
daß im Canusiner Wollkleid Syrer an meiner Tragstange schwitzen
und daß Klienten in gepflegter Kleidung meine Sänfte umdrängten,
daß ein betrunkener Gast für meinen Mundschenk erglühe,
den man auch nicht gegen Ganymed eintauschen wollte;
daß ein verdrecktes Maultier mir den Purpurmantel beschmiere
und die Gerte eines Massylers mein Pferd lenke.

est nihil ex istis: superos et sidera testor. 15
 ergo quid? ut donem, Pastor, et aedificem.

23

O cui virgineo flavescere contigit auro,
 dic ubi Palladium sit tibi, Care, decus.
'aspicis en domini fulgentes marmore vultus?
 venit ad has ultro nostra corona comas.'
Albanae livere potest pia quercus olivae, 5
 cinxerit invictum quod prior illa caput.

24

Quis Palatinos imitatus imagine vultus
 Phidiacum Latio marmore vicit ebur?
haec mundi facies, haec sunt Iovis ora sereni:
 sic tonat ille deus cum sine nube tonat.
non solam tribuit Pallas tibi, Care, coronam; 5
 effigiem domini, quam colis, illa dedit.

25

Dantem vina tuum quotiens aspeximus Hyllum,
 lumine nos, Afer, turbidiore notas.
quod, rogo, quod scelus est mollem spectare ministrum?
 aspicimus solem, sidera, templa, deos.
avertam vultus, tamquam mihi pocula Gorgon 5
 porrigat atque oculos oraque nostra tegam?

Nichts von alledem ist's: Die Götter und die Sterne rufe ich als Zeugen an.
Was dann? – daß ich schenken und daß ich bauen kann, Pastor.

Siegeskranz eines Dichters, der Kaiserstatue aufgesetzt

Dir wurde das Glück zuteil, im Golde der Jungfrau zu strahlen,
sage mir drum, Carus, wo hast du den palladischen Ehrenpreis?
»Siehst du dort unseres Herrn Gesicht im Glanz des Marmors?
Auf dieses Haar setzte sich mein Kranz wie von selbst.«
Der holde Eichenkranz kann auf Albas Ölzweig neidisch sein,
weil dieser zuerst das unbesiegte Haupt schmücken durfte.

Dichterlohn: ein Jupiterbild und der palladische Ehrenpreis

Wer hat, als er das kaiserliche Gesicht im Bilde nachschuf,
das Elfenbein eines Phidias mit latinischem Marmor übertroffen?
Das ist das Antlitz der Welt, das ist Jupiters heiteres Gesicht:
So donnert der Gott, wenn er aus einem wolkenlosen Himmel donnert.
Nicht allein den Kranz hat dir Pallas verliehen, Carus;
auch das Abbild des Herrn, das du verehrst, gab sie dir.

Ein eifersüchtiger Gastgeber

Sooft wir deinen Hyllus betrachten, während er den Wein einschenkt,
beobachtest du das, Afer, mit ganz verstörtem Blick.
Worin bitte, ja worin besteht das Verbrechen, einen zarten Diener
    anzuschauen?
Wir betrachten doch auch Sonne und Sterne, Tempel und Götter.
Soll ich etwa den Blick abwenden, als wenn die Gorgo mir den Becher
    reichte,
und die Augen bedecken und mein Gesicht?

trux erat Alcides, et Hylan spectare licebat;
    ludere Mercurio cum Ganymede licet.
si non vis teneros spectet conviva ministros,
    Phineas invites, Afer, et Oedipodas.   10

26

Audet facundo qui carmina mittere Nervae,
    pallida donabit glaucina, Cosme, tibi,
Paestano violas et cana ligustra colono,
    Hyblaeis apibus Corsica mella dabit:
sed tamen et parvae nonnulla est gratia Musae: 5
    appetitur posito vilis oliva lupo.
nec tibi sit mirum modici quod conscia vatis
    iudicium metuit nostra Thalia tuum:
ipse tuas etiam veritus Nero dicitur aures,
    lascivum iuvenis cum tibi lusit opus.   10

27

Cum depilatos, Chreste, coleos portes
et vulturino mentulam parem collo
et prostitutis levius caput culis,
nec vivat ullus in tuo pilus crure,
purgentque saevae cana labra volsellae;   5
Curios, Camillos, Quintios, Numas, Ancos,
et quidquid umquam legimus pilosorum
loqueris sonasque grandibus minax verbis,
et cum theatris saeculoque rixaris.
occurrit aliquis inter ista si draucus,   10
iam paedagogo liberatus et cuius
refibulavit turgidum faber penem,

Rauh war der Alkide und erlaubte doch, daß man seinen Hylas anschaute;
mit Ganymed zu scherzen ist Merkur erlaubt.
Willst du nicht, daß der Gast die zarten Diener anschaue,
dann mußt du, Afer, Leute wie Phineus, wie Ödipus zum Mahle einladen.

Einfache und anspruchslose Dichtung

Wer dem eloquenten Nerva Gedichte zu schicken wagt,
der wird dir, Cosmus, bläßliche Glaucinersalbe schenken,
dem Gärtner von Paestum Veilchen und weißlichen Liguster
und den Bienen von Hybla korsischen Honig geben.
Und doch ist auch die schlichte Muse nicht ohne jeden Reiz:
Hat man den Seebarsch serviert, greift man gern nach der billigen Olive.
Auch wundere dich nicht, daß meine Thalia dein Urteil fürchtet,
kennt sie doch ihren mittelmäßigen Dichter:
Selbst Nero soll vor deinem Ohr gebangt haben,
als er in seiner Jugend vor dir seine frivolen Gedichte zum besten gab.

Der heuchlerische Moralist

Obwohl du, Chrestus, enthaart die Hoden trägst,
den Schwanz gleich einem Geierhals,
den Kopf glatter als ein Hintern, der sich anbietet,
obwohl kein einziges Haar an deinen Schenkeln wächst
und eine grausame Pinzette dir den grauen Lippenbart säubert,
führst du Leute wie Curius, Camillus, Quintius, Numa, Ancus
und alles, was wir jemals über bärtige Kandidaten in Büchern lasen,
stets im Munde, tönst drohend mit großen Worten,
rechnest schimpfend ab mit Theatern und dem ganzen Zeitalter.
Doch wenn bei all den Tiraden dir ein schwuler Athlet über den Weg läuft,
der von seinem Aufseher befreit ist und von dessen geschwollenem Penis
ein Schmied den Infibulationsring entfernt hat,

nutu vocatum ducis, et pudet fari
Catoniana, Chreste, quod facis lingua.

28

Dulce decus scaenae, ludorum fama, Latinus
   ille ego sum, plausus deliciaeque tuae,
qui spectatorem potui fecisse Catonem,
   solvere qui Curios Fabriciosque graves.
sed nihil a nostro sumpsit mea vita theatro   5
   et sola tantum scaenicus arte feror:
nec poteram gratus domino sine moribus esse:
   interius mentes inspicit ille deus.
vos me laurigeri parasitum dicite Phoebi,
   Roma sui famulum dum sciat esse Iovis.   10

29

Saecula Nestoreae permensa, Philaeni, senectae
   rapta es ad infernas tam cito Ditis aquas?
Euboicae nondum numerabas longa Sibyllae
   tempora: maior erat mensibus illa tribus.
heu quae lingua silet! non illam mille catastae   5
   vincebant, nec quae turba Sarapin amat,
nec matutini cirrata caterva magistri,
   nec quae Strymonio de grege ripa sonat.

dann rufst du ihn mit einem Wink herbei, nimmst ihn mit, und ich
    schäme mich auszusprechen,
was du dann, Chrestus, mit deiner catonischen Zunge tust.

Auf ein Abbild des Mimen Latinus

Der bekannte Latinus bin ich, die liebliche Zierde der Bühne, der Ruhm
    festlicher Spiele,
Anlaß für deinen Beifall und dein Vergnügen;
auch einen Cato hätte ich zum Zuschauer machen
und die gestrengen Curier und Fabricier aufheitern können.
Doch nichts hat mein Leben von meinen Bühnenauftritten übernommen,
und allein nur durch meine Kunst gelte ich als Komödiant;
nur sittenstreng konnte ich dem Herrn gefallen:
Tief schaut dieser Gott in die Herzen hinein.
Nennt ihr mich ruhig einen Parasiten des lorbeertragenden Phöbus,
wenn nur Rom darum weiß, daß ich ein Diener seines Jupiter bin.

Satirische Grabinschrift auf eine alte Zauberin und Kupplerin

So schnell bist du, nachdem du die Generationen von Nestors Alter
    durchmessen hattest, Philaenis,
zu den Unterwelts-Wassern des Dis entführt worden?
Du zähltest noch nicht die lange Lebenszeit von Euböas Sibylle:
drei Monate älter war sie.
Ach, was für eine Zunge ist jetzt verstummt! Nicht tausend
    Sklavenauktionen
überboten sie oder die Schar, die den Serapis liebt,
nicht frühmorgens der lockige Haufen des Schulmeisters
noch das Ufer, das von Vogelschwärmen des Strymon widerhallt.

quae nunc Thessalico lunam deducere rhombo,
    quae sciet hos illos vendere lena toros?
  sit tibi terra levis mollique tegaris harena,
    ne tua non possint eruere ossa canes.

30

  Cappadocum saevis Antistius occidit oris
    Rusticus. o tristi crimine terra nocens!
  rettulit ossa sinu cari Nigrina mariti
    et questa est longas non satis esse vias;
  cumque daret sanctam tumulis, quibus invidet, urnam,
    visa sibi est rapto bis viduata viro.

31

  Cum comes Arctois haereret Caesaris armis
    Velius, hanc Marti pro duce vovit avem;
  luna quater binos non tota peregerat orbes,
    debita poscebat iam sibi vota deus:
  ipse suas anser properavit laetus ad aras
    et cecidit sanctis hostia parva focis.
  octo vides patulo pendere nomismata rostro
    alitis? haec extis condita nuper erant:
  quae litat argento pro te, non sanguine, Caesar,
    victima iam ferro non opus esse docet.

Welche Frau wird sich jetzt noch darauf verstehen, den Mond mit
    thessalischem Kreisel herabzuziehn,
welche Kupplerin dieses oder jenes Bett zu vermitteln?
Möge die Erde dir leicht sein und lockerer Sand dich bedecken,
damit die Hunde deine Gebeine mühelos herausscharren können!

Gattenliebe über den Tod hinaus

Antistius Rusticus starb an Kappadokiens grausamer Küste.
O Land, schuldig eines so leidvollen Verbrechens!
Heimwärts trug Nigrina in ihrem Gewand die Gebeine ihres teuren
    Gatten
und klagte dabei, nicht lang genug sei der Weg;
und als sie die heilige Urne dem beneideten Grabhügel übergab,
fühlte sie sich, ihres Mannes beraubt, zum zweiten Mal verwitwet.

Ein günstiges Vorzeichen für die Dauer des Feldzugs

Als Velius Caesar auf dessen nördlichem Waffengang begleitete,
hat er diesen Vogel hier dem Mars für seinen Feldherrn feierlich
    versprochen.
Noch hatte der Mond nicht ganz acht Umläufe vollendet,
da forderte der Gott schon das ihm geschuldete Gelübde ein.
Froh eilte die Gans von selbst zu ihrem Altar
und fiel – ein bescheidenes Opfer – auf heiligem Herd.
Siehst du die acht Münzen im offenen Schnabel des Vogels hängen?
Vor kurzem noch waren sie in seinem Innern geborgen:
Ein Opfertier, das mit Silber statt mit Blut für dich, Caesar, ein gutes
    Omen darstellt,
zeigt an, daß man kein Schwert mehr braucht.

32

Hanc volo quae facilis, quae palliolata vagatur,
 hanc volo quae puero iam dedit ante meo,
hanc volo quam redimit totam denarius alter,
 hanc volo quae pariter sufficit una tribus.
poscentem nummos et grandia verba sonantem   5
 possideat crassae mentula Burdigalae.

33

Audieris in quo, Flacce, balneo plausum,
Maronis illic esse mentulam scito.

34

Iuppiter Idaei risit mendacia busti,
 dum videt Augusti Flavia templa poli,
atque inter mensas largo iam nectare fusus,
 pocula cum Marti traderet ipse suo,
respiciens Phoebum pariter Phoebique sororem,   5
 cum quibus Alcides et pius Arcas erat:
'Gnosia vos' inquit 'nobis monumenta dedistis:
 cernite quam plus sit Caesaris esse patrem.'

35

Artibus his semper cenam, Philomuse, mereris,
 plurima dum fingis, sed quasi vera refers.

Als Luder stell' ich mir mein Liebchen vor

Ich will eine, die leicht zu haben ist, die, nur mit dem Mäntelchen
  bekleidet, sich 'rumtreibt,
ich will eine, die's vorher schon meinem Burschen besorgte,
die sich ganz für zwei Denare verkauft,
ich will eine, die allein dreien gleichzeitig genügt.
Die Geld verlangt und mit großartigen Worten tönt,
die soll dem Schwanz von einem aus dem plumpen Bordeaux gehören.

Applaus für einen Riesenschwanz

Hörst du, Flaccus, in einem Bad Applaus,
dann sei gewiß: Marons Schwanz ist dort.

Preisung des flavischen Tempels

Jupiter lachte über die Lüge mit dem idäischen Grabmahl,
als er den flavischen Tempel des kaiserlichen Himmels sah,
und sagte bei Tisch, schon trunken von reichlichem Nektar,
während er selbst seinem Mars den Becher reichte
und dabei zugleich auf Phöbus und auf die Schwester des Phöbus blickte
– bei ihnen waren auch der Alkide und der loyale Arkadier –:
»Ihr habt mir in Knossos ein Denkmal gestiftet:
Schaut, wieviel mehr es bedeutet, Vater des Caesar zu sein!«

Erzählen von Sensationen, um zum Essen eingeladen zu werden

Mit solchen Künsten verdienst du dir immer die Mahlzeit, Philomusus:
Du erfindest sehr viel und verbreitest es dann als die Wahrheit.

scis quid in Arsacia Pacorus deliberet aula,
  Rhenanam numeras Sarmaticamque manum,
verba ducis Daci chartis mandata resignas,
  victricem laurum quam venit ante vides,
scis quotiens Phario madeat Iove fusca Syene,
  scis quota de Libyco litore puppis eat,
cuius Iuleae capiti nascantur olivae,
  destinet aetherius cui sua serta pater.
tolle tuas artes; hodie cenabis apud me
  hac lege, ut narres nil, Philomuse, novi.

36

Viderat Ausonium posito modo crine ministrum
  Phryx puer, alterius gaudia nota Iovis:
'quod tuus ecce suo Caesar permisit ephebo
  tu permitte tuo, maxime rector' ait;
'iam mihi prima latet longis lanugo capillis,
  iam tua me ridet Iuno vocatque virum.'
cui pater aetherius 'puer o dulcissime,' dixit,
  'non ego quod poscis, res negat ipsa tibi:
Caesar habet noster similis tibi mille ministros
  tantaque sidereos vix capit aula mares;
at tibi si dederit vultus coma tonsa viriles,
  quis mihi qui nectar misceat alter erit?'

Du weißt, was Pacorus am arsakischen Hof überlegt,
zählst die rheinischen und die sarmatischen Truppen auf,
entsiegelst die Worte in der Depesche des dakischen Führers,
siehst schon den Lorbeerkranz des Sieges, bevor er ankommt,
weißt auch, wie oft das dunkle Syene vom pharischen Jupiter bewässert
    wird,
weißt, wieviele Schiffe die libysche Küste verlassen,
für wessen Haupt die julischen Ölzweige wachsen
und für wen der Himmmelsvater seine Kränze bestimmt.
Laß deine Künste beiseite! Heute wirst du bei mir speisen
unter der Bedingung, Philomusus, daß du nichts Neues erzählst.

Ganymed und Earinos

Den ausonischen Diener – seine langen Haare waren soeben gefallen –
hatte der phrygische Knabe, der bekannte Liebling des anderen Jupiter,
    gesehen:
»Schau, was dein Caesar seinem Epheben erlaubte,
das erlaube du, größter Lenker, dem deinen!« sprach er:
»Schon versteckt sich bei mir unter den langen Haaren der erste Flaum,
schon lacht deine Juno mich aus und nennt mich einen Mann.«
Ihm erwiderte der Himmelsvater: »O allerliebster Junge,
nicht ich, akute Not versagt dir, worum du mich bittest:
Unser Caesar hat tausend dir ähnliche Diener,
und der gewaltige Palast faßt kaum die sternenschönen Knaben;
doch wenn der Verlust deiner Locken dir das Gesicht eines Mannes
    verleiht,
wer ist dann sonst noch da, der mir den Nektar mischt?«

37

Cum sis ipsa domi mediaque ornere Subura,
  fiant absentes et tibi, Galla, comae,
nec dentes aliter quam Serica nocte reponas,
  et iaceas centum condita pyxidibus,
nec tecum facies tua dormiat, innuis illo   5
  quod tibi prolatum est mane supercilio,
et te nulla movet cani reverentia cunni,
  quem potes inter avos iam numerare tuos.
promittis sescenta tamen; sed mentula surda est,
  et sit lusca licet, te tamen illa videt.   10

38

Summa licet, velox Agathine, pericula ludas,
  non tamen efficies ut tibi parma cadat.
nolentem sequitur tenuisque reversa per auras
  vel pede vel tergo, crine vel ungue sedet;
lubrica Corycio quamvis sint pulpita nimbo   5
  et rapiant celeres vela negata Noti,
securos pueri neglecta perambulat artus,
  et nocet artifici ventus et unda nihil.
ut peccare velis, cum feceris omnia, falli
  non potes: arte opus est ut tibi parma cadat.   10

Zurückweisung einer Dirne

Obwohl du selbst zu Hause bist, man dich aber mitten im
    Subura-Quartier herausputzt,
die Haare in deiner Abwesenheit für dich, Galla, angefertigt werden,
du deine Zähne nachts genauso ablegst wie deine Seidengewänder,
du unter dem Inhalt von hundert Salbenbüchsen wohl verwahrt ruhst,
und auch dein Gesicht nicht mit dir zusammen schläft, zwinkerst du
    doch den Leuten zu
mit Brauen, die man dir erst am Morgen auftrug,
und kennst auch keine Scheu wegen deiner weißhaarigen Scham,
die du bereits zur Generation deiner Ahnen zählen kannst.
Dennoch versprichst du zahllose Freuden; doch mein Schwanz ist taub,
und mag er auch einäugig sein: dich sieht er doch.

Perfekte Akrobatenshow

Magst du auch, flinker Agathinus, die riskantesten Kunststücke
    vollführen,
du wirst es doch nicht schaffen, daß dir dein Schild hinfällt.
Gegen deinen Willen folgt er dir, und wenn er mühelos durch die Luft
    zurückgekommen ist,
sitzt er dir auf dem Fuß, auf dem Rücken, dem Haar oder dem
    Fingernagel;
wenn auch die Bühne von dem korykischen Schauer glatt ist
und heftige Südwinde an den eingezogenen Sonnensegeln zerren,
so wandert er doch, sich selbst überlassen, über die achtlosen Glieder des
    Jungen,
und Wind oder Wasser haben dem Künstler nichts an.
Selbst wenn du einen Fehler machen willst und dafür alles mögliche tust,
kannst du nicht scheitern: Eines Kunststücks bedarf es, damit dir der
    Schild entfällt.

39

Prima Palatino lux est haec orta Tonanti,
 optasset Cybele qua peperisse Iovem;
hac et sancta mei genita est Caesonia Rufi:
 plus debet matri nulla puella suae.
laetatur gemina votorum sorte maritus, 5
 contigit hunc illi quod bis amare diem.

40

Tarpeias Diodorus ad coronas
Romam cum peteret Pharo relicta,
vovit pro reditu viri Philaenis
illam lingeret ut puella simplex
quam castae quoque diligunt Sabinae. 5
dispersa rate tristibus procellis
mersus fluctibus obrutusque ponto
ad votum Diodorus enatavit.
o tardus nimis et piger maritus!
hoc in litore si puella votum 10
fecisset mea, protinus redissem.

41

Pontice, quod numquam futuis, sed paelice laeva
 uteris et Veneri servit amica manus,
hoc nihil esse putas? scelus est, mihi crede, sed ingens,
 quantum vix animo concipis ipse tuo.

Doppeltes Geburtstagsglück: Domitian und Caesonia

Dieser Tag erschien als der erste für den palatinischen Donnerer:
An ihm hätte Kybele gewünscht, Jupiter geboren zu haben;
an diesem kam auch die ehrbare Caesonia meines Rufus zur Welt:
Mehr verdankt kein Mädchen seiner Mutter.
Ihr Gatte freut sich über die doppelte Erfüllung seiner Wünsche:
Es ist ihm vergönnt, diesen Tag zweimal zu lieben.

Verlockendes Gelübde einer Frau für die Rückkehr ihres Mannes

Als Diodor, um den tarpejischen Kranz zu gewinnen,
Pharus verließ und nach Rom eilte,
gelobte Philaenis für die Rückkehr ihres Mannes,
das zu lecken – sie, eine unverdorbene junge Frau –
was auch sittsame Sabinerinnen lieben.
Als sein Schiff in gefährlichen Stürmen zerschellte,
da fand Diodorus, der, vom Meer überflutet, in den Wellen zu versinken
    drohte,
schwimmend an Land, um die Erfüllung des Gelübdes zu erleben.
O du allzu säumiger und träger Gatte!
Hätte *mein* Mädchen am Strand dies Gelübde getan,
gleich wäre ich umgekehrt.

Masturbation ist Vergeudung

Ponticus, daß du nie eine Frau vögelst, sondern die Linke als Liebchen
benutzt und die Hand dir als Freundin bei der Liebe dient,
das, meinst du, sei ohne Belang? Ein Verbrechen ist das, glaube mir, und
    zwar ein gewaltiges,
wie du es dir selber kaum vorstellen kannst.

nempe semel futuit, generaret Horatius ut tres; 5
   Mars semel, ut geminos Ilia casta daret.
omnia perdiderat si masturbatus uterque
   mandasset manibus gaudia foeda suis.
ipsam crede tibi naturam dicere rerum:
   'istud quod digitis, Pontice, perdis, homo est.' 10

42

Campis dives, Apollo, sic Myrinis,
sic semper senibus fruare cycnis,
doctae sic tibi serviant sorores
nec Delphis tua mentiatur ulli,
sic Palatia te colant amentque: 5
bis senos cito te rogante fasces
det Stellae bonus adnuatque Caesar.
felix tunc ego debitorque voti
casurum tibi rusticas ad aras
ducam cornibus aureis iuvencum. 10
nata est hostia, Phoebe; quid moraris?

43

Hic qui dura sedens porrecto saxa leone
   mitigat, exiguo magnus in aere deus,
quaeque tulit spectat resupino sidera vultu,
   cuius laeva calet robore, dextra mero:
non est fama recens nec nostri gloria caeli; 5
   nobile Lysippi munus opusque vides.

Einmal nur vögelte vermutlich Horatius seine Frau, um drei Söhne zu
 zeugen,
einmal nur Mars, damit die sittsame Ilia Zwillinge gebäre.
Alles hätten beide verloren, hätten sie masturbiert
und ihren Händen die schmutzige Lust überlassen.
Glaube mir: Die Natur selber ist es, die zu dir spricht:
»Das, was du mit deinen Fingern vergeudest, Ponticus, ist ein Mensch.«

Gelübde im Blick auf Stellas Konsulat

Apollon, so gewiß du durch die Flur von Myrina reich bist,
so gewiß du dich stets an den greisen Schwänen erfreust,
so gewiß dir die gelehrten Schwestern dienen
und deine delphische Priesterin keinen belügt,
so gewiß der Palast dich ehrt und liebt:
möge der gnädige Caesar auf deine Bitte hin rasch die zweimal sechs
 Rutenbündel
dem Stella mit huldvoller Geste verleihen.
Glücklich und als Schuldner eines Gelübdes will ich
dir dann einen Jungstier mit vergoldeten Hörnern zuführen,
der auf ländlichem Altar fallen soll.
Das Opfertier, Phöbus, ist schon geboren: Was zögerst du da?

Eine Herkules-Statuette Lysipps

Der hier sitzt und mit dem ausgebreiteten Löwenfell den harten Felsen
polstert, ein großer Gott als kleines Erzgebilde,
der mit zurückgeneigtem Haupt zu den Sternen schaut, die er trug,
dessen Linke von der Keule warm ist und dessen Rechte vom Becher,
ist nicht neueren Ruhms und kein Prachtstück unseres Meißels:
Du siehst die edle Gabe und das Werk von Lysippus.

hoc habuit numen Pellaei mensa tyranni,
    qui cito perdomito victor in orbe iacet;
hunc puer ad Libycas iuraverat Hannibal aras;
    iusserat hic Sullam ponere regna trucem.   10
offensus variae tumidis terroribus aulae
    privatos gaudet nunc habitare lares,
utque fuit quondam placidi conviva Molorchi,
    sic voluit docti Vindicis esse deus.

44

Alciden modo Vindicis rogabam
esset cuius opus laborque felix.
risit, nam solet hoc, levique nutu
'Graece numquid' ait 'poeta nescis?
inscripta est basis indicatque nomen.'   5
Λυσίππου lego, Phidiae putavi.

45

Miles Hyperboreos modo, Marcelline, triones
    et Getici tuleras sidera pigra poli:
ecce Promethei rupes et fabula montis
    quam prope sunt oculis nunc adeunda tuis!
videris inmensis cum conclamata querelis   5
    saxa senis, dices 'durior ipse fuit.'
et licet haec addas: 'potuit qui talia ferre,
    humanum merito finxerat ille genus.'

Diese Gottheit gehörte zur Tafel des Tyrannen von Pella,
der als Sieger in der rasch eroberten Welt ruht;
bei diesem hatte Hannibal als Knabe am libyschen Altar geschworen;
dieser hatte Sulla, den Grausamen, gemahnt, die Herrschaft
    niederzulegen.
Überdrüssig der aufregenden Schreckensmeldungen von den
    verschiedenen Fürstenhöfen,
ist er jetzt froh, ein privates Heim zu bewohnen,
und wie er einst der Gast des freundlichen Molorchus gewesen ist,
so wollte der Gott jetzt dem gelehrten Vindex gehören.

Lysipps Herkules-Statuette II

Kürzlich fragte ich nach dem Alkiden von Vindex,
wessen Werk und gelungene Arbeit er sei.
Er lachte, denn das tut er gern, und mit einem leichten Nicken
sprach er: »Verstehst du, ein Dichter, etwa kein Griechisch?
Die Basis trägt eine Inschrift und zeigt den Namen.«
Lysippus lese ich, an ein Werk des Phidias dachte ich.

Der Felsen des Prometheus

Eben noch, Marcellinus, hattest du als Soldat die hyperboreïschen Ochsen
und die trägen Gestirne des getischen Himmels ertragen müssen:
Sieh des Prometheus Fels und die Sage des Berges,
wie nah du ihm mit eigenen Augen jetzt kommen sollst!
Wenn du die Felsen erblickst, die von den gewaltigen Klagen des Greises
    hallten,
wirst du sagen: »Er selber war härter noch.«
Und auch das füge ruhig hinzu: »Wer solches ertragen konnte,
der hatte verdientermaßen das Menschengeschlecht geformt.«

46

Gellius aedificat semper: modo limina ponit,
    nunc foribus claves aptat emitque seras,
nunc has, nunc illas reficit mutatque fenestras:
    dum tantum aedificet, quidlibet ille facit,
oranti nummos ut dicere possit amico   5
    unum illud verbum Gellius 'aedifico.'

47

Democritos, Zenonas inexplicitosque Platonas
    quidquid et hirsutis squalet imaginibus,
sic quasi Pythagorae loqueris successor et heres.
    praependet sane nec tibi barba minor:
sed, quod et hircosis turpe est et turpe pilosis,   5
    in molli rigidam clune libenter habes.
tu, qui sectarum causas et pondera nosti,
    dic mihi, percidi, Pannyche, dogma quod est?

48

Heredem cum me partis tibi, Garrice, quartae
    per tua iurares sacra caputque tuum,
credidimus – quis enim damnet sua vota libenter? –
    et spem muneribus fovimus usque datis;
inter quae rari Laurentem ponderis aprum   5
    misimus: Aetola de Calydone putes.

Ein fadenscheiniger Vorwand

Gellius ist immer beim Bauen: Mal hat er Schwellen zu legen,
bald paßt er Schlüssel in Türen ein, kauft Riegel dazu,
bald repariert und verändert er diese Fenster, bald jene:
So lange Gellius nur zu bauen hat, tut er alles mögliche,
damit er dem Freund, der ihn um Geld bittet, entgegenhalten kann
dies eine Wort: »Ich baue gerade.«

Gibt es einen philosophischen Lehrsatz für Schwule?

Von Leuten wie Demokrit, Zenon, dem dunklen Platon
und jedwedem, der auf Bildern ungepflegt wirkt mit struppigem Haar,
sprichst du, als wärest du Nachfolger und Erbe des Pythagoras;
und sicherlich hängt dir vorne der Bart auch nicht kürzer herab.
Doch was für Stinkböcke schändlich ist und schändlich für Bärtige:
Im weichen Hintern hast du gern einen Steifen.
Sage mir, Pannychus, – du kennst ja die Argumente der Schulen und
  ihre gewichtigen Sätze –
sich von hinten nehmen zu lassen: was für ein Lehrsatz ist das?

Aussichtslos, auf eine Erbschaft zu hoffen
bei einem Mann mit solchem Benehmen

Als du bei allem, was dir heilig ist, und bei deinem Haupte schworst,
daß ich den vierten Teil des Vermögens von dir erbe, Garricus,
glaubte ich dir – denn wer verzichtet gern auf seine Wünsche? –,
und ich hielt meine Erwartung mit ständigen Geschenken warm.
Unter anderem schickte ich dir einen laurentischen Eber von seltnem
  Gewicht:
Aus dem ätolischen Kalydon komme er, konnte man meinen.

at tu continuo populumque patresque vocasti;
    ructat adhuc aprum pallida Roma meum:
ipse ego – quis credat? – conviva nec ultimus haesi,
    sed nec costa data est caudave missa mihi.
de quadrante tuo quid sperem, Garrice? nulla
    de nostro nobis uncia venit apro.

49

Haec est illa meis multum cantata libellis,
    quam meus edidicit lector amatque togam.
Partheniana fuit quondam, memorabile vatis
    munus: in hac ibam conspiciendus eques,
dum nova, dum nitida fulgebat splendida lana,
    dumque erat auctoris nomine digna sui:
nunc anus et tremulo vix accipienda tribuli,
    quam possis niveam dicere iure tuo.
quid non longa dies, quid non consumitis anni?
    haec toga iam non est Partheniana, mea est.

50

Ingenium mihi, Gaure, probas sic esse pusillum,
    carmina quod faciam quae brevitate placent.
confiteor. sed tu bis senis grandia libris
    qui scribis Priami proelia, magnus homo es?
nos facimus Bruti puerum, nos Langona vivum:
    tu magnus luteum, Gaure, Giganta facis.

Doch du hast Volk und Senatoren sofort zu Tische geladen:
Rom ist noch blaß und rülpst von meinem Eber.
Ich selber – kaum zu glauben – durfte nicht einmal als der letzte Gast dabeisein,
auch keine Rippe gab man mir oder schickte auch nur den Schwanz.
Was soll ich mir da von deinem Viertel erhoffen, Garricus?
Von meinem eigenen Eber erreichte mich nicht mal ein Zwölftel.

Versteckte Bitte um eine neue Toga

Das ist jene, in meinen Büchlein häufig besungene
Toga, die mein Leser in- und auswendig kennt und liebt.
Parthenius gehörte sie einst, ein denkwürdiges Geschenk des Dichters:
In ihr ging ich als achtbarer Ritter umher,
solange sie noch neu war, solange sie prachtvoll in schimmernder Wolle strahlte
und solange sie des Namens ihres Spenders würdig war.
Jetzt ist sie alt und kaum annehmbar für einen zitternden Proleten,
du kannst sie mit gutem Recht »die schneeige« nennen.
Was verschleißt du nicht, lange Folge der Tage, was ihr nicht, ihr Jahre?
Diese Toga ist längst nicht mehr die des Parthenius, meine eigene ist sie.

Epigramm gegen Epos

Du merkst kritisch an, Gaurus, mein Talent sei so winzig,
weil die Gedichte, die ich mache, durch Kürze gefallen.
Ich gebe es zu. Doch du, der in zweimal sechs Büchern
des Priamos gewaltige Schlachten beschreibt, bist du deshalb ein großer Mann?
Ich mache den Jungen des Brutus und den Langon lebendig,
du, Gaurus, machst, als ein großer Mann, einen Giganten aus Dreck.

51

Quod semper superos invito fratre rogasti,
   hoc, Lucane, tibi contigit, ante mori.
invidet ille tibi; Stygias nam Tullus ad umbras
   optabat, quamvis sit minor, ire prior.
tu colis Elysios nemorisque habitator amoeni 5
   esse tuo primum nunc sine fratre cupis;
et si iam nitidis alternus venit ab astris,
   pro Polluce mones Castora ne redeat.

52

Si credis mihi, Quinte, quod mereris,
natalis, Ovidi, tuas Aprilis
ut nostras amo Martias Kalendas.
felix utraque lux diesque nobis
signandi melioribus lapillis! 5
hic vitam tribuit sed hic amicum.
plus dant, Quinte, mihi tuae Kalendae.

53

Natali tibi, Quinte, tuo dare parva volebam
   munera; tu prohibes: inperiosus homo es.
parendum est monitis; fiat quod uterque volemus
   et quod utrumque iuvat: tu mihi, Quinte, dato.

Bruderliebe, durch den Mythos gespiegelt

Worum du immer die Himmlischen gegen den Willen deines Bruders
    batest,
das ist dir, Lucanus, gelungen: vor ihm zu sterben.
Jener beneidet dich nun; denn vor dir zu den stygischen Schatten zu gehen,
wünschte sich Tullus, obwohl er der Jüngere ist.
Du lebst in den Elysischen Gefilden, und als Bewohner des lieblichen
    Hains
begehrst du nun zum ersten Mal, ohne deinen Bruder zu sein;
und wenn Kastor jetzt im Wechsel von den schimmernden Sternen
    kommt,
dann rätst du ihm, zugunsten von Pollux nicht zurückzukehren.

Der Geburtstag des Freundes ist mir noch wichtiger als der eigene

Glaube mir nur, Quintus Ovidius: Mir sind, so wie du es verdienst,
deine Geburtstags-Kalenden im April
genauso lieb wie meine eigenen im März.
Beglückend leuchten für mich beide Tage,
die ich mit den besseren Steinchen markieren darf!
Der eine schenkte mir das Leben, der andere aber den Freund.
Mehr geben mir, Quintus, deine Kalenden.

Quintus, mache du zu deinem Geburtstag mir ein Geschenk!

Zu deinem Geburtstag wollte ich dir, Quintus, ein kleines Geschenk
    machen;
du hindertest mich daran: Du bist ein herrischer Mensch.
Deinen Ermahnungen muß ich gehorchen; so geschehe, was wir beide
    wollen
und was uns beide erfreut: Beschenke *du* mich, Quintus!

54

Si mihi Picena turdus palleret oliva,
 tenderet aut nostras silva Sabina plagas,
aut crescente levis traheretur harundine praeda
 pinguis et inplicitas virga teneret avis:
cara daret sollemne tibi cognatio munus
 nec frater nobis nec prior esset avus.
nunc sturnos inopes fringillorumque querelas
 audit et arguto passere vernat ager;
inde salutatus picae respondet arator,
 hinc prope summa rapax miluus astra volat.
mittimus ergo tibi parvae munuscula chortis,
 qualia si recipis, saepe propinquus eris.

55

Luce propinquorum, qua plurima mittitur ales,
 dum Stellae turdos, dum tibi, Flacce, paro,
succurrit nobis ingens onerosaque turba,
 in qua se primum quisque meumque putat.
demeruisse duos votum est; offendere plures
 vix tutum; multis mittere dona grave est.
qua possum sola veniam ratione merebor:
 nec Stellae turdos nec tibi, Flacce, dabo.

Das Verwandtschaftsfest schließt auch den Freund mit ein

Wenn meine Drosseln von Picener Oliven gelb gemästet wären
oder der Sabinerwald mich meine Netze spannen ließe
oder an dem verlängerten Rohr sich die leichtgewichtige Beute finge
und meine Leimrute Vögel festhielte, die daran klebten,
dann spendete dir der uns teure Verwandtschaftstag ein Festgeschenk,
und kein Bruder, kein Großvater überträfe mich.
Doch nur armselige Staren und Finkengeschrei
bekommt jetzt mein Acker zu hören, und er feiert den Frühling mit
   zwitschernden Spatzen.
Dort erwidert der Pflüger den Ruf der Elster, die ihn begrüßt,
hier fliegt der räuberische Milan nahe zu den hohen Sternen.
Also schicke ich dir von meinem kleinen Geflügelhof winzige Gaben;
nimmst du solche wohlwollend entgegen, wirst du noch oft mein
   Verwandter sein.

Verzicht aufs Schenken beim Verwandtschaftsfest

Während ich am Verwandtschaftstag, an dem man so manches Geflügel
   schickt,
Drosseln für Stella und auch für dich, Flaccus, bereitstelle,
fällt mir die gewaltige, lästige Schar ein,
bei der jeder sich für den ersten hält und für meinen speziellen Freund.
Zwei mir zu Dank zu verpflichten, ist mein Wunsch; zahlreiche Leute
   dadurch zu beleidigen
ist wohl gefährlich; Geschenke an viele zu schicken ist schwierig.
So will ich mir Verzeihung auf die einzige mir mögliche Weise verdienen:
Drosseln werde ich weder Stella noch dir, Flaccus, schenken.

56

Spendophoros Libycas domini petit armiger urbis:
 quae puero dones tela, Cupido, para,
illa quibus iuvenes figis mollesque puellas:
 sit tamen in tenera levis et hasta manu.
loricam clypeumque tibi galeamque remitto; 5
 tutus ut invadat proelia, nudus eat:
non iaculo, non ense fuit laesusve sagitta,
 casside dum liber Parthenopaeus erat.
quisquis ab hoc fuerit fixus morietur amore.
 o felix, si quem tam bona fata manent! 10
dum puer es, redeas, dum vultu lubricus, et te
 non Libye faciat, sed tua Roma virum.

57

Nil est tritius Hedyli lacernis:
non ansae veterum Corinthiorum,
nec crus compede lubricum decenni,
nec ruptae recutita colla mulae,
nec quae Flaminiam secant salebrae, 5
nec qui litoribus nitent lapilli,
nec Tusca ligo vinea politus,
nec pallens toga mortui tribulis,
nec pigri rota quassa mulionis,
nec rasum cavea latus visontis, 10
nec dens iam senior ferocis apri.
res una est tamen: ipse non negabit,
culus tritior Hedyli lacernis.

Geleitgedicht für einen anmutigen Knappen

Als Waffenträger seines Herrn reist Spendophorus in Libyens Städte:
Amor, richte die Waffen, um sie dem Jungen zu geben,
solche, mit denen du Jünglinge triffst und sanfte Mädchen;
dennoch sei auch eine Lanze mit poliertem Schaft in seiner zarten Hand.
Panzer, Schild und Helm erlaß ich dir:
Nackt gehe er, um gefahrlos in die Kämpfe zu ziehen:
Nicht durch Wurfspeer, Schwert oder Pfeile wurde
Parthenopaeus verwundet, solange er ohne Helm war;
wer von diesem Knaben hier getroffen ist, wird sterben vor Liebe,
o der Glückliche, auf den ein so schönes Geschick wartet!
Hoffentlich kehrst du zurück, solange du noch so jung bist und glatt im
       Gesicht:
Nicht Libyen, sondern dein Rom soll dich machen zum Mann!

Was ist noch abgewetzter als der Mantel von Hedylus?

Nichts ist abgeriebener als der Mantel des Hedylus:
nicht die Griffe von alten Korinthervasen,
nicht ein von den Fesseln eines Jahrzehnts glatter Unterschenkel,
nicht der abgewetzte Hals eines verbrauchten Maultiers,
nicht die Spurrillen, die sich in die Via Flaminia eingraben,
nicht Steinchen, die am Strande glänzen,
nicht die von einem tuskischen Weinberg polierte Hacke,
nicht die vergilbte Toga eines gestorbenen Proleten,
nicht das wacklige Rad eines trägen Maultiertreibers,
nicht eines Bisons Flanke, die sich am Käfig scheuerte,
nicht der schon ziemlich alte Hauer eines wütenden Keilers.
Eine Ausnahme aber gibt es – er selbst wird es nicht leugnen können:
Der Hintern von Hedylus ist noch abgeriebener als sein Mantel.

58

Nympha sacri regina lacus, cui grata Sabinus
 et mansura pio munere templa dedit,
sic montana tuos semper colat Umbria fontes
 nec tua Baianas Sassina malit aquas:
excipe sollicitos placide, mea dona, libellos;
 tu fueris Musis Pegasis unda meis.
'Nympharum templis quisquis sua carmina donat,
 quid fieri libris debeat ipse monet.'

59

In Saeptis Mamurra diu multumque vagatus,
 hic ubi Roma suas aurea vexat opes,
inspexit molles pueros oculisque comedit,
 non hos quos primae prostituere casae,
sed quos arcanae servant tabulata catastae
 et quos non populus nec mea turba videt.
inde satur mensas et opertos exuit orbes
 expositumque alte pingue poposcit ebur,
et testudineum mensus quater hexaclinon
 ingemuit citro non satis esse suo.
consuluit nares an olerent aera Corinthon,
 culpavit statuas et, Polyclite, tuas,
et turbata brevi questus crystallina vitro
 murrina signavit seposuitque decem.

Schicksal der Bücher, die man Nymphen schenkt

Nymphe, Königin des heiligen Sees, der Sabinus als frommes Geschenk
einen lieblichen und bleibenden Tempel gestiftet hat:
So gewiß das umbrische Bergland deine Quellen immer verehren
und auch dein Sassina die Wasser von Bajae nicht bevorzugen möge:
Nimm huldvoll die ängstlich besorgten Büchlein, meine Gabe, entgegen;
sei du für meine Musen der pegasische Quell!
»Jeder, der seine Gedichte Nymphentempeln schenkt,
weist selbst darauf hin, was mit seinen Büchern geschehen soll.«

Ein Käufer, der sich aufspielt

Mamurra streifte lange und viel im Saepta-Bezirk umher,
dort, wo das goldene Rom seine Schätze umsetzt;
er schaute sich die zarten jungen Sklaven an und verschlang sie mit
    Blicken,
nicht solche, die man in den vorderen Buden zum Verkauf anbot,
sondern die man auf dem Bretterboden eines geheimen Schaugerüstes
    reservierte
und die nicht das Volk und auch nicht Leute wie meinesgleichen zu
    sehen bekommen.
Hatte er das satt, dann enthüllte er die Tische und abgedeckten runden
    Platten,
verlangte die in der Höhe ausgestellten, ölglänzenden Elfenbeinfüße,
nahm viermal Maß an einem mit Schildpatt ausgelegten Sofa für sechs
    Personen
und seufzte dann, für seinen Zitrustisch sei es nicht groß genug.
Er befragte seine Nase, ob die Bronzen nach Korinth röchen,
kritisierte auch deine Statuen, Polyklet,
und nachdem er reklamiert hatte, die Kristallkelche seien durch
    Glassplitter getrübt,
deutete er auf zehn Gefäße aus Flußspat und stellte sie beiseite.

expendit veteres calathos et si qua fuerunt
 pocula Mentorea nobilitata manu,
et viridis picto gemmas numeravit in auro,
 quidquid et a nivea grandius aure sonat.
sardonychas veros mensa quaesivit in omni
 et pretium magnis fecit iaspidibus.
undecima lassus cum iam discederet hora,
 asse duos calices emit et ipse tulit.

60

Seu tu Paestanis genita es seu Tiburis arvis,
 seu rubuit tellus Tuscula flore tuo,
seu Praenestino te vilica legit in horto,
 seu modo Campani gloria ruris eras:
pulchrior ut nostro videare corona Sabino,
 de Nomentano te putet esse meo.

61

In Tartesiacis domus est notissima terris,
 qua dives placidum Corduba Baetin amat,
vellera nativo pallent ubi flava metallo
 et linit Hesperium brattea viva pecus.
aedibus in mediis totos amplexa penates
 stat platanus densis Caesariana comis,
hospitis invicti posuit quam dextera felix,
 coepit et ex illa crescere virga manu.
auctorem dominumque nemus sentire videtur:
 sic viret et ramis sidera celsa petit.

Antike Schalen wog er ab und alle Pokale,
die durch Mentors Hand geadelt waren;
er zählte die grünen Edelsteine in ornamentiertem Gold
und was von eindrucksvoller Größe am schneeweißen Ohre klimpert;
nach echten Sardonyxen suchte er auf jedem Tisch
und bestimmte den Preis für die großen Jaspisse.
Als er endlich zur elften Stunde müde wegging,
kaufte er zwei Becher für ein As und trug sie eigenhändig nach Hause.

Ein besonderer Blütenkranz für einen Freund

Ob du auf Paestums, ob du auf Tiburs Fluren gewachsen bist,
ob Tusculums Boden von deinen Blüten rot war,
ob dich in einem Garten Praenestes die Bäuerin pflückte
oder du eben noch die Pracht des kampanischen Landes warst:
Damit du meinem Freund Sabinus als ein noch schönerer Kranz
    erscheinst,
möge er glauben, du stammtest von meinem Nomentanum.

Auf eine von Caesar am Guadalquivir gepflanzte Platane

Im Land von Tartessos steht ein berühmter Palast,
dort, wo das reiche Cordoba den ruhigen Baetis liebt,
wo gelbliche Wollvliese in natürlichem Metallglanz schimmern
und lebendiges Blattgold die hesperischen Schafe kleidet.
Mitten im Wohnbereich und den ganzen Hof umfassend,
steht eine Platane, nach Caesar benannt, mit üppigem Laub,
die des unbesiegten Gastfreunds glückbringende Rechte pflanzte;
und dank dieser Hand begann das Bäumchen zu wachsen.
Seinen Spender und Herrn scheint der Parkbaum zu fühlen:
So intensiv grünt er und strebt mit den Zweigen hoch zu den Sternen
    empor.

saepe sub hac madidi luserunt arbore Fauni
 terruit et tacitam fistula sera domum;
dumque fugit solos nocturnum Pana per agros,
 saepe sub hac latuit rustica fronde Dryas.
atque oluere lares comissatore Lyaeo 15
 crevit et effuso laetior umbra mero;
hesternisque rubens depicta est herba coronis
 atque suas potuit dicere nemo rosas.
o dilecta deis, o magni Caesaris arbor,
 ne metuas ferrum sacrilegosque focos. 20
perpetuos sperare licet tibi frondis honores:
 non Pompeianae te posuere manus.

62

Tinctis murice vestibus quod omni
et nocte utitur et die Philaenis,
non est ambitiosa nec superba:
delectatur odore, non colore.

63

Ad cenam invitant omnes te, Phoebe, cinaedi.
 mentula quem pascit, non, puto, purus homo est.

64

Herculis in magni voltus descendere Caesar
 dignatus Latiae dat nova templa viae,
qua Triviae nemorosa petit dum regna, viator
 octavum domina marmor ab urbe legit.

Oft spielten trunkene Faune unter diesem Baum,
und die Rohrflöte erschreckte zu später Stunde das stille Haus;
auf der Flucht vor dem nächtlichen Pan über einsame Fluren hin
versteckte sich oft unter seinem Laub eine ländliche Dryade.
Es duftete das Heim nach Lyaeus, dem Zecher,
und von dem verschütteten Wein wuchs üppiger das schattige Dach;
von den gestrigen Kränzen wurde das Gras rötlich gefärbt,
und niemand hätte noch seine eigenen Rosen erkennen können.
O du von den Göttern geliebter, o du des großen Caesar Baum,
nicht hast du das Eisen oder einen frevelnden Herd zu fürchten.
Für immer darfst du dir die Pracht deines Laubes erhoffen:
Nicht eines Pompejus Hände haben dich gepflanzt.

Purpurgefärbte Gewänder zur Überdeckung des Körpergeruchs

Wenn Philaenis purpurgefärbte Gewänder ständig
Tag und Nacht trägt,
dann ist sie nicht angeberisch oder arrogant:
Sie schätzt den Geruch und nicht die Farbe.

Der Schwanz ernährt keinen sauberen Mann

Zum Essen laden dich alle Schwulen ein, Phöbus.
Wen ein Schwanz füttert, meine ich, ist kein sauberer Mensch.

Domitian als der größere Herkules

Caesar, der sich herabließ, des großen Herkules Züge anzunehmen,
stiftet der latinischen Straße einen neuen Tempel,
wo der Wanderer, während er zum waldigen Reich der Trivia eilt,
den achten Meilenstein von der Herrin Rom aus lesen kann.

ante colebatur votis et sanguine largo,
    maiorem Alciden nunc minor ipse colit.
hunc magnas rogat alter opes, rogat alter honores;
    illi securus vota minora facit.

65

Alcide, Latio nunc agnoscende Tonanti,
    postquam pulchra dei Caesaris ora geris,
si tibi tunc isti vultus habitusque fuissent,
    cesserunt manibus cum fera monstra tuis:
Argolico famulum non te servire tyranno
    vidissent gentes saevaque regna pati,
sed tu iussisses Eurysthea; nec tibi fallax
    portasset Nessi perfida dona Lichas,
Oetaei sine lege rogi securus adisses
    astra patris summi, quae tibi poena dedit;
Lydia nec dominae traxisses pensa superbae
    nec Styga vidisses Tartareumque canem.
nunc tibi Iuno favet, nunc te tua diligit Hebe;
    nunc te si videat Nympha, remittet Hylan.

66

Uxor cum tibi sit formonsa, pudica, puella,
    quo tibi natorum iura, Fabulle, trium?
quod petis a nostro supplex dominoque deoque
    tu dabis ipse tibi, si potes arrigere.

Vorher wurde er mit Gebeten und reichlichem Opferblut verehrt,
den größeren Alkiden verehrt jetzt der kleinere selber.
Hier bittet der eine um Reichtum, der andere um Ehren;
dort trägt man unbekümmert bescheidenere Wünsche vor.

Auf eine Herkules-Statue mit den Gesichtszügen Domitians

Alkide, jetzt muß dich auch der latinische Donnerer (als Sohn)
        anerkennen,
seitdem du die schönen Züge des Gottes Caesar trägst.
Hättest du damals schon dies Gesicht und dies Aussehen gehabt,
als die wilden Monster deinen Händen erlagen,
dann hätten die Völker nicht mit ansehen müssen, wie du als Knecht
        dem Tyrannen von Argos dientest
und sein grausames Regiment erduldetest,
sondern *du* hättest Eurystheus Befehle gegeben;
auch hätte dir Lichas nicht arglistig die heimtückische Gabe des Nessus
        gebracht,
und ohne die Vorbedingung von Ötas Scheiterhaufen hättest du gefahrlos
das Sternenreich des höchsten Vaters erreicht, das dir dein Leiden verlieh;
du hättest auch nicht die lydische Wolle für die stolze Herrin gesponnen,
hättest den Styx nicht gesehen und nicht des Tartarus Hund.
Jetzt ist Juno dir huldreich, jetzt liebt dich deine Hebe,
sähe die Nymphe dich jetzt, sie schickte den Hylas zurück.

Wähle den direkten Weg zum Dreikinderrecht!

Du hast doch eine schöne, ehrbare und junge Frau:
Was brauchst du dann das Dreikinderrecht, Fabullus?
Was du flehend erbittest von unserem Herrn und Gott,
das kannst du dir selber geben, falls du kein Schlappschwanz bist.

67

Lascivam tota possedi nocte puellam,
  cuius nequitias vincere nulla potest.
fessus mille modis illud puerile poposci:
  ante preces totas primaque verba dedit.
inprobius quiddam ridensque rubensque rogavi:
  pollicitast nulla luxuriosa mora.
sed mihi pura fuit; tibi non erit, Aeschyle, si vis
  accipere hoc munus conditione mala.

68

Quid tibi nobiscum est, ludi scelerate magister,
  invisum pueris virginibusque caput?
nondum cristati rupere silentia galli:
  murmure iam saevo verberibusque tonas.
tam grave percussis incudibus aera resultant,
  causidicum medio cum faber aptat equo:
mitior in magno clamor furit amphitheatro,
  vincenti parmae cum sua turba favet.
vicini somnum – non tota nocte – rogamus:
  nam vigilare leve est, pervigilare grave est.
discipulos dimitte tuos. vis, garrule, quantum
  accipis ut clames, accipere ut taceas?

Bei mir war das Mädchen rein ...

Ein scharfes Mädchen habe ich die ganze Nacht gehabt,
dessen Frivolitäten keine andere überbieten kann.
Ermattet von tausend Liebesspielen, wollte ich es wie bei Knaben haben:
Noch vor den vollständig geäußerten Bitten und gleich bei den ersten
    Worten gewährte sie es.
Lachend und errötend zugleich bat ich sie um noch etwas
    Unanständigeres:
Übermütig versprach sie es, ohne zu zögern.
Doch bei mir war sie rein, bei dir, Aeschylus, wird sie es nicht sein,
wenn du dieses Geschenk bekommen willst – unter einer (dann)
    schlechten Bedingung.

Lärmbelästigung durch einen Schulmeister

Wozu brauchen wir dich, verfluchter Schulmeister,
du bei Jungen und Mädchen verhaßte Kreatur?
Noch nicht haben die kammtragenden Hähne die morgendliche Stille
    zerrissen,
schon donnerst du mit wildem Gebrüll und mit Schlägen los.
So laut hallt das Erz vom geschlagenen Amboß wider,
wenn der Schmied einen Anwalt in der Mitte des Pferdes befestigt.
Schwächer tobt das Geschrei in der großen Arena,
wenn den siegreichen ›Kleinschildlern‹ die eigenen Anhänger zujubeln.
Wir, deine Nachbarn, bitten um Schlaf – nicht die ganze Nacht
    hindurch –:
Denn wach zu sein fällt leicht, die ganze Nacht durch wach zu liegen ist
    schlimm.
Schick' deine Schüler nach Hause! Willst du, du Schwätzer, die Summe,
die du bekommst, um zu brüllen, dafür bekommen, daß du den Mund
    hältst?

69

Cum futuis, Polycharme, soles in fine cacare.
  cum pedicaris, quid, Polycharme, facis?

70

Dixerat 'o mores! o tempora!' Tullius olim,
  sacrilegum strueret cum Catilina nefas,
cum gener atque socer diris concurreret armis
  maestaque civili caede maderet humus.
cur nunc 'o mores!' cur nunc 'o tempora!' dicis? 5
  quod tibi non placeat, Caeciliane, quid est?
nulla ducum feritas, nulla est insania ferri;
  pace frui certa laetitiaque licet.
non nostri faciunt tibi quod tua tempora sordent,
  sed faciunt mores, Caeciliane, tui. 10

71

Massyli leo fama iugi pecorisque maritus
  lanigeri mirum qua coiere fide.
ipse licet videas, cavea stabulantur in una
  et pariter socias carpit uterque dapes:
nec fetu nemorum gaudent nec mitibus herbis, 5
  concordem satiat sed rudis agna famem.

Von einem, der es mit Frauen und mit Männern treibt

Wenn du vögelst, Polycharmus, pflegst du am Ende zu kacken.
Wenn man dich von hinten nimmt, was, Polycharmus, machst du dann?

Gegen einen Scheinheiligen

»O Sitten, o Zeiten!« hatte Tullius einst ausgerufen,
als Catilina sein verruchtes Verbrechen plante,
als Schwiegersohn und Schwiegervater in mörderischem Kampf
    zusammenstießen
und mit Bürgerblut traurig der Boden getränkt war.
Doch warum sagst du jetzt: »O Sitten!«, warum jetzt »O Zeiten!«?
Was ist es denn, was dir nicht gefällt, Caecilianus?
Keine Grausamkeit der Parteiführer gibt es, kein Wüten des Schwertes,
sicheren Frieden und Freude darf man genießen.
Nicht unsere Sitten bewirken, daß dir deine Zeiten widerwärtig
    erscheinen,
nein, deine eigenen Sitten, Caecilianus, bewirken das.

Wunder der Dressur: Löwe und Widder

Ein Löwe, Prachtstück des massylischen Berglands, und der Mann der
    wolligen Herde
fanden in ungewöhnlicher Freundschaft zusammen.
Sehen kannst du es selbst: In demselben Käfig sind sie untergebracht,
und verzehren beide zugleich ihr gemeinsames Mahl:
Nicht am Wild aus den Wäldern und nicht an zarten Kräutern erfreuen
    sie sich,
nein: ein junges Lamm sättigt ihren einträchtigen Hunger.

quid meruit terror Nemees, quid portitor Helles,
 ut niteant celsi lucida signa poli?
sidera si possent pecudesque feraeque mereri,
 hic aries astris, hic leo dignus erat.

72

Liber, Amyclaea frontem vittate corona,
 qui quatis Ausonia verbera Graia manu,
clusa mihi texto cum prandia vimine mittas,
 cur comitata dapes nulla lagona venit?
atqui digna tuo si nomine munera ferres,
 scis, puto, debuerint quae mihi dona dari.

73

Dentibus antiquas solitus producere pelles
 et mordere luto putre vetusque solum,
Praenestina tenes defuncti rura patroni,
 in quibus indignor si tibi cella fuit;
rumpis et ardenti madidus crystalla Falerno
 et pruris domini cum Ganymede tui.
at me litterulas stulti docuere parentes:
 quid cum grammaticis rhetoribusque mihi?
frange leves calamos et scinde, Thalia, libellos,
 si dare sutori calceus ista potest.

Welche Verdienste hat der Schrecken Nemeas, welche der Träger der Helle,
daß sie als leuchtende Sternbilder hoch oben am Himmel glänzen?
Wenn Tiere, zahme wie wilde, sich die Sterne verdienen könnten,
dann wären dieser Widder, dieser Löwe eines Platzes würdig am Firmament.

Bring mir Geschenke, die deinem Namen entsprechen!

Liber, um dessen Stirn sich ein amykläischer Kranz legt,
der du mit ausonischer Faust griechische Schläge austeilst:
Wenn du mir Speisen schickst, die in geflochtenem Korbe eingeschlossen sind,
warum ist dann keine Flasche zur Begleitung des Mahls dabei?
Wenn du mir aber Gaben brächtest, die deines Namens würdig sind,
dann weißt du vermutlich, welche Geschenke man mir geben muß.

Die Dichtung: eine brotlose Kunst

Du warst daran gewöhnt, mit den Zähnen altes Leder in die Länge zu ziehen
und in nach Straßenkot stinkende, alte Schuhsohlen zu beißen,
jetzt besitzt du das Pränestiner Gut deines verstorbenen Herrn:
Es empört mich schon, wenn ich mir vorstelle, daß du darin jemals eine Kammer bewohntest.
Betrunken vom heißen Falerner zerschlägst du nun kristallene Kelche
und geilst dich am Ganymed deines Herrn auf.
Mir jedoch ließen törichte Eltern ein bißchen Bildung beibringen:
Was soll ich mit Grammatikern und Rhetoren?
Zerbrich die schwachen Schreibrohre und zerreiße die Büchlein, Thalia,
wenn einem Schuster der Schuh all das ermöglichen kann!

74

Effigiem tantum pueri pictura Camoni
  servat et infantis parva figura manet.
florentes nulla signavit imagine voltus,
  dum timet ora pius muta videre pater.

75

Non silice duro structilive caemento,
nec latere cocto, quo Samiramis longam
Babylona cinxit, Tucca balneum fecit:
sed strage nemorum pineaque conpage,
ut navigare Tucca balneo possit.   5
idem beatas lautus extruit thermas
de marmore omni, quod Carystos invenit,
quod Phrygia Synnas, Afra quod Nomas misit
et quod virenti fonte lavit Eurotas.
sed ligna desunt: subice balneum thermis.   10

76

Haec sunt illa mei quae cernitis ora Camoni,
  haec pueri facies primaque forma fuit.
creverat hic vultus bis denis fortior annis
  gaudebatque suas pingere barba genas,
et libata semel summos modo purpura cultros   5
  sparserat. invidit de tribus una soror

Auf ein Kinderbild des früh verstorbenen Camonius

Nur von dem Knaben Camonius bewahrt das Gemälde die Erscheinung,
und allein des Kindleins kleine Gestalt bleibt so erhalten.
Das jugendlich blühende Antlitz wollte in keinem Bildnis ausgedrückt
    wissen
der liebende Vater, da er es nicht ertragen konnte, das stumme Gesicht
    zu sehen.

Tucca muß wohl jetzt mit dem Bad die Thermen heizen

Nicht aus hartem Kiesel, aus gemauertem Bruchstein
oder gebrannten Ziegeln, womit Semiramis
das ausgedehnte Babylon einschloß, hat Tucca sein Bad gebaut,
nein, Wälder hat er dafür verwüstet und Fichtenholz zusammengefügt,
so daß Tucca mit seinem Bad in See stechen könnte.
Doch hat er sich, vornehm wie er ist, auch prächtige Thermen errichtet,
aus allen Arten von Marmor, den Karystos finden ließ,
den Phrygiens Synnas, Afrikas Numidien schickte
und den mit seinem grünen Wasser der Eurotas wusch.
Doch Holz fehlt ihm: Stecke dein Bad in die Thermenheizung!

Zu dem Bild eines früh Verstorbenen

Was ihr hier erblickt, sind die Züge meines Camonius,
so war des Knaben Gesicht und seine Gestalt als Kind.
Kraftvoller war in zweimal zehn Jahren sein Antlitz geworden;
lustig färbte der Bart seine Wangen,
und einmal abgenommen, hatte der rötliche Flaum nur die Schneide des
    Messers bedeckt.
Neidisch war die eine der Schwestern,

et festinatis incidit stamina pensis
  absentemque patri rettulit urna rogum.
sed ne sola tamen puerum pictura loquatur,
  haec erit in chartis maior imago meis.

77

Quod optimum sit disputat convivium
  facunda Prisci pagina,
et multa dulci, multa sublimi refert,
  sed cuncta docto pectore.
quod optimum sit quaeritis convivium?
  in quo choraules non erit.

78

Funera post septem nupsit tibi Galla virorum,
  Picentine: sequi vult, puto, Galla viros.

79

Oderat ante ducum famulos turbamque priorem
  et Palatinum Roma supercilium:
at nunc tantus amor cunctis, Auguste, tuorum est
  ut sit cuique suae cura secunda domus.
tam placidae mentes, tanta est reverentia nostri,
  tam pacata quies, tantus in ore pudor.
nemo suos – haec est aulae natura potentis –,
  sed domini mores Caesarianus habet.

sie beschleunigte ihr Werk und durchschnitt die Fäden:
Eine Urne brachte den in der Ferne gestorbenen Sohn seinem Vater zurück.
Damit jedoch nicht das Gemälde allein von dem Knaben spreche,
soll dies hier auf meinen Blättern ein deutlicheres Bild sein.

Nur ja keine Musik beim Essen!

Welch Gastmahl wohl das beste sei, darüber spricht
eloquent des Priscus Gedicht,
und darin bringt er viel Charmantes, viel Erhebendes vor,
und alles mit Gelehrsamkeit.
Welch Gastmahl wohl das beste sei, das fragt ihr mich?
Bei dem es keinen Flötenspieler gibt.

Lebensmüde Giftmischerin

Nach dem Begräbnis ihrer sieben Männer heiratete Galla dich,
Picentinus: Galla will, vermute ich, ihren Männern folgen.

Der Herrscher als Vorbild für die Hofbeamten

Früher haßte Rom die Fürstendiener, das damalige Gefolge
und die Überheblichkeit der Höflinge,
doch so groß ist jetzt bei allen, Augustus, die Liebe zu den Deinen,
daß bei jedem von uns die Sorge um den eigenen Hausstand zurücktritt.
So freundlich ist ihre Haltung, so groß ihr Respekt vor uns,
so friedlich ihre Ruhe, so deutlich das Ehrgefühl im Ausdruck des
    Gesichtes.
Kein Fürstendiener folgt seinem eigenen Naturell – das liegt im Wesen
    eines machtvollen Hofes –
sondern jeder hat die Umgangsformen seines Herrn.

80

Duxerat esuriens locupletem pauper anumque:
  uxorem pascit Gellius et futuit.

81

Lector et auditor nostros probat, Aule, libellos,
  sed quidam exactos esse poeta negat.
non nimium curo: nam cenae fercula nostrae
  malim convivis quam placuisse cocis.

82

Dixerat astrologus periturum te cito, Munna,
  nec, puto, mentitus dixerat ille tibi.
nam tu dum metuis ne quid post fata relinquas,
  hausisti patrias luxuriosus opes
bisque tuum deciens non toto tabuit anno: 5
  dic mihi, non hoc est, Munna, perire cito?

83

Inter tanta tuae miracula, Caesar, harenae,
  quae vincit veterum munera clara ducum,
multum oculi, sed plus aures debere fatentur
  se tibi quod spectant qui recitare solent.

Reiche Alte und armer jüngerer Mann als Paar

Hungrig und arm hatte Gellius eine reiche Alte genommen.
Er füttert seine Frau und vögelt sie.

Das Urteil des Publikums ist entscheidend

Leser und Hörer, Aulus, finden meine Büchlein gut,
doch ein bestimmter Dichter behauptet, sie seien nicht sorgfältig
    ausgearbeitet.
Mich kümmert das nicht allzu sehr, denn mir ist es lieber,
daß die Gänge meines Menüs den Gästen munden als den Köchen.

Wahre Voraussage eines Astrologen

Ein Astrologe hatte gesagt, du werdest bald zugrunde gehen, Munna,
und ich glaube, er hatte dich damit nicht angelogen.
Denn da du befürchtetest, du könntest etwas nach deinem Tod
    hinterlassen,
hast du verschwenderisch den väterlichen Reichtum durchgebracht,
und deine zwei Millionen schmolzen in nicht ganz einem Jahr dahin.
Sag' mir, Munna, heißt das nicht, »bald zugrundegehen«?

Keine Möglichkeit zu langweiligen Rezitationen während der Spiele

Unter den großen Wundern, Caesar, durch die deine Arena
die prächtigen Spiele früherer Kaiser übertrifft,
bekennen die Augen, daß sie dir großen, die Ohren, daß sie dir noch
    größeren Dank dafür schulden,
daß die zuschauen müssen, die so gern rezitieren.

84

Cum tua sacrilegos contra, Norbane, furores
  staret pro domino Caesare sancta fides,
haec ego Pieria ludebam tutus in umbra,
  ille tuae cultor notus amicitiae.
me tibi Vindelicis Raetus narrabat in oris
  nescia nec nostri nominis Arctos erat:
o quotiens veterem non infitiatus amicum
  dixisti 'meus est iste poeta, meus!'
omne tibi nostrum quod bis trieteride iuncta
  ante dabat lector, nunc dabit auctor opus.

85

Languidior noster si quando est Paulus, Atili,
  non se, convivas abstinet ille suos.
tu languore quidem subito fictoque laboras,
  sed mea porrexit sportula, Paule, pedes.

86

Festinata sui gemeret quod fata Severi
  Silius, Ausonio non semel ore potens,
cum grege Pierio maestus Phoeboque querebar.
  'ipse meum flevi' dixit Apollo 'Linon',
respexitque suam quae stabat proxima fratri
  Calliopen et ait: 'tu quoque vulnus habes.
aspice Tarpeium Palatinumque Tonantem:
  ausa nefas Lachesis laesit utrumque Iovem.

Literarische Freundesgabe für Norbanus

Während deine lautere Loyalität, Norbanus, sich gegen frevelhafte
   Kampfeswut
für Caesar, deinen Herrn, einsetzte,
schrieb ich, geschützt in Piëriens Schatten, diese scherzenden Verse,
ich, der – man weiß es – stets die Freundschaft pflegte mit dir.
Mich rezitierte vor dir der Räter im Vindelikerland,
und auch dem Norden war mein Name wohlvertraut.
O wie oft hast du erklärt und dich dabei zu deinem alten Freund bekannt:
»Mein Dichter ist das, ja meiner!«
Mein ganzes Werk, das dir in den vergangenen sechs Jahren
zuvor ein Leser gab, schenkt jetzt der Autor dir.

Wenn er den Kranken spielt, müssen seine Gäste hungern

Wenn unser Paulus einmal etwas unpäßlich ist, Atilius,
dann entzieht er nicht sich, sondern seinen Gästen die Mahlzeit.
Du selbst leidest zwar an einer plötzlichen, erfundenen Mattigkeit,
doch meine Sportula, Paulus, hat alle Viere von sich gestreckt.

Trostversuch beim Tod vom Sohn des Silius

Da Silius beim frühen Tod seines Severus seufzte,
er, der doppelte Meister in der ausonischen Rede,
klagte ich betrübt bei der Piëriden Schar und bei Phöbus.
»Ich selbst mußte meinen Linus beweinen«, sprach Apollon,
und zu seiner Kalliope gewandt, die nahe bei ihrem Bruder stand,
sagte er: »Auch du trägst eine Wunde.
Blicke auf den Donnerer vom tarpejischen Felsen und auf den vom
   Palatin:
Lachesis hat den Frevel gewagt und beide Jupiter verletzt.

numina cum videas duris obnoxia fatis,
　　invidia possis exonerare deos.'

87

Septem post calices Opimiani
denso cum iaceam triente blaesus,
adfers nescio quas mihi tabellas
et dicis 'modo liberum esse iussi
Nastam – servolus est mihi paternus –
signa.' cras melius, Luperce, fiet:
nunc signat meus anulus lagonam.

88

Cum me captares, mittebas munera nobis:
　　postquam cepisti, das mihi, Rufe, nihil.
ut captum teneas, capto quoque munera mitte,
　　de cavea fugiat ne male pastus aper.

89

Lege nimis dura convivam scribere versus
　　cogis, Stella. 'licet scribere nempe malos.'

Wenn du nun siehst, daß selbst die himmlischen Mächte dem harten
  Geschick ausgesetzt sind,
dann kannst du die Götter von deiner Empörung befreien.«

Ein Trinkgelage ist der falsche Ort für geschäftlichen Ernst

Als nach sieben Bechern vom Jahrgang des Opimius
ich lallend vom ständigen Zechen daliege,
bringst du mir irgendein Schriftstück
und sagst: »Soeben habe ich meinen Nasta freigelassen
– er war bereits ein Sklave meines Vaters –:
Setze dein Siegel!« Besser wird es morgen gelingen, Lupercus:
Jetzt versiegelt mein Ring – die Flasche.

Ein Erbschleicher darf bei Geschenken nie nachlässig werden

Als du mich einfangen wolltest, schicktest du mir regelmäßig Geschenke:
Seitdem du mich gefangen hast, gibst du mir nichts mehr, Rufus.
Um den Eingefangenen zu halten, schicke auch dem Eingefangenen
  Geschenke,
damit dir nicht der schlecht gefütterte Eber aus dem Käfig flieht.

Vom Gast zu viel verlangt

Mit einer allzu harten Verfügung zwingst du den Gast, Verse zu schreiben,
Stella. »Natürlich darf er schlechte schreiben.«

90

Sic in gramine florido reclinis,
qua gemmantibus hinc et inde rivis
curva calculus excitatur unda,
exclusis procul omnibus molestis,
pertundas glaciem triente nigro, 5
frontem sutilibus ruber coronis;
sic uni tibi sit puer cinaedus
et castissima pruriat puella:
infamem nimio calore Cypron
observes moneo precorque, Flacce, 10
messes area cum teret crepantis
et fervens iuba saeviet leonis.
at tu, diva Paphi, remitte nostris
inlaesum iuvenem, remitte votis.
sic Martis tibi serviant Kalendae 15
et cum ture meroque victimaque
libetur tibi candidas ad aras
secta plurima quadra de placenta.

91

Ad cenam si me diversa vocaret in astra
    hinc invitator Caesaris, inde Iovis,
astra licet propius, Palatia longius essent,
    responsa ad superos haec referenda darem:
'quaerite qui malit fieri conviva Tonantis: 5
    me meus in terris Iuppiter ecce tenet.'

Gebet für die glückliche Rückkehr des Flaccus

So auf blumigem Rasen hingestreckt,
wo hier und dort in dem glitzernden Bach
durch den sich hinschlängelnden Wasserlauf die Kiesel aufgestört werden,
mögest du, frei von allem, was dich belastet,
das Eis im dunklen Becher zerstoßen,
die Stirne rot bekränzt mit Blumen;
so möge ein willfähriger Knabe dir ganz allein gehören,
und das keuscheste Mädchen dich begehren:
Vor Zypern, das durch extreme Hitze verrufen ist,
dich zu hüten, Flaccus, ermahne und bitte ich dich,
wenn die Tenne die knirschende Ernte drischt
und die glühende Mähne des Löwen wütet.
Doch du, Göttin von Paphos, bringe auf unsere Bitten hin
den jungen Mann unversehrt zurück, bringe zurück ihn!
Dann sollen die Kalenden des Mars dir dienen,
und zusammen mit Weihrauch, dem Wein und dem Opfertier
soll für dich auf dem glänzenden Altar gespendet werden
so manche Scheibe vom geschnittenen Opferkuchen.

Domitians ›Himmel‹ ziehe ich vor

Wenn mich zum Mahle in verschiedene Himmel riefe
hier Caesars, dort Jupiters Einladungsbote,
wären die Sterne auch näher, der Palast des Kaisers auch weiter entfernt,
so ließe ich doch den Himmlischen diesen Bescheid ausrichten:
»Sucht nach einem andern, der lieber des Donnerers Gast werden
    möchte:
Mein Jupiter, seht, hält auf der Erde mich fest.«

92

Quae mala sunt domini, quae servi commoda, nescis,
  Condyle, qui servum te gemis esse diu.
dat tibi securos vilis tegeticula somnos,
  pervigil in pluma Gaius ecce iacet.
Gaius a prima tremebundus luce salutat   5
  tot dominos, at tu, Condyle, nec dominum.
'quod debes, Gai, redde' inquit Phoebus et illinc
  Cinnamus: hoc dicit, Condyle, nemo tibi.
tortorem metuis? podagra cheragraque secatur
  Gaius et mallet verbera mille pati.   10
quod nec mane vomis nec cunnum, Condyle, lingis,
  non mavis quam ter Gaius esse tuus?

93

Addere quid cessas, puer, inmortale Falernum?
  quadrantem duplica de seniore cado.
nunc mihi dic, quis erit cui te, Catacisse, deorum
  sex iubeo cyathos fundere? 'Caesar erit.'
sutilis aptetur deciens rosa crinibus, ut sit   5
  qui posuit sacrae nobile gentis opus.
nunc bis quina mihi da basia, fiat ut illud
  nomen ab Odrysio quod deus orbe tulit.

Vorteile im Leben eines Sklaven

Was die Leiden eines Herrn, was die Vorteile eines Sklaven sind, weißt
  du nicht,
Condylus, jammerst du doch, so lange schon Sklave zu sein.
Sorglosen Schlaf gewährt dir eine billige Matte,
schlaflos, sieh, liegt Gaius auf seinen Federn.
Fröstelnd begrüßt Gaius bereits zur ersten Stunde des Tages
so viele Herren, doch du, Condylus, nicht mal den eigenen Herrn.
»Zahl deine Schulden, Gaius!« mahnt Phöbus ihn hier
und Cinnamus dort: Niemand sagt das, Condylus, zu dir.
Den Folterknecht fürchtest du? Von der Fuß- und von der Handgicht
  zerrissen
wird Gaius; tausend Schläge wollte er lieber erdulden.
Daß du nicht morgens schon kotzen oder die Fotze lecken mußt,
  Condylus,
ist dir das nicht lieber, als dreimal dein Gaius zu sein?

Ein Prosit auf den Kaiser

Knabe, was säumst du, noch mehr unsterblichen Falerner zu bringen?
Nimm aus dem älteren Krug zweimal drei Becher!
Und nun sage mir, Cataciscus, wer ist's von den Göttern, für den du mir
sechs Becher einschenken sollst? »Caesar wird's sein.«
Zehnmal lege man Rosen, zum Kranz gewunden, mir ins Haar, um auf
  den zu verweisen,
der den berühmten Bau für seine ehrwürdige Sippe errichtet hat.
Und nun schenk' mir an Küssen noch zweimal fünf, das ergibt
dann den Namen, den unser Gott von dem odrysischen Land mitbrachte.

94

Santonica medicata dedit mihi pocula virga:
   os hominis! mulsum me rogat Hippocrates.
tam stupidus numquam nec tu, puto, Glauce, fuisti,
   χάλκεα donanti χρύσεα qui dederas.
dulce aliquis munus pro munere poscit amaro?   5
   accipiat, sed si potat in elleboro.

95

Alfius ante fuit, coepit nunc Olfius esse,
   uxorem postquam duxit Athenagoras.

95 b

Nomen Athenagorae quaeris, Callistrate, verum.
   si scio, dispeream, qui sit Athenagoras.
sed puta me verum, Callistrate, dicere nomen: 5
   non ego sed vester peccat Athenagoras.

96

Clinicus Herodes trullam subduxerat aegro:
   deprensus dixit 'stulte, quid ergo bibis?'

Geschenk an den Arzt als Honorar für bittere Arznei

Becher, mit santonischen Wermut gemischt, reichte mir –
welch unverschämter Kerl! – Hippocrates, und verlangt von mir
    Honigwein dafür.
So dumm, glaube ich, bist sogar du, Glaukos, niemals gewesen,
der du die goldene Rüstung dem gabst, der dir die eherne geschenkt hatte.
Kann jemand für ein bitteres Geschenk eine süße Gabe verlangen?
Er soll sie bekommen, doch nur, wenn er sie in Nieswurz trinkt.

Aus Alfius wird Olfius

Athenagoras war Alfius zuvor, jetzt wird er allmählich ein Olfius,
nachdem er geheiratet hat.

Athenagoras: fiktiver oder echter Name?

Du fragst nach dem wirklichen Namen von Athenagoras, Callistratus.
Um mein Leben wette ich, wenn ich weiß, wer Athenagoras ist.
Aber nimm einmal an, Callistratus, daß ich seinen wirklichen Namen
    nenne:
Nicht ich, sondern euer Athenagoras handelt verkehrt.

Ein diebischer Arzt

Der Arzt Herodes hatte einem Kranken den Schöpflöffel heimlich
    entwendet;
als man ihn erwischte, sprach er: »Du Tor, wieso willst du denn trinken?«

97

Rumpitur invidia quidam, carissime Iuli,
　quod me Roma legit, rumpitur invidia.
rumpitur invidia quod turba semper in omni
　monstramur digito, rumpitur invidia.
rumpitur invidia tribuit quod Caesar uterque　　　　5
　ius mihi natorum, rumpitur invidia.
rumpitur invidia quod rus mihi dulce sub urbe est
　parvaque in urbe domus, rumpitur invidia.
rumpitur invidia quod sum iucundus amicis,
　quod conviva frequens, rumpitur invidia.　　　　10
rumpitur invidia quod amamur quodque probamur:
　rumpatur quisquis rumpitur invidia.

98

Vindemiarum non ubique proventus
cessavit, Ovidi; pluvia profuit grandis.
centum Coranus amphoras aquae fecit.

99

Marcus amat nostras Antonius, Attice, Musas,
　charta salutatrix si modo vera refert:
Marcus Palladiae non infitianda Tolosae
　gloria, quem genuit Pacis alumna Quies.
tu qui longa potes dispendia ferre viarum,　　　　5
　i, liber, absentis pignus amicitiae.

So platze denn jeder, der vor Neid platzt!

Jemand platzt vor Neid, mein liebster Julius,
weil ganz Rom mich liest – platzt er vor Neid.
Platzt vor Neid, weil immer in jeder Menschenmenge
man auf mich mit dem Finger zeigt – platzt er vor Neid.
Platzt vor Neid, weil zwei Caesaren
mir das Dreikinderrecht verliehen – platzt er vor Neid.
Platzt vor Neid, weil ich ein liebliches Landgut am Stadtrand
und ein Häuschen in Rom habe – platzt er vor Neid.
Platzt vor Neid, weil ich gern gesehen bin bei Freunden,
weil ich häufig eingeladen bin – platzt er vor Neid.
Platzt vor Neid, weil man mich liebt und weil man mich anerkennt:
So platze denn jeder, der vor Neid platzt!

Ein Weinpanscher

Nicht überall blieb der Ertrag der Weinernte aus,
Ovidius: Der starke Regen war nützlich.
Coranus machte hundert Amphoren – Wasser.

Das Buch als Geschenk direkt aus der Hand des Autors

Marcus Antonius liebt, Atticus, meine Dichtkunst,
wenn denn sein Grußschreiben Wahres berichtet:
Marcus, der unbestreitbare Ruhm der Pallas-Stadt Tolosa,
er, den die Ruhe, des Friedens Kind, gebar.
Du mein Buch, das den Zeitverlust der langen Reise ertragen kann,
mache dich auf den Weg als das Unterpfand einer Freundschaft in weiter
     Ferne.

vilis eras, fateor, si te nunc mitteret emptor;
　grande tui pretium muneris auctor erit:
multum, crede mihi, refert a fonte bibatur
　quae fluit an pigro quae stupet unda lacu. 10

100

Denarîs tribus invitas et mane togatum
　observare iubes atria, Basse, tua,
deinde haerere tuo lateri, praecedere sellam,
　ad viduas tecum plus minus ire decem.
trita quidem nobis togula est vilisque vetusque: 5
　denarîs tamen hanc non emo, Basse, tribus.

101

Appia, quam simili venerandus in Hercule Caesar
　consecrat, Ausoniae maxima fama viae,
si cupis Alcidae cognoscere facta prioris,
　disce: Libyn domuit, aurea poma tulit,
peltatam Scythico discinxit Amazona nodo, 5
　addidit Arcadio terga leonis apro,
aeripedem silvis cervum, Stymphalidas astris
　abstulit, a Stygia cum cane venit aqua,
fecundam vetuit reparari mortibus hydram,
　Hesperias Tusco lavit in amne boves. 10

Gering wäre dein Wert, ich gestehe es, wenn dich jetzt einer schickte, der
    dich gekauft hat;
der *Autor* wird den großen Wert deiner Gabe ausmachen.
Glaube mir: viel macht es aus, ob man aus einer Quelle
fließendes Wasser trinkt oder stehendes aus einem trägen Teich.

Schlecht bezahlter Klientendienst

Für drei Denare lädst du mich ein, und frühmorgens schon, Bassus, soll
    ich,
mit der Toga bekleidet, im Atrium deiner harren,
sodann mich stets an deine Seite halten, der Sänfte voranschreiten
und mit dir zusammen so an die zehn Witwen besuchen.
Verschlissen ist zwar meine Toga und billig und alt,
doch für drei Denare bekomme ich, Bassus, nicht einmal so eine.

Domitian – der zweite und größere Herkules

Via Appia – Caesar, den wir im Bild des Herkules verehren dürfen,
ist es, der dich heiligt –, du höchster Ruhm einer ausonischen Straße,
wenn du wünschst, die Taten des früheren Alkiden zu erfahren,
dann vernimm: Den Libyer bezwang er, die goldenen Äpfel nahm er mit,
der schildbewehrten Amazone löste er den skythischen Knoten,
fügte dem arkadischen Eber noch das Löwenfell hinzu,
holte den erzfüßigen Hirsch aus dem Wald, die Stymphalischen Vögel
    vom Himmel,
kam mit dem Hund vom stygischen Wasser zurück,
hinderte die fruchtbare Hydra daran, sich im Tod immer wieder zu
    erneuern,
und wusch die hesperischen Rinder im tuskischen Fluß.

haec minor Alcides: maior quae gesserit audi,
　sextus ab Albana quem colit arce lapis.
adseruit possessa malis Palatia regnis,
　prima suo gessit pro Iove bella puer;
solus Iuleas cum iam retineret habenas,
　tradidit inque suo tertius orbe fuit;
cornua Sarmatici ter perfida contudit Histri,
　sudantem Getica ter nive lavit equum;
saepe recusatos parcus duxisse triumphos
　victor Hyperboreo nomen ab orbe tulit;
templa deis, mores populis dedit, otia ferro,
　astra suis, caelo sidera, serta Iovi.
Herculeum tantis numen non sufficit actis:
　Tarpeio deus hic commodet ora patri.

102

Quadringentorum reddis mihi, Phoebe, tabellas:
　centum da potius mutua, Phoebe, mihi.
quaere alium cui te tam vano munere iactes:
　quod tibi non possum solvere, Phoebe, meum est.

103

Quae nova tam similis genuit tibi Leda ministros?
　quae capta est alio nuda Lacaena cycno?

Dies die Taten des kleineren Alkiden; erfahre jetzt, was der größere
    vollbrachte,
den der sechste Meilenstein von Albas Burg aus verehrt:
Er befreite den Kaiserpalast, den eine schlimme Regierung
    eingenommen hatte,
führte als Knabe für seinen Jupiter die ersten Kriege;
und obwohl er bereits allein die Zügel der Julier hielt,
gab er sie ab und wurde dritter in seiner eigenen Welt;
dreimal zertrümmerte er die Hörner des wortbrüchigen sarmatischen
    Hister,
wusch dreimal sein schwitzendes Pferd in getischem Schnee;
trotz seiner Zurückhaltung, Triumphe zu feiern, die er oft von sich
    gewiesen hatte,
bekam er als Sieger den Namen von der hyperboreischen Welt;
Tempel gab er den Göttern, Gesittung den Völkern, Ruhe dem Schwert,
Sterne den Seinen, dem Himmel Gestirne und Jupiter Kränze.
Der göttliche Herkules reicht nicht an so gewaltige Taten heran:
Dem tarpejischen Vater möge dieser unser Gott seine Züge leihen!

Ein Geschenk, das keines ist: erlassene Schulden

Meinen Schuldschein auf Vierhundert(tausend) gibst du mir, Phöbus,
    zurück:
Leih' mir statt dessen, Phöbus, lieber noch hundert dazu!
Suche einen anderen, bei dem du mit einer so nichtigen Gabe angibst!
Was ich dir nicht zurückzahlen kann, Phöbus, gehört mir.

Ein ausnehmend hübsches junges Dienerpaar

Welche neue Leda gebar für dich so ähnliche Diener?
Welche nackte Spartanerin wurde von einem anderen Schwan erobert?

dat faciem Pollux Hiero, dat Castor Asylo,
   atque in utroque nitet Tyndaris ore soror.
ista Therapnaeis si forma fuisset Amyclis,
   cum vicere duas dona minora deas,
mansisses, Helene, Phrygiamque redisset in Iden
   Dardanius gemino cum Ganymede Paris.

Pollux gibt seine Gestalt dem Hiërus, Kastor dem Asylus,
und in beider Gesicht erstrahlt die tyndarische Schwester.
Hätte es solche Schönheit im therapnischen Amyklai gegeben,
als kleinere Gaben die beiden anderen Göttinnen unterliegen ließen,
dann wärst du geblieben, Helena, und zurückgekehrt wäre zum
           phrygischen Ida
mit zwei Ganymeden der dardanische Paris.

LIBER DECIMUS

1

Si nimius videor seraque coronide longus
　esse liber, legito pauca: libellus ero.
terque quaterque mihi finitur carmine parvo
　pagina: fac tibi me quam cupis ipse brevem.

2

Festinata prior decimi mihi cura libelli
　elapsum manibus nunc revocavit opus.
nota leges quaedam sed lima rasa recenti;
　pars nova maior erit: lector, utrique fave,
lector, opes nostrae: quem cum mihi Roma dedisset, 5
　'nil tibi quod demus maius habemus' ait.
'pigra per hunc fugies ingratae flumina Lethes
　et meliore tui parte superstes eris.
marmora Messallae findit caprificus et audax
　dimidios Crispi mulio ridet equos: 10
at chartis nec furta nocent et saecula prosunt,
　solaque non norunt haec monumenta mori.'

ZEHNTES BUCH

Das Buch spricht zum Leser

Wenn ich dir als Buch zu umfangreich und lang erscheine – mit einem
   Schlußschnörkel, der zu spät kommt,
dann lies nur weniges: So werde ich ein Büchlein sein.
Drei- bis viermal endet bei mir mit einem kurzen Epigramm
die Seite: Mache selber mich so kurz, wie du willst, für dich!

Zur Neuausgabe des zehnten Buches

Die von mir übereilt herausgegebene erste Fassung des zehnten
   Büchleins hat mich veranlaßt,
das Werk, das meinen Händen schon entglitten war, jetzt wieder zu mir
   zurückzurufen.
Manches Bekannte wirst du darin lesen, doch ist es mit frischer Feile
   geglättet;
der neue Teil ist größer: Leser, nimm beides mit Wohlwollen auf,
Leser, du mein Reichtum: Als Rom dich mir gab, sprach es:
»Nichts Größeres habe ich, was ich dir geben könnte.
Durch ihn wirst du den trägen Fluten der unerquicklichen Lethe
   entfliehn
und weiterleben mit dem besseren Teil deiner selbst.
Ein Feigenbaum sprengt Messalas marmornes Mal, und frech
lacht über die halben Gäule des Crispus der Maultiertreiber:
Doch den Büchern schaden keine Diebstähle, und die Jahrhunderte
   nützen ihnen;
sie sind die einzigen Denkmäler, die nichts wissen vom Tod.«

3

Vernaculorum dicta, sordidum dentem,
et foeda linguae probra circulatricis,
quae sulphurato nolit empta ramento
Vatiniorum proxeneta fractorum,
poeta quidam clancularius spargit   5
et volt videri nostra. credis hoc, Prisce?
voce ut loquatur psittacus coturnicis
et concupiscat esse Canus ascaules?
procul a libellis nigra sit meis fama,
quos rumor alba gemmeus vehit pinna: 10
cur ego laborem notus esse tam prave,
constare gratis cum silentium possit?

4

Qui legis Oedipoden caligantemque Thyesten,
    Colchidas et Scyllas, quid nisi monstra legis?
quid tibi raptus Hylas, quid Parthenopaeus et Attis,
    quid tibi dormitor proderit Endymion,
exutusve puer pinnis labentibus, aut qui   5
    odit amatrices Hermaphroditus aquas?
quid te vana iuvant miserae ludibria chartae?
    hoc lege, quod possit dicere vita 'meum est.'
non hic Centauros, non Gorgonas Harpyiasque
    invenies: hominem pagina nostra sapit.   10
sed non vis, Mamurra, tuos cognoscere mores
    nec te scire: legas Aetia Callimachi.

Gegen einen Dichterling, der eigene Zoten als meine Verse ausgibt

Haussklavenzoten, dreckige Witze,
widerliche Schimpfworte einer marktschreierischen Zunge,
was selbst im Tausch gegen ein Schwefelstückchen nicht erwerben möchte
ein Zwischenhändler von Vatinius-Glasscherben,
verbreitet insgeheim ein Dichterling
und gibt sie aus für meine. Glaubst du das etwa, Priscus?
Dann müßte ja ein Papagei mit Wachtel-Stimme sprechen
und Canus sich gern als Dudelsackpfeifer sehen.
Fern bleibe schwarzer Ruf meinen Büchlein,
die Ruhmesglanz auf weißen Schwingen dahinträgt:
Was sollte ich mich darum bemühen, so übel bekannt zu sein,
wenn Schweigen umsonst zu haben ist?

Verteidigung der eigenen, lebensnahen Epigrammdichtung

Der du von Ödipus liest und vom umnachteten Thyestes,
von Kolchierinnen und Skyllen: Was liest du da anderes als lauter
    Monstrositäten?
Was kann dir der Raub des Hylas, was Parthenopaeus und Attis,
was Endymion, der Schläfer, denn nützen
oder der Knabe, entkleidet der abfallenden Flügel,
oder Hermaphroditus, der die verliebten Fluten haßt?
Was erfreut dich das eitle Spiel erbärmlicher Schriften?
Lies das, wovon das Leben sagen kann: »Das gehört zu mir.«
Hier wirst du keine Kentauren, Gorgonen, Harpyien finden:
Nach dem *Menschen* schmeckt jede Seite von mir.
Doch du willst deinen Charakter gar nicht erfahren, Mamurra,
dich selbst nicht kennen: Dann lies halt die Aitia des Kallimachos!

5

Quisquis stolaeve purpuraeve contemptor
quos colere debet laesit impio versu,
erret per urbem pontis exul et clivi,
interque raucos ultimus rogatores
oret caninas panis inprobi buccas.　　　　　5
illi December longus et madens bruma
clususque fornix triste frigus extendat:
vocet beatos clamitetque felices
Orciniana qui feruntur in sponda.
at cum supremae fila venerint horae　　　10
diesque tardus, sentiat canum litem
abigatque moto noxias aves panno.
nec finiantur morte simplici poenae,
sed modo severi sectus Aeaci loris,
nunc inquieti monte Sisyphi pressus,　　　15
nunc inter undas garruli senis siccus
delasset omnis fabulas poetarum:
et cum fateri Furia iusserit verum,
prodente clamet conscientia 'scripsi.'

6

Felices, quibus urna dedit spectare coruscum
　　solibus Arctois sideribusque ducem.
quando erit ille dies quo campus et arbor et omnis
　　lucebit Latia culta fenestra nuru?
quando morae dulces longusque a Caesare pulvis　　5
　　totaque Flaminia Roma videnda via?

Verfluchung eines verleumderischen Dichters

Wer, als Verächter von Stola und Purpurgewand,
wen er ehren müßte, mit gottlosen Versen verletzt hat,
der irre durch die Hauptstadt, verbannt von Brücken und Hängen,
und als letzter unter all den heiseren Bettlern
halte er um ein paar Bissen schäbigen Brotes an, das für Hunde bestimmt
    ist.
Der lange Dezember, der nasse Winter
und die Schließung des Gewölbes sollen ihm die elende Kälte ausdehnen:
Selig preise er, als glücklich rühme er jene,
die man auf der Totenbahre hinausträgt.
Doch wenn der Lebensfaden seiner letzten Stunde
und sein später Todestag gekommen sind, dann soll er das Zanken der
    Hunde mitbekommen,
soll durch eine Bewegung seiner Lumpen die bösartigen Vögel abwehren.
Und seine Bestrafung soll nicht mit einem simplen Tod enden,
nein: ausgepeitscht bald von des strengen Aiakos Riemen,
mal niedergedrückt von des ruhelosen Sisyphus Felsblock,
mal dürstend mitten im Wasser des geschwätzigen Greises,
mache er alle von den Dichtern ausgedachten Qualen durch.
Und fordert die Furie ihn auf, die Wahrheit zu bekennen,
dann verrate ihn sein Gewissen, und er schreie es hinaus: »Ich habe es
    geschrieben!«

In Erwartung Trajans

Glücklich, wem das Geschick es vergönnt, den Fürsten zu sehen
im schimmernden Glanz von Sonnen und Sternen des Nordens!
Wann wird der Tag kommen, da Feld und Baum,
da jedes Fenster erstrahlt, geschmückt mit Latiums Töchtern,
wann die süße Erwartung und die lange Staubfahne hinter Caesar,
und ganz Rom, das auf der Flaminischen Straße zu sehen ist?

quando eques et picti tunica Nilotide Mauri
 ibitis et populi vox erit una 'venit'?

7

Nympharum pater amniumque, Rhene,
quicumque Odrysias bibunt pruinas,
sic semper liquidis fruaris undis
nec te barbara contumeliosi
calcatum rota conterat bubulci; 5
sic et cornibus aureis receptis
et Romanus eas utraque ripa:
Traianum populis suis et urbi,
Thybris te dominus rogat, remittas.

8

Nubere Paula cupit nobis, ego ducere Paulam
 nolo: anus est. vellem, si magis esset anus.

9

Undenis pedibusque syllabisque
et multo sale, nec tamen protervo
notus gentibus ille Martialis
et notus populis – quid invidetis?–
non sum Andraemone notior caballo. 5

Wann, ihr Reiter, ihr Mauren in der bunten Tracht vom Nil,
naht ihr, und wann ertönt des Volkes einstimmiger Ruf: »Er kommt?«

Bitte um Rückkehr des Kaisers aus dem Norden

Rhein, du Vater der Nymphen und der Flüsse,
die odrysischen Schnee trinken,
so wahr du dich immer deiner klaren Fluten erfreuen mögest,
und das barbarische Rad eines fluchenden Ochsentreibers nicht
auf dir herumtrampeln und dich abnutzen soll;
so wahr du, nunmehr wieder im Besitz deiner goldenen Hörner,
als römischer Strom an beiden Ufern fließen mögest:
Daß du Trajan seinen Völkern und seiner Stadt
zurückschickest, darum bittet dich der Tiber, dein Herr.

Fürs Heiraten ist Paula zu alt

Paula wünscht mich zum Mann, ich will Paula nicht heiraten:
Sie ist eine alte Frau; ich wollte schon, wenn sie älter wäre.

Nicht bekannter als ein Zirkuspferd

Durch elffüßige Verse und Elfsilbler,
durch reichlichen Witz, doch niemals frechen,
bin ich als *der* Martial bei den Stämmen bekannt
und bekannt bei den Völkern – warum seid ihr neidisch auf mich?
Ich bin nicht bekannter als Andraemon, der Gaul.

10

Cum tu, laurigeris annum qui fascibus intras,
　mane salutator limina mille teras,
hic ego quid faciam? quid nobis, Paule, relinquis,
　qui de plebe Numae densaque turba sumus?
qui me respiciet dominum regemque vocabo?　5
　hoc tu – sed quanto blandius! – ipse facis.
lecticam sellamve sequar? nec ferre recusas,
　per medium pugnas et prior isse lutum.
saepius adsurgam recitanti carmina? tu stas
　et pariter geminas tendis in ora manus.　10
quid faciet pauper cui non licet esse clienti?
　dimisit nostras purpura vestra togas.

11

Nil aliud loqueris quam Thesea Pirithoumque
　teque putas Pyladi, Calliodore, parem.
dispeream, si tu Pyladi praestare matellam
　dignus es aut porcos pascere Pirithoi.
'donavi tamen' inquis 'amico milia quinque　5
　et lotam, ut multum, terve quaterve togam.'
quid quod nil umquam Pyladi donavit Orestes?
　qui donat quamvis plurima, plura negat.

Keine Chancen mehr für einen unvermögenden Klienten

Da du, der mit lorbeergeschmückten Rutenbündeln ins neue Jahr geht,
frühmorgens zum Gruß tausend Schwellen abtrittst,
was soll ich dann hier machen? Was läßt du, Paulus, mir übrig,
der ich zum Volke Numas und zu dem großen Haufen gehöre?
Wer sich nach mir umblickt, soll ich den meinen ›Herrn‹ und ›König‹ nennen?
Du tust das ja schon, und wieviel einschmeichelnder als ich!
Soll ich der Sänfte, dem Tragstuhl folgen? Du weigerst dich nicht, sie zu tragen,
und kämpfst darum, mitten durch den Dreck vorauszugehen.
Soll ich mich öfter erheben vor dem, der Gedichte zitiert? Du stehst bereits
und streckst beide Hände zugleich zum Mund.
Was soll ein unvermögender Mann tun, der nicht mehr Klient sein darf?
Euer Purpur hat unsere Togen aus dem Dienst entlassen.

Ein Freund, der schenkt, ist kein Freund

Von nichts anderem sprichst du als von Theseus und Pirithous
und glaubst dich, Calliodorus, dem Pylades gleich.
Um mein Leben wette ich, wenn du es wert bist, dem Pylades den Nachttopf zu reichen
oder die Schweine des Pirithous zu füttern.
»Ich habe doch«, sagst du, »einem Freund fünftausend geschenkt,
dazu eine Toga, höchstens drei- oder viermal ist sie gewaschen!«
Doch wenn Orestes dem Pylades nie etwas geschenkt hat?
Wer schenkt, und sei es noch so viel, verweigert mehr als er gibt.

12

Aemiliae gentes et Apollineas Vercellas
   et Phaethontei qui petis arva Padi,
ne vivam, nisi te, Domiti, dimitto libenter,
   grata licet sine te sit mihi nulla dies:
sed desiderium tanti est ut messe vel una 5
   urbano releves colla perusta iugo.
i precor et totos avida cute conbibe soles –
   o quam formonsus, dum peregrinus eris!
et venies albis non cognoscendus amicis
   livebitque tuis pallida turba genis. 10
sed via quem dederit rapiet cito Roma colorem,
   Niliaco redeas tu licet ore niger.

13 (20)

Ducit ad auriferas quod me Salo Celtiber oras,
   pendula quod patriae visere tecta libet,
tu mihi simplicibus, Mani, dilectus ab annis
   et praetextata cultus amicitia,
tu facis; in terris quo non est alter Hiberis 5
   dulcior et vero dignus amore magis.

Erholt kommst du nach Rom zurück –
und bist bald wieder so blaß wie zuvor

Jetzt, da du zu den Völkern der Aemilia, zu Apollons Vercellae
und zu den Fluren von Phaëthons Padus eilst,
laß ich dich, Domitius, bei meinem Leben, gerne ziehen,
obwohl mir kein Tag ohne deine Gegenwart angenehm ist.
Doch dich entbehren zu müssen lohnt sich, wenn du dafür einen
    Sommer lang wenigstens
deinem von dem Joch der Hauptstadt geschundenen Hals Erleichterung
    verschaffst.
So geh denn, ich bitte dich, und sauge mit gieriger Haut sämtliche
    Sonnentage ein –
o wie schön wirst du sein, solange du in der Fremde bist!
Du wirst zurückkommen, ohne daß dich einer von deinen blassen
    Freunden wiedererkennt,
und die bleiche Schar wird dich um deine Wangen beneiden.
Doch die Farbe, welche die Reise dir gab, Rom wird sie dir schnell
    wieder rauben,
kehrtest du auch dunkel gebräunt zurück – mit einem Gesicht wie die
    Leute vom Nil.

Wahre Freundschaft

Wenn mich der keltiberische Salo zu seinen goldführenden Ufern zieht,
wenn es mich lockt, von meiner Heimatstadt die Dächer am Berghang
    zu sehn,
dann bringst du, Manius, das zuwege, den ich seit unserer Kinderzeit zu
    schätzen weiß
und mit dem ich schon in der purpurverbrämten Knabentoga
    Freundschaft pflegte.
In hiberischen Landen gibt es keinen,
der liebevoller ist, keinen, der echte Zuneigung mehr verdient hätte.

tecum ego vel sicci Gaetula mapalia Poeni
    et poteram Scythicas hospes amare casas.
si tibi mens eadem, si nostri mutua cura est,
    in quocumque loco Roma duobus erit.   10

14 (13)

Cum cathedrata litos portet tibi raeda ministros
    et Libys in longo pulvere sudet eques,
strataque non unas cingant triclinia Baias
    et Thetis unguento palleat uncta tuo,
candida Setini rumpant crystalla trientes,   5
    dormiat in pluma nec meliore Venus:
ad nocturna iaces fastosae limina moechae
    et madet heu! lacrimis ianua surda tuis,
urere nec miserum cessant suspiria pectus.
    vis dicam male sit cur tibi, Cotta? bene est.   10

15 (14)

Cedere de nostris nulli te dicis amicis.
    sed, sit ut hoc verum, quid, rogo, Crispe, facis?
mutua cum peterem sestertia quinque, negasti,
    non caperet nummos cum gravis arca tuos.
quando fabae nobis modium farrisve dedisti,   5
    cum tua Niliacus rura colonus aret?
quando brevis gelidae missa est toga tempore brumae?
    argenti venit quando selibra mihi?
nil aliud video quo te credamus amicum
    quam quod me coram pedere, Crispe, soles.   10

Mit dir zusammen könnte ich die gätulischen Zelte der durstigen Punier
und Skythiens Hütten als Gast liebgewinnen.
Wenn du so wie ich denkst, wenn unsere Zuneigung gegenseitig ist,
wird an jedem beliebigen Ort Rom für uns beide sein.

Dir geht's so schlecht, weil's dir zu gut geht!

Obwohl ein Wagen, mit Armstühlen ausgestattet, deine geschminkten
      Lakaien transportiert,
libysche Reiter in einer weiten Wolke von Staub schwitzen,
drapierte Speisesofas auf mehr als ein einziges Bajae hinausgehen,
Thetis, von deinem Salböl eingefettet, erbleicht,
Becher Setinerweins die leuchtenden Kristallpokale zu sprengen drohen
und selbst Venus in keinem besseren Daunenbett schläft,
liegst du in der Nacht vor der Schwelle einer arroganten Dirne,
von deinen Tränen – ach – wird die taube Tür feucht,
und Seufzer hören nicht auf, dir dein armes Herz zu zermartern.
Soll ich dir sagen, weshalb es dir, Cotta, so schlecht geht? Dir geht es
      zu gut.

Ein fragwürdiger Beweis der Freundschaft

Zurückstündest du hinter keinem meiner Freunde, behauptest du.
Doch daß es auch stimmt, was tust du dafür, frag' ich dich, Crispus?
Als ich auf Pump dich um fünftausend Sesterze bat, lehntest du ab,
obwohl die schwere Truhe deine Geldstücke gar nicht mehr faßt.
Wann hast du von Bohnen, von Getreide mir je nur ein Maß gegeben,
obwohl ein Pächter deine Ländereien am Nil pflügt?
Wann wurde mir in eisiger Winterzeit eine kurze Toga geschickt?
Wann traf von Silber ein halbes Pfund bei mir ein?
Nichts anderes finde ich, um dich als meinen Freund zu erkennen,
als daß du, Crispus, ständig in meiner Gegenwart – furzt.

16 (15)

Dotatae uxori cor harundine fixit acuta,
    sed dum ludit Aper: ludere novit Aper.

17 (16)

Si donare vocas promittere nec dare, Gai,
    vincam te donis muneribusque meis.
accipe Callaicis quidquid fodit Astur in arvis,
    aurea quidquid habet divitis unda Tagi,
quidquid Erythraea niger invenit Indus in alga,   5
    quidquid et in nidis unica servat avis,
quidquid Agenoreo Tyros inproba cogit aheno:
    quidquid habent omnes, accipe, quomodo das.

18 (17)

Saturnalicio Macrum fraudare tributo
    frustra, Musa, cupis: non licet: ipse petit;
sollemnesque iocos nec tristia carmina poscit
    et queritur nugas obticuisse meas.
mensorum longis sed nunc vacat ille libellis.   5
    Appia, quid facies, si legit ista Macer?

Tödliches Spiel

Seiner wohlhabenden Frau traf Aper mit dem spitzen Pfeil in's Herz,
doch war's nur im Spiel: Zu spielen versteht Aper!

Was bedeutet »Schenken«?

Wenn Schenken für dich so viel heißt, Gaius, wie ein Versprechen geben
    und es nicht halten,
dann werde ich dich mit meinen Geschenken und Gaben noch
    übertreffen.
Nimm alles entgegen, was der Asturier auf galizischen Feldern ausgräbt,
was das goldene Wasser des reichen Tagus enthält,
was der schwarze Inder im erythräischen Tang findet,
was auch in seinem Nest der einzigartige Vogel hütet,
was das unverschämte Tyrus in Agenors Kessel zusammenmixt:
Was auch immer alle besitzen: nimm es entgegen, genauso wie du gibst!

Wozu das Lesen der Gedichte führt

Macer um die Saturnalien-Gabe zu betrügen,
wünschst du, Muse, vergeblich: Das darfst du nicht, er selbst bittet um
    sie;
er fordert die üblichen Scherze und unernsten Gedichte
und klagt, daß meine witzigen Nichtigkeiten verstummt seien.
Doch jetzt hat er Zeit für die langen Berichte seiner Feldmesser.
Appische Straße, was wirst du machen, wenn Macer meine Gedichte
    liest?

19 (18)

Nec vocat ad cenam Marius, nec munera mittit,
  nec spondet, nec volt credere, sed nec habet.
turba tamen non dest sterilem quae curet amicum.
  eheu! quam fatuae sunt tibi, Roma, togae!

20 (19)

Nec doctum satis et parum severum,
sed non rusticulum tamen libellum
facundo mea Plinio Thalia
i perfer: brevis est labor peractae
altum vincere tramitem Suburae. 5
illic Orphea protinus videbis
udi vertice lubricum theatri
mirantisque feras avemque regem,
raptum quae Phryga pertulit Tonanti;
illic parva tui domus Pedonis 10
caelata est aquilae minore pinna.
sed ne tempore non tuo disertam
pulses ebria ianuam videto:
totos dat tetricae dies Minervae,
dum centum studet auribus virorum 15
hoc quod saecula posterique possint
Arpinis quoque conparare chartis.
seras tutior ibis ad lucernas:
haec hora est tua, cum furit Lyaeus,
cum regnat rosa, cum madent capilli: 20
tunc me vel rigidi legant Catones.

Auch ein Patron mit leeren Händen findet noch seine Verehrer

Marius lädt nicht zum Essen ein, schickt keine Geschenke,
übernimmt keine Bürgschaft und will auch nichts leihen – er hat ja auch nichts.
Trotzdem findet sich eine Menge Leute, um den unergiebigen Freund zu hofieren.
Ach, wie dumm sind deine Togenträger, Rom!

An den jüngeren Plinius

Dies nicht besonders gelehrte und wenig ernste,
doch auch nicht allzu plumpe Büchlein:
auf, überbring es dem eloquenten Plinius, meine Thalia!
Hat man erst die Subura geschafft,
ist es wenig Mühe, den steilen Pfad zu bewältigen.
Dort wirst du gleich Orpheus sehen
– triefend vor Nässe thront er über dem feuchten Schauplatz –,
die staunenden Tiere und den königlichen Vogel,
der den geraubten Phryger dem Donnerer brachte;
dort das kleine Haus deines Pedo
ist verziert mit einem (ziselierten) Adler von geringer Flügelweite.
Indes achte darauf, daß du nicht zur Unzeit
trunken an die Tür des redegewandten Mannes klopfst:
All seine Tage widmet er der ernsten Minerva,
während er für die Ohren der Hundertmänner ausarbeitet,
was Jahrhunderte, was die Nachgeborenen
auch mit den arpinischen Schriften vergleichen können.
Sicherer gehst du beim späten Lampenlicht hin:
Das ist dann deine Stunde, wenn Lyaeus rast,
wenn die Rose regiert, wenn das Haar von Salböl duftet:
Dann könnten mich selbst Männer wie der gestrenge Cato lesen.

21

Scribere te quae vix intellegat ipse Modestus
 et vix Claranus, quid rogo, Sexte, iuvat?
non lectore tuis opus est sed Apolline libris:
 iudice te maior Cinna Marone fuit.
sic tua laudentur sane: mea carmina, Sexte, 5
 grammaticis placeant, ut sine grammaticis.

22

Cur spleniato saepe prodeam mento
albave picta sana labra cerussa,
Philaeni, quaeris? basiare te nolo.

23

Iam numerat placido felix Antonius aevo
 quindecies actas Primus Olympiadas
praeteritosque dies et tutos respicit annos
 nec metuit Lethes iam propioris aquas.
nulla recordanti lux est ingrata gravisque; 5
 nulla fuit cuius non meminisse velit.
ampliat aetatis spatium sibi vir bonus: hoc est
 vivere bis, vita posse priore frui.

24

Natales mihi Martiae Kalendae,
lux formonsior omnibus Kalendis,
qua mittunt mihi munus et puellae,

Meine Gedichte sind auch ohne Kommentar verständlich

Wenn du schreibst, was sogar Modestus kaum verstünde
und kaum Claranus, was macht dir dann, frage ich, Sextus, Freude daran?
Nicht den Leser brauchen deine Bücher, sie brauchen Apollon:
Nach deiner Meinung war Cinna größer als Maro.
So mag man denn auch getrost deine Gedichte loben: meine, Sextus,
mögen Philologen gefallen, wie auch ohne Philologen.

Wirksamer Schutz vor Küssen

Weshalb ich oft mit einem Pflaster auf dem Kinn ausgehe
oder meine gesunden Lippen mit Bleiweiß bemalt habe,
fragst du, Philaenis? Ich will dich nicht küssen.

Das frühere Leben genießen zu können heißt zweimal zu leben

Antonius Primus, der glückliche, zählt in seinem friedlichen Leben
schon volle fünfzehn Olympiaden;
auf die vergangenen Tage und auf sorgenfreie Jahre blickt er zurück
und fürchtet sich auch nicht vor dem Wasser der Lethe, die schon näher
    kommt.
Denkt er zurück, ist kein Tag für ihn unangenehm oder schwer;
keinen gab es für ihn, an den er sich nicht gerne erinnern möchte.
Ein guter Mann verlängert für sich die Spanne seiner Lebenszeit:
Das frühere Leben genießen zu können heißt, zweimal zu leben.

Geburtstagswunsch zum Siebenundfünfzigsten

Mein Geburtstag, ihr Kalenden des März,
ein Tag, schöner für mich als alle anderen Kalenden,
an dem auch Mädchen mir Geschenke schicken,

quinquagensima liba septimamque
vestris addimus hanc focis acerram.
his vos, si tamen expedit roganti,
annos addite bis precor novenos,
ut nondum nimia piger senecta
sed vitae tribus arcubus peractis
lucos Elysiae petam puellae.
post hunc Nestora nec diem rogabo.

25

In matutina nuper spectatus harena
 Mucius, inposuit qui sua membra focis,
si patiens durusque tibi fortisque videtur,
 Abderitanae pectora plebis habes.
nam cum dicatur tunica praesente molesta
 'ure manum,' plus est dicere 'non facio.'

26

Vare, Paraetonias Latia modo vite per urbes
 nobilis et centum dux memorande viris,
at nunc Ausonio frustra promisse Quirino,
 hospita Lagei litoris umbra iaces.
spargere non licuit frigentia fletibus ora
 pinguia nec maestis addere tura rogis.
sed datur aeterno victurum carmine nomen:
 numquid et hoc, fallax Nile, negare potes?

zum siebenundfünfzigsten Male bringe ich die Opferkuchen
und diese Weihrauchspende hier eurem Altar.
Zu diesen Jahren fügt dann, doch nur wenn es für den Flehenden gut ist,
noch zweimal, bitte ich, neun hinzu,
damit ich, noch nicht von einem allzu hohen Alter träge geworden,
sondern nach Vollendung dreier Lebensbögen
zum Hain des elysischen Mädchens eile.
Jenseits dieser Nestor-Existenz werd' ich auch nicht um einen Tag noch
    bitten.

Ein Mucius Scaevola, der tapfer ist aus Todesangst

Will dir der Mucius, der seine Hand auf den Herd legte
– erst kürzlich sah man ihn morgens in der Arena –
standhaft, abgehärtet und tapfer erscheinen,
dann hast du so viel Verstand wie die Leute von Abdera.
Denn sagt man zu jemandem, der das Foltergewand vor Augen hat:
»Lege ins Feuer deine Hand!«, dann bedeutet es mehr, zu sagen: »Ich
    tue es nicht.«

Nachruf auf einen in Ägypten ertrunkenen Zenturionen

Varus, eben noch berühmt in den parätonischen Städten durch deinen
    latinischen Rebholzstab,
ein Kommandeur, unvergeßlich für seine Hundertschaft,
doch jetzt ganz vergeblich von Ausoniens Bürgern erwartet,
ruhst du, ein Schatten im Gastland, am lageïschen Strand.
Nicht war es möglich, dein erkaltetes Gesicht mit Tränen zu netzen,
nicht, reichlich Weihrauch auf den traurigen Scheiterhaufen zu legen.
Doch durch ein unsterbliches Gedicht erhältst du einen unvergänglichen
    Namen:
Kannst du mir, du heimtückischer Nil, etwa auch das noch versagen?

27

Natali, Diodore, tuo conviva senatus
  accubat et rarus non adhibetur eques,
et tua tricenos largitur sportula nummos.
  nemo tamen natum te, Diodore, putat.

28

Annorum nitidique sator pulcherrime mundi,
  publica quem primum vota precesque vocant,
pervius exiguos habitabas ante penates,
  plurima qua medium Roma terebat iter:
nunc tua Caesareis cinguntur limina donis   5
  et fora tot numeras, Iane, quot ora geris.
at tu, sancte pater, tanto pro munere gratus,
  ferrea perpetua claustra tuere sera.

29

Quam mihi mittebas Saturni tempore lancem,
  misisti dominae, Sextiliane, tuae;
et quam donabas dictis a Marte Kalendis,
  de nostra prasina est synthesis empta toga.
iam constare tibi gratis coepere puellae: 5
  muneribus futuis, Sextiliane, meis.

Diodorus hat Geburtstag

An deinem Geburtstag, Diodorus, liegt der Senat als Gast
bei dir zu Tische, und nur wenige Ritter sind nicht eingeladen,
zudem spendiert deine Sportula je dreißig Sesterze.
Trotzdem glaubt keiner, Diodorus, daß du geboren bist.

Der neue Janustempel

Herrlicher Schöpfer der Jahre und des schimmernden Weltalls,
den als ersten die öffentlichen Gelübde und Gebete anrufen,
früher bewohntest du ein winziges Haus mit offener Passage,
wo Roms Bewohner in großer Zahl ständig mittenhindurchzogen.
Jetzt ist deine Schwelle von Caesars Gaben umschlossen,
und du zählst, Janus, so viele Foren wie du Gesichter hast.
Doch als Dank für ein so großzügiges Geschenk schütze, heiliger Vater du,
deine eisernen Tore mit einem Riegel für immer.

Mit den für mich bestimmten Geschenken finanzierst du dein Liebesleben

Die Schüssel, die du mir sonst zur Zeit des Saturn schicktest,
die hast du jetzt, Sextilianus, deiner Geliebten geschickt,
und das grüne Hausgewand, das du ihr an den nach Mars genannten
    Kalenden spendiertest,
wurde von meiner Toga gekauft.
Die Mädchen bekommst du jetzt gratis:
Mit den für mich bestimmten Geschenken, Sextilianus, vögelst du sie.

30

O temperatae dulce Formiae litus,
vos, cum severi fugit oppidum Martis
et inquietas fessus exuit curas,
Apollinaris omnibus locis praefert.
non ille sanctae dulce Tibur uxoris, 5
nec Tusculanos Algidosve secessus,
Praeneste nec sic Antiumque miratur;
non blanda Circe Dardanisve Caieta
desiderantur, nec Marica nec Liris,
nec in Lucrina lota Salmacis vena. 10
hic summa leni stringitur Thetis vento;
nec languet aequor, viva sed quies ponti
pictam phaselon adiuvante fert aura,
sicut puellae non amantis aestatem
mota salubre purpura venit frigus. 15
nec seta longo quaerit in mari praedam,
sed a cubili lectuloque iactatam
spectatus alte lineam trahit piscis.
si quando Nereus sentit Aeoli regnum,
ridet procellas tuta de suo mensa: 20
piscina rhombum pascit et lupos vernas,
natat ad magistrum delicata murena,
nomenculator mugilem citat notum
et adesse iussi prodeunt senes mulli.
frui sed istis quando, Roma, permittis? 25
quot Formianos inputat dies annus
negotiosis rebus urbis haerenti?
o ianitores vilicique felices!
dominis parantur ista, serviunt vobis.

Das prächtige Landgut des Apollinaris – prächtig fürs Personal

O mildes Formiae, lieblicher Strand!
Wenn Apollinaris aus der Stadt des strengen Mars flüchtet
und die quälenden Sorgen erschöpft ablegt,
dann zieht er dich allen anderen Orten vor.
Nicht seiner tugendhaften Gattin liebliches Tibur,
nicht Algidums und Tusculums Abgeschiedenheit,
nicht Praeneste und nicht Antium bewundert er so;
nicht nach der verlockenden Kirke oder der dardanischen Cajeta
sehnt er sich, nicht nach der Marica oder dem Liris,
nicht nach Salmakis, die im Lukrinersee badete.
Hier wird von sanfter Brise die Oberfläche der Thetis gestreift;
nicht steht müde das Wasser, nein, lebhafte Meeresstille
trägt mit des Windes Hilfe das bunt bemalte Boot,
ganz so wie für ein Mädchen, das die Hitze nicht mag,
heilsame Kühle kommt, wenn sie den purpurnen Fächer bewegt.
Auch muß die Schnur nicht erst weit draußen im Meer ihre Beute suchen,
sondern an der Angel, die er von der Liege, vom Lager aus wirft,
zieht der Fisch, den er in der Tiefe sieht.
Wenn Nereus aber des Äolus Reich einmal zu spüren bekommt,
dann spottet der Tisch, des Seinen sicher, der Stürme:
Der Fischteich nährt Butt und Seebarsch aus eigener Zucht,
die köstliche Muräne schwimmt ihrem Meister zu,
der Namenrufer zitiert die ihm vertraute Meeräsche herbei,
und auf Befehl erscheinen alte Meerbarben.
Doch wann eigentlich erlaubst du ihm, Rom, all das auch zu genießen?
Wieviele Tage in Formiae hält das Jahr ihm zugute,
wo er doch von den Geschäften der Hauptstadt nicht loskommt?
Glückliche Türhüter, glückliche Verwalter!
Für die Herren ist das bereitgestellt, doch dient es euch.

31

Addixti servum nummis here mille ducentis,
    ut bene cenares, Calliodore, semel.
nec bene cenasti: mullus tibi quattuor emptus
    librarum cenae pompa caputque fuit.
exclamare libet: 'non est hic, inprobe, non est
    piscis: homo est; hominem, Calliodore, comes.'

32

Haec mihi quae colitur violis pictura rosisque,
    quos referat voltus, Caediciane, rogas?
talis erat Marcus mediis Antonius annis
    Primus: in hoc iuvenem se videt ore senex.
ars utinam mores animumque effingere posset!
    pulchrior in terris nulla tabella foret.

33

Simplicior priscis, Munati Galle, Sabinis,
    Cecropium superas qui bonitate senem,
sic tibi consoceri claros retinere penates
    perpetua natae det face casta Venus:
ut tu, si viridi tinctos aerugine versus
    forte malus livor dixerit esse meos,
ut facis, a nobis abigas, nec scribere quemquam
    talia contendas carmina qui legitur.

Wer seinen Sklaven verkauft und dafür gut speist, ist ein Kannibale

Einen Sklaven verkauftest du gestern für zwölfhundert Sesterze,
um einmal gut zu speisen, Calliodorus.
Doch gut hast du nicht gespeist: Eine vier Pfund schwere Meerbarbe, die
    du kauftest,
war Prunkstück und Höhepunkt des Mahls.
Ausrufen möchte man: »Das ist kein Fisch, du ruchloser Mensch,
ein Mensch ist das: Einen Menschen, Calliodorus, verzehrst du!«

Auf das Porträt eines Freundes

Das Porträt, das ich mit Veilchen und Rosen schmücke:
wessen Züge es widergebe, fragst du, Caedicianus?
So sah Marcus Antonius Primus in seinen mittleren Jahren aus:
In diesem Gesicht sieht der Greis sich als jungen Mann.
Könnte doch die Kunst Charakter und Mut abbilden!
Kein schöneres Gemälde gäb's dann auf der Welt.

Die Personen schonen und nur von menschlichen Schwächen sprechen

Munatius Gallus, schlichter bist du als die alten Sabiner,
übertriffst den kekropischen Greis noch an Rechtschaffenheit:
Die züchtige Venus gewähre dir, daß bei nie verlöschender
    Hochzeitsfackel deiner Tochter
du mit dem illustren Hause ihres Schwiegervaters verbunden bleibst;
wenn aber bei Versen, die vom Grünspan der Mißgunst überzogen sind,
ein böser Neider etwa sagen sollte, ich hätte sie gedichtet,
dann scheuche ihn von uns fort – wie du es immer tust –, und erkläre mit
    Nachdruck,
solche Gedichte schreibe niemand, den man liest.

hunc servare modum nostri novere libelli,
   parcere personis, dicere de vitiis.

34

Di tibi dent quidquid, Caesar Traiane, mereris
   et rata perpetuo quae tribuere velint:
qui sua restituis spoliato iura patrono
   – libertis exul non erit ille suis –,
dignus es ut possis tutum servare clientem:
   ut – liceat tantum vera probare – potes.

35

Omnes Sulpiciam legant puellae
uni quae cupiunt viro placere;
omnes Sulpiciam legant mariti
uni qui cupiunt placere nuptae.
non haec Colchidos adserit furorem,
diri prandia nec refert Thyestae;
Scyllam, Byblida nec fuisse credit:
sed castos docet et pios amores,
lusus, delicias facetiasque.
cuius carmina qui bene aestimarit,
nullam dixerit esse nequiorem,
nullam dixerit esse sanctiorem.
tales Egeriae iocos fuisse
udo crediderim Numae sub antro.
hac condiscipula vel hac magistra

Meine Büchlein verstehen sich darauf, den Grundsatz zu beherzigen:
die Personen zu schonen und von den menschlichen Schwächen zu
sprechen.

Dank und Bitte an Trajan

Mögen die Götter dir, Caesar Traianus, all das geben, was du verdienst,
und allezeit für gültig erachten, was sie dir gewährten:
Du setzt den enteigneten Patron wieder in seine Rechte ein
– für seine Freigelassenen wird er kein Verbannter sein –,
und bist so auch der geeignete Mann, der den Schutz der Klienten
garantieren könnte,
wie du es wirklich kannst, wäre es nur möglich, die Wahrheit (meiner
Worte) zu erproben.

Loblied auf die Dichterin Sulpicia

Sulpicia sollen alle Mädchen lesen,
die nur *einem* Mann gefallen wollen;
Sulpicia sollen alle Ehemänner lesen,
die nur *einer* Braut gefallen wollen.
Nicht der Kolchierin Raserei nimmt sie zum Thema,
nicht berichtet sie vom entsetzlichen Mahl des Thyestes;
von Skylla und Byblis glaubt sie nicht, daß sie je existierten:
Nein, sie lehrt die reine und innige Liebe,
deren Spiele, Wonnen und Scherze.
Wer ihre Lieder richtig einschätzt,
muß sagen, daß keine so leichtfertig,
muß sagen, daß keine so tugendhaft ist.
Derart waren, glaub' ich, Egerias Liebesspiele
in Numas feuchter Grotte.
Bei dieser Mitschülerin, bei dieser Meisterin

esses doctior et pudica, Sappho:
sed tecum pariter simulque visam
durus Sulpiciam Phaon amaret.
frustra: namque ea nec Tonantis uxor
nec Bacchi nec Apollinis puella 20
erepto sibi viveret Caleno.

36

Inproba Massiliae quidquid fumaria cogunt,
    accipit aetatem quisquis ab igne cadus,
a te, Munna, venit: miseris tu mittis amicis
    per freta, per longas toxica saeva vias;
nec facili pretio sed quo contenta Falerni 5
    testa sit aut cellis Setia cara suis.
non venias quare tam longo tempore Romam
    haec puto causa tibi est, ne tua vina bibas.

37

Iuris et aequarum cultor sanctissime legum,
    veridico Latium qui regis ore forum,
municipi, Materne, tuo veterique sodali
    Callaïcum mandas si quid ad Oceanum –
an Laurentino turpis in litore ranas 5
    et satius tenues ducere credis acos
ad sua captivum quam saxa remittere mullum,
    visus erit libris qui minor esse tribus?
et fatuam summa cenare pelorida mensa
    quosque tegit levi cortice concha brevis 10

wärest du, Sappho, gelehrter und züchtig:
Erblickte aber der spröde Phaon sie mit dir zugleich und zusammen,
müßte er Sulpicia lieben –
vergeblich: Denn weder als des Donnerers Gattin,
auch nicht als des Bacchus oder Apollons Geliebte
möchte sie leben, entrisse man Calenus ihr.

Der Importeur eines minderwertigen Weins

Was Massilias unverschämte Rauchkammern fassen,
jeder Krug, der vom Feuer sein Alter erhält,
kommt von dir, Munna: Du schickst den bedauernswerten Freunden
über das Meer und über weite Wege das abscheuliche Gift;
und nicht einmal billig, sondern zu einem Preis, worüber froh wäre
ein Gefäß mit Falerner oder Setinerwein, der seinen Kellern kostbar ist.
Daß du schon so lange nicht nach Rom kommst,
hat, so mein' ich, den einen Grund, daß du deinen eigenen Wein nicht
    trinken magst.

Reminiszenzen an den Reichtum der spanischen Heimat

Du lauterer Pfleger des Rechts und gerechter Gesetze,
der du Roms Forum mit Wahrheit verkündendem Mund beherrschst:
Wenn du, Maternus, deinem Landsmann und alten Gefährten
etwas aufzutragen hast für das galizische Meer …
Oder hältst du's für besser, am Strand von Laurentum häßliche Frösche
und magere Hornhechte an Land zu ziehen,
statt die gefangene Barbe zurück an ihre Klippen zu werfen,
wenn sie weniger als drei Pfund zu haben schien,
oder die fade Peloris als Hauptgericht zu verspeisen
und was eine schmale Muschel mit glatter Schale bedeckt,

ostrea Baianis quam non liventia testis,
   quae domino pueri non prohibente vorent?
hic olidam clamosus ages in retia volpem
   mordebitque tuos sordida praeda canes:
illic piscoso modo vix educta profundo
   inpedient lepores umida lina meos.
dum loquor ecce redit sporta piscator inani,
   venator capta maele superbus adest:
omnis ab urbano venit ad mare cena macello.
   Callaïcum mandas si quid ad Oceanum -

38

O molles tibi quindecim, Calene,
quos cum Sulpicia tua iugales
indulsit deus et peregit annos!
o nox omnis et hora, quae notata est
caris litoris Indici lapillis!
o quae proelia, quas utrimque pugnas
felix lectulus et lucerna vidit
nimbis ebria Nicerotianis!
vixisti tribus, o Calene, lustris:
aetas haec tibi tota conputatur
et solos numeras dies mariti.
ex illis tibi si diu rogatam
lucem redderet Atropos vel unam,
malles quam Pyliam quater senectam.

statt Austern, die Bajaes Schalentiere nicht zu beneiden brauchen
und die zu schlürfen der Herr seinen Knaben nicht verwehrt?
Mit Geschrei jagst du hier den stinkenden Fuchs in die Netze,
und die schmutzige Beute wird deine Hunde beißen:
Kaum hat man dort aus der fischreichen Tiefe mühsam das feuchte Netz
　　gezogen,
fängt es schon meine Hasen ein.
Noch während ich spreche, sieh, da kehrt der Fischer mit dem leeren
　　Korb zurück,
und der Jäger erscheint, stolz, daß er einen Marder gefangen hat:
Jedes Menu kommt ans Meer vom Fischmarkt der Hauptstadt.
Wenn du mir etwas aufzutragen hast für das galizische Meer …

Fünfzehn glückliche Ehejahre

Welch zärtliche fünfzehn Ehejahre,
die dir, Calenus, mit deiner Sulpicia
huldvoll ein Gott schenkte und mit ihr verbringen ließ!
O jede Nacht und jede Stunde, die du bezeichnetest
mit teuren Steinchen von Indiens Küste!
O welche Kämpfe, welch stürmische Umarmungen der beiden
sah das Liebeslager und die Lampe,
die trunken war von den Duftwellen des Niceros!
Gelebt hast du drei Lustren, Calenus:
Diese Zeit rechnest du als dein ganzes Alter
und zählst nur die Tage als Ehemann.
Gäbe dir Atropos von diesen Tagen
auch nur einen einzigen, lang erbetenen zurück,
lieber wolltest du ihn als viermal ein pylisches Alter.

39

Consule te Bruto quod iuras, Lesbia, natam,
  mentiris. nata es, Lesbia, rege Numa?
sic quoque mentiris. namque, ut tua saecula narrant,
  ficta Prometheo diceris esse luto.

40

Semper cum mihi diceretur esse
secreto mea Polla cum cinaedo,
inrupi, Lupe. non erat cinaedus.

41

Mense novo Iani veterem, Proculeia, maritum
  deseris atque iubes res sibi habere suas.
quid, rogo, quid factum est? subiti quae causa doloris?
  nil mihi respondes? dicam ego, praetor erat:
constatura fuit Megalensis purpura centum 5
  milibus, ut nimium munera parca dares,
et populare sacrum bis milia dena tulisset.
  discidium non est hoc, Proculeia: lucrum est.

42

Tam dubia est lanugo tibi, tam mollis ut illam
  halitus et soles et levis aura terat.

Über eine alte Frau

Wenn du schwörst, Lesbia, du seist unter dem Konsul Brutus
    geboren,
dann lügst du. Unter König Numa bist du geboren, Lesbia?
Selbst dann lügst du noch. Denn, wie deine Jahrhunderte erzählen,
bist du – sagt man – geformt aus des Prometheus Lehm.

Pollas Verehrer spielt nur den Schwulen

Da man mir immer wieder sagte,
meine Polla sei heimlich mit einem Schwulen zusammen,
habe ich mir gewaltsam Zutritt verschafft, Lupus: Schwul war er nicht.

Scheidungsverlangen einer Frau

Mit dem neuen Janus-Monat willst du, Proculeia, deinen langjährigen
    Ehemann verlassen
und forderst ihn auf, sich scheiden zu lassen.
Was, so frage ich dich, ist geschehen? Was ist der Grund für deinen
    plötzlichen Kummer?
Du antwortest mir nicht? Ich will es dir sagen: Prätor war er:
Hunderttausend Sesterze hätte der megalensische Purpur gekostet,
auch wenn du nur ein mehr als bescheidenes Schauspiel finanziertest,
und das Volksfest hätte (weitere) zwanzigtausend aufgebraucht.
Scheidung ist das nicht, Proculeia, es ist ein Geschäft.

Dein Bartflaum ist nur hingehaucht

So undeutlich noch und so weich ist dein Bartflaum,
daß ihn der Atem, die Sonne, ein leichter Lufthauch schon abnutzt.

celantur simili ventura Cydonea lana,
　　pollice virgineo quae spoliata nitent.
fortius inpressi quotiens tibi basia quinque,　　　　5
　　barbatus labris, Dindyme, fio tuis.

43

Septima iam, Phileros, tibi conditur uxor in agro.
　　plus nulli, Phileros, quam tibi reddit ager.

44

Quinte Caledonios Ovidi visure Britannos
　　et viridem Tethyn Oceanumque patrem,
ergo Numae colles et Nomentana relinquis
　　otia nec retinet rusque focusque senem?
gaudia tu differs, at non et stamina differt　　　　5
　　Atropos atque omnis scribitur hora tibi.
praestiteris caro – quis non hoc laudet? – amico
　　ut potior vita sit tibi sancta fides;
sed reddare tuis tandem mansure Sabinis
　　teque tuas numeres inter amicitias.　　　　10

45

Si quid lene mei dicunt et dulce libelli,
　　si quid honorificum pagina blanda sonat,
hoc tu pingue putas et costam rodere mavis,
　　ilia Laurentis cum tibi demus apri.
Vaticana bibas, si delectaris aceto:　　　　5
　　non facit ad stomachum nostra lagona tuum.

In ähnliche Wolle hüllen sich reifende Quitten:
Sie glänzen, wenn eines Mädchens Daumen sie des Flaumes beraubt.
Wann immer ich dir mit stärkerem Druck fünf Küsse gebe,
werde ich von deinen Lippen, Dindymus, bärtig.

Sieben Ehefrauen haben Phileros reich gemacht

Schon die siebte Frau begräbst du, Phileros, auf deinem Land.
Keinem, Phileros, bringt das Land mehr ein als dir.

Vergiß nicht zu leben

Quintus Ovidius, um die kaledonischen Britannen zu besuchen,
die grünliche Thetis und den Vater Okeanos,
verläßt du also Numas Hügel und Nomentums Muße,
und nicht das Landgut, nicht der Herd hält dich in deinem Alter zurück?
Die Freuden des Lebens schiebst du auf, doch nicht schiebt es Atropos auf,
den Faden abzuschneiden, und jede Stunde schreibt sie dir an.
Dem teuren Freund wirst du bewiesen haben – wer würde es nicht
        loben? –
daß mehr wert als das Leben für dich die heilige Treue ist,
doch kehre endlich, um zu bleiben, zu deinem sabinischen Gut zurück
und reihe dich ein in den Kreis deiner Freunde!

Gegen einen Nörgler

Wenn meine Büchlein einmal etwas Sanftes und Liebenswertes äußern,
wenn eine schmeichelnde Seite etwas Ehrendes verlauten läßt,
dann hältst du das für plump und nagst lieber eine Rippe ab,
wo ich dir doch die Innereien eines laurentinischen Ebers vorsetze.
Trink' Vatikaner-Wein, wenn du Essig genießen willst:
Nicht ist meine Flasche für deinen Magen bekömmlich.

46

Omnia vis belle, Matho, dicere. dic aliquando
    et bene; dic neutrum; dic aliquando male.

47

Vitam quae faciant beatiorem,
iucundissime Martialis, haec sunt:
res non parta labore sed relicta;
non ingratus ager, focus perennis;
lis numquam, toga rara, mens quieta;　　　　　5
vires ingenuae, salubre corpus;
prudens simplicitas, pares amici;
convictus facilis, sine arte mensa;
nox non ebria sed soluta curis;
non tristis torus et tamen pudicus;　　　　　10
somnus qui faciat breves tenebras:
quod sis esse velis nihilque malis;
summum nec metuas diem nec optes.

48

Nuntiat octavam Phariae sua turba iuvencae,
    et pilata redit iamque subitque cohors.
temperat haec thermas, nimios prior hora vapores
    halat, et inmodico sexta Nerone calet.
Stella, Nepos, Cani, Cerialis, Flacce, venitis?　　　　　5
    septem sigma capit, sex sumus, adde Lupum.

Nett gedichtet, nichts gesagt

Alles willst du nett sagen, Matho. Sag's einmal
auch gut! Sag's weder so noch so, sag's einmal bös!

Die Summe eines glücklichen Lebens

Was das Leben glücklicher macht,
mein liebster Martialis, ist dies:
ein Vermögen, nicht durch mühevolle Arbeit erworben, sondern geerbt;
ein nicht unergiebiges Feld, ein Herdfeuer, das nie ausgeht;
niemals ein Prozeß, selten Auftritte in der Toga, ein ruhiges Gemüt;
Kräfte, wie sie einem Freigeborenen angemessen sind, ein gesunder
    Körper;
kluge Einfalt, gleichgesinnte Freunde;
ungezwungene Tischgesellschaft, ein einfaches Mahl;
die Nacht ohne Rausch, doch frei von Sorgen;
ein Lager, nicht freudlos, aber ehrbar;
Schlaf, der die Finsternis kurz werden läßt:
Was du bist, wünsche zu sein, und wünsche nichts darüber hinaus;
den letzten Tag fürchte nicht noch sehne ihn herbei.

Einladung und Vorgeschmack auf ein Mahl beim Dichter

Der pharischen Färse kündet die Schar ihrer Verehrer die achte Stunde an,
und die Kohorte, speerbewehrt, kommt schon zurück, die nächste folgt
    nach.
Diese Stunde temperiert die Wärme des Bades, die Stunde zuvor
haucht glühendheißen Dampf aus, und die sechste ist extrem warm nach
    Neros Art.
Stella, Nepos, Canius, Cerialis, Flaccus, ihr kommt doch?
Mein Sigma faßt sieben, sechs sind wir, nehmt noch Lupus dazu!

exoneraturas ventrem mihi vilica malvas
   adtulit et varias quas habet hortus opes.
in quibus est lactuca sedens et tonsile porrum,
   nec dest ructatrix mentha nec herba salax;   10
secta coronabunt rutatos ova lacertos
   et madidum thynni de sale sumen erit.
gustus in his; una ponetur cenula mensa:
   haedus inhumani raptus ab ore lupi,
et quae non egeant ferro structoris ofellae   15
   et faba fabrorum prototomique rudes;
pullus ad haec cenisque tribus iam perna superstes
   addetur. saturis mitia poma dabo,
de Nomentana vinum sine faece lagona,
   quae bis Frontino consule trima fuit.   20
accedent sine felle ioci nec mane timenda
   libertas et nil quod tacuisse velis:
de prasino conviva meus venetoque loquatur,
   nec faciant quemquam pocula nostra reum.

49

Cum potes amethystinos trientes
et nigro madeas Opimiano,
propinas modo conditum Sabinum
et dicis mihi, Cotta, 'vis in auro?'
quisquam plumbea vina volt in auro?   5

Malven zur Entlastung des Magens brachte mir die Verwalterin
und die vielfältigen Schätze, die der Garten bietet,
darunter ist niedriger Lattich und Schnittlauch,
da fehlt auch die Minze nicht, die beim Aufstoßen hilft, so wenig wie ein
    stimulierendes Kraut;
Scheiben vom Ei werden Makrelen krönen, die von Raute umhüllt sind,
und triefend von Thunfischlake wird das Euter der Sau sein.
Soviel als Vorspeise; das kleine Mahl wird in einem Gang aufgetragen:
ein Böckchen, dem Maul eines grausamen Wolfes entrissen,
Fleischhäppchen, die ohne das Messer eines Trancheurs auskommen,
Bohnen, wie sie Handwerker essen, und die jungen zarten Stengel vom
    Kohl;
ein Hühnchen dazu, Schinken auch, von drei Mahlzeiten übriggeblieben,
folgen; ist man satt, reiche ich milde Äpfel,
aus nomentanischem Kruge Wein ohne Hefe –
zweimal drei Jahre alt war er, als Frontinus Konsul war.
Scherze, frei von Gift und Galle, schließen sich an, ein freies Wort,
das man am nächsten Morgen nicht zu bereuen braucht, und nichts, was
    man besser verschwiegen hätte:
Von der Grünen Partei, von der Blauen sollen meine Gäste reden
und meine Becher niemanden zum Angeklagten machen.

Der billige Wein ist nur für den Gast

Während du amethystene Becher leerst
und trunken bist vom dunkeln Wein: Jahrgang Opimius,
schenkst du mir Sabinerwein ein, der eben erst eingebracht wurde,
und fragst mich, Cotta: »Willst du ihn in Gold?«
Will einer bleiernen Wein aus Gold trinken?

50

Frangat Idumaeas tristis Victoria palmas,
   plange, Favor, saeva pectora nuda manu;
mutet Honor cultus, et iniquis munera flammis
   mitte coronatas, Gloria maesta, comas.
heu facinus! prima fraudatus, Scorpe, iuventa   5
   occidis et nigros tam cito iungis equos.
curribus illa tuis semper properata brevisque
   cur fuit et vitae tam prope meta tuae?

51

Sidera iam Tyrius Phrixei respicit agni
   taurus et alternum Castora fugit hiems;
ridet ager, vestitur humus, vestitur et arbor,
   Ismarium paelex Attica plorat Ityn.
quos, Faustine, dies, quales tibi Roma recessus   5
   abstulit! o soles, o tunicata quies!
o nemus, o fontes solidumque madentis harenae
   litus et aequoreis splendidus Anxur aquis,
et non unius spectator lectulus undae,
   qui videt hinc puppes fluminis, inde maris!   10
sed nec Marcelli Pompeianumque, nec illic
   sunt triplices thermae nec fora iuncta quater,
nec Capitolini summum penetrale Tonantis
   quaeque nitent caelo proxima templa suo.
dicere te lassum quotiens ego credo Quirino: 15
   'quae tua sunt, tibi habe: quae mea, redde mihi.'

Auf den Tod eines Wagenlenkers

Der traurige Sieg zerbreche die idumäischen Palmzweige;
schlage, Gunst, mit wütender Hand deine nackte Brust;
die Ehre tausche ihr Gewand, und in die feindlichen Flammen
wirf zum Opfer, du bekümmerter Ruhm, von deinen Haaren den Kranz!
Welch schlimmes Verbrechen! Um die blühende Jugend betrogen,
   Scorpus,
sinkst du dahin und schirrst so schnell die schwarzen Pferde an.
Die Zielmarke, die dein Wagen immer so rasch und knapp umeilte,
weshalb war sie auch für dein Leben so nah?

All die idyllischen Orte am Meer mußt du jetzt in Rom entbehren

Schon blickt der tyrische Stier auf die Sterne des Phrixos-Lamms zurück,
und der Winter floh vor Kastor, der mit seinem Bruder tauscht;
es lächeln die Felder, die Flur kleidet sich, es kleiden sich auch die Bäume,
die attische Nebenbuhlerin klagt um den ismarischen Itys.
Welche Tage, Faustinus, welch idyllische Orte
hat Rom dir entzogen! Welche Sonnentage, welche Ruhe in der Tunica!
O Hain, o Quellen, Strand mit dem festen Boden aus feuchtem Sand,
Anxur, glänzend im Spiegel seines Meerwassers,
und – mit dem Ausblick auf mehr als nur ein Gewässer – ein Ruhebett,
das auf der einen Seite die Schiffe des Flusses sieht, auf der anderen die
   auf dem Meer!
Freilich gibt's dort nicht die Theater des Marcellus und des Pompejus,
nicht die drei Thermen, noch die vier miteinander verbundenen Foren,
noch den hochragenden Palast des Donnerers vom Kapitol
und nicht den Tempel, der ganz nahe bei seinem Himmel erstrahlt.
Wie oft sprichst du, stell' ich mir vor, erschöpft zu Quirinus:
»Behalte das Deine für dich, gib mir das Meine zurück!«

52

Thelyn viderat in toga spadonem:
damnatam Numa dixit esse moecham.

53

Ille ego sum Scorpus, clamosi gloria Circi,
 plausus, Roma, tui deliciaeque breves,
invida quem Lachesis raptum trieteride nona,
 dum numerat palmas, credidit esse senem.

54

Mensas, Ole, bonas ponis, sed ponis opertas.
 ridiculum est: possum sic ego habere bonas.

55

Arrectum quotiens Marulla penem
pensavit digitis diuque mensa est,
libras, scripula sextulasque dicit;
idem post opus et suas palaestras
loro cum similis iacet remisso, 5
quanto sit levior Marulla dicit.
non ergo est manus ista, sed statera.

Ein Eunuch als – Ehebrecher(in)

Numa hatte Thelys, den Eunuchen, in der Toga gesehen
und erklärte, der sei eine überführte Ehebrecherin.

Grabepigramm für den Wagenlenker Scorpus

Ich bin der berühmte Scorpus, der Star des jubelnden Zirkus,
Anlaß für deine Beifallsstürme, Rom, und dein Liebling für kurze Zeit;
die neidische Lachesis raffte mich nach neun mal drei Jahren dahin:
Als sie die Siegespreise zählte, dachte sie, ich sei schon ein Greis.

Ein Mahl, serviert auf zugedeckten Tischen

Gut sind, Olus, die Tische, doch die Gerichte, die du servierst, sind
    zugedeckt.
Lächerlich ist's: So kann auch ich gute haben.

Mit der Hand gewogener Penis

Wenn Marulla einen erigierten Penis
mit ihren Fingern gewogen und lange gemessen hat,
gibt sie sein Gewicht in Pfunden, Skrupeln und Sexteln an;
wenn er dann nach dem Akt und den dazugehörenden Ringkämpfen
einem schlaffen Riemen gleich herabhängt,
erklärt Marulla, wieviel leichter er jetzt ist.
Also ist das keine Hand, nein, eine Waage.

56

Totis, Galle, iubes tibi me servire diebus
    et per Aventinum ter quater ire tuum.
eximit aut reficit dentem Cascellius aegrum,
    infestos oculis uris, Hygine, pilos;
non secat et tollit stillantem Fannius uvam,   5
    tristia servorum stigmata delet Eros;
enterocelarum fertur Podalirius Hermes:
    qui sanet ruptos dic mihi, Galle, quis est?

57

Argenti libram mittebas; facta selibra est,
    sed piperis. tanti non emo, Sexte, piper.

58

Anxuris aequorei placidos, Frontine, recessus
    et propius Baias litoreamque domum,
et quod inhumanae cancro fervente cicadae
    non novere nemus, flumineosque lacus
dum colui, doctas tecum celebrare vacabat   5
    Pieridas; nunc nos maxima Roma terit.
hic mihi quando dies meus est? iactamur in alto
    urbis, et in sterili vita labore perit,
dura suburbani dum iugera pascimus agri
    vicinosque tibi, sancte Quirine, lares.   10

Welcher Arzt heilt einen erschöpften Klienten?

Gallus, du forderst mich auf, dir ganze Tage zu dienen
und drei- oder viermal über deinen Aventin zu gehen.
Einen kranken Zahn zieht oder repariert Cascellius,
Haare, die den Augen lästig sind, brennst du ab, Hyginus;
ohne zu schneiden, beseitigt Fannius die Schwellung des Zäpfchens,
Eros tilgt abstoßende Sklavenmale;
für Darmbrüche, erzählt man, ist Hermes der Podalirius:
Doch sag' mir, Gallus: Wer heilt total Erschöpfte?

Pfeffer statt Silber(geschirr)

Ein Pfund Silber schicktest du mir sonst, jetzt ist ein Halbpfund daraus
    geworden,
doch von Pfeffer. So viel Geld bezahle ich nicht für Pfeffer, Sextus.

In der Hektik der Hauptstadt
bin ich dir auch ohne Klienten-Beflissenheit zugetan

Solange ich die stille Abgeschiedenheit von Anxur am Meer aufsuchte,
    Frontinus,
ein Bajae näher an Rom, und das Haus dort am Strand,
den Hain, den in der Gluthitze des Krebses die lästigen Zikaden
nicht kennen, und die flußartigen Kanäle,
gab es noch Zeit, um mich mit dir zusammen den gelehrten Piëriden zu
    widmen;
doch jetzt reibt mich das gewaltige Rom auf.
Wann gehört mir hier ein Tag? In den Wogen der Hauptstadt
treibe ich dahin, und in fruchtloser Anstrengung schwindet mein Leben,
während ich die kargen Morgen Land meines Vorstadtgütchens
    mühsam unterhalte
und mein Heim in deiner Nachbarschaft, ehrwürdiger Quirinus.

sed non solus amat qui nocte dieque frequentat
 limina nec vatem talia damna decent.
per veneranda mihi Musarum sacra, per omnes
 iuro deos: et non officiosus amo.

59

Consumpta est uno si lemmate pagina, transis,
 et breviora tibi, non meliora placent.
dives et ex omni posita est instructa macello
 cena tibi, sed te mattea sola iuvat.
non opus est nobis nimium lectore guloso; 5
 hunc volo, non fiat qui sine pane satur.

60

Iura trium petiit a Caesare discipulorum
 adsuetus semper Munna docere duos.

61

Hic festinata requiescit Erotion umbra,
 crimine quam fati sexta peremit hiems.
quisquis eris nostri post me regnator agelli,
 manibus exiguis annua iusta dato:
sic lare perpetuo, sic turba sospite solus 5
 flebilis in terra sit lapis iste tua.

Doch nicht nur wer Tag und Nacht deine Schwelle frequentiert, liebt dich:
Solch ein Verlust an Zeit paßt nicht zu einem Dichter.
Bei dem Kult der Musen, denen meine Verehrung gilt, bei allen
Göttern schwöre ich: Ich liebe dich auch ohne Dienstbeflissenheit.

Ich wünsche mir einen Leser,
der sich nicht nur die ›Appetithäppchen‹ heraussucht

Wenn mit einem einzigen Epigramm eine ganze Seite ausgefüllt ist,
       übergehst du sie:
Was kürzer, nicht was besser ist, gefällt dir.
Ein reichliches Mahl, von jeglichem Fleischmarkt ausgestattet,
hat man dir aufgetischt, doch dir schmeckt allein ein leckerer Bissen.
Ich brauche keinen Leser mit allzu wählerischem Gaumen;
ich wünsche mir einen, der nicht ohne Brot satt wird.

Ein wenig beschäftigter Lehrer

Munna bat Caesar um das Dreischülerrecht,
da er gewöhnlich nur zwei unterrichtet.

Grabinschrift auf Erotion

Hier ruht Erotion, die der Todes-Schatten allzu früh ereilte:
Durch des Schicksals Schuld hat der sechste Winter sie dahingerafft.
Wer du auch seist, der nach mir über dieses Stückchen Erde gebietet:
Bringe der zarten Seele der Toten jährlich das Opfer dar, das ihr gebührt!
Dafür möge das Haus dir für immer erhalten bleiben, gesund die Schar
       der Bewohner
und beweinenswert auf deinem Land allein dieser Stein sein.

62

Ludi magister, parce simplici turbae:
sic te frequentes audiant capillati
et delicatae diligat chorus mensae,
nec calculator nec notarius velox
maiore quisquam circulo coronetur.   5
albae leone flammeo calent luces
tostamque fervens Iulius coquit messem.
cirrata loris horridis Scythae pellis,
qua vapulavit Marsyas Celaenaeus,
ferulaeque tristes, sceptra paedagogorum,   10
cessent et Idus dormiant in Octobres:
aestate pueri si valent, satis discunt.

63

Marmora parva quidem sed non cessura, viator,
  Mausoli saxis pyramidumque legis.
bis mea Romano spectata est vita Tarento
  et nihil extremos perdidit ante rogos:
quinque dedit pueros, totidem mihi Iuno puellas,   5
  cluserunt omnes lumina nostra manus.
contigit et thalami mihi gloria rara fuitque
  una pudicitiae mentula nota meae.

Letzter Schultag vor den Sommerferien

Schulmeister, schone deine arglose Schar!
Dann wünsche ich dir auch eine große Zahl von Lockenköpfen als
    Zuhörer,
und der anmutige Reigen um deinen Tisch herum liebe dich,
kein Rechenlehrer und kein flinker Meister in Kurzschrift
soll von einem größeren Kreis umgeben sein.
In hellem Licht erglühen schon die Tage unter dem feurigen Löwen,
und der sengende Juli macht die Ernte reif und röstet sie.
Die fransigen, rauhen Riemen aus Skythenleder,
mit dem der Marsyas von Celaenae verprügelt wurde,
und die unheilvollen Ruten, die Szepter der Pädagogen,
sollen pausieren und bis zu den Iden des Oktobers ruhen:
Sind Kinder im Sommer gesund, lernen sie genug.

Grabinschrift auf eine sittsame Frau

Wanderer, der Marmorstein ist zwar klein, den du da liest,
doch braucht er sich nicht hinter dem Steinmonument des Mausolos
    oder der Pyramiden zu verstecken.
Zweimal wurde mein Leben vom römischen Tarentos als untadelig
    erwiesen,
und es erfuhr keine Beeinträchtigungen bis zu seinem Ende auf dem
    Scheiterhaufen:
Fünf Knaben, die gleiche Zahl von Mädchen schenkte mir Juno,
und ihrer aller Hände schlossen mir die Augen.
Auch ein seltener Ruhm des Ehebettes wurde mir zuteil:
Meiner Sittsamkeit war nur ein einziger Schwanz bekannt.

64

Contigeris, regina, meos si, Polla, libellos,
  non tetrica nostros excipe fronte iocos.
ille tuus vates, Heliconis gloria nostri,
  Pieria caneret cum fera bella tuba,
non tamen erubuit lascivo dicere versu 5
  'si nec pedicor, Cotta, quid hic facio?'

65

Cum te municipem Corinthiorum
iactes, Charmenion, negante nullo,
cur frater tibi dicor, ex Hiberis
et Celtis genitus Tagique civis?
an voltu similes videmur esse? 5
tu flexa nitidus coma vagaris,
Hispanis ego contumax capillis;
levis dropace tu cotidiano,
hirsutis ego cruribus genisque;
os blaesum tibi debilisque lingua est, 10
nobis ilia fortius loquentur:
tam dispar aquilae columba non est
nec dorcas rigido fugax leoni.
quare desine me vocare fratrem,
ne te, Charmenion, vocem sororem. 15

66

Quis, rogo, tam durus, quis tam fuit ille superbus
  qui iussit fieri te, Theopompe, cocum?

An die Witwe Lukans

Polla, meine Patronin, wenn du meine Büchlein in die Hand bekommst,
dann nimm bitte nicht mit finsterer Miene meine Scherze auf!
Obwohl dein Dichter, unseres Helikons Ruhm,
mit piërischer Trompete grausame Schlachten besang,
wurde er dennoch nicht rot vor Scham, in einem unanständigen Verse zu dichten:
»Wenn ich nicht von hinten bedient werde, Cotta, was tu ich dann hier?«

Weshalb nennst du mich »Bruder«?

Da du dich als Landsmann der Korinther rühmst,
Charmenion, was keiner bestreitet,
weshalb nennst du mich dann »Bruder«, wo ich doch von Keltiberern
stamme und Bürger des Tagus bin?
Sehen wir uns etwa im Gesicht ähnlich?
Du läufst pomadisiert mit onduliertem Haar herum,
ich widerspenstig mit meinem spanischen Schopf;
du glatt von der täglichen Enthaarungsprozedur,
ich mit stachligen Beinen und Wangen;
dein Mund lispelt, und schwach ist deine Zunge,
bei mir reden kräftiger selbst die Gedärme noch:
So unähnlich ist nicht die Taube dem Adler
oder die flüchtende Gazelle dem grausamen Löwen.
Hör' daher auf, mich »Bruder« zu nennen,
sonst nenn' ich dich, Charmenion, »Schwester«!

Lobrede auf einen hübschen Knaben, der nicht in die Küche gehört

Wer ist, frage ich, so hart, wer so arrogant gewesen,
daß er dich, Theopompus, zu seinem Koch bestimmte?

hanc aliquis faciem nigra violare culina
   sustinet, has uncto polluit igne comas?
quis potius cyathos aut quis crystalla tenebit?
   qua sapient melius mixta Falerna manu?
si tam sidereos manet exitus iste ministros,
   Iuppiter utatur iam Ganymede coco.

67

Pyrrhae filia, Nestoris noverca,
quam vidit Niobe puella canam,
Laertes aviam senex vocavit,
nutricem Priamus, socrum Thyestes,
iam cornicibus omnibus superstes,
hoc tandem sita prurit in sepulchro
calvo Plutia cum Melanthione.

68

Cum tibi non Ephesos nec sit Rhodos aut Mitylene,
   sed domus in vico, Laelia, patricio,
deque coloratis numquam lita mater Etruscis,
   durus Aricina de regione pater;
κύριέ μου, μέλι μου, ψυχή μου congeris usque,
   pro pudor! Hersiliae civis et Egeriae.
lectulus has voces, nec lectulus audiat omnis,
   sed quem lascivo stravit amica viro.
scire cupis quo casta modo matrona loquaris?
   numquid, cum crisas, blandior esse potes?

Bringt jemand es wirklich fertig, dies Gesicht durch die rußige Küche zu entstellen?
Diese Locken hat er mit fettigem Rauch beschmutzt?
Wer wird besser die Becher, wer die kristallnen Pokale reichen?
Von welcher Hand gemischt, wird der Falerner vorzüglicher schmecken?
Wenn dies das Ende ist, das so himmlische Diener erwartet,
dann mache Jupiter künftig Ganymed zu seinem Koch!

Im Grab noch geil

Pyrrhas Tochter, Nestors Stiefmutter
– sie war schon grau, als die junge Niobe sie sah –
»Großmutter« nannte sie der greise Laertes,
»Amme« Priamos und »Schwiegermutter« Thyestes –,
die schon sämtliche Krähen überlebt hat,
Plutia liegt endlich in diesem Grabe und ist noch geil
neben Melanthion, dem Kahlkopf.

Verbales erotisches Getue einer Frau

Obwohl du, Laelia, nicht in Ephesos, in Rhodos oder Mytilene
zu Hause bist, sondern im Patrizierviertel,
deine Mutter, die nie sich schminkte, von sonnengebräunten Etruskern stammt,
dein derber Vater aus dem Distrikt von Aricia,
gebrauchst du beständig die Worte: »My lord, my honey, my soul«.
Schande über dich, Hersilias und Egerias Mitbürgerin!
Das Bett mag diese Worte hören, doch nicht jedes Bett,
sondern nur wenn es die Freundin dem lüsternen Manne gerichtet hat.
Wissen willst du, wie du als züchtige Ehefrau sprechen sollst?
Wenn du dich windest vor Lust, kannst du dann wohl noch
verführerischer sein?

tu licet ediscas totam referasque Corinthon,
 non tamen omnino, Laelia, Laïs eris.

69

Custodes das, Polla, viro, non accipis ipsa.
 hoc est uxorem ducere, Polla, virum.

70

Quod mihi vix unus toto liber exeat anno
 desidiae tibi sum, docte Potite, reus.
iustius at quanto mirere quod exeat unus,
 labantur toti cum mihi saepe dies.
non resalutantis video nocturnus amicos, 5
 gratulor et multis; nemo, Potite, mihi.
nunc ad luciferam signat mea gemma Dianam,
 nunc me prima sibi, nunc sibi quinta rapit.
nunc consul praetorve tenet reducesque choreae,
 auditur toto saepe poeta die. 10
sed nec causidico possis inpune negare,
 nec si te rhetor grammaticusve rogent:
balnea post decumam lasso centumque petuntur
 quadrantes. fiet quando, Potite, liber?

Magst du auch ganz Korinth studiert haben und kopieren,
so wirst du, Laelia, trotzdem nie und nimmer eine Laïs sein.

Verkehrte Welt

Wächter stellst du für deinen Mann auf, Pulla, und akzeptierst das nicht
    für dich selbst.
Das bedeutet, Polla, daß die Gattin den Mann zur Frau nimmt.

Wann soll eigentlich bei so vielen Verpflichtungen
ein Buch entstehen?

Weil von mir kaum ein einziges Buch im ganzen Jahr herauskommt,
wirfst du mir Trägheit vor, gelehrter Potitus.
Doch wieviel gerechter wäre es, wenn du dich wundertest, daß
    überhaupt eins herauskommt,
da mir doch oft ganze Tage entgleiten.
Noch bei Nacht besuche ich Freunde, die meinen Gruß nicht erwidern,
vielen wünsche ich Glück, niemand, Potitus, mir.
Bald muß mein Ring beim Tempel der Diana, die das Licht bringt, ein
    Siegel setzen,
bald nimmt mich die erste, dann die fünfte Stunde für sich in Beschlag.
Bald hält mich ein Konsul oder ein Prätor fest und die Scharen, die sie
    nach Hause begleiten,
oft muß ich einen ganzen Tag lang einen Dichter anhören.
Doch auch einem Anwalt kannst du dich nicht ungestraft entziehen,
oder wenn ein Rhetor, ein Grammatiker nach dir fragt.
Müde wende ich mich nach der zehnten Stunde den Thermen zu und
    den hundert
Quadranten. Wann, Potitus, soll da ein Buch entstehen?

71

Quisquis laeta tuis et sera parentibus optas
 fata, brevem titulum marmoris huius ama.
condidit hac caras tellure Rabirius umbras;
 nulli sorte iacent candidiore senes:
bis sex lustra tori nox mitis et ultima clusit,
 arserunt uno funera bina rogo.
hos tamen ut primis raptos sibi quaerit in annis.
 inprobius nihil his fletibus esse potest.

72

Frustra, Blanditiae, venitis ad me
adtritis miserabiles labellis:
dicturus dominum deumque non sum.
iam non est locus hac in urbe vobis;
ad Parthos procul ite pilleatos
et turpes humilesque supplicesque
pictorum sola basiate regum.
non est hic dominus sed imperator,
sed iustissimus omnium senator,
per quem de Stygia domo reducta est
siccis rustica Veritas capillis.
hoc sub principe, si sapis, caveto
verbis, Roma, prioribus loquaris.

Grabinschrift

Jeder, der wie du seinen Eltern ein angenehmes und spätes Lebensende wünscht,
blicke liebevoll auf die knappe Inschrift hier auf diesem Marmorstein.
In dieser Erde barg Rabirius die ihm so teuren Schatten:
Keine alten Menschen in ihrem Grab haben ein glanzvolleres Los.
Eine sanfte – ihre letzte – Nacht beschloß zwölf Lustren gemeinsamen Lebens,
auf einem einzigen Scheiterhaufen verbrannten die beiden Toten zugleich.
Trotzdem verlangt er nach ihnen, als wären sie ihm in frühesten Jahren entrissen:
Nichts kann unangemessener sein als diese Tränen.

Trajan, der neue Herrscher, kein Herr und kein Gott mehr

Schmeicheleien, ihr naht euch mir vergeblich,
ihr elenden, mit euren abgefeimten Lippen.
Von einem »Herrn und Gott« habe ich nicht vor zu sprechen:
Ihr habt keinen Platz mehr in dieser Stadt;
geht weit fort zu den Parthern mit ihren Filzhüten
und küßt schmachvoll, erniedrigend und fußfällig
bunt gewandeter Könige Sandalen.
Hier gibt es keinen Herrn, einen Imperator nur,
nur den Gerechtesten von allen Senatoren;
durch ihn wurde aus dem stygischen Haus zurückgeführt
mit unparfümiertem Haar die schlichte Wahrheit.
Hüte dich, Rom, wenn du klug bist, unter diesem Fürsten
mit Worten zu sprechen aus früherer Zeit!

73

Littera facundi gratum mihi pignus amici
  pertulit Ausoniae dona, Severe, togae,
qua non Fabricius, sed vellet Apicius uti,
  vellet Maecenas Caesarianus eques.
vilior haec nobis alio mittente fuisset;   5
  non quacumque manu victima caesa litat:
a te missa venit: possem nisi munus amare,
  Marce, tuum, poteram nomen amare meum.
munere sed plus est et nomine gratius ipso
  officium docti iudiciumque viri.   10

74

Iam parce lasso, Roma, gratulatori,
lasso clienti. quamdiu salutator
anteambulones et togatulos inter
centum merebor plumbeos die toto,
cum Scorpus una quindecim graves hora   5
ferventis auri victor auferat saccos?
non ego meorum praemium libellorum
– quid enim merentur? – Apulos velim campos;
non Hybla, non me spicifer capit Nilus,
nec quae paludes delicata Pomptinas   10
ex arce clivi spectat uva Setini.
quid concupiscam quaeris ergo? dormire.

Den Brief eines Freundes begleitete eine Toga

Der Brief eines eloquenten Freundes hat mir als willkommenes
   Unterpfand (seiner Freundschaft)
die Gabe einer ausonischen Toga, Severus, gebracht,
wie sie Fabricius nicht, doch gern Apicius
und auch Maecenas, des Augustus Ritter, getragen hätten.
Weniger wert wäre sie mir, hätte sie jemand anders geschickt:
Nicht wenn ein Opfertier von beliebiger Hand getötet wurde, ist es den
   Göttern genehm.
Von dir kommt sie, und du hast sie mir geschickt: Wenn ich dein
   Geschenk nicht lieben könnte,
Marcus, könnte ich doch meinen Namen lieben.
Aber mehr als das Geschenk und willkommener selbst als der Name
ist die Aufmerksamkeit und das Urteil eines gelehrten Mannes.

Nur einen Wunsch habe ich

Verschone, Rom, endlich den erschöpften Komplimentemacher,
den erschöpften Klienten! Wie lange soll ich mir noch als Besucher
unter Lakaien und Togaträgern
an einem ganzen Tag die hundert Bleimünzen verdienen,
während in einer Stunde Scorpus fünfzehn schwere Säcke
mit funkelndem Gold als Sieger davonträgt?
Ich wünsche ja nicht als Lohn für meine Büchlein
– was sind sie denn auch wert? – apulische Ländereien;
kein Hybla ist für mich verlockend, nicht der Ähren befördernde Nil
noch die köstlichen Trauben, die auf die Pomptinischen Sümpfe
von der Höhe des Setiner Hangs herabblicken.
Was ich mir wünsche, fragst du also? – zu schlafen.

75

Milia viginti quondam me Galla poposcit
　et, fateor, magno non erat illa nimis.
annus abît: 'bis quina dabis sestertia,' dixit.
　poscere plus visa est quam prius illa mihi.
iam duo poscenti post sextum milia mensem
　mille dabam nummos. noluit accipere.
transierant binae forsan trinaeve Kalendae,
　aureolos ultro quattuor ipsa petît.
non dedimus. centum iussit me mittere nummos;
　sed visa est nobis haec quoque summa gravis.
sportula nos iunxit quadrantibus arida centum;
　hanc voluit: puero diximus esse datam.
inferius numquid potuit descendere? fecit.
　dat gratis, ultro dat mihi Galla: nego.

76

Hoc, Fortuna, tibi videtur aequum?
civis non Syriaeve Parthiaeve,
nec de Cappadocis eques catastis,
sed de plebe Remi Numaeque verna,
iucundus, probus, innocens amicus,
lingua doctus utraque, cuius unum est,
sed magnum vitium quod est poeta,
pullo Maevius alget in cucullo,
cocco mulio fulget Incitatus.

Preis-Sturz einer Dirne

Zwanzigtausend hat Galla einst von mir verlangt,
und, ich geb's zu, sie war nicht zu teuer.
Ein Jahr verging: »Zehntausend Sesterze«, sprach sie, »mußt du geben.«
Mehr als früher schien sie mir da zu verlangen.
Als sie schon sechs Monate drauf nur noch zweitausend verlangte,
gab ich ihr tausend Sesterze: Sie wollte sie nicht nehmen.
Zwei, vielleicht auch drei Monatserste waren vergangen,
da erbat sie selbst von sich aus nur vier Goldstücke.
Ich gab sie ihr nicht; sie wollte, daß ich ihr hundert Sesterze schickte,
doch auch diese Summe schien mir noch immer zu hoch.
Die kümmerliche Sportula brachte mir hundert Quadranten;
die wollte sie; ich sagte, ich hätte sie meinem jungen Sklaven gegeben.
Konnte sie etwa noch tiefer sinken? Sie konnte es.
Sie bietet sich ganz umsonst an, von sich aus bietet Galla *mir* Geld an:
        ich sage »nein«.

Erbärmliches Dichterlos

Scheint dir, Fortuna, das recht und billig?
Ein Bürger: nicht Syriens oder Parthiens,
auch nicht ein Ritter vom kappadokischen Sklavenmarkt,
sondern ein Landsmann aus dem Volk von Remus und Numa,
ein angenehmer, redlicher und untadliger Freund,
in beiden Sprachen gelehrt, mit dem einzigen,
freilich großen, Fehler: Er ist ein Dichter –
dieser Mevius friert in schwärzlichem Kapuzenmantel,
im Purpurgewand glänzt der Maultiertreiber Incitatus.

77

Nequius a Caro nihil umquam, Maxime, factum est
 quam quod febre perît: fecit et illa nefas.
saeva nocens febris, saltem quartana fuisses!
 servari medico debuit ille suo.

78

Ibis litoreas, Macer, Salonas,
ibit rara fides amorque recti
et quae, cum comitem trahit pudorem,
semper pauperior redit potestas:
felix auriferae colone terrae, 5
rectorem vacuo sinu remittes
optabisque moras, et exeuntem
udo Dalmata gaudio sequeris.
nos Celtas, Macer, et truces Hiberos
cum desiderio tui petemus. 10
sed quaecumque tamen feretur illinc
piscosi calamo Tagi notata,
Macrum pagina nostra nominabit:
sic inter veteres legar poetas,
nec multos mihi praeferas priores, 15
uno sed tibi sim minor Catullo.

79

Ad lapidem Torquatus habet praetoria quartum;
 ad quartum breve rus emit Otacilius.

Patient zu rasch verstorben – für den Arzt

Nichts Schlimmeres, Maximus, hat Carus jemals getan,
als daß er am Fieber zugrunde ging, kriminell handelte aber auch dieses:
Du böses, schädliches Fieber, wärst du wenigstens viertägig gewesen!
Für seinen Arzt hätte er noch am Leben bleiben müssen!

Abschiedsgruß an einen Freund, der als Gouverneur nach Dalmatien geht

Du wirst jetzt, Macer, zur Küstenstadt Salonae gehen.
Gehen werden seltene Treue, die Liebe zu dem, was recht ist
und die Macht des Amtes, die, wenn sie das Ehrgefühl zu ihrem Begleiter nimmt,
stets ärmer nach Hause zurückkommt.
Glücklicher Bewohner des goldreichen Landes,
deinen Statthalter wirst du mit leeren Taschen zurückschicken,
wirst wünschen, er bleibe, wirst, wenn er zieht,
Dalmater, ihn mit Freudentränen geleiten.
Ich selbst, Macer, werde zu Kelten und rauhen Hibererrn
voller Sehnsucht nach dir eilen.
Dennoch soll jede Seite von mir, die von dort geschickt wird,
aufgezeichnet mit dem Rohr des fischreichen Tagus,
Macer namentlich nennen.
So magst du mich denn zusammen mit den alten Dichtern lesen,
und nicht viele der früheren ziehe mir vor,
sondern weniger wert nur als Catull allein möchte ich für dich sein.

Verderblicher Ehrgeiz

Beim vierten Meilenstein hat Torquatus eine Prachtvilla;
beim vierten kaufte sich Otacilius ein kleines Landgut.

Torquatus nitidas vario de marmore thermas
　　extruxit; cucumam fecit Otacilius.
disposuit daphnona suo Torquatus in agro;
　　castaneas centum sevit Otacilius.
consule Torquato vici fuit ille magister,
　　non minor in tanto visus honore sibi.
grandis ut exiguam bos ranam ruperat olim,
　　sic, puto, Torquatus rumpet Otacilium.

80

Plorat Eros, quotiens maculosae pocula murrae
　　inspicit aut pueros nobiliusve citrum,
et gemitus imo ducit de pectore quod non
　　tota miser coëmat Saepta feratque domum.
quam multi faciunt quod Eros, sed lumine sicco!
　　pars maior lacrimas ridet et intus habet.

81

Cum duo venissent ad Phyllida mane fututum
　　et nudam cuperet sumere uterque prior,
promisit pariter se Phyllis utrique daturam,
　　et dedit: ille pedem sustulit, hic tunicam.

82

Si quid nostra tuis adicit vexatio rebus,
　　mane vel a media nocte togatus ero

Torquatus errichtete glänzende Thermen von buntem Marmor;
einen Badekessel machte sich Otacilius.
Einen Lorbeerhain legte Torquatus auf seinem Land an;
hundert Kastanien pflanzte Otacilius aus.
Als Torquatus Konsul war, ist jener Bürgermeister eines Distrikts gewesen:
Für nicht geringer hielt er sich in seinem hohen Amt.
Wie einmal ein gewaltiger Ochs den winzigen Frosch zum Platzen brachte,
genauso, glaub' ich, wird Torquatus Otacilius zum Platzen bringen.

Offener und verborgener Neid

Eros weint, sooft er Pokale aus gesprenkeltem Flußspat
betrachtet oder Knaben oder Zitrusholz der feineren Art,
und er seufzt aus tiefster Brust, weil er,
der Arme, nicht die ganze Ladenstraße aufkaufen und mit nach Hause
    nehmen kann.
Wie vielen ergeht es wie Eros, doch mit trockenen Augen!
Die meisten Menschen lachen über solche Tränen – und haben sie in
    ihrem Innern.

Liebesterzett

Als morgens zwei zu Phyllis kamen, um sie zu vögeln,
und jeder sie zuerst nackt nehmen wollte,
versprach Phyllis, es beiden zugleich zu geben,
und sie gab wirklich: der eine nahm ihr Bein, der andere ihre Tunika.

Unnötige Qualen beim Klientendienst

Wenn zu deinem Lebensstil meine Plackerei etwas beiträgt,
werde ich frühmorgens schon oder von Mitternacht an in der Toga
    präsent sein,

stridentesque feram flatus aquilonis iniqui
　et patiar nimbos excipiamque nives.
sed si non fias quadrante beatior uno
　per gemitus nostros ingenuasque cruces,
parce, precor, fesso vanosque remitte labores
　qui tibi non prosunt et mihi, Galle, nocent.

83

Raros colligis hinc et hinc capillos
et latum nitidae, Marine, calvae
campum temporibus tegis comatis;
sed moti redeunt iubente vento
reddunturque sibi caputque nudum
cirris grandibus hinc et inde cingunt:
inter Spendophorum Telesphorumque
Cydae stare putabis Hermerotem.
vis tu simplicius senem fateri,
ut tandem videaris unus esse?
calvo turpius est nihil comato.

84

Miraris, quare dormitum non eat Afer?
　accumbat cum qua, Caediciane, vides.

das heulende Wehen des garstigen Nordwinds ertragen,
Regenschauer erdulden und Schneefälle aushalten.
Wenn du jedoch auch nicht einen Heller glücklicher wirst
durch all mein Stöhnen und die Qualen eines freigeborenen Mannes,
dann verschone, ich bitt' dich, den Müden und erlaß mir die sinnlosen
    Strapazen:
Sie nützen dir nicht, und mir, Gallus, schaden sie nur.

Ein Glatzkopf mit Haaren

Deine spärlichen Haare sammelst du: von hier, von da,
und bedeckst, Marinus, der blanken Glatze weites Feld
mit Haaren von den Schläfen,
doch wenn der Wind es will, bewegen sie sich und kehren zurück:
So werden sie sich selber wiedergeschenkt, bekränzen
den nackten Kopf mit dicken Strähnen von hier, von dort:
Zwischen Spendophorus und Telesphorus
stehe, meint man, des Cydas Hermeros.
Weshalb willst du dich nicht ehrlicher zu deinem Alter bekennen,
so daß du endlich als *eine* Person erscheinst?
Nichts ist widerlicher als ein langhaariger Glatzkopf.

Kein Wunder, daß Afer nicht schlafen geht

Du wunderst dich, weshalb Afer nicht schlafen geht?
Du siehst doch, Caedicianus, neben welcher Frau er zu Tische liegt.

85

Iam senior Ladon Tiberinae nauta carinae
  proxima dilectis rura paravit aquis.
quae cum saepe vagus premeret torrentibus undis
  Thybris et hiberno rumperet arva lacu,
emeritam puppim, ripa quae stabat in alta,
  inplevit saxis obposuitque vadis.
sic nimias avertit aquas. quis credere posset?
  auxilium domino mersa carina tulit.

86

Nemo nova caluit sic inflammatus amica
  flagravit quanto Laurus amore pilae.
sed qui primus erat lusor dum floruit aetas,
  nunc postquam desît ludere prima pila est.

87

Octobres age sentiat Kalendas
facundi pia Roma Restituti:
linguis omnibus et favete votis;
natalem colimus, tacete lites.
absit cereus aridi clientis,
et vani triplices brevesque mappae
expectent gelidi iocos Decembris.
certent muneribus beatiores:
Agrippae tumidus negotiator
Cadmi municipes ferat lacernas;
pugnorum reus ebriaeque noctis

Ein ausgedientes Schiff als Damm gegen Hochwasser

Schon älter geworden, kaufte sich Ladon, der Kapitän eines Schiffs auf
    dem Tiber,
einen Hof ganz in der Nähe des geliebten Wassers.
Als ihn der unstete Tiber oftmals mit reißenden Fluten bedeckte
und mit einem winterlichen See die Felder ruinierte,
da füllte er den ausgedienten Kahn, der auf dem hohen Ufer stand,
mit Steinen und stellte ihn dem Wasser entgegen.
So drängte er das Hochwasser ab. Wer hätte das glauben können?
Hilfe brachte seinem Herrn ein gesunkenes Boot.

Metamorphose eines Ballspielers zum Ball

Niemand glühte je so, von einer neuen Freundin entflammt,
wie Laurus in Liebe zum Ball entbrannte.
Doch er, der erste der Spieler, solange er im blühenden Alter war,
ist, seit er das Spiel aufgab, nur noch – der erste ›Ball‹.

Geschenke zum Geburtstag eines Anwalts

Auf! Die Oktober-Kalenden des eloquenten Restitutus
soll Rom dankbar zur Kenntnis nehmen:
Ehret den Anlaß mit all euren Stimmen und frommen Wünschen!
Einen Geburtstag feiern wir, schweigt, Prozesse!
Fern bleibe die Kerze eines kümmerlichen Klienten!
Die wertlosen Dreiblattafeln und kleinen Tücher
sollen bis zu den Scherzen des kalten Dezember warten!
Mit Geschenken wetteifern mögen die Reicheren:
Der aufgeblasene Kaufmann von Agrippas Säulengang
bringe Kapuzenmäntel aus der Heimat von Kadmos;
wer angeklagt war wegen Schlägereien und Trunkenheit in der Nacht,

cenatoria mittat advocato;
infamata virum puella vicit,
veros sardonychas, sed ipsa tradat;
mirator veterum senex avorum 15
donet Phidiaci toreuma caeli;
venator leporem, colonus haedum,
piscator ferat aequorum rapinas.
si mittit sua quisque, quid poetam
missurum tibi, Restitute, credis? 20

88

Omnes persequeris praetorum, Cotta, libellos;
    accipis et ceras. officiosus homo es.

89

Iuno labor, Polyclite, tuus et gloria felix,
    Phidiacae cuperent quam meruisse manus,
ore nitet tanto quanto superasset in Ide
    iudice coniunctas non dubitante deas.
Iunonem, Polyclite, suam nisi frater amaret, 5
    Iunonem poterat frater amare tuam.

90

Quid vellis vetulum, Ligeia, cunnum?
quid busti cineres tui lacessis?
tales munditiae decent puellas –
nam tu iam nec anus potes videri –;
istud, crede mihi, Ligeia, belle 5

schicke seinem Verteidiger Tafelkleider;
ein Mädchen, das entehrt wurde, gewann gegen den Mann?
Echte Sardonyxe soll sie, und zwar persönlich, überreichen;
ein Greis, Bewunderer von Urväterzeiten,
schenke ein Reliefgefäß vom Meißel des Phidias.
Der Jäger bringe einen Hasen, der Bauer ein Böckchen,
der Fischer die Beute aus dem Meer.
Wenn so jeder das Seine schickt, was glaubst du dann,
Restitutus, wird dir der Dichter schicken?

Spott auf einen übereifrigen Advokaten

Alle Dokumente der Prätoren schreibst du ab, Cotta,
und bekommst Wachstafeln; du bist ein übereifriger Mann!

Eine Juno des Polyklet

Die Juno, dein Werk, Polyklet, und beglückender Ruhm
– des Phidias Hände wünschten, sie hätten ihn verdient –
strahlt mit einem Gesicht, so ausdrucksvoll, daß sie auf dem Ida
das Göttinnenpaar ohne ein Zögern des Richters besiegt hätte.
Würde ihr Bruder nicht seine Juno lieben, Polyklet,
könnte der Bruder deine Juno lieben.

Den Schoß zu rasieren schickt sich nicht mehr für dein Alter

Was zupfst du dir die Haare von deinem alten Schoß aus, Ligeia?
Was reizest du die Asche noch in deinem Grabe auf?
Solche Eitelkeit paßt zu jungen Frauen –
du kannst ja selbst als alte Frau nicht mehr gelten. –
Glaube mir, Ligeia: Nicht zu Hektors Mutter,

non mater facit Hectoris, sed uxor.
erras si tibi cunnus hic videtur,
ad quem mentula pertinere desît.
quare si pudor est, Ligeia, noli
barbam vellere mortuo leoni.   10

91

Omnes eunuchos habet Almo nec arrigit ipse:
   et queritur pariat quod sua Polla nihil.

92

Marri, quietae cultor et comes vitae,
quo cive prisca gloriatur Atina,
has tibi gemellas barbari decus luci
commendo pinus ilicesque Faunorum
et semidocta vilici manu structas   5
Tonantis aras horridique Silvani,
quas pinxit agni saepe sanguis aut haedi,
dominamque sancti virginem deam templi,
et quem sororis hospitem vides castae
Martem mearum principem Kalendarum,   10
et delicatae laureum nemus Florae,
in quod Priapo persequente confugit.
hoc omne agelli mite parvuli numen
seu tu cruore sive ture placabis:
'ubicumque vester Martialis est,' dices,   15
'hac ecce mecum dextera litat vobis
absens sacerdos; vos putate praesentem
et date duobus quidquid alter optabit.'

zu seiner Frau nur paßt das gut.
Du irrst, hältst du das für einen Schoß,
was längst keinen Schwanz mehr interessiert.
Wenn es daher bei dir noch ein Gefühl für das Schickliche gibt, Ligeia,
    dann unterlaß es,
einem toten Löwen den Bart zu zupfen!

Lauter Eunuchen im Haus

Jede Menge Eunuchen hat Almo und kriegt auch selbst keinen hoch:
Und beklagt sich dann, daß seine Polla keine Kinder bekommt.

Empfehlungen an den neuen Herrn des Nomentanums

Marrius, Bewunderer und Gefährte eines ruhigen Lebens,
dessen sich als ihres Bürgers das uralte Atina rühmt:
Dies Pinienpaar, Schmuck eines urwüchsigen Wäldchens,
und die Steineichen der Faune empfehle ich dir,
auch die von des Pächters ungeschickter Hand errichteten
Altäre des Donnerers und des struppigen Silvanus,
die oft das Blut von Lamm oder Böckchen färbte,
die jungfräuliche Göttin auch, die Herrin des ihr geweihten Tempels,
und den du dort als Gast der keuschen Schwester siehst,
Mars, den Herrscher über meine Kalenden,
und den Lorbeerhain der reizenden Flora,
in den sie sich flüchtete, als Priap sie verfolgte.
Diese ganze milde Götterwelt meines bescheidenen Gütchens
wirst du mit Blut, mit Weihrauch gnädig stimmen:
»Wo immer euer Martialis sich auch befindet«, wirst du sagen,
»sieh, mit dieser Rechten opfert er mit mir gemeinsam euch,
ein abwesender Priester; betrachtet ihr ihn als anwesend
und verleiht uns beiden, was immer sich der eine von uns wünscht.«

93

Si prior Euganeas, Clemens, Helicaonis oras
  pictaque pampineis videris arva iugis,
perfer Atestinae nondum vulgata Sabinae
  carmina, purpurea sed modo culta toga.
ut rosa delectat metitur quae pollice primo,   5
  sic nova nec mento sordida charta iuvat.

94

Non mea Massylus servat pomaria serpens,
  regius Alcinoi nec mihi servit ager,
sed Nomentana securus germinat hortus
  arbore, nec furem plumbea mala timent.
haec igitur media quae sunt modo nata Subura   5
  mittimus autumni cerea poma mei.

95

Infantem tibi vir, tibi, Galla, remisit adulter.
  hi, puto, non dubie se futuisse negant.

96

Saepe loquar nimium gentes quod, Avite, remotas
  miraris, Latia factus in urbe senex,

Widmungsgedicht für das gerade fertiggestellte zehnte Buch

Clemens, wenn du noch vor mir Helikaons euganëische Landschaft
siehst und die von Rebenspalieren bunt gefärbten Fluren,
dann überbringe du der Atestinerin Sabina diese Gedichte:
Verbreitet sind sie noch nicht, sondern gerade erst mit dem Purpurkleid
    geschmückt.
So wie die Rose beglückt, wenn sie frisch mit den Fingern gepflückt
    wird,
so erfreut eine neue, noch nicht vom Kinn beschmutzte Buchrolle.

Ein Obstpräsent von der Subura

Kein massylischer Drache wacht über meinen Obstgarten,
auch steht mir nicht des Alkinoos königliche Domäne zu Diensten,
sondern mit Nomentaner Bäumen gedeiht ungefährdet mein Garten,
und keinen Dieb fürchten meine unansehnlichen Äpfel.
Deshalb schicke ich dir, was soeben mitten auf der Subura gewachsen ist,
die wachszarten Früchte meines Herbstes.

Weder Galbas Mann noch ihr Liebhaber bekennen sich zur Vaterschaft

Dein Mann und dein Liebhaber, Galla, haben dir das Baby
    zurückgeschickt.
Die leugnen, glaub' ich, zweifellos beide, dich gevögelt zu haben.

Erinnerung an das einfache Leben in der spanischen Heimat

Daß ich oft von allzu entfernten Völkern rede, Avitus,
wo ich doch in Latiums Stadt alt geworden bin, erstaunt dich;

auriferumque Tagum sitiam patriumque Salonem
  et repetam saturae sordida rura casae.
illa placet tellus in qua res parva beatum
  me facit et tenues luxuriantur opes:
pascitur hic, ibi pascit ager; tepet igne maligno
  hic focus, ingenti lumine lucet ibi;
hic pretiosa fames conturbatorque macellus,
  mensa ibi divitiis ruris operta sui;
quattuor hic aestate togae pluresve teruntur,
  autumnis ibi me quattuor una tegit.
i, cole nunc reges, quidquid non praestat amicus
  cum praestare tibi possit, Avite, locus.

97

Dum levis arsura struitur Libitina papyro,
  dum murram et casias flebilis uxor emit,
iam scrobe, iam lecto, iam pollinctore parato,
  heredem scripsit me Numa: convaluit.

98

Addat cum mihi Caecubum minister
Idaeo resolutior cinaedo,
quo nec filia cultior nec uxor
nec mater tua nec soror recumbit,
vis spectem potius tuas lucernas
aut citrum vetus Indicosque dentes?
suspectus tibi ne tamen recumbam,

daß es mich nach dem goldreichen Tagus und dem heimatlichen Salo
    dürstet
und es mich nach dem armseligen Landsitz mit seiner wohl
    ausgestatteten Hütte zurückverlangt.
Mir gefällt jenes Stück Erde, wo schon geringer Besitz mich glücklich
macht und bescheidener Wohlstand ein Leben im Luxus bedeutet:
Hier muß man den Acker füttern, dort füttert er dich; mit kargem Feuer
    wärmt
hier der Herd, mit gewaltigem Scheine strahlt er dort;
hier ist der Hunger kostspielig, und der Markt macht einen bankrott,
dort ist mein Tisch mit dem Reichtum vom eigenen Boden gedeckt;
vier Togen und mehr verbraucht man hier in einem Sommer,
dort schützt mich eine einzige vier Herbste hindurch.
Los, hofiere jetzt die Patrone, wenn alles, was ein Freund nicht bietet,
dir, Avitus, ein Ort zu bieten vermag!

So ein Pech!

Während ein leichter Holzstoß mit Papyrus zum Brennen errichtet war,
während die weinende Gattin schon Myrrhe und Zimt eingekauft hatte,
schon die Grube, die Bahre und der Leichenbestatter bereit waren,
setzte Numa mich zum Erben ein – und wurde gesund.

Ein eifersüchtiger Gastgeber

Wenn den Caecuber mir ein Diener serviert,
wollüstiger als der Buhlknabe vom Ida
– attraktiver als er liegen nicht Tochter, Gattin,
Mutter oder Schwester von dir zu Tische –,
soll ich dann lieber deine Lampen anschauen,
altes Zitrusholz und indische Zähne?
Doch damit ich dir nicht länger verdächtig zu Tische liege,

praesta de grege sordidaque villa
tonsos, horridulos, rudes, pusillos
hircosi mihi filios subulci. 10
perdet te dolor hic: habere, Publi,
mores non potes hos et hos ministros.

99

Si Romana forent haec Socratis ora, fuissent
 Iulius in Satyris qualia Rufus habet.

100

Quid, stulte, nostris versibus tuos misces?
cum litigante quid tibi, miser, libro?
quid congregare cum leonibus volpes
aquilisque similes facere noctuas quaeris?
habeas licebit alterum pedem Ladae, 5
inepte, frustra crure ligneo curres.

101

Elysio redeat si forte remissus ab agro
 ille suo felix Caesare Gabba vetus,
qui Capitolinum pariter Gabbamque iocantes
 audierit, dicet: 'rustice Gabba, tace.'

laß von deinem schmuddeligen Landgut und seiner Dienerschar
die geschorenen, struppigen, rohen, kümmerlichen
Söhne des wie ein Bock stinkenden Schweinehirten mich bedienen.
Diese deine Eifersucht bringt dich noch um: Du kannst, Publius,
nicht eine solche Lebensweise haben und solche Diener.

Julius Rufus – Porträt eines römischen Sokrates

Wenn dieses Gesicht des Sokrates römisch wäre, dann wäre es so eines
      gewesen,
wie es Julius Rufus unter den Satyrstatuen hat.

Vermenge deine miserablen Verse nicht mit meinen!

Du Narr, was mischst du deine Verse unter meine?
Was willst du Elender mit dem widersprüchlichen Buch?
Was suchst du Füchse mit Löwen zusammenzubringen
und Eulen Adlern ähnlich zu machen?
Magst du auch von Lada den einen Fuß haben,
du Simpel: Mit einem Holzbein versuchst du vergeblich zu rennen.

Guter und schlechter Hofnarr

Wenn der alte Gabba, glücklich über seinen Caesar,
aus Elysiens Gefilden entlassen, vielleicht zurückkäme,
dann würde jeder, der sich die Scherze von Capitolinus und Gabba
      zusammen anhörte,
feststellen: »Plumper Gabba, halt' doch den Mund!«

102

Qua factus ratione sit requiris,
qui numquam futuit, pater Philinus?
Gaditanus, Avite, dicat istud,
qui scribit nihil et tamen poeta est.

103

Municipes, Augusta mihi quos Bilbilis acri
　monte creat, rapidis quem Salo cingit aquis,
ecquid laeta iuvat vestri vos gloria vatis?
　nam decus et nomen famaque vestra sumus,
nec sua plus debet tenui Verona Catullo　　　　　5
　meque velit dici non minus illa suum.
quattuor accessit tricesima messibus aestas,
　ut sine me Cereri rustica liba datis,
moenia dum colimus dominae pulcherrima Romae:
　mutavere meas Itala regna comas.　　　　　　10
excipitis placida reducem si mente, venimus;
　aspera si geritis corda, redire licet.

104

I nostro comes, i, libelle, Flavo
longum per mare, sed faventis undae,
et cursu facili tuisque ventis
Hispanae pete Tarraconis arces:
illinc te rota tollet et citatus　　　　　　　　5
altam Bilbilin et tuum Salonem
quinto forsitan essedo videbis.

Ein ›Vater‹ und ein ›Dichter‹, die sich mit fremden Federn schmücken

Du fragst, auf welche Weise Philinus Vater wurde,
der's nie mit einer Frau trieb?
Drauf kann dir, Avitus, Gaditanus eine Antwort geben,
der nichts schreibt und doch ein Dichter ist.

Der Dichter an seine spanischen Landsleute

Ihr meine Landsleute, die Augusta Bilbilis mir auf schroffem
Berg hervorbringt, den mit reißenden Wassern der Salo umströmt:
Freut euch vielleicht der blühende Ruhm eures Dichters?
Ich bin ja euer Stolz, Ruhmestitel und guter Ruf;
nicht verdankt sein Verona mehr dem feinen Catullus,
und nicht weniger gern sähe es in mir seinen Sohn.
Der dreißigste Sommer kam zu vier Herbsten hinzu,
seit ihr ohne mich der Ceres die ländlichen Kuchen weiht,
während ich in den prächtigen Mauern der Herrin Rom wohne:
Das italische Reich hat meine Haare verändert.
Nehmt ihr freundlich den Heimkehrer auf, dann komme ich;
zeigt ihr euch abweisend, kann ich zurück nach Rom.

Geh', mein Büchlein, über das weite Meer ...

Geh', mein Büchlein, geh' als Reisebegleiter mit meinem Flavus
über das weite Meer, doch bei günstigem Wellengang,
und eile in unbeschwerter Fahrt und mit den passenden Winden
zu den Höhen des spanischen Tarraco;
von dort wird dich ein Wagen aufnehmen, und in rascher Fahrt
wirst du die Höhen von Bilbilis und deinen Salo
etwa beim fünften Wagenwechsel sehen.

quid mandem tibi quaeris? ut sodales
paucos, sed veteres et ante brumas
triginta mihi quattuorque visos 10
ipsa protinus a via salutes
et nostrum admoneas subinde Flavum
iucundos mihi nec laboriosos
secessus pretio paret salubri,
qui pigrum faciant tuum parentem. 15
haec sunt. iam tumidus vocat magister
castigatque moras, et aura portum
laxavit melior: vale, libelle:
navem, scis puto, non moratur unus.

Was ich dir auftrage, fragst du? Daß du die Freunde dort
– wenige sind es noch, und alte dazu;
vor vierunddreißig Wintern sah ich sie zum letzten Mal –
sofort nach der Reise grüßest
und meinen Flavus gleich daran erinnerst,
er möge zu einem vernünftigen Preis
mir einen angenehmen und nicht strapaziösen Ruhesitz besorgen,
der deinen Schöpfer faulenzen läßt.
Das wär's. Schon ruft aufgebracht der Kapitän,
schimpft wegen der Verzögerung, und eine recht günstige Brise
hat den Hafen geöffnet. Lebe wohl, mein Büchlein!
Du weißt ja, denke ich: Ein einziger Passagier kann ein Schiff nicht
       aufhalten.

LIBER UNDECIMUS

1

Quo tu, quo, liber otiose, tendis
cultus Sidone non cotidiana?
numquid Parthenium videre? certe:
vadas et redeas inevolutus:
libros non legit ille sed libellos; 5
nec Musis vacat, aut suis vacaret.
ecquid te satis aestimas beatum,
contingunt tibi si manus minores?
vicini pete porticum Quirini:
turbam non habet otiosiorem 10
Pompeius vel Agenoris puella,
vel primae dominus levis carinae.
sunt illic duo tresve qui revolvant
nostrarum tineas ineptiarum,
sed cum sponsio fabulaeque lassae 15
de Scorpo fuerint et Incitato.

2

Triste supercilium durique severa Catonis
    frons et aratoris filia Fabricii
et personati fastus et regula morum,
    quidquid et in tenebris non sumus, ite foras.
clamant ecce mei 'Io Saturnalia' versus: 5
    et licet et sub te praeside, Nerva, libet.
lectores tetrici salebrosum ediscite Santram:
    nil mihi vobiscum est: iste liber meus est.

ELFTES BUCH

Resignatives Geleitgedicht für Buch XI

Wohin, mein müßiges Buch, wohin strebst du,
geschmückt mit nicht alltäglichem Purpur?
Willst du etwa Parthenius aufsuchen? Gewiß doch!
Geh' nur und kehre ungeöffnet zurück!
Bücher liest er nicht, nur Bittschriften:
Hat keine Zeit für die Musen, es sei denn, die eigenen wären's.
Hältst du dich etwa schon für rundum glücklich,
wenn geringere Hände dich berühren?
Eile zur Säulenhalle unseres Nachbarn Quirinus:
Eine größere Schar von Flaneuren trifft man nicht
bei Pompejus oder bei Agenors Mädchen
oder dem leichtfertigen Herrn des ersten Schiffes.
Zwei oder drei gibt es dort, die die Motten aufschlagen
in meinen albernen Einfällen,
freilich erst dann, wenn sich die Wetten und der Klatsch
über Scorpus und Incitatus erschöpft haben.

Keine Prüderie an den Saturnalien!

Finstere Augenbraue und gestrenge Stirn des harten Cato
und Tochter des Pflügers Fabricius,
maskierte Sprödigkeit und du, moralische Richtschnur,
und alles, was wir im Dunkeln *nicht* sind: hinweg mit euch!
Da, meine Verse jubeln: »Hurra, die Saturnalien!«
Das ist uns erlaubt und macht, Nerva, unter deiner Schirmherrschaft Spaß.
Prüde Leser, lernt den holprigen Santra auswendig!
Nichts habe ich mit euch zu tun: das hier ist *mein* Buch.

3

Non urbana mea tantum Pimpleïde gaudent
  otia nec vacuis auribus ista damus,
sed meus in Geticis ad Martia signa pruinis
  a rigido teritur centurione liber,
dicitur et nostros cantare Britannia versus.
  quid prodest? nescit sacculus ista meus.
at quam victuras poteramus pangere chartas
  quantaque Pieria proelia flare tuba,
cum pia reddiderint Augustum numina terris,
  et Maecenatem si tibi, Roma, darent!

4

Sacra laresque Phrygum, quos Troiae maluit heres
  quam rapere arsuras Laomedontis opes,
scriptus et aeterno nunc primum Iuppiter auro
  et soror et summi filia tota patris,
et qui purpureis iam tertia nomina fastis,
  Iane, refers Nervae; vos precor ore pio:
hunc omnes servate ducem, servate senatum;
  moribus hic vivat principis, ille suis.

5

Tanta tibi est recti reverentia, Caesar, et aequi
  quanta Numae fuerat: sed Numa pauper erat.

Man liest mich überall, und doch fehlt mir ein Maecenas

Nicht nur das müßige Rom erfreut sich an meiner Pimpleïs,
auch gebe ich meine Verse nicht nur unbeschäftigten Ohren,
nein: mein Buch wird im getischen Reif bei den Feldzeichen des Mars
vom rauhen Zenturionen zerlesen,
auch Britannien, sagt man, singe meine Verse.
Was nützt es? Mein Geldbeutel merkt nichts davon.
Doch was für unvergängliche Gedichte hätt' ich verfassen
und welch mächtige Schlachten mit piërischer Trompete schmettern
    können,
wenn nur die huldvollen Götter, da sie doch der Welt erneut einen
    Augustus schenkten,
auch einen Maecenas dir, Rom, gäben!

Gebet für Nerva

Heilige Gegenstände und Schutzgötter der Phryger, die der Erbe Trojas
lieber retten wollte, weshalb er Laomedons Schätze den Flammen
    überließ,
Jupiter, jetzt erstmals in ewigem Golde dargestellt,
Schwester des höchsten Vaters und du, ganz und gar seine Tochter,
du auch, Janus, der du schon das dritte Mal in das purpurne Jahrbuch
den Namen Nervas einträgst: Euch bitte ich mit frommem Munde:
Beschützet allesamt diesen unseren Fürsten, beschützet den Senat;
dieser lebe nach den Prinzipien des Fürsten, und er nach seinen eigenen!

Loblied auf Nerva

So große Achtung vor dem, was recht und billig ist, hast du, Caesar,
wie sie einst Numa besaß: Doch Numa war arm.

ardua res haec est, opibus non tradere mores
   et, cum tot Croesos viceris, esse Numam.
si redeant veteres, ingentia nomina, patres,
   Elysium liceat si vacuare nemus:
te colet invictus pro libertate Camillus,
   aurum Fabricius te tribuente volet;
te duce gaudebit Brutus, tibi Sulla cruentus
   imperium tradet, cum positurus erit;
et te privato cum Caesare Magnus amabit,
   donabit totas et tibi Crassus opes.
ipse quoque infernis revocatus Ditis ab umbris
   si Cato reddatur, Caesarianus erit.

6

Unctis falciferi senis diebus,
regnator quibus inperat fritillus,
versu ludere non laborioso
permittis, puto, pilleata Roma.
risisti; licet ergo, non vetamur.
pallentes procul hinc abite curae;
quidquid venerit obvium loquamur
morosa sine cogitatione.
misce dimidios, puer, trientes,
quales Pythagoras dabat Neroni,
misce, Dindyme, sed frequentiores:
possum nil ego sobrius; bibenti
succurrent mihi quindecim poetae.
da nunc basia, sed Catulliana:
quae si tot fuerint quot ille dixit,
donabo tibi Passerem Catulli.

Schwierig ist es, seinen Charakter nicht dem Reichtum zu opfern
und, wenn man so manchen Krösus übertrifft, dann noch ein Numa zu
    sein.
Kehrten die Väter von einst, die machtvollen Namen, zurück
und wäre es erlaubt, den elysischen Hain leer zu machen,
dann verehrte dich Camillus, unbesiegt im Kampf für die Freiheit,
Fabricius wünschte sich Gold, bötest du es ihm an,
unter deiner Herrschaft freute sich Brutus, und der blutbefleckte Sulla
übergäbe dir die Macht an dem Tag, da er abdanken wollte,
Magnus liebte dich genauso wie Caesar als Mann ohne Amt,
und Crassus schenkte dir all seine Schätze.
Selbst Cato, riefe man ihn von den Schatten des Dis zurück
und wär' er uns wiedergeschenkt, würde Parteigänger Caesars sein.

Saturnalienfreiheit

An den üppigen Festtagen des greisen Sichelträgers,
wenn als Herrscher der Würfelbecher regiert,
denke ich, gestattest du es, Rom mit der Filzkappe,
in unbeschwerten Versen zu scherzen.
Gelacht hast du; also ist es erlaubt, und man verbietet es nicht.
Ihr bleich machenden Sorgen, verschwindet weit von hier;
alles, was mir einfällt, will ich äußern,
ohne skrupulöse Überlegungen.
Mische mir, Knabe, halb zu halb die Becher,
wie Pythagoras sie Nero zu geben pflegte,
mische sie, Dindymus, und zwar einen nach dem anderen:
Nüchtern vermag ich nichts; doch wenn ich trinke,
werden Dichter mir dutzendweise zu Hilfe eilen.
Gib jetzt Küsse, und zwar wie Catull sie schätzte:
Wenn sie so zahlreich sind, wie jener sagte,
werd' ich dir Catulls »Sperling« schenken.

7

Iam certe stupido non dices, Paula, marito,
　　ad moechum quotiens longius ire voles,
'Caesar in Albanum iussit me mane venire,
　　Caesar Circeios.' iam stropha talis abît.
Penelopae licet esse tibi sub principe Nerva: 5
　　sed prohibet scabies ingeniumque vetus.
infelix, quid ages? aegram simulabis amicam?
　　haerebit dominae vir comes ipse suae,
ibit et ad fratrem tecum matremque patremque.
　　quas igitur fraudes ingeniosa paras? 10
diceret hystericam se forsitan altera moecha
　　in Sinuessano velle sedere lacu.
quanto tu melius, quotiens placet ire fututum,
　　quae verum mavis dicere, Paula, viro!

8

Lassa quod hesterni spirant opobalsama dracti,
　　ultima quod curvo quae cadit aura croco;
poma quod hiberna maturescentia capsa,
　　arbore quod verna luxuriosus ager;
de Palatinis dominae quod Serica prelis, 5
　　sucina virginea quod regelata manu;
amphora quod nigri, sed longe, fracta Falerni,
　　quod qui Sicanias detinet hortus apes;

Praktischer Tip für eine Ehefrau mit vielen Liebhabern

Sicherlich wirst du, Paula, zu deinem Trottel von Mann nun nicht mehr
   sagen können,
wenn du weiter weg einen Liebhaber treffen möchtest:
»Caesar befahl mir, in der Frühe auf sein Albanum,
Caesar befahl, nach Circeji zu kommen.« Diese List verfängt nicht mehr.
Du kannst nur noch Penelope sein, jetzt da ein Nerva regiert.
Doch deine Geilheit und gewohnte Verkommenheit lassen's nicht zu.
Du Ärmste, was willst du tun? Eine kranke Freundin vortäuschen?
Dein Mann persönlich wird sich als Begleiter an seine ›Herrin‹ hängen,
wird auch mit dir zusammen zu Bruder, Mutter und Vater gehen.
Welche Ausflüchte also heckst du Einfallsreiche jetzt aus?
Eine andere Ehebrecherin würde vielleicht sagen, sie sei hysterisch
und wolle daher in Sinuessas Bädern sitzen.
Um wieviel besser verfährst du, wenn du, sooft es dich gelüstet, zu
   einem Fick zu gehen,
deinem Mann die Wahrheit sagst, Paula.

Duftende Küsse meines Knaben

So wie Balsam aus einem Salbentopf vom Tag zuvor noch matt sein
   Parfüm verströmt,
wie die aromatischen Tropfen, die ganz zuletzt aus dem Safranstrahl
   fallen,
wie Obst im Winter, das in der Kiste nachreift,
wie ein Feld, üppig im Frühlingsgrün der Bäume;
wie frisch aus den Kleiderpressen des Kaiserpalastes die Seidengewänder
   der Herrin,
wie Bernstein, warm geworden in einer Mädchenhand;
wie dunkler Falernerwein aus zerbrochenem Krug – und zwar noch von
   weitem,
wie ein Garten, der die Bienen Siziliens fesselt;

quod Cosmi redolent alabastra focique deorum,
    quod modo divitibus lapsa corona comis: 10
singula quid dicam? non sunt satis; omnia misce:
    hoc fragrant pueri basia mane mei.
scire cupis nomen? si propter basia, dicam.
    iurasti. nimium scire, Sabine, cupis.

9

Clarus fronde Iovis, Romani fama cothurni,
    spirat Apellea redditus arte Memor.

10

Contulit ad saturas ingentia pectora Turnus.
    cur non ad Memoris carmina? frater erat.

11

Tolle, puer, calices tepidique toreumata Nili
    et mihi secura pocula trade manu
trita patrum labris et tonso pura ministro;
    anticus mensis restituatur honor.
te potare decet gemma qui Mentora frangis 5
    in scaphium moechae, Sardanapalle, tuae.

wie die Alabasterdöschen von Cosmus duften und die Altäre der Götter,
wie der Kranz, der soeben vom üppigen Haar herabglitt:
Was soll ich noch Einzelheiten aufzählen? Es reicht doch nicht aus;
    vermische drum alles:
Ganz so duften meines Knaben Küsse in der Frühe.
Wissen möchtest du seinen Namen? Wenn es wegen der Küsse ist, will
    ich ihn sagen.
Geschworen hast du. Zu viel willst du wissen, Sabinus.

Inschrift für das Bild eines Tragödiendichters

Strahlend in Jupiters Laub, Ruhm des römischen Kothurns,
atmet Memor Leben, wiedergegeben durch die Kunst des Apelles.

Brüderliche Rücksichtnahme eines Dichtertalents

Auf Satiren verwandte Turnus sein gewaltiges Talent.
Warum nicht auf Memors Dichtungsart? Er war sein Bruder.

Bevorzugung einfacher Trinkgefäße

Entferne, Knabe, die Pokale, ziselierte Kelchgläser vom warmen Nil,
und reiche mir mit unbekümmerter Hand Becher,
die von den Lippen der Ahnen abgenutzt sind, aber rein durch einen
    kurzhaarigen Diener;
die frühere Würde soll an meiner Tafel erneuert werden!
Zu dir, Sardanapallus, paßt es, aus einem Juwelen-Pokal zu trinken,
    der du einen Mentor zerbrichst
für den Nachttopf deiner Mätresse.

12

Ius tibi natorum vel septem, Zoile, detur,
 dum matrem nemo det tibi, nemo patrem.

13

Quisquis Flaminiam teris, viator,
noli nobile praeterire marmor.
urbis deliciae salesque Nili,
ars et gratia, lusus et voluptas,
Romani decus et dolor theatri
atque omnes Veneres Cupidinesque
hoc sunt condita, quo Paris, sepulchro.

14

Heredes, nolite brevem sepelire colonum:
 nam terra est illi quantulacumque gravis.

15

Sunt chartae mihi quas Catonis uxor
et quas horribiles legant Sabinae:
hic totus volo rideat libellus
et sit nequior omnibus libellis.
qui vino madeat nec erubescat
pingui sordidus esse Cosmiano,
ludat cum pueris, amet puellas,
nec per circuitus loquatur illam,
ex qua nascimur, omnium parentem,

Zoïlus, namenlos und nicht geboren

Soll man dir doch ein Siebenkinderrecht geben, Zoïlus,
wofern dir niemand eine Mutter gibt, niemand einen Vater.

Grabinschrift für den Pantomimen Paris

Wer du auch seist, Wanderer: wenn du die Via Flaminia benutzt,
geh' nicht an dem herrlichen Marmorgebilde vorbei!
Roms Entzücken und der Witz vom Nil,
Kunst und Grazie, Spiel und Vernügen,
Zierde und Kummer der römischen Bühne,
und alle Göttinnen und Götter der Liebe
sind mit Paris in diesem Grab bestattet.

Variation über den Spruch: »Sit tibi terra levis«

Erben, begrabt nicht den zu kurz geratenen Bauern:
Denn Erde, wie wenig auch immer, ist für ihn schwer.

Meine eigne Moral enthält dieses Büchlein nicht

Gedichte habe ich gemacht, die können Catos Gattin
und die Furcht einflößenden Sabinerinnen lesen:
Doch möchte ich, daß dieses Büchlein nichts als lacht
und leichtfertiger ist als all die andern Büchlein;
von Wein soll's triefen und nicht erröten,
wenn's fleckig ist von fettiger Cosmus-Salbe,
schäkern soll es mit den Knaben, lieben soll es die Mädchen,
und ohne Umschweife auch von dem reden,
woher wir kommen, dem Vater von uns allen,

quam sanctus Numa mentulam vocabat.   10
versus hos tamen esse tu memento
Saturnalicios, Apollinaris:
mores non habet hic meos libellus.

16

Qui gravis es nimium, potes hinc iam, lector, abire
   quo libet: urbanae scripsimus ista togae;
iam mea Lampsacio lascivit pagina versu
   et Tartesiaca concrepat aera manu.
o quotiens rigida pulsabis pallia vena,   5
   sis gravior Curio Fabricioque licet!
tu quoque nequitias nostri lususque libelli
   uda, puella, leges, sis Patavina licet.
erubuit posuitque meum Lucretia librum,
   sed coram Bruto; Brute, recede: leget.   10

17

Non omnis nostri nocturna est pagina libri:
   invenies et quod mane, Sabine, legas.

18

Donasti, Lupe, rus sub urbe nobis;
sed rus est mihi maius in fenestra.
rus hoc dicere, rus potes vocare?
in quo ruta facit nemus Dianae,

was der ehrwürdige Numa Schwanz nannte.
Doch du bedenke, daß dies
Saturnalienverse sind, Apollinaris:
Meinen eigenen Charakter zeigt dieses Büchlein nicht.

Warnung an den Leser: ab jetzt wird's frivol

Wenn du allzu ernst bist, Leser, kannst du gleich von hier fortgehen,
wohin du willst: Bis hierher habe ich für die römische Toga geschrieben;
ab jetzt tollt mein Blatt übermütig im lampsakischen Vers
und bringt die ehernen Schellen mit tartessischer Hand zum Tönen.
O wie oft wirst du mit dem Steifen an den Mantel stoßen,
magst du ernster noch sein als Curius und Fabricius!
Auch du, Mädchen, wirst feucht, wenn du die Ungezogenheiten und
   poetischen Spielereien in meinem Büchlein
liest, magst du auch aus Padua stammen.
Rot wurde Lucretia und legte mein Buch beiseite,
doch nur wenn Brutus dabei war; Brutus, zieh dich zurück, dann wird
   sie's lesen.

Manches ist auch für die Morgenlektüre geeignet

Nicht jede Seite in meinem Buch ist für die Nacht:
Finden wirst du, Sabinus, darin auch, was du am Morgen lesen kannst.

Das geschenkte Gütchen

Ein Landgut am Stadtrand hast du mir geschenkt, Lupus,
doch ein größeres Landgut habe ich vor meinem Fenster.
Kannst du Landgut dazu sagen, Landgut nennen,
worin eine Raute den Hain Dianas darstellt,

argutae tegit ala quod cicadae,
quod formica die comedit uno,
clusae cui folium rosae corona est;
in quo non magis invenitur herba
quam Cosmi folium piperve crudum;
in quo nec cucumis iacere rectus
nec serpens habitare tota possit?
urucam male pascit hortus unam,
consumpto moritur culix salicto,
et talpa est mihi fossor atque arator.
non boletus hiare, non mariscae
ridere aut violae patere possunt.
finis mus populatur et colono
tamquam sus Calydonius timetur,
et sublata volantis ungue Procnes
in nido seges est hirundinino;
et cum stet sine falce mentulaque,
non est dimidio locus Priapo.
vix implet cocleam peracta messis,
et mustum nuce condimus picata.
errasti, Lupe, littera sed una:
nam quo tempore praedium dedisti,
mallem tu mihi prandium dedisses.

19

Quaeris cur nolim te ducere, Galla? diserta es.
saepe soloecismum mentula nostra facit.

das der Flügel einer zirpenden Zikade zudeckt,
das eine Ameise an einem einzigen Tag abfressen kann,
dem das Blatt einer geschlossenen Rose eine Girlande ist?
Worin man nicht mehr an Kräutern findet
als für Cosmus ein Blatt oder grünen Pfeffer,
worin weder eine Gurke gerade liegen
noch eine Schlange in voller Länge hausen könnte?
Eine einzige Kohlraupe nährt der Garten kaum,
eine Mücke stirbt, wenn sie den Weidenzweig verzehrt,
und der Maulwurf ist mir Erdarbeiter und Pflüger.
Nicht kann ein Pilz sich öffnen dort, nicht können Feigen
prangen oder Veilchen sich entfalten.
Eine Maus verheert mein Gelände, und der Pächter
fürchtet sie wie den Kalydonischen Eber;
von Proknes Kralle im Flug fortgetragen,
ist die Saat im Schwalbennest;
und ob er auch ohne Sichel und Schwanz dasteht,
kein Platz ist mehr für einen halben Priap.
Kaum füllt ein Schneckenhaus die eingebrachte Ernte,
und den Most bringe ich in einer verpichten Nußschale unter.
Du hast dich geirrt, Lupus, doch nur in einer Silbe:
denn als du mir damals das *Grund*stück gabst,
hättst du mir lieber ein *Früh*stück geben sollen.

Eine eloquente Dame möcht' ich nicht zur Frau

Du fragst, warum ich dich nicht heiraten will, Galla? Du bist mir zu
    eloquent.
Oft fängt mein Schwanz zu stottern an.

20

Caesaris Augusti lascivos, livide, versus
  sex lege, qui tristis verba Latina legis:
'quod futuit Glaphyran Antonius, hanc mihi poenam
  Fulvia constituit, se quoque uti futuam.
Fulviam ego ut futuam? quid si me Manius oret   5
  pedicem, faciam? non puto, si sapiam.
"aut futue, aut pugnemus" ait. quid quod mihi vita
  carior est ipsa mentula? signa canant!'
absolvis lepidos nimirum, Auguste, libellos,
  qui scis Romana simplicitate loqui.   10

21

Lydia tam laxa est equitis quam culus aeni,
  quam celer arguto qui sonat aere trochus,
quam rota transmisso totiens intacta petauro,
  quam vetus a crassa calceus udus aqua,
quam quae rara vagos expectant retia turdos,   5
  quam Pompeiano vela negata Noto,
quam quae de pthisico lapsa est armilla cinaedo,
  culcita Leuconico quam viduata suo,
quam veteres bracae Brittonis pauperis, et quam
  turpe Ravennatis guttur onocrotali.   10
hanc in piscina dicor futuisse marina.
  nescio; piscinam me futuisse puto.

Kaiser Augustus als ›Rückendeckung‹

Von Caesar Augustus sechs unanständige Verse
lies, du Neidling, der du mit finsterer Miene echt lateinische Worte liest:
»Weil Antonius Glaphyra vögelte, hat mir zur Strafe
Fulvia bestimmt, daß ich auch sie vögeln solle.
Fulvia soll ich vögeln? Was, wenn mich Manius bäte,
    es mit ihm zu treiben, sollt' ich's dann tun? Ich glaube nicht, wenn ich
        noch bei Verstand bin.
›Entweder vögle mich, oder es gibt Krieg zwischen uns beiden‹, sagt sie.
    Was aber, wenn mir
mein Schwanz lieber als selbst mein Leben ist? Man blase die Trompeten
        zum Kampf!«
Gewiß sprichst du, Augustus, die witzigen Büchlein frei,
verstehst du es doch, in römischer Direktheit zu reden.

›Ausgeleiert‹ ist sie

Lydia ist so ausgeweitet wie der Hintern einer bronzenen Reiterstatue,
wie das schnelle Rad, das vom Klappern der bronzenen Ringe ertönt,
wie der Reifen, der unberührt bleibt, sooft auch der Artist
        hindurchhechtet,
wie ein alter Schuh, von schmutzigem Wasser durchweicht,
wie die weitmaschigen Netze, die auf umherfliegende Drosseln warten,
wie die Sonnensegel im Pompejus-Theater, die man dem Südwind
        verweigert,
wie der Reif, der vom Arm eines schwindsüchtigen Schwulen herabglitt,
wie ein Polster, seiner leukonischen Füllung beraubt,
wie die alten Hosen eines armen Britanners und wie
die häßliche Kehle eines Pelikans aus Ravenna.
Und *die* soll ich in einem Meeresbassin gevögelt haben?
Davon weiß ich nichts; ich glaube, ich habe das Schwimmbecken
        gevögelt.

22

Mollia quod nivei duro teris ore Galaesi
 basia, quod nudo cum Ganymede iaces,
– quis negat? – hoc nimiumst. sed sit satis; inguina saltem
 parce fututrici sollicitare manu.
levibus in pueris plus haec quam mentula peccat
 et faciunt digiti praecipitantque virum:
inde tragus celeresque pili mirandaque matri
 barba nec in clara balnea luce placent.
divisit natura marem: pars una puellis,
 una viris genita est. utere parte tua.

23

Nubere Sila mihi nulla non lege parata est;
 sed Silam nulla ducere lege volo.
cum tamen instaret, 'deciens mihi dotis in auro
 sponsa dabis' dixi; 'quid minus esse potest?
nec futuam quamvis prima te nocte maritus,
 communis tecum nec mihi lectus erit;
complectarque meam, nec tu prohibebis, amicam,
 ancillam mittes et mihi iussa tuam.
te spectante dabit nobis lasciva minister
 basia, sive meus sive erit ille tuus.
ad cenam venies, sed sic divisa recumbes
 ut non tangantur pallia nostra tuis.

»Halbiert hat die Natur das männliche Geschlecht ...«

Daß du die zarten Kußlippen des schneeweißen Galaesus mit deinem
    rauhen Gesicht wundreibst,
daß du mit dem nackten Ganymed daliegst,
das ist – wer kann es leugnen? – schon zu viel. Doch das soll reichen:
    Unterlaß es wenigstens,
ihm das Glied mit lüsterner Hand zu erregen.
Bei glatten Jungen sündigt diese mehr als der Schwanz,
und die Finger machen beschleunigt zum Mann:
Daher der Bocksgeruch, das so schnell wachsende Haar, der Bart, über
    den die Mutter staunt,
und auch die Thermen mißfallen am hellichten Tag.
Halbiert hat die Natur das männliche Geschlecht: ein Teil ist für Mädchen,
einer für Männer geschaffen. Gebrauche deinen Teil!

Unmögliche Heiratskonditionen

Mich zu heiraten ist Sila unter jeder Bedingung bereit;
doch ich will Sila unter keiner Bedingung heiraten.
Als sie doch darauf bestand, sagte ich: »Du wirst mir zur Hochzeit
eine Million Sesterze in Gold als Mitgift geben. Das ist doch das mindeste!
Nicht werde ich dich vögeln, wenn ich dein Mann geworden bin, selbst
    in der ersten Nacht nicht,
und werde auch kein gemeinsames Lager mit dir haben;
ich werde mein Liebchen umarmen, und du wirst mich nicht daran
    hindern,
auch wirst du mir deine Magd schicken, wenn ich's befehle.
Vor deinen Augen wird mir der Diener lüsterne Küsse geben,
egal, ob er der meine oder der deine ist.
Zur Mahlzeit erscheinst du, doch mußt du so weit entfernt von mir zu
    Tische liegen,
daß mein Gewand nicht an deines stößt.

oscula rara dabis nobis et non dabis ultro,
  nec quasi nupta dabis sed quasi mater anus.
si potes ista pati, si nil perferre recusas,   15
  invenies qui te ducere, Sila, velit.'

24

Dum te prosequor et domum reduco,
aurem dum tibi praesto garrienti,
et quidquid loqueris facisque laudo,
quot versus poterant, Labulle, nasci!
hoc damnum tibi non videtur esse,   5
si quod Roma legit, requirit hospes,
non deridet eques, tenet senator,
laudat causidicus, poeta carpit,
propter te perit – hoc, Labulle, verum est –?
hoc quisquam ferat? ut tibi tuorum   10
sit maior numerus togatulorum,
librorum mihi sit minor meorum?
triginta prope iam diebus una est
nobis pagina vix peracta. sic fit
cum cenare domi poeta non vult.   15

25

Illa salax nimium nec paucis nota puellis
  stare Lino desît mentula. lingua, cave.

Küsse wirst du mir selten und nie von dir aus geben,
und nicht wie eine Jungvermählte wirst du sie geben, sondern wie eine
    greise Mutter.
Wenn du das ertragen kannst, wenn du nichts zu erdulden dich weigerst,
dann – wirst du schon jemanden finden, der dich heiraten möchte, Sila.«

Klientendienst hält vom Dichten ab

Während ich dich begleite und nach Hause zurückbringe,
während ich mein Ohr deinem Geschwätz leihe
und alles, was du sprichst und tust, lobe,
wieviele Verse hätten da entstehen können, Labullus!
Denkst du, das ist kein Verlust,
wenn, was Rom liest, was ein fremder Besucher fordert,
der Ritter nicht verlacht, der Senator auswendig weiß,
der Anwalt lobt und der Dichter kritisiert,
deinetwegen verlorengeht? Ist das recht, Labullus?
Muß man sich das bieten lassen? Daß bei dir
die Zahl deiner mickrigen Togaträger größer,
bei mir die meiner Bücher kleiner sei?
In beinahe schon dreißig Tagen ist kaum mal eine einzige
Seite von mir fertiggestellt. So weit kommt es,
wenn ein Dichter nicht zu Hause speisen will.

Bedenkliche Folgen von Impotenz

Jener allzu geile, nicht wenigen Mädchen vertraute
Schwanz hat aufgehört, für Linus zu stehen. Zunge, sieh dich vor!

26

O mihi grata quies, o blanda, Telesphore, cura,
   qualis in amplexu non fuit ante meo:
basia da nobis vetulo, puer, uda Falerno,
   pocula da labris facta minora tuis.
addideris super haec Veneris si gaudia vera,   5
   esse negem melius cum Ganymede Iovi.

27

Ferreus es, si stare potest tibi mentula, Flacce,
   cum te sex cyathos orat amica gari,
vel duo frusta rogat cybii tenuemve lacertum
   nec dignam toto se botryone putat;
cui portat gaudens ancilla paropside rubra   5
   allecem, sed quam protinus illa voret;
aut cum perfricuit frontem posuitque pudorem,
   sucida palliolo vellera quinque petit.
at mea me libram foliati poscat amica
   aut virides gemmas sardonychasve pares,   10
nec nisi prima velit de Tusco Serica vico
   aut centum aureolos sic velut aera roget.
nunc tu velle putas haec me donare puellae?
   nolo sed his ut sit digna puella volo.

28

Invasit medici Nasica phreneticus Eucti
   et percidit Hylan. hic, puto, sanus erat.

An einen geliebten Knaben

Du mir willkommener Trost, du meine zärtliche Sorge, Telesphorus,
wie ich keinen zuvor in meinen Armen hielt,
Küsse gib mir, mein Knabe, die noch feucht sind von altem Falerner,
Becher gib, die durch deine Lippen kleiner wurden.
Fügtest du hierzu noch die wirklichen Freuden der Venus,
dann möcht' ich bestreiten, mit Ganymed sei Jupiter besser dran.

Ein Mädchen darf sich nicht unter ihrem Wert verkaufen

Aus Eisen bist du, sofern dir der Schwanz noch stehen kann, Flaccus,
wenn dich deine Freundin um sechs Becher Garum bittet
oder nach zwei Stückchen Thunfisch, nach einer mageren Makrele fragt
und sich keines ganzen Traubenstengels für wert hält,
wenn ihre Magd froh überrascht ihr in einer Schüssel aus rotem Ton
Fischbrühe bringt, die sie dann auch noch gleich verschlingt;
oder wenn sie sich die Stirn rieb, so jede Zurückhaltung vergaß
und um fünf rohe Schaffelle für ein Mäntelchen bittet.
Aber *meine* Freundin soll von mir ein Pfund Nardenparfüm verlangen
oder grüne Edelsteine oder zusammenpassende Sardonyxe,
sie soll sich nur erstklassige Seide von der Tuskerstraße wünschen
oder nach hundert Goldstücken fragen, so als wären sie Kupfergeld.
Du meinst jetzt vielleicht, ich wollte all das wirklich meiner Freundin
    schenken?
O nein, doch daß mein Mädchen dessen wert sei, das ich will!

Ein Verrückter, der ›normal‹ reagiert

Nasica, der geisteskranke Patient von Euctus, dem Arzt, überfiel
dessen Hylas und vergewaltigte ihn. Er war vermutlich normal.

29

Languida cum vetula tractare virilia dextra
　coepisti, iugulor pollice, Phylli, tuo:
nam cum me murem, cum me tua lumina dicis,
　horis me refici vix puto posse decem.
blanditias nescis: 'dabo' dic 'tibi milia centum
　et dabo Setini iugera certa soli;
accipe vina, domum, pueros, chrysendeta, mensas.'
　nil opus est digitis: sic mihi, Phylli, frica.

30

Os male causidicis et dicis olere poetis.
　sed fellatori, Zoile, peius olet.

31

Atreus Caecilius cucurbitarum:
sic illas quasi filios Thyestae
in partes lacerat secatque mille.
gustu protinus has edes in ipso,
has prima feret alterave cena.
has cena tibi tertia reponet,
hinc seras epidipnidas parabit.
hinc pistor fatuas facit placentas,
hinc et multiplices struit tabellas
et notas caryotidas theatris.

Guter Rat an eine Alte: gib's mir nicht, sondern gib mir 'was!

Wenn du mit deiner greisen Hand anfängst, meinen schlaffen Schwanz
    zu bearbeiten,
dann bringt mich, Phyllis, dein Finger noch um.
Denn wenn du mich deine »Maus«, wenn du mich dein »Augenlicht«
    nennst,
glaube ich kaum, daß ich in zehn Stunden wieder zu Kräften kommen
    kann.
Du verstehst nichts von Schmeicheleien; sag doch einfach: »Ich will dir
    hunderttausend geben,
geben will ich dir ertragreiche Morgen Land auf setinischer Flur;
nimm Weine, ein Haus, Knaben, Gefäße mit Goldrand, Tische!«
Keine Finger braucht man dazu: So sollst du, Phyllis, mich aufpolieren!

Mundgeruch

Übel rieche der Atem bei Anwälten und Dichtern, sagst du,
doch bei einem, der's mit dem Mund macht, Zoïlus, riecht er noch übler.

Lauter Kürbisgerichte

Caecilius ist der Atreus der Kürbisse:
Als ob's die Söhne des Thyestes wären,
zerlegt und zerhackt er sie in tausend Stücke.
Gleich bei der Vorspeise bekommst du sie schon zu essen,
er bringt sie beim ersten und beim zweiten Gang.
Er wird sie dir beim dritten Gang noch vorsetzen,
aus ihnen wird er verspätete Desserts bereiten.
Aus ihnen macht ihm sein Bäcker fade Kuchen,
aus ihnen bildet er auch vielfach geschichtete Täfelchen
und Datteln, wie man sie in den Theatern bekommt.

hinc exit varium coco minutal,
ut lentem positam fabamque credas;
boletos imitatur et botellos,
et caudam cybii brevesque maenas.
hinc cellarius experitur artes, 15
ut condat vario vafer sapore
in rutae folium Capelliana.
sic inplet gabatas paropsidesque,
et leves scutulas cavasque lances.
hoc lautum vocat, hoc putat venustum, 20
unum ponere ferculis tot assem.

32

Nec toga nec focus est nec tritus cimice lectus
    nec tibi de bibula sarta palude teges,
nec puer aut senior, nulla est ancilla nec infans,
    nec sera nec clavis nec canis atque calix.
tu tamen adfectas, Nestor, dici atque videri 5
    pauper et in populo quaeris habere locum.
mentiris vanoque tibi blandiris honore.
    non est paupertas, Nestor, habere nihil.

33

Saepius ad palmam prasinus post fata Neronis
    pervenit et victor praemia plura refert.
i nunc, livor edax, dic te cessisse Neroni:
    vicit nimirum non Nero, sed prasinus.

Aus ihnen bereitet der Koch so mancherlei Ragout,
so daß du glauben könntest, man habe dir Linsen und Bohnen
    vorgesetzt.
Pilzgerichte ahmt er nach und Würstchen,
den Schwanz des Thunfischs und kleine Sardellen.
An ihnen erweist der Küchenmeister seine Künste,
so daß er pfiffig und in vielerlei Geschmacksrichtung
Capellius-Bonbons in ein Rautenblatt hüllt.
Auf diese Weise füllt er Töpfe und Schüsseln,
glattpolierte Teller und tiefe Schalen.
Das nennt er vornehm, das hält er für raffiniert,
für so viele Gerichte nur ein einziges As zu investieren.

Ein Habenichts

Keine Toga hast du, keinen Herd, kein von den Wanzen gern besuchtes
    Bett,
keine geflickte Matte aus sumpffeuchtem Schilfrohr,
keinen Knaben oder älteren Diener, keine Magd, auch kein Kind,
weder Riegel noch Schlüssel, Hund oder Becher.
Dennoch, Nestor, möchtest du gern ein Armer heißen und scheinen
und versuchst, eine Position unter den Leuten zu haben.
Du lügst und schmeichelst dir mit einem falschen Ehrentitel.
Armut ist es nicht, Nestor, wenn man gar nichts hat.

Sieg eines ›Grünen‹ auch ohne kaiserliche Protektion

Öfter seit Neros Tod erlangt ein Rennfahrer der Grünen die Palme
und heimst als Sieger recht viele Preise ein.
Geh' nun, nagender Neid, und behaupte, du seist Nero unterlegen:
Ganz bestimmt hat nicht Nero, sondern der Grüne gesiegt.

34

Aedes emit Aper sed quas nec noctua vellet
 esse suas; adeo nigra vetusque casa est.
vicinus illi nitidus Maro possidet hortos.
 cenabit belle, non habitabit Aper.

35

Ignotos mihi cum voces trecentos,
quare non veniam vocatus ad te
miraris quererisque litigasque.
solus ceno, Fabulle, non libenter.

36

Gaius hanc lucem gemma mihi Iulius alba
 signat, io, votis redditus ecce meis:
desperasse iuvat veluti iam rupta sororum
 fila; minus gaudent qui timuere nihil.
Hypne, quid expectas, piger? inmortale Falernum   5
 funde, senem poscunt talia vota cadum:
quincunces et sex cyathos besemque bibamus,
 'Gaius' ut fiat 'Iulius' et 'Proculus'.

Zum Glück für Aper gibt's Nachbars Garten

Ein Haus kaufte Aper, doch eins, das nicht einmal eine Nachteule
für sich wollte; so finster und alt ist die Hütte.
In seiner Nähe besitzt der wohlhabende Maro Gärten.
Speisen wird Aper gut, wohnen nicht.

Unter zu vielen Geladenen speist man allein

Wenn du dreihundert mir unbekannte Gäste zu dir einlädst,
dann wunderst du dich, weshalb ich, obwohl eingeladen, nicht zu dir
    kommen mag,
und du beklagst dich und schimpfst darüber.
Allein, Fabullus, speis' ich nicht gern.

Auf die Genesung eines todkranken Freundes

Gaius Julius markiert mir diesen Tag mit einem weißen Steinchen,
seht, er wurde uns – welches Glück! – durch meine Bitten
    wiedergeschenkt.
Verzweifelt gewesen zu sein bei dem Gedanken, die Schwestern hätten
    seinen Lebensfaden schon abgeschnitten, macht (hinterher)
    froh;
weniger glücklich ist, wer nichts zu befürchten hatte.
Hypnus, worauf wartest du noch, du Faulenzer? Göttlichen Falerner
schenk' ein, die Erfüllung solcher Bitten verlangt nach einem älteren
    Krug:
Laß uns fünf und sechs und acht Becher trinken,
damit ›Gaius‹ zu ›Julius‹ und ›Proculus‹ wird!

37

Zoile, quid tota gemmam praecingere libra
 te iuvat et miserum perdere sardonycha?
anulus iste tuis fuerat modo cruribus aptus:
 non eadem digitis pondera conveniunt.

38

Mulio viginti venît modo milibus, Aule.
 miraris pretium tam grave? surdus erat.

39

Cunarum fueras motor, Charideme, mearum
 et pueri custos adsiduusque comes.
iam mihi nigrescunt tonsa sudaria barba
 et queritur labris puncta puella meis;
sed tibi non crevi: te noster vilicus horret, 5
 te dispensator, te domus ipsa pavet.
ludere nec nobis nec tu permittis amare;
 nil mihi vis et vis cuncta licere tibi.
corripis, observas, quereris, suspiria ducis,
 et vix a ferulis temperat ira tua. 10
si Tyrios sumpsi cultus unxive capillos,
 exclamas 'numquam fecerat ista pater',
et numeras nostros adstricta fronte trientes,
 tamquam de cella sit cadus ille tua.
desine; non possum libertum ferre Catonem. 15
 esse virum iam me dicet amica tibi.

Statt Fußschellen trägt er jetzt einen massigen Ring

Zoilus, was hast du davon, wenn du deinem Edelstein eine Fassung
    gibst, die ein ganzes Pfund wiegt,
und den armen Sardonyx verdirbst?
Solch ein Ring paßte vor kurzem noch für deine Beine:
Dasselbe Gewicht schickt sich nicht für deine Finger.

Taubheit erhöht den Preis eines Maultiertreibers

Gerade wurde ein Maultiertreiber für zwanzigtausend verkauft, Aulus.
Staunst du über einen so hohen Preis? Er war taub.

Ich bin kein Kind mehr

Du warst es gewesen, Charidemus, der meine Wiege geschaukelt hat,
warst des Knaben Wächter und ständiger Begleiter.
Jetzt wird schon das Handtuch schwarz von meinem geschorenen Bart,
und mein Mädchen jammert, wenn sie von meinen Lippen gestochen wird.
Doch für dich bin ich nicht größer geworden: Dich fürchtet mein Pächter,
vor dir hat der Verwalter, vor dir hat das Haus sogar Angst.
Du gestattest mir nicht, mich zu amüsieren und mich zu verlieben;
nichts soll mir und alles soll dir erlaubt sein.
Du schimpfst, spionierst, jammerst und seufzt,
und kaum hält der Zorn dich von den Ruten zurück.
Habe ich tyrische Gewänder angelegt oder das Haar pomadisiert,
schreist du: »Dein Vater machte das nie«,
und du zählst mit gerunzelter Stirn meine Becher,
als käme der Krug aus deinem eigenen Keller.
Hör' auf damit; nicht kann ich einen Freigelassenen ertragen, der sich als
    Cato aufspielt.
Daß ich schon ein Mann bin, wird meine Freundin dir sagen.

40

Formonsam Glyceran amat Lupercus
et solus tenet imperatque solus.
quam toto sibi mense non fututam
cum tristis quereretur et roganti
causam reddere vellet Aeliano,
respondit Glycerae dolere dentes.

41

Indulget pecori nimium dum pastor Amyntas
　et gaudet fama luxuriaque gregis,
cedentes oneri ramos silvamque fluentem
　vicit, concussas ipse secutus opes.
triste nemus dirae vetuit superesse rapinae
　damnavitque rogis noxia ligna pater.
pingues, Lygde, sues habeat vicinus Iollas:
　te satis est nobis adnumerare pecus.

42

Vivida cum poscas epigrammata, mortua ponis
　lemmata. qui fieri, Caeciliane, potest?
mella iubes Hyblaea tibi vel Hymettia nasci,
　et thyma Cecropiae Corsica ponis api!

Zahnschmerzen als Grund für sexuelle Abstinenz

Lupercus liebt die schöne Glycera,
er besitzt sie allein, und er beherrscht sie allein.
Als er traurig klagte, er habe sie in dem ganzen Monat
nicht gevögelt, und dem Aelianus auf dessen Frage
eine Begründung liefern wollte,
entgegnete er, Glycera habe Zahnschmerzen.

Tödlicher Sturz eines Schweinehirten

Während der Hirte Amyntas allzu sehr sein Vieh versorgte
und sich über den Ruf und das prächtige Gedeihen seiner Herde freute,
überforderte er die dem Gewicht nachgebenden Äste und den weit
    ausladenden Baum
und stürzte selbst dem abgeschüttelten Reichtum nach.
Daß der Unglücksbaum den grausamen Verlust überlebe,
verhinderte der Vater: Er verurteilte das schuldige Holz zum
    Scheiterhaufen.
Soll mein Nachbar Iollas ruhig fette Schweine haben, Lygdus:
Mir genügt es, wenn du das Vieh richtig zählst.

Aus einem toten Thema wird kein lebendiges Gedicht

Obwohl du lebendige Epigramme verlangst, legst du mir tote
Themen vor. Wie kann ich damit zurechtkommen, Caecilianus?
Du befiehlst, daß hyblischer und hymettischer Honig für dich
    produziert werde,
und setzt der attischen Biene korsischen Thymian vor!

43

Deprensum in puero tetricis me vocibus, uxor,
  corripis et culum te quoque habere refers.
dixit idem quotiens lascivo Iuno Tonanti!
  ille tamen grandi cum Ganymede iacet.
incurvabat Hylan posito Tirynthius arcu: 5
  tu Megaran credis non habuisse natis?
torquebat Phoebum Daphne fugitiva: sed illas
  Oebalius flammas iussit abire puer.
Briseïs multum quamvis aversa iaceret,
  Aeacidae propior levis amicus erat.   10
parce tuis igitur dare mascula nomina rebus
  teque puta cunnos, uxor, habere duos.

44

Orbus es et locuples et Bruto consule natus:
  esse tibi veras credis amicitias?
sunt verae, sed quas iuvenis, quas pauper habebas.
  qui novus est, mortem diligit ille tuam.

45

Intrasti quotiens inscriptae limina cellae,
  seu puer adrisit sive puella tibi,
contentus non es foribus veloque seraque,
  secretumque iubes grandius esse tibi:

Knabe und Weib: unterschiedliche Objekte der Begierde

Hast du mich bei einem Knaben ertappt, Frau, schimpfst du mich mit
 strengen Worten aus
und betonst, du habest auch einen Hintern.
Wie oft sagte Juno dasselbe dem lüsternen Donnerer!
Dennoch liegt er bei dem schon erwachsenen Ganymed.
Der Tirynthier legte den Bogen zur Seite und ›krümmte‹ statt dessen
 den Hylas:
Glaubst du, Megara habe keine Hinterbacken gehabt?
Daphne, die Flüchtige, quälte den Phöbus:
Der öbalische Knabe jedoch ließ den Gott diese Liebesglut vergessen.
Wiewohl Briseïs ihm im Bett oft ihren Rücken bot,
war dem Aiakos-Enkel der bartlose Freund lieber.
Erspare dir also, deiner Anatomie männliche Namen zu geben,
und denke daran, Frau: Du bleibst vorne und hinten ein Weib.

Nur die frühen Freunde sind wahre Freunde

Kinderlos bist du, reich und geboren, als Brutus Konsul war:
Daß du echte Freundschaften hast, glaubst du?
Es gibt echte, doch die hattest du, als du jung, als du arm warst.
Wer jetzt dein Freund ist, liebt nur deinen Tod.

Verdächtige Vorsichtsmaßnahmen im Bordell

Sooft du die Schwelle der beschrifteten Kammer betreten hast,
ob nun ein Knabe oder ein Mädchen dir zulächelte,
bist du nicht zufrieden mit Tür, Vorhang und Riegel
und verlangst für dich noch größere Heimlichkeit.

oblinitur minimae si qua est suspicio rimae 5
  punctaque lasciva quae terebrantur acu.
nemo est tam teneri tam sollicitique pudoris
  qui vel pedicat, Canthare, vel futuit.

46

Iam nisi per somnum non arrigis et tibi, Maevi,
  incipit in medios meiere verpa pedes,
truditur et digitis pannucea mentula lassis
  nec levat extinctum sollicitata caput.
quid miseros frustra cunnos culosque lacessis? 5
  summa petas: illic mentula vivit anus.

47

Omnia femineis quare dilecta catervis
  balnea devitat Lattara? ne futuat.
cur nec Pompeia lentus spatiatur in umbra
  nec petit Inachidos limina? ne futuat.
cur Lacedaemonio luteum ceromate corpus 5
  perfundit gelida Virgine? ne futuat.
cum sic feminei generis contagia vitet,
  cur lingit cunnum Lattara? ne futuat.

Wenn auch nur der Verdacht des allerkleinsten Spalts besteht, läßt du
    ihn ebenso zuschmieren
wie die winzigen Löcher, die eine lüsterne Nadel bohrt.
Niemand, Cantharus, ist so feinfühlig, so besorgt in seiner Verschämtheit,
der es mit Knaben treibt oder auch Frauen vögelt.

Guter Rat bei Potenzschwierigkeiten

Nur im Schlaf kriegst du noch einen Steifen, Mevius, und das Glied fängt
    schon an,
dir mitten auf die Füße zu pissen;
bearbeitet wird dein schlaffer Schwanz von erschöpften Fingern,
und dennoch hebt er, wiewohl stimuliert, nicht sein ermattetes Haupt.
Was quälst du vergeblich unglückliche Fotzen und Ärsche?
Ganz nach oben solltest du gehen: Dort wird ein alter Schwanz lebendig.

Von jemandem, der nur das eine vermeiden will: normalen Sex

Weshalb meidet Lattara alle Bäder, die Frauen in Scharen
so gern besuchen? Um nicht vögeln zu müssen.
Warum spaziert er nicht lässig in der schattigen Pompejus-Halle
und strebt nicht zur Schwelle der Inachos-Tochter? Um nicht vögeln zu
    müssen.
Warum taucht er den mit spartanischer Salbe beschmierten Körper
in das eisige Wasser der Virgo? Um nicht vögeln zu müssen.
Da Lattara so sehr den Kontakt mit dem weiblichen Geschlecht meidet,
warum leckt er dann die Fotze? Um nicht vögeln zu müssen.

48

Silius haec magni celebrat monimenta Maronis,
   iugera facundi qui Ciceronis habet.
heredem dominumque sui tumulive larisve
   non alium mallet nec Maro nec Cicero.

49 (50)

Nulla est hora tibi qua non me, Phylli, furentem
   despolies: tanta calliditate rapis.
nunc plorat speculo fallax ancilla relicto,
   gemma vel a digito vel cadit aure lapis;
nunc furtiva lucri fieri bombycina possunt,   5
   profertur Cosmi nunc mihi siccus onyx;
amphora nunc petitur nigri cariosa Falerni,
   expiet ut somnos garrula saga tuos;
nunc ut emam grandemve lupum mullumve bilibrem,
   indixit cenam dives amica tibi.   10
sit pudor et tandem veri respectus et aequi:
   nil tibi, Phylli, nego; nil mihi, Phylli, nega.

50 (49)

Iam prope desertos cineres et sancta Maronis
   nomina qui coleret pauper et unus erat.
Silius optatae succurrere censuit umbrae,
   Silius et vatem, non minor ipse, colit.

Silius und das Grab Vergils

Silius ehrt hier das Grabmal des großen Maro,
er, der auch ein Landgut des eloquenten Cicero besitzt.
Als Erben und Herrn ihres Grabhügels oder Hauses
hätten Maro und Cicero keinen anderen lieber gewollt.

Phyllis nimmt mich mit fadenscheinigen Gründen aus

Keine Stunde vergeht, ohne daß du mich rasend Verliebten
ausnimmst, Phyllis: Mit großer Schläue plünderst du mich.
Mal jammert die durchtriebene Magd, weil ein Spiegel verlorenging,
oder ein Ring fällt von deinem Finger oder eine Perle von deinem Ohr;
mal können gestohlene Seidenkleider günstig erworben werden,
mal reicht man mir ein leeres Salbenbüchschen von Cosmus,
mal verlangt man einen verwitterten Krug mit dunklem Falerner,
damit eine geschwätzige Zauberin deine Träume entsühne;
mal sagt sich, nur damit ich einen mächtigen Barsch oder eine
    zweipfündige Meerbarbe erstehe,
bei dir eine reiche Freundin zum Essen an.
Schäm' dich und halte dich endlich an das, was recht und billig ist:
Nichts schlage ich dir, Phyllis, ab; nichts schlage du mir, Phyllis, ab!

Der Dichter Silius pflegt Vergils Grab

Um die fast schon vergessene Asche und den ehrwürdigen Namen Maros
zu ehren, gab es nur noch einen einzigen Mann, und der war arm.
Silius beschloß, dem geliebten Schatten zu Hilfe zu eilen,
und Silius ehrt so den Dichter – nicht weniger Dichter er selbst.

51

Tanta est quae Titio columna pendet
quantam Lampsaciae colunt puellae.
hic nullo comitante nec molesto
thermis grandibus et suis lavatur.
anguste Titius tamen lavatur. 5

52

Cenabis belle, Iuli Cerialis, apud me;
   conditio est melior si tibi nulla, veni.
octavam poteris servare; lavabimur una:
   scis quam sint Stephani balnea iuncta mihi.
prima tibi dabitur ventri lactuca movendo 5
   utilis, et porris fila resecta suis,
mox vetus et tenui maior cordyla lacerto,
   sed quam cum rutae frondibus ova tegant;
altera non derunt tenui versata favilla,
   et Velabrensi massa coacta foco, 10
et quae Picenum senserunt frigus olivae.
   haec satis in gustu. cetera nosse cupis?
mentiar, ut venias: pisces, conchylia, sumen,
   et chortis saturas atque paludis aves,
quae nec Stella solet rara nisi ponere cena. 15
   plus ego polliceor: nil recitabo tibi,
ipse tuos nobis relegas licet usque Gigantas,
   rura vel aeterno proxima Vergilio.

Enormer Phallus

So groß ist die Säule, die an Titius hängt,
wie sie die Mädchen von Lampsakos verehren.
Ohne daß ihn jemand begleitet oder belästigt,
badet er in großen, seinen eigenen, Thermen.
Dennoch ist's Titius immer eng beim Baden.

Einladung an Julius Cerialis mit Menu-Plan

Köstlich wirst du bei mir speisen, Julius Cerialis;
hast du kein besseres Angebot, dann komm!
Du kannst die achte Stunde frei halten; wir baden dann zusammen:
Du weißt ja, wie nah bei meiner Wohnung das Stephanus-Bad ist.
Als erstes wird man dir Lattich reichen – um den Magen anzuregen,
ist er nützlich – und dünne Streifen Lauch, abgeschnitten von seinen
        Stangen,
dann Thunfischbrut, schon alt und größer als die dünne Makrele,
und zwar so, daß Eier mit Rautenlaub das Ganze garnieren;
weitere Eier, in feiner Asche hin- und hergewendet, werden nicht fehlen,
so wenig wie Käse, fest geworden auf velabrensischem Herd,
oder Oliven, die schon den Frost von Picenum erfuhren.
Dies ist genug als Vorspeise. Das weitere möchtest du wissen?
Lügen werd' ich, damit du ja kommst: Fische, Austern, Saueuter,
gut gefütterte Vögel vom Hof und vom Sumpfland,
wie sie Stella nur zu einem exklusiven Mahle zu servieren pflegt.
Mehr noch verspreche ich: Nichts trage ich dir vor,
du selbst darfst uns wieder ununterbrochen »Die Giganten« vorlesen
oder deine Gedichte vom Landbau, die dem unsterblichen Vergil sehr
        nahe kommen.

53

Claudia caeruleis cum sit Rufina Britannis
  edita, quam Latiae pectora gentis habet!
quale decus formae! Romanam credere matres
  Italides possunt, Atthides esse suam.
di bene quod sancto peperit fecunda marito,   5
  quod sperat generos quodque puella nurus.
sic placeat superis ut coniuge gaudeat uno
  et semper natis gaudeat illa tribus.

54

Unguenta et casias et olentem funera murram
  turaque de medio semicremata rogo
et quae de Stygio rapuisti cinnama lecto,
  inprobe, de turpi, Zoile, redde sinu.
a pedibus didicere manus peccare protervae.   5
  non miror furem, qui fugitivus eras.

55

Hortatur fieri quod te Lupus, Urbice, patrem,
  ne credas; nihil est quod minus ille velit.
ars est captandi quod nolis velle videri;
  ne facias optat quod rogat ut facias.

Frauenlob

Claudia Rufina stammt zwar von den blauen Britannern ab,
doch wie sehr nach römischer Art ist ihr Empfinden!
Welche Anmut der Gestalt! Als Römerin könnten italische Mütter
sie ansehen, attische sie als eine der Ihren betrachten.
Dank den Göttern, daß sie fruchtbar war und dem untadeligen Gatten
    schon gebar,
daß sie als junge Frau bereits auf Schwiegersöhne und Schwiegertöchter
    hoffen darf.
So möge es den Himmlischen gefallen, daß sie sich des einen Gatten
    erfreue
und daß sie sich stets ihrer drei Kinder erfreue.

Entlaufener Sklave als Dieb von Bestattungs-Ingredienzien

Salben, Seidelbast, Myrrhe, die nach Beerdigung riecht,
halbverglühten Weihrauch mitten von einem Scheiterhaufen
und Zimt, den du vom stygischen Bett geraubt hast,
gib, du schamloser Zoïlus, aus deinem widerlichen Gewandbausch
    zurück!
Von den Füßen haben die dreisten Hände ihre Bosheit gelernt:
Ich wundere mich nicht darüber, daß du ein Dieb bist, warst du doch ein
    entlaufener Sklave.

Warnung vor einem Erbschleicher

Wenn Lupus dich ermuntert, Vater zu werden, Urbicus,
dann glaub' ihm nicht; nichts will er weniger als das.
Ein Trick ist's, um jemanden einzufangen, sich zu stellen, als wolle man,
    was man gar nicht will.
Er wünscht, daß du nicht tust, was er dich bittet zu tun.

dicat praegnantem tua se Cosconia tantum:
pallidior fiet iam pariente Lupus.
at tu consilio videaris ut usus amici,
sic morere ut factum te putet esse patrem.

56

Quod nimium mortem, Chaeremon Stoice, laudas,
  vis animum mirer suspiciamque tuum?
hanc tibi virtutem fracta facit urceus ansa,
  et tristis nullo qui tepet igne focus,
et teges et cimex et nudi sponda grabati,
  et brevis atque eadem nocte dieque toga.
o quam magnus homo es qui faece rubentis aceti
  et stipula et nigro pane carere potes!
Leuconicis agedum tumeat tibi culcita lanis
  constringatque tuos purpura pexa toros,
dormiat et tecum modo qui, dum Caecuba miscet,
  convivas roseo torserat ore puer:
o quam tu cupies ter vivere Nestoris annos
  et nihil ex ulla perdere luce voles!
rebus in angustis facile est contemnere vitam:
  fortiter ille facit qui miser esse potest.

57

Miraris docto quod carmina mitto Severo,
  ad cenam cum te, docte Severe, vocem?
Iuppiter ambrosia satur est et nectare vivit;
  nos tamen exta Iovi cruda merumque damus.

Laß nur deine Cosconia behaupten, sie sei schwanger:
Gleich wird Lupus bleicher als eine Gebärende.
Damit es aber so scheint, als hättest du den Rat des Freundes befolgt,
stirb so, daß er denkt, du seiest Vater geworden.

Tapfer ist, wer auch ein Leben in Armut aushält

Willst du, da du den Tod so sehr lobst, Stoiker Chaeremon,
daß ich deshalb deinen Mut bewundere und zu dir aufblicke?
Diese ›Tugend‹ verleiht dir der Krug, von dem der Henkel abgebrochen
    ist,
der trostlose Herd, den kein Feuer erwärmt,
die Matte, die Wanze, das nackte Bettgestell
und die zu kurze Toga – dieselbe in der Nacht wie am Tag.
O was für ein großer Mann bist du, der du auf die Hefe von rotem Essig,
auf ein Bund Stroh und schwarzes Brot verzichten kannst!
Soll doch dein Polster erst einmal von leukonischer Wolle anschwellen,
eine langhaarige Purpurdecke dein Lager umhüllen
und ein Knabe mit dir schlafen, der eben noch, während er den
    Caecuber mischte,
den Gästen mit seinem Rosenmund den Kopf verdrehte:
O wie sehr wünschtest du dann, dreimal Nestors Jahre zu leben,
und von keinem Tag möchtest du etwas missen!
Es ist leicht, in beengten Verhältnissen das Leben zu verachten:
Tapferkeit zeigt, wer die Kraft hat, im Elend zu leben.

Weshalb ich dich in Versen einlud

Du wunderst dich, daß ich dir, dem gelehrten Severus, Verse schicke,
wenn ich dich, gelehrter Severus, zum Mahle einlade?
Jupiter ist von Ambrosia satt und lebt von Nektar;
dennoch spenden wir Jupiter rohes Gekröse und unvermischten Wein.

omnia cum tibi sint dono concessa deorum, 5
si quod habes non vis, ergo quid accipies?

58

Cum me velle vides tentumque, Telesphore, sentis,
   magna rogas – puta me velle negare: licet? –
et nisi iuratus dixi 'dabo,' subtrahis illas,
   permittunt in me quae tibi multa, natis.
quid si me tonsor, cum stricta novacula supra est, 5
   tunc libertatem divitiasque roget?
promittam; neque enim rogat illo tempore tonsor,
   latro rogat; res est inperiosa timor:
sed fuerit curva cum tuta novacula theca,
   frangam tonsori crura manusque simul. 10
at tibi nil faciam, sed lota mentula lana
   λειχάζειν cupidae dicet avaritiae.

59

Senos Charinus omnibus digitis gerit
   nec nocte ponit anulos
nec cum lavatur. causa quae sit quaeritis?
   dactyliothecam non habet.

Da dir schon alles durch die Gunst der Götter bewilligt wurde,
was kannst du da noch entgegennehmen, wenn du nicht willst, was du schon hast?

Erpresserischer Buhlknabe

Wenn du siehst, daß ich's will, und merkst, daß ich geil auf dich bin, Telesphorus,
verlangst du eine ganze Menge – nimm an, ich wollte ablehnen: Kann ich das überhaupt? –
Und wenn ich nicht schwöre: »Ich gebe es dir«, entziehst du mir jene Hinterbacken, die dir so vieles bei mir erlauben.
Was dann, wenn der Barbier, sobald das gezückte Rasiermesser über mir ist,
Freiheit und Reichtum von mir verlangte?
Ich verspräche es ihm, stellt doch in dem Augenblick Forderungen nicht ein Barbier,
sondern ein Räuber; ein gebieterisch Ding ist die Furcht.
Wenn aber das Rasiermesser in seiner krummen Hülle sicher verwahrt ist,
brech' ich dem Barbier Beine und Hände zugleich.
Dir dagegen werde ich nichts tun, doch mein Schwanz wird, wenn ein Wolltuch ihn abgewaschen hat,
zu deiner gierigen Habsucht sagen: So leck' mich denn!

Angeber mit zahlreichen Fingerringen

Sechs Ringe trägt Charinus an jedem Finger
und legt sie auch bei Nacht nicht ab
noch wenn er badet. Was der Grund sei, fragt ihr mich?
Er hat kein Ringkästchen.

60

Sit Phlogis an Chione Veneri magis apta requiris?
    pulchrior est Chione; sed Phlogis ulcus habet,
ulcus habet Priami quod tendere possit alutam
    quodque senem Pelian non sinat esse senem,
ulcus habet quod habere suam vult quisque puellam, 5
    quod sanare Criton, non quod Hygia potest:
at Chione non sentit opus nec vocibus ullis
    adiuvat, absentem marmoreamve putes.
exorare, dei, si vos tam magna liceret
    et bona velletis tam pretiosa dare, 10
hoc quod habet Chione corpus faceretis haberet
    ut Phlogis, et Chione quod Phlogis ulcus habet.

61

Lingua maritus, moechus ore Nanneius,
Summemmianis inquinatior buccis;
quem cum fenestra vidit a Suburana
obscena nudum Leda, fornicem cludit
mediumque mavult basiare quam summum; 5
modo qui per omnes viscerum tubos ibat
et voce certa consciaque dicebat
puer an puella matris esset in ventre:
– gaudete cunni; vestra namque res acta est –
arrigere linguam non potest fututricem. 10
nam dum tumenti mersus haeret in volva
et vagientes intus audit infantes,

Kalt und schön die eine, heiß und häßlich die andere

Ob Phlogis oder Chione mehr für die Liebe geeignet sei, fragst du?
Schöner ist Chione; doch Phlogis ist scharf,
so scharf, daß sie den schlappen Riemen von Priamos spannen könnte
und den greisen Pelias nicht länger einen Greis sein ließe,
so scharf, wie jeder sein eigenes Mädchen haben will,
was Criton, nicht aber Hygia heilen kann.
Chione dagegen fühlt nichts beim Akt und unterstützt ihn auch
mit keinem einzigen Laut; man könnte meinen, sie sei gar nicht da oder
    sei aus Marmor.
Wenn es erlaubt wäre, ihr Götter, euch um etwas so Großes zu bitten
und ihr mir so kostbare Gaben gewähren wolltet,
dann solltet ihr bewirken, daß Phlogis den Körper hat, den jetzt Chione
    hat,
und daß Chione so scharf wie Phlogis ist.

Verdiente Lähmung einer lüsternen Zunge

Mit der Zunge Ehemann, Hurer mit dem Mund, ist Nanneius,
schmutziger noch als die Visagen von Dirnen aus dem
    Summemmius-Etablissement;
wenn ihn in seinem nackten Zustand von ihrem Fenster in der
    Subura
die schamlose Leda sieht, schließt sie den Puff
und will ihn lieber unten küssen als oben:
Er, der soeben noch durch alle Leibesöffnungen drang
und in festem und selbstbewußtem Ton erklärte,
ob ein Knabe oder ein Mädchen im Bauch der Mutter sei,
– freut euch, ihr Mösen; zu eurem Vorteil ist's nämlich geschehen –
er kann nun seine hurende Zunge nicht mehr ausstrecken.
Denn während er tief im geschwollenen Schoß steckte
und drinnen die Kinder wimmern hörte,

partem gulosam solvit indecens morbus.
nec purus esse nunc potest nec inpurus.

62

Lesbia se iurat gratis numquam esse fututam.
  verum est. cum futui vult, numerare solet.

63

Spectas nos, Philomuse, cum lavamur,
et quare mihi tam mutuniati
sint leves pueri subinde quaeris.
dicam simpliciter tibi roganti:
pedicant, Philomuse, curiosos. 5

64

Nescio tam multis quid scribas, Fauste, puellis:
  hoc scio, quod scribit nulla puella tibi.

65

Sescenti cenant a te, Iustine, vocati
  lucis ad officium quae tibi prima fuit.
inter quos, memini, non ultimus esse solebam;
  nec locus hic nobis invidiosus erat.
postera sed festae reddis sollemnia mensae: 5
  sescentis hodie, cras mihi natus eris.

legte eine häßliche Krankheit das gierige Stück lahm.
Jetzt kann er weder rein noch unrein sein.

Keiner hat Lesbia ›umsonst‹ gevögelt

Lesbia schwört, keiner habe sie jemals umsonst gevögelt.
Das stimmt. Wenn sie gevögelt werden will, zahlt *sie* gewöhnlich dafür.

Schlagfertige Antwort gegenüber einem Voyeur im Bad

Du siehst uns zu, Philomusus, wenn wir baden,
und willst immer mal wieder wissen, weshalb
meine glatten Knaben so kräftige Schwänze haben.
Ich will dir offen deine Frage beantworten:
Sie besorgen es, Philomusus, neugierigen Fragern hinten.

Vergebliche Liebesbriefe

Ich weiß nicht, was du den vielen Mädchen schreibst, Faustus:
Das weiß ich, was kein Mädchen dir schreibt.

Erst morgen bist du für mich geboren

Zahllose Gäste dinieren, von dir, Justinus, eingeladen,
den Tag zu begehen, der dein erster war.
Unter ihnen, erinnere ich mich, war ich gewöhnlich nicht der letzte,
und dieser mein Platz wurde mir auch nicht mißgönnt.
Aber die Nachfeier des festlichen Mahls gibst du ja morgen:
Für die zahllosen Gäste wirst du heute, morgen für mich geboren sein.

66

Et delator es et calumniator,
et fraudator es et negotiator,
et fellator es et lanista. miror
quare non habeas, Vacerra, nummos.

67

Nil mihi das vivus, dicis post fata daturum.
　si non es stultus, scis, Maro, quid cupiam.

68

Parva rogas magnos; sed non dant haec quoque magni.
　ut pudeat levius te, Matho, magna roga.

69

Amphitheatrales inter nutrita magistros
　venatrix, silvis aspera, blanda domi,
Lydia dicebar, domino fidissima Dextro,
　qui non Erigones mallet habere canem,
nec qui Dictaea Cephalum de gente secutus　　5
　luciferae pariter venit ad astra deae.
non me longa dies nec inutilis abstulit aetas,
　qualia Dulichio fata fuere cani:
fulmineo spumantis apri sum dente perempta,
　quantus erat, Calydon, aut, Erymanthe, tuus.　　10

Kein Geld trotz vieler anrüchiger ›Berufe‹

Denunziant bist du und Verleumder,
Betrüger bist du und Geschäftemacher,
Lutscher und Gladiatoren-Trainer; ich wundre mich,
wieso du gar kein Geld hast, Vacerra.

Auf deinen Tod soll ich wohl warten

Lebend gibst du mir nichts und versprichst, nach dem Tod mir zu geben.
Bist du nicht dumm, dann weißt du, Maro, was ich mir wünsche.

Falsche Bescheidenheit beim Bitten

Um Geringes bittest du die Großen; doch selbst das verweigern die
    Großen.
Damit es dich weniger beschämt, bitte, Matho, um Großes.

Grabschrift für einen Jagdhund

Aufgewachsen bin ich unter den Dompteuren des Amphitheaters,
ein Jagdhund, in den Wäldern grimmig, doch possierlich daheim;
Lydia wurde ich genannt, war treu ergeben Dexter, meinem Herrn,
der nicht Erigones Hund vorgezogen hätte,
auch nicht den aus diktäischem Stamm, der Kephalos folgte
und der genauso wie er zu den Sternen der lichtbringenden Göttin kam.
Nicht hat mich die Länge meiner Lebenszeit, nicht das nutzlose Alter
    dahingerafft,
wie es das Schicksal des dulichischen Hundes war.
Vom blitzenden Hauer eines schäumenden Ebers wurde ich erledigt,
so groß wie deiner, Kalydon, oder deiner, Erymanthus, war.

nec queror infernas quamvis cito rapta sub umbras.
   non potui fato nobiliore mori.

70

Vendere, Tucca, potes centenis milibus emptos?
   plorantis dominos vendere, Tucca, potes?
nec te blanditiae, nec verba rudesve querelae,
   nec te dente tuo saucia colla movent?
ah facinus! tunica patet inguen utrimque levata, 5
   aspiciturque tua mentula facta manu.
si te delectat numerata pecunia, vende
   argentum, mensas, murrina, rura, domum;
vende senes servos, ignoscent, vende paternos:
   ne pueros vendas, omnia vende miser. 10
luxuria est emere hos – quis enim dubitatve negatve? –,
   sed multo maior vendere luxuria est.

71

Hystericam vetulo se dixerat esse marito
   et queritur futui Leda necesse sibi;
sed flens atque gemens tanti negat esse salutem
   seque refert potius proposuisse mori.

Nicht beklage ich mich, wenngleich ich rasch ins Schattenreich entführt
    wurde.
Nicht hätte ich eines edleren Todes sterben können.

Unverantwortlicher Verkauf junger Sklaven

Tucca, kannst du die Sklaven verkaufen, die du für hunderttausend
    erworben hast?
Kannst du wirklich deine weinenden ›Herren‹ verkaufen, Tucca?
Ihre Liebkosungen, Worte und hilflose Klagen,
ihre Nacken, noch wund von deinem Zahn: all das rührt dich nicht?
Ein Verbrechen ist es! Ihre Tuniken sind vorne und hinten geschürzt, die
    Genitalien liegen entblößt,
man inspiziert ihren Schwanz, den du mit deiner Hand geformt hast.
Freut dich das Geld, das man zahlt, dann verkaufe
dein Silber, deine Tische, deine Gefäße aus Flußspat, dein Land, dein
    Haus;
verkauf' deine alten Sklaven, sie werden's verzeihen, verkauf' die vom
    Vater geerbten:
Um nicht deine Knaben zu verkaufen, verkauf' alles, du Elender!
Sie zu erwerben ist Maßlosigkeit – wer bezweifelt oder leugnet es? –
Doch sie zu verkaufen, ist noch viel größere Maßlosigkeit.

Drastische Therapie

Hysterisch sei sie, hatte Leda dem ältlichen Gatten gesagt,
und jammert, dringend sei nötig, daß man sie vögle;
doch unter Tränen und Seufzern versichert sie ihm, ihre Gesundheit sei
    nicht so viel wert,
und erklärt, sie habe lieber zu sterben beschlossen.

vir rogat ut vivat virides nec deserat annos, 5
 et fieri quod iam non facit ipse sinit.
protinus accedunt medici medicaeque recedunt,
 tollunturque pedes. o medicina gravis!

72

Drauci Natta sui vocat pipinnam,
conlatus cuï Gallus est Priapus.

73

Venturum iuras semper mihi, Lygde, roganti
 constituisque horam constituisque locum.
cum frustra iacui longa prurigine tentus,
 succurrit pro te saepe sinistra mihi.
quid precer, o fallax, meritis et moribus istis? 5
 umbellam luscae, Lygde, feras dominae.

74

Curandum penem commisit Baccara Raetus
 rivali medico. Baccara Gallus erit.

75

Theca tectus ahenea lavatur
tecum, Caelia, servus; ut quid, oro,
non sit cum citharoedus aut choraules?

Ihr Mann bittet drum, daß sie lebe und nicht in der Blüte ihrer Jahre das
    Dasein beende,
und akzeptiert, daß geschieht, was er selbst nicht mehr tun kann.
Sogleich rücken Ärzte heran, die Ärztinnen verschwinden.
Die Beine werden hochgehoben: Welch drastische Therapie!

Allzu niedliche Benennung

Natta redet vom »Piepmatz« seines Sexprotzes;
verglichen mit ihm ist Priapus nur ein Kastrat.

Ständige Frustration durch einen Lustknaben

Du willst kommen, schwörst du mir immer, Lygdus, wenn ich dich frage,
du bestimmst die Stunde, du bestimmst auch den Ort.
Wenn ich in anhaltender Erregung vergeblich aufgegeilt dalag,
kam statt deiner oft die Linke mir zur Hilfe.
Was soll ich dir wünschen, du Betrüger, für so einen ›Dienst‹ und so ein
    Verhalten?
Den Sonnenschirm einer halbblinden Herrin, Lygdus, sollst du tragen!

Wenn der Arzt Nebenbuhler ist

Zur Behandlung vertraute seinen Penis Baccara, der Raeter,
einem Arzt, seinem Nebenbuhler, an. Baccara wird ein ›Gallier‹ sein.

Laß deinen Sklaven unten ›ohne‹ baden!

Mit einem Futteral aus Bronze bedeckt, badet
dein Sklave, Caelia, mit dir; wozu, bitte,
da er nicht Kitharöde oder Flötenspieler ist?

non vis, ut puto, mentulam videre.
quare cum populo lavaris ergo? 5
omnes an tibi nos sumus spadones?
ergo, ne videaris invidere,
servo, Caelia, fibulam remitte.

76

Solvere, Paete, decem tibi me sestertia cogis,
   perdiderit quoniam Bucco ducenta tibi.
ne noceant, oro, mihi non mea crimina: tu qui
   bis centena potes perdere, perde decem.

77

In omnibus Vacerra quod conclavibus
consumit horas et die toto sedet,
cenaturit Vacerra, non cacaturit.

78

Utere femineis conplexibus, utere, Victor,
   ignotumque sibi mentula discat opus.
flammea texuntur sponsae, iam virgo paratur,
   tondebit pueros iam nova nupta tuos.
pedicare semel cupido dabit illa marito, 5
   dum metuit teli vulnera prima novi:

Du willst nicht, wie ich vermute, seinen Schwanz sehen.
Warum badest du dann aber mit so vielen Leuten zusammen?
Sind wir alle etwa Eunuchen für dich?
Also, um nicht den Eindruck zu erwecken, du würdest uns etwas
    mißgönnen:
Nimm deinem Sklaven den Überzug ab, Caelia!

Auf d i e Zehntausend kommt es auch nicht mehr an

Paetus, du drängst mich, dir die zehntausend Sesterze zurückzuzahlen,
da Bucco zu deinem Schaden zweihunderttausend verloren habe.
Bitte laß mich nicht für Verbrechen büßen, die ich nicht begangen habe:
    Kannst du
zweimal hunderttausend verlieren, dann verliere auch die zehn!

Ungewöhnlicher Ort, um an eine Einladung zu kommen

Wenn Vacerra in allen öffentlichen Bedürfnisanstalten
Stunden verbringt und dort den ganzen Tag sitzt,
dann möchte Vacerra gern speisen, nicht kacken.

Sexualberatung für einen unerfahrenen Bräutigam

Übe dich darin, Frauen zu umarmen, übe dich, Victor, darin,
und dein Schwanz erlerne ein Werk, das er bisher nicht kennt.
Für deine Braut wird der Schleier gewebt, schon wird die Jungfrau
    hergerichtet,
schon bald wird deinen Knaben die Jungvermählte die Haare stutzen.
Daß er sie selbst von hinten nehme, wird sie dem begehrlichen Mann nur
    einmal gestatten,
da sie noch vor der ersten Verwundung durch die neuartige Waffe bangt.

saepius hoc fieri nutrix materque vetabunt
   et dicent: 'uxor, non puer, ista tibi est.'
heu quantos aestus, quantos patiere labores,
   si fuerit cunnus res peregrina tibi!   10
ergo Suburanae tironem trade magistrae.
   illa virum faciet; non bene virgo docet.

79

Ad primum decuma lapidem quod venimus hora,
   arguimur lentae crimine pigritiae.
non est ista viae, non est mea, sed tua culpa est
   misisti mulas qui mihi, Paete, tuas.

80

Litus beatae Veneris aureum Baias,
Baias superbae blanda dona Naturae,
ut mille laudem, Flacce, versibus Baias,
laudabo digne non satis tamen Baias.
sed Martialem malo, Flacce, quam Baias.   5
optare utrumque pariter inprobi votum est.
quod si deorum munere hoc tibi detur,
quid gaudiorum est Martialis et Baiae!

81

Cum sene communem vexat spado Dindymus Aeglen
   et iacet in medio sicca puella toro.
viribus hic, operi non est hic utilis annis:
   ergo sine effectu prurit utrique labor.

Daß es öfter geschieht, werden ihre Amme und Mutter verbieten
und zu dir sagen: »Deine Frau, nicht ein Knabe ist sie!«
Ach, welche Liebesglut, welche Not wirst du erleiden,
wenn die weibliche Scham etwas Fremdes für dich ist!
Überlaß also den Neuling der Meisterin aus der Subura!
Sie macht dich zum Mann; eine Jungfrau kann nicht gut deine Lehrerin sein.

Erklärung für's Zuspätkommen

Weil ich den ersten Meilenstein in der zehnten Stunde erreichte,
klagt man mich säumiger Trägheit an.
Schuld daran ist nicht die Straße, auch ich nicht, sondern allein du,
hast du mir, Paetus, doch deine Maultiere geschickt.

Ein ›unverschämter‹ Wunsch

Goldener Strand der glücklichen Venus, Bajae,
Bajae, bezauberndes Geschenk der prächtigen Natur,
selbst wenn ich in tausend Versen Bajae lobte, Flaccus,
werde ich dennoch Bajae nicht so loben können, wie der Ort es verdient.
Doch Martialis ist mir, Flaccus, noch lieber als Bajae.
Beides zugleich zu wünschen ist der Wunsch eines Unverschämten.
Sollte dir das aber durch Göttergunst gewährt werden,
welcher Anlaß zur Freude dann: Martialis *und* Bajae!

Vergebliche ›Liebesmüh‹

Gemeinsam mit einem Greis quält Dindymus, der Eunuch, Aegle,
und trocken liegt das Mädchen mitten auf ihrem Lager.
Durch Impotenz ist der eine, durch sein Alter der andre zum Akt
    untauglich:
So haben beide mit ihrem lüsternen Bemühen keinen Erfolg.

supplex illa rogat pro se miserisque duobus,
   hunc iuvenem facias, hunc, Cytherea, virum.

82

A Sinuessanis conviva Philostratus undis
   conductum repetens nocte iubente larem
paene imitatus obît saevis Elpenora fatis,
   praeceps per longos dum ruit usque gradus.
non esset, Nymphae, tam magna pericula passus
   si potius vestras ille bibisset aquas.

83

Nemo habitat gratis nisi dives et orbus apud te,
   nemo domum pluris, Sosibiane, locat.

84

Qui nondum Stygias descendere quaerit ad umbras
   tonsorem fugiat, si sapit, Antiochum.
alba minus saevis lacerantur bracchia cultris,
   cum furit ad Phrygios enthea turba modos;
mitior inplicitas Alcon secat enterocelas
   fractaque fabrili dedolat ossa manu.
tondeat hic inopes Cynicos et Stoica menta
   collaque pulverea nudet equina iuba.
hic miserum Scythica sub rupe Promethea radat,
   carnificem nudo pectore poscet avem;

Flehentlich bittet jene für sich und die zwei Unglücklichen:
Mache, Kytherea, den einen wieder jung, den anderen zum Mann!

Sturz eines Betrunkenen

Als Philostratus von einem Gelage bei Sinuessas Bädern
zu seiner gemieteten Wohnung zurückkehrte, weil die Nacht es gebot,
hätte er es beinahe Elpenor nachgemacht und wäre durch ein grausames
        Geschick umgekommen,
da er kopfüber unaufhaltsam die lange Reihe der Stufen hinabstürzte.
Nicht wäre er, ihr Nymphen, in so große Gefahr geraten,
hätte er lieber euer Wasser getrunken.

Keine Miete bezahlen zu müssen, kann teuer zu stehen kommen

Niemand wohnt umsonst bei dir, es sei denn er ist reich und kinderlos.
Niemand vermietet sein Haus teurer, Sosibianus.

Vorsicht vor diesem Barbier!

Wer noch nicht zu den stygischen Schatten hinabzusteigen wünscht,
meide, ist er gescheit, den Barbier Antiochus.
Mit weniger grausamen Messern werden weiße Arme zerfleischt,
wenn die begeisterte Schar bei phrygischen Klängen rast;
sanfter schneidet Alcon komplizierte Leistenbrüche,
haut mit fachmännischer Hand gebrochene Knochen zurecht.
Scheren mag er mittellose Kyniker und Stoikerkinne
und Pferdenacken von der staubigen Mähne befreien.
Rasierte er unter dem skythischen Felsen den unglücklichen Prometheus,
würde dieser mit entblößter Brust nach dem folternden Vogel verlangen;

ad matrem fugiet Pentheus, ad Maenadas Orpheus,
　　Antiochi tantum barbara tela sonent.
haec quaecumque meo numeratis stigmata mento,
　　in vetuli pyctae qualia fronte sedent,
non iracundis fecit gravis unguibus uxor:　　　　　　　　　15
　　Antiochi ferrum est et scelerata manus.
unus de cunctis animalibus hircus habet cor:
　　barbatus vivit ne ferat Antiochum.

85

Sidere percussa est subito tibi, Zoile, lingua,
　　dum lingis. certe, Zoile, nunc futues.

86

Leniat ut fauces medicus, quas aspera vexat
　　adsidue tussis, Parthenopaee, tibi,
mella dari nucleosque iubet dulcesque placentas
　　et quidquid pueros non sinit esse truces.
at tu non cessas totis tussire diebus.　　　　　　　　　　5
　　non est haec tussis, Parthenopaee, gula est.

87

Dives eras quondam: sed tunc pedico fuisti
et tibi nulla diu femina nota fuit.
nunc sectaris anus. o quantum cogit egestas!
illa fututorem te, Charideme, facit.

zur Mutter flüchtete Pentheus, zu den Mänaden Orpheus,
würden nur des Antiochus barbarische Waffen ertönen.
All diese Narben, die ihr auf meinem Kinn zählt,
wie sie sonst auf eines ältlichen Boxers Stirn sitzen,
brachte mir nicht mit wütenden Nägeln eine grausame Gattin bei:
des Antiochus Eisen ist es und seine verbrecherische Hand.
Als einziges von allen Lebewesen hat der Ziegenbock Verstand:
Mit Bart lebt er, um Antiochus nicht ertragen zu müssen.

›Normalisierung‹ des Sexualverhaltens

Von einer Lähmung wurde plötzlich deine Zunge betroffen, Zoïlus,
noch während du lecktest. Sicher mußt du jetzt vögeln, Zoïlus.

Nicht krank, sondern gierig nach Süßem

Um dir den Rachen zu lösen, den ein rauher Husten
    ständig quält, Parthenopaeus,
ordnet der Arzt an, daß man dir Honig, Nußkerne und süße Kuchen
    reiche
und alles, was Kinder sonst noch davon abhält, quengelig zu sein.
Aber du hörst nicht auf, an allen Tagen zu husten.
Das ist kein Husten, Parthenopaeus, Gier ist es.

Durch Armut sexuell ›normal‹ geworden

Reich warst du einst: Doch damals triebst du's mit Knaben,
und lange Zeit war keine Frau dir vertraut.
Nun läufst du alten Weibern hinterher. Was doch die Armut so alles
    erzwingt!
Sie macht dich, Charidemus, zum Ficker.

88

Multis iam, Lupe, posse se diebus
pedicare negat Charisianus.
causam cum modo quaererent sodales,
ventrem dixit habere se solutum.

89

Intactas quare mittis mihi, Polla, coronas?
   a te vexatas malo tenere rosas.

90

Carmina nulla probas molli quae limite currunt,
   sed quae per salebras altaque saxa cadunt,
et tibi Maeonio quoque carmine maius habetur,
   'Lucili columella hic situst Metrophanes';
attonitusque legis 'terraï frugiferaï,' 5
   Accius et quidquid Pacuviusque vomunt.
vis imiter veteres, Chrestille, tuosque poetas?
   dispeream ni scis mentula quid sapiat.

91

Aeolidos Canace iacet hoc tumulata sepulchro,
   ultima cui parvae septima venit hiems.
'ah scelus, ah facinus!' properas qui flere, viator,
   non licet hic vitae de brevitate queri:

Entlarvende Begründung für sexuelle Zurückhaltung

Daß er's schon viele Tage, Lupus,
nicht mit Knaben treiben könne, erklärt Charisianus.
Als ihn nach dem Grund jüngst Freunde fragten,
sagte er, er habe Durchfall.

Ich wünsche mir einen passenderen Blumengruß

Warum schickst du mir unberührte Kränze, Polla?
Lieber würde ich Rosen bekommen, die du zerdrückt hast.

Meine Themen verlangen einen geschmeidigen Stil

Du akzeptierst keine Verse, die auf weichem Pfad dahineilen,
sondern nur solche, die über holpriges Gelände und spitze Steine stolpern,
und für dich besitzt auch größeren Wert als der mäonische Gesang:
»Hier ruht Metrophanes, die Stütze des Lucilius«,
und gebannt liest du »der früchtetragenden Erde«
und was immer Accius und Pacuvius ausspucken.
Willst du, daß ich deine alten Dichter, Chrestillus, imitiere?
Ich wette um mein Leben, wenn du nicht weißt, was der Schwanz für
    einen Geschmack hat.

Grabepigramm für ein Mädchen

Canace, die Tochter der Aeolis, liegt in dem Grab hier bestattet,
ein kleines Mädchen, zu dem der siebte Winter als ihr letzter kam.
»Was für ein Verbrechen, welch schändliche Tat!« – Wanderer, voreilig
    weinst du!
Hier darf man nicht über die Kürze des Lebens klagen:

tristius est leto leti genus: horrida vultus 5
  abstulit et tenero sedit in ore lues,
ipsaque crudeles ederunt oscula morbi
  nec data sunt nigris tota labella rogis.
si tam praecipiti fuerant ventura volatu,
  debuerant alia fata venire via. 10
sed mors vocis iter properavit cludere blandae,
  ne posset duras flectere lingua deas.

92

Mentitur qui te vitiosum, Zoile, dicit.
  non vitiosus homo es, Zoile, sed vitium.

93

Pierios vatis Theodori flamma penates
  abstulit. hoc Musis et tibi, Phoebe, placet?
o scelus, o magnum facinus crimenque deorum,
  non arsit pariter quod domus et dominus!

94

Quod nimium lives nostris et ubique libellis
  detrahis, ignosco: verpe poeta, sapis.
hoc quoque non curo, quod cum mea carmina carpas,
  conpilas: et sic, verpe poeta, sapis.

Trauriger noch als der Tod ist die Art ihres Todes: Eine schreckliche
    Seuche
zerfraß ihr das Gesicht und setzte sich auf den zarten Mund;
die grausame Krankheit verzehrte selbst ihre Küsse,
und ihre Lippen wurden nicht unversehrt dem schwarzen
    Scheiterhaufen übergeben.
Wenn das Geschick schon in so jähem Fluge kommen mußte,
dann hätte es doch auf andere Weise zu ihr kommen sollen.
Aber der Tod hatte es eilig, den Weg für ihre zärtliche Stimme zu
    verschließen,
damit die Zunge nicht die harten Göttinnen umstimmen konnte.

Personifiziertes Laster

Wer dich, Zoïlus, lasterhaft nennt, lügt.
Du bist kein lasterhafter Mensch, Zoïlus, sondern das Laster in Person.

Schmähverse auf einen Dichterkollegen

Feuer zerstörte das piërische Heim des Dichters Theodorus.
Finden daran die Musen und du, Phöbus, Gefallen?
O Verbrechen, o große Schandtat und schuldhaftes Handeln der Götter,
daß nicht gemeinsam verbrannten das Haus und sein Herr!

Eifersucht auf einen jüdischen Dichter

Daß du grün vor Neid bist und überall meine Büchlein
heruntermachst, verzeih' ich: Beschnittener Dichter, du bist klug.
Auch das kümmert mich nicht, daß du meine Gedichte, obwohl du sie
    kritisierst,
ausplünderst: Auch darin, beschnittener Dichter, bist du klug.

illud me cruciat, Solymis quod natus in ipsis 5
  pedicas puerum, verpe poeta, meum.
ecce negas iurasque mihi per templa Tonantis.
  non credo: iura, verpe, per Anchialum.

95

Incideris quotiens in basia fellatorum,
  in solium puta te mergere, Flacce, caput.

96

Marcia, non Rhenus, salit hic, Germane: quid obstas
  et puerum prohibes divitis imbre lacus?
barbare, non debet, summoto cive ministro,
  captivam victrix unda levare sitim.

97

Una nocte quater possum: sed quattuor annis
  si possum, peream, te, Telesilla, semel.

98

Effugere non est, Flacce, basiatores.
instant, morantur; persecuntur, occurrunt
et hinc et illinc, usquequaque, quacumque.
non ulcus acre pusulaeve lucentes,
nec triste mentum sordidique lichenes, 5

Das nur nervt mich, daß du, direkt aus Jerusalem stammend,
es mit meinem Knaben treibst, beschnittener Dichter.
Sieh da, du leugnest es und schwörst mir beim Tempel des Donnerers.
Ich glaub' es dir nicht: Schwöre, Verschnittener, bei Anchialus.

Eklige Küsse

Wann immer du in die Küsse von Typen gerätst, die unten lecken,
stelle dir vor, Flaccus, du tauchtest deinen Kopf in eine schmutzige Brühe!

Brunnen-Szene

Die Marcia sprudelt hier, nicht der Rhein, Germane: Was stehst du im
    Weg
und hältst den Knaben von dem Strom reichlich fließenden Wassers ab?
Barbar, nicht darf der einheimische Diener weggedrängt werden
und das Wasser des Siegers den Durst eines Gefangenen stillen.

In einer Nacht viermal, in vier Jahren nicht einmal

In einer einzigen Nacht kann ich viermal: Doch ich wette um mein Leben,
könnt' ich in vier Jahren bei dir, Telesilla, ein einziges Mal.

Lästige Kußmanie

Unmöglich ist es, Flaccus, den Küssern zu entkommen.
Sie drängen, halten auf, verfolgen, kommen entgegen:
von vorne und von hinten, allenthalben und überall.
Kein böser Furunkel oder auffällige Pusteln,
kein abstoßendes Kinn und schmutzige Flechten,

nec labra pingui delibuta cerato,
nec congelati gutta proderit nasi.
et aestuantem basiant et algentem,
et nuptiale basium reservantem.
non te cucullis adseret caput tectum, 10
lectica nec te tuta pelle veloque,
nec vindicabit sella saepius clusa:
rimas per omnis basiator intrabit.
non consulatus ipse, non tribunatus
senive fasces nec superba clamosi 15
lictoris abiget virga basiatorem:
sedeas in alto tu licet tribunali
et e curuli iura gentibus reddas,
ascendet illa basiator atque illa.
febricitantem basiabit et flentem, 20
dabit oscitanti basium natantique,
dabit cacanti. remedium mali solum est,
facias amicum basiare quem nolis.

99

De cathedra quotiens surgis – iam saepe notavi –
   pedicant miserae, Lesbia, te tunicae.
quas cum conata es dextra, conata sinistra
   vellere, cum lacrimis eximis et gemitu:
sic constringuntur gemina Symplegade culi 5
   et nimias intrant Cyaneasque natis.
emendare cupis vitium deforme? docebo:
   Lesbia, nec surgas censeo nec sedeas.

weder Lippen, mit fettiger Wachssalbe eingeschmiert,
noch ein Tropfen von der gefrorenen Nase schützen vor ihnen.
Sie küssen den, der schwitzt, und den, der friert,
und den, der für seine Braut den Kuß aufsparen will.
Nicht kann dich retten, wenn du den Kopf in Kapuzen hüllst;
weder wird dich eine Sänfte befreien, die durch Leder und Vorhang
  abgeschirmt ist,
noch ein Tragsessel, der mehrfach verschlossen wurde:
Durch jeden Ritz wird der Küsser eindringen.
Nicht einmal das Konsulat, nicht das Tribunat
oder die sechs Rutenbündel, auch nicht der herrische Amtsstab
des laut schreienden Liktors werden den Küsser vertreiben:
Magst du auch auf hohem Tribunal sitzen
und vom kurulischen Sessel aus den Völkern Recht sprechen,
der Küsser wird doch hier und dort heraufsteigen.
Er wird dich küssen, wenn du fieberst und wenn du weinst,
er wird dir einen Kuß geben, wenn du gähnst und wenn du schwimmst,
er gibt ihn dir, auch wenn du kackst. Nur *ein* Heilmittel gibt es gegen
  diese Plage:
Zum Freund mußt du dir den machen, dessen Küsse du nicht willst.

Wenig hilfreicher Rat an eine dicke Frau

Sooft du dich vom Stuhl erhebst – schon oft hab' ich's bemerkt –,
drängt sich, Lesbia, dein Unglücksgewand hinten in das Gesäß.
Hast du mit der Rechten und ebenso mit der Linken an ihm zu zupfen
  versucht,
dann reißt du es los mit Tränen und mit Gestöhn:
So sehr wird es durch das Symplegaden-Paar deines Hintern eingeklemmt
und dringt in die enormen kyanischen Hinterbacken ein.
Korrigieren möchtest du den häßlichen Fehler? Ich will es dich lehren:
Lesbia, steh' weder auf, rat' ich dir, noch setze dich hin!

100

Habere amicam nolo, Flacce, subtilem,
cuius lacertos anuli mei cingant,
quae clune nudo radat et genu pungat,
cui serra lumbis, cuspis eminet culo.
sed idem amicam nolo mille librarum. 5
carnarius sum, pinguiarius non sum.

101

Thaida tam tenuem potuisti, Flacce, videre?
 tu, puto, quod non est, Flacce, videre potes.

102

Non est mentitus qui te mihi dixit habere
 formonsam carnem, Lydia, non faciem.
est ita, si taceas et si tam muta recumbas
 quam silet in cera vultus et in tabula.
sed quotiens loqueris, carnem quoque, Lydia, perdis 5
 et sua plus nulli quam tibi lingua nocet.
audiat aedilis ne te videatque caveto:
 portentum est, quotiens coepit imago loqui.

103

Tanta tibi est animi probitas orisque, Safroni,
 ut mirer fieri te potuisse patrem.

Wunschbild von einer Frau

Keine dünne Freundin, Flaccus, will ich haben,
an deren Arme meine Fingerringe passen,
die mit dem nackten Hinterteil mich scheuerte und mit dem Knie stäche,
der eine Säge an der Scham und eine Speerspitze am Hintern vorspringen.
Doch genausowenig möcht' ich eine Freundin von tausend Pfund.
Ein Liebhaber von Fleisch bin ich, nicht von Fett.

Dünn wie ein Strich

Konntest du Thaïs sehen, so dünn wie sie ist, Flaccus?
Ich glaube, was gar nicht existiert, kannst du, Flaccus, sehen.

Warnung an ein ›bild-schönes‹ Mädchen

Nicht hat gelogen, wer mir sagte,
deine Gestalt, Lydia, sei reizend, nicht aber dein Gesicht.
Das stimmt, wenn du den Mund hieltest und so stumm zu Tische lägest
wie ein Gesicht in Wachs und auf einem Gemälde schweigt.
Doch sooft du sprichst, Lydia, ruinierst du dir auch noch deine Gestalt,
und keinem schadet die eigene Zunge mehr als dir.
Daß nicht der Ädil dich hört und sieht, davor nimm dich in acht:
Ein Unheil verkündendes Zeichen ist es, sooft ein Bild zu sprechen
  beginnt.

An einen Prüden

Du besitzt eine solche Ehrbarkeit in Charakter und Aussehen, Safronius,
daß ich mich wundere, wie du hast Vater werden können.

104

Uxor, vade foras aut moribus utere nostris:
  non sum ego nec Curius nec Numa nec Tatius.
me iucunda iuvant tractae per pocula noctes:
  tu properas pota surgere tristis aqua.
tu tenebris gaudes: me ludere teste lucerna
  et iuvat admissa rumpere luce latus.
fascia te tunicaeque obscuraque pallia celant:
  at mihi nulla satis nuda puella iacet.
basia me capiunt blandas imitata columbas:
  tu mihi das aviae qualia mane soles.
nec motu dignaris opus nec voce iuvare
  nec digitis, tamquam tura merumque pares:
masturbabantur Phrygii post ostia servi,
  Hectoreo quotiens sederat uxor equo,
et quamvis Ithaco stertente pudica solebat
  illic Penelope semper habere manum.
pedicare negas: dabat hoc Cornelia Graccho,
  Iulia Pompeio, Porcia, Brute, tibi;
dulcia Dardanio nondum miscente ministro
  pocula Iuno fuit pro Ganymede Iovi.
si te delectat gravitas, Lucretia toto
  sis licet usque die, Laida nocte volo.

Sinnlich bin ich und wünsche mir eine sinnenfrohe Frau

Frau, verlaß das Haus, oder bequeme dich zu meinen Gewohnheiten:
Ich bin kein Curius, kein Numa oder Tatius.
Mich erfreuen die Nächte, fröhlich beim Becher verbracht:
Du trinkst nur Wasser und erhebst dich dann hastig mit verdrießlicher Miene.
Du hast die Dunkelheit gern: Ich schätze es, mich zu amüsieren, wenn die Lampe dabei Zeuge ist,
und die Lenden bei hereingelassenem Tageslicht zu strapazieren.
Busentuch, Tuniken und dunkle Mäntel umhüllen dich:
Aber für mich liegt kein Mädchen nackt genug da.
Küsse entzücken mich, die zärtliche Tauben nachahmen:
Du gibst mir solche, wie du sie deiner Großmutter am Morgen gewöhnlich gibst.
Du geruhst nicht, den Akt durch Bewegung und Stimme zu fördern
oder mit den Fingern, es ist so, als ob du Weihrauch und Wein richtetest.
Es masturbierten hinter der Tür die phrygischen Sklaven,
sooft die Frau auf ihrem Hektor ritt,
und auch wenn der Ithaker schnarchte, hatte
die züchtige Penelope immer gern ihre Hand daran.
Daß ich dich wie einen Knaben nehme, lehnst du ab: Cornelia gewährte das aber ihrem Gracchus,
Julia dem Pompejus und Porcia dir, Brutus;
als der dardanische Mundschenk noch nicht süße
Becher mischte, war Juno als Ganymed Jupiter zu Diensten.
Wenn du an vornehmer Würde Gefallen findest, dann magst du Lucretia sein,
ununterbrochen über den ganzen Tag: Eine Laïs will ich für die Nacht.

105

Mittebas libram, quadrantem, Garrice, mittis.
   saltem semissem, Garrice, solve mihi.

106

Vibi Maxime, si vacas havere,
hoc tantum lege: namque et occupatus
et non es nimium laboriosus.
transis hos quoque quattuor? sapisti.

107

Explicitum nobis usque ad sua cornua librum
   et quasi perlectum, Septiciane, refers.
omnia legisti. credo, scio, gaudeo, verum est.
   perlegi libros sic ego quinque tuos.

108

Quamvis tam longo possis satur esse libello,
   lector, adhuc a me disticha pauca petis.
sed Lupus usuram puerique diaria poscunt.
   lector, solve. taces dissimulasque? vale.

Zahl mir wenigstens die Hälfte!

Sonst schicktest du immer ein Pfund, jetzt schickst du ein Viertel,
    Garricus.
Wenigstens die Hälfte, Garricus, zahle mir!

Lies den kurzen Gruß – oder auch nicht!

Vibius Maximus, hast du Zeit für Grüße,
dann lies nur dies hier, denn du bist vielbeschäftigt
und liebst auch nicht zu sehr die Mühe.
Übergehst du auch diese vier Verse? Wie weise!

Rückgabe des (ungelesenen) Epigrammbuches und ›Retourkutsche‹ des Dichters

Aufgerollt bis zu seinen Hörnern und so, als ob es durchgelesen wäre,
bringst du mir das Buch zurück, Septicianus.
Alles hast du gelesen. Ich glaub's dir, weiß es, freue mich darüber, es ist
    wahr!
Genauso habe ich deine fünf Bücher durchgelesen.

Leser, leb' wohl!

Obwohl du von einem so langen Büchlein satt sein könntest,
Leser, bittest du mich um ein paar wenige Distichen noch.
Doch Lupus verlangt seine Zinsen und die Knaben ihre Tagesration.
Leser, zahle du! Du schweigst und stellst dich taub? Dann leb' wohl!

LIBER DUODECIMUS

VALERIUS MARTIALIS PRISCO SUO SALUTEM.
Scio me patrocinium debere contumacissimae trienni desidiae; quo absolvenda non esset inter illas quoque urbicas occupationes, quibus facilius consequimur ut molesti potius quam ut officiosi esse videamur; nedum in hac provinciali solitudine, [5] ubi nisi etiam intemperanter studemus, et sine solacio et sine excusatione secessimus. accipe ergo rationem. in qua hoc maximum et primum est, quod civitatis aures quibus adsueveram quaero, et videor mihi in alieno foro litigare; si quid est enim quod in libellis meis placeat, dictavit auditor: [10] illam iudiciorum subtilitatem, illud materiarum ingenium, bibliothecas, theatra, convictus, in quibus studere se voluptates non sentiunt, ad summam omnium illa quae delicati reliquimus desideramus quasi destituti. accedit his municipalium robigo dentium et iudici loco livor, et unus aut alter mali, in pusillo loco multi; [15] adversus quod difficile est habere cotidie bonum stomachum: ne mireris igitur abiecta ab indignante quae a gestiente fieri solebant.

ne quid tamen et advenienti tibi ab urbe et exigenti negarem – cui non refero gratiam, si tantum ea praesto quae possum –, [20] imperavi mihi, quod indulgere consueram, et studui paucissimis diebus, ut familiarissimas mihi aures tuas exciperem adventoria sua. tu velim ista, quae tantum apud te non periclitantur, diligenter aestimare et excutere non graveris; et, quod tibi difficillimum est, de nugis nostris

ZWÖLFTES BUCH

Valerius Martialis grüsst seinen Priscus
Ich weiß, daß ich dir eine Verteidigungsrede für meine dreijährige Faulheit schulde, ohne daß ich allerdings dabei auf einen Freispruch hoffen dürfte, nicht einmal unter Berücksichtigung jener hauptstädtischen Beschäftigungen, bei denen wir leichter erreichen, daß wir lästig als daß wir pflichteifrig erscheinen; um wieviel weniger dann in dieser Abgeschiedenheit der Provinz, wo ich, wenn ich nicht gerade hemmungslos studiere, ohne Trost und ohne Ausrede zurückgezogen lebe. Vernimm also eine Begründung! Der erste und wichtigste Punkt ist der, daß ich die Ohren der Bürgerschaft, an die ich gewöhnt war, vermisse und mir vorkomme, als prozessierte ich auf einem fremden Forum; wenn es nämlich etwas gibt, was in meinen Büchlein Anklang findet, dann hat es der Hörer diktiert: Jene Feinheit des Urteils, jene Inspiration durch die Themen, all die Bibliotheken, Theater und Gesellschaften, wo das Vergnügen gar nicht merkt, daß es dabei auch etwas lernt, kurz: alles was ich, verwöhnt wie ich war, aufgegeben habe, das wünsche ich mir zurück, so als hätte man mich beraubt. Hinzu kommt die bissige Häme der Kleinstädter hier und statt eines sachlichen Urteils blasser Neid, auch ein oder zwei bösartige Individuen – in einem solchen Nest schon eine Menge; angesichts dessen ist es schwer, täglich seine gute Laune zu bewahren. Wundere dich daher nicht, daß ich entrüstet aufgegeben habe, was ich begeistert stets so gerne tat.

Um dir jedoch, da du aus der Hauptstadt kommst und mich dazu drängst, nichts abzuschlagen – ich zeige dir meine Dankbarkeit nicht, wenn ich nur leiste, was ich vermag – habe ich mich dennoch zu dem gezwungen, was ich früher stets genoß, und mich in ganz wenigen Tagen bemüht, dein mir so freundschaftlich geneigtes Ohr mit einem Begrüßungsschmaus zu bewirten. Schön wär's, wenn es dir keinen Verdruß machte, das, was ich nur dir risikolos überlassen kann, sorgfältig zu bewerten und zu prüfen und obwohl das sehr schwierig für dich ist – über

iudices nitore seposito, [25] ne Romam, si ita decreveris, non
Hispaniensem librum mittamus, sed Hispanum.

1

Retia dum cessant latratoresque Molossi
  et non invento silva quiescit apro,
otia, Prisce, brevi poteris donare libello.
  hora nec aestiva est nec tibi tota perit.

2 (3)

Ad populos mitti qui nuper ab urbe solebas,
  ibis io Romam nunc peregrine liber
auriferi de gente Tagi tetricique Salonis,
  dat patrios amnes quos mihi terra potens.
non tamen hospes eris nec iam potes advena dici, 5
  cuius habet fratres tot domus alta Remi.
iure tuo veneranda novi pete limina templi,
  reddita Pierio sunt ubi tecta choro.
vel si malueris, prima gradiere Subura;
  atria sunt illic consulis alta mei: 10
laurigeros habitat facundus Stella penatis,
  clarus Hyanteae Stella sititor aquae;
fons ibi Castalius vitreo torrente superbit,
  unde novem dominas saepe bibisse ferunt:

meine poetischen Nichtigkeiten, ohne auf Eleganz zu achten, zu urteilen, damit ich, wenn dein Votum entsprechend ausfiele, nach Rom nicht nur ein in Spanien entstandenes, sondern ein spanisches Buch schicke.

Jagdpause – Lesezeit für den Adressaten des Buches

Während deine Netze und deine molossischen Kläffer nicht im Einsatz
    sind
und Stille im Wald einkehrt, weil kein Eber sich zeigt,
kannst du, Priscus, deine Muße meinem kleinen Büchlein zuwenden.
Weder ist jetzt Sommerzeit, noch geht dir eine ganze Stunde dabei
    verloren.

Eine gute Adresse in Rom für das neue Buch: Stellas Haus

In alle Welt pflegtest du vor kurzem noch von der Hauptstadt aus
    geschickt zu werden,
jetzt, ach, gehst du, mein Buch als Ankömmling aus der Ferne nach
    Rom,
von dem Volk am goldführenden Tagus und dem düsteren Salo,
den Flüssen der Heimat, die mir ein mächtiges Land gibt.
Trotzdem wirst du kein Fremder sein, und nicht darf man dich
    Ausländer nennen,
besitzt doch so viele Brüder von dir das hohe Haus des Remus.
Suche mit gutem Recht die ehrwürdigen Schwellen des neuen Tempels auf,
wo dem piërischen Chor seine Stätte zurückgegeben wurde.
Oder, falls du das vorziehst, schreite zum Eingang der Subura;
dort sind die hohen Hallen meines Konsuls:
Das lorbeerbekränzte Heim bewohnt der eloquente Stella,
der berühmte Stella, der nach hyantischem Wasser dürstet;
eine kastilische Quelle glänzt stolz dort mit kristallklarem Sturzbach,
woraus die neun Herrinnen, so sagt man, oft schon getrunken haben.

ille dabit populo patribusque equitique legendum 15
　nec nimium siccis perleget ipse genis.
quid titulum poscis? versus duo tresve legantur,
　clamabunt omnes te, liber, esse meum.

3 (4)

Quod Flacco Varioque fuit summoque Maroni
　Maecenas, atavis regibus ortus eques,
gentibus et populis hoc te mihi, Prisce Terenti,
　fama fuisse loquax chartaque dicet anus.
tu facis ingenium, tu, si quid posse videmur; 5
　tu das ingenuae ius mihi pigritiae.

4 (5)

Longior undecimi nobis decimique libelli
　artatus labor est et breve rasit opus.
plura legant vacui, quibus otia tuta dedisti:
　haec lege tu, Caesar; forsan et illa leges.

5 (2)

Quae modo litoreos ibatis carmina Pyrgos,
　ite sacra – iam non pulverulenta – via.

Er wird dich dem Volk, den Vätern und den Rittern zu lesen geben
und selber dich mit nicht ganz trockenen Wangen durchlesen.
Warum verlangst du einen Titel? Liest man zwei oder drei Verse,
werden alle ausrufen, daß du, mein Buch, von mir bist.

Elogium auf Terentius Priscus

Was für Flaccus, für Varius und den großen Maro
Maecenas war, stammend aus altem Königsgeschlecht,
das gleiche warst du, Priscus Terentius, für mich, wie den Völkern und
    Stämmen
die geschwätzige Fama und mein dann alt gewordenes Buch einmal
    verkünden werden.
Du bildest mein Talent, du, wenn ich zu etwas fähig scheine;
du gibst mir das Recht zum Müßiggang eines freien Mannes.

Widmungsgedicht an den Kaiser bei Übersendung der Kurzfassungen von Buch X und XI

Die längere Fassung des elften und zehnten Büchleins
wurde von mir gestrafft, und meine Mühe ließ durch Feilen ein kürzeres
    Werk entstehen.
Mehr mögen die lesen, die Zeit dafür haben, denen du eine ungefährdete
    Muße gabst:
Lies du dieses zunächst, Caesar; vielleicht wirst du dann auch jenes noch
    lesen wollen.

An das Buch, das nach Rom unterwegs ist (Fragment)

Ihr Gedichte, die ihr eben zur Küstenstadt Pyrgi reistet,
reist jetzt auf der Via Sacra! – staubig ist sie nicht mehr.

6

Contigit Ausoniae procerum mitissimus aulae
  Nerva: licet tuto nunc Helicone frui:
recta Fides, hilaris Clementia, cauta Potestas
  iam redeunt; longi terga dedere Metus.
hoc populi gentesque tuae, pia Roma, precantur: 5
  dux tibi sit semper talis, et iste diu.
macte animi, quem rarus habes, morumque tuorum,
  quos Numa, quos hilaris possit habere Cato.
largiri, praestare, breves extendere censu̲s
  et dare quae faciles vix tribuere dei,   10
nunc licet et fas est. sed tu sub principe duro
  temporibusque malis ausus es esse bonus.

7

Toto vertice quot gerit capillos
annos si tot habet Ligeia, trima est.

8

Terrarum dea gentiumque Roma,
cui par est nihil et nihil secundum,
Traiani modo laeta cum futuros
tot per saecula conputaret annos,
et fortem iuvenemque Martiumque   5
in tanto duce militem videret,

Lobpreisung Nervas

Dem ausonischen Palast wurde der mildeste unter allen Fürsten geschenkt,
Nerva: Jetzt dürfen wir gefahrlos den Helikon genießen.
Aufrechte Treue, heitere Milde und umsichtige Ausübung der Macht
kehren nunmehr zurück; langandauernde Ängste sind fluchtartig
 verschwunden.
Gütige Roma, darum bitten deine Völker und Stämme:
Mögest du immer einen solchen Herrscher haben und diesen recht lang
 noch!
Gepriesen seist du für eine Gesinnung, wie nur wenige sie haben, und
 für deine Wesensart,
die ein Numa, die ein heiter (gewordener) Cato haben könnten.
Zu schenken, (für andere) einzustehen, karge Vermögen zu mehren
und das zu geben, was freundliche Götter kaum je verliehen,
ist jetzt erlaubt und möglich. Doch du hast bereits unter einem harten
 Regenten
und in schlimmen Zeiten riskiert, gütig zu sein.

Verspottung einer Kahlköpfigen

Wenn Ligeia so viele Jahre hat, wie sie
auf dem ganzen Kopf Haare trägt, dann ist sie drei Jahre alt.

Lobpreisung Trajans

Als die Göttin der Länder und Völker, Roma,
der nichts gleichkommt und nichts als zweites nachfolgt,
froh soeben Trajans künftige Jahre
über so viele Generationen hin errechnete
und den tapferen, jungen Krieger des Mars
in diesem so großen Heerführer sah,

dixit praeside gloriosa tali:
'Parthorum proceres ducesque Serum,
Thraces, Sauromatae, Getae, Britanni,
possum ostendere Caesarem; venite.'   10

9

Palma regit nostros, mitissime Caesar, Hiberos,
 et placido fruitur Pax peregrina iugo.
ergo agimus laeti tanto pro munere grates:
 misisti mores in loca nostra tuos.

10

Habet Africanus miliens, tamen captat.
Fortuna multis dat nimis, satis nulli.

11

Parthenio dic, Musa, tuo nostroque salutem:
 nam quis ab Aonio largius amne bibit?
cuius Pimpleo lyra clarior exit ab antro?
 quem plus Pierio de grege Phoebus amat?
et si forte – sed hoc vix est sperare – vacabit,   5
 tradat ut ipse duci carmina nostra roga,
quattuor et tantum timidumque brevemque libellum
 commendet verbis 'hunc tua Roma legit.'

sprach sie, stolz auf einen solchen Beschützer:
»Partherfürsten und Führer der Serer,
Thraker, Sauromaten, Geten und Britanner,
ich kann einen Caesar vorweisen; kommt!«

Lobpreisung des Statthalters in Spanien

Palma regiert unsere Hiberer, gütigster Caesar,
und der Friede hier in der Fremde erfreut sich eines sanften Jochs.
Daher sagen wir jubelnd Dank für eine so große Gabe:
Deine Wesensart hast du in unser Land geschickt.

Ein reicher Nimmersatt

Africanus hat hundert Millionen, und dennoch möcht' er noch erben.
Fortuna gibt vielen zu viel, genug niemandem.

Bitte an Parthenius, das Buch dem Kaiser zu empfehlen

Grüße, Muse, deinen und meinen Parthenius!
Denn wer trinkt reichlicher aus dem aonischen Strom?
Wessen Leier erklingt heller aus der pimpleïschen Grotte heraus?
Wen aus der piërischen Schar liebt Phöbus mehr?
Und wenn er vielleicht – was kaum zu hoffen ist – Zeit hat,
dann bitte ihn, daß er dem Herrscher meine Gedichte persönlich
        überreiche
und mein schüchternes, gekürztes Büchlein mit vier Worten nur
empfehle: »Dieses liest dein Rom!«

12

Omnia promittis cum tota nocte bibisti;
    mane nihil praestas. Pollio, mane bibe.

13

Genus, Aucte, lucri divites habent iram:
    odisse quam donare vilius constat.

14

Parcius utaris moneo rapiente veredo,
    Prisce, nec in lepores tam violentus eas.
saepe satisfecit praedae venator et acri
    decidit excussus nec rediturus equo.
insidias et campus habet: nec fossa nec agger   5
    nec sint saxa licet, fallere plana solent.
non derit qui tanta tibi spectacula praestet,
    invidia fati sed leviore cadat.
si te delectant animosa pericula, Tuscis
    – tutior est virtus – insidiemur apris.   10
quid te frena iuvant temeraria? saepius illis,
    Prisce, datum est equitem rumpere quam leporem.

Auf einen, der beim Zechen Versprechungen macht

Alles versprichst du, wenn du die ganze Nacht durch getrunken hast;
morgens gibst du dann nichts. Pollio, trinke doch morgens!

Gespielte Wut der Reichen

Als einen Weg zum Gewinn, Auctus, betrachten Reiche die Wut:
Hassen kommt sie billiger zu stehen als Schenken.

Vorsicht vor einem Sturz bei der Hasenjagd!

Seltener nimm, ich warne dich, dein stürmisches Jagdpferd,
Priscus, und gehe nicht so voll Elan auf die Hasen los!
Oft schon leistete ein Jäger der Beute Genugtuung: Er stürzte,
abgeschüttelt vom feurigen Pferd, und kam nicht zurück.
Fallen stellt selbst das freie Gelände: auch wenn es weder Graben noch
    Damm
oder Felsen gibt, hat doch die Ebene oft ihre Tücken.
Manch einen wird es geben, der dir so ein Schauspiel bietet,
aber mit geringerem Haß auf das Schicksal zu Fall kommt.
Wenn dich Gefahren reizen, die Beherztheit verlangen, dann laß uns
– das ist eine weniger gefährliche Mutprobe – tuskischen Ebern
    nachstellen!
Wieso erfreuen dich waghalsige Zügel? Öfter geschah es,
Priscus, dabei, daß der Reiter draufging und nicht der Hase.

15

Quidquid Parrhasia nitebat aula
donatum est oculis deisque nostris.
miratur Scythicas virentis auri
flammas Iuppiter et stupet superbi
regis delicias gravesque luxus: 5
haec sunt pocula quae decent Tonantem,
haec sunt quae Phrygium decent ministrum.
omnes cum Iove nunc sumus beati;
at nuper – pudet, ah pudet fateri –
omnes cum Iove pauperes eramus. 10

16

Addixti, Labiene, tres agellos;
emisti, Labiene, tres cinaedos:
pedicas, Labiene, tres agellos.

17

Quare tam multis a te, Laetine, diebus
    non abeat febris quaeris et usque gemis.
gestatur tecum pariter tecumque lavatur;
    cenat boletos, ostrea, sumen, aprum;
ebria Setino fit saepe et saepe Falerno 5
    nec nisi per niveam Caecuba potat aquam;
circumfusa rosis et nigra recumbit amomo
    dormit et in pluma purpureoque toro.
cum recubet pulchre, cum tam bene vivat apud te,
    ad Damam potius vis tua febris eat? 10

Die Kostbarkeiten in Domitians Palast sind jetzt für alle zugänglich

Alles, was so lange nur im parrhasischen Palast glänzte,
wurde jetzt unseren Augen und den Göttern geschenkt.
Die skythischen Strahlen des grünlichen Goldes bewundert
Jupiter und ist verblüfft über des stolzen
Königs Kleinode und den bedrückenden Luxus:
Becher gibt es hier, die zu dem Donnerer passen,
Becher, die zu dem phrygischen Mundschenk passen.
Alle sind wir jetzt mit Jupiter reich;
aber zuvor – mit Scham, ach mit Scham bekenne ich es –
waren wir alle mit Jupiter arm.

Drei Äckerchen als Kaufpreis für drei Schwule

Verkauft hast du, Labiënus, drei Äckerchen,
gekauft hast du dir, Labiënus, drei Tunten:
Du besorgst es, Labiënus, drei Äckerchen.

Enormer Appetit des Fiebers

Weshalb nach so vielen Tagen das Fieber immer noch nicht von dir,
    Laetinus,
weichen will, fragst du und stöhnst ständig dabei.
Mit dir sitzt es zugleich in der Sänfte, und mit dir badet's zugleich,
verspeist Pilze, Austern, Saueuter und Eber,
berauscht sich oft am Setiner und oft am Falerner,
trinkt Caecuber nur mit Schneewasser gekühlt;
rosenbekränzt und schwarz von Balsam ruht es bei Tische,
schläft auf Federn und einem purpurnen Lager.
Da es sich so prächtig ausruht, da es so gut bei dir lebt,
verlangst du da noch, daß dein Fieber lieber zu Dama zieht?

18

Dum tu forsitan inquietus erras
clamosa, Iuvenalis, in Subura
aut collem dominae teris Dianae;
dum per limina te potentiorum
sudatrix toga ventilat vagumque 5
maior Caelius et minor fatigant:
me multos repetita post Decembres
accepit mea rusticumque fecit
auro Bilbilis et superba ferro.
hic pigri colimus labore dulci 10
Boterdum Plateamque – Celtiberis
haec sunt nomina crassiora terris –:
ingenti fruor inproboque somno
quem nec tertia saepe rumpit hora,
et totum mihi nunc repono quidquid 15
ter denos vigilaveram per annos.
ignota est toga, sed datur petenti
rupta proxima vestis a cathedra.
surgentem focus excipit superba
vicini strue cultus iliceti, 20
multa vilica quem coronat olla.
venator sequitur, sed ille quem tu
secreta cupias habere silva;
dispensat pueris rogatque longos
levis ponere vilicus capillos. 25
sic me vivere, sic iuvat perire.

In der Heimat ist das Dasein eine Freude

Während du jetzt vielleicht rastlos umherirrst
in der lärmerfüllten Subura, Juvenal,
oder den Hügel der Herrin Diana öfter begehst,
während dich über die Schwellen der Mächtigen
mit Schwung die schweißtriefende Toga treibt und dich beim
        Umherstreifen
der große und kleine Caelius ermüden,
hat mich – stolz auf sein Gold und sein Eisen – mein Bilbilis empfangen,
das ich nach vielen Dezembern jetzt wieder aufsuchte,
und zum Bauern gemacht.
Hier bestelle ich streßfrei, in angenehmer Arbeit,
Boterdum und Platea –
so ungeschlachte Namen tragen die keltiberischen Länder –.
Ich genieße einen tiefen, unverschämt langen Schlaf,
den auch die dritte Stunde oft nicht unterbricht,
und hole jetzt voll und ganz das alles nach,
was ich dreißig Jahre hindurch zu wenig geschlafen hatte.
Unbekannt ist hier die Toga, doch reicht man mir, bitt' ich darum,
von einem zerbrochenen Stuhl das nächstbeste Kleidungsstück.
Stehe ich auf, empfängt mich der Herd, mit einem prachtvollen
Holzstoß aus dem nahen Eichenwalde wohl versorgt,
den die Verwalterin mit vielen Töpfen voll stellt.
Ein Jäger begleitet mich, doch einer, wie du ihn
gerne im einsamen Walde hättest.
Den Knaben teilt ein bartloser Verwalter ihre Aufgaben zu
und bittet darum, seine langen Haare abschneiden zu dürfen.
So gefällt's mir zu leben, so auch zu sterben.

19

In thermis sumit lactucas, ova, lacertum,
 et cenare domi se negat Aemilius.

20

Quare non habeat, Fabulle, quaeris
uxorem Themison? habet sororem.

21

Municipem rigidi quis te, Marcella, Salonis
 et genitam nostris quis putet esse locis?
tam rarum, tam dulce sapis. Palatia dicent,
 audierint si te vel semel, esse suam;
nulla nec in media certabit nata Subura 5
 nec Capitolini collis alumna tibi;
nec cito parebit peregrini gloria partus
 Romanam deceat quam magis esse nurum.
tu desiderium dominae mihi mitius urbis
 esse iubes: Romam tu mihi sola facis. 10

*Auf einen, der angibt, eingeladen zu sein –
und sich schon vorher satt ißt*

In den Thermen konsumiert Aemilius grüne Salate, Eier und Makrelen
und verkündet dabei, er speise nicht zu Hause.

Geschwisterliebe im doppelten Sinne

Warum Themison keine Frau habe, fragst du,
Fabullus? Er hat (s)eine Schwester.

Lobpreis auf eine Frau aus Bilbilis

Wer könnte vermuten, daß du, Marcella, eine Bürgerin bist aus dem
        Land des eisigen Salo
und daß du aus meiner Heimat stammst?
So erlesen, so liebenswert ist deine Lebensart. Der Kaiserpalast wird
        sagen,
wenn er erst ein einziges Mal von dir erfährt, du gehörest zu ihm.
Keine – auch nicht, wenn sie mitten in der Subura geboren
oder ein Kind des kapitolinischen Hügels ist – wird sich mit dir messen
        können;
auch wird sich nicht so schnell eine stolze Frau von fremder Herkunft
        finden lassen,
der es mehr zustünde, die Braut eines Römers zu sein.
Du läßt meine Sehnsucht nach der Hauptstadt, der Herrin,
weniger heftig sein: Rom verschaffst allein du mir.

22

Quam sit lusca Philaenis indecenter
vis dicam breviter tibi, Fabulle?
esset caeca decentior Philaenis.

23

Dentibus atque comis – nec te pudet – uteris emptis.
    quid facies oculo, Laelia? non emitur.

24

O iucunda, covinne, solitudo,
carruca magis essedoque gratum
facundi mihi munus Aeliani!
hic mecum licet, hic, Iuvate, quidquid
in buccam tibi venerit loquaris: 5
non rector Libyci niger caballi
succinctus neque cursor antecedit;
nusquam est mulio: mannuli tacebunt.
o si conscius esset hic Avitus!
aurem non ego tertiam timerem.   10
totus quam bene sic dies abiret!

25

Cum rogo te nummos sine pignore, 'non habeo' inquis;
    idem, si pro me spondet agellus, habes:

Spott auf eine Einäugige

Wie reizlos die einäugige Philaenis aussieht,
soll ich dir mit knappen Worten sagen, Fabullus?
Blind wäre Philaenis reizender.

Verspottung einer Häßlichen

Du bedienst dich gekaufter Zähne und Haare – und schämst dich nicht
    dabei.
Was willst du mit dem Auge machen, Laelia? Kaufen kann man es nicht.

Unbelauschte Spazierfahrt im Reisewagen

Mein Reisewagen, du Ort wohltuender Abgeschiedenheit,
mehr als ein Staatswagen und eine Kutsche mir liebes
Geschenk des beredten Aelianus!
Hier kannst du mit mir, hier, Juvatus, alles, was
dir auf der Zunge liegt, besprechen:
Kein schwarzer Lenker eines libyschen Gaules
oder ein kurzgeschürzter Läufer ist vorne weg;
nirgendwo gibt es einen Maultiertreiber: Die Ponys werden schweigen.
O wenn nur Avitus hier wäre als Gesprächsteilnehmer!
Ein drittes Paar Ohren müßte ich nicht fürchten.
Wie angenehm verginge mir so der ganze Tag!

An einen berechnenden Freund

Bitte ich dich um Geld ohne Pfand, sagst du: »Ich habe es nicht«,
doch wenn mein Gütchen für mich bürgt, genau dann hast du es.

quod mihi non credis veteri, Telesine, sodali,
  credis coliculis arboribusque meis.
ecce reum Carus te detulit: adsit agellus.   5
  exilii comitem quaeris: agellus eat.

26 (27)

A latronibus esse te fututam
dicis, Saenia: sed negant latrones.

27 (28)

Poto ego sextantes, tu potas, Cinna, deunces:
  et quereris quod non, Cinna, bibamus idem?

28 (29)

Hermogenes tantus mapparum, ⟨Castrice⟩, fur est
  quantus nummorum vix, puto, Massa fuit;
tu licet observes dextram teneasque sinistram,
  inveniet mappam qua ratione trahat:
cervinus gelidum sorbet sic halitus anguem,   5
  casuras alte sic rapit Iris aquas.
nuper cum Myrino peteretur missio laeso,
  subduxit mappas quattuor Hermogenes;
cretatam praetor cum vellet mittere mappam,
  praetori mappam surpuit Hermogenes.   10
attulerat mappam nemo dum furta timentur:
  mantele e mensa surpuit Hermogenes.

Was du mir als deinem alten Kameraden nicht borgst, Telesinus,
borgst du meinen Kohlstengelchen und Bäumen.
Stell' dir vor, Carus hat dich angezeigt und vor Gericht gebracht: Das
    Gütchen stehe dir bei!
Für die Verbannung suchst du einen Begleiter: Das Gütchen gehe mit!

Anders mißbraucht

Von Räubern seiest du gevögelt worden,
behauptest du, Saenia: doch die Räuber streiten es ab.

Ungleiche Bewirtung

Ich trinke zwei Becher, du, Cinna, trinkst elf,
und da beklagst du dich, Cinna, daß wir nicht denselben Wein
    bekommen?

Ein besessener Tücherdieb

Hermogenes ist ein so großer Dieb von Tüchern, Castricus,
wie Massa es kaum von Geld, vermute ich, gewesen ist;
du magst seine Rechte beobachten und seine Linke festhalten,
er wird doch eine Möglichkeit finden, wie er ein Tuch mitgehen läßt:
So zieht der Atem des Hirsches die starre Schlange heraus,
und so reißt Iris in der Höhe das Wasser an sich, das dann zur Erde fällt.
Als man neulich für den verletzten Myrinus Gnade erbat,
entwendete vier Tücher – Hermogenes;
als der Prätor das kreideweiße Tuch schwenken wollte,
klaute dem Prätor das Tuch – Hermogenes.
Niemand hatte eine Serviette mitgebracht aus Angst vor einem Diebstahl:
Die Decke klaute vom Tisch – Hermogenes.

hoc quoque si derit, medios discingere lectos
  mensarumque pedes non timet Hermogenes.
quamvis non modico caleant spectacula sole,
  vela reducuntur cum venit Hermogenes.
festinant trepidi substringere carbasa nautae,
  ad portum quotiens paruit Hermogenes.
linigeri fugiunt calvi sistrataque turba,
  inter adorantes cum stetit Hermogenes.
ad cenam Hermogenes mappam non attulit umquam,
  e cena semper rettulit Hermogenes.

29 (26)

Sexagena teras cum limina mane senator,
  esse tibi videor desidiosus eques,
quod non a prima discurram luce per urbem
  et referam lassus basia mille domum.
sed tu, purpureis ut des nova nomina fastis
  aut Nomadum gentes Cappadocumve regas:
at mihi, quem cogis medios abrumpere somnos
  et matutinum ferre patique lutum,
quid petitur? rupta cum pes vagus exit aluta
  et subitus crassae decidit imber aquae
nec venit ablatis clamatus verna lacernis,
  accedit gelidam servus ad auriculam,
et 'rogat ut secum cenes Laetorius' inquit.
  viginti nummis? non ego: malo famem

Fehlt auch diese, dann scheut sich nicht, die Gurte direkt von den Betten
    zu lösen
und von den Füßen der Tische – Hermogenes.
Wie sehr auch die Zuschauerplätze von der unmäßigen Sonne glühen,
man zieht die Tuchbahnen ein, sobald vorbeikommt – Hermogenes.
Die Segel zusammenzurollen beeilen sich die ängstlichen Schiffer,
sooft am Hafen auftauchte – Hermogenes.
Es flüchten die Glatzköpfe mit ihren Leinengewändern und die Schar
    mit der Isisklapper,
wenn unter die Betenden trat – Hermogenes.
Zum Mahle brachte Hermogenes niemals ein Tuch mit,
vom Mahle brachte immer eins mit – Hermogenes.

Unterschiedlicher Lohn für die gleiche Antichambrier-Leistung

Als Senator trittst du sechzig Schwellen in der Frühe ab,
und so scheine ich dir als Ritter faul zu sein,
weil ich nicht seit dem Morgengrauen durch die ganze Stadt hin- und
    herrenne
und erschöpft tausend Küsse nach Hause bringe.
Du aber tust es, um einen neuen Namen dem purpurnen Jahrbuch zu
    geben
oder die Völker der Numider und Kappadokier zu regieren:
Doch womit kann ich für mich rechnen, den du zwingst, mittendrin den
    Schlaf abzubrechen
und morgens den Straßendreck zu ertragen und auszuhalten?
Wenn mein rastloser Fuß aus dem zerrissenen Leder hervortritt
und ein plötzlicher Regen in massivem Guß auf mich herabstürzt,
auch nicht der Diener, der mit meinem Mantel verschwand, auf mein
    Rufen hin kommt,
nähert sich dein Sklave meinem erfrorenen Ohr
und sagt: »Laetorius bittet darum, daß du mit ihm speisest«.
Für zwanzig Sesterze? Nicht mit mir: Lieber will ich hungern,

quam sit cena mihi, tibi sit provincia merces,   15
  et faciamus idem nec mereamur idem.

30

Siccus, sobrius est Aper; quid ad me?
servum sic ego laudo, non amicum.

31

Hoc nemus, hi fontes, haec textilis umbra supini
  palmitis, hoc riguae ductile flumen aquae,
prataque nec bifero cessura rosaria Paesto,
  quodque viret Iani mense nec alget holus,
quaeque natat clusis anguilla domestica lymphis,   5
  quaeque gerit similes candida turris aves,
munera sunt dominae: post septima lustra reverso
  has Marcella domos parvaque regna dedit.
si mihi Nausicaa patrios concederet hortos,
  Alcinoo possem dicere 'malo meos.'   10

32

O Iuliarum dedecus Kalendarum:
vidi, Vacerra, sarcinas tuas, vidi;
quas non retentas pensione pro bima
portabat uxor rufa crinibus septem

als daß ich eine Mahlzeit, du aber eine Provinz als Lohn bekommst
und wir dasselbe tun, doch ohne denselben Gewinn.

Nüchternheit ist Qualitätsmerkmal – eines Sklaven,
nicht eines Freundes

Trocken, nüchtern ist Aper; na und?
Einen Sklaven lobe ich so, keinen Freund.

Zufriedenheit in meinem kleinen spanischen Königreich

Dieses Wäldchen hier, diese Quellen, dieser Schatten, von überhängenden
Reben gewebt, dieser künstlich geleitete Fluß mit seiner bewässernden
    Flut,
die Wiesen und Rosengärten, die der zweimaligen Blüte Paestums nicht
    nachstehen müssen,
der Kohl, der im Januar grünt und nicht erfriert,
der Aal aus heimischer Zucht, der in geschlossenem Teiche schwimmt,
und der weiße Turm, der Vögel von ähnlicher Farbe beherbergt,
all das sind Geschenke der Herrin: Dem nach sieben Jahrfünften
    Zurückgekehrten
gab Marcella dieses Haus und dieses kleine Königreich.
Würde mir Nausikaa die Gärten ihres Vaters überlassen,
könnte ich zu Alkinoos sagen: »Meine sind mir lieber.«

Spott über den Umzug einer bettelarmen Familie

Welch schändlicher Anblick an den Juli-Kalenden:
Ich sah, Vacerra, deine Habseligkeiten, ich sah sie;
soweit man sie nicht einbehielt für zwei Jahresmieten,
trug sie deine Frau mit ihren sieben roten Haarlocken

et cum sorore cana mater ingenti. 5
Furias putavi nocte Ditis emersas.
has tu priores frigore et fame siccus
et non recenti pallidus magis buxo
Irus tuorum temporum sequebaris.
migrare clivom crederes Aricinum. 10
ibat tripes grabatus et bipes mensa
et cum lucerna corneoque cratere
matella curto rupta latere meiebat;
foco virenti suberat amphorae cervix;
fuisse gerres aut inutiles maenas 15
odor inpudicus urcei fatebatur,
qualis marinae vix sit aura piscinae.
nec quadra derat casei Tolosatis,
quadrima nigri nec corona pulei
calvaeque restes alioque cepisque, 20
nec plena turpi matris olla resina
Summemmianae qua pilantur uxores.
quid quaeris aedes vilicosque derides,
habitare gratis, o Vacerra, cum possis?
haec sarcinarum pompa convenit ponti. 25

33

Ut pueros emeret Labienus vendidit hortos.
 nil nisi ficetum nunc Labienus habet.

und zusammen mit deiner riesenhaften Schwester die greise Mutter.
Ich meinte, Furien seien aus der Nacht des Dis emporgetaucht.
Sie gingen voraus, und du, ausgemergelt von Frost und Hunger,
und bleicher noch als nicht mehr frisches Buchsbaumholz,
folgtest ihnen: ein Irus deines Jahrhunderts.
Man hätte glauben können, Aricias Hügel ziehe um.
Mit wanderte eine Pritsche: dreifüßig, und ein Tisch: zweifüßig,
und in Begleitung einer Lampe und einem Krug aus Hartriegel
ließ ein gesprungener Nachttopf aus einem Riß an der Seite den Urin
    rinnen.
Unter einem grünlichen Kohlenbecken steckte der Hals einer Amphore;
daß Schrätz oder vergammelte Sardellen darin waren,
verriet der unanständige Gestank aus dem Krug,
wie ihn kaum die Ausdünstungen eines Seefischteiches verbreiten.
Es fehlte weder eine Scheibe Käse aus Tolosa
noch ein vier Jahre alter Kranz von schwarzem Flöhkraut
oder Schnüre, kahl ohne Knoblauch und Zwiebeln,
auch nicht ein Topf deiner Mutter, voll mit scheußlichem Harz,
mit dem sich Nutten aus dem Summemmius-Bordell enthaaren.
Was suchst du eine Wohnung und hältst die Hausverwalter zum Narren,
wo du doch ganz umsonst wohnen kannst, Vacerra?
Diese Prozession deiner Habseligkeiten paßt zur Brücke.

Labiënus tauschte seine Gärten gegen Knaben ein –
aber mit was für einem Ergebnis!

Um sich Knaben zu kaufen, veräußerte Labiënus seine Gärten.
Nur noch eine Feigenplantage hat Labiënus jetzt.

34

Triginta mihi quattuorque messes
tecum, si memini, fuere, Iuli.
quarum dulcia mixta sunt amaris,
sed iucunda tamen fuere plura;
et si calculus omnis huc et illuc   5
diversus bicolorque digeratur,
vincet candida turba nigriorem.
si vitare velis acerba quaedam
et tristis animi cavere morsus,
nulli te facias nimis sodalem: 10
gaudebis minus et minus dolebis.

35

Tamquam simpliciter mecum, Callistrate, vivas,
 dicere percisum te mihi saepe soles.
non es tam simplex quam vis, Callistrate, credi.
 nam quisquis narrat talia plura tacet.

36

Libras quattuor aut duas amico
algentemque togam brevemque laenam,
interdum aureolos manu crepantis,
possint ducere qui duas Kalendas,
quod nemo nisi tu, Labulle, donas,   5
non es, crede mihi, bonus. quid ergo?
ut verum loquar, optimus malorum es.
Pisones Senecasque Memmiosque

*Intensität in der Freundschaft bedeutet auch
Intensität von Freude und Leid*

Vierunddreißig Sommer erlebte ich
mit dir, wenn ich mich recht erinnere, Julius;
dabei war Süßes gemischt mit Bitterem,
doch das Angenehme überwog;
und wenn man alle Steinchen hierhin und dorthin
getrennt nach den zwei Farben sortiert,
wird die weiße Menge die schwarze übertreffen.
Möchtest du manches Bittere vermeiden
und dich vor kummervollen Stichen ins Herz hüten,
dann werde niemandem zu sehr zum Freund:
Du wirst weniger Freude empfinden und weniger Schmerz.

Durchschauter Lustmolch

So als ob du offen mit mir verkehrtest, Callistratus,
sagst du immer wieder zu mir, man habe dich von hinten genommen.
Nicht bist du so offen, wie du, Callistratus, wünschst, daß man es meine,
denn wer so etwas erzählt, hat mehr zu verschweigen.

Ein kümmerlicher Gönner

Weil niemand außer dir, Labullus, dem Freunde
vier Pfund oder zwei schenkt
und eine eiskalte Toga und einen kurzen Wollmantel,
manchmal auch Goldstücke, die gerade in deiner Hand klimpern
und für zwei Kalenden reichen könnten,
deswegen, glaub' mir, bist du noch kein gütiger Mensch. Was dann?
Um die Wahrheit zu sagen, der Beste unter den Schlechten bist du.
Gib mir Männer wie Piso, Seneca, Memmius

et Crispos mihi redde, seu priores:
fies protinus ultimus bonorum.
vis cursu pedibusque gloriari?
Tigrim vince levemque Passerinum:
nulla est gloria praeterire asellos.

37

Nasutus nimium cupis videri.
nasutum volo, nolo polyposum.

38

Hunc qui femineis noctesque diesque cathedris
   incedit tota notus in urbe nimis,
crine nitens, niger unguento, perlucidus ostro,
   ore tener, levis pectore, crure glaber,
uxori qui saepe tuae comes inprobus haeret,
   non est quod timeas, Candide: non futuit.

39

Odi te quia bellus es, Sabelle.
res est putida bellus, et Sabellus,
bellum denique malo quam Sabellum.
tabescas utinam, Sabelle belle!

und Crispus zurück oder ihre Vorgänger:
Gleich wirst du der letzte unter den Gütigen werden.
Willst du dich deines Laufes und deiner Füße rühmen?
Dann besiege Tigris und den flinken Passerinus.
Keine rühmenswerte Leistung ist es, Esel zu überholen.

Keine (feine) Nase

Du willst zu sehr als ein Mann mit (feiner) Nase gelten.
Jemanden mit (feiner) Nase mag ich, ich mag keinen, der Polypen hat.

Keine Angst vor dem Begleiter deiner Frau!

Den Kerl da, der Tag und Nacht in Frauensänften
herumzieht und nur zu bekannt ist in der ganzen Stadt,
glänzend das Haar, schwarz von Pomade, strahlend in Purpur,
mit zartem Gesicht und glatter Brust, die Beine enthaart,
der oft sich an deine Frau als frecher Begleiter hängt,
den brauchst du nicht zu fürchten, Candidus: vögeln tut er sie nicht.

Wortspielartige Verwünschung eines Schönlings

Ich mag dich nicht, weil du hübsch (*bellus*) bist, Sabellus.
Ein widerlich Ding ist ein Hübscher (*bellus*), und so auch Sabellus.
Krieg (*bellum*) mag ich am Ende noch lieber als den Sabellus.
Mögest du, Sabellus, hübsch (*belle*) verfaulen!

40

Mentiris: credo. recitas mala carmina: laudo.
cantas: canto. bibis, Pontiliane: bibo.
pedis: dissimulo. gemma vis ludere: vincor.
res una est sine me quam facis: et taceo.
nil tamen omnino praestas mihi. 'mortuus,' inquis,
'accipiam bene te.' nil volo: sed morere.

41

Non est, Tucca, satis quod es gulosus:
et dici cupis et cupis videri.

42

Barbatus rigido nupsit Callistratus Afro
    hac qua lege viro nubere virgo solet.
praeluxere faces, velarunt flammea vultus,
    nec tua defuerunt verba, Talasse, tibi.
dos etiam dicta est. nondum tibi, Roma, videtur
    hoc satis? expectas numquid ut et pariat?

43

Facundos mihi de libidinosis
legisti nimium, Sabelle, versus,
quales nec Didymi sciunt puellae
nec molles Elephantidos libelli.
sunt illic Veneris novae figurae,

Ich tue alles, um dir, meinem Patron, zu gefallen

Du lügst, ich glaube dir. Du liest schlechte Gedichte vor, ich lobe sie.
Du singst, ich singe. Du trinkst, Pontilianus, ich trinke.
Du furzt, ich überhör's. Das Brettspiel schlägst du mir vor, ich
    lasse mich besiegen.
Eines gibt es, was du ohne mich machst, und ich schweige dazu.
Trotzdem tust du überhaupt nichts für mich. »Bin ich erst tot«, sagst du,
»will ich dich gut bedenken.« Nichts will ich: doch stirb!

Ein Gourmand, der als Gourmet gelten will

Es genügt nicht daß du ein Gourmand bist, Tucca,
du willst Gourmet genannt werden und willst als solcher erscheinen.

Hochzeit zweier Männer

Der bärtige Callistratus hat sich dem steifen Afer vermählt
nach dem üblichen Brauch, wie sich dem Mann ein Mädchen vermählt.
Fackeln leuchteten voran, ein Brautschleier verhüllte sein Gesicht,
und es fehlten auch nicht, Talassus, die Rufe auf dich.
Sogar die Mitgift wurde festgelegt. Scheint dir das, Rom,
noch nicht genug? Wartest du etwa darauf, daß er auch Kinder bekommt?

Pornographie, allzu poetisch dargeboten

Obszönitäten hast du mir in viel zu kunstvollen
Versen vorgetragen, Sabellus,
solche, wie sie weder die Mädchen des Didymus kennen
noch die schlüpfrigen Büchlein der Elephantis.
Darin gibt es neuartige Liebespositionen,

quales perditus audeat fututor,
praestent et taceant quid exoleti,
quo symplegmate quinque copulentur,
qua plures teneantur a catena,
extinctam liceat quid ad lucernam. 10
tanti non erat esse te disertum.

44

Unice, cognato iunctum mihi sanguine nomen
   qui geris et studio corda propinqua meis:
carmina cum facias soli cedentia fratri,
   pectore non minor es sed pietate prior.
Lesbia cum lepido te posset amare Catullo, 5
   te post Nasonem blanda Corinna sequi.
nec derant Zephyri si te dare vela iuvaret;
   sed tu litus amas. hoc quoque fratris habes.

45

Haedina tibi pelle contegenti
nudae tempora verticemque calvae,
festive tibi, Phoebe, dixit ille
qui dixit caput esse calceatum.

wie sie nur ein verkommener Wüstling wagen würde,
was Lustknaben bieten und für sich behalten,
in welcher Umschlingung fünf Personen kopulieren,
in welcher Verkettung mehr als fünf zusammenhängen,
und was nur denkbar ist bei erloschener Lampe.
Es lohnte nicht die Mühe für dich, beredt zu sein.

Zwei Brüder als ein Dichterpaar

Unicus, du besitzt einen Namen, mit dem ich mich durch das Blut der
    Verwandtschaft verbunden weiß,
und in deiner Schrifsstellerei einen mir nahekommenden Geschmack –
obwohl du Gedichte schreibst, die allein hinter denen deines Bruders
    zurückstehen,
ist dein Talent nicht geringer, doch in deiner liebevollen Rücksichtnahme
    bist du ihm überlegen.
Lesbia könnte dich neben dem geistreichen Catull lieben,
Corinna, die zärtliche, nach ihrem Naso sich dir zuwenden.
Zephyrwinde fehlten dir nicht, wenn du nur die Segel spannen wolltest;
doch du liebst den Strand. Auch das hast du mit deinem Bruder gemein.

Auf einen Glatzkopf mit Ziegenfell

Da du mit einem Ziegenfell bedeckt
die Schläfen und den Scheitel deines bloßen Kahlkopfs,
hat sich dir gegenüber, Phöbus, witzig geäußert,
wer sagte, dein Kopf sei beschuht.

46 (47)

Difficilis facilis, iucundus acerbus es idem:
   nec tecum possum vivere nec sine te.

47 (46)

Vendunt carmina Gallus et Lupercus.
   sanos, Classice, nunc nega poetas.

48

Boletos et aprum si tamquam vilia ponis
   et non esse putas haec mea vota, volo:
si fortunatum fieri me credis et heres
   vis scribi propter quinque Lucrina, vale.
lauta tamen cena est: fateor, lautissima, sed cras   5
   nil erit, immo hodie, protinus immo nihil,
quod sciat infelix damnatae spongea virgae
   vel quicumque canis iunctaque testa viae:
mullorum leporumque et suminis exitus hic est,
   sulphureusque color carnificesque pedes.   10
non Albana mihi sit comissatio tanti
   nec Capitolinae pontificumque dapes;
inputet ipse deus nectar mihi, fiet acetum
   et Vaticani perfida vappa cadi.
convivas alios cenarum quaere magister   15
   quos capiant mensae regna superba tuae:
me meus ad subitas invitet amicus ofellas:
   haec mihi quam possum reddere cena placet.

Weder mit dir noch ohne dich kann ich leben

Schwierig und umgänglich, angenehm und unfreundlich bist du in einem:
Weder kann ich mit dir leben noch ohne dich.

Zwei clevere Dichterlinge

Es verkaufen ihre Gedichte Gallus und Lupercus:
Jetzt behaupte noch, Classicus, Dichter seien verrückt!

Ich lasse mich lieber zu einem schlichten Mahl einladen

Wenn du Pilze und Eber auftragen läßt, als sei das etwas Gewöhnliches,
und dir nicht vorstellen kannst, daß dies das Ziel meiner Wünsche sei:
    schön und gut;
wenn du jedoch glaubst, ich würde glücklich dadurch, und wünschst, als
    Erbe
eingetragen zu werden wegen fünf lukrinischer Austern, dann leb' wohl!
»Es ist aber ein feines Menu!« Ich geb's zu, sehr fein sogar, doch morgen
ist es schon nichts, nein heute schon, nein jetzt sofort ist es ein Nichts,
was der elende Schwamm am ehrlosen Stab bezeugen kann
oder jeder beliebige Hund oder ein Gefäß am Wegesrand:
Von Meerbarben, Hasen und Saueuter ist das ja das Resultat:
ein schwefelgelbes Gesicht und höllische Fußschmerzen.
Kein Albaner Gelage wär' mir so viel wert,
auch kein kapitolinisches oder pontifikales Bankett;
schenkte persönlich ein Gott mir den Nektar, er würde zu Essig
und tückischem Säuerling aus vatikanischem Krug.
Du Meister der Festgelage, suche dir andere Gäste,
welche die königliche Pracht deiner Tafel beeindruckt:
Mich lade mein Freund zum Schnell-Imbiß ein.
Mir gefällt nur ein Mahl, für das ich mich revanchieren kann.

49

Crinitae Line paedagoge turbae,
rerum quem dominum vocat suarum
et credit cuï Postumilla dives
gemmas, aurea, vina, concubinos:
sic te perpetua fide probatum
nulli non tua praeferat patrona:
succurras misero, precor, furori
et serves aliquando neglegenter
illos qui male cor meum perurunt,
quos et noctibus et diebus opto
in nostro cupidus sinu videre,
formonsos, niveos, pares, gemellos,
grandes, non pueros, sed uniones.

50

Daphnonas, platanonas et aërios pityonas
  et non unius balnea solus habes,
et tibi centenis stat porticus alta columnis
  calcatusque tuo sub pede lucet onyx,
pulvereumque fugax hippodromon ungula plaudit
  et pereuntis aquae fluctus ubique sonat,
atria longa patent. sed nec cenantibus usquam
  nec somno locus est. quam bene non habitas!

51

Tam saepe nostrum decipi Fabullinum
miraris, Aule? semper homo bonus tiro est.

Nicht die schönen Pagen deiner Herrin begehre ich

Du Aufseher der langhaarigen Schar, Linus,
den als ihres Vermögens Herrn
die reiche Postumilla bezeichnet und dem sie anvertraut
Juwelen, Goldstücke, Weine und Beischläfer:
So wahr dich, den in dauerhafter Treue bewährten,
deine Patronin jedem anderen vorziehen möge,
so bestimmt eile zu Hilfe, ich bitte darum, meinem elenden Wahn,
und paß einmal wenigstens nachlässig auf die auf,
die mein Herz so arg entflammen,
die ich Tag und Nacht begierig
an meinem Busen zu sehen wünsche,
jene wohlgestalteten, schneeweißen, ebenmäßigen, zwillingsgleichen,
stattlichen – Knaben nicht, nein Perlen.

Welchen Luxus du inszenierst – um nicht zu wohnen!

Lorbeergärten, Platanenhaine, hochragende Föhrenwälder
und Bäder, die nicht für einen gemacht sind, all das besitzt du allein,
für dich ruht auf hundert Säulen die hohe Halle,
und unter deinem Fuß leuchtet, worauf du trittst, der Onyx;
der flüchtige Huf stampft auf der staubigen Rennbahn,
und überall rauscht die Flut vom verströmenden Wasser;
Atrien öffnen sich weit. Doch weder zum Tafeln
noch zum Schlafen ist irgendwo Platz. Wie schön du *nicht* wohnst!

Der Rechtschaffene ist leicht zu betrügen

Daß so oft unser Fabullinus betrogen wird,
darüber wunderst du dich, Aulus? Immer ist ein guter Mensch ein
    Greenhorn.

52

Tempora Pieria solitus redimire corona
    nec minus attonitis vox celebrata reis,
hic situs est, hic ille tuus, Sempronia, Rufus,
    cuius et ipse tui flagrat amore cinis.
dulcis in Elysio narraris fabula campo   5
    et stupet ad raptus Tyndaris ipsa tuos:
tu melior quae deserto raptore redisti,
    illa virum voluit nec repetita sequi.
ridet ut Iliacos audit Menelaus amores:
    absolvit Phrygium vestra rapina Parim.   10
accipient olim cum te loca laeta piorum,
    non erit in Stygia notior umbra domo:
non aliena videt sed amat Proserpina raptas:
    iste tibi dominam conciliabit amor.

53

Nummi cum tibi sint opesque tantae
quantas civis habet, Paterne, rarus,
largiris nihil incubasque gazae
ut magnus draco quem canunt poetae
custodem Scythici fuisse luci.   5
sed causa, ut memoras et ipse iactas,
dirae filius est rapacitatis.
ecquid tu fatuos rudesque quaeris
inludas quibus auferasque mentem?
huic semper vitio pater fuisti.   10

Eine Liebesromanze, die sogar in der Unterwelt
für Aufmerksamkeit sorgt

Er, der die Schläfen oft mit piërischem Kranze umwand,
dessen Stimme genauso von verzweifelten Angeklagten gerühmt wurde,
hier ruht er, hier, Sempronia, dein Rufus,
dessen Asche sogar noch in Liebe zu dir glüht.
Deine Liebesromanze erzählt man sich in Elysiums Gefilden,
und selbst Tyndaris staunt über deine Entführung:
Du bist besser, denn du verließest den Entführer und kehrtest zurück,
jene wollte, wiewohl zurückgefordert, ihrem Manne nicht folgen.
Menelaos lacht, wenn er von dieser trojanischen Liebe hört:
Deine Entführung spricht den phrygischen Paris frei.
Wenn einst dich die heiteren Stätten der Seligen aufnehmen,
wird kein Schatten im stygischen Hause bekannter sein.
Ohne Befremden blickt Proserpina auf entführte Frauen, sie liebt sie:
Deine Liebesgeschichte wird dir die Gebieterin gnädig stimmen.

Von einem Geizhals, der seinen Sohn zum Vorwand nimmt

Obwohl du Geld hast und ein so großes Vermögen,
wie nur wenige Bürger es besitzen, Paternus,
spendest du nichts und brütest auf deiner Schatztruhe
wie der große Drache, von dem die Dichter singen,
er sei Wächter des skythischen Haines gewesen.
Doch der Grund, so berichtest und verbreitest du selbst,
ist dein Sohn mit seiner entsetzlichen Raffgier.
Suchst du vielleicht Narren und Naive,
die du zum besten halten und für dumm verkaufen kannst?
Für dieses Laster bist du allemal der Vater gewesen.

54

Crine ruber, niger ore, brevis pede, lumine laesus,
  rem magnam praestas, Zoile, si bonus es.

55

Gratis qui dare vos iubet, puellae,
insulsissimus inprobissimusque est.
gratis ne date, basiate gratis.
hoc Aegle negat, hoc avara vendit
– sed vendat: bene basiare quantum est! –,   5
hoc vendit quoque nec levi rapina:
aut libram petit illa Cosmiani
aut binos quater a nova moneta,
ne sint basia muta, ne maligna,
ne clusis aditum neget labellis.   10
humane tamen hoc facit, sed unum:
gratis quae dare basium recusat
gratis lingere nec recusat Aegle.

56

Aegrotas uno decies aut saepius anno,
  nec tibi sed nobis hoc, Polycharme, nocet:
nam quotiens surgis, soteria poscis amicos.
  sit pudor: aegrota iam, Polycharme, semel.

Bei dem Aussehen ein guter Mensch?

Das Haar rot, schwarz das Gesicht, zu kurz der Fuß, ein Auge lädiert,
Großes leistest du, Zoïlus, wenn du da noch ein guter Mensch bist.

Küsse läßt sich Aegle bezahlen,
umsonst macht sie's nur mit dem Mund

Wer von euch erwartet, daß ihr euch umsonst hingebt, Mädchen,
ist höchst geschmacklos und unverschämt.
Gebt euch nicht umsonst hin, küßt nur umsonst!
Das lehnt Aegle ab, das verkauft die Habgierige
– doch laß sie's nur verkaufen: Gut zu küssen, wieviel ist das bereits! –
Das verkauft sie und holt auch nicht wenig dafür heraus:
Entweder verlangt sie ein Pfund vom Parfüm des Cosmus
oder viermal zwei von den neu geprägten Münzen,
damit die Küsse nicht stumm, damit sie nicht knausrig sind
und um nicht mit geschlossenen Lippen den Zugang zu versperren.
Entgegenkommend ist sie jedoch in einem Punkt, und in dem allein:
Aegle, die sich weigert, umsonst zu küssen,
weigert sich nicht, umsonst zu lecken.

Einträgliches ständiges Kranksein

Krank wirst du allein in einem Jahr zehnmal oder öfter,
und nicht dir, sondern uns schadet das, Polycharmus:
Denn sooft du dich erhebst, verlangst du Genesungsgeschenke von den
          Freunden.
Schäme dich: Einmal nur werde nunmehr noch krank, Polycharmus!

57

Cur saepe sicci parva rura Nomenti
laremque villae sordidum petam, quaeris?
nec cogitandi, Sparse, nec quiescendi
in urbe locus est pauperi. negant vitam
ludi magistri mane, nocte pistores, 5
aerariorum marculi die toto;
hinc otiosus sordidam quatit mensam
Neroniana nummularius massa,
illinc balucis malleator Hispanae
tritum nitenti fuste verberat saxum; 10
nec turba cessat entheata Bellonae,
nec fasciato naufragus loquax trunco,
a matre doctus nec rogare Iudaeus,
nec sulphuratae lippus institor mercis.
numerare pigri damna quis potest somni? 15
dicet quot aera verberent manus urbis,
cum secta Colcho Luna vapulat rhombo.
tu, Sparse, nescis ista nec potes scire,
Petilianis delicatus in regnis,
cui plana summos despicit domus montis, 20
et rus in urbe est vinitorque Romanus
– nec in Falerno colle maior autumnus –
intraque limen latus essedo cursus,
et in profundo somnus et quies nullis
offensa linguis, nec dies nisi admissus. 25
nos transeuntis risus excitat turbae,
et ad cubile est Roma. taedio fessis
dormire quotiens libuit, imus ad villam.

Auf meinem kleinen Landsitz finde ich Ruhe

Warum ich oft mein kleines Landgut bei dem trockenen Nomentum
und den schäbigen Herd meines Landhauses aufsuche, fragst du?
Weder zum Denken, Sparsus, noch zum Ausruhn
hat ein mitteloser Mann in der Stadt ein Plätzchen. Unerträglich machen
    dein Leben
die Schulmeister am Morgen, in der Nacht die Bäcker,
den ganzen Tag die Hämmerchen der Kupferschmiede;
Hier klimpert ein müßiger Geldwechsler auf seinem schmutzigen Tisch
mit einem Haufen Münzen aus Neros Zeit,
dort schlägt einer, der spanischen Goldstaub bearbeitet,
mit blankem Schlegel auf den abgeriebenen Steinblock;
weder gibt die ekstatische Schar Bellonas Ruhe
noch der geschwätzige Schiffbrüchige mit seinem bandagierten
    Oberkörper
oder ein Judenkind, von der Mutter zum Betteln angeleitet,
oder der triefäugige Händler von Schwefelfadenware.
Wer kann die Störungen eines säumenden Schlafes aufzählen?
Der wird erwähnen müssen, wie viele Hände in Rom das Erz schlagen,
wenn der amputierte Mond vom kolchischen Zauberrad Prügel bekommt.
Du, Sparsus, kennst das nicht und kannst es nicht kennen,
du lebst ja luxuriös in deinem petilianischen Reich,
wo schon das Erdgeschoß auf Bergeshöhen herabblickt,
und hast ein Landgut in der Stadt und einen Winzer in Rom
– auf dem Falernerhügel ist der Herbst nicht reicher –
und innerhalb deines Anwesens einen breiten Fahrweg für den
    Reisewagen,
einen ganz tiefen Schlaf und eine Ruhe,
die von Stimmen nicht gestört wird, und Tageslicht nur dann, wenn du's
    hereinläßt.
Mich scheucht das Lachen der vorbeiziehenden Menge auf,
und an meinem Bett steht Rom. Sooft ich, vom Ärger erschöpft,
schlafen will, muß ich in mein Landhaus gehen.

58

Ancillariolum tua te vocat uxor, et ipsa
    lecticariola est: estis, Alauda, pares.

59

Tantum dat tibi Roma basiorum
post annos modo quindecim reverso
quantum Lesbia non dedit Catullo.
te vicinia tota, te pilosus
hircoso premit osculo colonus;   5
hinc instat tibi textor, inde fullo,
hinc sutor modo pelle basiata,
hinc menti dominus periculosi,
hinc et dexiocholus, inde lippus
fellatorque recensque cunnilingus.   10
iam tanti tibi non fuit redire.

60

Martis alumne dies, roseam quo lampada primum
    magnaque siderei vidimus ora dei,
si te rure coli viridisque pudebit ad aras,
    qui fueras Latia cultus in urbe mihi:
da veniam servire meis quod nolo Kalendis   5
    et qua sum genitus vivere luce volo.
natali pallere suo, ne calda Sabello
    desit; et ut liquidum potet Alauda merum,

Ein Paar, das zusammenpaßt

Schürzenjäger nennt dich deine Frau, und sie selbst ist
ein Sänftenträgerliebchen: Ihr paßt zuammen, Alauda!

Unangenehme Küsserei bei der Heimkehr

So viele Küsse schenkt dir Rom,
jetzt, da du nach fünfzehn Jahren zurückgekehrt bist,
wie sie Lesbia nicht ihrem Catull schenkte.
Dich erdrückt die ganze Nachbarschaft, dich der haarige
Bauer mit Küssen, und die stinken nach dem Bock;
hier drängt sich an dich ein Weber, dort ein Walker,
hier der Schuster – eben hatte er noch das Leder geküßt –,
hier der Besitzer eines gefährlichen Kinns,
hier auch ein auf dem rechten Bein Lahmender, dort ein Triefäugiger,
ein Schwanzlutscher und einer, der kurz zuvor noch den Schoß leckte.
Es lohnte sich wirklich nicht mehr für dich zurückzukehren.

Ländliche Geburtstagsfeier

Du Kind des Mars, Tag, an dem ich zum ersten Mal die rosige Fackel
und das majestätische Gesicht des gestirnten Gottes erblickte,
wenn du dich schämst, auf dem Lande und bei grünen Altären geehrt
    zu werden,
du, den ich sonst in Latiums Stadt ehrte,
dann verzeih, daß ich an meinen Kalenden nicht zum Sklaven werden
    will
und *leben* möchte an dem Tag, da ich geboren wurde.
Am eigenen Geburtstag zu erbleichen aus Angst, warmes Wasser fehle
    Sabellus,
und, nur damit Alauda klaren Wein trinken kann,

turbida sollicito transmittere Caecuba sacco,
    atque inter mensas ire redire suas,
excipere hos illos et tota surgere cena
    marmora calcantem frigidiora gelu:
quae ratio est haec sponte sua perferre patique,
    quae te si iubeat rex dominusque, neges?

61

Versus et breve vividumque carmen
in te ne faciam times, Ligurra,
et dignus cupis hoc metu videri.
sed frustra metuis cupisque frustra.
in tauros Libyci ruunt leones,
non sunt papilionibus molesti.
quaeras censeo, si legi laboras,
nigri fornicis ebrium poetam,
qui carbone rudi putrique creta
scribit carmina quae legunt cacantes.
frons haec stigmate non meo notanda est.

62

Antiqui rex magne poli mundique prioris,
    sub quo pigra quies nec labor ullus erat,
nec regale nimis fulmen nec fulmine digni,
    scissa nec ad Manes sed sibi dives humus:
laetus ad haec facilisque veni sollemnia Prisci
    gaudia: cum sacris te decet esse tuis.

trüben Caecuber sorgsam durch ein Leinensäckchen zu filtern,
zwischen den eigenen Tischen hin- und herzugehen,
diese und jene zu empfangen und das ganze Mahl über aufzustehen
und dabei auf Marmor zu treten, der kälter als Eis ist:
Welchen Sinn hat es, all das freiwillig zu ertragen und zu erdulden,
was du, wenn es dein Patron und Herr verlangte, ablehnen würdest?

Auf dich verfasse ich kein Gedicht

Daß ich Verse, ein so kurzes wie lebendiges Epigramm,
auf dich verfasse, befürchtest du, Ligurra,
und wünschst, dieser Besorgnis würdig zu erscheinen.
Doch umsonst ängstigst du dich, und du wünschst es umsonst.
Auf Stiere stürzen sich libysche Löwen,
Schmetterlingen tun sie nichts.
Suche dir, so mein Rat, wenn du dich bemühst, daß man von dir lese,
eines dunklen Gewölbes betrunkenen Dichter,
der mit grober Kohle und bröckliger Kreide
Gedichte schreibt, die Leute beim Kacken lesen.
Deine Stirn ist nicht wert, daß ein Brandmal von mir sie zeichne.

Zum Saturnalienfest des Freundes nach Rückkehr in die spanische Heimat

Mächtiger König des alten Himmels und der Frühzeitwelt,
unter dem es bequeme Ruhe gab und keine Mühe und Plage,
weder einen allzu herrscherlichen Blitz noch solche, die den Blitz
    verdienten,
auch die Erde noch nicht bis zur Unterwelt aufgerissen, sondern für sich
    selber reich war:
Komme fröhlich und gern zu diesem Freudenfest des Priscus:
An der Feier teilzunehmen, die dir gilt, schickt sich für dich.

tu reducem patriae sexta, pater optime, bruma
 pacifici Latia reddis ab urbe Numae.
cernis ut Ausonio similis tibi pompa macello
 pendeat et quantus luxurietur honos?
quam non parca manus largaeque nomismata mensae,
 quae, Saturne, tibi pernumerentur opes?
utque sit his pretium meritis et gratia maior:
 et pater et frugi sic tua sacra colit.
at tu sancte – tuo sic semper amere Decembri –
 hos illi iubeas saepe redire dies.

63

Uncto Corduba laetior Venafro,
Histra nec minus absoluta testa,
albi quae superas oves Galaesi
nullo murice nec cruore mendax,
sed tinctis gregibus colore vivo:
dic vestro, rogo, sit pudor poetae
nec gratis recitet meos libellos.
ferrem, si faceret bonus poeta,
cui possem dare mutuos dolores.
corrumpit sine talione caelebs,
caecus perdere non potest quod aufert:
nil est deterius latrone nudo:
nil securius est malo poeta.

Du gibst ihn, bester Vater, der Heimat wieder, in die er zurückkehrt, im sechsten Winter,
aus der latinischen Stadt des friedlichen Numa.
Siehst du, wie für dich eine ganze Reihe (von Gaben), dem ausonischen Fleischmarkt vergleichbar,
aufgehängt ist und wie verschwenderisch man dich feiert und ehrt,
wie gar nicht knauserig die Hand und die Geschenk-Lose für den üppigen Tisch,
welche Schätze für dich, Saturnus, bereitgestellt werden?
Und damit diese Gaben größeren Wert besitzen und dir willkommener sind:
Es ist ein Hausvater und sparsamer Mann, der so dein heiliges Fest begeht.
Doch veranlasse du, Ehrwürdiger, so gewiß du immer in deinem Dezember unsere Liebe erfahren sollst,
daß diese Tage oft noch für ihn wiederkehren!

Gegen einen Plagiator aus Corduba

Corduba, ergiebiger als das ölreiche Venafrum,
und nicht weniger vollkommen als ein Krug aus Istrien,
du übertriffst die Schafe des weißen Galaesus
und täuschst nicht mit dem Blut der Purpurschnecke etwas vor,
sondern verfügst über Herden, die in natürlicher Farbe leuchten:
Sag' bitte deinem Dichter, er solle sich schämen
und meine Büchlein nicht umsonst vortragen.
Ich ertrüg's ja, tät es ein guter Dichter,
dem ich zur Revanche den gleichen Kummer bereiten könnte.
Ein Junggeselle verführt ohne Möglichkeit der Vergeltung,
ein Blinder kann nicht verlieren, was er raubt.
Nichts ist schlimmer als ein nackter Räuber:
Nichts ist sicherer als ein schlechter Dichter.

64

Vincentem roseos facieque comaque ministros
　Cinna cocum fecit. Cinna gulosus homo est.

65

Formonsa Phyllis nocte cum mihi tota
se praestitisset omnibus modis largam,
et cogitarem mane quod darem munus,
utrumne Cosmi, Nicerotis an libram,
an Baeticarum pondus acre lanarum, 5
an de moneta Caesaris decem flavos:
amplexa collum basioque tam longo
blandita quam sunt nuptiae columbarum,
rogare coepit Phyllis amphoram vini.

66

Bis quinquagenis domus est tibi milibus empta,
　vendere quam summa vel breviore cupis.
arte sed emptorem vafra corrumpis, Amoene,
　et casa divitiis ambitiosa latet.
gemmantes prima fulgent testudine lecti 5
　et Maurusiaci pondera rara citri;
argentum atque aurum non simplex Delphica portat;
　stant pueri dominos quos precer esse meos.
deinde ducenta sonas et ais non esse minoris.
　instructam vili vendis, Amoene, domum. 10

Verfressen statt versessen auf den schönen Pagen

Einen Jungen, so schön, daß er die rosigen Pagen in Gesicht und
   Haarpracht übertraf,
machte Cinna zum Koch. Cinna ist ein gefräßiger Mensch.

Bescheidener Wunsch für eine großzügig gewährte Nacht?

Als sich mir die schöne Phyllis die ganze Nacht
hingegeben hatte, großzügig auf jede Weise,
und ich am Morgen überlegte, was für ein Geschenk ich ihr geben solle,
ob von Cosmus oder Niceros ein Pfund
oder an bätischer Wolle 'ne ganze Menge
oder von Caesars Münze zehn Gelbe,
umschlang Phyllis meinen Hals, schmeichelte mir mit einem Kuß,
der so lang war wie eine Taubenhochzeit,
und begann zu bitten – um einen Krug Wein.

Täuschungsmanöver beim Verkauf eines Hauses

Für zweimal fünfzigtausend hast du dir ein Haus gekauft,
das du sogar zu einem geringeren Preis gerne verkaufen möchtest.
Doch mit einem schlauen Trick suchst du den Käufer 'reinzulegen,
   Amoenus,
und so verbirgt sich protzig hinter den Schätzen – eine Hütte.
Mit erstklassigem Schildpatt ausgelegt, erglänzen die Betten
und Tischplatten von maurischem Zitrusholz, massiv und erlesen;
Gefäße aus Silber und Gold trägt ein kunstvoller delphischer Dreifuß;
Knaben stehen herum, die ich liebend gern als meine Gebieter hätte.
»Zweihunderttausend« tönt es dann von dir, und für weniger, sagst du,
   sei's nicht zu haben.
Billig verkaufst du, Amoenus, ein möbliertes Haus!

67

Maiae Mercurium creastis Idus,
Augustis redit Idibus Diana,
Octobres Maro consecravit Idus.
Idus saepe colas et has et illas,
qui magni celebras Maronis Idus. 5

68

Matutine cliens, urbis mihi causa relictae,
    atria, si sapias, ambitiosa colas.
non sum ego causidicus nec amaris litibus aptus
    sed piger et senior Pieridumque comes;
otia me somnusque iuvant, quae magna negavit 5
    Roma mihi: redeo, si vigilatur et hic.

69

Sic tamquam tabulas scyphosque, Paule,
omnes archetypos habes amicos.

70

Lintea ferret Apro vatius cum vernula nuper
    et supra togulam lusca sederet anus
atque olei stillam daret enterocelicus unctor,
    udorum tetricus censor et asper erat:

Glückwunsch an einen Verehrer Vergils

Ihr habt, Iden des Mai, Merkur geboren,
an den Iden des August kehrte Diana zurück,
Maro machte des Oktobers Iden heilig.
Begehe oft noch diese und jene Iden,
der du des großen Maro Iden feierst!

Rat an einen Klienten, sich einen möglichst reichen Patron zu suchen

Du Klient am Morgen, Grund für mich, daß ich die Stadt verlassen habe,
herrschaftliche Atrien suche auf, wenn du klug bist!
Nicht bin ich Rechtsanwalt noch für bittere Prozesse geeignet,
sondern träge und älter schon und der Piëriden Begleiter.
Muße und Schlaf erfreuen mich, die das riesige Rom mir verweigerte:
Ich kehre zurück, find' ich auch hier keine Ruh'.

Fragwürdige Originale

Ganz so wie deine Bilder und Becher, Paulus,
hast du auch als Freunde – lauter Originale.

Verändertes Verhalten durch Erbschaft

Als noch vor kurzem ein krummbeiniger Hausklave dem Aper die Badetücher trug,
auf seiner mickrigen Toga eine einäugige Alte hockte
und ihm ein Masseur, der an einem Leistenbruch litt, einen Tropfen Öl reichte,
war er ein finsterer und rauher Richter von allen Betrunkenen:

frangendos calices effundendumque Falernum 5
 clamabat biberet quod modo lotus eques.
a sene sed postquam patruo venere trecenta,
 sobrius a thermis nescit abire domum.
o quantum diatreta valent et quinque comati!
 tunc, cum pauper erat, non sitiebat Aper. 10

71

Nil non, Lygde, mihi negas roganti:
at quondam mihi, Lygde, nil negabas.

72

Iugera mercatus prope busta latentis agelli
 et male compactae culmina fulta casae,
deseris urbanas, tua praedia, Pannyche, lites
 parvaque sed tritae praemia certa togae.
frumentum, milium tisanamque fabamque solebas 5
 vendere pragmaticus, nunc emis agricola.

73

Heredem tibi me, Catulle, dicis.
non credam, nisi legero, Catulle.

Zerschlagen müsse man die Becher und den Falerner ausschütten,
den ein Ritter gleich nach dem Bade trinke, rief er.
Doch nachdem ihm von seinem alten Onkel dreihunderttausend zufielen,
hat er's verlernt, nüchtern von den Thermen nach Hause zu gehen.
O was doch alles Diatretgläser und fünf langhaarige Diener bewirken!
Damals, als Aper noch arm war, hatte er keinen Durst.

Auf einen nunmehr abweisenden Buhlknaben

Nichts gibt es, Lygdus, was du mir nicht abschlägst, wenn ich dich
    darum bitte.
Aber früher, Lygdus, da schlugst du mir nichts ab.

Vom Regen in die Traufe

Nachdem du einige Morgen Land gekauft hast, das sich gleich hinter den
    Gräbern versteckt,
und das abgestützte Dach einer schlecht zusammengefügten Hütte,
gibst du, Pannychus, die Prozesse in der Stadt auf, die deine Domäne
    waren,
und die schmalen, aber sicheren Gewinne deiner abgetragenen Toga.
Weizen, Hirse, Gerste und Bohnen verkauftest du immer
als Rechtsberater; als Bauer kaufst du sie jetzt.

Ob ich wirklich dein Erbe bin,
weiß ich erst bei der Testamentseröffnung

Dein Erbe sei ich, sagst du, Catullus.
Ich kann es erst glauben, wenn ich es gelesen habe, Catullus.

74

Dum tibi Niliacus portat crystalla cataplus,
　accipe de circo pocula Flaminio.
hi magis audaces, an sunt qui talia mittunt
　munera? sed gemmis vilibus usus inest:
nullum sollicitant haec, Flacce, toreumata furem　　　5
　et nimium calidis non vitiantur aquis.
quid quod securo potat conviva ministro
　et casum tremulae non timuere manus?
hoc quoque non nihil est, quod propinabis in istis,
　frangendus fuerit si tibi, Flacce, calix.　　　10

75

Festinat Polytimus ad puellas;
invitus puerum fatetur Hypnus;
pastas glande natis habet Secundus;
mollis Dindymus est sed esse non vult;
Amphion potuit puella nasci.　　　5
horum delicias superbiamque
et fastus querulos, Avite, malo
quam dotis mihi quinquies ducena.

76

Amphora vigesis, modius datur aere quaterno.
　ebrius et crudus nil habet agricola.

Praktische Vorteile von billigen Bechern

Während vom Nil ein Transportschiff dir Kristallpokale bringt,
nimm Trinkgefäße aus dem flaminischen Zirkus entgegen.
Sind diese nun ›kühner‹ oder jene Leute, die solche Geschenke schicken?
Billige ›Kelchgläser‹ sind jedenfalls praktisch:
›Ziselierte‹ Gefäße dieser Art reizen, Flaccus, keinen Dieb
und nehmen keinen Schaden durch kochendheißes Wasser.
Außerdem kann der Gast trinken, ohne daß der Diener dabei nervös wird,
und zittrige Hände brauchen kein Herunterfallen zu befürchten.
Auch das ist nicht ohne Bedeutung, daß du damit zuprosten kannst,
wenn du den Becher, Flaccus, danach zerbrechen mußt.

Schöne Knaben sind allemal einer großen Mitgift vorzuziehen

Polytimus läuft den Mädchen nach;
daß er ein Knabe ist, bekennt nur ungern Hypnus;
mit Eicheln gefütterte Hinterbacken hat Secundus;
weichlich ist Dindymus, doch will er's nicht sein;
Amphion hätte als Mädchen geboren werden können.
Ihre Frivolitäten, ihre Launen
und ihre schmollende Sprödigkeit, Avitus, sind mir lieber
als fünfmal zweihunderttausend Sesterze Mitgift.

Karges Los der Bauern

Einen Krug Wein bekommt man für zwanzig, einen Scheffel (Weizen)
für vier As.
Außer zu saufen und sich zu überfressen bleibt dem Bauern nichts.

77

Multis dum precibus Iovem salutat
stans summos resupinus usque in ungues
Aethon in Capitolio, pepedit.
riserunt homines, sed ipse divom
offensus genitor trinoctiali 5
adfecit domicenio clientem.
post hoc flagitium misellus Aethon,
cum vult in Capitolium venire,
sellas ante petit Paterclianas
et pedit deciesque viciesque. 10
sed quamvis sibi caverit crepando,
compressis natibus Iovem salutat.

78

Nil in te scripsi, Bithynice. credere non vis
   et iurare iubes? malo satisfacere.

79

Donavi tibi multa quae rogasti;
donavi tibi plura quam rogasti:
non cessas tamen usque me rogare.
quisquis nil negat, Atticilla, fellat.

Furz im Tempel

Als Aethon sich auf dem Kapitol mit vielen Gebeten an Jupiter wandte,
auf den Zehenspitzen stehend und sich nach hinten neigend,
entfuhr ihm plötzlich ein Furz.
Es lachten die Menschen, doch der Vater der Götter
war persönlich beleidigt und bestrafte
mit Hausmahlzeiten für drei Nächte den Klienten.
Seit diesem Skandal sucht der arme Aethon,
wenn er zum Kapitol kommen will,
zuvor die Latrinen des Paterclius auf
und furzt zehn- oder zwanzigmal.
Doch wiewohl er sich vor einem Knall vorgesehen hat,
ehrt er Jupiter mit zusammengepreßten Hinterbacken.

Ich schulde dir eine Beleidigung

Nichts habe ich gegen dich geschrieben, Bithynicus. Glauben willst du mir nicht
und verlangst, daß ich schwöre? Lieber will ich meine Schuld bezahlen.

Wer nie etwas abschlägt, schadet seinem Ruf

Ich habe dir viel geschenkt, worum du batest;
ich habe dir mehr geschenkt, als du erbatest:
Du hörst dennoch nicht auf, mich ständig um etwas zu bitten.
Wer nichts ablehnt, Atticilla, der macht's mit dem Mund.

80

Ne laudet dignos, laudat Callistratus omnes.
　cui malus est nemo, quis bonus esse potest?

81

Brumae diebus feriisque Saturni
mittebat Umber aliculam mihi pauper;
nunc mittit alicam: factus est enim dives.

82

Effugere in thermis et circa balnea non est
　Menogenen, omni tu licet arte velis.
captabit tepidum dextra laevaque trigonem,
　inputet exceptas ut tibi saepe pilas.
colliget et referet laxum de pulvere follem,　　　　5
　et si iam lotus, iam soleatus erit.
lintea si sumes, nive candidiora loquetur,
　sint licet infantis sordidiora sinu.
exiguos secto comentem dente capillos
　dicet Achilleas disposuisse comas.　　　　10
fumosae feret ipse propin de faece lagonae
　frontis et umorem colliget usque tuae.
omnia laudabit, mirabitur omnia, donec
　perpessus dicas taedia mille 'veni!'

Wer alle lobt, lobt niemanden

Um nicht die loben zu müssen, die es verdienen, lobt Callistratus alle.
Für wen niemand schlecht ist, wer kann gut sein für den?

Das armselige Geschenk eines reich Gewordenen

In den Wintertagen und zum Fest des Saturn
schickte Umber mir, als er noch arm war, einen Zipfelmantel (*aliculam*);
jetzt schickt er einen Spelttrunk (*alicam*): Er ist nämlich reich geworden.

Aufdringliche Schmeichelei zugunsten einer Einladung zum Essen

In den Thermen und in der Umgebung der Bäder dem Menogenes zu entkommen,
ist nicht möglich, magst du es auch mit jedem Trick versuchen.
Haschen wird er mit der Rechten und der Linken nach dem warmen Dreiball,
um die aufgefangenen Bälle oft zu deinen Gunsten zu zählen.
Den schlaffen Lederball wird er aus dem Staub aufsammeln und dir zurückbringen,
auch wenn er schon gebadet hat und schon seine Sandalen trägt.
Nimmst du die Badetücher, wird er sie weißer als Schnee nennen,
mögen sie auch schmutziger sein als ein Kinderlatz.
Kämmst du mit gespaltenem Zahn dein spärliches Haupthaar,
wird er sagen, du habest deine Achilleus-Locken geordnet.
Selbst mit dem hefigen Bodensatz aus rauchigem Krug wird er dir noch zuprosten
und von deiner Stirn ständig den Schweiß abwischen.
Alles wird er loben, alles bewundern, bis
du, nachdem du tausend Belästigungen erduldet hast, schließlich sagst:
»Komm!«

83

Derisor Fabianus hirnearum,
omnes quem modo colei timebant
dicentem tumidas in hydrocelas
quantum nec duo dicerent Catulli,
in thermis subito Neronianis 5
vidit se miser et tacere coepit.

84

Nolueram, Polytime, tuos violare capillos,
 sed iuvat hoc precibus me tribuisse tuis.
talis eras, modo tonse Pelops, positisque nitebas
 crinibus ut totum sponsa videret ebur.

85

Pediconibus os olere dicis.
hoc si, sicut ais, Fabulle, verum est,
quid tu credis olere cunnilingis?

86

Triginta tibi sunt pueri totidemque puellae:
 una est nec surgit mentula. quid facies?

Ein Spötter entdeckt den eigenen Hodenbruch

Fabianus, der über Brüche zu spotten pflegte,
den soeben noch alle Hoden fürchteten,
wenn er über geschwollene Wasserhodenbrüche höhnte,
wie nicht einmal zwei Catulle hätten höhnen können,
sah plötzlich, der Arme, sich selbst in Neros Thermen an
– und begann zu schweigen.

Worte eines Barbiers, der einen Kunden sämtlicher Locken beraubt

Ich hatte mich, Polytimus, an deinen Haaren nicht vergreifen wollen,
doch jetzt freut es mich, in diesem Punkt deinen Bitten entsprochen zu haben.
So sahst du aus, frisch geschorener Pelops, und so glänztest du, nachdem man dir deine Locken genommen hatte,
daß die Braut das ganze Elfenbein sah.

Mundgeruch nach speziellen Liebesspielen

Du behauptest, daß Päderasten aus dem Mund riechen.
Wenn das, wie du sagst, Fabullus, stimmt,
wonach, glaubst du, riechen dann Fotzenlecker?

Überforderte Potenz

Dreißig Knaben hast du und genauso viele Mädchen:
Einen einzigen Schwanz hast du, und der rührt sich nicht. Was willst du tun?

87

Bis Cotta soleas perdidisse se questus,
dum neglegentem ducit ad pedes vernam,
qui solus inopi praestat et facit turbam,
excogitavit – homo sagax et astutus –
ne facere posset tale saepius damnum: 5
excalceatus ire coepit ad cenam.

88

Tongilianus habet nasum: scio, non nego. sed iam
   nil praeter nasum Tongilianus habet.

89

Quod lana caput alligas, Charine,
non aures tibi sed dolent capilli.

90

Pro sene, sed clare, votum Maro fecit amico,
   cui gravis et fervens hemitritaeos erat,
si Stygias aeger non esset missus ad umbras,
   ut caderet magno victima grata Iovi.
coeperunt certam medici spondere salutem. 5
ne votum solvat nunc Maro vota facit.

Gegen weiteren Schuhverlust gibt es nur ein Mittel ...

Er habe zweimal seine Sandalen verloren, klagte Cotta,
als er zu Tische seinen nachlässigen Sklaven mitnahm,
der als einziger ihm, dem Armen, aufwartet und die ganze Dienerschar
    ausmacht.
Als scharfsinniger und schlauer Mann dachte er sich etwas aus,
damit er nicht öfter einen solchen Verlust erleiden müsse:
Barfuß ging er von nun an zum Essen.

Tongilianus und seine Nase

Tongilianus hat eine Nase: ich weiß, ich leugne es nicht. Doch inzwischen hat Tongilianus nur noch seine Nase.

Glatzkopf mit Wollschal

Wenn du dir mit einem Wollschal den Kopf verbindest, Charinus,
schmerzen dich nicht die Ohren, sondern die (fehlenden) Haare.

Widerrufung eines Gelübdes, weil der Kranke zu genesen droht

Ein Gelübde, und zwar laut und deutlich, legte Maro für einen greisen
    Freund ab,
der an einem schweren, glühenden Wechselfieber litt;
wenn der Kranke nicht zu den stygischen Schatten geschickt würde,
sollte dem großen Jupiter ein willkommenes Opfertier fallen.
Die Ärzte begannen, sich für eine sichere Genesung zu verbürgen.
Um sein Gelübde nicht einlösen zu müssen, legt Maro jetzt Gelübde ab.

91

Communis tibi cum viro, Magulla,
cum sit lectulus et sit exoletus,
quare, dic mihi, non sit et minister.
suspiras; ratio est, times lagonam.

92

Saepe rogare soles qualis sim, Prisce, futurus,
   si fiam locuples simque repente potens.
quemquam posse putas mores narrare futuros?
   dic mihi, si fias tu leo, qualis eris?

93

Qua moechum ratione basiaret
coram coniuge repperit Labulla.
parvum basiat usque morionem;
hunc multis rapit osculis madentem
moechus protinus et suis repletum 5
ridenti dominae statim remittit.
quanto morio maior est maritus!

94

Scribebamus epos; coepisti scribere: cessi,
   aemula ne starent carmina nostra tuis.
transtulit ad tragicos se nostra Thalia cothurnos:
   aptasti longum tu quoque syrma tibi.

Angst, vergiftet zu werden

Du hast doch, Magulla, mit deinem Mann gemeinsam
das Bett und seinen Lustknaben;
warum dann, sag' mir, nicht auch den Mundschenk?
Du seufzt; der Grund ist, du fürchtest den Krug.

Wandlung durch plötzliche Änderung der Lebensverhältnisse

Immer wieder fragst du mich, Priscus, was für ein Mensch ich wohl wäre,
würde ich reich und käme plötzlich zu Macht.
Glaubst du, irgendjemand könnte dir seinen künftigen Charakter sagen?
Sag' mir, würdest du plötzlich zum Löwen, wie wirst du dann sein?

Listiges Liebesspiel – auf Umwegen

Wie sie ihren Liebhaber küssen kann
in Gegenwart ihres Gatten, das hat Labulla herausgefunden.
Sie küßt immerzu den kleinen Narren;
während dieser noch feucht von den vielen Küssen ist, reißt ihn
der Liebhaber augenblicklich an sich und schickt ihn, mit den eigenen
reichlich versorgt, sofort zur strahlenden Herrin zurück.
Was für ein größerer Narr ist doch der Ehemann!

Wenigstens eine einzige literarische Gattung solltest du mir lassen!

Ein Epos wollte ich schreiben; du begannst selber eins zu schreiben: Ich
      ließ es,
damit nicht meine Dichtung in Konkurrenz mit deiner trete.
Meine Thalia ging zum Kothurn der Tragiker über:
Auch du paßtest dir die lange Robe an.

fila lyrae movi Calabris exculta Camenis: 5
 plectra rapis nobis, ambitiose, nova.
audemus saturas: Lucilius esse laboras.
 ludo levis elegos: tu quoque ludis idem.
quid minus esse potest? epigrammata fingere coepi:
 hinc etiam petitur iam mea palma tibi. 10
elige quid nolis – quis enim pudor omnia velle? –
 et si quid non vis, Tucca, relinque mihi.

95

Musseti pathicissimos libellos,
qui certant Sybariticis libellis,
et tinctas sale pruriente chartas
Instanti lege Rufe; sed puella
sit tecum tua, ne thalassionem 5
indicas manibus libidinosis
et fias sine femina maritus.

96

Cum tibi nota tui sit vita fidesque mariti
 nec premat ulla tuos sollicitetve toros,
quid quasi paelicibus torqueris inepta ministris,
 in quibus et brevis est et fugitiva Venus?
plus tibi quam domino pueros praestare probabo: 5
 hi faciunt ut sis femina sola viro;
hi dant quod non vis uxor dare. 'do tamen,' inquis,
 'ne vagus a thalamis coniugis erret amor.'

Ich schlug die Saiten der Lyra, wie die kalabrischen Camenen sie spielten:
Gleich raubst du mir das neue Plektrum, du Ehrgeizling.
Ich wage, Satiren zu schreiben: Du bemühst dich, ein Lucilius zu sein.
Spielerisch dichte ich leichte Elegien: Auch du spielst genauso wie ich.
Was kann noch geringfügiger sein? Epigramme begann ich zu dichten:
Auch hier bist du schon hinter meiner Siegespalme her.
Wähle aus, was du *nicht* willst! Wo bleibt die Bescheidenheit, wenn man
    alles will?
Und wenn du etwas nicht willst, Tucca, dann laß es mir!

Sexuell anregende Lektüre

Des Mussetius höchst unzüchtige Büchlein
– sie können mit den sybaritischen Büchlein konkurrieren –
und die mit obszönen Witzen getränkten Seiten,
lies sie, Instantius Rufus; doch dein Mädchen
sei bei dir, damit du nicht die Hochzeit
deinen lüsternen Händen überläßt
und ohne Frau zum Ehemann wirst.

Ehefrau und Knabenliebe: Beides braucht ein Mann

Da dir das Leben und die Treue deines Mannes bekannt sind
und keine andere dein Bett zerdrückt oder aufwühlt,
was quälen dich, du Närrin, als wären es Nebenbuhlerinnen, die Diener,
mit denen kurz nur und flüchtig der Liebesgenuß ist?
Daß mehr für dich als für den Herrn die Knaben leisten, will ich beweisen:
Diese bewirken, daß du die einzige Frau für deinen Mann bist;
diese gewähren ihm, was du als Ehefrau nicht gewähren willst. »Ich
    gewähre es doch«, sagst du,
»damit die Liebe meines Mannes nicht fremd geht und sich aus dem
    Ehebett verirrt.«

non eadem res est: Chiam volo, nolo mariscam:
 ne dubites quae sit Chia, marisca tua est.
scire suos fines matrona et femina debet:
 cede sua pueris, utere parte tua.

97

Uxor cum tibi sit puella qualem
votis vix petat inprobis maritus,
dives, nobilis, erudita, casta,
rumpis, Basse, latus, sed in comatis,
uxoris tibi dote quos parasti.
et sic ad dominam reversa languet
multis mentula milibus redempta,
ut nec vocibus excitata blandis
molli pollice nec rogata surgat.
sit tandem pudor aut eamus in ius.
non est haec tua, Basse: vendidisti.

98

Baetis olivifera crinem redimite corona,
 aurea qui nitidis vellera tinguis aquis;
quem Bromius, quem Pallas amat; cui rector aquarum
 Albula navigerum per freta pandit iter:
ominibus laetis vestras Instantius oras
 intret et hic populis ut prior annus eat.
non ignorat onus quod sit succedere Macro;
 qui sua metitur pondera ferre potest.

Das ist nicht ein und dasselbe: Die Feige von Chios will ich, ich will
    keine Mariske.
Und falls du noch Zweifel hast, was die Feige von Chios bedeutet: Die
    Mariske ist dein Part.
Ihren Wirkungskreis müssen eine verheiratete Dame und jede Frau kennen:
Lasse den Knaben ihren Teil, nutze du deinen!

Dein Schwanz gehört nicht mehr dir

Obwohl du zur Gattin ein Mädchen hast, wie es sich
in unverschämten Wünschen kaum ein Mann erträumen könnte,
reich, edel, gebildet und tugendhaft,
strapazierst du deine Lenden, und das bei langhaarigen Knaben,
die du dir durch die Mitgift deiner Gattin besorgt hast;
und kehrt dann zu seiner Herrin dein Schwanz zurück,
den sie für viele Tausender gekauft hat, ist er so schlaff,
daß er weder, wenn kosende Worte ihn aufmuntern wollen
noch wenn zärtliche Finger ihn umschmeicheln, sich aufrichten kann.
Schäme dich endlich, oder aber laß uns vor Gericht gehen!
Dein Schwanz gehört dir nicht, Bassus: Du hast ihn verkauft.

Willkommensgruß für den neuen Statthalter der Provinz Baetica

Baetis, das Haar mit der Krone aus Olivenzweigen geschmückt,
der du goldene Vliese mit deinen glänzenden Wassern färbst,
du, den Bromius, den Pallas liebt, für den Albula, Herrscher der Wasser,
einen schiffbaren Weg durch die Fluten öffnet:
Möge mit glücklichen Vorzeichen Instantius deine Küsten
betreten und dieses Jahr für die Völker ganz so wie das vergangene
    verlaufen!
Er weiß wohl, welche Last es bedeutet, Macers Nachfolger zu sein;
doch wer seine eigene Bürde ermißt, kann sie auch tragen.

LIBER TERTIUS DECIMUS

XENIA

1

Ne toga cordylis et paenula desit olivis
    aut inopem metuat sordida blatta famem,
perdite Niliacas, Musae, mea damna, papyros:
    postulat ecce novos ebria bruma sales.
non mea magnanimo depugnat tessera talo   5
    senio nec nostrum cum cane quassat ebur:
haec mihi charta nuces, haec est mihi charta fritillus:
    alea nec damnum nec facit ista lucrum.

2

Nasutus sis usque licet, sis denique nasus,
    quantum noluerit ferre rogatus Atlans,
et possis ipsum tu deridere Latinum:
    non potes in nugas dicere plura meas
ipse ego quam dixi. quid dentem dente iuvabit   5
    rodere? carne opus est, si satur esse velis.
ne perdas operam: qui se mirantur, in illos
    virus habe, nos haec novimus esse nihil.
non tamen hoc nimium nihil est, si candidus aure
    nec matutina si mihi fronte venis.   10

DREIZEHNTES BUCH
XENIA

Einleitung A

Damit nicht den Thunfischen die Toga fehle, den Oliven der Mantel
oder der schmutzige Bücherwurm den kläglichen Hunger befürchte,
ruiniert nur, ihr Musen, die Papyrusblätter vom Nil: Mein Schaden ist es!
Sieh, der trunkene Mittwinter verlangt neue Scherze.
Nicht kämpft mein Würfel mit beherztem Wurf um die Entscheidung,
noch schütteln Sechser und Hund meinen Elfenbeinbecher:
Diese Blätter hier sind meine Nüsse, diese Blätter hier mein Würfelbecher:
Solch ein Würfelspiel bringt weder Verlust noch Gewinn.

Einleitung B

Magst du auch eine noch so mächtige Spottnase haben, ja sogar nur
   Nase sein,
von einer Größe wie Atlas – darum gebeten – sie nicht hätte tragen wollen,
und könntest du sogar den Latinus auslachen:
Mehr kannst du nicht gegen meine poetischen Nichtigkeiten vorbringen,
als ich es selber schon tat. Welches Vergnügen ist es, den Zahn mit dem
   Zahn zu benagen?
Fleisch muß es geben, wenn du satt werden willst.
Bemühe dich nicht umsonst: Gegen solche, die sich bewundern,
verwende dein Gift, ich weiß selber, daß das hier nichts ist:
Und doch ist es nicht gänzlich nichts, falls du mir aufrichtig Gehör
   schenkst
und nicht mit dem Gesicht eines Frühaufstehers zu mir kommst.

3

Omnis in hoc gracili Xeniorum turba libello
　constabit nummis quattuor empta tibi.
quattuor est nimium? poterit constare duobus,
　et faciat lucrum bybliopola Tryphon.
haec licet hospitibus pro munere disticha mittas, 5
　si tibi tam rarus quam mihi nummus erit.
addita per titulos sua nomina rebus habebis:
　praetereas, si quid non facit ad stomachum.

4 Tus

Serus ut aetheriae Germanicus imperet aulae
　utque diu terris, da pia tura Iovi.

5 Piper

Cerea quae patulo lucet ficedula lumbo,
　cum tibi sorte datur, si sapis, adde piper.

6 Alica

Nos alicam, poterit mulsum tibi mittere dives.
　si tibi noluerit mittere dives, emes.

Einleitung C

Die ganze Xenien-Sammlung in diesem schmalen Büchlein
wird dich vier Sesterze kosten, falls du sie kaufst.
Vier ist zu viel? Sie kann auch zwei kosten,
und Tryphon, der Buchhändler, dürfte dann noch immer Gewinn
    machen.
Du kannst diese Distichen als Geschenk an Gastfreunde schicken,
wenn du so selten wie ich ein Geldstück besitzt.
In den Überschriften findest du die zu den Gegenständen gehörenden
    Namen beigefügt:
Übergehe einfach, was nicht nach deinem Geschmack ist!

Weihrauch

Damit Germanicus spät erst am himmlischen Hof regiere,
aber lang noch auf Erden, spende Jupiter Weihrauch in frommer
    Gesinnung!

Pfeffer

Wenn dir ein Feigenfresser, der wachsfarben glänzt mit breiten Lenden,
durch das Los zufällt, dann füge Pfeffer hinzu, hast du Geschmack!

Spelttrunk

Spelttrunk bekommst du von mir, Honigmet wird ein Reicher dir
    schicken können;
will der Reiche ihn dir nicht schicken, mußt du ihn kaufen.

7 Faba

Si spumet rubra conchis tibi pallida testa,
  lautorum cenis saepe negare potes.

8 Far

Inbue plebeias Clusinis pultibus ollas,
  ut satur in vacuis dulcia musta bibas.

9 Lens

Accipe Niliacam, Pelusia munera, lentem:
  vilior est alica, carior illa faba.

10 Simila

Nec dotes similae possis numerare nec usus,
  pistori totiens cum sit et apta coco.

11 Hordeum

Mulio quod non det tacituris, accipe, mulis.
  haec ego coponi, non tibi, dona dedi.

Bohne

Wenn die weißliche Bohne für dich im rötlichen Krug schäumt,
dann kannst du oft auf die Mähler der feinen Leute verzichten.

Spelt

Fülle plebejische Töpfe mit Porridge von Clusium,
damit du, satt geworden, aus den leeren Töpfen süßen Most trinken kannst.

Linsen

Nimm die Linsen vom Nil in Empfang, eine Gabe aus Pelusium;
billiger als Spelt sind sie und teurer als Bohnen.

Weizenmehl

Weder den Wert noch die Verwendungsmöglichkeiten von Weizenmehl könntest du aufzählen,
da es Koch und Bäcker auf vielfache Weise gebrauchen.

Gerste

Nimm in Empfang, was der Maultiertreiber den Mulis – sie werden nicht reden – entzieht!
Dem Kneipwirt, nicht dir, habe ich diese Gabe spendiert.

12 Frumentum

Tercentum Libyci modios de messe coloni
    sume, suburbanus ne moriatur ager.

13 Betae

Ut sapiant fatuae, fabrorum prandia, betae,
    o quam saepe petet vina piperque cocus!

14 Lactucae

Cludere quae cenas lactuca solebat avorum,
    dic mihi, cur nostras inchoat illa dapes?

15 Ligna acapna

Si vicina tibi Nomento rura coluntur,
    ad villam moneo, rustice, ligna feras.

16 Rapa

Haec tibi brumali gaudentia frigore rapa
    quae damus, in caelo Romulus esse solet.

17 Fascis coliculi

Ne tibi pallentes moveant fastidia caules,
    nitrata viridis brassica fiat aqua.

Getreide

Dreihundert Maß von der Ernte des libyschen Bauern
nimm dir, sonst geht dir dein Acker am Stadtrand ein.

Bete

Damit die fade Bete, Handwerkerkost, schmeckt,
wie oft wird da der Koch Weine und Pfeffer verlangen!

Lattich

Lattich, der die Mahlzeiten unserer Vorfahren gewöhnlich beschloß,
sag' mir, warum leitet er bei uns das Essen ein?

Rauchloses Holz

Wenn du dein Land in der Nähe Nomentums bestellst,
bring doch, so rat' ich dir, Bauer, zum Gutshof das Holz!

Rüben

Diese Rüben hier, die ich dir gebe – sie lieben den Winterfrost –,
ißt Romulus gern im Himmel.

Ein Bündel Kohlstengel

Damit die bläßlichen Stengel bei dir keinen Widerwillen erregen,
soll durch Natron im Wasser der Kohl grün werden.

18 Porri sectivi

Fila Tarentini graviter redolentia porri
  edisti quotiens, oscula clusa dato.

19 Porri capitati

Mittit praecipuos nemoralis Aricia porros:
  in niveo virides stipite cerne comas.

20 Napi

Hos Amiternus ager felicibus educat hortis:
  Nursinas poteris parcius esse pilas.

21 Asparagi

Mollis in aequorea quae crevit spina Ravenna
  non erit incultis gratior asparagis.

22 Uvae duracinae

Non habilis cyathis et inutilis uva Lyaeo,
  sed non potanti me tibi nectar ero.

23 Ficus Chiae

Chia seni similis Baccho, quem Setia misit,
  ipsa merum secum portat et ipsa salem.

Schnittlauch

Wenn du stark riechende Stengel vom Lauch aus Tarent gegessen hast,
gib Küsse nur mit geschlossenem Mund!

Kopflauch

Das waldreiche Aricia liefert vorzüglichen Lauch:
Beachte die grünen Blätter auf dem schneeweißen Stengel!

Steckrüben

Amiternums Land läßt sie in seinen fruchtbaren Gärten wachsen.
Nursias ›Bälle‹ wirst du sparsamer essen können.

Spargel

Die zarte Stange, die am Meer bei Ravenna wuchs,
wird nicht köstlicher als der wilde Spargel sein.

Hartschalige Weintrauben

Eine Traube bin ich, untauglich für die Becher und unnütz für Lyaeus,
doch wenn du mich *nicht* trinkst, werde ich für dich Nektar sein.

Feigen von Chios

Die Feige von Chios ist altem Wein ähnlich, den Setia lieferte:
Sie enthält richtigen Wein und ebenso Salz.

24 Cydonea

Si tibi Cecropio saturata Cydonea melle
　ponentur, dicas 'haec melimela placent.'

25 Nuces pineae

Poma sumus Cybeles: procul hinc discede, viator,
　ne cadat in miserum nostra ruina caput.

26 Sorba

Sorba sumus, molles nimium tendentia ventres:
　aptius haec puero quam tibi poma dabis.

27 Petalium caryotarum

Aurea porrigitur Iani caryota Kalendis;
　sed tamen hoc munus pauperis esse solet.

28 Vas cottanorum

Haec tibi quae torta venerunt condita meta,
　si maiora forent cottana, ficus erat.

Quitten

Setzt man dir Quitten vor, die von kekropischem Honig gesättigt sind,
dann kannst du sagen: »Diese Honigäpfel schmecken mir.«

Pinienzapfen

Früchte der Kybele sind wir. Entferne dich weit von hier, Wanderer,
damit wir nicht im Sturz auf dein armes Haupt fallen!

Vogelbeeren

Vogelbeeren sind wir, wir straffen den allzu weichen Bauch.
Angemessener ist's, du gibst diese Früchte deinem Jungen als dir selber.

Ein Büschel mit Datteln

Eine goldene Dattel überreicht man an den Januskalenden;
und doch ist das gewöhnlich nur das Geschenk eines Armen.

Ein Gefäß mit kleinen trockenen Feigen

Wenn diese Trockenfrüchte, die zu dir kamen, aufbewahrt in einem
    kegelartigen Gefäß,
größer wären, wären es Feigen.

29 Vas Damascenorum

Pruna peregrinae carie rugosa senectae
 sume: solent duri solvere ventris onus.

30 Caseus Lunensis

Caseus Etruscae signatus imagine Lunae
 praestabit pueris prandia mille tuis.

31 Caseus Vestinus

Si sine carne voles ientacula sumere frugi,
 haec tibi Vestino de grege massa venit.

32 Caseus fumosus

Non quemcumque focum nec fumum caseus omnem,
 sed Velabrensem qui bibit, ille sapit.

33 Casei Trebulani

Trebula nos genuit; commendat gratia duplex,
 sive levi flamma sive domamur aqua.

Ein Gefäß mit Damaszener Pflaumen

Die durch die Mürbe des Alters verschrumpelten Pflaumen aus fremdem Land
nimm dir: Sie lösen gewöhnlich die Last eines harten Leibes.

Käse aus Luna

Käse, gestempelt mit dem Bild der etruskischen Luna,
wird deinen Jungen für tausend Mahlzeiten reichen.

Vestiner Käse

Möchtest du ein frugales Frühstück ohne Fleisch einnehmen,
dann kommt von einer vestinischen Herde dieser Käselaib zu dir.

Rauchkäse

Käse, der nicht einen beliebigen Herd oder jeglichen Rauch aufgesaugt hat,
sondern den vom Velabrum, der schmeckt.

Trebulaner Käse

Trebula hat mich erzeugt; doppelte Beliebtheit empfiehlt mich,
sei's, daß man mich durch leichte Glut, sei's in Wasser veredelt.

34 Bulbi

Cum sit anus coniunx et sint tibi mortua membra,
 nil aliud bulbis quam satur esse potes.

35 Lucanicae

Filia Picenae venio Lucanica porcae:
 pultibus hinc niveis grata corona datur.

36 Cistella olivarum

Haec quae Picenis venit subducta trapetis
 inchoat atque eadem finit oliva dapes.

37 Mala citrea

Aut Corcyraei sunt haec de frondibus horti,
 aut haec Massyli poma draconis erant.

38 Colustrum

Subripuit pastor quae nondum stantibus haedis
 de primo matrum lacte colustra damus.

Zwiebeln

Hast du ein altes Eheweib und sind dir die Lenden abgestorben,
dann kannst du nichts anders tun als dich an Zwiebeln satt zu essen.

Lukaner Würste

Ich komme als die lukanische Tochter eines picenischen Schweines.
Auf schneeweißen Brei legt man mich dann als einen willkommenen
   Kranz.

Ein Kistchen mit Oliven

Hier diese Olive, die – der picenischen Kelter entnommen – zu dir
   kommt,
leitet die Mahlzeit ein und beendet sie auch .

Zitronen

Entweder stammen diese Früchte von den Ästen in Korkyras Garten,
oder sie gehörten dem massylischen Drachen.

Biestmilch

Biestmilch, die der Hirte den noch nicht standfesten Böckchen geraubt
   hat
von der ersten Milch der Muttertiere, ist meine Gabe.

39 Haedus

Lascivum pecus et viridi non utile Baccho
 det poenas; nocuit iam tener ille deo.

40 Ova

Candida si croceos circumfluit unda vitellos,
 Hesperius scombri temperet ova liquor.

41 Porcellus lactans

Lacte mero pastum pigrae mihi matris alumnum
 ponat, et Aetolo de sue dives edat.

42 Apyrina et tubures

Non tibi de Libycis tubures et apyrina ramis,
 de Nomentanis sed damus arboribus.

43 Idem

Lecta suburbanis mittuntur apyrina ramis
 et vernae tubures. quid tibi cum Libycis?

Böckchen

Das mutwillige Tier, das dem grünen Bacchus nicht dienlich ist,
werde bestraft; so zart es ist, hat es doch schon den Gott geschädigt.

Eier

Wenn Eiweiß um den gelblichen Dotter herumfließt,
soll hesperischer Saft von der Makrele die Eier würzen.

Spanferkel

Das mit reiner Milch genährte Ferkel eines trägen Mutterschweins
setze der Reiche mir vor, und selber esse er von dem ätolischen Eber!

Granatäpfel und Nußpfirsiche

Nicht von libyschen Ästen Nußpfirsiche und Granatäpfel
gebe ich dir, sondern von den Bäumen Nomentums.

Dasselbe

Granatäpfel, in der Umgebung Roms von den Ästen gepflückt, werden
    dir geschickt
und hiesige Nußpfirsiche. Was brauchst du da noch libysche?

44 Sumen

Esse putes nondum sumen; sic ubere largo
  effluit et vivo lacte papilla tumet.

45 Pulli gallinacei

Si Libycae nobis volucres et Phasides essent,
  acciperes, at nunc accipe chortis aves.

46 Persica praecocia

Vilia maternis fueramus Persica ramis:
  nunc in adoptivis Persica cara sumus.

47 Panes Picentini

Picentina Ceres niveo sic nectare crescit
  ut levis accepta spongea turget aqua.

48 Boleti

Argentum atque aurum facilest laenamque togamque
  mittere; boletos mittere difficilest.

49 Ficedulae

Cum me ficus alat, cum pascar dulcibus uvis,
  cur potius nomen non dedit uva mihi?

Saueuter

Man könnte glauben, es sei noch kein Saueuter; in solch praller Fülle
fließt die Zitze aus und schwillt von lebendiger Milch.

Hähnchen

Wenn ich Vögel von Libyen und vom Phasis besäße,
würdest du sie bekommen; so aber nimm Geflügel vom Hof!

Frühreife Pfirsiche

An den Ästen unseres Mutterbaumes waren wir wertlose Pfirsiche,
jetzt, auf gepfropften Zweigen, sind wir erlesene Pfirsiche.

Picener Brot

Picener Brot quillt von schneeweißem Nektar auf,
ganz wie ein leichter Schwamm anschwillt, wenn er Wasser aufsog.

Pilze

Silber und Gold, auch einen Mantel und eine Toga zu schicken,
ist leicht; Pilze zu schicken ist schwierig.

Feigenschnepfen

Da mich die Feige ernährt und ich doch auch süße Trauben fresse,
warum hat mir da nicht mit mehr Recht die Traube den Namen gegeben?

50 Terrae tubera

Rumpimus altricem tenero quae vertice terram
 tubera, boletis poma secunda sumus.

51 Turdorum decuria

Texta rosis fortasse tibi vel divite nardo,
 at mihi de turdis facta corona placet.

52 Anates

Tota quidem ponatur anas, sed pectore tantum
 et cervice sapit: cetera redde coco.

53 Turtures

Cum pinguis mihi turtur erit, lactuca valebis;
 et cocleas tibi habe. perdere nolo famem.

54 Perna

Cerretana mihi fiat vel missa licebit
 de Menapis: lauti de petasone vorent.

Trüffel

Wir Trüffel, die wir mit dem zarten Köpfchen die nährende Erde
 durchstoßen,
sind Obst, das gleich nach den Pilzen kommt.

Zehn Drosseln auf der Schnur

Dir gefällt vielleicht ein Kranz, aus Rosen und prächtiger Narde geknüpft,
doch mir einer, der aus Drosseln gebildet ist.

Enten

Man serviere zwar die Ente ganz, doch nur Brust
und Nacken sind schmackhaft; den Rest gib an den Koch zurück!

Turteltauben

Wenn ich Aussicht auf eine fette Taube habe, dann fort mit dir, Lattich!
Auch die Schnecken behalte für dich! Ich will mir den Appetit nicht
 verderben.

Schinken

Cerretaner Schinken möchte ich haben oder solchen, der von den
 Menapiern geliefert wurde.
Die feinen Leute mögen an der Vorderkeule schlingen!

55 Petaso

Musteus est: propera, caros nec differ amicos.
  nam mihi cum vetulo sit petasone nihil.

56 Volva

Te fortasse magis capiat de virgine porca;
  me materna gravi de sue volva capit.

57 Colocasia

Niliacum ridebis holus lanasque sequaces,
  inproba cum morsu fila manuque trahes.

58 Iecur anserinum

Aspice quam tumeat magno iecur ansere maius!
  miratus dices: 'hoc, rogo, crevit ubi?'

59 Glires

Tota mihi dormitur hiems et pinguior illo
  tempore sum quo me nil nisi somnus alit.

60 Cuniculi

Gaudet in effossis habitare cuniculus antris.
  monstravit tacitas hostibus ille vias.

Vorderschinken

Frisch gepökelt ist er, schnell, laß die teuren Freunde kommen!
Denn mit einem alten Vorderschinken will ich nichts zu tun haben.

Gebärmutter (der Sau)

Dich mag vielleicht die Tasche von einem Ferkel mehr verlocken;
mich verlockt die von einer trächtigen Muttersau.

Ägyptische Bohnen

Lachen wirst du über das Gemüse vom Nil und seine glitschigen Fasern,
wenn du mit Zähnen und Händen die tückischen Fäden ziehst.

Gänseleber

Schau dir an, wie die Leber mehr geschwollen ist als eine große Gans!
Staunend wirst du fragen: »Wo nur, bitte, ist die gewachsen«?

Haselmäuse

Den ganzen Winter verschlafe ich und bin fetter
in dieser Zeit, da mich nichts nährt als nur der Schlaf.

Kaninchen

Fröhlich haust das Kaninchen in ausgebuddelten Höhlen.
Den Feinden hat es damit geheime Wege gezeigt.

61 Attagenae

Inter sapores fertur alitum primus
Ionicarum gustus attagenarum.

62 Gallinae altiles

Pascitur et dulci facilis gallina farina,
    pascitur et tenebris. ingeniosa gula est.

63 Capones

Ne nimis exhausto macresceret inguine gallus,
    amisit testes. nunc mihi gallus erit.

64 Idem

Succumbit sterili frustra gallina marito.
    hunc matris Cybeles esse decebat avem.

65 Perdices

Ponitur Ausoniis avis haec rarissima mensis:
    hanc in piscina ludere saepe soles.

66 Columbini

Ne violes teneras periuro dente columbas,
    tradita si Gnidiae sunt tibi sacra deae.

Haselhühner

Unter den Geflügel-Delikatessen gilt als erstklassig
der Geschmack des jonischen Haselhuhns.

Masthühner

Gemästet wird mit süßem Mehl die fügsame Henne,
gemästet wird sie auch durch das Dunkel. Erfinderisch ist der Gaumen!

Kapaune

Damit der Hahn nicht durch Überanstrengung seiner Potenz mager wird,
hat er die Hoden verloren; nun ist er ein »Gallus« für mich.

Dasselbe

Vergeblich duckt sich das Huhn unter dem impotenten Gatten;
der hätte sich besser zum Vogel der Mutter Kybele geeignet.

Rebhühner

Diesen Vogel serviert man nur selten auf ausonischen Tischen:
dagegen spielst du ihn oft im Schwimmbecken.

Tauben

Verletze nicht mit frevelhaftem Zahn die zarten Tauben,
wenn dir der Kult der knidischen Göttin anvertraut ist.

67 Palumbi

Inguina torquati tardant hebetantque palumbi:
  non edat hanc volucrem qui cupit esse salax.

68 Galbuli

Galbina decipitur calamis et retibus ales,
  turget adhuc viridi cum rudis uva mero.

69 Cattae

Pannonicas nobis numquam dedit Umbria cattas:
  mavult haec domino mittere dona Pudens.

70 Pavones

Miraris, quotiens gemmantis explicat alas,
  et potes hunc saevo tradere, dure, coco?

71 Phoenicopteri

Dat mihi pinna rubens nomen, sed lingua gulosis
  nostra sapit. quid si garrula lingua foret?

Ringeltauben

Ringeltauben schwächen und lähmen die Lenden.
Diesen Vogel soll nicht verzehren, wer geil zu sein wünscht.

Goldamseln

Mit dem Rohr und dem Netz überlistet man den gelblichen Vogel,
wenn die unreife Traube von dem noch grünlichen Saft strotzt.

Katten

Umbrien hat uns nie die pannonischen Vögel gegeben.
Pudens zieht es vor, diese Gaben seinem ›Herrn‹ zu schicken.

Pfauen

Du bewunderst ihn, sooft er seine von Edelsteinen besetzten Schwingen
    ausbreitet,
und doch kannst du ihn, du Hartherziger, an den grausamen Koch
    ausliefern?

Flamingos

Mein rotes Gefieder gibt mir den Namen, meine Zunge jedoch
schmeckt Leckermäulern. Was aber, wenn meine Zunge plaudern könnte!

72 Phasiani

Argoa primum sum transportata carina:
  ante mihi notum nil nisi Phasis erat.

73 Numidicae

Ansere Romano quamvis satur Hannibal esset,
  ipse suas numquam barbarus edit aves.

74 Anseres

Haec servavit avis Tarpei templa Tonantis.
  miraris? nondum fecerat illa deus.

75 Grues

Turbabis versus nec littera tota volabit,
  unam perdideris si Palamedis avem.

76 Rusticulae

Rustica sim an perdix quid refert, si sapor idem est?
  carior est perdix. sic sapit illa magis.

Fasane

Vom Kiel der Argo bin ich zum ersten Mal befördert worden.
Zuvor war mir nichts außer dem Phasis bekannt.

Numidische Perlhühner

Hannibal aß sich zwar an römischen Gänsen satt,
doch niemals verspeiste er, ein Barbar, die Vögel seines eigenen Landes.

Gänse

Dieser Vogel rettete den Tempel des tarpejischen Donnerers.
Du staunst darüber? Da hatte noch nicht ein Gott ihn erbaut.

Kraniche

Du wirst die Formation durcheinanderbringen, und der Buchstabe wird
nicht mehr vollständig fliegen,
wenn du von den Vögeln des Palamedes auch nur einen wegnimmst.

Feldhühner

Ob ich ein Feld- oder Rebhuhn bin, was macht es aus, wenn der
Geschmack der gleiche ist?
Teurer ist aber das Rebhuhn. Also schmeckt es besser.

77 Cycni

Dulcia defecta modulatur carmina lingua
  cantator cycnus funeris ipse sui.

78 Porphyriones

Nomen habet magni volucris tam parva gigantis?
  et nomen prasini Porphyrionis habet.

79 Mulli vivi

Spirat in advecto, sed iam piger, aequore mullus;
  languescit. vivum da mare: fortis erit.

80 Murenae

Quae natat in Siculo grandis murena profundo,
  non valet exustam mergere sole cutem.

81 Rhombi

Quamvis lata gerat patella rhombum,
  rhombus latior est tamen patella.

Schwäne

Mit ersterbender Zunge noch stimmt liebliche Lieder
der Schwan an, ein Sänger des eigenen Todes.

Purpurvögel

Hat ein so kleiner Vogel den Namen eines großen Giganten?
Er hat auch den Namen von Porphyrion, dem von der Grünen Partei.

Lebende Meerbarben

Die Barbe atmet, doch träge schon, im mitgebrachten Meerwasser;
sie wird matt. Gib ihr das lebensvolle Meer, und sie wird kräftig sein.

Muränen

Die stattliche Muräne, die im tiefen sizilischen Meer schwimmt,
vermag ihre von der Sonne verbrannte Haut nicht mehr
    hinuntertauchen zu lassen.

Steinbutte

Wenn auch die Schüssel noch so breit ist, die den Steinbutt trägt,
so ist der Steinbutt doch breiter als die Schüssel.

82 Ostrea

Ebria Baiano veni modo concha Lucrino:
 nobile nunc sitio luxuriosa garum.

83 Squillae

Caeruleus nos Liris amat, quem silva Maricae
 protegit: hinc squillae maxima turba sumus.

84 Scarus

Hic scarus, aequoreis qui venit adesus ab undis,
 visceribus bonus est, cetera vile sapit.

85 Coracinus

Princeps Niliaci raperis, coracine, macelli:
 Pellaeae prior est gloria nulla gulae.

86 Echini

Iste licet digitos testudine pungat acuta,
 cortice deposita mollis echinus erit.

Austern

Trunken von Bajaes Lukrinersee, bin ich, eine Muschel, soeben
    angekommen;
Extravagant wie ich bin, dürste ich jetzt nach edler Tunke.

Krabben

Der bläuliche Liris, den Maricas Wald beschützt, liebt uns;
von dort stammen wir Krabben, eine mächtige Schar.

Papageifisch (Bunter Barsch)

Der Papageifisch hier, der, von den Meerwellen benagt, zu uns gelangte,
ist, was seine Innereien betrifft, gut; der Rest schmeckt fad.

Rabenfisch

Rabenfisch, man reißt sich um dich als der Hauptdelikatesse des
    Nilmarktes;
keine Berühmtheit des pelläischen Gaumens übertrifft dich.

Seeigel

Mag der Seeigel dir auch mit seinem stachligen Schild die Finger stechen:
hat man die Schale entfernt, wird er weich sein.

87 Murices

Sanguine de nostro tinctas, ingrate, lacernas
    induis, et non est hoc satis: esca sumus.

88 Gobii

In Venetis sint lauta licet convivia terris,
    principium cenae gobius esse solet.

89 Lupus

Laneus Euganei lupus excipit ora Timavi,
    aequoreo dulces cum sale pastus aquas.

90 Aurata

Non omnis laudes pretiumque aurata meretur,
    sed cui solus erit concha Lucrina cibus.

91 Acipensis

Ad Palatinas acipensem mittite mensas:
    ambrosias ornent munera rara dapes.

Purpurschnecken

Mit unserem Blut gefärbte Mäntel ziehst du an, Undankbarer,
und das ist nicht genug: Wir dienen auch noch als Speise.

Gründlinge

Mögen die Gastmähler in Venziens Land noch so prächtig sein,
der Gründling bildet doch meistens den Anfang des Mahls.

Seebarsch

Der wollige Seebarsch schlürft das Wasser in der Mündung des
        euganischen Timavus,
er nährt sich so von süßem Wasser und von Meereswasser.

Goldforelle

Nicht jede Goldforelle verdient Lob und Wertschätzung,
sondern nur die, deren einzige Nahrung Lukriner-Muscheln sind.

Stör

Schickt den Stör zur kaiserlichen Tafel!
So seltene Geschenke sollen das ambrosische Mahl zieren!

92 Lepores

Inter aves turdus, si quid me iudice certum est,
  inter quadripedes mattea prima lepus.

93 Aper

Qui Diomedeis metuendus saetiger agris
  Aetola cecidit cuspide, talis erat.

94 Dammae

Dente timetur aper, defendunt cornua cervum:
  inbelles dammae quid nisi praeda sumus?

95 Oryx

Matutinarum non ultima praeda ferarum
  saevos oryx constat quot mihi morte canum!

96 Cervus

Hic erat ille tuo domitus, Cyparisse, capistro.
  an magis iste tuus, Silvia, cervus erat?

Hasen

Von den Vögeln ist die Drossel – wenn auf mein Urteil Verlaß ist –,
von den Vierbeinern der Hase die größte Delikatesse.

Eber

Der Borstenträger, Schrecken des diomedischen Landes,
der durch den ätolischen Speer zu Fall kam, war so.

Rehe

Der Keiler ist furchtbar durch seine Hauer, das Geweih verteidigt den
       Hirsch:
Wir wehrlosen Rehe, was sind wir anderes als Beute?

Antilope

Nicht die letzte Beute bei den morgendlichen Tierhetzen,
die wütende Antilope – wie vieler Hunde Tod kostet sie mich!

Hirsch

Dies hier war jenes Tier, das du, Cyparissus, mit dem Halfter gebändigt
       hast;
oder war es eher dein Hirsch, Silvia?

97 Lalisio

Dum tener est onager solaque lalisio matre
 pascitur, hoc infans sed breve nomen habet.

98 (99) Caprea

Pendentem summa capream de rupe videbis:
 casuram speres; decipit illa canes.

99 (98) Dorcas

Delicium parvo donabis dorcada nato:
 iactatis solet hanc mittere turba togis.

100 Onager

Pulcher adest onager: mitti venatio debet
 dentis Erythraei: iam removete sinus.

101 Oleum Venafrum

Hoc tibi Campani sudavit baca Venafri:
 unguentum quotiens sumis, et istud oles.

Wildeselfüllen

Solange der Wildesel noch jung ist und sich nur von der Mutter nährt,
hat das Jungtier den Namen Lalisio, doch nur für kurze Zeit.

Wildziege

Sieh doch die Wildziege hoch oben am Felsen hängen!
Magst du auch erwarten, daß sie gleich abstürzt: Sie täuscht nur die
    Hunde.

Gazelle

Zum vergnüglichen Spiel magst du deinem Söhnchen eine Gazelle
    schenken:
Durch Schwenken der Toga pflegt die Menge sie freizubitten.

Wildesel

Ein schöner Wildesel erscheint; die Jagd auf den erythräischen Stoßzahn
muß aufgegeben werden: Zieht nunmehr eure Togen wieder zurück!

Öl von Venafrum

Die Beere vom kampanischen Venafrum hat dies hier für dich
    ausgeschwitzt.
Sooft du die Salbe benutzt, riechst du auch nach dem Öl.

102 Garum sociorum

Expirantis adhuc scombri de sanguine primo
    accipe fastosum, munera cara, garum.

103 Amphora muriae

Antipolitani, fateor, sum filia thynni:
    essem si scombri, non tibi missa forem.

104 Mel Atticum

Hoc tibi Thesei populatrix misit Hymetti
    Pallados a silvis nobile nectar apis.

105 Favi Siculi

Cum dederis Siculos mediae de collibus Hyblae,
    Cecropios dicas tu licet esse favos.

106 Passum

Gnosia Minoae genuit vindemia Cretae
    hoc tibi, quod mulsum pauperis esse solet.

Bundesgenossen-Fischbrühe

Von dem ersten Blut einer Makrele, die gerade noch atmet,
empfange als ein teures Geschenk hier dies exquisite Garum.

Ein Krug Thunfischlake

Tochter eines Thunfischs aus Antipolis bin ich, zugegeben;
stammte ich von der Makrele, hätte man mich dir nicht geschickt.

Attischer Honig

Die Biene, die den Hymettus des Theseus ausplündert, schickte dir
aus den Wäldern der Pallas diesen edlen Nektar.

Sizilische Honigwaben

Wenn du sizilische Waben von den Hügeln im Zentrum der Hybla
    schenkst,
darfst du ruhig behaupten, es seien kekropische.

Trockenbeerwein

Die gnosische Weinlese des minoischen Kreta hat das hier für dich
    erzeugt,
was als Honigmet des armen Mannes gilt.

107 Picatum

Haec de vitifera venisse picata Vienna
 ne dubites, misit Romulus ipse mihi.

108 Mulsum

Attica nectareum turbatis mella Falernum.
 misceri decet hoc a Ganymede merum.

109 Albanum

Hoc de Caesareis mitis vindemia cellis
 misit, Iuleo quae sibi monte placet.

110 Surrentinum

Surrentina bibis? nec murrina picta nec aurum
 sume: dabunt calices haec tibi vina suos.

111 Falernum

De Sinuessanis venerunt Massica prelis:
 condita quo quaeris consule? nullus erat.

Harziger Wein (Retsina)

Damit du nicht zweifelst, daß dieser harzige Wein vom rebenreichen
    Vienna kommt,
hat ihn mir Romulus persönlich geschickt.

Honigwein

Attischer Honig, du trübst den Nektargeschmack des Falerners.
So ein Getränk sollte von Ganymed gemischt werden.

Albanerwein

Aus den kaiserlichen Kellern sandte diesen Wein eine Ernte von milden
    Trauben,
die sich auf dem julischen Berg wohlfühlt.

Sorrentiner

Trinkst du Wein von Sorrent? Nicht bunte Gefäße aus Flußspat oder aus
    Gold
nimm dafür! Diese Weinmarke wird dir ihre eigenen Becher geben.

Falerner

Der Massikerwein kam von Sinuessas Keltern.
Wer damals Konsul war, als er eingelagert wurde, fragst du? Es gab noch
    keinen.

112 Setinum

Pendula Pomptinos quae spectat Setia campos,
 exigua vetulos misit ab urbe cados.

113 Fundanum

Haec Fundana tulit felix autumnus Opimi.
 expressit mustum consul et ipse bibit.

114 Trifolinum

Non sum de primo, fateor, Trifolina Lyaeo,
 inter vina tamen septima vitis ero.

115 Caecubum

Caecuba Fundanis generosa cocuntur Amyclis,
 vitis et in media nata palude viret.

116 Signinum

Potabis liquidum Signina morantia ventrem?
 ne nimium sistant, sit tibi parca sitis.

Setiner

Setia am Berghang, das auf die pomptinische Niederung herabblickt,
sandte die alten Krüge aus seiner winzigen Stadt.

Fundaner

Diesen Fundaner hier brachte der früchtereiche Herbst des Opimius
    hervor.
Der Konsul preßte den Most und trank ihn selbst.

Trifoliner

Zugegeben: als Trifoliner gehöre ich nicht zur allerersten Qualität;
unter den Weinen werde ich trotzdem noch die siebtbeste Rebsorte sein.

Caecuber

Der edle Caecuber reift in Amyclae bei Fundi,
und mitten im Sumpfland wächst und gedeiht die Rebe.

Signiner

Willst du Signiner trinken, der gut gegen Durchfall ist?
Damit er dich nicht zu sehr verstopft, mäßige deinen Durst!

117 Mamertinum

Amphora Nestorea tibi Mamertina senecta
 si detur, quodvis nomen habere potest.

118 Tarraconense

Tarraco, Campano tantum cessura Lyaeo,
 haec genuit Tuscis aemula vina cadis.

119 Nomentanum

Nomentana meum tibi dat vindemia Bacchum:
 si te Quintus amat, commodiora bibes.

120 Spoletinum

De Spoletinis quae sunt cariosa lagonis
 malueris quam si musta Falerna bibas.

121 Paelignum

Marsica Paeligni mittunt turbata coloni:
 non tu, libertus sed bibat illa tuus.

Mamertiner

Gibt man dir einen Krug Mamertiner von Nestors Alter,
kann er jeden beliebigen Namen haben.

Tarraconer

Tarraco, das nur dem kampanischen Wein nachsteht,
hat diese Sorten hier erzeugt, die mit tuskischen Krügen konkurrieren
können.

Nomentaner

Meinen Wein spendet dir die nomentanische Lese.
Wenn Quintus dich liebt, wirst du Bekömmlicheres zu trinken
bekommen.

Spoletiner

Abgelagerte Weine aus Spoletinerflaschen
trinkst du sicher lieber als Falerner Most.

Päligner

Trüben marsischen Wein schicken dir pälignische Winzer.
Nicht du, nur dein Freigelassener trinke ihn!

122 Acetum

Amphora Niliaci non sit tibi vilis aceti:
  esset cum vini, vilior illa fuit.

123 Massilitanum

Cum tua centenos expunget sportula civis,
  fumea Massiliae ponere vina potes.

124 Caeretanum

Caeretana Nepos ponat, Setina putabis.
  non ponit turbae, cum tribus illa bibit.

125 Tarentinum

Nobilis et lanis et felix vitibus Aulon
  det pretiosa tibi vellera, vina mihi.

126 Unguentum

Unguentum heredi numquam nec vina relinquas.
  ille habeat nummos, haec tibi tota dato.

127 Coronae roseae

Dat festinatas, Caesar, tibi bruma coronas:
  quondam veris erat, nunc tua facta rosa est.

Essig

Eine Amphore mit Essig vom Nil achte nicht gering!
Als noch Wein darin war, hatte sie geringeren Wert.

Massilischer Wein

Wenn deine Sportula hundert Bürger abfertigen soll,
kannst du geräucherten Wein von Massilia servieren.

Caeretaner

Nepos soll Caeretaner servieren, du wirst ihn für Setiner halten.
Nicht einer größeren Anzahl von Leuten serviert er den: Mit drei Gästen
  trinkt er ihn.

Tarentiner

Durch seine Wolle berühmt und reich an Reben gebe der Aulon
dir kostbare Vliese – und mir Weine.

Salböl

Salböl und Wein hinterlaß nie deinem Erben.
Das Geld soll er haben, das andere schenke du ganz dir!

Rosenkränze

Die Wintersonnenwende spendet dir, Caesar, frühzeitige Kränze;
einst gehörte die Rose zum Frühling, jetzt ist sie deine geworden.

LIBER QUARTUS DECIMUS

APOPHORETA

1

Synthesibus dum gaudet eques dominusque senator
   dumque decent nostrum pillea sumpta Iovem;
nec timet aedilem moto spectare fritillo,
   cum videat gelidos tam prope verna lacus:
divitis alternas et pauperis accipe sortes: 5
   praemia convivae dent sua quisque suo.
'sunt apinae tricaeque et si quid vilius istis.'
   quis nescit? vel quis tam manifesta negat?
sed quid agam potius madidis, Saturne, diebus,
   quos tibi pro caelo filius ipse dedit?   10
vis scribam Thebas Troiamve malasve Mycenas?
   'lude,' inquis, 'nucibus': perdere nolo nuces.

2

Quo vis cumque loco potes hunc finire libellum:
   versibus explicitumst omne duobus opus.
lemmata si quaeris cur sint adscripta, docebo:
   ut, si malueris, lemmata sola legas.

VIERZEHNTES BUCH

APOPHORETA

Zur Einführung

Während der Ritter und der Herr Senator sich an ihrer leichten
    Hauskleidung erfreuen,
unserem Jupiter die Filzkappe, die er sich aufsetzte, gut steht,
und der Hausklave nicht befürchten muß, beim Würfelspiel den Ädil zu
    erblicken,
wenn er das eisige Wasser so nahe sieht,
nimm von mir im Wechsel die Lose für Reiche und Arme entgegen:
Jeder gebe davon ein passendes Geschenk seinem Gast.
»Das sind doch Possen und Dummheiten und noch Simpleres als das!«
Wer wüßte es nicht oder wer bestritte, was so offenkundig ist?
Doch was täte ich sonst, Saturn, an den feuchtfröhlichen Tagen,
die dein Sohn selber dir als Ersatz für den Himmel gab?
Willst du, daß ich von Theben schreibe, von Troja oder dem schlimmen
    Mykene?
»Spiel doch mit Nüssen!« sagst du. – Meine Nüsse verlier' ich nicht gern.

Vorschlag an den geneigten Leser

Beenden kannst du dies Büchlein an jeder beliebigen Stelle:
Das ganze Werk ist nur in jeweils zwei Versen verfaßt.
Fragst du, weshalb ich die Überschriften dazuschrieb, dann will ich's
    erklären:
Damit du, wenn's dir so lieber ist, nur die Überschriften zu lesen
    brauchst.

3 Pugillares citrei

Secta nisi in tenues essemus ligna tabellas,
  essemus Libyci nobile dentis onus.

4 Quinquiplices

Caede iuvencorum domini calet area felix,
  quinquiplici cera cum datur altus honos.

5 Pugillares eborei

Languida ne tristes obscurent lumina cerae,
  nigra tibi niveum littera pingat ebur.

6 Triplices

Tunc triplices nostros non vilia dona putabis,
  cum se venturam scribet amica tibi.

7 Pugillares membranei

Esse puta ceras, licet haec membrana vocetur:
  delebis, quotiens scripta novare voles.

Schreibtafeln aus Zitrusholz

Wären wir Hölzer nicht in dünne Tafeln zerschnitten,
würden wir die vornehme Last für einen libyschen Zahn sein.

Fünffältige Schreibtafeln

Von der Schlachtung junger Stiere ist der glückliche Vorplatz des Hausherrn warm,
wenn ihm auf fünffältiger Wachstafel besondere Ehre erwiesen wird.

Elfenbeinerne Schreibtafeln

Damit nicht düstere Wachstafeln deine schwachen Augen ermüden,
sollen dir schwarze Buchstaben das schneeweiße Elfenbein bemalen.

Dreiblättrige Schreibtafel

Dann wirst du meine dreiblättrige Tafel nicht als geringes Geschenk ansehen,
wenn dir die Freundin drauf schreibt, bald besuche sie dich.

Pergamentne Schreibtafeln

Nimm an, sie bestünden aus Wachs, auch wenn sie Pergament genannt werden:
Löschen kannst du sie, sooft du das Geschriebene verändern willst.

8 Vitelliani

Nondum legerit hos licet puella,
novit quid cupiant Vitelliani.

9 Idem

Quod minimos cernis, mitti nos credis amicae.
    falleris: et nummos ista tabella rogat.

10 Chartae maiores

Non est munera quod putes pusilla,
cum donat vacuas poeta chartas.

11 Chartae epistolares

Seu leviter noto, seu caro missa sodali
    omnes ista solet charta vocare suos.

12 Loculi eborei

Hos nisi de flava loculos implere moneta
    non decet: argentum vilia ligna ferant.

Vitellianer Schreibtafeln

Hat ein Mädchen sie auch noch nicht gelesen,
so weiß sie doch, was Vitellius-Tafeln wünschen.

Dasselbe

Weil du siehst, daß wir sehr klein sind, glaubst du, man schicke uns einer Freundin.
Aber du irrst: auch um Geld bittet dies Täfelchen hier.

Größere Blätter

Kein Grund besteht, für geringfügig die Gabe zu halten,
wenn ein Dichter dir leere Blätter schenkt.

Briefpapier

Ob es dem nur flüchtig Bekannten, ob es dem teuren Gefährten gesandt wird:
Alle redet dieses Papier stets als die »Seinen« an.

Elfenbeinerne Geldkästchen

Diese Kästchen zu füllen verdienen allein die goldenen Münzen:
Silbergeld sollen billige Holzkästchen aufbewahren.

13 Loculi lignei

Si quid adhuc superest in nostri faece locelli,
 munus erit. nihil est? ipse locellus erit.

14 Tali eborei

Cum steterit nullus vultu tibi talus eodem,
 munera me dices magna dedisse tibi.

15 Tesserae

Non sim talorum numero par tessera, dum sit
 maior quam talis alea saepe mihi.

16 Turricula

Quae scit compositos manus inproba mittere talos,
 si per me misit, nil nisi vota facit.

17 Tabula lusoria

Hac mihi bis seno numeratur tessera puncto;
 calculus hac gemino discolor hoste perit.

Hölzerne Geldkästchen.

Wenn sich noch etwas am Boden meines Kästchens findet,
soll's ein Geschenk sein. Da ist nichts? Dann soll es das Kästchen selbst
 sein.

Elfenbeinerne Knöchel

Wenn kein Knöchelwurf dir dieselbe Seite zeigt,
wirst du sagen, daß ich dir ein prächtiges Geschenk gab.

Würfel

Mag ich, ein Satz Würfel, an Zahl die Knöchel nicht erreichen, wenn nur
bei mir die Gewinnchance oft größer ist als bei den Knöcheln.

Der Würfelbecher

Die hinterhältige Hand, die es versteht, manipulierte Knöchel zu werfen,
kann, wenn sie sich meiner beim Werfen bediente, nur beten.

Die Spieltafel

Auf der einen Seite wird mit zweimal sechs Punkten mein Spielbrett
 gezählt;
auf der anderen fällt ein Stein von anderer Farbe durch den doppelten
 Feind.

18 (20) Calculi

Insidiosorum si ludis bella latronum,
  gemmeus iste tibi miles et hostis erit.

19 (18) Nuces

Alea parva nuces et non damnosa videtur;
  saepe tamen pueris abstulit illa natis.

20 (19) Theca libraria

Sortitus thecam calamis armare memento:
  cetera nos dedimus, tu leviora para.

21 Graphiarium

Haec tibi erunt armata suo graphiaria ferro:
  si puero dones, non leve munus erit.

22 Dentiscalpium

Lentiscum melius: sed si tibi frondea cuspis
  defuerit, dentes pinna levare potest.

Brettsteine

Wenn du die Kriege der hinterhältigen Räuber spielst,
dann kann der hier aus glänzendem Glas für dich Krieger und Feind sein.

Nüsse

Nüsse sind, so scheint es, ein kleiner und ungefährlicher Einsatz;
dennoch brachte er oft Knaben Schläge auf den Hintern ein.

Die Schreibrohrbüchse

Hast du die Büchse erlost, vergiß nicht, sie mit Schreibrohren
auszustatten.
Das übrige gaben wir dir, das billigere beschaffe du!

Der Griffelkasten

Dieser Griffelkasten, ausgestattet mit dem passenden Eisen-Stift, ist für
dich:
Wenn du ihn einem Knaben gibst, ist es kein geringes Geschenk.

Zahnstocher

Mastixholz ist besser, doch wenn dir ein Zahnstocher aus Holz fehlt,
kann eine Feder deine Zähne befreien.

23 Auriscalpium

Si tibi morosa prurigine verminat auris,
    arma damus tantis apta libidinibus.

24 Acus aurea

Splendida ne madidi violent bombycina crines,
    figat acus tortas sustineatque comas.

25 Pectines

Quid faciet nullos hic inventura capillos
    multifido buxus quae tibi dente datur?

26 Crines

Chattica Teutonicos accendit spuma capillos:
    captivis poteris cultior esse comis.

27 Sapo

Si mutare paras longaevos cana capillos,
    accipe Mattiacas – quo tibi calva? – pilas.

Der Ohrlöffel

Wenn dir das Ohr von lästigem Jucken kribbelt,
geben wir dir Waffen, die für so starke Reize geeignet sind.

Die goldene Haarnadel

Damit nicht die Pomade im Haar die glänzende Seide beflecke,
soll die Nadel die Locken festhalten und stützen.

Kämme

Wozu dient, wenn es bei dir keine Haare finden kann,
das Buchsbaumholz mit vielgespaltenem Zahn, das du als Geschenk
  bekommst?

Haare

Chattischer Schaum färbt flammendrot teutonische Haare:
Gepflegter kannst du mit den Locken einer Kriegsgefangenen sein.

Seife

Planst du, grau geworden, deine hochbetagten Haare zu verändern,
dann nimm – doch, du Kahle, wozu? – Kugeln von Mattiacum!

28 Umbella

Accipe quae nimios vincant umbracula soles:
 sit licet et ventus, te tua vela tegent.

29 Causea

In Pompeiano tecum spectabo theatro,
 nam flatus populo vela negare solet.

30 Venabula

Excipient apros expectabuntque leones,
 intrabunt ursos, sit modo firma manus.

31 Culter venatorius

Si deiecta gemas longo venabula rostro,
 hic brevis ingentem comminus ibit aprum.

32 Parazonium

Militiae decus hoc gratique erit omen honoris,
 arma tribunicium cingere digna latus.

Sonnenschirm

Nimm den Schirm in Empfang, der die allzu starke Sonne abwehrt:
Auch wenn es windig ist, wird dich so dein eigenes ›Sonnensegel‹
  schützen.

Der breitkrempige Hut

Zuschauen werde ich mit dir im Theater des Pompejus,
denn das Blasen des Windes versagt dem Volk häufig die Sonnensegel.

Jagdspieße

Sie nehmen Eber in Empfang und erwarten Löwen,
sie durchbohren Bären, wenn nur die Hand sicher ist.

Das Jagdmesser

Klagst du, daß dein Speer mit der langen Spitze nicht traf,
dann wird dies kurze (Jagdmesser) aus nächster Nähe dem gewaltigen
  Eber auf den Leib rücken.

Das Kurzschwert am Gurt

Zierde des Kriegerstands ist es und ein Zeichen willkommener Ehre,
eine Waffe, die würdig ist, dem Tribunen die Seite zu gürten.

33 Pugio

Pugio, quem curva signat brevis orbita vena,
  stridentem gelidis hunc Salo tinxit aquis.

34 Falx

Pax me certa ducis placidos curvavit in usus.
  agricolae nunc sum, militis ante fui.

35 Securicula

Cum fieret tristis solvendis auctio nummis,
  haec quadringentis milibus empta fuit.

36 Ferramenta tonsoria

Tondendis haec arma tibi sunt apta capillis;
  unguibus hic longis utilis, illa genis.

37 Scrinium

Constrictos nisi das mihi libellos,
admittam tineas trucesque blattas.

Der Dolch

Diesen Dolch, den ein enger Kreis mit gekrümmter Rille markiert,
hat der Salo mit eisigem Wasser benetzt und zum Zischen gebracht.

Die Sichel

Der sichere Frieden des Fürsten hat mich zum freundlichen Gebrauch
    gekrümmt:
Dem Bauer gehöre ich jetzt, dem Krieger gehörte ich zuvor.

Das kleine Beil

Als zur Bezahlung der Schuld eine traurige Versteigerung stattfand,
kaufte man dies hier für vierhunderttausend.

Barbiergerät

Dieses Werkzeug ist geeignet, dir die Haare zu schneiden:
Für lange Nägel ist das hier nützlich, jenes für die Wangen.

Der Bücherbehälter

Packst du mich nicht mit Büchern voll,
laß ich Motten und böse Schaben herein.

38 Fasces calamorum

Dat chartis habiles calamos Memphitica tellus;
  texantur reliqua tecta palude tibi.

39 Lucerna cubicularis

Dulcis conscia lectuli lucerna,
quidquid vis facias licet, tacebo.

40 Cicindela

Ancillam tibi sors dedit lucernae,
totas quae vigil exigit tenebras.

41 Lucerna polymyxos

Inlustrem cum tota meis convivia flammis
  totque geram myxos, una lucerna vocor.

42 Cereus

Hic tibi nocturnos praestabit cereus ignis:
  subducta est puero namque lucerna tuo.

43 Candelabrum Corinthium

Nomina candelae nobis antiqua dederunt:
  non norat parcos uncta lucerna patres.

Bündel von Schilfrohr

Für Papier geeignetes Schilfrohr liefert das Land von Memphis;
das aus anderem Sumpf soll dir das Dach flechten.

Schlafzimmerlampe

Eine Lampe bin ich, die Vertraute deines süßen Lagers;
du magst tun, was du willst – ich werde schweigen.

Die Kerze

Das Los hat dir eine Magd der Lampe geschenkt,
die wachend die ganze Nacht hindurch die Finsternis vertreibt.

Eine Lampe mit mehreren Dochten

Obwohl ich mit meinen Flammen ganze Gelage erhelle
und so viele Dochte trage, nennt man mich eine einzige Lampe.

Die Wachskerze

Licht in der Nacht wird dir diese Wachskerze spenden,
die Öllampe wurde nämlich deinem Burschen gestohlen.

Der korinthische Kandelaber

Kerzen haben mir in alter Zeit den Namen gegeben;
die Öllampe kannte nicht unsere sparsamen Ahnen.

44 Candelabrum ligneum

Esse vides lignum; servas nisi lumina, fiet
   de candelabro magna lucerna tibi.

45 Pila paganica

Haec quae de facili turget paganica pluma,
   folle minus laxast et minus arta pila.

46 Pila trigonalis

Si me mobilibus scis expulsare sinistris,
   sum tua. tu nescis? rustice, redde pilam.

47 Follis

Ite procul, iuvenes: mitis mihi convenit aetas:
   folle decet pueros ludere, folle senes.

48 Harpasta

Haec rapit Antaei velox in pulvere draucus,
   grandia qui vano colla labore facit.

Der hölzerne Kandelaber

Du siehst, ich bin aus Holz; achtest du nicht auf die Flammen,
wird dir aus dem Kandelaber eine gewaltige Leuchte entstehen.

Der ländliche Ball

Dieser ländliche Ball hier, mit leichten Federn prall gefüllt,
ist nicht so schlaff wie der Luftball und nicht so hart wie ein (normaler) Ball.

Der Ball zum Dreiecksspiel

Verstehst du es, mich mit der beweglichen Linken zu schmettern,
dann gehöre ich dir; du kannst es nicht? Du Tölpel, gib den Ball zurück!

Der Luftball

Macht euch davon, junge Männer! Zu mir paßt nur ein weniger robustes Alter:
mit dem Luftball zu spielen schickt sich für Knaben und schickt sich für alte Männer.

Fangbälle

Im Staub des Antaios hascht nach ihnen der flinke Athlet,
der seinen Nacken stark macht – in eitlem Bemühen.

49 Halteres

Quid pereunt stulto fortes haltere lacerti?
 exercet melius vinea fossa viros.

50 Galericulum

Ne lutet inmundum nitidos ceroma capillos,
 hac poteris madidas condere pelle comas.

51 Strigiles

Pergamon has misit. curvo destringere ferro:
 non tam saepe teret lintea fullo tibi.

52 Gutus corneus

Gestavit modo fronte me iuvencus:
 verum rhinocerota me putabis.

53 Rhinoceros

Nuper in Ausonia domini spectatus harena
 hic erit ille tibi cui pila taurus erat.

Hanteln

Was sollen sich kräftige Arme an einer unsinnigen Hantel abmühen?
Das Umgraben eines Weinbergs trainiert besser den Mann.

Eine kleine Kappe

Damit nicht schmutzige Wachssalbe dir das glänzende Haar versaue,
kannst du mit diesem Fell dein pomadisiertes Haar bedecken.

Die Striegel

Pergamon hat sie geschickt. Laß dich mit dem krummen Eisen
    striegeln:
Der Tuchwalker verschleißt dir dann nicht so oft die Leinentücher.

Salbölflasche aus Horn

Eben noch trug mich auf seiner Stirn der Jungstier:
Für echtes Nashorn wirst du mich halten.

Nashorn

Kürzlich sah man es noch in unseres Herrn ausonischer Arena;
bald gehört dir das Nashorn, für das der Stier nur ein Spielball war.

54 Crepitacillum

Si quis plorator collo tibi vernula pendet,
  haec quatiat tenera garrula sistra manu.

55 Flagellum

Proficies nihil hoc, caedas licet usque, flagello,
  si tibi purpureo de grege currit equus.

56 Dentifricium

Quid mecum est tibi? me puella sumat:
emptos non soleo polire dentes.

57 Myrobalanum

Quod nec Vergilius nec carmine dicit Homerus,
  hoc ex unguento constat et ex balano.

58 Aphronitrum

Rusticus es? nescis quid Graeco nomine dicar:
  spuma vocor nitri. Graecus es? aphronitrum.

Eine Kinderklapper

Wenn dir weinend ein in deinem Hause geborenes Sklavenkind am Halse hängt,
dann soll es mit seiner zarten Hand dieses Klappergerät schütteln.

Die Peitsche

Ob du auch ständig mit dieser Peitsche schlägst: du wirst damit nichts erreichen,
wenn ein Pferd für dich läuft, das von der Purpur-Fraktion ist.

Zahnpulver

Was hast du denn mit mir zu schaffen? Mich verwende ein Mädchen!
Gekaufte Zähne pflege ich nicht zu polieren.

Myrobalanum

Was weder Vergil noch Homer in Versen benennen,
das besteht aus Salbe und aus Bennußöl.

Aphronitrum

Bist du ein Bauer? Dann kennst du nicht meinen griechischen Namen:
Natronschaum werde ich genannt; ein Grieche bist du? Aphronitrum.

59 Opobalsama

Balsama me capiunt, haec sunt unguenta virorum:
 delicias Cosmi vos redolete, nurus.

60 Lomentum

Gratum munus erit scisso nec inutile ventri,
 si clara Stephani balnea luce petes.

61 Lanterna cornea

Dux lanterna viae clusis feror aurea flammis,
 et tuta est gremio parva lucerna meo.

62 Lanterna de vesica

Cornea si non sum, numquid sum fuscior? aut me
 vesicam, contra qui venit, esse putat?

63 (64) Tibiae

Ebria nos madidis rumpit tibicina buccis:
 saepe duas pariter, saepe monaulon habet.

Opobalsam

Balsam begeistert mich, es ist das Salböl für Männer.
Nach den Köstlichkeiten von Cosmus sollt ihr jungen Frauen duften!

Hautpaste

Ein willkommenes Geschenk ist sie, nicht schlecht für den faltigen
    Bauch,
wenn du am hellen Tag das Stephanus-Bad besuchen willst.

Eine Laterne aus Horn

Golden vom eingeschlossenen Licht diene ich, eine Laterne, unterwegs
    als Führerin,
und sicher ruht das Lämpchen in meinem Schoß.

Eine Lampe aus einer Blase

Zwar bin ich nicht aus Horn, doch bin ich deshalb etwa trüber,
oder vermutet, wer mir entgegenkommt, daß ich eine Blase sei?

Flöten

Die beschwipste Flötistin bringt uns mit ihren feuchten Backen zum
    Platzen:
Oft spielt sie auf zwei Rohren zugleich, oft nur auf einem einzigen.

64 (63) Fistula

Quid me conpactam ceris et harundine rides?
 quae primum structa est fistula talis erat.

65 Soleae lanatae

Defuerit si forte puer soleasque libebit
 sumere, pro puero pes erit ipse sibi.

66 Mamillare

Taurino poteras pectus constringere tergo:
 nam pellis mammas non capit ista tuas.

67 Muscarium pavoninum

Lambere quae turpes prohibet tua prandia muscas,
 alitis eximiae cauda superba fuit.

68 (71) Muscarium bubulum

Sordida si flavo fuerit tibi pulvere vestis,
 colligat hunc tenui verbere cauda levis.

Eine Rohrflöte

Wieso lachst du mich aus, weil ich aus Wachs und aus Rohr
    zusammengefügt bin?
Genauso sah die Flöte aus, die man zuerst verfertigt hat.

Wollsandalen

Fehlt dir vielleicht der Diener und wünschst du, deine Sandalen
    anzuziehen,
dann wird der Fuß sein eigener Diener sein.

Brustband

Mit einer Stierhaut könntest du dir den Busen umschnüren,
denn dieses Leder hier faßt deine Brüste nicht.

Ein Fliegenwedel aus Pfauenfedern

Er, der die lästigen Fliegen dran hindert, dein Mahl zu belecken,
war eines außergewöhnlichen Vogels prächtiger Schweif.

Ein rindslederner Fliegenwedel

Wenn dir das Gewand von gelblichem Staub schmutzig geworden ist,
dann kann ihn mit sanftem Schlag der leichte Wedel einsammeln.

69 (68) Copta Rhodiaca

Peccantis famuli pugno ne percute dentes:
 clara Rhodos coptam quam tibi misit edat.

70 (69) Priapus siligineus

Si vis esse satur, nostrum potes esse Priapum;
 ipsa licet rodas inguina, purus eris.

71 (70) Porcus

Iste tibi faciet bona Saturnalia porcus,
 inter spumantes ilice pastus apros.

72 Botulus

Qui venit botulus mediae tibi tempore brumae,
 Saturni septem venerat ante dies.

73 Psittacus

Psittacus a vobis aliorum nomina discam:
 hoc didici per me dicere: 'Caesar have.'

Rhodischer Kuchen

Macht dein Diener etwas falsch, dann schlag ihm nicht mit der Faust die Zähne ein:
Gib ihm den Kuchen zu essen, den dir »Rhodos, das berühmte«, gesandt hat.

Priap aus Weizenmehl

Wenn du satt werden willst, kannst du unsern Priapus verzehren;
beknabberst du auch seinen Pimmel, bleibst du doch sauber.

Das Schwein

Ein schönes Saturnalienfest wird dir dieses Schwein bescheren.
Unter schäumenden Ebern hat es sich von Eicheln genährt.

Die Wurst

Diese Wurst, die mitten im Winter zu dir kommt,
war vor den sieben Tagen Saturns bei mir eingetroffen.

Der Papagei

Da ich ein Papagei bin, werde ich von euch die Namen von anderen lernen:
»Sei, o Caesar, gegrüßt!« hab' ich von mir selber gelernt.

74 Corvus

Corve salutator, quare fellator haberis?
  in caput intravit mentula nulla tuum.

75 Luscinia

Flet Philomela nefas incesti Tereos, et quae
  muta puella fuit, garrula fertur avis.

76 Pica

Pica loquax certa dominum te voce saluto:
  si me non videas, esse negabis avem.

77 Cavea eborea

Si tibi talis erit, qualem dilecta Catullo
  Lesbia plorabat, hic habitare potest.

78 Narthecium

Artis ebur medicae narthecia cernis: habebis
  munera quae cuperet Paccius esse sua.

Der Rabe

Rabe, der gern die Leute begrüßt: Weshalb hält man dich für einen
    Schwanzlutscher?
Kein Penis drang je ein in deinen Kopf.

Die Nachtigall

Philomele weint über das Verbrechen des blutschänderischen Tereus;
sie, die als Mädchen verstummte, gilt jetzt als schwatzhafter Vogel.

Die Elster

Ich, die geschwätzige Elster, begrüße dich laut und deutlich als »Herrn«:
Wenn du mich nicht siehst, wirst du bestreiten, daß ich ein Vogel bin.

Ein Käfig aus Elfenbein

Wenn du so eins hast, wie es die von Catullus geliebte
Lesbia beweinte, dann kann es hier drin wohnen.

Ein Salbenkästchen

Aus Elfenbein siehst du ein Kästchen für ärztliche Kunst, du bekommst
ein Geschenk, wie es Paccius gern hätte.

79 Flagra

Ludite lascivi, sed tantum ludite, servi:
　haec signata mihi quinque diebus erunt.

80 Ferulae

Invisae nimium pueris grataeque magistris,
　clara Prometheo munere ligna sumus.

81 Pera

Ne mendica ferat barbati prandia nudi
　dormiat et tetrico cum cane, pera rogat.

82 Scopae

In pretio scopas testatur palma fuisse.
　otia sed scopis nunc analecta dedit.

83 Scalptorium eboreum

Defendet manus haec scapulas mordente molesto
　pulice, vel si quid pulice sordidius.

Peitschen

Amüsiert euch, ihr leichtfertigen Sklaven, doch amüsiert euch nur:
Fünf Tage hindurch halte ich die da unter Verschluß.

Gerten

Wir, sehr verhaßt bei den Kindern und beliebt bei den Lehrern,
sind ein Strauch, der berühmt ist durch des Prometheus Geschenk.

Ein Ranzen

Daß er nicht das erbettelte Essen des bärtigen Nackten tragen
und neben dem grimmigen Hund schlafen müsse, darum bittet der
  Ranzen.

Ein Besen

Daß der Besen einmal wertvoll war, bezeugt der Palmzweig.
Doch der Krümel auflesende Sklave läßt den Besen jetzt pausieren.

Ein Kratzwerkzeug aus Elfenbein

Diese Hand hier wird die Schulter gegen lästige Flohstiche verteidigen,
und auch dann, wenn etwas niederträchtiger ist als der Floh.

84 Manuale

Ne toga barbatos faciat vel paenula libros,
 haec abies chartis tempora longa dabit.

85 Lectus pavoninus

Nomina dat spondae pictis pulcherrima pinnis
 nunc Iunonis avis, sed prius Argus erat.

86 Ephippium

Stragula succincti venator sume veredi:
 nam solet a nudo surgere ficus equo.

87 Stibadia

Accipe lunata scriptum testudine sigma.
 octo capit; veniat quisquis amicus erit.

88 Gustatorium

Femineam nobis cherson si credis inesse,
 deciperis: pelagi mascula praeda sumus.

Eine Bücherschatulle

Damit kein Kleid oder Mantel die Bücher ausfransen läßt,
wird hier dies Tannenholz den Seiten lange Dauer gewähren.

Ein Pfauenbett

Seinen Namen verleiht dem Bett prachtvoll in buntem Gefieder
der Juno-Vogel jetzt, doch zuvor war er Argus.

Eine Pferdedecke

Jäger, nimm diese Decke für das einsatzbereite Roß entgegen:
Denn von dem bloßen Pferderücken pflegt ein Geschwür zu entstehen.

Ein halbkreisförmiges Speisesofa

Nimm das Sigma in Empfang, das mit halbmondförmigem Schildpatt
    ausgelegt ist;
acht Personen faßt es; wer immer ein Freund ist, der komme!

Eine Schale für das Vorgericht

Glaubst du, in mir sei eine weibliche Landschildkröte,
dann irrst du dich: Ich bin ein männlicher Fang aus dem Meer.

89 Mensa citrea

Accipe felices, Atlantica munera, silvas:
  aurea qui dederit dona, minora dabit.

90 Mensa acerna

Non sum crispa quidem nec silvae filia Maurae,
  sed norunt lautas et mea ligna dapes.

91 Dentes eborei

Grandia taurorum portant qui corpora, quaeris
  an Libycas possint sustinuisse trabes?

92 Quinquepedal

Puncta notis ilex et acuta cuspide clusa
  saepe redemptoris prodere furta solet.

93 Pocula archetypa

Non est ista recens, nec nostri gloria caeli:
  primus in his Mentor, dum facit illa, bibit.

Ein Tisch aus Zitrusholz

Nimm das wertvolle Holz, es ist eine Gabe des Atlas:
Wer goldene Geschenke gibt, wird geringere geben.

Ein Tisch aus Ahornholz

Gemasert bin ich zwar nicht und kein Kind des maurischen Waldes,
doch hat mein Holz auch manch prächtiges Mahl erlebt.

Zähne aus Elfenbein

Den gewaltigen Leib von Stieren können sie tragen, und da fragst du,
ob sie auch Platten aus libyschem Holz aushalten können?

Eine Meßlatte von fünf Fuß

Der Eichenstab, der mit Marken versehen ist und in einer scharfen Spitze
    endet,
verrät oft des Bauunternehmers Betrügereien.

Antike Becher

Nicht ist neueren Datums der Ruhm, noch stammt er von unserem
    Meisel:
Mentor trank, als er sie machte, zuerst daraus.

94 Calices audaces

Nos sumus audacis plebeia toreumata vitri,
 nostra neque ardenti gemma feritur aqua.

95 Phiala aurea caelata

Quamvis Callaïco rubeam generosa metallo,
 glorior arte magis: nam Myos iste labor.

96 Calices Vatinii

Vilia sutoris calicem monimenta Vatini
 accipe; sed nasus longior ille fuit.

97 Lances chrysendetae

Grandia ne viola parvo chrysendeta mullo:
 ut minimum, libras debet habere duas.

98 Vasa Arretina

Arretina nimis ne spernas vasa monemus:
 lautus erat Tuscis Porsena fictilibus.

Robuste Kelche

Gewöhnliche Becher in getriebener Arbeit sind wir aus robustem ›Glas‹,
auch nicht in kochendem Wasser zerspringt unser ›Kristall‹.

Eine goldene ziselierte Schale

Wenn ich auch edel bin und rötlich glänze von galizischem Metall,
rühme ich mich doch mehr noch meiner Kunst, denn dies hier ist ein
Werk des Mys.

Becher des Vatinius

Diesen Kelch, das billige Andenken an den Schuster Vatinius,
nimm in Empfang; doch seine Nase war länger noch.

Schüsseln mit Gold-Dekor

Beleidige nicht durch eine kleine Barbe die mächtigen Schüsseln mit
 Gold-Dekor:
Zwei Pfund mindestens muß sie haben!

Arretiner Tongeschirr

Ich rate dir, achte nicht zu gering Arretiner Gefäße:
Luxuriös lebte Porsenna mit tuskischem Tongeschirr.

99 Bascauda

Barbara de pictis veni bascauda Britannis,
 sed me iam mavolt dicere Roma suam.

100 Panaca

Si non ignota est docti tibi terra Catulli,
 potasti testa Raetica vina mea.

101 Boletaria

Cum mihi boleti dederint tam nobile nomen,
 prototomis – pudet heu! – servio coliculis.

102 Calices Surrentini

Accipe non vili calices de pulvere natos,
 sed Surrentinae leve toreuma rotae.

103 Colum nivarium

Setinos, moneo, nostra nive frange trientes:
 pauperiore mero tingere lina potes.

Ein Spülbecken

Als Fremde kam ich, ein Spülbecken, von den bemalten Britannern,
doch Rom will mich jetzt lieber die Seinige nennen.

Panaca

Wenn dir das Land des gelehrten Catullus nicht unbekannt ist,
dann hast du rätischen Wein aus meinem Tonkrug getrunken.

Geschirr für Pilze

Obwohl es Pilze sind, die mir solch einen edlen Namen gaben,
diene ich dem Erstlingsschnitt – o Schande! – des Kohls.

Sorrentiner Becher

Nimm hier die Becher entgegen; sie sind nicht aus billigem Lehm gemacht,
sondern die glatte und ziselierte Arbeit von einer Sorrentiner Töpferscheibe.

Ein Weinsieb für Schneefüllung

Kühle mit meinem Schnee, rat' ich dir, die Becher Setiner;
mit ärmlicherem Wein kannst du den Leinensack färben.

104 Saccus nivarius

Attenuare nives norunt et lintea nostra:
 frigidior colo non salit unda tuo.

105 Urceoli ministratorii

Frigida non derit, non derit calda petenti.
 sed tu morosa ludere parce siti.

106 Urceus fictilis

Hic tibi donatur panda ruber urceus ansa.
 Stoicus hoc gelidam Fronto petebat aquam.

107 Calathi

Nos Satyri, nos Bacchus amat, nos ebria tigris,
 perfusos domini lambere docta pedes.

108 Calices Saguntini

Quae non sollicitus teneat servetque minister
 sume Saguntino pocula facta luto.

Ein Schneesack zum Durchseihen

Auch mein Leinen versteht es, den Schnee zum Schmelzen zu bringen:
Stärker gekühlt springt das Naß aus deinem Siebe auch nicht.

Karaffen zum Bedienen mit Wasser

Nicht wird das Wasser, ob kaltes, ob warmes dem fehlen, der es wünscht:
Doch du vermeide es, mit deinem überempfindlichen Durst zu spielen!

Ein tönerner Krug

Du erhältst als Geschenk hier diesen rötlichen Krug mit geschwungenem
    Henkel.
Fronto, der Stoiker, holte gern eisiges Wasser darin.

Trinkschalen

Uns lieben die Satyrn, uns Baccchus, uns der berauschte Tiger,
der es gelernt hat, die (von Wein) übergossenen Füße seines Herrn zu
    lecken.

Saguntiner Becher

Nimm, was dein Diener unbesorgt halten und verwahren kann,
diese Becher, die aus saguntinischem Ton gemacht sind.

109 Calices gemmati

Gemmatum Scythicis ut luceat ignibus aurum
 aspice. quot digitos exuit iste calix!

110 Ampulla potoria

Hac licet in gemma, servat quae nomina Cosmi,
 luxuriose, bibas, si foliata sitis.

111 Crystallina

Frangere dum metuis, franges crystallina: peccant
 securae nimium sollicitaeque manus.

112 Nimbus vitreus

A Iove qui veniet, miscenda ad pocula largas
 fundet nimbus aquas: hic tibi vina dabit.

113 Murrina

Si caldum potas, ardenti murra Falerno
 convenit et melior fit sapor inde mero.

Mit Juwelen verzierte Kelche

Sieh, wie das juwelenbesetzte Gold vom Feuer skythischer Steine
    funkelt!
Wieviele Finger hat dieser Kelch beraubt!

Eine kleine Trinkflasche

Trinken kannst du aus diesem edlen Flakon, das den Namen des
    Cosmus bewahrt,
Genießer du, wenn du auf Nardenparfüm durstig bist.

Kristallbecher

Noch während du befürchtest, kristallene Becher zu zerbrechen,
    zerbrichst du sie schon;
Allzu sichere und allzu aufgeregte Hände machen Fehler.

Ein Schauer aus dem Glas

Die Wolke, die von Jupiter kommt, wird reichlich Wasser verströmen
zum Mischen der Becher: Diese hier spendet dir Wein.

Becher aus Flußspat

Trinkst du ihn warm, dann paßt zu dem heißen Falerner der Flußspat,
und besser wird dadurch für den Wein der Geschmack.

114 Patella Cumana

Hanc tibi Cumano rubicundam pulvere testam
  municipem misit casta Sibylla suam.

115 Calices vitrei

Aspicis ingenium Nili: quibus addere plura
  dum cupit, ah quotiens perdidit auctor opus!

116 Lagona nivaria

Spoletina bibis vel Marsis condita cellis:
  quo tibi decoctae nobile frigus aquae?

117 Idem

Non potare nivem sed aquam potare rigentem
  de nive commenta est ingeniosa sitis.

118 Idem

Massiliae fumos miscere nivalibus undis
  parce, puer, constet ne tibi pluris aqua.

119 Matella fictilis

Dum poscor crepitu digitorum et verna moratur,
  o quotiens paelex culcita facta mea est!

Eine Schale aus Cumae

Die von Cumaner Ton rötliche Schale hat dir
die keusche Sibylle als Gruß aus ihrer Heimat geschickt.

Gläserne Kelche

Du siehst hier das Talent des Nils; wie oft hat der Künstler,
während er noch mehr daran anbringen wollte, sein Werk ruiniert!

Ein Flakon für Eiswasser

Trinkst du Spoletiner oder Wein, den man in marsischen Kellern barg,
wozu brauchst du dann die vornehme Kühle abgekochten Wassers?

Dasselbe

Nicht etwa Schnee zu trinken, nein, von Schnee gekühltes Wasser,
hat sich der erfinderische Durst ausgedacht.

Dasselbe

Geräucherten Wein aus Massilia mit Schneewasser zu mischen
unterlaß, mein Junge, sonst kostet das Wasser dich mehr als der Wein.

Ein tönernes Nachtgeschirr

Während man mich mit Fingerschnippen verlangt und der Haussklave
       trödelt,
oh, wie oft wurde da die Matratze zu meiner Rivalin!

120 Ligula argentea

Quamvis me ligulam dicant equitesque patresque,
 dicor ab indoctis lingula grammaticis.

121 Coclearia

Sum cocleis habilis sed nec minus utilis ovis.
 numquid scis, potius cur cocleare vocer?

122 Anuli

Ante frequens sed nunc rarus nos donat amicus.
 felix cui comes est non alienus eques.

123 Dactyliotheca

Saepe gravis digitis elabitur anulus unctis,
 tuta mea fiet sed tua gemma fide.

124 Toga

Romanos rerum dominos gentemque togatam
 ille facit, magno qui dedit astra patri.

125 Idem

Si matutinos facilest tibi perdere somnos,
 attrita veniet sportula saepe toga.

Ein silberner Löffel

Wenn mich auch Ritter und Senatoren ›ligula‹ nennen,
werde ich doch von ungebildeten Philologen ›lingula‹ genannt

Ein ›Schnecken-Löffel‹

Brauchbar bin ich für Schnecken, doch nicht weniger nützlich für Eier:
Weißt du vielleicht, warum man mich lieber nach Schnecken benennt?

Ringe

Früher schenkte uns häufig ein Freund, doch jetzt nur noch selten.
Glücklich, wer zum Begleiter einen Ritter hat, den er selber dazu machte!

Ein Ringkästchen

Oft gleitet ein schwerer Ring vom gesalbten Finger:
Im Vertrauen auf mich aber wird dir dein Kleinod sicher verwahrt.

Toga

Zu »Herren der Welt« macht jener »die Römer und das Volk in der Toga«,
der seinem großen Vater die Sterne (als Wohnung) verlieh.

Dasselbe

Fällt es dir leicht, auf deinen Schlaf am Morgen zu verzichten,
dann kommt oft die Sportula zu dir, und deine Toga wird verschlissen
dabei.

126 Endromis

Pauperis est munus sed non est pauperis usus:
 hanc tibi pro laena mittimus endromida.

127 Canusinae fuscae

Haec tibi turbato Canusina simillima mulso
 munus erit. gaude: non cito fiet anus.

128 Bardocucullus

Gallia Santonico vestit te bardocucullo.
 cercopithecorum paenula nuper erat.

129 Canusinae rufae

Roma magis fuscis vestitur, Gallia rufis,
 et placet hic pueris militibusque color.

130 Paenula scortea

Ingrediare viam caelo licet usque sereno,
 ad subitas nusquam scortea desit aquas.

Ein Plaid

Eines armen Mannes Geschenk ist es, aber nicht eines Armen übliches
    Kleidungsstück:
Statt eines Mantels schicke ich dir hier dieses Plaid.

Braune Canusiner Stoffe

Dies Canusiner Gewand, das trübem Honigwein sehr gleicht,
soll ein Geschenk für dich sein: Sei froh, es wird nicht so schnell alt.

Ein Cape mit Kapuze

Gallien kleidet dich mit santonischem Cape samt Kapuze.
Für Meerkatzen war es kürzlich ein Mantel.

Rote Canusiner Wolle

Rom kleidet sich lieber in Braun, Gallien in Rot,
und diese Farbe gefällt Kindern und Soldaten.

Ein lederner (Regen)Mantel

Auch wenn du immer nur bei heiterem Himmel ausgehst:
der Mantel aus Leder fehle dir nirgendwo für den Fall, daß es plötzlich
    gießt.

131 Lacernae coccineae

Si veneto prasinove faves, qui coccina sumis,
  ne fias ista transfuga sorte vide.

132 Pilleum

Si possem, totas cuperem misisse lacernas:
  nunc tantum capiti munera mitto tuo.

133 Lacernae Baeticae

Non est lana mihi mendax nec mutor aheno.
  sic placeant Tyriae: me mea tinxit ovis.

134 Fascia pectoralis

Fascia crescentes dominae compesce papillas,
  ut sit quod capiat nostra tegatque manus.

135 (137) Lacernae albae

Amphitheatrali nos commendamus ab usu,
  cum teget algentes alba lacerna togas.

Scharlachfarbene Mäntel

Wenn du, der scharlachrote Kleidung anlegt, »Blau« oder »Grün« favorisierst,
dann paß auf, daß du durch das Ziehen dieses Loses nicht zum Überläufer wirst!

Eine Filzkappe

Wenn ich es könnte, würde ich dir gern einen ganzen Mantel schicken.
So aber schicke ich jetzt nur für deinen Kopf ein Geschenk.

Mäntel aus bätischer Wolle

Nicht betrügt meine Wolle, und nicht verändere ich mich im bronzenen Kessel.
Auf *die* Weise mögen tyrische Stoffe gefallen, mich färbte mein eigenes Schaf.

Eine Brustbinde

Binde, umfange du fest der Geliebten schwellende Brüste,
so daß meine Hand etwas fassen und umschließen kann.

Weiße Mäntel

Vom Gebrauch im Amphitheater her empfehlen wir uns,
wenn der weiße Mantel die kalten Togen bedeckt.

136 (135) Cenatoria

Nec fora sunt nobis nec sunt vadimonia nota:
 hoc opus est, pictis accubuisse toris.

137 (142) Focale

Si recitaturus dedero tibi forte libellum,
 hoc focale tuas adserat auriculas.

138 (136) Laena

Tempore brumali non multum levia prosunt:
 calfaciunt villi pallia vestra mei.

139 (138) Mantele

Nobilius villosa tegant tibi lintea citrum:
 orbibus in nostris circulus esse potest.

140 (139)␣Cuculli Liburnici

Iungere nescisti nobis, o stulte, lacernas:
 indueras albas, exue callaïnas.

Tischkleider

Weder Foren noch Gerichtstermine sind uns bekannt:
Das ist unsere Aufgabe, auf bunt verzierten Sofas zu Tische zu liegen.

Ein Halstuch

Habe ich, weil ich öffentlich rezitieren will, dir vielleicht ein Billet
        zugesandt,
dann mag dies Halstuch hier deinen Ohren die Freiheit geben.

Wollmantel

Nicht viel nützen zur Winterszeit die glatten Gewänder:
Meine Zotteln machen deinen Mantel warm.

Ein Tischtuch

Dir mag flauschiges Leinen den feineren Zitrustisch decken:
Auf *meinen* Platten darf sich ein runder Fleck abzeichnen.

Liburner Kapuzen

Dummkopf, du hast es nicht verstanden, den passenden Mantel für mich
        zu wählen:
Einen weißen hattest du an, zieh den grünlichen aus!

141 (140) Udones Cilicii

Non hos lana dedit sed olentis barba mariti:
 Cinyphio poterit planta latere sinu.

142 (141) Synthesis

Dum toga per quinas gaudet requiescere luces,
 hos poteris cultus sumere iure tuo.

143 Tunicae Patavinae

Vellera consumunt Patavinae multa trilices,
 et pingues tunicas serra secare potest.

144 Spongea

Haec tibi sorte datur tergendis spongea mensis
 utilis, expresso cum levis imbre tumet.

145 Paenula gausapina

Is mihi candor inest, villorum gratia tanta est,
 ut me vel media sumere messe velis.

Kilikische Schuhe

Nicht Wolle hat sie geliefert, sondern der Bart des stinkenden Gatten:
In dem kinyphischen Bausch wird sich der Fuß verstecken können.

Ein legeres Hauskleid

Während die Toga sich freut, fünf Tage lang auszuruhen,
kannst du mit gutem Recht diese Kleidung hier tragen.

Tuniken aus Padua

Reichlich Wolle verbraucht das patavische Drillich-Gewebe,
und solch dicke Tuniken kann nur eine Säge durchschneiden.

Ein Schwamm

Dir gibt das Los diesen Schwamm, er hilft dir, die Tische zu säubern,
wenn er leicht ist und schwillt, nachdem man das Wasser ausgedrückt
hat.

Ein Mantel aus flauschigem Stoff (Friesmantel)

Derart ist mein leuchtendes Weiß, so behaglich das flauschige Gewebe,
daß du mich selbst mitten in der Erntezeit tragen möchtest.

146 Cervical

Tingue caput Cosmi folio, cervical olebit:
    perdidit unguentum cum coma, pluma tenet.

147 Cubicularia gausapina

Stragula purpureis lucent villosa tapetis.
    quid prodest si te congelat uxor anus?

148 Lodices

Nudo stragula ne toro paterent,
iunctae nos tibi venimus sorores.

149 Amictorium

Mammosas metuo; tenerae me trade puellae,
    ut possint niveo pectore lina frui.

150 Cubicularia polymita

Haec tibi Memphitis tellus dat munera: victa est
    pectine Niliaco iam Babylonos acus.

Ein Kopfkissen

Benetze das Haupt mit Narde von Cosmus, und es duftet das Kissen:
Wenn dein Haar das Parfüm verloren hat, dann hält das Federkissen es immer noch fest.

Friesschlafdecken

Das flauschige Bettzeug leuchtet mit seinen purpurnen Decken.
Doch was hilft's, wenn deine gealterte Frau dich frieren läßt?

Bettdecken

Damit das Bettzeug nicht auf dem bloßen Lager zu sehen ist,
sind wir als Schwestern vereint gekommen.

Eine Brustbinde

Frauen mit üppigem Busen ängstigen mich; dem zarten Mädchen nur gib mich,
damit sich das Linnen an einer schneeweißen Brust erfreuen kann.

Damastbettdecken

Das Land von Memphis beschert dir diese Geschenke; besiegt ist
durch Webkünste vom Nil nunmehr Babylons Nadel.

151 Zona

Longa satis nunc sum; dulci sed pondere venter
 si tumeat, fiam tunc tibi zona brevis.

152 Gausapum quadratum

Lodices mittet docti tibi terra Catulli:
 nos Helicaonia de regione sumus.

153 Semicinctium

Det tunicam locuples: ego te praecingere possum.
 essem si locuples, munus utrumque darem.

154 Lanae amethystinae

Ebria Sidoniae cum sim de sanguine conchae,
 non video quare sobria lana vocer.

155 Lanae albae

Velleribus primis Apulia, Parma secundis
 nobilis: Altinum tertia laudat ovis.

Ein Frauengürtel

Lang genug bin ich jetzt noch, doch sollte dein Leib einmal von einer süßen Last
schwellen, dann werde ich als Gürtel für dich zu kurz.

Eine quadratische Friesdecke

Bettdecken kann dir auch das Land des gelehrten Catullus schicken:
Wir hier stammen aus Helikaons Gegend.

Ein schmaler Gürtel

Mag ein Reicher dir die Tunika geben; ich kann dich nur gürten.
Wäre ich reich, erhieltest du beides von mir zum Geschenk.

Amethystfarbene Wolle

Da ich doch vom Blut der sidonischen Muschel trunken bin,
seh' ich nicht ein, wieso man mich ›nüchterne Wolle‹ nennt.

Weiße Wolle

Für die beste Wolle ist Apulien berühmt, Parma für die zweitbeste:
Das drittbeste Schaf verleiht Altinum den Preis.

156 Lanae Tyriae

Nos Lacedaemoniae pastor donavit amicae:
  deterior Ledae purpura matris erat.

157 Lanae Pollentinae

Non tantum pullo lugentes vellere lanas,
  sed solet et calices haec dare terra suos.

158 Idem

Lana quidem tristis sed tonsis nata ministris,
  quales non primo de grege mensa citat.

159 Tomentum Leuconicum

Oppressae nimium vicina est fascia plumae?
  vellera Leuconicis accipe rasa sagis.

160 Tomentum Circense

Tomentum concisa palus Circense vocatur.
  haec pro Leuconico stramina pauper emit.

161 Pluma

Lassus Amyclaea poteris requiescere pluma,
  interior cycni quam tibi lana dedit.

Tyrische Wolle

Mich gab der Hirte seiner spartanischen Freundin:
Der Purpur ihrer Mutter Leda war von geringerer Qualität.

Pollentiner Wolle

Nicht nur Wolle, die durch ihre dunkle Farbe Trauer trägt,
auch seine eigenen Becher pflegt dies Land zu liefern.

Dasselbe

Triste Wolle ist es zwar, doch geschaffen für geschorene Diener,
solche, wie die Tafel sie herbeiruft – nicht aus der erstklassigen Schar.

Ein leukonisches Polster

Sind die Bettgurte zu nah an der eingedrückten Federmatratze,
dann nimm diese Wolle, die man für leukonische Mäntel schor!

Zirkuskissen

Klein geschnittenes Schilf wird Zirkuskissen genannt:
Statt der leukonischen Polsterung kauft sich der Arme diese Streu.

Daunenfedern

Bist du erschöpft, dann kannst du auf Daunenfedern von Amyklai ruhen:
Der innere Flaum eines Schwans hat sie dir gegeben.

162 Faenum

Fraudata tumeat fragilis tibi culcita mula.
 non venit ad duros pallida cura toros.

163 Tintinabulum

Redde pilam: sonat aes thermarum. ludere pergis?
 Virgine vis sola lotus abire domum.

164 Discus

Splendida cum volitant Spartani pondera disci,
 este procul, pueri: sit semel ille nocens.

165 Cithara

Reddidit Eurydicen vati: sed perdidit ipse,
 dum sibi non credit nec patienter amat.

166 Idem

De Pompeiano saepe est eiecta theatro
 quae duxit silvas detinuitque feras.

Heu

Es schwelle dein knisterndes Lager von dem, was dem Maultier
    entwendet wurde:
Bleiche Sorge gelangt nie zu Betten, die hart sind.

Ein Glöckchen

Gib den Ball zurück! Es ertönt die Glocke der Thermen; du spielst weiter?
Dann willst du nach Hause gehen, nachdem du nur in der Virgo gebadet
    hast.

Ein Diskus

Wenn das glänzende Gewicht des spartanischen Diskus dahinfliegt,
dann haltet, Knaben, euch fern; es genügt, daß er einmal schuldig wurde!

Eine Kithara

Sie gab dem Sänger Eurydike zurück, doch er selber verlor sie,
als er kein Vertrauen zu sich selbst hatte und sie zu ungeduldig liebte.

Dasselbe

Aus dem Pompejus-Theater hat man sie oft schon herausgeworfen,
sie, die Wälder bewegte und wilde Tiere bezauberte.

167 Plectrum

Fervida ne trito tibi pollice pusula surgat,
  exornent docilem candida plectra lyram.

168 Trochus

Inducenda rota est: das nobis utile munus:
  iste trochus pueris at mihi canthus erit.

169 Idem

Garrulus in laxo cur anulus orbe vagatur?
  cedat ut argutis obvia turba trochis.

170 Signum Victoriae aureum

Haec illi sine sorte datur cui nomina Rhenus
  vera dedit. deciens adde Falerna, puer.

171 Βρούτου παιδίον fictile

Gloria tam parvi non est obscura sigilli:
  istius pueri Brutus amator erat.

Das Plektrum (zur Laute)

Damit sich bei dir am wundgeriebenen Daumen kein brennendes
    Bläschen bildet,
soll ein weiß glänzendes Plektrum die gelehrige Lyra zieren.

Ein Reifen

Ein Wagenrad muß beschlagen werden; du gibst mir ein nützliches
    Geschenk:
Ein Spielreif ist es für Knaben, für mich ist es ein Reifen fürs Rad.

Dasselbe

Weshalb der klappernde Ring an dem weiten Rund mit herumläuft?
Damit die Leute unterwegs den tönenden Reifen ausweichen.

Ein goldenes Standbild der Siegesgöttin

Ohne Verlosung wird es dem gegeben, dem der Rhein den richtigen
    Namen
gegeben hat. Schenk zehnmal Falerner ein, Bursche!

Der Knabe des Brutus in Ton

Nicht braucht sich der Ruhm eines so kleinen Gebildes zu verstecken:
Brutus war der Liebhaber dieses Knaben.

172 Sauroctonos Corinthius

Ad te reptanti, puer insidiose, lacertae
  parce; cupit digitis illa perire tuis.

173 Hyacinthus in tabula pictus

Flectit ab inviso morientia lumina disco
  Oebalius, Phoebi culpa dolorque, puer.

174 Hermaphroditus marmoreus

Masculus intravit fontis: emersit utrumque:
  pars est una patris, cetera matris habet.

175 Danae picta

Cur a te pretium Danae, regnator Olympi,
  accepit, gratis si tibi Leda dedit?

176 Persona Germana

Sum figuli lusus russi persona Batavi.
  quae tu derides, haec timet ora puer.

177 Hercules Corinthius

Elidit geminos infans nec respicit anguis.
  iam poterat teneras hydra timere manus.

Der Eidechsentöter – korinthische Bronze

Die Echse, die zu dir kriecht, listiger Knabe,
verschone; von deiner Hand wünscht sie sich den Tod.

Ein Gemälde des Hyakinthos

Von dem verhaßten Diskus wendet die sterbenden Augen
der öbalische Knabe ab – er, des Phöbus Schuld und Schmerz.

Hermaphrodit in Marmor

Männlich stieg er in die Quelle, doppelgeschlechtig tauchte er auf:
Ein Teil stammt vom Vater, von der Mutter hat er den Rest.

Gemälde der Danaë

Warum erhielt Danaë von dir, Herrscher des Olymps, eine Belohnung,
wenn sich dir Leda umsonst hingab?

Eine Germanenmaske

Die Spielerei eines Töpfers bin ich, die Maske eines rothaarigen Batavers.
Das Gesicht, über das du lachst, macht einem Kind Angst.

Herkules in korinthischer Bronze

Als Kind erwürgte er, ohne hinzublicken, ein Schlangenpaar:
schon vor seinen zarten Händen hätte sich die Hydra fürchten können.

178 Hercules fictilis

Sum fragilis: sed tu, moneo, ne sperne sigillum:
 non pudet Alciden nomen habere meum.

179 Minerva argentea

Dic mihi, virgo ferox, cum sit tibi cassis et hasta,
 quare non habeas aegida. 'Caesar habet.'

180 Europe picta

Mutari melius tauro, pater optime divum,
 tunc poteras Io cum tibi vacca fuit.

181 Leandros marmoreus

Clamabat tumidis audax Leandros in undis:
 'mergite me, fluctus, cum rediturus ero.'

182 Sigillum gibberi fictile

Ebrius haec fecit terris, puto, monstra Prometheus:
 Saturnalicio lusit et ipse luto.

Ein tönerner Herkules

Zerbrechlich bin ich, doch mißachte nicht, ermahne ich dich, die Statuette:
Der Alkide schämt sich nicht, wenn er meinen Namen trägt.

Eine silberne Minerva

Sag' mir, du tapfere Jungfrau – du hast ja den Helm und die Lanze –,
weshalb dir die Ägis fehlt? »Caesar hat sie.«

Ein Gemälde der Europa

Lieber hättest du dich, bester Vater der Götter, damals in einen Stier verwandeln
sollen, als Io für dich eine Kuh war.

Leander aus Marmor

Im Wogenschwall rief der kühne Leander aus:
»Zieht mich, ihr Fluten, erst dann hinab, wenn ich zurückkomme!«

Tonstatuette eines Buckligen

Trunken, stell' ich mir vor, schuf Prometheus solche Monstren für die Erde:
Auch er spielte mit saturnalischem Lehm.

183 Homeri Batrachomyomachia

Perlege Maeonio cantatas carmine ranas
 et frontem nugis solvere disce meis.

184 Homerus in pugillaribus membraneis

Ilias et Priami regnis inimicus Ulixes
 multiplici pariter condita pelle latent.

185 Vergili Culix

Accipe facundi Culicem, studiose, Maronis,
 ne nucibus positis 'Arma virumque' legas.

186 Vergilius in membranis

Quam brevis inmensum cepit membrana Maronem!
 ipsius vultus prima tabella gerit.

187 Μενάνδρου Θαΐς

Hac primum iuvenum lascivos lusit amores;
 nec Glycera pueri, Thais amica fuit.

Homers »Froschmäusekrieg«

Lies aufmerksam von den im mäonischen Lied besungenen Fröschen
und lerne, die Stirn zu glätten bei meinen poetischen Nichtigkeiten!

Homer auf Blättern aus Pergament

Ilias und Odysseus, der dem Reich des Priamos feind war:
auf vielfach geschichteter Haut sind sie hier gemeinsam verwahrt.

Vergils »Mücke«

Nimm, eifriger Leser, die »Mücke« des wortgewaltigen Maro entgegen,
damit du nicht »Waffen und Mann« liest, wenn du die Nüsse beiseite
    gelegt hast.

Vergil auf Pergament

Welch kleines Pergament faßt den gewaltigen Maro!
Ein Porträt von ihm selbst bringt das erste Blatt.

Menanders »Thaïs«

Mit ihr genoß er zuerst die ausgelassenen Spiele jugendlicher Liebe;
nicht Glycera, Thaïs war die Freundin des jungen Mannes.

188 Cicero in membranis

Si comes ista tibi fuerit membrana, putato
 carpere te longas cum Cicerone vias.

189 Monobyblos Properti

Cynthia, facundi carmen iuvenale Properti,
 accepit famam, non minus ipsa dedit.

190 Titus Livius in membranis

Pellibus exiguis artatur Livius ingens,
 quem mea non totum bibliotheca capit.

191 Sallustius

Hic erit, ut perhibent doctorum corda virorum,
 primus Romana Crispus in historia.

192 Ovidi Metamorphosis in membranis

Haec tibi multiplici quae structa est massa tabella,
 carmina Nasonis quinque decemque gerit.

193 Tibullus

Ussit amatorem Nemesis lasciva Tibullum,
 in tota iuvit quem nihil esse domo.

Cicero auf Pergament

Wenn dies Pergament dein Begleiter ist, dann stelle dir vor,
daß du eine weite Reise mit Cicero unternimmst.

Das Einzelbuch des Properz

»Cynthia«, die Jugenddichtung des eloquenten Properz,
gewann Ruhm durch ihn, nicht weniger gab sie selber ihm.

Titus Livius auf Pergament

Zusammengedrängt auf winzigen Häuten ist der gewaltige Livius;
den vollständigen kann meine Bibliothek nicht fassen.

Sallust

Hier dieser Crispus – so lautet das Urteil der Gelehrten –
wird in der römischen Geschichtsschreibung der erste sein.

Ovids »Metamorphosen« auf Pergament

Hier dieses Riesenpaket, für dich aus zahlreichen Blättern geschichtet,
enthält die fünfzehn Gesänge Nasos.

Tibull

Die verführerische Nemesis hat ihren Liebhaber Tibullus entflammt,
den schon »im ganzen Haus nichts zu bedeuten« erfreute.

194 Lucanus

Sunt quidam qui me dicant non esse poetam:
 sed qui me vendit bybliopola putat.

195 Catullus

Tantum magna suo debet Verona Catullo,
 quantum parva suo Mantua Vergilio.

196 Calvi de aquae frigidae usu

Haec tibi quae fontes et aquarum nomina dicit,
 ipsa suas melius charta natabat aquas.

197 Mulae pumilae

His tibi de mulis non est metuenda ruina:
 altius in terra paene sedere soles.

198 Catella Gallicana

Delicias parvae si vis audire catellae,
 narranti brevis est pagina tota mihi.

Lukan

Manche gibt es, die sagen, ich sei kein Dichter:
Doch der Buchhändler, der mich verkauft, glaubt es.

Catull

Das große Verona verdankt seinem Catull genausoviel
wie das kleine Mantua seinem Vergil.

Calvus über den Gebrauch von kaltem Wasser

Dies Papier hier, das dir die Quellen und Gewässernamen nennt,
schwämme besser selber in seinem eigenen Wasser.

Zwergmaultiere

Nicht brauchst du den Sturz von diesen Maultieren zu fürchten:
Auf der Erde pflegst du fast höher zu sitzen.

Ein gallisches Hündchen

Wenn du etwas über die Reize des winzigen Hündchens erfahren willst,
dann reicht mir nicht einmal eine ganze Seite zum Erzählen.

199 Asturco

Hic brevis ad numeros rapidum qui colligit unguem,
  venit ab auriferis gentibus Astur equus.

200 Canis vertragus

Non sibi sed domino venatur vertragus acer,
  inlaesum leporem qui tibi dente feret.

201 Palaestrita

Non amo quod vincat, sed quod succumbere novit
  et didicit melius τὴν ἐπικλινοπάλην.

202 Simius

Callidus emissas eludere simius hastas,
  si mihi cauda foret, cercopithecus eram.

203 Puella Gaditana

Tam tremulum crisat, tam blandum prurit, ut ipsum
  masturbatorem fecerit Hippolytum.

Ein asturischer Zelter

Dieses kleine Tier, das im Takt seinen raschen Huf hebt,
kam von goldreichen Völkern – ein asturisches Pferd.

Ein Windhund

Nicht für sich, für seinen Herrn nur jagt der scharfe Windhund,
der dir den Hasen bringen wird, ohne ihn mit den Zähnen zu verletzen.

Ein Ringer

Nicht deshalb liebe ich ihn, weil er siegen kann, sondern weil er unten zu liegen versteht
und besser den »Bettringkampf« gelernt hat.

Ein Affe

Ein Affe bin ich, geschickt darin, den geschleuderten Speeren auszuweichen;
hätte ich einen Schwanz, könnte ich eine Meerkatze sein.

Ein Mädchen aus Gades

So läßt sie ihren Hintern vibrieren, so aufreizend ist ihre Geilheit,
daß sie selbst einen Hippolytos zum Masturbieren gebracht hätte.

204 Cymbala

Aera Celaenaeos lugentia matris amores
 esuriens Gallus vendere saepe solet.

205 Puer

Sit nobis aetate puer, non pumice levis,
 propter quem placeat nulla puella mihi.

206 Cestos

Collo necte, puer, meros amores,
ceston de Veneris sinu calentem.

207 Idem

Sume Cytheriaco medicatum nectare ceston:
 ussit amatorem balteus iste Iovem.

208 Notarius

Currant verba licet, manus est velocior illis:
 nondum lingua suum, dextra peregit opus.

Zimbeln

Die ehernen Becken, die den kelänischen Geliebten der Großen Mutter betrauern,
verkauft, wenn er Hunger hat, nicht selten ihr Priester.

Ein junger Sklave

Einen jungen Sklaven möchte ich besitzen, der glatt durch seine Jugend, nicht durch den Bimsstein ist,
so daß seinetwegen kein Mädchen mir gefallen könnte.

Weiblicher Gürtel

Knabe, schlinge um den Hals die pure Liebe,
den vom Busen der Venus warmen Gürtel!

Dasselbe

Nimm den Gürtel, er ist getränkt von kytherischem Nektar:
Dieses Band hat Jupiter, den Verliebten, entflammt.

Ein Stenograph

Mögen die Worte auch eilen, die Hand ist schneller als sie:
Noch hat nicht die Zunge ihr Werk, da hat es schon die Rechte getan.

209 Concha

Levis ab aequorea cortex Mareotica concha
 fiat: inoffensa curret harundo via.

210 Morio

Non mendax stupor est nec fingitur arte dolosa.
 quisquis plus iusto non sapit, ille sapit.

211 Caput vervecinum

Mollia Phrixei secuisti colla mariti.
 hoc meruit tunicam qui tibi, saeve, dedit?

212 Pumilius

Si solum spectes hominis caput, Hectora credas:
 si stantem videas, Astyanacta putes.

213 Parma

Haec, quae saepe solet vinci, quae vincere raro,
 parma tibi, scutum pumilionis erit.

Junge Komödianten

Einen »Misumenos« wird es in dieser Truppe nicht geben:
Aber ein »Disexapaton« kann, wenn du willst, jeder sein.

Eine Fibel

Sag' mir schlicht und einfach, Fibel, was du Komödianten und Sängern
    zur Lyra
zu bieten hast? – »Daß sie fürs Vögeln mehr Geld bekommen«.

Der Vogelfänger

Nicht mit dem Rohr allein, auch mit Gesang täuscht man den Vogel,
während in lautloser Hand die listige Rute länger wird.

Der Falke

Er war ein Räuber unter den Vögeln, jetzt überlistet er als Gehilfe des
    Vogelfängers selber
die Vögel – und ist traurig darüber, daß er sie nicht für sich fangen durfte.

Der Küchenmeister

Sage mir nur, zu wievielt und wie teuer du zu dinieren wünschst, und
füge kein Wort mehr hinzu: Schon ist dein Essen fertig.

219 Cor bubulum

Pauper causidicus nullos referentia nummos
 carmina cum scribas, accipe cor, quod habes.

220 Cocus

Non satis est ars sola coco: servire palatum
 nolo: cocus domini debet habere gulam.

221 Craticula cum verubus

Rara tibi curva craticula sudet ofella;
 spumeus in longa cuspide fumet aper.

222 Pistor dulciarius

Mille tibi dulces operum manus ista figuras
 extruet: huic uni parca laborat apis.

223 Adipata

Surgite: iam vendit pueris ientacula pistor
 cristataeque sonant undique lucis aves.

Das Rinderherz

Da du, ein armer Anwalt, nur Verse schreibst, die kein Geld einbringen,
empfange das Herz, das du hast!

Der Koch

Kunst allein ist nicht genug für einen Koch; daß sein Gaumen der eines
        Sklaven sei,
will ich nicht: Ein Koch habe den Geschmack seines Herrn.

Ein Rost nebst Bratspießen

Möge dein Grillrost von den zusammmengerollten Fleischhäppchen
        dampfen;
der schäumende Eber brate am länglichen Spieß.

Der Konditor

Tausend süße Formen Backwerk wird dir diese Hand gestalten:
Einzig für sie arbeitet die sparsame Biene.

Fettgebäck

Steht auf jetzt! Der Bäcker verkauft schon den Knaben das Frühstück,
und ringsum krähen die kammtragenden Vögel des Tageslichts.

Das Kinderherz

Da du ein reines Antlitz und Verse, die keines Dichters Geld empfangen, empfange das Herz, das es fasst.

Der Soda

Als er Balsam ist und Segen ist in einem Kelch, daß es auf Leinwand erwarte Siderus sei,
will ich Atem auf in dich tiefe den Geschmack seines Ursprungs.

Für Rosi, nebst Briefbuch

Möge dem Gedicht von dem zusammengetragenen Glücke, dem gehört dazu plein,
Ihr Schmunzeln Überhaupt aufmerken-heu Spiel.

Der Konditor

Dieses ist für einen Bäcker mit werd' vorher, Hier geraten...
Nehmt ihn von Rosten die während Kraus.

Epigramm

Stell' an das Der Briefsch... hin scha... den knaben die eroche...
was ja wenn höhen die nachtmagmabin Wey... des Tastill bin.

ANHANG

ZUR TEXTGESTALT

ZUR HANDSCHRIFTLICHEN ÜBERLIEFERUNG

Man unterscheidet drei Handschriftengruppen oder ›Familien‹ (α, β und γ); jede geht auf eine Rezension zurück, deren Archetypus nicht erhalten ist; doch wissen wir, daß β auf einer Ausgabe beruht, die ein vornehmer Römer mit Namen Torquatus Gennadius im Jahr 401 n. Chr. herausgab.

α wird vertreten durch eine Reihe von Anthologien oder Florilegien aus dem 9. und 10. Jh. mit den Sigeln H (Vindobonensis), R (Leidensis) und T (Parisinus). Der *Liber spectaculorum* ist nur in α erhalten und über einen Codex deperditus, der mit K bezeichnet wird.

β ist der Archetypus für L, einen Berolinensis aus dem 12. Jh., und für drei weitere Codices aus dem 14. und 15. Jh.

γ ist am besten vertreten durch vier Kopien aus dem 10. und 11. Jh.; die wichtigste trägt das Sigel E (Edinburgensis) und stammt aus dem 10. Jh.

Man nimmt an, daß die drei ›Familien‹ auf drei unabhängige Rezensionen aus dem späten Altertum zurückgehen, wobei im allgemeinen γ den beiden anderen ›Familien‹ als unterlegen gilt, doch konnte Citroni 1975 in seiner Edition von Buch I zeigen, daß die Dreiteilung weniger klar umrissen und weniger konsistent ist als bisher vermutet. Für Einzelheiten sei daher auf ihn und auf die beiden Teubner-Ausgaben von Heraeus-Borovskij (1976) und Shackleton Bailey (1990) verwiesen.

ZUR TEXTGESTALT

Zugrunde gelegt wurde die Oxford-Ausgabe von W. M. Lindsay, ¹³1989 = L, in ständigem Vergleich mit Heraeus/Borovskij, Leipzig 1976 und 1982 (Teubner) = HB, Shackleton Bailey, Stuttgart 1990 (Teubner) = SB, bzw. die Loeb-Ausgabe von Shackleton Bailey, 1993, wo diese von der Teubner-Ausgabe von 1990 abweicht. Nicht berücksichtigt sind graphische Varianten, z.B. *adplicare* / *applicare* und unerhebliche Abweichungen in der Interpunktion.

	Lindsay	Heraeus/B.	Sh. Bailey	Diese Ausgabe
lib. spect.				
3,9	Sicambri	Sygambri	Sygambri	Sygambri
4,3	†Getulis†	†getulis†	†getulis†	oculis (Guttmann)
6 b,2	nobile et	nobile et	nobilis (Heinsius)	nobile et
6 b,4	hoc iam femineo …	hoc iam femineo Marte fatemur agi (Buecheler)	haec iam feminea vidimus acta manu (Italorum libri recentes)	haec iam feminea vidimus acta manu
7,7	…	⟨dignum tulit: ille parentis⟩ (Schneidewin)	⟨dignum tulit: ille parentis⟩	⟨dignum tulit: ille parentis⟩
14,1	pignore	pignore	pignora	pignore
15,8	†laudem ferre adhuc poteram†	laudem ferret, at hic pateram (Heraeus)	laudem ferret, at hic pateram	†laudem ferre adhuc poteram†
19,3	cornuto †adore† petitus	cornuta mole petitus	†cornuto adore petitus†	cornu maiore (Gilbert) petitus

ZUR TEXTGESTALT

	Lindsay	Heraeus/B.	Sh. Bailey	Diese Ausgabe
21 b,2	mersa – miramur?	versa (miramur?)	ursam (Housman) invasuram (Postgate)	mersa – miramur? –
22,1	dum	dum	tum/dum (Loeb)	dum
22/23,7	tam	tam	quam	quam
22/23,7	dirigit	derigit	derigit	dirigit
27,2	non Parthaoniam b.t. feram	monstra quibus fudit b.t. fera	†non amarathon cum† b.t. fera	pavisset nullas b.t. feras (Gilbert)
27,9	sit, ut (Heinsius)	vetus (Heraeus)	vetus	vetus
28,10	dives Caesarea	dives, Caesar, io,	id dives, Caesar, (Housman)	id dives, Caesar,
28,11	†tigri†	diri (Heinsius; Gilbert)	†tigri†	diri

I

	Lindsay	Heraeus/B.	Sh. Bailey	Diese Ausgabe
epist.	scribat	scribat	inscribat	scribat
12,1	gelidas	gelidi	gelidas	gelidas
17,3	quam	quam	cum	quam
34,6	Submemmi	Submemmi	Summemmi	Summemmi
35,6–7	thalassionem – thalassionis	talassionem – talassionis	thalassionem – thalassionis	thalassionem – thalassionis
37,2	Basse	Basse	Bassa	Basse
41,9	tomacla	tomacla	thumatla	tomacla
46,1.4	Hedyle	Hedyle	Hedyli (Bentley)	Hedyli
49,17	Dercenna	Derceita	Derceita	Dercenna
51,2	fugis	fugis	petis	fugis

ZUR TEXTGESTALT

	Lindsay	Heraeus/B.	Sh. Bailey	Diese Ausgabe
51,4	velis	velint	velint	velint
61,1	syllabas	syllabas	sillybos	syllabas
65,2	Caeciliane	Laetiliane	Laetiliane	Caeciliane
65,4	Caeciliane	Caeciliane	Laetiliane	Caeciliane
67,2	homo est.	homo est?	homo est.	homo est.
70,15	amet	amet	amat	amat
71,2	Lycas	Lycas	Lycis	Lycis
73,2	Caeciliane	Caeciliane	Maeciliane	Caeciliane
76,3	cantus citharamque	cantusque chorosque	cantusque chorosque	cantusque chorosque
86,8	nec videre	nec videre	non videre	nec videre
88,2	Lavicana	Labicana	Labicana	Labicana
104,1	delicata	delicata	deligata	delicata
105,1	agris	arvis	agris	arvis
106,8	licet bibas	licet bibas	bibas licet	licet bibas
110,2	facis.	facis.	facis? (Loeb)	facis.
116,2	pulchra	pulchra	pauca	pulchra
117,13	nec	Nec	†nec† *coniecit* nam	nec
II				
5,3	disiungunt	disiungunt	distingunt	disiungunt
7,1.5	Attice	Attice	Attale	Attale
14,13	iterumque iterumque iterumque lavatur	iterumque iterumque iterumque lavatur	iterum ternis iterumque lavatur (Heinsius, Gilbert)	iterum ternis iterumque lavatur
24,6	multum est?	multum est?	'multum est.'	'multum est.'
29,5	Marcelliano	Marcellano	Marcellano (Salamasius)	Marcelliano
30,3	felixque	felixque	fidusque	felixque

ZUR TEXTGESTALT 1065

	Lindsay	Heraeus/B.	Sh. Bailey	Diese Ausgabe
36,3	tibi mitrarum	tibi mitrarum	mitratorum (Housman)	mitratorum
40,5	saccentur	saccentur	saccantur (SB)	saccantur
40,6	condantur	condantur	conduntur	conduntur
42,1	quid … perdis?	quid … perdis?	quod … perdis,	quid … perdis?
43,1–2	κοινὰ φίλων haec sunt, … sonas:	κοινὰ φίλων. haec sunt … sonas:	'κοινὰ φίλων.' haec sunt, … sonas?	κοινὰ φίλων. haec sunt, … sonas:
46,5	atque unam	atque unam	†atque unam†	atque omnem (Postgate)
46,8	times	times	tui (Friedl., Izaac)	tui
46,10	renuis	metuis	metuis	renuis
53,7	vincitur	vincitur	iungitur (Heinsius)	vincitur
55,2	colere	coleris	coleris	coleris
73,1	–	–	⟨quid faciat … semper⟩ (Munro, Housman)	⟨quid faciat … semper⟩
84,4	abs hoc occisus	†ab hoc occisus	alter ab hoc caesus (Delz)	abs hoc occisus
86,6	tam	tam	iam (SB)	tam
91,3	tibi lecta	tibi lecta	collecta (SB)	tibi lecta
III				
5,9	hanc illumve	hanc illumve	hunc illamve	hanc illumve
11,3	Sed simile est aliquid: pro … dixi	Sed similest aliquid? pro … dixi?	sed simile est aliquid: pro … dixi.	'sed simile est aliquid.' – pro … dixi?
11,6	amet	amet	amat	amet

	Lindsay	Heraeus/B.	Sh. Bailey	Diese Ausgabe
13,2	patri	putri (Heinsius)	patri	patri
16,1.4.6	cerdo	Cerdo	Cerdo	Cerdo
20,5	iocos	λόγους	λόγους (Heraeus, *auctore* Thiele)	iocos
20,10	templi	templi	†templi†	templi
24,2	sacris	focis	sacris	sacris
24,5	et acuta	et acuta	†et acuta†	et acuta
26,5	hoc me puta velle	hoc me puta velle	hoc me puta nolle	nec me puta (Madvig; Izaac) velle
32,1	'Non possum vetulam?' quaeris, Matrinia:	Non possum vetulam. Quereris, Matrinia?	Non possum vetulam. quereris, Matrinia?	Non possum vetulam. quereris, Matrinia?
33,3-4	utramque, si facie	utramque, si facie,	utramque si facie, (SB)	utramque si facie,
37,2	iuvat hoc: facite (auch Izaac)	iuvat hoc: facite	iuvat hoc facere	iuvat hoc: facite
38,13	quid faciam?	quid faciam?	quid faciam	quid faciam?
42,4	maius	magnum	maius	maius
44,15	sedentem	sedentem	edentem (Ramirez de Prado; *auch* Izaac)	edentem
49,1	ubi Massica potas	ubi Massica potas	tibi (A. Kerr) Massica ponis (SB)	ubi Massica potas
59,1	cerdo	Cerdo	Cerdo	Cerdo

ZUR TEXTGESTALT

	Lindsay	Heraeus/B.	Sh. Bailey	Diese Ausgabe
67,2	Vaterno	Vaterno	Vatreno (Scriverius)	Vatreno
73,2-3	Galle … Phoebe	Galle … Phoebe	Phoebe … Phoebe	Phoebe … Phoebe (*auch* Izaac)
77,10	saprophagis	σαπροφαγεῖς (Friedl.)	σαπροφαγεῖς	σαπροφαγεῖς
80,1	quereris	loqueris	loqueris	loqueris
82,26	fusus	fuscus	fuscus	fusus
85,3	tibi	tibi	tua	tua
93,18	nuptuire	nuptuire	nupturire (Iunius; Friedl.)	nupturire
93, 19-20	quaeris. Prurire	quaeris prurire	quaeris. prurire	quaeris. prurire
93,24	Achori	Acori	†acori†	Orci de (Friedl. *nach* Roeper)
93,25	thalassionem	Talassionem	thalassionem	thalassionem
99,1	cerdo	Cerdo	Cerdo	Cerdo
IV				
4,1	siccae … lacunae	siccae … lacunae	sicca … lacuna (SB)	siccae … lacunae
8,11-12	gressun metire licenti / ad matutinum, nostra Thalia, Iovem?	gressu timet ire licenti / Ad matutinum nostra Thalia Iovem.	gressu timet ire licenti / ad matutinum nostra Thalia Iovem.	gressu timet ire licenti / ad matutinum nostra Thalia Iovem.
15,2	Caeciliane	Caeciliane	Maeciliane (*scripsit*)	Caeciliane
23,5	Brutiano	Bruttiano	Bruttiano	Bruttiano

ZUR TEXTGESTALT

	Lindsay	Heraeus/B.	Sh. Bailey	Diese Ausgabe
26,3	vicenos	vicenos	denos (Loeb)	vicenos
31,10	non semper belle	non semper belle	non belle semper (SB)	non semper belle
37,3	Sabinus	Sabinus	Sabellus	Sabinus
42,13	et timeat	et timeat	nec timeat (SB)	et timeat
47,2	dipyrum	dipyrum	δίπυρον (*scripsit*)	dipyrum
52,2	eras … eris	eras … eris	erat … erit (SB)	eras … eris
54,10	negat	negat	secat (Scriverius)	secat (*u.a.* Gilbert; Izaac)
55,16	tutelam	Tutelam	Tutelam	Tutelam
55,21	Perusiaeque	Turasiaeque	Turasiaeque	Turasiaeque (*auch* Izaac)
58,2	nam	iam	non	non
64,4	lati … eminent	lati … eminent	alti … eminent	lati … eminent
64,16	virgineo cruore	virgineo cruore	†virgineo cruore†	virgineo cruore
66,7	captus	captus	raptus	captus
67,8	non vis	non das	non vis	non vis
V				
16,13	satis et	iuvat et	iuvat et	satis et
18,5	videar	videar	videor	videor
19,12	flammarisve	flammarisve	†flammaris†ve	damnatisve (Housman)

ZUR TEXTGESTALT

	Lindsay	Heraeus/B.	Sh. Bailey	Diese Ausgabe
22,13	habet … amicos:	habet … amicos:	habet / colet (Loeb) … amicos?	habet … amicos?
24,4	turba	turba	turbo (Heinsius)	turba
27,2			*post 2 lacunam statuit*	
31,7	trepidant …, sed	trepidant …, sed	trepidat … nisi (*scripsit*)	trepidant …, sed
34,7	tam	tam	iam	tam
49,5	possunt	possunt	possint	possint
49,11	Geryonen	Geryonem	Geryonen	Geryonen
58,7	serum	serum	serum / tardum (Loeb)	serum
66,2	sic eris Aeternum, P., Vale.	sic eris "aeternum", P., "vale".	sic eris? aeternum, P., vale.	sic eris 'aeternum', P., 'vale'.
78,6	ustis	ustis	unctis (Lipsius; Heinsius)	ustis
82,4	i, tibi	i, tibi	i tibi,	i, tibi
VI				
12,2	†numquid, Paule, peierat?†	†Fabulla: numquid, Paule, peierat?†	†numquid, Paule, peierat†?	numquid ⟨ergo⟩, (Munro) Paule, peierat?
14,4	conscribat (Schneidewin)	non scribat	non scribat	non scribat
16,1	pene … falce	pene … falce	falce … pene (Gronovius)	falce … pene
19,5	Cannas	Cannas	Carrhas (L. Müller)	Cannas

ZUR TEXTGESTALT

	Lindsay	Heraeus/B.	Sh. Bailey	Diese Ausgabe
21,3	aure	aurem	aure / aurem (Loeb)	aurem
21,10	caede duos	caede deos	parce tuo (Heinsius)	caede duos
24,1	Charisiano	Charisiano	Carisiano (SB)	Charisiano
27,7	si locuples, et	sit locuples, sed	sit locuples, sed	sit locuples, sed
31,2	mori.	mori.	mori?	mori.
36,1	quantus	quantus	tantus	tantus
44,3	omnibus adrides	omnibus adrides	omnis irrides (SB)	omnibus adrides
45,4	turpior	turpius	turpius	turpior
47,4	venis	venis	veni (SB)	venis
51,4	inquit	inquis	inquis	inquis
58,2	pigra	ferre	ferre	ferre
64,3	hirsuta … rubicunda	hirsuta … rubicunda	hirsuto (A. Kerr) … deprensa	hirsuto … deprensa
64,28	nasum vivi	nasum vivi	vivi nasum	nasum vivi
70,10	separentur	separentur (separetur: *probabiliter* Heraeus)	separetur (Duff; Izaac)	separetur
71,4	sollicitata	sollicitare	sollicitare	sollicitare
82,9	inquis	inquit	inquis	inquit
86,1	dominae	dominae	domitae (Heinsius)	dominae
94,1	Calpetiano	Calpetano	Calpetano	Calpetano
VII				
7,3	inprobo	inprobo	improbum (SB)	inprobo

ZUR TEXTGESTALT

	Lindsay	Heraeus/B.	Sh. Bailey	Diese Ausgabe
8,1	si quando mihi,	si quando mihi,	si quando, mihi,	si quando, mihi,
14,7	moribus	moribus	amoribus	amoribus
14,9	denos	denos	senos	senos
15,1	absistit	absistit	assistit	absistit
17,9–10	delicata parvo quae	delicata parvo quae	†delicata† (*coniecit* munerata) parvo, quae	delicata parvo quae
19,2–4	maris, quam … freti.	maris. Quam … freti,	maris. quam … freti,	maris, quam … freti.
26,4	haec – facetum carmen –	haec facetum carmen	hoc facetae (Gronovius) carmen	hoc facetae carmen
34,8–9	'Ut quid tu … Neronianas?'	Quid tu … muneribus? Neronianas	'quid? tu … Neronianas thermas?' / Neronianas? thermas (Loeb)	'quid? tu … Neronianas?'
35,4	nuda	nuda	nulla	nulla
36,6	agricolam.	agricolam.	agricolam? (Izaac)	agricolam?
44,5	magnus	magnus	magni (Heinsius)	magnus
47,8	raptas	raptas	ruptas (Gronovius; *auch* Izaac)	ruptas
52,3	gentes et Celtas	gentes et Celtas	gentes, Celtas et (Marx)	gentes, Celtas et
56,1	pie	pia	pia	pia

	Lindsay	Heraeus/B.	Sh. Bailey	Diese Ausgabe
62,1.5	Amille	Amille	Hamille (Friedl.)	Hamille
69,9	laudabat	laudabat	laudarit (ed. Rom.)	laudarit
74,9–10	ministrat … vocat	ministrat … vocat	ministret … vocet (SB)	ministrat … vocat
79,3	ipso	Prisco	prisco (Housman)	ipso
87,7	Glaucilla (Heinsius)	Cadilla (Heraeus)	†Gadilla†	Cadilla (*auch* Izaac)
87,9	Labycae	Labyrtae	Labyrtae	Labyrtae
VIII				
3,1	nam	nam	iam (SB)	nam
4,1	concentus	conventus	conventus	conventus
6,1	Aucti	Eucti	Eucti	Eucti
6,3	furiosa	furiosa	fumosa (Lipsius; Friedl.)	fumosa
6,7	Rhoetus	Rhoetus	Rhoecus (*nach* Housman)	Rhoetus
10,3	solvet	solvet	solvit	solvet
15,5–6	memoravit … erat	memoravit … erat	memorabit … erit	memorabit … erit
15,6–7	erat, … tuorum.	erat, … tuorum.	erit. … tuorum,	erit. … tuorum.
21,4	axe	axe	igne	igne
25,2	me: male	me, male	me male:	me male:
28,12	alget	alget	albet (Duff)	albet
32,2	Aratullae	Aretullae	Aretullae	Aretullae
36,9	numine	numine	lumine	lumine
46,1	infantia	infantia	praestantia	praestantia

ZUR TEXTGESTALT

	Lindsay	Heraeus/B.	Sh. Bailey	Diese Ausgabe
46,2	puero	puero	puro (Heinsius)	puero
46,4	totum mallet habere Phryga	totum mallet habere Phryga	molli mallet (Housman) habere Phryge (Brodaeus; Izaac)	molli mallet habere Phryge
47,2	putat	putat	putet	putet
54,2	vilissima	vilissima	durissima (Wiman)	vilissima
54,4	magis pudicam	magis pudicam	minus pudicam	magis pudicam
55,23	ego	ero	ero (Loeb)	ego
IX				
3,14	quod	quod	quo (Duff)	quod
22,2	populus	vulgus	populus	populus
22,15	ac sidera	et sidera	et sidera (Heraeus)	et sidera
25,6	petat	petat	tegam	tegam
27,7	umquam	umquam	usquam	umquam
42,11	nata	nata	lecta (*scripsit*)	nata
44,1	Alciden ... Vindicis	Alciden ... Vindicis	Alcides ... Vindicem	Alciden ... Vindicis
44,6	Λυσίππου	Λυσίππου	Lysippum	Λυσίππου
45,3	Promethei	Promethei	Prometheae	Promethei
47,5	serum est	serum est	carum est (SB)	turpe est (*von* Friedl. *erwogen*)
48,8	callida	pallida	pallida (Dousa)	pallida

	Lindsay	Heraeus/B.	Sh. Bailey	Diese Ausgabe
54,10	milvus ad astra	miluus astra	miluus astra (Palmer; Heraeus)	miluus astra
59,19	vero	vero	veros (Aldus)	veros
61,17	deiecta	deiecta	†delecta†	depicta (*nach* SB)
67,2	nulla	nemo	nemo	nulla
67,4	totas	totas	totum (Kerr)	totas
70,6.10	Caeciliane	Caeciliane	Maeciliane	Caeciliane
73,3	defuncti rura	decepti regna	decepti rura/ regna (Loeb)	defuncti rura
89,2	cogis, Stella?	cogis, Stella?	cogis, Stella:	cogis, Stella.
93,3	Calacisse	Catacisse	Catacisse (Heraeus)	Catacisse
95,1	Alphius … Olphius	Alfius … Olfius	Alfius … Olfius (Heraeus)	Alfius … Olfius
95 b,1	credis	credis	quaeris	quaeris
101,4	raraque	aurea	aurea	aurea
X				
1,3	parvo	parvo	parva (Immisch)	parvo
2,1	prior	prior	prius (Reitzenstein)	prior
5,9	Orciniana	Orciniana	Orciviana	Orciniana
5,13	supplicis	supplicis	simplici (SB)	simplici (Scriverius: simplices)
10,5	respiciet	respiciet	respiciat	respiciet
11,7	Pyladi … Orestes	Pyladi … Orestes	Pylades … Orestae (Heinsius)	Pyladi … Orestes

ZUR TEXTGESTALT

	Lindsay	Heraeus/B.	Sh. Bailey	Diese Ausgabe
12,9	adgnoscendus	cognoscendus	cognoscendus	cognoscendus
14,3	cingant	cingant	tingant (SB)	cingant
20,8	regis	regis	regem (SB)	regem
22,3	Philaeni	Philaeni	Philine	Philaeni
24,9	areis	areis	arcubus (Housman)	arcubus
30,25	permittis	permittit	permittis	permittis
34,5	possis totum (*in app: fort.* tutum)	possis totum	populum possis (Housman)	possis tutum (*nach* Friedl.)
35,8	probos	probos	pios	pios (*auch* Izaac)
37,6	acos	acus	acos	acos
48,20	prima	trima (Heinsius)	trima	trima
48,23	venetoque	venetoque	Scorpoque (SB)	venetoque
48,24	faciunt	facient	faciant	faciant
51,5	quales … †Ravennae†	qualem … Ravennam	quales … †Ravennam†	quales … recessus (*nach* Gilbert)
56,6	saxorum	saxorum	†saxorum†	servorum (Scriverius)
65,11	filia … loquetur	filia … loquetur	†filia† … loquetur	ilia … loquentur (*nach* Izaac)
67,7	Plotia	Plutia	Plutia	Plutia
68,10	cum crisas … potes?	cum crisas … potes?	quae crisat … potest (SB)	cum crisas … potes?
73,2	severa	severa	Severe	Severe
76,8	Maevius	Mevius	Mevius	Maevius

ZUR TEXTGESTALT

	Lindsay	Heraeus/B.	Sh. Bailey	Diese Ausgabe
77,3	fuisses	fuisset	fuisses	fuisses
89,4	convictas	convictas	coniunctas	coniunctas
90,4	nam	nam	at (SB)	nam
99,2	Saturis	Saturis	Satyris	Satyris
XI				
2,2	Fabricii	Fabricii	Fabricii / Fabricia (Loeb)	Fabricii
7,10	pares	paras	paras	paras
8,1	drauci	drauci	dracti (Housman)	dracti
18,19	Prognes	Procne	Procne	Procne
21,3	inpacta	inpacta	impacta / intacta (Loeb)	intacta
23,4	'quid ... potest?	'quid ... potest?	'quid ... potest?' (*Silae tribuit*)	'quid ... potest?
29,3	nam	nam	iam	nam
29,6	culta	culta	certa	certa
31,12	ut	ut	hinc (SB)	ut
31,15	cellarius	cellarius	bellarius (*scripsit*)	cellarius
31,18	paropsidesque	paropsidesque	paropsidasque (Housman)	paropsidesque
34,3	nitidus	nitidus	nitidos	nitidus
41,3	fluentem	fluentem	pluentem (Heinsius)	fluentem
41,5	rapinae	rapinae	ruinae (Rooy)	rapinae
42,2	qui	quid	qui	qui

ZUR TEXTGESTALT

	Lindsay	Heraeus/B.	Sh. Bailey	Diese Ausgabe
46,1	Maevi	Mevi	Mevi	Maevi
49,5	possunt	possunt	poscunt (Heinsius)	possunt
50,3	optatae	optatae	†optatae† / orbatae (Loeb)	optatae
50,4	Silius et vatem, non minor ipse, colit	Silius et vatem, non minor ipse, colit	et vates vatem non minor ipse colit / et vatem vates (Loeb)	Silius et vatem, non minor ipse, colit
52,9	tenui	tenui	leni (*coniecit* Heraeus)	tenui
52,13	conchylia	conchylia	coloephia	conchylia
56,11	qui cum modo	modo qui dum	modo qui, dum (Gronovius)	modo qui, dum
57,1	Severo	Severo	Severe	Severo
58,12	λαικάζειν	λαικάζειν	λαικάζειν	λειχάζειν (Friedl.; Gilbert)
65,4			*lacunam statuit* SB	
72,1	vocat	vocat	vorat (SB *nach* Scriverius)	vocat
79,3	quidem	viae	viae	viae (*auch* Izaac)
80,7	tibi	tibi	mihi (Gilbert)	tibi (*auch* Izaac)
84,10	duro	duro	nudo	nudo (*auch* Izaac)

ZUR TEXTGESTALT

	Lindsay	Heraeus/B.	Sh. Bailey	Diese Ausgabe
85,2	futues	futues	futuis	futues
88,2	Charisianus	Charisianus	Carisianus	Charisianus
90,3	quoque carmine maius (Lachmann)	res carmine maior	quoque carmine maius (Lachmann)	quoque carmine maius
90,4	situst	situ	situ' (Scriverius)	situst
95,2	solium	solium	solium / †solium† (Loeb)	solium
96,3	cive, ministro	cive, ministro	cive ministro	cive ministro
98,12	saepius	saepius	saepibus (Walter)	saepius
99,5	magni	gemina	gemina	gemina
99,6	et	et	et / ut (Loeb)	et
99,6	Minyas (Koestlin; Friedl.)	nimias	nimias	nimias
XII				
epist.	nitore	nitore	candore (Housman)	nitore
2,4	dat patrios manes quae	Dat patrios amnes quos	dat patrios amnes quos (Housman)	dat patrios amnes quos
2,8	templa	tecta	tecta (Heinsius)	tecta
3 (4)	3 (4)	3 (4) + 6,7–12	3 (4) + 6,7–12	3 (4)
5 (2)	5 (2)	5 (2) + 6,1–6	5 (2) + 6,1–6	5 (2)
6	6	–	–	6
6,2	toto	toto	tuto (*temptavit* Friedl.)	tuto

ZUR TEXTGESTALT

	Lindsay	Heraeus/B.	Sh. Bailey	Diese Ausgabe
6,3	Fides … Clementia … Potestas	fides … clementia … potestas	fides … clementia … potestas	Fides … Clementia … Potestas
7	7	7	(6) 7	7
11,4	quem	quem	quam (*scripsit*)	quem
15,5	lusus	lusus	luxus (Loeb)	luxus
17,9	cum recubet … cum tam	cum recubet … cum tam	cui sit tam … quae (*scripsit*)	cum recubet … cum tam
21,7	ridebit	ridebit	prodibit (SB)	parebit (Munro)
24,9	Avitus,	Avitus,	Avitus!	Avitus!
25,6	exilii	exilii	exilio	exilii
28,1	†Castrice†	–	–	⟨Castrice⟩
28,12	a (mensa)	a	e	e
28,22	a (cena)	a	e	e
29,6	petas	petas	regas (Heinsius)	regas
32,17	qualis … vix sit	qualis … vix sit	qualem … visset	qualis … vix sit
34,8	velis	velis	voles	velis
36,9	sed	sed	seu (SB)	seu
38,1			past v.1 *lacunam statuit*	
38,4	latus	latus	levis (Bowersock)	levis
39,2	putida, bellus et	putida bellus et	putida bellus; et	putida bellus, et
42,4	Talasse	Talasse	Talasse / Thalasse (Loeb)	Talasse
52,7–8			[…] (Loeb)	

	Lindsay	Heraeus/B.	Sh. Bailey	Diese Ausgabe
52,9	et	et	ut (Castiglioni)	ut
57,9	palucis (Friedl.)	balucis	balucis	balucis
57,26	risus	risus	nisus (Heinsius)	risus
59,9	hinx †dexiocholus†	hinc et dexiocholus (Heraeus ex Gulielmi)	†hinc† dexiocholus	hinc et dexiocholus
60,7–12	natali … gelu:	natali … gelu:	natali … gelu?	natali … gelu:
61,5	ruunt	ruunt	fremunt	ruunt
64,2	es	es	est	est
73,2	credam	credam	credo	credam
75,2	Hypnus	Hypnus	Hymnus	Hypnus
82,4	acceptas	acceptas	exceptas	exceptas
88,1	non ego	non nego	non nego	non nego
93,2	Labulla	Fabulla	Labulla	Labulla
95,1	Musaei	Musseti	Musseti	Musseti
95,5	thalassionem	talassionem	thalassionem	thalassionem
97,2	inprobus	inprobus	improbis	inprobis
97,7–9	redempta; sed nec … surgit	redempta; sed nec … surgit	redempta; ut nec … surgat (SB) / redempta ut (Loeb)	redempta, ut nec … surgat

XIII

1,5	telo	telo	talo	talo
2,2	noluerat	noluerat	noluerit	noluerit
3,4	faciat	faciet	faciet	faciat

ZUR TEXTGESTALT

	Lindsay	Heraeus/B.	Sh. Bailey	Diese Ausgabe
10 lemma	Simula	Simila	Simila	Simila
10,1	simulae	similae	similae	similae
24,2	dicas: "haec melimela placent"	dicas: "haec melimela placent"	dicas "haec melimela licet	dicas "haec melimela placent"
44,2	et fluit	Et fluit	effluit	effluit
66 lemma	Columbinae	Columbini	Columbini	Columbini
66,2	Gnidiae	Gnidiae	Cnidiae (*scripsit*)	Gnidiae
69,2	domino	dominae	domino	domino
79,1-2	mullus; languescit	mullus; languescit	mullus languescit	mullus; languescit
98,2	despicit	despicit	decipit	decipit
101,2	olet	olet	oles	oles
116,2	sistas (marg. Bongarsii)	sistant	sistas	sistant (*auch* Izaac)
118,2	Tuscis	Tuscis	Tuscis / Latiis (Gilbert; Loeb)	Tuscis
122,2	vinum	vinum	vini	vini
XIV				
1,6	dent	dent	det	dent
16,2	feret	feret	facit	facit
24,1	madidis	madidi	madidi	madidi
29,2	Mandatus	Mandatus	nam flatus (Pontanus)	nam flatus
33,1	vena.	vena.	vena,	vena,
37,1	selectos	selectos	constrictos	constrictos

ZUR TEXTGESTALT

	Lindsay	Heraeus/B.	Sh. Bailey	Diese Ausgabe
45,1	difficili	difficili	de facili (*id est levi et mobili*: SB)	de facili
46,1	mobilibus	nobilibus	mobilibus	mobilibus
46,2	tu nescis?	tu nescis?	si nescis	tu nescis?
52,2	putabas	putabas	putabis	putabis
54 lemma	Crepitacillum	Crepitacillum	Crepitaculum	Crepitacillum
77,1–2	qualem, … Lesbia, plorabas	qualem … Lesbia plorabat	qualem … Lesbia plorabat	qualem … Lesbia plorabat
81,2	tristi	tetrico	tetrico	tetrico
106,1	panda	pansa	panda	panda
117,1	recentem	recentem	recentem	rigentem (Leary)
118,2	tibi	tibi	mihi (*correxit* Loeb)	tibi
121,2	vocor	vocer	vocer	vocer
129,2	colos	colos	color	color
130,2	nusquam	numquam	nusquam	nusquam
131,1	quid … sumes?	quid … sumes?	qui … sumis,	qui … sumis,
145,1	tanta	tanta	tanta est	tanta est
158,1	neta	nata (Scriverius; Izaac)	nata	nata
183 lemma	Batrachomachia	Batrachomachia	Batrachomyomachia (Calderinus)	Batrachomyomachia
184 lemma	membranis	membraneis	membraneis	membraneis

	Lindsay	Heraeus/B.	Sh. Bailey	Diese Ausgabe
189,2	non	non	nec	non
197,2	saepe	saepe	saepe / paene (Loeb)	paene
201,1	vincat	vincat	vincit	vincat
218 lemma	Opsonator	Obsonator	Opsonator	Opsonator

ZUR METRIK

Im elegischen Distichon, dem klassischen Versmaß des Epigramms, sind die meisten, nämlich 1231 von 1554 Epigrammen, geschrieben:

Quém recitás meus ést, o Fídentíne, libéllus:
    séd male cúm recitás, íncipit ésse meús (I 38).

Daneben kommen bei Martial noch folgende Versmaße vor:

1. Der Hendekasyllabus (»Elfsilbler«), wie ihn Sappho verwandte und Catull favorisierte:

Pásser, déliciáe meáe puéllae (Catull 2)
Híc est quém legis ílle, quém requíris (Martial I 1).

Martial verwendet ihn am zweithäufigsten, nämlich 238mal: I 1; 7; 17; 27; 35; 41; 52; 54; 64; 69; 72; 82; 86; 94; 99; 102; 104; 106; 109; 115; 117. – II 4; 6; 13; 15; 23; 33; 37; 41; 44; 48; 54; 55; 68; 70; 83; 86; 92. – III 2; 12; 35; 44; 53; 67; 73; 84; 96; 98. – IV 2; 4; 6; 9; 14; 21; 23; 28; 30; 39; 43; 46; 50; 55; 64; 77; 84; 86; 89. – V 2; 6; 8; 12; 20; 24; 39; 44; 49; 56; 60; 70; 73; 78; 80; 84. – VI 1; 4; 8; 14; 17; 19; 22; 24; 28; 30; 37; 42; 49; 55; 62; 66; 70; 72; 78; 82; 90; 92. – VII 4; 11; 17; 31; 34; 39; 45; 48; 55; 60; 67; 70; 72; 76; 79; 86; 89; 95; 97. – VIII 2; 5; 16; 25; 35; 38; 40; 42; 52; 54; 64; 66; 69; 72; 76; 79; 81. – IX 9; 11; 19; 40; 42; 44; 52; 57; 62; 87; 90. – X 7; 9; 20; 24; 35; 38; 40; 47; 49; 52; 55; 65; 67; 72; 76; 78; 83; 87; 90; 98; 102; 104. – XI 1; 6; 13; 15; 18; 24; 31; 35; 40; 51; 63; 66; 72; 75; 88; 106. – XII 7; 8; 15; 16; 18; 20; 22; 24; 26; 30; 34; 36; 37; 39; 41; 43; 45; 47; 49; 53; 55; 59; 61; 63; 67; 69; 71; 73; 75; 77; 79; 83; 85; 89; 91; 93; 95; 97. – XIII 81. – XIV 8; 10; 37; 39; 40; 52; 56; 148; 206.

2. Der Choliambus oder Skazon (»Hinkjambus«), ein jambischer Trimeter, in dem statt des sechsten jambischen Fußes: ∪ – ein Trochaeus – ∪ steht:

> Misér Catúlle, désinás inéptíre (Catull 8)
> Hic quém vidétis gréssibús vagís léntum (Martial II 57).

Im sechsten Jahrhundert v.Chr. verwandte der griechische Dichter Hipponax den »hinkenden« Vers in seinen Schmähgedichten, im dritten Jahrhundert v.Chr. haben ihn die hellenistischen Dichter Kallimachos und Herondas aufgegriffen, der Römer Catull hat sich seiner dann in unterschiedlichen Kontexten bedient. Martial verwendet dieses Versmaß 76mal: I epist. 10; 66; 77; 84; 89; 96; 113. – II 11; 17; 57; 65; 74. – III 7; 20; 22; 25; 40; 47; 58; 64; 82; 93. – IV 17; 37; 61; 65; 70; 81. – V 4; 14; 18; 26; 28; 35; 37; 41; 51; 54. – VI 26; 39; 74. – VII 7; 20; 26. – VIII 10; 19; 44; 61. – IX 1; 5; 27; 33; 75; 98. – X 3; 5; 22; 30; 62; 74; 92; 100. – XI 61; 80; 98; 100. – XII 10; 13; 32; 51; 57; 65; 81; 87. – XIII 61.

Außer diesen Metren findet man bei Martial vereinzelt noch:

3. Epodenmaße

Epoden sind Gedichte, die auf einen Vers einen zweiten, andersartigen als ›Abgesang‹ folgen lassen; der römische Klassiker der Epodendichtung – nach dem Vorbild des griechischen Dichters Archilochos (7. Jh. v.Chr.) – ist Horaz. Bei Martial begegnet das Epodenmaß in zwei Formen:

3(a) als Verbindung eines jambischen Trimeters (Senars) mit einem Dimeter in vier Gedichten (I 49; III 14; IX 77; XI 59):

> Vir Céltibéris nón tacénde géntibús
>   nostráeque láus Hispániáe (I 49,1–2),

3(b) in der Kombination des Hinkjambus mit einem jambischen Dimeter – bei Martial nur einmal:

> Veróna dócti sýllabás amát vátis
>   Maróne félix Mántuá est (I 61).

4. Zweimal kommt der jambische Senar vor:

> Iurát capíllos ésse, quós emít, suós (VI 12)
> In ómnibús Vacérra quód clávibús (XI 77),

5. einmal ein isolierter Hexameter:

> Ómnia, Cástor, emís. sic fíet ut ómnia véndas (VII 98),

6. einmal der Sotadeus, benannt nach dem alexandrinischen Dichter Sotades (3. Jh. v.Chr.), aus sog. fallenden Jonikern: $-\,-\,\cup\,\cup$, wobei Martial den dritten Joniker trochäisch umbildete: $-\,\cup\,-\,\cup\,-\,-$, was folgende Form ergibt:

> Hás cúm geminá cómpede dédicát caténas (III 29).

Die Wahl der Metren ist bei Martial nie zufällig oder rein äußerlich, sondern sehr bewußt auf die Aussageabsicht bezogen und oft ihr direkter Ausdruck.

EINFÜHRUNG

Dichtung und Wahrheit

Martials Biographie aus den Epigrammen des Dichters ›entziffern‹ zu wollen – diese gelten als die Hauptquelle der Lebensdaten –, bedeutet so viel wie die eine Schicht der Fiktion abzutragen, um womöglich doch nur auf eine weitere zu stoßen. Natürlich speisen sich sprachliche Kunstwerke aus dem persönlichen Erleben, aus der ›Umwelt‹ des Autors, aber die Begebenheiten, die sich in ihnen spiegeln, bilden sich erst durch ihr *Zu-Worte-Kommen*. Der Produktionsprozeß, daß das frühere Erlebnis in der Form von Dichtung zum neuen Erlebnis verwandelt wird, beinhaltet immer ein »Fingieren von Welt«[1]. Die Abbildungen in der Dichtung sind stets ›Erfindungen‹, auch wenn diese auf wirkliche Ereignisse zurückgehen. Selbst Martials zum Teil widerliche Verse über die barbarischen Spiele zur Einweihung des Kolosseums (*Liber spectaculorum*), die – als »das Erschreckendste, was antike Literatur hervorgebracht haben dürfte« (Cancik 1974, S. 269) – auf makabre Weise das Gebot Th. W. Adornos einzuholen scheinen, daß die Grausamkeit der Wirklichkeit noch durch die Grausamkeit der Kunst überboten werden müsse[2], sind Ver-dichtungen, sogar potenzierte, da sie bereits auf eine bildhafte Darstellung mythologischer Szenen im Amphitheater der Flavier reagieren. Auch das ›Ich‹, das in solchen artifiziellen Gebilden begegnet, ist immer ein ›erfundenes Ich‹, genauso erdichtet wie das Du, das es oftmals anspricht, selbst wenn dieses den Namen mit einer realen Person gemein hat. In ihrer immanenten Vermitteltheit – und darin allein baut sich das ästhetische Erlebnis auf – schießen die singulären Wirklichkeitsmomente

---

1 Arntzen, H.: Grundfragen der Literatur, in: Arntzen, H. [u.a.]: Der neue Herder, Bd. 13, Wissen im Überblick: Die Literatur, Freiburg 1973, S. 13 ff.; hier S. 15
2 Adorno, Th. W.: Philosophie der neuen Musik, in: Gesammelte Schriften, Bd. 12, Frankfurt a. M. 1975, S. 125.

dergestalt zum poetischen Ganzen zusammen, daß sie sich daraus nur gewaltsam wieder heraustrennen lassen. Sie existieren, strenggenommen, lediglich im fiktiven Gebilde, sind das, was sie darin vergegenwärtigen, und nie reines Dokument historischer und biographischer Fakten, sie dienen der Evokation von sei es schockierenden, sei es angenehmen Erlebnissen, die sich ausnahmslos im und über das Gedicht einstellen.

Aber auch noch in einer anderen Weise erscheint der Versuch, »Dichtung und Wahrheit« innerhalb der Dichtung zu sondern, gar Dichtung als faktische ›Wahrheit‹ aufzufassen, als problematisch: Jedes Ich, das von sich spricht oder von sich schreibt – wie sich deutlich sogar in Privatbriefen bekundet –, fiktionalisiert sich, indem es sich zu einem Bilde stilisiert, von dem es nicht nur die anderen, sondern auch sich selbst überzeugen möchte oder von dem es glaubt, daß es der Leser gerade so erwarte – wobei bisweilen die Manipulation der eigenen Biographie unbedenklich in Kauf genommen wird.

Darüber hinaus erscheint Martials Dichtung in einer elementaren Weise als ›unfertig‹, da sie durchaus im Sinne der modernen Rezeptionsästhetik auf die Mitarbeit der Hörer setzt, wie sie bei jeglicher ›Pointenkunst‹ seit jeher erforderlich ist. Wieder zurück in der spanischen Heimat vermißt der Heimgekehrte sogar das ›mitschaffende‹ Ohr seines vormaligen Auditoriums in Rom: ... *hoc maximum et primum est, quod civitatis aures quibus adsueveram quaero, et videor mihi in alieno foro litigare; si quid est enim quod in libellis meis placeat, dictavit auditor* (XII Epist.). Der Schreibvorgang als Diktat des großstädtischen Publikums, das dem Autor vorsagt, was er zu produzieren hat, der Dichter als ›impliziter‹ Verfasser, der seiner Zuhörerschaft entsprechen muß, all das stellt eine außergewöhnliche, paradoxe Pointe rezeptionsästhetischer Überlegungen dar. Der Künstler wird gewissermaßen zum Co-Produzenten der Gesellschaft, die an jenen ›appelliert‹, durch die Hervorbringung des Werkes ihre eigene Erfahrungswelt auszuformulieren. Allerdings ist jene im Kunstwerk auf eine andere, ästhetische Ebene ohne direkten Realitätsbezug gestellt, so daß es unzulässig erscheint, aus ihr etwa unmittelbar eine Sittengeschichte der damaligen Zeit ablesen zu wollen, wenngleich der Dichter immer wieder den Realismus seiner Darstellung betont: *hoc lege, quod possit dicere vita ›meum est‹.* (X 4,8) – *hominem pagina nostra sapit* (X 4,10) – *adgnoscat mores vita legatque suos* (VIII 3,20). Bezeichnenderweise finden sich diese ›Funktionsbestimmungen‹ des eigenen Werkes in der poetologischen Auseinandersetzung mit den mythischen Stoffen der ›hohen‹ Literatur, gegen die sich die Kleinkunst des Epigramms behaupten muß. Die Absicht, ›realistisch‹ zu schreiben, rekrutiert sich deutlich aus einer Gegenposition zu Gestaltungsprinzipien, denen Martial nicht mehr zutraut, die spezifisch *poetische Relation* zur Wirklichkeit darzustellen. Die Form des Epigramms ist für ihn das eigenständige Medium künstlerischen Ausdrucks, das den »Unterschied zwischen dem Bilde, das das Leben stellt, und dem Bilde, das die Kunst stellt« (Th. Fontane) nicht aufhebt, sondern geradezu verbürgt.

Ganz im Sinne Goethes, der auch zu seiner Zeit Dichtung dem Mißverständnis der »Menge« ausgesetzt sah – »Der Dichter verwandelt das Leben in ein Bild. Die Menge will das Bild wieder zu Stoff erniedrigen«[1] –, hat Martial um die unterschiedlichen Reaktionen genau gewußt, die seine literarische Verarbeitung der Wirklichkeit hervorrufen mußte, weil die Polarität von Mimesis und Poiesis, von Bindung an die Empirie und freier Phantasieschöpfung, von Befund und Erfindung, die sich auch im ›realistischen‹ Kunstwerk zur spannungsvollen Einheit fügen, durch jeden Leser anders gewichtet oder sogar eingeebnet wurde:

> Laudat, amat, cantat nostros mea Roma libellos,
>   meque sinus omnes, me manus omnis habet.
> ecce rubet quidam, pallet, stupet, oscitat, odit.
>   hoc volo: nunc nobis carmina nostra placent.   (VI 60)

Daß seine Epigramme intensive, widersprüchliche Reaktionen hervorrufen, daß seine Dichtung in aller Munde ist, genau das wollte Martial erreichen – und dessen konnte er sich zugleich gewiß sein, nahm er doch die Themen auf, die seine Rezipienten ihm ›diktierten‹. Der Leser erscheint folgerichtig als höchstes Gut, als Geschenk der Göttin Roma,

---

1 Goethe, J. W.: Sämtliche Werke in 18 Bdn., Zürich 1977, Bd 10, S. 868.

überreicht gewissermaßen in einem mythischen Weiheakt. Für eine solche Gabe hat sich der Dichter erkenntlich zu zeigen: durch effektvolle Verse, welche die eigene Unsterblichkeit garantieren:

> lector, opes nostrae: quem cum mihi Roma dedisset,
> ›nil tibi quod demus maius habemus‹ ait.
> ›pigra per hunc fugies ingratae flumina Lethes
> et meliore tui parte superstes eris‹.   (X 2,5–8)

Indem solchermaßen alles auf Wirkung bedacht ist, in leidenschaftlicher Obsession das ganze Leben zur Literatur wird, ist die Anfertigung einer Biographie aus der Dichtung heraus ein fragwürdiges Unterfangen: Das Bemühen, eine effektvolle ›Wirklichkeit‹ zu inszenieren, wie es Martial unablässig unternahm, ist ja stets auch gleichbedeutend mit dem Versuch, Realität auszublenden. Der fiktiven Welt der Gedichte entnommen, bleiben viele biographische Einzelheiten von der Fiktion umspielt.

Martials Leben

Marcus Valerius Martialis wurde um 40 n.Chr. geboren, wie einem Epigramm des zehnten Buches mit Gedichten aus den Jahren 95 bis 98 zu entnehmen ist, feiert er doch mit diesen Versen seinen 57. Geburtstag (X 24) am ersten März (IX 52; X 24; XII 60). Der Monat der Geburt lieferte auch das *cognomen* Martialis. Der Heimatort ist das nahe Saragossa gelegene Bilbilis (heute: Bambola) in Spanien. Als *municipium* (X 103,1) mit dem römischen Imperium auch durch eine Hauptstraße verbunden, stand die Stadt in enger Beziehung zu Rom, an dessen Kultur und Gebräuchen die vermögenden Familien nachahmend teilzunehmen sich bemühten. Martial genoß daher wohl die übliche römische Erziehung in der grammatischen und rhetorischen Ausbildung (IX 73,7–8), wenngleich über das gesellschaftliche Umfeld der Eltern – ob diese mit den in V 34,1 genannten Fronto und Flacilla zu identifizieren sind, ist nicht sicher auszumachen – ebensowenig bekannt ist wie über die ersten vierzig Lebensjahre des Dichters –, außer daß der junge Mann mit Anfang zwanzig im Jahre 64 unter Kaiser Nero nach Rom kam, das er nach 34 Jahren wieder verlassen sollte (X 103,7), um seinen Lebensabend in der Heimat Spanien zu verbringen. Da ihn der Beruf des Rechtsanwaltes, den er aufgrund seiner rhetorischen Bildung hätte ergreifen können, nicht zusagte – offensichtlich vermochte ihn nicht einmal der berühmte Quintilian dazu zu ermuntern (II 90) –, schloß er sich vermutlich sofort in seiner neuen Umgebung als Klient reichen Patronen an, in der Hoffnung, neben der finanziellen Unterstützung insbesondere die gewünschte literarische Förderung zu erfahren. Denn eines strebte Martial von Beginn an mit aller Leidenschaft an: sich voll und ganz der Dichtkunst zu widmen. Auf seine – nicht erhaltenen – Werke aus der Jugend scheint er rückblickend allerdings nur allzu spöttisch herabzuschauen (I 113), doch ist das nicht nur literarischer Topos, sondern genau dieselbe Haltung, mit der er seinen späteren Epigrammen begegnet: Auch diese bezeichnet er wie seine frühen Gedichte im selbstbewußten Understatement gern als *nugae* (z.B. I 113,6; II 86,9; VII 11,4; 26,7 und 51,1; IX Epist.). Attraktiv waren für Martial v.a. die Häuser gebildeter, reicher Männer, die sich für die Literatur interessierten. Klagt der Dichter auch häufig über die lästigen Klientendienste (z.B. I 70 und 108; II 18; III 4; 36 und 46; V 22; IX 9 und 100; X 10; 58; 70 und 82, XI 24; XII 18 und 29), die ihn, wie er gebetsmühlenartig glaubt versichern zu müssen, von seiner eigentlichen Berufung abhielten – dahinter verbirgt sich, als Komplement zur Bescheidenheitsattitüde gegenüber der Qualität der eigenen Werke, die Pose des Künstlers, der sich nicht von Alltagsgeschäften ablenken zu lassen wünscht –, so ist die Beziehung zwischen der vermögenden Familie Senecas etwa und dem Poeten wohl als ›Patronage‹ im Sinne von *amicitia* zu werten, ohne daß damit etwas über den Vermögensstand des *cliens* ausgesagt wäre: Die vielen schmeichlerischen, aber auch despektierlichen Äußerungen des Epigrammatikers an die Adresse seiner Förderer könnten in diesem Zusammenhang als Reaktionen eines ebenso dankbaren wie freimütigen Partners aufgefaßt werden. Auch das Geschenk eines Landgutes bei Nomentum (I 105), vielleicht durch ein Mitglied der Seneca-Familie, stellte eher eine Geste der Freundschaft dar als die Belohnung für erwiesene Dienste. Absoluter Wert, dem alles untergeordnet wurde, war für Martial die Dichtung schon an sich, gleichgültig, welche Themen und Tugenden sie propagiert. Daß das zeitgenössische Rom im Gegensatz zu seiner Vergangenheit keine Mäzene mehr kenne (I 107), betrachtete der Epigrammatiker daher als beklagenswertes Zeichen kultureller Dekadenz und als Hinweis auf seine persönliche materielle Not, die sich indes in Grenzen hielt. Wie sein verehrter Vorgänger Catull verfügte Martial durchaus über Besitz: Neben dem Nomentanum, das er wahrscheinlich schon im Jahre 64 erhielt, besaß er, nachdem er nur zu Beginn seines Aufenthaltes in Rom in einem Mietshaus gewohnt hatte (I 108; V 22; VI 27), ein kleines Anwesen; auch gingen ihm Sklaven (I 88) und Sekretäre (I 101) zur Hand. Wie alle von den Fortschritten der Zivilisation ebenso angezogenen wie abgestoßenen Römer liebte Martial den Wechsel von der Stadt aufs Land und umgekehrt. Brachte ihm das Nomentanum auch keine großen Erträge ein, da der Boden wohl nicht gerade besonders fruchtbar war und der Dichter zudem nicht zu den fleißigen Landwirten (XII 18) gehörte, so gewährte es allerdings die ersehnte Erholung von der lärmenden Großstadt und ihren stressigen Menschen.

Die Verleihung des »Dreikinderrechts« (*ius trium liberorum*: II 92; III 95; IX 97) mit seinen Steuerprivilegien durch Titus und seine Erneuerung durch Domitian, ein Gunstbeweis, den man auch erlangen konnte, ohne daß man verheiratet oder mit einer entsprechenden Kinderzahl ausgestattet war, verschaffte Martial ebenso gesellschaftliches Renommee wie die Auszeichnung mit dem Titulartribunat (III 95) und die Erhebung in den Ritterstand (V 13; IX 49; XII 29); Voraussetzung für die Ernennung zum *eques* war ein Vermögen von mindestens 400000 Sesterzen. Dennoch stilisierte sich Martial weiterhin zum *pauper poeta* (V 13 und 16; VI 82; XI 3): Seinen Gästen könne er zum Ausruhen in seinen Gärten nur mit dem nackten Boden oder im Hause mit einem wackligen Bett ohne Matratze dienen; überhaupt müßten die Besucher alle notwendigen Möbel und Hausgeräte selbst mitbringen (V 62); Geschenke bot er sogar den Spendern zum Kauf an (VII 16). Mit solchen Hinweisen wollte Martial natürlich dem Klischee von der brotlosen Kunst der Dichtung entgegenkommen oder ganz einfach auf ein seit dem Hellenismus beliebtes Motiv, der *vocatio ad cenam*, das auch Catull (13) und Plinius (I 15) witzig gestalteten, eine intertextuelle Replik folgen lassen. Entscheidend ist aber die inhaltlich richtige Erfassung von *paupertas*[1]. Seneca definiert diese als *parvi possessio* (Epist. 87,40), also als bescheidenes Auskommen. Von drückender Armut (*egestas*) kann ja auch bei Martial nicht die Rede sein, der selbst Numa als *pauper* bezeichnet, weil dieser für einen König und im Vergleich zu Nerva in einfachen Verhältnissen lebte (XI 5). *Paupertas* bemißt sich also nicht so sehr nach ›unten‹ hin, sondern in bezug auf *divitiae*, wie auch Epigramm V 13 nahelegt, wo der Dichter sich gegenüber dem schwerreichen Emporkömmling Callistratus einen *pauper* nennt, gleichzeitig aber stolz seine Zugehörigkeit zum Ritterstand herausstellt.

Martials Dichten strebte stets nach Akzeptanz durch den Kaiserhof. Nur wenn er diesem genehm war, konnte er die notwendigen Gönner finden. Ein persönliches Desaster bedeutete für ihn daher das Scheitern der Pisonischen Verschwörung im Jahre 65, stand er doch in enger Verbindung zu den führenden Köpfen (XII 36). Die Auswirkungen des Debakels mußten Martial in seiner ganzen Existenz treffen, da er sich fortwährend nach einem ruhigen Leben sehnte, das er der Literatur und der Pflege seiner Freundschaften widmen wollte. Die Turbulenzen des zu Ende gehenden Nero-Regimes hatten es ihm wohl auch ratsam erscheinen lassen, so lange mit der Publikation von Gedichten abzuwarten, bis sich politische Verhältnisse einstellten, die eine einigermaßen gefahrlose literarische Tätigkeit erlaubten: Diesen Zeitpunkt sah er – nachdem er, ein Verwandlungskünstler nicht nur in der Dichtung, das Scheitern der Pisonischen Verschwörung unbeschadet hatte überstehen können – erst fünfzehn Jahre später mit der Einweihung des Kolosseums gegeben; durch die Herausgabe des *Liber spectaculorum* wußte er sich bei Kaiser Titus, dem Schirmherrn der über hundert Tage währenden Eröffnungsspiele, beliebt zu machen. Stetig und geschickt vergrößerte er seinen Freundeskreis und pflegte den Kontakt zu Persönlichkeiten, die eng mit dem Kaiserhaus verbunden waren; zu seinen Freunden und Bekannten zählten der Dichter Juvenal, der Rhetorikprofessor Quintilian, Lands-

---

1 Vgl. Walter 1996, S. 164.

leute wie der Advokat und Philosoph Decianus aus Emerita, der Historiker und Dichter Canius Rufus aus Gades, der Advokat Licinianus, der Rechtsgelehrte Maternus, beide wie Martial aus Bilbilis, ferner Plinius der Jüngere und Silius Italicus, der Autor der *Punica*.

Von seinen literarischen Werken allein hat er freilich zu keiner Zeit leben können, zumal es in Rom noch kein Urheberrecht gab. Allerdings bestand wohl für jemanden, der berühmt geworden war – mit seinem Buch über die Schauspiele hatte Martial gleich den Durchbruch geschafft –, die Möglichkeit, an einen Buchhändler das Recht zum ersten Kopieren des Manuskripts zu verkaufen. Selbstbewußt stellt der römische Autor seinen großen Erfolg beim Publikum bereits im ersten Gedicht des ersten Epigrammbuches heraus, nachdem außer dem *Liber spectaculorum* bislang nur die *Xenia* (Buch 13) und die *Apophoreta* (Buch 14) erschienen waren:

> Hic est quem legis ille, quem requiris,
> toto notus in orbe Martialis
> argutis epigrammaton libellis:
> cui, lector studiose, quod dedisti
> viventi decus atque sentienti,
> rari post cineres habent poetae.

Die Verkündigung des eigenen Ruhmes ist freilich zu dick aufgetragen, als daß man das Selbstlob ganz wörtlich nehmen dürfte: In der Pose des Künstlers von Weltrang forderte Martial bewußt das Lachen seiner Leser heraus, die die Selbstüberschätzung des Epigrammatikers als einen weiteren guten Scherz des Verfassers einordnen konnten, hatte dieser doch seine Epigramme immer wieder als *ioci* (z.B. I Epist. 4,3 und 35,13; IV 8,11; 10,8 und 14,12; V 15,1; VI 82,5 und 85,10; VII 8,9; 12,2; 28,8 und 80,4; VIII Epist.; X 18,3 und 64,2; vgl. dagegen IV 49,2) bezeichnet. Der Dichter machte sich aber nicht ohne einen Hintergedanken zum Clown für die anderen: Mit der Narrenfreiheit immunisierte er gegenüber einer etwaigen böswilligen Kritik bzw. Zensur sein Vorhaben, *ridendo dicere verum* (vgl. Holzberg 1988, S. 91ff.); häufig ist ihm das Lachen aber auch

Selbstzweck, wenn er sich über die Ungereimtheiten der Wirklichkeit lustig macht und sich von dieser spielerisch distanziert.

Obwohl Martial sich politisch längst wieder zu arrangieren gewußt hatte, vermochte er nie seine Vorstellung von einer *vita beatior* zu realisieren, wie er sie am eindringlichsten in X 47 beschwor:

> non ingratus ager, focus perennis;
> lis numquam, toga rara, mens quieta;
> vires ingenuae, salubre corpus;
> prudens simplicitas, pares amici;
> convictus facilis, sine arte mensa;
> nox non ebria sed soluta curis;
> non tristis torus et tamen pudicus;
> somnus qui faciat breves tenebras:
> quod sis esse velis nihilque malis;
> summum nec metuas diem nec optes.   (3–13)

Das ist kein philosophisches Patentrezept zur Bewältigung des Lebens, sondern eine poetische ›Vision‹; die Dichtung hielt Martial wohl schon immer für ›realistischer‹ als die Philosophie, gerade weil jene ihm in ihren utopischen Elementen die Energie der Menschen unmittelbarer anzusprechen und herauszufordern schien als die übrigen Künste und Wissenschaften – und sich dennoch, wie der Autor aus eigener Erfahrung wußte, einer praktischen Realisierung zwangsläufig entzog. Die banalen ›Ungereimtheiten‹ der Wirklichkeit, die nicht zu verhindernde Störung des Schreibens durch die Tagesgeschäfte, ließen Martial immer stärker resignieren und ermatten. Um sich von den Strapazen der Großstadt zu erholen, besuchte der Dichter bereits im Jahre 87 das in Norditalien gelegene Forum Corneli (III 1 und 4) – von dort schickte er das fertiggestellte Manuskript des dritten Buches –, im Jahre 88 unternahm er eine Reise nach Neapel, und zweimal begleitete er Gönner in die mondäne Badestadt Bajae – ohne Erfolg: Seine poetische Vision der *aurea mediocritas* konnte er in der Realität nicht einholen. So hartnäckig er alles, was er erlebte, zur Literatur machte, der Wunsch, die Dichtung zum Leben werden zu lassen, mußte allemal scheitern. Folglich häuften sich die Klagen des Poeten über sein Dasein in dem lästigen, lauten, teuren Rom – anscheinend verfügte er auch nicht über die beste Gesundheit (VI 70 und 86) –, kulminierend in dem verzweifelten Wunsch: *Iam parce lasso, Roma, gratulatori, / lasso clienti* (X 74,1-2). Damit sieht sich Martial geradezu als Klient der unerbittlichen *Roma* an. Die Stadt wurde ihm jetzt anscheinend zum Sinnbild, in dem sich alle seine negativen Erfahrungen vereinten. Schließlich entschied er sich zur Rückkehr in die Heimat Spanien. Beweggründe waren seine körperliche und mentale Erschöpfung, mehr aber noch das politische Kalkül, aufgrund der veränderten Verhältnisse nach Domitians Tod die bisherige Existenz nicht mehr fortführen zu können. Der Machtwechsel von Domitian zu Nerva war zu radikal, als daß ihn selbst ein Verwandlungskünstler wie Martial noch glaubhaft nach außen hin hätte mitvollziehen können. Zwar mochte der Dichter vielleicht eine Zeitlang darauf gehofft haben, daß die Wiederherstellung der politischen *libertas* auch die volle Freiheit und gleichzeitig Generalamnestie der Poesie mit sich führe; doch mit diesem Verständnis der Dichtung war die Öffentlichkeit überfordert, die auch von einem so milden Herrscher wie Nerva und seinem energischeren Mitregenten Trajan ihre Opfer für die grausame Vergangenheit forderte. Zu berühmt war Martial, der sich über alle und alles lustig gemacht hatte, als daß man seine Schmeicheleien gegenüber Domitian hätte vergessen können, zu sehr identifizierte man den Dichter und seine adeligen Gönner mit dem untergegangenen verhaßten Regime, als daß man ihm mehr als eine unspektakuläre Rückkehr in die Heimat erlauben durfte. Auch Martial mußte begriffen haben, daß er seine Dichtung nicht im alten ›Stil‹ hätte fortsetzen können, was die Behandlung des Princeps anbelangte. Unmöglich ließen sich die Domitian huldigenden Epigramme durch ähnliche ›Produkte‹ bruchlos ablösen, die nunmehr den neuen Imperator[1] und seinen den Künsten weniger geneigten Nachfolger mit den früheren *blanditiae* ehren würden. Im Programmgedicht X 72 erteilte der Autor einem solchen Vorgehen eine

---

1 Allerdings hat Martial für Nerva ein Florilegium aus Buch 10 und 11 zusammengestellt.

Absage, nicht ohne indes den jetzigen Machthaber als *iustissimus omnium senator* (9) zu feiern, der die *rustica Veritas* (11) zurückgerufen habe, und nicht ohne sich selbst hinter der personifizierten, mit einer Kollektivschuld befleckten *Roma* zu verstecken, deren frühere ›Sprechweise‹ nunmehr völlig unangemessen sei: *caveto / verbis, Roma, prioribus loquaris.* (12–13) – woraus man nicht nur bessere Einsicht, sondern auch ein Bedauern des ›Wort‹künstlers Martial ablesen könnte.

Der peinliche, von vornherein zum Scheitern verurteilte Versuch, der neuen Wirklichkeit gerecht werden zu wollen mit schnell formulierten Nettigkeiten gegenüber Nerva und Trajan oder mit der Überarbeitung von Buch X, die wohl insbesondere in der Tilgung der Huldigungsgedichte an den ermordeten Domitian bestand, mußte Martial nur allzu deutlich vor Augen führen, daß es im Rom der neuen Machthaber keinen Platz mehr für ihn gab[1].

Die Rückkehr nach Spanien erlebte er zunächst als eine Neugeburt, gewann er doch in der reichen und gebildeten Marcella eine großzügige Gönnerin, die ihm einen Landsitz ganz nach seinem Geschmack mit Gärten, Taubenhaus und Fischbassin schenkte (XII 18 und 31). Frei von allen finanziellen Sorgen konnte sich der Dichter nun eines *otium* erfreuen, wie er es sich in der Großstadt vergeblich ersehnt hatte. Nur eines vermißte Martial alsbald in seiner Idylle: Rom! Der fehlende Wechsel von *negotium* und *otium* lähmte ihn nun sogar in dem, worin er seine Berufung sah: im Schreiben. Im einleitenden Brief von Buch XII an seinen Gönner und Freund Terentius Priscus, der wie Martial aus Rom nach Spanien zurückkehrte, gibt er als Grund für sein drei Jahre dauerndes Schweigen als Dichter das der Kreativität hinderliche Provinzdasein an, das ihm – anders als Rom – keine künsterischen Impulse zu vermitteln vermöge.

Wie sehr hat sich für ihn das Bild von der Hauptstadt verändert: Hatte Martial früher über das *urbanum iugum* (X 12,6), die lästigen Verpflichtungen, den Lärm und den Rummel geklagt, die ihn kaum zum Dichten

---

[1] Anders Walter 1996, S. 24: »Martial war anpassungsfähig genug, sich auch auf den neuen Ton unter Nerva und Trajan einzustellen ...«.

kommen ließen (z.B. X 58), und Rom als Sündenbabel empfunden (III 38; IV 5), in dem es nur einem Bösewicht gut gehen könne (XI 66), so wurde er nun von der Sehnsucht nach der *domina urbs* erfaßt (XII 21,9), die ihm – eine erneute Mythisierung – als Göttin der Länder und Völker erschien, der nichts gleich und ähnlich sei (XII 8).

Schon bald nach seiner Rückkehr in die Heimat ist Martial wohl um 104 gestorben. Dankbar erinnerte sich seiner der jüngere Plinius – ihm sind die Gedichte V 80 und X 20 gewidmet – in einem Brief (III 21), dem einzigen wesentlichen Dokument für Leben und Charakter des Dichters außerhalb der Epigramme:

C. Plinius Prisco suo s.
Audio Valerium Martialem decessisse et moleste fero. erat homo ingeniosus, acutus, acer, et qui plurimum in scribendo et salis haberet et fellis nec candoris minus. Prosecutus eram viatico secedentem; dederam hoc amicitiae, dederam etiam versiculis, quos de me composuit. fuit moris antiqui eos, qui vel singulorum laudes vel urbium scripserant, aut honoribus aut pecunia ornare; nostris vero temporibus ut alia speciosa et egregia ita hoc in primis exolevit. nam, postquam desiimus facere laudanda, laudari quoque ineptum putamus.

Quaeris, qui sint versiculi, quibus gratiam rettuli. remitterem te ad ipsum volumen, nisi quosdam tenerem; tu, si placuerint hi, ceteros in libro requires. adloquitur Musam, mandat, ut domum meam Esquiliis quaerat, adeat reverenter:

    sed ne tempore non tuo disertam
    pulses ebria ianuam videto:
    totos dat tetricae dies Minervae,
    dum centum studet auribus virorum
    hoc quod saecula posterique possint
    Arpinis quoque conparare chartis.
    seras tutior ibis ad lucernas:
    haec hora est tua, cum furit Lyaeus,
    cum regnat rosa, cum madent capilli:
    tunc me vel rigidi legant Catones.

Meritone eum, qui haec de me scripsit, et tunc dimisi amicissime et nunc ut amicissimum defunctum esse doleo? dedit enim mihi, quantum maximum potuit, daturus amplius, si potuisset. tametsi quid homini potest dari maius quam gloria et laus et aeternitas? »at non erunt aeterna, quae scripsit!« non erunt fortasse, ille tamen scripsit, tamquam essent futura.
Vale.

»C. Plinius grüßt seinen Priscus.

Wie ich höre, ist Valerius Martialis gestorben, und es tut mir sehr leid um ihn. Er war ein talentierter, geistreicher, temperamentvoller Mann, und seine Gedichte zeigen viel Witz, viel Galle und nicht weniger Lauterkeit. Ich hatte ihm, als er sich aus Rom zurückzog, einen Reisezuschuß gewährt, um unsrer Freundschaft willen, aber auch zum Dank für seine Verse, die er auf mich gedichtet hat. Dereinst war es Sitte, diejenigen, die Einzelpersonen oder ganze Städte gepriesen hatten, durch Ehrungen und Geldgeschenke auszuzeichnen; heutzutage ist neben anderen schönen, trefflichen Bräuchen besonders auch dieser abhanden gekommen. Denn nachdem wir aufgehört haben, Ruhmestaten zu vollbringen, halten wir es auch für albern, uns rühmen zu lassen.

Du fragst nach den Versen, für die ich meinen Dank abgestattet habe? Ich würde dich auf die Buchausgabe verweisen, wüßte ich nicht einige auswendig; gefallen sie Dir, kannst Du die übrigen in dem Buche nachlesen. Er redet die Muse an, trägt ihr auf, mein Haus am Esquilin aufzusuchen, sich ihm in Ehrfurcht zu nähern:

Doch hüte dich, an die beredte Tür
Zur Unzeit trunken anzupochen!
Der ernsten Pallas weiht er ganz den Tag,
Zu sinnen für der Hundertmänner Ohr,
Was unsre Nachwelt und die spät'ste Zeit
Arpiniums Geistesfrucht vergleichen mag.
Sich'rer gehst du bei spätem Lampenschein;

Die Stund' ist dein, wenn Bacchus schwärmt,
Die Rose herrscht, das Haar von Salbe trieft;
Dann liest auch selbst ein finstrer Cato mich.

Habe ich es recht gemacht, daß ich ihm, der dies auf mich gedichtet hat, damals in herzlicher Freundschaft das Geleit gab und jetzt um seinen Tod wie um den eines lieben Freundes trauere? Hat er mir doch gegeben, soviel er vermochte, hätte mir mehr gegeben, wenn er es vermocht hätte. Indessen, was kann einem Menschen Größeres beschert werden als Ehre und Ruhm, und beides für die Ewigkeit? – ›Aber was er geschrieben hat, wird nicht ewig dauern!‹ – Vielleicht nicht; aber er hat es doch geschrieben, als ob es ewig bleiben würde!

Leb' wohl!«[1]

Plinius schätzte also durchaus die Qualitäten Martials, dessen Witz, Biß und gedankliche Klarheit, und doch war er – zu Unrecht – skeptisch, was den Nachruhm des Freundes anbelangt. Diesem hatte er sogar, wie er betont, – auch aus Dank für die ihm gewidmeten Verse – das Reisegeld für die Rückkehr nach Spanien geschenkt[2].

Mit dem Plinius-Brief III 21 setzt die Rezeptionsgeschichte für den bedeutendsten Epigrammatiker der Weltliteratur ein; sie erreicht mit Lessing ihren wuchtigen Höhepunkt, dem sich die moderne Martial-Philologie nur vereinzelt wieder zu nähern wußte.

---

1 Übersetzung zitiert nach: Plinius der Jüngere, Briefe. Lateinisch-deutsch, ed. H. Kasten, Zürich 1995.
2 Wird damit aber nicht das Bild vom Bettelpoeten Martial bestätigt? Gegen eine solche Annahme ist zweierlei zu bedenken: 1. Der Dichter verfügte in Rom über einen durchaus ansehnlichen Besitz, den er sicherlich nicht verschenkt, sondern verkauft hätte, wäre er in Not gewesen, überhaupt das *viaticum* zusammenzubekommen; 2. Plinius präsentiert sich in seinen feuilletonistisch abgefaßten ›Kunstbriefen‹ gerne als ein Mann der *humanitas*; nur indem er Martial zu einem *pauper poeta* machte – an diesem Bild hatte ja der Dichter selbst beständig gefeilt –, konnte sein Geldgeschenk als die noble Geste eines fürwahr mitleidsvollen Spenders erscheinen. Es wäre möglich, daß auch in diesem Falle »Dichtung« und »Wahrheit« nicht unbedingt übereinstimmen.

Lessings Gattungstheorie und Martial-Rezeption

In der Schrift »Zerstreute Anmerkungen über das Epigramm und einige der vornehmsten Epigrammatisten« aus dem Jahre 1771 lieferte G. E. Lessing (1973, S. 420ff.), der sich praktisch oder theoretisch zeit seines Lebens mit dem *Sinngedicht*[1] beschäftigte, eine systematische Theorie der Gattung mit Martial als maßgeblichem Vorbild: »Es hat unzählige Dichter vor dem Martial, bei den Griechen sowohl als bei den Römern, gegeben, welche Epigramme gemacht; aber einen Epigrammatisten hat es vor ihm nicht gegeben. Ich will sagen: daß er der erste ist, welcher das Epigramm als eine eigene Gattung bearbeitet, und dieser eigenen Gattung sich ganz gewidmet hat« (S. 466).

In fünf Teile gegliedert, mit einem theoretischen Abschnitt »Über das Epigramm« und vier literarhistorischen und philologischen Kapiteln »Catull«, »Martial«, »Priapeia« und »Griechische Anthologie«, bieten die »Zerstreuten Anmerkungen« in ihrer Verbindung von Literaturtheorie, Literaturgeschichte und Altphilologie eine beispielhafte Behandlung einer antiken Gattung und des Dichters Martial.

Lessing geht von der Frage aus, worin die »Ursache« bestehe, daß »die Benennung einer bloßen einfältigen Anzeige endlich dem witzigsten Spielwerke, der sinnreichsten Kleinigkeit, anheimgefallen« sei (S. 420), das heißt: wie es von der ursprünglichen Bedeutung des Wortes »Epigramm« als einer »Aufschrift und Inschrift« zur Gattungsbezeichnung kleiner witziger Gedichte habe kommen können. Wenngleich die anfängliche Verwendung des Begriffes mit dem Sinngedicht eines Martial auf den ersten Blick kaum eine Gemeinsamkeit erkennen lasse, so müsse dennoch davon ausgegangen werden, »daß der Sprachgebrauch nur selten ganz ohne Grund ist. Das Ding, dem er einen gewissen Namen zu geben fortfährt, fähret ohnstreitig auch fort, mit demjenigen Dinge etwas gemein zu behalten, für welches dieser Name eigentlich er-

---

1 Diese Verdeutschung durch den Sprachreformer Philipp Zesen aus dem Jahre 1649, die durch Logau eingebürgert wurde, zieht Lessing dem älteren Namen »Überschrift« für das Epigramm vor.

funden war« (S. 421). Worin besteht aber nun die Übereinstimmung von Aufschrift und Sinngedicht? Die Kürze allein stellt für Lessing – im Gegensatz zu anderen Theoretikern – nicht das maßgebliche Verbindungsglied dar, da eine solche Definition die Abgrenzung des Epigramms von anderen kleinen Gedichten nicht erlaube. Die entscheidende Gemeinsamkeit müsse vielmehr in der Struktur von Aufschrift und Sinngedicht gesucht werden, die bei beiden in ihrer Zweiteiligkeit bestehe; erst zusammen mit dem Denkmal bilde die auf diesem angebrachte Aufschrift ein Ganzes; ein »sinnlicher Gegenstand« reize die Neugierde des Betrachters, die »Nachricht« auf dem Gegenstande befriedige sie (S. 423). Aufgrund der formalen Übereinstimmung definiert Lessing das Buchepigramm als »ein Gedicht, in welchem nach Art der eigentlichen Aufschrift, unsere Aufmerksamkeit und Neugierde auf irgend einen einzeln Gegenstand erregt, und mehr oder weniger hingehalten werden, um sie mit eins zu befriedigen« (S. 424)[1]. Die beiden Teile bezeichnet Lessing als »Erwartung« und »Aufschluß« (S. 427), wobei die Erwartung dem Denkmal, der Aufschluß der Inschrift auf diesem entspreche. Da die am Anfang eines Epigramms geschürte Spannung auf ihre Auflösung am Ende drängt, ist ein weiteres strukturelles Merkmal der Gattung gefunden: die teleologische Ausrichtung.

Durch die Herleitung des Sinngedichtes von der Denkmal-Aufschrift glaubt Lessing, nur den Gedichten mit zweiteiligem Aufbau die Bezeichnung »Epigramm« zuerkennen zu dürfen. Bei allen anderen ließen sich zwei »Aftergattungen« ausmachen: »die *eine*, welche Erwartung erregt, ohne uns einen Aufschluß darüber zu gewähren; die *andere*, welche uns Aufschlüsse gibt, ohne unsere Erwartung darnach erweckt zu haben« (S. 427). Um eine bloße Erzählung handele es sich im ersten Falle, um eine Maxime im zweiten.

---

[1] Entspricht auch der erste Teil nicht, wie hier angenommen wird, dem Denkmal selber, sondern der vorstellenden Einleitung einer Inschrift, so ist der Gewinn der – falschen – Herleitung für das literarische Epigramm dennoch so bedeutend, daß man die Ausführungen Lessings ›metaphorisch‹ stets auf dieses ›übertragen‹ sollte.

Rühmend erwähnt Lessing für Martial im Gegensatz zu den Gedichten neuerer Epigrammatiker, die oftmals nur einen allgemeinen Lehrsatz böten: »seine Moral ist ganz in Handlung verwebt, und er moralisiert mehr durch Beispiele, als durch Worte« (S. 429). Keineswegs wendet sich Lessing natürlich gegen eine moralische Zielsetzung des Epigramms wie überhaupt der Poesie; im Gegenteil: bei jener anderen Fehlleistung der Epigrammdichter, die sich kommentarlos auf die Schilderung einer bloßen Begebenheit beschränkten, vermißt er gerade den moralischen Aufschluß, der den »Gesichtspunkt« für das dargestellte Ereignis abgebe. Immer wieder ist zu konstatieren, wie wichtig für Lessing rezeptionsästhetische Überlegungen sind.

Indem er das Epigramm von der Aufgabe befreit, einen allgemeinen moralischen Satz anschauend zu demonstrieren, vermag er es auch von der Fabel abzugrenzen, wo die beiden im Sinngedicht aufeinanderfolgenden Teile zusammenfielen: »Der einzelne Fall der Fabel kann keine *Erwartung* erregen, weil man ihn nicht ausgehöret haben kann, ohne daß der *Aufschluß* zugleich mit da ist: sie macht einen einzigen Eindruck, und ist keiner Folge verschiedner Eindrücke fähig« (S. 436).

Wichtigstes Unterscheidungsmerkmal zur Fabel ist daher für das Sinngedicht, das sich beinahe auf alles erstrecke, »was ein Gegenstand der menschlichen Wißbegierde werden kann«, die *Form*; als literarisches Kunstwerk habe das Epigramm zwar »längst aufgehört, in die engen Grenzen einer Nachricht von dem Ursprunge und der Bestimmung irgend eines Denkmals eingeschränkt zu sein« (S. 423), die Übereinstimmung in der Zweiteiligkeit sichere ihm aber zusammen mit der Aufschrift die Zugehörigkeit zu derselben Gattung (S. 423).

Wenngleich der formale Aspekt in seiner Epigramm-Theorie dominiert, so hat der Aufklärer Lessing freilich immer auch die inhaltlichen Momente im Auge, untersucht er doch vorzugsweise Gedichte Martials mit ernsten, moralischen Themen, die von didaktischem Wert sind. Einen solchen muß er dann ebenso nachweisen, wenn »der unzüchtige Inhalt« einmal mehr in den Versen des römischen Autors offensichtlich ist; die Entschuldigung Martials: *lasciva est nobis pagina, vita proba* (I 4,8) will er nicht so ohne weiteres gelten lassen (S. 472), wohl aber entdeckt er die Generalamnestie für die sogenannten obszönen Gedichte in der »mit Spott und Verachtung« betriebenen Darstellung von »Wollüsten« (S. 473), deren ausführliche Beschreibung das moralisch Verwerfliche nur um so deutlicher herausstelle.

Rezeptionsästhetische und erzieherische Aspekte machen für Lessing auch die Kürze in der Aufschrift eines Denkmals und im literarischen Epigramm notwendig, da »die Denkmäler selbst, auf offenen Straßen und Plätzen, nicht sowohl für die wenigen müßigen Spaziergänger, als vielmehr für den Geschäftigen, für den eilenden Wanderer errichtet werden, welcher seine Belehrung gleichsam im Vorbeigehen muß mit sich nehmen können. Eben so sollte man bei einer Sammlung von Sinnschriften vornehmlich auf solche Leser sehen, welchen es andere Geschäfte nur selten erlauben, einen flüchtigen Blick in ein Buch zu tun. Solche Leser wollen geschwind, und doch nicht leer abgefertigt sein« (S. 444 f.).

Lessing hat seine Theorie aber nicht so weit überzogen, daß er für alle Epigramme die *brevitas* zum verpflichtenden Kriterium ihrer Gattungszugehörigkeit erklärt; wenngleich er von dem ersten Teil des Sinngedichtes, der *Erwartung*, die dem »an Größe oder Schönheit besonders vorzüglichen Denkmale entspricht«, in der Regel verlangt, man müsse ihn »mit einem Blicke übersehen können« (S. 438), so konzediert er doch auch einen gewissen Spielraum des Umfanges, der sich danach zu richten habe, ob und wie der *Aufschluß*, »durch die größere Ausführlichkeit der Erwartung, an Deutlichkeit und Nachdruck gewinnen könne« (S. 439). Martials 27 Verse umfassendes Gedicht über ein allzu mickriges Landgut, das der römische Autor von einem Freund erhielt (XI 18), akzeptiert er durchaus als gelungenes Epigramm, da die Fülle an Vergleichen, durch welche die Kleinheit des *praedium* – fürwahr ein Nichts an Geschenk – ausgemalt werde, alles um so »launiger und beißender« (S. 440) erscheinen lasse. Deshalb haben für ihn »dergleichen hyperbolische Sinngedichte, wie man sie nach der darin herrschenden Figur nennen könnte, ihre eigene Anmut« (S. 441).

Dem »Verhältnis« von Denkmal und Aufschrift entsprechend verlangt Lessing auch für die *Erwartung* und den *Aufschluß* die Übereinstimmung im selben »Ton«, in derselben »Farbe«: »... so wie ich bei Erblikkung eines Denkmals zwar nicht den Inhalt der Aufschrift, wohl aber den Ton derselben aus dem Denkmale erraten kann; wie ich kühnlich vermuten darf, daß ein Denkmal, welches traurige Ideen erregt, nicht eine lustige oder lächerliche Aufschrift führen werde, oder umgekehrt: eben so muß auch die *Erwartung* des Sinngedichts mich zwar nicht den eigentlichen Gedanken des *Aufschlusses*, aber doch die Farbe desselben voraussehen lassen; so daß mir am Ende kein widriger Kontrast zwischen beiden Teilen auffällt« (S. 449). Gegen dieses Gesetz verstoße sogar Martial in einem Gedicht auf den Tod des sechsjährigen Sklavenmädchens Erotion (V 37); mit so herzlichen Worten klage der Dichter über den Verlust des Kindes, so sehr werde man als Leser von Mitleid und Melancholie eingenommen, daß der abgeschmackte Witz gegen einen Bekannten am Ende des Epigramms eine ›böse Überraschung‹ biete (S. 450). Befremdlich ist aber, so möchte man hinzufügen, schon die Beschreibung Erotions in der *Erwartung*, wird uns doch das verstorbene kleine Mädchen in vielen Bildern mit erotischen Konnotationen vorgestellt (z.B.: als Muschel, Perle, Lilie, Rose oder auch Schnee); als geradezu deplaziert erscheinen die preziös-manierierten Vergleiche mit einem Schafvlies, Pfau, mit Phönix oder einer Haselmaus. Man möchte beinahe meinen, daß sich Martial geradezu darum bemüht, das Mädchen hinter den zahlreichen Metaphern verschwinden zu lassen, das geliebte Wesen auch in der Dichtung zu ›begraben‹. Die Inkommensurabilität in der Gegenüberstellung eines abhängigen, unmündigen Kindes und einer reichen, adligen Frau am Ende des Gedichtes könnte eine solche Auffassung bestätigen. Psychologisch wäre indes auch der Umschlag von tiefer Trauer in den Zynismus der Verzweiflung zu verstehen. Aber sogar in Übereinstimmung mit Lessings *formaler* Definition der Gattung ließe sich im Bruch der ›Stimmungslage‹ die postulierte Zweiteilung als konstitutives Merkmal des Epigramms erkennen, für das jedes Mittel recht zu sein scheint, um in einer überraschenden Pointe auslaufen zu können.

Das *acumen* (die Pointe), das in der *Erwartung* aufgebaut und im *Aufschluß* befriedigt werden müsse, ist auch für Lessing »das wahre allgemeine Kennzeichen« eines jeden Sinngedichtes. Allerdings dürfe die Pointe nicht wie beim Wortwitz zum Selbstzweck werden. Als schwierig erscheint es entgegen Lessings ursprünglicher Forderung, »jede erregte *Erwartung* immer mit einem neuen und doch wahren, mit einem scharfsinnigen und doch ungekünstelten *Aufschlusse* zu befriedigen« (S. 452). Da es dem Epigrammatiker nicht durchgehend möglich sei, in der Pointe etwas überraschend Neues zu bieten, könne man es ihm nicht verdenken, »wenn er seinem gemeinen Einfalle eine solche Wendung zu geben versucht, daß er wenigstens diese Eigenschaft des Neuen, das Überraschende, dadurch erhält«. »Und dieses kann nicht anders geschehen, als durch eine Art von Betrug. Weil er dem Leser nichts geben kann, was dieser auf keine Weise voraussehen *könnte*, so verführt er ihn, etwas ganz anderes vorauszusehen, als er ihm endlich gibt« (S. 453). Ciceros allgemeine Definition, daß die bekannteste Form der Komik darin bestehe, wenn etwas anderes gesagt werde, als man erwarte (De oratore II 255), gilt nach Lessing beispielhaft auch für das Wesen der Pointe; ebenso erkennt der deutsche Aufklärer – ganz im Sinne des römischen Redners und Philosophen – die Berechtigung des »Zweideutigen« an, die den Witz noch steigere (S. 455). Der Ein-Fall der Pointe, so könnte man Lessings Ausführungen zusammenziehen, verabreicht dem Rezipienten im blitzschnellen Aufleuchten einer bislang verdeckten Ansicht einen Denk-Zettel, durch den er seine bisherigen Überzeugungen als Vor-Urteile decouvriert sieht; das Kunststück der ›Gedankenführung‹ liegt dabei darin, daß der Leser seine Ent-Täuschung im Witz des überraschenden *acumen* noch zu genießen vermag.

Lessings Epigrammtheorie, die von den Altphilologen lange Zeit abgelehnt wurde[1], erscheint uns heute noch von so eminenter – auch didaktischer – Wichtigkeit als Hilfe bei der Interpretation lateinischer Epigramme, daß sie hier zunächst ohne kritische Hinterfragung dargestellt wurde.

---

1 Vgl. schon R. Reitzenstein: Epigramm und Skolion. Ein Beitrag zur Geschichte der alexandrinischen Dichtung, Giessen 1893, S. 103, oder K. Barwick 1959, S. 5ff., die für lange Zeit durch ihre – unzulänglichen – Ausführungen gegen die Epigrammtheorie Lessings den notwendigen Blick auf die »Zerstreuten Anmerkungen« blockierten.

Natürlich lassen sich Mängel bei dem methodischen Vorgehen feststellen[1]: Von den skoptischen Gedichten, einer späteren Phase der Entwicklung also, ausgehend, leitet Lessing die dort offensichtliche Zweiteiligkeit und die Kürze als generelle Wesensmerkmale ab und gründet darauf seine Definition der Gattung in Abgrenzung gegen die einteiligen »Aftergattungen«. Um ein für alle Epigramme zu allen Zeiten einheitliches Prinzip zu erhalten, biegt er die gefundene Struktur unter Leugnung jeden Wandels unhistorisch bis auf den Ursprung zurück: das Denkmal mit seiner Aufschrift. Hierbei werden zwei Rezeptionsmomente – analog der Zweiteiligkeit im literarischen Epigramm – unterschieden: die Wahrnehmung des Denkmals selbst, das uns in »Erwartung« versetzend, zum Nähertreten veranlaßt, und das Lesen der Inschrift, durch die wir – neugierig geworden – nun »Aufschluß« erhalten. Daß die in den skoptischen Gedichten beobachtete Zweiteiligkeit nicht der Zweiteiligkeit im Stein-Mal und dessen Aufschrift entsprechen kann, nimmt freilich der Interpretation des satirischen Buchepigramms nichts. Ohne Zweifel stellt die ›Konstruktion‹ der einen abstrakten Epigrammstruktur eine Reduktion der historischen Mannigfaltigkeit dar, die nicht einmal allen Gedichten Martials, wohl aber dem größten Teil von ihnen gerecht wird. Allerdings müßten auch die ›reflexiven‹ und ›lyrischen‹ Gedichte Martials, die man so gern als ›Beweisstücke‹ gegen Lessings Theorie beruft, erst einmal intensiv daraufhin untersucht werden, ob in ihnen nicht doch des öfteren eine – womöglich nur leise gesetzte – Pointe und damit ein zweiter Teil vorliegt.

Wenn der Autor der »Zerstreuten Anmerkungen« seiner Zeit auch keine grundlegend neue Epigrammkonzeption lieferte, sondern vielmehr bekannte Positionen in einer neuen Terminologie zu einer systematischen Theorie zusammenzog, so sind doch seine Analysen und Überlegungen zum »Ich«, das sich in den Gedichten des römischen Autors ausspricht, von so beispielhafter Bedeutung, daß sie auch für die moderne Martial-Philologie richtungweisend sein müßten. Es sei falsch, betont Lessing, alles, was in der grammatischen ersten Person gesagt

---

1 Vgl. hierzu Woessner 1978, S. 109 ff.

werde, mit der Person Martials zu identifizieren: »Kürze und Rundung, welches so notwendige Eigenschaften seiner Dichtungsart sind, nötigen ihn öfters, in der ersten Person etwas vorzutragen, woran weder sein Herz noch sein Verstand Teil nimmt« (S. 476). Als unwiderlegbares Beispiel führt Lessing ein Epigramm (I 5) an, in dem der römische Autor Kaiser Domitian als sprechendes Ich auftreten lasse, »ohne uns weder in dem Gedichte noch in der Aufschrift den geringsten Wink davon zu geben« (S. 477). Den philologischen Beweis, daß das ›epigrammatische Ich‹ nicht mit dem ›biographischen Ich‹ gleichzusetzen sei, bietet er vollends in der Untersuchung über die »Frau« Martials. Aus Freude über die Verleihung des *ius trium liberorum* durch den Kaiser hatte der Dichter ein Epigramm (II 92) verfaßt, das zumal mit der auffordernden Anrede *valebis, uxor* eine eindeutige Antwort zu geben schien. Lessing wundert sich zunächst über die Humorlosigkeit der Interpreten, »die diesen Spaß für vollen Ernst aufgenommen« hätten, aber darin uneinig seien, ob Martial kein Interesse mehr an seiner Frau habe, ihr mit Scheidung drohe oder ihr sogar den Tod wünsche: »Doch eine gute Frau verstehet Spaß, und weiß wohl, daß man so was derjenigen gerade am ersten sagt, die man am ungernsten verlieren würde«.

Lessing hat zu Recht auch diese noch zu saloppe Interpretation in Frage gestellt; der Sinn des *valebis, uxor* bestehe nämlich darin, daß der unverheiratete Dichter nach Erhalt des Dreikinder-Rechts und den damit verbundenen Vorteilen einer Ehefrau gar nicht mehr bedürfe. Die These, daß es falsch sei, unbedingt von einer Gattin Martials auszugehen, untermauert Lessing auch mit Hinweisen auf die konträren Charaktereigenschaften, welche die *uxor* in den verschiedenen Epigrammen präsentiere: So verlangt diese in III 92 von ihrem Manne, daß er ihr einen ehebrecherischen Hausfreund zugestehe; Lessing hält amüsiert fest, daß man ein solches Begehren »eben nicht einem jeden auf die Nase bindet«. In einem anderen Epigramm (XI 104) erscheine die *uxor* dagegen als »eine so gesetzte, so ehrbare, und in dem Ehebette selbst so keusche Matrone«, daß sie dem epigrammtischen Ich, das die ganze ›Ausreizung‹ des Liebesspiels schätzt, schon »zu keusch« ist (S. 479). »Anderswo scheinet sie es ... näher gegeben zu haben; ja näher, als es Martial selbst von ihr verlangte«; angespielt wird hier auf die Bemühungen der Frau, ihren Partner von der Knabenliebe abzubringen (XI 43). All diese Widersprüche sind für Lessing nicht erklärbar, wenn man in der *uxor* der Epigramme die Ehefrau Martials sehen wolle. Gegen eine solche Auffassung sprächen auch die Stellen, in denen sich das Ich der Gedichte als unverheiratet gebe wie in II 49 und VIII 12 (S. 480).

Wollte der Autor der »Zerstreuten Anmerkungen« auch vor allem dokumentieren, daß »der unzüchtige Inhalt« (S. 472) vieler Epigramme nicht »dem moralischen Charakter des Martial« (S. 477) anzulasten sei, so hat er dabei den so wichtigen Nachweis geliefert, daß die Aussagen in der ersten Person nicht als biographische Tatsachen gehandelt werden dürfen[1].

Lessing stellt nicht nur mit seiner Gattungstheorie und den Analysen zu den lateinischen Gedichten einen Höhepunkt der Martial-Rezeption dar, auch die Gestaltung eigener Epigramme, die nicht nur alle in der Art des bewunderten Vorgängers geschrieben sind, sondern oftmals in ihren Motiven auf die antiken Vorbilder zurückgehen, muß als die bislang intensivste *kreative* Auseinandersetzung mit dem römischen Autor angesehen werden, wobei diese von der blassen Nachdichtung bis zur originellen Anverwandlung reicht.

In seinem berühmtesten Epigramm »Die Sinngedichte an den Leser« (Lessing 1970, S. 9) erweist er sich erneut mehr als ›Finder‹ denn als ›Erfinder‹, wenngleich er durch die literaturpolemische Aktualisierung einen eigenen epigrammatischen Biß verrät:

Wer wird nicht einen Klopstock loben?
Doch wird ihn jeder lesen? – Nein.
Wir wollen weniger erhoben,
Und fleißiger gelesen sein.

---

[1] Allerdings muß es um so merkwürdiger anmuten, daß Lessing von einer späten Verheiratung Martials nach dessen Rückkehr nach Spanien mit der reichen Gönnerin Marcella überzeugt ist (S. 481).

Statt auf das hohe Pathos des Homeriden Klopstock setzt Lessing auf die geistreiche, pointierte Kleinkunst des Epigramms, die bei den Lesern ankommt; denn diese ziehen Esprit gepflegter Langeweile vor, müssen sie auch pflichtschuldig das große Werk loben – ohne es gelesen zu haben. Die Publikumswirksamkeit war auch für Martial ein entscheidendes Kriterium, das zugunsten der kleinen Gattung gegen die großen mythologischen Stoffe spricht:

> Nescit, crede mihi, quid sint epigrammata, Flacce,
>   qui tantum lusus illa iocosque vocat.
> ille magis ludit qui scribit prandia saevi
>   Tereos aut cenam, crude Thyesta, tuam,
> aut puero liquidas aptantem Daedalon alas,
>   pascentem Siculas aut Polyphemon ovis.
> a nostris procul est omnis vesica libellis
>   Musa nec insano syrmate nostra tumet.
> ›illa tamen laudant omnes, mirantur, adorant.‹
>   confiteor: laudant illa sed ista legunt.   (IV 49)

Sein Selbstverständnis als Dichter aussprechend, stellt Martial die kleine Gattung des Epigramms den großen Werken gegenüber. Dabei wählt er nicht die Bescheidenheitsgeste, mit der er so oft die Kleinform seiner Dichtung als *nugae* mit geringem Anspruch bezeichnete (z.B. I 113,6; II 1,6 und 86,9; IV 10,4; 72,3 und 82,4; V 80,3; VI 64,7–8; VII 11,4; 26,7 und 51,1; VII 3,11; IX Epist.; X 18,4; XII Epist.; XIII 2,4; XIV 183,2), im Gegenteil: die traditionelle Wertung seiner Verse als Spielereien und Scherze lehnt er nun gerade ab und bezeichnet die realitätsfernen mythologischen Stoffe der Tragödien und Epen als *lusus*. In der Pointe läßt Martial einen bis zuletzt hintangestellten Aspekt hervorschnellen und die Voraussicht des Lesers ins Leere laufen, der noch einen gewichtigen ›immanenten‹ Grund für die Bevorzugung der Kleinkunst erwartete; das rezeptionsästhetische Argument hat nämlich längst schon für den Vorrang des Epigramms vor den zwar bewunderten und angebeteten, aber auch lebensfremden und aufgebauschten Inhalten der großen Werke entschieden, die keiner mehr lese.

Die Sinngedichte Lessings, von denen hier nur eines angeführt werden konnte, weisen eine breite Skala in der Abhängigkeit von Martial auf; ein genialer Wurf, der das römische Epigramm überböte, ist dem Nach-Dichter nicht gelungen und lag wohl auch nicht in seiner Absicht, will er doch seine epigrammatische Meisterschaft in der Umgestaltung vorgegebener Formen demonstrieren.

Herders Lessing-Rezeption und Ausblick auf Erich Kästner

Im Gegensatz zu Lessing, der sich in Theorie und Praxis an der Form des pointierten Epigramms mit dem Vorbild Martial orientierte, bietet Herder ein Modell, das nicht in der satirischen Entlarvung, sondern in der »Gefühlserkenntnis«[1] das Wesen der Gattung erblickt, wie sie vor allem in der *Anthologia Graeca* ausgeprägt sei: »Die Seele des griechischen Epigramms ist Mitempfindung« (Herder, Bd. 15, S. 219). Dabei geht Herder genauso wie sein kritisierter Kontrahent auf den Ursprung des Epigramms in der griechischen Antike zurück, nur möchte er die Begriffe »Erwartung« und »Aufschluß«, die ihm zu oberflächlich-rational erscheinen, durch die Bezeichnungen »Darstellung (Exposition)« und »Befriedigung« ersetzt sehen, da diese den Bereich der *Empfindungen* erschlössen, auf die alles – als »das Ziel der Aufschrift« – ankomme (S. 341); anders als für Lessing, der aus der ursprünglichen ›Verschiedenheit‹ von Denkmal und Inschrift die strukturelle Zweiteiligkeit der Gattung ableitete, sprechen für Herder in der Urform des griechischen Epigramms »Sachen statt der Worte; die Worte sind nur da, jene vorzuzeigen und mit dem Siegel einer stummen Empfindung, wie mit dem Finger der Andacht oder der Liebe zu bezeichnen« (S. 348). Die Aufschrift ist solchermaßen nicht mehr struktureller Bestandteil des Denkmals, sondern dessen stellvertretende Sprachwerdung. Während Lessing das Sinngedicht teleologisch auf den über-

---

[1] So ein Wort R. Musils aufnehmend G. Neumann: »Nachwort«, in: Deutsche Epigramme, S. 299.

raschenden Perspektivenwechsel in der Pointe als dem bewußt inszenierten *Bruch* in der Lesererwartung ausgerichtet sah, geht Herder von der organischen Einheit des Epigramms aus, das, wolle es »den ganzen Anblick, den Sinn eines Objekts geben«, »das Ganze im kleinsten Maß« vorstellen müsse (S. 374). Genauso wie das Gebot der Kürze damit gegenüber Lessing umgedeutet wird – »Die Regel über die Kürze des Epigramms löset sich also in den Begriff seiner Einheit auf« (S. 374) –, ist auch die Pointe anders bestimmt: diese stellt für Herder den »lichten Gesichtspunkt«, die Verdeutlichung und Vollendung der im ganzen Gedicht angestrebten Wirkung dar (S. 376), nicht die überraschende Wendung eines Gedankens, welche die Antizipation des Lesers durch eine unerwartete Erwartungserfüllung durchkreuzt. »Hexameter und Pentameter winden einen Kranz in Worten, so wie sie dem Ohr in Silben einen vollendeten Rundtanz geben« (S. 217). Erneut insistiert Herder damit auf der sich rundenden, das ganze Gedicht umschließenden, gleichsam organischen Einheit. Immerhin räumt er in einem Brief an Hamann für die unterschiedliche Bewertung des Epigramms eine anders geartete Orientierung des Geschmackes ein: »Vielleicht ists bei mir eben auch Einseitigkeit des Geschmacks, daß ich die Spitzen des Martialischen Sinn- und Windgedichts nie habe lieben können und mich an einer simplen Viole oder Rose im griechischen Geschmack immer mehr erquickte«[1]. Kompromißbereit hat er schließlich aber sogar die Legitimität des satirischen Sinngedichtes, die Unterschiede in seiner und Lessings Theorie relativierend, anerkannt: in einem – wie es für diese Gattung schon bei Martial üblich war – Epigramm über das Epigramm, wobei er seinen Kontrahenten versöhnlich ansprach:

---

1 Brief vom 23. 4. 1785, in: Herder, J. G.: Briefe, hg. von W. Dobbek und G. Arnold, Bd. 5, Weimar 1979, S. 120.

Zwo Gattungen des Epigramms

Dir ist das Epigramm die kleine gschäftige Biene
  Die auf Blumen umherflieget und sauset und sticht.
Mir ist das Epigramm die kleine knospende Rose,
  Die aus Dornengebüsch Nektar-Erfrischungen haucht.
Laß uns beide sie dann in Einem Garten versammeln;
  Hier sind Blumen, o Freund, sende die Bienen dazu.
(Bd. 29, S. 157)

Der Biene Lessings und damit auch Martials, die überall »geschäftig« »umherflieget« und mit ihrem aggressiven Spott »sticht«, wird die »knospende Rose« der griechischen Art gegenübergestellt, um beide dann im Augenblick der »Befriedigung« zusammenfinden zu lassen. Auf diese Weise gelingt es, die inhaltliche Dichotomie des skoptischen Epigramms zu wiederholen, die Lessing in den miteinander verbundenen und zugleich antithetischen Begriffen »Erwartung« und »Aufschluß«, Herder in »Darstellung« und »Befriedigung« erkannte. Beide Formen der Gattung übergreifend, realisiert sich die *zweiteilige* Struktur in der »Darstellung« der ersten vier Verse und dem sich dann im letzten Distichon durchsetzenden Moment der »Befriedigung«.

In den gegensätzlichen theoretischen Positionen von Lessing und Herder sind die Möglichkeiten des Epigramms ›ausgereizt‹, die letzterer mit seinem eigenen Gedicht auf geniale Weise zu konfrontieren und zu versöhnen verstand. Klopstock hat sie – wiederum ganz im Sinne Martials die poetologische Diskussion in einem Epigramm führend – nochmals ›zusammengefaßt‹:

Das Epigramm

Bald ist das Epigramm ein Pfeil,
Trifft mit der Spitze;
Ist bald ein Schwert,
Trifft mit der Schärfe;

> Ist manchmal auch – die Griechen liebten's so –
> Ein klein Gemäld', ein Strahl, gesandt
> Zum Brennen nicht, nur zum Erleuchten.[1]

Auch Martial verzichtete bisweilen auf den »Pfeil«, um den »Strahl« auszusenden, der nicht »brennen«, sondern wie in manchen Landschaftsgedichten, in den Versen über den Tod von Kindern oder über ein »glücklicheres Leben« (z. B. I 49; IV 64; VI 52; X 47; X 61; XII 18) »erleuchten« wollte – somit sogar noch die Reflexionen Herders für sich vereinnahmend, obwohl dieser sich so wenig von dem antiken Autor angezogen fühlte.

Entschieden zu Lessing hat sich im 20. Jahrhundert Erich Kästner bekannt, auch indem er sich voll der Einteilung in »Erwartung« und »Aufschluß« anschloß: »Dieses Gesetz ist keine Spitzfindigkeit der Philologen, sondern es wohnt dem Epigramm inne« (Kästner 1950, S. 10); in der Vorrede zu seinen Epigrammen spricht er auch dem römischen Dichter seine Bewunderung aus: »Obwohl, dem Sprichwort entgegen, das Geld nicht auf der Straße liegt, gibt es Menschen, die's finden. Sie kommen des Wegs, gucken in die Luft, bücken sich plötzlich und haben ein Geldstück in der Hand. Martial mit seinen zwölfhundert Epigrammen war so ein Mann. Zwölfhundert epigrammträchtige Einfälle fand er auf seiner Lebensstraße. Die schmutzigen Münzen rieb er blank. Den fahlen Goldstaub schmolz er ein. Die unscheinbaren Edelsteine schliff er zu Juwelen. Und noch die Quarz- und Glimmerstücke traktierte er, bis man sie für Diamanten hielt. Er fand, auch wenn er nicht suchte« (S. 9). Selbst in der Parodie eines Grabepigramms bewahrt Erich Kästner den Bezug zum inschriftlichen Ursprung der Gattung wie zu den skoptischen Gedichten Martials:

---

[1] Klopstock's Werke. Nach den besten Quellen revidirte (sic!) Ausgabe. Sechster Theil, hg. von R. Boxberger, Berlin o. J., S. 540.

Anonymer Grabstein

Obwohl man seine Taten staunend pries,
ist diese Inschrift keine Huldigung,
und wir verschweigen gnädig, wie er hieß.
Denn für das alles, was er unterließ,
gibt's keinerlei Entschuldigung.   (S. 32)

Mit seinen eigenen Epigrammen will Kästner »die Leser, wenn nicht gar die Schriftsteller an eine Kunstform erinnern, die verschollen ist«. Aber auch die Lektüre der alten Gedichte erscheint ihm unersetzlich: »Im Schatzhaus unserer Literatur birgt das Gewölbe mit den Epigrammen, diesen kunstvoll geschnittenen Gemmen und vollendet geschliffenen Edelsteinen der Dichtung, unschätzbare Werte« (S. 11).

Stationen der modernen Martial-Philologie

Die »Forschung zu Martial«, konstatierte F. Grewing, sei »nach einer längeren Periode des Tiefschlafs in den letzten Jahren wieder im Kommen«[1]. In der Tat bezeugen das Erscheinen der beiden kritischen Editionen von D. R. Shackleton Bailey 1991 und 1993, der Kommentare von P. Howell (Buch 5) 1995, T. J. Leary (Buch 14) 1996, F. Grewing (Buch 6) 1997, einer kommentierten Auswahl von Gedichten durch U. Walter 1996, einer italienischen Gesamtausgabe mit Übersetzung von M. Scàndola 1996 sowie einer Gesamtdarstellung des Dichters von J. P. Sullivan 1991 und einer Übersetzung aller Gedichte ins Deutsche, teils in gereimten Versen, teils in rhythmischer Prosa durch W. Hofmann 1997 das gestiegene Interesse an dem antiken Epigrammatiker.

Noch 1988 hatte N. Holzberg zu Recht beklagt, daß eine umfangreiche Forschungstradition nicht vorliege, »denn außer in einem längst veralte-

---

1 Grewing, F.: Rezension zu: Peter Howell, Martial, Epigramms, Book V, in: Anzeiger für die Altertumswissenschaft, Bd. L, 1./2. H., 1997, Sp. 17ff ; hier Sp. 17.

ten RE-Artikel (Helm 1955) ist der Epigrammatiker nie in einer wissenschaftlichen Ansprüchen auch nur einigermaßen genügenden Gesamtdarstellung behandelt worden. Aber auch in Einzelaspekten wurden Martials Gedichte erst seit etwa 25 Jahren wirklich interpretiert, da man sie bis zum Ende der fünfziger Jahre nicht eigentlich um ihrer selbst willen, sondern als Zeitdokumente zur römischen Kulturgeschichte der frühen Kaiserzeit las« (S. 7).

Der Weg allein der interpretatorischen Annäherungen an Martial soll im folgenden (mit einer Ausnahme anhand von deutschsprachigen Beiträgen) in einigen wenigen Stationen etwa ab dem von N. Holzberg markierten Beginn – sehr skizzenhaft – verfolgt werden.

In dem Martial-Essay von O. SEEL aus dem Jahre 1961 wird in düsteren Farben die Verfassung der römischen Gesellschaft und ihres Dichters gemalt, hätten sich diese doch sogar noch an den grausamen Menschen- und Tiervorführungen im Amphitheater delektiert. Seel überträgt seine (zu Recht) entrüstete Ablehnung der ›poetischen‹ Aufbereitung, mit welcher der Epigrammatiker die barbarischen Mythen-Reproduktionen in der Arena zynisch zugunsten eines materiellen Vorteils für sich ›ausgeschlachtet‹ habe, auf das Gesamtwerk: »Ist es nicht ein Wechselbad vom Nichtigen zum Widerwärtigen, vom Schäbigen zum Würdelosen, wo sittlicher Ernst nicht einmal vorgegeben wird? Wo Diskretion und Adel der Gesinnung ganz und gar außer Kurs gesetzt scheinen, wo hohles Rühmen und unflätiger Unglimpf zu nichts anderem dienen als dazu, auf gradem oder krummem Wege, durch intellektuelle Bestechung oder abgefeimte Erpressung für sich selbst einen Profit zu ziehen? Dieses skrupellose Spielen und Verspielen eines Formtalentes in Stoffen und Sujets, die entweder durch ihre Substanzlosigkeit entwaffnen oder durch die ihnen gegenüber bewahrte Teilnahmslosigkeit und Abgebrühtheit zur blanken Blasphemie werden? Und in denen überdies das Abdominale, das auch leiblich weit unterhalb der Herzregion Liegende eine oft mehr als peinliche Rolle spielt?« (S. 165).

Fürwahr eine vernichtende Abrechnung mit dem Dichter: »... nur wenig besser als ein Parasit und Hofnarr, weder im Heischen noch im

Annehmen heikel, stöhnend über die ständige Plage des Schmarotzerdaseins mit seinen allmorgendlich nötigen Aufwartungen, sofern man der Tagessportel nicht verlustig gehen und für diesmal uneingeladen bleiben wollte, ein Schnorrer ohne Schamgefühl in der Findigkeit, seine impertinenten Anzapfungen immer neu zu drapieren und zugleich bloßzustellen, und dabei doch unendlich verliebt in dieses würdelose, erbärmliche und doch so süße und süffige Leben« (S. 167). In diese gnadenlose Wirklichkeit hinein habe Martial seine Epigramme geschrieben, »mit dem illusionslosen Blick dafür, daß es eine wölfische und hündische Welt war, in der er lebte, an der er teilhatte und in der es darauf ankam, mit den Wölfen zu heulen und mit den Hunden zu winseln« (S. 173).

Das ist sicher eine einseitige Sicht und allenfalls die halbe Wahrheit. Bleibt den Künstlern dieser Zeit tatsächlich nur noch die eine Möglichkeit: »das zweckfreie und zu keinerlei mehr bereite Spiel eines scharfen Intellekts und einer brillanten Formgebung« (S. 159)? Gegen eine solche Einschätzung seelischer Anästhesie lassen sich Gedichte voll lyrischer und elegischer Zartheit bei Martial benennen, denkt man an die Landschaftsschilderungen, die Beschreibungen der Landhäuser, die innige Sehnsucht nach der Heimat, die herzlichen Freundschaftsbekenntnisse, das Lob auf das geistige Leben in Rom. Das alles sollte nicht übergangen werden, will man der vielschichtigen Persönlichkeit des Epigrammatikers gerecht werden, der das Abstoßende *und* Anmutige in seiner Kunst einfängt: »Marziale poeta della contraddizione«[1] – das muß allerdings nicht Ausdruck einer gespaltenen Persönlichkeit sein, vielmehr handelt es sich eher um den schon für die klassische Poesie der Römer so charakteristischen ›Griff nach dem Ganzen‹, nur daß der spätere Dichter auch das Entsetzliche nicht aussparte. Den *anderen* Martial, bei dem »neben dem bloß Raffinierten oder gar Widerwärtigen zwischendurch ein so unsagbar zarter Ton« aufklingt (S. 186), hat natürlich auch O. Seel bemerkt, nur hat er das Gegen-Bild vom Hofnarren und Parasiten »in der Metropole grenzenloser Verderbtheiten« (S. 174), »die radikale Amoralität Martials« (S. 185) derart grell gemalt, daß die feineren Farben

---

[1] So der Titel eines Aufsatzes von I. Lana in: RFIC 33, 1955, S. 225ff.

leicht übersehen werden konnten. So hat der »Ansatz zu einer Martial-Interpretation« – obendrein hinter die Position Lessings zurückfallend, da das »Verhältnis von künstlerischer Wirklichkeit und biographischer Wirklichkeit« im Falle des römischen Dichters als das einer vollkommenen Identität gesehen wird (S. 184f.) – dazu geführt, daß man für längere Zeit keinen *Ansatz* mehr für eine ergiebige Auseinandersetzung mit dem bedeutendsten Epigrammatiker der Weltliteratur zu finden vermochte.

Die Studie von W. BURNIKEL aus dem Jahre 1980 stellt 17 Gedichte des Lukillios, eines Epigrammatikers zur Zeit Neros, den Bearbeitungen durch den römischen Autor (II 37; III 23; 43 und 50; IV 4 und 53; V 32 und 53; VI 12; 19 und 53; VII 94; IX 27; XI 18 und 84; XII 23 und 28) vergleichend gegenüber. Das Verfahren zeitigt eine Reihe subtiler Unterschiede in der Eigenart beider Autoren; in unserem Zusammenhang interessieren v.a. die Erkenntnisse über die Epigrammstruktur sowie die Sprechhaltung und -intention bei Martial: Gegenüber der einfachen Erzählweise des Lukillios bevorzuge der römische Autor die kommentierende Außenperspektive, die der satirischen Einstellung entspreche. »Die vorgefundenen Strukturen ändert er nach den Gesichtspunkten der *Überschaubarkeit* (Reduktion: Auflösung von Mehrfachpointen, Dekomplexion von Bezügen, Aufgeben der Parodie; Verdeutlichungen), der *Anschaulichkeit* (Expansion: Einlagen von Schilderungen mit ›realistischen‹ Einzelzügen …; römisches und persönliches Kolorit) und der *Wirkung*. Der Wirkung dient die Komposition im engeren Sinn (Vorliebe für die Dreiteilung, das dialogische Moment, speziell die eingeschobene Frage und die Hinwendung an eine dritte Person) und die sprachliche Einzelgestaltung (asyndetische Hauptsätze, Zerlegen eines Faktums in einen negativen und positiven Teil, Pathos und rhetorische Durchformung, besonders die Verstärkung des Abgangseffekts)«. Die Präzipitation auf die überraschende Pointe hin werde durch die straffe, lineare »Inszenierung« unterstützt (S. 117f.).

Festzuhalten gilt auch die feine Beobachtung W. Burnikels zum sogenannten Realismus Martials: Die Akkumulation scheinbar empirischer Einzelheiten ergebe »ein im ganzen konstruiertes, eben unrealistisches Bild« (S. 25f.). Man braucht nur an die Fülle von Details zu denken, die das mickrige Geschenk eines erbärmlich-kleinen Landgutes ›komisch‹

vernichten und damit um seine ›Realität‹ bringen sollen (XI 18), um in Martial einen Vorläufer Gottfried Kellers zu erkennen, der bezeichnenderweise dem ›poetischen Realismus‹ angehörte.

In M. LAUSBERGS umfangreicher Abhandlung von 1982 über das antike »Einzeldistichon«, die als »Beitrag zum Verständnis der Epigrammdichtung und ihrer Geschichte« allein die Zweizeiler in elegischem Versmaß unter den Epigrammen »monographisch untersucht«, um »eine formal noch einheitlichere Serie zu gewinnen« (S. 11), kann Martial – dem Thema entsprechend – nur *ein*, obzwar wichtiger Vertreter sein, der aber – in den größeren Zusammenhang eines historischen Überblicks eingereiht – vollends nicht mehr unter der lähmenden Ächtung einer insgesamt amoralischen, abschreckenden Persönlichkeit steht. Ungeachtet der Begrenzung auf das zweizeilige Gedicht stellt die Verfasserin sich die Aufgabe, »mit der Betrachtung eines relevanten Teilgebietes einen Beitrag zum Verständnis der ganzen Gattung zu leisten«. Das ist allerdings ein genauso schwieriges Unterfangen wie der Versuch, einer additiven Aneinanderreihung von formalen Gesichtspunkten zu entgehen und statt dessen immer auch der »Einheit des einzelnen Gedichtes« gerecht zu werden (S. 15). Es gelingt aber M. Lausberg bei der Auslegung einzelner Distichen immer wieder, in der individuell-einmaligen Fassung eines Epigramms die spezielle Sicht des Autors auf seinen Gegenstand, die Funktion der verwendeten Mittel und die beabsichtigte Wirkung beim Rezipienten zu verdeutlichen und die gewonnenen Einzelergebnisse auf die Gattung auszuweiten.

Eine Gesamtcharakteristik Martials oder die Frage nach dessen ›Weltanschauung‹ kann natürlich nicht Ziel einer solchen Untersuchung sein, die freilich viele Aspekte zum Thema Kürze, Komposition, Stil und der Verflochtenheit von Form und Inhalt für die lateinischen Gedichte bietet, wobei die Analysen auf dem Hintergrund eines enormen Bildungshorizontes erfolgen – unter Einbeziehung auch der Epigrammtheorien von Lessing und Herder[1].

---

1 Eine Gesamtcharakteristik Martials bietet M. Lausberg in einem Beitrag aus den Jahren 1990/1991.

Nachdem auch durch die verdienstvollen Arbeiten von U. JOEPGEN (1967), E. M. W. KUPPE (1972) und E. SIEDSCHLAG (1977) der römische Autor als Meister der Form und als ›Techniker‹ des Witzes wieder in das Blickfeld geraten war, stellte E. SCHÄFER (1983) mit Nachdruck die Frage nach der Lebensauffassung des antiken Sprachkünstlers, womit ein wichtiger Schritt zur Neubewertung getan war. Sollte aber in den beiden Epigrammen V 20 und X 47 wirklich eine, wenn auch dezent vorgetragene, Bettelei zum Ausdruck kommen und so »Martials machbares Lebensglück« von dem finanziellen Entgegenkommen eines reicheren Freundes abhängen?

Die Position Schäfers, wonach »das Besondere an Martials Beitrag zur Frage nach dem Glück gerade darin liegt, daß er dem *vor*philosophischen Glück zum Recht verhilft« (S. 91), wurde dann in einem Aufsatz von W. HEILMANN aus dem Jahre 1984 indirekt korrigiert. Der Interpret stellte die Frage nach der Persönlichkeit des Dichters und seiner speziellen Sicht auf die Welt: »Die Epigrammdichtung Martials ist ein in vielfältigen Farben und Tönungen schillerndes Gebilde. Sie vermittelt uns eine Fülle von eindrucksvoll gezeichneten Einzelheiten aus dem römischen Leben. Die Kunst des Dichters, seine Epigramme auf Pointen zuzuspitzen, kann uns entzücken, manche Inhalte können uns abstoßen, die vielerlei Masken, die der Dichter anzunehmen scheint, können uns irritieren. Dabei drängt sich die Frage auf, ob diese Dichtung nur in mannigfachen Spiegelungen und Verzerrungen lebendig erfaßte Eindrücke aus dem römischen Leben bietet oder ob sie uns auch Konturen einer dichterischen Persönlichkeit und einer Lebensauffassung erkennen läßt, durch deren Eigenart und Maßstäbe die Epigramme mit geprägt sind« (S. 47).

Mit dieser Fragestellung kann für die Gedichte X 47, II 90, I 15, V 20, VI 70 und V 37 gezeigt werden, wie Martial eine ganze Fülle von Gedanken aus der hellenistischen Philosophie aufgreift oder aber auch bewußt auf »Distanz zu einer an der Philosophie orientierten Lebensanschauung« geht (S. 57). Ausgewogen ist das Resümee Heilmanns, das den freien, souveränen Umgang des Epigrammatikers mit dem philosophischen Gedankengut herausstellt: »Das Horazisch-Epikureische ist nur *ein* Bestandteil dieser Dichtung. Dazu kommen, wenn man von der subtilen Sprachkunst absieht: die Freude an der Öffentlichkeit Roms, das Hochgefühl, bekannt zu sein, die Beziehung zum Leser, zum Kaiser, zur Gesellschaft mit mancherlei Abhängigkeiten. Aber im Hintergrund bleibt das durch horazisch-epikureische Anschauungen bestimmte Lebensideal immer wieder wirksam, und die ständig bewußte Spannung, in der es zu vielem stand, half dem Dichter, jene distanzierte Nüchternheit zu bewahren, mit der er auf Menschen und Dinge, nicht zuletzt auf sich selbst blicken konnte. Eine unbändige Freude am Leben und an den vielfältigen Eindrücken, die es bot, und zugleich eine illusionslose Nüchternheit kennzeichnen die Dichtung Martials. Der um die Fragwürdigkeit Wissende läßt sich auf das Fragwürdige ein. Nicht die edle Anstrengung ist das Bestimmende, sondern das Wissen, wie der Mensch ist und welch geringen Spielraum er haben kann, um wirklich zu leben. Bei alldem wird die Sehnsucht nach dem eigentlichen Leben nicht preisgegeben, vielmehr immer gegenwärtig gehalten« (S. 58f.).

Selbst für das Erotion-Gedicht (V 37), das schon Lessings Kritik herausgefordert hatte, da die so aufrichtig wirkende Anteilnahme an dem Tod des Kindes durch eine ›unpassende‹ Pointe in Frage gestellt werde, weiß W. Heilmann noch eine vornehme Lösung zu bieten; echte und unechte Trauer seien hier gegenübergestellt, um den Kontrast zwischen dem, was in der Gesellschaft gelte und was dieser zu Unrecht als minderwertig erscheine, zu verdeutlichen: »Es ist, als werde hier in einer besonderen Weise das epikureische Thema des Kleinen, nach üblichen Maßstäben Unbedeutenden, das doch alles Glück der Welt umfassen kann, variiert« (S. 60).

Wohl auch im Sinne Heilmanns wäre weiter zu fragen, wie die Umformung philosophischer Gedanken in die mehrdeutigen Signifikanten des sprachlichen Kunstwerks ästhetisch zur Wirkung kommt, wie also begriffliche Botschaften in poetische ›Bilder‹ verwandelt werden.

Mit dem Versuch, »Epikureisches bei Martial« zu fassen, gelang der Durchbruch zu einer Rehabilitierung des römischen Epigrammatikers, der von nun an in einer ganzen Reihe von Arbeiten des vertieften Interesses wert erschien, nachdem gezeigt worden war, auf welchem Niveau er interpretiert werden muß.

1985 stellte C. J. CLASSEN in einem Aufsatz im »Gymnasium« die wichtige Frage nach der Einheit des Werkes, dessen »Widersprüche und Spannungen« (S. 343) sich allerdings »erklären lassen« (S. 345):

– Die Verbindung von Kritik und erheiternder Form diene der psychologisch-pädagogischen Absicht nach größtmöglicher Wirkung.

– Die bissigen Attacken und die elegischen und lyrischen Elemente, die sogar in ein und demselben Gedicht begegneten, gehörten zum Wesen des Epigramms, das sich der Überraschung bediene, »und das heißt nicht nur unerwarteter sachlicher Aspekte oder verblüffender Formulierungen, sondern auch des plötzlichen Wechsels des Tons«.

– Die Verküpfung des so sehr in sich geschlossenen Einzelepigramms mit anderen Epigrammen in einem Buch gehe auf eine alte Tradition zurück; durch die Zusammenstellung gewinne auch bei Martial ein Gedicht infolge von »Parallelität oder Kontrast« an Deutlichkeit.

– Die Konzentration auf den einmalig-individuellen Menschen, auf eine spezielle Situation und der »Wunsch, möglichst viele Hörer und Leser zu erreichen«, stünden sich nicht entgegen, wenn ein allgemeines Empfinden zum Ausdruck kommen solle.

– Die Kritik am Großstadtleben und die Liebe zu ihm entsprächen »der Natur des Menschen«, der sich nach der Stille des Landlebens genauso sehne wie nach den Anregungen durch die Großstadt (S. 343ff.).

In ihrer Abhandlung »Martial – eigentlicher Schöpfer und hervorragendster Vertreter des römischen Epigramms« entwarf H. SZELEST 1986 ein umfassendes Bild unseres Autors. Hervorzuheben sind die Ausführungen über Martials Beziehung zum Kaiserhof (S. 2569ff.), das zeitgenössische Milieu, in dem der Dichter sich bewegte (S. 2576f.), und das Verhältnis zur griechischen Epigrammatik (S. 2591ff.) sowie zu der früheren römischen Poesie (S. 2598ff.). Umsichtig werden die schwierigen Bedingungen geschildert, die Martial unter der Regierung Domitians zu berücksichtigen hatte; der geringste Vorwand habe dem mißtrauischen Kaiser genügt, »um einen Schriftsteller, der der Opposition, der Unzufriedenheit oder eines Widerwillens gegen die damalige Lage verdächtig war, beseitigen und seine Werke vernichten zu lassen«; aufgrund dieser Kalamität hätten sich die herausragenden Autoren der Zeit, Plinius d. J.

und Tacitus, veranlaßt gesehen, ihre literarische Tätigkeit erst nach dem Tode Domitians aufzunehmen (S. 2570). Martial dagegen habe alle Register, die zu einer *laudatio* gehörten, gezogen, um sich beim Kaiser beliebt zu machen und seine Gedichte veröffentlichen zu können. Die Lobsprüche auf den Ausbau Roms, auf die von Domitian gegebenen Schauspiele und Gastmähler oder auf die erlassenen Edikte könnten durchaus lauterer Natur sein – im Gegensatz zu den heuchlerischen Elogen auf die Milde und die Fähigkeiten des Herrschers als Feldherr und Dichter (S. 2572). In der kühlen Zurückhaltung, die der Kaiser gegenüber Martial übte, erkannte H. Szelest allerdings auch ein Indiz dafür, daß viele für den *princeps* weniger schmeichelhafte Anspielungen in den Epigrammen durchaus Wirkung gezeigt hätten. Die häufige und respektvolle Erwähnung von Helden des Bürgerkrieges und Verteidigern der römischen Republik, die Erinnerung an Personen und Ereignisse, die im Zusammenhang mit Claudius und Nero, den indirekten Vorgängern Domitians, standen, kritische Bemerkungen über die Erneuerung der *lex Iulia de adulteriis et stupro*, die Klage über die Gefahr, die dem Versuch drohte, sich schützend vor die Schwachen zu stellen oder Ansichten zu äußern, die »mit den offiziellen nicht übereinstimmten«[1] – all das habe der Epigrammatiker in eine »Form« verpackt, die ihn »vor den Repressalien von seiten des Kaisers bewahrten, aber gleichzeitig dazu führten, daß sich der Dichter aus Bilbilis weder der Anerkennung noch der Gunst des Herrschers erfreuen durfte« (S. 2573ff.). Der »Abqualifizierung Martials als Speichellecker eines tyrannischen *princeps*« (Holzberg 1988, S. 74) ist damit in wesentlichen Punkten widersprochen.

Im Gegensatz zur Prosa entwickelte sich zu Domitians Zeit eine rege literarische Tätigkeit in der Dichtung, die hinter der offiziellen Schmeichelei eher eine zweite ›Lesart‹ verhüllend enthüllen konnte. Gefördert

---

1 Albrecht, M. v.: Geschichte der römischen Literatur, Bd. 2, dtv 4618, München 1994, S. 831, wertet in seinem informativen Kapitel zu Martial solche Beispiele als belanglose »Puppensünden« ab; die Hinrichtungen eines L. Iunius Arulenus Rusticus, eines Herennius Senecio und Helvidius Priscus aufgrund von literarischen Äußerungen, die Domitian als Attacken gegen seine Person ansah, sprechen jedoch gegen eine derartige Beurteilung.

durch den ständigen Gedankenaustausch der Schriftsteller in Rom, die sich gegenseitig mit beinahe dem gesamten kulturellen Ideengut ›versorgten‹, sei, so H. Szelest, von Martial ein Werk höchster Originalität geschaffen worden, ausgestattet mit zahlreichen Echos der Intertextualität, sei es im Reflex auf das griechische Epigramm, die lateinische Poesie oder stoische und epikureische Anschauungen (S. 2597). Dabei bediene sich der römische Autor stets derselben Methode: »er sucht nach neuen Einfällen, schöpft seine Inhalte aus dem zeitgenössischen täglichen Leben, modifiziert, erweitert oder verengt bekannte Themen, führt neue Einzelheiten ein und schafft dadurch eine neue Situation in seinem Gedicht; außerdem verfaßt er es vorwiegend in einer anderen stilistischen und metrischen Form. Das Temperament, die Verbindung von lyrischer Stimmung mit Realismus, die eindringliche Beobachtung des Lebens, Humor und Scharfsinn lassen Martial am ehesten mit Catull und Horaz vergleichen; verhältnismäßig viele gemeinsame Züge weist er auch mit Ovid, besonders mit dessen früher Dichtung, auf« (S. 2601).

H. Szelest möchte die Gedichte Martials auch als »Quelle für die gesellschaftlichen Verhältnisse, für Kultur, Brauchtum, das tägliche und literarische Leben der Flavierzeit« (S. 2610) lesen. Der »Realismus« des römischen Autors wäre freilich zu kurz gefaßt, wollte man darin eine Widerspiegelung eindeutiger ›Nachrichten‹ erkennen, die mit Hilfe von typischen Gestalten, Situationen und Handlungen die ›Wahrheit‹ über die Wirklichkeit ausdrückten.

Auf die notwendige Differenzierung von fiktivem und realem Ich wies entschieden N. HOLZBERG in seiner glänzenden Einführung aus dem Jahre 1988 (S. 67) hin[1]. Allerdings gilt auch zehn Jahre später noch die Aussage: »Die Martial-Philologie steckt ..., was das Bemühen um eine angemessene Würdigung der künstlerischen Intention des Dichters be-

---

1 Bei der »Analyse der epigrammatischen Technik Martials« (S. 23) wünschte man sich freilich eine intensivere Beachtung dieser Unterscheidung, wenn z.B. im »Aufschluß« »eine Art ›Kommentar‹« gesehen wird, »in dem der Dichter direkt oder indirekt seine persönliche Meinung mehr oder weniger deutlich zu erkennen gibt« (S. 26). Es müßte für jedes Gedicht sorgfältig untersucht werden, inwieweit auch der Kommentar ›Redeweise‹ des poetischen Ichs sein könnte.

trifft, noch ganz in den Anfängen ...« (S. 7). Aufbauend auf »akzeptablen Ansätzen und Resultaten« (S. 7) aus dem Vierteljahrhundert zuvor vermochte N. Holzberg einige Wege zu einer solchen Interpretation zu zeigen, indem der »Deutungsschwerpunkt unter formalästhetischem, stofflich-ideologischem und sozialhistorischem Aspekt« (S. 8) betrachtet wurde.

Eine Möglichkeit des Dichters, seine Intentionen implizit mitzuteilen, erkannte N. Holzberg in der Anordnung der Epigramme in Gruppen und im Buchganzen: In den einzelnen Büchern ließen sich lockere Strukturierungsabsichten beobachten wie z.B. Rahmenkomposition durch Blöcke von programmatischen und resümierenden Epigrammen und paar- oder gruppenweise Gedichte, die sich inhaltlich und formal aufeinander beziehen, wobei etwa durch eine wiederholte Behandlung desselben Themas auch für die früheren Verse ein zuvor nicht zutage getretener Aspekt freigelegt werden könne (S. 38 ff.).

Die Arbeit W. Burnikels aus dem Jahre 1980 nutzend, verglich N. Holzberg Epigramme Martials mit den mutmaßlichen Vorlagen des Lukillios; drei von 17 möglichen Gedichtpaaren wurden exemplarisch untersucht, in III 43, dem zuletzt vorgestellten, öffnet sich die Moralsatire, wie hinzugefügt werden sollte, dem *vanitas*- und *memento mori*-Motiv:

> Mentiris iuvenem tinctis, Laetine, capillis,
> tam subito corvus, qui modo cycnus eras.
> non omnes fallis; scit te Proserpina canum:
> personam capiti detrahet illa tuo.

Nachdem der Witz auf das unangemessene Verhalten des Kinäden, der sein Alter vertuschen möchte, in der Gegenüberstellung *corvus/cycnus* bereits in der zweiten Zeile ›abgehakt‹ ist, besteht die Pointe im vierten Vers in der sentenziösen Verallgemeinerung durch den plötzlichen Übergang der Anrede von der einen Person zum Du, das alle meint: »Proserpina wird dir alsbald die Maske vom Haupte ziehen«; im letzten Wort des Gedichtes *tuo* ist unversehens ein jeder angesprochen. Die »moralische Verurteilung« (so Holzberg, S. 44) ist in diesem Epigramm im doppelten Sinne nicht das letzte Wort Martials, für dessen Dichtung vielleicht auch die Erkenntnis Adornos aus der *Ästhetischen Theorie*[1] heranzuziehen ist, »daß keine Kunst wesentlich urteilt und wo sie es tut, aus ihrem Begriff ausbricht«. Unter diesem Aspekt sind auch die erotischen Epigramme im ersten Teil der »stofflich-ideologischen Interpretation« (S. 48 ff.) zunächst zu eindeutig als »Moralsatiren« von N. Holzberg interpretiert, der für die meisten Gedichte mit sexueller Thematik eine »mehr oder weniger offene Kritik an Verstößen gegen geschlechtsspezifische Verhaltensnormen durch die in Rom im 1. nachchristlichen Jahrhundert sich auf ihrem Höhepunkt befindliche Emanzipierung der Frauen und die durch sie bewirkten Veränderungen in Rangordnung und Rollenverteilung der beiden Geschlechter« erkannte (S. 56) – eine Auslegung, die schließlich zu Recht wieder eingeschränkt wurde: der »spielerische Charakter der Epigrammatik« erlaube es nicht, »daß man bei jedem Gedicht, das sich zum Thema ›Liebe und Ehe‹ äußert, neben der gattungsbedingten Freude am obszönen Realismus auch immer unfehlbar eine moralische Intention heraushören müßte« (S. 57 f.).

Wie bei den erotischen Epigrammen sei auch für die »Lebensphilosophie« des Dichters »ein ganz allgemeines anthropologisches Interesse, das über allen Ethiken und Ideologien steht«, auszumachen. Überzeugend wies N. Holzberg nach, »wie das epikureische Element seiner Gedanken über eine *vita beata* stark modifiziert wird durch sein immer wieder zum Ausdruck kommendes Bewußtsein, daß die Alltagswirklichkeit philosophischen Theorien oft nicht ganz entspricht« (S. 64).

Einen Höhepunkt der »Einführung« stellen die umsichtigen Analysen zum »Thema ›Klient und Patron‹« innerhalb der »sozialhistorischen Interpretation« dar (S. 65 ff.). Nunmehr sorgfältig zwischen realem und poetischem Ich unterscheidend, verdeutlichte N. Holzberg, daß das Klientenwesen von Martial aus gegensätzlichen Perspektiven betrachtet werde, mal von unten, mal von oben, wobei in beiden Fällen ein Rollen-Ich auftreten könne, entweder als Bettler oder als Patron (S. 68 f.). Da es

---

1 Adorno, Th. W.: Ästhetische Theorie, Frankfurt a. M. 1970, S. 91.

kein gesichertes Wissen darüber gebe, wie der durchaus über Besitz verfügende Dichter seinen Lebensunterhalt bestritten habe, sei die Frage nicht zweifelsfrei zu klären, ob auch finanzielle Gründe zum Anschluß an mächtige Gönner geraten hätten, zumindest sei aber durch die Protektion der *nobiles*, die in ihren Salons die Möglichkeit zur Rezitation der Epigramme einräumten, die literarische Förderung gewährleistet gewesen (S. 70ff.).

N. Holzberg revidierte nicht nur das Bild von dem unverschämten Bettelpoeten, auch dem Vorwurf, Martial habe sich wie ein gewissenloser Kriecher um die Gunst eines despotischen Herrschers bemüht, versuchte er entgegenzutreten, indem er die Domitian-Epigramme auf eine implizite Regimekritik hin ›abklopfte‹ (S. 74ff.). Die »versteckte Andeutung eines Unbehagens gegenüber der Unberechenbarkeit der kaiserlichen Zensur« glaubte er z.B. über die allegorische Deutung des Löwe-Hase-Zyklus (I 6; 14; 22; 48; 51; 60 und 104) zu erkennen, zumal in I 6,4 von einem Hasen die Rede ist, der in dem gewaltigen Rachen eines Löwen spiele: *ingenti ludit in ore lepus*. In der Tat könnte Martial mit dem Hasen *auch* sich selbst gemeint haben, nachdem er kurz zuvor in einem Epigramm an den Kaiser (I 4) seine Verse als »Spielereien« (*lusus*) bezeichnet hatte[1]. Ebenso entdeckte N. Holzberg getarnte Attacken u. a. in den Gedichten IX 5 und 7, die das von Domitian erlassene Kastrationsverbot rühmen; in den Epigrammen IX 11, 12, 13, 16, 17 und 36 werde nämlich der schöne Jüngling Earinus verherrlicht, dem genau das, was das Gesetz untersagt habe, angetan worden sei und zwar durch seinen Liebhaber Domitian (S. 82). Daß eine solche Bloßstellung habe durchgehen können, sei das Verdienst »eines ausgeklügelten Verschleierungsapparates«,

---

[1] Gegen die allegorische Interpretation wendet sich U. Walter 1996, S. 33f. und S. 64, da »die Grenze zwischen vernünftiger Plausibilität und bodenloser Spekulation schwer zu erkennen« sei. F. Römers (1994, S. 95ff.) generelle Warnung vor der Entdeckung versteckter Herrscherkritik und die Empfehlung einer ›naiven Lesart‹ verbunden mit einem ›Hinterfragungsverbot‹ sollten auch und gerade innerhalb der »historisch-kulturellen Voraussetzungen« (S. 113) für einen so ›bezugsreichen‹ und ›anzüglichen‹ Sprachkünstler wie Martial nicht das letzte Wort sein.

den die Gattung des Epigramms ›bereithalte‹ (S. 83). Insgesamt kann man der Studie N. Holzbergs fürwahr bescheinigen, daß mit ihr ein weiterer großer »Schritt bei der dringend notwendigen Rehabilitation eines der ganz Großen der lateinischen Poesie getan« (S. 93) ist.

Für M. LAUSBERG (Lausberg 1990/1991) hängt die allgemeine Geringschätzung des Epigramms in der Zeit Martials zusammen »mit seinem Sitz im Leben und der Art, wie solche Texte normalerweise produziert und rezipiert wurden. Epigramme waren etwas, was anderweitig beschäftigte Römer gelegentlich zur eigenen Erholung und zur Unterhaltung anderer verfaßten. Der junge Plinius dichtete seine Hendekasyllaben, wenn er sich in der Sänfte spazierentragen ließ, im Bad, beim Mahl, und selbst Kaiser Augustus hat sich nach Sueton (Aug. 85,2) beim Baden Epigramme ausgedacht. Gelegentlich gibt man auch einem Geschenk ein Verslein bei. Auch für die Rezeption hat das Epigramm seinen Sitz im Leben primär als Unterhaltung beim Essen und Trinken« (S. 46). Sich von solchen Bedingungen allmählich lösend, habe Martial das Dichten zu seiner Lebensaufgabe gemacht und das Epigramm auch durch die Veröffentlichung in Buchform zur Literatur erhoben, die nunmehr mit höchstem künstlerischen Anspruch auftrete. Abwechslung durch die Verschiedenartigkeit der Inhalte und Formen sei daher ein entscheidendes Kriterium für den Dichter bei der Zusammenstellung seiner Epigramme, die ein poetisches »Abbild der Vielfalt des Lebens, der menschlichen Verhaltensweisen« präsentierten. Der Epigrammatiker habe sogar »gegenüber dem Epiker den Vorteil, daß er seinen Stoff aus dem Alltagsleben der Gegenwart Roms entnimmt, nicht einer heroischen oder historischen Vergangenheit. Sein Stoff entspricht eher demjenigen der Komödie und der Satire« (S. 60); letztere »hatte auf dem Weg von Lucilius zu Horaz den gleichen Weg vom namentlichen Angriff auch auf politisch hochgestellte Einzelpersönlichkeiten zum allgemeinen Sittenbild genommen. Gegenüber dem großen Vorbild Catull hat Martial auf den namentlichen Spott verzichtet, aber gegenüber dem Griechen Lukillios sind seine Epigramme umgekehrt nicht so fest umrissene, wenige allgemeine Typen wie bei Lukillios, der seine Epigramme auf Kleine, Dünne, Faule, Geizige, und Berufsgruppen wie Ärzte, Maler oder Sportler bezieht. Martials

Menschen, von denen er ein poetisches Bild entwirft, sind differenzierter, konkreter und vielfältiger, nicht so typisiert und allgemein« (S. 51).

Der Komödie verwandt, zielten die Epigramme des Dichters, ohne moralisieren zu wollen, auf ein Lachen, das anders als bei Horaz »in stärkerem Maße Selbstzweck, nicht nur Mittel, um die Wahrheit zu sagen«, sei (S. 55). Auch die erotischen Gedichte, deren »Herkunft aus der lockeren Unterhaltung beim Essen und Trinken« zu berücksichtigen sei, sollten als ›karnevalisierte Literatur‹ verstanden werden: »Die Epigramme nützen in der Angriffslust und auch in der Obszönität ritualisierte Freiräume wie Symposion und Saturnalienfest – die römische Entsprechung zum Karneval – und auch den Freiraum der Gattungstradition« (S. 56). Die begrenzte saturnalische Freiheit nutzend – so wäre hinzuzufügen –, formte Martial, gegen den dominanten Monolog der kaiserlichen Ver-Ordnungen denkend und schreibend, eine ambivalente Dichtung, in der sich Komik pur und Kritik, das Ja und das Nein polyphon vereinen, eine Verbindung, die zu gegensätzlichen Interpretationen provozierte und insbesondere die Frage nach der Moralität bzw. Amoralität des Dichters und seiner Verse nicht zur Ruhe kommen läßt.

J. P. SULLIVANS gründliche Martialstudie von 1991: »Martial: the unexspected classic«, die erste große Gesamtdarstellung des Dichters, soll in diesem Rahmen nur ganz kurz gestreift werden, und zwar im Blick auf »some speculations on the essence of Martial's art« (S. 250ff.). Der Eindruck, den die Lektüre der Epigramme hinterlasse, sei der »of a profound ambivalence that seems to spring from a divided spirit«; als Beweis einer solchen Bewertung wird die gegensätzliche Behandlung der für den Dichter wichtigsten Themen genannt: die imperiale politische Struktur, die Patronage, das Privatleben und die Sexualität. Ironie und Witz seien die Mittel, ambivalente Gefühle widerzuspiegeln, Humor und Spott Hilfen, die sich zwangsläufig ergebenden Ängste zu bändigen. J. P. Sullivan resümiert: »The *persona* presented then is of a poet who feels that he has been ›stung‹ by life: he reacts by ›stings‹. ›Willing to wound, and yet afraid to strike‹ in Pope's words, he has to sharpen the weapons of wit and sarcasm as his only conceivable means of response to the world's duplicity and hypocrisy, in which he fears he sees his own reflected« (S. 252).

Martial als eine gespaltene Persönlichkeit, der seine eigene Zerrissenheit in der Widersinnigkeit der Wirklichkeit gespiegelt sieht und nur vermöge seines Humors und seines Spotts seine persönlichen Ängste ein wenig zu ›entschärfen‹ weiß: eine solche Auffassung kann nicht überzeugen; nimmt man alle Epigramme zusammen, so zeigen diese gewiß ein vielgestaltiges, auch widersprüchliches Bild von der Welt, das allerdings nicht auf die Psyche des Dichters zurückprojiziert werden darf; emotional ist Martial selten in einem Gedicht wirklich ›faßbar‹; obwohl er so oft ›persönlich‹ zu werden scheint, rückt er als Person kaum näher, er entzieht sich vielmehr konsequent und verbirgt sich hinter vielerlei Masken, ohne daß ein gespaltenes Ich sich jemals in auch nur einem einzigen Gedicht zeigte, selbst wenn einmal Klagen über eine mißliche Situation zum Ausdruck gebracht werden.

Die ›Engführung‹ von Dichtung und Leben macht auch den Ansatz zu einer Untersuchung von »Martial's sexual attitudes« (S. 185 ff.) fragwürdig, wenn man dabei ein »sexual self-portrait« (S. 209) erwartet. Die Klischees, deren sich Martial für den ›Geschlechterkampf‹ bedient, sind eher ein witziges Spiel mit althergebrachten Vorurteilen, das wohl kaum nur auf die soziale, sexuelle und politische Unterdrückung der Frau zielt, wie Sullivan glaubt (S. 210). Hinter der Beschreibung der weiblichen Sexualität »a certain pathological obsessiveness, if not anxiety« (S. 206) zu sehen, heißt Gedichte als Symptome einer Krankheit zu lesen, deren Ursachen dann in einer konservativen Haltung gegen die Emanzipation des anderen Geschlechts entdeckt werden: »Martial's sexual attitudes then, at least as they are expressed in his epigrams, are to be regarded as part and parcel of his hierarchical vision of Roman society. Once again it has to be stressed that the moral and social standards underlying his negative satire, however shockingly expressed to some modern tastes, are essentially conservative in Roman ideological terms …« (S. 210). Angst vor der weiblichen Sexualität, die J. P. Sullivan hinter der misogynen Haltung Martials ausmacht, das hätte dem Dichter in der Antike niemand abgenommen und ihn selbst als geeignetes ›Objekt‹ epigrammatischen Witzes erscheinen lassen.

Die verschiedenen Möglichkeiten der Rollenpoesie gestatten es Mar-

Dirnen, Schmutzfinken, Ungepflegte, Unhöfliche, Schwätzer, Verleumder, Feiglinge und Zudringliche werden ebenso zur Zielscheibe seines Witzes wie Personen mit schlechter Berufsauffassung bzw. -ausübung wie Ärzte, Rechtsanwälte, Rhetoren, Philosophen, Friseure oder Maler. Auch körperliche Fehler amüsieren den Dichter, der sogar über kahlköpfige (II 33; V 49; VI 12; XII 7; 23 und 89), zahnlose (I 19 und 72; II 41; V 43; VIII 57; IX 37; XII 23) und einäugige (III 8 und 39; IV 65; XII 23) Menschen seinen unverfrorenen Spott ausgießt. Der Dichter Canius Rufus wird wegen seiner Häßlichkeit mit Pan (I 69), der Dichter Iulius Rufus mit Sokrates (X 99) verglichen.

Ein zweckentfremdetes (III 47 und 58) wie ein zu kleines Landgut (XI 18) fordern gleichermaßen humoristische Bemerkungen heraus. Amüsiert nimmt Martial zur Kenntnis, daß in Ravenna der Wein billiger als Wasser ist (III 56 und 57).

Ernsthafter sind die meisten der zahlreichen Gedichte über die Gesellschaftsgruppe der *Klienten*, deren schweres Los immer wieder beklagt wird (z. B. I 55; III 4; 7; 30; 36 und 46; IV 40; V 22; VI 88; VII 39; IX 100; X 10; 58; 70; 74 und 82; XI 24; XII 18; 29 und 68).

Einen hohen Anteil haben auch die Epigramme, die der *Liebe* gewidmet sind; die thematische Skala reicht dabei von der herzlichen Bruderliebe bis zu unrühmlichen Sexualpraktiken. Lobend wird die aufrichtige Zuneigung der Brüder Lucanus und Tullus hervorgehoben (I 36; IX 51). Um nicht zum Konkurrenten des Bruders in derselben Gattung der Dichtung zu werden, verzichtet Memor großzügig auf die Gestaltung eigener Satiren (XI 10). Die klassischen Beispiele einer solch gelungenen Beziehung geben Kastor und Pollux ab (I 36; V 38; IX 51 und 103).

Für die offene Darstellung sexueller Praktiken verweist Martial auf die der Gattung eigenen Freiheiten der Gestaltung; der dem Epigramm wesensgemäße derbe Realismus der Ausdrucksweise könne nur prüde Leser verletzen (I Epist.); selbst die sexuelle Erregung wird als »Gesetz« und Wirkungsabsicht der »Scherzgedichte« deklariert (I 35,10; XI 16).

Sogar von seiner Ehefrau wünscht sich das epigrammatische Ich, daß sie nur am Tage eine keusche Lucretia sein möge, ihm in der Nacht aber zur Laïs, zur Dirne werde (XI 104). Gleich zwei Liebhaber auf einmal läßt eine Frau zum Geschlechtsverkehr zu (X 81), eine andere hat sogar noch mehr Partner (VI 6). Nicht erwünscht ist eine redegewandte Frau, denn da gerate die *mentula* ins Stottern (XI 19). Überhaupt solle man sich vor einer *femme savante* als Partnerin hüten (II 90). Auch von einer reichen Ehefrau sei abzuraten, da die Gefahr, zum Pantoffelhelden zu werden, zu groß sei (VIII 12).

Die *fellatrix* (z.B. I 94; II 50 und 73; III 87; IV 12 und 84; VI 69; XII 55) wie der *fellator* (z.B. II 15; 42; 61; 70 und 89; III 80; 84 und 88; IV 39; VI 81; VII 24), ebenso der *cunnilingus* (z.B. I 77; II 36; IV 43; VI 26; XI 25; 47 und 61), der *irrumator* (z.B. II 47; IX 4; XI 40), der *cinaedus* (z.B. I 23 und 96; VI 37; VII 57), der *pathicus* (z.B. III 71; 82 und 95; VI 54; VII 62; IX 57 und 69; X 52; XI 72; XII 35) und die Tribade (z.B. I 90; VII 67 und 70) fordern den aggressiven Witz Martials heraus. Auch die Hochzeit zweier Männer wird verspottet (XII 42). Verdächtig erscheint die Anrede *frater* und *soror* zwischen Mutter und Sohn (II 4), ebenso das gute Einvernehmen mit der Stiefmutter (IV 16). Dem unverheirateten Bruder ersetzt die Schwester die Frau (XII 20).

Ehebruch wird nur bei der Frau gegeißelt, der gehörnte Ehemann entgeht allerdings nicht dem Spott; so wird einer untreuen Frau geraten, ihrem Trottel von Mann doch schon die volle Wahrheit zu sagen (XI 7). Ja es kann sogar so weit kommen, daß eine *uxor* mit nur einem Liebhaber stärker den Ehemann verärgert, als wenn sie mehrere hätte (III 92). Schnell versteht eine Frau, die auf Seitensprünge aus ist, ihrem Gatten weißzumachen, sie brauche Ärzte statt der Ärztinnen (XI 71). Bei einem Mediziner als Lover mußte sich der Mann zudem vor Gift hüten (VI 31). Kein Wunder bei so freizügigem Verhalten, daß alle sieben Kinder einer Mutter den verschiedenen Sklaven ähneln (VI 39) oder ein Mann nach sehr langer Abwesenheit nicht von ihm stammende Sprößlinge vorfinden konnte (VIII 31). Abwechslung von der Ehe durch Verhältnisse mit Sklaven scheinen von beiden Partnern gern gesucht zu werden (XII 58 und 91). Anlaß zu Verdächtigungen gab auch immer der Vermögensverwalter einer Verheirateten (V 61); der mondäne Kurort Bajae vermochte selbst die sittenstrengste Frau zu verderben (I 62).

Immer wieder wird übler Mundgeruch als Folge sexueller Praktiken verhöhnt (z. B. I 83 und 94; II 10; 12; 21; 22 und 23; III 17; 28 und 97; VI 55 und 66; VII 94; X 22; XI 61 und 98). Lüsternheit vor allem bei alten Frauen ist ebensooft Zielscheibe des Spottes (z. B. II 34; III 32 und 93; IX 37; X 67 und 90; XI 29). Dagegen stellt Martial die Angst einer frisch Verheirateten vor der ersten Liebesvereinigung in beinahe lyrischen Tönen dar (IV 22).

Positiv wird die Knabenliebe bewertet, deren Qualität die ›Gaben‹ einer Frau nicht erreichen könnten (XI 43; XII 75 und 96). Einen *pedico* vermöge allein Armut zu einer Frau zu treiben (XI 87). Die Mitgift einer reichen Frau wird ›zweckentfremdet‹ für den Erwerb schöner Knaben verwendet (XII 97). Daß ein Neuvermählter nicht die *pueri* beständig der Gattin vorziehe, dafür sorgen Amme und Mutter der Braut (XI 78). Widerspenstigkeit des Knaben stimuliert um so mehr (z. B. I 46; IV 42; V 83). Ein Dichter sucht nur die Freundschaft zu seinen Kollegen, um an deren Knaben heranzukommen (VIII 63). Aber auch Liebesleid vermag der *puer* hervorzurufen, wenn er nicht wie verabredet erscheint (XI 73), etwas abschlägt, was er zuvor gewährte (XII 71), nunmehr behauptet, ein Mann geworden zu sein (IV 7), oder mit seiner Geldgier lästig fällt (XI 58). Daß die eigenen Verse kritisiert und plagiiert werden, kann das epigrammatische Ich verzeihen, nicht aber die Verführung seiner Knaben durch den Kritiker oder Plagiator (XI 94).

Viele Gedichte beziehen sich auf Hetären; dabei gilt Martials Spott nicht so sehr dem Gewerbe selbst als einigen Auswüchsen, etwa wenn eine *meretrix* sich Zuschauer beim Liebesvollzug wünscht (I 34) oder sogar für Küsse eine Bezahlung verlangt (XII 55). Einem Jungvermählten wird empfohlen, sich Lektionen in Sachen Liebe von einer Hetäre geben zu lassen (XI 78).

Lobgedichte können sich auf Personen (z. B. I 39; VI 38; VII 44; 45 und 56; IX 11; 12 und 13; XII 4 und 21) und ›Gegenstände‹ (z. B. I 105; VI 80; VIII 28; X 73), auf ein Landgut (X 30), eine Quelle (VII 50) oder die Heimat des Dichters (IV 55) beziehen.

Sympotische Epigramme befassen sich mit dem Thema »Einladung zu einem Gastmahl« (z. B. V 78; X 48; XI 35; 52; 57 und 77), der Verherrlichung von Gelagen (XII 62) oder der Aufforderung zum Genuß des Lebens (V 64), die selbst ein Speiseraum einmal aussprechen kann (II 59). Aber auch der Geiz der Gastgeber wird attackiert, wenn dieser sich selbst den guten Wein genehmigt, den Besuchern aber schlechten vorsetzt (I 18; III 49 und 82), Murra-Pokale für sich benutzt, damit man seinen Trunk nicht erkenne (IV 85), den Gästen kostbare Gefäße für einen erbärmlichen Inhalt offeriert (VIII 6; X 49) oder, im Gegensatz zu den Geladenen, die leckersten Pilze verschlingt (I 20); andere Hausherren bieten gar keine Speisen, sondern nur feine Salben zum Riechen an (III 12), beschuldigen den Koch für ausgebliebene Speisen (III 13), lassen ausschließlich Kürbisgerichte (XI 31) oder ein anderes als das versprochene Essen (VIII 22) servieren. Ebenso macht eine *cena ambulans* mit zahlreichen Dienern, die Schüsseln und Platten in Windeseile wieder davontragen, Ärger (VII 48). Auch mit Geschenken muß man sich bei einem Geizkragen eine Einladung erkaufen (VII 86), oder man wird zum Speisen gebeten, nachdem eine andere Verabredung bekannt wurde (II 79).

Verdruß während eines Mahles bereiten dem epigrammatischen Ich die schlechten Manieren eines Neureichen (III 82), eine zu große Gästeschar (XI 35 und 65), ein Protzer, der zur vornehmen Gesellschaft gehören möchte (X 27), aber auch Musik (IX 77). Unverschämte Besucher lassen Speisen sogar mitgehen (II 37; III 23; VII 20), belästigen den Gastgeber schon so lange, als seien sie die Besitzer des Hauses (IV 79), erscheinen so vorzeitig, daß sie zum Frühstück zu spät, zum Mahl zu früh kommen (VIII 67); am Verwandtschaftstag finden sich sogar Leute ein, die man bisher gar nicht als Familienangehörige kannte (IX 55).

Selbst bei den Volksbewirtungen durch den Kaiser treten Unverschämte auf, die maßlos essen und trinken (I 11 und 26; V 49).

Besonders aufs Korn nimmt Martial die Mahlzeitjäger, die nichts unversucht lassen, um an eine Einladung zu kommen (z.B. I 27; II 11; 14; 27 und 69; V 47 und 50; VI 48; IX 9; 19 und 35; XI 34; XII 19 und 82).

Die *Reflexionsgedichte* beziehen sich auf Fragen der Lebensanschauung und der Lebensgestaltung (z.B. I 8 und 15; II 59 und 90; IV 54; V 58 und 64; VII 47; VIII 44 und 77; X 23 und 30; XI 56), auf das Glück (X 47), die Freundschaft (z.B. I 39; V 20; VII 44; 45; 63 und 93; VIII 77;

XI 80; XII 34), die Freiheit des Menschen (II 53), den Wert der Gesundheit (VI 70), die Bedeutung der Heimat (z.B. I 49; IV 55; X 37; 96 und 103), die Dankbarkeit (z.B. IV 64; XII 3 und 31).

Alle *freudigen Ereignisse* können in Gedichten gefeiert werden wie Hochzeitstage (z.B. VII 74; X 38), Geburtstage (z.B. III 6; IV 1; IX 39 und 52; X 24 und 87), Heirat (z.B. IV 13; VI 21), Genesung (VII 47; XI 36), Erlangung des Konsulats (VIII 66), Siege bei poetischen Wettspielen (IV 54; IX 23) oder das erste Haarschneiden (z.B. III 6; V 48).

Aber auch *ungewöhnliche Geschehnisse* finden natürlich das Interesse des Dichters wie spektakuläre Todesfälle von Menschen (z.B. II 75; III 19; IV 18; 60 und 63; VI 68; X 16 und 71) und Tieren (z.B. IV 32; V 67), der Vesuvausbruch (IV 44), eine Tiberüberschwemmung (X 85), die Rebellion des Saturninus (IV 11), die Bestrafung eines Verbrechers (VIII 30), der Einsturz einer Säulenhalle (I 12 und 82), Schneefall in Rom (IV 3) oder ein Großbrand in der Hauptstadt (V 7).

Die Schilderung *makabrer Begebenheiten* offenbart den grimmigen Spott Martials (z.B. III 24 und 91; VIII 57).

Historische Anekdoten illustrieren die Bedeutung bekannter Persönlichkeiten (z.B. I 13; 21 und 42; III 66; V 69 und 74; VI 32).

Epigramme auf *Kunstwerke* betreffen die Malerei (z.B. I 102 und 109; IV 47; V 40; VII 84; IX 74 und 76; X 32; XI 9), Gefäße (z.B. III 35 und 40; VI 92; VIII 6), Statuen (z.B. VI 13; VII 15; IX 23; 24; 43; 44; 64 und 65) und Bauten (z.B. VII 56; VIII 36 und 65; IX 1 und 34).

Landgüter können bei Martial Lob (z.B. III 58; IV 64; X 30 und 51; XII 18 und 57) wie Spott (z.B. III 47 und 58; XI 18; XII 72) herausfordern.

Eine Reihe von Epigrammen beschäftigt sich mit *poetologischen Problemen*. In ihnen spricht sich Martial über Eigenart und Aufgabe seiner Dichtung aus, die – wählt man allein Beispiele aus Buch I – als *libellum* (I Epist.), *epigramma* (I 1,3), *liber* (I 3,2), *lusus* (I 3,10), *ioci* (I 4,3), *carmina* (I 4,6), *pagina* (I 4,8), *versus* (I 35,1), *charta* (I 44,2), *scazon* (I 96,1), *nugae* (I 113,6) bezeichnet, auch thematisch nur eine Kleinpoesie sein will, womit sie sich nicht nur in der Form von Epos und Tragödie absetzt, sondern auch von deren als unrealistisch erachteten mythologischen Stoffen (IV 49); ein Bild des täglichen Lebens soll statt dessen geboten werden

(z. B. VIII 3; IX 50; X 4). Aber auch aus einem ganz handgreiflichen Grund wird die Großform der Dichtung abgelehnt: Wie das Pflügen eines unfruchtbaren Ackers werfe die Gestaltung von Epen keinen materiellen Gewinn ab, wenn ein reicher Gönner fehle (I 107). Doch selbst die Förderung durch einen Mann wie Maecenas würde den Autor nicht von der Kleinpoesie abbringen (VIII 55). In diesem Zusammenhang sind auch die vielen Reflexe auf den ›Kleinkünstler‹ Catull zu verstehen; er allein dürfe Martial vorgezogen werden (X 78). Nur die *carmina parva* (VIII 82,2) erfreuten die Leser (V 16), auf die der Dichter sein ganzes Werk ausgerichtet sehen will; ihnen möchte er mit den sie bewegenden Problemen und Themen Anreize zum Nachdenken bieten. Dieselben Gründe, die ihn die Mythologie kritisieren lassen, machen auch seine Wendung gegen den Archaismus in der Literatur seiner Zeit aus (XI 90). Allein das historische Epos mit seinen Autoren Vergil, Lukan und Silius Italicus finden sein Lob (z. B. IV 14; V 10; VII 21; 22 und 63; XI 48 und 50). Weil die Kleinpoesie aber die größte Publikumswirksamkeit hat, nennt er sich gleichermaßen stolz und selbstironisch *vates* (X 103,3). Auf seine Bekanntheit legt Martial daher größten Wert (z. B. I 1; III 9 und 95; V 13 und 16; VI 82; VII 88; VIII 61; IX 84 und 97; X 2; XI 3; XII 11). Selbst der Kaiser lese seine Epigramme (VI 64). Die Heimatstadt Bilbilis könne stolz auf ihn sein (I 61; X 103). Unsterblich sei seine Dichtung, die selbst ein Bild des Apelles (VII 84) oder das Denkmal Messallas (VIII 3) überleben werde. Allem, was er erwähne, bewahre er eine bleibende Erinnerung (V 15; VII 17; X 26), selbst dem Kaiser schenke er Ruhm (VIII 82). Sogar über die Kritik von Neidern kann er sich freuen (z. B. IX 81). Die Bescheidenheitspose des sich in Wirklichkeit für bedeutend Haltenden wählt er, wenn er auf seine Jugendgedichte geringschätzig blickt (I 113) oder die Vernichtung seines Werkes gutheißt (III 100; IX 58). Das meiste in seinen Büchern, so gibt er vor, sei sowieso schlecht, einiges durchschnittlich und weniges nur gut (I 16); wenn jedoch dreißig Gedichte gelungen seien, müsse das ganze Buch als ein gutes gewertet werden (VII 81). Aus dem Vorwurf, einen *liber inaequalis* geliefert zu haben, ›dreht‹ er sich noch ein Kompliment: ein »gleichmäßiges Buch« sei ein gleichmäßig schlechtes (VII 90). Obwohl er keine komplizierten Versmaße biete, sei er doch kein *tam malus poeta*, denn seine Scherze verlangten eine lockere ›Gangart‹ (II 86). Leicht verständlich könnten diese auch ohne Kommentar eines Gelehrten gelesen werden (X 21).

Einen ständigen Kampf führt Martial, was die Länge seiner Gedichte bzw. Bücher angeht. Mit einem zweizeiligen Epigramm fertigt er einen Kritiker ab, der kürzere Epigramme einmahnte (III 83); Vorbild für die längeren Gedichte sind ihm Pedo und Marsus (II 77). Wem seine Bücher zu lang sind, empfiehlt er, allein die Einzeldistichen zu lesen (VI 65); dem Kaiser solle man nur eine bestimmte Menge anbieten (XII 11). »Länge« ist aber nicht nur ein äußeres Merkmal: Ein Gedicht, dem man nichts wegnehmen könne, sei nie zu umfangreich (II 77). Andererseits muß sich aber Martial auch gegen den Vorwurf eines Kollegen verteidigen, für den Kürze Ausdruck einer geringen gestalterischen Begabung ist: Er selber schaffe kleine Kunstwerke, sein Kritiker dagegen Giganten aus Dreck (IX 50). Selten nur rühmt der Epigrammatiker seine Dichterkollegen. Den Freund Stella preist er, weil seine *columba* den *passer* Catulls noch übertreffe (I 7); allerdings vermitteln die sexuellen Konnotationen dem Lob eine witzige Brechung. Auch die Bewunderung für die von Juwelen funkelnde Dichtung des Freundes steht in komischer ›Umgebung‹ (V 11). Die Dichtung des stets lächelnden Poeten Canius Rufus hält er für berückender als den Sirenengesang (III 64); der mythologische Vergleich stellt aber auch hier den Ernst der Aussage in Frage.

Häufiger als das Lob findet sich die Verspottung von Dichtern im Werk Martials; der eine schreibe so achtbare, fromme Epigramme, daß nur Knaben und Jungfrauen sie lesen würden (III 69); die ›saftlosen‹ Verse eines anderen schmeckten wie fade Marisken (VII 25). Um nicht die schlechten Bücher eines Kollegen zu erhalten, werden diesem auch die eigenen Produkte nicht zugeschickt (V 73). Das beste für wenig begabte Dichter sei es, sofort ihre Verse zu verkaufen, mit denen sich die neuen ›Eigentümer‹ dann blamieren können (XII 47). Schlechten Gedichten wird Feuer und Wasser empfohlen (V 53); ein unbegabter Poet solle zusammen mit seinem Haus verbrennen (XI 93). Seine Blässe sei für einen anderen der einzige Grund, Dichter zu werden (VII 4). Ein aufdringlicher Verseschmied, der bei jeder Gelegenheit rezitiert, löst heftigste Qualen aus (III 44) und verdirbt das beste Mahl (III 50). Selbstironisch wird den eingeladen Freunden versprochen, daß der Gastgeber nichts vorlesen werde (V 78; XI 52).

Besonders intensiv knüpft sich Martial die Plagiatoren vor, denen die Dichter wehrlos ausgesetzt waren, da es in der Antike keinen rechtlichen Schutz für geistiges Eigentum gab (z. B. I 29; 38; 52; 53; 66 und 72; X 100 und 102). Getreu seinem Motto *parcere personis, dicere de vitiis* (X 33,10) wählt Martial bei seinen Attacken freilich fiktive, oft sprechende Namen (wie z. B. *Fidentinus:* Herr Ehrlichmann); damit verschafft er seinen Epigrammen zudem eine größere ›Wirkungsbreite‹, da sich nicht nur einer allein angeredet fühlen muß, sondern viele gemeint sein können.

Widmungen werden Domitian (I 4; V 1; VIII Epist.), den Lesern (III 1), Freunden (III 2 und III 100; IV 10 und 14; VI 1; IX 84), einem Dichterkollegen (V 30) und sogar den Nymphen (IX 58) ausgesprochen. Zu dieser Gruppe von Gedichten gehören auch die *Geleitepigramme*, in denen der Verfasser das Buch selbst anspricht, ihm den Weg beschreibt oder den neuen Herrn vorstellt (z. B. I 3 und 70; II 2; 4 und 5; IV 86 und 89; VII 26; 84 und 97; VIII 1 und 72; IX 99; X 104; XII 2 und 5); dabei wird den Büchern bisweilen ein eigener ›Wille‹ unterstellt.

Mit *Zueignungsgedichten* versieht Martial einige seiner Bücher (III 5; IV 82; V 30; IX 99; X 104) und auch kleinere Geschenke (z. B. II 85; IV 19; VII 31; 49; 89 und 91; IX 54 und 60; X 94; XII 74); anstelle eines Präsentes tun es manchmal auch ein paar witzige Verse allein (z. B. V 18 und 59; IX 55).

Viele Gedichte kommen noch dem ursprünglichen Wesen des Epigramms nahe wie die für *Grabdenkmäler* und *Weihungen* verfaßten.

Welche der Epitaphe wirklich für das Grab eines Verstorbenen bestimmt sind, ist nicht eindeutig auszumachen. Daß paarweise auftretende Epigramme derselben Person gelten (I 114 und 116; VI 28 und 29; X 50 und 53), könnte ein doppeltes Angebot zur Auswahl der bei Martial vielleicht in Auftrag gegebenen Verse bedeuten oder Ausdruck einer um Variation bemühten Ausformung sein. Daß der Tod der kleinen Erotion gleich in drei Epigrammen behandelt wird (V 34 und 37 sowie X 61), bezeugt aber wohl aufrichtige ›Trauerarbeit‹. Diese wird auch deutlich für ein anderes junges Mädchen, das an einer Gesichtsseuche starb (XI 91).

In echten Epitaphen finden sich die üblichen Schlußwendungen: »Die Erde sei ihm/ihr leicht« oder ein frommer Wunsch an Vorübergehende; beider Formeln bedient sich Martial (z.B. VI 52 und 68 sowie I 116; VI 28; VII 96; XI 13). Eine einzige Inschrift kann auch dem Doppelaltar zweier verstorbener Freunde oder einem Ehepaar gelten (I 93; X 71). Sogar eine Jagdhündin erhält ein Epitymbion (XI 69). Satirisch ist die Grabschrift auf eine Kupplerin gehalten (X 67). Nahe kommen den Grabepigrammen *Nachrufe* (z.B. I 88 und 101; VI 85; X 26 und 50) und *Trostgedichte* (z.B. VI 18; IX 86).

Die zahlreichen *Weihegedichte* beziehen sich auf Gelübde und Opfer an die Adresse der Götter (z.B. I 31; III 6; IV 45; V 48; VI 47; VII 74; VIII 15; IX 16; 17; 42 und 90). Aber auch ein witziges Spiel treibt Martial mit diesen Bräuchen, wenn bei einem Bacchusopfer versehentlich die Hoden des tuskischen Sehers und nicht des Bockes abgeschnitten werden (III 24), ein Erbschleicher ein scheinheiliges Versprechen ausspricht (XII 90) oder eine ängstliche Frau für die Rückkehr des Mannes dessen *mentula* abzuküssen gelobt (IX 40).

Zum Schluß sei noch auf die vielen peinlich wirkenden *Huldigungen* an die Kaiser hingewiesen. Bereits der ganze *Liber spectaculorum* enthält sowohl implizit wie offen ausgesprochen eine Verherrlichung des Titus. In seiner Göttlichkeit übertreffe Domitian sogar noch die *superi* (IV 1 und 3; V 1; VI 83; VII 60; VIII 4; IX 20; 34; 36 und 91); auch Herkules müsse ihm nachstehen (V 65; IX 64; 65 und 101). Gepriesen werden die Bauten (V 7 und 19; VI 4; VIII 36; IX 3) und Gesetze (VI 2 und 4; VII 61; IX 5 und 7) des Kaisers, seine charakterlichen (IV 3; VI 10; VIII 56; IX 79) und geistigen Fähigkeiten (V 5). Vor allem Domitians Rückkehr aus Germanien nimmt der Dichter zum Anlaß der Glorifizierung (VII 5; 6; 7 und 8; VIII 2; 8; 11; 15 und 65). Selbst die Tiere stünden im Bann des Kaisers (I 104; IV 30).

Auch die Rückkehr Trajans wird mit Freude erwartet (X 6 und 7), allerdings finden sich nicht so viele Superlative für den neuen Herrscher (X 34 und 72; XII 8).

Maßvoller erscheint auch das Lob auf Nerva, dessen geistige (VIII 70; IX 26) und moralische Qualitäten (XI 5 und 7; XII 6; 9 und 15) hervorgehoben werden.

Manches Thema ließe sich noch nennen: Der Dichter bezieht sich auf Kleidungsstücke, Produkte seines Landgutes, ein Gewächshaus aus Glas, einen Triumphbogen, verschiedene Tiere, Menüfolgen bei großen und kleinen Mählern, Thermen und Bäder, einen sarmatischen Panzer aus Eberklauen, Gerichtsverfahren, Vogel-, Fisch- und Rehfang, den Stuhlgang, Kurorte, Krankheiten, Übelkeit und Erbrechen, einen Krummbeinigen, einen Riesensklaven, eine Abgemagerte, Heilmittel, Kosmetik, einen Sturz vom Baum, einen Reisewagen, einen Arme-Leute-Umzug, den Unterricht eines Lehrers, Schwefel-, Erbsenbrei-, Salz- und Würstchenhändler und vieles mehr. Dahinter steht ein Ensemble von tausend Begegnungen und Reaktionen des Autors auf seine Zeit, auf einen ungemein voraussetzungsreichen gesellschaftlichen und literarischen Hintergrund. Die thematische Vielfalt, die Diskontinuität in der Abfolge der Gedichte einerseits und die Splitter von Entsprechungen, die das ganze Werk andererseits durchziehen, die Mischung von Preziösem und Banalem, von Empfindsamem und Geschmacklosem – dabei ein jegliches stets mit höchster Kunst dargeboten –, all das wirkt ›postmodern‹ modern in der Instrumentierung des Mannigfaltigen, das aber kein kunterbuntes, eklektisches Potpourri entstehen läßt, sondern eine Kommunikation von Kontrasten: eine radikale Pluralität, die auf Andersheit setzt. So wie sich Martial in verschiedenen – auch gesellschaftlichen – Welten bewegte, so integrierte er in seinem Werk Elemente unterschiedlicher Herkunft. Herauskam dabei eine Kunstwelt, die – ganz und gar nicht einsinnig – in ihrer Mehrfachkodierung so manchen Hintersinn noch vermuten läßt. »Den Rang eines Kunstwerkes«, so formulierte Th. W. Adorno[1], »definiert wesentlich, ob es dem Unvereinbaren sich stellt oder entzieht.« Blickt man auf die Gesamtheit der Epigramme, so wird deutlich, daß ihr Verfasser sich unaufhörlich den Gegensätzen und Widersprüchen zuwandte und diese immer wieder zur »sinnreichsten Kleinigkeit«[2] im gelungenen Gedicht formte.

---

1 Adorno, Th. W.: Ästhetische Theorie, Frankfurt a.M. 1970, S. 283.
2 Lessing, 5. Bd., S. 420.

Publikationsdaten der Bücher

Maßgeblich für die Datierung der einzelnen Bücher ist immer noch L. Friedländers Chronologie, der sich auch F. Grewing in seinem Kommentar zu Buch VI anschließt (Grewing 1997, S. 21):

Buch der Schauspiele		80 n. Chr.
Buch	13 + 14	Ende 84 oder 85 n. Chr.
Buch	1 + 2	85/86 n. Chr.
Buch	3	87/88 n. Chr.
Buch	4	Ende 88 n. Chr.
Buch	5	Ende 89 n. Chr.
Buch	6	Sommer/Herbst 90 n. Chr.
Buch	7	Ende 92 n. Chr.
Buch	8	Mitte 93 n. Chr.
Buch	9	2. Hälfte 94 n. Chr.
Buch	10	Ende 95 n. Chr. (1. Aufl.)
Buch	10	Mitte 98 n. Chr. (2. Aufl.)
Buch	11	Ende 96 n. Chr.
Buch	10 + 11	Ende 97 n. Chr. (Florilegium)
Buch	12	Anfang 102 n. Chr.

ERLÄUTERUNGEN

BUCH DER SCHAUSPIELE

1 Die Aufzählung der (Sieben) Weltwunder ist eigenwillig, da Martial nur Bauwerke mit dem Amphitheater vergleichen konnte.

1,1 Die unterägyptische Stadt *Memphis*, Residenz der Könige, war berühmt wegen der Pyramiden.

1,2 *Babylon ... assyrische Leistung:* die gewaltigen Ziegelmauern und die hängenden Gärten der Semiramis, der sagenhaften Gründerin der assyrischen Monarchie – als zwei Wunder hier gerechnet.

1,3 *Trivias Tempel:* der berühmte Artemistempel in Ephesus; Trivia ist Beiname der an Weggabelungen verehrten Göttin.

1,4 Die Kykladeninsel *Delos* war der Geburtsort von Apollon und Artemis; den *Altar* soll Apollon im Alter von vier Jahren aus den Hörnern der von Artemis erlegten Tiere errichtet haben.

1,5 *Mausoleum:* das Grabmal des Königs Mausolos von Karien (Südwestkleinasien), das ihm seine Gattin Artemisia errichten ließ; daß es »in luftigem Raume schwebt«, ist eine (wohl bewußt absurde) Kontamination mit den hängenden Gärten der Seminaris.

1,7 Das flavische *Amphitheater* (*Colosseum* genannt nach dem Sonnenkoloß, vgl. 2,1.) wurde von Vespasian begonnen und von Titus vollendet; hier wurden Schauspiele und Tierkämpfe veranstaltet. Nur Martial rechnet es zu den sieben Weltwundern; er feiert dessen Einweihung mit dem Liber spectaculorum.

2,1 *Kolossalbild:* eine über hundert Fuß hohe Statue mit Neros Gesicht, später von Vespasian mit dem Kopf des Sonnengottes versehen; sie stand am Eingang des Kolosseums nach dem Forum zu; vgl. Sueton, Nero 31,1: v*estibulum eius* (nämlich der *domus aurea*) *fuit, in quo colossus CXX pedum staret ipsius effigie.*

2,3 *verhaßte Hallen:* Neros Goldenes Haus, das er im Jahre 64 nach dem Brand Roms erbaute. – *Regenten: rex* ist eine Invektive; Könige waren den Römern seit dem letzten König Tarquinius Superbus verhaßt.

2,7 *die Thermen ..., das rasch vollendete Geschenk:* die Titus-Thermen nahe beim Kolosseum; vgl. Sueton, Titus 7.

2,8 *die protzigen Gärten:* Die Weiträumigkeit des *superbus ager* beschreibt Sueton, Nero 31,1: *rura insuper, arvis atque vinetis et pascuis silvisque varia.*

2,9 *Claudische Kolonnade:* nicht sicher lokalisierbar.

2,10 *Palast:* Neros Goldenes Haus.

2,11 *Caesar:* gemeint ist Titus.

3,3 Das *Haemus*gebirge in Thrakien, hierhin zog sich Orpheus zurück, nachdem er Eurydike endgültig verloren hatte; *rhodopeïsch*: thrakisch; die Rhodope ist eine Bergkette in Thrakien.

3,4 Mit Milch vermischtes *Pferdeblut* sollen die *Sarmaten* (Bewohner des polnisch-russischen Tieflandes zwischen Ostsee und Schwarzem Meer) getrunken haben: Plinius, Naturalis historia XVIII 100: »Auch die Volksstämme der Sarmaten leben zum größten Teil von einem solchen (Hirse-)Brei, sogar aus ungekochtem Mehl, dem sie Pferdemilch oder Blut aus den Schenkeladern ⟨der Pferde⟩ beimischen.«

3,5 *den endlich entdeckten Nilquellen:* von einer Expedition unter Nero vergeblich gesucht.

3,6 Die Meeresgöttin *Tethys*, Tochter des Uranos und der Gaia, Gemahlin des Okeanos, steht im lateinischen Text metonymisch für das *Weltmeer*; wahrscheinlich denkt Martial an die Britanner.

3,7 *Sabäer:* aus Saba in der *Arabia felix.*

3,8 Der Duft des Safrans, besonders aus Korykos in Kilikien, wurde von den Römern hoch geschätzt; Safranessenz wurde im Theater und Zirkus als Duftspender ausgesprengt.

3,9 *Sugambrer:* germanischer Stamm zwischen Sieg und Ruhr.

3,10 *Äthiopier:* häufig für Schwarzafrikaner allgemein gebraucht.

3,12 Friedländer verweist auf eine Kupfermünze aus dem Jahr 80 mit der Titulatur des Titus: *p(ontifex) tr(ibunicia) p(otestate) p(ater) p(atriae) cos. VIII;* die Hauptseite der Münze zeigt das Amphitheater. – Als *pater patriae* wurden der Gründer des Staates (Beispiel: Romulus), der Retter des Vaterlandes (Beispiel: Cicero) und der väterlich gütige Herrscher (Augustus und spätere Kaiser) geehrt.

4,2 *bedauernswert:* Das Epitheton ist ironisch gemeint.

4,5 *ausonisch:* italisch; *Ausonia* ist ein alter Name für *Italia*.

4,6 Unter Vespasian hatte der Fiskus durch die Denunziationen große Einnahmen erzielt; dadurch daß Titus das Delatorenunwesen abschaffte, verzichtete er auf beträchtliche Staatseinkünfte, die im Umfang den Aufwendungen für öffentliche Spiele gleichkamen.

5,1 *diktäisch:* kretisch, von dem Berg Dikte auf Kreta. – *Pasiphaë:* Gattin des Königs Minos von Kreta und Mutter des Minotaurus aus ihrer Verbindung mit einem Stier.

5,4 *Arena:* Die öffentliche Inszenierung mythischer Situationen fand in Rom ein (neu)gieriges Publikum.

6,2 *Venus selbst dient dir sogar:* Hier und in dem folgenden Gedicht kämpfen und jagen Frauen in der Arena; vgl. auch Juvenal I 22–30: »Wenn … Mevia einen etruskischen Eber erlegt und, die Brust entblößt, Jagdspeere trägt …, dann ist es schwierig, keine Satire zu schreiben!«

6b,1 *Nemea:* Waldtal bei Phlius in der Argolis, wo Herkules den Löwen erwürgte.

7,1-2 Der Titan *Prometheus* wurde, weil er für die Menschen das himmlische Feuer gestohlen hatte, von Zeus an den Kaukasus geschmiedet; ein Adler fraß täglich von seiner nachwachsenden Leber.

7,3-4 *Kaledonien:* Schottland – *Laureolus:* ein bekannter Räuber, dessen Kreuzigung schon zur Zeit Caligulas in einem Mimus des Catullus dargestellt und erneut hier in der Arena vorgeführt wurde; vgl. auch Juvenal VIII 187–188.

7,11 *Vergehen der alten Sage:* wohl Anspielung auf den zweifachen Betrug, den Prometheus für die Menschheit beging, als er den Göttern die Knochen, den Menschen das Fleisch der Opfertiere zuteilte und als er für die Menschen das himmlische Feuer stahl; vgl. die ›Promethie‹ in Hesiods Theogonie, V. 521ff.

7,12 *quae fuerat fabula, poena fuit:* In Epigrammen wie diesem findet sich »das Erschreckendste, was antike Literatur hervorgebracht haben dürfte« (H. Cancik, S. 269). Solche Darstellungen sind nicht weniger entsetzlich, wenn man Martials Absicht respektiert, zeitgenössische Belege für die Plausibilität der Mythen vorzustellen oder Ereignisse, die das mythologische Geschehen sogar noch übertreffen. U. Walter (S. 42) gibt zu bedenken, daß die Arena »kein Ort des Vergnügens und der Entspannung« sei, »sondern ein Ort, in dem die Ordnung der Welt, so wie sie sein sollte, auf brutale Weise im wahrsten Sinne des Wortes ›vorgestellt‹ wurde und die Gemeinschaft in ihrer Gesamtheit ... sich ihrer Vorstellungen vergewisserte«.

8,1 *Dädalus*, im Mythos der Erbauer des Labyrinths, war mit seinem Sohn Ikarus von Kreta davongeflogen; der Sohn stürzte beim Flug ins Meer. – *Lukanien:* Landschaft in Unteritalien, zwischen Kampanien im Nordwesten und Bruttium im Süden.

9,4 *Welch ein gewaltiger ›Stier‹:* Pausanias (IX 21,2) schreibt von »äthiopischen Stieren, die man Rhinozeros nennt«. – Durch Zuwerfen von *pila*, mit Lappen behängten *Strohpuppen*, reizte man den Stier (vgl. II 43,5–6; X 86,4).

11,6 *wilde Tiere mit der Kunst des Vogelstellers fangen:* d.h., es kommt noch so weit, daß die wilden Tiere fliegen, wenn man sie schon wie Vögel erjagt.

12,1 Als Göttin der Jagd war *Diana* auch für die vom Kaiser veranstalteten Tierkämpfe in der Arena zuständig.

12,4 *Lucina:* Göttin der Geburt, oft mit Diana gleichgesetzt.

12,7 *daß Bacchus einer toten Mutter entstamme:* Als Semele in Jupiters Blitzstrahl verbrannte, riß der Gott den noch nicht ausgetragenen Dionysos/Bacchus aus ihrem Leib und trug ihn in seinem Schenkel aus.

13,5 *doppelte Diana:* als Jagd- und als Geburtsgöttin.

14,1 Shackleton Bailey schreibt *pignora* und konstruiert die Wortgruppe *maturi pignora ventris* als Apposition zu *fetum* (»ihr Junges«): »das Pfand (*pignora*) eines reifen Leibes«.

14,4 *subitis casibus:* Spiel mit den verschiedenen Bedeutungen von *casus* als »Fall«, »Vorfall«, »Zufall« und »Tod«.

15,1 *Meleager*, Sohn des Königs Oineus von Ätolien und der Althaia, erlegte auf der berühmten kalydonischen Jagd den von Artemis geschickten Eber.

15,2 Der Gladiator und Tierkämpfer *Carpophorus* auch 22/23 und 27.

15,4 *arktisch:* nördlich; *Arctos* ist der Große und der Kleine Bär am nördlichen Sternhimmel.

15,7 *volucrem longo porrexit vulnere pardum* könnte auch heißen: »Einen schnellen / flüchtigen Panther streckte er nieder mit einer Verwundung aus großer Distanz.«

15,8 Der Vers ist stark verderbt und nicht zu heilen; vielleicht ist vorher oder nachher etwas ausgefallen.

16 Das Distichon ist wohl ein Fragment, Sinn und Pointe sind unklar; *Stier ... entschwand:* Die ›Himmelfahrt‹ dieses Stieres im Amphitheater fand vielleicht mit Hilfe einer Theatermaschinerie (*artis*) statt. – *Werk ... der frommen Verehrung:* Nach Shackleton Bailey von Seiten des mit dem Stier kämpfenden Elefanten gegenüber dem Kaiser, vgl. 17,1 »Daß fromm und demütig ein Elephant dir, Caesar, huldigt«.

16b 1 Als *Stier* entführte Jupiter die *Europa durch das Meer seines Bruders* Neptun.

16b 2 Als *Alkide* (Herkules, der Alkeus-Enkel) verkleidet, wurde der Delinquent oder *bestiarius* emporgeschleudert.

16b 3 *Fama* ist die personifizierte Göttin des Gerüchtes und der öffentlichen Meinung; vgl. Vergil, Äneis IV 173 ff.: *Extemplo Libyae magnas it Fama per urbes / Fama, malum qua non aliud velocius ullum / mobilitate viget virisque adquirit eundo.*

18,2 *Hyrkanien:* Landschaft am Südostufer des Kaspischen Meeres.

19,2 Durch Feuer und durch Zuwerfen von *pilae*, mit Lappen behängten und mit *Stroh* ausgestopften *Puppen*, reizte man bei den Tierkämpfen die Stiere zu wütendem Angriff; vgl. auch zu 9,4.

20,1 *Myrinus* und *Triumphus* waren wohl Tierkämpfer.

21,1 Die *Rhodope* ist eine Bergkette in Thrakien, der *Rhodopeius vates* (Ovid) ist *Orpheus*. – Die *Orpheus-Szene* ist das Schauspiel, das Orpheus dem Rhodope-Gebirge bot; dieses war gleichsam Zeuge der im folgenden angedeuteten Ereignisse, für die es die Bühne abgab. Zur Geschichte von dem vergeblichen Versuch des thrakischen Sängers Orpheus, seine frühverstorbene Frau Eurydike aus der Unterwelt zurückzuholen, vgl.

man Vergil, Georgica IV 453ff., und die klassische Darstellung im
10. Buch der Metamorphosen Ovids.

21,4 Die *Hesperiden*, Töchter des Atlas, hüteten im Garten der Götter
im äußersten Westen den Baum mit den goldenen Äpfeln.

21,8 Das überlieferte *tamen res est facta ita pictoria* o. ä. gibt keinen
Sinn, παρ' ἱστορίαν ist eine geniale Konjektur von Housman. Gemeint
ist: Ein schlecht dressierter Bär hatte sich nicht um den ›offiziellen‹ mythischen Ablauf der Geschichte gekümmert und den Darsteller des Orpheus getötet, statt sich von seinen Gesängen bezaubern zu lassen, eine
makabre Pointe Martials.

21b 2 Überliefert ist *versa miramur* o. ä.; die Stelle ist kaum zu heilen; Shackleton Bailey schreibt *ursam invasuram:* Weil Eurydike
Orpheus wieder verloren hatte, habe sie diesen ›tödlichen‹ Ausweg er-
sonnen, um den geliebten Mann erneut in die Unterwelt zurückzu-
bekommen.

22,6 Der *Stier*, der die *Strohpuppen* emporschleudert, auch 19,2 mit
identischem zweiten Halbvers: *sustulerat raptas taurus in astra pilas*.

22,7f. Die Verse 7–8 sind nach Shackleton Bailey vielleicht das Fragment eines anderen Epigramms.

22,7 Die römische Provinz *Noricum* in den Ostalpen, östlich des Inn,
war bekannt durch Bodenschätze und Eisenwaren.

22,8 Der Gladiator *Carpophorus* auch 15 und 27.

22,12 *beschwere dich:* Dem Publikum dauert es offenbar zu lange.

24,2 *munus* ist die Bezeichnung für jede Spende an das Volk, speziell
Schau- und Gladiatorenspiele, aber auch Wasserkünste; das *munus* heißt
sacrum, weil der Kaiser es veranstaltete und persönlich anwesend war.

24,3 Die Arena wurde für ein *Seegefecht* unter Wasser gesetzt; die
Kriegsgöttin *Enyo* (lat. Bellona) steht metonymisch für Krieg.

24,5 Wenn *die Fluten den Mars ermüden*, ist der Seekampf zu Ende.

25 Zu dem tragischen Liebespaar Hero und *Leander* vgl. auch XIV 181.
Leander schwamm Nacht für Nacht zu seiner Geliebten über den Hellespont und ertrank, als der Sturm das Licht löschte, mit dem Hero ihm den
Weg wies. Als sie die Leiche des Geliebten am Strand entdeckte, stürzte sie
sich von ihrem Turm in den Tod. Die Geschichte ist ausführlich dargestellt

in dem Epyllion »Hero und Leandros« des Musaios (5./6. Jh. n. Chr.). Die Nachstellung der Szene in der unter Wasser gesetzten Arena ging – diesmal? – durch die Gunst des Kaisers für den Schwimmer gut aus.

26,1 Nereus, ein Meergott, zeugte mit der Okeanide Doris 50 Töchter, die *Nereïden* oder Nymphen des Meeres; hier zeigen als Nereïden verkleidete Schwimmer(innen) im Wasser ihre Künste.

26,5 *Gestirn der Spartaner:* Kastor und Pollux, die Söhne der Leda, die mit Tyndareos, dem König von Sparta, verheiratet war; die Dioskuren sind die Schutzpatrone der Seefahrer.

26,8 Die Nereïde *Thetis*, die Mutter des Achilleus, steht hier metonymisch für das Meer.

27,1 Der Gladiator *Carpophorus* auch 15 und 22/23.

27,2 Die Stelle ist verderbt und kaum zu heilen. Wir lesen mit Gilbert *pavisset nullas b.t. feras*, wobei die Konjektur *pavit* zwei Möglichkeiten der Deutung offenhält: ernähren (*pascere*) und fürchten (*pavere*).

27,3–5 Aufzählung von Tieren, die Herkules vernichtete: der Marathonische *Stier*, der Neme∙sche *Löwe*, der Erymanthische *Eber*, die vielköpfige *Hydra*; der Maenalus ist wie der Erymanthus ein Gebirgszug in Arkadien.

27,6 Die *Chimäre* ist das von Bellerophon, dem korinthischen Nationalheros, erlegte dreigestaltige Ungeheuer (vorne Löwe, in der Mitte Ziege, hinten Schlange).

27,7 Die *Kolchierin* Medea half Jason bei der Bändigung der beiden feuerschnaubenden *Stiere*, deren Füße, Maul und Hörner aus Erz waren. Sie gab dem Helden eine vor dem Feuer schützende Salbe; so gewappnet konnte er mit den Tieren die tiefe Furche pflügen, in die er die Drachenzähne säen mußte.

27,8 *Pasiphaë* war die Frau des Königs Minos von Kreta; ihr Sohn aus der Verbindung mit dem Poseidon-Stier, der Minotaurus, halb Mensch, halb Stier, wurde von Minos in das Labyrinth gesperrt und später von dem Athener Theseus getötet.

27,10 *Hesione:* die durch Herakles von einem Meeresungeheuer errettete Tochter Laomedons, des Königs von Troja und Vaters von Priamos; *Andromeda:* Tochter des Kepheus, Königs von Äthiopien, und seiner Frau Kassiopeia, durch Perseus von einem Meeresungeheuer befreit.

28,1 Schon Augustus hatte Seeschlachten in der von ihm angelegten *Naumachia Augusti* in Trastevere aufführen lassen: Sueton, Augustus 43,1: *item navale proelium circa Tiberim cavato solo, in quo nunc Caesarum nemus est*; vgl. auch Tacitus, Annales XII 56.

28,4 Die Meernymphen *Thetis* und *Galatea*, beide Töchter des Nereus.

28,6 *Triton*: eine Meergottheit, Sohn Neptuns.

28,7 *Nereus*, der Vater der Nereïden, ist ein greiser Meergott, der ähnlich wie Proteus seine Gestalt verändern konnte.

28,8 *Zu Fuß geht* Nereus dann, wenn sich das Wasser zurückgezogen hat und er plötzlich auf dem Trockenen steht.

28,11 Auf dem *Fuciner*see (Lago di Celano) fanden unter Kaiser Claudius im Jahr 54 große Naumachien statt; vgl. Tacitus, Annales XII 56.

29,3 Unter *missio* versteht man die Befreiung der Gladiatoren vom weiteren Fechten für diesen Tag; daher: *sine missione pugnare* = auf Leben und Tod kämpfen.

29,5 Durch *Heben* eines *Fingers* signalisiert der Betroffene seinen Wunsch nach Gnade durch den Kaiser.

29,6 *lances*: besonders wertvolle Schüsseln aus Edelmetall, evtl. auch mit Goldstücken gefüllt.

29,9 *rudes* sind Stockrapiere als Zeichen der ehrenvollen *missio*.

30,1 *damma* ist der allgemeine Ausdruck für Gemse, Hirschkalb, Reh, Gazelle und Antilope; hier wohl die Gras- oder Riedantilope, die Plinius, Naturalis historia VIII 214 und XI 124, erwähnt, »mit nach vorn gekrümmten Hörnern.« – *Molosser:* zur Jagd besonders geeignete Hunderasse, nach einem Stamm im Nordwesten Griechenlands.

30,5 Ein hexametrischer Vers ist ausgefallen.

33 *Epigramma a scholiasta Iuvenalis (ad sat. IV,38) traditum male huic epigrammatum libro ab editoribus adiungitur, cum attribuendum sit libro alicui Martialis post Domitiani mortem edito* (so Gilbert in der Teubnerausgabe von 1901); Friedländer setzt das Distichon ans Ende des 11. Buches. – Sinn wohl: Domitian stellt in seiner Person das ganze Flaviergeschlecht in Frage, also auch die Existenz seiner Vorgänger auf dem Kaiserthron: Vespasian und Titus.

ERSTES BUCH

EPIGRAMME

Epist. **4–5** *mit bedeutenden Namen Mißbrauch trieben:* Martial mag hier z. B. an Lucilius und Catull denken.

Epist. **6** *mein Talent:* Howell empfindet dagegen *ingenium* »in a bad sense« als »cleverness«.

Epist. **7–8** *nec epigrammata mea scribat:* indem er in sie einen anderen als den vom Autor beabsichtigten Sinn hineininterpretiert; *scribat* hat die Bedeutung »rewrite« (Howell).

Epist. **10** *si meum esset exemplum:* d. h., wenn ich den Epigrammstil erfunden hätte, somit für seine Anwendung verantwortlich wäre.

Epist. **11** Neben *Catull* erwähnt Martial als bedeutende Epigrammatiker auch die Dichter der Augusteischen Zeit Domitius *Marsus* bzw. *Pedo* Albinovanus (II 71; 77; V 5; VII 99; VIII 55,24), nur hier dagegen C. Cornelius Lentulus *Gaetulicus*.

Epist. **13** *mit diesem Brief:* Vorreden wurden nicht selten in Briefform verfaßt. Martial bedient sich dieser Form auch für die Bücher II, VIII, IX und XII.

Epist. **15–16** Flora war eine römische Blumengöttin, die *Floralia* ein Frühlingsfest (28. April bis 3. Mai), an dem auch Mimen aufgeführt wurden; Ausgelassenheit und eine gewisse Zügellosigkeit der Spiele, auch der Besucher, war üblich und akzeptiert. – *non intret Cato theatrum meum:* Anspielung auf eine Anekdote, die von Valerius Maximus (II 10,8) berichtet wird: Cato Uticensis soll an den *Floralia* des Jahres 55 v. Chr. das Theater verlassen haben, als er bemerkte, daß durch seine Anwesenheit das Publikum um das Vergnügen gebracht wurde, den Auftritt nackter Tänzerinnen zu genießen.

1,1, *Hic est quem legis ille, …:* Der Vers variiert die *Ille ego, qui …*-Formel, mit der die Schriftsteller auf ihr Werk und ihr Renommee als Dichter verweisen; vgl. z. B. Ovid, Tristien IV 10,1–2: *Ille ego, qui fuerim tenerorum lusor amorum, / quem legis, ut noris, accipe posteritas.* – *hier ist* *er* suggeriert die Vorstellung einer Aufschrift zu dem Bildnis oder der Büste des Dichters; auf das Buch bezogen, das Martial hiermit präsentiert, konnotiert *hic* dessen vom Autor verbürgte Echtheit und Vollständigkeit.

1,2 *Martial, in der ganzen Welt bekannt:* Bevor die Gedichte in Buchform erschienen, waren sie schon durch Abschriften verbreitet. Auf seine Bekanntheit auch außerhalb Roms weist Martial des öfteren hin, z.B.: V 13; VII 88; IX 84; X 9; XI 3.

2,3 *Das Pergamentformat reduziert sie auf eine knappe Zahl von Blättern:* XIV 186 stellt Martial eine Buchausgabe des kompletten (?) Vergil auf Pergament vor. Weil Pergamentblätter auf beiden Seiten beschrieben werden konnten, ließ sich mit ihnen ein ›Taschenbuch‹ herstellen im Gegensatz zur Rollenform der ›Großausgabe‹.

2,4 *scrinia* heißen zylinderförmige Behälter für Papyrusrollen, in Regalen aufgestellt.

2,7 *Secundus*, Freigelassener eines nicht näher bekannten *Lucensis*, war Martials Buchhändler, der die Gedichte in Pergamentexemplaren verkaufte.

2,8 Der Laden befand sich hinter dem von Vespasian 75 erbauten Tempel der *Pax.* – Das *Forum der Pallas* war das *Forum transitorium* oder Minerva-Forum, wo auch ein Minervatempel war.

3,1 Das *Argiletum* ist ein Stadtteil von Rom, nördlich an das Forum anschließend, zwischen *curia* und *basilica Aemilia*, wo Handwerker und Buchhändler ihre Läden hatten; der Name, von *argilla* (weißer) Töpfererde abgeleitet, wurde als *Argi letum* (Tod eines gewissen Argus) gedeutet; Martial trennt daher I 17,9 und II 17,3 das Wort.

3,4 *Volk des Mars:* die Römer.

3,6 *Rhinozeros-Nase:* Die (spitze) Nase ist das Organ des Spottes.

3,8 *ab excusso missus in astra sago:* Jemanden aus Übermut auf einem ausgebreiteten Soldatenmantel (*sagum*) oder einer groben Wolldecke in die Höhe zu schleudern (*sagatio*), war in Rom bei Soldaten, aber auch bei jungen Leuten üblich, ein grober Unfug, um sich über den Emporgeworfenen lustig zu machen; auch Otho beteiligte sich in seiner Jugend an diesem Spaß (Sueton, Otho 2,1).

ZUM ERSTEN BUCH

3,10 *lusus* zur Bezeichnung der leichten Poesie.

4,2 *supercilium:* die Augenbraue als Sitz und Ausdruck souveränen Handelns, vgl. Horaz, Carmina III 1,8 von Jupiter (nach homerischem Vorbild): *cuncta supercilio moventis*; das Bild von der Augenbraue schließt aber auch die einem ›höheren Wesen‹ zustehende stolze, ja arrogante Haltung ein.

4,5 Die Mimenspielerin *Thymele* und ihr Partner *Latinus* werden beide zusammen auch bei Juvenal I 36 genannt.

5,1 *Ich biete dir ein Seegefecht:* Martial legt dieses Epigramm dem Kaiser Domitian in den Mund.

5,2 *du willst … mitsamt deinem Buche schwimmen:* neckische Drohung, Martial mitsamt seinen Gedichten ins Wasser zu werfen.

6 Das Motiv der für die kaiserlichen Schauspiele abgerichteten *Löwen*, die *Hasen* wieder losließen, nachdem sie diese mit ihren Zähnen gefaßt hatten, ist von Martial in Buch I siebenmal gestaltet worden; vgl. 14; 22; 48; 51; 60; 104.

6,1 *trug der Adler den Jungen:* Anspielung auf den Raub Ganymeds durch den Adler des Zeus.

7 Lucius Arruntius *Stella* aus Padua, Gönner Martials, dichtete auch selbst; mit seinem Gedicht auf eine *Taube* trat er in Konkurrenz zu *Catull*, carmina 2 und 3 über Lesbias *Sperling*; in einer zweiten Lesart konnotieren Spatz und Taube vielleicht die unterschiedliche Penisgröße der jeweiligen Besitzer. – *Verona* ist Geburtsort Catulls. – *Verona licet audiente dicam:* Wir fassen mit Citroni *dicam* als Futur auf und konstruieren *licet* mit dem Abl. absol., was freilich ungewöhnlich ist; anders Howell: »although I dare to say it in the hearing of Verona.«

8,1 M. Porcius *Cato* gab sich bei Utica selbst den Tod, P. Clodius Paetus *Thrasea* starb auf Befehl Neros; beide waren Anhänger der stoischen Philosophie.

8,4 *Decianus,* ein wohlhabender Freund, Patron und Landsmann Martials aus Emerita (61,10), betätigte sich auch literarisch; Martial rühmt ihn I 39 wegen seines Geistes und Charakters und widmet ihm das 2. Buch (vgl. auch II 5); danach kommt er nicht mehr vor.

10,4 *Sie hustet:* Sinn: Er wird sie bald beerben.

11,1 *bis quina nomismata:* Bei einer Bewirtung durch den Kaiser im Theater erhielt jeder Ritter zehn Kupfermarken als ›Gutscheine‹ für Getränke (*tesserae vinariae*); vgl. auch I 26.

11,4 *unvermischten Wein* (zu) *trinken* gehörte sich nicht.

12 Rettung des Patrons im letzten Moment: das gleiche Thema I 82.

12,1 *Tibur* (Tivoli): Stadt an den Wasserfällen des Anio (Aniene oder Teverone), die Sommerfrische von Rom, geschätzt wegen des kühlen Klimas und bekannt durch einen Herkulestempel.

12,2 Die *Albula* ist ein schwefelhaltiger Bach mit Heileffekt bei Tivoli, in den Anio fließend.

12,5 *rudis (porticus):* im Sinne von *rusticus* (so auch Citroni: »si tratta di una villa di campagna« und Howell); andere Möglichkeit: baufällig, in schlechtem Zustand; vgl. VII 36,2: *et rudis hibernis villa nataret aquis.*

12,8 Aquilius *Regulus:* bekannt als Sachwalter, berüchtigt als politischer Ankläger und Denunziant und sehr reich, Gönner Martials, den dieser häufig nennt.

13,1 Caecina *Paetus* hatte an dem Aufstand des Scribonius gegen Claudius teilgenommen und war im Jahr 42 zum Tode verurteilt worden; seine Frau *Arria* wollte ihm dadurch Mut machen, daß sie sich selbst den Dolch in die Brust stieß; vgl. Plinius, Epistulae III 16,6: *Paete, non dolet.*

13,4 *die (Wunde), Paetus, tut mir weh:* Martial hatte vielleicht ein Gemälde der bekannten Todesszene vor Augen.

14,6 *dir soll er ja gehören: Also kann er es:* Der »gierige Löwe« ist offenbar so mild wie der Kaiser – eine fragwürdige, vielleicht auch hintergründige Huldigung an Domitian.

15,1 Der hier und in anderen Epigrammen genannte *Julius* ist fast sicher immer Martials engster Freund L. Julius Martialis; ihre Freundschaft reicht zurück bis zu Martials Ankunft in Rom vor 34 Jahren: XII 34,1–2: *Triginta mihi quattuorque messes / tecum, si memini, fuere, Iuli.*

15,3 *zum zweiten Mal der dreißigste Konsul:* Der Freund ist also beinahe sechzig Jahre alt.

15,6 *nur das solltest du für dein Eigentum halten, was es vorher schon war:* Vgl. die Schlußpointe von V 58: *ille sapit quisquis, Postume, vixit heri.*

16,2 Stertinius *Avitus:* Konsul im Jahre 92, ein Freund Martials.

17,3 »But, Titus, a farmer is doing a great job too« (Howell); Martial gibt also dem reichen Titus zu verstehen, dieser solle ihm statt kluger Worte ein Landgut schenken.

18,1 Der berühmte *Falernerwein* aus dem Hügelland an der latinisch-kampanischen Grenze; zu ihm schreibt Plinius, Naturalis historia XIV 62 u.a.: »Kein anderer Wein besitzt jetzt größeres Ansehen; von allen Weinen läßt er allein sich durch eine Flamme entzünden. Es gibt drei Arten davon: eine herbe, eine süße und eine leichte.«

18,2 Der Wein vom *vatikanischen* Hügel galt als minderwertig, wie Martial öfter betont; auch *in Vatikaner Krügen,* billigen Gefäßen, bewahrte man in der Regel nur Weine minderer Qualität auf.

18,5 *de nobis facile est:* »poco male per noi« (Citroni); andere Möglichkeit: »Soweit wir davon betroffen sind, geht das in Ordnung«, d.h.: Uns kannst du ruhig ruinieren, aber doch nicht den Wein! (so Howell)

20 Die Behandlung der *Gäste* nach Rangstufen kritisiert Martial des öfteren: III 60 und 82; IV 68; VI 11; X 49.

20,4 *boletum qualem Claudius edit:* Kaiser Claudius soll durch vergiftete Pilze (eine *boletus*-Art) von seiner Frau Agrippina getötet worden sein; vgl. Juvenal V 147 (*boletus domino, sed qualis Claudius edit*) und Sueton, Claudius 44,2.

21,5–6 C. *Mucius* Scaevola schlich sich ins Lager der Etrusker, tötete aber statt des Königs *Porsen(n)a* dessen Sekretär; um seine Standhaftigkeit zu beweisen, ließ er eine Hand in einem Kohlenbecken verbrennen; diese Szene wurde nachgestellt mit einem Verurteilten in der Rolle des Scaevola: VIII 30 und X 25.

22,6 *Ein dakisches Kind braucht sich nicht vor Caesars Waffen zu fürchten:* Das Gedicht wurde wahrscheinlich im Zusammenhang mit Domitians dakischem Krieg (85 oder 86) verfaßt (Dakien umfaßte die Gegend des heutigen Rumänien und Ungarn); Domitian hatte damals über Chatten und Daker triumphiert.

24,1 Der Adressat dieser komischen Bloßstellung eines Stoikers ist selbst Stoiker: der in Buch I und II mehrfach erwähnte *Decianus.*

24,3 *von Curiern ... und Camillern, Roms Rettern:* Vertreter der alten

Zeit, die als Muster einer einfachen Lebensweise galten; M. Curius Dentatus war Sieger über Samniten und Pyrrhus, M. Furius Camillus Befreier Roms von den Galliern.

24,4 *nupsit heri:* das Aprosdoketon (Unerwartete) in den letzten beiden Worten; in I 10 ist es das letzte Wort (*tussit*).

25,1 *Faustinus:* ein begüterter Freund Martials, Besitzer mehrerer Villen und selber dichtend; Martial erwähnt ihn oft, z.B. I 14, III 47 und 58, IV 10.

25,3 *Pandions kekropische Burgstadt:* Athen als Stadt der Kultur, in der einst die Könige Kekrops (ältester König von Attika, halb als Mensch, halb als Schlange gedacht) und Pandion (ebenfalls ein mythischer König dieser Stadt) herrschten.

25,6 *cura* in der Bedeutung »literarische Produktion« o.ä.

25,7–8 *Die nach dir leben werden, deine Schriften, sollen jetzt auch schon deinetwegen zu leben beginnen:* indem du dich zur Publikation entschließt.

26,1 Der unverschämte Säufer *Sextilianus* auch 11.

26,5;6;9 Der Wein der *Päligner* in Samnium, einer Landschaft östlich von Latium und Kampanien, die Weine der *Etrusker* und der *Laletaner* im tarrakonischen Spanien (v.9) waren hingegen von eher geringer Qualität.

26,7 *Opimius* war Konsul im Jahre 121 v.Chr., also eine starke Übertreibung; vgl. auch II 40,5.

26,8 Der *Massiker*, vom Berg Massicus im Grenzgebiet von Latium und Kampanien, war eine edle und berühmte Weinmarke. – *nigros ... cados:* damit der Wein schneller reifte, lagerte man ihn in Räucherkammern.

27,2 *quincunx:* eigentlich fünf Zwölftel eines Ganzen, hier eines *sextarius*, das sind 5 *cyathi* oder (Schöpf)Becher.

27,7 μισῶ μνάμονα συμπόταν: bekanntes griechisches Sprichwort.

29,1 *Fidentinus:* der Name (»Herr Ehrlichmann«) des Plagiators auch I 38; 53; 72; vgl. auch I 66.

29,4 *hoc eme, ne mea sint:* vgl. 66,13–14: *aliena quisquis recitat et petit famam, / non emere librum, sed silentium debet.*

30,1 *Diaulus* (evtl. sprechender Name): Doppelrennbahn sowie der auf ihr ausgetragene Doppellauf.

30,2 *coepit … clinicus esse* kann auch übersetzt werden: »begann er, als Arzt zu praktizieren«; Wortspiel mit κλίνη, was Krankenbett und Totenbahre bedeutet; zwar wechselt Diaulus den Beruf, aber beidemal verwendet er die Liege; vgl. auch das Distichon 47 und Plinius, Naturalis historia XXIX 14: *Quid de medicis antiqui Romani iudicaverint*, und 15-28: *Vitia medicinae*.

31,3 *Primipilat:* Der *primipilarius* ist der ranghöchste Zenturio des ersten Manipels, der sog. Triarier (letztere bildeten in Kampfaufstellung das dritte Glied und standen hinter den *hastati* und *principes*); der *primipilatus* entspricht später der Stelle eines Proviantmeisters. – Der Zenturio (und Päderast) Aulus *Pudens* ist ein mehrfach erwähnter Freund Martials; ob er das Primipilat je erreicht hat, ist nicht sicher geklärt. – Zum Lockenopfer vgl. auch V 48.

34,6 *Summemmi fornice:* Entweder heißt der Besitzer des Etablissements *Summemmius*, oder *Summemmium* ist der Name eines Dirnenviertels; vor Lindsay, z. B. in der Teubneriana von Gilbert (1901), las man *Summoenium* (= *sub moenibus*), meinte also ein Dirnenquartier in unmittelbarer Nähe der Stadtmauer (vgl. III 82,2; XI 61,2; XII 32,22).

34,7 *Chione* und *Ias* sind Namen von Dirnen.

34,8 *Grabmäler dienen … Huren als Versteck:* Dirnen der untersten Klasse betreiben ihr Gewerbe im Schutze der Grabmäler am Straßenrand.

35,8-9 *Wer steckt beim Flora-Fest (die Tänzerinnen) in Kleider?* Bei den *Floralia* (vgl. dazu den einleitenden Brief dieses Buches) verlangten die Zuschauer, daß die Tänzerinnen sich nackt zeigten. Die *Stola*, also die lange und bis zum Boden reichende (obere) Tunika, ist das korrekte Hauptbekleidungsstück der Frauen; die (überführten) Ehebrecherinnen trugen statt dessen die weiße, Prostituierte eine dunkle Toga.

35,15 *Priapus:* Gott der Gärten und Weinberge, mit mächtigem Phallus; als Holzfigur (»Vogelscheuche«) in den Gärten aufgestellt, ›drohte‹ er Dieben und Unruhestiftern mit *pedicatio* bzw. *irrumatio*. – *Gallus* heißt der entmannte Priester der Kybele.

36,1 Die Brüder Curvii: Cn. Domitius *Lucanus* und Cn. Domitius *Tullus*, die unter Nero und Domitian hohe Staatsämter innehatten, werden hier mit Kastor und Pollux, den Söhnen der Leda, zusammengesehen; als Kastor im Kampf gefallen war, trat ihm Pollux die Hälfte seiner Unsterblichkeit ab, so daß sie abwechselnd in Unterwelt und Oberwelt weilen konnten.

38,1 *Fidentinus:* vgl. zu 29,1.

39,3 Die *kekropische* (= athenische) Minerva ist Pallas Athene.

39,8 Zu *Decianus*, dem Freund und Landsmann Martials, vgl. zu I 8,4.

40,1 *Du ... liest so etwas nicht gern:* wie z. B. das vorherige Gedicht.

41,2 *verna:* Im Haus geborene Sklaven galten als besonders frech, dreist und witzig; vgl. X 3,1: *Vernaculorum dicta, sordidum dentem.*

41,3 *einem fliegenden Händler in Trastevere:* In der leicht anrüchigen Gegend »jenseits des Tiber« wurde u.a. Handel mit minderwertigen Waren betrieben.

41,4 Verkäufer von *Schwefelfäden*, die sie gegen zerbrochenes Glas tauschten (mit Schwefel wurde wohl Glas gekittet: Juvenal V 46f. »einen Becher ... schon gesprungen und für das geplatzte Glas nach Schwefel verlangend«); vgl. dazu auch X 3,3–4.

41,6 *madidum cicer:* Straßenverkäufer von Erbsenbrei (gekochten Kichererbsen), Armeleutekost.

41,8 *salarii:* eigentlich Salzhändler, hier wohl gleichbedeutend mit *salsamentarii*, Salzfischhändler (die salzige Lake oder Brühe heißt *(h)allec*; vgl. III 77,5).

41,9 Bei den Römern waren alle Arten von Würsten sehr geschätzt, so auch *tomacla*, Bratwürste, die in kleinen Blechöfen herumgetragen wurden.

41,10 *tepidis ... popinis:* »stuffy bistros« (Shackleton Bailey); andere Möglichkeit: »dans ses casseroles chaudes« (Izaac); überzeugend Howell: »steaming sauces from (*popinis* als Abl.) the stuffy eating-houses«; er erläutert: »hawkers were sent out from *popinae* to sell food in the streets«, und verweist auf Horaz, Satiren II 4,60–62: (Nach reichlichem Weingenuß will sich der Magen lieber mit Schinken oder Würstchen stabilisieren)»und zieht alles vor, was siedendheiß aus unsauberen Kneipen gebracht wird.«

41,12 Tänzerinnen aus dem spanischen *Gades* (Cadix) waren wegen ihrer Laszivität bekannt; der *inprobus magister* ist ihr Tanzmeister oder Impresario.

41,16–17 *Gabba* war Hofnarr bei Augustus, wahrscheinlich auch der nur hier erwähnte *Tettius Caballus*.

41,20 *non est Tettius ille, sed caballus:* Nicht ganz durchschaubares Wortspiel mit dem Namen; *caballus* heißt Klepper, Gaul, bes. Arbeitspferd oder (alte) Mähre; das Wort wird sonst nie in verhöhnendem Sinne gebraucht.

42,1 *Porcia:* Tochter des Marcus Porcius Cato Uticensis und Frau des Marcus Iunius *Brutus*, der zu den Caesarmördern gehörte; nach dem Untergang der Republik hatte sich der dezidierte Caesargegner Cato 46 v. Chr. in Utica nördlich von Karthago selbst getötet.

42,6 *du lästige Menge:* Verachtung der breiten Masse ist stoische Attitüde.

43,5 *Ginster* zum Anbinden erwähnt auch Plinius, Naturalis historia XVI 176 und XXIV 65.

43,6 *Granatäpfel, die kurz geschnittenen Rosen ähneln:* wenn man sie aufschneidet; *Punica grana* für *Punica mala*.

43,7 Schafs*käse* in Kegelform aus *Sassina* in Umbrien; vgl. Martial III 58,35: *metamque lactis Sassinate de silva*, dazu auch Plinius, Naturalis historia XI 241 (240–242: *Genera caseorum*).

43,8 *Picenum:* Landschaft im östlichen Italien (bei Ancona).

43,14 *Charidemus:* wohl ein Verurteilter, der zur Strafe einem wilden Eber in der Arena vorgeworfen wurde.

44,3 Arruntius *Stella:* der öfter erwähnte Gönner Martials; vgl. zu 7; Martials ›Hasengedichte‹: 6; 14; 22; 48; 51; 60; 104.

45,1 Zur Bedeutung von *cura:* literarische Arbeit, Gedichte o. ä. vgl. u. a. I 25,6 (Citroni: »le mie fatiche di poeta«).

45,2 τὸν δ' ἀπαμειβόμενος: der bekannteste formelhafte Halbvers Homers; Sinn der Pointe umstritten, wahrscheinlich plädiert der Dichter dafür, sein Büchlein durch Wiederholungen zu ›strecken‹, um die

Chancen auf dem ›Buchmarkt‹ zu vergrößern, es also auf diese ›homerische‹ Weise fülliger zu machen: »Nel ciclo delle lepori e dei leoni M. in un certo senso fa come il poeta epico, si ripete« (Citroni).

46,1 *Hedyli:* femininer (griechischer) Vokativ (sprechender Name, etwa: »Schätzchen«), Konjektur von Bentley, von Shackleton Bailey übernommen; die Handschriften haben *Hedyle*.

47 *Diaulus* als Arzt und Leichenträger: vgl. auch das Distichon I 30.

48,4 (der Hase) *nimmt von der großen Vornehmheit des Tieres sogar etwas an:* Im Bild des ›edlen Hasen‹ scheint wohl Politisches durch: Der Edelmut des Princeps strahlt auf die Bürger aus, sie gewinnen sozusagen im Rachen des Löwen erst ihren wahren Adel.

49,1 Die *Keltiberer* siedelten im nördlichen und mittleren Spanien.

49,3 Aus *Bilbilis* (einem Municipium der Keltiberer in der Tarraconensis) stammt sowohl Martial wie auch der Adressat des Gedichtes, *Licinianus*, ein Freund und Landsmann des Dichters, der gerade aus Rom in seine spanische Heimat zurückkehrt; Licinianus hatte Beziehungen zu *Laletania*, einer Landschaft im tarrakonischen Spanien diesseits des Ebro (v.22); er besaß Landhäuser am *Tagus* (dem Tajo; v.15) als Sommer- und bei *Tarraco* (Tarragona; v.21) als Winteraufenthalt. Der in dem verwandten Gedicht IV 55 angeredete Lucius ist wahrscheinlich mit Licinianus identisch.

49,5–6 Der *Caius/Gaius* ist ein nicht ganz sicher lokalisierbarer Berg im nordöstlichen Spanien (Citroni: »con ogni probabilità il Moncayo«; M. Dolç: »se rifiere al actual Moncayo, nudo orográfico del sistema Ibérico, en la zona limítrofe de las provincias de Soria y Zaragoza«), desgleichen der zerklüftete *Vadavero*, den Friedländer mit dem Montserrat vergleicht und der wie dieser wohl Heiligtümer trug.

49,7 *Boterdum:* Ort in der Nähe von Bilbilis.

49,8 *Pomona:* die römische Göttin des Obstes.

49,9 *Congedus:* ein Nebenfluß des Tagus im tarrakonischen Spanien.

49,12 Der *Salo*, ein Nebenfluß des Ebro, hieß auch Bilbilis.

49,14 *Voberca:* vermutlich ein Bergwald in Martials engerer Heimat, der reich an Wild war.

49,26 *die Hirsche wirst du dann dem Gutsverwalter überlassen:* Vielleicht war die Hirschjagd zu anstrengend.

ZUM ERSTEN BUCH

49,28 *eine schmutzige Kinderschar:* wohl des Gesindes.

49,31 *lunata ... pellis:* Den besonders mondänen, mit einem Halbmond verzierten Schuh trugen vornehmlich Senatoren oder Patrizier; vgl. II 29,7.

49,32 *nach Purpur riechende Kleider:* Die tyrischen Purpurstoffe hatten einen unverwechselbaren Geruch; vgl. auch II 16,3; IV 4,6; IX 62.

49,33 Die aus Illyrien stammenden *Liburnersklaven* dienten wohl meist als Sänftenträger, als Boten oder, wie hier, als Gerichtsdiener.

49,34 Kinderlose *Witwen*, die man in der Hoffnung auf ihr Erbe hofierte und die entsprechend herrisch und selbstbewußt auftraten.

49,35 *Kein bleicher Angeklagter:* der seinen Patron darum bittet, ihn zu verteidigen.

49,40 L. Licinius *Sura* aus Hispania Tarraconensis, ein berühmter Anwalt, bekleidete unter Trajan sein zweites und drittes Konsulat (102 bzw. 107); seine Wohnung mit Blick auf den Aventin: VI 64,13; Glückwunsch zur Genesung: VII 47.

50 Witzige Verwendung von Homer, Ilias I 465: μίστυλλόν τ' ἄρα τἆλλα; Aemilianus hatte seinen Koch nach dem Verbum *mistyllo* (»ich zerlege«) genannt; Martial fragt scherzhaft, ob er nicht seinen eigenen Koch nach den folgenden Worten *Taratalla* (»auch das übrige«) nennen solle.

52,1 *Quintianus:* vgl. V 18; dort ein wohlhabender Gönner Martials.

52,3 *dein Dichter:* also ein Freund von Quintianus und wohl von ihm protegiert; vielleicht identisch mit dem Plagiator Fidentinus im nächsten Gedicht; vgl. auch I 29.

52,7 *ich hätte sie freigelassen:* Dem Plagiator soll es nicht erlaubt sein, die von ihrem Autor zur Publikation freigegebenen Büchlein zu usurpieren.

52,9 *inpones plagiario pudorem:* »This is the only passage in classical Latin where the word ... is used (even metaphorically) of literary theft. In fact, the modern use of the term seems actually to originate in this passage« (Howell).

53,1 *Fidentinus:* vgl. zu 29,1.

53,2 *geprägt von dem eindeutigen Abbild ihres Herrn:* Anspielung darauf, daß die Exemplare eines Buches nicht selten das Porträt ihres Autors trugen (vgl. XIV 186); doch geschieht in diesem Fall die ›Porträtierung‹ in einem miserablen, weil eigenen Gedicht des Plagiators.

53,5 *Lingonen:* keltischer Stamm in der Gegend der heutigen Stadt Langres. – *Tyrianthina* sind purpurviolette Gewänder, nach OLD »Cloths dyed first violet and then Tyrian purple (a kind of scarlet)«.

53,6 *Arretium* (Arezzo) in Etrurien lieferte gewöhnliches Tongeschirr.

53,7 *am Ufer des Kaÿstros:* eines Flusses im jonischen Kleinasien, der auf dem Tmolos entspringt und bei Ephesus ins Meer mündet.

53,8 *mitten unter Ledas Schwänen:* Anspielung auf die Erzählung, nach der Zeus sich Leda als Schwan näherte.

53,9-10 *die kekropischen* (d.h. attischen) *Klagelieder:* Der athenische König Pandion hatte zwei Töchter, Prokne und Philomele (= *Atthis*). Prokne war mit Tereus, dem König von Thrakien, verheiratet, ihr gemeinsamer Sohn hieß Itys. Tereus vergewaltigte seine Schwägerin Philomele und riß ihr die Zunge heraus, um seine Tat zu verheimlichen. Trotzdem gelang es ihr, das Verbrechen der Schwester mitzuteilen. Die Schwestern töteten Itys und setzten ihn dem Vater zum Mahle vor. Tereus entdeckte die grausige Tat und verfolgte die beiden. Doch bevor er sie erreicht hatte, verwandelte Zeus alle in Vögel: Tereus in eine Elster bzw. einen Wiedehopf, Prokne in eine Schwalbe und Philomele in eine Nachtigall, die um den toten Itys klagt; vgl. auch V 67,2, wo es die Schwalben sind, die »Atthides« heißen, und Ovid, Metamorphosen VI 424-674.

55,2 Um welchen *Fronto* es sich hier handelt, ist unsicher: vielleicht um den von Juvenal I 12 genannten Literaturmäzen, der sein Haus für Dichterlesungen zur Verfügung stellte. – Die *Toga* zur Bezeichnung der Aktivitäten eines Römers in Friedenszeiten, speziell als Redner.

55,4 *sordidaque ... otia:* Izaac übersetzt *sordidus* treffend mit »en négligé«.

55,5 *lakonischer Marmor* wirkte wegen seiner grünen Farbe kalt.

55,11 *inaequales ... mensas:* ungleiche, nämlich grob gehobelte und/oder wackelige Tische mit ungleichen Füßen.

55,14 *urbanis albus in officiis* ist doppelsinnig: 1. in blendendweißer Toga, der offiziellen Kleidung des Klienten, und nicht »en négligé« (*sordidus*), und 2. bleichgesichtig, mit blasser Gesichtsfarbe, als Großstädter.

58,5 *sestertiolum* (Diminutiv von *sestertium* = 1000 Sesterze): vielleicht als Mitgift einer reichen Witwe oder als Belohnung für spezielle Dienste.

59,1 In der *sportula* (= Körbchen) erhielt der Klient ursprünglich von seinem Patron das Essen; meist (und so auch hier) meint *sportula* aber den Geldbetrag (100 Quadranten = ¼ As), der vom Patron täglich ausbezahlt wurde – womit der Klient an einem Ort wie dem kampanischen Luxusbad *Bajae* natürlich keine großen Sprünge machen konnte.

59,3 *die schummrigen Bäder des Lupus und Gryllus:* private, düstere Badeanstalten in Rom – im Gegensatz zu den lichten und luftigen Räumen der kaiserlichen Thermen.

61,1 *Verona:* die Vaterstadt des Dichters Quintus Valerius Catullus; *doctus* ist sein stehendes Prädikat. – *syllabas:* wohl die Hendekasyllaben, das von Catull favorisierte Metrum, vgl. auch X 9,1: *Undenis pedibusque syllabisque*.

61,2 Publius Vergilius *Maro* ist in Andes bei *Mantua* geboren.

61,3 *Aponus-Quelle:* bekannte, warme Heilquelle bei Patavium (Padua).

61,4 *Stella:* der oft genannte Dichter, Freund und Mäzen Martials; vgl. auch 7. – Der Dichter *Flaccus* ist nicht sicher identifizierbar; an ihn richtet sich auch 76.

61,5 *Apollodor:* wahrscheinlich ein zeitgenössischer Dichter aus Ägypten. – Das seltene Epitheton *imbrifer* im Blick auf den Nil: »il Nilo è visto come un provvidenziale sostituzione delle piogge per l' Egitto« (Citroni).

61,6 Publius Ovidius *Naso* stammt aus Sulmo im *Pälignerland*.

61,7-8 *beide Senecas:* neben dem Rhetor Seneca sein Sohn, der Philosoph, Dichter und Staatsmann, und dessen Neffe *Lukan*, der ein Epos über den Bürgerkrieg schrieb; Wortspiel mit *unicum:* Lukan ist eine einzige Person im Gegensatz zu den beiden Senecas, und er ist einzigartig als Dichter.

61,9-11 *Canius* Rufus aus Gades (Cadix), der stets lachende Dichter (vgl. III 20), ein Freund Martials, *Decianus* aus der Kolonie Emerita in Lusitanien (vgl. zu 8,4) und *Licinianus* (vgl. zu 49,3) aus Bilbilis, der Heimat Martials: alles Spanier. Dadurch daß so viele Dichter Landsleute Martials sind, soll auf die kulturelle Bedeutung Spaniens für Italien hingewiesen werden.

62,1 Die *Sabinerinnen* galten sprichwörtlich als sittenstreng.

62,3 *Lukriner-* und *Averner-*See (bei dem mondänen Seebad Bajae in Kampanien), letzterer mit Wald und einer Höhle, die in die Unterwelt führen sollte.

62,6 *Penelope:* die Frau des Odysseus, deren Treue sprichwörtlich war – *Helena:* von Paris geraubte Frau des Menelaos.

63,2 *recitare* ist doppeldeutig; entweder: Du möchtest sie als deine eigenen ausgeben und vortragen, oder: Du möchtest mir deine eigenen vortragen.

65 Martial unterscheidet *ficus, ficûs* »Feige« und *ficus, fici* »Feigwarze, Geschwür«; vgl. auch VII 71.

66,8 *vom harten Kinn gerieben:* Beim Auf- und Zusammenrollen des *volumen* wurde der Anfang der Rolle unters Kinn geklemmt.

66,10 Die Buchrolle wurde nach ihrer Beschneidung an beiden Seiten vor dem Verkauf *geglättet*.

66,11 *umbilicus* ist das aus der Mitte des zusammengerollten Buches hervorragende Stabende, der Buchrollenknauf, um den der Papyrus gerollt wird, *membrana* ist ein Behälter aus Pergament zur Aufbewahrung der Rolle.

67 Spiel mit den verschiedenen Bedeutungen von *liber* als a) freimütig, dreist (in der Sprache), b) frei geboren, politisch frei (vom Stand), c) selbständig, unabhängig (vom Verhalten), d) ausschweifend (in den sexuellen Praktiken) und e) untätig (in einem Beruf).

67,1 *Cerylus:* den seltenen Namen scheint Martial gewählt zu haben im Blick auf einen bei Sueton, Vespasian 23,1, genannten Freigelassenen, der sich als frei geboren ausgab, seinen Namen änderte und sich Laches nannte, um dem Fiskus einmal sein Vermögen entziehen zu können.

68,1 *Rufus* und *Naevia:* beide Namen zusammen auch 106.

68,7 *haec legit et ridet:* Ob sich *haec* auf den Brief des Rufus bezieht oder auf das Epigramm Martials, nämlich die Verse 1–6, ist umstritten. Witziger ist ersteres: Die Komik der Situation ist Martial wichtiger als ein Hinweis, wie Naevia den Brief in die Hände bekommen hat. – *mit ge-*

senktem Kopf will Naevia ihre Reaktion verbergen; vermutlich hält sie ihren Liebhaber für verrückt.

68,8 *Es gibt nicht nur Naevia:* »motivo topico nelle consolazioni degli amanti infelici« (Citroni).

69,2 *Tarentos* (meist *Tarentum* oder *Terentum* genannt): eine Stelle auf dem Marsfeld in Tibernähe, mit unterirdischem Altar für Dis pater und Proserpina; dort stand offenbar eine grinsende Panstatue, der nunmehr *Canius* Rufus von Gades (61,9) mit seinem stets lachenden Gesicht (III 20,21) Konkurrenz machte (Deutung des Epigramms unsicher).

70,2 Gaius Julius *Proculus:* ein Patron und Freund Martials, auch XI 36 genannt.

70,3 *Du fragst nach dem Weg, ich will ihn dir sagen:* die Wegstrecke (3–12): Martial sendet sein Buch vom Quirinal, wo er wohnt, über die Via Sacra und das Forum Romanum zum Haus von Proculus auf dem Palatin. Der Weg geht am Kastor- und Vestatempel vorbei, entlang dem Palatin, und auf der Heiligen Straße bis zum Koloß des Sonnengottes; die Tempel des Bacchus und der Kybele mit den Bildern der Korybanten, rasenden Dienern der Fruchtbarkeitsgöttin, die mit ekstatischen Tänzen gefeiert wurde, sind nicht sicher lokalisierbar.

70,4 *Haus der Jungfrauen:* der Vestalinnen.

70,5 *clivus sacer:* der sanft ansteigende Teil der *Via Sacra*, der vom Forum zum Triumphbogen des Titus führt.

70,6 *das Bild des höchsten Fürsten an vielen Stellen:* Bildsäulen Domitians aus Silber oder Gold; vgl. Sueton, Domitian 13,2: *Statuas sibi in Capitolio non nisi aureas et argenteas poni permisit.*

70,7-8 *das strahlende Monument des imposanten Kolosses:* die Statue des Sonnengottes am Eingang des Kolosseums nach dem Forum zu (s. zum liber spectaculorum 2,1), verglichen mit dem *Koloß von Rhodos*, einem der Sieben Weltwunder.

70,9-10 *Lyaeus* (»Sorgenlöser«): ein Kultname des Dionysos/Bacchus; Lokalisierung des Bacchustempels unsicher; s. aber Howell, der sich auf E. Nash (Pictorial Dictionary of Ancient Rome, New York 1981) bezieht. – *Korybanten* hießen die Priester *Kybeles*, deren orgiastischen Kult sie unter betäubender Musik und wilden Waffentänzen begingen.

70,15 *Apollon:* als Anführer der Musen, die als seine *gelehrten Schwestern* bezeichnet werden.

70,18 *salutator* ist der Klient im Dienst.

71 Das Namentrinken geschah in der Weise, daß man so viele Schöpflöffel (*cyathi*) in den Trinkbecher füllte, wie der gefeierte Name Buchstaben hatte.

72,2 *Fidentinus:* vgl. zu 29,1.

72,4 *Indicoque cornu:* Elfenbein.

73,4 *Ein Schlaumeier bist du:* Der Angeredete ist wohl »un ... noto tipo satirico: quello del marito che prostituisce la moglie« (Citroni unter Verweis auf Horaz, Carmina III 6,25 f. und Juvenal I 55 f.).

76,1 *meine Bemühungen: curae* meint hier wie öfters speziell die literarische Leistung des Dichters.

76,2 Der Dichter *Flaccus* auch I 61,4 – *Antenorei ... laris:* Patavium (Padua) wurde nach der Sage von Antenor gegründet, der nach der Zerstörung Trojas nach Italien gezogen war.

76,3 *Piëriden:* poetischer Name für die Musen, nach der Küstenlandschaft Piëria im südöstlichen Makedonien.

76,5–6 *Phöbus* Apollon: hier v.a. als Anführer der Musen und Beschützer der Dichtung – *Münzen hat die Truhe Minervas:* Die Göttin als himmlische Tresorverwalterin und Geldverleiherin ist gewollte Komik. – *fenerare* wird hier – sehr ungewöhnlich – mit dem Akkusativ der Person konstruiert (Citroni).

76,7 *Efeu des Bacchus:* Daß auch die Traube zu Bacchus gehört, wird hier der Pointierung wegen unterschlagen. Mit dem Efeukranz wurden auch die Dichter ausgezeichnet.

76,7–8 *Baum der Pallas* ist der Ölbaum; die Frucht ist schwarz, die Blätter sind oben grün und auf der Unterseite silbrig schimmernd, daher *varias ... comas*.

76,9 *Helikon:* der dem Apollon und den Musen heilige Berg in Böotien; aus ihm entsprangen die Quellen Aganippe und Permessis.

76,11 *Kirrha* heißt der Hafen von Delphi, aber auch ein Gipfel des Parnaß; Delphi ist Apollon heilig als dem Gott der Poesie und der Musik. – *Permessis* heißt die Nymphe des Permessus, der am Helikon, dem

Musenberg, entspringt; sie wird »nackt« genannt, weil Poesie keinen Profit einbringt.

77,1–6 *und doch ist er blaß:* Mögliche Gründe für seine ständige Blässe: entweder fehlt ihm, der *cunnilingus* praktiziert, dabei jede Schamröte, oder – wahrscheinlicher – gilt das Laster überhaupt als Krankheit; vgl. z.B. Juvenal II 50, wo es von einem gewissen Hispo heißt: *morbo pallet utroque*, nämlich als aktiver und passiver Homosexueller. – Nach Howell ist *tamen* »here ironic, for *ideo*«.

78,4 Der *Styx* ist ein Gewässer der Unterwelt. – *Festus:* ein Freund Domitians, an einer Art Gesichtskrebs leidend; vielleicht ist Valerius Festus gemeint, *consul suffectus* 71 und nach Plinius, Epistulae III 7,12, schuldig an der Ermordung des Prokonsuls L. Piso.

78,5 *obscuro … veneno:* Gift wirkt verborgen im Innern des Körpers, »il richiede quindi minor forza d'animo« (Citroni) und verursacht eine unschöne, weil entstellende Todesart.

78,8 *rogus* (Scheiterhaufen) steht hier metonymisch für *mors*.

78,9–10 *Caesar war sein Freund:* Der *Caesar*-Gegner *Cato* hatte sich bei Utica den Tod gegeben, da ihn nach dem Untergang der republikanischen Freiheit nichts mehr am Leben hielt, Festus hingegen besaß die Gunst des Kaisers.

79,1–4 Spiel mit den verschiedenen Bedeutungen von *agere*, zuletzt *agas animam* im Sinn von »bring' dich um!«

80,1 *Sportula* etwa: dein Geschenkkörbchen bzw. dein Taschengeld beim Patronus.

80,2 *Umgebracht hat dich, wie ich meine, Canus, daß es nur eine war:* »Ironia un po' amara« (Citroni): Canus gelang es an dem Tag, der dann sein letzter sein sollte, nicht, sich mehr als eine einzige *sportula* zu verschaffen, vielleicht weil er den damit verbundenen strapaziösen Gängen und dem Antichambrieren nicht mehr gewachsen war. Es war üblich, mehrere Patrone zu haben.

81,2 Spiel mit »Herr« als höflicher Anredeform gegenüber dem leiblichen Vater und als Ausdruck der Unterwürfigkeit des Sklaven gegenüber seinem Besitzer; *Sosibianus* ist illegitimer Sohn aus einer Verbindung seiner Mutter mit einem Sklaven.

82 *Rettung des Patrons im letzten Moment:* das gleiche Thema 12.

82,1 *dissipare* als Terminus technicus vom Einsturz eines Gebäudes: Vitruv II 8,3.

82,8 *securo ... damno:* Oxymoron.

83,1 *Manneia* praktiziert *fellatio,* daher der üble (und nur für Hunde anziehende) Mundgeruch.

84,5 *pater familiae:* nicht übersetzbares Wortspiel, da *familia* das ganze Hauswesen umfaßt, sowohl die freie als auch die leibeigene Hausgenossenschaft; vielleicht liegt auch eine Nuance in der Wahl von *pater familiae* statt des ›offiziellen‹ *pater familias.*

85,1 Der *praeco* war auch für Auktionen zuständig; *facetus* wohl ironisch im Blick auf die ungeschickte Verkaufsstrategie, »a humorist of an auctioneer« (Shackleton Bailey).

85,8 *noxius haeret ager:* Wortspiel mit dem Doppelsinn von *noxius:* »schädlich für die Gesundheit der Bewohner« und »schädlich, weil unverkäuflich, für den Geldbeutel des Besitzers«.

86,6-7 *Syene:* Stadt in Oberägypten an der äußersten Grenze des römischen Reiches; *Terentianus* ist Präfekt der dort stationierten drei Kohorten.

86,8 *convivere:* »mit ihm gemeinsam zu speisen«; anders Howell: »probably not ›dine with‹ (more usually convivari), but ›share my life with‹.«

87,2 *Cosmus:* der oft erwähnte, stadtbekannte Parfüm- und Essenzenhändler; seine Produkte waren nicht billig, daher *luxuriosa.*

87,5 Zu *diapasma* schreibt Plinius, Naturalis historia XIII 19: »Aus trockenen Riechstoffen bestehen die sog. Diapasmen.«

88,1 Grabepigramm auf *Alcimus,* einen als Kind verstorbenen Sklaven des Dichters.

88,2 *Labici* (oder *Lavici*): kleine Stadt ungefähr 15 Meilen südöstlich von Rom am Nordhang des Algidus bei Tusculum.

88,3 *schwankende Last* (eines marmornen Grabmonuments) ist eine makabre Hyperbel.

88,5 *leichte Buchsbäume: faciles* (Nebenüberlieferung: *fragiles*) entweder im Sinn von »leicht zu beschaffen« – in Opposition zu dem kostbaren Material (*Parium saxum*), oder »gärtnerisch leicht zu gestalten« – in Opposition zu dem *vanus labor* (v. 4) bei der Errichtung des Marmormonuments, »leicht« sicher aber auch entsprechend der Formel *sit tibi terra levis*.

88,8 *Diese Form der Ehrung wird für dich immer lebendig sein:* Gemeint ist wohl die Bepflanzung der Grabstätte im Kontrast zu dem kalten, unlebendigen Marmor.

88,9 *Lachesis:* eine der Parzen.

90,5 *Lucretia:* Frau des Tarquinius Collatinus; weil Sextus Tarquinius, der Sohn des Königs Tarquinius Superbus, sie entehrt hatte, tötete sie sich selbst.

90,8 *deine unnatürliche Leidenschaft:* Izaak übersetzt *prodigiosa Venus* mit »ton clitoris monstrueux«.

90,9-10 Bassas sexuelles Verhalten ist monströs und dem Rätsel vergleichbar, das die thebanische Sphinx jedem, der vorüberkam, und zuletzt Ödipus zu lösen aufgab; eine neue Sphinx könnte fragen: Wie ist Hurerei möglich ohne Mann?

92,1 *Cestos:* Name eines schönen Knaben.

92,6 *Chione* und *Antiope:* zwei Prostituierte.

92,8 *paeda:* ein Hapaxlegomenon in der über das Gotische und Mittelhochdeutsche erschlossenen Bedeutung »Tunika«; andere Lesart: *palla*; Friedländer schreibt *braca* (meist im Pl. *bracae*, eine Art von gallischen Pluderhosen).

92,11 *nicht in den Arsch:* Man erwartet die Strafe, die Catull 15,18-19 dem Aurelius androht, wenn er sich an seinem Knaben vergeht: *quem attractis pedibus patente porta / percurrent raphanique mugilesque;* Wortspiel mit *culus* und *oculus*.

92,14 *nimm dir Knaben vor, wenn du satt bist:* Mamurianus stellt dem jungen Cestos nach, der sein Leid dem Dichter erzählt; das epigrammatische Ich erklärt, nicht eifersüchtig zu sein, beschimpft aber den armseligen Kerl mit massiven Drohungen. Sinn der (sicher zotigen) Pointe unklar; nach Shackleton Bailey: »sodomise on a full stomach«, wozu er bemerkt: »supposedly dangerous to the health«.

93,2 *das Elysische Haus:* Aufenthaltsort der Seligen.

93,3 *primi ... munera pili:* Der *primipilarius* ist der ranghöchste Zenturio des ersten Manipels; zum Primipilat vgl. zu I 31,3.

93,4 *auf der kürzeren Inschrift:* Die zwei längeren Grabinschriften enthielten u.a. die militärischen Auszeichnungen der beiden Offiziere, das letzte Distichon umschreibt die kürzere und beiden gemeinsame Inschrift.

94,2 *Jetzt singst du gut:* Aegle hat offenbar durch *fellatio* ihren Mund entsprechend ›trainiert‹.

96,1 *Hinkvers:* sechsfüßige Jamben, wobei der letzte Fuß durch einen Spondeus gebildet wird; dadurch scheint der Vers zu hinken.

96,2 Wohl Martials langjähriger Freund, der ebenfalls aus Bilbilis stammende Rechtsgelehrte *Maternus*, an den sich der Dichter auch in II 74 und in dem Abschiedsgedicht X 37 wendet.

96,4 *tristium lacernarum:* von der dunklen Farbe der Mäntel; vgl. v.9: *fuscos colores.*

96,5 *baeticatus:* Die feine bätische Wolle (der Baetis ist der spanische Guadalquivir) war rötlich oder goldfarben und brauchte nicht gefärbt zu werden; vgl. auch XIV 133.

96,6 *coccinatos:* Scharlachne Mäntel (vgl. IV 28,2; V 35,2: *coccinatus Euclides*) waren fast so kostbar wie purpurne; der violette Amethystpurpur war eine der wertvollsten Purpursorten; vgl. auch Plinius, Naturalis historia IX 135: *ita fit amethysti colos eximius ille.*

96,8 *seine ›natürliche‹ Garderobe:* d.h. aus ungefärbten Stoffen.

96,9 Grüngelbe Gewänder (*galbina*) wurden vermutlich vorzugsweise von Frauen getragen; hier auf den Charakter übertragen bedeutet *galbinus* soviel wie *effeminatus.*

96,12 *draucus* heißt zunächst jeder Mann, der sich öffentlich als Sexprotz präsentiert, speziell Athleten, die sich gern als »campioni di virilità« (Citroni) darstellten, bei männlichen Homosexuellen dann, im Gegensatz zum weibischen *pathicus*, der aktiv-fordernde Partner.

96,13 *und sieht mit unruhig zuckenden Lippen auf ihre Schwänze:* als notorischer *fellator*; vgl. Juvenal IX 35–36: *quamvis te nudum spumanti / Virro labello / viderit.*

96,14 *Wissen willst du:* Das angeredte »Du« kann sowohl der Hinkvers als auch der Leser sein. – *Sein Name ist mir entfallen:* andere Übersetzungsmöglichkeit: »Der Name ist mir unfreiwillig entschlüpft«; dann müßte in einem Wort des Gedichtes der Name des *cinaedus* verborgen sein (Fuscus? Galba?).

99,1 *vicies (centena milia sestertium):* zwei Millionen.

99,15 *ein bleiernes Halbpfund:* Offenbar bestritt der Geizhals Calenus die Einladung durch den Verkauf von billigem (*plumbea:* vielleicht mit Blei vermischtem) Silbergeschirr, auf dem das Gewicht (»ein halbes Pfund schwer«) eingraviert war. Howell nimmt für *plumbea* die Bedeutung »wertlos« an und übersetzt *selibra* als Münze.

100,1 *Mamas und Papas:* Um jünger zu erscheinen, spricht Afra von ihren (vielleicht längst verstorbenen) Eltern in der Kindersprache.

101,2 *auch den Caesaren bekannt:* Man las im Kaiserhaus die von Demetrius angefertigten Abschriften von Martials Epigrammen.

101,4 *lustrum* heißt das große Reinigungsopfer, das alle fünf Jahre von den Zensoren am Ende ihrer Amtszeit für das Volk dargebracht wurde; daher steht *lustrum* für einen Zeitraum von fünf Jahren; Demetrius war also 19 Jahre alt.

101,6 Man verwendete *urere* im Zusammenhang mit auszehrenden Krankheiten; vgl. Plinius, Naturalis historia XXVIII 128: *si urat dysenteria* (»wenn die Ruhr brennt«).

102,2 *der Minerva schmeicheln:* Es gelang ihm wohl nicht, die überragende Schönheit der Venus darzustellen; weniger Anmut genügte für Minerva, die beim Parisurteil unterlag; das gleiche Thema V 40. Eine zusätzliche Pointe entsteht dadurch, daß Minerva auch Patronin der Künstler ist; vgl. Ovid, Fasti III 829–834.

103,2 *nondum ... iustus eques:* Zur Aufnahme in den Ritterstand bedurfte es 400000 Sesterzen.

103,5 Die *paenula* ist eine Art Mantel oder Cape; man trug sie bei Reisen oder bei schlechtem Wetter statt der Toga über der Tunika; meist war die *paenula* aus dickem, zottigem Stoff (XIV 145: *Paenula gausapina*) oder aus Leder (XIV 130: *Paenula scortea*) angefertigt, oft wohl auch mit einer Kapuze versehen.

103,9 Der Wein aus *Veji* gehörte zu den schlechtesten Sorten.

103,10 *Erbsenbrei* wurde in Garküchen zum Verkauf angeboten.

104 Variation über das Thema: Löwen im Spiel mit Hasen; vgl. u.a. zu 6.

104,3 *indulgere alicui aliquid* in Analogie zu *concedere* oder *dare*.

104,6 *Kalydon:* eine Stadt in Ätolien, berühmt durch den gewaltigen Eber, den Meleager dort erlegte.

104,10 Die *belua*, die sich dem schwarzen Dompteur nicht widersetzt, ist ein Elefant.

104,13 *die zurückhaltenden Jagderfolge von Löwen: humilis venatus* konnotiert auch die Kleinheit der Beute, die Jagd auf »Niederwild«.

104,19 *mollem frangere dum pudet rapinam:* vgl. 22,2: *frangere tam parvas non didicere feras.*

105,1 Quintus *Ovidius* war Martials Nachbar auf seinem Nomentaner Landsitz.

106,3 *unciam Falerni:* Die Unze ($^1/_{12}$ Sextarius) entspricht einem *cyathus* und ist ein sehr kleines Maß; kleiner sind nur noch die *ligula* ($^1/_2$ *cyathus*) und der *cochlear* ($^1/_4$ *cyathus*); zum Falerner aus dem Hügelland an der latinisch-kampanischen Grenze vgl. auch zu 18,1.

106,4–5 *Hat etwa Naevia dir eine Freudennacht versprochen:* Zu dem ›Paar‹ Rufus und Naevia vgl. I 68.

106,6 *certae ... fututionis:* Alkohol setzt die Potenz herab, macht daher den Ausgang des erotischen Abenteuers unsicher; *fututionis* ist Anspielung auf Catull 32,8 – in vergleichbarer Situation und an gleicher Stelle im Vers: *novem continuas fututiones.*

106,8 *crebros ... trientes:* Der *triens* ist $^1/_3$ *sextarius* oder 4 *cyathi*.

106,10 *Dir bleibt doch nur – zu schlafen:* Sinn: Naevia erhört dich sowieso nicht, auch wenn du dauernd darauf hoffst und einen Alkoholrausch daher vermeidest.

107 Thematisch vergleichbar ist der Ruf nach einem Mäzen VIII 55; der Adressat ist wohl Martials engster Freund *Julius* Martialis; vgl. zu 15,1.

107,4 *Maecenas,* der Q. Horatius *Flaccus* und *Vergil* förderte, gilt als Muster eines großzügigen Gönners.

107,5 *condere ... curas* ist eine Analogiebildung zu *condere carmen* o.ä.; *cura* in der Bedeutung »literarische Leistung« o.ä. öfter.

107,8 *Fetter Boden macht müde, doch die Anstrengung dabei beglückt:* Pointe unklar; Sinn (vielleicht): Anspruchvolle Werke zu schreiben ohne Patronage (= ein karges Feld bestellen) ist frustrierend; kann man dagegen reiche Ernte erwarten (= fetter Boden), dann strengt die Arbeit zwar an – aber man ist auch motiviert, und entsprechend groß ist die Freude an einer sinnvollen Tätigkeit (*iuvat ipse labor*).

108,3 *Vipsanische Lorbeerbäume:* Die von hundert Säulen getragene Portikus des Vipsanius Agrippa war mit einem Platanen- und Lorbeerhain verbunden; vgl. II 14,9 und III 19,1. Martials Wohnung lag auf dem Quirinal, nahe beim Tempel des Quirinus: s. zu V 22,4 und X 58,10, drei Stockwerke hoch: I 117,7.

108,9 *Ich selbst will dich öfter dann zur zehnten Stunde begrüßen:* Der römische Tag war in zwölf gleiche Stunden eingeteilt, die also im Sommer oder Winter verschieden lang waren. Die Stunde der Hauptmahlzeit, die zehnte, war am frühen Nachmittag; eine Stunde vorher ging man ins Bad.

109,1 *neckischer als der Sperling Catulls:* die berühmten Gedichte Catulls auf das Vöglein der Geliebten; vgl. auch zu 7.

109,5 *Issa est deliciae catella Publi:* Anspielung auf Catull 2,1: *Passer, deliciae meae puellae*; zu Issa, der Lieblingshündin von *Publius*, vgl. VII 87,3: *Publius exiguae si flagrat amore catellae*. Dieser Publius ist sicher identisch mit dem eleganten Freund in II 57,3 und dem eifersüchtigen Gastgeber in X 98.

110,1 *Velox* (sprechender Name): der Schnelle.

110,2 ist vielleicht auch als Frage zu lesen: *tu breviora facis?*

111,1 *cura deorum:* Gilbert hatte in der Teubnerausgabe von 1885 die Lesart *laborum* gewählt, sich aber in der editio emendata von 1901 für *deorum* entschieden, wie man seitdem liest.

111,2 *als das mit ihr* (der frommen Gesinnung) *verbundene Talent:* So versteht auch Shackleton Bailey *ingenio suo* (»and your piety is no less than the intellect that goes with it«) und zuletzt Citroni (»una pietas non inferiore all' ingenium che essa pervade«); Helm (»und deine Frömmigkeit nicht minder ist als dein Genie«) und Izaac (»et que ta piété elle même n'est pas inférieure à ton talent«) lesen mit V (= Italorum codices) *tuo*.

112,1 *»Herr« und »Gebieter«:* So redete der Klient seinen Patron an.

113,5 *Quintus Valerianus Pollius:* der (erfolgreiche) Verleger von Martials Jugendgedichten.

114 und 116 gehen auf den Tod einer *Antulla,* der jung verstorbenen Tochter eines *Faenius Telesphorus.*

114,1 Zu Martials Freund *Faustinus* vgl. zu 25,1.

114,5 *stygische Schatten:* die Verstorbenen in der Unterwelt, durch die der Fluß Styx zieht.

115 *Procillus* ist erleichtert, daß das epigrammatische Ich keine Absichten gegenüber der *candida puella* hegt, in die jener selbst verliebt ist.

116,6 *Ewig wird es seinen Herrschaften zur Verfügung stehn:* Umschreibung der üblichen Schlußbestimmung, die verhindern soll, daß die Grabstelle in den Besitz anderer übergeht, im Bild des (personifizierten) Feldes, das seinem Herren treu dient.

117,6 Ortsangabe *Zur Birne* auf dem Quirinal; Martial hatte das Haus dort gemietet.

117,9 *Argi … Letum,* aus metrischen Gründen getrennt, spielt (fälschlich) etymologisch auf den »Tod des Argos« an; vgl. zu 3,1 und II 17,3; nach Shackleton Bailey das »Roman shopping center«.

117,10 Zur Lage des *Forum Caesaris* oder *Forum Iulium* vgl. Neumeister über die Kaiserforen, S. 94 ff.

117,11 *dessen Pfosten beiderseits ganz beschrieben sind:* An den Pfosten der Läden waren Bücheranzeigen angebracht oder auch Bücher ausgestellt.

117,16-17 *den mit Bimsstein geglätteten und in Purpur gebundenen Martial:* vgl. I 66,10-11: (ein Buch,) »das noch keine vom Bimsstein geglätteten Ränder hat und auch nicht mit … einem pergamentenen Futteral geschmückt ist«, in das besonders elegante Bücher gehüllt wurden; die *paenula* in I 117 ist purpurgefärbt.

117,18 *»So viel bist du nicht wert«, sagst du? Du bist ein kluger Kopf:* scherzhafte Selbstunterschätzung des eigenen Buches.

118,2: *der bekommt … vom Schlechten nie genug:* Zu Martials Attitüde der Geringschätzung der eigenen Gedichte und ironisierender Selbsteinschätzung vgl. z.B. auch II 8,8; III 100; IV 10; IV 72 und bes. XIII 2,8-9: *nos haec novimus esse nihil. / non tamen hoc nimium nihil est.*

ZWEITES BUCH

Epist. 1 Martial hat das 2. Buch seinem Freund und Landsmann *Decianus* (zu ihm vgl. I 8) gewidmet.

Epist. 4–5 *weshalb eine Tragödie oder eine Komödie einen Brief mitbekommen:* sei es als Vorrede in Briefform oder als Prolog eines Stückes.

Epist. 6 *curio* (hier: Ausrufer, Herold) synonym mit *praeco*.

Epist. 9 Auf der Bühne in der *Toga* zu tanzen ist nicht weniger lächerlich als der Versuch, ein Epigrammbuch mit einem pathetisch-ernsten Vorwort zu versehen.

Epist. 10 Der *Netzkämpfer* (*retiarius*) versuchte, über seinen Gegner ein Netz zu werfen und ihn dann mit einem dreizackigen Spieß zu töten; sein Gegenüber hieß *secutor* oder *murmillo* und war mit Schild und Schwert bzw. einer bleiernen Kugel an einem Riemen bewaffnet.

1,3 *ein Büchlein mit hochgeschürztem Gewand:* ein kompaktes, kleines, leicht zu handhabendes und ›leichtfüßiges‹ Buch.

1,8 *sis licet usque malus: malus* »schlecht«, evtl. mit der Konnotation von »boshaft«; vgl. Epist. 6–7: *epigrammata … contenta sunt sua, id est mala, lingua*.

1,9 *quincunx* (fünf Unzen) sind fünf Zwölftel eines *sextarius* oder ›Schoppens‹, letzterer ein ⅙ *congius* oder 0,5 Liter.

1,10 Nicht selten servierte man den Wein *warm* (die sog. *calda*), besonders im Winter; Martial will (natürlich übertreibend) sagen: Mein Büchlein ist so kurz, daß man es bei einem Becher *calda* zu Ende lesen kann, d.h., bevor der Wein abkühlt und nur noch lauwarm ist.

2,2 Quintus Caecilius *Metellus* Creticus erhielt sein Cognomen von der Insel Kreta, die er 68–67 v.Chr. unterworfen und zur römischen Provinz gemacht hatte. – Publius Cornelius *Scipio* Africanus (Maior) hat nach der Landung in Afrika im 2. Punischen Krieg Hannnibal bei Zama 202 v.Chr. besiegt; vielleicht ist aber auch der jüngere Scipio gemeint, der Karthago 146 v.Chr. zerstörte.

2,3 Nach seinem Feldzug gegen die Chatten nahm Domitian 84 n.Chr. den Beinamen *Germanicus* an, den er offenbar sehr gern hörte; Martial nennt ihn oft so, um ihm zu schmeicheln.

2,4 *bereits als Knabe, Caesar, warst du dieses Namens würdig:* Domitian hatte im Jahr 70, im Alter von 19 Jahren, an einer Expedition nach Gallien und Germanien teilgenommen.

2,5 *Idumäa:* Landschaft in Palästina, die an Judäa grenzt, oft auch für Judäa verwendet – *Bruder* und *Vater:* Titus und Vespasian; ersterer nahm im Jahr 70 Jerusalem ein.

4,4 *Warum beeindrucken euch so verfängliche Namen:* »Bruder« und »Schwester« sind *nomina nequiora*, denn sie gehören ins erotische Vokabular der Römer; zum Thema vgl. Catull 88–90.

6,3 *Severus:* nicht sicher, ob Silius *Severus*, der Sohn des Dichters Silius Italicus, gemeint ist, der in anderen Gedichten Martials nicht negativ gesehen wird. – *eschatocollion:* das auf den *umbilicus* (das Ende des Stabes, um den die Buchrolle gewickelt ist) geklebte letzte Blatt.

6,6 (*codicilli*) *Vitelliani:* Schreibtäfelchen, wohl nach dem Fabrikanten benannt, wegen ihres zierlichen Formats vor allem für kurze Notizen, aber auch für Liebesbriefe geeignet.

6,11 Der *umbilicus* oder Buchrollenknauf ist das Ende des Stabes, um den die Papyrusrolle gewickelt ist, damit sie Halt findet.

6,15 *Bovillae:* ein Städtchen in Latium, ca. 12 Meilen von Rom entfernt, an der *Via Appia* gelegen.

6,16 Der Hain der *Camenen* (weissagende Quellnymphen, die man später mit den Musen gleichsetzte) vor der *Porta Capena*, dem Tor zur *Via Appia*; da in Rom tagsüber nicht gefahren werden durfte, bestieg man den Wagen erst an den Stadttoren.

7,3 *Mimen* sind derbe, anzügliche Possen, Sketche aus dem Volksleben mit Tanzeinlagen.

7,4 *astrologus* ist Astronom, nicht Astrolog im engeren Sinn; auch astronomische Kenntnisse erwarb man (neben den literarischen) bei den *grammatici*.

7,6 *nett dein Ballspiel:* Von den bei den Römern überaus beliebten Ballspielen nennt Martial VII 32,7–10 vier verschiedene Arten.

7,8 *magnus es ardalio:* letzteres ein seltenes Wort, wohl eine Komödienrolle, zur Bezeichnung eines geschäftig tuenden und aufdringlichen Müßiggängers, der ein Hansdampf in allen Gassen ist; der *ardalio* wird

Phaedrus II 5,1–4 charakterisiert: »Geschäftlhuber *(ardalio)* heißt in Rom ein ganzes Volk, / das rennt und sammelt sich, mit Müßiggang beschäftigt. / Unentgeltlich außer Atem, tut es viel und tut doch nichts, / sich selbst zur Last und anderen verhaßt.«

8,8 *du machst es nicht besser:* Sinn wohl: Du verbesserst nicht stillschweigend die Fehler des Kopisten in meinen Gedichten; anders Izaac: Du machst keine besseren Verse.

9,2 *was ich schrieb, hat sie, glaub' ich, gelesen:* wohl ein großzügiges Angebot des epigrammatischen Ichs.

10,1 *Postumus* war wohl *fellator,* daher die Aversion, ihn zu küssen; so auch in anderen ihn betreffenden Epigrammen. Der Brauch, daß Männer bei der Begrüßung Küsse austauschten, kam vielleicht erst in der Kaiserzeit auf; Tiberius verbot ihn. Martial wendet sich in XI 98 energisch gegen die ›Kußsucht‹.

11,1 *Rufus:* vielleicht Martials Landsmann aus Gades (s. zu I 61,9–11) – *Selius:* ein Mahlzeitjäger, der im 2. Buch auch in den Gedichten 14, 27 und 69 begegnet.

11,9 *decoquere:* eigentlich vom Verflüchtigen einer Substanz, im übertragenen Sinn dann: jemandes Vermögen zum Verschwinden bringen, ihn ruinieren, bankrott machen.

12,1 *daß deine Küsse nach Myrrhe riechen:* Das angenehm duftende Harz des Myrrhebaumes wurde für Kosmetika, Arzneimittel und als Zusatzstoff im Wein benutzt.

13,2 *Du solltest dem Gläubiger zahlen:* Da die Gefälligkeiten, die dem – bestechlichen – Richter und dem Anwalt im Falle eines Prozesses zu leisten wären, Sextus teuer zu stehen kämen, rät das epigrammatische Ich gleich zur Rückzahlung des Geldes.

14,3–4 *ad Europen:* eine Säulenhalle auf dem Marsfeld und beliebte Promenade, von Vipsania Polla, der Schwester des Vipsanius Agrippa, errichtet; sie war ausgeschmückt mit einem Gemälde vom Raub der Europa durch Jupiter. – *Achilleus* als Prototyp des schnellen Läufers – *Paulinus* war ein bekannter Sprinter.

14,5–6 Die *Saepta* (»Schranken«), ursprünglich ein besonders für die Volksversammlungen (Zenturiatskomitien) bestimmter, eingefriedeter

Bezirk auf dem Marsfeld, später ein Holzbau, der schließlich durch die sog. *Saepta Iulia* ersetzt wurde (400 m lang, 60 m breit), einen Prachtbau mit Kolonnaden, in denen sich elegante Geschäfte befanden; Plinius, Naturalis historia XXXVI 29 erwähnt »den Cheiron mit Achilleus in den Saepta«; Martials *Philyride* (aus metrischen Gründen Phillyrides geschrieben) ist der Kentaur Ch(e)iron als Sohn der Okeanostochter Philyra, die in eine Linde – philyra – verwandelt wurde. In der Nähe befand sich die *porticus Argonautarum* mit einer Darstellung des Argonautenzuges unter Jason, dem Sohn des *Äson*.

14,7–8 *Memphitica templa: Memphiticus:* ägyptisch; der Haupttempel der Isis war auf dem Marsfeld; die Göttin wird hier, wie oft bei den Dichtern, mit Io verwechselt oder gleichgesetzt, die Jupiter, um sie vor Heras Eifersucht zu schützen, in eine *Kuh* verwandelt hatte.

14,9–10 Die *hundertsäulige* Halle, das *Hekatonstylon*, lag ebenfalls auf dem Marsfeld, neben der *porticus Pompeii*; letztere schloß sich mit einer doppelten Platanenpflanzung (*nemusque duplex*) an das Theater des *Pompejus* an.

14,11–12 Von den angeführten Badeanstalten war wohl das *Gryllus*-Bad finster und schummrig, das *Lupus*-Bad luftig oder zugig, weshalb Martial es *äolisch* nennt, nach dem Gott der Winde, die dieser in den *Aeolia antra* (Ovid, Metamorphosen I 262) verschlossen hält.

14,13 Die *drei Thermen* im damaligen Rom: die des Agrippa, des Nero und des Titus; sie heißen X 51,12 *triplices thermae*.

14,17 Der *lüsterne Entführer* der Europa ist Jupiter.

14,18 *Lade, du Stier, den Selius zum Mahl ein:* Dann müßte Selius, die Einladung wörtlich genommen, von einem Stier (und wohl weniger sanft, als es mit Europa geschah) auf die Hörner genommen und entführt werden, oder er müßte einfach Gras fressen.

15 Der *propinator* (»Zutrinker«) trank zuerst aus dem Becher und reichte ihn dann weiter. – *Hormus* litt unter üblem Mundgeruch, oder er war ein *fellator*; vgl. auch VI 44 und XII 74,10.

16,1 *Zoïlus:* häufig in den Gedichten Martials anzutreffender lasterhafter Emporkömmling.

16,3 *Polster vom Nil:* Die exakte Bedeutung von *torus* an dieser Stelle ist zweifelhaft (evtl. mit alexandrinischen Flaumfedern gefüllte und purpurrot überzogene Kissen); vielleicht konnotieren *stragulum* (16,1) und *torus* auch Totendecke bzw. Totenbahre, so daß Zoïlus erst auf dem Todeslager zu voller Prachtentfaltung käme. – Die uralte Stadt *Sidon* in Phönizien, *Sidone tinctus olenti* wohl im Blick auf den übel riechenden phönizischen Purpur (vgl. I 49,32: *olidaeque vestes murice*).

16,5 *Äskulap*söhne sind die Ärzte, hier benannt nach dem thessalischen Heilgott *Machaon*, dem Sohn des Äskulap/Asklepios.

17,1–3 Die *Subura* war ein sehr belebtes, aber auch verrufenes Stadtviertel, eine Niederung zwischen Quirinal, Viminal und Esquilin; dort saßen Lederverarbeiter (u.a. *Peitschenhersteller*) und *Schuster* beim *Argiletum*, aber auch Dirnen und zwielichtige Gestalten trieben sich herum.

17,5 *non tondet ... radit:* Wortspiel; sie nimmt ihre Kunden her (obszöne Bedeutung von *radere = scalpere* bzw. *glubare*), und sie nimmt sie aus; sie zwackt ihnen dabei nicht einfach Geld ab (das würde *tondere* heißen), sie schert sie vielmehr bis auf die nackte Haut (= *radere*).

18,5 *anteambulo* heißt der seinem Patron auf der Straße vorangehende und ihm Platz machende Diener oder Klient.

19,3 *Aricia:* eine Stadt an der *Via Appia* am Fuß der Albaner Berge; an der Steigung der Straße war ein bevorzugter Aufenthaltsort der Bettler.

21 Die in Rom des ersten Jahrhunderts überhandnehmende Kußmanie wird auch in anderen Epigrammen kritisiert (z.B. VII 59; XI 98; XII 59). Zum Ekel kommt die Angst vor einer Ansteckung hinzu.

21,2 *Lieber ist mir die Hand:* Postumus als *fellator* oder *cunnilingus* hier und 22 (vgl. auch 10, 12 und 23).

22,4 *mich mit vollem Mund zu küssen:* zur Vergeltung, speziell für 10 und 12; vgl. auch das folgende Gedicht.

25 *Galla:* oft von Martial genannte Hetäre.

25,2 *sage doch endlich ... »nein«:* mit dem Hintersinn, daß Galla gewöhnlich das Gegenteil von dem tut, was sie sagt.

26,4 *Naevia kokettiert, sie stirbt nicht:* Also gibt es noch nichts zu erben; vgl. auch I 10 mit ähnlicher Thematik (Hustenreiz – ihr einziger Reiz); eine Naevia begegnet ferner in I 68.

27,3 Wie bei *cito* (im rhetorischen Sinne = kurz und bündig) könnte es sich auch bei *nequiter* (= unsinnig) um kritische Zwischenrufe an die Gegenpartei handeln (vgl. Walter, S. 112). Zu solchen Äußerungen waren Klienten verpflichtet.

27,4 *Dein Essen ist schon bereit, sei still jetzt:* Anders als der Komödienfigur des Parasiten, der allein dem ›Gesetz‹ seines Bauches folgt, geht es Klienten, die als Claqueure auftreten, auch um das soziale Renommee, Gast eines Angesehenen zu sein (vgl. Walter, S. 111).

28,2 Der *Mittelfinger* (*digitus infamis* oder *impudicus*) hat – wie heute noch – bei Griechen und Römern obszöne Konnotationen.

28,4 *Vetustina* (sprechender Name): Alte; eine Hetäre.

28,6 *Zwei Möglichkeiten bleiben übrig:* Betätigung als *fellator* oder als *cunnilingus*.

29,1 Die *vordersten Sessel* waren für Senatoren und Ritter reserviert.

29,2 *sardonyx:* ein braun und weiß gestreifter Halbedelstein.

29,3 *Purpur von Tyrus* war genauso berühmt wie der aus Sidon (s. II 16,3).

29,5 *Marcellus-Theater:* Es wurde von Caesar begonnen und von Augustus vollendet, der es im Jahr 13 oder 11 v. Chr. auf den Namen seines früh verstorbenen Neffen Marcellus weihte; es lag beim Gang über das Marsfeld dicht am Tiber und konnte mehr als 10000 Besucher aufnehmen; die halbrunde Außenfassade ist bei Neumeister, S. 192, abgebildet.

29,7 *Eine Schnalle – keine von gestern:* also modisch nach dem dernier cri. – Den mit einem *Halbmond* verzierten *Schuh* trugen vornehmlich Senatoren oder Patrizier; vgl. auch I 49,31: *lunata … pellis*.

29,10 *Nimm die Pflaster weg, dann kannst du's lesen:* Die Schönheitspflästerchen verdeckten die Brandmale, die er als entflohener Sklave erhalten hatte, nämlich die Buchstaben F.H.E.: *fugitivus hic est*.

30,4 *dessen Schatztruhe das aufgehäufte Geld antreibt, sich zu vermehren:* zu *arca flagellat opes* und dem ungewöhnlichen Bild vgl. auch V 13,6.

32 Patrone mußten ihre Klienten vor Gericht verteidigen.

32,5 *Laronia* ist offenbar nicht bereit, einen Sklaven, der ihr geliehen wurde, zurückzugeben.

33 *glatzköpfig*, *rot* und *einäugig* evozieren das Bild eines erigierten Penis.

34,5 *zur ewigen Freundin … machen:* Phileros könnte der mörderischen Dame alsbald in den Tod vorausgehen, wo sie mit ihm aufgrund ihres Alters bald wieder als *perpetua amica* vereint sein wird. In X 43 hat ein Phileros bereits den Tod von sieben Ehefrauen hinter sich.

34,6 *Pontia:* Giftmischerin, die ihre beiden Kinder umbrachte; vgl. IV 43,5; VI 75 und Juvenal VI 638f.

35,2 *rhytium:* ein hornförmiges, unten spitz zulaufendes Trinkgefäß, aus dem man den Wein direkt in den Mund laufen lassen konnte.

36,3 Die *Mitra*, eine orientalische Kopfbedeckung, wurde vor allem von den kastrierten (und bartlosen) Priestern der Kybele getragen; langer, ungepflegter Bart und wirres Haar waren üblich, um vor Gericht Mitleid zu erregen.

36,6 Weichlinge und Schwule trugen das Haupthaar lang und kunstvoll angeordnet, entfernten aber alle übrigen Körperhaare durch Auszupfen, durch Pechpflaster und andere Enthaarungsmittel (*psilothrum:* III 74,1); *mens volsa* (Bailey: »depilated mind«) ist entweder von einem Schwachkopf gesagt oder von verhurter und schamloser Gesinnung.

37,1 *du schnappst es dir, mal von hier, mal von da:* Caecilianus, von Martial oft erwähnt, bedient sich also auch bei den Speisen, die seinen Tischnachbarn serviert wurden.

37,7 Die *mappa* ist ein Tuch, das der Gast entweder vom Wirt erhielt oder selber mitbrachte; sie war unentbehrlich, um die Hände abzuwischen und abzutrocknen, da man mit den Fingern aß; sie diente aber auch dazu, die Geschenke (*apophoreta*), die der Wirt seinen Gästen gab, einzuwickeln und mit nach Hause zu nehmen.

37,9 *untätig:* da keine Speisen mehr vorhanden sind.

37,11 *Für morgen … hab' ich dich nicht eingeladen:* Caecilianus hatte mit den entwendeten Leckerbissen de facto eine nicht ausgesprochene Einladung für den nächsten Tag vorweggenommen und soll daher die Speisen zurückbringen; anders Santra in VII 20; der ist so arm, daß er die mitgenommenen Speisen am nächsten Tag verkaufen wollte statt sie selbst zu essen.

38,1 Bei *Nomentum*, einer kleinen Stadt 13 Meilen nordöstlich von

Rom, hatte Martial einen kleinen Landsitz, das öfter erwähnte *Nomentanum*.

39,2 *Dann schick' ihr eine Toga:* Die Toga, sonst ein Gewand für Männer, war die vorgeschriebene Kleidung für Prostituierte und erwiesene Ehebrecherinnen.

40,1 *hemitritaeus* (das halbe Tertianfieber) war die am meisten verbreitete Fiebererkrankung im antiken Rom; Tongilius simuliert diese Krankheit nur, um sich von seinen ›Freunden‹, die ihn zu beerben hoffen, mit Leckerbissen verwöhnen zu lassen.

40,3–6 *Drosseln, Meerbarbe, Seebarsch, Caecuber, Falerner:* Aufzählung von ›Leckerbissenbeschaffungsmaßnahmen‹ durch Erbschaftsjäger, die im Testament des vermeintlich Todkranken berücksichtigt werden wollen.

40,5 *Caecuber seiht man durch:* Man sagt *saccare* vom Durchgießen des (noch trüben) Weins vor dem Servieren durch ein Sieb. – Der *Caecuber*, eine berühmte Weinlage, wuchs in sumpfiger Gegend im südlichen Latium am Cajetanischem Meerbusen. – *Weine, die das Jahr des Opimius reifen ließ:* Opimius war Konsul 121 v. Chr.; zum Wein dieses Jahrgangs vgl. u. a. zu I 26,7.

40,6 *Falerner* (*ager Falernus* nennt man das Hügelland im latinisch-kampanischen Grenzgebiet): berühmte Weinlage am Fuße des Mons Massicus in Kampanien.

41,2 *der pälignische Dichter:* Ovid stammt aus Sulmo (Sulmona) im Land der Päligner, einem Volksstamm aus der Gegend um Corfinium (Zentralitalien); die zitierte Stelle ist unbekannt (vgl. vielleicht Ars amatoria III 281: *Quis credat? discunt etiam ridere puellae*, und III 513).

41,7 *Farbe von … Buchsbaumholz:* gelblich.

41,10 *Spanius:* wohl ein Glatzkopf, der seine wenigen Haare sorgfältig arrangierte. – *Priscus* vermeidet offenbar jede Berührung, weil er um die sorgfältig arrangierten Falten seiner Toga fürchtet.

41,14 *des Priamos Gattin:* Hekuba – die *ältere Schwiegertochter:* Andromache, Hektors Frau.

41,15 Die (wohl griechisch geschriebenen) Mimen *Philistions*, eines Dichters zur Zeit des Augustus.

42 *solium:* ein Bassin im Warmbad (*caldarium*), als Sitzbad für eine Person geeignet; zur (obszönen) Pointe vgl. zu 70,5.

43,1 Κοινὰ φίλων: sprichwörtlich.

43,3 *Galaesus:* Fluß in Unteritalien bei Tarent; der Spartaner Phalanthus gilt als Gründer dieser Stadt; die Tarentiner (im Galaesus gewaschene) Wolle war ganz besonders weich; vgl. auch VIII 28,3–4.

43,4 Die Wolle aus *Parma* in der *Gallia Cisalpina* galt als die zweitbeste (vgl. XIV 155).

43,6 Durch Zuwerfen von Strohpuppen (*pilae*) suchte man den Stier in der Arena zu reizen; ›die erste Puppe‹ wird besonders strapaziert, weil der Stier an ihr seine ganze Wut abreagiert; vgl. auch zu X 86,4.

43,7 *Kadmos:* Sohn Agenors, des Königs von Phönizien, mit der durch den schönsten Purpur berühmten Seestadt Tyrus.

43,10 *mein Buchenholztisch stützt sich auf Ziegeln aus Ton:* Entweder ruht die Tischplatte auf Ziegeln, oder der Tisch wird, damit er nicht wackelt, von einer Tonscherbe abgestützt.

43,13 *dem trojanischen Lustknaben:* Ganymed, den Jupiter zu seinem Mundschenk und Geliebten machte.

44,1 Die *toga pexa* mit Appretur und voller Wolle im Gegensatz zur *toga trita*, die dünn und abgetragen ist; die *toga rasa* aus geschorenem, leichtem Stoff ist dagegen ein Sommergewand.

44,7–8 *Secundus*, *Phöbus* und *Philetus* sind Namen von Wucherern.

44,9 *quadrans:* Das Viertel-As entspricht dem Eintrittspreis für das Bad.

45,1–2 *Ein Kastrat warst du eh schon: Galli* heißen die entmannten Kybele-Priester, daher steht *Gallus* auch für Eunuch; *Glyptus* (ausgeschnitten, eingeschnitten) ist darüber hinaus ein sprechender Name.

46,1 *Hybla:* Stadt und Berg an der Ostküste Siziliens, neben dem attischen Hymettus wegen seines Honigreichtums genannt.

46,3–4 *prela:* Pressen zum ›bügelfreien‹ Aufbewahren von Kleidern – *lacerna:* ein kurzer, mantelartiger Überwurf, den man über der Toga trug, mit einer Spange (*fibula*) zusammengehalten und mit einer Kappe (*cucullus*) versehen, die man über den Kopf ziehen konnte; *synthesis* (u.a. Aufsatz, Tafelgeschirr; Inbegriff der Kleider, die zusammen angezogen werden, der Anzug) meint speziell ein leichtes und bequemes Haus-, Nacht- und Tischkleid.

46,5 *tribus:* ursprünglich einer der drei Stämme (›Volksabteilungen‹) der römischen Bürger; später einer von vier städtischen (*urbanae*) und 31 ländlichen (*rusticae*) Bezirken.

46,6 *Apulien:* Landschaft in Unteritalien zwischen Apennin und Adria, berühmt durch ausgezeichnete Wolle; das heutige Apulien hieß in der Antike Kalabrien.

47,2 Die Insel *Kythera* südlich von Lakonien mit altem Aphroditekult, wo die Göttin nackt aus dem Meeresschaum emporstieg und sich auf einer Muschel der Insel näherte.

47,3 *Du verläßt dich auf deine Hinterbacken:* Bereitschaft zum *supplicium puerile* (vgl. 60,2), sich also ›notfalls‹ von dem betrogenen Ehemann ›benutzen zu lassen‹.

48,7 *Butuntum/Butunti:* ein kleiner Ort in Kalabrien, an der Straße von Canusium nach Brundisium gelegen (heute Bitonto), »gleich hinter dem Mond«.

48,8 Die *Nero-Thermen* sind für Martial der Inbegriff römischer Pracht.

49,2 *volo:* So kann der Heiratskandidat auch noch in den Genuß der Knabenliebe kommen.

50 Vgl. dazu VI 69.

51,1 *1 Denar* = 16 As = 4 Sesterze.

52,2 *Eintrittsgeld für drei:* für Spatale und für ihre enormen Brüste. Frauen mußten ohnehin schon höhere Eintrittspreise zahlen, nachdem ihnen in der Kaiserzeit das gemeinsame, aber für ihren Ruf schädliche Baden mit Männern erlaubt war.

53,4 Roter Wein von *Veji* gehört zu den minderen Sorten; vgl. I 103,9: *et Veientani bibitur faex crassa rubelli.*

53,5 *chrysendeta:* silberne Schüsseln mit Goldrand – *Cinna:* fiktive Person.

53,6 *mit einer Toga wie meiner:* einer schlichten Toga aus grobem Stoff und ohne aufwendigen Faltenwurf.

53,7 *As:* Kupfermünze, ursprünglich ein römisches Pfund schwer;

im Wert kontinuierlich sinkend, schließlich unserem Pfennig vergleichbar.

53,8 *nur gebückt (non rectus):* weil es sich um ein recht armseliges Haus mit niedriger Decke handelt.

53,10 Der *Partherkönig* gilt als Verkörperung der Freiheit, da sein Volk von den Römern niemals endgültig besiegt werden konnte.

54,4 Sie hält ihren Mann für einen *pathicus*, gibt ihm daher einen *Eunuchen als Wächter.*

56,1 *Gallus* ist offenbar Gouverneur oder höherer Beamter in Afrika.

56,4 *dare* ist doppeldeutig: Geld geben und sich sexuell hingeben. Damit bietet die Frau des Gallus ein besonders verwerfliches Beispiel von Sittenlosigkeit, indem sie Ehebruch mit Nichtrömern gegen Geld begeht.

57,2 Zu dem *Saepta Iulia* genannten Prachtbau mit Kolonnaden vgl. zu 14,5–6.

57,3 *Publius:* ein viermal und immer nur mit dem Vornamen genannter Freund Martials – Die *lacerna* ist ein vorn offener Überwurf, eine Art Cape.

57,4 *non ipse Cordus alpha paenulatorum:* vgl. V 26, die scherzhafte Fortsetzung von 57.

58 Zu *toga pexa* und *trita* vgl. zu 44,1.

59,1 »*Kleiner Bissen« nennt man mich:* Die Kommentatoren denken meist an die *Mica Aurea*, einen von Domitian erbauten Eßpavillon, mit Blick auf das Mausoleum des Augustus (der in v.4 als Gott bezeichnet wird) auf dem Marsfeld, wo bis zur Errichtung des *templum gentis Flaviae* die Kaiser begraben wurden; doch zeigt eine genauere Interpretation, daß damit wohl eher eine bescheidene (*cenatio parva*) und von uns nicht mehr lokalisierbare ›Imbißstube‹ gemeint ist, die zu dem Rundbau (*tholus:* v.2) des Mausoleum Augusti in bewußtem Kontrast steht.

59,3 *Wein, Rosen, Nardenöl* als Ingredienzien eines typischen Gelages.

59,4 *Der Gott selbst fordert dich auf: Denk' an den Tod:* vgl. V 64,5–6: »Zu leben mahnen uns die Mausoleen ganz in der Nähe, da sie uns belehren, daß selbst Götter sterben können.«

60,2 *die spezielle Bestrafung von Jungen:* Das *supplicium puerile* bestünde darin, daß der betrogene Ehemann zur Strafe den Jungen sexuell hernimmt; vgl. 47,3: »Du verläßt dich auf deine Hinterbacken?«

60,3-4 Der betrogene Tribun scheint entgegen den Hoffnungen des Knaben Domitians Kastrationsverbot (aus dem Jahre 81/82) als Strafe für Ehebrecher nicht zu beachten.

61,5 *aerugo:* eigentlich Grünspan, speziell auf einem kupfernen Geldstück, dann Neid, Mißgunst, Scheelsucht; vgl. auch X 33,5: *viridi aerugine* vom »Grünspan der Mißgunst«.

63,1 *sestertia ... centum:* Der Gen. Pl. *sestertium* wurde wie ein Neutrum dekliniert und bezeichnet dann eine Summe von 1000 Sesterzen.

63,2 *Leda:* Name einer *meretrix* – Die *Via Sacra* führt an der Nordseite des Palatin zum Forum und zum Kapitol.

63,4 Eine Sklavin für teures Geld zu kaufen und sie nicht einmal zu begehren ist doppelte *Verschwendung*.

64,3 *Peleus*, König der Myrmidonen, *Priamos*, König von Troja, und *Nestor*, König von Pylos, sind mythische Exempla für Langlebigkeit; das gilt erst recht, wenn man die drei Lebensalter addiert.

64,7 *Lehnst du die Schule ab:* d.h., wenn du kein Lehrer der Beredsamkeit werden willst.

64,8 Eine Statue des *Marsyas*, des von Apollon geschundenen Satyrn, der den Gott zum musikalischen Wettstreit herausgefordert hatte, stand – in der Nähe der *Rostra* (?) – auf dem *Forum Romanum*; vgl. Horaz, Satiren I 6,120 und Juvenal IX 2.

65,2 *sagst du:* nämlich Saleianus.

65,5 *centena decies:* nämlich *milia sestertium* – die *Mitgift* wurde von der Frau, solange sie lebte, verwaltet.

66,3 *Lalage* (sprechender Name): Plappermaul.

66,4 *Plecusa* (sprechender Name): »die, welche die Haare flicht«; *ein Opfer der grausamen Frisur:* Mißhandlung von Sklavinnen, die bei der Toilette ihrer Herrinnen etwas falsch machten: Juvenal VI 486ff.

66,7 *Salamander* bei Plinius, Naturalis historia X 188: »Sein Geifer, der ihm milchartig aus dem Maule fließt, bringt bei Berührung mit irgendeinem Teil des menschlichen Körpers alle Haare zum Ausfall und verdirbt an der berührten Stelle die Hautfarbe zu einem Ausschlag.«

66,8 *das Bild, das du abgibst, deines Spiegels würdig:* der zu einer solchen Rohheit Anlaß gab, und abschreckend, weil nach dem Haarausfall genauso glatt wie dieser Spiegel.

67 Martial spielt hier mit der Begrüßungsformel *quid agis?*, mit der das englische »How do you do?« vergleichbar ist, und den verschiedenen Bedeutungen von *agere*. Die kürzeste Begrüßung erfolgte üblicherweise mit *salve* oder *(h)ave*, die mit denselben Worten erwidert wurde; wollte der Gegrüßte ein Gespräch beginnen, antwortete er mit *(h)ave et tu. quid agis?* Zum Gruß streckte man die Hand mit erhobenem Zeigefinger aus; Händeschütteln erfolgte nur unter Freunden (vgl. Walter, S. 121); der Begrüßungskuß stellte eine nicht immer erwünschte Intimität her (s. 21).

68,4 *den Filzhut der Freiheit:* Wenn ein Sklave freigelassen wurde, erhielt er das *pilleum*, die von den Freien getragene Filzkappe. Sinn: Um frei zu sein, habe ich alle Vorteile eines Klienten aufgegeben, habe auch die damit verbundenen Demütigungen nicht mehr nötig und werde dich fortan nur noch direkt beim Namen nennen.

68,8 *Olus* (sprechender Name): Kohlkopf.

69,3 Marcus Gavius *Apicius:* bekannter (und sprichwörtlicher) Schlemmer und Feinschmecker zur Zeit des Tiberius; unter seinem Namen ist ein spätantikes Kochbuch überliefert.

69,6 *auch Selius zwingt man dazu:* Der Zwang ist ein ›innerer‹, nämlich Hunger oder parasitäre Freßgier; *Selius:* der 11 charakterisierte, ewig hungrige Mahlzeitjäger.

69,7 Atedius *Melior:* auch ein Freund des Dichters Statius, bekannt als vorzüglicher Gastgeber und durch seinen eleganten Lebensstil.

70,2 *Cotilus* (sprechender Name): Schwätzer.

70,3 *undis ... irrumatis:* eigentlich: worin *fellatio* praktiziert wurde.

70,5 *zuerst den Schwanz und dann den Kopf drin waschen:* weil der *fellatio* praktizierende Kopf noch ›unappetitlicher‹ ist.

71,3 Domitius *Marsus* und *Catull* als bedeutende Epigrammatiker; vgl. I Epist.

72,3 *percidere (alicui os)* ist zweideutig und kann auch im Sinn von *irrumare* verstanden werden.

72,3-4 *Latinus* und *Panniculus:* zwei Schauspieler im Mimus; Panniculus (sprechender Name: der in Lumpen Gehüllte) ist der Clown (*stupidus*), der schallende Ohrfeigen bekommt.

72,8 *testes* ist zweideutig: ›Zeugen‹ bzw. ›Hoden‹.

73,1 Ergänzung von Monroe, von Housman gebilligt und von Shackleton Bailey übernommen.

74 *Klienten* – eine möglichst große Anzahl gehörte zum Prestige – begleiteten, mit der *Toga* bekleidet, ihre Patrone vor Gericht.

74,2 Martial schmeichelte dem M. Aquilius *Regulus*, der ein gefürchteter Denunziant und Günstling Domitians, aber auch ein erfolgreicher Rechtsanwalt und ein Gönner Martials war, in vielen Epigrammen; vgl. z. B. I 12.

74,3 *einen frisch rasierten Angeklagten:* Nach einem Freispruch legten die Angeklagten Bart und lange Haare ab und begaben sich nach unserer Stelle zum Dankgebet in einen Tempel.

74,4 Wohl Martials langjähriger Freund *Maternus*, ein Rechtsgelehrter, der wie der Dichter aus Bilbilis stammt; vgl. auch X 37.

74,7 *Fuficulenus* und *Faventinus* sind Geldverleiher; um sein Gefolge bezahlen zu könnem, hat sich Saufeius finanziell ruiniert.

75,6 Die Knaben hatten gerade Sand auf den blutgetränkten Boden der Arena geschüttet.

75,10 *lerne von unserer Wölfin:* von der römischen Wölfin, die Romulus und Remus gesäugt hat.

76,2 *Der hat dir ein Schnippchen geschlagen:* Wer auf ein Erbe hoffte, pflegte dem Wunsch kontinuierlich durch Geschenke Nachdruck zu verleihen. Das Epigramm stellt den Topos vom enttäuschten Erbschaftsjäger auf den Kopf, der in diesem Fall, weil er nichts spendiert hatte, auch nichts erwarteten konnte und dann überraschend doch noch etwas bekam, freilich einen lächerlichen Betrag.

77,1 Ein Epigrammatiker *Cosconius* wird III 69 angeredet; vielleicht fiktiver Name.

77,2 *Du taugst nur zum Schmieren von Wagenachsen:* wohl sprichwörtlich, Sinn umstritten: Dir kann es nicht schnell genug gehen, oder: Du taugst zu nichts anderem, oder einfach: Du bist geistlos, stupid.

77,3 *Koloß:* eine über hundert Fuß hohe Statue mit Neros Gesicht, später von Vespasian mit dem Kopf des Sonnengottes versehen; vgl. zum Liber spectaculorum 2,1.

77,4 *Knabe des Brutus:* Beispiel für die Gattung ›Kleinkunst‹; vgl. zu IX 50,5.

77,5 *Domitius Marsus* und *Pedo Albinovanus:* hervorragende Epigrammatiker der Augusteischen Zeit; vgl. dazu I Epist. 12–13.

77,8 *du … machst lange Distichen:* d.h., deine Epigramme sind auch als Zweizeiler noch zu lang.

78,2 *Bewahre sie … in deinen Thermen auf:* wenn du schon kein Fischbecken besitzt; vielleicht sind auch die Thermen so kalt, weil ungeheizt, daß man sie als Kühlraum benutzen kann.

79,2 *Ich speise zu Hause:* Die unhöfliche Art der Entschuldigung (statt: »Ich habe heute leider schon selber Gäste.«) soll Nasica zeigen, daß man ihn durchschaut.

80,1 Ein *Fannius* Caepio war in eine Verschwörung gegen Augustus verwickelt und wurde wegen Hochverrats verurteilt; er tötete sich selbst, um den Verfolgern zu entgehen (Sueton, Tiberius 8); vielleicht aber auch fiktiver Name.

80,2 *Ist das nicht verrückt, zu sterben, damit man nicht stirbt:* vgl. Seneca, Epistulae 70,8: *stultitia est timore mortis mori.*

81,2 *ist sie eine Totenbahre:* d.h., Zoïlus ist ein lebender Leichnam; *sandapila* ist die Totenbahre für die Armen im Gegensatz zur *lectica* (v.1), der Sänfte und Bahre für Reiche.

82,2 *die Leute erzählen, was er nicht sagen kann:* Der (fiktive) Ponticus wollte so einen unliebsamen Zeugen eigener Verbrechen zum Verstummen bringen.

84,1 *Poeantius heros:* Philoktet, der Sohn des Poeas und Gefährte des Herakles; mit dessen Pfeilen tötete er Paris vor Troja.

84,2 Rache der *Venus:* die Göttin bestrafte, indem sie sexuelle Perversionen hervorrief.

84,3–4 Der Dichter und Schriftsteller Canius *Rufus* aus Cadix, der stets lachende Dichter (vgl. III 20) und ein Freund Martials – *Eryx:* Sohn der Venus und des Neptun (oder des Argonauten Butes, der ein Sohn Neptuns war); er forderte alle Fremden zum tödlichen Zweikampf, bis Herkules ihn schließlich besiegte. Wenn, so Martials etwas seltsame Argumentation, auch das unnatürliche Sexualverhalten des Sizilianers Sertorius eine Strafe der Venus sei, dann müsse er, und nicht Herkules, den Eryx, den einzigen Sohn der Göttin aus Sizilien, erschlagen haben.

85,1 *Behältnis mit gekochtem und schneegekühltem Wasser:* Man kühlte das Trinkwasser gern durch Schnee; auf Nero geht die Erfindung zurück, das Wasser vorher zu kochen und dann erst das damit gefüllte Gefäß mit Schnee zu kühlen, wahrscheinlich aus Geschmacksgründen; so konnte Wasser schließlich teurer werden als Wein; vgl. auch XIV 116, 117 und 118.

85,2 *Geschenk ... für die Zeit des Saturn:* Die Saturnalien sind zu Ehren Saturns, der im goldenen Zeitalter regierte, das größte römische Fest; es wurde zur Regeneration der Natur im Dezember gefeiert.

85,4 Die *toga rasa* aus leichtem Stoff trug man im Sommer.

86,1 *carmine ... supino:* Verse, die rückwärts (Buchstabe für Buchstabe oder Wort für Wort) gelesen werden konnten.

86,2 Hexameter, die, rückwärts gelesen, zu *Sotadeen* wurden (benannt nach *Sotades*, einem Dichter des 3. Jh.s v. Chr.) und gleichzeitig einen obszönen Sinn ergaben; III 29 ist in Sotadeen geschrieben: Hás cúm gemíná cómpede dédicát caténas.

86,3 Verse, in denen etwa das *Echo* eine Frage beantwortete wie in unserem Kindervers: »Wie heißt der Bürgermeister von Wesel?« Nach Shackleton Bailey u.a. sind *versus echoici* elegische Verse, in denen das erste Wort des Hexameters am Endes des Verspaares wiederholt wird.

86,5 *debilitate:* in gebrochenem Rhythmus, dem Kennzeichen des Galliambus.

86,4-5 *Attis,* der Geliebte der Kybele, hatte bei der Baumnymphe Sagiritis sein Keuschheitsgelübde gebrochen und sich daraufhin in einer von der Göttin verhängten Exstase selber kastriert; nach seinem Tod wurde er in eine Pinie verwandelt, die daher der Kybele heilig ist (vgl. XIII 25: Pinienzapfen). Der Dichter Kallimachos hatte das Schicksal des Attis in *Galliamben* geschildert (dem Versmaß, dessen sich die Gallen, die Kybelepriester, bei ihren Gesängen bedienten), und Catull hatte in seinem *Attis* (= carmen 63) dieses Gedicht im gleichen Versmaß mit seinen komplizierten, gebrochenen Rhythmen imitiert. »Der glänzende Attis« ist dieses in Galliamben geschriebene Gedicht Catulls (*Super alta vectus Attis celeri rate maria*).

86,7-8 *petaurum:* ein hölzernes Gerüst für Seiltänzer und ähnliche Equilibristen; vielleicht auch an unserer Stelle das *Akrobatenseil*; vgl. XI 21,3 (dort aber eine Art Sprungbrett?) – *Ladas:* entweder der berühmte Olympionike und schnelle Läufer Alexanders des Großen oder ein zeitgenössischer, nach ihm benannter Wettläufer (vgl. X 100,5).

86,10 *töricht ist Angestrengtheit bei albernem Spaß:* anders Sullivans Paraphrasierung, S. 74: »stupid to waste effort on silly trifles.«

86,11 Vielleicht Q. Remmius *Palaemon*, Lehrer Quintilians, ein Grammatiker unter Tiberius und Claudius, der auch Verse machte (vgl. Sueton, De grammaticis 23).

87,2 *das Gesicht von einem, der unter Wasser schwimmt:* vielleicht das Gesicht eines Frosches (oder eines Ertrunkenen?); vgl. Ovid, Metamorphosen VI 376 von den in Frösche verwandelten lykischen Bauern: *quamvis sint sub aqua, sub aqua maledicere temptant.*

89,2 *Catos Laster:* gemeint ist der jüngere Cato Uticensis; daß er bisweilen über den Durst trank, berichtet auch Plinius, Epistulae III 12.

89,4 Über *Cicero* als Dichter spottet z.B. Juvenal und führt X 122 dazu einen Vers aus *De consulato suo* an: *O fortunatam natam me consule Romam*, worin Cicero seinem übertriebenen Anspruch, der Retter Roms (vor den Catilinariern) zu sein, mit der häßlichen Abfolge -*natam natam* Ausdruck gab.

89,5 Der Triumvir *Antonius* war durch seine Trunksucht (vgl. Ciceros 2. philippische Rede 63) bekannt, *Apicius* (vgl. 69,3) durch seine Schlemmerei.

90,1 M. Fabius *Quintilianus* (ca. 35-96 n.Chr.), der Verfasser von 12 Büchern De institutione oratoria, er dozierte bis etwa zum Jahr 90 an dem ihm von Vespasian verliehenen Lehrstuhl für Rhetorik.

90,2 In der *Toga* traten die Gerichtsredner auf; auch Quintilian war als solcher tätig.

90,3 *nicht von den Jahren verbraucht:* Martial war zur Zeit, da er das Gedicht verfaßte, mehr als 45 Jahre alt.

90,6 Im *Atrium* des Hauses standen die Schränke mit den Wachsbüsten der Ahnen, auch die Klienten pflegte man dort zu empfangen.

91,3 *festinatis ... libellis:* entweder in Eile verfaßt oder auch Hinweis auf ihren flüchtigen Charakter als *nugae* – eine Bescheidenheitsformel; vgl. X 2,1: *Festinata prior decimi ... cura libelli.*

91,3-4 *Wenn meine Gedichte ... je deine Augen gefesselt haben:* Damit sind wohl die beiden ersten, Domitian gleichzeitig übermittelten Bücher gemeint.

92,1 Das *Dreikinderrecht* wurde vom Senat, später von den Kaisern, auch Kinderlosen und Unvermählten verliehen; es schloß bestimmte Privilegien ein (Vorzug bei Amtswürden, Ehrenplatz im Theater, Befreiung von Personallasten usw.).

92,3 *Lebe wohl, Ehefrau:* d.h., zu heiraten kann er sich jetzt sparen, denn durch eine Eheschließung würde das dem kinderlosen Dichter verliehene Dreikinderrecht ungültig bzw. ausgesetzt.

93,1 *Wo ist das erste Buch:* Offenbar besitzt Martials Gönner Regulus kein Exemplar von Buch I, und der Dichter hat auch keins mehr zur Verfügung, um es ihm zu schicken.

93,4 *dann brauchst du nur eine Eins aus dem Titel zu nehmen:* nämlich von der römischen Ziffer II; dem griechischen Buchstaben Jota (I) entspricht das römische Zahlzeichen I.

DRITTES BUCH

1,2 *Gallia Romanae ... togae* (= *Gallia togata*) ist die *Cisalpina* (etwa: Oberitalien), deren Bewohnern 49 v.Chr. das römische Bürgerrecht verliehen wurde; das Gedicht setzt einen längeren dortigen Aufenthalt Martials voraus; vgl. auch 4.

1,3 *das frühere Buch:* Offenbar waren die ersten beiden Bücher auch in einer Ausgabe erschienen, die aus nur einem *volumen* bestand.

2 Ein Widmungsgedicht, in dem das Buch wie eine Person angesprochen wird.

2,4 (damit) *du* (nicht) *mit feuchtem Papyrus Thunfische zudeckst:* indem man dich als Einwickelpapier für (eingepökelte) Salzfische und ähnliches oder z. B. zum Garen von Makrelen verwendet.

2,5 *cucullus:* eigentlich ein Umhang mit Kapuze.

2,6 *Faustinus* (vgl. I 25,1): ein wohlhabender Freund Martials.

2,7 *Mit Zedernöl gesalbt:* Bücher wurden mit Zedernöl, das sie gelb einfärbte, gegen Motten und Wurmfraß bestrichen.

2,8 *frontis gemino decens honore: frontes* heißen die beiden Außenränder der Buchrolle, die sorgfältig beschnitten, mit Bimsstein geglättet und eingefärbt waren; vgl. I 66,10–11: *sed pumicata fronte si quis est nondum / nec umbilicis cultus atque membrana.*

2,9 *umbilicis:* So werden die beiden über die Rolle hinausragenden Enden des Stabes genannt, um den die Buchrolle gewickelt ist.

2,11 *index:* der an die Rolle geklebte, hier scharlachrot eingefärbte Pergamentstreifen mit dem Titel des Buches.

2,12 Gemeint ist der berühmte und als Kritiker gefürchtete Grammatiker Marcus Valerius *Probus,* nach Sueton ein Herausgeber alter Schriften, die er verbesserte und mit Anmerkungen versah.

3 Die Echtheit des Epigramms ist umstritten, u.a. aus metrischen Gründen (*faciem aut*).

4,2 Die *Via Aemilia* führte von Ariminum (Rimini) nach Bononia (Bologna) und weiter nach Placentia (Piacenza).

4,4 *Forum Cornelii:* von Cornelius Sulla gegründet, jetzt Imola zwischen Bologna und Faenza an der *Via Aemilia.*

4,6 *Ekel am sinnlosen Togadienst:* das Antichambrieren der Klienten.

4,8 Die Kunst des *citharoedus,* der seine eigenen Lieder auf der Lyra begleitete, galt als *ars pecuniosa;* vgl. V 56,8–9.

5,4 *Julius* Martialis: einer der engsten Freunde Martials; vgl. zu I 15,1.

5,5 *Säulenhallenstraße:* die *Via Tecta* war eine überdachte Kolonnade im Norden Roms, in der Nähe des *Mausoleum Augusti;* vgl. auch VIII 75,2; die Korrektur *primae ... Tectae* (Gronovius) statt überliefertem *primi ... tecti* übernehmen alle Ausgaben.

5,6 *Daphnis:* wohl ein Bekannter Martials.

6,2 *Marcellinus:* Sohn von einem Freund Martials; er diente im Sarmatenkrieg, und in diese Gegend sandte ihm Martial durch Vermittlung des Dichters Faustinus (der vielleicht sein Vater war) Buch VII (vgl. VII 80).

6,3-4 *haec prima parenti, ... haec tibi prima:* Am 18. Mai (*Lux ... post Idus ... tertia Maias*) feierte der Vater von Marcellinus seinen Geburtstag; gleichzeitig wurde an diesem Tag der Sohn mündig, der dabei den erstmals rasierten Bart den Göttern weihte.

7,1 *Armselige hundert Quadranten, lebt wohl jetzt:* Die Sportula, das (Geschenk-)Körbchen des Patrons für seine Klienten und ursprünglich mit Naturalien gefüllt, wurde später durch einen Geldbetrag ersetzt; diese Geld-Sportula von 100 Quadranten = 25 As = 6 1/4 Sesterze war offenbar vorübergehend wieder durch ein ›Freßpaket‹ ersetzt worden; vgl. III 14; 30 und 60.

7,3 (Spende,) *die ein schweißtriefender Bademeister auszuteilen pflegte:* Die Klienten bekamen ihr ›Tagegeld‹ erst am Nachmittag ausbezahlt, nachdem sie den Patronus noch ins Bad begleitet hatten; vgl. 36,5-6: *lassus ut in thermas decuma vel serius hora / te sequar Agrippae*.

7,6 *Keine Ausflüchte:* Martial legt die Antwort den Mit-Klienten in den Mund: Wenn nur noch eine Abspeisung, dann aber bitte noch ein Jahresgehalt – Mehrausgaben, welche die Patrone gerade vermeiden wollten.

10,6 *Enterbt hat dich ... dein Vater:* »Leaving Philomusus the money to squander was tantamount to leaving him nothing« (Shackleton Bailey).

11 Ein *Quintus* hatte das 8. Epigramm auf sich bezogen und betont, daß seine Geliebte *Hermione* heiße; Martial bietet an, *salva prosodia* Quintus einfach durch *Sextus* zu ersetzen.

11,6 *Wenn Quintus nicht will, dann soll eben Sextus die Thaïs lieben:* Mit der ›problemlosen‹ Vertauschung der Namen durch die Wahl der nächsthöheren Ordinalzahl könnte angedeutet sein, daß die Dame gern und schnell ihre Liebhaber wechselt.

12,4 Der Name *Fabullus* ist offensichtlich in Erinnerung an Catull 13 gewählt: *Cenabis bene, mi Fabulle, apud me*.

12,4-5 *Wer ... gesalbt wird, ... ist ... schon gestorben:* Anspielung auf die Totensalbung.

13,1 c*arpere* hier: »tranchieren«, »zerlegen«; in Petronius' Satyricon heißt der *scissor* (»Vorschneider«) des Trimalchio Carpus.

13,2 Zu *Naevia* gibt Shackleton Bailey (Teubnerausgabe) freilich zu bedenken: *femina apud Martialem convivio alibi nusquam praesidet.*

13,4 *numquam ... crudus ero:* Wortspiel mit *crudus*, das sowohl »roh« als auch »unverdaulich« bedeutet; Sinn der Pointe: Wenn ich nichts zu essen bekomme, dann bleibe ich wenigstens frei von Verdauungsbeschwerden.

14,4 *Kehrt machte er an der Mulvischen Brücke:* Er eilte auf der *Via Flaminia* nach Rom, machte aber, ohne Rom zu betreten, an der Mulvischen Brücke im Norden Roms kehrt; zur Aufhebung der *sportula* in Geld vgl. 7.

15 Wortspiel mit *credere*, was sowohl »vertrauen« als auch »anvertrauen« im Sinne von »leihen«, »auf Kredit geben« heißen kann; *Cordus* ist in seiner ›blinden Liebe‹ ein extrem ›Gläubiger‹, nämlich extrem ›leichtgläubig‹; als Kredit gibt er sich selbst, ohne zu sehen, daß er sich sinnlos ›verschenkt‹.

16,1 *Cerdo, kleiner König der Flickschuster:* Ein neureicher Schuster hatte in Bononia ein Fechterspiel finanziert (vgl. 59,1: *Sutor Cerdo dedit tibi, culta Bononia, munus*), das sonst Senatoren veranstalten lassen; *Cerdo/cerdo* entweder Eigenname oder: »Banause«, »primitiver Handwerker«.

16,2 *sica:* Krummdolch der »Thraker« genannten Gladiatoren.

16,5 *de alieno corio ludere* – »um eine fremde Haut spielen« – ist sprichwörtlich; wer um die eigene Haut spielt, muß also betrunken sein. Man beachte, daß *corium* auch das mit dem Schusterleder erworbene Vermögen bezeichnet.

16,6 *in pellicula sua se tenere* ist wohl ebenfalls sprichwörtlich und unserem »Schuster, bleib' bei deinem Leisten« vergleichbar, vielleicht in Anspielung auf die Fabel vom Esel und der Löwenhaut.

17 Daß man sich *fellatores* wegen ihres unangenehmen Atems am besten vom Leibe hält, ist auch 28 und VII 94 thematisiert.

19,1–2 Eine *Platanen*pflanzung nahe beim Hekatonstylon, der *Hundertsäulenhalle* (vgl. II 14,9: *centum pendentia tecta columnis*) war mit

Bronzestatuen wilder Tiere geschmückt; im Rachen einer solchen Bronzebärin hatte sich eine Giftviper versteckt; das Hekatonstylon lag auf dem Marsfeld neben der *porticus Pompeii*; vgl. zu II 14,9.

19,6 *das wilde Tier lebte mit einer Seele, die schlimmer als seine eigene war:* Die Viper ist als die *anima* des Bronzebärs (hier: *fera*) vorgestellt.

20,1 *Canius Rufus*, ein Freund Martials, widmete sich als Historiker der Zeit des Claudius; zur Charakteristik des ›ewigen Lächlers‹ vgl. auch I 69.

20,3: *zur Zeit des Claudius:* Kaiser Claudius regierte 41–54 n. Chr.; er wurde von seiner Gattin Agrippina vergiftet.

20,4 *was ein Fälscher Nero zuschrieb:* Es ist nicht auszumachen, ob es sich um fälschlich (und absichtlich) Nero zugeschriebene Gedichte oder um politische Maßnahmen des Kaisers handelt; auch wer der *falsus scriptor* sein könnte, bleibt unklar; zu (Nerva und) Nero als Dichter vgl. VIII 70 und IX 26.

20,5 *den Scherzen des respektlosen Phaedrus:* Shackleton Bailey konjiziert (mit Heraeus und Thiele) λόγους, was unnötig ist, denn Phaedrus bezeichnet selbst seine Fabeln als *iocos*, und als *inprobus* soll er dann ja auch Sejans Mißfallen provoziert haben; vielleicht ist der hier genannte Phaedrus aber auch ein uns unbekannter Mimendichter.

20,7 *auf sophokleïschem Kothurn:* Der Bühnenschuh des tragischen Schauspielers steht metonymisch für den pathetisch-erhabenen Tragödienstil.

20,8 Die *schola poetarum* ist vielleicht eine Art Dichterklub; vgl. auch IV 61,3.

20,10 Shackleton Bailey schreibt mit Friedländer †*templi*†; anders Izaac: »sans aucun doute le temple d'Isis et de Serapis«, unter Verweis auf II 14,7: *Memphitica templa frequentat*, womit der Isistempel auf dem Campus Martius gemeint ist.

20,11 *Argonautenhalle:* Die *porticus Agrippae* auf dem Marsfeld wurde nach einem den Argonautenzug darstellenden berühmten Wandgemälde auch *porticus Argonautarum* genannt; vgl. auch zu II 14,3–4.

20,12 *in der Sonne bei der anmutigen Europa:* die *porticus Europae* auf dem Marsfeld, eine beliebte Promenade; s. Neumeister, S. 144–145.

20,15-16 Die Thermen des *Titus* auf dem Esquilin, die des *Agrippa* auf dem Marsfeld, vgl. 36,6: *te sequar Agrippae, cum laver ipse Titi*; das dritte ist ein von Sofonius *Tigillinus*, dem berüchtigten *praefectus praetorii* Neros, erbautes Bad.

20,17 Das auch I 36 erwähnte Brüderpaar Cn. Domitius *Tullus* und Cn. Domitius *Lucanus* galt als Muster der Bruderliebe; daher wurden sie von Martial mit Kastor und Pollux verglichen.

20,18 *Pollio:* wohl der bekannte Kitharöde (Sänger, der sich auf der *cithara* selbst begleitet; vgl. auch IV 61,9: *Pollione cantante*), den auch Juvenal erwähnt.

20,19 *Bajae:* der mondäne Badeort im Golf von Neapel mit dem wegen der Qualität seiner Austern berühmten Lukrinersee.

20,21 Antwort der Muse.

21,2 *non fuit haec domini vita, sed invidia:* andere Übersetzungsmöglichkeit: »Dem ging es nicht um das Leben seines Herrn, sondern um seinen Haß auf ihn / um dessen Bloßstellung« – Wortspiel mit *vita* und *invidia*. – Ein Antius Restio, unter dem zweiten Triumvirat 43 oder 42 v.Chr. subskribiert, wurde nach Macrobius (I 11,19) und Valerius Maximus (VI 8,7) auf diese Weise gerettet.

22,1 Marcus Gavius *Apicius:* bekannter (und sprichwörtlicher) Schlemmer und Feinschmecker zur Zeit des Augustus und Tiberius; unter seinem Namen ist ein spätantikes Kochbuch überliefert; vgl. auch II 69,3. – Sechzig Millionen: *bis trecenties (centena milia) sestertium*.

22,2 *centies laxum:* Die gleiche Restsumme von 10 Millionen zum ›Überleben‹ nennt auch Seneca, Ad Helviam de consolatione 10,9: »Von Schulden überwältigt, war er (Apicius) zum ersten Mal in seinem Leben gezwungen, Bilanz zu machen; es blieben ihm nur 10 Millionen Sesterze übrig, und ganz so als ob er im schlimmsten Hunger leben sollte, wenn er mit 10 Millionen gelebt hätte, beendete er sein Leben mit Gift.«

23,1 *opsonia* sind speziell Fleisch- und Fischgerichte.

23,2 *in deinem Rücken:* eigentlich »von deinen Füßen weg«: Die Sklaven standen beim Essen gewöhnlich hinter ihren Herrn und sollten in diesem Fall die Gerichte mit nach Hause nehmen; vielleicht wurden so aber auch die Lieblingssklaven mit Leckerbissen, die sie selbst sofort essen konnten, versorgt; vgl. auch den unverschämten Gast von II 37.

24,7 *über den grünen Altar geneigt:* Der Altar ist grün, weil aus Rasenstücken (*caespites*) errichtet.

24,9 *iratis ... sacris:* wohl in Analogie zu *deis iratis:* »au grand scandale des rites« (Izaac).

24,13 Wortspiel mit *Gallus,* was in Opposition zu *Tuscus* zunächst fälschlich an »gallisch« denken läßt; die Kybelepriester, *Galli* genannt (Gallier, d.h. Galater), kastrierten sich selbst im ekstatischen Dienst der Göttin (vgl. auch das Distichon II 45). Zur Opferschau bevorzugte man Etrusker, die aus den Eingeweiden die Zukunft ›ablesen‹ sollten.

25,2 *Faustinus:* oft erwähnter Freund des Dichters. – *Iulianus:* ein Bekannter Martials, bevorzugt wohl sonst heiße Bäder.

25,3-4 *Sabineius* deklamiert offenbar (als Rhetor) so ›frostig‹, daß er sogar das Wasser in den besonders heißen (X 48,4) *Neronischen Thermen* abkühlen würde.

26,2 *murrina* sind Gefäße aus Flußspat; besonders aus den seltenen großen Stücken dieses Minerals wurden kostbare Gefäße angefertigt; vgl. X 80,1: *maculosae pocula murrae* und zu XIV 113. Goldgeschirr durfte von Privatleuten seit Tiberius eigentlich nur bei Opferhandlungen verwendet werden.

26,3 *Massiker:* edle Weinsorte aus dem Grenzgebiet zwischen Latium und Kampanien. – Der berühmte *Caecuber* wuchs in einer sumpfigen Gegend im südlichen Latium am Cajetanischen Meerbusen. – *Opimius* war Konsul 121 v.Chr.

28,2 Der üble Atem von *Nestor* hat die gleiche Ursache wie der von Sabidius in 17 und von Papylus in VII 94.

29,2 *Zoilus* trägt jetzt den Ritterring (vgl. XI 37); dem Gott *Saturn* weiht er die früheren Ketten, weil an dessen Fest, den Saturnalien, die Sklaven frei waren; sotadeïsches Versmaß nur hier bei Martial.

30,1 *Keine Sportula wird mehr ausgeteilt:* In der *sportula* (dem Körbchen) erhielt der Klient ursprünglich von seinem Patron das Essen; dann meint *sportula* auch den Geldbetrag (hundert Quadranten), der dem Klienten als Begleitperson des Patrons gezahlt wurde; *sportula* ist also sowohl Verköstigung als auch Kostgeld; zur (vorübergehenden?) Aufhebung der Geld-*sportula* und dem Ersatz durch Naturalien vgl. auch zu 7,1.

30,3 *pensio* (*annua*): »Mietzins«, so auch 38,6; VII 92,5.

30,4 *Woher nimmst du deinen Quadranten:* Ein Viertelas betrug das Eintrittsgeld für die Bäder. – *Chione:* Hetärenname.

30,6 *quod vivis, nulla cum ratione facis:* Wortspiel mit *ratione:* (a) vernünftig, d. h. ökonomisch leben, (b) *nulla cum ratione* = ohne vernünftigen Grund, also eigentlich ohne Daseinsberechtigung.

31,6 Auf den Reichtum des sehr alten (93,22) *Philomelus* spielt Martial auch in IV 5,10 an; der offenbar schon verstorbene *Didymus* wird auch III 41,8 erwähnt; beide Männer waren wohl Freigelassene und reich gewordene Wucherer.

32,3–4 *Hekabe* (*Hekuba*), die Gemahlin des Priamos, wurde nach ihrem Tod in einen Hund, *Niobe* in einen Felsen verwandelt.

33,4 *nobis haec erit ingenua:* Wortspiel mit *ingenuus* »freigeboren« bzw.: »von natürlicher Anmut«.

34,2 Der Hetärenname *Chione* leitet sich von griechisch χιών (chión: Schnee) ab.

35,1 *Artis Phidiacae* verweist nicht unbedingt auf Phidias als dem vermeintlichen Schöpfer des Gefäßes, sondern kann auch einfach »Skulptur« bedeuten, so wie XI 9,2 *Apellea ... arte* für »Malerei« überhaupt steht.

36,6 *in die Agrippa-Thermen ..., in den Titus-Thermen:* Sie lagen etwa eine halbe Stunde voneinander entfernt, die Agrippathermen auf dem Marsfeld, die Titusthermen auf dem Esquilin; vgl. auch 20,15.

36,8 *ein Neuling in deiner Freundschaft:* Klienten, die dem Patron besonders nahestanden, wurden von diesem auch als *amici* oder als *familiares* angesprochen.

36,9 *mit meiner verschlissenen und auf eigene Kosten gekauften Toga:* d. h., daß du mir nicht einmal die (nunmehr längst abgetragene) Toga zum Klientendienst geschenkt hast.

36,10 *ich hätte mir ... die Entlassung verdient;* nämlich das Stockrapier oder den Fechtstab, den der ausgediente Gladiator als Zeichen der Entlassung erhielt; Sinn: Es ist an der Zeit, mich aus dem Frondienst bei dir zu entlassen.

37,2 *es kommt euch zupaß:* Die Patrone benutzen ihre Verstimmung über vermeintliche Versäumnisse ihrer Klienten, um sie nicht einladen oder beschenken zu müssen; *iuvat* ist mehrdeutig: »es gefällt euch so«, »es freut euch« (Zorn als Privileg der Reichen, die selbst daran noch ihren Spaß haben) und »ihr profitiert davon«.

38,4 *in triplici ... foro:* die drei wichtigsten, für Rechtsfälle bestimmten *fora: Romanum, Iulium, Augusti;* vgl. VIII 44,6: *foroque triplici.* Zur Lage der Kaiserforen: Neumeister, S. 94f.

38,6 *pensio* wohl wieder wie 30,3 für *pensio annua.* In der Regel mußte die Miete alle drei Monate bezahlt werden – sonst drohte Zwangsräumung (vgl. XII 32).

38,8 *Maro:* Vergil.

38,10 *Nasones* (= Publius Ovidius Naso) *Vergiliosque:* lauter Möchtegern-Dichter.

38,11 *Ich werde den Kontakt mit bedeutenden Häusern pflegen:* als Klient.

38,14 *casu vivere, Sexte, potes:* Nach Walter, S. 132, »eine bewußt mehrdeutige Pointe, wobei der jeweilige Sinn von *bonus* und *casu* den Gesamtsinn ausmacht«: »1) Ein guter, d.h. moralisch intakter Mensch kann in Rom nur durch (blinden) Zufall überleben ... 2) Ein ›guter‹, d.h. cleverer Mann kann in Rom vom Unglück (*casu*) anderer leben (z.B. als Erbschleicher). 3) Einer, der ›gut im Bett‹ ist, kann in Rom durchaus ›aufs Geratewohl‹ leben (*casu vivere,* d.h. mit wechselnden Partnern)«.

39,1 *dem trojanischen Mundschenk:* Ganymed.

40 Auf eine angeblich von *Mentor,* dem berühmtesten Toreuten (*caelator argenti*) des Altertums (in der ersten Hälfte des 4. Jahrhunderts v.Chr.) gearbeitete *Schale* mit einer *Eidechse* von so großer Natürlichkeit, daß man davor erschrak. Kunstbetrug war üblich, und Mentors Name wurde dabei viel mißbraucht.

42,2 *beschmierst du ... mir nicht die Lippen:* d.h., du kannst mir nichts vormachen – sprichwörtliche Wendung wie unser »Brei um den Mund schmieren«.

43,3 *Proserpina:* Tochter der Demeter und Gemahlin des Pluto als Herrin der Unterwelt.

44,7 dipsas (διψάς/dipsas »durstig«): eine Schlange, deren Biß angeblich den Tod durch Verdursten bewirkte.

45,1 *Phöbus ... flüchtete:* die Sonne verschwand vor Entsetzen, als Atreus seinem Bruder *Thyestes* dessen beide Söhne zum Mahle vorsetzte.

46,1: Zu den *Klientendiensten* gehört die Begrüßung des Patrons am Morgen und die Begleitung des Patrons den Tag über; dafür mußte dieser den Klienten unterstützen und sich vor Gericht für ihn einsetzen.

46,6 *Schwach ist meine Brust – und einem Freigeborenen entsprechend:* vgl. X 47,6, wo sich Martial *vires ingenuae* wünscht, also Kräfte, wie sie ein Freigeborener (und nicht z.B. ein athletischer Muskelprotz) besitzt.

47 »Bassus, ein sonst unbekannter Freund des Dichters, ... reist nach seinem Suburbanum vor der Porta Capena an der Via Appia, an der auch die genannten Lokalitäten liegen. Sein Landgut wird hier und 58,45 als ein eleganter, aber nichts eintragender und darum nicht wahrhaft ländlicher Landsitz verspottet, und ... dem an Erzeugnissen aller Art reichen Gute des Faustinus bei Bajae gegenübergestellt« (Friedländer).

47,1 An der *Porta Capena*, von der aus die *Via Appia* nach Capua führte, war die Wasserleitung der *Aqua Marcia*, von der ständig Tropfen durch das Gewölbe sickerten.

47,2 *Almo:* ein Flüßchen bei Rom und Zufluß des Tiber; dort wurde jährlich am 4. April das Kultbild der Kybele am Beginn des Megale(n)sischen Festes gebadet und nach unserer Stelle auch das Messer kultisch gereinigt, mit dem sich der Oberpriester der Kybele, der *archigallus*, den Arm ritzte.

47,3 *die heilige Flur der Horatier:* das Grabmal der drei Horatier, die unter dem König Tullus Hostilius zur Entscheidung des Kampfes zwischen Rom und Alba Longa mit den drei Curiatiern gekämpft hatten (s.a. Livius I 24–26).

47,4 *des kleinen Herkules:* entweder eine Darstellung des Helden als Kind, ein *Hercules puerinus*, oder eine kleine Statue des Heroen.

47,5 *Faustinus:* begüterter Freund Martials, Besitzer mehrerer Villen und selber dichtend; Martial erwähnt ihn oft (vgl. u.a. I 25 und IV 10).

47,7 *mobili* in der Teubner-Ausgabe von Shackleton Bailey (nicht aber in der zweisprachigen Loeb-Ausgabe) für das einheitlich überlieferte *nobili* muß ein Druckfehler sein.

47,8 *zweierlei Lauch:* nämlich *porrum sectivum* (eine Art Schnittlauch) und *porrum capitatum* (Kopflauch); vgl. X 48,9 *tonsile porrum.*

47,15 *Zog Bassus nach Rom? Im Gegenteil, er ging aufs Land:* Pointe: So üppig mit Naturalien versorgt, kommt man normalerweise vom Land in die Stadt zurück, aber nicht umgekehrt.

48,1 *Armenkammer:* ein enger, kaum möblierter Raum im Hause eines reichen Mannes, der an Arme vermietet wurde, um im Kontrast den eigenen Luxus um so mehr zu genießen, bzw. der die Möglichkeit gab, ›den Armen zu spielen‹; vgl. u.a. Seneca, Epistulae 18,7: »die Armenkammern (*pauperum cellas*), und was es sonst noch gibt, womit der Luxus aus Überdruß am Reichtum spielt.«

49,1 *Veientana ... Massica:* Wein von Veji gehört zu den minderwertigen Sorten (I 103,9), der Massiker, im Grenzgebiet zwischen Latium und Kampanien (I 26,8), war eine edlere Weinmarke.

49,2 *Lieber will ich an diesen Bechern riechen als trinken:* verkürzte Ausdrucksweise, um zu sagen: Ich will lieber am Massiker schnuppern, wenn es mir schon nicht erlaubt ist, ihn zu genießen, als den mir vorgesetzten Vejentaner trinken.

50,2 Zu dem aufdringlichen Dichter *Ligurinus* vgl. auch 44.

50,3: *Sandalen* wurden ausgezogen, bevor man sich auf ein Speisesofa legte.

50,6 *mensa secunda* meint in der Regel den Nachtisch, hier aber wohl ein Zwischengericht vor dem Hauptgang.

50,9 *Gedichte ... den Makrelen spendieren* bedeutet: Papyrusblätter als Einwickelpapier verwenden.

51,3 *communia balnea:* über gemeinschaftliche Bäder für Männer und Frauen vgl. 72.

51,4 *Fürchtest du etwa, Galla, daß ich dir nicht gefalle:* Offenbar hat Galla trotz ihrer verbalen ›Offenheit‹ etwas zu verbergen, und das epigrammatische Ich bezieht spielerisch ihre Scheu auf sich selbst.

52,3 *Eine ganze Million – deciens centena milia sestertium – brachte man zusammen:* vielleicht statt einer Brandversicherung; vgl. Juvenal III 215–222 (nachdem das Haus des Asturicus abgebrannt war): »Noch brennt es, und schon eilt jemand herbei, der Marmor schenkt, der Baumaterial bei-

ZUM DRITTEN BUCH   1207

steuert … Besseren und größeren Ersatz schafft sich Persicus, der … zu Recht schon verdächtigt wird, selbst seinen Palast angezündet zu haben.«

55,1 *Cosmus:* der stadtbekannte Parfüm- und Essenzenhändler.

56,1 *Ravenna* war extrem wasserarm.

57,2 *Als ich Wein mit Wasser verlangte, verkaufte er mir puren Wein:* Im allgemeinen sparten die Wirte am Wein und gaben reichlich Wasser; im süßwasserarmen Ravenna war es umgekehrt, dort war Wein billiger als Wasser.

58,1 *Faustinus:* ein begüterter Freund und Patron Martials, Besitzer mehrerer Villen, darunter auch in dem mondänen Badeort *Bajae* im Golf von Neapel, und selber dichtend; Martial erwähnt ihn oft (vgl. u.a. 47, IV 10, aber auch I 25).

58,3 *Platanen ohne Rebranken:* Weinstöcke wurden an Platanen oder Ulmen hochgezogen; die Winzer sprachen von *maritare*, und die Dichter liebten das Bild von der Rebe, die sich mit dem Baum vermählt; entsprechend heißt die Platane *vidua*, verwitwet, wenn sich an ihr keine Rebe hochrankt.

58,5 (der Landsitz) *erfreut sich einer richtigen, ›barbarischen‹ Bewirtschaftung:* Zu *barbarus* in der Bedeutung »verschiedenartig angepflanzt« vgl. Columella (De re rustica XI 2,83) *silva barbara* von einem angelegten »Mischwald«, doch ist bei Martial der ironisierende Unterton zu beachten, denn ›barbarisch‹ ist die Bepflanzung aus der Optik der ›Ziergärtner‹.

58,6 *Ceres,* altitalische Göttin der Feldfrüchte und der Fruchtbarkeit, später mit Demeter gleichgesetzt; *die Frucht der Ceres* ist das Getreide.

58,9 *die späten Trauben* waren zum Essen bestimmt, und man verstand sich darauf, sie während des Winters aufzubewahren: Plinius, Naturalis historia XIV 16 (»Einige halten sich den Winter hindurch, wenn man sie mit einer Schnur am Gewölbe aufhängt.«); vgl. auch Martial I 43,3 und XIII 22. – *horridus:* vor Kälte schauernd oder auch: rauh und struppig, »à la mise inculte« (Izaac).

58,14 *der Vogel, der seinen Namen den roten Federn verdankt,* ist der Flamingo, dessen antiker Name *phoenicopterus* lautet: »der mit purpurrotem Gefieder«.

58,16 Die Landschaft *Kolchis* zwischen Schwarzem Meer und Kaukasus ist die Heimat der Zauberin Medea und gilt als Herkunftsland der *Fasane*, die von dem Fluß Phasis ihren Namen haben.

58,19 *die wachsfarbene Turteltaube: cereus* könnte auch »fettglänzend« oder »sanft«, »gefügig« bedeuten.

58,24 *Kein träger Schankwirt hat einen blassen Teint vom bleich machenden Müßiggang:* Auf den Gütern wurden zur Straßenseite hin nicht selten Kneipen (›Weinprobierstuben‹?) errichtet, die von Sklaven oder Freigelassenen geführt wurden; der hier genannte *caupo* hat viel Kundschaft und entsprechend viel zu tun.

58,25 Der *palaestrita* ist ein Luxussklave, den sich reiche Häuser leisteten.

58,35 *einen Käse-Kegel aus dem Sassinater Wald:* Schafskäse in Kegelform aus Sassina in Umbrien; vgl. auch zu I 43,7.

58,36 *Siebenschläfer* galten als Leckerbissen; vgl. XIII 59.

58,47 *Priap braucht keinen Dieb zu fürchten:* Der Hüter von Gärten und Weinbergen, in denen man sein Standbild mit Riesenphallus aufstellte, ist in diesem Garten, wo es nichts zu ernten gibt, überflüssig.

58,51 *Soll man das ein Landgut nennen oder ein Stadthaus, das weit draußen liegt:* Die gleiche ›verkehrte Welt‹ eines Landgutes, das, weit davon entfernt, autark zu sein, von der Stadt beliefert werden muß, ist auch die Pointe in 47,15, wo Bassus mit einem Wagen voller Viktualien *rus ibat*.

59 Neureiche bemühten sich, auf ihre Kosten dem Volk Spiele zu finanzieren, was aber eigentlich niemand durfte, der nicht mindestens den Ritterzensus besaß (400000 Sesterze); vgl. 16 (Schuster als Spielveranstalter) und Juvenal III 34–37, wo es von reich gewordenen ehemaligen Musikanten heißt: »Sie veranstalten jetzt Spiele und lassen, wenn das Volk es mit dem Wenden des Daumens befiehlt, unter Beifall töten.«

60,1+10 *Da ich zum Essen eingeladen werde:* und zwar ›offiziell‹ zur *cena recta* und nicht als bezahlter bzw. ›abzufütternder‹ Klient wie früher: Die Geld-*Sportula*, der regelmäßig auszuzahlende Geldbeitrag, war ja (zeitweilig) abgeschafft und durch eine Naturalienspende ersetzt (vgl. 7).

60,3 Die *Austern* vom *Lukrinersee* bei Bajae in der Bucht von Neapel waren besonders geschätzt; vgl. auch XIII 82.

60,5 *fungi suilli* sind Steinpilze; man aß sie nicht gern, weil man sie leicht mit tödlich giftigen Pilzen (Knollenblätterpilzen?) verwechseln konnte; Plinius, Naturalis historia XXII 96, sagt von den Sauschwämmen, daß sie »für Gifttränke am geeignetsten sind. Sie ließen vor kurzem ganze Familien und Gesellschaften umkommen.« Juvenal betont V 146–148: »Den unbedeutenden Freunden werden zweifelhafte Pilze vorgesetzt, dem Hausherrn Champignons, aber solche wie sie Claudius aß, und zwar vor jenen, die seine Gattin aß, wonach er überhaupt nichts mehr aß« – weil nämlich Agrippina ihn vergiftet hatte.

60,10 *Daß es die Sportula nicht mehr gibt:* zur Aufhebung der Geld-Sportula und dem Ersatz durch Naturalien vgl. zu 7,1.

62,2 *Weine …, die man unter König Numa einlagerte:* Numa Pompilius war der zweite König Roms aus der mythischen Frühzeit – also starke Übertreibung.

62,3 *decies* (*centena milia sestertium*).

62,8 *So etwas … kauft nur ein Kleingeist:* Quintus hat kein souveränes Verhältnis (*magno animo*) zu Geld und Besitz, sondern protzt nur mit einem Verhalten, das so extravagant wie unsinnig ist; das Wortspiel mit *magnus / pusillus animus* ist nicht nachzubilden.

63 Die Bedeutung von *bellus* oszilliert in diesem Epigramm zwischen »hübsch« oder »nett« auf der einen und »affektiert« bzw. »Mann mit Allüren« auf der anderen Seite und entspricht noch am ehesten dem (veralteten) Begriff des Dandy; vgl. den *bellus homo* I 9 und den Dilettanten in II 7, der vieles *belle*, aber nichts *bene* zustandebringt.

63,1 *Cotilus* (sprechender Name): geschwätzig, mit dem Nebenbegriff des Schmeichlers.

63,5 *wer gaditanische* (Lieder) *vor sich hin trällert:* Gaditanisch heißen diese Lieder nach der südspanischen Stadt Cadiz, deren Tänzerinnen und Musikantinnen als besonders frivol galten.

63,8 *in irgendein Ohr flüstert:* um seinen Nachrichten den Anstrich höchster Gewichtigkeit und Geheimhaltung zu geben.

63,9 *tabellas:* zusammengebundene Wachstafeln, die von außen versiegelt waren; sie wurden als Liebesbriefe oder zur Nachrichtenübermittlung verwendet.

63,10 Um die kunstvoll gelegten Falten seines Gewandes nicht in Unordnung zu bringen oder es gar zu beschmutzen, schreckt er davor zurück, *den Mantel am Arm seines Nachbarn zu streifen.*

63,12 *Hirpinus:* berühmtes Rennpferd, auch von Juvenal VIII 63 genannt.

64,1 Die *Sirenen*, Töchter des Flußgottes Achelous, als Mädchen mit Vogelleib dargestellt, lockten mit ihrem betörenden Gesang die vorbeifahrenden Seeleute ins Verderben; nur Odysseus gelang es, ihrem Gesang standzuhalten, indem er sich an den Mastbaum seines Schiffes binden ließ und die Ohren seiner Gefährten mit Wachs verstopfte.

64,6 Zu Martials Freund *Canius* Rufus, dem lächelnden Dichter, vgl. u.a. das Gedicht 20: *Dic, Musa, quid agat Canius meus Rufus.* – Für die schwierige Übersetzung von *reliquisse* und *reliquisset* war Kafkas Erzählung *Das Schweigen der Sirenen* hilfreich: »Es ist zwar nicht geschehen, aber vielleicht denkbar, daß *sich* jemand *vor* ihrem Gesang *gerettet hätte*, vor ihrem Schweigen gewiß nicht.« (Hervorhebung P.B. und W.S.).

65,2 *Safran Kilikiens:* eigentlich: aus Korykos (heute Korgos), einer Küstenstadt Kilikiens, die bekannt war durch die Qualität des dort geernteten Safrans; der Duft dieser Staude war bei den Römerns sehr beliebt, und Safranessenz wurde in Theater und Zirkus versprüht.

65,5 *Arabien* gilt als Land aromatischer Pflanzen und exotischer Düfte; der Pflücker arabischer Kräuter verströmt daher sozusagen professionell ein betörendes Aroma.

65,9 Martials kindlicher Sklave *Diadumenos* (vgl. auch V 46 und VI 34) trägt den Namen einer berühmten Statue des Polyklet; sie stellt einen jugendlichen Sieger dar, der sich gerade die Stirnbinde anlegt (= διαδούμενος); vgl. Plinius, Naturalis historia XXXIV 55: »Polykleitos von Sikyon ... schuf den mit einer Kopfbinde sich schmückenden Jüngling (diadumenus) von weichlichem Aussehen.«

66,1 *Die pharische* (d.h. ägyptische – Pharus: eine Insel vor Alexandria) *Waffe* ist das Mordwerkzeug des Pothinus, eines Eunuchen des Königs Ptolemäus XIII. von Ägypten; Pothinus sorgte für die Ermordung von Pompejus. Auch V 69 wird *Antonius* als Mörder Ciceros mit Pothinus verglichen.

66,3-4 Pompejus (*laurigeros ageres cum laeta triumphos*, besonders im Seeräuberkrieg 67 v.Chr.) und Cicero (*cum loquereris*) als maßgebliche Repräsentanten Roms zu ihrer Zeit.

66,5-6 Die Tat des *Pothinus* ist nach Martial nicht ganz so schlimm, denn er handelte im Auftrag des (freilich minderjährigen) Ptolemäus, für die Ermordung Ciceros durch den Kriegstribunen Popillius ist dagegen der Triumvir Marcus *Antonius* allein verantwortlich.

67,2 *Vatrenus und Rasina:* Die beiden Flüßchen (Namen unsicher) münden in den Po. Wir übernehmen mit Shackleton Bailey (nach Scriverius) für das überlieferte Vaterno die Konjektur Vatreno und verweisen auf Plinius, Naturalis historia III 119-120; der Vatreno, heute Santero, mündet in den südlichen Mündungsarm des Po.

67,5 *Schon neigt sich Phaëthon:* Der verunglückte Sohn des Sonnengottes ist hier die Sonne selbst, Homers Ἥέλιος φαέθων; Sinn: Die Sonne hat den Zenit überschritten; *Aethon:* eines der Sonnenrosse.

67,10 *non nautas puto vos, sed Argonautas:* unübersetzbares Wortspiel; Argo-Nauten: »faule Schiffer«, von ἀργός »untätig, träge«.

68,5 *nach Wein und Rosen:* zum Abschluß eines Gastmahles.

68,6 *saucia Terpsichore:* die Muse der Tanzkunst; sonst sieht Martial Thalia als seine Muse an; zur Bedeutung »beschwipst« für *saucius* vgl. IV 66,12: *incaluit quotiens saucia vena mero*.

68,7 *schemate nec dubio:* Schema bezeichnet in der Rhetorik die figürliche, speziell die verblümte, versteckte Art zu reden, *schemate non dubio* also: »ohne vage Umschreibungen«.

68,7-8 *das Ding, das Venus stolz im Monat Juni empfängt:* Anspielung auf ein sonst nicht bekanntes Venus-Fest im Juni, bei dem die Göttin wohl einen Phallus entgegennahm.

68,9 *als Wächter ... in den Garten:* das mächtige Glied des Gartengottes Priapus.

69,7 *Cosconius:* als fiktiver (?) Name eines schlechten Dichters auch II 77 (Antwort Martials auf die Kritik des Cosconius an der Länge der Epigramme).

74,1 *Mit einem Haartilgemittel glättest du dein Gesicht und mit einer Pechmütze deinen Schädel:* Zur Herstellung des *psilothrum* aus seltsamen Ingredienzien (z.B. Thunfischblut, Frösche, Blutegel u.a.), bei dessen Anwendung die Haare vorher ausgerissen werden mußten, vgl. Plinius, Naturalis historia XXXII 135 und 136; *dropax* ist eine Art Harz- oder Pechpflaster zum Ausreißen der Haare.

74,4 *Harz* (*resina*) und venezianische *Tonerde* (*Venetum lutum*) gehörten offenbar zu den Haartilgungsmitteln.

75,3-4 *erucae, bulbi* und *satureia* galten als ›Scharfmacher‹ und Aphrodisiaca; *satureia* (Saturei) ist das Pfeffer-, Bohnen- oder Knabenkraut.

76,4 *Hekuba:* die Gattin des greisen Königs Priamos. – *Andromache:* Hektors junge und schöne Frau.

77,4 *Phasis:* Fluß in Kolchis, einer Landschaft zwischen Schwarzem Meer und Kaukasus.

77,7 *melandrya* (»Schwarzeichen«) nennt man Stücke von eingesalzenem Thunfisch (Plinius, Naturalis historia IX 48).

77,8 *Harzweine trinkst du, den Falerner meidest du:* Mit Harz haltbar gemachte Weine waren von minderer Qualität, der *Falerner* vom Mons Massicus galt als Spitzenwein.

77,9 *stomachi vitium:* in einer ersten Lesart »Störung des Magens« oder »Magenleiden«, in einer zweiten »Geschmacksverirrung« durch *fellatio*.

78,2 *Gleich wirst du ein Palinurus sein:* ein Wortwitz (»Wiederpinkler«), etymologisierendes Spiel mit dem Namen *Palinurus*, dem Steuermann des Äneas (πάλιν »wieder« und οὐρεῖν »urinieren«), der, nachdem er am Steuer eingeschlafen war, ins Wasser fiel; dasselbe Pech deutet Martial für Paulinus an; vgl. das Wortspiel mit Argo-Nauten 67.

80,1 *Apicius:* der bekannte römische Feinschmecker.

80,2 *du habest eine schlimme Zunge:* wegen seiner Sexualpraktiken.

81,3 *Weshalb wurde dir der Schwanz mit samischer Scherbe abgeschnitten:* Über Kastration mit Scherben von samischer Töpferware schreibt Plinius, Naturalis historia XXXV 165: »Daß die Priester der Göttermutter, Galli genannt, sich mit einer Scherbe von samischem Geschirr, und nur damit, ohne Gefahr kastrieren, wollen wir dem Marcus Caelius glauben.«

81,4 *wenn die Möse für dich … so attraktiv war:* Offenbar war er immer schon ein *cunnilingus*.

81,6: *Kybele:* die kleinasiatische Fruchtbarkeitsgöttin, deren Kult um 200 v. Chr. auch in Rom heimisch wurde. Auf der Flucht vor ihr entmannte sich ihr Geliebter Attis, der ihr untreu geworden war.

82,2 *Summemmianas … inter uxores:* Entweder heißt der Besitzer des Etablissements *Summemmius*, oder *Summemmium* ist der Name eines Dirnenviertels; vor Lindsay, z. B. in der Teubneriana von Gilbert 1901, las man *Summoenium* (= *sub moenibus*), meinte also ein Dirnenquartier in unmittelbarer Nähe der Stadtmauer (vgl. I 34,6; XI 61,2; XII 32,22).

82,3 *Leda:* Name einer Prostituierten; sie ist so arm, daß sie sich keine Becher leisten kann; man trinkt bei ihr gleich aus dem Krug – und bleibt noch nüchtern dabei.

82,5 *Gelbgrüne* Gewänder (*galbina*) wurden wohl meist von Frauen getragen; das Farbadjektiv konnotiert also *effeminatus*; vgl. I 96,9: *galbinos … mores*.

82,7 *Kissen aus chinesischem Seidenstoff:* Serer: ein Volk im östlichen Asien; die kostbaren serischen Seidenstoffe (der Aufzug aus Leinen und der Schuß aus Seide) waren sehr begehrt.

82,9 *rote Federn:* Flamingofedern, um Brechreiz hervorzurufen.

82,19 *Gänseinnereien:* Als *exta* bezeichnete man die ›edleren‹ Eingeweide von Opfertieren, speziell Herz, Lunge und Leber.

82,22–23 Wein der *Ligurer* (um Genua herum) schätzt Martial nicht (anders urteilt Plinius, Naturalis historia XIV 68, darüber), der Wein von *Massilia* (Marseille) gilt ihm als schlecht, wohl weil zu intensiv geräuchert.

82,24 *Nektar des Opimius-Jahrgangs:* Opimius war Konsul im Jahre 121 v. Chr., die Bezeichnung ist also eine groteske Übertreibung; vgl. u. a. auch I 26,7. – *Narren:* die man sich als Luxussklaven hielt.

82,26 *Cosmus:* der stadtbekannte Parfümhändler.

82,29 *so viele sieben-Unzen-Becher: Septunx* ist eine Maßeinheit von sieben Unzen oder Schöpfbechern (*cyathi*), was etwa unserem »Schoppen« entspricht.

82,32 *Malchio* (sprechender Name): »Weichling« (μαλακός); vgl. die Gestalt des Trimalchio in Petronius' Satyricon.

82,33 *und können uns nicht einmal, ..., an ihm rächen:* nämlich *irrumando*.

83,2 *Chione:* eine *fellatrix*; vgl. 87 und 97. – *Kürzer konnt' ich's nicht:* Kürzer als Chione bei ihren Sexualpraktiken kann Martial bei seinen Epigrammen nicht sein: Der vorliegende Zweizeiler ist das Äußerste an *brevitas* für diese Gattung.

85,4 *blieb doch der Schwanz deines Deïphobus intakt:* Anspielung auf den Sohn des Priamos, der nach dem Tod seines Bruders Paris Helena heiratete; als die Griechen dann Troja eroberten, wurde er von Menelaos kastriert und getötet (Vergil, Äneis VI 494 ff.).

86,2 *hab' ich dir vorher eingeschärft und dich gewarnt:* in 68.

86,3 *Panniculus und Latinus:* komische Schauspieler (Mimen).

87,4 *zieh dir den Schurz vors Gesicht:* Chione ist *fellatrix*, daher an der falschen Stelle bekleidet.

88,1 *sie lecken unterschiedliche Genitalien:* Der eine ist heterosexuell und *cunnilingus*, der andere homosexuell und *fellator*.

89,2 *durum cacare* ist mehrdeutig: (a) an Konstipation leiden, (b) »il a la face congestionnée« (Izaac), nämlich als *fellator*; (c) Phöbus läßt sich als Kinäde gebrauchen, wobei Konstipation abträglich ist.

91,2 *Kybeles weibische Schar:* Die Priester der *Kybele* mußten Eunuchen sein.

91,9 *spondae ... parte:* an der offenen und unmittelbar zugänglichen Außenseite des Bettes.

91,11 *einst habe eine Hirschkuh die Jungfrau ersetzt:* Als Iphigenie in Aulis der Artemis geopfert werden sollte, entrückte die Göttin das junge Mädchen und ersetzte es auf dem Altar durch eine Hirschkuh.

91,12 *hier wurde ein ›Hirsch‹ durch einen Schwanz ersetzt:* Ein entlaufener Sklave war ein Hirsch, weil er schleunigst das Weite suchte; vgl. Festus 460 (Lindsay).

92,2 *Reiß' ich ihm da nicht beide Augen aus:* Pointe unklar (*oculi* für *testiculi*?), vielleicht Verschiebungswitz; der Ehemann hätte für seine Frau lieber zahlreiche Liebhaber als dieses eheähnliche (und für ihn bedrohliche) Verhältnis zu einem einzigen Mann; vgl. VI 90. Lessing bezog *huic* auf die Frau und paraphrasierte: »muß er ihr nicht gleich die Augen ausreißen wollen?«

93,18 *ducentas ... post mortes:* nachdem du schon zweihundert Ehemänner unter die Erde gebracht hast, oder: nachdem du schon zweihundertmal gestorben bist.

93,20 *prurire quid si Sattiae velit saxum?:* Überliefert ist *satiae* bzw. *satiare* o. ä.; Shackleton Bailey schreibt (wie vor ihm Lindsay, Heraeus/B. und Izaac) im Anschluß an Housman *Sattiae* und verweist auf Seneca, Epistulae 77,20: »Kein Leben ist lang ... auch das einer Sattia ist kurz, die auf ihr Grabmahl schreiben ließ, sie habe 99 Jahre gelebt.« – Bedenkenswert auch Friedländers Vorschlag: *quid? sarire quis velit saxum?* (»Wer möchte einen Felsen bearbeiten?«).

93,22 *Philomelus:* wohl sehr alt, vielleicht ihr letzter Mann; 31,6 werden zwei Wucherer genannt, Didymus und Philomelus.

93,24 *sternatur †acori† de triclinio lectus:* Wir lesen (mit Friedländer nach Roeper) *Orci de triclinio. Triclinium* ist die römische Tafel mit meist drei Speisesofas um den Eßtisch, aber auch der ganze Eßraum; ein Sofa aus dem Triclinium des Orkus ist nichts anderes als die Totenbahre.

93,25 *thalassio:* der rituelle Hochzeitsruf oder das Hochzeitslied.

95,5 *Zwei Caesaren würdigten mich, sie verliehen mir Auszeichnungen:* nämlich Titus und Domitian; welche Privilegien Martial außer dem Dreikinderrecht (vgl. auch II 91) bekam, ist nicht bekannt.

95,9 *Rom sah mich im Range eines Tribunen:* Mit dem Titel eines Militärtribunen war die Versetzung in den Ritterstand verbunden.

95,10 *Oceanus* nannte man den *dissignator theatralis*, einen Aufseher, der darauf achtete, daß die von Domitian erneuerte *lex Roscia theatralis* aus dem Jahr 67 v Chr. von den Theaterbesuchern strikt eingehalten wurde; der *Oceanus* hatte vor allem die nicht dazu Berechtigten von den vierzehn, den Rittern vorbehaltenen Sitzreihen zu vertreiben; vgl. u.a. das Gedicht V 8.

95,11 *So viele Menschen wie über mich durch Caesars Gnade römische Bürger geworden sind:* Auf Martials Verwendung hin wurde zahlreichen *peregrini*, wohl spanischen Landsleuten des Dichters, vom Kaiser das Bürgerrecht verliehen.

95,14 *Ja nunmehr bist du mir überlegen:* Ranghöhere grüßt man zuerst; moralische Verkommenheit ist allerdings die einzige ›Qualität‹, mit der Naevolus den Dichter übertrifft, der ihn daher – gewissermaßen als anerkennende Huldigung seiner Lasterhaftigkeit – auch zuerst grüßen muß, wobei *have* beides bedeuten kann: »Sei gegrüßt« und »Leb' wohl«.

96,3 *tacebis:* jemanden zum Schweigen bringen für *irrumare*, als Strafaktion für ertappte Ehebrecher oder Rivalen.

97,2 *verletzen kann auch sie:* nämlich durch ihre Küsse; in 83 und 87 ist Chione eine *fellatrix*.

99,2 *dein Handwerk, nicht deine Person wurde in meinem Gedicht angegriffen:* in 16 (Schuster als Veranstalter von Spielen).

99,4 *wenn dir das Abstechen erlaubt ist:* Schuster haben offenbar die Tötung der Tiere, deren Leder sie verwendeten, auch selber besorgt.

100,4 *Nicht anders befördert zu werden verdiente dies Buch:* d.h., meine Gedichte verdienten es, völlig durchnäßt und daher unleserlich gemacht bei dir anzukommen; zu dieser Bescheidenheitsattitüde Martials vgl. auch I 5,2; IV 10,5–6; IX 58,7–8; XIV 196,2.

VIERTES BUCH

1,1 *O du segensreicher Geburtstag Caesars:* Domitians Geburtstag war der 24. Oktober 51; vgl. Sueton, Domitian 1. Martials Gedicht wurde für den 37. Geburtstag des Kaisers im Jahre 88 geschrieben.

1,2 Zeus heißt *diktäisch* nach dem Berg Dikte auf Kreta; dort wurde nach dem Mythos der Gott in einer Grotte heimlich geboren und aufgezogen; seine Mutter Rhea hatte ihn vor seinem Vater Kronos versteckt, der ihn verschlingen wollte, und die Kureten, Priester der Rhea, übertönten durch Waffenlärm das Wimmern des Kindes. Auch der Berg *Ida* in der Mitte der Insel Kreta wird mit der Zeusgeburt in Verbindung gebracht; *conscia (eingeweiht)* heißt er, weil er Mitwisser der Ereignisse um das Zeuskind ist.

1,3 Nestor, König von *Pylos*, der schon im dritten Menschenalter lebte, also über achtzig Jahre alt war, als er mit seinen Schiffen nach Troja fuhr.

1,5 *die Göttin vom Tritonsee mit albanischem Golde feiern:* Sinn: Möge unser Kaiser viele Male auf seinem albanischen Landsitz mit einem goldenen Olivenkranz als Preis für den Sieger im Dichterwettstreit das Fest der am Tritonsee (in der Nähe der Kleinen Syrte, einer Sandbank vor einem Golf im heutigen Tunesien) geborenen Pallas Athene begehen.

1,6 Ein *goldner Eichenkranz* war der Siegerlohn in den alle fünf Jahre stattfindenden, von Domitian 86 nach dem Vorbild des Neronischen Agon gestifteten Wettkämpfen für Dichter, Musiker, Reiter und Turner, dem *agon Capitolinus*.

1,8 *die heiligen Riten ..., die beim Tarentos des Romulus stattfinden:* Alle hundert (oder hundertzehn) Jahre fand offiziell eine Jahrhundertfeier statt; die Säkularspiele wurden auf dem Marsfeld ausgerichtet, der Tarentum/Terentum (oder Tarentos/Terentos) hieß. Domitian beging 88 (oder 87) ein solches *ingens lustrum*; vgl. Sueton, Domitian 4,3.

2,2 *im schwarzen Gewande:* Domitian verlangte bei den Schauspielen von den Zuschauern weiße Kleidung.

2,3 *der niedere und der höchste Stand:* Ritter und Senatoren.

3,1 *ein dichtes Vlies von lautlosem Wasser:* Schnee bildete, da selten – s. das vorherige Epigramm –, ein ›Fascinosum‹ für die Römer (vgl. die Soracte-Ode des Horaz, Carmina I 9: *Vides, ut alta stet nive candidum*). Mit der ›unpassenden‹ Zusammenstellung von *Vlies* und *Wasser* will Martial den Leser wohl irritieren, um dann im letzten Vers den – uns allerdings kaum überraschenden – Aufschluß zu bieten.

3,5–6 *Hyperboreer:* ein mythisches Volk im hohen Norden; *Bootes* und *Helice* (= Großer Bär) als markante Sternbilder des Nordhimmels; Hinweis auf die Expedition nach Gallien und Germanien, an der Domitian im Jahr 70 als Neunzehnjähriger teilnahm; vgl. auch II 2,3–4: *nobilius domito tribuit Germania Rheno, et puer hoc dignus nomine, Caesar, eras.*

3,8 *Schnee von Caesars kleinem Sohn:* ein Sohn Domitians, 73 geboren und früh verstorben.

4,2 *Albula* (*Albulae aquae*): schwefelhaltiger Bach bei Tivoli, der in den Anio fließt; vgl. I 12,2: *canaque sulphureis Albula fumat aquis; crudarum* ist schwierig, nach OLD »perhaps fouling, impure«.

4,6 *das zweimal mit Purpur getränkte Schaffell:* Der Purpurfarbstoff verlieh den damit getränkten Stoffen einen eigentümlichen und unangenehmen Geruch; vgl. auch I 49,32; IX 62.

4,7 *Sabbat-Fasten der Jüdinnen:* Der Versöhnungstag der Juden (Jom Kippur) heißt auch »Sabbat der Sabbate«; an ihm war 24stündiges strenges Fasten geboten, und es war verboten, sich zu waschen oder zu parfümieren; vielleicht hat Martial von diesem religiösen Brauch gewußt.

4,9 *Leda:* eine Prostituierte.

4,10 *ceromata:* die bei gymnastischen Übungen verwendeten *Salben; faex Sabina* meint wohl: aus verdorbenem, sabinischem Öl bzw. aus dem Bodensatz.

4,11 *wie der Fuchs auf der Flucht:* Man glaubte, daß Füchse dabei Gestank verbreiteten, um sich zu retten.

5 Zu den Illusionen über das Leben in Rom vgl. auch III 38.

5,4 *verschüchterte Angeklagte mit ernster Stimme aufrufen:* sie als Büttel vor Gericht zitieren.

5,6 *bei frigiden* (oder: bei frierenden) *alten Weibern einen Steifen bekommen:* vgl. Juvenal I 37–39: (Wem platzt nicht der Kragen,) »wenn die dich verdrängen, die ihre Plätze in den Testamenten nachts verdienen und die der heute beste Weg zum höchsten Erfolg in den Himmel emporführt: die Vagina einer reichen Alten?«

5,7 *vendere ... fumos* (»Rauch verkaufen«): wohl sprichwörtlich für »sensationelle Gerüchte verbreiten«.

5,8 *Canus und Glaphyrus:* bekannte Musikvirtuosen; ein *Claqueur* erhielt Geld.

5,10 *Philomelus:* wohl Typus des reichen, alten Wucherers; vgl. zu III 31 6.

6,4 Albius *Tibullus:* der elegische Dichter der Augusteischen Zeit; unter den Priapeia, einer Sammlung derb erotischer Gedichte, tragen 82 und 83 den Namen Tibulls.

6,5 Arruntius *Stella* aus Padua (vgl. I 7), der oft erwähnte Gönner Martials, dichtete auch selbst Elegien; mit ihm im eigenen Hause konkurrieren zu wollen, war *improbus* in höchstem Maße.

7 Die Launenhaftigkeit und Sprödigkeit eines Liebesknaben ist auch Thema bei Tibull I 4 und 9.

ZUM VIERTEN BUCH

8 Der römische Tag war in 12 gleiche Stunden eingeteilt, die also im Sommer oder Winter verschieden lang waren; eine Umrechnungstabelle zur römischen Stundenzählung bei Neumeister, S. 283.

8,2 *die heiseren Anwälte:* durch das ständige laute Sprechen bedingt.

8,3 *bis zum Ende der fünften: in quintam* steht für *ad finem quintae*.

8,4 *Siesta (meridiatio) für die Müden:* die Stunden vor und nach Mittag.

8,5 Die Ringer cremten sich vor den Kämpfen ein, damit der Gegner es schwer hatte, einen Griff anzusetzen.

8,6 Zur *neunten* Stunde – genauer: an ihrem Ende – wird die Hauptmahlzeit eingenommen; vgl. auch I 108,9: *ipse salutabo decuma te saepius hora.*

8,7 *Euphemus:* Domitians Tafelmeister (*tricliniarcha*) und enger Vertrauter – *hora libellorum decuma est:* Die Schilderung eines üblichen römischen Arbeitstages liegt hier sicher nicht vor.

8,8 Da der Kaiser göttlich verehrt wird, ist sein Mahl ambrosisch: Götterspeise.

8,12 *Thalia:* die Muse der Komödie, auch des Epigramms.

9,3 *Unheilbar krank bist du:* Der Witz des Gedichtes beruht auf dem Wortspiel »Sota« – ἀσώτως/asótos »heillos«.

10,1 *die Ränder nicht geglättet:* Die Buchrolle wurde nach ihrer Beschneidung an beiden Seiten vor dem Verkauf mit Bimsstein geglättet; vgl. I 66,10 *pumicata fronte.*

10,5–6 *Es begleite mein Buch ein punischer Schwamm:* um die Schrift bei Nichtgefallen auslöschen zu können; die besten Schwämme waren die afrikanischen; Plinius, Naturalis historia IX 149, erwähnt blutrote aus Nordafrika, *quae generantur in Syrtibus.*

10,7 *Faustinus:* ein begüterter Freund Martials, Besitzer mehrerer Villen und selber dichtend; Martial erwähnt ihn oft (vgl. 11.a, III 47 oder auch I 25).

11,2 Der zur Abfassungszeit des Epigramms bereits tote L. Antonius *Saturninus* hatte sich als Statthalter von Obergermanien im Jahre 88 gegen Domitian empört (Sueton, Domitian 6 und 7); durch das Gentiliz Antonius wird die Erinnerung an den Gegner Oktavians geweckt.

Wahrscheinlicher Anlaß des Epigramms: Die Köpfe der hohen Offiziere, die sich an der Verschwörung beteiligt hatten, waren auf dem Forum in Rom öffentlich ausgestellt.

11,3 Die *parrhasische Bärin* (nach der Stadt Parrhasia in Arkadien) ist das Sternbild Ursa maior: Kallisto, die Tochter des arkadischen Königs Lykaon und Geliebte des Zeus, wurde als Bärin an den Himmel versetzt; vgl. Ovid, Metamorphosen II 411 ff.

11,4 *der die Waffen seiner pharischen Gemahlin getragen hat:* der Triumvir Marcus Antonius, der für (die pharische = ägyptische) Kleopatra gegen Oktavian kämpfte und in der Seeschlacht bei Actium 31 v. Chr. besiegt wurde.

11,8;6 *den arktischen Fluten:* der Rhein als der Nordstrom – im Gegensatz zum Nil – und im Wortspiel mit dem *aktischen Sund* und Vorgebirge am Golf von Ambrakia (Epirus), dem Ort der berühmten Seeschlacht des Jahres 31.

11,10 *der war, verglichen mit dir ... ein Caesar:* Antonius war eine Persönlichkeit von historischem Rang mit Anspruch auf das höchste Amt.

12 *Thaïs* ist eine *fellatrix*; vgl. XII 79,4: *quisquis nil negat, Atticilla, fellat.*

13,1 Gedicht zur Hochzeit des Zenturio Aulus *Pudens* (vgl. zu ihm auch I 31) mit *Claudia Peregrina*, die vielleicht identisch ist mit der aus Britannien stammenden Claudia Rufina in XI 53. – *Rufe:* Wohl Canius Rufus, ein Freund Martials, der stets lachende Dichter; vgl. u.a. I 61,9: *gaudent iocosae Canio suo Gades.*

13,2 *Hymenäus*, Sohn des Apollon und der Muse Kalliope, ist der Hochzeitsgott.

13,4 *Massikerwein* vom Berg Massicus im Grenzgebiet von Latium und Kampanien (I 26,8), mit *theseïschem*, d.h. attischem Honig vom Hymettus, zu *mulsum* (Honigwein) verarbeitet.

13,5 Wein*reben* ließ man an *Ulmen* emporwachsen.

14,1 *Silius* Italicus: Konsul 68, Verfasser eines Epos über den zweiten Punischen Krieg in 17 Gesängen; Plinius widmet ihm (Epistulae III 7) eine Kurzbiographie. – *Castalides* heißen die Musen nach der ihnen und Apollon heiligen Quelle Kastalia am Parnaß, dem Musenberg.

14,5 Die *großen Africani* sind Publius Cornelius Scipio Africanus

Maior, der Sieger in der Schlacht von Zama, die 202 den zweiten Punischen Krieg entschied, und Publius Cornelius Scipio Aemilianus Africanus Minor, der Zerstörer von Carthago 146 im dritten Punischen Krieg, der aber im Werk des Silius Italicus über den zweiten Punischen Krieg außer Betracht blieb.

14,7 *der unbeständige Dezember mit den lockenden Würfeln:* Am 17. Dezember begannen die Saturnalien, die man noch weitere fünf oder sieben Tage feierte, ein Fest ausgelassener Freude, an dem auch das Würfelspiel erlaubt war.

14,9 *tropa:* ein Spiel mit *Knöchelchen* (die man den Hinterfüßen z. B. von Rindern entnahm) oder auch Eicheln, die man in ein Loch werfen mußte.

14,10 *Camenen:* weissagende Quellnymphen, später den Musen gleichgesetzt.

14,14 *dem großen Maro seinen »Sperling« zu schicken: Passer* war vielleicht der Titel von Catulls Buch, nach den beiden Gedichten auf das Vöglein der Geliebten; doch konnte Catull, der spätestens im Jahre 52 v. Chr. gestorben ist, den im Jahre 70 v. Chr. geborenen Vergil nicht als Adressaten haben; zum *passer* Catulls vgl. auch I 7.

16,5–6 M. *Tullius* Cicero als bedeutender Anwalt der Vergangenheit, *Regulus* als Vertreter der Gegenwart.

17,3 Man erwartet *futuere* und liest *irrumare*.

18,1 Die *porticus Vipsania* »war ein Teil des von M. Vipsanius Agrippa ausgebauten, *Campus Agrippae* genannten Sportfeldes auf dem östlichen Marsfeld und lag (nach Martial IV 18,1) in der Nähe der *Aqua Virgo* genannten Wasserleitung« (Neumeister, S. 40); Martial sah von seiner Mietwohnung aus auf diese Portikus (I 108,3). – Die *porta pluens* ist ein Straßenübergang der *Aqua Virgo*; vgl. auch III 47 1: *Capena grandi porta qua pluit gutta.*

19,1 *sequanisch* (vom Stamm der Sequaner): so viel wie »gallisch«; es handelt sich um ein derbes, gallisches Tuch.

19,4 Die *endromis* (griechisch: »das, worin man läuft«) ist ein dicker Umhang oder Überwurf, den man sich umlegte, wenn man vom Ringen oder Laufen erhitzt war; vgl. auch XIV 126.

19,5 *lentum ceroma teris:* eigentlich: »du reibst beim Ringen die zähe Wachssalbe ab« – *trigon* ist ein Ballspiel, bei dem drei Spieler an den Ecken eines gleichseitigen Dreiecks standen.

19,6 *harpasta* (n. Pl.): kleine feste Bälle, mit denen zwei Gruppen gegeneinander spielten.

19,7 *follis* (Blasebalg; Ledersack), hier: größerer, mit Luft oder Federn gefüllter, daher weicher und leichter Ball.

19,8 *Athas:* ein offenbar sehr bekannter Läufer.

19,10 *Iris:* Botin der Juno und Göttin des Regenbogens.

19,12 *in einem Gewand aus tyrischem Leinen: Tyrius* für »purpurfarben«.

22,1 Mit *Kleopatra* ist natürlich nicht die Ptolemäerin gemeint; *Ehemann* ist das epigrammatische Ich (vgl. v.7: *insilui* und *carpsi*); Martial selbst war wohl unverheiratet.

22,5 *Lilien, die hinter klarem Glas verwahrt sind*, also in einer Art Gewächshaus aus Glas, vgl. VIII 14,3: »gläserne Scheiben, die sich den winterlichen Südwinden entgegenstellen« und VIII 68,5: »dein Wein geborgen unter durchsichtigen Scheiben«.

23,4–5 *Kallimachos* von Kyrene (um 310–240 v.Chr.), der berühmteste hellenistische Dichter, verfaßte u.a. Hymnen und Epigramme; von seinem bedeutendsten Werk, den *Aitia* (Ursprungssagen in 4 Büchern) besitzen wir nur Fragmente. – *Thalia:* Muse der Komödie und des Epigramms – *Bruttianus:* ein uns nicht bekannter Epigrammdichter.

23,6–7 *kekropisch:* attisch – *Romanae sale luserit Minervae:* Sinn: witzig-geistreiche Epigramme in lateinischer Sprache schreiben.

23,8 *gewähre du mir die Gunst, nach ihm der zweite zu sein:* Das Gedicht ist wohl als eine indirekte Hommage an Kallimachos zu verstehen. Der ist – Bescheidenheitsgeste – für Martial aber zu groß; nur nach Bruttianus – für den Fall, daß dieser sich in *lateinischer* Epigrammdichtung versuchen sollte – kann und will der Dichter der zweite sein, was impliziert, daß er im Augenblick in Rom der erste ist.

24,2 *Könnte sie doch die Freundin meiner Frau werden:* So redet wieder das epigrammatische Ich; Martial war in Rom nicht verheiratet (vgl. G. E. Lessing: Werke, V, München 1973, S. 478 f.).

25,1 *Altinum:* Küstenstadt in Venetien an der Straße von Patavium nach Aquileja; *Bajae* ist der mondäne Badeort am Golf von Neapel beim Lukrinersee.

25,2 *Phaëthons* Schwestern, die Heliaden, weinten über den Tod ihres Bruders, dem der Sonnengott Helios für einen Tag den Sonnenwagen überlassen hatte und der nach der Sage in den Eridanus (alter Name des Padus = Po) abstürzte; die Heliaden wurden in Bäume verwandelt, ihre Tränen zu Bernstein oder Baumharz verhärtet; vgl. Ovid, Metamorphosen X 262–3 (Pygmalion schenkt seinem Standbild) *ab arbore lapsas Heliadum lacrimas,* und ausführlich II 340 – 366.

25,3-4 *Sola:* eine Baumnymphe und Repräsentantin der Landschaft, in der Lokalsage mit dem ländlichen Gott *Faunus* verbunden; *Antenor* soll seine Trojaner nach Oberitalien geführt haben; *euganisch* bedeutet hier so viel wie venezianisch, das Gebiet zwischen Alpenrand und Adria bezeichnend (Die Euganeer siedelten im nordöstlichen Oberitalien, etwa nördlich von Verona).

25,5-6 *Aquileja:* eine wichtige Handelsstadt am Nordrand des adriatischen Meeres. – Durch den *Timavus* (Timavo, ein Fluß in Istrien bei Triest, nach Strabo mit sieben Mündungen ins Meer fließend) konnte nach der Sage die Argo auf ihrer Flucht vor den Kolchiern ins Adriatische Meer gelangen; vgl. auch Plinius, Naturalis historia III 127–128. Im Timavus tränkte der Leda-Sohn (und Argonaute) Kastor sein Roß *Kyllaros,* weshalb der Fluß hier *ledäisch* heißt.

26 Das Epigramm setzt voraus, daß die Geld-Sportula (100 Quadranten = 25 As = 6 1/4 Sesterzen), die nach III 7 und 14 vorübergehend durch ein ›Freßpaket‹ ersetzt worden war, wieder eingeführt ist.

27,1 *Auguste:* »erhabener Kaiser«: s. auch VIII 36,11.

27,4 *Geschenke …, die kein anderer mir hätte geben können:* vor allem das Dreikinderrecht.

28,1 Der Name *Lupercus* ist witzige Anspielung auf den gleichnamigen Fruchtbarkeitsgott, bei dessen Fest die Priester mit den Fellen der geopferten Böcke als Schurz bekleidet herumliefen.

28,3 *Galaesus:* ein Fluß in Unteritalien bei Tarent; die im Galaesus gewaschene Wolle war ganz besonders weich und glänzend; vgl. auch II 43,3.

28,7 *glabraria:* Wortspiel, einerseits: »die enthaarte und glattgeschorene Buhlknaben liebt«, andererseits: »die selber geschoren, also ausgenommen wird«.

28,8 *nudam te statuet* ist mehrdeutig: (a) er wird dich zur Prostituierten machen, damit du für ihn anschaffst, (b) er zieht dich aus, d.h., er macht dich arm.

29,1 Der Zenturio Aulus *Pudens*, ein mehrfach erwähnter Freund Martials; vgl. u.a. zu I 31,3 und IV 13,1.

29,7-8 *numerare* von der Punktzahl beim Spiel. – Der Dichter A. *Persius* Flaccus (34–62 n. Chr.) ist der Verfasser eines sechs Satiren umfassenden Buches in dunkler, schwieriger Sprache. – Domitius *Marsus:* Epigrammatiker (und insofern sinnvollerweise *levis/leichtfertig*) und Vorbild Martials; eine *Amazonis* (Amazonenepos) desselben wird nur hier erwähnt; es ist seltsam, daß Martial ihn als Beispiel für langatmige Epik wählte; vielleicht ist das Epitheton *levis* eine contradictio in adjecto.

30,1 Der *Baianus lacus* ist der Lukrinersee bei dem mondänen Badeort Bajae am Golf von Neapel.

30,15 *wirf harmloses Futter ins Wasser:* also keinen Köder.

31,5 *die Quelle der Schwester* ist die Musenquelle: Kastalia bei Delphi oder Hippokrene am Helikon.

31,7-8 Von den neun Musen werden drei genannt, *Melpomene:* Muse der Tragödie, *Polyhymnia:* Muse der Pantomime und Rednergebärde, *Kalliope:* Muse des heroisch-epischen Gesangs, *Phöbus* Apollon als Führer der Musen und als Patron der Sänger und Dichter.

31,10 *Hippodame:* griechische Übertragung des Namens der Angesprochenen (Domitia Caballina?), vielleicht auch (wie in VII 57,2) sexuelle Anspielung auf eine »Pferdebändigerin«, die ihren Liebhaber (ihren ›Reiter‹) durch finanzielle Zuwendungen zum Ritter machte.

32,1 *Phaethontide gutta:* Der Sage nach ist Bernstein aus den Tränen der um ihren Bruder Phaëthon trauernden und in Schwarzerlen bzw. Pappeln verwandelten Schwestern des Phaëton, der Heliaden, entstanden; vgl. auch zu 25,2.

33,4 *Zeit, dich schon jetzt zu lesen:* d.h., du solltest schon jetzt tot sein.

34,2 Wortspiel mit *nivea*, hier in dem Sinne, daß die Toga nicht wärmt, weil sie fadenscheinig und abgetragen ist.

35 *Antilopenkampf:* Schilderung des gleichen Vorgangs 74.

35,1-2 Zu den verschiedenen Bedeutungen von *damma* (Gemse, Hirschkalb, Reh, Gazelle und Antilope) vgl. liber spectaculorum 30,1. – *vidimus:* im Amphitheater.

36,2 *beim Haar, da kannst du es:* Pointe unklar; trug er eine Perücke, oder konnte er wegen einer Hautkrankheit im Gesicht den Bart nicht färben?

37,1-2 *Centum – ducenta – trecenta:* Ergänze jeweils *milia sestertium*.

37,3 Eine Million: *decies* (mit Unterdrückung von *centena milia*); *alterumque:* entweder: »noch einmal so viel«, nämlich eine weitere Million, oder: »das Doppelte«, also zwei Millionen.

39,2-5 Mit *Myron* (2. Hälfte des 5. Jahrhunderts) beginnt die Aufzählung berühmter griechischer Bildhauer aus dem 5. und 4. Jahrhundert: *Praxiteles* (sein Hermes mit dem Dionysosknaben im Arm wurde in Olympia gefunden), *Skopas* von Paros, *Phidias* von Athen (vgl. III 35,1: *Artis Phidiacae toreuma clarum*), der berühmteste Plastiker des Altertums, und *Mentor,* der bei den Römern hoch geschätzte griechische Künstler für Silbergefäße mit getriebenem Reliefschmuck.

39,6 *Gratiana* sind kunstvolle Silbergefäße, nach dem römischen Fabrikanten Gratius benannt; vgl. auch 88,3 (*argenti … Septiciani*) und Plinius, Naturalis historia XXXIII 139: »Bald verlangen wir nach furianischen, bald nach clodianischen, bald nach gratianischen ⟨Gefäßen⟩, denn wir übernehmen die ⟨Namen der⟩ Läden auch auf unsere Tische.«

39,7 Silbergefäße, vergoldet oder mit Goldrändern; vgl. XIV 95 auf eine mit *galizischem Gold* ziselierte Schale.

39,10 *warum du kein reines* (Silber) *hast:* Das Silber ist durch den Mund des Besitzers verunreinigt (vgl. I 77,6: *cunnum Charinus lingit et tamen pallet*).

40,1 C. Calpurnius Piso, das berühmteste Mitglied der Familie, verlor in der nach ihm benannten Pisonischen Verschwörung gegen Nero 65 das Leben; als Martial nach Rom kam, stand ihm auch das Haus der *Pisonen* offen.

40,2 *das Haus des gelehrten Seneca, das man dreifach zählen muß:* der Philosoph und Staatsmann Seneca, Iunius Gallio und L. Annaeus Mela, der Bruder des Philosophen und Vater des Lukan (so Friedländer u. Helm), oder: der ältere Rhetor Seneca, sein Sohn, der Philosoph Seneca, und dessen Neffe, der Dichter Lukan, bzw. dessen Witwe Polla (vgl. VII 21,2), da nur sie zu dieser Zeit noch lebte (so Shackleton Bailey u.a.).

40,3 *Postumus:* sicher ein Pseudonym.

40,5 *Dreißig Winter:* Die Zahl ist wohl leicht übertrieben.

40,10 *Postumus inposuit:* Antwort der Fortuna auf die Frage Martials; der Dichter unterschlägt zugunsten der Leseraktivierung und der Pointe bewußt ein Personalpronomen. Im Gegensatz zu dem erwarteten *te* wäre ein *me* oder *nos* witziger und Ausdruck des überlegenen Spiels mit der Göttin. Martial läßt sich alle Möglichkeiten offen, indem er auf den Rezipienten als Co-Autor setzt.

42,2 + 16 *Flaccus:* ein reicher Freund Martials, den der Dichter öfter in seinen Epigrammen anredet; der in Zeile 16 genannte *Amazonicus* ist ein junger Sklave dieses Flaccus.

42,5 *Marea:* See und Stadt bei Alexandria; sumpfige Gegend und Weinbaugebiet.

42,9 *frons brevis* entspricht dem antiken Schönheitsideal; vgl. Petron, Satyricon 126 (von der schönen Kirke, die sich in den vermeintlichen Sklaven Enkolpios verliebt hat): »Ein Weib von makelloser Schönheit ... ihre Haare fielen in natürlichen Locken auf die Schultern herab, ihre Stirn war auffallend niedrig (*frons minima*).«

42,10 Die Stadt *Paestum* in Lukanien war (seit Vergil, Georgica IV 119: *biferique rosaria Paesti*) wegen ihrer Rosen berühmt, deswegen auch von Martial öfter genannt.

43,1 *Coracinus:* auch VI 55.

43,5–6 *Pontia:* eine Frau, die ihre zwei Söhne vergiftete (vgl. II 34,6). – *Metilius:* unbekannter Giftmischer.

43,7 *Ich schwör's dir bei den syrischen Geschwülsten:* Sie wurden nach dieser Stelle dem Zorn orientalischer Gottheiten (Kybele, Isis) angelastet.

43,8 *bei den berekyntischen Ekstasen:* Der Kult der Kybele führte die berekyntischen (nach dem Berg Berekyntos in Phrygien) Priester der Göttin zu Raserei und ekstatischer Selbstverstümmelung.

44,3 *Nysa:* Stadt (und Berg) in Indien, wo der Sage nach Bacchus erzogen wurde und wo er den ersten Weinstock pflanzte.

44,5–6 *Venus* war die Schutzgöttin von Pompeji: *Veneris sedes ... locus Herculeo nomine clarus* von Herculaneum; in *Sparta* stand ein berühmter Tempel der Aphrodite.

45 Gedicht zum fünften Geburtstag des *Burrus*; der Vater *Parthenius* war Kämmerer und Günstling Domitians und an dessen Ermordung beteiligt; Martial rühmt ihn an anderen Stellen auch als Dichter.

45,3–4 *lustrum:* zunächst Reinigungs- oder Sühneopfer, das alle fünf Jahre von den Zensoren am Ende ihrer Amtszeit dargebracht wurde; dann zur Kaiserzeit alle fünf Jahre veranstaltete Festfeiern mit Spielen und Wettkämpfen zu Ehren der Götter; von Martial hier als Zeitbestimmung den *Olympiaden* gleichgesetzt, die ja eigentlich in einem vierjährigen Turnus gefeiert wurden.

45,5–6 *dein Baum:* der Lorbeer: Die Nymphe Daphne flüchtete vor dem in sie verliebten Apollon; als sie schon beinahe eingeholt war, wurde sie auf ihr Gebet hin in einen Lorbeerbaum verwandelt; vgl. Ovid, Metamorphosen I 452–567. – die *Schwester* ist Artemis.

45,8 *Bromius*, »der Lärmende«: Beiname des Bacchus aufgrund der Wirkung des Weins; er wurde, ähnlich wie *Phöbus* Apollon, als *langlockiger* junger Mann angesehen und dargestellt.

46 Unter der Herrschaft des Saturn erlebten die Menschen das sorgen- und schuldenfreie Goldene Zeitalter. In Erinnerung daran feierte man in Rom vom 17. bis 19. Dezember (seit der Kaiserzeit sieben Tage lang) in ausgelassener Karnevalsstimmung die *Saturnalien*, auch beschenkte man sich gegenseitig, besonders die Klienten ihre Patrone, mit kleinen Gaben, die Martial im 14. Buch in reicher Menge aufführt. An diesem populärsten Fest des Jahres schienen alle sozialen Unterschiede verwischt: Herren und Sklaven vertauschten ihre Rollen, die Sklaven durften die Toga und, wie ihre Herrn, den *pilleus*, die Filzmütze, als Zeichen der Freiheit tragen, und wurden von ihren Herren bewirtet, die statt der Toga die Synthesis (vgl. zu II 46,3-4) anlegten; auch Würfelspiele um Geld waren an den Saturnalien erlaubt (vgl. XI 6,2 von den Saturnalien: *regnator quibus inperat fritillus*).

46,4 *der glücklichste von allen Rechtsanwälten:* Diese wurden an den Saturnalien von ihren Klienten reich beschenkt.

46,8 Lukanien in Unteritalien war berühmt wegen seiner geräucherten Würste, *lucanicae* genannt; vgl. XIII 35, ein Epigramm auf diese Wurstsorte; der Ausdruck bezeichnet die spezielle Art der Herstellung, vergleichbar unseren ›Wiener Würstchen‹, das Produkt mußte also nicht unbedingt aus der Region stammen; *ventre cum Falisco:* eine Art Saumagen aus der Etruskerstadt Falerii nördlich von Rom; die Bewohner hießen *Falisker*.

46,9 *defrutum (sc. mustum):* Mostsaft, »black grape syrup« (Shackleton Bailey) aus Syrien, offenbar von geringer Qualität.

46,12 *Picenum:* eine Landschaft im östlichen Italien (bei Ancona); Picener *Oliven* auch I 43,8.

46,14-15 *figuli caelum – Töpfermeißel:* ironische Übertragung von der Arbeitsweise des Bildhauers – *Saguntiner Geschirr:* vgl. zu XIV 108.

46,16 Reliefarbeit in Ton von spanischer Töpferscheibe: *toreuma* wohl wie XIV 102 (Sorrentiner Becher), also reliefverzierte Becher aus Ton.

46,18-19 *So ertragreiche Saturnalien:* ironische Pointe, denn was er sonst an den Saturnalien einheimste, war noch viel weniger beeindruckend.

47,1 *Enkaustik:* Bei der Anwendung der Kunst, mit eingebrannten Farben zu malen, wird verflüssigtes, warmes Wachs mit Pigmenten verschmolzen und in flüssiger Form auf die entsprechende Grundlage aufgetragen. Die Alten kannten drei Arten dieses Verfahrens, das aber im Mittelalter verlorenging; vgl. Plinius, Naturalis historia XXXV 122 (*ceris pingere atque picturam inurere*). – *Phaëthon:* Sohn des Sonnengottes; als er den Sonnenwagen lenkte, stürzte er brennend in die Poebene ab. Phaëthons Schicksal und der von ihm ausgelöste Weltbrand sind ausführlich geschildert im 2. Buch der Metamorphosen Ovids, 1-400.

47,2 *dipyrus*/δίπυρος: »zweimal im Feuer gebrannt«: das erste Mal bei seinem Himmelssturz, das zweite Mal als Bildnis mit eingebrannten Farben; in beiden Fällen spielt verflüssigtes Wachs eine Rolle.

49 *Epigramm gegen Epos:* Abschätzige Bemerkungen Martials über lange mythologisierende Epen auch sonst, vor allem VIII 3 und X 4; vgl. auch XIV 1,11.

49,1 *Flaccus:* vgl. zu 42,2.

49,4 *Tereus* schändete seine Schwägerin Philomele; aus Rache wurde ihm von seiner Frau Prokne der eigene Sohn zum Mahle vorgesetzt. – Wegen des Ehebruchs mit der Frau seines Bruders wurden dem *Thyestes* von Atreus aus Rache die eigenen Söhne zum Mahle vorgesetzt.

49,5 *Dädalus* fertigte sich und seinem Sohn Ikarus Flügel aus Federn und Wachs an, um dem König Minos auf Kreta zu entkommen; Ikarus stürzte beim Fluchtversuch ab; vgl. die bekannte Darstellung in Ovids Metamorphosen VIII 183–235.

49,6 Seit Homer haben die Dichter den Kyklopen *Polyphem*, der Gefährten des Odysseus verspeiste, als Hirten geschildert.

51,3 Eine *Million: decies* (mit Unterdrückung von *centena milia*).

52 Die Konnotationen, die *ficus* (Feige und Geschwür) sowie *caprificus* (wilde Feige mit Anspielung auf *caper*) beim römischen Leser hervorrufen, können in der Übersetzung nicht bewahrt werden. Martial will wohl andeuten, daß der Umgang mit Ziegen der Abheilung von speziellen Geschwüren (Hämorrhoiden?) nicht gerade förderlich ist; grammatische Belehrung über *ficus:* I 65. Es könnte bei *ficus* auch auf eine venerische Krankheit angespielt sein.

53,1–2 *Heiligtum unserer Pallas:* der von Domitian neu erbaute Tempel der Minerva Flaviana: vgl. IX 1,8 *altum Flaviae decus gentis; unserer Pallas:* Minerva als Schützerin des Kaiserhauses und damit Roms. – *templi limina ... novi:* Der Tempel des Divus Augustus auf dem Palatin, von Livia begonnen und von Caligula eingeweiht, wurde häufig einfach als *templum novum* bezeichnet; vgl. XII 2,7: *veneranda novi pete limina templi*.

53,6 *Brot ..., um das er sie* (die Leute) *anbellt.* Zu *latrare* in der Bedeutung: »laut und ungestüm fordern« s. Lukrez II 17: *nil aliud sibi natura latrare*.

53,7–8 Der Begriff *Kyniker* (für eine Philosophensekte, die das Ideal der Bedürfnislosigkeit predigte und vorlebte) wurde von griechisch κύων (Hund) abgeleitet; bisweilen wurden die Kyniker auch einfach ›Hunde‹

genannt, im Blick auf den ganz konkret ›hündisch‹ lebenden Bettler ein abgeschmackter Witz.

54,1 *den tarpejischen Eichenkranz:* (der tarpejische Fels ist der südöstliche, steile Abfall des Kapitols): Ein goldner Eichenkranz war der Siegerlohn in den von Domitian gestifteten kapitolinischen Wettkämpfen; vgl. auch 1,6.

54,2 *prima ... fronde:* mißverständlich; entweder der Sieg im ersten, von Domitian veranstalteten kapitolinischen Wettkampf oder einfach der erste zu gewinnende Preis oder schließlich der denkbar höchste Siegespreis.

54,5 *Die drei Wolle spinnenden Mädchen:* die drei Parzen oder Schicksalsgöttinnen.

54,7-8 *reicher als Crispus:* vielleicht Vibius Crispus, der reiche Stiefvater Neros. – *Thrasea:* Anhänger der stoischen Philosophie (vgl. I 8,1), starb auf Befehl Neros. – Atedius *Melior* (vgl. II 69,7): ein Freund Martials (und Statius'), bekannt durch seinen eleganten Lebensstil.

54,10 *de tribus una secat:* Wenn man das überlieferte *negat* halten will, ist zu verstehen: »immer sagt eine von den dreien: ›nein‹«, nämlich dann, wenn die beiden anderen Parzen zu einer Änderung bereit wären.

55,1 *Luci:* wohl Lucius Licinianus, Schriftsteller (und Jurist) aus Martials Heimatstadt Bilbilis: I 61,11–12; vgl. auch das ihm dedizierte lange Heimatgedicht I 49.

55,2 *Caius*/Gaius: nicht sicher lokalisierbarer Berg in den Pyrenäen des nordöstlichen Spanien; vgl. zu I 49,5–6; der *Tagus* ist der Tajo.

55,3 *Arpis:* Martial scheint Arpi in Apulien mit Arpinum, dem Geburtsort Ciceros in Latium, zu verwechseln.

55,4 *argivisch:* griechisch.

55,5 Die Stadt *Theben* in Böotien: thebanischer Sagenkreis, in dessen Zentrum die Gestalt des Ödipus steht. – *Mykene:* in der Argolis, Agamemnons Burgstadt.

55,6-7 *claram Rhodon* (vgl. XIV 69,2 *clara Rhodos*) ist Zitat aus Horaz, Carmina I 7,1: *Laudabunt alii claram Rhodon ...* – *Ledas Ringerschulen im schamlosen Sparta:* Leda, der sich Zeus in Gestalt eines Schwans verband, ist die Mutter Helenas und der Dioskuren Kastor und Polydeukes/Pollux; *libidinosa* heißt Sparta wegen der die Päderastie fördernden militärischen Schulung oder wegen nackter Ringkämpfe, auch der Mädchen; vgl. Properz III 14,4: *Inter luctantes nuda puella viros.*

55,11 *Bilbilis:* Martials Geburtsstadt im nordöstlichen Spanien, mit Eisenindustrie.

55,12-13 *Chalyber:* ein Volk an der Südküste des Schwarzen Meeres; sie gelten als Erfinder der Eisenbearbeitung. – *Noriker:* Bewohner der seit Claudius römischen Provinz Noricum in den Ostalpen östlich des Inns, bekannt für ihre Bodenschätze und Eisenwaren. – *Platea* und die meisten anderen hier noch genannten spanischen Orte sind bei den alten Geographen nicht belegt.

55,15 *Salo:* ein kleiner Fluß bei Bilbilis.

55,16 *Tutela:* ein Ort oder eine spezielle Schutzgottheit, die in *Rixamae* mit Chören verehrt wurde.

55,26 *Manlius:* ein nur hier erwähnter spanischer Grundbesitzer.

55,29 *Butunti:* ein kleines, unbedeutendes Städtchen in Kalabrien, galt in der Kaiserzeit als verbaut, worüber sich Martial mehrfach mokiert; heute Bitonto.

57,1 *die lockenden Fluten des frivolen Lukrinersees:* in unmittelbarer Nähe von Bajae, dem mondänen Badeort am Golf von Neapel, der in jeder Hinsicht als ›Lust‹-Ort galt.

57,3 *Faustinus:* der öfter erwähnte reiche Patron und Freund Martials; das *Reich des argivischen Siedlers* ist Tibur, Roms Sommerfrische an den Wasserfällen des Anio, einem Nebenfluß des Tiber; die Stadt soll von dem Griechen Catillus, dem Sohn des argivischen Helden und Sehers Amphiaraos, gegründet worden sein (Vergil, Äneis VII 670-672).

57,5 Das *nemeische Monster* ist der Löwe, den Herkules in Nemea, einem Waldtal bei Phlius in der Argolis, erlegte und der zum Sternbild Leo wurde.

57,6 *Bajae heiß … von der eigenen Glut:* Anspielung auf die heißen, vulkanischen Quellen, vgl. v.2 und Pinius, Naturalis historia XXXI 4-5, über Heilquellen; der Geograph Strabo betont, »daß die warmen Bäder von Bajae teils dem Vergnügen, teils der Heilung von Krankheiten dienen« (Geographica V 4,5).

57,8 Die *Nymphen*, Göttinnen der freien Natur, auf Bergen und Bäumen, in Quellen und im Meer lebend, sind Töchter des Zeus; die *Nereiden* sind die fünfzig Töchter des Meergottes Nereus.

57,9–10 *Herkules* ist der Schutzgott von *Tibur*, das einen bekannten Herkulestempel besaß (I 12,1: *Herculei ... Tiburis arces*).

58,2 In der Öffentlichkeit traut sich die Frau nicht zu weinen, weil man um ihren schlechten Lebenswandel weiß und ihre Tränen folglich als Krokodilstränen auslegen würde. Andere (boshaftigere) Möglichkeit, v.1 als Fragesatz zu lesen: »In der Dunkelheit trauerst du (also) um den Verlust deines Mann, Galla?« – In ihrer Freude, den Mann losgeworden zu sein, kann sie nicht einmal die Trauernde spielen; um aber der Konvention zu genügen, behauptet sie, sie weine eben um ihren Mann in der Nacht.

59,1–2 Die *Heliaden* sind die Töchter des Sonnengottes; als ihr Bruder Phaëthon bei dem Versuch, das Sonnengefährt zu lenken, zu Tode kam und in den Eridanos (den Po) stürzte, wurden die am Ufer weinenden Schwestern in Bäume (Schwarzerlen oder Pappeln) verwandelt; ihre Tränen um den verbrannten Bruder wurden zu *Bernstein*; vgl. zu 25,2.

60,1 *Ardea:* Stadt in Latium, ein heißer, ungesunder Ort, ebenso die Gegend um *Castrum* in der Nähe von Ardea.

60,2 *Cleonae:* Städtchen bei Nemea in der Argolis, wo Herkules den Löwen erlegte, der zum Sternbild des Löwen wurde; vgl. auch 57,5.

60,3 *Tibur:* Roms bekannteste Sommerfrische an den Wasserfällen des Anio; vgl. auch 57,10 (*nunc Tiburtinis cedite frigoribus*). – *Curiatius:* nur hier erwähnt.

60,4 *inmitten der vielgerühmten Wasser zum Styx geschickt:* von den Wasserfällen des Anio aus direkt zum Styx, dem Unterweltsfluß.

60,6 Das Klima von *Sardinien* war sprichwörtlich ungesund; vgl. z.B. Tacitus, Annalen II 85 (von nach Sardinien verbannten Anhängern des ägyptischen und jüdischen Kultes): »Wenn das ungesunde Klima sie hinraffe, sei ja der Schaden nicht groß.«

61,1 *ducenta:* Zweihundert(tausend) Sesterze; die Hunderter bezeichnen auch im folgenden jeweils 1000 Sesterze.

61,3 *schola poetarum:* III 20,8.

61,6–7 *Sardonyx:* ein rotbraun und weiß gestreifter (*lineis ter cinctum*) Halbedelstein; *similes fluctibus maris gemmas* sind Aquamarine.

61,9 *Pollio:* ein bekannter Kitharöde (Sänger, der sich auf der *cithara* selbst begleitet: III 20,18).

62 VII 13 behandelt das gleiche Thema. – *Herkules* ist der Schutzgott von *Tibur* (57,9–10). Angeblich vermochte das Wasser von Tibur (Wasserfälle des Anio) Gegenstände, z. B. Elfenbein, weißer zu machen.

63,1 *Bauli:* ein Villenvorort des berühmten Seebades *Bajae* in Kampanien.

63,3 *Welch ein Ruhm ging euch, ihr Fluten, verloren:* weil das Meer die Falsche umbrachte; *Neros* Versuch, seine Mutter Agrippina auf einer Fahrt von Bajae nach Bauli auf einem zum Versinken vorbereiteten Schiff ertrinken zu lassen, scheiterte; vgl. Tacitus, Annalen XIV 4 f., und Sueton, Nero 34.

64,1 *Julius Martialis:* einer der engsten Freunde Martials; vgl. zu ihm auch I 15.

64,2 Die *Hesperiden*, Töchter des Atlas, hüteten im Garten der Götter in der Nähe des Atlasgebirges die berühmten Goldenen Äpfel.

64,3 *Janiculum* (heute Gianicolo): ein Hügel Roms am rechten Tiberufer.

64,4 *recessus* kann echter (nicht nur poetischer) Plural sein: als *loca amoena* gestaltete stille Winkel oder Plauschecken, Orte der Zurückgezogenheit, Gartenpavillons o. ä. – Neumeister bezieht *eminent* auf die Stützmauern von Terrassen, die aus dem Hügelabhang hochragen; *recessus* versteht er als »die horizontale Fläche der Terrasse, die von deren Vorderkante ›zurückweicht‹ bis zu der Linie, wo die Böschung wieder beginnt« (S. 313–314 mit Skizze), und übersetzt: »Breite Terrassen sind den Hügeln vorgebaut« (S. 215). – *eminent:* Gilbert, Friedländer und Izaac bevorzugen die Lesart *imminent*.

64,15 *Fidenae:* ein Landstädtchen am Ende des Tibertals zwischen Rom und Veji. – *Rubrae:* wohl identisch mit Saxa Rubra, einem kleinen Ort in Etrurien unweit vom Cremera, einem Nebenfluß des Tiber, mit Steinbrüchen.

64,16–17 Die altrömische Frühlingsgöttin *Anna Perenna* wurde am 15. März beim 1. Meilenstein der *Via Flaminia* mit einem ausgelassenen Fest gefeiert (Ovid, Fasti III 523 ff.), bei dem die Frauen obszöne Lieder sangen. – *virgineo cruore:* Deflorationsblut? (Shackleton Bailey: †virgineo cruore†).

64,18 Die *Via Flaminia* führte von Rom nach Ariminum in Umbrien (Rimini), die *Via Salaria* ist die alte Salzstraße am linken Tiberufer nach Reate (Rieti).

64,22 *Rufe von Treidlern:* Die *helciarii* ziehen die Schiffe den Tiber aufwärts.

64,23 Der *Pons Mulvius* (Ponte Molle) führt im Norden Roms über den Tiber.

64,29–30 *Alkinoos:* der Phäakenkönig, bei dem Odysseus gastliche Aufnahme fand. – *Molorchus:* ein Tagelöhner in Cleonae bei Nemea, bei dem Herkules auf dem Weg zum Nemeïschen Löwen einkehrte.

64,32–34 *Tibur* (Tivoli) wurde wegen seines kühlen Klimas, *Praeneste* (Palestrina) wegen seiner Schönheit, *Setia* (Sezze) wegen des Weinbaus geschätzt.

66,2 *billiger kann man gar nicht leben:* Über das anspruchslose Leben in den Munizipien und Provinzstädten im Gegensatz zu den hohen Preisen in Rom und dem dortigen gesellschaftlichen Aufwand schreibt Juvenal III 165 ff. in Übereinstimmung mit anderen Autoren: »In einem großen Teil Italiens legt … niemand die Toga an außer als Toter«, und »als Gewand im illustren Ehrenamt genügt den höchsten Aedilen eine weiße Tunica.«

66,3–4 An den *Kalenden*, *Nonen* und *Iden* wurden von den Familien die Laren (Schutzgottheiten des Hauses) festlich geehrt. – *togula est excussa:* wohl um sie vom Straßenstaub zu reinigen. – *synthesis:* eine besonders zu den Mahlzeiten getragene leichte, farbige Kleidung.

66,9 *vom argivischen Volke gesandt:* also ein junger griechischer Sklave.

66,13 *Sirius* im Großen Hund, der hellste Fixstern der nördlichen Halbkugel, dessen Aufgang in der letzten Juliwoche die größte Hitze brachte.

66,15 Die *tesserae* hatten sechs flache und markierte Seiten, die *tali* nur vier; das Spiel mit den *tesserae* verlangte einen höheren Einsatz als das mit den *tali*, das mehr der Unterhaltung diente.

66,17 *Sag', wo ist die Million:* nämlich *decies* (*centena milia sestertium*).

67,1 *sestertia* als Neutrum Plural bezeichnet eine Summe von tausend Sesterzen.

67,4 *rechtmäßiger Ritter:* Ein Vermögen von 400000 Sesterzen war die Voraussetzung für die Aufnahme in den Ritterstand, zu dessen Rechten u. a. gehörte, bei den Schauspielen auf den für die Ritter reservierten Plätzen zu sitzen.

67,5 *Scorpus* und *Thallus:* zwei berühmte Wagenlenker. Die *Prätoren* mußten die öffentlichen Spiele durchführen, die zur Zeit der Republik in das Ressort der Ädilen fielen; dabei waren große Zuschüsse erforderlich, durch die sich die Betreffenden bisweilen finanziell ruinierten.

67,8 *das willst du, Prätor, für ein Reittier spendieren:* zum Thema: statt Freunde mit Geldzuwendungen und somit statusmäßig zu unterstützen, Shows etc. zu finanzieren, vgl. auch V 25.

68 Die Beköstigung des Klienten hat wieder den vom Patron zu zahlenden Geldbetrag abgelöst; vgl. auch 26.

69,1 Weine von *Setia* in Latium und vom *Mons Massicus* im Grenzgebiet von Latium und Kampanien waren berühmt und geschätzt.

71,1 *Safronius Rufus*, als prüde bekannt: XI 103.

71,6 *Sie gibt sich nicht hin und sagt trotzdem nicht ›nein‹:* vgl. 81 die Reaktion der Fabulla auf die Lektüre dieses Epigramms.

72,2 Martials Verleger *Tryphon:* vgl. auch XIII 3.

73,2 *Styx:* der Grenzfluß in der Unterwelt, über den Charon die Toten setzte.

73,3 *die Schwestern:* die Parzen.

74 Vgl. zum Thema 35.

75,1 *Nigrina* hatte mit ihrem Mann Antistius Rusticus (er starb später in Kappadokien: IX 30 sein Nachruf) ihr väterliches Vermögen geteilt.

75,5–6 *Eu(h)adne:* Gemahlin des Kapaneus, der als einer der »Sieben gegen Theben« im Sturm auf die Stadt fiel. – *Alkestis* ging stellvertretend für ihren Gatten Admetos freiwillig in den Tod. Euripides hat 438 v. Chr. in seiner Alkestis dem Thema des Liebesopfertodes seine rezeptionsgeschichtlich gültige Gestalt gegeben.

77,5 *Ich will Zoïlus hängen sehen:* Neidisch auf die Verbesserung der finanziellen Lage Martials, würde sich Zoïlus nach Meinung des Dichters eigentlich aufhängen müssen.

78,8 *Sigerus und Parthenius:* hohe Hofbeamte; letzterer war ein Günstling Domitians, aber an dessen Ermordung beteiligt.

78,10 Zu dem seltenen Wort *ardalio* vgl. zu II 7,8.

79,1 *Tiburtinum:* Landsitz bei Tibur (Tivoli) an den Wasserfällen des Anio.

80,1 *phrenesis:* die Hirnwut, eine durch Entzündung der Hirnhaut entstandene Form des Wahnsinns.

81,1 *Als Fabulla mein Epigramm gelesen hatte:* 71.

82,1 *empfiehl auch diese Büchlein:* das dritte und vierte Buch; der Adressat *Rufus* ist nicht identifizierbar; *Venuleius* ist vielleicht L. Venuleius Montanus Apronianus, *consul suffectus* im Jahr 92.

82,6 *mittendrin, wenn Bacchus seine Kämpfe liebt:* d.h., wenn die Gäste durch den Weingenuß schon ›aufgekratzt‹ sind.

85,1 *murra:* Achat oder auch Flußspat; jedenfalls handelt es sich um nicht durchsichtige Becher, deren Herstellung teuer war; obwohl nicht gerade schön, galten sie als Statussymbol der Reichen.

85,2 Zum ›Genuß‹ von schlechtem Wein aus kostbaren Bechern oder Gefäßen vgl. VIII 6 und X 49.

86,3 *Apollinaris:* wahrscheinlich L. Domitius Apollinaris, *consul suffectus* des Jahres 97, ein gelehrter Freund und Patron Martials und wohlwollender Kritiker seiner Dichtung; vgl. u.a. XI 15,11–13.

86,8 *peinliche Umhüllung für Makrelen:* Papyrusblätter zum Einwickeln von Makrelen, die wohl so auf den Rost gelegt wurden; die *tunica molesta* (Euphemismus für »Marterkleid«) war ein mit Pech getränktes Gewand, wie es Nero im Jahr 64 den Christen anlegen ließ, um sie *in usum nocturni luminis* (Tacitus, Annalen XV 44) zu verbrennen; zur *tunica molesta* vgl. auch X 25,5 und Juvenal I 155–157.

86,9 *salarii* wohl für *salsamentarii:* Salzfischhändler (vgl. I 41,8); in ihren *scrinia* haben sie offenbar einen Vorrat an verbrauchten Papyrusblättern, womit sie ihre Fische dann einwickeln.

86,11 *zum Bekritzeln deiner Rückseite:* Die auf der Rückseite nicht beschriebenen Papyrusblätter dienten als ›Kritzelpapier‹ und als Material für Schreibübungen.

87,4 *Bassa furzt ständig:* Bassa will den Eindruck erwecken, das Kleinkind und nicht sie lasse die Winde fahren; oder: Bassa hat aufgrund ihrer Blähungen einen Bauch wie eine Schwangere und redet die entweichenden Winde mit »mein Liebling« an.

88,1-2 An dem fünf- bzw. siebentägigen ausgelassenen Fest zu Ehren *Saturns* schickte man sich gegenseitig Geschenke.

88,3 *scripulum:* 1,137 Gramm, die kleinste Gewichtsmenge. *argenti* ... *Septiciani:* nach dem Namen des Fabrikanten wie 39,6 *Gratiana*; daß das Silber von Septicius minderwertig war, erfahren wir aus VIII 71,6.

88,5 *Antipolis:* Stadt an der Südküste Galliens (jetzt Antibes bei Nizza), wo man eine Salzbrühe aus Thunfischen zubereitete; vgl. XIII 103: Ein Krug Thunfischlake aus Antipolis.

88,7 *Picenum:* eine italienische Landschaft an der Adria von Ancona bis Hadria.

89,2 *bis zum Buchrollenknauf:* d.h. bis ans Ende; die Buchrolle wurde um einen Stab gewickelt.

FÜNFTES BUCH

1,1 *auf den Höhen des palladischen Alba:* Das Albanum, eine Villa Domitians, in der sich der Kaiser oft aufhielt, befand sich auf dem Mons Albanus (an seinem Abhang lag Alba Longa, die mythische Mutterstadt Roms); *palladisch* heißt die Villa, weil der Kaiser dort jährlich einen Dichterwettstreit zu Ehren der Pallas (Minerva) veranstaltete, mit einem Kranz von goldenen Ölzweigen als Siegespreis; vgl. zu IV 1,5.

1,2 *Trivia*, Göttin des Dreiwegs, ist Diana; ihr berühmter Tempel lag bei Aricia, einer alten Stadt an der Via Appia am Fuß des Albanerbergs; Friedländer bemerkt, daß man in Domitians Villa diesen Tempel nur von einem hohen Turm aus habe sehen können. – *Thetis*, die Tochter des Meeresgottes Nereus und Mutter des Achilleus, steht hier metonymisch für das Meer.

1,3 In Antium (Anzio), einer Küstenstadt in Latium südlich von Rom, wurde ein Schwesternpaar der Fortuna, *die weissagenden Schwestern*, verehrt; ihr Orakel war berühmt; Martial stellt sich den Kaiser Domitian bei seinem Aufenthalt in Antium als den sie inspirierenden Gott vor.

1,5–6 *des Äneas Amme:* Caieta; nach ihr ist die gleichnamige Hafenstadt in Latium benannt. – *die Tochter der Sonne* ist Kirke, Circeji (Circello) die nach ihr benannte Stadt auf dem gleichnamigen Vorgebirge. – *Anxur* (heute Terracina): eine uralte Stadt der Volsker südöstlich von Rom mit leuchtenden Felsen, bekannt durch ihre Heilquellen; von ihr sagt Horaz (Satiren I 5,26), daß sie »auf weithin schimmernder Felsenhöhe thront«: *impositum saxis late candentibus Anxur*. Man beachte den Hymnenstil: Die kaiserlichen Villen werden wie die Kultorte einer Gottheit aufgezählt.

1,7–8 Gründe für *Jupiter*, seine *Dankbarkeit* gegenüber dem Kaiser zu erweisen: Domitian hatte angeblich das Kapitol verteidigt (IX 101,13–14), er hatte den Bau des neuen Tempels auf dem Kapitol veranlaßt und den *agon Capitolinus*, einen Dichterwettkampf, gestiftet (IX 3,7–8).

1,9 *Nur entgegenzunehmen brauchst du es:* Höflichkeistformel; in I 4 ist Martial sicher, daß Domitian auch die Gedichte liest.

1,10 Von der Neugier und *Leichtgläubigkeit* der Gallier berichtet z.B. Caesar, Bellum Gallicum IV 5; vielleicht war die *Galla credulitas* sprichwörtlich.

2,6 *unseres Herrn:* des Kaisers.

2,7 Domitian nahm im Jahr 84 nach dem Triumph über die Chatten den Beinamen *Germanicus* an und benannte den Oktober in Germanicus um.

2,8 Athene als *kekropische Jungfrau* benannt nach Kekrops, dem ältesten noch halb mythischen König in Attika; Domitian hatte Athene/Minerva zu seiner besonderen Patronin gewählt.

3,1–2 Der Dakerfürst *Degis*, Bruder des Dakerkönigs Decebalus, leitete im Jahr 88 die Friedensgesandtschaft an den in Pannonien weilenden Domitian. Trajan hatte Dakien (Rumänien mit Bukowina und Siebenbürgen, Ungarn bis zur Theiß) unterworfen und zu einer römischen Provinz gemacht; das *Ufer* bildete die Grenze des römischen Reiches. – *Hister* ist der römische Name für die untere Donau, doch verwenden die Dichter Danuvius und Hister oftmals unterschiedslos.

3,5-6 Der Verehrung Domitians als eines *Gottes* schließt sich Martial willig an.

4,2 Der *Lorbeer* war dem Apollon heilig; das Kauen von Lorbeerblättern sollte prophetische Fähigkeiten oder dichterische Inspiration fördern.

5,1 *Sextus:* wohl Domitians Bibliothekar oder Sekretär; *facundus* impliziert, daß Sextus ein Schriftsteller oder Redner war. – *Minerva* war Patronin der Künste und Wissenschaften und somit auch der kaiserlichen Bibliothek auf dem Palatin.

5,6 Albinovanus *Pedo*, Domitius *Marsus* (vgl. I Epist.) und Valerius *Catullus*, mit dem sich Martial gern vergleicht (VII 99,7; X 78,16 und 103,5-6), gelten als die herausragenden Vertreter satirischer Epigrammdichtung.

5,7 *caelestis* in der Bedeutung »kaiserlich«; offensichtlich schrieb Domitian ein Gedicht über die Belagerung des *Kapitols* im Jahre 69 durch die Anhänger des Vitellius, bei der der Kaiser selbst in Lebensgefahr schwebte.

5,8 Publius Vergilius *Maro* wird hier *cothurnatus* genannt, die Äneis somit als Werk im tragischen Stil bezeichnet (Der Kothurn ist der Bühnenschuh des tragischen Schauspielers.).

6,2 *Parthenius:* Kämmerer und Günstling Domitians, an dessen späterer Ermordung beteiligt; *Burrus:* sein Sohn; vgl. auch IV 45.

6,8 *die Schwelle der so ehrwürdigen Halle:* wohl die privaten Räume des Kaisers, während die Bibliothek im vorigen Gedicht eine öffentliche Einrichtung darstellt (Howell).

6,9 *Jupiter* ist natürlich der Kaiser.

6,14-15 Zu diesen Versen und der Ausstattung von Büchern vgl. auch I 66,10-11 sowie III 2,7-11.

6,18 Domitian wird als *Herr der Neun Schwestern* schmeichlerisch mit Apollo Musagétes, dem Führer der Musen, gleichgesetzt.

7,1-2 *assyrisch* (arabisch) heißt der Wundervogel Phönix, der nach der Sage 500 oder 1000 Jahre lebt, sich in seinem Nest verbrennt und aus seiner Asche neu geboren wird; vgl. 37,13: *frequens phoenix*.

7,3-4 Die Verse nehmen Bezug auf einen der häufigen Brände in Rom – vielleicht auf den besonders verheerenden im Jahre 80 auf dem Campus Martius, der drei Tage und Nächte wütete und eine beträchtliche Anzahl von Gebäuden zerstörte – und auf die Wiederaufbauleistung des Kaisers.

7,5 *vergiß ... deine bekannten Beschwerden*, nämlich deine Empörung über den Ehebruch der Venus.

7,6 Als Vater von Romulus und Remus ist *Mars* der Ahnherr der Römer; sein Liebesabenteuer mit der Göttin *Venus* wird Odyssee VIII 266ff. ausführlich erzählt. Gefangen in den unlösbaren und unsichtbaren Fesseln, mit denen Hephaistos, Aphrodites Gemahl, die Liebenden festhält, sind sie dem Gelächter der Götter ausgesetzt. Auf mythologischer Ebene erscheinen nun die Feuersbrünste in Rom als Rache des Hephaistos/Vulcanus an den Römern, weil diese dem ehebrecherischen Paar Mars – Venus zugeordnet werden (Venus ist als *Aeneadum genetrix* die Mutter der Römer: Lukrez I 1).

7,7 Lemnos ist die Insel des Hephaistos, dort verfertigte er auch die Fesseln, um Venus und Mars zu immobilisieren, daher *Lemniacis catenis*.

7,8 *patienter amet* (te = *Vulcanum*? *Martem*? künftige Liebhaber?): Die Leerstelle betont die uneingeschränkte Dominanz der Liebesgöttin als einer Elementarmacht, die sie freilich, mit Rücksicht auf Vulcanus, *patienter* einsetzen möge: moderat und rücksichtsvoll in ihren Eskapaden und in geduldiger Liebe zu ihrem Ehemann.

8,1 Sueton (Domitian 13) erzählt, daß der Kaiser einen Rundbrief im Namen seiner Prokuratoren so begann: *Dominus et Deus noster hoc fieri iubet*.

8,1-2 Die von Domitian (im Jahr 89) neu eingeschärfte *lex Roscia theatralis* vom Jahr 67 v. Chr. hatte den Rittern die ausschließliche Benutzung der ersten vierzehn Reihen (*quattuordecim subsellia*) im Theater zugewiesen; Domitians Theateredikt wird im 5. Buch noch oft erwähnt bzw. vorausgesetzt (14; 23; 27; 35; 38 und 41); vgl. auch III 95,10, wo Martial von sich sagt: *et sedeo qua te suscitat Oceanus.*

8,10 Phasis ›lümmelt‹ sich nicht nur respektlos auf seinem Sitz, sondern trägt mit *zurückgeworfenem Haupte* auch eine bewußte Arroganz zur Schau.

8,12 *Leitus* ist *dissignator* oder Aufsichtsbeamter im Theater; vgl. auch 25,2 und 35,5. Er verscheucht Phasis, weil dieser in seiner Absicht, mit seinem rot leuchtenden Purpurgewand (mit einem schmalen Purpurstreifen war die Toga der Ritter, mit einem breiten die der Senatoren versehen) einen falschen Status vorzuspiegeln, ›übersieht‹, daß Augustus von den Zuschauern das Tragen der Toga verlangte – allerdings ohne Mantel. Vgl. 23 und 35 auf einen ›falschen Ritter‹ im Theater und IV 2, wo ein einziger Besucher – zunächst – schwarze Kleidung trägt.

9,2 *Symmachus* (sprechender Name): Kampfgefährte, Helfer; ein Arzt mit diesem Namen wird auch VI 70 und VII 18 erwähnt.

10,3 *Regulus:* der häufig erwähnte Gönner Martials; vgl. u.a. I 12 (seine wunderbare Rettung); ihm wird die Frage in den Mund gelegt. Ganz im Gegensatz zu dem positiven Bild, das Martial von seinem Patron gibt, vermittelt Plinius der Jüngere ein abstoßendes Porträt des Regulus in einer Reihe von Briefen.

10,5 *die alte, schattige Promenade des Pompejus* ist der öfter erwähnte Platanenhain bei der *porticus Pompeia* (vgl. zu II 14,10: *Pompei dona nemusque duplex*); *undankbar* sind die Besucher, weil es schönere – und modernere – Stätten gibt.

10,6 Der Tempel des Iuppiter Capitolinus, 84 v.Chr. durch Feuer zerstört, 62 v.Chr. durch Q. Lutatius *Catulus* neu errichtet, im Vitellischen Krieg ein weiteres Mal abgebrannt, wurde von Domitian schließlich prachtvoll wieder aufgebaut.

10,7 Die Annalen des *Ennius* († 169 v.Chr.) stellen nach homerischem Vorbild in (zum ersten Mal lateinischen) Hexametern die römische Geschichte von Äneas bis zu seiner Zeit dar. – P. Vergilius *Maro* (70–19 v.Chr.) schuf in seiner Äneis das römische Nationalepos, das in engem

Anschluß an die beiden homerischen Epen in zwölf Gesängen die Irrfahrten des Äneas und die Kämpfe der Trojaner um die Landnahme in Latium besingt. Allerdings war, was Martial übersieht, die Äneis erst nach dem Tode Vergils veröffentlicht worden.

10,8 Der *Mäonide* ist Homer, nach der lydischen Landschaft Maeonia; u. a. werden Smyrna bzw. Kolophon (beide im jonischen Kleinasien) als Geburtsorte Homers genannt.

10,9 *Menander* (343/2–293 v.Chr.) ist der bedeutendste Dichter der neueren attischen Charakterkomödie; von seinen 105 Komödien sollen 8 den ersten Preis gewonnen haben.

10,10 *Corinna* ist der fingierte Name einer Geliebten von P. Ovidius Naso (Amores III 1,49); daß nur sie den Dichter gekannt habe, ist natürlich absichtliche Untertreibung Martials.

10,11 Die Anrede an das eigene Werk geht auf Catull 35, die Vorstellung, daß ein Buch möglichst schnell die Öffentlichkeit erreichen und Ruhm gewinnen will, auf Horaz, Epistulae I 20, zurück.

10,12 *Wenn der Ruhm erst nach dem Tode kommt, habe ich es nicht eilig:* Indessen erklärt Martial in I 1,4–6. und V 13,4 stolz, daß er im Gegensatz zu anderen Dichtern bereits zu Lebzeiten Ruhm gefunden habe.

11,1–2 Vermutlich trägt Lucius Arruntius *Stella*, selber Dichter (vgl. I 7), zudem einer der Gönner von Martial und von Silius Italicus, alle Juwelen an ein und demselben Ring, den er gern ›befühlt‹ und über den Finger gleiten läßt (vgl. 61,5). – Wahrscheinlich Italicus Silius *Severus*, der Sohn des Dichters Silius Italicus; vgl. auch 80,2 und II 6,3.

11,3–4 Stellas Gedichte erscheinen als »poetische Perlen« (vgl. Tacitus, Dialogus 22,4, wo die *gemmae* zur Ausstattung des Redners gehören).

12,3 *mit der ganzen Kraft seiner Arme: omnibus lacertis* wohl für *totis lacertis* im Sinne von *tota vi lacertorum* (Friedländer).

12,7 *zehn Mädchen:* vielleicht die neun Musen und Minerva oder Stellas Geliebte Violentilla auf einem Ring mit zehn Steinen.

13,1 *pauper* im Gegensatz zu *dives* bedeutet nicht *egenus* (= notleidend), sondern ein Mittleres; vgl. XI 32,8: *non est paupertas, Nestor, habere nihil,* IV 77,1–3, wo Martial sein bescheidenes Auskommen *paupertas* nennt, und Seneca, Epistulae 87,40: *ego non video quid aliud sit paupertas quam parvi possessio.*

13,2 Der Rang eines *Ritters*, wahrscheinlich von Titus verliehen, ermöglichte Martial infolge des Besitzes von mindestens 400000 Sesterzen ein einigermaßen angenehmes Leben.

13,3 *vielmehr liest man mich ausgiebig überall in der Welt* – *toto legor orbe frequens* (nach Ovid, Tristien IV 10,128: *in toto plurimus orbe legor*), z.B. XI 3,3f.: »mein Buch wird im getischen Reif bei den Feldzeichen des Mars vom rauhen Zenturionen zerlesen, auch Britannien, sagt man, singe meine Verse.« – Ausführlicher zum Stolz Martials über das Renommee seiner Dichtung I 1; vgl. auch VI 64,25; VIII 61,3 und X 9,3-4.

13,6 *flagellare* eigentlich: »mit der Peitsche antreiben«, nämlich das Geld, damit es sich vermehre; zu dem schwierigen Bild vgl. II 30,4. – Plinius, Naturalis historia XXXIII 134-135, führt Namen von Freigelassenen als Beispiele für großen Reichtum an.

13,7 Daß Land als Sklave seinem Besitzer *dienen* muß, auch I 116,6 und VI 76,6 – *Syene* (Assuan) in Oberägypten.

13,8 Die Wolle aus *Parma* in der Gallia Cisalpina galt als die zweitbeste; vgl. auch XIV 155 und II 43, 4.

14,2 *als es noch erlaubt war, dort Platz zu nehmen*, weil die *lex Roscia theatralis* noch nicht strikt angewendet wurde; vgl. dazu wie zum Ganzen das Epigramm 8.

14,3 *transtulit castra:* militärischer Terminus; Sinn: sich einen anderen Platz suchen.

14,5 Die Namen *Gaius* und *Lucius* werden von den römischen Juristen zur Bezeichnung beliebiger Personen verwendet.

14,8 *Viae* heißen die Gänge der *cavea*, des Zuschauerraums, wo diejenigen standen, die keine Sitzplätze mehr bekommen konnten.

14,11 *sedere:* So lesen nach Scriverius (Schryver) alle Herausgeber für das überlieferte *se dedere*. – *Leitus:* Aufsichtsbeamter im Theater; vgl. 8,12; 25,2 und 35,5.

15,1 Den Titel *Augustus* hatte Oktavian 27 v.Chr. auf Antrag des Senats angenommen; seitdem ist er Beiname der römischen Kaiser.

15,2 *keiner kann sich beklagen, ein Gedicht von mir habe ihn verletzt:* vgl. im Vorwort zu Buch I Martials Bekenntnis zur Mäßigung in seinen Büchern: »daß niemand mit gesunder Selbsteinschätzung sich über sie beklagen kann.«

15,3–4 Ein solcher (über X 20) erfreuter *Leser* war z. B. Plinius (Epistulae III 21), der aber nicht an die ›Unsterblichkiet‹ des Gedichtes glaubte.

15,6 *Nützen mögen sie allerdings nicht:* Plinius bedankte sich, wie er glauben machen will, mit einer finanziellen Belohnung.

16,1 *Ernstes schreiben:* Damit sind, wie sich im folgenden zeigt, Reden gemeint, die vor Gericht vorgetragen werden.

16,5–6 Der *Donnerer* ist hier Saturn; er heißt *falcifer,* weil er mit Kronos gleichgesetzt wurde, der seinen Vater Uranos im Auftrag der Gaia mit einer Sichel entmannte. Im Tempel des Saturn auf dem Forum Romanum befand sich der Staatsschatz (*aerarium*); Martial scheint auszudrücken: »Wenn ich Prozesse für das Aerarium führen wollte.« – *meine Worte verkaufen:* Obwohl die *lex Cincia* – sie hatte es Rednern verboten, Geld oder Geschenke für ihre Dienste zu erhalten – von Claudius abgeschafft war, zeigten sich Klienten nach einem Prozeß durch Zahlungen oder Geschenke erkenntlich (Howell).

16,7 *Fässer* aus Spanien, wohl mit Öl, als Honorar.

16,8 Der *Bausch* der Toga wurde als Tasche verwendet.

16,12 Der schöne Knabe *Alexis* war nach Martial ein Geschenk des Maecenas (sonst des Asinius Pollio) an Vergil. Zur Belohnung der Dichter vgl. Plinius, Epistulae III 21: »Dereinst war es Sitte, diejenigen, die Einzelpersonen oder ganze Städte gepriesen hatten, durch Ehrungen und Geldgeschenke auszuzeichnen; heutzutage ist neben andern schönen, trefflichen Bräuchen besonders auch dieser abhanden gekommen. Denn nachdem wir aufgehört haben, Ruhmestaten zu vollbringen, halten wir es auch für albern, uns rühmen zu lassen.«

16,14 *zum Advokaten machen:* d. h. zu einer anderen, einträglicheren Tätigkeit veranlassen.

17,3 *einen breiten Purpurstreifen heiraten:* also einen Mann aus dem Senatorenstand mit dem *latus clavus* an der Toga.

17,4 *cistiber* (so die besseren Hs.) eigentlich: »jenseits des Tiber befindlich«; vielleicht ein unteres Polizeiorgan in Rom; die andere Lesart: *cistifer* »Kastenträger« würde sich auf einen Priester beziehen, der bei einer Prozession heilige Gegenstände in einer *cista* trägt.

18,1–3 Das sind zum Fest der Saturnalien, die am 17. Dezember begannen, alles billige Geschenke von Klienten an ihre *patroni*.

18,9–10 *Quintianus* (auch I 52): wohl ein reicher Gönner des Dichters. – Ähnliche Pointe 59,3–4: »Wer große Geschenke macht, will auch große bekommen; mit meiner Töpferware wirst du entlastet sein.«

19,3 Domitians erster *Triumph* – über die Chatten – 83, der zweite – über die Daker – 86; *würdigere Triumphe* im Vergleich zu den »nicht verdienten« von Caligula und Claudius.

19,4 *die Götter des Palatin:* bewußt doppeldeutige Formulierung Martials: (a) die Götter, die den Palatin, also den Kaiserpalast auf dem Palatinhügel, beschützen (die kapitolinische Trias Jupiter, Juno und Minerva), (b) die deïfizierten Kaiser selber (Augustus, Claudius, Vespasian, Titus).

19,10 *non alienus eques:* ein nicht fremder, d.h. ein ihm nur allzu vertrauter Ritter, dem er die für den Ritterstand erforderliche Geldsumme (den Ritterzensus) zur Verfügung gestellt hatte; vgl. auch XIV 122,2: *felix cui comes est non alienus eques*.

19,11 »Here the patron received the *selibra in ligulis*, but only passes on one of the spoons to the client« (Howell); zu ausgebliebenen bzw. mangelhaften *Saturnalien*geschenken vgl. IV 88 und VII 53, bes. v.11–12: »Wieviel bequemer und ohne jede Mühe hätte mir statt dessen fünf Pfund Silbergeschirr ein junger Sklave bringen können!«

19,12 Das überlieferte †*flammaris*† *ve togae* ist unverständlich; wir übernehmen die geniale Konjektur von Housman: *damnatisve togae*, d.h. Personen, die dazu verurteilt sind, die Toga zu tragen, nämlich als (arme) Klienten. – *scripulum:* das Skrupel oder 1/24 der Unze = 1,137 g.

19,14 *aureus* (Das Diminutiv *aureolus* ist aus metrischen Gründen gewählt.): der von Caesar eingeführte Golddenar im Werte von 25 Denaren = 100 Sesterzen; *mit Goldstückchen klimpert:* zum Bild vgl. XII 36,3: *aureolos manu crepantis*.

19,17 Zu Domitians Vorliebe für den Namen *Germanicus* vgl. zu 2,7. – *naso:* die Nase als Organ des Spottes wie I 3,6: *nasum rhinocerotis*.

20,1 Das Gedicht ist Iulius *Martialis*, einem der engsten Freunde von Martial, gewidmet; vgl. I 15; Übersetzung im Anschluß an Heilmann 1984, S. 57.

20,6 Zum *Forum*, dem Mittelpunkt aller öffentlichen Tätigkeiten, mußten die Klienten ihren Patron begleiten, der seinen Auftritt zur Demonstration seines Ranges nutzte.

20,7 *Ahnenbildern:* Mit den Wachsmasken der Vorfahren war das Atrium wohlhabender Römer dekoriert.

20,9 Die von Agrippa für die Speisung seiner Thermen im Marsfeld nach Rom geführte *Aqua Virgo*, die eine Jungfrau entdeckt haben soll, mit sehr kühlem Wasser, worin man auch badete und die heute wohl die Fontana Trevi bildet; vgl. auch XI 47,6: *gelida Virgine*.

20,12 *soles effugere atque abire sentit* ist Reminiszenz von Catull 5,4: *soles occcidere et redire possunt*.

21,1 *Regulus:* ein sehr reicher Gönner Martials, den dieser häufig nennt; vgl. zu I 12. – *Quintum pro Decimo, pro Crasso ... Macrum:* Der Witz liegt neben den sprechenden Namen: fünf / zehn bzw. mager / fett – in beiden Fällen erfolgt eine ›Verkleinerung‹ des Angesprochenen – in dem Seitenhieb auf Apollodotus (»Gabe Apollons«), der sich durch seine extreme Vergeßlichkeit als Rhetor disqualifiziert; vgl. 54.

21,2 Die Anrede mit Namen beim *Grüßen* verschaffte Beliebtheit, die sich bei Wahlen auszahlte; daher hielten sich wohlhabende Römer einen *nomenculator*, der den entsprechenden Namen vorsagte.

22,1 *volui:* als Freund; *merui:* aufgrund seiner Klientendienste.

22,2 Der *Esquilin* ist der größte der sieben Hügel, im Norden Roms gelegen, bereits außerhalb der Servianischen Mauer; *noch weiter entfernt sein:* d.h. so weit entfernt, daß es äußerst schwer fallen würde, in der Frühe die Anstrengung eines Besuches auf sich zu nehmen.

22,3 Der *Tiburtinische Pfeiler* ist ein nur hier erwähntes Monument.

22,4 Der Tempel der *Flora* und das *Capitolium Vetus*, ein Jupiter, Juno und Minerva geweihter Tempel, standen auf dem Quirinal, wo auch Martial damals zur Miete wohnte.

22,5 *Subura* (vgl. auch zu II 17,1–3): ein sehr belebtes, aber auch verrufenes Stadtviertel in der Senke zwischen Quirinal, Viminal und Esquilin; die *alta semita*, der »Hohe Steig«, führt von der Subura zum Esquilin hinauf.

22,6 *die schmutzigen Steine:* Das Straßenpflaster ist naß und glitschig weniger durch Regen als durch Ausschütten von Schmutzwasser aus Läden und Wohnungen.

22,7–8 Zu den Unannehmlichkeiten eines Fußgängers in Rom vgl. Horaz, Epistulae II 2,70–76.

22,14 *Wenn du nicht noch schläfst:* d.h. nicht mehr zu Hause bist. – Zur Lossagung von einem *Patron* vgl. auch I 112,1: »Als ich dich noch nicht kannte, nannte ich dich ›Herr‹ und ›Gebieter‹.«

23,1 Um nach der Verschärfung des Gesetzes als Ritter zu gelten, trug *Bassus* nunmehr statt grüner nur noch purpur- oder scharlachrote Gewänder.

23,3 Domitian hatte sich 85 zum *Zensor* auf Lebenszeit ernennen lassen. Die von ihm neu eingeschärfte *lex Roscia theatralis* ließ die alte Platzordnung *wiedererstehen;* vgl. 8 und die Anmerkungen dazu.

23,4 *weniger dubiose Ritter* als Bassus einer ist. – Zu *Oceanus* (dem Theateraufseher oder *Platzanweiser*) vgl. auch 8,10–12 und zu III 95,10.

23,5–6 Das Tragen von *Purpurgewändern* war ein Statussymbol; an zweiter Stelle kamen Kleider in *Scharlachrot;* Bassus täuscht damit einen Status vor, der ihm nicht zukommt.

23,7 *Vierhunderttausend* Sesterze betrug der Ritterzensus.

23,8 *Cordus* (in III 15,2 als *pauper* bezeichnet) wird II 57 und V 26 als Muster eleganter Kleidung angeführt. – Der Sinn der Pointe ist folgender: Wenn elegante Kleidung genügte, um im Theater als Ritter zu gelten, dann wäre Cordus der erste, der ein Pferd besäße, d.h., der ein Ritter wäre.

24,5–6 *Helius* und *Advolans:* Namen zweier sonst nicht bekannter Gladiatoren.

24,7 *Ohne zu verwunden,* siegt man durch Entwaffnung des Gegners.

24,8 Sinn: Da er unbesiegbar war, wurde er auch nie durch einen anderen Gladiator ersetzt.

24,9 *locarii:* Spekulanten, die bei Schauspielen Platzkarten zuvor aufkauften, um sie dann teuer zu verkaufen.

24,10 *Gladiatorenfrauen,* die von Hermes schwärmten und gleichzeitig für ihre Männer fürchteten.

24,12 Den *Dreizack des Meeres* trug Hermes als *retiarius;* der Netzfechter versuchte, über den Gegner ein Netz zu werfen und ihn mit einem Dreizack zu töten.

24,13 *mit herabhängendem Helmbusch:* Bedeutung von *languida* unsicher.

24,15 *alles allein und dreimal einer* entsprechend den drei Kampfesarten eines Gladiators: als *veles* (Leichtbewaffneter), als *retiarius* (Netzkämpfer mit Dreizack) und als *Samnis,* Schwerbewaffneter mit der *cassis,* dem Metallhelm; *Hermes ter unus* klingt wie eine (parodierte) Kultformel; man ist an den ägyptischen *Hermes Trismegistus* (dreimal der Größte) erinnert, ein Titel, der allerdings erst im Corpus Hermeticum (3. Jh.) und bei Laktanz belegt ist.

25,1 *Vierhunderttausend* Sesterze: der Ritterzensus.

25,2 *Leïtus:* der *dissignator* oder Aufsichtsbeamte im Theater; vgl. zu 8,12.

25,4 *Öffnet etwa ein Freund ... seine Geldkiste,* spendet also so viel, wie dem andern zum Ritterzensus noch fehlt.

25,6 *Wer lehnt es ab, vollständig zu den Wassern des Styx zu gelangen:* d.h., wer möchte nicht, daß etwas seinen Tod überdauert, z.B. dadurch, daß der Dichter ihn als Wohltäter preist.

25,7-8 *Safran*essenz wurde in Theater und Zirkus gern als Duftspender ausgesprengt; vgl. liber spectaculorum zu 3,8; solche Sprengungen waren sehr kostspielig. Daß es weitaus besser sei, arme Freunde finanziell zu fördern, um ihnen den Ritterstatus zu ermöglichen, als sich an den Ausgaben für aufwendige Spektakel zu beteiligen, ist auch Thema von IV 67.

25,10 Wagenlenkern im Zirkus wie dem berühmten *Scorpus* wurden nicht selten vergoldete Bronzebüsten gesetzt.

25,11-12 Das ist natürlich ›ein Wink mit dem Zaunpfahl‹: Durch ein Geldgeschenk könnte der Name des Gönners und damit sein *Ruhm* in den Epigrammen verewigt werden.

26 ist die scherzhafte Fortsetzung von II 57; *kürzlich:* Buch II wurde drei oder vier Jahre vor Buch V veröffentlicht.

26,4 *Träger der Toga* impliziert Klientenstatus.

27,2 *das andere hast du mit dem Volk gemein:* vom Vermögen her; es fehlt also die ›formale‹ Qualifikation zum Ritter; Shackleton Bailey nimmt (nach Schneidewin) im Anschluß an die ersten beiden Verse eine Lücke an.

27,3 Zu den *vierzehn Reihen*, die den Rittern im Theater vorbehalten waren, vgl. zu 8,1–2.

27,4 Zu *Oceanus*, dem *Platzanweiser* im Theater, vgl. III 95,10, außerdem Leïtus in V 8,12.

28,2 *Aulus* Pudens: ein mehrfach erwähnter Freund Martials, Zenturio und Päderast (vgl. u.a. I 31).

28,3 *Curvios* nach Friedländer für überliefertes Curios.

28,3–6 Die Brüder Domitius Tullus und Domitius Lucanus führten auch das Gentiliz *Curvius* - *Nerva:* der spätere Kaiser, dem Martial vom 8. Buch an öfters huldigt. – *Ruso:* wohl P. Calvisius *Ruso* Julius Frontinus, *consul suffectus* 79. – *Macer:* wohl identisch mit dem X 18 genannten *curator Viae Appiae.* – Iunius *Mauricus:* ein Senator, dessen Charakterstärke und Mut Plinius, Epistulae IV 22, lobte; 93 von Domitian verbannt, kehrte er nach dem Tod des Herrschers nach Rom zurück. – M' Aquilius *Regulus:* reicher Gönner Martials (vgl. u.a. zu I 12,8), bekannter Jurist und Redner. – *Paulus:* nicht bestimmbar.

29,2 Volkstümliche, abergläubische Vorstellung; Plinius schreibt Naturalis historia XXVIII 260, daß der Hase nach dem Volksglauben dem Körper Anmut für neun Tage verleihe. Angeregt sein dürfte diese Vorstellung von der Ähnlichkeit der Wörter: *lepus* (Hase) – *lepos* (Anmut, Charme); auch als Kosewort findet *lepus* Verwendung.

29,3 *lux mea* als Bezeichnung für ein geliebtes Wesen seit Plautus.

30,1 *Varro:* ein sonst nirgends erwähnter Dichter von Tragödien, Liedern, Mimen und Epigrammen; *cothurnus* heißt der Bühnenschuh des tragischen Schauspielers; vgl. III 20,7: *cothurnis ... Sophocleis.*

30,2 *im Lied zur kalabrischen Lyra:* die Lyrik des Horaz, der aus dem apulischen Städtchen Venusia stammt; Martial bezeichnet ihn irrtümlich als Kalabrier; er hatte dabei vielleicht die *Calabrae Pierides* im Ohr, »die Musen, die aus Kalabrien stammen«, womit Horaz (Carmina IV 8,20) aber den Dichter Ennius aus Rudiae in Kalabrien meint.

30,3–4 Von dem witzigen Mimendichter *Catull* (Zeit Caligulas) erwähnt Juvenal VIII 186 das »lärmige Gespenst« (*clamosum … phasma*) und XIII 111 einen entlaufenen Schelm (*fugitivus scurra*). – Elegien gelten als besonders sorgfältig und kunstvoll elaboriert.

30,5 *im rauchigen Dezember:* Das Bild ist entlehnt von Ovid, Tristien II 491: *talia luduntur fumoso mense Decembri*: »derart Spiele betreibt man beim Rauch des Kamins im Dezember«.

30,6 *im passenden Monat:* Der Dezember ist der Monat der Ausgelassenheit an den Saturnalien, die vom 17. Dezember an über mehrere Tage gefeiert wurden.

30,8 Das *Spielen mit Nüssen* wird von Martial mehrfach erwähnt.

31,1 *Aspice* zieht den Leser in das Geschehen hinein, als wäre er selbst im Amphitheater.

31,7 Shackleton Bailey (»neither is the rider nervous«) und zuletzt Howell (»The one who is carried has no fear«) lesen *trepidat* und verstehen *gestus* als Part. Perf. Pass.

31,8 *unbekümmert der Knabe – und ängstlich das Tier:* Das *Tier* wird so dargestellt, als fieberte es bei den Kunststücken mit.

32,1–2 Die *lex Falcidia* (40 v. Chr.) verpflichtete dazu, wenigstens den vierten Teil des Vermögens dem nächsten Familienangehörigen zu vererben; *sich selbst:* d.h., er hat sein Vermögen zu Lebzeiten durchgebracht.

34 *Erotion:* kindliche Lieblingssklavin oder Freigelassene des Dichters (sein illegitimes Kind? Shackleton Bailey überlegt: »Was Erotion a memory from Martial's young days in Bilbilis?«). Grabinschrift in Form einer Empfehlung an die Seelen seiner Eltern, (Valerius) Fronto und Flaccilla, in der Unterwelt – oder sollten es die verstorbenen Eltern der Erotion sein? Dagegen spricht wohl die Bezeichnung *patroni*, die bezüglich der eigenen Eltern unangebracht wäre (vgl. Howell). Martial hat Erotion noch zwei weitere Epigramme gewidmet: 37 und X 61.

34,4 *Höllenhund:* Zerberus stellte man sich gewöhnlich mit drei Köpfen vor; Hesiod gab ihm deren fünf, Pindar hundert.

35,1-2 *in scharlachrotem Gewand:* Anders als mit der ›normierten‹ Toga konnte mit der von *Euclides* hier getragenen *lacerna* als Statussymbol das eigene Selbstwertgefühl demonstriert werden. – *Patrae:* die heutige Hafenstadt Patras in Achaia, der nördlichsten Landschaft der Peleponnes – Zu *ducena* ergänze: *milia sestertium annua* (Jahreseinkünfte).

35,4 *seinen langen Stammbaum von der schönen Leda herleitete:* und damit – in impliziter Komik – von einem der beiden Eier, die *Leda* nach der Vereinigung mit Zeus legte.

35,5 *Leïtus:* Aufsichtsbeamter im Theater; vgl. zu 8,12.

35,8 Der angebliche Ritter verriet sich durch den *Schlüssel*: Herren von Stand trugen ihren Hausschlüssel nicht bei sich, sondern ließen ihn in der Obhut eines Sklaven.

36,1-2 *Faustinus:* Gönner und Freund Martials. – *Hereingelegt hat er mich:* Das epigrammatische Ich reagiert so, als ob das Kompliment Teil eines Gentleman agreement wäre, wofür der Dichter eine entsprechende Belohnung erwartet; die gleiche Schlußpointe IV 40,10: *Postumus inposuit.*

37 *Erotion:* vgl. zu 34.

37,1 Zum *Gesang der Schwäne* vgl. das Distichon XIII 77.

37,2 Man glaubte, daß die feine Wolle von Tarentum (heute Taranto) in Kalabrien (jetzt Apulien) ihre Qualität durch das reine Wasser des Flusses *Galaesus* erhielt; der Spartaner *Phalant(h)us* ist der sagenhafte Gründer der Stadt.

37,3 Der *Lukrinersee* in der Nähe des Seebades Bajae in Kampanien war berühmt für seine Austern.

37,4 Das *mare Erythraeum* reicht von der Südküste Arabiens bis nach Indien, wozu auch der persische und der arabische Meerbusen gehören (*Erythraeus* daher u.a. auch = *Indicus*); Izaacs Übersetzung: »les perles des mers d'Orient« ist ›atmosphärisch‹ die beste.

37,5 *Pecus Indica* (»indisches Herdentier«): gemeint ist natürlich der Elefant.

37,7 *Baetis:* der südspanische Fluß Guadalquivir; die Wolle von dort war sehr geschätzt.

37,8 *die Zöpfe vom Rhein:* Anspielung auf die Haartracht der Germanen; vgl. liber spectaculorum 3,9: *crinibus in nodum torti venere Sygambri,* und Tacitus, Germania 38 von den Sueben: »Kennzeichen des Volkes ist es, das Haar quer zu kämmen und in einem Knoten zusammenzufassen.«

37,9 Die Stadt *Paestum* in Lukanien, wegen der zweimal blühenden Rosen berühmt; vgl. u.a. IV 42,10.

37,10 *Attikas Waben* vom Hymettus, dessen Honig von höchster Qualität war.

37,11 Die Wärme der *Hand* sollte den *Bernstein* wohlduftend machen.

37,13 Anspielung auf den Wundervogel *Phönix*, der nach der Sage aus seiner Asche neu geboren wird, daher auch *frequens*, also *nicht einmalig* ist; vgl. 7,1-2.

37,18 Shackleton Bailey gibt zu bedenken: »*Paetus* ist obviously a figment and Erotion could be one« – letzteres wohl kaum.

37,18-24 *mein Paetus ... Erbte zwanzig Millionen – und lebt doch weiter:* Der Schlußgedanke, der uns zunächst deplaziert erscheint, will das Besondere dieses anmutigen Mädchens und die Vergegenwärtigung erfahrenen Glücks kontrastiv und pointiert verdeutlichen (Heilmann 1984, S. 59-61).

38,3 σῦκα μερίζει: sprichwörtlich; Feigen zu teilen ist schwierig und unhandlich und entwertet die Früchte.

38,4 Martial spielt mit den Worten ›Pferd‹, ›Reiter‹, ›Ritter‹.

38,6 *ein Kastor wärest du dann:* nämlich ein Ritter: von den Söhnen der Leda, Kastor und *Pollux*, gilt Kastor als Reiter, Pollux als Faustkämpfer.

38,7 Wegen der Höhe des Ritterzensus kann nur *einer* von den beiden Ritter sein. – *zu zweit sitzen:* nämlich auf dem Pferd des Ritters und auf einem Ritter-Sitz im Theater.

38,8 *Soloecismus* (σολοικισμός) ist jeder grobe Verstoß gegen die Sprachregeln (Die Einwohner der Stadt Soloi in Kilikien sollen ein besonders fehlerhaftes Griechisch gesprochen haben.). Der grammatische Fehler unserer Stelle besteht in der Verbindung eines Subjekts im Singular: *unus* mit dem pluralen Prädikat: *sitis* und des pluralen Subjekts: *duo* mit einem Prädikat in der 2. Person Singular: *sedebis*. – Seit Lindsay liest man *sedebis* (Konjektur von Markland für überliefertes *seditis*), Gilbert schrieb in der Teubneriana von 1896 *sedetis*.

38,10 *alternis ... sede:* so wie Kastor und Pollux, die *abwechselnd* im Himmel und im Totenreich lebten.

39,2 *weil du dein Testament ebensooft versiegeltest:* ein Kunstgriff zur Anlockung von Erbschleichern, die daraufhin dem Verfasser des Testaments Geschenke machten und doch nie zum Zuge kommen sollten.

39,3 *Hybla:* ein Berg auf Sizilien, reich an Bienenkräutern; der *Kuchen* ist neben Honig aus Mehl, Grieß, Wasser, Öl und Schafskäse gemacht, gebacken wurde er auf Lorbeerblättern (Cato, De agricultura 76).

39,8-9 So wie *Krösus* den Superreichen repräsentiert, so ist die Gestalt des Bettlers *Irus* aus Ithaka im 18. Gesang der Odyssee der Typus des Armen; vgl. auch VI 77,1 und XII 32,9.

39,10 *conchis* (Bohne in der Schale): ein billiges Gericht; vgl. Juvenal III 293: *cuius conche tumes?* »von wessen Bohnen bist du gebläht?«

40,1-2 Anspielung auf den Schönheitswettstreit der drei Göttinnen und das Paris-Urteil wie I 102; *Minerva* ist Patronin der Künstler – und eifersüchtig, wenn *Venus* gemalt wird.

41,2 *der Buhlknabe von Celaenae:* Attis, der Geliebte der Kybele, die auch die phrygische Mutter hieß; Celaenae: eine Stadt in Phrygien, daher *Celaenaeus* = phrygisch.

41,3 *Matris entheae:* »of the divinely inspiring mother«, so Howell, nach welchem *entheus* hier im aktiven Sinn gebraucht ist; *Galli* hießen die kastrierten Priester des ekstatischen Kybele-Kultes. Während ihrer Prozessionen benutzten sie Trompeten, Hörner, Pauken und Becken und sangen Hymnen.

41,4 *edicta:* die von Domitian neu eingeschärfte *lex Roscia theatralis*; vgl. zu 8,1-2.

41,5 Lauter Kennzeichen des Ritterstandes: die *trabea*, eine festliche Toga mit breitem, balkenartigem Purpurstreifen, welche die Ritter bei der transvectio anlegten, wenn sie alle fünf Jahre in feierlichem Aufzug am 15. Juli (den *Iden*) vor dem Zensor vorüberzogen; dabei trugen sie wohl goldene Spangen (*fibulae*), die ihnen vielleicht als ›Abzeichen‹ für Verdienste im Heer verliehen worden waren (Howell), um den Mantel in Schulterhöhe zu befestigen.

41,6 *mit deiner glattpolierten Hand: pumicatus* von Weichlingen und geckenhaften Männern gebraucht, die sich die Haut mit Bimsstein glatt und glänzend machten (*homo pumicatus*: Plinius, Epistulae II 11,23).

41,7 *Ritterbänke:* die vierzehn für die Ritter reservierten Sitzreihen.

41,8 Augustus hatte für verheiratete Männer aus der Plebs im Theater spezielle Sitze reserviert (Sueton, Augustus 44,2: *Maritis e plebe proprios ordines assignavit*), um einen Anreiz für die in diesem Stand selten gewordenen regulären Heiraten zu geben (Howell); Martial gibt zu verstehen, daß Didymus kein richtiger Mann (mehr) ist.

44,1 *Quid factum est, rogo, quid repente factum est:* derselbe Vers in VII 86,3, wo das epigrammatische Ich sich seinerseits beklagt, nicht wie üblich eine Einladung zu einer Geburtstagsparty erhalten zu haben.

44,2 *Dento:* Spiel mit *dens:* »einer, der gern etwas zwischen den Zähnen hat«.

44,5 Die *Thermen* waren ein geeigneter Ort für Einladungen, da man vor dem Essen gern badete. – Es muß sich nicht um eine Aufführung handeln, man wandelte auch sonst gerne in den Portiken, die zu den *Theatern* gehörten.

44,6 *in allen Bedürfnisanstalten: conclavibus* wohl Euphemismus wie in XI 77: *In omnibus Vacerra quod conclavibus / consumit horas et die toto sedet* – im Zusammenhang mit Thermen und Theatern ein bewußt komischer Niveauabfall (Howell).

44,10 *popina* (Garküche): beleidigender Ausdruck für die momentan von Dento bevorzugte Tafel, da die *popina* nicht gerade Essen für Feinschmecker ausgab.

45 *Bassa* (sprechender Name): die Dicke.

46,1 *Basia ... luctantia carpsi:* vgl. Ovid, Metamorphosen IV 358: *luctantiaque oscula carpit*; von Martial auch in IV 22,7–8 imitiert: *luctantia carpsi / basia.*

46,3 Martials kindlicher Sklave *Diadumenos* (vgl. III 65 und VI 34) trägt den Namen einer berühmten Statue des Polyklet.

48,1 *Quid non cogit amor:* Vergilzitat: Äneis IV 412: *inprobe Amor, quid non mortalia pectora cogis!*

48,1-2 Das Haaropfer signalisiert das Ende der Kindheit; vgl. I 31.

48,3 Der Zenturio und Päderast Aulus *Pudens* ist ein mehrfach erwähnter Freund Martials.

48,3-4 Der Sonnengott Helios gestattete seinem Sohn *Phaëthon* auf dessen Drängen hin, den Sonnenwagen zu lenken.

48,5-6 *Hylas:* ein schöner Knabe, von Herkules geraubt und dessen Begleiter auf der Argonautenfahrt; bei der Landung in Mysien ging Hylas aus, um Wasser für das Mahl des Herkules zu schöpfen, und wurde dabei von den Quellnymphen in die Fluten hinabgezogen; *raptus* ist er also gleich zweimal. – Unter den Töchtern des Lykomedes versteckt, wird *Achilleus* von Odysseus entdeckt – zum Kummer seiner *Mutter* Thetis, die um seinen frühen Tod weiß.

48,7 *beeile du dich nicht:* komische Personifikation des Bartes.

48,8 *komme du, Bart, erst spät:* Nach Howell liegt eine amüsante Unlogik in der Forderung an den *Bart*, die Dankbarkeit seines Besitzers im Nichterscheinen – des Bartes – zu zeigen. Damit würde die Adoleszenz des schönen Knaben hinausgezögert werden, und er wäre weiterhin für seinen Herrn attraktiv.

49,3 *Deine Glatze hat mich zahlenmäßig getäuscht:* Über Kahlheit mokiert sich Martial auch VI 12 und 57 sowie X 83; das ist um so überraschender, da nach Sueton, Domitian 18,2, der glatzköpfige Kaiser schon beleidigt war, wenn man über die Kahlköpfigkeit anderer Witze machte.

49,4-5 *Hier hast du Haare, und da hast du Haare:* An diesen Stellen sind die Haare lang gewachsen wie bei einem *puer capillatus*.

49,10 *Mit drei Brotkörbchen:* Bei einem nächtlichen Fest am 1. Dezember (wohl im Jahr 88), wo der Kaiser das ganze Volk im Amphitheater bewirtete.

49,11 *Geryones:* ein dreileibiger Riese; Herkules tötete ihn und nahm ihm seine Rinder weg.

49,12-13 Die Säulenhalle des *Philippus* nahe beim Tempel des Herkules und der Musen, wo sich auch eine Herkulesstatue befand; die Portikus ist wahrscheinlich benannt nach Q. Marcius Philippus, *consul suffectus* im Jahr 38 v.Chr. – *Wenn dich Herkules sieht, bist du verloren:* Grotesk-witzige Übertreibung der Warnung, Herkules könnte Labienus als Geryones ansehen und entsprechend behandeln.

51,2 Stenographie war noch zu Diokletians Zeit Schulfach; ein *Stenograph* erscheint als Geschenk in XIV 208; *chorus levis* deutet auf erotische Attraktivität.

51,5 Neben Marcus *Tullius* Cicero und *Brutus* wohl der ältere *Cato*; alle drei werden hier wegen ihrer rhetorischen Fähigkeiten genannt, sind aber auch Beispiele römischer *virtus*.

51,6 *fidicula* (»die kleine Lyra«): hier ein Folterinstrument.

51,7 Über die Unsitte, einen Gruß nicht zu erwidern, beklagt sich Martial IV 83,3.

51,8 *Wenn du glaubst, ich erfinde das, dann wollen wir ihn grüßen:* Der Anwalt wird als sprachlich unbegabt abqualifiziert und ist daher trotz seiner Show für den Beruf völlig ungeeignet.

52,7-8 *auch die großartigsten Geschenke überleben nicht die Geschwätzigkeit ihres Spenders:* vgl. Senecas Prinzip, ausgesprochen in De beneficiis II 11,2: *Qui dedit beneficium taceat, narret qui accepit.*

53,1-2 Aufzählung episch-dramatischer Stoffe: Die *Kolchierin* (Kolchis: eine Landschaft zwischem Schwarzem Meer und Kaukasus) ist Medea; dem *Thyestes* wurden von seinem Bruder Atreus, dessen Frau er verführt hatte, die eigenen Kinder zum Mahle vorgesetzt; *Niobe* verlor all ihre Kinder, weil sie sich überheblich ihrer gerühmt hatte; *Andromache* ist die Gemahlin des Priamos-Sohnes Hektor; nach der Eroberung Trojas fällt sie in die Hand des Neoptolemos, Achilleus' Sohn.

53,3-4 *Deukalion* überlebte die große Flut, *Phaëthon* den Weltenbrand, den er bei seinem Absturz auslöste. Pointe: Deine literarischen Produkte gehören ins Wasser oder ins Feuer. Den Scherz, Bücher durchs Wasser aufweichen zu lassen, bietet Martial auch I 5; III 100; IX 58; XIV 196; Vorbild für V 53 ist Lukillios, Anthologia Palatina XI 214.

54,1 Es ist der *Rhetor* Apollodotus von V 21 gemeint.

55,4 Der trojanische Königssohn *Ganymed* wurde von Jupiter wegen seiner Schönheit begehrt, vom Adler des Gottes geraubt und zum Mundschenk des Göttervaters gemacht.

56,5 *Cicero* und Vergilius *Maro* als die anerkannten Vorbilder in lateinischer Prosa und Versrede.

56,6 *Tutilius:* ein damals bekannter Rhetor und Schriftsteller.

56,9 *citharoedus:* Er sang lyrische Dichtung und begleitete sich dabei auf der *cithara;* nach Sueton, Vespasian 19,1, bezahlte der Kaiser die *citharoedi* mit hohen Summen. – *choraules:* Flötist, der den Chor leitet.

56,11 *Auktionator* und *Architekt* waren zwar einträgliche Berufe (zum Auktionator als ›gute Partie‹ vgl. VI 8,5), doch war zumindest der Auktionator nicht sonderlich geachtet, da er mit viel Geschrei und wenig sensibel agieren mußte (über die geringe geistige Flexibilität eines Auktionators macht sich Martial in I 85 lustig). Den Architekten ›packt‹ Martial wohl zur Erheiterung sozusagen noch ›drauf‹ – mit komischem Effekt.

57,1-2 *Domine* konnte man unterwegs jeden anreden, auf dessen Namen man sich nicht besann oder den man nicht persönlich kannte, also wohl auch einen Sklaven. Statt *tuum (servum)* ergäbe *meum* eine hinterhältigere Nuance: »Favorite boy slaves were sometimes so adressed or refered to by their masters«, so Bailey, der aber gleichwohl *tuum* schreibt; vgl. auch XIII 69,2, wo *dominus* für den männlichen Liebling in einem homoërotischen Verhältnis steht.

58,1 Den Namen *Postumus* hat Martial sicher im Blick auf Horaz, Carmina II 14,1, gewählt: *Eheu fugaces, Postume, Postume, labuntur anni.*

58,4-5 *Parther* und *Armenier* sind Beispiele für Völker am Rande der Welt, *Priamos* und *Nestor* für sehr lange Lebenszeit.

59,1 An den Saturnalien, dem fünf- bzw. siebentägigen ausgelassenen Fest zu Ehren Saturns vom 17. Dezember an, schickte man sich gegenseitig Geschenke; vgl. auch das Gedicht IV 88.

59,2 Zu Lucius Arruntius *Stella* aus Padua, dem Gönner Martials, vgl. u.a. zu I 7.

59,3-4 *Wer große Geschenke macht, will auch große bekommen:* dasselbe Thema 18.

60,10 *das Hundefell benagen:* wohl sprichwörtlich.

61,5 Entweder schiebt er die *Ringe* an allen *Fingern* spielend hin und her, oder er läßt einen einzigen Ring nacheinander über alle Finger gleiten. – *levis anulus:* die eleganten Römer trugen Sommer- und Winterringe; Juvenal I 28: (Wenn Crispinus) »fächelnd mit schweißigen Fingern den goldenen Sommerring zeigt ...«

61,7 Als *procurator* (Vermögensverwalter) *besorgt* der Kraushaarige *die Geschäfte* der Frau, wodurch er Verfügungsgewalt über ihren Besitz hat (vgl. XII 49,2f.).

61,10 *Aufidius:* ein Rechtsanwalt, der sich auch als Ehebrecher einen Namen machte; vgl. Juvenal IX 25: »als Ehebrecher bekannter noch als Aufidius.«

61,11-12 *Latinus* (berühmter Schauspieler zur Zeit Domitians, vgl. I 4,5) spielte den Liebhaber, *Panniculus* den betrogenen und verprügelten Ehemann.

62,1 *in meinen Gärten:* Vielleicht meint Martial sein Nomentanum, das er gelegentlich (u. a. in VII 49,1) als *suburbanum* (stadtnah) bezeichnet.

62,4 *digitum tollere:* »einen Finger in die Höhe heben«, ist die Geste des verwundeten und um sein Leben anhaltenden Gladiators; das ärmlich ausgestattete Haus bittet also gleichsam seine Gäste um Gnade.

63,4 Zu *Regulus*, dem Juristen, berüchtigten Denuntianten, Dichter auch und Gönner Martials vgl. z. B. I 12.

63,6 *O nein, lieber dir:* Die Segenswünsche von Ponticus sind naiv und setzen voraus, daß das Lob in den Versen 3-4 aufrichtig war; in Wirklichkeit bedarf er und seine - minderwertige - Dichtung besonders dringend der göttlichen Hilfe.

64 Zum Thema Lebensgenuß und Todesgewißheit vgl. II 59; V 20 und 58.

64,1 Ein *sextans* oder 2 *cyathi* sind ca. $^1/_{12}$ Liter; der *Falerner* ist der oft erwähnte berühmte Wein von hellgelber Farbe vom Fuße des Mons Massicus in Kampanien; vgl. auch XIII 111.

64,3-4 Salben und Kränze sind die üblichen Ingredienzien eines Festmahles.

64,6 ›Götter‹ sind die Kaiser; man denke etwa an die Mausoleen von Caesar und Augustus.

65 Die Unterhaltung des Volkes durch Zirkusspiele war ein wichtiges Element der politischen Propaganda; durch den liber spectaculorum, der von den Shows im Kolosseum handelte, hatte sich Martial das Privileg des *ius trium liberorum* und den Ritterrang erworben.

ZUM FÜNFTEN BUCH 1259

65,1-2 Die *Stiefmutter* ist Juno/Hera, denn Herkules, der *Alkide* (als Enkel des Alkeus) ist der Sohn Jupiters und Alkmenes.

65,2-6 Aufzählung von Taten des Herkules: der *Schrecken Nemeas:* Nemeïscher Löwe; der *Arkadische* (Erymanthische) *Eber; Bestrafung des Ringers auf dem libyschen Kampfplatz:* des Riesen Antaios durch Überwindung im Ringkampf (*ceroma,* die Wachssalbe der Ringkämpfer, ist Metonymie für *luctator,* Ringer, *palaestra* für Ringkampf und Ringkunst) und des sizilischen Heroen *Eryx,* der als ein Sohn der Aphrodite galt; der räuberische Riese *Cacus,* Sohn des Vulcanus, raubte einen Teil der Rinder, die Herkules dem Geryones abgenommen hatte, indem er sie bei den Schwänzen rückwärts in seine Höhle zog.

65,10 Der *Maenalus* ist wie der Erymanthus ein Gebirszug in Arkadien.

65,11-12 *dem spanischen Hirten:* Geryones, der Riese mit den drei Leibern, wird in Spanien (in der Nähe von Cadiz) gedacht; Herkules tötete ihn und nahm ihm seine Rinder weg. – *pugna triplex pastoris Hiberi* ist Variation von Ovid, Metamorphosen IX 184-185: *pastoris Hiberi forma triplex.* – *est tibi qui possit vincere Geryonen:* Carpophorus; vgl. liber spectaculorum 15, 23 und 27.

65,13 Die neunköpfige Hydra von *Lerna* in der Argolis, die Herkules mit Feuerbränden tötete, weil aus jedem mit dem Schwert abgehauenen Kopf zwei neue hervorwuchsen.

65,14 *Niliacae ferae* sind die Krokodile.

65,15-16 Der *Alkide* Herkules starb in jungen Jahren; tödlich verwundet durch das Anlegen des mit dem Blut des Kentauren Nessos getränkten Gewandes, ließ er sich auf dem Berge Öta auf einem Scheiterhaufen verbrennen. – *sed tibi sero (caelum) dabunt:* Das impliziert Martials Wunsch, der Kaiser möge lange leben; vgl. denselben Wunsch für Augustus von Horaz, Carmina I 2,45: *serus in caelum redeas.* Der Vergleich Domitian/Herkules findet sich auch in IX 64, 65 und 101.

66,2 *Vale* ist auch der letzte Gruß an den Toten (*farewell for ever*): Mit *aeternumque vale* richtet sich Äneas ein letztes Mal an den toten Pallas (Vergil, Äneis XI 98).

67,2 Die *attischen Vögel* sind die Schwalben, so genannt nach der in eine Schwalbe verwandelten Athenerin Prokne.

67,5–6 Das Gedicht nimmt Bezug auf die Sage von Tereus, Prokne und Philomele. Die athenische Königstochter Prokne (Schwalbe) war mit Tereus, dem König von Thrakien, verheiratet, ihr gemeinsamer Sohn war *Itys*. Tereus vergewaltigte seine Schwägerin Philomele, danach riß er ihr die Zunge heraus, um seine Tat zu verheimlichen. Trotzdem gelang es Philomele, ihrer Schwester das Verbrechen mitzuteilen. Die Schwestern töteten daraufhin Itys und setzten ihn dem Vater zum Mahle vor. Tereus entdeckte die grausige Vergeltungstat und verfolgte die beiden. Doch bevor er sie erreicht hatte, verwandelte Zeus alle in Vögel: Tereus in einen Wiedehopf, Philomele in eine Schwalbe und Prokne in eine Nachtigall, die um ihren toten Itys klagt; vgl. dazu Ovid, Metamorphosen VI 426–674.

68,1–2 Die Römer bewunderten *blondes Haar;* sogar bei Dido betont Vergil, Äneis IV 590: *flaventis comas*. Wenn eine Römerin eine Perücke tragen wollte, besorgte sie sich eine blonde (vgl. auch Ovid, Amores I 14,45 f.). Lesbia tat wahrscheinlich mit ihrem natürlichen Haar zu viel des guten, indem sie es exzessiv hellblond färbte. Wie künstlich dies wirke, soll ihr die zugeschickte blonde Perücke verdeutlichen.

69,1 Auch III 66 wird *Antonius* als Mörder Ciceros mit *Pothinus* verglichen, einem Eunuchen des Königs Ptolemäus von Ägypten, der Pompejus ermordet hatte. – *Pharius:* ägyptisch.

69,2 *weniger schuldig machtest du dich durch die Proskriptionslisten:* Hinweis auf die Proskriptionen des 2. Triumvirats (Octavianus, Antonius, Lepidus) im Jahre 43 v. Ch. nach Sullas Vorbild. – Als Konsul hatte *Cicero* im Jahr 63 die Verschwörung Catilinas unterdrückt; von den Triumvirn geächtet, wurde er im Auftrag des Antonius, gegen den er seine »Philippischen Reden« gehalten hatte, im Dezember 43 auf der Flucht ermordet.

69,3 *gegen den Mund von Rom (Romana ... in ora):* vgl. III 66,4: *hoc tibi, Roma, caput, cum loquereris, erat*.

69,4 Gegen *Catilina*, der einen Staatsstreich geplant hatte, war Cicero als Konsul vorgegangen.

69,5 *Ein ehrloser Soldat:* Zusammen mit dem Tribunen C. Poppilius

Laenas hatte der Zenturio Herennius Cicero getötet und das auf dessen Kopf ausgesetzte Geld erhalten.

70,2 *zehn Millionen: centies (centena milia sesterium).*

70,3 Diminutivform des Adj. *sellarius* nur hier; das Wort konnotiert auch die Anrüchigkeit des bestuhlten Etablissements: *sellariae* sind Prostituierte, die ihre Reize auf ›Barhockern‹ zur Schau stellen.

70,4 Die *vier Thermen*, benannt nach Fortunatus, Faustus, Gryllus und Lupus; vgl. dazu II 14,11–12.

70,6 In den Garküchen (*popinae*) saß man auf Stühlen, während die feinen Leute in Gasthäusern, die mit *triclinia* ausgestattet waren, auf Sofas liegend speisten.

71,1 Welches *Trebula* gemeint ist – von den fünf in Italien vorkommenden – ist unsicher; am ehesten kommt Trebula Suffenas im Sabinerland in Frage (vgl. Howell); *summittit valles* meint je nach der Perspektive, die der Betrachter einnimmt: »dips her chilly vales« (Shackleton Bailey) oder »domine de fraîches vallées« (Izaac).

71,2 *in den Monaten unter dem Krebs:* Juni und Juli.

71,3–5 Die Sternbilder Krebs und *Löwe* bezeichnen die Sommerzeit; *Cleonae* liegt südlich von Nemea; der *Löwe von Cleonae* ist der Nemeïsche, der, von Herkules erlegt, an den Himmel versetzt wurde; vgl. auch IV 60,2. – *Äolus:* Gott der Winde. – *Notus:* eigentlich der Regen bringende, doch warme Südwind, der gleichwohl für etwas Abkühlung sorgt. »Here it may stand for wind in general, or perhaps actually for the North Wind (Aquilo or Boreas)«, so Shackleton Bailey unter Verweis auf Vergil, Äneis I 575. – *Faustinus:* oft genannter, reicher Patron Martials; vgl. u.a. I 25 die Mahnung an ihn, seine Bücher endlich zu publizieren.

71,5–6 Pointe: Wer in den genannten kalten Tälern den Sommer verbracht hat, dem wird *Tibur* (Tivoli), die Sommerfrische der Römer an den Wasserfällen des Anio, vergleichsweise warm genug für einen Winterurlaub vorkommen.

72,1–2 Dionysos / *Bacchus* wurde von *Semele*, der thebanischen Königstochter und Geliebten des Zeus, nicht bis zur Geburt ausgetragen: Da sie beim Anblick des Gottes in dessen Lichtglanz verbrannte, nähte

Zeus den noch unreifen Fötus in seinen Schenkel ein; insofern kann Jupiter geradezu als ›Mutter‹ des Bacchus gelten, der das Kind der Semele austrug.

74,1-2 Von den Söhnen des *Pompejus* fiel Gnaeus 45 v.Chr. bei Munda (in der Nähe des heutigen Cordoba), Sextus durch die Soldaten des Antonius bei Milet, während der Triumvir Pompejus bei seiner Landung in Ägypten 48 v.Chr. durch Mörderhand starb; was aus seinem Leichnam wurde, ist nicht bekannt.

74,3 *wenn er in der ganzen Welt verstreut ist:* nämlich Pompejus und seine Söhne, die sozusagen ein Teil ihres Vaters sind.

74,4 *tanta ruina* impliziert den Untergang einer ganzen Epoche, nämlich der römischen Republik.

75,1-2 Das Epigramm bezieht sich entweder auf die *lex Iulia de maritandis ordinibus* (gegen die Ehelosigkeit) oder auf die *lex Iulia de adulteriis*; vermutlich ein Wortspiel mit *legis causa* und *legitimam* (vgl. Ovid, Ars amatoria II 545: *legitima uxore*). Vielleicht hat Laelia nur *legis causa* den Quintus geheiratet, um eine Gesetzesbestimmung einzuhalten, vielleicht hatten aber auch beide Partner eine ehebrecherische Beziehung, die sie nach der Scheidung nun ›legalisierten‹.

76,1 *Mithridates* (120-63 v.Chr.): König von Pontos am Schwarzen Meer, ein langjähriger Feind der Römer; in den drei Mithridatischen Kriegen (88-63) scheiterte er schließlich trotz zahlreicher militärischer Zwischenerfolge; da er, durch Gegengifte immunisiert, sich nicht mehr vergiften konnte, stürzte er sich in sein Schwert.

77,2 *Öl im Ohr* bewirkt schiefe Kopfhaltung; nach Erasmus (*Adagiorum Chilias Prima* 463) wurde Öl aus medizinischen Gründen ins Ohr geträufelt; das Bild geht entweder auf jemanden, der nicht zuhören will, oder es drückt aus, daß jemand ein arger Schmeichler sei (*avoir une oreille complaisante*: Izaak), in welchem Falle man aber wohl *in auriculam* erwarten würde (Howell).

78,1 *domicenium:* nur bei Martial anzutreffendes Wort, das nochmals in XII 77,6 verwendet wird.

78,2 *Toranius:* ein Freund Martials; vgl. den Anfang von Buch IX: *mi Torani, frater carissime.*

ZUM FÜNFTEN BUCH 1263

78,3 προπίνειν sagt man vom *mulsum* (Honigwein); man trank ihn mit den Hors-d'œuvres (*promulsis* oder *gustus*) vor der eigentlichen Mahlzeit, deren Beschreibung dann Zeile 6 beginnt.

78,4 *Cappadocae:* zu den verschiedenen Sorten von *lactucae* (*purpureas, crispas, Cappadocias, Graecas* u.a.) vgl. Plinius, Naturalis historia XIX 126.

78,6 *ustis:* Shackleton Bailey schreibt *unctis* (Konjektur von Lipsius u. Heinsius) von öligen Fingern.

78,7 *coliculus virens:* Winterkohl (vielleicht eine Art Broccoli) »in Salpeter gekocht, so daß er eine hellgrüne Farbe bekommt« (Friedländer); *nigra patella:* billige schwarze Tonware.

78,13 *Syrische Birnen* waren besonders geschätzt.

78,14-15 Vorzügliche *Kastanien* kamen aus *Neapel* und Tarent; Neapel heißt *docta* als griechische Gründung und kulturelles Zentrum.

78,19-20 Das *Picenum*, eine Landschaft an der Adria mit dem Zentrum Ancona, war durch seine *Oliven* bekannt.

78,24 *mit deinem eigenen Gesicht:* weil du dich nicht zu verstellen brauchst; die Zusicherung auf ein offenes Gespräch ohne spätere Nachteile für die Anwesenden ist Topos, der zu einer Einladung gehört (vgl. X 48,21-22). Seneca, De beneficiis III 26 und 27, berichtet von den Risiken, die freimütig geäußerte Worte unter Alkoholeinfluß haben können.

78,25 *weder wird der Hausherr einen dicken Wälzer vorlesen:* Rezitationen bei Gastmählern scheinen in Rom nicht selten, wenn auch nicht gerade beliebt gewesen zu sein. In XI 52,16 verspricht Martial einem literarischen Freund, er werde ihm nichts vorlesen, wohingegen diesem das Rezitieren erlaubt sei; in III 45 und 50 attackiert er den Dichter Ligurinus, der nur zum Essen einlade, um seine Gedichte an den Mann bringen zu können.

78,26-28 Die bei üppigen Gastmählern auftretenden Tänzerinnen sind, so möchte das epigrammatische Ich nahelegen, wegen ihrer erotisierenden Wirkung nicht günstig für die Verdauung; vgl. Juvenal XI 162-164: »Vielleicht erwartest du, daß in harmonischem Chor Mädchen Gaditanische Lieder aufreizend anstimmen und, durch Beifallklatschen belobigt, mit vibrierendem Hintern zur Erde sinken.«

78,30 *Condylus* (mittlerer Gelenkknochen am Finger, aber auch Gelenk des Rohrs und daher metonymisch für Rohrpfeife): ein Sklavenname wie in IX 92,2.

78,31-32 Pointe nicht ganz klar; Sitzordnung: die von Toranius erst noch zu treffende ›Damen-Wahl‹, Martial, Claudia (Martials Partnerin), Toranius.

79,6 *ein einziges Hausgewand produziert große Kälte:* Weil das poetische Ich keine andere *synthesis* hat, kann es auch nicht unter dem Vorwand zu transpirieren ständig die Garderobe wechseln; Gegenüberstellung von zur Schau gestelltem Reichtum und bitterer Armut mit verkappter Bitte um Abhilfe.

80,2 Wohl Silius *Severus*, der Sohn des Dichters Silius Italicus; vgl. II 6,3 und V 11,2.

80,7 Entweder Caecilius *Secundus* (vgl. VII 84,1) oder aber der jüngere Plinius, C. Plinius Caecilius *Secundus*.

80,10-11 *sieht nicht den rastlosen Marmorblock des erschöpften Sisyphus vor sich:* d.h. Martials Leistung wird nicht so vergeblich sein wie die nutzlose Bemühung des Sisyphus um seinen Fels.

83,1 Anspielung auf Ovid, Amores II 19,36: *Quod sequitur, fugio; quod fugit, ipse sequor.*

84,1-2 *Schon ... wird* (der Knabe) *vom brüllenden Lehrer zurückgerufen:* Während der Saturnalien war schulfrei; über Spiele mit *Nüssen* vgl. IV 66,16: *der riskanteste Wurf waren nur ein paar Nüsse*, und das Distichon XIV 19.

84,5 Nur an den Saturnalien war das Würfelspiel offiziell erlaubt; der *Ädil* repräsentiert die Polizeigewalt.

84,10-11 *euer Saturnalien-Fest:* Am 1. März (gleichzeitig Martials Geburtstag) feierten die Frauen zu Ehren der Juno Lucina die Matronalia; an diesem Tag wurden sie auch beschenkt.

SECHSTES BUCH

1,2 *mein Martialis, der mir lieb vor allen andern ist:* Julius Martialis, der öfter erwähnte engste Freund des Dichters; vgl. u.a. den Preis seines Landguts auf dem Janiculum IV 64.

1,3 *aure diligenti:* unter Beachtung des akustischen Wohllauts beim Vorlesen, aber auch der Publikationsbedingungen im Prinzipat.

1,5 *Caesar:* Domitian.

2,3 *Beides verbietest du:* Domitian erneuerte die *lex Iulia de maritandis ordinibus* sowie das Gesetz gegen den Ehebruch, die *lex Iulia de adulteriis coercendis*; letztere wird in Buch VI an mehreren Stellen erwähnt (4; 7; 22; 45; 91); bereits Augustus hatte durch seine Ehegesetze die Selbstjustiz, z.B. die Entmannung von Ehebrechern, zu verhindern versucht; Domitian erneuerte die Gesetze, im einzelnen hatten sie zum Inhalt: mit den Inhalten: Gebot der Verheiratung, Regelung des Erbrechtes, Ehebruch, Kastration von Kindern. Ob Domitian mit seiner Nichte Julia (s. zu 3,5-6 und Juvenal II 32-33) eine Liaison hatte, ist umstritten. Wenngleich er die Kastration im ganzen römischen Reich verbot, liebte er aber selbst den Lustknaben Earinos; vgl. die Earinos-Epigramme: IX 11, 12, 13, 16, 17 und 36.

3,1 *dardanisch* (nach Dardanus, dem Ahnvater des trojanischen Königshauses): trojanisch; *Julus,* der Sohn des Trojaners Äneas, gilt als Stammvater der Julier, generell dann auch zur Bezeichnung des Kaiserhauses verwendet; der Name ist angeredet als Repräsentant der gemeinten Person. Der Bezug zu Augustus (und den Juliern) ist wichtig für das Selbstverständnis des Prinzipats.

3,2 *komme zur Welt, holder Knabe:* Der neugeborene Knabe ist ein Sohn Domitians von seiner Frau Domitia Longina; komplexe Anspielungen in VI 3 auf die 4. Ekloge Vergils und auf das 1. Buch der Äneis.

3,3 *nach Generationen:* übertriebener Wunsch nach einem langen Leben Domitians.

3,5-6 *Julia:* Cousine des neugeborenen Kindes, Tochter des Titus, Nichte (evtl. auch Geliebte) Domitians; nach ihrem Tod 89 deïfiziert;

Martial läßt sie gleich einer Parze für den Knaben *die goldenen Fäden* spinnen. – *Phrixos* floh mit seiner Schwester auf einem mythischen Widder nach Kolchis; Helle stürzte über den Dardanellen ins Meer; Phrixos opferte das Tier, dessen goldenes *Vlies* dann Jason auf dem Argonautenzug holte; vgl. auch VIII 28,20 und 50,9.

4,5: *daß es gesittet ist:* Anspielung auf Domitians Ehegesetzgebung; vgl. zu 2,3.

6,2 *das stumme Gesicht* ist doppeldeutig: (a) sie liebt als Nimmersatte auch noch die stumme Person, den Statisten – Anspielung auf die Bühnenkonvention, nach der nur drei Schauspieler sprechende Rollen haben konnten, die vierte mußte den stummen Part übernehmen –, (b) sie liebt das »stumme Gesicht« des Partners, der nicht sprechen kann, weil er sich als *cunnilingus* betätigt.

7,1 *das Julische Gesetz:* die von Domitian erneuerte *lex Iulia de adulteriis;* vgl. 2; Telesilla versteht das Gesetz geschickt zu umgehen bzw. auszunutzen. – *Faustinus:* ein reicher Patron und Freund Martials, von ihm oft genannt.

8 Die Zahl der Heiratskandidaten nimmt in dem Maße zu, wie ihr gesellschaftlicher Status abnimmt. Das Gewerbe eines *Auktionators* ist wenig angesehen, aber gewinnbringend, und dieser trägt einen sprechenden Namen (»der gut zu reden weiß«).

9,1 Das *Pompejustheater,* 55 v. Chr. eingeweiht, war das älteste und größte Theater der Hauptstadt im »Theaterviertel« (Neumeister, S. 190), das im Bereich des Marsfeldes lag.

9,2 *wenn dich der Ordner aufscheucht:* Zu *Oceanus* in der Bedeutung: Theateraufseher, Platzanweiser, Kontrolleur o. ä. vgl. zu III 95,10; Wortspiel mit *suscitat:* (a) wenn dich der Aufseher *aufweckt,* damit dir das Schauspiel nicht entgeht, und (b) wenn er dich *aufscheucht,* weil du einen für die Ritter reservierten Sitzplatz benutzt. Zum Theateredikt vgl. z. B. Sueton, Domitian 8,3: »Er nahm auch eine Verbesserung der Sitten vor und schaffte den Mißbrauch ab, daß die Zuschauer im Theater sich ungeniert auf die Plätze der Ritter setzten«; s. auch die Gedichtserie im 5. Buch Martials (8; 14; 23; 27; 35).

10,2 *der mir die Tempel gegeben hat:* Domitian hatte u. a. den Tempel des Iuppiter Capitolinus im Jahr 82 neu erbaut; vgl. auch 4,3: »so viele neu erstehende Tempel, so viele wieder aufgebaute«.

10,4 *Wie schäme ich mich, ach, daß ich so wenig nur von Jupiter erbat:* Die abschlägige Antwort auf eine geringfügige Bitte ist besonders beschämend.

10,7 *den flehenden Dakern:* die V 3 erwähnte Bittgesandtschaft; *diademata:* wohl poetischer Plural, verweist auf die ›rituelle‹ Unterwerfung des Dakerfürsten zum ›Vasallenkönig‹ (dazu und zur Beurteilung von Domitians ›Großmut‹ den Dakern gegenüber vgl. Grewing).

10,8 *Straßen zum Kapitol:* speziell die Via Sacra beim Triumphzug.

10,9 *Jungfrau, die du die Gedanken unseres Donnerers kennst:* Minerva (Pallas) ist nicht nur Schutzherrin des Kaisers, sondern auch des Dichters Martial.

10,11 Das Haupt der *Gorgo* Medusa, dessen Anblick versteinerte, hatte *Pallas* Athene auf ihren Schild oder Panzer gesetzt; das Ablegen der Gorgo ist eine Geste des Friedens.

11,1 *Orestes* (Agamemnons und Klytaimnestras Sohn) und *Pylades* (VII 24,3; X 11,7; Pylades allein VII 45,8) sind das klassische Freundespaar; man beachte auch den ›Standesunterschied‹ zwischen Orestes und seinem Freund.

11,5 *Lukriner Austern* vom Lukrinersee bei dem Seebad Bajae in Kampanien galten als Delikatesse der Reichen; *peloris* heißt eine Muschelart vom Vorgebirge Peloros, dem heutigen Capo Peloro an der Nordostspitze Siziliens.

11,7 *Kadmos* war der Sohn des Königs Agenor von *Tyrus*, der durch ihre Purpurfärbereien berühmten phönizischen Seestadt. – *pinguis Gallia* meint grobe, gallische Importware von minderem Wert; vgl. Juvenal IX 28–30: »dicke Mäntel (*pingues ... lacernas*) als Schutz für die Toga, von rauher und grober Qualität, schlecht durchgeschlagen vom Kamm des gallischen Webers«.

11,10 *ut ameris, ama:* Sprichwort; vgl. Otto, Sprichwörter, 1890, s. v. *amare*.

12,2 Der Vers ist verstümmelt überliefert; *numquid* ⟨*ergo*⟩ nach Munro.

13 Das Epigramm wurde wohl erst nach dem Tod der 89 verstorbenen Julia (vgl. zu 3, 5–6) verfaßt.

13,1 Der Athener *Phidias* (5. Jh. v.Chr.) galt schon der Antike als der bedeutendste Bildhauer, Toreut und Maler überhaupt.

13,3 *lygdos:* Parischer Marmor; vgl. Plinius, Naturalis historia XXXVI 62: *lygdinos in Paro repertos … candoris eximii.*

13,4 *decor:* Friedländer u. Gilbert lesen *liquor.*

13,5 *akidalischer Gürtel:* Acidalia ist ein Beiname der Venus, nach dem Vergilkommentator Servius von der Quelle Acidalia bei Orchomenos in Böotien, wo die Göttin mit den Grazien badete; zum *cestos,* dem Gürtel der Venus, der Liebe erregen soll, vgl. auch XIV 206.

13,6 *den sie von deinem Hals, kleiner Cupido, geraubt hat:* Julia ist wohl in einer Gruppe als Venus mit Amor dargestellt; sie entreißt ihm spielerisch den Liebesgürtel, den dieser sich um den Hals gelegt hatte.

13,8 *soll sich Juno von dir den Gürtel holen und sogar Venus:* vgl. die Szene Ilias XIV 214 ff., wo Aphrodite ihren Liebesgürtel der Hera reicht, und Odyssee VIII 266 ff., wo der Sänger Demodokos von Ares' und Aphrodites Liebesabenteuer erzählt.

14,4 *virum putabo:* prägnante Bedeutung von *vir* (»ein ganzer Kerl« o. ä.) wie öfter; Sinn (ironisch): So einen Menschen gibt es nicht.

15,1 *im Schatten von Phaëthons Baum:* d.h. im Schatten einer Pappel; Phaëthons Schwestern, die Heliaden, wurden in Schwarzpappeln verwandelt, ihre Tränen um den toten Bruder zu Bernstein verhärtet (Ovid, Metamorphosen II 325–366); vgl. auch zu IV 25,2 und vor allem IV 32 (Biene im Bernsteintropfen).

17 *Cinnamus* zu *Cinna* wie *Furius* zu *Fur:* Namensänderung, wohl eines Freigelassenen, um den früheren Sklavenstand vergessen zu machen; sprechende Namen: *cinnamum* »Zimt«, *fur* »Dieb«.

17,2 *Barbarismus* (grammatischer Terminus technicus): Verstoß gegen die Sprachrichtigkeit, hier die Veränderung des Wortlautes durch *detractio.*

18,1–3 *Saloninus* ist ein Verwandter oder Vertrauter von Terentius *Priscus,* einem spanischen Freund und Patron Martials, dem dieser das 12. Buch seiner Epigramme widmete.

18,2 *Styx:* Fluß in der Unterwelt.

18,4 Sinn: Der Verstorbene lebt weiter in Terentius Priscus, seinem Alter Ego.

19,5–7 *du bringst Cannae … vor:* Verspottung des eloquenten Advokaten, der sein historisches Wissen ausbreitet statt ›zur Sache‹ zu kommen: die Niederlage der Römer gegen Hannibal in der Schlacht bei *Cannae* 216 v.Chr.; *Mithridates*, König von Pontus (gest. 63 v.Chr.), der in drei Kriegen den Römern zu schaffen machte; die übliche Beschimpfung der *Punier* als wortbrüchig und treulos; der Diktator *Sulla* und sein großer politischer Gegenspieler *Marius*, Sieger über Kimbern und Teutonen; mit *Mucius* ist wohl C. Mucius Scaevola gemeint, der, um dem Etruskerkönig Porsenna seine Standhaftigkeit zu beweisen, seine rechte Hand in einem Kohlenbecken verbrennen ließ (szenische Nachstellung: I 21). Die Jahrhunderte und Bereiche der *exempla* gehen bei dem *causidicus* dieses Epigramms bunt durcheinander.

19,8 *manuque tota* kann die ganze Palette von Gebärden oder auch die weit ausgestreckte Hand meinen.

20 Zur Thematik vgl. 30 und VII 43.

21,1 *Ianthis:* poetischer Name für Violentilla, die mit dem öfter erwähnten Freund und Patron Martials, L. Arruncius *Stella*, verheiratet war; Statius schrieb (Silvae I 2) ein Epithalamion zu ihrer Hochzeit; vgl. zu ihr auch VII 14; 15; 50 (An der Quelle im Park der Ianthis).

21,6 *offizielle Vermählung* von Venus und Mars: »Ici Martial ajoute à la mythologie« (Izaac).

21,9 Der Schlag *mit dem magischen Gürtel* der Venus soll dem Mann ewige Liebe zu seiner Frau ›einbläuen‹; vgl. zu 13,5.

22,3 *damit das Julische Gesetz dich nicht belangen kann:* Die *lex Iulia de adulteriis* (vgl. zu 2) verbot also auch den *concubinatus*, die gesetzlich nicht anerkannte außereheliche Lebensgemeinschaft, die an sich nicht strafbar war.

23,4 *Gegen dich spricht gebieterisch dein Gesicht:* d.h., deine Häßlichkeit läßt kein Begehren aufkommen, außerdem kann ›er‹ nicht auf Kommando (*Stare iubes semper*).

24,2 *An den Saturnalien spaziert er in der Toga umher:* Die Toga paßt als offizielles Kleidungsstück nicht zum heiteren Fest der Saturnalien, an denen man die Synthesis trug, ein farbiges und lässig-bequemes Gewand, daher vielleicht: »He wears formal clothes when informal are in order« (Shackleton Bailey).

25,1 *Marcellinus:* ein Soldat und Freund Martials, mehrmals erwähnt.

25,2 *parrhasisch:* arkadisch; hier mit Bezug auf Kallisto und das Sternbild des Großen *Bären* gesagt (Kallisto, Tochter des arkadischen Königs Lykaon, wurde von Juno in eine Bärin verwandelt, von Diana getötet und von Jupiter an den Himmel versetzt; ihr Schicksal schildert Ovid ausführlich im 2. Buch der Metamorphosen 409–530, ohne sie freilich namentlich zu nennen); *iugum:* die drei Deichselsterne des Wagens oder Großen Bären. Daß über Marcellinus *die kältestarrende Bärin mit dem parrhasischen Wagen steht* (Kontamination des Großen Bären mit dem Himmelswagen), meint den Aufenthalt in einem nördlichen Land.

25,8 *Soldat ... für deinen Vater und deinen Herrscher:* Dein Vater hat genauso Anspruch auf dich wie der Kaiser.

26,1 *Sotades riskiert seinen Kopf:* Wortspiel, denn es geht nicht juristisch, sondern allenfalls medizinisch um seinen Kopf – insofern er ein *fellator* ist; der Name *Sotades* soll an den gleichnamigen Dichter und Verfasser von κίναιδοι erinnern.

27,1 Der Tempel der *Flora* auf dem Quirinal; dort wohnte Martial damals zur Miete; vgl. V 22,4.

27,2 *Ficeliae:* eine Stadt in Latium nahe bei Nomentum (nördlich von Rom), wo Martial sein Landhaus hatte.

27,5+9 Der *Falerner* ist eine erstklassige Weinlage aus dem nördlichen Kampanien, der *Caecuber* ein Qualitätswein aus dem südlichen Latium.

27,7 *sit pia, sit locuples:* zum konzessiven Verständnis des ersten *sit* vgl. Grewing; andere Möglichkeit: »mag deine Tochter liebevoll, mag sie reich sein« (so u.a. Shackleton Bailey). – *trinken soll sie den jungen Wein:* natürlich nicht als Kind, sondern wenn sie groß geworden ist.

28,1 M. Atedius *Melior:* reicher Patron Martials, mehrfach erwähnt.

28,5 Die *Via Flaminia* führt von Rom aus nördlich nach Ariminum (Rimini).

29,1 *verna* meint den im Haus geborenen Sklaven, und das Oxymoron *avarae verna catastae* evoziert den (tragischen) Fall eines Sklaven, dessen elende ›Heimat‹ die Schaubude eines Sklavenhändlers ist; vgl. das Parallelgedicht des Statius, Silvae II 1,7.

30 Zur Thematik vgl. 20 und VII 43.

31,2 *ohne Fieber sterben* heißt in diesem Fall: durch Gift.

32,1 *Enyo:* lateinisch Bellona: Göttin des Krieges.

32,2 Kaiser *Otho* beging 69 Selbstmord, statt den Bürgerkrieg mit den Truppen des Vitellius fortzusetzen; *der weichliche Otho:* Juvenal II 99 wird ein Spiegel erwähnt: *pathici gestamen Othonis* – »die Ausrüstung des schwulen Otho«.

32,5 M. Porcius *Cato* der Jüngere, entschiedener Gegner *Caesars*, starb nach dem Untergang der Republik im Jahr 48 in Utica (nördlich von Karthago) durch Selbstmord; als Otho sich 69 bei Bedriacum tötete, war seine Lage keineswegs aussichtslos.

34 Anspielung auf die berühmten Kußgedichte Catulls (5 und 7) und implizite Bezüge zu Catulls Iuventius und zu Ipsitilla; dazu zuletzt F. Grewing: Möglichkeiten und Grenzen des Vergleichs: Martials *Diadumenos* und Catulls *Lesbia*, Hermes 3 (1996) 333ff.

34,1 Zu *Basia ... pressa* in der Bedeutung »leidenschaftliche« oder »heftige Küsse« vgl. z.B. Ovid, Heroides-Epistulae II 93–94, wo sich die verlassene thrakische Königstochter Phyllis an ihren Geliebten Demophon erinnert: *ausus es ... oscula per longas iungere pressa moras*, oder die »inbrünstigen Küsse«, die Venus ihrem Söhnlein aufdrängt: *osculis hiantibus diu ac pressule saviata* (Apuleius, Metamorphosen IV 31, am Anfang des Märchens von Amor und Psyche). – Martials kindlicher Sklave *Diadumenos* trägt den Namen einer berühmten Statue des Polyklet (vgl. auch III 65 und V 46).

34,4 Der *kekropische Berg* (kekropisch: attisch, von Kekrops, dem ältesten, halbmythischen König von Attika) ist der Hymettus im Südosten von Athen, berühmt durch seinen Honigreichtum.

34,7 *arguto ... Catullo:* andere Übersetzungsmöglichkeit: dem ausdrucksstarken, witzigen, scharfsinnigen; vgl. VIII 73,7 von dem Dichter Tibull: *fama est arguti Nemesis formonsa Tibulli*.

35,1 Mit der *Wasseruhr* (*clepsydra*), vergleichbar unserer Sanduhr, regelte und beschränkte man die Redezeit vor Gericht.

35,6 *Trink' gleich aus der Wasseruhr:* dann braucht diese, da in ihrer Funktion momentan unnötig, nicht mehr umgewendet zu werden.

37,3 *trotzdem juckt's ihn bis zum Nabel:* vielleicht mit der Konnotation: »geil bis zum Stehkragen« (ähnlich Grewing): Der Rand des letzten Blattes war auf den *umbilicus* (Buchrollenstab) geklebt; weiter ließ sich ein *volumen* nicht aufrollen.

38,2 M'. Aquilius *Regulus:* Advokat und Patron Martials; sein 87 oder 88 geborener Sohn starb aber, wie wir aus Plinius, Epistulae IV 2, wissen, schon als *puer.*

38,5–6 Das *Hundertmännergericht*, ein Richterkollegium aus hundert Männern für Zivilrecht, an dem Erbschafts- und Eigentumsprozesse verhandelt wurden; die *Basilica Iulia* am Forum war Sitz dieses Gerichtes; vgl. Neumeister, S. 75 f.

39,1–2 *Pater ... septem non liberorum:* Spiel mit der doppelten Bedeutung von *liberi:* die Freien bzw. die Kinder.

39,6 *Maurus:* Nordafrikaner, aus dem heutigen Marokko oder dem westlichen Algerien stammend.

39,7 Alle Herausgeber übernahmen die Korrektur von Schryver *coci Santrae* für das überlieferte *cogis antrae.*

39,14 *percide:* brutale Metapher, eigentlich: durchbohre – »Sodomize your son« (Shackleton Bailey).

39,20 *Schar der Niobiden:* beispielhaft für eine große Kinderzahl; Niobe hatte nach der mythischen Tradition sieben oder neun Söhne und die gleiche Zahl von Töchtern, durch deren Verlust sie für ihre Hybris bestraft wurde.

41 Zum Thema vgl. auch III 18.

42,1 Claudius *Etruscus:* Sohn des gleichnamigen, von Martial und Statius mehrfach besungenen Freigelassenen; der Sohn begleitete den Vater in die von Domitian befohlene Verbannung; seine prächtigen Privatthermen rühmt auch Statius, Silvae I 5.

42,4 *fontes Aponi:* bekannte heiße Schwefelquellen bei Patavium (Padua); weshalb sie *rudes* heißen (Shackleton Bailey: »by women untried«; Izaac: »que fuient les jeunes femmes«), ist unsicher.

42,5–6 *Sinuessa:* Küstenstadt an der *Via Appia* südlich von Formiae in

Latium; die dortigen Thermalbäder (*aquae Sinuessae*) erwähnt u. a. Plinius, Naturalis historia XXXI 8, als Heilmittel gegen Unfruchtbarkeit und Wahnsinn. – *fluctus Passeris* (die *aquae Passerianae*): heiße Quellen in Etrurien an der Straße von Volsinii nach Rom. – *Anxur:* der alte Name von Tarracina, einer Küstenstadt am südlichen Ende der Pomptinischen Sümpfe; vgl. V 1,6: »Anxur, die leuchtende Stadt mit ihren heilenden Quellen«.

42,7 *des Phöbus Wasser:* wohl die *Aquae Apollinares* in Etrurien – *Bajae:* das mehrfach von Martial erwähnte mondäne Seebad im Golf von Neapel beim Lukrinersee.

42,11 *Dort leuchtet grün der Marmor des Taÿgetos:* grünlicher Marmor vom Grenzgebirge zwischen Lakonien und Messenien auf der Peloponnes.

42,13 *Phrygischer* Marmor war violett gefleckt, *libyscher* (aus Numidien) gelblich rot.

42,14 *Onyx:* hier nicht die als Edelstein geltende Abart des Quarzes wie in II 29,2 (der Sardonyx als Ringstein), sondern ein gelblicher, alabasterartiger Marmor, der sog. Onyx-Marmor; vgl. dazu Plinius, Naturalis historia XXXVI 59; 60: »Diesen Stein nennen einige *alabastrites*; man höhlt ihn auch für Salbgefäße aus, weil er ⟨die Salben⟩ angeblich am besten unverdorben erhält.«

42,15 *Ophiten:* unter den farbigen Marmorarten erwähnt Plinius, Naturalis historia XXXVI 55, den Serpentinstein, auch *ophites* genannt, »dessen Flecken denen der Schlange ähnlich sind, woher auch sein Name kommt, durch die verschiedenartige Sprenkelung«.

42,16 *die Bräuche der Spartaner:* das trockene Schwitzbad in stark erhitzten Räumen, *Laconicum* genannt, wonach man sich mit kaltem Wasser übergoß.

42,18 Die (*Aqua*) *Virgo:* eine berühmte römische Wasserleitung, die man mit der Fontana di Trevi zusammenbringt. – die (*Aqua*) *Marcia:* die 144 v. Chr. von Q. Marcius Rex fertiggestellte Wasserleitung; ihre Quelle lag etwa 50 km von Rom entfernt im Gebiet der Päligner; beide werden von Martial mehrfach genannt.

42,21 *lygdos* (vgl. 13,3 *candida ... lygdos*): blendendweißer Marmor von der Insel Paros.

43,1 *Bajae:* das bekannte Modebad im Golf von Neapel mit heißen Quellen; der Lukrinersee, an die Bucht von Bajae grenzend. – *Castricus:* ein Dichter, oft genannter Freund Martials.

43,2 *nympha natatur* (»die Wassernymphe wird beschwommen«): kühne Metonymie.

43,3 *Nomentum:* Städtchen nordöstlich von Rom; *Nomentanum:* Martials kleines Landgut ebendort.

43,4 *casa iugeribus non onerosa suis:* »a cottage not oppressive to its acres« (Shackleton Bailey), d.h. ohne exzessiven Bauluxus; Häuschen und Grundstück passen zusammen.

44,3 *Allen lächelst du zu, sagst deine Sticheleien gegen alle:* »Was Calliodorus tut, ist zum einen: sich den Gästen auf widerliche Weise anbiedern, und zum andern: derbe Zoten über sie reißen. Wie überliefert enthält der Vers diese ... Gegensätzlichkeit, die ... die Wesensart des *scurra* ... nachzeichnet« (Grewing).

44,6 *Niemand wird mit dir ... auf deine Gesundheit trinken:* Er müßte dafür nämlich den gleichen Becher benutzen; ähnlich II 15 und XII 74.

45,2 *keusche Liebe:* vgl. 4 (Domitians moralischer Appell) und 7 (Heirat am laufenden Band).

45,3 *Lygdus:* wohl ein Eunuch oder *cinaedus.*

45,4 *Schändlicher wird sie als Gattin sein denn als Ehebrecherin eben noch:* ähnlich 22.

46 *Blaue Partei:* Es gab im Zirkus vier Rennfahrerfraktionen: die Roten, die Weißen, die Grünen und die Blauen; Domitian fügte noch zwei hinzu: die Goldenen und die Purpurfarbenen; die Grünen waren beim Volk am beliebtesten, die Blaue Partei war beim Kaiser schlecht angesehen, daher wohl auch wenig motiviert, wie Martial drastisch andeutet: Die Pferde defäzieren gerade, wobei Martial mit *magnam rem facit* spielt, das auch einen beifälligen Ausruf (»Eine tolle Leistung!«) beinhalten kann.

47,3 *Numa* Pompilius: der zweite römische König; *Numae coniunx:* die Quellnymphe Egeria, Geliebte und Beraterin des Königs; in Aricia, einer alten Stadt an der *Via Appia* mit Hain und Heiligtum der Diana (*Trivia*), wurde eine Egeria verehrt.

47,4 Die *Camenen* (weissagende Quellnymphen) wurden mit den neun Musen gleichgesetzt; die *neunte* Muse (vgl. VIII 3,9: *nona sororum*) ist Thalia, zuständig für die Komödie – und auch für die Epigrammdichtung Martials. – *veni*, Konjektur von Shackleton Bailey für das überlieferte (und von uns beibehaltene) *venis*, ist bedenkenswert: »Das Herbeirufen der entsprechenden Gottheit (ist) ein ... notwendiges Element des κλητικὸς ὕμνος« (Grewing mit Belegen).

47,8 *So sei mir heilsam mein Durst:* Der Hintergrund des Gedichtes scheint folgender zu sein: Gegen ärztliches Verbot hatte Martial im Hause Stellas das kalte Wasser aus der (nach Stellas Frau Ianthis benannten) *Ianthea aqua* getrunken; damit ihm der unerlaubte Trunk nicht schade, opferte er zur Sühne der Quellnymphe ein Ferkel.

49 Vgl. auch 73 über eine Priapstatue; die mit Mennige gefärbten Holzbilder des (ursprünglich kleinasiatischen) Fruchtbarkeitsgottes mit abnorm großem Glied standen in Gärten als Vogelscheuchen und zur Vertreibung von Dieben.

49,11 *von der Zypresse, die man dir dann einpfropft,* (wird dir) *eine Feige wachsen:* Hämorrhoiden oder eine venerische Erkrankung, die durch die angedrohte Verletzung entstehen.

50,5 *conscius esto:* anders Shackleton Bailey: »Share a secret«.

52,4 *die struppigen Wangen zu rasieren: excoluisse* ist in diesem Zusammenhang ungewöhnlich.

53,4 *In somnis medicum viderat:* Die Imitation eines griechischen Epigramms von Lukillios, vgl. Anthologia Palatina XI 257: Ἑρμογένη τὸν ἰατρὸν ἰδὼν Διόφαντος ἐν ὕπνῳ οὐκ ἔτ' ἀνηγέρθη καὶ περίαμμα φέρων. »Als Diophantos im Schlaf seinen Arzt Hermogenes sah, wachte er nicht mehr auf; dabei trug er doch ein Amulett.« – Grewing interpretiert das Gedicht als Tempelschlaf-Parodie; bei der Inkubation wartet der Kranke im Tempel auf einen heilungbringenden Traum.

54,4 »*so große*«: ob männlich oder weiblich: *cunnos* bzw. *mentulas*.

55,1-2 Der *stolze Vogel* ist der Phönix, der sein *Nest* aus aromatischen Pflanzen, speziell aus *Kassia* und *Zimt* hergestellt haben soll; Plinius, Naturalis historia XII 85, berichtet davon (unter Berufung auf Herodot); vgl. dort auch die Erläuterungen, S. 224–225.

55,3 In *Bleigefäßen* wurden Salben aufbewahrt. – *Nicerus:* römischer Parfümhändler.

55,4 *Coracinus* (sprechender Name): rabenschwarz.

56,2 *dem Klatsch mit einem Trick entgehen:* nämlich mit der Herausstellung deiner männlichen Körperbehaarung.

56,6 »Make them think you are sodomized« (Shackleton Bailey) – und nicht etwas noch Schlimmeres, nämlich ein *fellator; Charidemus* ist ein diesbezüglich verdächtiger Name (»der den Leuten gefällig ist«).

58,1 *Aule:* der öfters erwähnte Zenturio Aulus Pudens. – *Parrhasios … triones:* wörtlich: »die parrhasischen Dreschochsen«; Vermischung zweier Vorstellungen: die *septentriones* (»das Siebengestirn«) und der Große Bär (bzw. beide Bären, der Große und der Kleine); *parrhasisch:* arkadisch, mit Bezug auf die in eine Bärin verwandelte arkadische Königstochter Kallisto; der Große Bär steht metonymisch für den Norden.

58,2 *die Gestirne des getischen Himmels:* Das Gebiet der Geten (etwa nördlich der unteren Donau) war als extrem kalt verrufen, daher »getisch« oft so viel wie »hyperboreïsch« oder »nördlich«.

58,3–4 *Styx:* Strom in der Unterwelt; *elysische Region:* Gefilde der Seligen; die Krankheit ist vielleicht in 47 angedeutet (Der Dichter hatte gegen das ärztliche Verbot sehr kaltes Wasser getrunken.).

58,7 Die *Schwestern* sind die Parzen oder Schicksalsgöttinnen, die den Lebensfaden spinnen.

58,10 *Primipilat:* Der *primipilus* (*pilus:* Manipel der Triarier, d. h. der ältesten und erfahrensten Soldaten, die das dritte Treffen bildeten) war der ranghöchste Zenturio. Ob Aulus Pudens das Primipilat bzw. den Ritterstatus je erreicht hat, ist umstritten.

59,2 *Baccara* (hier und XI 74): Name eines in Rom lebenden ›Nordländers‹. – *gausapa:* Fries (Gewebeart): dicke, nur auf einer Seite zottige Wollstoffe, *gausapinae* (*paenulae*) sind Gewänder aus diesem groben Material.

59,7–8 *einfacher … menschlicher:* einfacher, weil Baccara zur Demonstration seines Reichtums nicht den Winter abzuwarten brauchte, menschlicher, weil Arme im August nicht voller Sehnsucht auf die warmen Wintermäntel blicken müssen.

60,2 Der *Gewandbausch* ist die durch Faltung der Toga entstehende kleine Tasche vor der Brust.

61 Dialog zwischen dem Dichter und *Faustinus*, einem reichen Freund und Patron; die Zeilen 1, 2 und 5 spricht der Dichter, die Verse 3–4 und 6–10 Faustinus; jener spielt den *advocatus diaboli*, Faustinus übernimmt Rolle und Sprechweise des Dichters.

61,3 *Usiper* (oder Usipeter): ein germanischer Volksstamm zwischen Rhein und Lippe; Tacitus, Agricola 28, berichtet von der Rebellion einer *cohors Usiporum per Germanias conscripta et in Britanniam transmissa*, die im Sommer 84 stattfand.

61,4 *Ausonien:* der poetische Name für Italien; Sinn: Mögen die Feinde der römischen Herrschaft genauso sicher verschwinden, wie die Werke des Pompullus verschwinden werden.

61,8 Die *Köche* verwenden den Papyrus als ›Einwickelpapier‹, er dient ihnen aber auch zum Garen von Garnelen o.ä.: III 2,4.

61,10 *genium debet habere liber:* wohl Wortspiel mit *genius* (Schutzgeist, der den Menschen durchs Leben begleitet) und *ingenium* (Talent, Begabung, Esprit).

62,4 *Welchem Geier wird diese Leiche gehören?:* ähnlich Seneca, Epistulae 95,43: *Amico aliquis aegro adsidet: probamus. At hoc hereditatis causa facit: vultur est, cadaver exspectat.*

63,1 *captare* steht für die Tätigkeit des Erbschleichers, *captatio* bedeutet Erbschleicherei.

64,1-2 Die alten römischen Geschlechter der *Fabii* und *Curii* als Repräsentanten der strengen alten Zeit, bei Martial öfter (vgl. u.a. VII 58,7).

64,3 *hirsuto ... deprensa sub ilice: deprensa* wohl für *partu deprensa* von plötzlich einsetzenden Geburtswehen; Lindsay, Heraeus-Borovskij und Izaac schreiben: *hirsuta peperit rubicunda sub ilice coniunx* – »(den) die sonnengebräunte Gattin unter dichtbelaubter Steineiche gebar«.

64,4 *eines Vaters ..., der vor dem Spiegel sich schor:* Der Vater wird so als Weichling charakterisiert; vgl. Juvenal II 99: »ein anderer hält einen Spiegel, die Ausrüstung des schwulen Otho«. Die Mutter heißt *togata* als Ehebrecherin (vgl. das Distichon II 39): Das Gesetz zwang Prostituierte und erwiesene Ehebrecherinnen, in der Öffentlichkeit die Toga zu tragen.

64,5 *deine Braut dich Braut nennen könnte:* insofern du schwul bist.

64,10 *Silius* Italicus, um 25–101 n. Chr., Verfasser der Punica, eines umfangreichen Epos über den 2. Punischen Krieg in 17 Büchern.

64,11 M'. Aquilius *Regulus:* der oft erwähnte Patron Martials.

64,13 Der Advokat L. Licinius *Sura* (vgl. auch zu I 49,40.) aus Hispania Tarraconensis, ein Patron und Gönner Martials.

64,16+18 Unübersetzbare Wortspiele: *cor* v.16 meint Geist und Intelligenz, *illud* (*cor*) v.18 ein Ochsenherz; *sapit altius* vom Geschmack eines Nahrungsmittels und vom »erleseneren« (ungewöhnliche Verwendung von *altius*) Geschmack im Sinn von Intelligenz, Taktgefühl und Esprit.

64,26 *Cinnamus:* Chirurg, der Brandmale von Sklaven zu tilgen verstand.

64,31 *Mühe deine Zähne an einem leeren Fell ab:* an einem abgezogenen Fell, nämlich ohne Bär dahinter.

64,32 *such' dir ... Fleisch, das nicht sprechen kann:* d.h. Fleisch, das sich nicht wie ich mit Worten wehren kann.

65,1 *Epigramm in Hexametern:* d.h. in Länge und Stil eines Epos.

66,2 Die *Subura* war ein sehr belebtes, aber auch verrufenes Stadtviertel in der Niederung zwischen Quirinal, Viminal und Esquilin, wo sich u.a. Dirnen und zwielichtige Gestalten herumtrieben.

66,9 *Der eben noch* (für das Mädchen) *sechshundert geben wollte, verzichtete:* Der *praeco* war für seine oralen Sexualvorlieben bekannt.

68,1 *Lukrinersee:* bei Bajae, reich an Fischen und Austern.

68,2 *Najaden:* Wassernymphen; *Thetis:* Meergöttin, Tochter des greisen Merrgottes Nereus.

68,3 *Bajae:* das bekannte Seebad im Golf von Neapel.

68,4 *Castricus:* ein Freund Martials, der sich auch selbst als Dichter betätigte, mehrmals erwähnt.

68,5 *curarum socius* kann auch heißen: »Assistent bei deinen literarischen Arbeiten«; die Bedeutung »literarische Produktion« o.ä. hat *cura* z.B. auch I 25,6: *teque piget curae praemia ferre tuae?*

68,6 Der schöne Knabe *Alexis*, nach Martial ein Geschenk des Maecenas (sonst des Asinius Pollio) an Vergil.

68,8 Der Knabe *Hylas*, aufgrund seiner Schönheit von Wassernymphen geraubt, war der Liebling des *Alkeus*-Enkels (Herakles).

68,9 *Hermaphroditus*, Sohn der Aphrodite und des Hermes, war mit der Quellnymphe Salmakis, die ihn leidenschaftlich liebte, zusammengewachsen (Ovid, Metamorphosen IV 285–388); »die Göttin« müßte demnach Salmakis sein, deren Verwandlung von Martial auch X 30,10 in den Lukrinersee verlegt wird.

69 Das Epigramm erklärt sich durch II 50, wo ebenfalls Mundgeruch in Folge von *fellatio* durch Einnahme von Wasser bekämpft wird; *Bassa* ist wohl die Frau des *Catullus*, die *Tochter* seine Stieftochter.

70,1-2 Der mit *Marcianus* Angeredete nur hier – *Cotta:* hier wohl fiktiver Name.

70,5 *Den Finger, und zwar den unzüchtigen:* Der Mittelfinger ist bei den Alten – wie noch heute – der obszöne und schamlose; vgl. II 28,2.

70,6 *Alkon, Dasius, Symmachus:* Namen von drei römischen Ärzten.

70,12 *Priamos*, der König von Troja, und *Nestor*, der Herrscher von Pylos, stehen sprichwörtlich für ein extrem hohes Lebensalter.

71,1-2 Der Baetis ist der Guadalquivir; *bätisch* für südspanisch; Tänzerinnen aus dem spanischen *Gades* (Cadix) galten als besonders verführerisch (I 41,12; V 78,26; XIV 203).

71,3-4 *Pelias*, König von Jolkos in Thessalien, schickte Jason nach dem Goldenen Vlies aus; Medea tötete später den Greis unter dem Vorwand, ihn zu verjüngen; *Hekubas Gemahl* ist der alte König Priamos, dessen Sohn *Hektor* von Achilleus im Kampf um Troja getötet wurde.

71,6 (sie) *kauft er jetzt als Herrin zurück:* Wortspiel mit *domina:* (a) im Sinn der *mater familias* und (b) im erotischen Sinn der römischen Elegiendichtung.

72,2 *Cilix:* hier wohl Eigenname; die Kilikier galten als notorische Seeräuber.

72,4 Der Gartengott *Priapus* sollte eigentlich Diebe abwehren.

73,3 Überlieferung schwankend zwischen *ditissimus* und *notissimus*. – *Caere* ist eine Stadt im südlichen Etrurien.

73,8 *Phidias:* der berühmte athenische Bildhauer des 5. Jh.s.

74,2 *semitare* heißt eigentlich: »durch einen Nebenweg (Mittelweg) durchschneiden lassen«.

74,3 *tonsis ... lentiscis* (Zahnstocher aus Mastixholz) wird durch XIV 22 erläutert.

75,3 *Pontia:* Name einer notorischen Giftmischerin (II 34; IV 43).

75,4 *Weggeben werde ich sie* (die Leckerbissen) *nicht,* was man gewöhnlich mit unerwünschten Geschenken tut.

76,1 *latus* bezeichnet den besonders verwundbaren Teil des Körpers, *lateris custos* dann den Leibwächter, nämlich Fuscus in seiner Funktion als Präfekt der Prätorianerkohorte. – *Mars in der Toga:* Das Oxymoron faßt wohl die Doppelfunktion des Kaisers zusammen, oberster Kriegsherr und ziviler Staatslenker zu sein.

76,2 *Garnison des höchsten Fürsten:* die *castra praetoria* oder Prätorianerkaserne.

76,3 *hic situs est Fuscus:* Das Epigramm hat die Form eines Epitaphs für das Grab des Cornelius Fuscus, der unter Domitian Prätorianerpräfekt war und im Jahr 87 bei einer erfolglosen Expedition gegen die Daker fiel; später (106 n. Chr.) unterwarfen sich diese aber Kaiser Trajan – daher v. 6: *famulum ... nemus.*

77,1 *Irus:* ein Bettler im Hause des Odysseus in Ithaka, sprichwörtlich für einen bettelarmen Mann.

77,2 *Parthenopaeus:* ein schöner Jüngling, Sohn des Meleager und der Atalanta, einer der »Sieben vor Theben«.

77,3 *Artemidorus:* bekannter Athlet, Sieger im kapitolinischen Wettkampf.

77,4 *Kappadokier* galten als kräftiger Menschenschlag und wurden gern als Sänftenträger genommen; eine von sechs Leuten getragene Sänfte hieß *hexaphorus.*

77,8 Der *Libyer* ist offenbar ein Mohr (*similem,* nämlich *beluae nigrae*), das *dunkle Tier,* das ihn trägt, ein Elephant.

77,10 *non debes ferri mortuus hexaphoro:* Grewing schlägt vor, *mortuus* »als kühne Variante des Gedankens *aliquem natum non putare* zu nehmen«; Afer ist also ein Nobody, der im Grunde gar nicht existiert; vgl. X 27,4: *nemo tamen natum te, Diodore, putat.*

80,3 Die Stadt *Memphis* und die Leuchtturminsel *Pharus* vor Alexandria evozieren die Landschaft Ägyptens.

80,6 Die berühmten, sprichwörtlichen Rosen von *Paestum* schmückten in Rom die Gastmähler der Reichen, Altäre und Götterbilder.

80,10 *schicke deine Ernten:* Ägypten war die Kornkammer Roms.

81,1 *Charidemus:* ein *fellator* mit sprechendem Namen: »der den Leuten gefällig ist«.

82,6 *Bataver-Ohren:* Die Bataver (sie siedelten im Gebiet des heutigen Holland) galten wohl als plumpe und schwerfällige Barbaren.

83,1 Claudius *Etruscus* hatte seinen Vater in die Verbannung begleitet und durch sein Bittgesuch an Domitian dessen Rückkehr erwirkt.

84 Wortspiel mit *sanus* »gesund« und »bei Verstand«.

85 *Camonius Rufus* aus Bononia (Bologna), wohl ein jugendlicher Freund Martials, der in *Kappadokien*, einer Landschaft im Inneren Kleinasiens, im Alter von 25 Jahren gestorben war; vgl. auch die Epigramme IX 74 (Auf ein Kinderbild des früh verstorbenen Camonius: er starb 20 Jahre nach Herstellung des Porträts) und 76.

85,6 *auf der ganzen Aemilia:* die *Via Aemilia* von Ariminum (Rimini) nach Placentia (Piacenza) in Norditalien; andere Möglichkeit: in der Region Aemilia.

85,8 Der *Alpheos*, ein Fluß in der westlichen Peloponnes, fließt an Olympia vorbei; *Alphei praemia quinta* (= fünf Olympiaden-Jahrfünfte) ist »poetische Periphrase des Alters, wie sie dem Epitaphienstil eignet ...« (Grewing).

85,10 *totos ... iocos* kann auch »all meine Scherzgedichte« (*totos* = *omnes*) übersetzt werden.

86,1 Wein aus *Setia* (Sezze), einer hügeligen Stadt über den Pomptinischen Sümpfen. – *dominaeque nives:* Die *domina* ist wohl Violentilla, die ihm den Wein geschenkt hat; vgl. das Verbot kalter Getränke in Stellas Villa: 47. Izaac erwägt »Neiges souveraines, sans rivales«, und Shackleton Bailey übernimmt die Konjektur von Heinsius: *domitaeque nives* (»melted snow«).

86,4 *Erbe des reichen Midas:* Alles, was der phrygische König berührte, wurde zu Gold; Dionysos hatte ihm seinen verhängnisvollen

Wunsch erfüllt, vom dem er sich erst durch ein Bad im Fluß Paktolos befreite; seither führt dieser Goldsand.

86,5 *Libyen* lieferte Rom Getreide. – Der *Hermus* in Lydien und der *Tagus* (Tajo) in Spanien galten beide als goldführende Flüsse.

86,6 *wer mir das neidet:* nämlich eisgekühlten Wein zu trinken.

87 Martials *Bettelei beim Kaiser:* vgl. auch 10.

88,4 *Hundert Quadranten* (*quadrans* = Viertelas), also 25 As betrug die tägliche *sportula;* diese ging folglich dem lässigen Grüßer verloren.

89,3-4 *Spoletina ... lagona:* ein weitbauchiges Gefäß mit engem Hals und Henkel, aus Ton (oder Glas) hergestellt; Spoletium (Spoleto): Stadt in Umbrien.

89,6 *das volle Gewicht seiner › Weinflasche‹: oenophorus,* wörtlich »Weinhalter«, steht hier in ironisierender Metonymie für die Harnblase; der Widerspruch zu v. 4, wonach *nicht einmal die ganze (Weinkanne) für ihn allein genug gewesen war,* er also mehr als den Kanneninhalt wieder von sich hätte geben müssen, scheint Martial nicht wichtig zu sein.

89,8 *Er hatte seinen Wein pur getrunken:* Üblicherweise wurde der Wein mit Wasser verdünnt getrunken.

90 Eine Ménage à trois ist demnach schimpflicher als Ehebruch mit mehreren Partnern, da die Bedeutung des einen *moechus* gegenüber dem Ehemann zu groß wird; vgl. III 92.

92,2 *Myron* von Athen: der berühmte Bildhauer und Bronzegießer des 5. Jh.s.

92,3 Der *Vatikaner* ist eine billige Weinsorte; der Wein hat demnach die Qualität von Schlangengift.

93,1-2 *des knausrigen Walkers altes Gefäß:* Urin wurde beim Walken gebraucht.

93,4 *das einem Hund weggezogene Fell in Trastevere:* Gewerbe, die üblen Geruch verbreiteten, wie die Gerbereien, waren jenseits des Tiber angesiedelt: Juvenal XIV 201-202: »Kein Widerwille überkomme dich gegen irgendeine Ware, die nach jenseits des Tibers zu verlegen ist«.

93,6 Zu *garum,* der (an sich hochgeschätzten) römischen Fischtunke, vgl. zu XIII 102.

93,10 *Bohnenmehl* diente zur Gesichtsmaske.
94,1 *chrysendeta* sind silberne Schüsseln mit Goldrand.
94,3 *in einer Herberge:* d. h. immer dann, wenn er auf Reisen ist.

SIEBTES BUCH

1,1 *crudum (thoraca):* wohl »aus grobem Leder hergestellt« oder auch: »neu bearbeitet« bzw. »frisch« im Sinne von: »bisher nicht getragen«.

1,2 *Medusa:* die furchtbarste der drei Gorgonen, schlangenhaarigen Schreckgestalten, deren Anblick versteinerte; Perseus schlug der Medusa das Haupt ab, indem er ihr Spiegelbild in seinem ehernen Schild beobachtete, und schenkte es seiner Schutzgöttin Athene.

1,4 Die *Ägis* ist der Schild Jupiters, den er als (Un-)Wettergott schwingt, aber auch Attribut der Athene/Minerva: als Ziegenfell mit dem Medusenhaupt über ihrem Panzer oder als Schild, den sie am linken Arm trägt. Der wohl aus Eberklauen gearbeitete Harnisch, der wahrscheinlich in einem Tempel der Göttin in Rom aufbewahrt war, wurde Domitian zu seiner Expedition gegen die Sarmaten 92 n. Chr. nachgeschickt. Wenn der Kaiser ihn trage, will Martial andeuten, werde er zum Gott und der Panzer zum heiligen Gegenstand.

2,2 *der getische Schild des Mars:* Verbindung des Mars mit den Getenkämpfen auch Statius, Thebais III 221.

2,3 *ätolischer Speer:* Meleagers Waffe, mit der er den Kalydonischen Eber durchbohrte.

2,4 Zum aus *Eberklauen* gearbeitetem Brustpanzer vgl. zu 1,4.

2,6 *unseres Gottes:* Domitians.

2,8 Die *toga palmata* als Gewand des triumphierenden Feldherrn; streng genommen trug er die *toga picta* (mit Gold und Purpur verziert) über der *tunica palmata,* die mit Palmzweigen bestickt war.

4,1-2 *Castricus:* Freund Martials; *Blässe* galt als typisch für Dichter (und Intellektuelle); *Oppianus* meint, weil er blaß sei, müsse er auch ein guter Dichter sein.

5,3 *gib den drängenden Bitten ihren Gott zurück:* also dich selbst.

5,4 *laurea multa:* Briefe mit Siegesberichten wurden offenbar mit Lorbeer umwunden.

6,1 *Hyperboreer:* mythisches Volk im hohen Norden; hyperboreisch = nördlich.

6,2 *Ausonia:* poetische Bezeichnung für Italien.

6,6 Auch die *Lanzen* wurden zum Zeichen des Sieges mit Lorbeerblättern umwunden.

6,10 *Sarmatischer Lorbeer:* der Triumph in Sarmatien.

7,1 *Arctos* (f.) ist der Große oder der Kleine Bär am nördlichen Sternhimmel; *Peuke:* Insel an der Donaumündung.

7,2 *Hister:* die (untere) Donau, über deren Eis Pferde traben.

7,3 *Flußgötter* stellte man sich mit Stierhörnern versehen vor; das Abbrechen des Horns bedeutete die Besiegung der dortigen Bewohner.

7,10 *Passerinus* und *Tigris:* Namen berühmter Rennpferde.

8,2 *Odryser:* Volksstamm in Thrakien, daher odrysisch = thrakisch bzw. nördlich.

8,5–6 *Janus:* der Gott des Jahreslaufs, des Tages- und Jahresbeginns, des Eingangs und Ausgangs; daher ist auch sein Monat, der Januar, von besonderer Bedeutung für die Römer. Sinn der verklausulierten Schmeichelei wohl: Martial beglückwünscht den Dezember als den Monat von Domitians Siegesmeldung und betont, eigentlich könnte er jetzt der erste und vornehmste Monat des Jahres sein, würde man nicht den frohen Einzug des Kaisers erst im Januar erwarten.

8,7 *Spottlieder* auf den Imperator beim Triumphzug waren üblich und als Teil des Rituals vorgesehen.

8,10 Zu der Vorstellung, daß *der Triumphzug … das Spiel mit dem Spott liebt* vgl. I 4,3–4: »Scherzworte mußtest du stets auch bei deinen Triumphen ertragen, / und ein Feldherr schämt sich nicht, wenn er Anlaß ist für Witzeleien.«

9,1 *Cascellius* (sprechender Name): »uraltes Väterchen«.

10,1 *Olus* (sprechender Name): »Kohlkopf«.

10,2 *was der oder jener mit seiner eigenen Haut anstellt:* vgl. die Redensart *de corio suo ludere* vom »Spielen um die eigenen Haut«.

11,2 Der Zenturio Aulus *Pudens* aus Sassina ist ein – oft erwähnter – Freund Martials.

11,4 *Archetypas:* Die Buchhändler lieferten oft fehlerhafte Exemplare; die nochmals vom Verfasser korrigierten und autorisierten Ausgaben gewannen dadurch an Wert; vgl. auch 17,6f.: »nachdem sie (die sieben Büchlein) vom Schreibrohr ihres Verfassers verbessert wurden«.

12,1 *der Herr:* Domitian; *Faustinus:* ein öfter erwähnter, reicher Freund des Dichters, selber dichtend.

12,6 *Lykambes* verweigerte dem Archilochos seine Tochter, die er ihm zunächst versprochen hatte; durch die Spottverse des Dichters soll der Vater zum Selbstmord getrieben worden sein.

12,10 Sklaven schwuren gern beim *Genius* ihres Herrn oder anderer hochgestellter Persönlichkeiten; Martial gibt sich hier witzig als Klient der *Fama* aus. – *Kastalia* heißt die Musenquelle, die bei Delphi auf dem Parnaß entspringt; *die kastalische Schar* sind die Musen.

13,1+4 *Tibur* (Tivoli), die römische Sommerfrische an den Wasserfällen des Anio; *Herkules* ist der Schutzgott der Stadt.

13,4 *nigra redit:* dasselbe Motiv IV 62.

14,1 *Aulus* Pudens: vgl. zu 11,2.

14,3–4 Anspielung auf Catull, Carmen 3: *Lugete, o Veneres Cupidinesque ... passer mortuus est meae puellae, passer, deliciae meae puellae* – *Lesbia* ist die *puella* Catulls.

14,5 Lucius Arruntius *Stella* aus Padua, Gönner Martials, trat mit seinem Gedicht auf eine Taube in Konkurrenz zu Catull, Carmina 2 und 3; vgl. auch I 7. – *Ianthis* ist der poetische Name für Violentilla, Stellas Frau; vgl. auch VI 21 (dem Dichter Stella zur Hochzeit).

14,6 Die Farbe *schwarz* konnotiert hier wohl den Tod der Taube.

14,7 *nec amoribus:* Das *neque moribus* der codd. gibt wenig Sinn, und Martial hat nirgends sonst *neque* vor konsonantischem Anlaut im daktylischen Metrum (Shackleton Bailey).

14,9 Im Blick auf v 10 (*mentula ... nondum sesquipedalis*) verdient *bis senos* den Vorzug vor *bis denos*: Ein Zwanzigjähriger ist ›anatomisch‹ kein *puer* mehr.

14,10 *Fuß* als Längenmaß etwa 30 cm.

15,1 Die Statue eines fliehenden Knaben stand unter anderen Plastiken in dem 50 geschilderten Park.

15,2 *Hylas* (vgl. auch V 48,5): ein schöner Knabe, von Herkules geraubt und von Quellnymphen ins Wasser hinabgezogen.

15,3 *Tirynthius* wurde Herkules nach der Stadt Tiryns in der Argolis genannt, dem Geburtsort seiner Mutter Alkmene.

15,5 *Argynnus:* der dargestellte Knabe, ein Sklave des Hauses, wahrscheinlich als Mundschenk fungierend; sein Namensvetter, der Liebling Agamemnons, ertrank im Flusse Kephissos, an dessen Ufer jener ihm ein Grabmahl und der Venus einen Tempel errichten ließ.

15,6 *Daß er es nicht selber will:* Damit ist Herkules gemeint, der Hylas an die Nymphen verloren hatte.

16,1 M'. Aquilius *Regulus:* der berühmte Advokat und oft erwähnte Patron Martials; vgl. z. B. I 12 (Schutz der Götter bei einer Fast-Katastrophe).

17,4 *Thalia:* Muse der Komödie und des Epigramms.

17,7 *vom Schreibrohr ihres Verfassers verbessert:* Die von Sklaven verfertigten Exemplare wiesen viele Fehler auf; die vom Autor selbst vorgenommenen Verbesserungen verliehen einem Buch einen höheren Authentizitätswert.

17,9–10 Wir lesen *delicata* und verbinden es mit *quae cantaberis* der nächsten Zeile.

17,12 *Julius Martialis:* der engste Freund des Dichters; vgl. besonders das ihm gewidmete Epigramm I 15, das mit der Aufforderung schließt: *vive hodie!*

18,10 *Symmachus:* ein Arzt.

19 Das *Schiff der Argonauten*, die Argo, wurde nach der Heimkehr Poseidon und damit dem Meer geweiht.

19,3 *kyanische Felsen:* die *Cyaneae* oder Symplegaden, zwei Felseninseln an der Einfahrt ins Schwarze Meer, die zusammenschlugen und alles zerschmetterten; seit der Durchfahrt der Argo unbeweglich.

19,4 *Scythicum fretum:* das Schwarze Meer (Pontus Euxinus).

20,2 Die *recta cena* ist die offizielle, ›richtige‹ Einladung zum Essen, während sich Santra sonst mit der Sportula, sei's ›Freßkörbchen‹ oder kleinem Geldbetrag, begnügen mußte.

20,6 *einen Meineid wegen einer Drossel zu schwören:* Er beteuert, noch nichts davon bekommen zu haben.

20,8 *buccis placentae* (Scriverius) für das überlieferte *buccis plangentem* bzw. *dulcis placenta*.

20,10 *punische Äpfel* heißen die Granatäpfel.

20,14 *spondyli:* Kammuscheln, werden von Plinius, Naturalis historia XXXII 151, in seinem Katalog der Wassertiere angeführt.

20,17 *analecta* (ἀναλέκτης): »Krümelaufleser« heißt der Sklave, der die beim Essen zu Boden gefallenen oder geworfenen Speisereste aufzusammeln hatte.

20,19 *mixto ... vino*: hier wohl kaum vom (wie üblich) mit Wasser vermischten Wein, vielmehr wird Santra versucht haben, unbemerkt die Weingläser anderer Gäste in den Krug zu seinen Füßen zu entleeren, den Wein also ›zusammenzumixen‹.

21,1–4 Als ein Hauptschuldiger der Pisonischen Verschwörung wurde *Lukan* durch *Nero* zum Selbstmord gezwungen; *Polla:* Lukans Witwe, Martials Gönnerin.

22,2 Die *Aonides* sind die neun Musen vom Berg Helikon in Böotien; *Aonius* = böotisch, nach den *Aones*, den mythischen Ureinwohnern der Landschaft.

22,4 Der *kastalische Quell* in Phokis am Parnaß ist Sitz der Musen. – Lukans Vaterstadt Corduba (Cordoba) liegt am *Baetis*, dem Guadalquivir im südlichen Spanien; wenn das Wasser des Baetis sich mit der Musenquelle vermischt, dann bedeutet das, daß Spanien, indem es den Dichter Lukan hervorbrachte, an der Poesie des klassischen Griechenland partizipierte.

23,1–2 Der *donnernde Sänger der Kriege* ist Lukan als Dichter des *Bellum civile* zwischen Caesar und Pompejus. – *Plektrum:* Stäbchen, mit dem man die Lyra schlägt; Lukan bekam von Apollon den *zweiten* Preis – nach Vergil.

24,1 Wahrscheinlich der (spätere) Satirendichter D. Iunius *Iuvenalis* (um 60–140 n. Chr.), der als Rhetor begann; vgl. auch 91.

24,3 *Orestes* und *Pylades:* das berühmte Freundespaar.

24,4 *Peirithoos:* König der Lapithen; mit Theseus kämpfte er gegen die Kentauren und stieg mit ihm in die Unterwelt hinab.

24,5 *die sizilischen Brüder:* Amphinomos und Anapis, Musterbeispiele brüderlicher Liebe; vgl. u.a. Anthololgia Graeca III, 17 das Lemma: »Auf der siebzehnten (Tempelsäule) sind Anapis und Amphinomos dargestellt, die bei einem Vulkanausbruch auf Sizilien nichts anderes als ihre Eltern rettend durchs Feuer trugen.« – *Atriden* (die Atreus-Söhne): das Brüderpaar Agamemnon und Menelaos.

24,6 Kastor und Pollux als Söhne der *Leda,* der sich Zeus in Schwanengestalt genähert hatte.

24,8 *daß du, Zunge, das tust, was du ... tust:* als *fellator* bzw. *cunnilingus.*

25,7–8 *Marisken:* eine große, fade schmeckende Feigenart; zur Feige von Chios vgl. im Buch der Xenia (Gastgeschenke) XIII 23,2: »Sie enthält richtigen Wein und ebenso Salz.« Sie war also nicht nur saftig, sondern auch scharf.

26,1 *Apollinaris:* der mehrmals erwähnte Patron, gelehrte Freund und literarische Kritiker Martials; vgl. IV 86 an den wohlwollend-kritischen Freund. – *Scazon* oder Hinkjambus: ein jambischer Trimeter, bei dem im letzten Fuß der Jambus umgekehrt wird (statt ∪ – steht – ∪).

26,4 *inbuere* (benetzen) hier in der Bedeutung »in etwas einweihen, einführen, zuerst kennenlernen«.

27,2 Das *ätolische Tier* ist der von Meleager erlegte Kalydonische Eber.

27,3 *Dexter:* ein Jäger; vgl. XI 69,3.

27,5 *Mögen sich meine Hausgötter froh am fetten Dampf sättigen:* d.h., kräftiger Bratenduft erfülle mein Haus! So goutierten die homerischen Götter die κνίσση (nidor), den von den Opfern aufsteigenden Fettdampf.

27,8 *Der Falerner* galt als einer der edelsten Weine – *arcano ... garo:* das bedeutet, daß der Koch seine Spezialität, eine besonders pikante Fischsauce, gewissermaßen sein Geheimrezept (*arcanum*), auftischt.

28,1 Die Stadt *Tibur* (Tivoli) östlich von Rom in den Sabinerbergen an den Wasserfällen des Anio, wo die Diana Nemorensis verehrt wurde.

28,3 *tartessisch:* nach der Stadt Tartessos im Südwesten Spaniens an der Mündung des Baetis (Guadalquivir). – *Pallas:* die Göttin als Metonymie für Ölbaum und Ölernte. – *Fuscus* ist ein erfolgreicher, mehrfach erwähnter Anwalt.

28,5 *die Foren* (Gerichtshöfe), von denen es zu jener Zeit drei gab: Romanum, Iulii und Augusti.

28,6 Die Klienten pflegten die Türen ihrer Anwälte nach gewonnenen Prozessen mit *Palmzweigen* zu schmücken.

28,7 *die Mitte des Dezembers:* die Zeit der Saturnalien ab dem 17. des Monats.

28,8 *certa ... aure* versteht Izaac als »en critique infaillible«.

28,10 *was du dir selbst gern sagen läßt:* nämlich die Wahrheit oder eine Schmeichelei – absichtliche Zweideutigkeit.

29,1–2 *Voconius Victor:* ein dichtender Freund Martials; auf seine bevorstehende Hochzeit XI 78; »weltbekannt« ist *Thestylus* durch den Dichter Voconius; andere Lesart: *tota ... urbe* (so zuletzt Schneidewin, Leipzig 1853).

29,7 *Alexis:* angeblich ein junger Sklave, den *Maecenas* dem Dichter Vergil (*Maro*) schenkte; vgl. den Anfang der 2. Ekloge: *Formosum pastor Corydon ardebat Alexim.*

29,8 Domitius *Marsus* (vgl. auch I Epist.): Epigrammatiker der Augusteischen Zeit, den Martial aber IV 29,8 als Beispiel für langatmige Epik wählt; eine *Melaenis* wird sonst nirgendwo erwähnt.

30,1–2 Die *Parther* waren ein gefürchtetes Reitervolk südlich vom Kaspischen Meer; die *Daker* bewohnten das heutige Rumänien und Teile von Ungarn; *Kilikien* und *Kappadokien* sind Landschaften im Osten und Südosten Kleinasiens.

30,3 *pharisch* = ägyptisch; Pharus heißt die kleine Insel vor Alexandria mit dem gleichnamigen Leuchtturm; *Memphis:* Stadt in Unterägypten, südlich des heutigen Kairo.

30,4 Mit dem *Roten Meer* ist der Indische Ozean gemeint.

30,6 Die *Sarmaten* sind eigentlich die Bewohner des polnisch-russischen Tieflandes, das *mare Sarmaticum* ist teils das Schwarze Meer, teils die Ostsee (sic!). – Die *Alanen* sind ein kaukasisches, von den Alten den Skythen zugerechnetes Reitervolk.

31,2 *Feigen* von *Chios:* vgl. auch zu 25,7–8.

31,7 M'. Aquilius *Regulus:* berühmter Advokat und oft erwähnter Patron Martials.

31,10 *dein Landsitz, den der dritte Meilenstein bezeichnet:* Die Nähe zu Rom macht einen Landsitz besonders wertvoll.

31,11 *Tusker* und *Tuskuler* (*Tusculus = Tusculanus*): die Pächter von Landsitzen in Etrurien bzw. in Tusculum, einem Landstädtchen bei Frascati nordöstlich von Rom.

31,12 Die *Subura:* ein leicht verrufenes Viertel in Rom, vom Forum des Augustus ausgehend, mit vielen kleinen Geschäften; Martial will ausdrücken, daß er – im Gegensatz zu Regulus – das alles auf dem Markt kaufen muß.

32,1 *Atticus:* wohl ein Nachkomme von Ciceros Freund Titus Pomponius Atticus.

32,3 *die Schar der kekropischen Minerva:* Damit sind griechische und speziell attische Philosophen gemeint; kekropisch nach Kekrops, dem ältesten, mythischen (halb Mensch, halb Schlange) König von Attica.

32,5 *ein Fechtmeister mit zerschlagenem Ohr:* Die Ohren der Faustkämpfer waren nicht selten durch Schläge verstümmelt.

32,7-8 *Kein Ball ... macht dich reif für das Bad:* sportliche Betätigungen vor dem Bad; an einem *nudus stipes* übten Fechter.

32,9 *ceroma:* eigentlich die Wachssalbe, womit sich die Ringer einreiben, um den Körper schlüpfrig zu machen, hier metonymisch für den Ringkampf.

32,11 *Virgo:* die von Agrippa für die Speisung seiner Thermen im Marsfeld nach Rom geführte *Aqua Virgo*, mit sehr kühlem Wasser; vgl. auch V 20,9.

32,12 Die Halle der Europa auf dem Marsfeld mit der Darstellung des Raubs der *sidonischen* (= phönizischen) Königstochter durch den Zeus-Stier, eine beliebte Promenade; vgl. zu II 14,3-4: *currit ad Europen*.

33,1-2 *calceus ... candidior ... nive:* Modische weiße Halbstiefel, die eher von Frauen als von Männern getragen wurden.

33,4 *calceus ecce perit* ist wohl doppelsinnig: (a) dein Schuhwerk kommt sonst nicht zur Geltung, (b) nicht der Straßendreck ruiniert deine Schuhe, sondern die dreckige Toga.

34,1 Vielleicht Silius *Severus*, der Sohn des Dichters Silius Italicus.

34,2 *Charinus:* der ewig blasse Perverse von I 77; vielleicht hat er ein öffentliches Bad gebaut.

34,9–10 Martial kontrastiert offenbar *die Neronischen Thermen*, eines der drei großen öffentlichen Bäder Roms, mit dem Privatbad (*balnea*) Neros, einem Etablissement sexueller Ausschweifung.

35,1 *aluta:* mit Alaun (*alumen*) gegerbtes Leder.

35,3–4 Seinen jüdischen Sklaven erwähnt Martial auch 55,7–8.

35,7 *matrona:* spöttisch, denn ehrbare Frauen badeten nicht in öffentlichen, für Männer bestimmten Bädern, sondern in eigenen Frauenbädern oder zu Hause.

35,8 Laecania im letzten Vers auf ihren *cunnus* reduzierend, betont Martial ihre sexuelle Gier.

36,2 *rudis ... villa* wohl im Sinne von: verwahrlost, baufällig (vgl. I 12,5: *rudis ... porticus*); anders Izaac: »grossièrement bâtie«.

36,6 *tegere* doppelsinnig: Martial wünscht von seinem Freund und Patron Stella neben den Dachziegeln auch warme Kleidung.

37,1 *Castricus:* ein dichtender Freund Martials, mehrmals von ihm genannt; der *quaestor pro praetore* stand in den senatorischen Provinzen dem Prokonsul als dem eigentlichen Träger der Kriminaljurisdiktion zur Seite (so Mommsen); anders Izaak z.St.: »Sans doute le président des Triumviri rerum capitalium, qui exerçait une jurisdiction sommaire sur les esclaves et les malfaiteurs publics«; so auch Shackleton Bailey.

37,2 Das θ steht für θάνατος als Signum des Todesurteils; Persius IV 13 spricht von dem *nigrum theta*.

38,1–3 M. *Severus:* ein mehrfach genannter homme de lettres und Freund des Dichters; *Polyphem* und *Skylla* nannte Severus die beiden riesigen und offenbar ungeschlachten Sklaven.

39,1 *mane:* hier substantivisch und metonymisch für »morgendliche Besuche«.

40,2 *der ... den Gott auf doppelte Weise erlebte:* Domitian erwies sich dem Verstorbenen gegenüber als zornig und mild zugleich: Claudius *Etruscus* wurde nach Kampanien verbannt, später wurde ihm die Rückkehr erlaubt; er starb im hohem Alter von 90 Jahren; sein gleichnamiger

Sohn hatte ihn in die Verbannung begleitet und durch sein Bittgesuch an Domitian die Rückkehr des Vaters erwirkt; vgl. VI 83 (Dank für Rückberufung aus der Verbannung).

40,6 *Olympiaden:* eigentlich in vierjährigem Turnus gefeiert, werden sie von Martial dem Lustrum (fünf Jahre) gleichgesetzt.

41 Das Wortspiel ist nicht übersetzbar; *cosmicus* ist einerseits »Weltbürger«, andererseits Anspielung auf den bekannten Salbenhändler Cosmus, dessen Parfüms vor allem weichliche Männer verwendeten. Zudem bedeutet *cosmica* (als Neutrum Plural) »die Welt« und alles was zu ihr gehört, worin es sowohl Gutes wie Schlechtes gibt.

42 Das Gedicht ist die Erwiderung auf ein Geschenk von *Castricus* (vgl. zu ihm u. a. VI 43) nebst Begleitgedicht.

42,6 Der reiche Phäakenkönig *Alkinoos* verfügte über hervorragendes Obst aus seinen fruchtbaren Gärten; *poma dare Alcinoo* ist daher sprichwörtlich soviel wie »Holz in den Wald tragen«.

44,1 *Caesonius Maximus* war, weil in die Pisonische Verschwörung verwickelt, von Nero im Jahr 65 verbannt worden (vgl. Tacitus, Annalen XV 71, der aber von Caesennius Maximus spricht), und Quintus *Ovidius*, der hier angeredete Freund Martials, war ihm freiwillig ins Exil gefolgt. Caesonius war früher als Prokonsul in Afrika gewesen (sein Konsulatsjahr ist nicht bekannt), und Ovidius hatte damals das wohl verlockende Angebot, ihn zu begleiten, abgelehnt.

44,5 *Gewässer der Skylla:* das sizilische Meer.

44,10 Caesonius Maximus war seinem Freund, dem Philosophen *Seneca*, möglicherweise in die Verbannung nach Korsika gefolgt, was freilich nirgendwo anders bezeugt ist; vielleicht wollte Martial aber auch nur die Intensität ihrer Freundschaft vergleichen.

45,2 Annaeus *Serenus:* ein Freund, vielleicht auch Verwandter Senecas, dem dieser die Dialoge 2 (De constantia sapientis), 8 (De otio) und 9 (De tranquillitate animi) widmete; vgl. auch VIII 81,11.

45,4 *der glückverheißende Buchstabe:* Briefe, denen die Grußformel *S(alutem)* vorausging; über diese Briefe Senecas ist nichts bekannt.

45,8 Als Klytaimnestra mit Hilfe des Aigisthos den aus Troja heimkehrenden Agamemnon ermordet, läßt Elektra ihren jüngeren Bruder

Orestes zu Strophios nach Phokis bringen, wo er mit dessen Sohn *Pylades* gemeinsam aufwächst; die beiden werden ein unzertrennliches, klassisches Freundespaar.

46,2 *Mäonien:* das östliche Lydien; der Mäonide ist Homer.

46,4 *Priscus:* vielleicht Terentius Priscus, Martials Landsmann, Freund und Patron; ihm überreichte der Dichter in der Heimat sein 12. Buch, und ihn nennt er in XII 3 seinen Maecenas.

46,6 Alle Ausgaben schreiben πεξά (Palmer) für pisce / pexa / plena der codd.; mit den *prosaischen Geschenken* sind praktische und nützliche *munera* gemeint.

47,1 L. *Licinius Sura* (102 zum zweiten Mal Konsul): ein Patron Martials, von ihm dreimal genannt.

47,4 *Lethe:* der Strom des Vergessens in der Unterwelt; nach dem Totengericht ziehen die Frommen in die von ihm umflossenen elysischen Gefilde.

47,5 *Schon hatten unsre Gebete die bange Ungewißheit verloren:* Man hatte Licinius Sura also bereits aufgegeben.

47,6 Lesung und Sinn des Pentameters sind unsicher, die vorgeschlagenen Herstellungsversuche unbefriedigend; *secura tristitia:* »von (hoffnungslos) sicherer, also ausweglöser Trauer«?

47,7 *Der Herrscher des schweigenden Avernus:* Pluto; Averner See bei Bajae, mit Wald und einer Höhle, die in die Unterwelt führen soll.

47,11 *Lebe wie von einem geraubten Gut,* das man um so intensiver genießen soll, als man jederzeit mit seinem Verlust rechnen muß; es gibt keinen Anspruch auf Glück, und (Weiter-)Leben ist stets geborgte Lebenszeit.

49,1 *aus dem Garten der Vorstadt:* Martials Sommergütchen am Stadtrand, das Nomentanum.

49,2 *für deinen Rachen Eier:* Plinius, Naturalis historia XIX 42, empfiehlt hartgekochtes Eigelb u.a. bei rauhem Hals: *faucium scabritiae;* Übersetzungsvariante (nach Izaac): »Eier für deinen Hunger und Früchte für dein Schleckermaul«. – Mit *Severus* ist vielleicht Silius Severus gemeint, der Sohn des Dichters Silius Italicus; vgl. aber zu 38,1-3.

50,1 Die Hausherrin Violentilla, auch VI 21 (dem Hochzeitsgedicht) von Martial mit ihrem poetischen Namen *Ianthis* genannt, war die Frau des L. Arruntius Stella aus Patavium, einem Gönner von Martial und Statius und selber Dichter.

50,3-4 *wenn so viele schneeweiße Diener dein Ufer schmücken und in deinem Wasser sich der Reigen der Ganymeden spiegelt:* Es handelt sich um Jünglingsstatuen aus weißem Marmor; der geraubte trojanische Königssohn *Ganymed* war Liebling und Mundschenk Jupiters.

50,5 Der *Alkide* ist Herakles nach seinem Großvater Alkeus.

50,7-8 *Hylas*, der Liebling und Begleiter des Herakles auf der Argonautenfahrt, wurde von verliebten Nymphen geraubt; mit ihm werden die Marmorstatuen verglichen; vgl. auch 15 auf ein Standbild im Park von Stella und seiner Gattin Ianthis.

51,1 *Urbicus:* ein Bekannter des Dichters, auch XI 55 erwähnt.

51,3-4 Der Tempel des *Mars Ultor*, auf dem Forum des Augustus gelegen; dort hatte *Pompejus Auctus*, ein Rechtsexperte und Bewunderer von Martials Dichtung, sein Büro.

52,1 *Celer:* nach v.3 *legatus Augusti pro praetore* (Legat im Prätorenrang, also mit selbständigem Kommando betraut) bzw. Legat im diesseitigen Spanien, sonst nirgends erwähnt. – Pompejus *Auctus:* s. zu 51,3-4.

53,1 An den *Saturnalien*, die in Rom vom 17. Dezember an mehrere Tage lang gefeiert wurden, beschenkte man sich gegenseitig, besonders die Klienten ihre Patrone und umgekehrt, mit kleinen Gaben; *Umber* hat fünf Tage gewartet, um dann die bei ihm eingegangenen (mageren) Geschenke weiterzugeben. Zu den Saturnalien vgl. auch IV 46.

53,5 *Picenum:* Landschaft an der Adria, südlich von Ancona, berühmt wegen seiner Oliven.

53,6 *Laletanien:* Landschaft im tarrakonischen (nordöstlichen) Spanien, diesseits des Ebro, bekannt durch Weinbau.

54,3 *bis zur Hefe:* d.h., der Wein wurde fast restlos verbraucht.

54,4 *Wahrsagerinnen* und Zauberinnen galten als trunksüchtig; vgl. auch XI 49,7-8.

54,5 *Mola salsa:* Salzschrot wurde beim Opfern den Tieren auf den Kopf gestreut, daher *immolare*.

54,7 *kein Schwein, keine Hühner vom Hof, keine Eier sind mir geblieben:* All das beansprucht die Traumdeuterin für die Opfer, die das in den Träumen des Freundes sich andeutende Unheil abwenden sollen, bzw. als Lohn für ihre Arbeit. Dabei manipuliert die Frau natürlich, um sich kräftig bereichern zu können.

54,8 *schlafe – für dich:* d.h. auch: schlafe auf deine Kosten, insofern Nasidianus Träume haben soll, die nur mit ihm selbst etwas zu tun haben.

55,4–5 *Apicio ... Caesioque:* alles fiktive Namen.

55,7–8 *den Schwanz, der aus Jerusalem nach dem Brande der Stadt kam:* Martials jüdischer Sklave, vgl. auch 35,3–4; Jerusalem wurde im Jahr 70 durch Titus erobert und eingeäschert. – *Kopfsteuer:* Vespasian erlaubte den Juden die Ausübung ihres Kultes im römischen Reich, doch mußten sie jährlich als Sonderleistung die zwei Drachmen, die sie ihrem Tempel gegeben hatten, an den Iuppiter Capitolinus zahlen; Domitian ließ die Judensteuer rigoros eintreiben (Sueton, Domitian 12: *Praeter ceteros Iudaicus fiscus acerbissime actus est*).

56,1 *Rabirius:* Architekt Domitians, der sich beim Bau von Domitians Palast (der Kuppelbau wurde im Jahr 92 vollendet) Jupiters Wohnung im Himmel zum Vorbild genommen habe, ähnlich wie Phidias sich den homerischen Zeus vorstellte, als er an dessen Statue arbeitete.

56,2 *den parrhasischen Palast:* Domitians Palast auf dem palatinischen Hügel; parrhasisch = palatinisch: Euander aus Parrhasia, einer Landschaft in Arkadien, soll sich als erster auf dem Palatin niedergelassen haben.

56,3–4 *Pisa:* Stadt in Elis, in der Nähe von Olympia, der Stätte der Olympischen Spiele; dort stand die berühmte Zeusstatue des *Phidias*, des großen Bildhauers der perikleischen Zeit. – *unser Donnerer:* Domitian.

57 *Kastor* war berühmt als Streiter zu Pferde, *Pollux* als Faustkämpfer; die griechischen Ausdrücke spielen an auf Homer, Ilias III 237. Mitschwingt eine sexuelle Allusion. *Achillas* war ein Kinäde (Allusion bei πὺξ ἀγαθός an πυγή = Hintern), der vermutlich durch ein Geldgeschenk *Gabinias* den Ritterstand erwarb, aber als ›Reiter‹ gleichzeitig der Lover der Dame wurde.

58,7 Die *Curier* und *Fabier* als Repräsentanten der guten alten Zeit und Muster einer einfachen Lebensweise; vgl. auch VI 64,1-2.

58,9 *die düstere Schar:* die Philosophen mit ihrer bewußt ernsten und finsteren Attitüde.

59 *Caecilianus* ist Vielfraß und Geizhals zugleich; weil er zum Eberschmaus keine Gäste einlädt, ist der *aper* sein einziger ›Tischgenosse‹. Da im antiken Text *NON SINE APRO* (in Majuskeln) geschrieben war, ergibt sich zunächst eine dreifache Lesart: 1. nicht ohne (einen Mann namens) Aper, 2. nicht ohne Eber (auf dem Tisch) und 3. nicht ohne Eber (als einzigem Gast); v.2 disambiguiert das im Sinne der dritten Möglichkeit.

60,1 *Ehrwürdiger Lenker der tarpejischen Halle:* Jupiter als Herr des kapitolinischen Tempels; das Wort *aulae* suggeriert die Parallele Jupiter – Kaiserpalast.

61,3 *Germanicus:* Ehrenname Domitians nach den Siegen in Germanien; in einem Edikt des Jahres 92 verlangte der Kaiser den Abbruch von Geschäftsständen und Läden, die die Straßen verengten und den Verkehr oft zum Erliegen brachten.

62,1 Die aspirierte Form *Hamillus* (so Friedländer nach Juvenal X 224: »wieviele Schüler Hamillus verführt«) verdient den Vorzug.

63,1 *Silius* Italicus: Konsul 68, Verfasser eines Epos über den zweiten Punischen Krieg in 17 Gesängen; vgl. auch zu IV 14,1.

63,3 *piërische Abgeschiedenheit:* Pieria heißt eine Küstenlandschaft Makedoniens (Pierus auch = thessalisch); Piëriden = Musen.

63,4 *bacchische Kränze auf dem aonischen Haar:* Mit Efeu bekränzten sich die Weintrinker und die Dichter; Aonien ist ein alter Name für Böotien mit speziellem Bezug zum Berg Helikon, dem Sitz der Musen.

63,5 *Das Heiligtum des erhabenen Maro:* Silius Italicus versuchte, mit seinen Punica Vergil, dem Dichter der Äneis, gleichzukommen; *cothurnatus:* mit dem Kothurn, dem Bühnenschuh des tragischen Schauspielers, bekleidet.

63,6 *des großen Cicero Werk:* Hinweis auf Ciceros erfolgreiche Advokatentätigkeit.

63,7 Eine *Lanze* wurde beim Zentumviratsgericht (Richterkollegium aus hundert Männern für Zivilrecht, wo Erbschafts- und Eigentumsprozesse verhandelt wurden) aufgepflanzt.

63,9 *mit den zwölf Rutenbündeln:* Dem Konsul gingen zwölf Liktoren mit Beilen und Rutenbündeln voran.

63,10 *ein heiliges* (Jahr) *…, da in ihm der Erdkreis befreit wurde:* Er war Konsul im Jahr 68, dem Jahr von Neros Tod.

63,12 *Helikon:* Gebirgsstock in Böotien mit Apollontempel und Musenhain als Ort der Poesie.

64,2 *durch der Herrin Geschenk zum Ritter gemacht:* Die Herrin hatte ihm die nötige Summe von 400000 Sesterzen gegeben.

64,4 *als du vor den strengen Gesetzen des Forums fliehen mußtest:* Er hatte sich durch die Flucht nach Sizilien dem Zugriff der Gerichte entzogen; welche Gesetze er übertreten hatte, sagt Martial nicht.

64,8 *nicht Kyniker oder Stoiker kannst du sein:* Cinnamus scheint mental und charakterlich weder zu kynischer Weltverachtung noch zum stoischen Heroismus fähig zu sein.

64,9 *auch nicht deine Stimme und dein Klatschen dem Theater der Sikuler verkaufen:* Cinnamus ist auch als bezahlter Hurra-Rufer oder Akklamateur in Sizilien nicht zu gebrauchen.

65,2 *tria fora* = *tria iudicia;* möglicherweise waren die drei Gerichtshöfe auf die drei Foren (Romanum, Iulii und Augusti) verteilt.

65,4 *dem es … freisteht, den Rechtsstreit zu verlieren:* womit er weitere Kosten vermeiden würde.

66,1 *Heres ex asse* ist Terminus technicus für den Gesamterben.

66,2 *er habe mehr zu bekommen verdient:* Labienus hatte dem Fabius zuvor Geschenke gemacht, deren Wert nach seiner Ansicht aber den Kapitalwert des ererbten Vermögens überstieg; oder (bösartiger): Labienus' sexuelle Gefälligkeit war größer als daß man sie mit einer Erbschaft bezahlen könnte (so u. a. Shackleton Bailey).

67,1 *Tribade:* lesbisch veranlagte Frau.

67,5 *haphe* (ἁφή, eigentlich das Berühren): Mit feinem, gelbem Sand pflegten sich die Ringer einzureiben; zu Athletinnen und unweiblicher Betätigung von Frauen bei Ringkampf und Gladiatorensport vgl. Juvenal VI 246–267.

67,12 *coloephia* (= *colyphia*): Kraftnahrung für Fechter, Athletenkost, von κῶλον und ἴφι, also »gliederstärkend«; vgl. auch Juvenal II 53: »Nur wenige (Frauen) ringen, nur wenige nähren sich von Athletenkost.«

68,1 *I(n)stantius Rufus:* der mehrfach erwähnte Patron Martials, Prokonsul der (südspanischen) Provinz Baetica 101-102. – *Camena:* weissagende Quellnymphe, später im Plural den Musen gleichgesetzt, die hier metonymisch für Martials Gedichte stehen.

68,4 *Curius und Fabricius* als Repräsentanten der ›guten‹ alten Zeit und Muster einer einfachen Lebensweise; vgl. auch 58,7.

69,1 *Canius* Rufus aus Cadix: der stets lachende, vielseitige Dichter (vgl. III 20), ein Freund Martials; Epigramm auf das Bildnis seiner Frau *Theophila*.

69,2 Theophila hatte in Athen (*Cecropius* = attisch, nach Kekrops, dem mythischen König Athens) philosophische Bildung, attischen Witz und Geschmack erworben.

69,3 *der attische Garten des großen Alten:* gemeint ist der »Garten Epikurs«.

69,5 *Leben wird jedes Werk, das du auf dem Weg über ihr Ohr herausbringst:* d.h., Theophila verfügt über ausgeprägten Kunstverstand und ein kompetentes literarisches Urteil.

69,7+9 Die Beziehung des Adressaten zu *Pantaenis* ist für uns unklar; nach Vers 9 müßte sie zum Mädchenkreis der *Sappho*, der berühmten griechischen Dichterin, gehört haben; Canius hatte wohl ein Gedicht auf sie verfaßt.

69,8 *Pieria:* ein Küstenlandstrich Makedoniens (*Pierus* auch = thessalisch); der *piërische Chor:* die Musen.

69,10 *haec* ist (trotz *illi* v.7) Theophila, *illa* Pantaenis (oder vielleicht auch Sappho).

70,1 Eine Schriftstellerin mit dem Namen *Philaenis* hatte ein Buch mit sexuellen Themen verfaßt.

70,2 Wortspiel mit *amica* als Freundin und Mätresse.

71 Zum Doppelsinn von *ficus* (Martial unterscheidet *ficus*, *ficûs* »Feige«, und *ficus*, *fici* »Feigwarze, Geschwür«) vgl. I 65.

72,1 *Paulus:* nicht identifizierbarer Rechtsanwalt. – *Dezember:* An den Saturnalien, die vom 17. Dezember an mehrere Tage hindurch gefeiert wurden, beschenkte man sich ähnlich wie bei uns am Weihnachtsfest.

72,7 *Novius und Publius:* geübte Spieler im Brettspiel (*ludus latrunculorum*), das unserem Schachspiel vergleichbar ist.

72,8 Im *ludus latrunculorum* unterschied man *Bauern* (*mandrae*, eigentlich: Packesel) und Offiziere (*milites* oder *latrones*); die erwähnten Figuren waren wohl alle aus Glas.

72,9 *nudo* meint halbnackt und bezieht sich auf die Spieler; *trigon:* ein Ballspiel, bei dem drei Spieler an den Ecken eines gleichseitigen Dreiecks standen.

72,10 *die schiedsrichterliche Gunst der gesalbten Schar:* Mitspieler oder Trainer – eingeölt, wie in der Palästra üblich – fungierten wohl auch als Schiedsrichter.

72,11 *Polyb(i)us:* offenbar ein besonders geschickter Ballspieler; zu den (wohl obligatorischen) Schlägen mit der linken Hand beim Dreieckspiel vgl. das Distichon XIV 46.

72,12 f. *si quisquam …:* Die nicht sofort erkennbare Logik des Übergangs von v.11 zu 12 ist so zu verstehen, daß Martial sich als Gegengabe für seine guten Wünsche die Unterstützung von Paulus erhofft.

73 *Dianas* Hügel ist der Aventin mit ihrem Tempel. – Die *Patrizierstraße* befand sich am Fuße des *Esquilin*. – *Kybele*, die Fruchtbarkeitsgöttin, war ›Witwe‹ durch den Tod ihres Geliebten Attis, ihr Tempel lag auf dem Palatin (Livius XXIX 37); der *neue Jupitertempel* auf dem Kapitol, der *alte*, das Capitolium vetus, auf dem Quirinal. – Nach Friedländer besitzt Maximus drei Häuser: auf dem *Esquilin*, dem *Aventin* und dem *vicus patricius*, und diese drei Häuser bieten vier verschiedene Aussichten; dagegen Shackleton Bailey: »Seven houses are involved«.

74,1–2 *Kyllene:* Berg in Arkadien, auf dem der Gott Merkur von seiner Mutter Maja geboren wurde; der Heroldstab des Götterboten (*caduceus*) war von zwei Schlangen umwunden.

74,4 *Paphia:* Aphrodite, so genannt nach der Stadt Paphos auf Zypern, wo sie einen besonders prächtigen Tempel besaß. – *Ganymed:* Der geraubte trojanische Königssohn war Liebling und Mundschenk

Jupiters. – Sinn von v.4: ob du heterosexuell oder homosexuell begehrst.

74,5–6 *die Iden der Mutter* (Maja): der 15. Mai als Geburtsfest des Merkur; der *Großvater* ist der Titan Atlas, Träger des Himmelsgewölbes und Vater der Maja.

74,7 Das Paar *Norbana* und *Carpus* wird nur hier genannt; Friedländer wählte die Lesung *Caro* und dachte an den im Albanischen Agon gekrönten Dichter Carus (IX 23 u. 24).

74,10 *treu ergeben auch er seinem Jupiter:* So wie Merkur als Götterbote loyal zu Jupiter, so steht Carpus loyal zu seinem ›Gott‹: zu Domitian.

75,2 *vis dare nec dare vis:* zu dem Wortspiel mit *dare* vgl. X 75,14: *dat gratis, ultro dat mihi Galla: nego.*

78,1 Ein Fisch aus *Sexetanum* oder *Saxetanum*, einer Stadt an der Südostküste Spaniens (Hispania Baetica); Plinius, Naturalis historia XXXII 146, erwähnt sie als sehr kleine Makrelenart: »sexitanische nach der Herkunft aus der bätischen Stadt«.

78,2 *wenn du gut speist:* d.h., wenn er sich einmal etwas gönnt; natürlich gehören der Fischschwanz und die Bohnen nicht gerade zu den Delikatessen.

78,4 *habes nec cor ... nec genium*, wörtlich: »Du hast weder ein Herz« (als Sitz von Geist und Verstand) »noch einen Genius«. Mit den Leckerbissen, die er nicht selber zu essen wagt, sondern als Geschenke anderen zukommen läßt, will Papylus wohl den Ruf eines Feinschmeckers erhalten; dabei versteht er es nicht, *genio indulgere*, d.h. sein Leben zu genießen, indem er es sich selber schmecken läßt (*genius* ist eigentlich der den Menschen durch sein Leben begleitende individuelle Schutzgeist.).

79,1–4 *konsularischen Wein:* Bei »konsularisch« denkt der Leser zunächst an alten, noch vor der Kaiserzeit geernteten, sozusagen republikanischen Wein – bis ihn die Pointe: *Freilich war, der ihn vorsetzte, ..., selber Konsul,* eines Besseren belehrt. Housman und nach ihm Shackleton Bailey schreiben *prisco* für *ipso* mit der Pointe *Prisco consule:* Drei Konsuln mit dem Namen Priscus werden in den Jahren vor 92, dem Publikationsdatum von Buch VII, erwähnt; *Severus:* s. zu 38,1–3.

80,1 *Odrysen:* thrakischer Volksstamm am Fluß Hebrus (jetzt Marica), odrysisch daher = thrakisch; *triones:* die (sieben) Dreschochsen oder das Sternbild des Großen Bären, der den nördlichen Himmel beherrscht.

80,3 *Faustinus:* ein begüterter Freund Martials und selber dichtend; vgl. auch zu I 25,1. – *Marcellinus:* Soldat und Freund Martials, der zur Zeit in Dakien Dienst tut.

80,7-8 Die *Geten,* ein skythischer Stamm, siedelten etwa nördlich der unteren Donau; die Gegend galt als extrem kalt; die *Sarmaten* sind eigentlich die Bewohner des polnisch-russischen Tieflandes zwischen Ostsee und Schwarzem Meer. Martial denkt an Kinder der Geten, die auf dem zugefrorenen Fluß mit Reifen spielen; der Reifen heißt »sarmatisch«, entweder weil Martial zwischen Sarmaten und Geten nicht klar zu unterscheiden wußte oder weil ihm bekannt war, daß die Sarmaten auf Wagen lebten (Tacitus, Germania 46: *Sarmatis ... in plaustro equoque viventibus*), falls *rota* nicht einfach einen Wagen meint, mit dem die Kinder auf dem Eis herumfahren.

80,9-10 *Mitylene* ist die Hauptstadt der Insel Lesbos. – *Spartanische Knaben* wurden vor dem Altar der Diana gegeißelt, um Standhaftigkeit einzuüben, wobei die Mütter ihren Söhnen Mut zusprachen.

80,11-12 *Dafür wird dir dann vom bezwungenen Hister ein Diener gesandt:* Marcellinus wird sich dadurch für das Geschenk revanchieren, daß er Faustinus einen Kriegsgefangenen von den Donauländern schickt, der seine Schafe bei Tibur betreuen soll; Faustinus besaß u.a. eine Villa bei Tibur (östlich von Rom in den Sabinerbergen); vgl. IV 57; V 71.

82,1 *eine so große Fibel:* Da man annahm, Geschlechtsverkehr beeinträchtige das Stimmvolumen von Sängern und Schauspielern, steckte man durch die Vorhaut eine metallene Fibel oder Heftel; vgl. auch Juvenal VI 73 und 379.

83 *Eutrapelus.* Scherz mit dem griechischen Namen des Barbiers, was so viel wie »wendig, geschickt« heißt.

83,2 *expingere* eigentlich »ausmalen«, dann »schminken«, hier wohl »nach der Rasur verschönernd nachbehandeln«; vgl. VIII 52,8–9 von einem Barbier, der »die Haut schminkte und noch lange, obwohl die Haare bereits abgeschnitten waren, ›Nachlese‹ hielt«.

84,1 *Caecilius Secundus*, der hiernach an der Donau Dienst tut, vielleicht identisch mit dem V 80,7 genannten Secundus, ist sicher nicht Plinius der Jüngere (C. Plinius Caecilius Secundus).

84,3 *Peuke* (vgl. 7,1): Insel an der Donaumündung.

84,8 *Apelles*, ein Zeitgenosse und Freund Alexanders des Großen, galt als der größte Maler des Altertums; »des Apelles Werk« für »das Gemälde«.

86,7 *spanisches Silber* war wegen seiner Reinheit besonders wertvoll.

86,9 *Gastfreundschaft ist das nicht, treibt man Handel damit: sportula* - öfter von den ausgeteilten Speiseportionen gebraucht – meint hier speziell die Einladung zum Mahl, zur *cena recta*.

86,10 *Geschenke nährst du, Sextus, nicht deine Freunde:* Martial unterstellt Sextus, daß dieser mit dem ›Geschenk‹ der Bewirtung selber nur auf Geschenke hoffe, daß es ihm nicht auf die Person, sondern ihre Gaben ankommt; für Martial typische Zusammenführung zweier sich ›beißender Phänomene‹ durch witziges Wörtlichnehmen.

86,11 *Der Bote* (der mit der Einladung der Gäste betraute Sklave) *soll Prügel bekommen*, weil er angeblich die Einladung nicht überbracht hat.

87,1 *lagalopece:* Bedeutung und Schreibweise des Wortes sind unsicher.

87,5 *Ichneumon:* wohl die Pharaonsratte; vgl. Plinius, Naturalis historia VIII 87–88; vom Ichneumon glaubten die Alten, daß es dem schlafenden Krokodil durch den offenen Rachen krieche und seine Eingeweide auffresse: Plinius, Naturalis historia VIII 90.

87,7 *Cadilla:* Der Name ist nicht sicher überliefert; vgl. den Apparat dieser Ausgabe.

87,10 *haec ... monstra:* »The lapdog and the nightingale might protest, but M. is in no mood to make distinctions« (Shackleton Bailey).

88,2 *Vienna* (Vienne an der Rhône): die Hauptstadt der Allobroger in der Gallia Narbonensis.

88,7 *mein Tagus:* Der Tajo ist Martials heimatlicher Fluß.

ZUM SIEBENTEN BUCH

88,8 *Hybla:* Berg (und Stadt) an der Ostküste Siziliens, hier neben dem ebenfalls wegen seines Honigreichtums berühmten attischen *Hymettus* genannt.

88,10 *Ich meine, ich kann dir schon glauben, Lausus:* ironischer Subtext: Lausus hatte nach 81 den Dichter angegriffen; da er aber ›nur‹ dreißig Gedichte pro Buch für schlecht hält, kann Martial die Kritik als Qualitätsbeweis umdeuten; in seiner, Martials Optik, bedeuten ja bereits dreißig gute Gedichte ein hohes Lob; dreißig schlechten stehen aber unausgesprochen mindestens sechzig gute Gedichte pro Buch gegenüber, womit der Kritiker ungewollt von dem Dichter doppelt so viel hält wie dieser von sich selbst.

89,2 Zu *Apollinaris*, dem gelehrten und kritischen Freund des Dichters, vgl. vor allem IV 86.

90,1-4 *Matho, Calvinus, Umber* und *Creticus* sind wohl fiktive Namen.

90,4 *Gleichmäßig ist nur ein Buch, das schlecht ist:* Da man nicht nur gute Gedichte schreiben kann, ist der Vorwurf, ein »ungleiches« Buch verfaßt zu haben, das dann unausgesprochen auch gute oder zumindest bessere Gedichte enthält, in Wirklichkeit ein Lob; vgl. das Distichon 81.

91,1 *Juvenal:* wohl der (künftige) Satirendichter; vgl. 24,1-2: »Falsche Zunge, du versuchst, mich mit meinem Juvenal zu entzweien«.

91,4 *der üppige Schwanz des Gottes ..., der den Garten bewacht:* Vielleicht stilisiert Martial sich hier selbst zum Gartengott Priap, der mit Naturalien die Liebesdienste der Mädchen quittiert, oder diese haben trotz der apotropäischen Geste des Priap die Früchte aus Martials Garten gestohlen.

92,9 *vom Schlage getroffen* (vgl. XI 85,1: *Sidere percussa est subito tibi, Zoile, lingua*): *sidus* vom lähmenden Einfluß der Gestirne, speziell vom Sonnenstich; vgl. auch den Begriff *sideratio* für eine von der Witterung, besonders der Sonnenhitze, herrührenden Krankheit.

92,10 Statt *quid sit* der codd. schreibt man mit und seit Gilbert *si quid*.

93,1-2 *Narnia:* Stadt in Umbrien am Nar, der, weil schwefelhaltig, eine weißliche Farbe hat; *kaum zugänglich wegen eines doppelten Berg-*

joches: auf der Ostseite der Stadt; von Westen her war Narnia nur über eine von Augustus erbaute Brücke zugänglich, von der noch ein Bogen steht.

93,3 *Quintus* Ovidius (vgl. z.B. I 105): Martials Gutsnachbar bei Nomentum nördlich von Rom; dort besaß Martial sein *Nomentanum*, einen kleinen Landsitz; zu ihm vgl. vor allem XII 57.

95,5-6 *Was könntest du uns zur Strafe Schlimmeres, Ärgeres antun:* nämlich Küsse als Racheakt; vgl. auch II 23,4-5: »all diese Küsse zu kränken, die sich so ausgezeichnet zu rächen verstehen«.

95,10-11 *Naribus caninis:* weil Hundenasen kalt sind.

95,13 *Cinyps:* ein Fluß in Libyen zwischen den Syrten, einer Gegend mit wohl sehr langhaarigen Ziegenböcken; auch in Kilikien wurde langes Ziegenhaar zu Filz verarbeitet; Martial hat beide Vorstellungen kombiniert.

96,2 *dem das mächtige Rom Herkunft und Namen gab:* Der Name *Urbicus* ist von *urbs* (»Hauptstadt«) abgeleitet.

96,4 *die finsteren Göttinnen:* die drei Parzen oder Schicksalsgöttinnen; *male* für *mala* der codd. ist allgemein angenommener Vorschlag von Heinsius.

96,7 *Lethe:* Unterweltsfluß; *Nestor:* der sprichwörtlich uralte König von Pylos.

97,1-3 C. *Caesius Sabinus* von Sassina in *Umbrien*: ein Freund Martials; der Zenturio (und Päderast) *Aulus Pudens* ist gleichfalls ein mehrfach erwähnter Freund des Dichters.

97,8 *Turnus:* Satiriker der Zeit Martials; vgl. XI 10.

99,1 *Crispinus:* ein Dandy und reicher Emporkömmling aus Canopus im Nildelta; Juvenal I 27 erwähnt, wie er, um zu protzen, »den Purpurmantel mit der Schulter zurückwirft«; vgl. auch VIII 48; *Donnerer* v.1 und *Gott in Person* v.8 ist Domitian.

99,2 *Memphis* steht für Ägypten.

99,3 *am parrhasischen Hofe:* im Palast Domitians auf dem Palatin; parrhasisch (= arkadisch), weil Euander, der Sohn Merkurs und der ›Prophetin‹ Carmenta, etwa 60 Jahre vor dem Trojanischen Krieg nach Italien kam und eine Niederlassung am Palatin gründete.

99,7 Die Dichter Domitius *Marsus* und Valerius *Catullus*, in denen Martial seine Vorgänger sieht; im Gegensatz zu uns schätzte das Altertum Catull vor allem als *poeta doctus*.

ACHTES BUCH

Epist. *Mimen* sind eine spezielle Art kleiner, frecher Komödienszenen; zum *Mimus* vgl. auch zu II 7,3.

1,1 *das lorbeergeschmückte Haus:* Der Triumphator durfte die Türen seines Hauses mit Lorbeerzweigen schmücken. Augustus, immerwährender Triumphator, hatte wohl dauernde Lorbeerbekränzung an seinem Palast; die späteren Kaiser übernahmen offenbar diese Sitte; vielleicht spielt Martial hier aber auch lediglich auf die Siege des Herrschers gegen die Sarmaten an der Donau (Pannonien) im Jahr 92 an.

1,3 Die *nackte Venus* steht für ausgelassene Frivolität.

1,4 *des Kaisers Pallas:* Athene als Göttin der Künste und Wissenschaften und als Patronin des Kaiserhauses; vgl. auch V 2,7–8: »Germanicus kann es ohne Erröten in Gegenwart der kekropischen Jungfrau lesen.«

2,1 *Janus*, der doppelgesichtige Gott, der vorwärts und rückwärts schaut, herrscht über das Jahr und über die kollektive Erinnerung der Römer.

2,2 *Hister (Ister):* Unterlauf der Donau.

2,3 *seine vielen Gesichter:* Martial denkt an ein vierköpfiges Janusbild, das die vier Jahreszeiten symbolisierte, wie es angeblich Camillus nach Rom gebracht hatte; vgl. X 28 den von Domitian geschaffenen Tempel des Ianus quadrifrons, der den Gott nach vier Seiten schauend zeigte.

2,7 *Pylos:* Stadt im südlichen Elis nordwestlich der Bucht von Navarino; Hinweis auf Nestor, den sprichwörtlich uralt gewordenen König von Pylos.

3,5 Grabmal des M. Valerius *Messala* Corvinus, des Redners und Feldherrn, der mit Augustus befreundet war und den Dichter Tibull förderte.

3,6 *Licinus:* Freigelassener und reicher Emporkömmling zur Zeit des Augustus; sein prachtvolles Grabmal lag an der Via Salaria.

3,9 Die *neunte der Schwestern* ist Thalia, die Muse der Komödie und des Epigramms.

3,10 *Haar und Gewand troffen ihr von Salböl:* Martial fingiert eine Thalia, die, um Eindruck zu machen, des Guten zuviel tut – wie Frauen, die zu viel Parfüm verwenden.

3,13 Der *leichte Schuh* gehört zur komischen, der schwere, *erhöhte Schuh* (Kothurn) zur ernsten, tragischen Dichtung.

3,14 *im Gleichmaß des Verses:* im Hexameter, dem heroischen Versmaß.

3,18 Weil sie mit ihrer ›Langpoesie‹ nicht so schnell ein Ende finden können, sieht ihnen noch *mitten in der Nacht* die *Lampe* bei der Arbeit zu.

3,21 *avena:* metonymisch für Hirtenflöte, aber auch zur Bezeichnung ganz einfacher Verse verwendet.

4,2 Am 3. Januar wurden im ganzen Imperium *Gelübde* für den Kaiser *abgelegt und eingelöst:* Sueton, Nero 46,2, spricht von *votorum nuncupatione, magna iam ordinum frequentia* an den Januarkalenden.

4,3 Seit dem Jahr 84 und nach dem Germanenfeldzug ist *Germanicus* Beiname Domitians.

5,1-2 Durch seine Freigebigkeit hat *Macer* wohl mit seinem Vermögen gleichzeitig den Ritterstand verloren, der ihn zum Tragen des goldenen Ringes berechtigt hatte.

6,2 *Sagunt:* Stadt in Spanien nördlich von Valencia; mit ihrer Belagerung begann der 2. Punische Krieg; Tongeschirr aus Sagunt wird auch IV 46,14-15 erwähnt.

6,3 *furiosa* codd.; *fumosa* ist Konjektur von Lipsius, die u.a. auch Shackleton Bailey übernimmt; von *imagines fumosae*, rauchgeschwärzten Ahnenbildern, spricht u.a. Cicero.

6,5-6 *Laomedon:* König von Troja, der Vater von Priamos; er verweigerte Poseidon und *Apollon* den für die Erbauung der Stadtmauern von Troja ausbedungenen Lohn.

6,7 *Rhoetus* (auch Rhoecus): einer der Kentauren, die – vom Wein erhitzt – die Lapithinnen entführen wollten.

6,9–10 *Trinkgefäß … mit dem doppelten Boden:* Doppelpokal (vgl. Homers δέπας ἀμφικύπελλον), der auf beiden Seiten einen Becher bildet, so daß also der Fuß wieder ein Becher ist; an den Handgriffen saßen Tauben. – *Blankgerieben von dem pylischen Daumen:* vom Daumen *Nestors*, des (uralt gewordenen) Königs von Pylos.

6,12 Der *Äakide* ist Achilleus, der dem Patroklos auftrug, den Gästen starken Wein einzuschenken; vgl. Ilias IX 202–3: »Einen größeren Mischkrug … stelle vor uns und mische uns kräftigeren Wein!«

6,13 *Dido:* Königin von Karthago; ihre Liebe zu Äneas schildert Vergil; Anspielung auf Äneis I 738: *tum Bitiae dedit increpitans*.

6,14 Der *phrygische* (= trojanische) Held ist Äneas.

6,16 *Astyanax:* Priamos' Enkelkind und Hektors kleiner Sohn, steht hier für jungen Wein.

7,3 Mit der *Wasseruhr* bestimmte man die Redezeit vor Gericht, vgl. auch VI 35,1–2: »Sieben Wasseruhren, die du mit lauter Stimme verlangtest, hat dir, Caecilianus, widerstrebend der Richter gegeben.«

8,1 *Janus* als Gott allen Beginns eröffnet das Jahr: *Fastorum genitor parensque Ianus* (2,1).

8,3–4 *te pia tura rogent …:* Martial nennt die ›Sachen‹ statt der Personen (das opfernde und betende Volk, die Konsuln, die Magistrate), die mit Janus in ›Verbindung‹ treten; *purpura* steht für die purpurverbrämte Toga der römischen Magistrate, speziell der beiden Konsuln.

8,6 *daß du … den Gott heimkehren siehst:* Domitian kehrte nach acht Monaten im Januar 93 von seinem Feldzug gegen die Sarmaten zurück.

9,1 *Quintus:* wohl ein Augenarzt.

10,2 *tyrische* (Kapuzenmäntel), *in schönster Farbe:* in Purpurfarbe; Tyrus, Handelsstadt auf einer Insel vor der phönizischen Küste, von Alexander 332 v. Chr. mit dem Festland durch einen Damm verbunden, war durch die (in ihr angeblich erfundene) Purpurfärberei berühmt.

11 Domitians Heimkehr: vgl. die Thematik von 8: *reducem … videre deum*.

11,3 Als *Sarmaten* werden die Bewohner des polnisch-russischen Tieflandes bezeichnet; die Geten wohnten nördlich der unteren Donau, des antiken *Hister*.

11,5 Der *Circus* heißt *sacer*, weil der Kaiser anwesend ist.

13,1-2 *Narren* hielt man sich gern zur Belustigung; das epigrammatische Ich beklagt sich hier nicht nur, daß man ihm beim Kauf etwas vorgemacht habe (grotesk: der Kerl war zu teuer, weil zu gescheit), sondern deutet an, daß er selbst ein Idiot gewesen sei; vgl. auch das Distichon XIV 210.

14,1 *deine blassen kilikischen Obstgärten:* speziell kilikischer Safran, der unter Glas gehalten wurde; vgl. III 65,2: »der Lufthauch ..., der vom Safran Kilikiens kommt«.

14,3 *specularia:* Scheiben aus Frauenglas.

15,1 *Während man den neuen Ruhm des Pannonischen Krieges mitzählt:* *numerare* ist Terminus technicus von der Punktzahl beim Spiel, vgl. IV 29,7: »Mehr Pluspunkte gewinnt Persius für ein einziges Buch«. – *Pannonien* ist etwa das Gebiet des heutigen Ungarn, das *Pannonicum bellum* der Sarmatenkrieg Domitians im Jahr 92.

15,2 Es ist sowohl Domitian (= der heimgekehrte *Jupiter*) als auch der Tempel des Iuppiter redux gemeint.

15,4 *eine dritte Schenkung:* »Domitian gab bei der Rückkehr dem Volk sein drittes *congiarium*, von 15 Millionen Denaren wie die beiden ersten« (Friedländer). – *Latiums Bezirke:* Es gab vier städtische (*urbanae*) und 26, später 31 ländliche (*rusticae*) Tribus.

15,6 *nicht wird jetzt dein Friedenslorbeer geringer sein:* Domitian verzichtete auf den Triumph und weihte lediglich dem Iuppiter Capitolinus einen Lorbeerzweig für den ruhmvollen Friedensschluß; vgl. Sueton, Domitian 6,1: *De Sarmatis lauream modo Capitolino Iovi rettulit*.

15,7 *da du dir ja der frommen Liebe der Deinen gewiß sein kannst:* Du weißt, daß dem Volk auch ohne Inszenierung eines Triumphzuges die Größe deines Sieges deutlich vor Augen steht.

16,2 *zweihunderttausend:* wohl im Jahr.

16,5 *facere farinam:* vielleicht sprichwörtlich für »verpulvern«, »vergeuden«; bei Plinius wird *farina* öfters für Substanzen in pulverisiertem Zustand verwendet, z.B. von trockenen Blättern: *foliorum arentium farina*, oder von Marmorstaub: *farina marmoris* (Naturalis historia XXIII 161; XXXII 79).

17,4 *daß ich vor Scham errötet bin:* Der Anwalt hat über diskreditierende (und ihm selbst die Schamröte ins Gesicht treibende) Fakten geschwiegen und sich durch diese Diskretion um seinen Klienten verdient gemacht.

18,1 Ein Epigrammatiker *Cerrinius* wird sonst nirgends genannt.

18,5 P. Vergilius *Maro* als Dichter des Epos, Q. Horatius *Flaccus* als Odendichter, letzterer ungenau als *Kalabrier* bezeichnet, so auch V 30, 2: *in Calabra … lyra*.

18,6 *Pindar:* Chorlyriker aus Theben (ca. 518–446 v.Chr.), für Horaz das unerreichbare Vorbild der erhabenen Lyrik (Dithyrambos, Hymnos, Epinikion, Threnos); vgl. die Ode IV 2: *Pindarum quisquis studet aemulari*.

18,7 *Varius* Rufus: Tragödiendichter aus der Zeit des Augustus (sein Thyestes wurde nach Actium feierlich aufgeführt), Freund von Horaz und Vergil; der *Kothurn*, der Bühnenschuh des tragischen Schauspielers, steht metonymisch für die Gattung Tragödie.

19 Der (fiktive) *Cinna* spielt seine Armut bewußt aus, um als bescheiden auftretender Reicher eingeschätzt zu werden.

21,3-4 *Bootes* (Ochsentreiber): markantes Sternbild am nördlichen Himmel; das *träge Gespann* ist der Wagen oder Große Bär; beide (zirkumpolare) Sternbilder drehen sich (scheinbar) besonders langsam am Himmel.

21,5 *Kyllaros:* Roß der Dioskuren *Kastor* und Pollux, der Söhne der *Leda* (Sternbild der Zwillinge); hätte sich der Morgenstern des Dioskurenrosses bedient, statt als Gefährt den Großen, aber langsamen Wagen zu benutzen, wäre er schneller angekommen, hätte also früher den neuen Tag – und damit den Kaiser – gebracht.

21,7 Helios, der Sonnengott, wird hier als Sohn des Titanen Hyperion auch selbst *Titan* genannt; *Xanthus* und *Aethon* heißen die Rosse des Sonnenwagens.

21,8 Der König *Memnon* von Äthiopien gilt als Sohn der Eos (Aurora) und des Tithonos.

21,10 *Ausonien* ist ein poetischer Name für Italien. – Weil *Luna*, die Mondgöttin, den Einzug des Herrschers miterleben will, zieht sich die Nacht in die Länge.

22,2 *hybrida* bezeichnet das ›Produkt‹ aus Wildschwein und zahmer Haussau: Plinius, Naturalis historia VIII 213: »Bei keiner anderen Tiergattung vollzieht sich die Kreuzung mit der wilden Art so leicht; die Alten nannten die so entstandenen Jungen Hybriden, gleichsam Halbwilde, und man übertrug diese Benennung auch auf Menschen ...«; Sinn: Wenn ich die mir vorgesetzte Zuchtsau mit einer Wildsau verwechsle, dann verdiene ich selber die Bezeichnung Zwitter (*hybrida* sicher ein Schimpfwort).

25,1-2 Das epigrammatische Ich wünscht *Oppianus* eine lange und schwere Krankheit mit vielen Möglichkeiten, den Patienten zu besuchen.

26,2 Der *raptor* flieht ängstlich, wenn er mit seinem Raub, dem Tigerjungen, von der Tigermutter verfolgt wird. – Die Landschaft *Hyrkanien* am südöstlichen Ufer des Kaspischen Meeres war nach dem Zeugnis Vergils (Äneis IV 367) reich an Tigern.

26,3 *novas ... tigres:* bei den Festlichkeiten aus Anlaß der Beendigung des Sarmatischen Krieges Anfang 93.

26,5 *Erythräisches* oder Rotes Meer nannten die Alten den Persischen Golf und den Indischen Ozean bis zur Insel Taprobane (Ceylon). – *Erythraeos ... triumphos:* Bacchus brachte auf seinem Indienzug u.a. den besiegten Völkern den Wein; ein Tigerpaar zog seinen Triumphwagen.

28,3 *Phalanthus:* spartanischer Gründer von Tarent.

28,4 *Galaesus:* Fluß in Unteritalien bei Tarent; die Tarentiner (im Galaesus gewaschene) Wolle war ganz besonders weich; vgl. II 43,3.

28,5-6 Die uralte Handelsstadt *Tartessos* lag an der Mündung des *Baetis* (Guadalquivir) in Südspanien. – *Hesperius:* spanisch, so öfter.

28,7-8 Der *Timavus* (Timavo: ein Fluß in Istrien bei Triest) fließt nach Strabo mit sieben Mündungen ins Meer; vgl. IV 25,5-6. – *Kyllaros* (vgl. 21,5) heißt das Dioskuren-Roß; als die Argonauten auf ihrer Rückkehr von Kolchis den Timavus erreichten, tränkte Kastor das Pferd darin; später wurde es dann unter die Sterne versetzt.

28,9 *Amyclaeo ... veneno:* Die Stadt Amyklai in Lakonien, die Heimat der Dioskuren und ihrer beiden Schwestern Helena und Klytaimnestra, war auch berühmt für ihren Purpur, der hier als ›Farbdroge‹ *venenum* heißt.

28,10 Auch in *Milet*, der Hauptstadt Joniens, wurde Wolle mit Purpur gefärbt.

28,11 *Lilien* und *Liguster* werden auch I 115,3 zusammen genannt: *argento, nive, lilio, ligustro*.

28,12 Angeblich vermochte das Wasser von *Tibur* (die Wasserfälle des Anio) Gegenstände, v. a. Elfenbein, weißer zu machen; vgl. auch VII 13,1–2 »in der Sonne von Tibur bleiche das Elfenbein von einem verwitterten Zahn«.

28,13 *der spartanische Schwan:* In Schwanengestalt hatte sich Jupiter der Spartanerin Leda genähert. – Die Stadt Paphos auf Zypern war ein Zentrum des Aphroditekultes, *Paphia* ist daher ein Beiname der Göttin, und die *Tauben* sind ihr heilig.

28,14 *erythräische Gewässer:* vgl. zu 26,5 und V 37,4 die *lapillos Erythraeos*, womit Perlen aus dem Indischen Ozean oder dem Roten Meer gemeint sind.

28,15 Zum Bild des *ersten Schnees* und seiner strahlenden Reinheit vgl. V 37,6: »den ersten Schnee und die unberührte Lilie«.

28,16 *Parthenius:* der mehrfach erwähnte Kämmerer und Günstling Domitians (vgl. z. B. IV 45); *candidiora* spielt auf die Etymologie des Namens Parthenius an: »von jungfräulicher Reinheit«.

28,18 *Semiramis:* Königin von Babylon, die mythische Gründerin der assyrischen Dynastie; Stickereien von Babylon waren berühmt: XIV 150.

28,19–20 *Athamas:* Vater von Phrixos und Helle und König von Theben; auf der Flucht vor der Stiefmutter werden *Phrixos* und seine Schwester von einem Widder mit goldenem Vlies nach Kolchis getragen; Helle stürzt unterwegs über den Dardanellen ins Meer, das fortan nach ihr Hellespont benannt ist. Das Schaf, das die beiden trug, heißt *äolisch* nach Äolus, dem Gott der Winde und Großvater des Phrixos.

28,22 *Palatina toga:* Toga aus dem Kaiserpalast, wo Parthenius als Domitians Kämmerer wohnte.

30,2 Zur Zeit des ersten Konsuls L. Iunius *Brutus* mißglückte ein Attentat des C. Mucius gegen den etruskischen König Porsenna. Seine Unerschrockenheit bewies er, indem er vor dem König seine rechte

Hand in die Flammen eines Opferaltars hielt. Diese Tat brachte ihm den Beinamen »Scaevola« (»Linkshänder«) ein. In der Arena wurde die Szene, wie auch andere mythologische und historische ›Sensationen‹, mit einem zum Tode Verurteilten, dem man Strafmilderung zusicherte, nachgespielt; vgl. dazu I 21 und X 25.

30,6 *Die weidet sich an ihrer vollständigen Aufopferung* ist ein Versuch, das überlieferte *totis pascitur illa sacris* zu halten.

31,1-2 Das *ius trium liberorum* gewährte bestimmte Rechte und Vorteile; es konnte auch verliehen werden, wenn man keine (drei) Kinder hatte. *Dento* ist zwar verheiratet, aber offenbar impotent, legt also mit seinem Antrag ein schmachvolles Zeugnis seiner nicht vorhandenen Männlichkeit ab.

32 Wahrscheinlich war *Aretullas Bruder* nach Sardinien verbannt; durch das Epigramm will Martial zu einer Begnadigung durch Domitian beitragen.

33,1 Während des Festzuges aus Anlaß der *ludi Apollinares*, die jährlich am 5. Juli gefeiert wurden, hielt ein Sklave über den an der Spitze schreitenden *Prätor* einen goldenen *Kranz*.

33,1-2 Martial mokiert sich über die extrem dünne Trinkschale, die ihm Paulus als Geschenk geschickt hatte, indem er einige ›Analogien‹ beisteuert.

33,3-4 Demnach war ein Gerüst im Theater oder Amphitheater mit Goldschaum überzogen, den der versprengte *Safran* (Safranessenz als Duftspender im Theater und Zirkus: V 25,7-8) wieder wegspülte.

33,6 Zur dünnen Vergoldung eines *lectus* vgl. IX 22,6: *et crepet in nostris aurea lamna toris*.

33,11 *sputum:* hier die zur Vergoldung verwendete Flüssigkeit.

33,11-12 Am Neujahrstag brachten arme Klienten ihren Patronen vergoldete Datteln und einen As, auf dem ein Januskopf abgebildet war, als symbolische Gaben, unseren Ostereiern vergleichbar; vgl. auch XIII 27: »Eine goldene Dattel überreicht man an den Januskalenden; und doch ist das gewöhnlich nur das Geschenk eines Armen.« Zur Dattel als Neujahrsgeschenk: Ovid, Fasti I 185f.: »Was soll die Dattel als Gabe und was die runzlige Feige, / was in dem weißen Krug schimmernder Honig dazu?« / »Vorzeichen sind sie dafür, daß die Süße den Dingen auch nachfolgt, / daß das begonnene Jahr angenehm ende den Lauf.«

33,13 *colocasium*, auch »ägyptische Bohne« genannt, eine prachtvoll blühende Wasserpflanze, zur Familie der weißen Wasserrose gehörend; Plinius stellt sie Naturalis historia XXI 87 vor und betont, daß die gekochten Stengel beim Kauen wie Spinngewebe aussehen: *caule, cum coctus est, araneoso in mandendo*.

33,18 *wenn man auf's Wasser schlägt*: oder: »im aufgewühlten Wasser«.

33,19 *vesica* (Blase) in der Bedeutung »Haube zum Schutz der Haare in der Nacht« nur von Martial hier bezeugt.

33,20 *spuma Batava*: eine Art Seife, mit der man dem Haar eine rötliche Farbe geben konnte; sonst schreibt Martial diese Seife nicht den Batavern, einem Germanenstamm an der Rheinmündung, sondern den Chatten und der Stadt Mattium zu.

33,21 Zeus hatte sich in der Gestalt eines Schwanes mit *Leda* vereint, die ihm zwei Eier gebar, aus denen Helena und die Dioskuren hervorgingen; *Ledas Ei*: Schwanenei.

33,22 *ähnlich dünne Pflaster sitzen halbmondförmig auf der Stirn*: s. II 29,9 von einem gebrandmarkten Sklaven (mit Senatoren-Allüren): »Pflaster in großer Zahl überziehen die wie mit Sternen übersäte Stirn«.

33,23 *ligula*: etwa von der Größe unseres Eßlöffels.

33,24 *cocleare*: etwa unserem Teelöffelchen vergleichbar; am Stiel befand sich eine Spitze, mit der man Eier öffnen oder Schnecken aus ihren Schalen ziehen konnte.

33,24-25 Wortspiel mit *cocleare* und *coclea* (Schneckenhaus).

34,1 *Mys*: ein berühmter Toreut (Ziseleur in Silber) im 5. Jh. v.Chr., Zeitgenosse und Gehilfe des Phidias; vgl. Plinius, Naturalis historia XXXIII 155; der Angesprochene ist wohl ein Antiquitätenhändler, der seine Waren künstlich ›antikisiert‹.

36,1-2 Zum despektierlichen Blick auf die *Pyramiden* angesichts kaiserlicher Bauwerke vgl. man Liber spectaculorum I 1: »Das barbarische Memphis schweige von den Wundern der Pyramiden«. – *Eous* (morgenländisch) auch vom Bereich des östlichen Mittelmeers (vgl. Horaz,

Epoden 2,51: *Eois ... fluctibus)*, und so hier für das unterägyptische *Memphis*, der durch die Pyramiden berühmten Residenz der Pharaonen.

36,3 *parrhasisch:* arkadisch und, weil der arkadische König Euander in Rom auf dem Palatin gewohnt haben soll: palatinisch oder kaiserlich; vgl. auch VII 56,2: *Parrhasiam ... domum.* – *mareotisch:* ägyptisch (von Marea, einem See und einer Stadt bei Alexandria).

36,6 *Ossa* und *Pelion:* beides hohe Berge in der thessalischen Landschaft Magnesia; die Giganten türmten den Ossa auf den Olymp und den Pelion auf den Ossa, um den Himmel zu stürmen.

36,9-10 *Kirke:* Tochter des Helios; man glaubte, daß ihre Insel am Morgen zuerst von den Sonnenstrahlen erreicht werde; das Bild in den Versen 9–10 ist eine groteske Übertreibung: Die Spitze des Palastes würde danach schon vor ›offiziellem‹ Sonnenaufgang vom Licht des Tagesgestirns berührt.

36,11 *Auguste:* »erhabener Kaiser« auch IV 27,1.

37 Ähnlich das Gedicht IX 102 über ein Geschenk, das keines ist.

38,8-10 *Du erreichst das:* nämlich gut zu sein. – Atedius *Melior* (vgl. auch zu II 69,7), ein reicher Patron von Martial und Statius. – Meliors Freund *Blaesus*, wohl ein hochgestellter Mann, ist nicht sicher idientifiziert, vielleicht der von Plinius, Epistulae II 20,7f., genannte Velleius Blaesus.

38,14 *facis ipse Blaesianum:* Zur Erinnerung an seinen verstorbenen Freund Blaesus hat Melior eine ›Fondation Blaesus‹ geschaffen: ein *Collegium cultorum diei natalicii Blaesi*, und das notwendige Stiftungskapital zur Verfügung gestellt, das speziell den *scribae* des Blaesus über den Tod des Stifters hinaus zugute kommen sollte.

38,15 *longum* in der Bedeutung von *diu*, so öfters.

38,15-16 Andere Übersetzungsmöglichkeit: »Das (d.h. deine *pietas*) wird dir lange, während der Dauer deines Lebens, das wird dir auch dann noch, wenn du zu Asche geworden bist, als Verdienst angerechnet werden.« Vielleicht ist von Martial die doppelte Lesart beabsichtigt.

39,2-4 *Ambrosia, Nektar* und der Mundschenk *Ganymed* gehören zu Jupiters olympischem Mahl.

39,3 *Germanicus:* Nach seinem Feldzug gegen die Chatten nahm Domitian 84 n. Chr. den Beinamen Germanicus an; vgl. auch zu II 2,3.

39,5 *Spät erst … Gast des Donnerers* umschreibt den Wunsch, daß der Kaiser noch lange lebe.

39,6 *komme selbst:* aufdringliche Schmeichelei, so als sollte Jupiter Domitian besuchen.

40,6 *dann dienst du selber als Holz:* Ist kein Holz mehr da, dann geht es dem Priap an die Substanz, d.h., er könnte selbst verbrannt werden.

41 *Faustinus* reicht als Patron gewöhnlich die Geschenke seines Klienten *Athenagoras* an den Dichter weiter; Martial ist also indirekt durch die Trauer geschädigt, die den Klienten erfaßt hat.

42 Die übliche *sportula* betrug 100 Quadranten; durch die Angabe der Vielzahl von Besuchen im Bad, die der Betrag angesichts des minimalen Eintrittspreises von einem Quadranten ermöglicht, wird im Spott eine Fülle vorgetäuscht, die den Klienten Matho veranlassen könnte, in die Dienste des epigrammatischen Ichs zu treten, statt sich von der *sportula maior* eines reichen Hauses ködern zu lassen.

43,3 *Bring' … die Sieger zusammen:* witzige Anspielung auf die Massenkämpfe der Gladiatoren, bei denen die Überlebenden so lange gegeneinander antraten, bis nur noch ein Paar für den Entscheidungskampf übrig war.

43,4 *Libitina:* Göttin der Totenbestattung; in ihrem Tempel bewahrte man die Bestattungsgeräte auf und führte die Totenlisten.

44,2 *paedagogus:* gewöhnlich ein für den Elementarunterricht zuständiger Sklave.

44,6 *dich verbreitend: sparsus* evtl. auch »dreckbespritzt«; *die drei Foren:* Forum Romanum, Iulii und Augusti; vgl. auch III 38,4.

44,7 *dem Tempel des Mars und dem Koloß des Augustus:* auf dem Augustusforum der Tempel des *Mars* Ultor (= Mars, der Rache übte an den Caesarmördern), auf dem alten Forum die *kolossale Reiterstatue* entweder Domitians oder des Augustus; an all den genannten Plätzen fanden Gerichtsverhandlungen statt.

44,8 *zu jeder dritten und fünften Tagesstunde:* während der Geschäftszeit; vgl. IV 8,2–3 im ›Stundenplan‹ eines Römers: »die dritte beschäftigt die heiseren Anwälte, bis zum Ende der fünften entfaltet Rom allerlei Geschäftigkeit«.

44,11 *paginae Kalendarum:* Im Rechnungsbuch für die Zinseinnahmen wurden an jedem Ersten des Monats die Zinsen eingetragen.

45,1 *Flaccus:* ein reicher, öfter angesprochener Freund Martials, z.B. I 57,1; IV 42,2 oder VIII 55. – *Terentius Priscus:* ein spanischer Freund und Patron Martials; vgl. auch zu VII 46,4.

45,2 *lactea gemma:* von den Skythen übernommene Sitte, nach der die glücklichen Tage mit weißen Steinen, die unglücklichen mit schwarzen bezeichnet werden; vgl. auch XI 36,1–2: *hanc lucem gemma mihi … alba / signat.*

45,3 *linum:* ein Leinensieb, auch *saccus* genannt, durch den man den Wein goß, um ihn zu klären.

45,7 *das kythereische Zypern:* Paphos auf Zypern mit berühmtem Aphroditetempel; auch auf der Insel Kythera, südlich von Lakonien (Peloponnes), wurde die Göttin besonders verehrt; gesuchte Kombination der beiden Kultorte.

46,2 Die Konjektur *puro* für *puero* (Heinsius) ist bedenkenswert. – *Hippolytos,* Sohn des Königs Theseus von Athen, verweigerte sich seiner Stiefmutter Phädra, die ihn verführen wollte.

46,3 *Dich möchte Diana bei sich haben:* unklare mythologische Anspielung; vielleicht ist an Dianas von Aktäon beobachtetes Bad gedacht.

46,4 Attis, der Geliebte der *phrygischen* Muttergöttin *Kybele,* hat sich in Ekstase selbst kastriert. – Liest man *te Cybele totum mallet habere Phryga / Phryge,* dann ist zu übersetzen: »dich in deiner Unversehrtheit (nämlich in unkastriertem Zustand) möchte Kybele lieber als ihren Phrygier (= Attis) / lieber als Attis haben«.

46,5 Der trojanische Königssohn *Ganymed* wurde wegen seiner Schönheit vom Adler des Zeus entführt und zum Mundschenk und Geliebten des Göttervaters gemacht.

48,1 *Tyrus:* Mutterstadt Karthagos, berühmt durch Purpurfärberei. – *Crispinus* war ein Dandy und reicher Emporkömmling aus Canopus im Nildelta; Juvenal I 27 erwähnt, wie er, um zu protzen, »den Purpurmantel mit der Schulter zurückwirft«.

48,3 *sua munera:* die ihnen, den Schultern, zukommende Gabe.

48,8 *nimm … eine Toga:* Togen waren eher standardisiert und kein so auffälliges Gewand wie ein Purpurmantel.

49,1 *beim Triumph über die Giganten:* in der »Gigantomachie« triumphierten die Olympier über die schlangenfüßigen, erdgeborenen Urzeitriesen; vgl. den Pergamonfries aus der 1. Hälfte des 2. Jh.s. v.Chr.

49,4 *Faune* sind nackte Walddämonen in Bocksgestalt, sprichwörtlich für Lüsternheit und Trinkfreudigkeit.

49,10 Bei der *sportula* bekam jeder Gast seine Portion genau abgemessen in einem Körbchen. – Unter *recta* ist eine Bewirtung mit allem dazugehörigen Aufwand zu verstehen.

50,1 *Mys:* berühmter Toreut, vgl. zu 34,1. – *Myron:* griechischer Bildhauer (2. Hälfte des 5. Jh.s.), vgl. zu IV 39,2.

50,2 *Mentor:* bekannter Toreut (Hersteller von Silbergefäßen) um 350 v.Chr. – *Polyklet:* berühmter Bildhauer aus Sikyon, Zeitgenosse des Perikles; zu ihm (und zu Myron) vgl. Plinius, Naturalis historia XXXIV 55–58.

50,5 *Elektron:* Legierung aus Gold und Silber im Verhältnis 4/5 Gold und 1/5 Silber; andere Übersetzungsmöglichkeit: »strahlt weniger als das gelbe Metall«.

50,8 *der volle Mond, wenn er ganz in seinem Lichte strahlt:* An Gestalt und Farbe hatte die flache Schale offenbar Ähnlichkeit mit dem Vollmond.

50,9-10 *Phrixos* und Helle, Kinder des Athamas, Enkel des *Äolus*, aus *Theben* stammend, retteten sich auf dem Widder mit dem Goldenen Vlies; auf der Flucht stürzte Helle ins Meer (vgl. zu 28,19–20).

50,11 *kinyphischer Scherer:* vom Fluß Kinyps in Libyen zwischen den Syrten, eine Gegend mit wohl sehr langhaarigen Tieren (vgl. auch VII 95,13: *Cinyphio … marito*); Martial will andeuten, daß der Bock auf der Schale so prächtig aussehe, daß ein Scherer davor zurückgeschreckt wäre, durch eine Schur die Schönheit des Tieres zu beeinträchtigen.

50,12 *Lyaeus* (»Sorgenlöser«): Kultname des Bacchus; Ziegen wurden gewöhnlich am Benagen der Reben gehindert; in diesem Fall hätte es Bacchus persönlich erlaubt.

50,14 *die Lotusflöte der Pallas:* Die Flöte gilt als eine Erfindung der Pallas Athene; ihr Instrument ist hier aus dem Holz des Lotusbaums (*lotos* hier m.) angefertigt, der an der Nordküste von Afrika (»Lotophagen«) und speziell am See der Pallas in Libyen wuchs.

50,15 *Arion:* der in *Methymna* auf Lesbos geborene berühmte Sänger zur Kithara wurde auf der Heimfahrt von Italien nach Korinth von den Seeleuten, die seine Schätze an sich bringen wollten, in die See geworfen; da er zuvor ein Lied singen durfte, lockte er einen Delphin heran, der ihn auf seinen Rücken nahm und rettete.

50,18 *Cestos* wird wohl der Lieblingssklave des I(n)stantius Rufus sein, in dessen Haus Martial das Geschenk erhalten haben mag; andererseits scheinen die Verse 23f. darauf hinzuweisen, daß der Dichter sich in seiner eigenen Wohnung aufhält; dann müßte er der *dominus* von v.18 sein; gleichwohl paßt dieser Vers eher zu einem wohlhabenden Patron.

50,19 Der *Setiner*, benannt nach der Stadt Setia in Latium, war eine bekannte und geschätzte Weinsorte.

50,20 Mit dem *Knaben* ist der geflügelte Amor gemeint.

50,21 *Die Buchstaben von »Instantius Rufus« mögen die Anzahl der Becher bestimmen:* I(n)stantius Rufus ist der mehrfach genannte Patron Martials; die *Anzahl der Becher* soll sich nach der Anzahl der Buchstaben des Namens bemessen.

50,23 Zu *Telethusa* vgl. VI 71; indes ist unklar, ob beide Frauen identisch sind.

50,24 *triente tuo:* mit einem Trient auf dich, d.h. mit vier Bechern entsprechend den vier Buchstaben des Vokativs *Rufe*.

50,25 Der *septunx* (= sieben *unciae* oder Zwölftel) entspricht dem Vokativ *I(n)stanti*.

50,26 *beide Namen vertrinken:* nämlich die Anzahl von Bechern, die den Buchstaben in beiden Namen zusammen entspricht.

52,2-3 *Thalamus:* sonst unbekannter Barbier von Claudius und Nero, den *Drusi*.

52,5 *Rufus:* Sicher Instantius Rufus, der mehrfach, z.B. VII 68,1, erwähnte Freund und Patron Martials – *Caedicianus:* wohl fiktiver Name.

52,9 *epaphaeresin:* Ἐπαφαίρεσις (»wiederholtes Wegnehmen«) ist ein Terminus der griechischen Medizin.

52,10 *ist er selbst mit einem Bart zu mir zurückgekommen:* vgl. das ›Bartgedicht‹ VII 83.

53,1 *Massyler:* ein Volksstamm im östlichen Numidien.

53,5 *auf dem ausonischem Kampfplatz:* in der Arena zu Rom; Martial verwendet gelegentlich *Ausonius* (italisch), wo man *Romanus* erwartet.

53,7 *iura:* (zumindest) für das Tierreich gilt, daß, wer die Macht hat, auch das Recht hat.

53,8 *Numidien mit seinem farbigen Marmor:* Gelbrötlicher Marmor wurde aus Numidien eingeführt; das *Diadem* als Zeichen der Königswürde.

53,11 Allein mit *gewaltigen Speeren* konnte man das Tier erlegen.

53,15 *aus dem Sternbild des Herkules:* der Nemeïsche Löwe als Sternbild Leo.

53,16 *der Bruder oder der Vater selbst:* die nach ihrem Tode unter die Götter versetzten Kaiser Titus (79–81) und Vespasian (69–79); Sinn: Haben die beiden den Nemeïschen Löwen, den einst Herkules erschlug, aus seinem Sternbild in die Arena herabgesandt?

54,3 *Catulla:* Gedicht in Catullianischer Manier (vgl. Catull 49), daher auch die Wahl des Namens für die Schöne.

54,4 *weniger schön oder züchtiger:* vgl. Ovid, Amores III 11,41: »Wärst du doch weniger schön oder wärst du weniger treulos! Zu so schöner Gestalt paßt die Verdorbenheit nicht.«

55,3 *ein Talent wie das des göttlichen Maro:* Vergil als Dichter der Äneis.

55,5 *Flaccus:* ein reicher Freund Martials, an den er sich oft in seinen Epigrammen wendet, so auch in 45,1.

55,7–8 Augustus verteilte die Ländereien der Stadt *Cremona*, die zu Brutus und Cassius gehalten hatte, und einige des benachbarten Mantua unter seine Veteranen; dadurch verlor Vergil, der hier mit *Tityrus* identifiziert wird, sein Gut; vgl. Vergils Bucolica, bes. IX 28: *Mantua vae miserae nimium vicina Cremonae.*

55,9 *Tuscus eques:* Maecenas, der Förderer der Dichter zur Zeit des Augustus, als Abkömmling eines etruskischen Adelsgeschlechts; vgl. Horaz, Carmina I 1,1: *Maecenas, atavis edite regibus.*

55,12 Der schöne Knabe *Alexis*, nach Martial ein Geschenk des Maecenas (sonst des Asinius Pollio) an Vergil, vgl. V 16,12.

55,15 *carchesium:* ein Trinkgefäß, in der Mitte enger und mit beiderseits vom Rand bis zum Boden reichenden Henkeln.

55,17-18 *Galatea* und *Thestylis:* Mädchengestalten aus Vergils Eklogen.

55,19 *Italiam:* Anspielung auf Vergils Georgica (Lehrgedicht über den Landbau, das im 2. Buch den Preis Italiens enthält und überhaupt die Tätigkeit des Bauern in Italien im Blick hat). – *Arma virumque:* Anfangsworte der Äneis.

55,20 *»Die Mücke«:* das Kleinepos Culex aus der Appendix Vergiliana.

55,21 Der Tragödiendichter *Varius* Rufus; vgl. zu 18,7. – M. Domitius *Marsus:* Epigrammatiker aus Augusteischer Zeit, den Martial öfter als seinen Vorgänger erwähnt, z.B. I Epist.

56,1 *Obwohl du so oft große Gaben verteilst, um noch größere zu geben:* Gemeint sind die drei dem Volk gegebenen Congiarien oder Spenden. – *maiora daturus:* d.h., er überbietet die früheren Spenden immer wieder durch neue, noch großzügigere.

57,2 *an seinem Grabe:* Das Grabmal war also schon zu Lebzeiten errichtet.

57,5 *die Gebeine zu sammeln:* nämlich aus der Asche des Scheiterhaufens.

58,2 Wortspiel mit *saga* = grober Mantel; *Sagaris* also etwa: Träger eines groben Mantels, auch Name eines Kriegers in der Äneis.

59,2 *sub adtrita fronte:* Vielleicht spielt Martial mit den beiden Bedeutungen von *adtritus:* 1. wundgerieben, 2. schamlos, frech.

59,4 *Autolykos:* Sohn des Hermes und Großvater des Odysseus, mythischer Meisterdieb. – *piperatus* eigentlich: gepfeffert, im Sinn von schlau und gerissen.

59,10 Die *laena* ist ein weites Gewand, das über die Toga geworfen wurde und bei Bedarf mit einer Kapuze versehen war.

ZUM ACHTEN BUCH 1321

59,13—14 *umschleicht er seinen Burschen:* ein Sklave, der bei der Mahlzeit hinter seinem Herrn steht und auf die abgelegten *Sandalen* aufpaßt, wenn dieser den *lectus triclinaris* besteigt.

60,1 Der *palatinische Koloß* ist wohl der *sidereus ... colossus* vom liber spectaculorum 2,1: das Kolossalbild des Sonnengottes.

61,4 *umbilici* oder Buchrollenknäufe heißen die Enden des Stabes, um den die Buchrolle gewickelt ist; vgl. z.B I 66,11: »mit Buchrollenstäben und einem pergamentenen Futteral geschmückt«. – Mit *Zedernöl* wurden Bücher gegen Motten und Wurmfraß bestrichen; vgl. III 2,7: »Mit Zedernöl gesalbt, kannst du so deinen Weg gehen«.

61,9 *Maultiere soll er haben und einen Landsitz am Rande der Stadt* – mit allen damit verbundenen Unannehmlichkeiten: Martial ist hier über sein Nomentanum nicht gerade begeistert.

62,1 *in aversa charta:* Da die Stengel des Papyrus auf der oberen Seite waagerecht, auf der anderen senkrecht liegen, eignet sich die Rückseite nicht so gut zum Schreiben; diese wird nur im Notfall und dann zu nichtliterarischen Notizen verwendet. Außer auf die Sparsamkeit könnte Martial auch auf eine ganz ungewöhnliche Länge der von Picens verfaßten Epigramme anspielen.

62,1–2 *aversa charta – averso deo:* unübersetzbares Wortspiel, jedenfalls verweigert »der Gott« (= Apollon) dem Schreiber die Inspiration.

63,1–2 Der Zenturio (und Päderast) *Aulus* Pudens, ein mehrfach (z.B. I 31) erwähnter Freund Martials.– *Thestylus:* Lieblingssklave des Dichters Voconius Victor (vgl. VII 29) – *Alexis* (Anspielung auf Vergil, Ekloge 2,1: *Formosum pastor Corydon ardebat Alexim*): wohl auch ein jugendlicher Sklave des Voconius Victor. – *nostrum ... Hyacinthon:* gleichnamig mit dem Liebling Apollons.

64,4 *geburtstagsfreie Monatserste:* Anscheinend wurden bisweilen Geburtstage am Ersten des Monats, in den sie fielen, gefeiert.

64,14 *Priamos* und *Nestor* als mythische Exempla für Langlebigkeit.

64,18 *dann ... bist du für mich auch nicht einmal geboren:* d.h., dann betrachte ich dich als nicht-existent: weil zu oft geboren, bist du für mich überhaupt nicht geboren.

65,1 *Fortuna Redux:* Schutzgöttin der glücklichen Heimkehr; schon

Augustus zu Ehren war nach seiner Rückkehr von einem längeren Aufenthalt in Griechenland und Kleinasien im Jahr 19 v. Chr. außerhalb der Porta Capena ein Altar der *Fortuna Redux* errichtet worden (Augustus, Res gestae II,11; vgl. auch Neumeister, S. 269–270); nach dieser Martialstelle wurde der Göttin aus Anlaß der Feier von Domitians Rückkehr von seiner Sarmaten-Exkursion dort auch ein Tempel errichtet.

65,3 *Arctoum bellum:* der Sarmatenkrieg »im Norden« (*arctos*: der Große Bär am nördlichen Sternhimmel).

65,5 *Blendendweiße Gewandung* trug man bei öffentlichen Festen.

65,7–8 *ein weiteres Geschenk:* neben dem erwähnten Tempel der *Fortuna Redux* ein Triumph*bogen* (*sacer ... arcus*), wohl aus der Porta triumphalis umgebaut.

65,10 *er selber in Gold meistert die gewaltigen Gespanne:* Vergoldete Bronzestatuen des Kaisers – als Demonstration seiner Kraft, die Elefanten zu bändigen – standen wohl auf jeder der beiden Quadrigen.

66,2 *Silius* Italicus: Konsul 68, Verfasser der Punica; vgl. IV 14,1–5. – Die römischen *Camenen:* ursprünglich weissagende Quellnymphen, später mit den Musen gleichgesetzt.

66,3 Zwölf Liktoren mit geschulterten *fasces* begleiteten den Konsul; Silius war selbst im Jahre 68 Konsul gewesen.

66,5 *kastalisch:* nach der Musenquelle Kastalia am Parnaß. – Der Liktor, der den Konsul zu dessen Haus geleitete, schlug mit seinem Stab an die Tür.

66,8 *ein drittes Konsulat:* Martial hofft, daß der zweite Sohn von Silius – er starb jedoch kurze Zeit später – ebenso wie Vater und Bruder das Konsulat bekleiden werde.

66,10 *Caesar seinem Schwiegersohn:* Marcus Vipsanius Agrippa, Vertrauter des Augustus von Jugend an, großer Feldherr und Staatsmann, Konsul 37, der eigentliche Sieger bei Actium 31 v. Chr., heiratete 21 Julia, die Tochter des Augustus; Horaz widmete ihm die Ode I 6: *Scriberis Vario fortis et hostium.*

66,11–12 *deren Namen Janus ... dreimal verherrlichte:* die konsularischen Fasten wurden im Janustempel aufbewahrt.

66,12–13 *mehrmalige Konsulate auf diese Weise zu zählen:* d.h., Silius zieht es vor, daß seine beiden Söhne nach ihm Konsuln werden, statt selber ein zweites oder drittes Konsulat anzustreben.

67,1 Die *fünfte Stunde:* etwa 10 bis 11 Uhr vormittags; gewöhnlich war die neunte Stunde dem Essen gewidmet. Da die Zeitbestimmung schwierig war – die Länge des zwölfstündigen Sonnentages differierte ja je nach Jahreszeit – hatten reiche Römer zur Zeitansage spezielle Sklaven; vgl. Juvenal X 216: ... *quot (puer) nuntiet horas.*

67,3 Subjekt zu *distulerint:* die Magistrate.

67,4 *Floralia:* Hetzjagden am Fest der Frühlingsgöttin Flora fanden offensichtlich am Vormittag statt.

67,5 *Callistus:* ein Diener Martials.

67,7 *Warmes Wasser verlangst du:* um den Wein damit zu mischen – *Noch nicht einmal kaltes habe ich da:* In Martials Haus führte keine Wasserleitung; Martials Bitte um eine solche IX 18.

67,10 *Um zu frühstücken ..., kommst du zu spät:* Das erste Frühstück wurde in der dritten oder vierten Stunde eingenommen.

68,1 *Korkyra* (Korfu) wurde mit dem homerischen Scheria gleichgesetzt, dem Sitz des Phäakenkönigs Alkinoos mit seinen herrlichen Gärten.

68,2 *Entellus:* ein Sekretär Domitians und an dessen Ermordung 96 beteiligt.

68,10 *Einen Herbst hervorzuzubringen, verlangt man jetzt vom unfruchtbaren Winter:* Erntezeit im Winter durch menschliche Erfindungsgabe; vgl. auch 14 die gläsernen Gewächshäuser.

69,1 *Vacerra* (sprechender Name): »Tölpel«.

69,3-4 *So viel ist's mir nicht wert zu sterben, nur um dir zu gefallen:* Ausführlicher gegen die Präferenz älterer und toter Dichter V 10.

70,1 *Nerva:* der spätere Kaiser (96–98).

70,3 *Permessis* ist die Nymphe des Flusses Permessus, der auf dem Musenberg Helikon entspringt; vgl. auch I 76,11: *quid cum Permesside nuda?*

70,5 *Pieria,* eine makedonische Landschaft nordöstlich vom Olymp, ist Lieblingssitz der Musen, der Piëriden; *Pierius:* wer sich auf die Dichtkunst versteht.

70,7 Albius *Tibullus* (ca. 54–19 v.Chr.): neben Properz der bedeutendste römische Elegiendichter.

70,8 (wer) *die Verse des gelehrten Nero kennt:* Es ist nicht auszumachen, ob Martial auf einen Gegensatz zwischen den Gedichten Neros und Nervas hinweisen will oder ob er glaubt, daß einige Nero zugeschriebene Gedichte von Nerva sind.

71,6 *libra ... Septiciana:* nach dem Namen des Fabrikanten, eines Septicius; septicianisches Silber ist von minderer Qualität: *argenti sex scripula Septiciani* (IV 88,3).

71,9 *einen Löffel, der wog weniger als zwei Unzen:* oder: um zwei Unzen weniger, nämlich als die vorher genannte *selibra* (das Halbpfund); der Sextans (= der sechste Teil eines Ganzen) entspricht zwei Unzen, da die Unze ein Zwölftel ist.

72,2 *vom Biß des trockenen Bimssteins geglättet:* Die Buchrolle wurde nach ihrer Beschneidung an beiden Seiten mit Bimsstein geglättet; vgl. auch I 66,10: *pumicata fronte*.

72,4–5 Colonia Iulia *Paterna Narbo* Marcia, so wohl der volle Name, jetzt Narbonne, Stadt in der Gallia Narbonensis. – *Votiënus* aus Narbonne, Sohn eines Redners aus der Zeit des Tiberius, ein Freund Martials, war, aus dem Epitheton *doctus* zu schließen, auch selber Dichter.

72,6 *annuosque fasces:* zur Verwaltung des höchsten Municipalamtes, des Duumvirats, zu dessen Insignien die *fasces* ohne Beile gehörten.

73,1 *Istanti:* Martials Patron I(n)stantius Rufus.

73,5–8 C. Cornelius *Gallus* (gest. 26 n.Chr., seine 4 Bücher Liebeselegien auf Lycoris sind verloren) vermittelte zwischen den Neoterikern (*Catull:* ca. 84–54 v.Chr.) und den elegischen Dichtern der Augusteischen Zeit, *Properz* und *Tibull* (Ovid, Tristien IV 10, 51–54); für jeden der genannten Dichter ist die Geliebte Quelle der poetischen Inspiration.

73,9 *Paeligner:* sabinisch-illyrische Völkerschaft Mittelitaliens im höchsten Teil des Appennins mit der Stadt Sulmo, in der Ovid geboren wurde. – *Mantua* ist der Geburtsort Vergils.

73,10 *Corinna:* Ovids ›Muse‹ in den Amores. – der schöne Knabe

Alexis, nach Martial ein Geschenk des Maecenas (sonst des Asinius Pollio) an Vergil, vgl. V 16,12: »als noch die geringste Gabe für den Dichter ein Alexis war«.

74,2 *Du hast als Arzt das gemacht, was du als Gladiator machst:* d.h., genauso wie früher raubt er den Menschen (Augen-)Licht und Leben; vgl. die ähnlichen Epigramme I 30 und 47.

75,2 *Lingones* (vgl. *Lingonus*): keltischer Volksstamm in der Gegend des heutigen Langres. – *Via Tecta:* die »Säulenhallenstraße« im Norden Roms, nicht weit vom *Mausoleum Augusti;* vgl. III 5,5: *in limine Tectae.* – Die Via *Flaminia* führte von Rom nach Rimini.

75,9 *inscripti (servi):* durch ein Brandmal kenntlich gemachte Staatssklaven, die bei Nacht die Armenbestattung auf dem Esquilin zu besorgen hatten.

75,12 *irgendwo anders hinbringen:* als zum Scheiterhaufen.

75,15 Cn. Domitius *Lucanus*, der Bruder des Cn. Domitius Tullus (Die ungewöhnliche Bruderliebe der beiden rühmt Martial I 36 und V 28,3), bekleidete hohe Staatsämter unter Nero und Domitian und war ein Förderer des Dichters.

75,16 *mortue Galle:* In der Arena provozierte der *retiarius* (Gladiator mit Dreizack und Netz) seinen Gegner, den *murmillo* (Gladiator in gallischer Bewaffnung mit einem speziellen Fisch (– μορμύλλος –) auf der Helmspitze), mit den Worten »*mortue Galle*«; Pointe: der lebendige, wenn auch angeschlagene Gallier wird nicht nur als »toter Gallier« bezeichnet, er liegt auch noch auf einer Totenbahre.

76,1 *Marcus:* Martial.

76,8 *Die Wahrheit ... hörst du nicht gern:* ähnlich V 63 und VII 28,9.

77,1 *Liber:* wohl ein mit dem Dichter befreundeter Faustkämpfer; vgl. IX 72.

77,5 *altem Falerner:* der berühmte Falernerwein aus dem Hügelland an der latinisch-kampanischen Grenze; vgl. auch I 18,1.

77,7–8 Ähnlich X 23,7–8: »Ein guter Mann verlängert für sich die Spanne seiner Lebenszeit: Das frühere Leben genießen zu können heißt, zweimal zu leben.«

78,1 *der Phlegräische Sieg:* Die Phlegräischen Felder, so benannt nach der Landschaft Phlegra in Makedonien, galten als Schauplatz der Gigantenkämpfe.

78,2 *Indica pompa:* Der Siegeszug des Bacchus (= *Lyaeus*, der Sorgenlöser) bis nach Indien; vgl. 26,7.

78,3 Lucius Arruntius *Stella:* der oft erwähnte Gönner Martials – *hyperboreischer Triumph:* der Sieg Domitians über die Sarmaten; einen Triumph hatte er ja abgelehnt; vgl. auch VII 6,1.

78,6 *Hesperien:* Spanien – der *Hermus* in Lydien und der *Tagus* in Spanien sind Flüsse mit Goldsand; zum Sinn der Stelle vgl. 33,3: »Unlängst noch war das Theatergerüst vor deinen Augen mit so einem Hauch (von Goldstaub) überzogen ...«.

78,7 *die reichlich bestückte Schnur:* wahrscheinlich eine gespannte Leine, an der Geschenke für das Volk hingen; vergleichbar Sueton, Nero 11,2; dort werden als Geschenke, die bei solchen Spielen verteilt wurden, genannt: *sparsa et populo missilia* (= unter das Volk geworfene Geschenke) *omnium rerum per omnes dies: singula cottidie milia avium cuiusque generis, multiplex penus, tesserae frumentariae, vestis, aurum, argentum, gemmae, margaritae, tabulae pictae* ...

78,9 *lasciva nomismata:* nach Friedländer (Hinweis auf Statius, Silvae I 6,67) mit sexuellen Darstellungen versehene Marken, die den kostenlosen Eintritt in die Bordelle gewährten; Shackleton Bailey übersetzt »sportive tokens«; vielleicht aber auch einfach nur »ein lustiger Regen von Münzen« (Berg).

78,10 Die *tesserae* berechtigten wohl zum Empfang der in der Arena getöteten Tiere.

78,11-12 *Vögel ... finden – ohne anwesend zu sein, ... – durch das Los ihre Herren:* um zu verhindern, daß die Menschen die Vögel verletzten bzw. töteten, wenn sie diese selbst zu erhaschen versuchten.

78,13 *dreimal zehn Siegespreise:* 30 Wagenrennen an einem Tag sind eine ungewöhnlich hohe Zahl.

78,14 (Siegespreise) *wie sie nicht immer ein Konsulpaar zu geben pflegt:* Die neuen Konsuln veranstalteten aus Anlaß ihrer Einführung ins Amt prachtvolle Spiele aus eigener Tasche.

78,16 *daß dein eigener Triumph dich selber zum Zuschauer hat:* Domitian hatte einen Triumph abgelehnt, wohnte aber dem Fest als Zuschauer bei. – *laurus* (Lorbeerkranz): metonymisch für Triumph(zug).

80,4 *Tapferkeit mit der schlichteren Hand:* Offenbar hatte Domitian wieder den direkten Kampf ohne Waffen in die Arena eingeführt.

80,6 Die *casa* ist Romulus' legendäre Stroh- oder Schilfhütte auf dem Kapitol.

81,1 *Dindymene:* Kybele, nach Dindyma, einem Gebirge in Phrygien.

81,2 *beim Stier der Jungkuh vom Nil:* Apis, der heilige Stier der Ägypter, repräsentiert den Osiris; seine Gemahlin, die Isis, ist als Färse vorgestellt.

81,10–11 Die Tat des *Annaeus Serenus* (Freund Senecas, *praefectus vigilum* unter Nero und vielleicht VII 45,2 genannt), auf die Martial hier Bezug nimmt, ist nicht bekannt; vielleicht war er so in Perlen vernarrt, daß Martial sich vorstellt, er würde Gellias heißgeliebte Perlen stehlen. – *Papirianus* wird nur hier erwähnt.

82,3 *deum:* zu dieser Anrede Domitians vgl. u. a. IV 1,10 und V 8,1: *Edictum domini deique nostri.*

82,6 *deine Zuwendung und Freude schon früher:* Anspielung auf Domitians frühe Neigung zur Poesie; so hatte er in seiner Jugend Verse auf die Belagerung des Kapitols im Jahr 69 durch die Anhänger des Vitellius verfaßt; vgl. auch zu V 5,7: »den himmlischen Liedern vom Kampf ums Kapitol«.

82,7–8 Der *Eichenkranz* galt dem Retter der Bürger, der *Lorbeer* dem Dichter, der *Efeu* dem Beschützer der Poesie.

NEUNTES BUCH

Epist. *Toranius:* ein Freund Martials; vgl. V 78,2. – *clarissimus vir:* der übliche Titel der Senatoren. – *Stertinius Avitus, consul suffectus* 92 v. Chr., ein mehrfach erwähnter Dichter, Freund und Patron Martials, hatte das Bild des Dichters in seiner Bibliothek aufstellen lassen. – *bereite mir ein Willkommen:* Martial denkt offenbar bereits an eine Rückkehr nach Spanien, wo sich Toranius aufhält.

1,1-4 *Janus* bezeichnet den ersten Monat, *Augustus* den achten; in *Germanicus* und *Domitianus* benannte Domitian den September und Oktober um, weil er in dem einen Monat die Herrschaft übernahm und in dem anderen zur Welt kam; vgl. Sueton, Domitian 13, 3.

1,5 *der tarpejische Fels* ist der südöstliche, steile Abfall des Kapitols.

1,7 *die liebliche Hoheit der göttlichen Julia:* Julia (vgl. VI 3,5-6; VI 13 auf eine Julia-Statue) war Tochter des Titus, Nichte und wahrscheinlich auch die Geliebte Domitians; nach ihrem Tod 89 wurde sie deïfiziert.

1,8 *der hochragende Prachtbau des flavischen Geschlechtes:* Domitian hatte seiner Familie, der *gens Flavia*, an der Stelle seines Geburtshauses auf dem Quirinal einen Tempel errichten lassen; vgl. auch 3,12 (unter den Bauten Domitians: »den Flavischen Tempel, der dem römischen Himmel hinzugefügt wurde«) und Neumeister, S. 38.

1,9 *zusammen mit der Sonne und den Sternen und dem römischen Tageslicht:* Analog zu der *pax Romana* verweist die *lux Romana* auf den imperialen Anspruch Roms: »Where the sun shines, Rome rules« (Shackleton Bailey).

2,3 *obszön geformtes Weizengebäck:* vgl. XIV 70: Ein Priap aus Weizenmehl.

2,5 Wein aus *Setia* (Sezze) in Latium war berühmt und galt als besonders ›feurig‹; zur Kühlung legte man *Schnee* auf das Sieb oder den *saccus* zum Abseihen und goß den Wein darüber; daß der Schnee dabei in Brand gerät, ist eine starke Hyperbel.

2,9 *Erythräische* (= indische) *Steine* sind die Perlen; vgl. V 37,4.

2,11 *eine Sänfte, die von acht Syrern getragen wird:* vgl. VII 53,10: »(Geschenke,) die aber acht riesige Syrer trugen«.

2,13 *kastriere weiterhin elende Schwule:* Damit sind hier die nach dem Vorbild des Attis entmannten Kybelepriester gemeint; Attis, der Geliebte der Kybele, hatte sich in einer von der Göttin verhängten Ekstase selber kastriert; vgl. auch zu II 86,4-5.

3,5 *Atlas bankrott:* Atlas steht hier als Metonymie für den Himmel, den er trägt.

3,7 *die kapitolinischen Tempel:* Der Neubau des kapitolinischen Jupitertempels war 81/82 fertiggestellt.

3,8–9 *den Ruhm des tarpejischen* (d.h. kapitolinischen) *Laubs:* Ein goldener Eichenkranz war der Siegerlohn in dem alle vier Jahre stattfindenden, von Domitian 86 gestifteten Dichterwettkampf, dem *agon Capitolinus*; vgl. auch IV 1,6. – *die Gattin des Donnerers für ihre beiden Häuser:* Domitian hat demnach offenbar zwei Junotempel errichtet; der eine stand auf dem Kapitol an der Stelle des 69 abgebrannten Heiligtums, der andere ist unbekannt; sollte er ebenfalls auf einem Hügel Roms gestanden haben, dann könnte *culminibus geminis* auch meinen: »für ihre (Tempel auf) beiden Anhöhen«.

3,10 *Pallas:* Der von Domitian neu erbaute Tempel der Minerva Flaviana; die Göttin heißt IV 53,1–2 »unsere Pallas«, weil Minerva Schützerin des Kaiserhauses und damit Roms war. – *res agit illa tuas:* »She is your business manager« (Shackleton Bailey).

3,11 *Alkide* heißt Herkules als Enkel des Alkeus; gemeint ist wohl ein Herkulestempel an der *Via Appia*. – Die *Spartaner* sind die Ledasöhne Kastor und Pollux, die in Amyklai in Lakonien geboren wurden; ihre Bruderliebe war sprichwörtlich. Domitian hatte Herkules, den Dioskuren und Apollon Tempel gebaut bzw. restauriert.

3,12 *den flavischen Tempel, der dem römischen Himmel hinzugefügt wurde:* In der Vergöttlichung der flavischen Familie vervollständigte Domitian gleichsam das römische Pantheon, er schuf so einen neuen Himmel: 34,2: *Augusti Flavia templa poli*. Der Kaiser hatte der *gens Flavia*, d.h. Vespasian und Titus, an der Stelle seines Geburtshauses auf dem Quirinal einen prachtvollen Tempel errichten lassen, das *templum gentis Flaviae*. Martial feiert Domitians Geburtshaus und den Flaviertempel in dem überschwenglichen Gedicht 20.

5,1 *hoher Bezwinger des Rheins:* vgl. II 2,3 *domito … Rheno:* Nach seinem Feldzug gegen die Chatten hatte Domitian 84 n. Chr. den Beinamen Germanicus angenommen.

5,4–5 *Kein Knabe muß … um den Verlust der … Männlichkeit trauern:* Anspielung auf das öfter rühmend erwähnte (vgl. z. B. die Thematik von VI 2), von Domitian erlassene Verbot der Kastration.

5,6–7 *keine unglückliche Mutter reicht ihrem zur Prostitution gezwungenen Kind den Geldbetrag:* Domitian brachte die *lex Scantinia de nefanda*

Venere (Sueton, Domitian 8,3) wieder zur Anwendung, die speziell gegen Päderastie und Kinderprostitution gerichtet war; zur Situation: Die Mutter gibt ihrem Kind, das in der Hand eines Kupplers ist, offenbar den Geldbetrag, den es dem Kuppler schuldet und sich eigentlich durch Prostitution verdienen müßte; vgl. dazu auch 7.

7,6 *Ausoniens* (Italiens) *Vater:* Domitian.

8 *Bithynicus,* ein Erbschleicher, hoffte, von Fabius in dessen Testament bedacht zu werden; nach dem Tod von Fabius spart er also die 6000 Sesterze ein, die er sonst Jahr für Jahr verschenkte, und das ist nun sein ›Erbe‹.

Die Epigramme 11, 12, 13, 16, 17 und 36 preisen den Eunuchen Flavius *Earinos,* den Mundschenk und Liebling Domitians.

11,1-2 *Name ..., nach dem sich der beste Teil des Jahres nennt:* Der Name Earinos leitet sich vom Frühling (griechisch ἔαρ) ab und bedeutet »zum Frühling gehörig«.

11,3 *Hybla:* eine Stadt und ein Berg an der Ostküste Siziliens (vgl. auch II 46, 1); der Honig von Hybla war berühmt.

11,4 *Nest des stolzen Vogels:* des Phönix, der sein Nest aus aromatischen Pflanzen herstellt; vgl. auch zu VI 55,2.

11,6-7 *Kybeles Knabe* ist Attis, der junge Geliebte der phrygischen Muttergöttin; *der dem Donnerer die Becher mischt* ist Ganymed, der Mundschenk und Liebling des Zeus.

11,8 *parrhasisch:* arkadisch und, weil der arkadische König Euander in Rom auf dem Palatin gewohnt haben soll, palatinisch oder kaiserlich; vgl. auch VII 56,2.

11,9 *respondent Veneres Cupidinesque:* Zitat aus Catull 3, der Totenklage um Lesbias Vögelchen: *Lugete Veneres Cupidinesque ...*

11,12-13 Der aus vier Kürzen bestehende Name Earinos ist in einem lateinischen Hendekasyllabus nicht verwendbar; über die griechische Variante *Eiarinos* vermag Martial metrische Korrektheit zu erreichen.

11,15 (die griechischen Dichter,) *die »Ares« einmal mit langem, einmal mit kurzem »a« deklamieren dürfen:* vgl. Homer, Ilias V 31, den Versbeginn: Ἄρες Ἄρες βροτολοιγέ (Áres Áres brotoloigé), wo der Kriegsgott zuerst mit langem und dann mit kurzem a angeredet wird.

12,2 *Kekrops:* ältester König von Attika, Sohn der Erde, halb Mensch, halb Schlange, Gründer von Athen; *Cecropiae apes:* Anspielung auf den attischen Honig vom Hymettus.

12,3-4 *Acidalia* und *Cytherea:* Kultnamen der Venus, einmal nach einer Quelle in Böotien, in der Venus und die Grazien zu baden pflegten, dann nach der Insel Kythera südlich von Lakonien mit berühmtem Aphroditekult; die Göttin ist zuerst malend, dann stickend gedacht.

12,5 *Erythraei lapilli* »erythräischen Edelsteine« (vgl 2,9) sind die (indischen) Perlen.

12,6 *ein Heliaden-Juwel, vom Daumen warm gerieben:* Bernstein, angeblich entstanden aus den Tränen der Heliaden (Heliostöchter und Schwestern des tödlich abgestürzten Phaëthon); durch Reiben und den Druck der warmen Hand meinte man, den Bernstein wohlduftend zu machen; vgl. V 37,11 (Erotions Mund duftete) »wie ein Stück Bernstein, gerade aus der Hand genommen«.

12,7 Der Grieche Palamedes, Sohn des euböischen Königs Nauplius, soll den Buchstaben Y (lateinisch V) durch die Beobachtung des Fluges von Kranichen entdeckt haben; latinisiert wird aus Ἐαρινός (ἔαρ »Frühling«) Vernus (*ver* »Frühling«).

13 Spiel mit den griechischen Worten ὀπώρα (Herbst), χειμών (Winter), θέρος (Sommer), unter Aussparung des metrisch nicht verwendbaren Earinos von ἔαρ (Frühling).

15,2 *se fecisse:* formelhafte Angabe, oft auf römischen Grabsteinen: Name dessen, der den Stein errichten ließ bzw. dessen Verwandtschaftsbezeichnung zum Toten, z.B. *uxor ... fecit.* – *Was könnte aufrichtiger sein: simplex* hier in der doppelten Bedeutung von »direkt«: sie nimmt kein Blatt vor dem Mund, und »aufrichtig«: mit unbewußtem Eingeständnis der Morde.

16,1-2 Die Weihung des Haares und des Spiegels, mit dessen Hilfe man es ordnete, markiert das Ende der Kindheit; Äskulap, der Gott der Heilkunst, hatte in *Pergamon,* dem Geburtsort des Earinos, einen berühmten Tempel.

16,6 *Ganymed:* der schöne Mundschenk und Liebling des Zeus.

17,1 *Latonas verehrungswürdiger Enkel:* Äskulap als Sohn Apollons, dessen Mutter Latona (Leto) war.

17,2 *Parzen:* Schicksalsgöttinnen.

17,5 *die glänzende Scheibe* ist ein Spiegel.

18,6 *die Marcia mit ihrer Quelle in meiner Nähe:* Die Quelle der 144 v. Chr. von Q. Marcius Rex fertiggestellten Wasserleitung lag etwa 50 km von Rom entfernt im Gebiet der Päligner.

18,7 *meinen Penaten:* nämlich beiden Wohnsitzen Martials.

18,8 *Kastalia:* die heilige Quelle Apollons und der Musen am Parnaß bei Delphi.

20,1-2 *Diese Stätte hier:* Zum Tempel der *gens Flavia* an der Stelle von Domitians Geburtshaus vgl. auch IX 1 und 34.

20,6 *wie Rhodos, wie Kreta:* Helios wird von Pindar in der 7. Olympischen Ode v. 70 mit Rhodos in Verbindung gebracht, kam auch nach einigen alten Berichten dort zur Welt, Kreta gilt als Jupiters Geburtsinsel.

20,7-8 Die *Kureten* wurden gelegentlich mit den Korybanten gleichgesetzt, den verschnittenen Priestern der *phrygischen* Kybele, die mit Waffentänzen und mit wilder Musik die Göttin verehrten; Kybele wurde wiederum mit Rhea, der Mutter Jupiters, identifiziert; nach der Geburt des Zeuskindes führten die Kureten einen lärmenden Waffentanz auf, damit Kronos das Geschrei des Neugeborenen nicht hörte.

20,10 *an die Stelle von Wurfspeer und Schild der Blitz und die Ägis:* Die Ägis, sonst Attribut der Minerva, ist hier Jupiters Schild. Sinn wohl: Das Leben Domitians steht ganz unter der Ägide Jupiters und bedarf keines weiteren Schutzes gegen bedrohliche Mächte.

21,4 *Calliodorus pflügt:* wohl mit sexuellem Hintersinn.

22,3 *Setia* (Sezze): berühmte Weinlage in Latium; öfter erwähnt.

22,4 *Tuscus ager:* Großgrundbesitz, wie typisch für Etrurien.

22,5 *hundert maurische Rundtische auf libyschen Zähnen:* vgl. zu II 43,9: »Du läßt deine libyschen Tischplatten auf indischen Zähnen ruhen«.

22,6 *(daß) an meinem Bett goldenes Blech – aurea lamna – klappere:* vgl. VIII 33,6: »*Goldblättchen* (brattea), *das vermutlich von deinem Bettgestell stammt*«.

22,8 Zur Kühlung legte man *Schnee* auf das Weinsieb und goß den

Wein darüber; vgl. z.B. 2,5: »Für die Herrin wird Setiner geseiht, der Schnee erhitzen kann«. Der *Falerner* vom Fuß des *mons Massicus* in Kampanien galt als Wein von Spitzenqualität.

22,9 *canusinatus:* Canusium (Canosa) in Apulien lieferte rotgelbe Wolle, die offenbar u.a. für Livreen von Sänftenträgern verwendet wurde; Plinius, Naturalis historia VIII 190-191, erwähnt *summam nobilitatem* der Canusiner Wolle: *velleris ... fulvi*; zu den Farbvarianten dieser Wolle vgl. die Distichen XIV 127 und 129.

22,10 *Klienten in gepflegter Kleidung:* in der für sie obligatorischen weißen Toga.

22,13 *daß ein verdrecktes Maultier mir den Purpurmantel beschmiere:* groteske Vorstellung, mit Purpurgewändern auf einem Maultier zu reisen.

22,14 Die *Massyler*, ein Stamm in Ostnumidien, dirigierten ohne Zaum und Zügel ihre Pferde nur mit einer *Gerte*.

22,16 *daß ich schenken und daß ich bauen kann:* Vermutlich entschuldigte *Pastor* (vielleicht Iunius Pastor: Plinius, Epistulae I 18,3) seine Knausrigkeit mit seiner Bautätigkeit. Zur egoistischen Bauwut von Reichen vgl. XII 50 (von einem, der seinen Luxus inszeniert, um nicht zu wohnen) und das Gegenstück dazu IV 64,25ff. (auf den Landsitz des Julius Martialis). Der Dichter Martial wünschte sich beides: reich genug zu sein, um großzügig schenken *und* bauen zu können.

23,4 *Auf dieses Haar setzte sich mein Kranz wie von selbst:* Beim jährlichen Dichterwettstreit zu Ehren der Minerva (Pallas Athene) in Domitians albanischer Villa (vgl. IV 1,5) hatte Carus *den palladischen Ehrenpreis* gewonnen, einen goldenen Ölzweig-Kranz; diesen hatte er dann einer Büste Domitians aufgesetzt.

23,5-6 *Der holde Eichenkranz kann auf Albas Ölzweig neidisch sein ...:* Martial gibt der Erwartung Ausdruck, daß Carus auch noch den kapitolinischen Preis gewinnen möge – um ihn ebenfalls der Büste oder Statue Domitians aufzusetzen.

24,2 *Phidias:* der berühmte Bildhauer der perikleischen Zeit.

24,4 *wenn er aus einem wolkenlosen Himmel donnert:* Donnern aus heiterem Himmel bedeutet Verzicht auf den Blitzstrahl und ist Ausdruck göttlicher *serenitas*, von Frieden und Glück.

24,6 *das Abbild des Herrn, das du verehrst, gab sie dir:* Das Bild des Kaisers ist Teil des ihm von Pallas verliehenen Dichterpreises.

25,5 Die *Gorgonen* sind schlangenartige Schreckgestalten, deren Anblick versteinert; die furchtbarste ist die Gorgo Medusa, deren Haupt Athene am Schild oder Brustpanzer trägt.

25,7 *Hylas:* Liebling des *Alkiden* (= Herkules).

25,8 *Ganymed:* der schöne Mundschenk und Liebling des Zeus.

25,10 *Leute wie Phineus, wie Ödipus zum Mahle einladen:* Der thrakische König Phineus, der seine Söhne hatte blenden lassen, wurde zur Strafe von den Göttern geblendet; Ödipus blendete sich selbst, als er erkannte, daß er seinen Vater getötet und seine Mutter geheiratet hatte.

26,1 *Nerva:* der spätere Kaiser; vgl. VIII 70 über Nervas Dichtung.

26,2 *Cosmus:* der bekannte, sehr reiche Parfümfabrikant. – *glaucina: glaucium* (»Blaukraut«) ist der Hornmohn, eine Arzneipflanze, deren Saft nach Dioskurides speziell bei Augenleiden Verwendung findet; vgl. Plinius, Naturalis historia XXVII 83.

26,3 *dem Gärtner von Paestum:* Die Stadt Paestum in Lukanien, wegen ihrer Blumenpracht und speziell der Rosen berühmt, wird von Martial öfter genannt (vgl. z.B. IV 42, 10).

26,4 Der Honig von *Hybla* im Nordosten Siziliens war bekannt für seine Qualität, der von *Korsika* schmeckte bitter.

26,8 *Thalia:* Muse der Komödie und des Epigramms.

26,9–10 *Selbst Nero soll vor deinem Ohr gebangt haben:* Zu Nerva als Dichter im Vergleich mit dem (jüngeren) Nero: VIII 70,7–8.

27,6 *Numa* Pompilius, der zweite, *Ancus* Marcius, der vierte König von Rom, werden neben M. *Curius* Dentatus, dem Sieger über Samniten und König Pyrrhus von Epirus, M. Furius *Camillus*, dem Befreier Roms von den Galliern, und *Quin(c)tius* Cincinnatus, der vom Pfluge weg zum Diktator gemacht wurde, als Vertreter der ›guten‹ alten Zeit und als Musterbeispiele der Ehrbarkeit angeführt.

27,11 Der *paedagogus* ist hier, ähnlich wie III 58,30–31, eine Art Pagenaufseher, der die junge Sklavenschar betreut, reglementiert und kommandiert.

27,11-12 Der *Infibulationsring* wurde zur Verhinderung des Beischlafes durch die Vorhaut gezogen.

27,14 *mit deiner catonischen Zunge:* Cato Censorius als Muster von Sittenstrenge.

28,3 *auch einen Cato ... zum Zuschauer machen:* Cato Uticensis soll an den Floralia, dem ausgelassenen römischen Frühlingsfest, das Theater verlassen haben, als er bemerkte, daß durch seine Anwesenheit das Publikum um das Vergnügen gebracht wurde, den Auftritt nackter Tänzerinnen zu genießen; vgl. I, das Epigramm des Eingangsbriefes.

28,4 *Curier* und *Fabricier:* C. Fabricius Luscinus, wie M. Curius Dentatus (vgl. zu 27,6) ein Feldherr gegen Pyrrhus und ein Urbild römischer Rechtschaffenheit.

28,9 *Parasiten des lorbeertragenden Phöbus:* Wie wir aus Inschriften wissen, waren die *parasiti Apollinis* eine Art Künstlergenossenschaft. Seit die Nymphe Daphne auf der Flucht vor dem verliebten Apollon in einen Lorbeerbaum verwandelt wurde (vgl. Ovid, Metamorphosen I 452-567), ist dem Gott der Lorbeer heilig.

28,10 *Diener seines* (d.h. Roms) *Jupiter:* Domitians.

29,1 *die Generationen von Nestors Alter:* Der greise Nestor von Pylos erlebte drei Menschenalter. – *Philaenis* hieß auch eine griechische Schriftstellerin, von der ein Buch über die verschiedenen Positionen beim Koitus stammen soll.

29,2 *zu den Unterwelts-Wassern des Dis:* Dis (pater) ist Pluto, der Herrscher im Totenreich.

29,3 *Euböas Sibylle:* Die Sibylle von Cumae, der ältesten griechischen Kolonie in Italien, die von Chalkis in Euböa ausging, erreichte nach Ovid, Metamorphosen XIV 144-146, ein Alter von tausend Jahren.

29,6 *die Schar, die den Serapis liebt:* Sarapis (Serapis) ist eine ägyptische Gottheit (Osiris-Apis), deren Kult sich mit der der Isis über die ganze alte Welt ausbreitete; nach der Auffindung des toten Osiris rief die Kultgemeinde: εὑρήκαμεν, συγχαίρομεν, vgl. Juvenal VIII 29-30: »was das Volk ruft nach dem Auffinden des Osiris«.

29,8 Am *Strymon*, dem Grenzfluß zwischen Makedonien und Thrakien, versammelten sich zahlreiche Wasservögel, v.a. Kraniche.

29,9 *Thessalicus rhombus:* ein Zauberkreisel; Thessalien war berüchtigt wegen seiner Gifte und Zauberkünste; man glaubte z.B., daß Hexen den Mond verfinstern und vom Himmel herabholen könnten.

29,10 In der Liebeselegie findet sich häufig der ›Doppelberuf‹ von Zauberin und *Kupplerin.*

29,12 *damit die Hunde deine Gebeine mühelos herausscharren können:* Ähnlich makaber die Pointe in der Anthologia Palatina XI 226 von Ammianus, einem Zeitgenossen Martials.

30 L. *Antistius Rusticus,* der Kommandant in Germanien, Prokonsul in Spanien und *consul suffectus* gewesen war, war mit Mummia *Nigrina* verheiratet; Martial rühmt sie IV 75, weil sie mit ihrem Mann ihr väterliches Vermögen teilte; die *Kappadokier* siedelten in Kleinasien zwischen dem Schwarzen Meer und der Nordgrenze Syriens.

31,2 *Velius* Paulus, Prokonsul von Bithynien, hatte nach dieser Stelle Domitian in den Norden zum Krieg gegen die Sarmaten begleitet.

31,5 *Froh eilte die Gans von selbst zu ihrem Altar:* Es galt als gutes Omen, wenn das Opfertier sich scheinbar freiwillig töten ließ.

31,7 Die *acht Münzen ... im Schnabel des Vogels* nehmen Bezug auf den nur acht Monate dauernden sarmatischen Krieg.

34 Zum *templum gentis Flaviae* vgl. auch zu 1,8.

34,1 *die Lüge mit dem idäischen Grabmahl:* Das Idagebirge auf Kreta gilt als Ort von Jupiters Geburt (vgl. IV 1,2) und Begräbnis.

34,2 *als er* (Jupiter) *den flavischen Tempel des kaiserlichen Himmels sah:* Hinweis auf die Vergöttlichung der flavischen Familie durch Domitian; vgl. auch zu 3,12.

34,6 Der *Alkide* ist Herkules, der *Arkadier* Merkur, der auf dem Berg Kyllene in Arkadien geboren war.

34,7 *in Knossos ein Denkmal:* in der Residenz des Minos von Kreta, der selber ein Zeussohn war.

35,3 *Pacorus:* König der (für die Römer so gefährlichen) Parther, im heutigen Mesopotamien. – *Arsakes* war der erste König und Gründer der Dynastie der Arsakiden (um 250 v.Chr.).

35,4-5 *Sarmaten* heißen die Bewohner des polnisch-russischen Tieflandes, die *Daker* wohnten ungefähr im heutigen Rumänien.

ZUM NEUNTEN BUCH

35,6 *den Lorbeerkranz des Sieges:* Mit Lorbeerlaub umwickelten die Feldherrn die Briefe, in denen sie den Sieg meldeten.

35,7–8 *Syene* (Assuan): Stadt in Oberägypten; *Pharius:* ägyptisch, nach der Insel Pharus vor Alexandria; die Prognosen für die Getreideernten in Ägypten und Afrika (*Libyen*) waren häufiger Gesprächsgegenstand in der Hauptstadt, die ja vom Getreideimport abhängig war; der *pharische Jupiter* ist Osiris.

35,9 *die julischen Ölzweige:* Einen goldenen Ölzweig überreichte der Kaiser den Siegern in den Wettspielen von Alba, die angeblich bereits von *Iulus* Ascanius, dem Sohn des Äneas, gestiftet worden waren; zum *agon Albanus* vgl. auch zu IV 1,5 und IX 23.

35,10 *für wen der Himmelsvater seine Kränze bestimmt:* den Eichenkranz als Dichterpreis im kapitolinischen Wettkampf; vgl. wieder zu IV 1,5 und IX 23,5–6.

36,1 *Den ausonischen Diener:* Earinos (vgl. die Epigramme 11–13, 16, 17, 36), Mundschenk und Liebling Domitians.

36,2 *der phrygische Knabe:* Ganymed, der schöne Mundschenk und Liebling des Zeus, der hier als der *andere* (demnach der zweite) *Jupiter* bezeichnet wird – gegenüber dem irdischen Jupiter Domitian.

37,1–2 Die *Subura* war ein sehr belebtes, aber auch verrufenes Stadtviertel in der Niederung zwischen Quirinal, Viminal und Esquilin (vgl. auch zu II 17,1) mit zahlreichen Läden; dort kaufte *Galla* ihre Schönheitsaccessoires.

37,10 *einäugig:* mit obszönem Hintersinn (das eine Auge ist das orificium urethrae); vgl. zu II 33.

38,5 *von dem korykischen Schauer:* Die Stadt Korykos in Kilikien war berühmt für ihren Safran.

38,6 (*wenn*) *heftige Südwinde an den eingezogenen Sonnensegeln zerren:* vgl. den Ausdruck *vela ventis negare* (Ovid) vom Einziehen der Segel. An den gerafften Stoffballen der Sonnensegel zerrt heftig der Wind; oder: der Sturm zerrt an den Sonnensegeln, so daß sie eingezogen werden müssen.

39 Der 24. Oktober war der Geburtstag Domitians und zugleich der *Caesonia*, der Frau eines gewissen *Rufus*, mit dem wohl nicht Martials

Freund Canius Rufus aus Gades gemeint ist, der vermutlich seine Theophila (vgl. VII 69) geheiratet hat.

39,2 *Kybele:* die phrygische Muttergöttin, mit Rhea, der Mutter des kretischen Zeus, gleichgesetzt.

39,4 *Mehr verdankt kein Mädchen seiner Mutter:* Die Mutter ›schenkte‹ ihr gleichsam Domitians Geburtstag als Geburtsdatum.

40 *Diodorus:* wohl ein fiktiver Dichter aus Ägypten, der sich im Dichterwettstreit um den Preis im kapitolinischen Agon (*tarpejisch* = kapitolinisch; vgl. IV 54, 1) bewarb.

41,5 *Horatius* war Vater von Drillingen, den drei Horatiern, die zur Entscheidung zwischen Rom und Alba Longa mit den drei Curiatiern kämpften.

41,6 *Ilia* (= Rhea Silvia): Mutter von Romulus und Remus, den Mars-Söhnen.

42,1 *Myrina:* Hafenstadt in Mysien (Kleinasien) in der Nähe von Grynium mit dem berühmtem Orakel des Apollo Gryneus.

42,2 *so gewiß du dich stets an den greisen Schwänen erfreust:* Zu dem Gesang alter Schwäne, die dem Tode nahe sind, vgl. auch V 37,1 (im Blick auf das Mädchen Erotion): *Puella senibus dulcior mihi cycnis* und das Distichon XIII 77.

42,3 *die gelehrten Schwestern* sind die Musen.

42,4 *deine delphische Priesterin:* Pythia, die Orakelpriesterin des delphischen Apollon.

42,6 *bis senos ... fasces:* die zwölf Rutenbündel als Signatur des Konsulamtes; vgl. VIII 66,3: *bis senos iubet en redire fasces.*

42,7 Zu *Stella*, dem oft erwähnten Freund und Patron Martials, vgl. u.a. zu I 7.

42,9-10 *ländlichem Altar:* auf seinem Gut in der Vorstadt – *mit vergoldeten Hörnern:* Die Hörner von Opfertieren wurden oft mit Gold überzogen.

42,11 *Das Opfertier ... ist schon geboren:* Shackleton Bailey konjiziert *lecta* (»das Opfertier ist ausgewählt«) für das überlieferte *nata*.

43,3 *den Sternen ..., die er* (Herkules) *trug:* als er dem Titanen Atlas für eine Zeit das Himmelsgewölbe abnahm.

43,6 *Lysippus:* berühmter Erzgießer aus Sikyon zur Zeit Alexanders des Großen.

43,7 *zur Tafel des Tyrannen von Pella:* In Pella (Makedonien) wurde Alexander der Große geboren.

43,9 *Hannibal* schwor schon als Knabe den Römern ewige Feindschaft.

43,10 L. Cornelius *Sulla* legte freiwillig im Jahre 79 v. Chr. die Diktatur nieder.

43,13 *Molorchus:* ein Tagelöhner aus Cleonae (Kleonai) bei Nemea, wo Herkules auf dem Weg zum Nemeischen Löwen einkehrte; vgl. auch IV 64,30.

43,14 *so wollte der Gott:* ›Personifizierung‹ der Statue; *Novius Vindex:* ein wohlhabender Kunstkenner.

44,1 Der *Alkide* ist Herkules als Enkel des Alkeus.

44,6 *Lysippus lese ich, an ein Werk des Phidias dachte ich:* Zu Lysippus vgl. 43,6; Phidias: der berühmte Bildhauer der perikleischen Zeit.

45,1–2 *Marcellinus:* ein mehrmals erwähnter Soldat und Freund Martials. – *Hyperboreer:* ein mythisches Volk im hohen Norden, hyperboreisch = nördlich; *triones = septemtriones* (die sieben Dreschochsen): das Siebengestirn des Großen Bären; *des getischen Himmels:* Die Geten wohnten nördlich der unteren Donau; Hinweis auf den Sarmatenkrieg.

45,3 *die Sage des Berges:* Der Berg ist der Kaukasus, an den Prometheus, der Menschenbildner und Menschenfreund, angeschmiedet worden war.

47,1 *Demokrit* von Abdera (5. Jh.), neben Leukippos der Begründer des Atomismus; *Zenon:* entweder Zenon von Elea, der Schöpfer der Dialektik, oder Zenon von Kition auf Zypern, der Begründer der Stoa (um 300 v. Chr.); *inexplicitos:* (inhaltlich) dunkel, oder: ungelesen.

47,2 *jedwedem, der auf Bildern ungepflegt wirkt mit struppigem Haar:* Als Titelbilder waren Autorenporträts (mit vielleicht struppigen Philosophenbärten) üblich.

47,3 Der Philosoph *Pythagoras* von Samos lebte um 540 v. Chr.

48,5–6 *einen laurentischen Eber:* Laurentum ist eine alte Küstenstadt in Latium, etwa 30 km von Rom entfernt. – *Aus dem ätolischen Kalydon:*

die Stadt in der mittelgriechischen Landschaft Ätolien war berühmt durch den gewaltigen Eber, den Meleager dort erlegte; vgl. auch I 104,6.

49,2 *(jene) Toga, die mein Leser in- und auswendig kennt:* Das ist natürlich stark übertrieben; vgl. VIII 28.

49,3 *Parthenius gehörte sie einst,* dem Kämmerer und Günstling Domitians, der nach Martial auch ein Dichter war (vgl. zu seiner Person IV 45).

49,7 *tribulis:* eigentlich der Tribusgenosse, speziell aus der untersten und ärmsten Volksklasse, daher hier mit *Prolet* übersetzt; vgl 57,8: *pallens toga mortui tribulis.*

49,8 *du kannst sie* (die Toga) *mit gutem Recht »die schneeige« nennen:* Wortspiel mit *niveus* in der Bedeutung schneeweiß und eiskalt.

50,3–4 *Doch du, der ... des Priamos gewaltige Schlachten beschreibst:* Gaurus schrieb also eine Art Ilias.

50,5 *Bruti puer:* Standbild eines Knaben, den (der bei Philippi gefallene) Brutus sehr liebte, ein Beispiel für die Gattung ›Kleinkunst‹; vgl. zu II 77,4 und zu XIV 171 (Der Knabe des Brutus aus Ton). – *Langon:* wohl ebenfalls Statuette eines Jungen. Möglicherweise besteht ein Zusammenhang mit Plinius, Naturalis historia XXXIV 79; der erwähnt unter den Werken des Leochares *Lyciscum mangonem* (andere Hs. haben *Lagonem*) *puerum subdolae ac fucatae vernilitatis,* also »einen Knaben von hinterlistiger und geheuchelter Freundlichkeit«, doch ist die Pliniusstelle schwierig und textkritisch problematisch.

51 Die Brüder Cn. Domitius *Lucanus* und Cn. Domitius *Tullus* werden hier wie in I 36 mit Kastor und Pollux zusammengesehen. Pollux hatte seinem Bruder die Hälfte der eigenen Unsterblichkeit abgetreten, so daß sie abwechselnd zusammen je einen Tag im Olymp und in der Unterwelt verbringen.

51,5 *tu colis Elysios:* ergänze *campos.*

52,1 *Quintus Ovidius* war Martials Nachbar auf seinem Nomentaner Landsitz; vgl. u.a. I 105.

52,4–5 *Tage, die ich mit den besseren Steinchen markieren darf:* Die Sitte, glückliche Tage mit einem weißen, Unglückstage mit einem schwarzen Stein zu kennzeichnen, soll auf die Skythen zurückgehen; vgl. u.a. VIII 45,2: »Eine milchweiße Perle markiere diesen Tag!«

54 Am 22. Februar wurden die *Caristia* (*cara cognatio*) gefeiert; es handelt sich um eine Art Großfamilienfest, an dem Verwandte sich gegenseitig beschenkten, aber auch Differenzen austrugen; vgl. Ovid, Fasti II 617–238.

54,1-2 *Picener Oliven:* Picenum heißt die Landschaft an der Adria südlich von Ancona; die *Sabiner* bewohnten das waldige und wildreiche Bergland nordöstlich von Rom.

54,3 *an dem verlängerten Rohr:* Der Vogelsteller schiebt das an der Spitze mit Vogelleim bestrichene Rohr teleskopartig allmählich vor.

54,6 *kein Bruder, kein Großvater überträfe mich:* Zu den *caristia* wurden also auch enge Freunde eingeladen.

54,12 *wirst du noch oft mein Verwandter sein:* ich werde dich also noch oft beschenken können – was Glückwünsche für ein langes Leben einschließt.

55,1 *Verwandtschaftstag:* vgl. das vorige Gedicht.

55,2 Zu *Stella,* dem oft genannten Freund und Patron Martials, vgl. u. a. 42,7. – *Flaccus:* ein reicher Freund Martials, den der Dichter in zahlreichen Epigrammen erwähnt.

56,1 *Als Waffenträger seines Herrn:* eines nach Afrika versetzten Offiziers.

56,8 *Parthenopaeus* (vgl. VI 77,2): ein schöner Jüngling, Sohn des Meleager und der Atalante, die seinen Tod voraussah, fiel im Kampf als einer der Sieben vor Theben; solange er keinen Helm trug, war er offenbar durch seine Schönheit geschützt.

57,8 *die vergilbte Toga eines gestorbenen Proleten:* vgl. 49,7 von der verschlissenen Toga: *tremulo vix accipienda tribuli.*

57,9 *träge* ist der Maultiertreiber zwangsläufig bei dem ›wackeligen‹ Zustand seines Gefährts.

58 Auf einen Tempelbau für die *Nymphe* eines Sees bei *Sassina* in Umbrien durch C. Caesius *Sabinus,* einen Freund Martials (vgl. zu ihm auch VII 97).

58,4 *Bajae:* das berühmte Seebad im Golf von Neapel.

58,5 *die ängstlich besorgten Büchlein:* entweder besorgt um das Urteil des Sabinus, oder, wahrscheinlicher: wegen möglicher Reaktionen der Nymphe.

58,6 *der pegasische Quell:* die Musenquelle, benannt nach dem Flügelroß Pegasus, das durch seinen Hufschlag die Quellen Hippokrene und Aganippe auf dem Musenberg Helikon in Böotien zum Fließen brachte.

58,7–8 *Jeder, der seine Gedichte Nymphentempeln schenkt ...:* Die beiden letzten Verse sind entweder die Antwort des Sabinus (so Friedländer) oder – was näherliegt – die Replik der Nymphe: Es ist das Los der Bücher, im Wasser zu landen und dabei unleserlich zu werden.

59,1 *In Saeptis:* Zum Bezirk der *Saepta Iulia* mit ihren vornehmen und teuren Geschäften vgl. zu II 14,5–6.

59,8 (er) *verlangte die in der Höhe ausgestellten, ölglänzenden Elfenbeinfüße:* Elfenbein wurde geölt, damit es stärker glänzte; die Elfenbeinfüße für Zitrusholz-Tische wurden separat verkauft und waren wohl an der Decke aufgehängt; der Kunde läßt sie herunterholen, um sie aus der Nähe begutachten zu können.

59,10 *für seinen Zitrustisch sei es nicht groß genug:* vgl. II 43,9 (libysche Tischplatten auf indischen Elfenbeinfüßen).

59,11 *ob die Bronzen nach Korinth röchen,* d.h. den für korinthische Bronzen typischen Geruch hätten; Experten glaubten, die Echtheit dieser berühmten Bronzen riechen zu können.

59,12 *Polyklet:* der berühmte Bildhauer aus Sikyon, Zeitgenosse des Perikles.

59,14 *murrina:* Gefäße aus Flußspat (Achat); vgl. auch III 26,2 und XIV 113.

59,16 *Mentor:* der berühmte Graveur aus dem frühen 4. Jh. v.Chr.; vgl. das Distichon III 40 über die auf einer Schale von Mentors Hand ziselierte Eidechse.

59,18 *was von eindrucksvoller Größe am schneeweißen Ohre klimpert:* entweder Ohrgehänge mit hellen Steinen bzw. Perlen oder »schneeweiß« als Klischee der Vornehmheit im Blick auf die potentielle Trägerin.

59,19–20 *Sardonyx:* ein braun und weiß gestreifter Halbedelstein. – *Jaspis:* ein grüner Halbedelstein.

59,21 *zur elften Stunde:* also am späten Nachmittag gegen 5 Uhr; vgl. auch zu I 108, 9 (Tageseinteilung).

59,22 *trug* (er) *sie* (die Becher) *eigenhändig nach Hause:* Martial will damit betonen, daß der Angeber sich keinen eigenen Sklaven leisten konnte.

60,1 *auf Paestums ... Fluren:* die Stadt Paestum in Lukanien, wegen ihrer Rosen berühmt, vgl. zu IV 42, 10. – *Tibur* (Tivoli): Stadt an den Wasserfällen des Anio (Teverone), die Sommerfrische von Rom.

60,2 *Tusculum:* altes Landstädtchen bei Frascati, nordöstlich von Rom.

60,3 *Praeneste* (Palestrina): Stadt in Latium, östlich von Rom, gepriesen wegen seiner Rosen und Nüsse und berühmt durch seinen Fortuna-Tempel.

60,4 *Pracht des kampanischen Landes:* Kampanien (mit der Hauptstadt Capua und dem Hauptfluß Vulturnus) galt als die schönste mittelitalische Landschaft; die Grenze zu Latium bildet der Liris.

60,5 *meinem Freund Sabinus:* Es ist der von 58 bekannte Caesius Sabinus aus Sassina.

60,6 *Nomentum:* Stadt nördlich von Rom, wo Martial seinen kleinen Landsitz, das *Nomentanum*, hatte; vgl. auch II 38, 1.

61,1 *Tartessos:* uralte Küstenstadt ganz im Südwesten Spaniens an der Mündung des (Baetis) Quadalquivir.

61,4 *(wo) lebendiges Blattgold die hesperischen Schafe kleidet:* Der Goldsand goldhaltiger Flüsse wurde auf Schaffellen aufgefangen; vielleicht ist aber *brattea viva* nur die poetische Umschreibung für das golden glänzende Fell *hesperischer* (d.h. spanischer) Schafe.

61,11-12 *Faune* (als Plur. soviel wie Pane): Walddämonen, nackt und in Bocksgestalt; die *Rohrflöte* wird von ländlichen Gottheiten oder Walddämonen gespielt.

61,13-14 *Pan:* der griechische Wald- und Herdengott, Sohn des Hermes und einer Nymphe; als Naturdämon ist er hinter Nymphen und schönen Hirtenknaben her. – *Dryade:* Baumnymphe.

61,15-16 *Lyaeus* (»Sorgenlöser«): Kultname des Dionysos/Bacchus; *von dem verschütteten Wein wuchs üppiger das schattige Dach:* Man glaubte wohl, Platanen wüchsen besser, wenn man sie mit Wein begoß.

61,17 Das überlieferte *delecta* gibt keinen Sinn, auch *deiecta* (»le gazon fut jonché de couronnes«, Isaac) ist kaum weniger schwierig; *depicta* (gemalt: Shackleton Bailey) oder *distincta* (bunt gefärbt: Gilbert) sind plausible Vorschläge.

61,22 *Nicht eines Pompejus Hände haben dich gepflanzt:* Im Gegensatz zur *manus felix* des Siegers Caesar gelten die *Pompeianae manus* als unheilvoll: Bei Pharsalus in Thessalien von Caesar im Jahr 49 besiegt, war Pompejus nach Ägypten geflohen, wo er ermordet wurde.

62,4 *Sie schätzt den Geruch und nicht die Farbe:* Sie will mit dem aufdringlichen Geruch des Purpurs – vgl. IV 4,6: »wie das zweimal mit Purpur getränkte Schaffell (stinkt)« – ihren eigenen Körpergeruch überdekken bzw. vergessen machen.

63,2 *mentula quem pascit* ist absichtsvoll mehrdeutig: (a) »wen sein eigener Schwanz ernährt«, indem er sich im Schwulenmilieu prostituiert, (b) *wen ein Schwanz füttert* (wobei *pascit* für *irrumat* steht), indem er sich oral (oder auch anal) mißbrauchen läßt.

64,1 *des großen Herkules Züge anzunehmen:* Domitian stiftete einen Tempel des Herkules am 8. Meilenstein der *Via Appia* nebst einer Statue des Heroen, die des Kaisers eigene Züge trug.

64,3 *zum waldigen Reich der Trivia:* Tempel und Wäldchen der Diana am Dreiweg bei Aricia, einer alten Stadt an der *Via Appia*.

64,6 *den größeren Alkiden verehrt jetzt der kleinere selber:* Der kleinere Alkide ist Herkules, der größere Domitian; vgl. auch 101,11: »Dies die Taten des kleineren Alkiden; erfahre jetzt, was der größere vollbrachte«.

64,8 *dort trägt man unbekümmert bescheidenere Wünsche vor:* An den ›kleineren‹ (den eigentlichen) Herkules als einen Gott der Glückschancen richten sich auch die kleineren Bitten, die unbekümmert und auch ohne sonderlichen Respekt vorgetragen werden können.

65,1 *Der latinische Donnerer* ist Iuppiter Capitolinus; bis jetzt, so Martial, sei offen geblieben, ob Herkules der Sohn Jupiters oder Amphítryons sei, in dessen Gestalt der Gott sich der Alkmene genähert hatte; mit Domitians Gesichtszügen ist die göttliche Herkunft von Herkules erwiesen – eine exaltierte Schmeichelei.

65,5 *dem Tyrannen von Argos:* Herkules mußte im Dienste des Eurystheus seine berühmten zwölf Arbeiten ausführen.

ZUM NEUNTEN BUCH

65,8 *Lichas* überbrachte Herkules im Auftrag der Deianeira das mit dem Blut des Kentauren *Nessus* vergiftete Gewand, ohne von den tödlichen Folgen der Gabe zu wissen; Martial bezeichnet den Unglücksboten als *fallax*, was der uns bekannten Intention der Sage zuwiderläuft.

65,9 Auf dem *Öta*, einem Berg in Thessalien, ließ sich Herkules auf einem Scheiterhaufen verbrennen.

65,11 Omphale, Königin von *Lydien*, trug das Löwenfell des Helden, während dieser Frauenarbeit: *Lydia ... pensa* verrichten mußte.

65,12 (du) *hättest den Styx nicht gesehen:* In seinem letzten und gefährlichsten Abenteuer mußte Herkles den Höllen-*Hund* aus dem *Tartarus* heraufholen.

65,13 *Hebe* (»Jugendblüte«): Tochter des Zeus und der Hera; sie wird im Olymp die Gemahlin des vergöttlichten Herkules.

65,14 *die Nymphe ... schickte den Hylas zurück:* Hylas, ein schöner Knabe, den erst Herkules raubte und später Quellnymphen in die Fluten hinabgezogen.

66,2 Die Verleihung des *Dreikinderrechts* war mit bestimmten Privilegien verbunden; vgl. auch zu II 92,1.

67,7-8 Das epigrammatische Ich renommiert mit seiner *lasciva puella*, die nach den sexuellen Ausschweifungen mit ihm nur noch unter einer *condicio mala* von Aeschylus übernommen werden kann, wobei *hoc munus* wohl *os impurum* durch *fellatio* andeutet; vielleicht meint aber *condicione mala* auch, daß Aeschylus für die Liebesdienste, die das epigrammatische Ich umsonst erfuhr, teuer bezahlen muß.

68 *Lärmbelästigung* durch Lehrer (und Schüler): vgl. XII 57, 4-5: »Unerträglich machen dein Leben die Schulmeister am Morgen, in der Nacht die Bäcker«.

68,6 *wenn der Schmied einen Anwalt in der Mitte des Pferdes befestigt:* Erfolgreiche Gerichtsredner ließen von sich Reiterstatuen anfertigen, um sie in den Vorhallen ihrer Häuser aufzustellen; vgl. Juvenal VII 125-127: »In seiner (des Rechtsberaters) Vorhalle steht nämlich ein Triumphwagen aus Bronze mit vier stattlichen Rossen, und er selbst droht auf einem mutigen Streithengst sitzend mit verbogener Lanze.«

68,8 *wenn den siegreichen ›Kleinschildlern‹ die eigenen Anhänger zujubeln:* Bei den Gladiatorenspielen favorisierte Domitian die Partei der *scutarii* (Großschildler); ein Sieg der *parmularii* (Kleinschildler), die benachteiligt waren, wurde daher von deren Anhängern mit besonderem Applaus bedacht; vgl. auch XIV 213.

69,2 *cum pedicaris, ... quid facis?* Erläuterung (lateinisch) bei Shackleton Bailey im Apparat der Teubnerausgabe.

70,1 *Dixerat ›o mores! o tempora!‹:* Zitat aus Cicero, Catilina I 1, 2.

70,3 *als Schwiegersohn und Schwiegervater in mörderischem Kampf zusammenstießen:* Pompejus hatte Caesars Tochter Julia geheiratet; mit Überschreiten des Rubicon 49 eröffnete Caesar den Bürgerkrieg gegen Pompejus, den er bei Pharsalus in Thessalien vernichtend schlug.

71,1 *Massyler:* Volksstamm im östlichen Numidien.

71,7–8 *der Schrecken Nemeas:* der Nemeische Löwe, die erste Beute von Herkules. – *der Träger der Helle:* der goldene Widder, der Phrixos und Helle durch die Luft nach Kolchis trug, wobei Helle über den Dardanellen (dem Hellespont) ins Meer stürzte; die Sternbilder Löwe und Widder sind die himmlischen Entsprechungen.

72,1 *Liber:* ein mit dem Dichter offenbar befreundeter Faustkämpfer; vgl. auch VIII 77,1. – Aus *Amyclae* in Lakonien stammt der als Faustkämpfer berühmte Pollux.

72,2 *ausonisch:* italisch bzw. römisch.

72,5 *Gaben ..., die deines Namens würdig sind:* Der Faustkämpfer Liber sollte also seinem Namen Ehre machen, denn Liber ist eine Bezeichnung für Bacchus.

73,3 *Praeneste* (Palestrina): Stadt in Latium, östlich von Rom, hoch und kühl gelegen und berühmt durch die Schönheit seiner Rosen und Nußbäume.

73,3 Shackleton Bailey schreibt *decepti* und übersetzt: »gone before his time«.

73,5–6 *Falerner:* ein kostbarer Wein vom Fuß des Mons Massicus in Kampanien; *Ganymed* ist Mundschenk und Liebling des Zeus.

73,9 *Thalia* ist die Muse der Komödie und des Epigramms.

74,3–4 Der Sohn war, kaum erwachsen geworden, in Kappadokien gestorben; das Kinderbild stellt für den Vater eine lebendigere und tröstlichere Erinnerung dar, da Camonius zu jenem Zeitpunkt mit dem Leben auch die Sprache noch hatte; vgl. 76 und den Nachruf auf Camonius VI 85.

75,2 *Samiramis/Semiramis:* durch die »hängenden Gärten« berühmte Königin von Babylon.

75,7-9 Grün geäderter Marmor aus *Karystos* an der Südküste von Euböa, weißer, violett geäderter synnadischer Marmor aus *Synnas* in *Phrygien*, gelbrötlicher aus *Numidien* und der *grüne* lakonische; der *Eurotas* ist der Hauptfluß von Lakonien.

75,10 *Stecke dein Bad in die Thermenheizung:* d.h., verbrenne es in der Hypokausten-Heizung deiner Thermen.

76,6 *Schwestern:* die Parzen.

76,8 *den in der Ferne gestorbenen Sohn:* Camonius Junior war in Kappadokien gestorben; vgl. VI 85,3 und IX 74.

76,10 *ein größeres Bild:* anders Shackleton Bailey: »a larger likeness«; man könnte auch an ein ›literarisches‹, dauerhaftes Bild denken.

77,2 *Priscus:* wohl Martials oft genannter Freund Terentius Priscus.

77,6 *keinen Flötenspieler:* Martial hat offenbar eine Abneigung gegen Tafelmusik.

80,2 *uxorem pascit:* unübersetzbares Wortspiel: (a) = *irrumat*, (b) »er weidet sie ab«, d.h., er nimmt sie aus.

82,5 *bisque ... deciens:* zu ergänzen: *centena milia sestertium*.

82,6 *perire cito:* Wortspiel: bald sterben bzw. schnell sein Vermögen verlieren und sich dadurch ruinieren.

83,4 *daß die zuschauen müssen, die so gern rezitieren:* und dadurch die Zuschauer langweilten oder verärgerten; vgl. den berühmten Anfang von Juvenals 1. Satire: *Semper ego auditor tantum ...* »Immer soll ich nur Zuhörer sein? Niemals zurückschlagen, so oft gequält durch die ›Thescis‹ des schon heiseren Cordus?«

84,1 *Norbanus:* »Perhaps a Norbanus who was Praetorian Prefect in 96« (Shackleton Bailey). - *frevelhafte Kampfeswut:* vgl. z.B. IV 11 die Empörung des Antonius Sturninus in Germanien.

84,3 *geschützt in Piëriens Schatten:* d.h. abgeschirmt von der unangenehmen Wirklichkeit durch den ›Aufenthalt‹ bei den Musen; Pieria ist eine makedonische Landschaft nordöstlich vom Olymp und galt als ein Lieblingssitz der Musen.

84,5 *Vindelicia:* Gegend um Augsburg, die unter dem Land der *Räter* mitbegriffen wurde.

84,9-10 *bis trieteride iuncta:* wörtlich: »ein Zeitraum von drei Jahren, zweimal verknüpft«, währenddessen Norbanus die Bücher IV bis VIII erhielt. – *ein Leser:* vielleicht ein Freund des Norbanus, der Martials Bücher kaufte und las, bevor er sie dem anderen schickte, eventuell auch ein Sklave des Norbanus, der angewiesen war, seinem Herrn aus Rom die Bücher zuzuschicken.

85,4 Mit *sportula* (Geschenkkörbchen des Patronus) ist hier die Bewirtung durch Paulus gemeint. – *pedes porrigere:* wörtlich: »die Füße ausstrecken«, also die Haltung von Toten einnehmen.

86,1-2 *Severus:* Sohn des Redners und Dichters *Silius* Italicus, dessen zweifache Kompetenz als *doppelter Meister in der ausonischen Rede* v.2 ausdrückt.

86,3 *Piëriden:* die Musen.

86,4 *Linus:* ein Sohn des Apollon und der Muse Urania, berühmt als Zitherspieler und Lehrer des Herkules in der Musik.

86,5-6 *Kalliope*, die Muse der epischen Dichtung, ist die Mutter des Orpheus; Apollon ist als Zeus-Sohn ihr Bruder, denn die Musen sind die Töchter des Zeus.

86,7 *Blicke auf den Donnerer vom tarpejischen Felsen und auf den vom Palatin:* Iuppiter Capitolinus und Domitian.

86,8 *Lachesis:* die Parze, die das Lebenslos (den Lebensfaden) zuteilt. – *beide Jupiter verletzt:* Jupiter hatte z.B. seinen Sohn Sarpedon, der im 16. Gesang der Ilias von Patroklos getötet wird, Domitian seinen IV 3 erwähnten Sohn verloren.

87,1-2 *Opimius:* Konsul 121; sein Konsulat wird öfter witzig zur Bezeichnung eines guten alten Wein-Jahrgangs genannt. – *lallend vom ständigen Zechen – denso triente: Der triens* ist ein Trinkbecher, der ½ Sextarus, also ca. ⅙ Liter faßt.

87,6 *Setze dein Siegel:* Lupercus wollte wohl die Trunkenheit des

Zechers ausnutzen. – *vergeblich:* Im Rausch läßt sich dieser erst recht nicht auf Geschäfte ein, die er im nüchternen Zustand nicht gutheißen könnte.

87,7 *Jetzt versiegelt mein Ring – die Flasche:* Dadurch war sie dem Gebrauch (und der heimlichen Entwendung) entzogen.

88 Spiel mit den Bedeutungen von *captare* und *capere*, die sich auf die Verfolgung von Tieren auf der Jagd und auf den Versuch, Freunde ›einzufangen‹ (um dadurch in den Besitz einer Erbschaft zu gelangen) beziehen können.

89,2 *licet scribere nempe malos:* entweder Entgegnung Stellas, der auch schlechte Verse akzeptiert: *Natürlich darf er schlechte schreiben,* oder Bemerkung Martials: *Schlechte schreiben darf man doch wohl auch;* vgl. VII 81, wonach ein Buch mit dreißig guten Epigrammen bereits als ein »gutes Buch« zu gelten habe.

90 An *Flaccus,* einen von Martial oft erwähnten (u.a. 33; 55), reichen Freund gerichtet während dessen Aufenthalt auf *Zypern.*

90,5 *triente nigro:* in einem Becher mit über Schnee bzw. Eis gegossenem Falerner (vgl. VIII 55,14: *nigra Falerna*).

90,12 *(wenn) die glühende Mähne des Löwen wütet:* Das Sternbild Löwe signalisiert die Sommerglut.

90,13 *Göttin von Paphos:* die Stadt Paphos auf Zypern als ein Kultmittelpunkt der Aphrodite.

90,15 *Dann sollen die Kalenden des Mars dir dienen:* das Frauenfest der *Matronalia* am 1. März; daß an diesem Tag auch eine Venusfeier stattgefunden habe, wird nur hier erwähnt.

91,1 *zum Mahle in verschiedene Himmel:* Auch den Palast Domitians empfindet Martial als Himmel.

91,6 *Mein Jupiter, seht, hält auf der Erde mich fest:* Anlaß des Epigramms war vermutlich eine Einladung des Kaisers.

92,4 *Gaius;* Name eines beliebigen freigeborenen Römers.

92,11 *Daß du nicht morgens schon kotzen oder die Fotze lecken mußt:* d.h., daß man als Klient schon am frühen Morgen zum Trinken gezwungen ist und u.U. den sexuellen Wünschen einer reichen Patronin zu genügen hat; vielleicht werden hier aber alle ›Vorteile‹ des Sklavendaseins auch wieder in Frage gestellt nach dem Motto: der Herr kann schon am Morgen fressen und huren.

93,1 *Falerner:* Wein von Spitzenqualität vom Fuß des *mons Massicus* in Kampanien.

93,2 *aus dem älteren Krug zweimal drei Becher:* Quadrans (das Viertel in einem Duodezimalsystem) bezeichnet als Hohlmaß das Viertel eines Sextarius, das sind drei *cyathi* oder Spritzgläser. – Zu der hier geschilderten Trinkpraxis vgl. u. a. I 71 (vom ertränkten Liebeskummer).

93,3 *Catacissus* (sprechender Name): Efeubekränzter.

93,4 *sechs Becher … »Caesar wird's sein«:* Die Anzahl der Becher bemißt sich nach der Anzahl der Buchstaben, die in dem Namen enthalten sind.

93,6 *der den berühmten Bau für seine ehrwürdige Sippe errichtet hat:* den Tempel der *gens Flavia*.

93,8 *den Namen, den unser Gott … mitbrachte: Germanicus,* vielleicht auch *Sarmaticus* in bezug auf Domitians thrakischen Feldzug; es ist aber nicht bekannt, daß er diesen Titel angenommen hat. – die *Odrysen*: ein thrakischer Volkstamm am Hebrus, *Odrysius:* thrakisch.

94,1-2 *Santonica … virga:* vgl. Plinius, Naturalis historia XXVII 45: »Vom Wermut (absínthion) gibt es mehrere Arten: der santonische wird nach einer Völkerschaft in Gallien benannt.« – *Hippokrates:* offenbar Name eines Arztes.

94,4 *der du die goldene Rüstung dem gabst, der dir die eherne geschenkt hatte:* Im sechsten Gesang der Ilias tauschen der Trojaner Glaukos und der Grieche Diomedes ihre Rüstungen (VI 234–236): »Den Glaukos verwirrte Zeus, der Kronide, daß er mit dem Tydeïden die Rüstung tauschte: seine goldene gegen die eherne.«

94,6 *Nieswurz:* bei den Alten ein bekanntes Heilmittel, u.a. gegen Wahnsinn und Epilepsie.

95 *Alfius Athenagoras:* vermutlich ein *libertus*; Pointe unsicher; evtl. Wortspiel mit Alpha, dem ersten, und Omega, dem letzten Buchstaben im griechischen Alphabet: Frisch verheiratet – also am Anfang – ist er sozusagen schon ›am Ende‹: fertig oder erledigt; oder: Er war der erste bei ihr vor ihrer Heirat, und jetzt, nachdem er sie geheiratet hat, ist er – an-

gesichts ihrer vielen Liebhaber – der allerletzte, der bei ihr zum Zuge kommt.

96,2 *Du Tor, wieso willst du denn trinken:* Der Arzt tut so, als habe er den Schöpflöffel nur zum Wohle des Kranken entwendet. Die Pointe wird schärfer, wenn *trulla* den Arzneilöffel meint, womit der habgierige Arzt auch noch seine Heilkunst in Frage stellt: »Wieso schluckst du auch (die von mir verordnete Medizin)?«

97,1 *mein liebster Julius:* sicher Julius Martialis, der engste Freund des Dichters Martial.

97,5–6 *weil zwei Caesaren mir das Dreikinderrecht verliehen:* Die Verleihung war mit bestimmten Privilegien verbunden; vgl. 66,2 u. ö.; mit den beiden Kaisern sind Titus und Domitian gemeint.

98,2 Quintus *Ovidius:* der mehrfach erwähnte Freund Martials (vgl. z.B. 52 und zu I 105,1).

98,3 *Coranus machte hundert Amphoren – Wasser:* Zum Motiv der verregneten Weinernte vgl. I 56.

99,1 *Marcus Antonius* ist wohl Marcus Antonius Primus aus Tolosa, ein General unter Vespasian und ein Freund Martials, doch ist die Identifikation nicht ganz sicher.

99,3 *Tolosa* (Toulouse), die reiche Handelsstadt in der Gallia Narbonensis, trug als Zentrum der Gelehrsamkeit den Beinamen *Palladia*.

99,4 *gloria, quem genuit Pacis alumna Quies:* Izaac liest mit Scriverius, Gilbert und Friedländer *quam* für das überlieferte *quem* und kommentiert: »retiré à Toulouse, le vieux général s'était consacré avec succès à l'étude des lettres.«

100,1 *Für drei Denare:* Die *sportula* betrug gewöhnlich 100 Quadranten oder 10 Sesterze; 4 Sesterze machen einen Denar aus.

100,2 *im Atrium deiner harren:* d.h. nutzlos lange warten, bis endlich Bassus erscheint, der sich im Gegensatz zum epigrammatischen Ich mit dem Aufstehen Zeit lassen kann.

100,4 *zehn Witwen besuchen:* die Bassus hofiert, um sie zu beerben.

101,1–2 *Caesar, den wir im Bild des Herkules verehren dürfen, ist es, der dich heiligt:* vgl. auch 64,1–2: »Caesar, der sich herabließ, des großen Herkules Züge anzunehmen, stiftet der latinischen Straße (d.h. der Via

Appia) einen neuen Tempel«, in dem Herkules also die Züge Domitians trug; durch diese kaiserliche Dedikation wird die Via Appia gleichsam geheiligt, d. h. sakral aufgewertet.

101,2 *ausonisch:* poetisch für italisch.

101,3–10 *die Taten des früheren Alkiden:* des ›eigentlichen‹ Alkeus-Enkels Herkules (zum Ganzen vgl. die Aufzählung V 65). – *Libyn domuit:* Bestrafung des libyschen Riesen Antaios durch Überwindung im Ringkampf. – *aurea poma:* die Äpfel der Hesperiden. – *discinxit Amazona:* Im Kampf gegen die Amazonen und ihre Königin Hippolyte gewann Herkules deren Gürtel. – *Arcadius aper* ist der Erymanthische Eber, *terga leonis* das Fell des Nemeïschen Löwen. – *aeripedem cervum:* Ein Jahr lang jagte Herakles die kerynitische Hirschkuh in den Wäldern Arkadiens. – *Stymphalidas:* die menschenfressenden Vögel vom See Stymphalus in Arkadien. – Jenseits der Unterweltgewässer (darunter der Fluß *Styx*) wacht am Eingang in die Unterwelt der *Hund* Zerberus in einer Höhle. – Die *fruchtbare Hydra* ist die vielköpfige Wasserschlange am See Lerna in der Argolis. – Die *Rinder* gehören dem dreileibigen Riesen Geryones in Spanien (daher *Hesperius*) bei Cadiz, der *tuskische Fluß* ist der Tiber.

101,12 *der sechste Meilenstein von Albas Burg aus:* Der Tempel des Herkules mit den Zügen Domitians an der *Via Appia* war acht Meilen von Rom (64,4) und noch sechs Meilen von Albanum, Domitians Villa, entfernt.

101,13 *Palatium* ist der Palatin-Hügel in Rom und, weil Augustus und seine Nachfolger dort residierten, der Kaiserpalast; nach Martials Darstellung *befreite* Domitian im Jahr 69 als Achtzehnjähriger *das Palatium* von der Herrschaft des Vitellius.

101,14 *(er) führte als Knabe für seinen Jupiter die ersten Kriege:* im sog. *bellum Capitolinum* – vielleicht Anspielung auf das Gedicht, das Domitian über die Belagerung des Kapitols durch die Anhänger des Vitellius schrieb, wobei der Kaiser selbst in Lebensgefahr schwebte (vgl. auch V 5,7; Sueton, Domitian 1,2).

101,15 *obwohl er bereits allein die Zügel der Julier hielt:* Während Vespasians Abwesenheit im Jahr 70 hatte sich nach Sueton Domitian bereits als Herrscher aufgeführt.

101,16 *als dritter:* neben Vespasian und Titus.

101,17-18 *die Hörner des wortbrüchigen, sarmatischen Hister:* Die Flußgötter waren mit Hörnern dargestellt; der Hister ist die untere Donau; als Sarmaten werden eigentlich die Bewohner des polnisch-russischen Tieflandes bezeichnet; *mare Sarmaticum* ist das Schwarze Meer, in das die Donau mündet; die *Geten* wohnten nördlich der unteren Donau.

101,19 *Triumphe ..., die er oft von sich gewiesen hatte:* Ablehnung des Triumphes nach dem sarmatischen Krieg im Jahr 92; vgl. auch VIII 15,5: *hos quoque secretos memoravit Roma triumphos.*

101,20 *den Namen von der hyperboreischen Welt:* nämlich *Germanicus* oder *Sarmaticus.*

101,21 *Tempel ... den Göttern:* Domitians Tempelbauten: 1 und 3. – *Gesittung den Völkern:* Anspielung auf Domitian als *censor perpetuus* (seit dem Jahr 85) und auf seine strenge Kontrolle des moralischen Verhaltens speziell der politischen Eliten; vgl. auch VI 2 (Ehegesetz und Verbot der Kastration) und VI 4.

101,22 *Sterne den Seinen, dem Himmel Gestirne:* Die Apotheosen von Vespasian, Titus und seiner Nichte Julia – *Jupiter Kränze:* den goldenen Eichenkranz als Siegerlohn im *agon Capitolinus*, dem alle vier Jahre stattfindenden Dichterwettkampf; vgl. zu IV 1,6.

101,24 *Dem tarpejischen Vater:* dem Iuppiter Capitolinus.

102,4 *Was ich dir nicht zurückzahlen kann, ... gehört mir:* zur Idee vgl. VIII 37.

103,1 *Leda*, der sich Jupiter in Schwanengestalt genähert hatte, gebar Helena und die Zwillingssöhne Kastor und Pollux. Der ungenannte Besitzer der beiden Jungen war ein Tiberius Claudius Livianus; vgl. Heraeus-Borovskij im Index unter *Asylus.*

103,4 *die tyndarische Schwester:* Helena als ›offizielle‹ Tochter des Tyndareus, mit dem Leda verheiratet war.

103,5 *Therapnaeis ... Amyclis:* Die Städte Therapnai und Amyklai in Lakonien, südlich von Sparta, gelten als Wohnsitz der Dioskuren.

103,6 Beim Schönheitswettstreit waren die Angebote von Juno (Herrschaft über Asien) und Minerva (Weisheit und Ruhm) für Paris weniger attraktiv als das Versprechen der Venus, die ihm Helena in Aussicht stellte; die beiden Göttinnen unterlagen also mit ihren, in Paris' Augen *kleineren Gaben*.

ZEHNTES BUCH

1,1 Die *coronis* ist ein gewundener oder verschlungener Federzug, den der Autor an den Schluß eines Buches oder Abschnittes setzte.

2,1-4 Die erste Fassung des zehnten Buches erschien im Jahre 95; nach dem Tode Domitians folgte 96 das elfte Buch, 98 die überarbeitete Fassung von Buch 10 mit der Zurücknahme der Gedichte, die Domitian schmeichelten.

2,7 *Lethe:* der Unterweltsfluß, aus dem die Toten tranken, worauf sie ihre Vergangenheit vergessen.

2,9 *Messalas marmornes Mal:* das Grabmal des M. Valerius *Messala* Corvinus; vgl. auch VIII 3,5.

2,10 *lacht über die halben Gäule des Crispus der Maultiertreiber:* Es handelt sich wohl um den (unter Claudius vergifteten) C. Passienus *Crispus*, den Stiefvater von Nero, und um die beschädigten Pferde (ein Viergespann?) auf seinem Grabmal; von Maultieren gezogene Wagen befuhren die Ausfallstraßen, die von Gräbern umsäumt waren.

3,4 Nach der großen Nase des *Vatinius*, eines Schusters und späteren Günstlings von Nero, wurde eine bestimmte Art von Glaspokalen mit vier großen Schnauzen »Vatinii« (*calices*) genannt. Die Sammler von Glasscherben zum Einschmelzen tauschten diese gegen Schwefel ein (I 41, 3-5); Glas wurde offenbar mit Schwefel gekittet; zur ganzen Stelle vgl. Juvenal V 46-48: »Du wirst einen Becher leeren, der den Namen des Schusters aus Benevent trägt, mit vier Schnauzen, schon gesprungen, und für das geplatzte Glas nach Schwefel verlangend.«

3,6 *Priscus:* wohl Martials enger Freund Terentius Priscus.

3,8 *Canus* (vgl. IV 5,8): bekannter Flötenspieler.

4,1-9 Aufzählung mythischer Themen: *Ödipus*, König von Theben, erschlug unwissentlich seinen Vater und blendete sich, nachdem er erfuhr, daß er seine eigene Mutter geheiratet hatte. Atreus setzte, aus Rache für die Verführung seiner Frau, seinem Bruder *Thyestes* dessen Kinder zum Mahle vor, worauf die Sonne sich vor Entsetzen verfinsterte. Bei der *Kolchierin* handelt es sich um Medea, die ihre beiden Kinder tötete, um sich an Jason zu rächen, der sie wegen der Tochter des Königs von Korinth verlassen hatte. *Skylla* ist ein Meerungeheuer, das zusammen mit der Charybdis eine Meerenge bedroht; bei der Durchfahrt verlor Odysseus sechs Mann, die von Skylla aufgefressen wurden; sie gilt aber auch als Tochter des Nisus, des Königs von Megara; aus Liebe zu König Minos, der Megara belagerte, schnitt sie nach dieser Sagenversion ihrem Vater die purpurne Locke ab, die seine Unsterblichkeit garantierte, ermöglichte so seinen Tod und die Eroberung der Heimat und wurde schließlich in einen Vogel verwandelt (vgl. das pseudovergilische Epyllion Ciris). *Hylas* war der Liebling des Herkules, den Quellnymphen entführten. *Parthenopaeus* fiel im Kampf als einer der Sieben gegen Theben. *Attis*, der Geliebte der Kybele, kastrierte sich in Raserei selber. Der schöne Hirte *Endymion* ist der Geliebte Selenes, der Mondgöttin, die ihn im Schlafe küßte und in ewigen Schlummer versenkte. Ikarus stürzte tödlich ab, als er mit seinem Vater Dädalus aus Kreta davonflog. *Hermaphroditus*, der Sohn von Hermes und Aphrodite, wurde von der Quellnymphe Salmakis leidenschaftlich geliebt; auf ihr Verlangen wuchsen die beiden zu einem Zwitterwesen zusammen. *Kentauren*, *Gorgonen* und *Harpyien* sind mythische Mischgestalten: Kentauren haben einen menschlichen Oberkörper auf einem Pferdeleib, die drei Gorgonen sind schlangenhaarige Schreckgestalten; der Anblick der Gorgo Medusa versteinerte; die (zwei oder drei) Harpyien, vogelartige Sturmdämonen, sind gierige, häßliche, aus Mädchen- und Vogelleibern zusammengesetzte Mischwesen.

4,7 *Was erfreut dich das eitle Spiel erbärmlicher Schriften:* Die angesprochenen Dichtungen vermögen das von Horaz benannte Programm nicht zu realisieren: *aut prodesse volunt aut delectare poetae* (Ars poetica 333).

4,11 *Mamurra:* Vielleicht bewußte Anspielung des hier fiktiven Namens auf den gleichnamigen Caesargünstling, den Catull mit seinem Haß verfolgte.

4,12 *Kallimachos* (310–240 v.Chr.) aus Kyrene war das Haupt der alexandrinischen Dichterschule; die *Aitia*, Vorbild für Ovids Fasten, schildern im elegischen Versmaß die legendären Ursprünge zahlreicher Namen, Bräuche, Stadtgründungen etc. Von diesem Werk sind größere Fragmente auf Papyrus erhalten.

5,1 *als Verächter von Stola und Purpurgewand:* von verheirateten Frauen einerseits, von Magistraten und Senatoren andererseits.

5,3 *Brücken und Hänge:* Aufenthaltsorte von Bettlern.

5,7 *die Schließung des Gewölbes,* wohin man sich vor dem winterlichen Regen flüchtete.

5,9 *Orcinianus* (*orcinus/orcivus*): »zum Totenreich (dem Orkus) gehörig«.

5,10 Die Parzen spinnen den *Lebensfaden*.

5,14 *Aiakos*, Sohn Jupiters und der Nymphe Aigina, erster König der Insel, wurde nach seinem Tod Richter in der Unterwelt.

5,15–16 *Sisyphus*, der zur Strafe einen immer wieder herabrollenden Felsblock bergauf wälzen muß, und Tantalus, *der geschwätzige Greis* (er plauderte die Geheimnisse der Götter aus), zu ewigem Durst und Hunger verdammt: bekannte Büßer in der Unterwelt.

6,1 *den Fürsten zu sehen:* Im Jahr 98 erwartet man in Rom die Rückkehr des neuen Kaisers Trajan von seinem Feldzug am Rhein; etwa sechs bis neun Monate nach Veröffentlichung des zehnten Buches kehrte Trajan zurück; einer durch das Los (*urna* = Losurne) bestimmten Delegation gilt der Makarismos Martials in der 1. Zeile.

6,6 Die *Via Flaminia* führt von Rom aus nördlich nach Ariminum (Rimini) am Adriatischen Meer.

7,2 *Odrysen:* ein thrakischer Volksstamm; odrysisch steht hier für thrakisch oder nördlich.

7,4–5 *auf dir herumtrampeln:* nämlich auf dem zugefrorenen Rhein; Martial dachte wohl auch an *Barbaren*übergänge auf dem Eis.

7,6 *nunmehr wieder im Besitz deiner goldenen Hörner:* Die Hörner sind Zeichen der Flußgötter (golden vielleicht, weil der Rhein Goldsand führt). Als römischer Fluß erst gewinnt er seine frühere, durch Barbareneinfälle verlorene Souveränität wieder (vgl. VII 7,3 von drei angeblichen

Siegen über die Bewohner des Rheins: »der Rhein, dem dreimal schon das dreiste Horn abbrach«).

7,9 *der Tiber, dein Herr:* der Tiber galt den Römern als der oberste Flußgott.

9,1 *Undenis pedibusque syllabisque:* Der Elffüßler (das elegische Distichon: Hexameter plus Pentameter) und der Hendekasyllabus oder Elfsilbler (z.B. V 20: *Si tecum mihi, care Martialis ...*) sind die von Martial bevorzugten Versmaße.

9,5 *Andraemon:* berühmtes Rennpferd.

10,1-2 Auch Männer in hohen Positionen (*mit lorbeergeschmückten Rutenbündeln* als Konsul zu Beginn des neuen Jahres) scheuten sich offenbar nicht, die *sportula* zu nehmen und konkurrierten so mit den Klienten, die davon leben mußten; vgl. Juvenal I 117-120: »Wenn aber der höchste Würdenträger am Ende des Jahres zusammenrechnet, was ihm die Sportel erbringt, wieviel er den Konten hinzufügen kann, was sollen die Begleiter tun, die davon die Toga, die davon die Schuhe und das Brot und das Feuer im Haus bezahlen müssen?«

10,4 *Numa* Pompilius aus Cures, der Hauptstadt der Sabiner, war der zweite römische König.

10,10 *streckst beide Hände zugleich zum Mund:* Kußhände als eine Form des Applaudierens.

10,12 *Euer Purpur – unsere Togen:* d.h. eure mit Purpur verbrämte Prominenten-Toga – unsere Klienten-Toga.

11,1-2 Als die klassischen mythischen Freundespaare gelten *Theseus* und der Lapithenkönig *Pirithous*, Orestes und *Pylades*; vgl. auch VII 24,3-4.

11,3-4 Jemandem *den Nachttopf reichen* bzw. seine *Schweine füttern* oder hüten: wohl sprichwörtlich, etwa wie unser »Jemandem das Wasser reichen«.

11,8 Wer eine Freundschaft auf materiellen Gütern aufbaut und diese so berechnend wie Calliodorus einsetzt, macht den anderen zum Objekt und entwertet die Beziehung.

12,1-2 Die *Via Aemilia*, 157 v.Chr. von dem Konsul M. Aemilius Lepidus angelegt, führte von Ariminum (Rimini) am Adriatischen Meer nach Placentia (Piacenza). – *Vercellae* (Vercelli): oberitalienische Stadt in Piemont, nach dieser Stelle ein Kultort Apollons oder seines keltischen Äquivalents. – *Phaëthon*, der Sohn des Sonnengottes Helios, soll am *Padus* (dem Po) abgestürzt sein, als er den Sonnenwagen lenkte.

12,3 wohl L. *Domitius* Apollinaris, der gelehrte Freund und Patron Martials.

13,1 *Salo Celtiber:* der heutige Jalon, Nebenfluß des Ebro, wo Martials Heimatstadt Bilbilis lag.

13,7–8 *die gätulischen Zelte:* Die Gätuler lebten als Nomaden in Nordafrika (im Gebiet des heutigen Algerien). – *Skythen:* nomadisierende Stämme in den weiten Räumen zwischen Donau und Don.

14,3 *(obwohl) drapierte Speisesofas auf mehr als ein einziges Bajae hinausgehen:* Cotta besitzt offenbar mehrere Villen am Strand, deren Speiseräume ins Meer hinein gebaut waren; Bajae steht metonymisch für »luxuriöser Badeort«; *cingant* ist hyperbolisch: die Villen sind so weiträumig, daß sie die Küste einzuschnüren drohen; ähnlich die horazische Hyperbel, wonach die Fische das eingeengte Meer spüren: *contracta pisces aequora sentiunt / iactis in altum molibus* (Carmina III 1,33–34).

14,4 *Thetis, von deinem Salböl eingefettet, erbleicht:* ohne Bild formuliert: Das Meerwasser schäumt weißlich von dem vielen Salböl auf, das du beim Baden hineinträgst.

14,5 *Setiner:* Wein aus Setia (Sezze) in Latium, einer berühmten Weinlage.

15,8 *argenti ... selibra:* Silbergeschirr, ein übliches (Saturnalien-)Geschenk, wurde pfundweise gewogen.

16,2 *ludere novit Aper:* Aper versteht es, seinen Mordanschlag als Unfall darzustellen.

17,3–4 *Asturia* ist die gleichnamige spanische Landschaft, *Callaecia* entspricht Galizien im nordwestlichen Spanien. – *Tagus:* der Tajo in Spanien.

17,5 *was der ... Inder ... findet:* nämlich Perlen (vgl. V 37,4: *lapillos ... Erythraeos*); das *Erythräische* Meer reicht vom Persischen Golf weiter nach Osten.

17,6 *der einzigartige Vogel:* der sagenhafte Phoenix.

17,7 *was ... Tyrus in Agenors Kessel zusammenmixt:* Agenor, Ahnherr der Dido, die Karthago gründete, war der sagenhafte König der phönizischen Seestadt Tyrus, die berühmt war durch ihre Purpurfärbereien; Martial nennt Tyrus mißbilligend *inproba*, »en son luxe insolent« (Izaac).

18,6 *Appische Straße, was wirst du machen*: Macer ist als Kurator verantwortlich für die von Rom nach Süden führende *Via Appia*; wenn er nun, statt seine Landvermessungsunterlagen zu studieren, sich Martials Gedichten widmet, dann geht das sozusagen auf Kosten der *Via Appia*.

19,1-2 *Marius lädt nicht zum Essen ein* etc.: All das, was Marius nicht tut, erwarten normalerweise die Klienten von ihrem Herrn.

19,4 *togae* steht für *togati* und meint speziell die Klienten, denen der »Dienst in der Toga« obliegt.

20,3-4 *überbringe es* (das Büchlein) *dem redegewandten Plinius:* C. Plinius Caecilius Secundus (62-117 n. Chr.), der jüngere Plinius, Neffe und Adoptivsohn des älteren Plinius, Freund des Tacitus; seinen Ruhm verdankt er der Sammlung seiner Briefe; es war das Gedicht 20, das Plinius (Epistulae III 21) veranlaßte, Martial das Reisegeld nach Spanien zu schenken. Doch s. zu diesem Thema die *Einführung*. – *Thalia:* die Muse der heiteren Dichtung (Komödie, Epigramm).

20,5 Die *Subura* (vgl. auch zu II 17,1-3) führt zum Esquilin hoch.

20,6-7 Es handelt sich wohl um ein Bassin im Form eines Halbkreises mit Stufen und Wasserspielen, im Zentrum eine Statue des *Orpheus*, umgeben von Tieren und Vögeln.

20,8-9 Jupiters (des *Donnerers*) *Vogel*, der Adler, trug den trojanischen Königssohn Ganymed (*den geraubten Phryger*) zum Göttervater, der den schönen Knaben zu seinem Mundschenk und Geliebten machte.

20,10 Albinovanus *Pedo:* Autor von Epigrammen.

20,11 Der *Adler von geringerer Flügelweite* war wohl am Hausgiebel angebracht.

20,14 *All seine Tage widmet er der ernsten Minerva:* d.h., er beschäftigt sich mit ernsthafter, wissenschaftlicher Arbeit.

20,15-17 *für die Ohren der Hundertmänner:* Das Centumviratsgericht war ein Richterkollegium von hundert Männern, das für privatrechtliche Prozesse zuständig war; Plinius erwähnt öfter die Reden, die er vor diesem Gericht hielt. – *Arpinae chartae* sind Ciceros Schriften; Cicero wurde allerdings nicht in Arpi (in Apulien) geboren, sondern in Arpinum in Latium; für *Arpinis* müßte also korrekterweise *Arpinatibus* stehen.

20,19 *Lyaeus:* Bacchus.

20,21 *der gestrenge Cato:* in Erinnerung an M. Porcius Cato Censorius appellativ als strenger Sittenrichter, welcher der leichten Muse abhold ist; Plinius zitiert Epistulae III 21 die letzten zehn Zeilen des Epigramms.

21,1–2 *Modestus* und *Claranus:* gelehrte Grammatiker (Philologen).

21,3 *deine Bücher ... brauchen Apollon:* Deine Bücher sind so dunkel wie die delphischen Orakel, bedürfen also der Hilfe Apollons, um verstanden zu werden.

21,4 *Maro:* Vergil; Helvetius *Cinna,* Freund des Catull, war Verfasser der »Smyrna«, eines gelehrten und dunklen Gedichtes.

23,1–2 M. *Antonius Primus* aus Tolosa, ein mehrfach, z.B. IX 99,1, erwähnter Freund Martials.

23,2 *volle fünfzehn Olympiaden:* 75 Jahre, die Olympiade zu fünf Jahren gerechnet.

23,4 *Lethe:* der Unterweltsfluß; vgl. zu 2,7.

24,4–5 *quinquagesima liba septimamque ... aceram:* wörtlich: »die fünfzigsten Opferkuchen und die siebte Weihrauchspende«; es war üblich, am Geburtstag dem Genius unblutige Opfer (Kuchen, Weihrauch) darzubringen.

24,9 *nach Vollendung dreier Lebensbögen:* Die geniale Konjektur *arcubus* stammt von Housman (die Ms. schwanken zwischen *auribus* und *aureis*): Der volle Lebenskreis von 100 Jahren ist in vier Segmente geteilt (vgl. Manilius, Astronomica II 841 ff.); in 18 Jahren hätte also Martial, der zu dem Zeitpunkt 57 Jahre ist, drei Segmente des Lebenskreises vollendet.

24,10 Das *elysische Mädchen* ist Proserpina, die als Mädchen von Pluto, dem Gott der Unterwelt, geraubt worden war.

24,11 Der greise *Nestor* von Pylos steht hier für ein langes Leben.

25 *Mucius* Scaevola ließ eine Hand in einem Kohlenbecken vor dem Etruskerkönig Porsenna freiwillig verbrennen; diese Szene wurde mit einem Verurteilten in der Rolle des Scaevola nachgestellt; vgl. auch I 21; VIII 30.

25,4 *Abdera:* Stadt an der thrakischen Ägeisküste; die »Abderiten« (s. Wielands Roman) galten trotz Demokrit, Protagoras und anderer als geistig beschränkt und einfältig.

25,5 *tunica … molesta:* verharmlosender Ausdruck für eine grausame Tötungsart, bei der der Verurteilte in einem mit Pech getränkten Gewand verbrannt wurde; vgl. auch zu IV 86,8.

26,1 *parätonisch:* ägyptisch, nach Paraetonium, einer Hafenstadt westlich von Alexandria. – *vitis* (Weinrebe) wird metonymisch für den Kommandostab der Zenturionen verwendet, der ursprünglich aus einem abgeschnittenen Rebstock bestand.

26,3 *Ausonia:* alter (und poetischer) Name für Italien; *Quirinus*, ein altitalischer Gott, später mit Romulus gleichgesetzt, *populus Quirini* (Horaz, Carmina I 2,46) daher die Römer.

26,4 *lageïsch:* ägyptisch, nach Lagos, dem Vater des Königs Ptolemäus von Ägypten.

27,3 *dreißig Sesterze:* also vier- oder fünfmal mehr als der übliche Betrag; vgl. Shackleton Bailey, S. 349 (Loeb).

27,4 *Trotzdem glaubt keiner, Diodorus, daß du geboren bist:* Diodorus, ein reichgewordener Freigelassener, war einst als Sklave juristisch nur eine Sache; daher kann er im Gegensatz zu einem Freien im Grunde nicht »geboren« sein.

28,5–6 *deine Schwelle (ist) von Caesars Gaben umschlossen:* d.h., die Bauten Nervas umgeben den neuen Janustempel; *so viele Foren wie … Gesichter:* der alte Janustempel in der Nähe des Forum Romanum zeigte den Gott mit zwei Gesichtern (*bifrons*), der von Domitian erbaute Tempel des *Ianus quadrifrons* mit vier Gesichtern nach vier Seiten schauend; die vier Foren: neben dem Forum Romanum das Forum Iulii, das Forum Augusti und das Forum Nervae (= Forum transitorium).

28,8 *mit einem Riegel für immer:* In Friedenszeiten waren die Tore des Janustempels verschlossen.

29,3 *an den nach Mars genannten Kalenden:* also an Martials Geburtstag.

30,1-4 *Formiae:* Stadt in Latium, an der Grenze Kampaniens; in ihrer Nähe besaß L. Domitius *Apollinaris*, der gelehrte Freund und Patron Martials, ein wohlwollender Kritiker seiner Gedichte (vgl. IV 86) und *consul suffectus* 97, ein Landgut.

30,5 *Tibur* (jetzt Tivoli) an den Wasserfällen des Anio (Teverone), beliebter Sommeraufenthalt vornehmer Römer.

30,6-7 *Tusculum* und *Algidum:* Landstädtchen in Latium bei Frascati, nördlich von Rom. – *Praeneste* (Palaestrina): Stadt in Latium, hoch und kühl gelegen. – *Antium* (Porto d'Anzio): Küstenstadt in Latium mit berühmtem Fortunatempel.

30,8 Nach der Zauberin *Kirke*, Tochter des Helios und Mutter von Odysseus' Sohn Telegonos – letzterer gründete die Stadt Tusculum – ist Circeji (Circello), Stadt und Vorgebirge in Latium, benannt. – Die Hafenstadt *Cajeta* (Gaeta) in Latium heißt *dardanisch* (trojanisch) nach Cajeta, der Amme des Äneas.

30,9 *Marica:* See und Nymphe, Gemahlin des Faunus und Mutter des Latinus; ihr Eichenhain und Tempel bei der Stadt Minturnae in Latium, an der Mündung des *Liris*, einem Fluß zwischen Latium und Kampanien.

30,10 Die Quellnymphe *Salmakis*, leidenschaftlich in Hermaphroditus verliebt, zog den Geliebten in ihr Gewässer und verschmolz mit ihm; Martial hat die nach Ovid in Karien im südwestlichen Kleinasien spielende Geschichte an den *Lukrinersee* bei Bajae verlegt.

30,11 *Thetis:* metonymisch für Meer.

30,15 *mota … purpura:* Friedländer denkt an eine purpurne *palla*, das lange Obergewand römischer Frauen, die Vorstellung eines *Fächers* (vielleicht aus purpurroten Federn) scheint indes passender.

30,19 *Wenn Nereus … des Äolus Reich einmal zu spüren bekommt: Nereus*, der greise Meeresgott, steht metonymisch für Meer, *Äolus* ist der Herrscher der Winde; Sinn: wenn Stürme über dem Meer toben.

30,22 *die köstliche Muräne schwimmt ihrem Meister zu:* vgl. IV 30,4, wo es von den kaiserlichen Fischen heißt, daß sie »ihren Herrn kennen und ihm die Hand lecken«.

30,23 *nomenc(u)lator* (›Namenbenenner‹): ein Sklave, der seinem

Herrn unterwegs die ihm begegnenden Personen mit Namen zu nennen hatte.

31,3 *gut hast du nicht gespeist:* Wortspiel mit der Doppelbedeutung von gut, nämlich »aufwendig« bzw. »gut« im moralischen Sinn.

32,3–4 *Marcus Antonius Primus* aus Tolosa, ein Freund Martials; vgl. IX 99,1.

33,1+3 *Munatius Gallus:* nicht sicher identifizierbar, auch der *consocer* (Mitschwiegervater) ist unbekannt.

33,2 Der *kekropische* (athenische) *Greis* ist entweder Sokrates oder Epikur.

33,3–4 *bei nie verlöschender Hochzeitsfackel deiner Tochter:* Die beiden Familien bleiben so lange miteinander freundschaftlich verbunden, wie die Ehe der Kinder hält; bräche sie auseinander, dann wären Munatius Gallus und der Schwiegervater seiner Tochter keine *consoceri* mehr.

34,4 *für seine Freigelassenen wird er kein Verbannter sein:* Wie vor ihm Vitellius, der »den Heimkehrern aus der Verbannung die Rechtsansprüche an ihre Freigelassenen zugestand« (Tacitus, Historien II 92,3), hatte Trajan den zurückgekehrten Verbannten die Rechte zurückgegeben, die sie früher gegenüber ihren Freigelassenen besaßen, z.B. finanzielle Unterstützung verarmter Patrone durch ihre *liberti* oder Erbansprüche.

34,5 Überliefert ist *totum*: »die ganze Klientel retten«.

34,5–6 Sinn: Martial hat sich wohl von Trajan auch eine Verbesserung der rechtlichen Stellung der Klienten gegenüber ihren Schutzherren erhofft; Martials Argumentation: Genauso wie du dich bereits für die Patrone eingesetzt hast, kannst du auch dank deiner *dignitas* die Stellung der Klienten verbessern; worin diese bestehen könnte, deutet freilich Martial nicht einmal an.

35 Das Gedicht bezieht sich wie 38 auf die glückliche Ehe des *Calenus* mit *Sulpicia*, einer Dichterin aus der Zeit Martials.

35,5–6 Die *Kolchierin* ist Medea, die, um sich an Jason zu rächen, ihre gemeinsamen Kinder tötete. – Atreus setzte seinem Bruder *Thyestes* dessen beide Söhne zum Mahle vor (vgl. III 45,1). – *diri Thyestae:* Das Adjektiv *dirus* gehört sinngemäß zu dem Bankett und nicht zu Thyestes, der ja nicht wußte, was er aß.

35,7 *Skylla* (vgl. zu 4,1–9) verriet aus Liebe zu König Minos, der Megara belagerte, ihren Vater und schnitt ihm die purpurne Locke ab, die seine Unsterblichkeit garantierte. – *Byblis* vergoß um ihren Bruder Caunus, der vor ihrer Liebe in ein fernes Land geflohen war, so viele Tränen, daß sie selbst zur Quelle wurde.

35,13-14 Die Quellnymphe *Egeria* war Ratgeberin und Geliebte König *Numas*.

35,16+18 Phaon galt als der Geliebte der Dichterin *Sappho*.

35,20 *des Bacchus oder Apollons Geliebte:* Ariadne und Daphne.

36,1 *Massilias unverschämte Rauchkammern:* Zum Wein von Marseille vgl. auch III 82,23; XIII 123; *inproba* ist nach Martial dieser Wein wegen des im Verhältnis zur Qualität unangemessen hohen Preises.

36,5-6 *Falerner* vom Fuß des Mons Massicus in Kampanien; *Setinerwein* von Setia (Sezze), einem Städtchen in Latium.

37,3 *Maternus:* aus Bilbilis stammend wie Martial, Jurist und alter Freund des Dichters.

37,3-4 *Wenn du ... etwas aufzutragen hast:* ergänze etwa: so sag' es mir!

37,5 Laurentum ist eine alte Stadt in Latium zwischen Ostia und Lavinium; offenbar hat Maternus hier einen Landsitz, das *Laurentinum*, wo Martial sich von ihm verabschiedet.

37,6-7 Zum *Hornhecht* oder der Belone (und seiner seltsamen Art der Fortpflanzung) vgl. Plinius, Naturalis historia IX 166; Fische von minderer Qualität *zurück an ihre Klippen zu werfen*, war offenbar in Martials fischreicher spanischer Heimat üblich.

37,9 *peloris:* eine Muschelart vom Vorgebirge Peloros, dem heutigen Capo Peloro an der Nordostspitze Siziliens, von geringer Qualität (VI 11,5).

37,10 wohl Periphrase der Miesmuscheln (*mituli*).

37,11 *Bajae:* das berühmte Seebad in der Bucht von Neapel mit den Austern vom Lukrinersee.

37,16 *fängt es schon meine Hasen ein:* Das soeben mit reichem Fang an Land gezogene Netz wird gleich für die Hasenjagd weiterverwendet.

38,5 *Steinchen von Indiens Küste:* wohl Perlen (vgl. *Indicis lapillis* I 109,4); sie entsprechen hier den weißen Steinchen, mit denen nach einer auf die Skythen zurückgehenden Sitte glückliche Tage gekennzeichnet wurden.

38,8 *Niceros:* bekannter Parfümhändler (VI 55,3; XII 65,4).

38,9 Das *Lustrum* ist ein Zeitraum von fünf Jahren.

38,13-14 *Atropos:* die Parze, die den Lebensfaden kappt. – *viermal ein pylisches Alter:* viermal das Alter des greisen (homerischen) Nestor von Pylos.

39,1-2 M. Iunius *Brutus,* der Befreier Roms von der Königsherrschaft, war 509 v.Chr. der erste Konsul, *Numa* Pompilius der zweite römische König.

39,4 *Prometheus* schuf in mythischer Zeit den ersten Menschen aus Tonerde.

40,3 *non erat cinaedus:* »So what was he? Not, as generally believed, a *cunnilingus* or an *irrumator,* but an honest-to-God adulterer« (Shackleton Bailey).

41,2 *res sibi habere suas,* wörtlich: »seine Sachen für sich zu behalten«, d.h. für sich allein (und vom Ehepartner getrennt) zu leben, ist die offizielle römische Scheidungsformel.

41,4-5 Die *Prätoren* richteten die Staatsspiele aus und mußten sie zum Teil auch selbst finanzieren. – Die *Megalensischen* Spiele wurden Anfang April zu Ehren der Großen Mutter, der Kybele, gefeiert; die purpurne Toga (auch die mit Palmzweigen bestickte *tunica palmata*), die der Prätor dabei trug, war besonders kostbar.

41,7 *Volksfest:* wohl die sog. *ludi plebei,* im November gefeiert und an die Rückkehr der Plebejer erinnernd, die nach der Darstellung des Livius (II 32) in einer Art Generalstreik Rom verließen und sich auf den Mons Sacer zurückzogen.

41,8 *Scheidung ist das nicht, Proculeia, es ist ein Geschäft:* Offenbar besitzt der Mann kein Vermögen, und die wohlhabende Frau ist es leid, seine Repräsentationspflichten zu bezahlen.

44,1 *Quintus Ovidius:* ein mehrfach erwähnter Freund Martials, z.B. I 105. – *Kaledonien* ist Schottland.

44,2 *Okeanos* gilt als Bruder und Gemahl der Meergöttin Tethys.

44,3 *Numas Hügel:* die Sabinerberge, woher Numa stammte und wo

Martial und sein Freund Quintus Ovidius bei *Nomentum* ein Landgut hatten.

44,6 *Atropos:* die Parze, die den Lebensfaden kappt.

44,8 *daß mehr wert als das Leben für dich die heilige Treue ist:* Quintus Ovidius hatte den von Nero im Jahre 65 nach Sizilien verbannten Freund des Philosophen Seneca, Caesonius Maximus, ins Exil begleitet; vgl. VII 44.

44,9 *tuis ... Sabinis:* »Landgüter wurden öfter mit dem Nominativus Pluralis des die Landschaft bezeichnenden Adjektivs benannt« (Friedländer).

45,4 *ilia* galten als Leckerbissen; vgl. Juvenal V 135-136: *vis, frater, ab ipsis ilibus?* »Möchtest du, Bruder, etwas vom Bauchstück selbst?« – *Laurentum* ist eine alte Stadt in Latium zwischen Ostia und Lavinium.

45,5 *Trink' Vatikaner-Wein:* Der Wein vom Vatikaner Hügel galt als mindewertig; vgl. auch I 18,2.

47,2 Julius *Martialis:* einer der engsten Freunde des Dichters; vgl. das verwandte Epigramm I 15.

47,5 *selten Auftritte in der Toga:* zum Klientendienst.

47,6 *Kräfte, wie sie einem Freigeborenen angemessen sind:* im Gegensatz zur übermäßigen, aber ›unfreien‹ Kraft eines Bauern oder Athleten.

48,1 *Der pharischen Färse:* Die von Juno in eine Kuh verwandelte Zeusgeliebte Io wurde mit der ägyptischen Isis (*Pharius* = ägyptisch) gleichgesetzt; die achte Stunde ist die Zeit des mittäglichen Isisgottesdienstes.

48,2 *die Kohorte ... kommt schon zurück, die nächste folgt nach:* die Wachablösung der Prätorianerkohorte.

48,3-4 Es werden verschiedene Badeformen je nach den Wassertemperaturen unterschieden: in der sechsten Stunde ein extrem heißes Wasserbad, wie es nach unserer Stelle offenbar *Nero* favorisierte und einführte, in der siebten das Schwitzbad (*Laconicum*), in der achten ist dann das Wasser nur noch angenehm warm.

48,6 *Mein Sigma faßt sieben:* Das halbrunde Speisesofa in Form eines griechischen C (Sigma) konnte bis zu acht Personen fassen.

48,16 *die jungen zarten Stengel vom Kohl: prototomi* für *prototomi co-*

liculi; *colis* oder *caulis* ist der Stengel vom Kohl, *culiculi* sind die zarten Stengelchen davon.

48,20 *zweimal drei Jahre alt war er* (der Wein): Verbindet man mit Housman *bis trima*, gibt es einen guten Sinn: Von Athenaeus wissen wir, daß man den Nomentaner (Nomentum liegt ca. 21 km nordöstlich von Rom) ab dem 5. Jahr trinken konnte; der Wein, den Martial anbot, hätte demnach das passable Alter von 6½ Jahren. – Sextus Julius *Frontinus*, Schriftsteller und Gönner Martials; er war 98 zum zweiten Mal Konsul (und im Jahr 100 zum dritten Mal *consul suffectus* zusammen mit Trajan).

48,23 *Von der Grünen Partei, von der Blauen sollen meine Gäste reden*: ein unverfängliches Gesprächsthema also; *factio prasina* ist die grün, *veneta* die blau gekleidete Partei der Rennfahrer im Zirkus; es gab deren vier in den Farben weiß, rot, blau und grün (*albata, russata, veneta, prasina*).

49,1 *trientes:* übliche Becher, die drei *cyathi* (Schöpfbecher) enthielten; *amethystinus:* amethystfarben oder mit Amethysten verziert.

49,2 *Opimius:* Konsul 121 v. Chr., ein sprichwörtlich berühmter Weinjahrgang.

49,3 *Sabinerwein:* eine billige Weinsorte.

50,1 *Idumaeas ... palmas:* Idumäa, eine Landschaft südlich von Judäa, war berühmt für seine *Palmen*.

50,5 Flavius *Scorpus:* der bekannte Wagenlenker.

50,6 *die schwarzen Pferde:* auf den Tod bezogen.

50,8 *meta* (Spitzsäule) heißt die Wendemarke im Zirkus; metaphorisch meint sie Ziel und Wendepunkt des Lebens.

51,1-2 Mit dem *tyrischen Stier* (tyrisch, weil Jupiter als Stier Europa aus Tyros entführt hatte) ist der Monat April, mit dem *Lamm* (statt Widder) des *Phrixos* (diesen hatte der Widder über den Hellespont ins Land der Kolchier getragen) der Monat März, mit dem Brüderpaar *Kastor* und Pollux (Sternbild der Zwillinge) der Mai gemeint; *Kastor, der mit seinem Bruder tauscht:* Die Dioskuren verbringen abwechelnd je einen Tag im Olymp und einen Tag in der Unterwelt.

51,4 Die attische *paelex* (eigentlich die zur *paelex* Degradierte) ist Philomele, die von ihrem Schwager Tereus, dem König von *Ismaros* in Thrakien, vergewaltigt worden war; in eine Nachtigall verwandelt, klagt sie um *Itys*, den Sohn ihrer Schwester Prokne, den diese aus Rache erschlagen und ihrem Mann zum Mahl vorgesetzt hatte.

51,5 *Faustinus:* ein reicher Patron und oft erwähnter Freund Martials.

51,5 Wir übernehmen für †Ravennae† bzw. †Ravennam† die alte Konjektur *recessus*: Orte in idyllischer Landschaft.

51,6 Das Tragen der Toga erscheint im Gegensatz zu dem der Tunica als lästig.

51,8 *Anxur:* alte Stadt der Volsker (heute: Terracina) an der Küste.

51,10 *auf der einen Seite die Schiffe des Flusses ..., auf der anderen die auf dem Meer:* Mit *flumen* ist wohl ein der *Via Appia* entlang bis nach Rom hinlaufender Kanal gemeint, der von Reisenden gern benutzt wurde und von dem auch 58,4 (*flumineosque lacus*) die Rede ist.

51,11 Das *Theater des Marcellus*, von Augustus errichtet und im Jahr 13 oder 11 eingeweiht, ist nach dem Sohn der Octavia, Augustus' Schwester, benannt; im Bereich des Marsfeldes liegt auch das *Theater des Pompejus*, 55 v.Chr. eingeweiht, das älteste und größte der Hauptstadt im »Theaterviertel« (Neumeister, S. 190); vgl. zu ihm auch VI 9,1.

51,12 *drei Thermen:* des Agrippa, des Nero und des Titus – *vier ... Foren:* das alte Forum, das des Julius Caesar, das des Augustus und das Nerva-Forum, auch Forum transitorium genannt.

51,14 *den Tempel ... ganz nahe bei seinem Himmel:* wohl der Tempel der gens Flavia; vgl. auch zu IX 1,8.

51,15 Der altitalische Gott *Quirinus*, später mit Romulus gleichgesetzt, wird stellvertretend für Rom genannt; in der Nähe seines Tempels auf dem Quirinal lag vielleicht nicht nur Martials Stadthaus (58,10), sondern auch das Haus des Faustinus.

52 Frauen, die wegen Ehebruchs verurteilt waren, mußten (wie Prostituierte) die *Toga* tragen; vermutlich war *Numas* Ehefrau von *Thelys* (sprechender Name: griechisch θῆλυς »weiblich«) verführt worden.

53,1 Nach einer Inschrift hatte *Scorpus* über 2000 Siege errungen, bevor er nach seinem 27. Lebensjahr starb.

53,3 *Lachesis:* eine der drei Parzen, die das Los zuteilt und die Länge des Lebensfadens festlegt.

55,3 Das *scripulum* oder *scrupulum* war der 24. Teil, die *sextula* der 6. Teil einer Unze (*uncia*).

56,7 *Podalirius:* ein Sohn des Asklepius, berühmter Arzt der Griechen vor Troja; hier metonymisch für Arzt.

57,1 *Ein Pfund Silber schicktest du mir sonst:* Silbergeschirr, ein übliches (Saturnalien-)Geschenk, wurde pfundweise gewogen.

58,1 *Anxur,* auf steiler Meeresküste am Mündungsufer des Ufens, so daß man »auf der einen Seite die Schiffe des Flusses sieht, auf der anderen die auf dem Meer« (vgl. zu 51,10; mit *flumen* ist ein der *Via Appia* entlangführender, schiffbarer Kanal gemeint). – Sextus Julius *Frontinus,* Schriftsteller und Gönner Martials; sein zweites Konsulat 98 (vgl. auch zu 48,20).

58,2 *näher an Rom:* als das eigentliche Bajae am Golf von Neapel.

58,6 Die *Piëriden* sind die Musen als die Göttinnen von Pieria, einem Küstenstrich in Makedonien.

58,9 *die kargen Morgen Land meines Vorstadtgütchens:* Martials Nomentanum bei Nomentum, ca. 21 km nordöstlich von Rom. – *pascimus* eigentlich: »ich füttere (den kargen Boden) durch«, d.h., ich gebe mehr dafür aus, als er mir einbringt; vgl. auch 96,7: *pascitur hic, ibi pascit ager.*

58,10 In der Nähe des *Quirinus*-Tempels auf dem Quirinal lag offenbar Martials Stadthaus.

58,14 *ohne Dienstbeflissenheit (non officiosus):* nämlich ohne die ständigen Höflichkeitsbesuche, zu denen ein Klient angehalten war.

60,1 *Dreischülerrecht:* Parodie auf das *ius trium liberorum*; vgl. auch II 91, wo Martial dieses Recht für sich als Privileg erbittet.

61 Das kleine Mädchen *Erotion* war eine Lieblingssklavin oder Freigelassene des Dichters; vgl. die beiden anderen ihr gewidmeten Epigramme V 34 und 37.

62,2 *Dann wünsche ich dir auch eine große Zahl von Lockenköpfen als Zuhörer:* für die Zeit nach den Sommerferien.

62,6 *die Tage unter dem feurigen Löwen:* die Hochsommerzeit, die unter dem Sternbild des Löwen steht.

62,8–10 Mit Peitschen aus *skythischem Leder* wurden schwere Vergehen, mit der *Rute* leichtere bestraft. – *Marsyas* (eine Statue des Geschundenen: II 64,8): Nach unserer Stelle wurde Marsyas gegeißelt, bevor ihm Apollon die Haut vom lebendigen Leibe abzog. Der Ort des grausigen Geschehens war die Stadt Kelainai/*Celaenae* in Phrygien am (dort entspringenden) Fluß Marsyas, dem Sitz der Mythe von dem musikalischen Wettstreit mit tödlichem Ausgang.

62,12 *Sind Kinder im Sommer gesund, lernen sie genug:* Rom war berüchtigt für sein ungesundes Klima im Sommer; wegen der großen Hitze gab es daher Schulferien vom 1. Juli bis zum 15. Oktober.

63,2 Das Grabmal des *Mausolos* in Karien (südwestliches Kleinasien) zählte zu den sieben Weltwundern; der Vergleich mit Mausoleum und Pyramiden ist in diesem Zusammenhang eine ›irre‹ Hyperbel.

63,3 *Tarentos* (vgl. zu IV 1,8) heißt der Ort auf dem Marsfeld, wo die Säkularspiele stattfanden, zu denen offenbar, wie bei dem Chor der jungen Mädchen, die das Lied zur Jahrhundertfeier, das *carmen saeculare* sangen, nur anerkannt unbescholtene Frauen zugelassen waren; die Verstorbene hatte demnach an den von Claudius 47 n. Chr. und von Domitian 88 initiierten Spielen teilgenommen.

63,5 *Juno:* in ihrer Funktion als Lucina oder Geburtsgöttin.

63,8 *ein einziger Schwanz:* Die deplazierte Direktheit, einer römischen Dame als Grabepigramm in den Mund gelegt, macht den ›Pfiff‹ des Gedichtes aus und verleiht ihm eine brüskierende Note.

64,1 *Polla*, die Witwe des Dichters Lukan, wird hier von Martial als seine Patronin *regina* genannt.

64,3-6 *dein Dichter:* Von Lukan ist nur das historische Epos über den Bürgerkrieg zwischen Caesar und Pompejus (De bello civili) erhalten, nach dem Kernstück, der Schlacht bei Pharsalus, meist verkürzt Pharsalia genannt. – *unseres Helikons Ruhm:* Der Helikon, ein Gebirgsstock in Böotien, gilt als Sitz der Musen, die *piërische* (- Piëriden heißen die Musen -) *Trompete* ist (metaphorisches) Ausdrucksmittel des epischen Dichters, der von Kriegen und Schlachten ›tönt‹. – Das Zitat v.6 stammt wohl aus einer Epigrammsammlung.

65,2 *Charmenion* (sprechender Name, etwa): kleiner Charmeur.

65,4 *Tagus:* der Tajo (Fluß in Spanien).

ZUM ZEHNTEN BUCH 1371

65,8 Charmenion unterzieht sich der *Enthaarungsprozedur*, weil er schwul ist.

65,11 *bei mir reden kräftiger selbst die Gedärme noch: nobis ilia fortius loquentur* (†filia† ... loquetur codd.) ist eine mögliche Konjunktur der verderbten Stelle, so auch Izaac.

66,6 *Falerner:* erstklassiger Wein vom Fuße des Mons Massicus in Kampanien.

66,8 *Ganymed:* Mundschenk und Liebling des Zeus.

67,1-4 *Pyrrha:* Frau des Deukalion; das Paar überlebte die Sintflut. – *Nestor* von Pylos nahm noch in hohem Alter am trojanischen Krieg teil; die Klugheit des Greises war sprichwörtlich. – Vor Schmerz über den Verlust ihrer sieben Söhne und sieben Töchter versteinerte *Niobe* zum Sipylos-Gebirge in Lydien. – *Laërtes:* der Vater des Odysseus. – *Priamos:* der greise König von Troja. – *Thyestes* bekam von seinem Bruder Atreus, dessen Frau er verführt hatte, die eigenen Kinder zum Mahl vorgesetzt.

67,5 *die schon sämtliche Krähen überlebt hat:* Nach Hesiod durchleben die Krähen neun Menschenleben; vgl. auch Juvenal X 246–7: »der König von Pylos war ... ein Beispiel für ein Leben, das nur dem der Krähe nachstand.«

68,1-4 Die Stadt *Ephesos* in Kleinasien, die Insel *Rhodos* und *Mytilene* (auch *Mitylene*), die Hauptstadt der Insel Lesbos, waren bekannt durch ihre Kurtisanen. – Der *vicus Patricius* liegt unterhalb des Esquilins im Zentrum von Rom. – *Aricia* ist eine alte Stadt in Latium an der *Via Appia*.

68,5 Erotische griechische Phrasen waren üblich; Juvenal VI 191–196 sagt es lapidar: *concumbunt Graece:* »ihr Beischlaf ist griechisch ... Schamlos ist diese Sprache bei einer Alten, wenn dir jenes lüsterne ›Zoe kai psyche‹ entschlüpft! Was nur unter der Bettdecke zu ertragen wäre, gebrauchst du in der Öffentlichkeit.«

68,6 *Hersilia:* die Frau des Romulus war eine geraubte Sabinerin, die Quellnymphe *Egeria* die Geliebte König Numas.

68,11-12 *Korinth* gilt als Stadt der Kurtisanen und speziell der berühmten Hetäre *Laïs*.

68,12 *so wirst du, Laelia, trotzdem nie und nimmer eine Laïs sein:* Sinn (wohl): Laelia, eine naive oder leichtfertige römische *matrona*, versucht sich in der Redeweise einer griechischen Hetäre, doch ist sie nur die kümmerliche Kopie einer solchen; vielleicht will Martial andeuten, daß Laelia, indem sie beides sein möchte, beides verfehlt.

69,1 *Wächter stellst du für deinen Mann auf:* Üblicher war, daß Männer ihre Frauen observieren ließen (Tacitus, Annalen XI 35).

69,2 Heiraten von der Frau heißt *nubere viro*, vom Mann *ducere uxorem*; daß eine *uxor virum ducit*, ist somit semantisch (und gesellschaftlich) nicht vorgesehen.

70,2 *Potitus* (sprechender Name): Besitzergreifer.

70,7 *Bald muß mein Ring ... ein Siegel setzen:* wenn ich als Zeuge bei der Ausstellung einer Urkunde fungieren soll. – Der *Tempel der Diana* auf dem Aventin (vgl. VI 64,13) liegt weitab von Martials Wohnung.

70,13-14 Die zehnte Stunde statt der üblichen achten oder neunten ist zum Baden ziemlich spät. – Verteilung der *sportula* durch den Patron nach dem Bad: III 7,3.

71,3 *Rabirius:* Domitians Architekt.

71,5 *Lustrum:* Zeitraum von fünf Jahren.

72,10 Das *stygische Haus* ist die Unterwelt.

72,11 *siccis ... capillis:* Die Haare sind trocken, weil nicht pomadisiert.

73,2 *ausonische*, d.h. römische *Toga*. – *Marcus Severus*, ein Homme de lettre und mehrfach erwähnter Freund Martials; den Spender der Toga nebst Brief hatte man aber auch mit M. Antonius Primus zu identifizieren versucht, was nicht zu beweisen ist.

73,3-4 Der Feldherr Gaius *Fabricius* Luscinus, Urbild römischer Rechtschaffenheit und Unbestechlichkeit, repräsentiert den alten Römer, Marcus Gavius *Apicius*, renommierter Feinschmecker unter Tiberius (unter seinem Namen ist ein spätantikes Kochbuch überliefert), den modernen Genußmenschen; auch *Maecenas* war als Freund von Komfort, Luxus und Wohlleben bekannt.

73,8 *meinen Namen lieben:* weil beide Marcus heißen; der Brief könnte überschrieben gewesen sein: *M(arcus) Severus Marco suo sal.*

74,3 *togatuli* sind die Klienten.

74,4 *die hundert Bleimünzen:* die hundert Quadranten der Geld-Sportula; vgl. auch III 7,1: »Armselige hundert Quadranten, lebt wohl jetzt«.

74,5 Der öfter erwähnte Wagenlenker Flavius *Scorpus*, dessen Tod 50 Thema ist.

74,8 *apulische Ländereien:* Apulische Wolle war sehr geschätzt.

74,9–11 *Hybla:* Berg (und Stadt) in Sizilien, seiner Kräuter wegen von Bienen frequentiert, die einen vorzüglichen Honig lieferten. – Wein von *Setia* in Latium über den *Pomptinischen Sümpfen*.

74,12 Auszuschlafen war den Klienten wegen der Verpflichtung, den Patronus schon im Morgengrauen zu begrüßen, praktisch unmöglich.

75,8 *vier Goldstücke:* 400 Sesterze; der *aureolus* war eine Goldmünze im Wert von 25 *denarii*.

75,14 *dat gratis, ultro dat:* Martial spielt mit zwei Bedeutungen von *dare:* »sich (einem Mann) hingeben« und »jemandem Geld dafür geben«; vgl. auch VII 75 die Schlußpointe: *vis dare nec dare vis*.

76,3 *ein Ritter vom kappadokischen Sklavenmarkt:* ein freigelassener Sklave, aus Kappadokien stammend, der es bis zum Ritter gebracht hat.

76,4 *Numa:* zweiter König von Rom.

76,6 *in beiden Sprachen:* Latein und Griechisch.

76,9 Der Zirkusrennfahrer *Incitatus* (sprechender Name: der Rasche) wird hier verächtlich als Maultiertreiber bezeichnet.

77,3 *wärst du wenigstens viertägig gewesen:* das (chronische) Quartanfieber, das jeweils nach zwei Tagen Pause wiederkehrte; der letzte und dann wieder der erste Tag eines Anfalls wurden dabei mitgezählt, daher »Viertagesfieber« genannt. Bei Juvenal IX, 16–17 ist von einem Kranken die Rede, den diese Fieberform schon lange und schubweise ausdörrt.

77,4 *Für seinen Arzt hätte er noch am Leben bleiben müssen:* Der Patient ist also zu früh für seinen Arzt gestorben, der ihn langsamer (aber gleichwohl sicher) und für mehr Geld zu Tode kuriert hätte.

78,1 *Salonae:* Stadt an der dalmatinischen Küste in der Nähe von Split, wo Macer die Verwaltung übernimmt. – Vielleicht ist *Macer* identisch mit dem gleichnamigen Gouverneur der südspanischen Provinz Baetica in XII 98.

78,5 *glücklicher Bewohner des goldreichen Landes:* In Dalmatien gab es ergiebige Gold- und Silberbergwerke.

78,8 *mit Freudentränen:* aus Dankbarkeit.

78,12 *Tagus:* der Tajo in Spanien.

79,7 *Bürgermeister eines Distrikts:* Augustus hatte je vier *magistri vicorum* für jeden *vicus* Roms eingesetzt (Sueton, Augustus 30,1).

79,9 *Wie einmal ein gewaltiger Ochs den winzigen Frosch zum Platzen brachte:* Anspielung auf die Phädrusfabel I 24: *Rana rupta et bos*; zur Bauleidenschaft vgl. Horaz, Satiren II 3,307 ff., der in diesem Zusammenhang ebenfalls die Fabel vom sich bis zum Platzen aufblähenden Frosch anführt.

80,4 Die *Saepta* (»Schranken«): ursprünglich ein besonders für die Volksversammlungen (Zenturiatskomitien) bestimmter eingefriedeter Bezirk auf dem Marsfeld; später siedelten sich in den Säulenhallen, die den Platz umgaben, elegante Geschäfte an, so daß schließlich ein Luxuseinkaufsviertel entstand; vgl. auch z. B. II 14,5–6.

81,4 *ille pedem sustulit, hic tunicam:* Die Pointe liegt wohl im Doppelsinn von *sustulit:* Der eine hob ihr die Beine hoch, der andere klaute ihr in der Zwischenzeit das Gewand; so gab Phyllis (im zweiten Fall ungewollt) beiden, was diese wollten; der Leser wird geblufft, weil er ein zweites anzügliches sexuelles Detail erwartet.

83,7–8 *Spendophorus* und *Telesphorus:* wohl zwei langlockige Lustknaben; *Hermeros:* wahrscheinlich der kahlköpfige Sklave eines nicht weiter bekannten *Cydas.*

84,2 *accumbat cum qua ... vides:* Eine doppelte Lesart ist möglich: Entweder war die Frau sehr attraktiv, und Afer wollte nicht von ihrer Seite weichen, bzw. er trieb es so heftig mit ihr, daß er es nicht mehr nötig hatte, schlafen zu gehen, oder aber die (unattraktive oder langweilige) Ehefrau drängt ihn dazu, endlich schlafen zu gehen, wozu er aber überhaupt keine Lust hat.

86,4 *nunc ... prima pila est:* Unübersetzbares Wortspiel mit *pila* in der Doppelbedeutung von ›Ball‹ und ›Strohpuppe‹; durch Vorwerfen solcher Puppen suchte man den Stier in der Arena zu reizen, und ›die erste Puppe‹ ist diejenige, an der das Tier seine ganze Wut abreagiert; der frühere Spieler ist jetzt also nichts mehr wert und sozusagen ›schrottreif‹.

87,2 *des eloquenten Restitutus:* wohl der Advokat Claudius Restitutus; vgl. Plinius, Epistulae III 9,16.

87,3 Die kultische Formel *favete linguis* (vgl. Horaz, Carmina III 1,2) bedeutet: während der Kulthandlung andächtig schweigen, die Zunge zügeln bzw. nur Worte von guter Vorbedeutung sprechen.

87,6 *vani triplices brevesque mappae:* fast identisch mit dem Vers VII 72,2; beides sind typische Saturnaliengeschenke.

87,9 *Agrippas Säulengang:* in den Säulenhallen der *Saepta*; M. Vipsanius Agrippa, Vertrauter des Augustus, Feldherr und Staatsmann, hatte aus seinem großen Vermögen u.a. auch die *Saepta* gestaltet; zu deren Entwicklung »vom Wahllokal zum Einkaufszentrum« vgl. Neumeister, S. 148f. – *Kadmos* (vgl. II 43,7.): mythischer König von Phönizien, mit Bezug zur Purpur-Stadt Tyrus.

87,12 *Tafelkleider:* die *synthesis* als leichtes Haus-, Nacht- und Tischkleid.

87,14 *Sardonyx:* ein braun und weiß gestreifter Halbedelstein.

87,15 *Bewunderer von Urväterzeiten:* ein begeisterter Sammler von Antiquitäten.

87,16 *Phidias:* bedeutendster Bildhauer der Griechen zur Zeit des Perikles.

88,1 *Omnes persequeris: persequi* hier im Sinne von »aufnehmen«, »mitschreiben« oder »protokollieren«, das ist nämlich die Aufgabe des *pragmaticus*.

88,2 *bekommst Wachstafeln ... du bist ein übereifriger Mann:* Der Witz liegt vielleicht in dem Kontrast zwischen den umfangreichen *libelli*, die der *pragmaticus* im Auftrag der Prätoren anfertigte, und den (leeren) Wachstäfelchen, die man ihm dafür schenkte; *officiosus homo es* kommentiert Shackleton Bailey (Teubner): *qui tam operosus sit tali mercede.*

89,1-2 *Polyklet:* neben *Phidias* der berühmteste griechische Bildhauer des 5. Jahrhunderts.

89,3-4 Auf dem Berg *Ida* im Phrygien gab Paris sein Urteil über die Schönheit von Juno, Minerva und Venus ab.

89,5 *ihr Bruder ... seine Juno lieben:* Jupiter als Brudergemahl der Juno.

90,6 *Hektors Mutter:* Hekuba, die Gattin des Priamos. – *seine Frau:* Andromache.

92,1-2 An *Mar(r)ius* von *Atina* (in Latium); bei Martials Übersiedelung nach Spanien übernahm er dessen Nomentanum und damit auch bestimmte kultische Verpflichtungen.

92,4 Die *Faune* sind nackte Walddämonen in Bocksgestalt.

92,6 *Silvanus:* italischer Gott des Waldes, des Feldes und der Herden.

92,8 *die jungfräuliche Göttin:* Diana.

92,10 Die *Kalenden* des März sind Martials Geburtstag.

92,11 *Flora:* römische Blumen- und Frühlingsgöttin; ihr Fest sind die *Floralia* (28. April bis 3. Mai).

92,12 *Priapus:* Fruchtbarkeits- und Gartengott, mit erigiertem mächtigen Glied dargestellt.

93,1 Die *Euganeer* sind ein Volksstamm im nordöstlichen Oberitalien, etwa nördlich von Verona. – *Helikaon,* der Sohn des Trojanerfürsten Antenor, gilt als Gründer von Patavium (Padua).

93,2 *Rebenspaliere: iugum* meint hier den Querbalken, an dem entlang die Reben so gezogen wurden, daß sie ein Spalier bildeten.

93,3 *Ateste* (heute Este): eine Stadt in der Nähe von Patavium; das Gedicht richtet sich an einen *Clemens* von Ateste mit der Bitte, seiner Frau *Sabina* Martials 10. Buch zu überbringen.

93,4 *mit dem Purpurkleid geschmückt:* vom purpurnen Einband eines Buches.

93,5 *pollice primo:* eigentlich: »mit der Spitze des Daumens/Fingers«.

93,6 *eine neue, noch nicht vom Kinn beschmutzte Buchrolle:* Man wickelte die Buchrolle zurück, indem man den Rollenstab unter das Kinn klemmte; dabei kam es im Laufe der Zeit zu Verschmutzungen.

94,1 *Massyler:* Volksstamm im (östlichen) Numidien; der massylische Drache bewacht den Baum mit den goldenen Äpfeln der Hesperiden.

94,2 *Alkinoos:* der Herrscher des Phäakenlandes, das, mit Korfu gleichgesetzt, nach dem Zeugnis der Odyssee als fruchtbares Gartenland vorgestellt wird.

94,3 *Nomentanum:* Martials kleiner Landsitz in der Nähe der Stadt Nomentum, ca. 21 km nordöstlich von Rom.

94,4, *unansehnliche Äpfel:* eigentlich »bleierne«.

94,5–6 Weil sein Garten kein Qualitätsobst lieferte, kaufte Martial in der *Subura*, einem sehr belebten, aber auch leicht verrufenen Stadtviertel, wachsfarbene bzw. wachszarte Früchte. – *nata:* »(auf dem Markt) gewachsen« ist paradoxe Pointe Martials.

95,2 *Die leugnen ..., dich gevögelt zu haben:* Offenbar taten sie mit ihr etwas anderes.

96,1 L. Stertinius *Avitus: consul suffectus* 92, ein Freund und Patron Martials.

96,3 *Der goldreiche Tagus* ist der Tajo; der *Salo*, ein Nebenfluß des Ebro, fließt durch Bilbilis, Martials Geburtsort, im nordöstlichen Spanien.

96,7 *Hier muß man den Acker füttern:* vgl. 58,9: *dura suburbani dum iugera pascimus agri.*

96,7–8 *mit kargem Feuer wärmt hier der Herd:* nämlich wegen der teuren Holzpreise in Rom; vgl. I 55,12: *et sua non emptus praeparat ova cinis.*

96,13 Da Avitus selbst ein Patron, Freund und Gönner Martials ist, richtet Martial die Aufforderung: *Los, hofiere jetzt die Patrone* und ihre Zurückweisung an sich selbst.

98,1 *Caecuber:* berühmter Wein aus dem südlichen Latium.

98,2 *Der Buhlknabe vom Ida* ist Jupiters Mundschenk und Liebling Ganymed.

98,6 *altes Zitrusholz und indische Zähne:* vgl. II 43,9 (libysche Tischplatten aus Zitrusholz auf indischen Elfenbeinfüßen).

98,11–12 *Du kannst nicht ... eine solche Lebensweise haben,* nämlich einen Haushalt mit solchem Personal; oder: Du kannst nicht solche strengen Sitten praktizieren, daß noch nicht einmal ein Blick auf den Mundschenk erlaubt ist, und gleichzeitig einen solch erregenden *minister* aufbieten.

99 Offenbar Gedicht auf eine Statue oder Büste des *Sokrates* mit den Gesichtszügen eines Satyrn; wäre Sokrates ein Römer gewesen, meint Martial, dann hätte man sein Gesicht inmitten der Satyrstatuen in der Portikus der Octavia (Plinius, Naturalis historia XXXVI 29: *Satyri quattuor*) entdeckt; eine von ihnen glich einem nur hier genannten *Julius Rufus,* nach Shackleton Bailey einem Freund des Dichters. – Izaac liest (mit Lindsay u. a.) *saturis*: »on l'eût pris pour celui de Julius Rufus, en tête de ses satires«, und kommentiert: »Julius Rufus, qui, selon l'usage, a fait tracer son portrait au frontispice de ses Satires, est aussi laid que Socrate dont la laideur était proverbiale.«

100,2 *mit dem widersprüchlichen Buch: cum litigante (libro)* im Sinn von *secum discordante* (so Shackleton Bailey im Apparat, nach Housman); andere Sinn-Nuance bei Izaac: »un livre qui t'accuse«; vgl. auch I 53,1–3 von einem Plagiator, der sich durch ein eigenes Gedicht verrät.

100,5 *Lada:* bekannter, nach einem Olympiasieger des 5. Jh.s benannter Läufer; möglicherweise war der Name bereits sprichwörtlich geworden.

101,1 *Elysium:* Aufenthaltsort der Seligen.

101,2f. *Gabba:* Hofnarr des Augustus; *Capitolinus:* ein Spaßmacher Trajans.

102,3–4 *Avitus:* zu Martials Freund und Patron vgl. 96. – *der nichts schreibt und doch ein Dichter ist:* also ein Plagiator, der die Verse von anderen kopiert, eventuell die von Martial selber.

103,1–2 *Bilbilis* heißt auf kaierzeitlichen Münzen *municipium Augusta Bilbilis. – Salo:* Nebenfluß des Ebro, wo Martials Heimat Bilbilis liegt.

103,7 *Der dreißigste Sommer kam zu vier Herbsten hinzu:* kunstvolle Zerlegung der Zahl 34.

103,8 *Ceres:* altitalische Göttin der Feldfrüchte und der Fruchtbarkeit, später mit Demeter gleichgesetzt.

104,1 *Flavus:* ein Freund Martials, in Bilbilis lebend.

104,4 *Tarraco* (Tarragona): Hafenstadt an der Nordostküste Spaniens, nördlich der Mündung des Ebro.

104,6 *altam Bilbilin et tuum Salonem:* Zu Martials Heimatstadt Bilbilis und dem Fluß Salo vgl. bes. das ausführliche »Heimatidyll« I 49: *Vir Celtiberis non tacende gentibus …*

104,7 *beim fünften Wagenwechsel:* etwa 250 km von Tarragona aus.

104,17 *castigatque moras* ist Vergilzitat: Äneis IV 407: *castigantque moras;* die Flucht der Teukrer aus Karthago wird dort mit der Betriebsamkeit der Ameisen verglichen.

ELFTES BUCH

1,1 *liber otiose:* Buch XI erschien an den Saturnalien des Jahres 96 und leitet daraus sein Recht auf Obszönitäten ab; »müßig« ist es als »holyday book« (Shackleton Bailey) in festlicher Hülle; personifiziert und damit von seinem Autor abgehoben, hat es aber auch selber Zeit, sogar um eine unergiebige Reise anzutreten.

1,2 *geschmückt mit nicht alltäglichem Purpur:* mit einem purpurnen Umschlag; vgl. auch III 2,10: »soll dich feiner Purpur umhüllen«. »As often, the book is personified as a dandy« (Kay).

1,3 *Parthenius:* der Kämmerer und Günstling Domitians (vgl. u.a. zu IV 45); weil er an der Ermordung des Kaisers beteiligt war, wurde er im folgenden Jahr (97) von den Prätorianern Nervas umgebracht.

1,5 *libelli* sind Eingaben an den Kaiser.

1,6 *Zeit für die Musen:* Parthenius versuchte sich also ebenfalls als Dichter.

1,9 Martials Haus lag in der Nähe des *Quirinus*tempels; vgl. X 58, 10: »mein Heim in deiner Nachbarschaft, ehrwürdiger Quirinus«.

1,11–12 *bei Pompejus oder Agenors Mädchen oder dem leichtfertigen Herrn des ersten Schiffes:* die Portiken des Pompejus, der Agenor-Tochter Europa und der Argonauten, deren Anführer Jason als »leichtfertig« wegen seines Verhaltens Medea gegenüber charakterisiert wird; die drei Hallen werden auch in II 14 als markante Punkte der Hauptstadt angeführt.

1,13–14 *revolvant … tineas:* eine groteske Hyperbel: Man greift beim Aufrollen des Buches direkt in die Motten hinein, schlägt also nicht die Gedichte, sondern die Motten auf.

1,16 *Scorpus* und *Incitatus:* berühmte Zirkusrennfahrer; zu Scorpus vgl. X 50, auf den Tod eines Wagenlenkers, und 53.

2,1 *Finstere Augenbraue und gestrenge Stirn des harten Cato:* Cato der Ältere, 184 v.Chr. Zensor, daher Censorius genannt, gilt als Muster der Sittenstrenge.

2,2 *Fabricius:* römischer Staatsmann aus der Zeit des Pyrrhuskrieges (280–272 v.Chr.); er ›vererbte‹ seine altrömischen Prinzipien der Virtus und Unbestechlichkeit auf seine Tochter und soll so arm gestorben sein, daß der Senat für die Aussteuer seiner Tochter aufkommen mußte.

2,6 *Nerva, unter deiner Schirmherrschaft:* Nerva folgte auf Domitian im September 96; das elfte Buch wurde an den Saturnalien, also im Dezember dieses Jahres, publiziert.

2,7 *Santra:* ein Schriftsteller und wohl auch Dichter aus der Zeit Ciceros.

3,1 *Pimpleïs* ist die Muse, benannt nach Pimpla, einer Quelle (und Ortschaft) in der Landschaft Pieria am Olymp, die den Musen heilig war; von Späteren nach Böothien an den Helikon versetzt.

3,3 *im getischen Reif:* Die Geten, ein thrakischer Volksstamm und stammverwandt mit den Dakern, wohnten nördlich der unteren Donau.

3,4 *teritur ... liber:* das Buch wird abgegriffen und zerlesen: »a further hint of the roughness of the centurion, but also indicating the frequency of his reading« (Kay, S. 64).

3,8 *mit piërischer Trompete:* s. zu 3,1.

3,9 *reddiderint Augustum:* Dieser neue, der Welt wiedergeschenkte Augustus ist der Kaiser Nerva.

3,10 *Maecenas:* der großzügige, sprichwörtlich gewordene Gönner besonders von Vergil und Horaz.

4,1 *Phryger:* Trojaner; der *Erbe Trojas* ist Äneas, der Sohn des Anchises und der Venus, als Ahnherr des römischen Volkes, der die väterlichen Penaten, hier *Laren* (Schutzgottheiten des Hauses, der Sippe und der Stadt) genannt, nach Italien mitnahm.

4,2 *Laomedons Schätze:* Der trojanische König Laomedon war der Vater des Priamos; nicht die Schätze Trojas hat also Äneas gerettet, sondern die Götterbilder, die später zu den Schutzgöttern Roms werden.

4,3 *Jupiter, jetzt erstmals in ewigem Golde dargestellt:* eine goldene Jupiterstatue, die von Nerva im Tempel auf dem Kapitol plaziert wurde, oder auch ein von Nerva dafür gestiftetes Medaillon aus Gold.

4,4 *Schwester ... und du, ... seine Tochter:* Juno und Minerva; letztere ist *tota: ganz und gar* Tochter Jupiters, weil sie – mutterlos – dem Kopf ihres Vaters entsprang.

4,5–6 *Nerva* war bei seinem Regierungsantritt im September 96 zum *dritten Mal* Konsul. Die Konsulatslisten wurden im *Janus*tempel aufbewahrt; *purpurn* heißen sie nach dem Purpurgewand der neugewählten Konsuln, vielleicht wurden aber auch die Namen der Kaiser in purpurner Schrift in die Fasten (den Amtskalender) eingetragen.

5,2 *Numa* Pompilius: der zweite römische König, Gesetzgeber und Ordner des römischen Staates.

5,4 *Krösus:* letzter König von Lydien, berühmt für seinen immensen Reichtum.

5,6 *den elysischen Hain leer zu machen:* wenn die Unterwelt die Toten auf die Erde zurückkehren ließe, sie sozusagen ›evakuierte‹.

5,7 M. Furius *Camillus:* der Befreier Roms von den Galliern; vgl. I 24,3.

5,8 Der Feldherr *Fabricius* wies das Gold zurück, mit dem Pyrrhus, der König von Epirus, ihn bestechen wollte (vgl. auch zu 2,2: »Tochter des Pflügers Fabricius«, 16,6 und VII 68,4).

5,9–10 *unter deiner Herrschaft freute sich Brutus, und … Sulla übergäbe dir die Macht:* Mit Brutus ist wohl der Caesarmörder und Gegner Oktavians gemeint; Lucius Cornelius Sulla, berüchtigt durch die von ihm veranlaßten Proskriptionen und die Ermordung der Anhänger des Marius, wurde Diktator ohne zeitliche Befristung, legte aber 79, ein Jahr vor seinem Tod, freiwillig die Diktatur nieder und zog sich auf sein Landgut zurück.

5,11 *Magnus … wie Caesar als Mann ohne Amt:* Caesar und Cn. Pompejus Magnus würden auf ihre politischen Ambitionen verzichten und gemeinsam dir huldigen.

5,12 *Crassus schenkte dir all seine Schätze:* Der Triumvir Marcus Licinius Crassus, der 53 v.Chr. mit seinem Sohn bei Carrhae fiel, trug den Beinamen »Dives« und war ungeheuer reich.

5,13–14 *Cato … würde Parteigänger Caesars sein:* Der jüngere Cato und Urenkel des Cato Censorius, ein strenger Republikaner und entschiedener Gegner Caesars, schied nach der Schlacht bei Thapsus 46 v.Chr. in Utica freiwillig aus dem Leben. – *Dis* oder *Dis pater* ist Pluto, der Gott der Unterwelt. – Sinn: der entschiedene Republikaner Cato würde Monarchist – ein politisches Adynaton.

6,1 *An den üppigen Festtagen des greisen Sichelträgers:* an den Saturnalien (vgl. zu IV 46); Saturn, der römische Gott des Ackerbaus und speziell der Obst- und Weinkultur, wurde mit dem Titanen Kronos gleichgesetzt, dem jüngsten Sohn des Uranos und der Gaia; mit einer Sichel, die ihm die Mutter reichte, hatte Kronos den Uranos entmannt.

6,2 *wenn ... der Würfelbecher regiert:* Das Würfelspiel war sonst verboten.

6,4 *pilleata Roma:* Der *pilleus*, die Filzkappe der Freiheit, wurde von freigelassenen Sklaven und, als Symbol der Ausgelassenheit, auch von den Sklaven an den Saturnalien getragen.

6,9 *Mische ... halb zu halb die Becher:* Halb Wasser, halb Wein gilt immer noch als konzentrierte Mischung; normalerweise überwog das Wasser den Wein.

6,10 *Pythagoras:* ein Lustknabe, den Nero förmlich geheiratet hat: Tacitus, Annalen XV 37.

6,13 *werden Dichter mir dutzendweise zu Hilfe eilen:* d.h., ich allein bin dann als Dichter so kreativ wie mehr als ein Dutzend Dichter zusammengenommen.

6,14 *basia ... Catulliana:* Anspielung auf Catulls »Kußgedichte«: die Carmina 5, vor allem v.7–9 (*da mi basia mille...*), und 7.

6,16 *Catulls »Sperling«:* Anspielung auf Catulls *passer*-Gedichte Carmina 2 und 3; die sexuelle Konnotation klingt bei Martial deutlich durch; vgl. auch I 7 (der Dichter Stella und sein Tauben-Gedicht: *Stellae delicium mei columba*).

7,2 *wenn du weiter weg einen Liebhaber treffen möchtest:* was nicht bedeutet, daß sie keine Liebhaber in der Nähe hätte.

7,3 Das *Albanum* ist der Palast Domitians in Alba.

7,4 *Circeji:* Seestadt und Vorgebirge in Latium.

7,5 *Penelope:* als Gattin des Odysseus Inbegriff ehelicher Treue.

7,12 *Sinuessa* (= Mondragone): Küstenstadt an der Grenze Kampaniens südlich von Formiae; ihre warmen Bäder (vgl. auch 82,1) sollten von Unfruchtbarkeit heilen: Plinius, Naturalis historia XXXI 8: »In derselben Gegend Campaniens sollen die Wasser von Sinuessa der Unfruchtbarkeit von Frauen und dem Wahnsinn von Männern abhelfen.«

ZUM ELFTEN BUCH

7,13 *ire fututum: futuere*, bei Frauen nur für die lesbische Liebe verwendet, stellt hier den aktiven Part der ›männermordenden‹ Paula heraus (Kay).

7,14 *deinem Mann die Wahrheit sagst:* Mit dieser unerwarteten Pointe werden die vorgetragenen Überlegungen des Dichters überflüssig – und die Trottelhaftigkeit des Ehemanns erscheint rückblickend in einem neuen Licht.

8 Vergleichbar in Aufbau, Syntax und Inhalt: III 65.

8,1 *Salbentopf:* dracti statt überliefertem drauci ist empfehlenswerte Konjektur von Housman.

8,2 *Safranstrahl:* Safranessenz wurde im Theater und im Zirkus als Duftspender ausgesprengt; vgl. auch zu V 25,7–8.

8,5 Die parfümierten Seidenkleider der Kaiserin wurden in Kleiderpressen: *prela*, aufbewahrt.

8,6 *Bernstein, warm geworden in einer Mädchenhand:* Geriebener Bernstein duftet leicht in der warmen Hand; vgl. auch III 65,5: *sucina trita*.

8,9 *Cosmus:* der stadtbekannte Parfüm- und Essenzenhändler; vgl. u.a. I 87,2.

8,10 *der Kranz, der soeben vom üppigen Haar herabglitt:* Das Haar wurde den Gästen mit Pomade eingerieben (III 12,1–2: *Unguentum, fateor, bonum dedisti / convivis*); *dives* nach Kay im Sinne von *madidus*.

8,12 Die *Küsse* des *puer* sind selbst *in der Frühe*, wenn bekanntlich der Atem übel riecht, noch von großer Qualität. Zugleich verrät *mane* dem Sabinus, daß das epigrammatische Ich eine Liebesnacht mit seinem Knaben verbracht hat.

8,14 *Geschworen hast du:* nämlich den Namen nicht weiterzusagen; der Schwur fiel aber offenbar zu emphatisch aus, um glaubwürdig zu sein, so daß sich das epigrammatische Ich nach wie vor weigert, den Namen zu nennen.

9,1 *Strahlend in Jupiters Laub:* der Eichenkranz als Preis im (alle vier Jahre stattfindenden) kapitolinischen Agon; vgl. IV 1,6 im Gebet für Domitian: »möge durch seine so machtvollen Hände oft der goldene Fichenkranz gehen«, und IV 54,1f.: »der du den tarpejischen Eichenkranz gewinnen … durftest«.

9,2 Der Tragödiendichter Scaevus *Memor* muß demnach im kapitolinischen Agon einen Preis erhalten haben; sein Bruder ist der Satirendichter Turnus in dem Distichon 10. – *Apelles* aus Kolophon (4. Jh. v. Chr.) war der berühmteste griechische Maler und der Hofmaler Alexanders des Großen; *die Kunst des Apelles* steht für Malerei überhaupt.

11,1 *die Pokale, ziselierte Kelchgläser:* »Toureumata alludes to the process of engraving ... and is here a hendiadys with *calices*« (Kay); es handelt sich um kunstvolle, mit Ornamenten versehene Gläser von durchbrochener Arbeit, die dem Künstler oft schon während der Anfertigung zerbrachen; vgl. auch XII 70,9 (Diatretgläser).

11,3 *rein durch einen kurzhaarigen Diener:* Der *tonsus minister* kontrastiert mit den *capillati*, langhaarigen Lustknaben; dahinter steht die Vorstellung, daß ein *capillatus*, der seinem Herrn auch sexuell zu Diensten steht, durch Berührung Speisen und Getränke verderben könne (Kay).

11,5 *Mentor* (erste Hälfte des 4. Jhs. v. Chr.), der berühmte Toreut (*caelator argenti*); vgl. zu III 41,1 (Eidechsenschale von Mentors Hand).

11,6 *Sardanapallus:* der letzte (sagenhafte) König von Assyrien, bekannt durch sein ausschweifendes Leben; er *zerbricht* eigentlich den Pokal nicht, sondern läßt ihn zu einem Nachttopf umschmelzen.

12,1 *Siebenkinderrecht:* Witzig ›vergrößernde‹ Anspielung auf das Dreikinderrecht, das mit einer Reihe von Privilegien verbunden war; vgl. II 91 und des (kinderlosen) Martials Bitte um Verleihung dieses Rechtes.

12,1–2 *Zoïlus* ist ein *homo non natus:* ohne Mutter, ohne Vater; Martial macht sich über seine Abkunft aus dem Sklavenstand lustig.

13,1 Die *Via Flaminia* führte von Rom nach Ariminum in Umbrien (Rimini); ihre Fortsetzung war die *Via Aemilia*, die nach Piacenza ging; vgl. auch IV 64,18.

13,3 *der Witz vom Nil:* vgl. IV 42 (Idealvorstellung von einem Lustknaben), v.3–4: »Erstens soll der Knabe am Nilufer geboren sein: Kein Land versteht sich besser auf Frivoles.« Auch soll der Mimus in Ägypten entstanden sein.

13,6 *Veneres Cupidinesque* ist ein Echo auf Catull, Carmen 3,1: *Lugete o Veneres Cupidinesque.*

13,7 *Paris:* berühmter Pantomime, zunächst Liebling Domitians, der ihn aber später töten ließ.

14,2 *terra est illi ... gravis:* Anspielung auf das *Sit tibi terra levis* der Grabinschriften; zur (etwas seltsamen) Pointe: Die Erde ist im Leben wie im Tod ein ›schwerer Brocken‹ für den kleinen Bauern; konnte er sich bei seiner Arbeit nicht von ihr ›befreien‹, so soll er wenigstens im Tod von ihr ›frei‹ sein.

15,1 *Catos Gattin:* Die Sittenstrenge des alten Cato wird hier auf seine Frau übertragen.

15,2 *horribiles Sabinae:* »Horribilis here is two-edged, indicating not only their (der Sabinerinnen) moral fearsomeness, but also their physical squalor« (Kay).

15,4 *leichtfertiger ... als all die andern Büchlein:* Wahrscheinlich denkt Martial an die Bücher V und VIII, die ohne sexuelle Derbheiten auskommen, wie er auch dort ankündigt (V 2, 1f. u. VIII 1,3-4).

15,6 *Cosmus:* der bekannte Parfümfabrikant und Essenzenhändler.

15,10 *Numa* Pompilius: der zweite römische König, bekannt durch seine Sittenstrenge.

15,12 *Apollinaris:* der gelehrte Freund und Patron Martials; vgl. das Epigramm IV 86 an diesen wohlwollenden Kritiker.

15,13 *Meinen eigenen Charakter zeigt dieses Büchlein nicht:* die gleiche Vorsicht des Dichters in I 4,8: »Frivol ist jede Seite bei mir, doch rechtschaffen mein Leben.«

16,2 *Bis hierher habe ich für die römische Toga geschrieben: ista* bezieht sich wohl auf die ersten 15 Epigramme des Buches zurück, die auf moralische *Correctness* achteten: Die Toga ist nicht das passende Kleidungsstück für die ausgelassenen Tage der Saturnalien.

16,3 *Lampsakos:* eine Stadt in Mysien am Hellespont; dort wuchs Priapus, der obszöne Gartengott, auf und dort war auch seine Hauptkultstätte; daher bedeutet *Lampsacius versus* so viel wie priapischer Vers.

16,4 *Tartesiaca aera:* Die Kastagnetten spanischer Tänzerinnen waren aus Erz oder Muschelschalen; *Tartessos:* Stadt im Südwesten Spaniens an der Mündung des Guadalquivir. – Personifikation des Buches als Tanzgirl, das die Rezipienten sexuell erregen will.

16,6 *Curius und Fabricius:* Muster altrömischer Sittenstrenge und Einfachheit der Lebensführung: M. Curius Dentatus war Sieger über Samniten und Pyrrhus, M. Furius Camillus Befreier Roms von den Galliern; vgl. zu I 24,3.

16,8 *magst du auch aus Padua stammen:* Die Pataverinnen wurden wegen ihrer Keuschheit gerühmt.

16,9 *Rot wurde Lucretia:* fiktive Verlagerung der Szene in die Vergangenheit, als könnte die keusche *Lucretia* sich dem Buch nicht widersetzen.

16,10 *wenn Brutus dabei war:* L. Iunius Brutus, der Befreier Roms von der Königsherrschaft und erste Konsul sowie Gatte der Lucretia.

17,2 *am Morgen lesen:* d.h., wenn du (wieder) nüchtern bist.

18,1 *Landgut am Stadtrand:* kaum identisch mit dem Nomentanum, das Martial wiederholt als angenehm charakterisiert (VIII 61,6; IX 97,7; X 58,9), sondern poetische Fiktion; sarkastische Bemerkungen zu unzulänglichen Geschenken auch in VII 53; VIII 71; X 57; XI 105 und XII 81.

18,2 *Landgut ... vor meinem Fenster:* Plinius, Naturalis historia XIX 59, bemerkt, daß die Städter früher, bevor ihnen alles zugebaut wurde, vor ihren Fenstern ihre Kleingärten liegen sahen, aus denen sie sich selbst versorgten.

18,4 *Raute:* ein aromatischer Halbstrauch, dessen Blätter, Früchte und Wurzeln zum Würzen und als Medizin verwendet wurden (vgl. 31,17: *rutae folium*, und 52,8: *rutae frondibus*; ausführlich Plinius, Naturalis historia XX 131–143). – Einen *Hain Dianas* besaß auf seinem Nomentanum auch Martial (X 92,8).

18,9 *Cosmi folium:* Blätter, aus denen die *foliatum* genannte Essenz (XI 27,9; XIV 110,2) hergestellt wurde; vgl. Plinius, Naturalis historia XIII 15, das Rezept von *nardinum sive foliatum* (Narden- oder Blattsalbe).

18,13 *eine Mücke stirbt, wenn sie den Weidenzweig verzehrt:* Normalerweise sorgen – umgekehrt – Insekten für das Absterben eines Laubzweiges; über die Schädlichkeit der *culices* im Zusammenhang mit Baumkrankheiten vgl. Plinius, Naturalis historia XVII 231: »Es gibt auch ⟨einige⟩ Arten von Fliegen, die manchen Früchten schädlich sind, wie

ZUM ELFTEN BUCH 1387

den Eicheln und der Feige; sie scheinen aus einer unter der Schale befindlichen süßen Flüssigkeit zu entstehen.«

18,18 *den Kalydonischen Eber:* Meleager erlegte das Untier, das die Fluren Ätoliens um die Stadt Kalydon herum verwüstet hatte.

18,19 *Prokne,* die aus Rache ihrem Mann den eigenen Sohn zum Mahle vorsetzte – er hatte sich an ihrer Schwester Philomele vergangen – wurde in eine Schwalbe verwandelt; in der Dichtersprache wird Prokne zur Metonymie der Schwalbe.

18,22 *Priap:* Fruchtbarkeitsgott, mit übergroßem Phallus dargestellt; seine mit Mennig gefärbten Holzfiguren standen als Vogelscheuchen und zum Schutz vor Dieben in den Gärten.

18,25 *nur in einer Silbe:* eigentlich »in einem Buchstaben«; Versuch, das Wortspiel *praedium – prandium* im Deutschen nachzuahmen.

19,2 Der *soloecismus* ist die grammatisch unrichtige Verbindung bestimmter Wörter; ähnlich Juvenal VI 456: »einem Ehemann muß es erlaubt sein, einen sprachlichen Schnitzer zu begehen«, gesagt mit Blick auf eine gelehrte Frau; zu Martials Aversion gegenüber gelehrten Frauen vgl. auch II 90,9: *sit non doctissima coniunx*. Rhetorik und Sexualität bringt auch Horaz in Verbindung (Epode 8,15-20), der die Anregung gegeben haben dürfte.

20,1 *Von Caesar Augustus sechs unanständige Verse:* Ob sie aus einer Sammlung von Epigrammen des Kaisers Augustus stammen, ist zweifelhaft; Sueton, Augustus 85,2, berichtet, daß Oktavian ein schmales Buch mit im Bade ersonnenen Epigrammen verfaßt habe.

20,3 *Glaphyra:* Mutter eines von Antonius eingesetzten Klientelfürsten in Kappadokien.

20,4 *Fulvia:* die Frau des Marcus Antonius.

20,8 *Man blase die Trompeten zum Kampf:* Anspielung auf den Perusinischen Krieg 41-40 v.Chr. zwischen Oktavian und Antonius' Bruder Lucius, der von Fulvia unterstützt wurde.

21,2 *arguto ... aere:* An dem Rad waren klappernde Ringe aus Metall angebracht; vgl. auch XIV 169,1: »Weshalb der klappernde Ring an dem weiten Rund mit herumläuft?«

21,3 *rota transmisso ... intacta petauro:* Wahrscheinlich Hechtsprung eines Akrobaten durch einen in der Höhe angebrachten Radreifen unter Benutzung eines Sprungbrettes, wobei *petaurum* hier wohl für *petaurista* (Seiltänzer, Trapezkünstler oder Zirkusartist) steht; vgl. II 86,7-8: »Wie wär's, wenn man von Ladas verlangte, ... auf dem schmalen Weg des Akrobatenseiles zu gehen?«

21,6 *Pompeiano vela negata Noto:* Bei starkem Wind verzichtete die Theaterleitung darauf, die Sonnensegel auszuspannen, oder ließ sie einziehen; in Martials Ausdrucksweise werden die Sonnensegel entweder dem Publikum im Pompejus-Theater (*Pompeianum*, erg.: *theatrum*) vom Wind verweigert, oder sie werden dem Wind verweigert (»la toile refusée au Notus dans le théatre«: Izaac); vgl. IX 38,6: »(wenn) heftige Südwinde an den eingezogenen Sonnensegeln zerren«, und XIV 29,2: »denn das Blasen des Windes versagt dem Volk häufig die Sonnensegel.«

21,8 *Leuconicum (tomentum):* Exquisite Polster wurden von den gallischen *Leucones* angefertigt.

21,9 *Britto*: entweder Bewohner Britanniens oder der Bretagne.

21,10 *die häßliche Kehle eines Pelikans:* Beschreibung des Pelikans bei Plinius, Naturalis historia X 131: »Die Pelikane (*onocrotali*) haben Ähnlichkeit mit den Schwänen, und man würde überhaupt keine Unterschiede finden, wenn sie nicht in ihrem Schlunde eine Art von zweitem Magen hätten.«

22,1-2 *des schneeweißen Galaesus:* »Whiteness is a cliché of poetic descriptions of beauty« (Kay). – *Galaesus* (nach der weichen und hellen Wolle von Schafen, die am Fluß Galaesus bei Tarent weiden) und *Ganymed* (nach dem trojanischen Königssohn, dem Mundschenk und Liebling Jupiters) sind hier Namen von Lustknaben.

22,6 *die Finger machen beschleunigt zum Mann:* antike Vorstellung, daß manuelle Stimulierung der Genitalien die Geschlechtsreife beschleunige; wird der *puer* zum *vir*, ist er für den Päderasten unattraktiv geworden.

22,8 *die Thermen mißfallen am hellichten Tag:* Es bleibt unklar, ob der Anblick pubertierender Jungen in den Thermen Mißfallen erregt oder ob die Jungen in dieser körperlichen Verfassung nicht gerne in die Thermen gehen.

23,3 *deciens (centena milia sestertium).*

23,4 ›*quid minus esse potest?*‹: nach Shackleton Bailey Antwort der Sila.

24,11 *Togaträger* sind die Klienten.

26,3 *Falerner:* der edle Wein vom *mons Massicus* in Kampanien.

26,4 *Becher gib, die durch deine Lippen kleiner wurden:* aus denen du schon ein wenig getrunken hast.

26,6 *Ganymed:* Mundschenk und Liebling des Zeus.

27,1 *Aus Eisen bist du:* von emotionsarmen Reaktionen; witziges Spiel mit einem elegischen Motiv, wo Mann oder Frau als *ferreus* bzw. *ferrea* bezeichnet werden, wenn sie den Liebespartner abweisen.

27,2 *garum:* die beliebte, wenngleich billige römische Fischtunke; vgl. zu XIII 102 (»Bundesgenossen-Fischbrühe«). – *sex cyathi* stellen nur eine geringe Menge dar, etwa einen Viertelliter. – Alles, was das Mädchen verlangt, ist billig, keinesfalls den Rahmen des Normalen sprengend – ein Zeichen für geringe Selbsteinschätzung.

27,3 *cybium:* eine Art Thunfisch, speziell ein billiges, aus eingesalzenen und gehackten Thunfischstücken bereitetes Gericht. – *lacertus:* eigentlich ein der Makrele ähnlicher Seefisch, der Stöcker.

27,5–6 *wenn ihre Magd froh überrascht ihr ... Fischbrühe bringt:* Obwohl die Magd nur ein höchst anspruchsloses Essen in billigem Geschirr bringt, ist sie dabei voller Freude – in ihrer lächerlichen Anspruchslosigkeit ganz ihrer Herrin gleichend.

27,7 Gesicht oder *Stirn reibt* man, um Schamröte zu überdecken.

27,9 *foliatum* (vgl. zu 18,9: *Cosmi folium*) oder *nardinum:* eine aus Narde, Myrrhe und anderen aromatischen Kräutern zusammengesetzte Essenz; vgl. auch XIV 110,2: »wenn du auf Nardenparfüm durstig bist«.

27,10 *grüne Edelsteine:* wohl Smaragde; der *Sardonyx* ist ein braun und weiß gestreifter Halbedelstein.

27,11 *vicus Tuscus:* vom Forum ausgehende Einkaufstraße, in der u.a. die Parfüm- und Kleiderhändler ihre Buden hatten, ein regelrechtes Shopping center.

28,2 *Er war vermutlich normal:* d.h., er wußte genau, über welch anmutigen Knaben er sich da hermachte. – *Hylas:* Liebling des Herkules, hier Name des Lustknaben.

29,6 *ertragreiche Morgen Land auf setinischer Flur:* Zur Bedeutung »garantiert ertragreich« für *certus* vgl. Plinius, Epistulae IV 6,3: *certa et fructuosa praedia.* Die Stadt Setia (Sezze) in Latium war berühmt für ihren Wein, den Setiner.

30,1 *Übel rieche der Atem bei Anwälten und Dichtern:* vielleicht weil sich bei ersteren Streß und Nervosität auf den Magen schlagen und weil letztere notorische Hungerleider sind.

31,1 *Atreus* hatte die Söhne seines Bruders Thyestes ermordet und sie ihm aus Rache wegen der Verführung seiner Frau zum Mahle vorgesetzt; *Atreus der Kürbisse:* einmal, weil er die Kürbisse zerhackt, dann, weil er sie so ›versteckt‹, daß die Gäste möglichst nicht merken sollen, was sie da essen.

31,4 *Gleich bei der Vorspeise:* Ein römisches Essen wies drei Teile auf: Die Vorspeise (*gustus*) bestand aus Salaten, Pilzen, Gemüse und Eiern, der Hauptgang (*cena*) konnte noch unterteilt werden – drei Gänge wie hier waren ungewöhnlich, doch wurden sie ja mit einem einzigen billigen Nahrungsmittel bestritten –, als Nachtisch (*secundae mensae* oder *epideipnis*) servierte man gewöhnlich Früchte und Törtchen (vgl. Kay).

31,7 *verspätete Desserts:* weil die Gänge so viel Zeit in Anspruch genommen hatten.

31,10 *Datteln, wie man sie in den Theatern bekommt:* Im Theater wurden an Festtagen u.a. Datteln unter das Volk geworfen.

31,11 Das *minutal* bestand aus kleingehacktem Gemüse und Fisch-Haché, das Ganze mit Öl und Wein abgeschmeckt; vgl. Juvenal XIV 129 von einem Geizhals, der »das Gehackte vom Vortag – *hesternum minutal* – aufzubewahren« pflegte.

31,15 *Küchenmeister* (*cellarius*): Shackleton Bailey schreibt *bellarius:* »confectioner«, also Süßwarenhändler; *bellaria* (τραγήματα) ist in der Bedeutung Nachtisch, Dessert, Zuckerwerk o.ä. belegt.

31,17 *Capellius-Bonbons in ein Rautenblatt:* Name für Süßigkeiten, wahrscheinlich nach dem Erfinder des Rezepts; *rutae folium* ist sprichwörtlich für eine sehr kleine Fläche.

31,18-19 *gabatae:* tiefe Gefäße, *paropsides:* viereckige Schüsseln, *scutulae:* längliche, ebenfalls viereckige, wohl eher flache Schalen oder Teller (Friedländer).

32,2 *aus sumpffeuchtem Schilfrohr: palus* (»Sumpf«) steht metonymisch für Rohr oder Schilf, *bibulus* sagt man von Stoffen, die Wasser anziehen und muffig werden.

32,4 *weder Riegel noch Schlüssel ...:* Variation über Catull 23,1-2: *Furi, cui neque servos est neque arca / nec cimex neque araneus neque ignis* (»Furius, der du keinen Sklaven, keine Geldtruhe hast, keine Wanze, keine Spinne und kein Feuer«).

32,8 *Armut ist es nicht, Nestor, wenn man gar nichts hat:* »›Poverty‹ ... would embrace the whole of what we call the lower and middle classes ... The *dives* was extremely wealthy, while the man who was not *pauper* was ... a beggar« (Kay); vergleichbar ist auch Martials Selbsteinschätzung als ›armer Poet‹, obwohl er ein Haus in Rom und ein kleines Landgut besitzt.

33,1 *prasinus:* Zirkusrennfahrer der Grünen Partei.

33,3 *Geh' nun, nagender Neid:* die mit den ›Grünen‹ rivalisierenden Zirkusrennfahrer. – *behaupte, du habest dich Nero gefügt:* Ob Nero hier (wie Juvenal IV 38: *calvo ... Neroni*) Deckname für Domitian ist, der demnach die Grünen favorisierte, die dann nach dem Tode des Kaisers offenbar ›aus eigener Kraft‹ Siege errangen, ist fraglich; auch von Nero ist bekannt, daß er die grüne Rennfahrerpartei unterstützte; Kay gibt zu bedenken, daß Buch XI, für die Saturnalien des Jahres 96 bestimmt, vor dem 17. Dezember erschien, Domitian aber am 18. September dieses Jahres ermordet wurde; dieser kleine Zeitraum genüge nicht für die Feststellung, daß die ›Grünen‹ nun öfter siegten als vor dem Tod des Kaisers.

34,4 *cenabit belle:* Anspielung auf Catull 13,1: *cenabis bene, mi Fabulle, apud me.*

36,1 *Gaius Julius* Proculus: der auch I 70 im Geleitgedicht genannte Freund und Patron Martials.

36,1-2 *Gaius Julius markiert mir diesen Tag mit einem weißen Steinchen* (*gemma alba*): Anspielung auf eine (von Martial mehrfach erwähnte) skythische Sitte, an glücklichen Tagen einen weißen, an Unglückstagen einen schwarzen Stein in den Köcher zu werfen; vgl auch VIII 45,2: *hanc lucem lactea gemma notet.*

36,3–4 Die *Schwestern* sind die Parzen, die den *Lebensfaden* des Menschen *abschneiden* und damit seinen Tod verursachen.

36,7–8 *fünf, sechs, acht Becher:* Die Zahlen entsprechen den Buchstaben des vollen Namens; vgl. auch IX 93.

37 *Zoïlus* hatte als ein entlaufener Sklave Fußschellen getragen und täuscht jetzt mit einem überdimensionalen Ritterring einen gesellschaftlichen Rang vor, der ihm nicht zukommt.

38,2 *Er war taub:* Der taube Maultiertreiber konnte die Gespräche der Beförderten nicht mitbekommen oder weitererzählen.

39,1 *Charidemus:* griechischer Name für einen *paedagogus* oder Hauslehrer, der seinen Zögling auch beaufsichtigen mußte.

39,3 *sudarium* (Schweißtuch): Die Römer unterschieden nicht zwischen Handtuch, Taschentuch und Serviette.

39,10 Die Korrektur von Beverland: *(temperat ira) tua* für das überlieferte *sua* wurde in allen neueren Ausgaben übernommen; Friedländer schreibt *abstinet ira manum.*

39,11 *tyrische:* d.h. mit Purpur gefärbte Gewänder.

39,13 *triens* (»das Drittel«): als Hohlmaß = $1/3$ Sextarius, etwa $1/6$ Liter, metonymisch dann (als Gefäß): ein Trinkbecher mit dem entsprechenden Fassungsvermögen.

39,15 *einen Freigelassenen ..., der sich als Cato aufspielt:* Cato Censorius als Muster der Sittenstrenge.

40,6 *Glycera habe Zahnschmerzen:* Absurdität des Motivs: *fellatio* war aktuell nicht möglich – und daher sonst üblich.

41,3 *silvamque fluentem:* Zu der Übersetzung: »den weit ausladenden Baum« (oder: den sich üppig ausbreitenden) vgl. Vergil, Georgica II 370: *ramos compesce fluentis:* »bändige die Äste, die maßlos ins Weite fließen«.

41,7 *Lygdus* heißt der Schweinehirt Martials bzw. des epigrammatischen Ichs.

41,8 *wenn du das Vieh richtig zählst:* d.h., es soll ihm beim Hüten kein Vieh verlorengehen.

42,1-2 *legst du mir tote Themen* (mortua ... lemmata) *vor:* Aus dieser Stelle geht hervor, daß Martial bisweilen Gedichte zu Themen schrieb, die ihm seine Freunde nahelegten.

42,3-4 *hyblischer und hymettischer Honig ..., korsischen Thymian:* Die Berge Hybla in Sizilien und Hymettus in Attika im Südosten von Athen waren berühmt durch ihre Bienenkräuter und einen entsprechend köstlichen Honig; der Honig von Korsika galt als von minderer Qualität (IX 26,4). Die Verbindung von Bienen und ihrem Honig mit der Inspiration des Dichters ist antiker Topos, die Musen wurden sogar direkt als Bienen dargestellt.

43,4 *Ganymed:* der Mundschenk und Liebling Jupiters.

43,5 *Tirynthius:* Herkules, nach der Stadt Tiryns in der Argolis, dem Geburtsort seiner Mutter Alkmene. – *Hylas:* der Liebling des Herkules und sein Begleiter auf der Argonautenfahrt; *incurvare* steht für *paedicare: Hercules incurvat et arcum et Hylan.*

43,6 *Megara:* Tochter des Königs Kreon von Theben und Frau des Herkules.

43,7 *Phöbus* Apollons Liebe zu der Nymphe *Daphne* und ihre Verwandlung in einen Lorbeerbaum wird von Ovid, Metamorphosen I 452–567, geschildert.

43,8 *Der öbalische Knabe:* Oibalos, König von Sparta, galt als der Vater von Hyakinthos, dem Liebling Apollons, den ein unglücklicher Diskuswurf des Gottes tötete (Ovid, Metamorphosen X 162–219).

43,9 *Briseïs:* Tochter des Briseus, Sklavin des Achilleus, die ihm Agamemnon wegnahm, daher Anlaß von Achilleus' Zorn im 1. Buch der Ilias.

43,10 Der *Aiakos-Enkel* ist Achilleus, sein glatter, nämlich *bartloser Freund* ist Patroklos.

43,12 *teque ... cunnos ... habere duos:* wörtlich: »Du hast zwei weibliche Genitalien«.

44,1 *geboren, als Brutus Konsul war:* L. Iunius Brutus, der Befreier Roms von der Königsherrschaft und erste Konsul; hyperbolischer Ausdruck für das hohe Alter des Angesprochenen.

45,1 *die Schwelle der beschrifteten Kammer:* An den Zimmertüren der

Bordelle waren offenbar Tafeln angebracht, denen man Name und Preis der Knaben und Mädchen entnehmen konnte nebst der Bemerkung, ob diese gerade frei waren.

46,2 *meiere:* hier vielleicht auch »ejakulieren« (so Kay).

47,3 *Pompeia ... in umbra:* die porticus Pompeii auf dem Marsfeld; sie schloß sich mit einer doppelten Platanenpflanzung an das Theater des Pompejus an; vgl. auch. II 14,10 und XI 1,11.

47,4 *Schwelle der Inachos-Tochter:* Io, die Tochter des Inachos und Zeusgeliebte, die der Gott zur Täuschung Junos in eine weiße Kuh verwandelte (vgl. Ovid, Metamorphosen I 583–746), wurde mit der ägyptischen Isis gleichgesetzt; »die Schwelle der Inachis« ist der Isistempel auf dem Marsfeld, der vorzugsweise von Frauen besucht wurde und auch als Treffpunkt für sexuelle Ausschweifungen galt.

47,5 *Lacedaemonio ... ceromate:* Ringersalbe, »spartanisch« genannt, weil die Spartaner als die Erfinder des Ringkampfs galten.

47,6 *gelida Virgine:* Die von Agrippa für die Speisung seiner Thermen im Marsfeld nach Rom geführte *Aqua Virgo* mit sehr kühlem Wasser, worin man auch badete; sie bildet heute die Fontana Trevi; vgl. auch V 20,9; VI 42,18.

48,1-2 *Silius* Italicus, Konsul 68, Verfasser der Punica, ein großer Verehrer Vergils (Plinius, Epistulae III 7,8), hatte bei Posilippo in der Nähe von Neapel das Grundstück erworben, auf dem sich Vergils Grab (*monumenta Maronis*) befand; auch eine von Ciceros Villen hatte er gekauft, vielleicht das Tusculanum oder Cumanum.

48,4 *Maro und Cicero (hätten) keinen anderen lieber gewollt:* vgl. VII 63, das Loblied auf Silius Italicus als Dichter, Redner und Konsul.

49,5 *Seidenkleider: bombyx* ist eine jetzt ausgestorbene Wildform der Seidenraupe, der koische Seidenspinner; vgl. Plinius, Naturalis historia XI 76–78, nebst Erläuterungen.

49,6 *Cosmus:* der stadtbekannte Parfüm- und Essenzenhändler; vgl. auch I 87,2: *pastillos Cosmi luxuriosa voras* von einer Säuferin.

49,7 *Falerner:* ein edler Wein vom *mons Massicus* in Kampanien.

49,8 *damit eine ... Zauberin deine Träume entsühne:* das Thema »Teure Träume« auch VII 54.

49,9-10 *mal sagt sich ... bei dir eine reiche Freundin zum Essen an:* Die Freundin ist natürlich eine Ausrede, das Ganze leicht durchschaubare Absicht.

50,2 *einen einzigen Mann, und der war arm:* der Eigentümer des Geländes, auf dem sich Vergils Grab befand; vgl. 48.

50,4 *minor ipse, colit* nach Heinsius, *minus ipse tulit* codd.

51,2 *die Mädchen von Lampsakos:* Lampsakos, Stadt in Mysien am Hellespont, war die Heimat des Priapus-Kults.

51,5 *Dennoch ist's Titius immer eng beim Baden:* In grotesker Hyperbolik ist die ›Säule‹ so mächtig, daß das große Bad zu klein ist.

52,1 Imitation von Catull 13,1: *Cenabis bene, mi Fabulle, apud me.* – Julius *Cerialis:* ein Freund Martials; vgl. auch X 48,5.

52,3 *wir baden dann zusammen:* griechische und römische Gepflogenheit, vor der Hauptmahlzeit ein Bad zu nehmen.

52,4 *Stephanus:* Besitzer einer Badeanstalt.

52,6 *dünne Streifen Lauch, abgeschnitten von seinen Stangen:* wohl eine Art Schnittlauch, *porrum sectivum;* vgl. X 48,9 *tonsile porrum.*

52,8 *so daß Eier mit Rautenlaub das Ganze garnieren:* zur Raute vgl. zu 18,4; das garnierende *tegere* soll hier die billige Fischsorte verstecken.

52,10 *Velabrum* heißt die Gegend am westlichen Abhang des Palatins zwischen Kapitol, Palatin und Aventin mit vielen Käsebuden, wo man u.a. auch geräucherten Käse herstellte.

52,11 *Oliven, die schon den Frost von Picenum erfuhren:* die Landschaft *Picenum* im östlichen Italien (bei Ancona), durch ihre Oliven bekannt; vgl auch I 43,8 und öfter.

52,13 *Austern – conchylia:* Shackleton Bailey wählt die »lectio exquisitior« *coloephia:* vielleicht Lendensteaks als Athletenkost.

52,15 L. Arruntius *Stella:* der oft genannte Freund und Patron Martials.

52,17-18 *»Die Giganten« ... Gedichte vom Landbau:* Julius Cerialis hatte demnach eine Gigantomachie und Georgica geschrieben.

53,1 *Claudia Rufina,* aus Britannien stammend, vielleicht identisch mit Claudia Peregrina, der Frau von Aulus Pudens in IV 13. – *den blauen*

Britannern: Caesar berichtet (Bellum Gallicum V 14): »Die Britanner bestreichen sich alle mit *vitrum* (Waid, *Isatis tinnctoria* L.), was eine blaue Farbe ergibt.«

53,8 *daß sie sich stets ihrer drei Kinder erfreue:* Danach hatte Claudia diese Kinderzahl bereits erreicht (53,5 *peperit fecunda*), und der Segenswunsch des Dichters gilt der Frau mit dem einen Gatten und ihren drei Kindern; andere Möglichkeit: Claudia hatte erst ein Kind zur Welt gebracht, so daß weitere Geburten bislang nur einen Wunsch darstellten, um das begehrte *ius trium liberorum* zu erhalten (so Kay).

54,1 *casia:* wilder oder Mutterzimt (*Laurus Cassia* L.), ein Baum mit würziger Rinde, oder ein wohlriechendes Staudengewächs, der Seidelbast oder Zeiland (*Daphne mezereum* L.).

54,2 *halbverglühten Weihrauch mitten von einem Scheiterhaufen:* Verbrennung war die übliche Bestattungsart – *Romanus mos:* Tacitus, Annalen XVI 6 – in dieser Zeit. Während des 2. Jahrhunderts setzte sich die Beerdigung durch.

54,3 *Stygius* (unterweltlich von dem Fluß Styx im Totenreich) *lectus:* Totenbett.

55,8 *stirb so, daß er denkt, du seiest Vater geworden:* d.h., hinterlaß ihm nichts.

56,9 *Soll doch dein Polster ... von leukonischer Wolle anschwellen:* exquisite Polster, die von den gallischen *Leucones* angefertigt wurden; vgl. auch 21,8 und XIV 159 über ein leukonisches Polster.

56,11 *Caecuber:* berühmte Weinlage im südlichen Latium, von Martial öfter genannt.

56,13 *Nestor:* König von Pylos in der westlichen Peloponnes, sprichwörtlich wegen seines hohen Alters.

56,16 *Tapferkeit zeigt, wer die Kraft hat, im Elend zu leben:* vgl. die Thematik von II 53 (»Freiheit in der Beschränkung«).

57,1 *Severo:* wahrscheinlich Silius Severus, der Sohn des Dichters Silius Italicus (vgl. u.a. II 6,3), der selbst Verse schrieb.

58,5–6 *Was dann, wenn der Barbier ... Freiheit und Reichtum von mir verlangte:* Barbiere gehörten zum Sklavenstand.

58,11 *lota ... lana:* »After intercourse with the boy Martial wipes his penis with the wool, the expression indicating the moment when his desire is satiated« (Kay).

58,12 Wir lesen mit Friedländer λειχάζειν *(fellare)* und nicht, wie Lindsay, Heraeus-Borovskij und Shackleton Bailey λαικάζειν (huren).

59,4 *Er hat kein Ringkästchen:* Die Ringe sind also entweder wertlos oder ausgeliehen, oder Charinus kann sich kein Ringkästchen leisten (wertvolle Steine oder Ringe wurden in Schatullen aufbewahrt: Juvenal XIII 138–139: »der Siegelstein aus bestem Sardonyx, der im Elfenbeinkästchen verwahrt ist«), oder Charinus braucht gar kein Kästchen, weil er sich von seinen Ringen, dem sichtbaren Ausdruck seines Reichtums, keinen Augenblick trennen mag.

60,1 *Phlogis* und *Chione* sind sprechende Namen: »die Feurige« und »die Eisige«.

60,2 *ulcus* (eigentlich: Geschwür): von krankhafter Geilheit (Satyriasis oder Nymphomanie). »Thus Phlogis' *ulcus* can be cured by frequent sexual activity, which for the purposes of this poem at any rate, is deemed an asset for her lover« (Kay).

60,3 *Priamos:* König von Troja, der sehr alt wurde.

60,4 *Pelias:* König von Iolkos in Thessalien, der seinen Neffen Jason nach dem Goldenen Vlies ausgeschickt hatte; die eigenen Töchter zerstückelten den greisen Vater, weil Medea versprochen hatte, ihn dadurch verjüngen zu können.

60,6 *Criton:* ein Arzt, zuständig für männliche Sexualbeschwerden. – *Hygia:* Tochter von Äskulap und Göttin der Gesundheit, figuriert hier wohl als Ärztin, die Phlogis nicht befriedigen kann.

60,8 *man könnte meinen, sie sei … aus Marmor:* Marmor konnotiert Emotionslosigkeit, aber auch kalte Schönheit.

61,1 *Mit der Zunge Ehemann, Hurer mit dem Mund:* als *cunnilingus*, »committing adultery with his own wife« (Shackleton Bailey); vgl. III 84: »Was erzählt deine Hure? Nicht das Mädchen meinte ich, Gongylion. ›Was dann?‹ Die Zunge.«

61,2 *die Visagen von Dirnen aus dem Summemmius-Etablissement:* Entweder heißt der Besitzer des Etablissements Summemmius, oder Summemmium ist der Name eines Dirnenviertels; vor Lindsay, z. B. in der Teubneriana von Gilbert 1901, las man *Summoenium* (= *sub moenibus*), meinte also ein Dirnenquartier in unmittelbarer Nähe der Stadtmauer (vgl. I 34,6; III 82,2; XII 32,22).

61,3-4 *ihn in seinem nackten Zustand:* Nackt ist nicht Nanneius, sondern nur sein Gesicht, denn die Zunge stellt für ihn den Penis dar, die er wohl ›schamlos nackt‹ schon vor dem Eintritt ins Bordell herausstreckt. – *schließt sie den Puff:* nachdem Leda ihn eingelassen hatte.

61,6-8 und 12: groteske, surreal wirkende Übertreibungen.

61,10 *er kann nun seine hurende Zunge nicht mehr ausstrecken: arrigere* und *fututrix*, sonst nur für die Aktivitäten des Penis verwendet, verdeutlichen die Metamorphose der Zunge zum Sexualorgan.

61,14 *weder rein:* wegen der entstellenden Zungenkrankheit, *noch unrein:* Nanneius ist jetzt ›sauber‹, da keine Aktivität als *cunnilingus* mehr möglich erscheint.

64,2 *hoc scio, quod scribit nulla puella tibi:* Mehrere Lesarten: 1. ich weiß, daß kein Mädchen dir schreibt, d. h., deine Liebesbriefe bleiben unbeantwortet; 2. ich weiß das, was kein Mächen dir schreibt, nämlich daß du z. B. widerliche Sexualpraktiken hast, und 3. ich weiß, was das ist, was kein Mädchen dir schreibt, nämlich auf deine schmutzigen Angebote einzugehen.

65,3 *Unter ihnen … war ich gewöhnlich nicht der letzte:* Eine frühe Einladung signalisiert die besondere Wertschätzung des Gastgebers.

65,4 Möglicherweise ist danach ein Distichon ausgefallen, in dem Martial betonte, daß er dieses Jahr nicht offiziell eingeladen war.

65,6 *morgen (wirst du) für mich geboren sein:* d. h., für mich bist du heute noch gar nicht geboren und insofern ein Nichts, da ich nicht eingeladen bin.

66,3 Trotz der Begeisterung, welche die Römer den Gladiatorenkämpfen entgegenbrachten, war *Gladiatoren-Trainer* ein verachteter Beruf.

66,4 *Vacerra* (sprechender Name): Tölpel, Klotz; trotz seiner lukrativen, aber sozial verrufenen ›Berufe‹ gelang es ihm nicht, reich zu werden.

68,2 *bitte, Matho, um Großes:* Eine Absage auf eine kleine Bitte ist beschämend; vgl. VI 10,4: »Wie schäme ich mich, ach, daß ich so wenig nur von Jupiter erbat!« – Wortspiel: Von den *magni* sollte man nur *magna* fordern.

69,4 *Erigones* Vater hatte den Gott Dionysos gastfreundlich aufgenommen; als Hirten im Rausch ihn erschlugen, zeigte der treue Hund Maera ihr den Ort, wo dieser ermordet lag. Aus Verzweiflung nahm sie sich das Leben und wurde zusammen mit Vater und Hund unter die Sterne versetzt (*Erigoneius canis*: Ovid, Fasti V 723).

69,5 *auch nicht den (Hund) aus diktäischem Stamm, der einst Kephalos folgte:* Prokris hatte ihrem Gatten Kephalos den pfeilschnellen Hund Lailaps überlassen, der ihr von Diana oder dem kretischen König Minos (*Dictaeus* = kretisch) geschenkt worden war; als Kephalos von Aurora, deren Geliebter er war, unter die Sterne versetzt wurde, folgte ihm sein Hund.

69,6 Die *lichtbringende Göttin* ist wohl Aurora, die mit Kephalos den gemeinsamen Sohn Lucifer hatte.

69,8 *das Schicksal des dulichischen Hundes:* Argos, der treue Hund des Odysseus, erkannte seinen Herrn nach zwanzig Jahren und starb dann (Homer, Odyssee 17,291–327); Dulichium ist eine kleine Insel im Ionischen Meer südöstlich von Ithaka, die zum Reich des Odysseus gehörte.

69,10 Kalydon in Ätolien, berühmt durch den gewaltigen Eber, den Meleager dort erlegte. – *Erymanthus:* Gebirge im Nordwesten Arkadiens, wo Herkules den erymanthischen Eber jagte.

70,6 (den) *Schwanz, den du mit deiner Hand geformt*, d.h. zur Geschlechtsreife ›manipuliert‹ *hast*; vgl. 22,6: »die Finger machen beschleunigt zum Mann«.

70,8 *murrina:* Gefäße aus Flußspat; vgl. III 26, 2 und besonders die Anmerkung zu XIV 113.

70,11–12 Als Maßlosigkeit (*luxuria*) zu verurteilen ist beides: daß man etwas kauft, was man nicht braucht, und daß man etwas verkauft, was man nicht verkaufen dürfte.

71,2 *dringend sei nötig, daß man sie vögle:* ein antiker Gemeinplatz, daß mangelnde sexuelle Aktivität Hauptursache für Hysterie sei.

71,7 *die Ärztinnen verschwinden:* sie waren zuständig für Frauenleiden.

71,8 *tollunturque pedes:* vgl. die Pointe X 81,4: *ille pedem sustulit, hic tunicam.*

72,1 *pipinnam*: »the noun is a child's word for the child's penis« (Kay); damit wird wohl die grotesk verniedlichende ›Liebessprache‹ Nattas karikiert.

72,2 *Priapus:* der mit mächtigem Glied dargestellte Gott der Gärten und Weinberge. – *Gallus:* der kastrierte Kybelepriester.

73,6 *Den Sonnenschirm ... tragen:* Gewöhnlich waren es Eunuchen, die die Sonnenschirme ihrer Herrinnen trugen, zumindest ist es ein Zeichen unterwürfiger Servilität; so mußte Herkules den Sonnenschirm für Omphale tragen (Ovid, Fasti II 311–312). Offensichtlich soll die Herrin auch seine Schönheit nicht wahrnehmen.

74,1 *Baccara Raetus:* Als Raeter bezeichnet man keltische Stämme zwischen Inn und Rhein; *Raetus* für überliefertes *Graecus* bzw. *vetus* geht auf Schneidewin zurück und wurde seitdem von allen Ausgaben übernommen.

74,2 *Baccara wird ein ›Gallier‹ sein:* Wortspiel mit *Gallus* in der Bedeutung Gallier und Kybelepriester; vgl. 72,2.

75,1–3 Der *Kitharöde* begleitet seinen eigenen Gesang auf der Kithara. Die auffällige ›Bedeckung‹ des Penis mit einem Futteral verrät die Infibulation (Einheftelung der Vorhaut des Penis) zum Schutz der Stimme; vgl. dazu VII 82,1 und bes. XIV 215.

75,8 *Nimm deinem Sklaven den Überzug ab:* theca ahenea (v.1) und *fibula* (v.8) sind offenbar gleichbedeutend; letztere ist ein Metallring, der an der Vorhaut des Penis befestigt wurde, um eine Erektion unerträglich schmerzhaft – und damit unmöglich – zu machen; er war anscheinend groß genug, um den ganzen Penis zu verdecken.

76,1 *decem ... sestertia: sestertium*, als Neutrum aufgefaßt, bezeichnet eine Summe von 1000 Sesterzen.

77,3 *dann möchte Vacerra gern speisen, nicht kacken:* Er hofft nämlich, auf diese Weise Bekannte zu treffen und zum Essen eingeladen zu werden. »Die besten öffentlichen Toiletten der Römer bestanden ... aus Steinbänken mit Öffnungen nach unten, unter denen fließendes Wasser (meist Abwasser aus den Thermen) die Fäkalien wegspülte. Vor den

Bänken floß in einer Rinne frisches Wasser zum Reinigen der Hände und Schwämme … In L-Form oder gar über drei Wände angeordnet, mit bis zu 25, ja bisweilen 80 Plätzen …, verbanden diese Orte Hygiene und Schönheit, waren sie doch nicht selten mit Figuren, Mosaiken und Verzierungen ausgestaltet« (Walter, S. 255).

78,4 *deinen Knaben die Haare stutzen* wird die junge Frau, damit sie für den Hausherrn weniger attraktiv und verführerisch sind.

78,11 *Suburana magistra:* eine Hure aus der Subura, einem oft frequentierten und leicht verrufenen Viertel Roms.

79,1 *decuma … hora:* also eine Stunde zu spät für die Hauptmahlzeit; vgl. IV 8,6.

79,4 Entweder sind die *Maultiere*, die *Paetus schickte*, extrem langsam, oder Paetus hatte die ›Verkehrsregeln‹ übersehen, nach denen Kutschen in Rom in den ersten zehn Stunden nach Sonnenaufgang nicht verkehren durften – mit bestimmten Ausnahmen (vgl. Kay).

80 Zur Verbundenheit mit zwei Freunden vgl. auch VIII 45.

80,1 *Bajae:* das von Martial oft erwähnte Seebad in Kampanien.

80,5 *Martialis ist mir … lieber als Bajae:* Die Situation des Gedichtes scheint folgende: Flaccus, ein reicher Freund Martials, den er oft in seinen Epigrammen anredet (z.B. IV 42,2), hat Martial nach Bajae eingeladen, und der Dichter legt dem Gastgeber nahe, auch seinen, Martials engsten Freund Julius Martialis (vgl bes. IV 64 auf den Landsitz des Julius Martialis und VII 17 auf seine Bibliothek) bei der Einladung nicht zu vergessen.

81,2 *trocken (sicca) liegt das Mädchen mitten auf ihrem Lager:* im Gegensatz zur *uda (puella)* in 16,8.

81,6 *Kytherea:* Kultname der Aphrodite nach der Insel Kythera südlich von Lakonien.

82,1 Die warmen *Bäder* der Stadt *Sinuessa* im südlichen Latium auch 7,12.

82,3 *Elpenor:* Gefährte des Odysseus; im Rausch stürzte er vom Dach Kirkes und brach sich dabei den Hals; vgl. Odyssee X 552 ff.

82,6 Philostratus hatte *Wein* getrunken statt des (im übrigen heilsamen: 7,12) *Wassers* von Sinuessa.

83,2 *Sosibianus* ist ein Erbschleicher, denn er hofft, daß der reiche Mieter ihm aus Dankbarkeit sein Geld vermache.

84,1 *zu den stygischen Schatten:* nach dem Unterweltsfluß Styx.

84,3 *weiße Arme: alba ... bracchia* konnotiert eher die kränkliche Farbe – im Gegensatz zu *candidus* vom strahlenden Weiß der Schönheit.

84,4 *die begeisterte Schar:* die Kybelepriester; sie verehrten die phrygische Göttin mit Waffentänzen, Handpauken und wilder Musik; vgl. auch IV 43,8: »ich schwör's bei den berekyntischen Ekstasen«.

84,5 *Alcon:* Name eines Arztes (auch VI 70,6).

84,7 *Scheren mag er mittellose Kyniker und Stoikerkinne:* Kyniker mit ihren ›naturlangen‹ Bärten, Stoiker mit ihren Philosophenbärten; letztere wären auch wegen ihrer ›stoischen Ruhe‹ im Ertragen von Schmerzen geeignete Kunden dieses Barbiers.

84,10 *Der folternde Vogel* ist der Adler des Zeus, der Prometheus die Leber abfraß.

84,11 *Pentheus*, König von Theben, wurde von seiner Mutter und den Bacchantinnen zerrissen; *Orpheus* erlitt durch die *Mänaden* das gleiche Schicksal.

85,1 Zu *sidus* in der Bedeutung Paralyse vgl. VII 92,9: »daß du, vom Schlage (sidere) getroffen, plötzlich verstummst«. Man glaubte, daß Blitz und Donnerschlag von den Planeten kämen und die Ursache von Paralysen seien.

88,4 *er habe Durchfall:* womit er verrät, daß er ein *pathicus* ist, ein passiver Schwuler, der sich penetrieren läßt.

89,2 *a te vexatas ... rosas* ist seltsam; Kay versteht »the rumpled garland as an indication that the wearer is hopelessly lovesick«.

90,2 *Verse, die über holpriges Gelände und spitze Steine stolpern:* also mit Hiaten, harten Elisionen und Silbenwiederholungen.

90,3 *größeren Wert als der mäonische Gesang:* als die Dichtung Homers, als dessen Geburtsland u. a. auch Lydien (Mäonien) genannt wird; Homer galt nie als archaischer Sprachkünstler. Dem Angegriffenen ist folglich nicht so sehr das Alter eines Dichters wichtig – darin wäre Homer nicht zu überbieten –, sondern die Unbeholfenheit der archaischen Sprache, so Martials Spott.

90,4 *Hier ruht Metrophanes, die Stütze des Lucilius:* Vers aus dem Grabepigramm des *Lucilius* (um 180–102 v. Chr.; Begründer der römischen Satire) auf seinen Sklaven Metrophanes.

90,5 *terrai frugiferai:* Beispiel aus den Annalen des Ennius, des Schöpfers der lateinischen Dichtersprache (239–169 v. Chr.), mit archaischer Bildung des Genitivs der a-Deklination; diese Endung findet sich allerdings auch bei Vergil, der als äußerst eleganter Dichter galt.

90,6 *Accius* (geb. um 170 v. Chr.) und *Pacuvius* (um 220–130 v. Chr.), letzterer ein Neffe des Ennius, sind römische Tragödiendichter, die sich um eine möglichst ›gehobene‹, dabei aber gestelzt wirkende Sprache bemühten (vgl. Quintilian X 1,97).

90,8 *scis mentula quid sapiat:* doppeldeutig: du schätzt einen männlich-derben Stil, und – sous-etendu: du bist ein erfahrener *fellator.*

91,1 Weil der Name der Mutter *Aeolis* war, wurde das Mädchen *Canace* genannt, nach der Tochter des Windgottes Äolus.

91,3 *Was für ein Verbrechen, welch schändliche Tat:* Gedanken des Wanderers.

91,8 *ihre Lippen wurden nicht unversehrt dem schwarzen Scheiterhaufen übergeben:* weil sie von der Krankheit – *Cancer aquaticus* (Wasserkrebs oder Wangenbrand) – bereits verstümmelt waren.

91,12 *die harten Göttinnen:* die Parzen.

93,1 *das piërische Heim:* Die Piëriden sind die Musen, benannt nach der Landschaft Pieria am Olymp, die den Musen heilig war.

94,2 *Beschnittener Dichter, du bist klug:* Wortspiel mit *verpus* (Beschnittener) und *verpa* (erigierter Penis): Der apostrophierte Dichter ist Jude und Päderast; *sapis:* ironische Geringschätzung der eigenen Gedichte; vgl. auch I 117,18 und XI 106,4.

94,3-4 *daß du meine Gedichte ... ausplünderst:* Da es kein Copyright gab, waren Plagiate sehr verbreitet; Martial kokettiert mit der ›Plünderung‹ seiner Gedichte und sieht darin ein Qualitätsurteil. – *et sic ... sapis:* d.h., er zeigt Einsicht in seine eigene poetische Unzulänglichkeit.

94,7 Ein Eid *beim Tempel des Donnerers* durch einen Juden ist absurd.

94,8 *per Anchialum:* Die Deutung ist umstritten; möglicherweise eine Anspielung auf die Stadt *Anchialus* (Anchiale) in Kilikien, die von Sardanapal(l)us, dem letzten König von Assyrien, gegründet wurde und wo auch sein Grab gezeigt wurde; der angesprochene Poet würde dann aufgefordert, auf die Stadt des durch sexuelle Abartigkeit bekannten Königs zu schwören; vielleicht ist es auch, angesichts der Absurdität dieser Schwurformel, ein exotisch klingendes Nonsens-Wort.

95,2 *solium:* vielleicht eine Art ›Waschstuhl‹, wie ihn Augustus verwendete, um ein völliges Eintauchen in heißes Wasser zu vermeiden (Sueton, Augustus 82,2; Kay). Nach Shackleton Bailey (Loeb III Appendix A, S. 319-320) steht *solium* für *lasanum* bzw. *trulla*, also für ein Nachtgeschirr.

96 Kay vermutet, Martial beschreibe hier »a sculptured frieze« an einem Brunnen, wobei das Epigramm als Aufschrift gedacht sei.

96,1 *Die Marcia sprudelt hier, nicht der Rhein:* Die Wasserleitung *Aqua Marcia*, 146 v.Chr. von Q. Marcius Rex erbaut, führte eiskaltes Gebirgswasser; vgl. auch VI 42,18 und IX 18,6.

96,3 Durch die witzige Bezeichnung *cive ministro* soll der einheimische vom ausländischen Sklaven abgesetzt werden.

96.3-4 Die Zeichensetzung bei Lindsay: *cive, ministro* führt zu folgender Übersetzung: »Nicht darf der Bürger verdrängt werden und das Wasser des Siegers einem Diener seinen Gefangenen-Durst stillen.«

98,5 *kein abstoßendes Kinn und schmutzige Flechten:* Anspielung auf die *mentagra* (Analogiebildung zu *podagra*), eine Hautkrankheit, die zuerst das Kinn befiel; vgl. Plinius, Naturalis historia XXVI 2: »Die schwerste von ihnen (d.h. den Gesichtskrankheiten) hat man mit dem griechischen Namen *leichén* (Flechte) bezeichnet, im Lateinischen hat man sie, da sie zumeist am Kinn ihren Anfang nahm, zuerst mit mutwilligem Scherz … Kinnkrankheit (*mentagra*) genannt.« Nach Plinius soll sich die neuartige Krankheit durch Küssen, und nur bei den höheren Ständen, verbreitet haben.

98,6 Zu *ceratum* (Wachssalbe) vgl. Plinius, Naturalis historia XXII 117; Bienenwachs wurde neben der Behandlung von Dysenterie auch gegen Geschwüre verwendet.

98,15-16 *die sechs Rutenbündel:* Aus den Rutenbündeln, die von den Liktoren getragen wurden, ragte ein Beil als Zeichen der Herrschergewalt hervor; der Prätor hatte in der Republik zwei Liktoren in der Stadt und sechs außerhalb Roms, später wohl auch in Rom sechs *fasces*. – *der herrische Amtsstab des laut schreienden Liktors:* Durch laute Rufe bahnte der Liktor den Beamten den Weg, wobei er wohl auch mit dem Rutenbündel nachhalf.

98,17–18 Auf dem *tribunal*, einer mit Stufen ausgestatteten Tribüne, befand sich die *sella curulis*, ein mit Elfenbein ausgelegter Ehrensessel für die höheren Magistrate, die Konsuln, Prätoren, Zensoren und kurulischen Ädilen, die von hier aus ihre öffentlichen Amtshandlungen ausübten.

98,23 *Zum Freund mußt du dir den machen, dessen Küsse du nicht willst:* Die Pointe liegt wohl darin, daß man die Küsserei nur bei jemandem vermeiden kann, bei dem sie im Grunde angebracht ist: bei einem Freund nämlich, dem man ohne gespielte Höflichkeit deutlich sagen kann, wenn man keine Küsse mag. Anders Shackleton Bailey: »Let Flaccus make friends with a fellator. As a favor to Flaccus the fellator will kiss anyone who kisses him.«

99,5–6 *Symplegades* (die »Zusammenschlagenden«), auch *Cyaneae* genannt, zwei kleine Felsinseln am Eingang des Schwarzen Meeres, die nach der Sage erst seit der Durchfahrt der Argo fest stehen; vgl. VII 19,3.

100,4 *lumbi:* »Lenden«, metonymisch und euphemistisch für »Scham«.

102,2 *deine Gestalt ..., nicht aber dein Gesicht:* Zu *caro* vgl. Seneca, Epistulae 65,22, und »the distinction in philosophical writings between the external apparatus of the body (*caro*) and the more important inner person (*anima*)« (Kay). Das Gesicht verrät das Innere des Menschen: *imago animi vultus, indices oculi* (Cicero, De oratore III 221).

102,4 *ein Gesicht in Wachs:* eine Totenmaske.

102,8 *Ein Unheil verkündendes Zeichen ist es, sooft ein Bild zu sprechen beginnt:* Den Ädilen mußten alle Wunderzeichen (*prodigia*), also z.B. auch ein angeblich sprechendes Bild, bekannt gegeben werden.

103,1–2 Der prüde *Safronius* Rufus auch IV 71.

104,1 *Frau, verluß das Haus:* Schon Lessing hat bemerkt, daß Martial, wo er eine *uxor* erwähnt (II 49, VIII 12, XI 43 und 104), nicht in eigenem Namen spricht; das Ich seiner Epigramme ist ein ›experimentierendes‹

Ich, das Möglichkeiten durchspielt, die nicht ohne weiteres an der Person Martials festzumachen sind.

104,2 *kein Curius, kein Numa oder Tatius:* Musterexemplare für Sittenstrenge: M'. Curius Dentatus (Besieger der Samniter und Sabiner sowie des Pyrrhus) bekannt wegen seiner Mäßigkeit, Numa war der zweite römische König, Titus Tatius, König der Sabiner, wurde später Mitregent des Romulus.

104,12 *als ob du Weihrauch und Wein richtetest:* für rituelle Zwecke, wobei kultische Keuschheit erforderlich war.

104,14–16 *Hektor* und Andromache, Odysseus (*der Ithaker*) und Penelope sind zwei klassische Liebes-Ehe-Paare. – *illic:* am Penis.

104,17 *Cornelia:* die Tochter von Scipio Africanus Maior, Frau von Ti. Sempronius *Gracchus* und Mutter der zwei berühmten Gracchen.

104,18 *Julia:* Tochter Caesars, Frau des *Pompejus* Magnus. – *Porcia:* Tochter des Marcus Porcius Cato Uticensis, Frau von Marcus Iunius *Brutus*, dem Caesarmörder.

104,19–20 *Ganymed:* der *dardanische* (trojanische) Königssohn, *Jupiters* Mundschenk und Liebling.

104,21 *Lucretia:* Frau des Tarquinius Collatinus; sie tötete sich selbst, als Sextus Tarquinius sie entehrt hatte; vgl. zu ihr auch I 90,5.

104,22 *Laïs:* berühmte korinthische Hetäre; vgl. X 68,12.

105,1 *ein Pfund:* nämlich Silbergerät nach Gewicht als Saturnaliengeschenk; vgl. II 44,2; VIII 71 und X 57.

105,2 *Wenigstens die Hälfte … zahle mir:* nämlich von dem, was du mir ›schuldest‹: Martial behandelt das übliche Saturnaliengeschenk scherzhaft als eine fällige Schuld und verlangt wenigstens 50 Prozent statt der gebotenen 25 Prozent.

106,1 C. *Vibius Maximus:* hochrangiger Offizier, an den Statius Silvae IV 7 gerichtet hat.

106,2 *lies nur dies hier:* d.h., lies nur diesen Gruß.

107,1 *Aufgerollt bis zu seinen Hörnern: cornua* heißen die sichtbaren Enden des *umbilicus* oder Buchrollenknaufs, d.h. die Enden des Stabes, um den die Buchrolle gewickelt ist; sie wurden gefärbt und vergoldet; vgl. auch III 2,9 und V 6,15.

107,4 *Genauso habe ich deine fünf Bücher durchgelesen:* nämlich überhaupt nicht.

108,1 *einem so langen Büchlein:* Was die Anzahl der Epigramme angeht, ist Buch XI (nach Buch I) das zweitlängste.

108,3 *Lupus verlangt seine Zinsen:* ein (nur hier genannter) Geldverleiher; Martial wurde bei Fertigstellung des Buches von seinem Verleger bezahlt, beeilte sich also, es zu beenden, um seine Schulden zu begleichen und seinen Haushalt bestreiten zu können. – *die Knaben* (verlangen) *ihre Tagesration:* Martial muß für den Lebensunterhalt des Personals (junger Sklaven mit gesundem Appetit) sorgen.

108,4 *vale:* hier auch in der Bedeutung: »Fort mit dir«, »Auf Nimmerwiedersehn!«

ZWÖLFTES BUCH

Epist. Buch XII wurde Martials Freund Terentius *Priscus* bei seiner Ankunft in Spanien im Winter 101 überreicht und gleichzeitig nach Rom geschickt; fertiggestellt *»in ganz wenigen Tagen«*, ist es wohl mit dem *brevis libellus* von 1,3 identisch. Dieses schmale Büchlein ist also nicht das Buch XII in der uns vorliegenden Form, die es vielleicht erst nach Martials Tod erhalten hat.

Epist. **2** *desidia* meint ähnlich wie in »Ein Brief« von H. von Hofmannsthal »gänzlicher Verzicht auf literarische Betätigung«.

Epist. **14** *robigo:* eigentlich Rost, auch Getreiderost oder Mehltau.

Epist. **16-17** *habere ... bonum stomachum:* Wer »einen guten Magen hat«, verfügt über eine gute Verdauung, die Voraussetzung für gute Laune ist.

Epist. **22** *adventoria sua:* nämlich *cena*, wie man sie jemandem zu bereiten pflegt, der von einer weiten Reise zurückkehrt; das Empfangsmenü besteht aus dem Epigrammbuch, das Martial dem Freund dediziert.

Epist. **25** *ohne auf Eleganz zu achten* (die Hs. haben *nitore* oder *nidore seposito*): Shackleton Bailey, der mit Housman *candore* schreibt, übersetzt: »without favorable bias«, Izaac: »dépourvu de complaisance«.

Epist. 26 *Hispaniensis* ist jeder, der in Spanien lebt oder sich dort aufhält, z.B. wer aus Rom zugezogen ist, *Hispanus* ist der eingeborene Spanier.

1,1 Die *molossischen Kläffer* sind Jagdhunde, benannt nach Molossis, einer Landschaft im östlichen Epirus.

1,3 Von Plinius (Epistulae I 6; V 18) wissen wir, daß literarich engagierte Leute in den Jagdpausen schrieben oder lasen; *brevi libello* meint hier offenbar das Buch in seiner Kurzform, so wie Martial es dem Freund überreichte.

1,4 Weil die Zeit von Sonnenaufgang bis Sonnenuntergang immer in zwölf Stunden eingeteilt wurde, waren die Stunden im Winter kürzer; daher nehme, so Martial, die Lektüre des zwölften Buches keine ganze (Sommer-)*Stunde* in Anspruch.

2,3 Der *Tagus* ist der Tajo, der *Salo* ein oft erwähnter Fluß bei Bilbilis, dem Geburtsort Martials im nordöstlichen Spanien.

2,5 Das überlieferte †*dat patrios manes quae*† gibt keinen Sinn; *dat patrios amnes quos* schreibt Shackleton Bailey unter Berufung auf Housman, und so auch Izaac, doch ist die Stelle u. E. nicht zu heilen.

2,6 *so viele Brüder von dir:* die Epigrammbücher, die Martial in Rom geschrieben hat. - *das hohe Haus des Remus:* Rom.

2,7-8 Der Augustus*tempel* auf dem Abhang des Palatins gegenüber dem Kapitol; die (den Musen: *Pierio choro* geweihte) Bibliothek des Augustustempels erwähnt auch Plinius, Naturalis historia XXXIV 43.

2,9 Zur *Subura*, diesem belebten, aber auch verrufenen Stadtviertel zwischen Quirinal, Viminal und Esquilin, vgl. zu II 17,1-3.

2,10 *meines Konsuls:* nämlich Stella, Martials Freund und Patron, *consul suffectus* im Jahr 101.

2,11 *Das lorbeerbekränzte Heim:* Der Lorbeer zeigte den Konsul an.

2,12 *hyantischem Wasser:* Hyantes ist ein alter (pelasgischer) Volksstamm in Böotien, hyantisch daher = böotisch; *Hyantea aqua* ist dann die Quelle des Flusses Permessus auf dem Musenberg Helikon; die andere, hier nicht gewählte Lesart: *Iantheae ... aquae* bezöge sich auf die so bezeichnete Quelle in Stellas Haus und somit auf seine Frau; vgl. dazu VI 21, das Gedicht zu seiner Hochzeit mit Ianthis, und VI 47,1-2: »Nymphe, die du in meines Stellas Haus mit reiner Quelle dahinfließt ...«

ZUM ZWÖLFTEN BUCH 1409

2,13 Der *fons Castalius* im eigentlichen Sinn ist die den Musen und Apollon heilige Quelle am Musenberg Parnaß bei Delphi.

2,14 *die neun Herrinnen:* die Musen.

2,17 Der *Titel* befand sich auf einem aufgeklebten Papierstreifen, der aus der Rolle heraushing, oder wurde außen auf die Rolle notiert.

3,1 *Flaccus* ist der Dichter Horaz, *Varius* der Tragödiendichter Lucius Varius Rufus, *Maro* Vergil; dieses Trio auch VIII 18,5–7.

3,2 Anspielung auf Horaz, Carmina I 1: *Maecenas atavis edite regibus*.

3,3 *Terentius Priscus:* Martials spanischer Freund und Patron; vgl. die Anm. zur Epist.

3,6 Fortsetzung mit *macte animi:* 6,7–12 (Heraeus/Borovskij, Izaac, Shackleton Bailey).

4,4 Martial hatte eine gekürzte Fassung der Bücher X und XI für Nerva hergestellt; mit dem Gedicht XII 5 überreicht er die Ausgabe, in der Hoffnung, der Kaiser werde dann auch noch das umfangreichere Werk lesen.

5 In dem Fragment wird die Reise der Gedichte skizziert: von Spanien über *Pyrgi*, der Hafenstadt von Caere in Etrurien, wo die Seereise endet, bis zur *Via Sacra*, die zur Ankunftszeit des Büchleins im Dezember 96 nicht mehr staubig ist (*iam non pulverulenta*). – Fortsetzung mit *Contigit Ausoniae:* 6,1–6 (Heraeus/Borovskij, Izaac, Shackleton Bailey).

6,1 *Dem ausonischen Palast: Ausonia* ist alter, poetischer Name für Italien.

6,2 *Jetzt dürfen wir gefahrlos den Helikon genießen:* (Helikon: Gebirgsstock in Böotien mit Apollontempel und Musenhain) – Sinn: Jetzt kann sich die Dichtkunst frei von Ängsten und Zwängen entfalten.

6,3 *recta Fides:* Anklang an die Schilderung des Goldenen Zeitalters, Ovid, Metamorphosen I 89–90: *Aurea prima sata est aetas, quae ... sponte sua, sine lege fidem rectumque colebat*.

6,7–12 von Heraeus/Borovskij, Izaac, Shackleton Bailey u.a. an 3 angeschlossen.

6,8 *Numa*, der zweite König Roms, und der sittenstrenge *Cato* als Exempla der alten Zeit; der Angesprochene verbindet also altrömische Tugendstrenge mit *hilaritas*, die jenen abging. – *quos Numa, quos ...*

possit habere Cato: Mit den beiden Namen sind Charaktertypen gemeint und nicht die historischen Persönlichkeiten, daher Konj. Präs.

6,11 *unter einem harten Regenten:* Domitian.

8,3 Nach dem Tode Nervas war Trajan 98 Kaiser geworden.

8,8–9 Aufzählung wichtiger Völker an der Peripherie des römischen Reiches; *Parther:* Volk südlich des Kaspischen Meeres, vorzügliche Reiter und Bogenschützen, lange im Konflikt mit Rom; *Serer:* Volk in Ostasien (China), berühmt durch Seidenerzeugung; *Thraker:* Bewohner der Landschaft Thrakien im südöstlichen Europa, etwa zwischen Makedonien und dem Schwarzen Meer; *Sauromaten* (Sarmaten): Bewohner des russisch-polnischen Tieflandes zum Schwarzen Meer hin; *Geten:* nördlich der unteren Donau siedelnde Stämme.

9,1 A. Cornelius *Palma* übernahm nach seinem Konsulat im Jahre 99 die Verwaltung Spaniens: Wie Martial stammt auch Trajan dorther.

9,2 *hier in der Fremde:* Martial empfindet sich nach dem langen Aufenthalt in Rom auch in seiner spanischen Heimat noch als Römer und Fremder.

10,1 *miliens: centena milia sestertium* – *captat:* »he fishes for legacies« (Shackleton Bailey).

11,1 *Parthenius* (vgl. u. a. zu IV 45): der Kämmerer und Günstling Domitians.

11,2 *Aoniden* heißen die Musen (VII 22,2: *Aonidum turba*) nach Aonien, einer Landschaft in Böotien mit dem Musenberg Helikon; der *aonische Strom* steht für die Musenquelle.

11,3 *aus der pimpleïschen Grotte:* Pimpla heißt eine den Musen heilige Quelle in Piërien am Olymp, die von Späteren nach Böotien an den Helikon versetzt wurde, Pi(m)pleis daher ein Name für die Muse; vgl. XI 3,1.

11,4 Die *piërische Schar* ist der Chor der Dichter – nach manchen auch die Musen (so Shackleton Bailey, der *quam* liest statt des überlieferten *quem*) –, *Phöbus* (Apollon) deren Führer.

13 Vgl. zum Thema auch das Distichon III 37.

14,2 Wohl Martials Freund Terentius *Priscus*; vgl. die Anm. zur Epist.

14,3 *Oft schon leistete ein Jäger der Beute Genugtuung:* nämlich durch seinen Tod.

14,7–8 »A baffling couplet« (Shackleton Bailey); vielleicht war – im Gegensatz zur Hasenjagd – die Situation voraussehbar riskant, so daß man darauf eher gefaßt war, sozusagen den Sturz einkalkulierte. Ein Sturz erscheint wohl im Fall der Hasenjagd als besonders heimtükisch.

15,1 *Parrhasia:* eine Region von Arkadien, daher *Parrhasius* für arkadisch; der *parrhasische Palast:* auf dem Palatin, wo der arkadische König Euander sich zuerst angesiedelt haben soll.

15,1–2 Offenbar hatte Nerva oder Trajan die Schätze aus dem Palast Domitians der Öffentlichkeit zugänglich gemacht.

15,4–5 *des stolzen Königs:* Domitian.

15,6–7 Der *phrygische Mundschenk* Jupiters, des *Donnerers*, ist der trojanische Königssohn Ganymed.

15,8 *reich:* weil wir nicht mehr, wie unter Domitian, durch Auflagen gedrückt werden.

17,5–6 *Setiner, Falerner* und *Caecuber* sind die drei edelsten Weinsorten.

17,7 *schwarz von Balsam* (der aus der Gewürzstaude *Amomum* bereitet wurde) *ruht es* (das Fieber) *bei Tische:* vgl. III 12,1–2: »Gutes Salböl, zugegeben, spendiertest du gestern deinen Gästen«.

17,10 *Dama:* auch bei Horaz und Persius Name eines armen Freigelassenen.

18,2 *Subura:* belebtes und verrufenes Stadtviertel zwischen Quirinal, Viminal und Esquilin, speziell die Geschäftsstraße, die zum Esquilin hinführt. – *Juvenal:* der Satirendichter D. Iunius Iuvenalis, ein Freund Martials.

18,3 Auf dem Aventin stand ein Tempel der *Diana*; vgl. VII 73,1.

18,6 Der *Mons Caelius*, einer der sieben Hügel Roms, bestand aus dem eigentlichen Caelius und dem Caeliolus von geringerer Größe und Höhe.

18,7 *nach vielen Dezembern:* Martial lebte 34 Jahre in Rom.

18,9 *Bilbilis:* der oft erwähnte Geburtsort Martials im nordöstlichen Spanien.

18,11 *Boterdum:* ein heiliger Wald in der Nähe von Bilbilis; vgl. I 49,7. – *Platea:* ein Ort in der Nähe von Bilbilis.

18,14 Die *dritte Stunde* beginnt im Sommer gegen sieben Uhr, im Winter gegen neun Uhr.

18,22-23 *Ein Jäger begleitet mich:* der jung, hübsch und dem Herrn gefügig ist.

18,24-25 *die langen Haare ablegen zu dürfen:* Junge Sklaven in städtischen Haushalten trugen langes und lockiges Haar, auf dem Land ist das unpassend und stört bei der Arbeit.

19,1 Man konnte *in den Thermen* auch essen und trinken.

19,2 *er speise nicht zu Hause:* um den Anschein zu erwecken, daß er eine Einladung habe.

20,2 *habet* bedeutet umgangsprachlich auch: Sex mit jmd. haben.

21,1 *Marcella* (nur 21 und 31 genannt): eine Dame aus Martials Heimat Bilbilis, die den Dichter protegiert.

21,5-6 Die *Subura* hier als Bezeichnung für die City, der *kapitolinische Hügel* als der erhabenste Teil der Stadt.

23,1 *Du bedienst dich gekaufter Zähne:* Als Zahnersatz dienten Zähne von Tieren oder Elfenbein.

24,1 *covinnus:* eigentlich ein belgischer Sichelwagen, in Rom ein zweirädiger Reisewagen mit einem Verdeck, das nach vorne eine Öffnung läßt, ohne Kutschersitz, so daß der im Wagen Sitzende die Pferde selber lenken kann.

24,2 *carruca:* ein größerer, vierrädiger Wagen. – *essedum:* eigentlich ein britannischer oder belgischer Streitwagen, in Rom ein leichter Reisewagen für schnelle Fahrten.

24,3-9 *Aelianus* und *Juvatus:* nur hier genannt. – L. Stertinius *Avitus:* ein Dichter und Freund Martials, *consul suffectus* 92, mehrfach erwähnt.

25,5 Mettius *Carus:* berüchtigter Denunziant unter Domitian.

26,2 *doch die Räuber streiten es ab:* Sie haben also etwas anderes mit ihr gemacht; vergleichbar ist X 95.

28,1 *Hermogenes* (sprechender Name): »Sproß des Hermes«; Hermes ist auch der Gott der Diebe.

28,1 Metrische Lücke; vermutlich ist ein Name im Vokativ, z.B. Castricus oder Ponticus, ausgefallen.

28,2 Ein Baebius *Massa* war nach seiner Verwaltung der spanischen

Provinz Baetica im Jahr 93 wegen Erpressung angeklagt und verurteilt worden, doch der Name ist hier wohl nur assoziativ und fiktiv für einen Dieb gewählt.

28,5 Nach einem alten Aberglauben vermochten *Hirsche* durch ihr Schnauben *Schlangen* aus ihren Schlupflöchern hervorzuziehen; vgl. Plinius, Naturalis historia VIII 118.

28,6 *Iris* ist die Regenbogengöttin.

28,7 *Myrinus:* ein Gladiator und Tierkämpfer, auch liber spectaculorum 20,1 genannt.

28,8 *entwendete vier Tücher:* Durch das Schwingen von Tüchern forderten die Zuschauer für einen Gladiator Pardon und Entlassung.

28,9 *als der Prätor das kreideweiße Tuch schwenken wollte:* als Startzeichen bei den Spielen.

28,13-14 *scheut sich nicht, die Gurte direkt von den Betten zu lösen und von den Füßen der Tische – Hermogenes:* Von den Gurten wurden offenbar die Bettücher festgehalten; an den Füßen von Klapptischen gab es Bespannungen (= Tücher), die die Füße in Position hielten. Hermogenes stiehlt also auch minderwertige Utensilien: Diebsstahl sozusagen als L'art pour l'art.

28,15-16 In der Art eines Zeltdaches spannte man zum Schutz vor der *Sonne* riesige *Tuchbahnen* über den Zuschauern aus.

28,19 Die Anhänger der *Isis* trugen bei ihren Umzügen *Leinengewänder*; sie hatten sich den Kopf glatt rasiert (Juvenal VI 533: »umgeben von einer leinentragenden, kahlköpfigen Schar«) und schwangen *Klappern*.

29,5 *einen neuen Namen dem purpurnen Jahrbuch zu geben:* d.h. um Konsul zu werden (vgl. XI 4,5); *purpurn* entweder von der Purpurtoga des Konsuls oder weil die entsprechenden Eintragungen in die Fasten in purpurnen Buchstaben erfolgten.

29,6 *die Völker der Numider und Kappadokier zu regieren:* d.h. um eine Provinz als Statthalter zu erhalten, und zwar Numidien (was etwa dem heutigen Algerien entspricht) bzw. Kappadokien im inneren Kleinasien.

29,8 Der Straßenverkehr war am Morgen besonders stark, so daß die vorbeifahrenden Wagen die Fußgänger mit Dreck bespritzten.

29,11 *auch nicht der Diener … auf mein Rufen hin kommt:* Der Sklave war offenbar vorausgeeilt, oder er hatte währenddessen einen Botengang erledigt.

31,3 *Paestum* in Lukanien war (seit Vergil, Georgica IV 119: *biferique rosaria Paesti*) wegen seiner Rosen berühmt; vgl. z. B. IV 42,10.

31,5: *in geschlossenem Teiche:* in einem Becken.

31,6 *Vögel von ähnlicher Farbe:* also weiße Tauben.

31,8 Martials spanische Patronin *Marcella:* 21,1.

31,9-10 *Nausikaa* war die Tochter des Phäakenkönigs *Alkinoos*, der prächtige Obstgärten besaß.

32,1 *die Juli-Kalenden:* Der erste Juli war der Haupttermin für Wohnungswechsel und Neuvermietung; Mieter, welche die meist vierteljährig fällig werdende Miete nicht zahlen konnten, mußten mit einem Rauswurf rechnen.

32,2 *sarcinas:* Gepäckstücke – die bewegliche Habe (Hausrat).

32,4 Mit den *crinibus septem* sind nach Shackleton Bailey und Walter wohl nicht sieben Haare, sondern sieben Locken gemeint – »seven red curls« (Shackleton Bailey) – entgegen der üblichen Haartracht von sechs Locken; der Witz unserer Passage bestünde dann darin, daß die Frau auf der einen Seite vier, auf der anderen Seite drei Locken hat (Walter, S. 262).

32,6 *Dis:* Pluto, der Gott der Unterwelt, aus der die *Furien* (Rachegöttinnen) aufbrechen.

32,9 *Irus:* ein Bettler im Haus des Odysseus in Ithaka, sprichwörtlich für einen bettelarmen Mann (V 39,9; VI 77,1).

32,10 *Aricia* an der *Via Appia* am Fuß der Albaner Berge; die Steigung der Straße war bevorzugter Aufenthaltsort der Bettler; vgl. auch II 19,3.

32,11 Der *Tisch* war sicherlich ursprünglich dreibeinig; als *zweibeiniger* – sarkastische Schadenfreude des epigrammatischen Ichs – ist er wertlos.

32,12 *corneus:* entweder »aus Horn« oder »aus Kornelkirschholz«.

32,14 *Unter einem grünlichen Kohlenbecken* (*foco virenti*): wohl ein mit Grünspan überzogener, tragbarer Kupferherd.

32,15 *gerres:* ein billiger Seefisch, der Schrätz – *maenae:* kleine Meerfische, die, wie Heringe eingesalzen, von den Armen gegessen wurden.

32,18 *Tolosa:* die Stadt Toulouse im südlichen Gallien.

32,19 *Flöhkraut* galt als Heilpflanze, u.a. gegen Kopfschmerzen.

32,22 *Nutten aus dem Summemmius-Bordell:* Entweder heißt der Besitzer des Etablissements *Summemmius*, oder *Summemmium* ist der Name eines Dirnenviertels (vgl. I 34,6; III 82,2; XI 61,2).

32,23 *Was suchst du eine Wohnung:* Vacerra kann die Miete ja sowieso nicht bezahlen. – *und hältst die Hausverwalter zum Narren:* indem Vacerra um kostenloses Wohnen ersucht.

32,25 Unter *Brücken* hausen Obdachlose und Bettler (Brücken und Hänge als Aufenthaltsorte für Bettler: X 5,3).

33,2 *ficetum:* Anspielung auf die *fici* (Feigwarzen) mit obszönem Hintersinn: Durch seine sexuellen Praktiken hat Labiënus sich eine ganze Reihe Feigwarzen – oder eine venerische Krankheit – eingehandelt bzw. auf seine jugendlichen Sexpartner übertragen.

34,2 Wieder Martials engster Freund *Julius* Martialis.

34,5-7 Hier und an anderen Stellen Anspielung auf eine skythische Sitte, an glücklichen Tagen einen weißen, an Unglückstagen einen schwarzen Stein in den Köcher zu werfen. (Vgl. VIII 45,2: *hanc lucem lactea gemma notet* und XI 36,1-2: *hanc lucem gemma … alba signat*).

35,2 *percidere:* brutale Metapher (durchbohren, aufspießen).

36,2 *vier Pfund oder zwei:* Silbergeschirr, das nach seinem Gewicht bewertet wurde.

36,3 *eine eiskalte Toga:* eine sehr dünne Toga.

36,4 *für zwei Kalenden:* von einem Monatsersten zum nächsten.

36,8-9 Wegen ihrer Freigebigkeit bekannte Persönlichkeiten: C. Calpurnius *Piso*, ein großer Förderer der Dichtkunst, von Nero 65 ermordet; *Seneca*, der Staatsmann und Philosoph (beide zusammen IV 40 genannt); der dritte wohl C. *Memmius* Regulus, Konsul im Jahr 63; der zuletzt genannte ist Q. Vibius *Crispus*, *consul suffectus* 61 unter Nero, bekannt durch seinen Reichtum und seine *liberalitas*.

36,12 *Tigris, Passerinus:* Namen bekannter Rennpferde.

37,1-2 Wortspiel mit *nasutus:* »ausgestattet mit einer markanten Nase« bzw. »mit einem kritischen (und spöttischen) Geist« (vgl. auch

I 3,6 und XIII 2,1); das kann aber ausarten in Kritiksucht, was in Weiterführung des Wortspiels mit *polyposus* angedeutet wird.

38,1 Möglicherweise sind nach dem ersten Vers zwei Zeilen ausgefallen; vgl. die sinngemäße Ergänzung von Housman bei Shackleton Bailey im Apparat (Teubner): *adsidet atque aliqua semper in aure sonat / qui matronarum iungens latus usque catervis.*

38,4 *glaber:* er hat sich die Beinhaare ausgerupft, um zu betonen, daß er ein Schwuler ist.

38,6 *vögeln tut er sie nicht:* Er betätigt sich ›nur‹ als *cunnilingus.*

39,2-3 Das Wortspiel mit *bellus, Sabellus* und *bellum* ist im Deutschen nicht wiederzugeben.

39,4 *tabescas* ist evtl. zweideutig (sterben, und: vor Liebe vergehen, da das epigrammatische Ich Sabellus nicht erhört).

40,4 *ich schweige dazu:* nämlich über eine Perversion von dir.

41,1-2 *gulosus* bedeutet sowohl *Gourmand* als auch *Gourmet,* Vielfraß ebenso wie Feinschmecker; das Wortspiel ist im Deutschen nicht nachzubilden.

42,4 *Talassus:* sonst Tala(s)sius, der römische Hochzeitsgott, dem griechischen Hymen(aeus) entsprechend.

42,2-5 Vgl. die förmliche Hochzeit Neros mit seinem Lustknaben Pythagoras (XI 6,10; Tacitus, Annalen XV 37).

43,1 *de libidinosis:* entweder sind schlüpfrige Verse gemeint, von denen Sabellus die gelungensten vorträgt, oder das Gedicht handelt »von Lüstlingen« und ihren Ausschweifungen.

43,3 *Didymus:* wohl ein Kuppler, der seine Mädchen obszöne Verse vortragen ließ.

43,4 *Elephantis:* griechische Porno-Schriftstellerin zur Zeit des Tiberius.

43,11 *Es lohnte nicht die Mühe für dich, beredt zu sein:* Der Sinn ist wohl: Dein poetisches Talent entschädigt nicht für den pornographischen Inhalt. »You paid too high a price for your poetic skill« (Shackleton Bailey).

44,1-2 *Unicus:* ein sonst unbekannter Dichter von Elegien und Verwandter Martials; ähnlich der Fall des Turnus in XI 10, der Satiren schrieb, um jede Konkurrenz mit seinem Tragödien verfassenden Bruder zu vermeiden. – *in deiner Schriftstellerei einen mir nahekommenden Geschmack:* anders Izaac: »un cœur parent du mien par la sympathie«.

44,3–4 Weil Unicus dem Bruder freiwillig den Vorrang läßt, ist er ihm emotional überlegen.

44,5–6 *Catull* dichtete Liebeslieder auf *Lesbia*, P. Ovidius *Naso* (in den Amores) auf *Corinna*.

44,7–8 Sinn: Um nicht den Bruder zu übertreffen, verzichtete Unicus darauf, im Epos zu brillieren – und hielt sich (wie dieser) ans seichte Ufer leichter Poesie: versteckter Hinweis auf die bescheidene Qualität der beiden dichtenden Brüder.

46,2 *nec tecum possum vivere nec sine te:* Anklang an Ovid, Amores III 11, 39: *sic ego nec sine te nec tecum vivere possum.*

48,4 Die berühmten *Austern* vom *Lukriner*see an der Küste Kampaniens in der Nähe von Bajae.

48,7 Der *Schwamm* diente zum Abwischen des Hintern.

48,8: *jeder beliebige Hund:* Hunde lecken Erbrochenes auf. – *ein Gefäß am Wegesrand:* ein Pißtopf.

48,10 *höllische Fußschmerzen:* die Gicht.

48,11 *Albaner Gelage:* So wie es Domitian in seiner Villa in Alba, dem Albanum, gab.

48,12 Das *kapitolinische* Festmahl wurde zweimal jährlich zu Ehren von Jupiter, Juno und Minerva gegeben; die üppigen *Pontifikalmähler* waren sprichwörtlich: Horaz, Carmina II 14,28: *(mero) pontificum potiore cenis.*

48,14 Der Wein vom *vatikanischen* Hügel galt als minderwertig; vgl. I 18,2.

49,1 *der langhaarigen Schar:* Luxussklaven mit langem und lockigem Haar.

50,6 *vom verströmenden Wasser* – von *pereuntes aquae:* Wasser, das bei Springbrunnen zwecklos abfließt, also verloren geht, spricht dagegen Frontinus, De aquaeductibus 88.

52,1 *Piëriden* = Musen.

52,2 *dessen Stimme:* als Anwalt.

52,5 Das *Elysium* als Aufenthaltsort der Seligen.

52,6 *Tyndaris* ist Helena als Tochter des Tyndareus.

52,7 Die Anspielungen sind nicht genau zu rekonstruieren; wahrscheinlich ist Rufus der Entführer, den Sempronia dann aber wieder verlassen hatte, um zu ihrem Mann zurückzukehren.

52,7–8 Das Distichon ist möglicherweise interpoliert.

52,9 *Menelaos lacht*, weil die Liebe der beiden ihn an Paris und Helena erinnert.

52,12 *Stygisch* ist das Adjektiv zu dem Unterweltsfluß Styx, der auch metonymisch für die ganze Unterwelt steht.

52,13 *Proserpina* wurde selbst von dem Unterweltsgott Pluto entführt, sie hat daher Verständnis für die Situation.

53,5 *Wächter des skythischen Haines:* Der kolchische (skythische) Drache bewachte das Goldene Vlies.

53,6–7 *Grund ... ist dein Sohn mit seiner entsetzlichen Raffgier:* andere Übersetzungsmöglichkeit: »Grund für deine entsetzliche Raffgier ist dein Sohn«.

55,7 *Cosmus:* der häufig erwähnte Parfüm- und Salbenhändler.

56,4 *Einmal nur werde nunmehr noch krank:* einmal – und dann nie wieder; d.h., stirb endlich!

57,1 *Nomentum* liegt dreizehn Meilen nördlich von Rom; bei dieser Stadt war Martials Landsitz, das Nomentanum.

57,8 *Münzen* von geringem Wert (wohl aus Kupfer), die *Nero* in Umlauf bringen ließ.

57,9 *Goldstaub:* balux erklärt Izaac unter Hinweis auf Plinius, Naturalis historia XXXIII, 77: »Le mot balux désigne les menus fragments d'or obtenus par le lavage et que l'on agglomerait peut-être, sous le maillet, en forme de feuilles destinées à dorer les objets.«

57,11 Der Name der römischen Kriegsgöttin *Bellona* wurde auf eine anatolische Gottheit übertragen, deren ausgelassener Kult dem der Kybele glich; die tanzenden Priester der Bellona verwundeten sich und opferten der Göttin das Blut.

57,12 *mit seinem bandagierten Oberkörper* will der Schiffbrüchige wohl den Verlust eines Armes vortäuschen oder eine durch den Schiffbruch hervorgerufene Verwundung.

57,14 *Schwefelfäden* wurden zum Kitten zerbrochenen Geschirrs benutzt.

57,16–17 Man glaubte, daß bei einer Mondfinsternis Hexerei am Werke sei, bewirkt durch ein *kolchisches* (von Medea herrührendes) *Zauberrad*; durch das Schlagen von *Erz* dachte man den Zauber zu brechen.

57,19 Das Anwesen eines Petilius auf dem Janiculum, nach dem früheren Besitzer »*petilianisch*« genannt.

57,26 *das Lachen der vorbeiziehenden Menge:* Shackleton Bailey übernimmt dezidert für überliefertes *risus* Heinsius' Vorschlag *nisus* (vom Drängen, sich gegenseitig Stoßen der Menge).

59,3 Vgl. *Catull* 5 und 7, wo *Lesbia* um viele tausend Küsse gebeten wird.

59,8 *der Besitzer eines gefährlichen Kinns* leidet an einer ansteckenden und extrem entstellenden Flechtenkrankheit am Kinn, die man – so Plinius, Naturalis historia XXVI 2 – »wie denn viele beim fremden Elend schnell zu spotten geneigt sind, Kinnkrankheit (*mentagra*) genannt hat«.

59,9 Einem zu begegnen, der auf dem rechten Bein hinkt (*dexiocholus*), galt als schlimmes Omen; nach Plinius, Naturalis historia XXVIII 35, schützt man sich davor durch Ausspucken.

60,1 *Du Kind des Mars, Tag an dem ich* (geboren wurde): der 1. März.

60,2 *das majestätische Gesicht des gestirnten Gottes:* die Sonne.

61,8 *eines dunklen Gewölbes:* Dort verrichtet man seine Notdurft.

62,1 *Mächtiger König des alten Himmels und der Frühzeitwelt:* Saturn, der Herrscher im Goldenen Zeitalter (vgl. Hesiod, Erga 110ff., und Ovid, Metamorphosen I 89ff.).

62,3 Den *herrscherlichen Blitz* sandte Jupiter aus, der das Silberne Zeitalter einleitete.

62,4 *die Erde … für sich selber reich:* da man noch nicht nach Bodenschätzen grub.

62,5 *Priscus* Terentius (vgl. den Brief zu diesem Buch) war nach sechsjährigem Aufenthalt in Rom im Dezember nach Bilbilis in Spanien zurückgekehrt und feierte wie gewohnt das Saturnalienfest.

62,8 *Numa* Pompilius, der friedliche zweite König von Rom, galt als Gesetzgeber und Ordner des Staates.

62,9 *ausonisch:* italisch.

62,9–10 *Siehst du, wie für dich eine ganze Reihe ... aufgehängt ist:* Zum »Strick mit den Gaben«, der *linea dives*, vgl. VIII 78,7.

62,11 An die Gäste wurden *Lose* für die Saturnaliengeschenke (*apophoreta*) verteilt; vgl. das Thema von Buch XIV.

62,14 Der *pater familias* ist per definitionem zu haushälterischem Verhalten verpflichtet; um so anerkennenswerter wird in den Augen des Saturn seine Spendierfreudigkeit sein.

63,1 *Corduba:* südspanische Stadt, Geburtsort Senecas und Lukans. – *Venafrum:* Stadt in Kampanien, deren Öl nach Plinius, Naturalis historia XV 8, das beste war.

63,2 *Hister* ist der Name für die (untere) Donau; die Öle *Istriens* waren geschätzt.

63,3 Der *Galaesus* ist ein Fluß in Unteritalien bei Tarent; die im Galaesus gewaschene Wolle war ganz besonders weich; vgl. auch II 43,3.

63,4 *nullo murice nec cruore* = *nullius muricis cruore*, wobei *cruor* (»Blut«) für den Saft der Purpurschnecke steht.

63,5 *Herden, die in natürlicher Farbe leuchten:* Die Wolle vom Baetis, dem südspanischen Guadalquivir, war wegen ihrer natürlichen, rötlich-goldenen Färbung hoch geschätzt; vgl. auch I 96,5; V 37,7 und XIV 133.

63,6–7 *Sag' bitte deinem Dichter, er solle ... meine Büchlein nicht umsonst vortragen:* sei es als Plagiator, der die Gedichte als seine eigenen ausgibt, oder zum Spaß, um sein Publikum zu amüsieren.

63,11 *ein Blinder kann nicht verlieren, was er raubt:* nämlich ein Auge.

63,13 *Nichts ist sicherer als ein schlechter Dichter:* Niemand käme auf die Idee, seine Gedichte zu plagiieren.

64,2 *Cinna ist ein gefräßiger Mensch:* Er denkt nur ans Essen.

65,4 *Cosmus* und *Niceros:* bekannte Parfümhändler.

65,5 *pondus acre:* wörtlich: »scharfes Gewicht«, wohl umgangssprachlich; *bätische Wolle* (Baetis = Guadalquivir) war rötlich oder goldfarben und brauchte nicht gefärbt zu werden; vgl. auch zu 63,5.

65,6 *flavos:* umgangssprachlich für Goldstücke (IX 4,1: *Aureolis ... duobus*).

65,9 *(sie) begann zu bitten – um einen Krug Wein:* doppelte Überraschungspointe: Mit ihrem unerwartet bescheidenen Wunsch will die »großzügige« Phyllis vielleicht auch zur Fortsetzung des Liebespiels animieren – nach einem kräftigen Schluck.

66,6 *Maurisches Zitrusholz:* vgl. bes. zu II 43,9 (libysche Tischplatten auf indischen Elfenbeinfüßen).

66,7 *Delphica:* nach dem delphischen Dreifuß benannt; die marmorne Platte ruhte auf drei geschweiften Füßen, oft mit Löwen- oder Bocksklauen.

66,8 *domini:* geliebte Wesen, analog zur *domina* in der Liebesdichtung.

66,10 Martial nimmt ironisch an, das Haus werde samt Mobiliar zu diesem Preis verkauft; natürlich weiß er es besser, denn der Besitzer will damit nur potentielle Käufer beeindrucken.

67 Das Epigramm ist nicht adressiert und meint gleichwohl Silius Italicus, den Verfasser eines Epos über den 2. Punischen Krieg; vgl. auch zu IV 14,1 und XI 50.

67,1–5 Martial gleicht das Datum von *Merkurs* Geburt der Einweihung des Merkur-Tempels an (15. Mai 495 v.Chr.: Livius II 21,7); an einem 13. August war der Tempel der *Diana* auf dem Aventin geweiht worden, und der Dichter P. Vergilius *Maro* wurde am 15. Oktober geboren.

68,1 Situation wohl: Martial motiviert hier seine Rückkehr nach Spanien mit den lästigen Klientendiensten in Rom; da bedrängt ihn nun selber ein Klient mit der Bitte um Rechtsbeistand.

68,4 *Piëriden:* Musen.

69,1–2 *als Freunde – lauter Originale:* wohl ironisch gemeint, denn die einen sind so wenig echt wie die anderen, der angesprochene Paulus hat so wenig Menschenkenntnis wie kunsthistorischen Sachverstand; Martial spielt dabei mit den zwei Bedeutungen von *habere:* »haben« und »halten für«.

70,2 Die *einäugige Alte* bewachte die abgelegten Kleider.

70,5 Der *Falerner* ist ein besonders guter Wein. In den größeren Thermen gab es Läden und Restaurants.

70,7 *trecenta:* nämlich *sestertia*, wobei *sestertium* eine Summe von 1000 Sesterzen bezeichnet.

70,9 *Diatretgläser:* eiförmige Glasbecher, deren Außenseite in durchbrochener Arbeit angefertigt war, so daß man sie nicht niedersetzen konnte, sondern in einem Zug austrinken mußte. – Die *fünf langhaarigen Diener* können rasch nachschenken und stehen auch für Liebesspiele parat.

72,1 Das Gütchen ist wohl so winzig, daß es durch die Grabdenkmäler an den Seiten der Straße verdeckt wird.

72,4 In der *Toga* erschienen die Advokaten und ihre Helfer vor Gericht.

72,5–6 Mit *Weizen, Hirse, Gerste und Bohnen* wurde Pannychus als Advokatengehilfe bezahlt; er verkaufte dann die Naturalien weiter.

72,6 *als Bauer kaufst du sie jetzt* ist paradox: Der ›Grundbesitzer‹ kauft nunmehr die Lebensmittel, die ihm vorher frei Haus geliefert worden waren.

74,2 Der *circus Flaminius* befindet sich am Tiberufer im Süden des Marsfeldes und nahe bei den *Saepta* mit ihren vielen Verkaufsbuden (vgl. z. B. IX 59,1).

74,3 *audaces* heißen die einfachen Gläser wohl deshalb, weil man sie ohne Angst, daß sie zu Bruch gehen, also ›kühn‹, benutzen konnte; vgl. XIV 94: *Calices audaces*.

74,4 *gemma:* oft für edelsteinverzierte Gefäße, bisweilen aus dem Mineral *murra* (Flußspat) oder aus Glas; hier sicher ironisch für einfache Tonbecher.

74,5 *Flaccus:* ein reicher Freund Martials, der oft in den Epigrammen angesprochen wird. – ›Ziselierte‹ *Gefäße* ist ironisch, da es sich wohl um simples, grobes Tonzeug handelt.

74,9–10 Der *propinator* (»Zutrinker«) trank zuerst aus dem Becher und reichte ihn dann weiter; wenn er unter üblem Mundgeruch litt und/oder ein *fellator* war, konnte man vermeiden, aus demselben Becher trinken zu müssen, indem man diesen zu Boden fallen ließ; vgl. auch II 15 und VI 44.

75,1 *Polytimus läuft den Mädchen nach:* weil er unbedingt ein Mann werden will.

75,3 Obszönes Wortspiel mit *glans (penis)*.

76 Sinn: Obwohl der Bauer genügend Wein und Weizen hat, kommt er dennoch zu nichts – außer daß er sich an seinen eigenen Produkten überfressen kann –, weil die Marktpreise für seine Waren zu niedrig sind, besonders bei einer guten Ernte.

77,1–2 *Auf den Zehenspitzen stehend und sich nach hinten neigend:* Übertreibung der üblichen Gebetshaltung.

77,5–6 *mit Hausmahlzeiten für drei Nächte:* Aethon war also ein Parasit und wurde drei Tage nicht zum Essen eingeladen.

78 Ein Schuldner konnte einer Schuld entweder durch Eid abschwören oder sie bezahlen. »M. ironically pretends to regard himself as owing ›Bithynicus‹ the offensive epigram which the latter accuses him of having written« (Shackleton Bailey).

79 Vgl. IV 12.

81,2–3 *alicula:* ein leichter Überwurf, der mit zwei verlängerten Zipfeln längs der Schenkel herabfiel, also eine Art Obergewand mit ›Ärmeln‹; *alica:* ein aus Spelt bereitetes (vergorenes?) Getränk; vgl. XIII 6. – Der Witz des Epigramms besteht in dem Wortspiel, daß *alicula*, die erste Gabe, der Form nach ein Diminutiv von *alica* ist, obwohl letztere das geringere Geschenk darstellt.

82,3 *trigon:* ein Ballspiel, bei dem drei Spieler an den Ecken eines gleichseitigen Dreiecks standen; vgl. IV 19,5.

82,4 Menogenes zählt die von ihm selbst gefangenen Bälle als Pluspunkte dem von ihm Umschmeichelten zu.

82,6 Sport trieb man vor dem Bad, nach dem Bad ging man zum Mahle; die *solea* bedeckte allein die Fußsohle, und man trug sie nur zu Hause.

82,9 *mit gespaltenem Zahn:* ein Kamm aus Elfenbein.

82,11 *propin* von griechisch προπεῖν = προπιεῖν »im voraus trinken«, »zuprosten«. – *aus rauchigem Krug:* Übertragung auf das Gefäß, weil der Wein geräuchert wurde; anders Izaac, der eine ›Außenräucherung‹ annimmt: »on exposait à la fumée les jarres soigneusement bouchées afin de donner au vin un moelleux plus rapidement acquis«.

83,4 Der hier genannte *Catullus* ist ein Dichter von Mimen; vgl. V 30,3.

83,6 *und begann zu schweigen:* weil er an sich selbst einen Bruch wahrgenommen hatte.

84,3-4 *das ganze Elfenbein:* d.h. die nackte Schulter; Tantalos hatte, um die Allwissenheit der Götter zu testen, diesen seinen Sohn *Pelops* als Speise vorgesetzt. Nur die über den Raub ihrer Tochter bekümmerte Ceres aß gedankenlos davon. Bei der Neubelebung des Zerstückelten wurde die fehlende Schulter durch Elfenbein ersetzt; die Braut ist Hippodameia, die Tochter des Königs Oinomaos von Pisa, den Pelops im Wagenrennen besiegte.

87,1-2 Die *Sandalen* wurden im Vorzimmer ausgezogen, um die Teppiche auf den Speisesofas zu schonen, wenn man sich zu Tische legte; der *Sklave*, der sie zu verwahren hatte, hieß *pedisequus*.

87,6 *Barfuß ging er von nun an zum Essen:* Der Leser erwartet einen besonderen Witz, und wird dann durch die Simplizität der Pointe überrascht.

88,2 Spiel zunächst mit der übertragenen (feine Nase, scharfes Urteil, Witz) und dann mit der wörtlichen Bedeutung von *nasus*; vgl. auch die *Rhinozeros-Nase* I 3,6.

90,1 *und zwar laut und deutlich:* damit der Kranke das Gelübde auch ja hören konnte.

90,6 *Um sein Gelübde nicht einlösen zu müssen, legt Maro jetzt Gelübde ab* – etwa folgender Art: »Wenn du mir das versprochene Tieropfer jetzt, d.h. zu einem Zeitpunkt, da ich noch mittellos bin, erläßt, werde ich dir das Tieropfer spenden, wenn ich geerbt habe« – also nach dem Tod des Freundes.

91,4 *du fürchtest den Krug:* d.h., du fürchtest, dein Mann könne dich mit Hilfe seines Mundschenks vergiften; die *lago(e)na* ist ein bauchiges Gefäß mit engem Hals und Henkel.

92,1 Sehr wahrscheinlich ist an dieser Stelle Martials Freund Terentius *Priscus* gemeint.

93,3 Zum Kauf von *Narren* zum persönlichen Amüsement vgl. VIII 13.

94,3 *Thalia* ist speziell die Muse der Komödiendichtung, hier einfach für Muse. – *Kothurn der Tragiker:* von Aischylos für den tragischen

Schauspieler eingeführter Hochschuh, der auch metonymisch für Tragödie steht.

94,5 *die Saiten der Lyra, wie die kalabrischen Camenen* (Musen) *sie spielten:* d. h. nach der Weise der Lyrik des Horaz, den Martial irrtümlich als Kalabrier bezeichnet; vgl. zu V 30,2: *Calabra ... lyra*.

94,7 *Satiren zu schreiben* war bisweilen nicht ungefährlich: Juvenal I 151-171. – *Lucilius* (ca. 180-102 v. Chr.): der Begründer der römischen Satire.

94,8 *Spielerisch dichte ich leichte Elegien:* d. h. erotische Elegien nach Art von Ovid, Tibull und Properz.

94,9 *was* – nämlich welche Literaturgattung – *kann noch geringfügiger sein*.

95,1 *Mussetius:* ein unbekannter pornographischer Dichter; Friedländer, Gilbert, Lindsay u. a. schreiben im Anschluß an V (= Italorum libri recentes) Musaei. – *pathicus:* Lustknabe und jeder sich passiv hingebende Homosexuelle.

95,2 *Sybaritica* erwähnt Ovid, Tristien II 417, als obszöne Schriften (des Sybariten Hemitheon); die Bewohner der (griechischen) Stadt Sybaris in der süditalischen Landschaft Lukanien waren bekannt für ihre ausschweifende Lebensweise.

95,4 *I(n)stantius Rufus:* ein öfter erwähnter Patron von Martial.

95,5 *die Hochzeit: t(h)alassio* ist eigentlich der rituelle Hochzeitsruf oder das Hochzeitslied.

96,9 *Marisken* sind dicke, aber geschmacksarme Feigen; vgl. VII 25,7-8 die Kontrastierung der »faden Marisken« mit »der Feige von Chios, die pikant zu sein versteht«. Zur (höheren) Qualität der (saftigen) Feigen von Chios vgl. auch XIII 23; die beiden Feigenarten hier mit sexuellen Konnotationen.

96,12 *parte tua* ist doppeldeutig: »deine Rolle als Frau« und deinen (spezifisch weiblichen Körper-)Teil.

97,1 Man versteht *cum* zunächst kausal (weil du so eine tolle Frau hast, machst du dauernd Liebe bis zur Erschöpfung) – erst mit dem letzten Wort der 4. Zeile: *comatis* ›disambiguiert‹ sich dieses *cum* als konzessiv.

98,1–2 *Baetis:* der Guadalquivir, hier als Flußgott personifiziert; an den Ufern des Flusses waren reiche Olivenpflanzungen. – *der du goldene Vliese mit deinen glänzenden Wassern färbst:* zu dieser Eigenschaft des Baetis vgl. IX 61,3: »wo gelbliche Wollvliese in natürlichem Metallglanz schimmern.«

98,3–4 *Bromius* (der »Lärmende«, nämlich Bacchus) steht für den Wein, *Pallas* (Athene) für die Olive, *Albula* ist alter Name für den Tiber, den Vergil, Äneis VIII 77, *Hesperidum fluvius regnator aquarum* nennt; als *rector aquarum* nimmt er in Ostia u. a. auch die Waren aus der Baetica entgegen; *für den:* d. h. für die Waren, die der Baetis tranportierte. – Izaac verbindet *albula* als Adj. mit *freta*; *rector aquarum* ist nach dieser Interpretation der Gott Neptun, der dem Baetis *einen schiffbaren Weg durch die schäumenden Fluten öffnet.*

98,7 *Macer:* wohl Baebius Macer, hiernach Vorgänger des *Instantius Rufus* als Statthalter der südspanischen Provinz Baetica, die Rufus 101–102 als Prokonsul verwaltete.

DREIZEHNTES BUCH

1,3 *Papyrus* als Einwickelpapier: ironisierende Abwertung der eigenen Poesie.

1,4 *der trunkene Mittwinter:* die Zeit ausgelassener Freude an den Saturnalien, wo u. a. auch das Würfelspiel erlaubt war.

1,5 *mit beherztem Wurf:* Der Sinn ist nicht völlig klar, doch soviel ist deutlich, daß Martial nicht mit Würfeln spielen mag, sowenig wie mit Nüssen, die auch zum Saturnalienfest gehören; vgl. auch IV 66, 15.

1,6 *senio,* der *Sechser* (als Würfelzahl), war der beste, *canis,* der *Hund,* der schlechteste Wurf.

2,1 Die spitze *Nase* ist das Organ des Spottes, daher *nasutus* (großnasig): naseweis und spöttisch (bekrittelnd); vgl. u. a. I 3,6: »Junge Männer, Greise und Kinder haben eine Rhinozeros-Nase.«

2,2 Der Titan *Atlas* ist der mythische Träger des Himmelsgewölbes.

2,3 *Latinus* (vgl. I 4,5: »den Spötter Latinus«): ein Schauspieler im Mimus, der vor niemandem Respekt hatte.

2,8 *das hier:* nämlich alles, was Martial gedichtet hat.

2,10 *mit dem Gesicht eines Frühaufstehers:* als Morgenmuffel, besonders nach durchzechter Nacht.

3,4 Martials Verleger *Tryphon:* vgl. auch IV 72.

4,1 *Germanicus:* Beiname, den Domitian, der als Gott nach seinem Tod im Himmel regieren wird, nach dem Sieg über die Chatten im Jahr 84 annahm.

5,1 *ficedula:* Feigenfresser oder Feigenschnepfchen, wohl der weißhalsige Fliegenschnapper (muscicapa albicollis), italienisch: becco fico, ein Leckerbissen der Römer.

5,1–2 *Wenn dir ein Feigenfresser … durch das Los zufällt:* bei der Verlosung von Apophoreta, kleinen Geschenken, die man besonders an den Saturnalien den Gästen mit nach Hause gab.

6 Bei der *(h)alica* handelt es sich um ein aus Spelt bereitetes (vielleicht vergorenes) Getränk, das hier mit *mulsum*, dem Weinmet oder Honigwein, zusammen genannt wird; beides gehörte zur *gustatio*, dem Vorgericht.

7,1 *conchis:* Bohnen, die in der Schale gekocht werden, im Gegensatz zur (geschoteten) *faba fresa*.

8,1 *Clusium* (Chiusi): Stadt in Etrurien.

8,1–2 Der *Porridge*-Geschmack nahm der Intensität des neuen Weins offenbar seine Strenge.

9,1 *Pelusium:* Stadt in Unterägypten an der östlichen Mündung des Nils ins Mittelmeer.

10 *Simila* ist das feinste Weizenmehl.

11,1 Der *Maultiertreiber* stiehlt die für die Tiere bestimmte Gerste und verkauft sie dem Kneipenwirt.

12,2 *sonst geht dir dein Acker am Stadtrand ein:* wohl spöttisch gesagt im Blick auf die Abhängigkeit Roms vom Getreideimport aus Nordafrika: Durch Zukauf auswärtigen Getreides kann man das sonst überbeanspruchte, weil nie brachliegende italische Ackerland ruhen lassen und schonen.

13 *beta* (das Wort ist wohl keltischen Ursprungs) ist die Bete oder Runkelrübe, nach anderen der Mangold.

14 Zum *Lattich* als Appetitanreger vgl. XI 52,5–6: »Als erstes wird man dir Lattich reichen – um den Magen anzuregen, ist er nützlich.«

15,1 In der Nähe von *Nomentum*, einer kleinen Stadt im Sabinischen nordöstlich von Rom, hatte Martial ein Landgut, das Nomentanum (vgl. auch II 38).

15,2 *bring doch ... zum Gutshof das Holz:* Ratschlag an einen Gutsnachbarn, das Brennholz, das er schlägt, unters Dach zu bringen, damit es austrockne und später rauchfrei (*ligna acapna*) verbrennt. Vielleicht wird, was offengelassen wird, der Nachbar auch verschmitzt aufgefordert, das Holz zum Gutshof des Sprechers zu bringen.

16,2 Die Vorstellung, daß der vergöttlichte *Romulus* auch noch im Himmel die schlichte *Rübe* gleichsam als altrömische Hausmannskost verzehre, könnte schon auf Ennius zurückgehen; vgl. auch Seneca, Apocolocyntosis 9,5.

19,1 Dem Lauch von *Aricia*, einer alten Stadt an der Via Appia, zieht Plinius (Naturalis historia XIX 110) nur den von Ägypten und Ostia vor; der Landwirtschaftsschriftsteller Columella nennt Aricia geradezu »die Mutter des Lauchs«.

20,2 *pilas:* kugelförmige Steckrüben. – *Amiternum* und *Nursia:* Städte im Sabinischen; beide Orte waren bekannt für die Qualität ihrer Steckrüben: Plinius, Naturalis historia XIX 77.

21,1 *spina:* der Spargel als »Dornengewächs«: Plinius, Naturalis historia XXI 91, vielleicht Asparagus acutifolius L. »Obwohl *Ravenna* früher am Meer lag, dürften hier keine am Meer gewachsenen Spargel gemeint sein ..., sondern solche aus den im Altertum versumpften Lagunen oder Kanälen« (Rüdiger, S. 280); zum Spargel in den Gärten Ravennas: Naturalis historia XIX 54; der wilde Spargel hieß nach Plinius *corruda*.

22,1 *Lyaeus* (Sorgenlöser): Kultname des Bacchus.

22,2 Trauben zum Essen: Dazu schreibt Plinius, Naturalis historia XIV 40: »Es gibt aber auch Reben, die durch ihre Traube, nicht durch ihren Wein ausgezeichnet sind. Die *ambrosia* aus hartschaligen Beeren erhält sich ohne irgendwelche Gefäße am Weinstock selbst – so groß ist ihre Beständigkeit gegen Kälte, Hitze und Witterung.«

23 Für *Feigen von Chios*, einer Insel an der kleinasiatischen Küste, plädiert Martial VII 25,8; sie waren nicht nur saftig, sondern auch scharf: »mir schmeckt die Feige von Chios, die pikant zu sein versteht.«

23,1 Wein aus *Setia* in Latium.

24,1 *kekropisch:* attisch.

24,2 *Honigäpfel (melimela)* erwähnt Plinius, Naturalis historia XV 51, bei der Aufzählung von Apfelsorten: (die Mostäpfel: *mustea*) »werden auch Honigäpfel genannt nach ihrem honigartigen Geschmack.«

25,1 *Früchte der Kybele:* Attis, der Geliebte der phrygischen Muttergöttin, wurde nach seinem Tod in eine Pinie verwandelt, die daher der Kybele heilig war.

26 *Sorba* (Vogel- oder Elsbeeren bzw. der Speierling): Früchte von Crataegus torminalis L., von sehr herbem Geschmack; sie wurden als Mittel gegen Durchfälle verwendet; vgl. Plinius, Naturalis historia XXIII 141: »Mispeln ... hemmen den Durchfall. Ebenso ⟨wirken⟩ trockene Speierlinge (sorba sicca).«

26,2 *deinem Jungen:* deinem Buhlknaben.

27 *Petalium caryotarum:* wohl ein Dattelzweig mit Blättern oder ein blattartiges Arrangement von Datteln.

27,1 *Vergoldete Datteln* machten die Klienten am 1. Januar ihrem *patronus* zum Geschenk.

28 Zu *cottana:* kleinen, getrockneten syrischen Feigen, vgl. Plinius, Naturalis historia XIII 51.

28,1 *aufbewahrt in einem kegelförmigen Gefäß:* in Form einer Spitzsäule oder Wendemarke im Zirkus.

29 Naturalis historia XV 43 erwähnt Plinius die *Damaszener* Pflaumen, »die nach Damaskus in Syrien ihren Namen haben, schon lange aber in Italien wachsen, wenngleich ⟨hier⟩ ihr Stein größer und ihr Fleisch spärlicher ist und sie beim Trocknen nie Runzeln geben (*nec umquam in rugas siccata*), weil ihnen die Sonne ihrer Heimat fehlt.«

30,1 *Käse, gestempelt mit dem Bild der etruskischen Luna:* Plinius erwähnt Naturalis historia XI 241 den *Luniensis*, so benannt nach der Stadt *Luna* in Etrurien, »der durch seine Größe auffallend ist, ja auch in Stücke bis zu tausend Pfund geformt wird.« Das Markenzeichen war zweifellos eine Mondsichel.

30,2 *deinen Jungen:* Gemeint ist die ›gefräßige‹ junge Dienerschar.

31 Die *Vestiner* wohnten östlich von den Sabinern gegen das Adriatische Meer zu; zum *caseus Vestinus* vgl. wieder Plinius, Naturalis historia XI 241, im Zusammenhang mit den dort erwähnten verschiedenen Käsesorten.

32,2 *Velabrum:* der Lebensmittelmarkt von Rom, in der Niederung zwischen Tiber und Palatin gelegen.

33 Welches *Trebula* gemeint ist (Stadt im Sabinerland? Stadt in Kampanien?), ist kaum zu entscheiden; vgl. aber zu V 71,1.

34 *Zwiebeln* als Aphrodisiacum: III 75,3.

35 *Picenum* nennt man die Landschaft an der Adria bis zur Stadt Hadria; Lukanien in Unteritalien war berühmt wegen seiner Würste, *lucanicae* genannt.

37 Die *Zitrusfrüchte/Zitronen* stammten also entweder aus dem fruchtbaren Garten des Phäakenkönigs Alkinoos auf *Korkyra* oder aus dem Garten der Hesperiden, die in der Nähe des Atlasgebirges (die *Massyler* sind ein numidischer Volksstamm) die goldenen Äpfel hüteten; da Hera aber an der Zuverlässigkeit der Atlastöchter zweifelte, bestimmte sie den hundertköpfigen *Drachen* Ladon als zusätzlichen Wächter; vgl. auch X 94,1-2: »Kein massylischer Drache wacht über meinen Obstgarten, auch steht mir nicht des Alkinoos königliche Domäne zu Diensten.«

38 Zur *Biestmilch* vgl. Plinius, Naturalis historia XXVIII 123: »Das *colustrum* ist die erste schwammartig dicke Milch nach der Entbindung.«

39,1 *Der grüne Bacchus:* metonymisch für Weinlaub.

40,2 *hesperischer Saft von der Makrele* (*Hesperius:* westlich und speziell spanisch) ist das Garum, die besonders aus Antipolis (Antibes bei Nizza) stammende Fischtunke; *ova* sind hier wohl Spiegeleier.

41,2 *von dem ätolischen Eber:* d.h.: von einem Schwein so groß wie der mythische Eber, den Meleager bei Kalydon in der nordwestgriechischen Landschaft Ätolien erlegte.

42 und 43 *apyrina* sind kernlose Granatäpfel, die also keinen holzigen Kern enthalten: Plinius, Naturalis historia XIII 112; *tuberes* (Nußpfirsiche) sind glatthäutige Pfirsiche mit einem nußartig schmeckenden Kern; Plinius, Naturalis historia XV 47, bemerkt, daß sie von Sextus Papinius in Italien eingeführt wurden, *quem consulem vidimus*. – *von libyschen Ästen:* aus Afrika importiert; *von den Bäumen Nomentums:* von Martials Landgut, dem Nomentanum.

44 *noch kein Saueuter:* d. h. noch keine durch Kochen oder Garen zubereitete Speise, sondern noch Teil des lebenden Tieres; man denkt an ein gekochtes Saueuter, das mit Milch oder Sahne(sauce) übergossen, serviert wird und dabei *schwillt von lebendiger Milch*.

45 Perlhühner (*Vögel von Libyen*) und Fasane (der Fluß *Phasis* in der Landchaft Kolchis, letztere etwa zwischen Schwarzem Meer und Kaukasus) werden als Luxusdelikatessen häufig zusammen genannt.

46,2 *auf gepfropften Zweigen, sind wir erlesene Pfirsiche:* Friedländer denkt an »Pfirsiche, auf einem durch Pfropfreiser veredelten Aprikosenbaum gezogen«.

47,1 *Ceres*, die Göttin der Feldfrucht, steht metonymisch für das Korn, das im Picenum besonders gedieh, und für das daraus bereitete *Picener Brot*, eine Art Zwieback.

47,2 In Milch eingeweicht, ging dieses harte Brot auf wie ein *Schwamm:* »Picenum bewahrt durch die Erfindung eines Brotes, das aus Speltgraupen (*alicae*) bereitet wird, eine Spezialität. Man weicht ⟨die Graupen⟩ nämlich neun Tage lang ein, knetet sie am zehnten Tag mit Rosinensaft zu länglichen Broten und röstet diese dann im Ofen in Töpfen, die dabei zerspringen müssen. Man kann ⟨dieses Brot⟩ nur eingeweicht verzehren, was vor allem mit Honigmilch (*lacte mulso*) geschieht« (Plinius, Naturalis historia XVIII 106).

48,2 *Pilze zu schicken ist schwierig:* Vielleicht weil es Pilze nicht das ganze Jahr hindurch gibt und man daher nur ungern davon abgibt, oder weil sie leicht verderblich sind, oder aber weil Pilze für das epigrammatische Ich eine so große Delikatesse darstellen, daß es sich eher von Gold und Silber oder von Gewändern trennen mag.

49,2 *warum hat mir da nicht mit mehr Recht die Traube den Namen gegeben:* d. h., warum heiße ich dann nicht eher *uvedula statt *ficedula*?

53 *Lactuca* und *cocleae* gehören zur *gustatio*, also zum Vorgericht.

54 *Cerretani:* Volksstamm im nordöstlichen Spanien in den Pyrenäen; *Menapii:* ein belgisches Volk zwischen Maas und Schelde, südlich von den Batavern; Cerretaner und Menapischer Schinken galten als Delikatessen; *petaso* ist der Vorderschinken im Gegensatz zu *perna*, der Hinterkeule.

56 *Volva:* die Gebärmutter der Sau, galt als Delikatesse; vgl. Plinius, Naturalis historia XI 210: »Am besten ist die Gebärmutter einer Sau, die zum ersten Mal geworfen hat.«

57 *Colocasia:* ägyptische Bohnen; Plinius betont Naturalis historia XXI 87, daß die gekochten Stengel beim Kauen wie Spinngewebe aussehen; vgl. auch zu VIII 33,13.

58 *Gänseleber:* Gänse wurden mit Feigen gemästet; Horaz, Satiren II 8,88: »Die Leber einer weißen Gans, die man mit saftigen Feigen gefüttert hat«.

59 *Glires:* Haselmäuse oder Siebenschläfer waren Leckerbissen; III 58 erwähnt Vers 36 *somniculosos ... glires.*

60 Unterirdische Gänge in der Belagerungskunst hießen *cuniculi,* d.h. Kaninchen.

61 »Am meisten schätzt man das *jonische Haselhuhn*« – so Plinius, Naturalis historia X 133.

62 Nach Seneca, Epistulae 122,4, wurden Vögel im *Dunkeln* gehalten, damit sie durch Bewegungsmangel fett wurden.

63 Wortspiel mit *gallus:* 1. der Hahn, 2. der kastrierte Priester der Kybele.

64 Vogel der *Mutter Kybele*: vgl. zu dem vorigen Epigramm.

65 *ausonisch:* italisch – *dagegen spielst du ihn oft im Schwimmbecken:* eine wenig delikate Anspielung, da *perdix* (etymologisch richtig) von griechisch πέρδομαι »furzen« abzuleiten ist.

66,1 Überlieferung schwankend zwischen *periuro* und *perduro*; nimmt man an, daß das Verzehren von Tauben ein Verstoß gegen ein spezielles Gelöbnis im Rahmen des Aphroditekultes darstellt, kann man *periuro* halten.

66,2 *knidische Göttin:* Aphrodite wurde in der Seestadt Knidos an der Südwestküste Kleinasiens besonders verehrt; Sinn wohl: Für den Fall, daß du in die Mysterien der Venus initiiert bist, müssen Tauben für dich tabu sein; die Taube war der Göttin heilig.

ZUM DREIZEHNTEN BUCH

68,1 *Mit dem Rohr:* Der *calamus* ist mit Vogelleim präpariert.

69 *catta* – ein *pannonisches* Wort? – evtl. ›Haselhuhn‹; Sinn: *Pudens* (er stammt aus *Umbrien:* VII 97,2–3) sandte lieber *cattae* aus Pannonien (etwa dem heutigen Ungarn) als Geschenk an seinen Lieblingssklaven (vgl. dazu auch I 31: das Haar als Weihgeschenk, und V 48: das Lockenopfer) statt Vögel aus seiner Heimat Umbrien. – *domino:* So wie *domina* in erotischer Semantik die Geliebte bezeichnet, wird *dominus* für den männlichen Liebling in einem homoerotischen Verhältnis gebraucht.

70,1 *seine von Edelsteinen besetzten Schwingen:* Juno hatte die hundert Augen des von Mercurius getöteten Argus aufgesammelt und in das Gefieder ihres Vogels, des Pfaus, eingefügt; so »übersät sie den Schweif mit Sternenjuwelen«: *gemmis caudam stellantibus implet* (Ovid, Metamorphosen I 723).

71,2 *wenn meine Zunge plaudern könnte:* So etwas Ausgefallenes lassen sich nämlich nur Wüstlinge servieren; was könnte die Zunge also alles erzählen, z. B. »how impure was the mouth of the consumer« (so Shackleton Bailey unter Berufung auf Housman).

72 *Phasis:* Fluß in Kolchis; nach ihm sind die Fasane benannt, die demnach von den Argonauten nach Griechenland gebracht wurden.

74,1 *Gänse*geschrei hatte das Kapitol einst vor der Eroberung durch die Gallier gerettet. Der *tarpejische Donnerer* ist der kapitolinische Jupiter.

74,2 *Da hatte noch nicht ein Gott ihn erbaut:* Domitian hatte den Tempel des Iuppiter Capitolinus im Jahr 82 neu erbaut, und zwar für immer (suggeriert das Distichon), so daß keine dem kapitolinischen Gänsegeschnatter vergleichbaren Rettungsaktionen mehr nötig sind.

75,1 *versus* heißt zunächst die Linie oder Reihe, in Prosa dann die Zeile, in Poesie der Vers.

75,2 *Palamedes*, Sohn des Königs von Euböa, Nauplius, gilt als Erfinder des Schachspiels und der Buchstabenschrift; u.a. soll er den Buchstaben Y bzw. Δ durch Beobachtung des Flugs der Kraniche geformt haben; vgl. auch IX 12,7.

76,2 *Was teurer ist, muß auch besser schmecken:* vgl. Juvenal XI 16: *magis illa iuvant quae pluris ementur.*

77,2 *Sänger des eigenen Todes:* Gegen die Legende vom Gesang sterbender Schwäne wendet sich Plinius, Naturalis historia X 63: »Man erzählt, die Schwäne ließen beim Sterben einen kläglichen Gesang hören, jedoch halte ich dies auf Grund eigener Beobachtungen für falsch. Sie fressen sich untereinander auf.«

78 *Porphyrion*, der Purpurvogel – eine Art Wasserhuhn – (Plinius, Naturalis historia X 129; 135), war auch der Name eines Giganten (Horaz, Carmina III 4,54: *quid minaci Porphyrion statu*) und eines Wagenlenkers der sog. *Grünen Partei*, deren Anhänger sowohl Domitian als auch Martial war; ein »grüner Purpurvogel« ist aber eine Contradictio in adjecto.

79 Die *mulli* wurden den Gästen in Glasgefäßen *lebend* präsentiert, bevor sie gesotten wurden: Seneca, Naturales quaestiones III 17,2.

79,2 »According to Aristotle (Historia animalium 8,3,4), turtles, when their shells were scorched by the sun, were unable to sink, and so were caught. M. says the same of the murry« (Shackleton Bailey).

82,1 Die Austern vom *Lukrinersee* waren hochgeschätzt; vgl. auch III 60,3; *Bajae:* der berühmte Badeort.

82,2 *nobile garum*, die berühmte Fischtunke, wurde zum Beträufeln der Austern verwendet, um sie schmackhafter zu machen.

83,1 Der Nymphe *Marica* war ein Wald am *Liris* (Fluß in Latium) bei Minturnae geweiht.

84 Da der *scarus* als ganz besondere Delikatesse galt (Plinius, Naturalis historia IX 62–63), kann sich *vile sapit* nur auf den ›angenagten‹ oder leicht ramponierten Zustand des vorliegenden Fisches beziehen.

85 *Coracinus:* ein Nilfisch unbekannter Art, eventuell der Bolti aus der Familie der Buntbarsche, von Plinius in der Naturalis historia mehrfach erwähnt und von den Römern als Delikatesse geschätzt.

85,2 *pelläisch:* alexandrinisch, weil der aus Pella in Makedonien stammende Alexander der Große nach der Eroberung Ägyptens Alexandria erbaut hatte; Sinn: Keine Delikatesse Alexandrias erreicht deine Beliebtheit.

86 Nach Athenaeus servierte man die *Seeigel* mit Weinessig, einer Honigsauce, Petersilie und Minze.

88 Der *Gründling*, Cyprinus Gobio L., war an sich nur wenig geschätzt.

89,1 *Der wollige Seebarsch schlüpft das Wasser in der Mündung des euganischen Timavus:* Zu *lanatus* als einer Eigenschaft des Seebarschs vgl. Plinius, Naturalis historia IX 61: »Am meisten werden unter den Seebarschen diejenigen gelobt, die man wegen ihres weichen und zarten Fleisches die ⟨wolligen⟩ nennt.« – Der *Timavus* ist ein Fluß im Venezianischen (Istrien) zwischen Aquileja und Triest, im Gebiet der *Euganeer*; *ora Timavi* bei Aquileja; Shackleton Bailey versteht *excipere* als militärischen Terminus: gegen die Mündung ankämpfen; ähnlich Izaac: »le loup affronte le Timave Euganéen à son embouchure.«

90 *Goldforelle:* Ihr griechischer Name ist χρυσόφρυς (»Goldbraue«), ihr zoologischer Sparus aurata; vgl. Plinius, Naturalis historia XXXII 152.

90,2 *concha Lucrina:* der Lukrinersee bei Bajae in der Bucht von Neapel.

91 Der Stör *(acipensis),* nach Plinius, Naturalis historia IX 60, ein seltener, allerdings zu seiner Zeit nicht mehr besonders geschätzter Fisch.

91,2 *ambrosisch* heißt das kaiserliche Mahl im Blick auf Domitians göttlichen Status.

93 *Diomedeus:* so viel wie *ätolisch,* nach Diomedes, dem Mitkämpfer vor Troja und Fürsten von Kalydon, der Hauptstadt der griechischen Landschaft Ätolien; Meleager tötete den Kalydonischen Eber.

94 *Damma* ist genereller Ausdruck für ein reh-artiges Tier: Gemse, Hirschkalb, Reh, Antilope oder Gazelle.

95 *Oryx:* ein einhörniges Tier aus den Wüsten Afrikas; vielleicht eine Antilopenart oder wilde Ziege. Plinius, Naturalis historia XI 255: »Der Oryx hat ein Horn und zwei Hufe«.

95,1 *Tierhetzen* fanden in der Arena gewöhnlich morgens statt, vgl. VIII 67,3–4.

96,1 *Cyparissus,* Liebling Apollons (oder, nach anderen, des Silvanus), starb vor Kummer darüber, daß er seinen zahmen Hirsch getötet hatte, und wurde in eine Zypresse, den Baum der Trauer, verwandelt; vgl. dazu Ovid, Metamorphosen X 106–142.

96,2 *Silvia:* Tochter von Tyrrheus, dem Jagdgenossen des Königs Latinus; Ascanius, der Sohn des Äneas, tötete ihren zahmen *Hirsch,* wodurch es zum Krieg zwischen Latinern und Trojanern kam; vgl. Vergil, Äneis VII 475 ff.

97 Plinius, Naturalis historia VIII 174, betont, daß das Fleisch des *lalisio* als Delikatesse galt.

98 *Caprea:* eine Art Wildziege, Gemse oder auch Reh.

99,2 Durch *Schwenken der Toga* verlangte das Volk im Zirkus die Schonung des Tieres.

100 Zur Situation: Ein *Wildesel* betritt die Arena, und die Jagd auf einen *indischen Elefanten (dens Erythraeus)*, die im Gange ist, muß abgebrochen werden; daher brauchen die Zuschauer nicht mehr ihre Togen zu schwenken *(iactatis togis)*, um die Begnadigung des Elefanten zu erreichen; sie können die Toga wieder zurücknehmen *(removere)*.

101 *Venafrum* in *Kampanien*, berühmt für sein Öl, vgl. auch XII 63,1.

101,2 Das Olivenöl von Venafrum ist so intensiv, daß es den *Salben*geruch übertönt.

102 *Garum sociorum:* So hieß das feinste Garum (eine besonders wertvolle Fischbrühe): Plinius, Naturalis historia XXXI 94: »... jetzt bereitet man das am meisten geschätzte 〈Garum〉 aus der Makrele in den Fischbehältern von *Carthago Spartaria* – man nennt es *garum sociorum* – 〈eine Menge von〉 etwa zwei *congii* kostet tausend Sesterzen.« (Verdorbenes Garum: VI 93, 6).

103,1 *Antipolis* (Antibes bei Nizza): eine Kolonie der Massilier. – *filia thunni:* aus Thunfisch hergestellt.

103,2 *Thunfischlake* ist dem *garum* vergleichbar, aber eine billigere salzige Fischbrühe; Sinn der Pointe: Wäre ich aus Makrelen hergestellt, dann würde ich nicht an dich geschickt, sondern an eine wichtigere Persönlichkeit.

104 *Theseus:* der mythische König von Athen. – *Hymettus:* Berg in Attika, südöstlich von Athen und berühmt durch seinen Honig. – *Pallas:* Athene als Schutzgöttin der Stadt.

105 *Hybla:* Berg und Stadt im nordöstlichen Sizilien, bekannt durch vorzüglichen Honig.

105,2 Sinn: Hybla-Honig ist qualitativ so gut, daß er als *kekropischer*, d.h. attischer gelten könnte.

ZUM DREIZEHNTEN BUCH 1437

106 *Passum (vinum):* eigentlich »Trockenwein« von *pandere* in der speziellen Bedeutung »trocknen« (vgl. *passi racemi:* Rosinen).

106,1 *gnosische Weinlese des minoischen Kreta:* redundant-gelehrte Ausdrucksweise für kretisch.

107 *Vienna:* die Stadt Vienne an der Rhone in der Gallia Narbonensis. – Das (nicht ganz seltene) Cognomen *Romulus* meint einen Bekannten Martials aus Vienna.

108 *Falerner*wein von dem Hügelland an der latinisch-kampanischen Grenze; Wein mußte alt sein, wenn man ihn mit *Honig* mischte: Plinius, Naturalis historia XXII 113. Die richtige Mischung erforderte Kompetenz, daher wäre Ganymed, der Mundschenk der Götter, dafür der geeignete Diener.

109 *Albanum:* Domitian hatte in Alba ein Weingut.

109,2 *auf dem julischen Berg* soll Julus (Ascanius), Sohn des Äneas, die Stadt Alba Longa gegründet haben; nach Plinius, Naturalis historia XIV 64, wurde der Albanerwein nur noch vom Falerner und Setiner qualitativ übertroffen.

110 *Surrentum* (Sorrento): Stadt am Golf von Neapel.

110,2 Die zum Sorrentiner passenden *calices:* Sorrentiner Töpferware.

111,1 *Sinuessa:* Stadt in Latium an der Grenze zu Kampanien; auch der *Mons Massicus* mit seinem berühmten Wein liegt zwischen Latium und Kampanien.

111,2 *Es gab noch keinen* (Konsul): Der imaginierte Wein hätte demnach das Alter der römischen Könige.

112,1 *Setia* (Sezze): Stadt in Latium, berühmt für ihren Wein, den Setiner.

113,1 *Fundi* (Fondi): eine Seestadt im südlichen Latium. – *Opimius* war Konsul im Jahre 121 v.Chr., also eine starke Übertreibung; vgl. auch I 26,7.

114 *Trifoliner:* aus dem Distrikt von *Trifolium* in Kampanien unweit von Sinuessa; berühmte Weinlage.

114,1–2 *Lyaeus*, der Sorgenlöser, ist Baccus; hier metonymisch für (Qualitäts-)Wein. – *septima vitis ero:* Martial kennt eine Rangordnung der besten Weinlagen nach Güteklassen von eins bis sieben.

115 *Caecuber* ist ein vorzüglicher Wein aus dem südlichen Latium bei der Stadt Tarracina (Terracina). – *Amyclae Fundanae* liegt südlich von der Seestadt Fundi im Süden Latiums.

116 *Signia* (Segni): Stadt in Latium, bekannt durch den dort angebauten herben Wein.

116,2 *Damit er dich nicht zu sehr verstopft:* vgl. Plinius, Naturalis historia XIV 65: »Denn der zu Signia wachsende, der infolge seiner zu großen Herbe sich gegen Durchfall bewährt, wird unter die Heilmittel gerechnet.«

117 *Mamertiner:* aus der Gegend von Messana in Sizilien.

117,1–2 *Nestor:* der sprichwörtlich hochbetagte König von Pylos. – *jeden beliebigen Namen:* d.h., bei dem Alter des Weins paßt jeder Name, auch weil das Etikett längst unleserlich geworden ist; vgl. auch I 105,4 von altem Nomentaner: »Und ganz wie er will, kann sich der alte Krug nennen lassen.«

118 *Tarraco:* Tarragona an der Ostküste Spaniens – *Campanus ... Lyaeus* (= Bacchus): Kampanien lieferte die edelsten italischen Weine. – *Tuscis (cadis):* Das überlieferte *Tuscis* ist nicht unproblematisch, da der Wein der Toscana zu den geringen Sorten gehörte; Gilbert schlug daher *Latiis* vor (z.B. Albaner, Fundaner, Setiner), und Shackleton Bailey (Loeb) übernahm den Vorschlag.

119 *Nomentana ... vindemia:* Martials Landgut bei Nomentum, einem Städtchen nordöstlich von Rom; *Quintus* Ovidius ist Martials Gutsnachbar.

120 *Spoletium* (Spoleto): eine Stadt in Umbrien; der Spoletiner wird hier, falls er alt ist, gelobt, XIV 116 wird er als Wein von minderer Qualität angeführt.

121 Die *Päligner* siedelten in der kühlen Gegend um Corfinium; die *Marsi* waren ein sabellisches Volk in der Gegend des Ficinersees westlich von Rom.

122 Ägyptischer *Weinessig* war berühmt; vgl. Juvenal XIII 85 (Pharus bei Alexandria als Essiglieferant).

123 *Sportula* hier: Verabreichung von Speiserationen – *expungere* vom Streichen des Namens aus der ›Verteilerliste‹. – Zum *geräucherten Wein* *von Massilia* (Marseille) vgl. auch III 82,23 und X 36,1; wegen der starken Räucherung galt dieser Wein als minderwertig und billig, daher geeignet für eine Massenabfertigung.

124,1 *Caeretaner* heißt der Wein aus der Stadt Caere in Etrurien; er hatte bei weitem nicht die Qualität des Weins von Setia (vgl. zu diesem 112). – *Nepos:* ein Freund und Nachbar des Dichters; vgl. zu ihm auch VI 27.

125 *Aulon:* Tal in der Nähe von Tarent.

127,2 *einst gehörte die Rose zum Frühling:* blühende Rosen im römischen Winter auch VI 80.

VIERZEHNTES BUCH

1,1 Die *Synthesis* (bequeme Haus- und Tischkleidung) trug man statt der Toga zu den Mahlzeiten, in der Öffentlichkeit nur an den Saturnalien; vgl. auch 142.

1,2 *pilleus/pilleum* heißt die von Freien getragene Filzkappe; man trug sie bei Gastmählern, an den Saturnalien und als Zeichen der Freilassung, sie wurde so geradezu zum Symbol der Freiheit, daher *servos ad pilleum vocare* (Livius) vom Kampf um die Freiheit. – *unserem Jupiter:* Domitian.

1,3 *Würfeln* um Geld war außer an den Saturnalien verboten und wurde von den *Ädilen* geahndet.

1,4 *wenn er das eisige Wasser so nahe sieht:* Jemanden in Bottichen mit kaltem Wasser, die dafür bereitgestellt waren, unterzutauchen, gehörte zu den üblichen Saturnalienscherzen.

1,5 *nimm von mir im Wechsel die Lose für Reiche und Arme entgegen:* Mit den Losen sind die an den Saturnalien verteilten Geschenke an Arme und Reiche gemeint, wobei Martial im 14. Buch abwechselnd (aber nicht durchgehend) solche Geschenke vorstellt; vgl. z.B. die Paare 5-6, 43-44, 89-90, 93-94, 159-160, 161-162. Anders als im 13. Buch, wo die Aufschriften Nahrungsmittel-Geschenken gelten, geht es im 14. Buch in der Regel um Gebrauchsgegenstände; die Palette reicht dabei von kostbaren Geschenken bis zu wertlosen Präsenten.

1,10 *als Ersatz für den Himmel:* Zeus/Jupiter hatte seinen Vater Kronos/Saturn entmachtet, und die Saturnalien erscheinen als eine kleine Entschädigung dafür.

1,11 Die Sagenkreise um *Theben, Troja* und *Mykene* sind charakteristisch für Tragödie und Epos, denen Martials Verachtung gilt; vielleicht liegt darin auch eine Anspielung an die (gerade erschienene) *Thebaïs* des Statius.

1,12 Würfeln *um Nüsse* gehört zu den typischen Aktivitäten an den Saturnalien (vgl. u.a. V 30,8); doch Martials ›Nüsse‹ sind seine leichten Gedichte, und da gibt es nichts zu verlieren oder zu gewinnen: »Diese Blätter hier sind meine Nüsse, diese Blätter hier mein Würfelbecher: Solch ein Würfelspiel bringt weder Verlust noch Gewinn« (XIII 1,7–8).

2,2 Daß Martial jeden Zweizeiler als *Werk* bezeichnet und auch noch *lemmata* (Überschriften) zur Orientierung des Lesers darübersetzt, ist subtile Selbstironie.

3,2 *die vornehme Last für einen libyschen Zahn:* Tischplatten (*orbes*) aus Zitrusholz, auf einem Elfenbeinfuß ruhend; vgl. II 43,9.

4 Wenn ein kaiserliches Handschreiben eine Beförderung meldete, z.B. die Erhebung des Hausherrn in den konsularischen Rang (*allectio inter consulares*), wurde ein Dankopfer auf dem Vorplatz des Hauses dargebracht; daß mehr als ein Stier dabei geschlachtet wurde, ist groteske Übertreibung: Sogar bei Staatsopfern war meist nur ein Großtier üblich.

5,1 *tristes ... cerae:* Das Wachs der Schreibtafeln war dunkelrot oder schwarz.

6,1 *Dreiblättrige Tafeln* waren ein recht gewöhnliches und geringes Geschenk: VII 53,3 werden *triplices* unter den mangelhaften Saturnaliengeschenken genannt, doch wurden sie gern auch als Billets und Liebesbriefe verwendet.

7,1 *Pergament:* aus geglätteten Tierhäuten; in Pergamon erfunden.

7,2 *Löschen kannst du sie, sooft du das Geschriebene verändern willst:* Es muß sich also um ein besonders präpariertes Pergament handeln, auf dem man ähnlich wie auf Wachstafeln das Geschriebene tilgen und das Pergament anschließend neu beschreiben konnte.

8 *Vitelliani:* Vitellius war offenbar Fabrikant besonders zierlicher, kleinformatiger *codicilli*, die man, wenn auch nicht ausschließich (vgl. das nächste Epigramm), für Liebesbriefe benutzte.

10,2 *leere Blätter,* weil nicht mit Gedichten vollgeschrieben – als Geschenk eines Dichters ein Adynaton.

11,2 *Alle redet dieses Papier stets als die »Seinen« an:* Beispiele bieten die Pliniusbriefe, z.B.: *C. Plinius Maximo suo (salutem).*

12,1 *goldene Münzen:* umgangssprachlich für Goldstücke (vgl. XII 65,6).

14,2 *Der glücklichste Wurf im Spiel mit den Knöcheln,* die aus den Hinterfüßen von Huftieren stammten und nur vier Seiten hatten, hieß *Venus*; dabei mußten die vier *tali* auf vier verschiedene Seiten fallen.

15,1 *ein Satz Würfel:* der Singular *tessera* (dagegen *tesserae* in der Überschrift) wohl aus metrischen Gründen.

15,2 *die Gewinnchance oft größer ... als bei den Knöcheln:* Man spielte mit zwei oder drei Würfeln (*tesserae*), aber mit vier Knöcheln (*tali*); das Spiel mit den *tesserae* verlangte einen höheren Einsatz und war risiko-, aber auch chancenreicher als das mit den *tali*, das mehr der Unterhaltung diente; vgl. IV 66,15-16: »Niemals ersetzten bei dir die Würfel das verlockende Spiel mit den Knöcheln, sondern der riskanteste Wurf waren nur ein paar Nüsse.«

16 *Turricula:* vielleicht ein Würfelbecher in Form eines Türmchens.

16,1 *Die hinterhältige Hand:* Der Würfelbecher (oder eine vergleichbare Apparatur) bringt die unredliche Hand um die Chance, betrügen zu können; statt dessen mag der Spieler beten: »Prayers are possibly said over dice boxes« (Leary).

17 Es handelt sich bei der *Tabula lusoria* offenbar um ein Spielbrett für zwei Spielformen; auf der einen Seite eine Art Tricktrack mit dem Zwölfer als dem besten Wurf, auf der Rückseite dann ein Schach- oder Damespiel; letzteres wurde mit verschiedenfarbigen Figuren (*latrones, latrunculi, milites*) auf einer schachbrettartigen Fläche gespielt.

17,1 *tessera* ist hier als synonym mit dem Lemma *Tabula lusoria*, »gaming board«, anzusehen (Leary).

18,2 *Krieger und Feind:* die Steinchen zu dem in Epigramm 17 an zweiter Stelle genannten Brettspiel: Räuber und Soldaten. – Alternative

Übersetzung von 18,2: »dann kann dieser Soldat aus glänzendem Glas auch (einmal) dein Feind sein«, z.B. im nächsten Spiel auf der Gegenseite.

19,2 *Schläge auf den Hintern:* etwa dann, wenn die Knaben wegen des Spiels die Schule schwänzten und deshalb vom Lehrer körperlich gezüchtigt wurden; man vermutet auch einen obszönen Hintersinn (*pedicatio*).

20,2 *das billigere:* nämlich *Fasces calamorum* (38), ein Set von Schreibrohren.

21,1 *ferrum:* Eisenstift, um damit auf Wachs zu schreiben.

21,2 *Wenn du ihn einem Knaben gibst:* Der *puer* kann Kind oder – speziell ein junger – Sklave sein.

23 *Ohrlöffel:* Sexuelle Anspielungen im Vokabular (*prurigine*, *arma*, *libidinibus*) sind nicht auszuschließen.

24,1 *bombycina: Bombyx* ist der Seidenwurm oder die Seidenraupe und der daraus gewonnene Seidenstoff; zu den *bombyces* bemerkt Plinius, Naturalis historia XI, 76: »Sie weben wie die Spinnen für die Kleidung und den Luxus der Frauen Gespinste, die man *bombycina* nennt. Diese abzuwickeln und von neuem zu weben erfand eine Frau aus Kos ..., der man den Ruhm nicht absprechen kann, die Möglichkeit ausfindig gemacht zu haben, daß Kleidung die Frauen entblößt.«

26 *Chattischer Schaum, teutonische Haare* (Häufung geographischer Begriffe): Die Römerinnen trugen gern Perücken, die aus den Haaren gefangener Germaninnen hergestellt waren; sie wurden eingefärbt (gebleicht?) mit einer *sapo* genannten Substanz; vgl. Plinius, Naturalis historia XXVIII 191: »Von Nutzen ist auch die Seife, eine gallische Erfindung, um die Haare rötlich schimmernd zu färben. Man bereitet sie aus Talg und Asche, die beste aus Buchenasche und Ziegentalg.« In dem Epigramm VIII 33,20 heißt dieses ›Haarschampon‹ *spuma Batava*; zu »chattisch« vgl. auch das nächste Epigramm.

27,2 *nimm ... Kugeln von Mattiacum:* Das Siedlungsgebiet der Chatten war die Gegend um *Mattiacum* (Wiesbaden). – *doch, du Kahle, wozu:* oder: *weshalb solltest du kahl herumlaufen,* nämlich durch Ausreißen der (für diese Prozedur längst zu zahlreichen) grauen Haare.

28,2 Ein Schirm als *dein eigenes ›Sonnensegel‹*: wenn die eigentlichen Sonnensegel (*vela*) wegen des starken Windes im Theater nicht ausgespannt werden konnten; vgl. das nächste Epigramm.

29,2 Wie wir aus Plinius, Naturalis historia XIX 23, wissen, wurden leinene *Sonnensegel* durch Q. Lutatius Catulus aus Anlaß der Einweihung des neugebauten Jupitertempels auf dem Kapitol eingeführt, der 83 v. Chr. abgebrannt war.

31,1 *rostrum:* Die auf einen Eber gerichtete Speerspitze als »Schnabel« oder »Rüssel« zu bezeichnen, ist gewollte Komik – und gleichzeitig Variation von Ovid, Metamorphosen X 713: *protinus excussit pando venabula rostro* (*trux aper*), wo es aber nun tatsächlich der Eber ist, der mit seinem »krummen Rüssel« den von Adonis geschleuderten Speer herausreißt.

32 Das *Parazonium* oder *Kurzschwert* wurde von den Militärtribunen an einem Hüftgurt auf der linken Seite getragen.

33 *ein enger Kreis mit gekrümmter Rille:* Die Fabrikmarke ist als kurvenförmiger Stempel eingraviert; der Stahl wurde im kalten *Salo* gehärtet, der durch Bilbilis, Martials Geburtsort, fließt.

34,1 *Der sichere Frieden des Fürsten:* eventuell Hinweis auf die Beendigung von Domitians Chattenfeldzug im Jahr 84.

35 Die *Securicula* ist ein Kinderspielzeug (man hing solche winzigen Gebrauchsgegenstände Kindern auch als Amulett oder Erkennungszeichen um den Hals), der Preis also grotesk übertrieben; da 400000 Sesterze dem Ritterzensus entsprechen, wird, wer exakt diese Summe für den Gegenstand bezahlt, den Schuldner davor bewahren wollen, den bedrohten Ritterstatus zu verlieren.

36 *Dieses Werkzeug: forfex* (Schere); *das hier: cultellus* (Messerchen zum Reinigen der Nägel), *jenes: novacula* (Rasiermesser).

37 Das *Scrinium* war ein zylindrischer Kasten zur Aufbewahrung von Buchrollen. – *Constrictos* (statt *selectos* der Herausgeber) kommentiert Shackleton Bailey: *id est stipatos*.

38,1 Das beste Schreib*rohr* kam aus Ägypten.

40 *Cicindela:* eigentlich »Glühwürmchen«.

40,1 *Magd der Lampe:* Von geringerem Wert als eine (Öl-)Lampe ist die einfache Wachs- oder Talgkerze mit einem Docht aus dem Mark einer Binsenart, Geschenk für einen Armen – im Gegensatz zu der 41 vorgestellten ›herrschaftlichen‹ Lampe mit mehreren Dochten.

40,2 *die wachend die ganze Nacht hindurch die Finsternis vertreibt:* Shackleton Bailey versteht *exigit* im Sinne von *traducit*, wonach zu übersetzen wäre: »Die Lampe, die wachend die ganze Nacht verbringt.«

41,2 *so viele Dochte:* Man fand in den Städten Pompeji und Herculaneum sogar Lampen mit bis zu 14 Dochten.

43 *Der korinthische Kandelaber:* Nach Plinius, Naturalis historia XXXIV 8, gab es drei Arten korinthischer Bronzen, je nach dem Mischungsverhältnis von Gold, Silber und Kupfer: In der ersten überwog Silber, in der zweiten Gold, in der dritten waren alle drei Metalle in gleichen Teilen legiert.

45 *paganica – follis – pila:* Die Art der Bälle und ihrer exakten Verwendung ist nicht geklärt.

46,1 *mobilibus* ist Scaligers exzellente Emendation für *nobilibus*.

48,1 *Antaios*, ein Sohn Neptuns und der Erde, mit der er daher ständig in Kontakt bleiben mußte, wurde von Herkules getötet; er gilt als der Typus des Ringers; der *Staub des Antaios* ist daher nichts anderes als die Arena bzw. das Gymnasion.

48,2 *der seinen Nacken stark macht:* einen gedrungenen und muskulösen Nacken erstrebten die Athleten, doch ist ihr Body-building *vanus labor:* eigentlich sinnlos, weil unproduktiv.

49,2 Sportliche Betätigung zur Kräftigung des Körpers ist für Martial unnütze Mühe; vgl. auch das vorherige Epigramm.

50,1 *ceroma* ist eigentlich die Wachssalbe, mit der sich die Ringer und Athleten bestrichen, um den Körper schlüpfrig zu machen (vgl. z.B. IV 19,5 *lentum ceroma*); Leary versteht *immundum ... ceroma* als »impure mud« und führt dazu aus: »It refers to the soft earth floor of the wrestling ring. Before engaging, combatants would be anointed all over with olive oil. They would then roll in the ring so that the mud wich adhered to their bodies would provide their opponents with a better grip.«

51 *Striegel* (Schabeisen) dienten dazu, in den Bädern Öl, Schweiß und

Schmutz von der Haut zu schaben; dann mußte man die Leinentücher, mit denen man sich abwischte, nicht so oft reinigen lassen, sie hielten also länger.

52 *Gut(t)us* ist eine kleine, enghalsige Flasche, die man, ähnlich wie die *ampulla*, besonders für (Salb-)Öl verwandte.

52,2 *Für echtes Nashorn wirst du mich halten:* Salböl-Flakons aus dem Horn des Rhinozeros benutzten die Reichen in den Bädern: Juvenal VII 130–131 wird ein Tongilius genannt, der »mit einer großen Nashornflasche baden zu gehen pflegt«.

53,1 *ausonisch:* italisch.

53,2 *hic* (*rhinoceros*) statt *hoc* (*rhinocerotis*) *cornu:* Das Tier steht metonymisch für sein Horn. – *cui pila taurus erat* (*für das der Stier nur ein Spielball war*): vgl. liber spectaculorum 9 (Nashorn gegen Stier) v.4: *quantus erat taurus, cui pila taurus erat!*

55,2 *ein Pferd ... von der Purpur-Fraktion:* Von den vier Fraktionen beim Wagenrennen: der Grünen, Blauen, Weißen und Roten, denen Domitian noch zwei, die goldene und die purpurne, hinzufügte (vgl. Sueton, Domitian 7), war die grüne am beliebtesten (Juvenal XI 197–198: »ganz Rom faßt heute der Zirkus, und ein Getöse schlägt an mein Ohr, aus dem ich auf den Erfolg des grünen Tuches schließe«), die blaue war verhaßt; an unserer Stelle hatten die Purpurnen beim Wagenrennen offenbar keinen Erfolg gehabt.

56 *Dentifricium:* Zur Herstellung von Zahnpulver vgl. Plinius, Naturalis historia XXIX 46 (Asche von Eierschalen), XXX 22 (Asche von Hundezähnen mit Honig) und XXXVI 156 (aus Bimsstein).

56,1 *Was hast du denn mit mir zu schaffen:* Angeredet ist eine alte Frau; *mit mir:* dem Zahnpulver.

57 Das Wort *Myrobalanum* (wörtlich: Salben-Eichel) besteht aus lauter kurzen Silben und paßt daher nicht ins Versmaß; Plinius beschreibt die Essenz ausführlich Naturalis historia XII 100–103: Aus den haselnußgroßen Früchten des Bennußbaums (Moringa olifera K.), den man in der Thebaïs und in Arabien finde, gewinne man das als Salbe verwendete Bennußöl oder Behenöl.

58 *Aphronitrum:* Von Plinius, Naturalis historia XXXI 112–113, beschrieben, vielleicht Pottasche; in Pillen- oder Pastillenform medizinisch verabreicht, auch in der Kosmetik (als Gesichtsmittel) verwendet und als Bällchen verschenkt (Statius, Silvae IV 9,37).

59 *Opobalsama:* Balsamsaft, von dem früher nur in Judäa wachsenden Balsamstrauch; über ihn berichtet ausführlich Plinius, Naturalis historia XII 111–123.

59,2 *Cosmus:* der oft erwähnte bekannte Parfümfabrikant in Rom.

60 *Lomentum:* ein Teig aus Bohnenmehl; vgl. III 42,1 (an Polla): »Wenn du mit Bohnenmehl die Falten an deinem Unterleib zu verbergen versuchst ...«

63 *Tibia:* die Pfeife; gewöhnlich im Plural, da man meist auf zwei Pfeifen gleichzeitig blies; man sprach von *tibiae pares*, wenn zwei Diskantflöten bzw. zwei Baßflöten geblasen wurden, und unterschied sie von den *tibiae impares* mit ungleichen Pfeifen, wobei die eine Diskant und die zweite der Baß war.

63,1 *Die beschwipste Flötistin:* Musikantinnen gehörten zum Trinkgelage: »Daß wir die Flötenspielerin, die eben hereingekommen ist, wieder gehen lassen«, schlägt Eryximachos in Platons Symposion 176 e vor.

64,2 *die Flöte ..., die man zuerst verfertigt hat:* Der Gott Pan schnitt eine Rohrpfeife aus dem Schilfrohr, in das die von ihm verfolgte arkadische Nymphe Syrinx verwandelt wurde; vgl. Ovid, Metamorphosen I 689–712.

65,2 *dann wird der Fuß sein eigener Diener sein:* Man kann also, ohne die Hände zu benutzen oder sich von einem Sklaven helfen zu lassen, einfach hineinschlüpfen.

66,1 *Stierhaut* als Busentuch: ironisierende Anspielung an Vergil, Äneis I 368: *taurino quantum possent circumdare tergo*.

66,2 *dies Leder hier faßt deine Brüste nicht:* vgl. 134 (*Fascia pectoralis*) und die Vorstellung, daß die einzelne Brust von einer (Männer-)Hand bedeckt werden kann; *pellis* als Büstenhalter ist unüblich, vielleicht scherzhafter Kontrast zu den weichen Wollschuhen in 65.

68 Der *Fliegenwedel* kann auch zum Ausklopfen staubiger Kleidung Verwendung finden; *colligere* vom Einsammeln des herausgeklopften Staubes, der nunmehr den Boden bedeckt.

69,2 *clara Rhodos* hier und IV 55,6 ist Zitat aus Horaz, Carmina I 7,1: *Laudabunt alii claram Rhodon*. – *Copta Rhodiaca* ist ein sehr hartes, biscuitähnliches Gebäck, an dem sich der schuldige Diener die Zähne ausbeißen kann; Wortspiel mit dem Namen des Gebäcks (*copta*) von griechisch κόπτειν = *percutere*.

70 *Priapus:* ein römischer Fruchtbarkeitsgott; sein mit Mennige gefärbtes Holzbild mit erigiertem Glied stand in römischen Gärten als Vogelscheuche und zur Abwehr von Dieben; zur Neigung, dem Gebäck obszöne Formen zu geben, vgl. IX 2,3 von einer Frau, die sich mit obszön geformtem Weizengebäck mästet.

70,2 *purus eris:* »When M. uses *purus* suggestively (with ›impurity‹ in mind), he ist usually referring to oral sex« (Leary).

72,2 Die *sieben Tage* der Saturnalien: vom 17.–23. Dezember (sonst schreibt Martial von fünf Tagen); das *Wurst*-Geschenk war ein ›echtes Geschenk‹ und wurde nicht nur, wie üblich bei Saturnaliengeschenken, weitergereicht, weil man es selbst nicht behalten wollte.

73 Der *Papagei* als Autodidakt: eine dick aufgetragene Schmeichelei gegenüber dem Kaiser.

74,1 *Corve ... fellator:* Plinius schreibt Naturalis historia X 32 von den Raben: »Nach der Volksmeinung sollen sie mit dem Schnabel ihre Eier legen oder sich begatten.« Da *irrumare* auch »den Mund stopfen« heißt im Sinne von »zum Schweigen bringen«, der *fellator* somit nicht reden kann, ist – so der Witz – der krächzende *corvus salutator* kein *fellator*.

75,1 *Philomele:* die in eine Nachtigall verwandelte, von ihrem Schwager, dem Thrakerkönig *Tereus* geschändete und ihrer Zunge beraubte Tochter des athenischen Königs Pandion; die grausige Geschichte von Tereus, Prokne und Philomele wird ausführlich erzählt von Ovid, Metamorphosen VI 424–674.

77,1–2 *so eins ..., wie es ... Lesbia beweinte:* Anspielung auf Catull 2 (*Passer, deliciae meae puellae*) und 3 (*Lugete, o Veneres Cupidinesque*).

78,2 *Paccius:* ein auch von Galen erwähnter Arzt.

79,2 *halte ich die da unter Verschluß:* Die Sklaven genossen an den Saturnalien (für deren Dauer fünf oder sieben Tage von Martial angegeben werden) Narrenfreiheit.

80 *Ferulae:* Ruten vom Pfriemenkraut; Prometheus soll das trockene Mark am Sonnenwagen entzündet und in dem hohlen Stengel zu den Menschen gebracht haben; vgl. Plinius, Naturalis historia VII 198: (*ignem*) *adservare ferula Prometheus* (*invenit*).

81,2 *neben dem grimmigen Hund* evoziert das Bild eines kynischen Bettelphilosophen, mit Ranzen, grobem Mantel und Stab; zur Verbindung von Hund und Kyniker vgl. IV 53.

82,2 Der *analecta* – »Krümelaufleser« (vgl. VII 20,17) – sammelte die Speisereste auf.

83 Das elfenbeinerne *Kratzwerkzeug* ist als Hand geformt.

83,2 *wenn etwas niederträchtiger ist als der Floh:* Läuse und Wanzen.

84,1 *libros:* nämlich die Enden der Buchrolle.

85 *Pfauenbett:* so genannt nach der Maserung des dafür verwendeten Zitrusholzes; Plinius spricht Naturalis historia XIII 96 u. a. von »wellenförmig gemaserten (Zitrustischen), die noch beliebter sind, wenn sie die Augen der Pfauenfedern wiedergeben«.

85,2 *der Juno-Vogel jetzt, doch zuvor war er Argus:* Der Pfau ist Vogel der Juno; Argus ist der hundertäugige Wächter der Io, einer Geliebten Jupiters, die von Juno in eine Kuh verwandelt und mit »Argusaugen« bewacht wurde; Juno hat später diese Augen dem Pfau aufs Gefieder gelegt.

86,1 *veredus:* leichtes und schnelles Pferd oder Jagdpferd, ein keltisches Wort – *succinctus:* vom Aufschürzen der Gewänder, um sich schneller bewegen zu können, bei einem Pferd ungewöhnlich. »Since horses do not wear clothes, the adjective must be translated here as swift« (Leary), eine Erklärung, die nicht überzeugt.

86,2 Zu *ficus* und dem Wortspiel mit den Feig-Warzen vgl. I 65.

87,1 Zum *sigma*, dem halbkreisförmigen Speisesofa (das Triclinium war dagegen rechtwinklig angeordnet) vgl. IX 59,9: *testudineum ... hexaclinon.*

88 Plinius unterscheidet Naturalis historia XXXII 32 vier Arten von *Schildkröten: terrestres, marinae, lutariae et quae in dulci aqua vivunt*, und schreibt Naturalis historia IX 39 von dem Luxus, »die Schalen der Schildkröten in Platten zu schneiden und Ruhebetten und Tafelaufsätze

damit einzulegen«. Offenbar hielt man die Schale der männlichen Meeresschildkröte für besser.

89 *Tisch aus Zitrusholz:* Die *citrus* (Callitris quadrivalvis) kam von Mauretanien im nordwestlichen Afrika und wurde für kostbare Tafelaufsätze (*orbes* genannt) verwendet; vgl. auch II 43,9: »Du läßt deine libyschen Tischplatten auf indischen Zähnen ruhen«, und die Anm. dazu.

90,1 *kein Kind des maurischen Waldes:* Zur Herkunft des Zitrus-Holzes s. 89.

91 Zum Kampf von *Stieren* mit Elefanten vgl. liber spectaculorum 19.

91,2 *Platten aus libyschem Holz:* vgl. wiederum II 43,9 u. Anm.

93,2 *Mentor:* berühmter Toreut (Hersteller von Silbergefäßen) aus dem 4. Jh.

94,1–2 *Gewöhnliche Becher in getriebener Arbeit … aus robustem ›Glas‹:* audaces hießen Becher aus grobem Material, die man ohne besondere Sorgfalt benutzen konnte; *toreuma:* eigentlich ziseliertes (Silber-)Gefäß; *vitrum* und *gemma* sind ironisch gemeint, da es sich bei den Trinkgefäßen wohl um billige Töpferware handelt; zu *calices audaces* vgl. XII 74,3f.

95,2 *Mys:* ein berühmter Toreut (Ziseleur in Silber) des 5. Jhs.; vgl. auch zu VIII 34,1.

96 *Vatinius* (vgl. X 3,4): zunächst Schuster, dann Hofnarr und Delator Neros; nach seiner großen Nase wurde eine bestimmte Art von Glaspokalen mit vier großen Schnauzen *Vatinii* (*calices*) genannt.

97 »*Chrysendeta* seem to have been silver dishes with gold edges/inlay« (Leary).

98 *Arretiner Tongeschirr:* Tongeschirr aus Arezzo in Etrurien; der Etruskerkönig Porsenna gilt als Repräsentant der alten Zeit.

99 *Bascauda* sind nach einem Scholion zu Juvenal XII 46: *vasa ubi calices lavabantur*, also Wannen zum Spülen von Bechern, ursprünglich aus Britannien importiert und jetzt bereits in Rom heimisch.

99,1 *von den bemalten Britannern:* »Die Britanner bestreichen sich alle mit *vitrum* (Waid, *Isatis tinctoria* L.), was eine blaue Farbe ergibt«: Caesar, Bellum Gallicum V 14; vgl. auch XI 53,1 die blauen Britanner.

100 *Panaca:* ein Trinkgefäß unbekannter Art; das Wort ist sonst nicht belegt und wohl keltischer Herkunft. – Der Dichter *Catull* stammt aus Verona, und Rätien berührt im Südosten gerade noch Venetien, worin Verona lag; der *rätische Wein*, den Augustus sehr liebte (Sueton, Augustus 77: *Et maxime delectatus est Raetico neque temere interdiu bibit.*), »was produced near Verona at the foot of the Rhaetian Alps and would certainly have been offered to visitors – in Panacan bowls« (Leary).

101,1 *boletus* (vgl. I 20,2.): wohl unser Champignon, Lieblingsgericht des Kaisers Claudius und bei den Römern hoch geschätzt.

101,2 Daß die *boletaria* generell als Kochgeschirr dienten, zeigt das Kochbuch des Apicius an mehreren Stellen; die degradierende Verwendung des *nobile nomen* für *Kohl*gemüse ist beabsichtigte Komik.

102,2 *die glatte und ziselierte Arbeit von einer Sorrentiner Töpferscheibe:* »Earthenware decorated in imitation of metal« (Leary), vgl. 94,1: *plebeia toreumata; leve:* von der Glasur oder von der Qualität des feinen und nicht grobkörnigen Materials; *toreuma:* halberhabene, getriebene Arbeit, in Metall, besonders in Bronze. Die hohe Qualität Sorrentiner Tonbecher (die Wein- und Töpferstadt *Surrentum* liegt in Kampanien) betont Plinius, Naturalis historia XXXV 160.

103,1 *Kühle mit meinem Schnee ... die Becher Setiner:* Um gute Weine zu kühlen, zu klären und geschmacklich zu mildern, wurden Siebe verwendet, die mit Schnee oder Eis gefüllt waren; zu *frangere* in dieser Bedeutung vgl. Plinius, Naturalis historia XIV 138: »Um mehr saufen zu können, brechen wir die Stärke des Weins durch Filtrieren (*sacco frangimus vires*).« Der *Setiner* ist eine edle Weinsorte aus der latinischen Stadt Setia (Sezze) in den Pomptinischen Sümpfen; vgl. auch XIII 112.

103,2 *mit ärmlicherem Wein kannst du den Leinensack färben:* Geringere Weine läßt man zum Klären einfach durch ein linnenes Sieb laufen.

104 Der *Leinensack* als Konkurrent zu dem in dem vorausgehenden Zweizeiler gepriesenen Sieb; der Schnee diente zum Kühlen des Weins.

105,2 *morosa ludere parce siti:* Sinn wohl: Sei nicht so pingelig, was die Temperatur des Wassers anbelangt!

106,2 *Fronto:* offenbar ein wegen seiner Armut und Bedürfnislogkeit geschätzter (aber uns nicht weiter bekannter) *Stoiker*; Sinn (vielleicht):

Dadurch daß der Philosoph den Krug benutzt hatte, gewann das Gefäß an Wert; vgl. VIII 6 das Interesse der Römer nicht nur an Antiquitäten, sondern auch an Gegenständen, die bekannten Persönlichkeiten gehört hatten.

107 *Calathi* sind Gefäße aus Bronze oder Holz für Wein (oder Milch).

107,2 *die (von Wein) übergossenen Füße ihres Herrn zu lecken:* Der Tiger weiß um die Göttlichkeit des Bacchus und vollzieht vor dem Gott die ihm angemessene Proskynese.

108 *Saguntiner Tonware* erscheint Martial wenig wertvoll; Plinius, Naturalis historia XXXV 160, schätzt sie wesentlich höher ein.

109,1 *Skythien* war berühmt für seine Smaragde (IV 28,4; XII 15,3–4); Plinius unterscheidet Naturalis historia XXXVII 65 zwölf Arten von Smaragden: »Am edelsten sind die skythischen ..., keine Art hat eine dunklere Färbung und weniger Fehler.«

109,2 *Wieviele Finger hat dieser Kelch beraubt:* vgl. Juvenal V 43: »Denn Virro versetzt, wie viele, von den Fingern an die Trinkbecher Juwelen.«

110 Die *Ampulla* (eigentlich die enghalsige Essenzflasche, die bei den Griechen λήκυθος heißt), in dem Distichon *gemma* genannt, ist entweder aus einem Halbedelstein, z.B. Onyx, oder aus Glas, kaum aber ein juwelengeschmücktes Fläschchen.

110,1 *Cosmus:* der oft erwähnte Parfümfabrikant.

110,2 *wenn du auf Nardenparfüm durstig bist:* foliatum (*unguentum*) = *nardinum* ist ein aus den Blättern der Narde und anderer kostbarer Essenzen bereitetes Parfüm (XI 27,9: »ein Pfund Nardenparfüm«). Die Trinkflasche enthielt vorher diese Essenz und duftete noch danach, parfümierte also den Wein; vgl. Juvenal VI 303: »Wenn mit purem Falerner übergossene Essenzen aufschäumen«.

111 *Kristallbecher* waren leicht zerbrechlich und besonders kostbar.

112 *Nimbus* (Regenwolke oder -schauer) steht hier für »ein Glasgefäß mit zahlreichen Öffnungen, um Flüssigkeiten in Tropfen daraus zu sprengen« (Friedländer).

113 *Murrina* sind Gefäße aus Flußspat, Cal·2; vgl. Plinius, Naturalis historia XXXVII 18–22: »Was aber ihren Wert ausmacht, ist die Verschiedenheit der Farben, wenn die Flecken allmählich nach Purpurrot und Weiß und eine aus beiden gebildete dritte Farbe verlaufen, gleichsam durch den Übergang der Farbe der Purpur feurig oder das Milchweiße rötlich wird.« Murrinengefäße u.a. auch III 26, 2.

114 *Cumae,* die älteste griechische Kolonie in Italien, ist Sitz der *Sibylle* von Cumae; sie heißt *keusch,* weil sie sich Apollon verweigerte.

114,2 *municipem ... suam:* Cumae hatte den Status eines *municipium,* d.h. einer (italischen) Stadt mit römischem Bürgerrecht, die nach eigenen Gesetzen von eigenen Magistraten verwaltet wurde.

115 *Gläserne Kelche:* wohl die sog. Diatretgläser, deren Herstellung ungemein diffizil war.

116,1 Zum (umbrischen) *Spoletiner:* XIII 120, zum *Marser:* XIII 121; beide Weinsorten galten als minder gut.

116,2 *decocta (aqua):* abgekochtes und dann mit Schnee gekühltes Wasser, angeblich von Nero erfunden (Plinius, Naturalis historia XXXI 40); Sinn: Was soll ein so aufwendiges Kühlungsverfahren bei minderen Weinsorten?

118,1 Über den *geräucherten Wein aus Massilia* vgl. III 82,23; X 36,1; XIII 123,2.

118,2 *parce, puer:* »The address to a boy cup-bearer is a characteristic feature of sympotic poetry« (Leary).

119,1 Mit *Fingerschnippen* nach dem Nachttopf verlangen: vgl. III 82,15: »Die Zeichen seines schnalzenden Fingers kennt der Eunuch«.

119,2 *wie oft wurde da die Matratze zu meiner Rivalin:* Die Matratze wurde gleichsam zur Nebenfrau (*paelex*) des Nachttopfes gemacht – ein humorig-anzügliches Bild.

120 *Ligula* (›Löffel‹) hängt etymologisch mit *lingere* ›lecken‹ zusammen, ist aber homonym mit *lingula* ›Zünglein‹; Martial verwirft die Form *lingula* in der Bedeutung Löffel; vgl aber II 29,7 *lingula* in der Bedeutung Riemen oder Lasche (am Schuh).

120,1 *equitesque patresque:* die höheren und gebildeten Klassen.

121 *Coclearia:* Von *cochlea* (Schnecke) hergeleitet: ein Löffelchen, am Stil mit einer Spitze versehen, um Eier zu öffnen oder Schnecken aus ihrer Schale zu ziehen; vgl. VIII 33,24.

122,2 *einen Ritter ..., den er selber dazu machte,* indem er ihm die dafür notwendigen 400000 Sesterze (den Ritterzensus) schenkte – und damit den goldenen Ring, der das Abzeichen des Ritters war; vgl. auch V 19, 10: »wer erhält von einem Ritter, den er selbst dazu gemacht hat, das Geleit?« Der Ring als Kennzeichen des Ritters: VIII 5,2.

123 *Dactyliotheca:* vgl. XI 59 auf einen Angeber mit zahlreichen Fingerringen, aber ohne Ringkästchen.

124,1 Vergilzitat aus der Jupiter-Rede, Äneis I 281–282: *(Juno ... mecum) fovebit / Romanos, rerum dominos gentemque togatam.*

124,2 *der seinem großen Vater die Sterne (als Wohnung) verlieh:* Anspielung auf Domitian, der der *gens Flavia* einen Tempel weihte (vgl. dazu IX 1,8) und göttlichen Status verlieh und der auch das Tragen der Toga im Theater anordnete.

125,2 *deine Toga wird verschlissen dabei:* d. h., Du mußt früh aufstehen, von einem reichen Patronus zum andern eilen, um ihm den Morgengruß zu entbieten, und dabei deine Kleidung strapazieren, wenn du darauf angewiesen bist, regelmäßig zu deiner *sportula* zu kommen; immer wieder wird betont, wie sehr diese lästigen Klientenpflichten belasten: III 46; IX 100; XI 24; XII 18, 4–6; 29.

126 Die *endromis* war ein grob gewebter Umhang; die Reichen benutzten ihn, um sich nach sportlichen Übungen aufzuwärmen oder vor Erkältung zu schützen; vgl. auch IV 19,4.

127 *Braune Canusiner Stoffe:* Die apulische Stadt *Canusium* (Canossa) war bekannt durch rötliche Wollstoffe; zu roter Canusiner Wolle vgl. auch IX 22, 9 und Plinius, Naturalis historia VIII 191: *Canusium fulvi (velleris).*

127,1 *Honigwein (mulsum)* wurde gewöhnlich mit Falerner zubereitet, einem bernsteinfarbenen Wein (Plinius, Naturalis historia XXXVII 47).

128,1 *mit santonischem Cape samt Kapuze:* Die Santoner waren ein südgallischer Volksstamm an der Atlantikküste in der heutigen Landschaft Saintonge; zu den Kapuzenmänteln aus gallischen (lingonischen bzw. santonischen) Webereien vgl. auch I 53,5: *Lingonicus ... bardocucullus.*

128,2 *Mantel für Meerkatzen:* Die Stelle scheint sich auf eine Veranstaltung zu beziehen, bei der verkleidete Affen auftraten; für sie war wohl die Kapuze lang genug, um als Mantel zu wirken.

131,1 *du, der scharlachrote Kleidung anlegt:* Wer beim Erlosen von Saturnaliengeschenken (1,5: *accipe sortes*) ein scharlachnes Gewand bekommt, probiert es natürlich sofort an.

131,2 Die Anhänger der einzelnen Zirkusparteien kleideten sich offenbar in deren Farben; ein Kleiderwechsel konnte so als Verrat gedeutet werden.

132 Zum *Pilleum* und seiner Bedeutung für die Saturnalien vgl. zu 1,2.

133 *Mäntel aus bätischer Wolle:* Die Baetica ist eine südspanische Provinz (etwa Andalusien), der Baetis der Guadalquivir; die Schafe, die an seinen Ufern weideten, lieferten feine, von Natur rote Wolle; vgl. auch I 96,5.

133,2 *Auf die Weise:* nämlich künstlich gefärbt; vgl. auch XII 63,3–5: »du ... täuschst nicht mit dem Blut der Purpurschnecke etwas vor, sondern verfügst über Herden, die in natürlicher Farbe leuchten«.

135 *Weiße Mäntel:* Über der Toga trug man im Amphitheater bei schlechtem Wetter einen (nach Domitians Vorschrift) weißen Mantel; *die frierenden Togen:* statt der Personen, die sie tragen.

137,1 *libellus* meint hier die schriftliche Einladung zu einer Rezitation.

137,2 Das *Halstuch* gibt seinen *Ohren die Freiheit,* nicht zuhören zu müssen; *adserere (in libertatem)* ist juristischer Terminus technicus: einen Sklaven (durch Auflegen der Hand) für frei erklären; vgl auch IV 41: »Weshalb legst du ein Fell um den Hals, wenn du vortragen willst? Besser paßt es für unsere Ohren.« Gegen die nicht immer beliebten Rezitationen wendet sich Martial z.B. auch III 18 und VI 41.

140 *Cuculli Liburnici:* Kapuzen aus liburnischer (illyrischer) Wolle, hier mit schlechtem, abfärbendem Grün; die Liburner wohnten an den Küsten Kroatiens und Dalmatiens.

140,2 *zieh den grünlichen aus:* Die Kapuze, die nicht fest mit einem Mantel verbunden ist, hat auf den weißen Mantel (bei Regen?) grün abgefärbt; zu *callainus* vgl. Plinius, Naturalis historia XXXVII 110: »⟨Der Stein⟩ *callaina*, der von blaßgrüner Farbe ist.« (Türkis).

141,1 Der *stinkende Gatte* (der Geiß) ist der Ziegenbock.

ZUM VIERZEHNTEN BUCH

141,2 Die Schuhe hießen nach ihrer ursprünglichen, kleinasiatischen Herkunft *kilikische*, im vorliegenden Fall waren sie aber aus afrikanischem Ziegenleder hergestellt, daher *kinyphisch* (d.h. afrikanisch), von dem Fluß Kinyphos in Lydien in der Nähe der Syrten.

142 Die *Synthesis* war die bequeme Haus- und Tischkleidung, die man auch an den (fünf- bzw. siebenttägigen) Saturnalien trug (1,1).

143 *Drillich-Gewebe:* Das Wollzeug dieser Tuniken aus Padua war sehr dick und fest.

145 *Friesmäntel* (als Fries bezeichnet man eine nur auf einer Seite zottige Art groben Wollzeugs) trug man gewöhnlich nur im Winter.

146,1 *Cosmus:* der bekannte Parfümfabrikant.

147 *Friesschlafdecken* (vgl. auch Friesmäntel 145): Man unterschied die Decke, auf der man lag (*stragulum*) von der Decke, mit der man sich zudeckte (*opertorium*); ob der Plural *stragula* hier und 148,1 beide Decken meint oder auch direkt die Zudecke, ist ungewiß, wir wählten daher die Übersetzung »Bettzeug«.

148 *Lodices* sind flauschig gewebte Bettdecken; sie kamen aus Verona: 152; *als Schwestern vereint:* beide Decken nähte man wohl auch nach Art eines Schlafsackes zusammen; »when covered only by *stragula*, but with no *lodices*, a bed was evidently *nudus*« (Leary).

149 Die *Brustbinde* (*amictorium*) teilt die Vorliebe der Römer für kleinbrüstige Frauen; vgl. 134.

150,1 *Das Land von Memphis:* Ägypten.

150,2 *Babylons Nadel:* vgl. zu Plinius, Naturalis historia VIII 196: »Das Einweben bunter Muster machte am meisten Babylon berühmt, das diesen Stoffen auch seinen Namen gab. Aus vielen Fäden Gewebe herzustellen, welche *polymita* genannt werden, hat Alexandrien gelehrt.« Polymita (= vielfältig gewebt) »entspricht etwa unserem Damast, bei dem durch eine besondere Webart die verschiedensten Muster eingewebt wurden« (Erläuterungen zu Plinius, Naturalis historia VIII, S. 245).

152,1 *das Land des gelehrten Catullus* ist Verona.

152,2 *aus Helikaons Gegend:* Der Trojanerfürst Antenor gilt als Gründer der Stadt Padua; nach seinem Sohn Helikaon nennt Martial die Region von Padua »helikaonisch«.

153 *Semicinctium* ist ein schmaler Gürtel für die Männertunika.

154,1 Die *sidonische Muschel* ist die Purpurschnecke; *sidonisch:* phönizisch, von Sidon, der ältesten Stadt Phöniziens.

154,2 ›*Nüchterne Wolle*‹ ist ein scherzhaftes Wortspiel mit Amethyst (ἀμέθυστος »nicht trunken«, »dem Rausch entgegenwirkend«); man schrieb dem Amethyst die Eigenschaft zu, Trunkenheit zu verhindern; vgl. Plinius, Naturalis historia XXXVII 124: »In ihrer eitlen Geschwätzigkeit versprechen die Magier, die ⟨Amethyste⟩ würden den Rausch verhindern und hätten daher ihren Namen.« Plinius' Rezept zur Herstellung von Amethyst-Purpur: Naturalis historia IX 135.

155 Die Landschaft *Apulien* im Südosten Italiens, *Parma* in der Gallia Cispadana, berühmt für seine Schafherden, *Altinum*, ein *municipium* im Venezianischen an der Straße von Patavium (Padua) nach Aquileja; vgl. Plinius, Naturalis historia VIII 190: »Die Wolle aber, die am meisten geschätzt wird, ist die apulische ... Weiße Wolle wird nirgends höher geschätzt als an den Schafen der Po-Gegend.«

156,1 *der Hirte seiner spartanischen Freundin:* Paris und Helena.

156,2 Zur Qualität der *Purpur*färbung vgl. die Notiz bei Plinius, Naturalis historia IX 127: »Am besten ist ⟨der Purpur⟩ zu Tyros in Asien ... in Europa ist es der von Lakonien.« – Der spartanische Purpur (der Purpur von *Leda*, Helenas Mutter, die mit Tyndareus, dem König von Sparta vermählt war; Helena selber war mit Menelaos, dem König von Sparta, verheiratet) war – so Martial – von geringerer Qualität als der phönizische.

157 *Pollentia:* Stadt in Ligurien, jetzt Pollenza, die schwarze Wolle lieferte.

157,2 *auch seine eigenen Becher pflegt dies Land zu liefern:* Sie stammen aus den Töpfereien von Pollentia.

158,2 Erstklassige Sklaven trugen lockiges Haar; je vornehmer die Gäste, desto feiner (und attraktiver) auch das Personal, das sie bediente.

159 *Tomentum Leuconicum:* Diese von dem gallischen Stamm der Leukonen produzierten Polster waren von hoher Qualität und sehr gesucht; vgl. u.a. XI 21,8.

161,1 *Daunenfedern von Amyklai:* von den Schwänen am Eurotas, dem Hauptfluß Lakoniens, wo Jupiter in Gestalt eines Schwans Leda zu seiner Geliebten gemacht hatte.

162,1 *fragilis (culcita):* »knisternd« oder auch »niedergedrückt«. – *was dem Maultier entwendet wurde:* Der Mann ist demnach so arm, daß er seinem Maultier das Heu wegnimmt, um darauf zu schlafen.

162,2 Daß der arme Mann gut und leicht in seinem harten Bett schläft, ist popularphilosophischer Gemeinplatz; vgl. z. B. Horaz, Carmina III 1,21–23: *somnus agrestium / lenis virorum non humilis domos / fastidit.*

163,2 Mit einem Glockenzeichen öffneten die Thermen; wer nicht rechtzeitig kam, mußte sich unter Umständen mit einem kalten Bad aus der Wasserleitung der *Aqua Virgo* (vgl. die Zusammenstellung V 20,9: *campus, porticus, umbra, Virgo, thermae*) begnügen.

164,2 *daß er einmal schuldig wurde:* Apollon tötete beim Diskuswurf unabsichtlich seinen Liebling Hyakinthos; vgl. auch 173.

165 *Cithara:* Zur Geschichte von dem vergeblichen Versuch des thrakischen Sängers Orpheus, seine frühverstorbene Frau Eurydike aus der Unterwelt zurückzuholen, vgl. man Vergil, Georgica IV 453–527, und die klassische Darstellung im 10. Buch der Metamorphosen Ovids; zum Verständnis von *nec patienter amat* vgl. man V 7,8 (von Venus gesagt im Blick auf ihren Ehemann Vulcanus) *et patienter amet* – in beiden Fällen also: lieben »mit Maß und Geduld«.

166,2 (die Kithara), *die Wälder bewegte:* als Orpheus sie einst spielte – im Gegensatz zu den Mißerfolgen von Zitherspielern im Theater.

167,2 Das *Plektrum* ist ein oft kunstvoll verziertes Stäbchen aus Horn oder Elfenbein, mit dem man die Seiten anschlägt. – Ob Martial *garrula* (»das geschwätzige«) statt *candida* schrieb, ist nicht auszuschließen. – *exornent:* Das Plektrum gehört zur Ausstattung der Lyra.

168,1 *Ein Wagenrad muß beschlagen werden:* nämlich *cant(h)o*, mit einem (metallenen) Radreifen.

168,2 Der (eiserne oder kupferne) *Reifen*, mit dem die Kinder spielten, heißt *trochus*; er konnte aber auch als Reif für das Wagenrad dienen, dann heißt er *cant(h)us.*

169,1 Wie *der klappernde Ring* am *trochus* befestigt war, ist unklar; vgl.

aber XI 21,2: »wie das schnelle Rad, das vom Klappern der bronzenen Ringe ertönt.«

170 *den richtigen Namen:* Den Beinamen Germanicus nahm Domitian 84 nach seinem Sieg über die Chatten an. – *Zehnmaliges Einschenken* wegen der zehn Buchstaben des Namens Germanicus.

171 Zum *Knaben des Brutus* vgl. II 77,4; IX 50,5 und Plinius, Naturalis historia XXXIV 82: »Derselbe Künstler (Strongylion) schuf einen Knaben, den der bei Philippi ⟨ums Leben gekommene⟩ Brutus sehr liebte und durch seine Gleichnamigkeit berühmt gemacht hat.«

172 Kopie einer Statue des Praxiteles, die einen Apollon *Sauroktonos* darstellte; vgl. Plinius, Naturalis historia XXXIV 70: (Praxiteles) »schuf auch einen jugendlichen Apollon, der einer in der Nähe herankriechenden Eidechse mit einem Pfeil nachstellt und den man ›Eidechsentöter‹ [sauroctonos] nennt.« Das Epigramm variiert den Topos, daß sich Tiere von dem Gott, der sie erbeutete, den Tod wünschen; »the humour … lies in Apollo's being told to disapoint the lizard by sparing its life. Paradoxically, it is through sparing rather than killing the lizard that he is *insidiosus* here« (Leary).

173,2 *Oebalius … puer:* Öbalus, König von Sparta und Großvater der Helena; zu seinen Nachkommen, den Oebaliden, gehört u.a. auch Hyakinthos. – *er, des Phöbus Schuld und Schmerz:* Der tödliche Diskuswurf Apollons wurde von dem eifersüchtigen Zephyrus veranlaßt, der den Diskus in die verhängnisvolle Richtung wehte; vgl. auch XIV 164. Plinius, Naturalis historia XXXV 131, zählt unter den Werken des Nikias einen Hyakinthos auf, »den Kaiser Augustus, der von ihm begeistert war, nach der Eroberung Alexandriens mitnahm.« Möglicherweise hatte Martial eine Kopie dieses Gemäldes vor Augen.

174 *Hermaphroditus,* Sohn der Aphrodite und des Hermes, war androgyn, weil er mit der Quellnymphe Salmakis, die ihn leidenschaftlich liebte, zusammengewachsen war (Ovid, Metamorphosen IV 285–388); vgl. auch VI 68,9.

175 *Gemälde der Danaë:* Möglicherweise eine Kopie von Artemons Bild; vgl. Plinius, Naturalis historia XXXV 139: (Artemon malte) »eine Danae, die von Seeräubern bewundert wird«; 130–131 wird eine Danaë des Nikias erwähnt, eines Künstlers, »der besonders sorgfältig Frauen malte. Er achtete auf Licht und Schatten und sorgte vornehmlich dafür, daß die Bilder plastisch wirkten«.

175,1-2 Zeus näherte sich *Danaë* als goldener Regen, *Leda* als Schwan.

176,1 *Maske eines rothaarigen Batavers:* Die Bataver waren ein germanischer Volksstamm an der Mündung des Rheins; die Germanen hatten sich 69 unter dem Bataver Julius Civilis gegen Rom erhoben, 84 unternahm Domitian einen Feldzug gegen die Chatten.

177 Zum *korinthischen Herakles* des Zeuxis vgl. Plinius, Naturalis historia XXXV 63: »Prächtig ist auch … sein Herakles, wie er als kleines Kind vor seiner erschrockenen Mutter Alkmene und vor Amphitryon zwei Schlangen würgt.«

177,1 *ein Schlangenpaar:* Hera hatte die Schlangen geschickt, um den Säugling in der Wiege zu töten; Herakles war das Kind des Zeus von Alkmene, der Gemahlin des Amphitryon.

177,2 Die *Hydra* von Lerna in der Argolis; ihre Vernichtung war eine der zwölf Arbeiten des Herkules.

178 Zum *tönernen Herkules* vgl. Plinius, Naturalis historia XXXV 157: »vom gleichen Künstler (Vulca?) stamme auch ein Herkules, der noch heute in der Stadt seinen Namen von dem Werkstoff hat, aus dem er geschaffen wurde«. Es ist möglich, daß die Verse Martials auf diese Pliniusstelle Bezug nehmen.

178,2 *Alkide:* Herakles, nach dem Großvater des Helden – *non pudet … nomen habere meum:* komisch-verquere Ausdrucksweise statt: Herakles schämt sich nicht, daß ich seinen Namen trage, nämlich ein *Hercules fictilis* bin.

179,2 *Caesar hat sie (die Ägis):* vgl. VII 1,4, wo Domitian ebenfalls die Ägis (Attribut der Minvera, mit dem Gorgonenhaupt in der Mitte) gegeben wird.

180 Das *Gemälde der Europa* in der porticus Pompeii war von Antiphilus gemalt: Plinius, Naturalis historia XXXV 114.

180,2 *als Io für dich eine Kuh war:* Io, die Geliebte des Zeus, war von Hera in ein Rind verwandelt worden, das der hundertäugige Argus bewachte; als Stier hätte Zeus seine Liebesbeziehung fortsetzen können.

181 *Leander aus Marmor:* Das berühmte Liebespaar Hero und Leander; Leander schwamm Nacht für Nacht zu seiner Geliebten über den Hellespont und ertrank, als der Sturm das Licht löschte, mit dem Hero ihm den Weg wies. Als sie die Leiche des Geliebten am Strand entdeckte, stürzte sie sich von ihrem Turm in den Tod. Vgl. auch im Liber spectaculorum 25 und 25 b.

181,2 »*Zieht mich, ihr Fluten, erst dann hinab, wenn ich zurückkomme«:* vgl. liber spectaculorum 25 b,4: »Verschont mich, während ich hineile, verschlingt mich, während ich zurückkehre!«

182 *Tonstatuette eines Buckligen:* vielleicht der bucklige Walker Klesippos, den die reiche Gegania als Dreingabe zu einem Kandelaber für 50000 Sesterze kaufte, heiratete und zum Erben einsetzte; vgl. zu dieser Anekdote Plinius, Naturalis historia XXXIV 11–12.

182,1–2 *Prometheus* soll die Menschen aus Tonerde geformt haben; in der Stadt Panope in Phokis zeigte man sogar Reste des Materials, dessen sich Prometheus bedient hatte: Pausanias X 4,3; ähnlich behauptet Martial X 39,4 von einer Frau, die sich jünger macht, daß sie *geformt* sei: *Prometheo ... luto.* – Wortspiel *lusit – luto* wie Plautus, Miles 325: *mihi sunt manus inquinatae ... quia ludo luto.*

183 »*Froschmäusekrieg«:* ein unter dem Namen *Homers* laufendes parodistisches Kleinepos.

183,1 *mäonisch* ist »lydisch« und steht für »homerisch«.

183,2 *lerne, die Stirn zu glätten bei meinen poetischen Nichtigkeiten:* Somit sind Martials *nugae* durch Homers Scherzepos legitimiert.

184,2 *auf vielfach geschichteter Haut ... verwahrt:* nämlich in Buchform als Pergament-Codex.

185 Der *Cule(i)x* (vgl. VIII 56,20), ein unter den Vergiliana überliefertes Gedicht, wurde als Jugendwerk Vergils angesehen. – *Arma virumque* ist der Beginn von Vergils Hauptwerk, der Äneis. – Sinn: Der Culex paßt als leichte Lektüre eher zu den Saturnalien als die gewichtige Äneis.

185,2 *wenn du die Nüsse beiseite gelegt hast:* Das Spiel mit Nüssen gehört zu den Saturnalien; das Lesen oder Schreiben von leichter Poesie ist eine (saturnalische) Alternative dazu.

186 *Vergilius in membranis:* Vergilausgabe in Kleinformat mit dem

Porträt des Dichters, wohl nur ein Auszug; zum Autorenporträt vgl. auch. I 53,2.

187 *Menander* (3. Jh. v. Chr.) war der bedeutendste Dichter der Neuen (attischen) Komödie und Vorbild für die Lustspiele des Terenz. »*Thaïs*« war der Titel seiner ersten Liebeskomödie; die Heldin des Stücks und ›fiktionale‹ Geliebte des Dichters hieß Thaïs, während *Glycera* der Name von Menanders eigener Geliebten war.

189 *Monobyblos Properti:* Das erste, nach seiner Geliebten Cynthia benannte Elegienbuch veröffentlichte Properz im Alter von etwa zwanzig Jahren; in einigen Handschriften trägt es den Titel »Monobiblos«, was seine Einzelexistenz auf dem ›Buchmarkt‹ beweist.

189,2 *nicht weniger (Ruhm) gab sie (Cynthia) selber ihm:* vgl. VIII 73,5.

190 *Titus Livius in membranis:* sicher nur ein Auszug aus den 142 Büchern Ab urbe condita des römischen Historikers Titus Livius (ca. 64 v. – 12 n. Chr.) als Codex.

191 Gaius *Sallustius* Crispus (85–35/34 v. Chr.): römischer Historiker; Hauptwerke: Bellum Catilinae, Bellum Iugurthinum, Historiae (nur in Fragmenten); Martials Urteil entspricht dem von Quintilian (Institutio oratoria X 32): *Sallustiana brevitas, qua nihil apud aures vacuas et eruditas potest esse perfectius.*

192,2 *die fünfzehn Gesänge Nasos:* die fünfzehn Bücher der Metamorphosen Ovids.

193 Der Elegiker T. Albius *Tibullus* (ca. 50 v.–19 n. Chr.); es war Delia (und nicht *Nemesis*, seine zweite Liebe), von der er (I 5,30) schreibt: *at iuvet in tota me nihil esse domo.*

194 M. Annaeus *Lucanus* (39–65 n. Chr.) aus Corduba, ein Neffe des Philosophen Seneca, Verfasser eines Epos über den Bürgerkrieg zwischen Pompejus und Caesar (De bello civili), das nach dem Kernstück, der Schilderung der Schlacht bei Pharsalus, meist »Pharsalia« genannt wird; über seine dichterische Qualität urteilt Quintilian (Institutio oratoria X 1,90): *Lucanus ... magis oratoribus quam poetis imitandus*, und der Vergilkommentator Servius (zu Äneis I 382) erklärt: *Lucanus ... ideo in numero poetarum esse non meruit, quia videtur historiam composuisse, non poema.*

195 Ein wegen seiner eleganten Antithesen berühmt gewordenes Epigramm; *Catulls* Heimat ist *Verona*, *Vergil* stammt aus einem Dorf bei *Mantua*.

196 Vermutlich der Dichter C. Licinius *Calvus*, Catulls Freund und Dichterkollege; Martial hält das angeführte Werk (ein unbekanntes Lehrgedicht?) für verfehlt: Es handelt von Gewässern und verdiene es auch, im Wasser zu landen.

196,2 *(Dies Papier) schwämme besser selber in seinem eigenen Wasser*: das Wasser, aus dem die die Feuchtigkeit liebende Papyrusstaude kam.

198 *Catella Gallicana*: vgl. auch Martials ausführliche Präsentation des Hündchens Issa I 109.

199 *Asturco*: Plinius erwähnt Naturalis historia VIII 166 die zierlichen spanischen *asturcones* (Zelter), »die beim Laufen nicht den gewöhnlichen Schritt haben, sondern einen sanften Gang durch abwechselndes Vorsetzen der Füße; daher wird auch überliefert, diese Pferde seien künstlich abgerichtet, im Paßgang auszugreifen.«

200 *Canis vertragus*: Windhund (ein keltisches Wort).

201 *Ein Ringer*: obszöne Konnotationen bei *succumbere* »unterliegen« und ἐπικλινοπάλην *clinopalen*, »Bettringkampf«, nannte Domitian den Koitus (Sueton, Domitian 22).

201,1 *Affen* wurden dressiert zur Teilnahme an Spielen und Kämpfen.

202,2 Der *cercopithecus* kam aus Äthiopien: Plinius, Naturalis historia VIII 72; eine Zirkusnummer mit ihm: XIV 128.

203 *Ein Mädchen aus Gades*: Gades (Cadix) in Spanien war bekannt durch seine lasziv auftretenden Tänzerinnen; vgl. auch I 41, 12.

203,1 *crisare* von den Koitusbewegungen der Frau und der tänzerischen Nachahmung; vgl. Juvenal XI 164 von den Gaditaner Tänzerinnen, die »mit vibrierendem Hintern zur Erde sinken«: *ad terram tremulo descendant clune puellae*.

203,2 *Hippolytos*, der sich seiner Stiefmutter Phädra verweigerte, ist Prototyp der Keuschheit.

204,1 *Celaenae*: Stadt in Phrygien (vgl. auch V 41,2); der *Celaenaeus* ist Attis, der Geliebte der phrygischen Muttergottheit Kybele.

204,2 *Gallus*: der kastrierte Priester der Kybele.

205,1 Mit *puer* ist fast immer ein junger Sklave gemeint, bisweilen auch Amor.

206,1 *meros amores* ist Catull-Reminiszenz; vgl. Carmina 13,9: *sed contra accipies meros amores*. *Merum* (*vinum*) ist der nicht mit Wasser verdünnte Wein.

206,2 *Cestos* (auch »akidalischer Gürtel«: VI 13,5) ist der Gürtel der Venus, der Liebe erregt – Anspielung auf die bekannte Szene im 14. Gesang der Ilias, 214–221, wo Hera sich Aphrodites Gürtel ausleiht, um Zeus zu verführen (s. auch das nächste Epigramm.). »The addressee in M's epigram would perhaps have worn his cestos like a cravat. ... When doing so, he would be able to arouse his lovers« (Leary).

207,1 *Kythera:* Insel der Aphrodite südlich von Lakonien.

208 Als Erfinder der römischen Schnellschrift mit Zeichen für Wörter und Silben, einem Vorläufer der *Stenographie*, gilt Tiro, der freigelassene Sklave und Sekretär Ciceros.

209,1 *mareotisch:* ägyptisch, nach Marea, einer Stadt (und einem See) in sumpfigem Gelände nicht weit von Alexandria; *mareotischer Bast* ist der Papyrus; er wurde mit einem elfenbeinernen Instrument oder einer Muschel glatt gerieben und eben gemacht, damit die zusammengeklebten Baststreifen das Schreibrohr nicht ›stolpern‹ lassen. Vgl. auch Plinius, Naturalis historia XIII 81: »Die rauhen Stellen des Papiers glättet man mit einem Zahn oder einer Muschel.«

210 Wer *plus iusto non sapit*, ist kein *morio*, sondern ein *scurra*, der geschickt und übertrieben den Narren spielt; ähnlich VIII 13, wo der Käufer enttäuscht ist, daß sein Narr normal ist.

211,1 *maritus*: Gatte (des Schafes) ist der *Widder*, hier das Tier mit dem Goldenen Vlies, das *Phrixos* und seine Schwester Helle über den Hellespont nach Kolchis trug, als die beiden Kinder vor den Nachstellungen ihrer Stiefmutter flohen.

212 *Hektor,* Sohn des Priamos, war der tapferste Held der Trojaner; Hektors Sohn *Astyanax* war noch ein kleines Kind, als der Vater im Kampf von Achilleus getötet wurde.

213 *Parma:* Bei den Gladiatorenspielen benachteiligte Domitian die Partei der *parmularii* (Kleinschildler); vgl. auch zu IX 68.

214 Μισούμενος und Δὶς ἐξαπατῶν: Titel von zwei verlorenen Komödien Menanders; die sehr jungen Komödianten sind offenbar so sympathisch (und erotisch attraktiv), daß keiner abgelehnt oder »verschmäht« wird (= *Misumenos*), und sie sind doppelt oder mehrfach »täuschend«, d.h. betörend (= *Disexapaton*).

215 *Fibula:* eine Art Klammer zur Verhinderung des Geschlechtverkehrs und zur Erhaltung der Stimme, speziell bei Sängern und Schauspielern; vgl. u.a. VII 82 und besonders Juvenal VI 73: »Anderen (Frauen) öffnet sich für viel Geld die Fibel des Komödienspielers.«

216,2 *während in lautloser Hand die listige Rute länger wird:* Die ineinandergesteckten Rohre werden leise und behutsam auseinandergezogen, eine Art Teleskop-Effekt.

218 *Opsonator* heißt der Einkäufer von Fleisch, Gemüse etc. für die Küche.

219 Martial spielt mit *cor* als »(Rinder-)Herz« und »(Rinds-)Verstand«.

220,2 *Ein Koch habe den Geschmack seines Herrn:* In seinem Metier soll der Koch kreativ, also frei sein, und als Gourmet gleichberechtigt mit seinem Herrn und selber ein *dominus*; *gula* (»Kehle«, »Rachen«) hier metonymisch für »Geschmack«.

221,1 *Rara ... craticula:* eigentlich »weitmaschiger Rost«; *curva ... ofella:* »a rolled-up cutlet« (Leary); ofella-Rezepte bei Apicius, z.B. VII 4,2: *ofellas Apicianas: ofellas exossas* (entknochen), *in rotundam complicas, ad furnum admoves, postea praeduras* (anbraten), *levas et, ut humorem exspuant, in craticula igni lento exsiccabis, ita ut urantur.*

223 *Adipata:* ein Fettgebäck speziell für Kinder, so auch Juvenal VI 631, freilich dort von mörderischen Plätzchen: »vom Gift der Mutter glänzt das fettige Gebäck, das Leichenfarbe hervorruft.«

223,1 *Surgite:* d.h., die Saturnalien – und damit der Anlaß für dieses Buch der Saturnaliengeschenke – sind vorbei, die Schule (und der Alltag) beginnt wieder; der Unterricht setzte bei Tagesanbruch ein, und die Kinder kauften sich offenbar unterwegs beim Bäcker ihr Frühstück.

LITERATURHINWEISE

Ausgaben

M. Valerii Martialis epigrammaton libri. Mit erklärenden Anmerkungen von L. Friedländer, 2 Bde., Leipzig 1886.
Martialis epigrammata, edidit W. Gilbert, Leipzig ²1896.
Martial, Épigrammes, texte établi et traduit par H. J. Izaac, 2 Bde., Paris 1930–1933 [u. ö.].
M. Val. Martialis Epigrammata recognovit brevique adnotatione critica instruxit W. M. Lindsay, Oxford 1903 (¹³1989).
M. Valerii Martialis Epigrammaton libri recognovit W. Heraeus. Editionem correctiorem curavit I. Borovskij, Leipzig 1976.
M. Valerii Martialis Epigrammata post W. Heraeum edidit D. R. Shackleton Bailey, Stuttgart 1990.
Martial. Epigrams, edited and translated by D. R. Shackleton Bailey, 3 Bde., Cambridge (Mass.)/London 1993.
Marco Valerio Marziali, Epigrammi, traduzione di M. Scàndola, 2 Bde., Mailand 1996.

Kommentare

M. Valerii Martialis epigrammaton libri. Mit erklärenden Anmerkungen von L. Friedländer, 2 Bde., Leipzig 1886.
M. Valerii Martialis Epigrammaton liber primus. Introduzione, testo, apparato critico e commento a cura di M. Citroni, Florenz 1975.
Howell, P.: A Commentary on Book One of the Epigrams of Martial, London 1980.

Dolç, M.: M. Valerio Marcial. Epigramas selectos. Introducción, selección, notas y vocabulario, Barcelona 1981 [kommentierte Auswahl von 82 Gedichten].
Kay, N. M.: Martial, Book XI: a commentary, London 1985.
Howell, P.: Martial. Epigrams V. Edited with an Introduction, Translation & Commentary, Warminster 1995.
Guillén, J.: Epigramas de Marco Valerio Marcial. Texto, introducción y notas, Zaragoza 1986.
Martial Book XIV: The Apophoreta. Text with introduction and commentary by T. J. Leary, London 1996.
M. Valerius Martialis, Epigramme. Ausgewählt, eingeleitet und kommentiert von U. Walter, Paderborn u.a. 1996.
Grewing, F.: Martial, Buch VI. Ein Kommentar, Göttingen 1997, (Hypomnemata 115).

Deutsche Übersetzungen

Die Epigramme des Marcus Valerius Martialis in den Versmaßen des Originals übersetzt von A. Berg, Stuttgart 1865.
Die Epigramme Martials in zwölf Büchern nebst dem Buch von den Schauspielen. Deutsche Nachdichtung von H. Sternbach, Berlin o.J. (1922).
Martials Sinngedichte. Urtext und Übertragung, ausgewählt und zum Teil neu verdeutscht von H. Rüdiger, München o.J. (1939).
Martial, Epigramme, eingeleitet und im antiken Versmaß übertragen von R. Helm, Zürich/Stuttgart 1957.
Martial, Römischer Witz. Ausgewählte Epigramme. Übertragen von H. Swoboda, München 1960.
Martial, Epigramme, ausgewählt, übersetzt und erläutert von H. C. Schnur, Stuttgart 1966.
Martial, Epigramme, herausgegeben von U. Gößwein, Bamberg 1983.
Martial, Epigramme. Aus dem Lateinischen übertragen und herausgegeben von W. Hofmann, Frankfurt a.M./Leipzig 1997.

Plinius

Plinius Secundus d. Ä., Naturalis historia/Naturkunde, erste lateinisch-deutsche Gesamtausgabe der 37 Bücher, herausgegeben von R. König, K. Bayer, G. Winkler, J. Hopp und Kai Brodersen, München/Zürich/Düsseldorf 1973–1996.

Sekundärliteratur[1]

Adams, J. N.: The Latin Sexual Vocabulary. London ²1987.
Barner, W.: Vergnügen, Erkenntnis, Kritik. Zum Epigramm und seiner Tradition in der Neuzeit, in: Gymnasium 92 (1985), S. 350ff.
Barwick, K.: Martial und die zeitgenössische Rhetorik, Berlin 1959 (Berichte über die Verhandlungen der sächsischen Akademie der Wissenschaften zu Leipzig 104/1).
Burnikel, W.: Untersuchungen zur Struktur des Witzepigramms bei Lukillios und Martial, Wiesbaden 1980.
Cancik, H.: Die kleinen Gattungen der römischen Dichtung, in: Römische Literatur, herausgegeben von M. Fuhrmann, Frankfurt a. M. 1974, S. 261ff (Neues Handbuch der Literaturwissenschaft, Bd. 3).
Classen, C. J.: Martial, in: Gymnasium 92 (1985), S. 329ff.
Deutsche Epigramme. Auswahl und Nachwort von G. Neumann, Stuttgart 1969.
Friedländer, L.: Darstellungen aus der Sittengeschichte Roms I-IV, Leipzig ¹⁰1922–23.
Dolç, M.: Hispania y Marcial, Barcelona 1953.

---

[1] Ausführliche Literaturlisten finden sich bei H. Szelest, 1986, S. 2610ff., J. P. Sullivan, 1991, S. 328ff., und im Kommentar von F. Grewing, 1997, S. 60ff. Wir nennen im folgenden auch Epigrammsammlungen mit nützlichem Vor- bzw. Nachwort. Für die didaktische Literatur und für Schulausgaben bieten die notwendigen Angaben: Müller, A. / Schauer, M.: Bibliographie für den Lateinunterricht. Clavis Didactica Latina, Bamberg 1994, S. 218f.

Erb, G.: Zu Komposition und Aufbau im ersten Buch Martials, Frankfurt a. M./Bern 1981.

Görler, W.: Martials Reisegedicht für Licinianus (ep. I, 49), in: Eos 74 (1986), S. 309 ff.

Gößwein, U.: Martial-Lektüre in der Mittelstufe/Sekundarstufe I, in: Auxilia, Bd. 5: Lateinische Dichterlektüre II, Bamberg 1982, S. 4 ff.

Grewing, F.: Möglichkeiten und Grenzen des Vergleichs: Martials *Diadumenos* und Catulls *Lesbia*, in: Hermes 124 (1996), S. 333 ff.

Grewing, F. (Hg.): Toto notus in orbe: Perspektiven der Martial-Interpretation, Stuttgart 1998 (Palingenesia 65).[1]

Heilmann, W.: Martial, in: Handbuch für den Lateinunterricht, Sekundarstufe I, herausgegeben von W. Höhn und N. Zink, Frankfurt a. M. 1979, S. 338 ff.

Heilmann, W.: »Wenn ich frei sein könnte für ein wirkliches Leben ...«. Epikureisches bei Martial, in: A & A 30 (1984), S. 47 ff.

Herder, J. G.: Sämtliche Werke, herausgegeben von B. Suphan, Bd. XV, Berlin 1888, S. 205 ff. und S. 337 ff.

Hess, P.: Epigramm, Stuttgart 1989.

Hofmann, R.: Aufgliederung der Themen Martials, in: Wissenschaftliche Zeitschrift der Karl-Marx-Universität Leipzig 6 (1956/57), S. 433 ff.

Holzberg, N.: Martial, Heidelberg 1988.

Jens, W.: In Sachen Lessing. Vorträge und Essays, Stuttgart 1983.

Joepgen, U.: Wortspiele bei Martial, Diss. Bonn 1967.

Kästner, E.: Kurz und bündig, München/Zürich 1950.

Keydell, R.: Epigramm, in: Der kleine Pauly. Reallexikon der Antike, Bd. 2, Stuttgart 1967, S. 308 ff.

Kuppe, E. M. W.: Sachwitz bei Martial, Diss. Bonn 1972.

Lausberg, M.: Das Einzeldistichon. Studien zum antiken Epigramm, München 1982.

---

[1] Dieser wichtige Sammelband mit 16 Beiträgen bedeutender Martial-Forscher der Gegenwart erschien erst nach Fertigstellung des Manuskriptes.

Lausberg, M.: Martial: »Epigramme«, in: Große Werke der Literatur, Bd. II, herausgegeben von H. V. Geppert. Eine Ringvorlesung an der Universität Augsburg 1990/1991, S. 41ff.

Lessing, G. E.: Werke, 1. Bd., Darmstadt 1970; 5. Bd., Darmstadt 1973.

Luck, G.: Epigramm, in: Das Fischer Lexikon Literatur, Bd. 2/1; Frankfurt a. M. 1965, S. 200ff.

Mason, H. A.: Is Martial a Classic? The Cambridge Quarterly 17 (1988), S. 297ff.

Neumeister, C.: Das antike Rom. Ein literarischer Stadtführer, München ²1993.

Obermayer, H. P.: Martial und der Diskurs über männliche »Homosexualität« in der Literatur der frühen Kaiserzeit, Tübingen 1998.

Offermann, H.: *Uno tibi sim minor Catullo*, in: Quaderni Urbinati di Cultura Classica 34 (1980), S. 107ff.

Pfohl, G. (Hg.): Das Epigramm. Zur Geschichte einer inschriftlichen Gattung, Darmstadt 1969.

Puelma, M.: Ἐπίγραμμα – epigramma: Aspekte einer Wortgeschichte, in: Museum Helveticum 53 (1996), S. 123ff.

Riber, L.: Un celtibero en Roma. Marco Valerio Marcial, Madrid 1941.

Riedel, V.: Lessing und die römische Literatur, Weimar 1976.

Römer, F.: Mode und Methode in der Deutung panegyrischer Dichtung der nachaugusteischen Zeit, in: Hermes 122 (1994), S. 95ff.

Sauter, F.: Der römische Kaiserkult bei Martial und Statius, Stuttgart 1934.

Schäfer, E. Martials machbares Lebensglück (Epigr. 5,20 und 10,47), in: Der Altsprachliche Unterricht XXVI (1983), H. 3, S. 74ff.

Seel, O.: Ansatz zu einer Martial-Interpretation, in: Antike und Abendland 19 (1961), S. 53ff. Wiederabgedr. in: Pfohl, G. (Hg.), S. 153ff.

Siedschlag, E.: Zur Form von Martials Epigrammen, Berlin 1977.

Stephan-Kühn, F.: Aspekte der Martial-Interpretation, in: Der Altsprachliche Unterricht XXVI (1983), H. 4, S. 22ff.

Stumpp, B. E.: Prostitution in der römischen Antike, Berlin 1998.

Sullivan, J. P.: Martial: the unexpected classic. A literary and historical study, Cambridge 1991.
Swann, B. W.: Martial's Catullus. The Reception of an Epigrammatic Rival, Hildesheim u. a. 1994.
Szelest, H.: Humor bei Martial, in: Eos 69 (1981), S. 293ff.
Szelest, H.: Martial – eigentlicher Schöpfer und hervorragendster Vertreter des römischen Epigramms, in: Aufstieg und Niedergang der Römischen Welt, herausgegeben von H. Temporini und W. Haase, II 32,4, Berlin/New York 1986, S. 2563ff.
Walter, U.: Rom aus der Asche – Herrscherlob und Götterburleske bei Martial V 7, in: Gymnasium 103 (1996), S. 498ff.
Weinreich, O.: Studien zu Martial. Literaturhistorische und religionsgeschichtliche Untersuchungen, Stuttgart 1928.
Weinreich, O.: Epigrammstudien I. Epigramm und Pantomimus (Sitzungsberichte der Heidelberger Akademie der Wissenschaften phil.-hist. Klasse, 1944/48), Heidelberg 1948.
Wiegand, H.: Kleine Formen: Das Epigramm, in: Der Altsprachliche Unterricht XXXVIII (1995), H. 6 [darin zu Martial: P. Barié/W. Schindler: »Der Witz ist das Epigramm auf den Tod eines Gefühls« – Anziehungen und Abstoßungen bei Martial, S. 53ff., und W. Klug: Martial-Interpretationen, S. 69ff.].
Willenberg, K.: Die Priapeen Martials, in: Hermes 101 (1973), S. 320ff.
Woessner, H. P.: Lessing und das Epigramm, Neuhausen a. Rhf. 1978.

INDEX DER EIGENNAMEN

Vermutlich fiktive Namen sind mit Asteriscus notiert

Abderitana plebs   X 25,4
Accius *tragischer Dichter*   XI 90,6
*Acerra   I 28
*Achillas   III 91; VII 57
Achilles   V 48,5; s. Aeacides;
   Achilleus *Adj.* II 14,4; XII 82,10
Acidalius *Adj.* VI 13,5; IX 12,3
Ac(h)orus   III 93,24
Actiacum fretum   IV 11,6
Advolans *Gladiator*   V 24,6
Aeacides *Achilles*   VIII 6,12;
   XI 43,10
Aeacus   X 5,14
*Aefulanus   VI 74
Aegaeum mare   VI 34,3
*Aegle   I 72,3; 94; XI 81; XII 55
*Aelia   I 19
Aelianus *ein Freund Martials*
   XII 24,3; *vielleicht andere Person*
   XI 40,1
*Aelius   I 95
Aemilia *via*   III 4,2; VI 85,6; X,12,1
*Aemilianus   I 50; V 81
*Aemilius   XII 19
Aeneae nutrix *Caieta*   V 1,5
Aeolia Lupi   II 14,12
Aeolis *ancilla*   XI 91,1
Aeolus   X 30,19; Aeolius *Adj.* V 71,4;
   VIII 28,20; 50,9
*Aeschylus   IX 4; 67,7
Aesonides *Iason*   II 14,6

Aethiops   Spect. 3,10; VII 87,2
Aethon *Sonnenpferd*   III 67,5;
   VIII 21,7
*Aethon   XII 77
Aetia Callimachi *Gedicht*   X 4,12
Aetnaeus *Adj.*   VII 64,3; VIII 45,1
Aetolus *Adj.*   VII 2,3; 27, 2; IX 48,6;
   XIII 41,2; 93,2
*Afer   IV 37; 78; VI 77; IX 6; 25;
   X 84; XII 42
*Afra Nomas *Numidien*   IX 75,8
*Afra   I 100
Africa   II 2,1
Africani *Scipiones*   IV 14,5
*Africanus   XII 10
Agathinus *Jongleur*   IX 38
Agenoris puella *Säulenhalle der Europe*
   XI 1,11;
   Agenoreus *Adj.* II 43,7; X 17,7
Agrippa *M. Vipsanius*   III 20,15; 36,6;
   X 87,9 *s.* Saepta *und* Vipsanius
Alanus   VII 30,6
*Alauda   XII 58; 60,8
Alba   V 1,1
Albanus *Adj.*   IV 1,5; 64,13; IX 23,5;
   101,12; XII 48,11; XIII 109 *Titel*
Albanum *praedium, Villa Domitians*
   XI 7,3
*Albinus   IV 37,7
Albula *ein Bach*   I 12,2; IV 4,2
Alcestis   IV 75,6

INDEX DER EIGENNAMEN

Alcides Spect. 16b,2; V 65,2; 16; VI 68,8; VII 50,5; IX 3,11; 25,7; 34,6; 44,1; 64,6; 65,1; 101,3.11; XIV 178,2; s. Hercules

Alcimus *junger Sklave Martials* I 88,1

*Alcimus V 64,2

Alcinous IV 64,29; VII 42,6; X, 94,2; XII, 31,10; s. Corcyraeus

Alcon *Arzt* VI 70,6; XI 84,5

Alexander s. Pellaeus tyrannus

Alexis *junger Sklave Vergils* V 16,12; VI 68,6; VII 29,7; VIII 55,12; 73,10

Alexis *junger Sklave* VIII 63,1

*Alfius IX 95,1

Algidi secessus X 30,6

Almo, *ein Bach* III 47,2

*Almo X 91

Alpheus *Fluß* VI 85,8

Altinum *Stadt in Oberitalien* IV 25,1; XIV 155,2

Amazon IX 101,5

Amazonicus *junger Sklave des Flaccus* IV 42,16

Amazonis *Gedicht des Marsus* IV 29,8

(Amillus) s. Hamillus

Amiternus ager XIII 20,1

*Ammianus II 4; 17; IV 70

*Amoenus XII 66

*Amphion XII 75,5

Amyclae Fundanae XIII 115,1

Amyclae Therapnaeae IX 103,5

Amyclaeus *Adj.* VIII 28,9; IX 72,1; XIV 161,1

Amyntas *Hirte* XI 41,1

Anchialus *Stadt in Kilikien* (?) XI 94,8; s. Sardanapallus

Ancus *römischer König* IX 27,6

Andraemon *Zirkuspferd* X 9,5

*Andragoras VI 53

Andromache III 76,4; V 53,2

Andromeda Spect. 27,10

Annae Perennae nemus IV 64,17

Annaeus s. Lucanus *und* Seneca

Annaeus Serenus *Freund des Philosophen Seneca* VII 45,2; VIII 81,11

*Annianus VI 92

*Annius VII 48

Antaeus XIV 48,1

Antenoreus *Adj.* I 76,2; IV 25,3

*Antiochus *Barbier* XI 84

*Antiope I 92,6

Antipolitanus thynnus IV 88,5; XIII 103,1

Antistius Rusticus *Ehemann der Nigrina* IX 30; s. IV 75

Antium X 30,7

Antonius M. *Antonius, der Triumvir* II 89,5; III, 66,1.5; IV 11,9; V 69,1; XI 20,3; s. IV 11,4

Antonius Primus *M., ein Freund des Dichters* IX 99; X 23; 32

Antonius Saturninus *L., Statthalter von Germania Superior* IV 11

Antulla *Tochter von Faenius Telesphorus* I 114; 116

Anxur V 1,6; VI 42,6; X 51,8; 58,1

Aonides *Musen* VII 22,2

Aonius *Adj.* XII 11,2; VII 63,4

Apelleus *Adj.* VII 84,8; IX 9,2

*Aper VII 59,1; X 16; XI, 34; XII 30; 70

Apicius M. *Gavius, Gourmet und Verfasser eines Kochbuches* II 69,3; 89,5; III 22,1.5; X 73,3

INDEX DER EIGENNAMEN

*Apicius   III 80; VII 55,4

Apollinaris *Domitius, gelehrter Freund Martials*   IV 86; VII 26; 89; X 12,3 (?); X 30,4; XI 15

Apollo   II 89,3; VIII 6,6; IX 42,1; 86,4; X 21,3; 35,20; Apollineus *Adj.* VI 29,6; VII 22,1; X 12,1; *s.* Phoebus

Apollodorus *Schriftsteller aus Alexandria*   I 61,5

*Apollodotus   V 21; *s.* V 54

Aponi tellus = *Patavium*   I 61,3; fontes VI 42,4

Appia *via*   IX 101, 1; X 18,6; *s.* IX 64,2 Latia via

Appianus *s.* Oppianus

Aprilis   VII 95,18; IX 52,2

Apulia   XIV 155,1; Apulus *Adj.* II 46,6; VIII 28,3; X 74,8

Aquileia   IV 25,3

Aquinus *primipilaris*   I 93

Arabs   Spect. 3,7; III 65,5

Arcadius aper   IX 101,6

Arcanus *Magistrat von Narbonne* VIII 72,3

Arcas *Mercurius*   IX 34,6

Arcas   Spect. 27,4

Arcas aper   V 65,2

Arctos   VII 7,1; IX 84,6; Arctous *Adj.* Spect. 15,4; IV 11,8; V 68,1; VIII 65,3; IX 31,1; X 6,2

Ardea   IV 60,1

Aretulla *Schwester eines Verbannten* VIII 32

Argeus colonus   IV 57,3

Argiletum (*mit Tmesis*)   I 117,9; II 17,3

Argiletanae tabernae   I 3,1

Argivae urbes   IV 55,4

Argoa carina   XIII 72,1

Argolicus tyrannus *Eurystheus* IX 65,5; Argolica gens   IV 66,9

Argonautae   III 20,11; 67,10

Argus   XIV 85,2

Argynnus *junger Sklave Stellas*   VII 15,5

Aricia *alte Stadt in Latium*   XIII 19,1; Aricinus *Adj.* II 19,3; X 68,44; XII 32,10

Arion   VIII 50,15

Armenii   V 58,4

Arpi   IV 55,3; Arpinus *Adj.* X 20,17

Arretina testa   I 53,6; vasa XIV 98

Arria *Frau von Caecina Paetus*   I 13,1

Arruntius *s.* Stella

Arsacia aula   IX 35,3

Artemidorus *T. Flavius, Athlet* VI 77,3

*Artemidorus   V 40; VIII 58; IX 21

Asia   V 74,1

*Asper   VIII 51

Assyrius *Adj.*   Spect. 1,2; V 7,1; VIII 77,3

Astur   X 17,3; Astur equus XIV 199,2

Astyanax   VIII 6,16; XIV 212,2

Asylus *junger Sklave*   IX 103,3

Atedius *s.* Melior

Atestina Sabina *Dichterin*   X 93,3

Atestinus *Advokat*   III 38,5

Athamanteum aurum   VIII 28,19

Athas *ein Läufer*   IV 19,8

Athenae   VI 64,17; *s.* Cecropius, Atthis, Pandion

*Athenagoras   VIII 41; IX 95; 95b

Atilius   IX 85

Atina *Stadt in Latium*   X 92,2; *s.* Marrius

Atlans   IX 3,5; XIII 2,2; *s. auch* VII 74,6

Atlans *ein Zwerg* VI 77,7
Atlantica munera XIV 89,1
Atrectus *Buchhändler* I 117,13
Atreus XI 31,1
Atrianus culex III 93,1
Atridae VII 24,5
Atropos *eine der drei Parzen* X 38,13; 44,6
*Attalus I 79; II 7,1.5; s. *Atticus; IV 34
Atthis I 53,9; Atthides V 67,2; XI 53,4
*Atticilla XII 79
Atticus VII 32,1; IX 99,1
*Atticus s. *Attalus II 7,1.5
Atticus *Adj.* III 20,9; IV 86,1; V 37,10; VII 69,3; IX 11,3; XIII 104 *Titel*; 108,1
Attis II 86,4; X 4,3; *s.* Celaenaeus *und* Phryx
Auctus *s.* Pompeius
*Aufidia III 70
Aufidius Chius *iurisconsultus* V 61,10
Augustus *Kaiser Augustus* Spect. 28,1; IX 1,2; XI 20,1.9; *s.* Caesar, Iulius *Adj.*
Augustus *Domitian* IV 27,1; V 15,1; 65,15; VIII epist. *Titel*; 36,11; 44,7 (?); 66,1; 80,7; 82,1.5; IX 3,13; 18,7; 79,3
Augustus *Kaiser Nerva* XI 3,9
Augustus *Adj.* III 93,16; VI 59,8; VII 40,1; IX 34,2; X 103,1; XII 67,2
Aulon *Tal bei Tarent* XIII 125,1
Aulus *s.* Pudens
Ausonius *Adj., oft* = Romanus Spect. 4, 5; VI 61,4; VII 6,2; VIII 21,10; 53,5; IX 7,6; 36,1; 86,2; X 26,3; 73, 2; XII 6,1; 62,9; XIII 65,1; XIV 53,1

Autolycus *Homeri* VIII 59,4
Aventinus X 56,2; *s.* VII 73,1; XII 18,3 collis Dianae; Aventina Diana VI 64,13
Avernus I 62,3; VII 47,7
Avitus *s.* Stertinius

Babylon Spect. 1,2; VIII 28,17; IX 75,3; XIV 150,2
*Baccara VI 59; VII 92; XI 74
Bacchica serta VII 63,4
Bacchus Spect. 12, 7; I 76,7; III 24,2; IV 44,3; 82,6; V 72,1; 78,18; VIII 26,8; 68,4; X 35,20; XIII 23,1; 39,1; 119,1; XIV 107,1; *s.* Bromius, Lyaeus
*Baeticus III 77,81
Baetis VII 22,4; VIII 28,6; IX 61,2; XII 98,1; Baeticus *Adj.* V 37,7; VI 71,1; XII 65,5; 14,133 *Titel*
Baiae III 20,19; IV 57,6; 63,1; V 1 42,7; 43,1; X 14,3; 58, 2; XI 80
Baianus *Adj.* I 59,1; 62,4; III 58,1; IV 25,1; 30,1. 13; VI 43,5; 68,3; IX 58,4; X 37,11; XIII 82,1
*Balbus II 32,1
*Bassa I 90; IV 4; 61; 87; V 45; VI 69
Bassus *ein Freund Martials oder fiktiver Name* III 58,1; VII 96,1
*Bassus I 37,2 (*varia lectio* Bassa); III 47,5; 76; V 23; 53; VIII 10; IX 100; XII 97
Batavus *Adj.* VI 82,6; VIII 33,20; XIV 176,1
Batrachomyomachia (*Batrachomachia*) XIV 183 *Titel*
Bauli IV 63,1
Bellona XII 57,11

INDEX DER EIGENNAMEN

Berecyntii furores   IV 43,8

Bilbilis *Geburtsort Martials*   I 49,3;
61,12; IV 55,11; X 103,1; 104,6; XII 18,9

*Bithynicus   II 26; VI 50; IX 8; XII 78

Bitias (*s. Vergil, Äneis I 738*)   VIII 6,13

Blaesus *Freund von Atedius Melior*
VIII 38,10; Blaesianum *ibid*. 14

Blanditiae   X 72,1

Bononia   III 59,1; VI 85,5

Bootes   IV 3,5; VIII 21,3

Boreas   VII 36,5; VIII 14,6

Boterdum *in Spanien*   I 49,7; XII 18,11

Bovillae *in Latium*   II 6,15

Briseïs *Gefangene Achills*   XI 43,9

Britannia   XI 3,5; Britanni X 44,1;
XI 53,1; XII 8,9; XIV 99,1

Britto   XI 21,9

Bromius *Beiname des Bacchus*
IV 45,8; XII 98,3

Bruttianus *Verfasser griechischer Epigramme*   IV 23,5

Brutus *L. Iunius Brutus, Befreier Roms von der Königsherrschaft*   VIII 30,2;
X 39,1; XI 16,10; 44,1

Brutus *M. Iunius Brutus, der Caesarmörder*   I 42,1; V 51,5; XI 5,9 (?);
104,18; XIV 171,2

Bruti puer *Statuette*   II 77,4; IX 50,5;
s. auch XIV 171 Titel

*Bucco   XI 76,2

Burado *in Spanien*   IV 55,23

Burdigala *Bordeaux*   IX 32,6

Burrus *Sohn des Parthenius*   IV 45,4;
V 6,6

Bututnti *in Kalabrien*   II 48,7; IV 55,29

Byblis *wegen der Liebe zu ihrem Bruder Caunus in eine Quelle verwandelt*
X 35,7

Caballus *s*. Tettius

Cacus *räuberischer Riese*   V 65,6

Cadilla (†Gadilla†)   VII 87,7

Cadmus   II 43,7; X 87,10
Cadmea Tyros   VI 11,7

*Caecilianus   I 20; 65 (Laetil-); 73
(Maecil-); II 37; 71; 78; IV 15
(Maecil-); 51; VI 5; 35; 88; VII 59;
VIII 67; IX 70 (Maecil-); XI 42

Caecilius Secundus *Freund Martials*
V 80,7.13; VII 84,1

*Caecilius   I 41; II 72; XI 31

Caecuba vindemia   VI 27,9; Caecubum   II 40,5; III 26,3; X 98,1;
XI 56,11; XII 17,6; 60,9; XIII 115

*Caedicianus   I 118; VIII 52; X 32; 84

*Caelia   IV 61,8; VI 67; VII 30;
XI 75

*Caelius   VII 39

Caelius (*maior et minor*) *Hügel von Rom*   XII 18,6

Caerellia *Schiffbrüchige*   IV 63

*Caerellia   IV 20

Caeretanum; Caeretana *vinum*
XIII 124; Caeretanus ager
VI 73,3

Caesar *der Diktator*   I 117,10 (?);
VI 32,5; IX 61,19; XI 5,11; *s. auch*
IX 70,3; Caesarianus *Adj.* IX 61,6;
XI 5,14; *s. Iulius Adj.*

Caesar *Augustus Imperator*   IV 11,10;
VIII 66,10; X 101,2; Caesarianus
eques X 73,4; Caesareus tholus
II 59,2

Caesar uterque *Titus und Domitian*
III 95,5; IX 97,5; I 101,2 (Caesares)

Caesar *Titus* Spect. *passim*; Caesareus *Adj.* Spect. 1,7; 12,1; 28,10

INDEX DER EIGENNAMEN

Caesar *Domitian* I 4,1; 6,6; 14,1; 22,6; 78,10; 89,6; II 2,4; 32,4; 91,1; IV 1,1; 3,2; 8,9; 27,6; 74,4; V 1,2; 6,4; 19,1.15; 63,5; 65,7; VI 1,5; 2,3; 34,6; 64,15; 80,1; 83,5; 87,1; VII 1,3; 5,1; 6,2.8; 7,7; 8,9; 60,7.8; 99,4; VIII epist. *Titel*; 11,7; 21,2.11; 24,3; 26,5; 36,1; 49,5; 56,3.4; 65,4; 66,6; 78,15; 80,2; IX 3,1; 7,10; 12,8; 18,1; 20,9; 31,1.9; 34,8; 36,3.9; 42,7; 64,1; 65,2; 83,1; 84,2; 91,2; 93,4; 101,1; XI 7,3.4; XIII 127,1; XIV 179,2; Caesareus *Adj.* I 6,3; III 95,11; VIII 30,1; XIII 109,1; Caesarianus *Adj.* VIII 1,4; 30,1; IX 79,8; *s. auch* Augustus, Caesar uterque, Germanicus

Caesar *Nerva* X 60,1; XI 5,1; XII 4,4.; Caesarea dona X 28,5; Caesarianus XI 5,14

Caesar *Trajan* X 6,5; 34,1; XII 8,10; 9,1

Caesar = *imperator* IV 11,10; XII 65,6; XIV 73,2

Caesar *puer Sohn von Domitian* IV 3,8

Caesius Sabinus, C., *ein Freund Martials* VII 97; IX 58;60; XI 8 (?); 17

*Caesius VII 55,5

Caesonia *Frau des Rufus* IX 39

Caesonius Maximus *Freund Senecas* VII 44; 45

Caieta 10,30,8; *s.* Aeneae nutrix

*Caietanus VIII 37

Caius *Berg in Spanien* I 49,5; IV 55,2

Calaber (Flaccus) *Horatius* VIII 18,5; lyra V 30,2; Camenae XII 94,5; Calabrae aquae VIII 28,4

Caledonius *Adj.* Spect. 7,3; X 44,1

Calenus *Mann der Dichterin Sulpicia* X 35,21; 38

*Calenus I 99

Callaicus (Gallaecus) *Adj.* IV 39,7; X 17,3; 37,4.20; XIV 95,1

Callimachus *Dichter* IV 23,4; X 4,12

*Calliodorus V 38; VI 44; IX 21; X 11; 31

Calliope *Muse* IV 31,8; IX 86,6

*Callistratus V 13; IX 95 b; XII 35; 42; 80

*Callistus *junger Sklave* V 64,1; VIII 67,5

*Calpetanus VI 94

Calpurnius *s.* Piso

*Calpurnius V 54

Calvinus *schlechter Dichter* VII 90,3

Calvus (C. *Licinius?*) XIV 196 *Titel*

Calydon I 104,6; IX 48,6; XI 69,10; Calydonius sus XI 18,18

Camenae II 6,16; IV 14,10; VI 47,4; VII 68,1; VIII 66,2; XII 94,5

Camillus *M. Furius* XI 5,7; Camilli I 24,3; IX 27,6

Camonius Rufus *aus Bononia* VI 85; IX 74; 76

Campanus *Adj.* I 18,6; IX 60,4; XIII 101,1; 118,1

Canace *junge Sklavin* XI 91

*Candidus II 24,43; III 26; 46; XII 38

Canius Rufus *Dichter aus Gades* I 61,9; 69,2; III 20; 64; VII 69; 87,2; X 48,5; *s.* Rufus

Cannae VI 19,5

*Cantharus IX 9; XI 45

Canus *Flötenpieler* IV 5,8; X 3,8

INDEX DER EIGENNAMEN

*Canus I 80
Canusinus XIV 127; 129 *Titel*;
   s. Canusinatus IX 22,9
Capelliana *eine Art Dessert* XI 31,17
Capena porta III 47,1.
Capitolinus *Spaßmacher unter Trajan*
   X 101,3
Capitolium XII 77,3.8; Capitolinus
   Adj. Capitolinum bellum *Gedicht*
   Domitians V 5,7; C. collis XII 21,6;
   C. dapes XII 48,12; C. Iuppiter
   V 63,6; C. templa IX 3,7; C. Tonans
   X 51,13; C. viae VI 10,8
Cappadoces VI 77,4; 85,3; VII 30,2;
   IX 30,1; XII 29,6; Cappadocus *Adj*.
   V 78,4; X 76,3
Carduae *in Spanien* IV 55,17
Cares Spect. 1,6
(*Carisianus) *s*. Charisianus
Carpophorus *Tierkämpfer* Spect. 15;
   23; 27
Carpus *Mann der Norbana* VII 74,7
   varia lectio Carus
*Carpus VI 39,19
(Carrhae) *s*. Cannae *codd*.
Carus *Mettius, Denuntiant* XII 25,5
Carus *Dichter* IX 23,24; 54,5 (?)
(Carus) *s*. Carpus
*Carus X 77
Carystos *Stadt an der Südküste Euböas*
   IX 75,7
Cascellius *Arzt* X 56,3
*Cascellius VII 9
Cassianus *Freund Martials* III 64
Castalis *Adj*. sorores IV 14,1; unda
   IX 18,8; Castalius *Adj*. VII 12,10;
   22,4; VIII 66,5; XII 2,13
Castor I 70,3; V 38,6; VII 57;

VIII 21,6; IX 51,8; 103,3; X 51,2;
   s. Amyclaeus, Lacones
*Castor VII 98
Castrana rura *bei Ardea* IV 60,1
Castricus *ein Freund Martials* VI 43;
   68; VII 4; 37; 42; *konjiziert* XII 28,1
Catacissus (Cala- *codd*.) IX 93,3
*Catianus VI 46
Catilina *L. Sergius* V 69,4; IX 70,2
Cato *Uticensis* I epist.; 8,1; 78,9;
   II 89,2; V 51,5; VI 32,5; XI 5,14
Cato (*Maior oder Minor als Typus der*
   Sittenstrenge) IX 28,3; X 20,21
   (Catones); XI 2,1; 15,1; 39,15;
   XII 3,8; Catoniana lingua IX 27,14
Catuli templa *in Capitolio* V 10,6
*Catulla VIII 54
Catullus *lyrischer Dichter* I epist.;
   7,3.4; 109,1; II 71,3; IV 14,13; V 5,6;
   VI 34,7; VII 14,3; 99,7; VIII 73,8;
   X 78,16; 103,5; XI 6,16; XII 44,5;
   59,3; 83,4 (duo Catulli); XIV 77; 100;
   152; 195; *s*. I 61,1 (docti vatis); Catul-
   liana basia XI 6,14
Catullus *Mimendichter* V 30,3
*Catullus VI 69; XII 73
Caystrus *Fluß im jonischen Kleinasien*
   I 53,7
Cecropius *Adj*. I 25,3; 39,3; 53,10;
   IV 23,6; V 2,8; VI 34,4; VII 32,3;
   69,2; IX 12,2; XI 42,4; XIII 24,1;
   105,2; Cecropius senex *Sokrates*
   oder Epikur X 33,2
Celaenaeus *Adj*. C. Marsyas X 62, 9;
   C. concubinus (*Attis*) V 41,2; *s. auch*
   Celaenaeos amores XIV 204,1
Celer *Legat in Hispania Citerior*
   VII 52

*Celer I 63

Celtae IV 55,8; VII 52,3; X 65,4; 78,9

Celtiber gentes I 49,1; Salo X 13,1; terrae XII 18,11

Centauri X 4,9

Cephalus *Geliebter der Eos / Aurora* XI 69,5

Cerberus s. Tartareus

*Cerdo *Schuster* III 16,1.4.6; 59,1; 99,1

Ceres III 58,6; X 103,8; XIII 47,1

Cerialis *s.* Iulius

Cerretana perna XIII 54

Cerrinius *Dichter und Freund Martials* VIII 18

*Cerylus I 67

Cestos *junger Sklave von Instantius Rufus* VIII 46,2; 50,18.19

*Cestos *junger Sklave* I 92

*Chaeremon *stoischer Philosoph* XI 56

*Chaerestratus V 25

Chalybes *Volksstamm an der Südküste des Schwarzen Meeres* IV 55,12

Charidemus *ein zum Tode in der Arena Verurteilter* I 43,14

*Charidemus VI 31; 56; 81; XI 39; 87

*Charinus I 77; IV 39; V 39; VI 37; VII 34; VIII 61; XI 59; XII 89

*Charisianus VI 24; XI 88

*Charmenion X 65,2; 15

*Charopinus *Parasit* V 50

Chatti *germanischer Volksstamm* II 2,6; Chattica spuma XIV 26,1

Chia *Feigenart* VII 25,8; 31,2 (*Plur.*); XII 96,9.10; XIII 23

Chimaera Spect. 27,6

*Chimerinos IX 13,2 (*scherzhaft gebildet*)

*Chione *Name einer Dirne* I 34,7; 92,6; III 30,4; 34,2; 83,2; 87,1; 97,1; XI 60

*Chloe III 53; IV 28; IX 15

*Chrestilla VIII 43

*Chrestillus XI 90

*Chrestina II 31

*Chrestus VII 55; IX 27

Cicero *s.* Tullius

Cilices Spect. 3,8; VII 30,2; VIII 14,1; Cilix tonsor VII 95,13

Cilicii udones XIV 141 *Titel*

*Cilix VI 72

Cinna C. Helvius, *Lyriker* X 21,4

*Cinna I 89; II 53,5; III 9; 61; V 57; 76; VI 39; VII 33; 43; VIII 7; 19; XII 27; 64; *s.* VI 17

Cinnamus *Arzt* VI 64,26

*Cinnamus *Friseur* VII 64

*Cinnamus VI 17; IX 92

Cinyphius = *Libycus* VII 95,13; VIII 50,11; XIV 141,2

Circe VIII 36,10; X 30,8; *s.* V 1,5

Circeii *Stadt in Latium* XI 7,4

Cirrha *Hafenstadt von Delphi* I 76,11

Civis *Advokat* III 38,5

Cladus (Cladius?) *Geldverleiher* II 57,7

Claranus *grammaticus* X 21,2

*Classicus II 69; 86; XII 47

Claudia Peregrina *Frau von A. Pudens* IV 13

Claudia Rufina *aus Britannien* XI 53

*Claudia V 78,31; VIII 60

Claudius *Imperator* I 20,4; Claudia

porticus Spect. 2, 9; Claudiana
tempora III 20,3; s. Drusi

Claudius s. Etruscus

Clemens *Mann (?) einer Sabina*
X 93,1

Cleonaeus *Adj.* sidus IV 60,2; leo
V 71,3; s. Nemee

Cleopatra *ägyptische Königin* IV 59,5;
s. Pharius

*Cleopatra IV 22

Clusinae pultes XIII 8,1

*Clytus IV 9; *junger Sklave* VIII 64

(Cnidia) s. Gnidia

Colchis *Medea* Spect. 27,7; V 53,1;
X 35,5; Colchides X 4,2

Colchi III 58,16; Colchus rhombus
XII 57,17

Collinus *Dichter, Sieger im agon
Capitolinus* IV 20,3; 54,3

Concordia IV 13,7

Condylus *junger Sklave Martials*
V 78,30

*Condylus IX 92

Congedus *Fluß in Spanien* I 49,9

*Coracinus IV 43; VI 55

*Coranus IV 37,1; IX 98

Corcyraeus rex *König Alkinoos*
VIII 68,1; Corcyraeus hortus
XIII 37,1

Corduba *in Spanien* I 61,8; IX 61,2;
XII 63,1

Cordus *homo elegans und Freund
Martials* II 57,4, V 23,8; 26,1

*Cordus III 15; 83

*Coresus VI 39, 21

Corinna *Geliebte Ovids* V 10,10;
VIII 73,10; XII 44,6

Corinthos IX 59,11; X 68,11;

Corinthius *Adj.* V 35,3; IX 57,2;
XIV 43; 172; 177; Corinthii X 65,1

Corneli Forum *Imola an der via
Aemilia* III 4,4

Cornelia *Mutter der Gracchen*
XI 104,17

Cornelius s. Fuscus, Gaetulicus,
Gallus, Palma, Scipio, Sulla

*Cornelius I 35

Corsica mella IX 26,4; thyma
XI 42,4; Corsus cadus IX 2,6

Corybas I 70,10

Corycius crocus III 65,2; nimbus
IX 38,5

Cosconia *Frau von Urbicus* XI 55,5

Cosconius *schlechter Dichter* II 77,1.8;
III 69,7

Cosmus *Parfümeriehändler* I 87,2;
III 55,1; IX 26,2; XI 8,9; 18,9; 49,6;
XII 65,4; XIV 59,2; 110,1; 146,1;
Cosmianae ampullae III 82,26;
Cosmianum *unguentum* XI 15,6;
XII 55,7: Cosmicos, -ca VII 41

*Cosmus IV 53

*Cotilus II 70; III 63

Cotta *ein Greis, viell. fiktiver Name*
VI 70,2

*Cotta *bei Lukan* X 64,6

*Cotta I 9; 23; X 14; 49; 88; XII 87

Crassus *M. Licinius, der Triumvir*
XI 5,12

*Crassus V 21

Cremona *in Norditalien* VIII 55,7

Creta II 2,1; IX 20,6; XIII 106,1;
s. Dictaeus

*Creticus VII 90

Crispinus *Emporkömmling unter
Domitian* VII 99; VIII 48

Crispus s. Sallustius
Crispus C. *Passienus, Konsul II 44 n. Chr.* X 2,10
Crispus Q. *Vibius, Consul suffectus unter Nero* IV 54,7; Crispi XII 36,9
*Crispus V 32; X 15
Criton *Arzt* XI 60,6
Croesus *König von Lydien* V 39,8; Croesi XI 5,4
Cronius VII 87,4
*Crotus VI 39,19
Culex *Vergils* VIII 55,20; XIV 185
Cumanus *Adj. zu Cumae in Kampanien* XIV 114
Cupido VI 13,6; IX 56,2; Cupidines IX 11,9; XI 13,6; Cupidineus *Adj.* VII 87,9
Curetes IX 20,7
Curiatius *in Tibur gestorben* IV 60
Curius M'. *Curius Dentatus* VI 64,2; VII 68,4; XI 16,6; 104,2; Curii I 24,3; VII 58,7; IX 27,6; 28,4
Curvii fratres V 28,3; s. Lucanus *und* Tullus
Cyaneae nates XI 99,6; ruinae VII 19,3; s. Symplegas
Cybele I 70,10; III 81,6; 91,2; VII 73,3; VIII 46,4; 53,14; IX 2,13; 11,6; 39,2; XIII 25,1; 64,2; s. Dindymene, Mater
Cyclops VII 38,2
Cydas X 83,8; s. Hermeros
Cydonea *mala* X 42,3; XIII 24
Cyllarus *Kastors Pferd* IV 25,6; VIII 21,5; 28,8
Cyllene *Berg in Arkadien* VII 74,1
Cynicus III 93,13; IV 53,7; VII 64,8; Cynici XI 84,7

Cynthia *Geliebte des Properz* VIII 73,5; XIV 189,1
Cyparissus *Liebling Apolls* XIII 96,1
*Cyperus VIII 16
Cypros VIII 45,7; IX 90,9
*Cyrtas VI 39,17
Cytherea *Kultname der Aphrodite* IX 12,4; XI 81,6; Cythereia Cypros VIII 45,7; Cytheriacae conchae II 47,2; Cytheriacum nectar XIV 207,1

Dacicus VIII epist. *Titel*
Dacus I 22,6; VI 10,7; 76,5; VII 30,1; IX 35,5
Daedalus Spect. 8,1; IV 49,5
Dalmata X 78,8
*Dama VI 39,11; *ein Armer* XII 17,10
Damascena *pruna* V 18,3; XIII 29 *Titel*
Danae XIV 175
Daphne XI 43,7; s. X 35,20
Daphnis III 5,6
Dardanis Caieta X 30,8
Dardanius Iulus VI 3,1; minister (Ganymedes) XI 104,19; Paris IX 103,8;
Dasius *Arzt* VI 70,6
*Dasius II 52
Decianus *stoischer Philosoph aus Emerita* I 8; 24; 39; 61,10; II epist.; 5
*Decimus V 21,1 (*scherzhaft*)
Degis *Bruder des Decabalus* V 3
Deiphobus III 85,4
Delos Spect. 1,4
Delphica *mensa* XII 66,7
Delphis *die Pythia* IX 42,4
Demetrius *Sekretär Martials* I 101

Democritus *der Philosoph* IX 47,1
(*im Plur.*)

*Dento V 44; VIII 31

Dercenna (-eita- eta) *Fluß in Spanien*
I 49,17

Deucalion V 53,4

Dexter *Freund Martials* VII 27,3;
XI 69,3

Diadumenos *junger Sklave Martials
oder fiktiver Name* III 65; V 46;
VI 34

Diana Spect. 12,1; 13,5; VI 64,13;
VII 28,1; 73,1; VIII 46,3; X 70,7;
XI 18,4; XII 18,3; 67,2; *s. auch*
IX 34,5; X 92,8 *und* Trivia

*Diaulus I 30; 47

Dictaeus *Adj. zu dem Berg Dikte auf
Kreta* Spect. 5,1; IV 1,2; XI 69,5

Dido VIII 6,13

*Didymus III 31,6

*Didymus *Kuppler* XII 43,3

*Didymus V 41,8

Dindymene VIII 81,1; *s.* Cybele

*Dindymus V 83; X 42; XI 6,11;
XII 75,4

*Dindymus *Eunuch* VI 39,21; XI 81

Diodorus *Dichter aus Ägypten* IX 40

*Diodorus I 98; X 27

Diomedeus (= Aetolus) XIII 93,1

Dis *pater, der Gott der Unterwelt*
IX 29,2; XI 5,13; XII 32,6

Domitianus *Kaiser* VIII epist.,
Widmung; IX 1,1; *s. auch* Augustus,
Caesar, Caesar uterque, Germani-
cus, Iuppiter, Nero, Tonans

Domitius X 12,3; *s.* Apollinaris

Drusi *wohl Claudius und Nero*
VIII 52,3

Dryades *Baumnymphen* IV 25,3;
Dryas IX 61,14

Dulichius canis *der Hund des Odysseus*
XI 69,8

Egeria *Numas Nymphe* X 35,13; 68,6;
s. VI 47,3 (Numae coniunx)

E(i)arinus *Flavius, Lustknabe Domitians*
IX 11; *s.* IX 12; 13; 16; 17; 36

Elephantis *pornographische Dichterin*
XII 43,4

Elpenor *Gefährte des Odysseus* XI 82,3

Elysium VII 14,6; Elysius *Adj.* I 93,2;
VI 58,4; VII 40,4; IX 51,5; X 24,10;
101,1; XI 5,6; XII 52,5

Emerita *in Spanien* I 61,10

Encolpos *junger Sklave des Aulus Pudens*
I 31; V 48

Endymion *Geliebter der Selene / Luna*
X 4,4

Ennius *Dichter* V 10,7

Entellus *Sekretär Domitians* VIII 68,2

Enyo *Kriegsgöttin* Spect. 24,3; VI 32,1

Eous *Adj.* III 65,6; VIII 26,1; 36,2

Ephesos X 68,1

Epicurus *s.* VII 69,3; X 33,2; *s. auch*
Cecropius senex X 33,2

Erigones canis XI 69,4

Eros *ein Arzt* X 56,6

*Eros VII 10,1; X 80

Erotion *puellula poetae* V 34; 37;
X 61

Erymanthus *Gebirge in Arkadien*
XI 69,10

Erythraeus *im Umkreis des mare Erythraeum, daher = persisch bzw.
indisch* V 37,4; VIII 26,5; 28, 14;
IX 2,9; 12,5; X 17,5; XIII 100,2

Eryx *Sohn der Venus* II 84,4; V 65,4
Esquiliae *Stadtviertel im NO Roms* V 22,2; VII 73,1
Etruscus *Claudius* VI 42; 83; VII 40; *sein Vater* VI 83; VII 40
Etrusca Luna XIII 30,1; Etrusci X 68, 3
Euboica Sibylla *Sibylle von Cumae* IX 29,3
*Euclides V 35,2
*Euctus (*varia lectio* Auctus) VIII 6,1; XI 28,1
Euganeus *Adj.; Stamm der Euganei in Oberitalien* IV 25,4; X 93,1; XIII 89,1
Euhadne *Frau des Kapaneus, eines der Sieben gegen Theben* IV 75,5
*Eulogus VI 8,5
Euphemus *Domitians Tafelmeister* IV 8,7
Europa V 74,1
Europe Spect. 16b,1; picta XIV 180 Titel; *Portikus der Europe* II 14,3.5.15; III 20,12; *s. auch* VII 32,12; Agenoris puella XI 1,11
Eurotas *Fluß in Lakonien* IX 75,9
Eurydice *Frau von Orpheus* Spect. 21b,2; XIV 165,1
Eurystheus *König von Mykene* IX 65,7
*Eutrapelus VII 83
Eutychos *junger Sklave von Castricus* VI 68,4

*Fabianus III 36; IV 5; 24; XII 83
Fabii *alte römische Familie* VI 64,1; VII 58,7
*Fabius VII 66; VIII 43; IX 8

Fabricius, C. VII 68,4; X 73,3; XI 2,2; 5,8; 16,6; Fabricii IX 28,4
Fabricius *primipilaris* I 93
*Fabulla (*varia lectio* Labulla) I 64; II 41,11; IV 81; VI 12; VIII 33,17; 79; XII 93,2 (Heraeus-B.)
*Fabullinus XII 51
*Fabullus III 12; IV 87; V 35; VI 72; IX 66; XI 35; XII 20; 22; 85
Faenius Telesphorus *Vater der Antulla* I 114; 116
Falernum (Falerna) *vinum* I 18,1.5; 71,3; 106,3; II 40,6; III 77,8; V 64,1; VI 27,5; VII 27,8; VIII 55,14; 77,5; IX 22,8; 73,5; 93,1; X 36,5; 66,6; XI 8,7; 26,3; 36,5; 49,7; XII 17,5; 70,5; XIII 108,1; 111; XIV 113,1; 170,2; Falernus collis XII 57,22; Falerna musta XIII 120,2
Faliscus venter IV 46,8
Fama Spect. 16b,3, I 25,5; VII 6,4; 12,10
Fannius *Arzt* X 56,5
Fannius *nomen fictum*? II 80
Fata VII 47,8; *s.* Parcae
Faunus IV 25,3; IX 61,11; Fauni VIII 49,4; X 92,4
Fausti balnea II 14,11
Faustinus *reicher Freund Martials* I 25; 114; III 2; 25; 39; 47; 58,1; IV 10; 57; V 32; 36; 71; VI 7; 53; 61; VII 12; 80; VIII 41; X 51,5
*Faustus XI 64
Favor X 50,2
Faventinus *Wucherer* II 74,7
*Fescennia I 87
Festus *Freund Domitians* I 78,
Ficeliae *bei Nomentum* VI 27,2

Fidenae *alte Stadt nördlich von Rom*
  IV 64,15
*Fidentinus *Plagiator* I 29; 38; 53; 72;
  s. auch I 66
Flaccilla *vielleicht Mutter Martials*
  V 34,1; *s.* Fronto
Flaccus *der Dichter* Q. *Horatius*
  I 107,4; VIII 18,5; XII 3,1; *s.* Calaber
Flaccus *Dichter aus Padua* I 61,4; 76,2
Flaccus *reicher Freund Martials* I 57;
  59; IV 42; VII 87,1; VIII 45; 55; IX 55;
  90; X 48,5; XI 80; 100; XII 74; *wahrscheinlich auch* I 98; IV 49; VII 82;
  IX 33; XI 27; 95; 98; 101
Flaminia *via* IV 64,18; VI 28,5;
  VIII 75,2; IX 57,5; X 6,6; XI 13,1
Flaminius *circus* XII 74,2
Flavia *gens die flavische Dynastie*
  Spect. 33,1; IX 1,8; Flavia templa
  IX 3,12; 34,2
Flavius *s.* Vespasianus, Titus, Domitianus, Artemidorus, E(i)arinus,
  Scorpus
Flavus *ein Freund Martials* X 104
Flora *Blumengöttin* I epist.; V 22,4
  und VI 27,1 (*templum*); VI 80,5;
  X 92,11; Florales *ludi* I epist.;
  Floralia I 35,8; Floraliciae ferae
  VIII 67,4
Formiae *in Latium* X 30,1; Formiani
  dies X 30,26
Fortuna I 12,9; IV 18,7; 40,10;
  VI 76,3; 79,1; VIII 65,1-2 (Fortunae
  Reducis templa); X 76,1; XII 10,2;
  s. auch die veridicae sorores V 1,3
Fortunati balnea II 14,11
Forum Corneli *Imola an der via*
  Aemilia III 4,4

Forum Caesaris I 117,10
Frontinus S. *Iulius, Schriftsteller und*
  Gönner Martials X 48,20; 58,1
Fronto *wohl Name von Martials Vater*
  V 34,1; *s.* Flaccilla
Fronto *stoischer Philoosoph* XIV 106
Fronto *bedeutende Persönlichkeit*
  I 55
Fucinus *lacus* Spect. 28, 11.
Fuficulenus *Wucherer* II 74,7
Fulvia *Frau von Marcus Antonius*
  XI 20,4.5
Fundanum *vinum* XIII 113; Fundanae
  Amyclae *in Latium* XIII 115,1
Furia X 5,18; Furiae XII 32,6
*Furius VI 17
Fuscus *Cornelius, im Feldzug gegen die*
  Daker gefallen VI 76
Fuscus *ein Advokat* VII 28,3.10;
  vielleicht der gleiche I 54

Gabba *Hofnarr des Augustus* I 41,16;
  X 101
*Gabinia 7, 57, 1
Gades *Cadix* I 41,12; 61,9; V 78,26;
  Gaditanus *Adj.* III 63,5; VI 71,2;
  XIV 203
†Gadilla† *s.* Cadilla VII 87,7
*Gaditanus X 102,3
Gaetula mapalia X 13,7
Gaetulicus Cn. *Cornelius Lentulus,*
  Epigrammatiker I epist.
*Gaius II 30; X 17; *ein beliebiger*
  Ritter V 14,5; *ein beliebiger Herr*
  IX 92
Galaesus *Fluß in Italien* II 43,3;
  IV 28,3; V 37,2; VIII 28,4;
  XII 63,3

*Galaesus XI 22,1

Galatea *Meernymphe* Spect. 28,4

Galatea *aus Vergils Bucolica* VIII 55,17

*Galla II 25; 34; III 51; 54; 90; IV 38; 58; V 84; VII 18; 58; IX 4; 37; 78; X 75; 95; XI 19

Gallia III 1,2; VI 11, 7; XIV 128,1; 129,1; Gallicus *Adj.* I 92,8; III 47,11; V 13,8; Gallicanus XIV 198; Gallus III 1,6; VIII 75,5.16; *im Scherz* III 24,13; XI 74,2; *Adj.* V 1,10

*Gallicus VIII 22; 76

Gallus *C. Cornelius, Elegiker* VIII 73,6

Gallus *s.* Munatius

Gallus *Gönner Martials, ev. fiktiver Name* I 108; III 92 (?); X 56; 82 (?)

*Gallus II 47; 56; III 27; IV 16; VII 55,5; XII 47,1

Gallus *Priester der Kybele* II 45,2; 81,1; V 41,3; VII 95,15; XIV 204,2; Priapus Gallus I 35,15; XI 72,2; *Wortspiel* III 24,13; XI 74,2; XIII 63,2

Gangeticus raptor VIII 26,1

Ganymedes V 55,4; VII 74,4; IX 22,12; 25,8; 103,8; X 66,8; XI 26,6; 43,4; 104,20; XIII 108,2; *für einen Lustknaben* II 43,14; IX 73,6; XI 22,2; Ganymedeus *Adj.* VII 50,4; VIII 39,4; 46,5; IX 16,6; *s.* Idaeus, Iliacus, Phrygius, Phryx

*Gargilianus III 30; 74; IV 56; VII 65; VIII 13

*Gargilius III 96

*Garricus IX 48; XI 105

*Gaurus II 89; IV 67; V 82; VIII 27; IX 50

Gavius *s.* Apicius

*Gellia (*varia lectio* Gallia) I 33; III 55; IV 20; V 17; 29; VI 90; VIII 81

*Gellianus VI 66

*Gellius IX 46; 80

*Gemellus I 10

Germania II 2,3; Germanus VII 30,1; XI 96,1; Germana persona XIV 176 *Titel*

Germanicus *Domitian* V 2,7; 3,1; 19,17; VII 61,3; VIII epist. *Titel;* 4,3; 26,3; 39,3; 53,15; 65,11; XIII 4,1; *s.* II 2,3; Germanicae Kalendae IX 1,4

Geryones V 49,11; 65,12

Getae *thrakischer Volksstamm* VIII 11,3; XII 8,9; Geticus *Adj.* VI 58,2; VII 2,2; 80,7; 84,3; IX 45,2; 101,18; XI 3,3

Gigas IX 50,6; *s.* XIII 78,1; Gigantes (*des Iulius Cerealis*) XI 52,17; Giganteus triumphus VIII 49,1

*Glaphyra *in einem Epigramm des Kaisers Augustus* XI 20,3

Glaphyrus *Musiker* IV 5,8

Glaucia (-ias) *junger Freigelassener des Atedius Melior* VI 28; 29

Glaucus *Gestalt in Homers Ilias* IX 94,3

Gloria X 50,4

Glycera *Geliebte Menanders* XIV 187,2

*Glycera VI 40; XI 40

*Glyptus II 45

Gnidia (Cnidia) dea *Aphrodite* XIII, 66,2

Gnosia *von der Stadt Knossos auf Kreta* IX 34,7 (monumenta); XIII 106,1 (vindemia)

*Gongylion III 84,2

Gorgo *eine der drei Gorgonen, speziell die Medusa* VI 10,11; IX 25,5; Gorgonas X 4,9

Gracchus *Ti. Sempronius, Mann von Cornelia, der Mutter der Gracchen* XI 104,17

Graecula echo II 86,3

Graecus V 51,7; IX 11,14; XIV 58,1.2; Graece IX 44,4

Graius IV 23,3; V 65,13; IX 72,2

Gratiana *vasa* IV 39,6

Grylli balnea I 59,3; II 14,12

Haemus *Gebirge in Thrakien* Spect. 3,3

Hamillus (Amillus) VII 62,1.5

Hannibal IV 14,4; IX 43,9; XIII 73,1

Harpyiae *geflügelte mythische Wesen* X 4,9

Hebe *Göttin der Jugend* IX 65,13

Hecabe *oder* Hecuba III 32,3; 76,4; VI 71,3; *s. auch* coniunx Priami II 41,14 *und* mater Hectoris X 90,6

Hector X 90,6; XIV 212,1; Hectoreus *Adj.* VI 71,4; XI 104,14

*Hedylus (I 46,1.4; *s.* Hedylis); IV 52; IX 57

*Hedylis (Hedylus *codd.*) I 46,1.4

Helena *Frau des Menelaos* I 62,6; IX 103,7; *s.* Lacedaemonia amica; Tyndaris

Heliades *Phaethons Schwestern* IV 59,1; IX 12,6

Helicaon *Antenors Sohn* X 93,1; Helicaonia (= *Patavina*) regio XIV 152,2

Helice *Sternbild Ursa Maior* IV 3,6

Helicon *Berg der Musen* I 76,9; VII 63,12; X 64,3; XII 6,2

Helius *ein Gladiator* V 24,5

Helle *Schwester des Phrixus* IX 71,7

*Heras *ein Arzt* VI 78,3

Hercules III 47,4; V 49,13; IX 64; 101,1; XIV 177 *Titel*; 178 *Titel*; Statuette des Lysippos IX 43; 44; *s.* Alcides, Tirynthius

Herculeus *Adj.* Spect. 6b,2; 15,6; 27,11; I 12,1; IV 44,6; 57,9; 62,1; VII 13,3; VIII 53,15; IX 101,23

Hermaphroditus VI 68,9; X 4,6; XIV 174 *Titel*

Hermeros Cydae X 83,8

Hermes *Gladiator* V 24

Hermes *Arzt* X 56,7

*Hermione III 11,4

*Hermocrates *Arzt* VI 53,4

*Hermogenes *Kleptomane* XII 28

Hermus *Fluß in Kleinasien* VI 86,5; VIII 78,6

*Herodes *Arzt* IX 96

Hersilia *Frau des Romulus* X 68,6

Hesione Spect. 27,10

Hesperides *Hüterinnen des Baums mit den goldenen Äpfeln* Spect. 21,4; IV 64,2

Hesperius *Adj.* VIII 28,6; 78,6; IX 61,4; 101,10; XIII 40,2

Hiberi IV 55,8; X 65,3; 78,9; XII 9,1; Celtae ... Hiberi VII 52,3; Hiberus *Adj.* V 65,11; VI 18,1; VIII 28,5; X 13,5

Hierus *junger Sklave* IX 103,3

Hilarus *Grundbesitzer* VI 73,4

*Hippocrates *ein Arzt* IX 94,2

*Hippodame IV 31,10

Hippolytus *Sohn des Theseus*
   VIII 46,2; XIV 203,2

Hirpinus *Zirkuspferd* III 63,12

Hispania I 49,2; III 14,2; Hispaniensis
   XII epist.; Hispanus *Adj.* IV 28,2;
   46,16; V 16,7; VII 86,7; 88,7; X 65,7;
   104,4; XII epist.; 57,9

Hister *die Donau* V 3,2; VII 7,2;
   80,11; 84,3; VIII 2,2; 11,3; IX 101,17;
   Histra testa XII 63,2

Homerus XIV 57,1; 183 *und* 184 *Titel*;
   s. Maeonides

Honor X 50,3

Horatius der Dichter s. Flaccus

Horatii III 47,3; Horatius *deren Vater*
   IX 41,5

*Horatius IV 2

*Hormus II 15

Hyacinthus XIV 173 *Titel*;
   s. Oebalius

Hyacinthus *junger Sklave* VIII 63,2

Hyantea aqua XII 2,12

Hybla *Stadt und Berg auf Sizilien*
   II 46,1; VII 88,8; IX 11,3; X 74,9;
   XIII 105,1; Hyblaeus *Adj.* V 39,3;
   IX 26,4; XI 42,3

Hydra *die Hydra von Lerna* Spect.
   27,5; V 65,14; IX 101,9; XIV 177,2

Hygia *Ärztin, benannt nach der Göttin
   der Gesundheit* XI 60,6

Hyginus *Arzt* X 56,4

Hylas *von Nymphen geraubter Knabe*
   V 48,5; VI 68,8; VII 15,2; 50,8;
   IX 25,7; 65,14; X 4,3; XI 43,5

Hylas *junger Sklave* III 19,4

*Hylas VIII 9; XI 28

*Hyllus *junger Sklave* II 51; 60; IV 7;
   IX 25

Hymenaeus *Hochzeitsgott* IV 13,2

Hymettus *Gebirge in Attika* VII 88,8;
   XIII 104,1; Hymettia mella XI 42,3

Hyperboreus *Adj.* IV 3,5; VII 6,1;
   VIII 78,3; IX 45,1; 101,20

*Hypnus *junger Sklave* XI 36,5;
   XII 75,2 (*varia lectio* Hymnus)

Hyrcanus *Adj. zu der Landschaft
   Hyrkanien am Kaspischen Meer*
   Spect. 18,2; VIII 26,2

Ianiculus *ein Hügel Roms* IV 64,3

Ianthis *Violentilla, Frau des L. Arruntius
   Stella* VI 21; VII 14,5; 15; 50

Ianus VII 8,5; VIII 2,1.8; 8,1.6; 33,11;
   66,12; IX 1,1; X 28,6; 41,1; XI 4,6;
   XII 31,4; XIII 27,1

*Ias *Name einer Dirne* I 34,7

Ida (Ide) *Gebirge in Phrygien*
   IX 103,7; X 89,3; Idaeus cinaedus =
   Ganymedes X 98,2;

Ida (Ide) *Gebirge auf Kreta* IV 1,2;
   Idaeum (*Iovis*) bustum IX 34,1

*Ida *Name einer Dirne* I 71,2

Idumaeus *Adj. zu der Landschaft
   Idumaea in Palästina* II 2,5; X 50,1

Ilia *Rhea Silvia* IX 41,6

Iliacus *Adj. zu Ilium oder Troja*
   II 43,13; III 39,1; XII 52,9

Ilias *Homers* XIV 184,1

Inachis *mit Isis gleichgesetzt* XI 47,4;
   s. Io

Incitatus *Zirkusrennfahrer* X 76,9;
   XI 1,16

Indicus *Adj.* I 72,4; 109,4; V 37,5;
   VIII 78,2; X 38,5; 98,6

Indus VII 30,4; Indi VIII 26,7; X 17,5;
   Adj. II 43,9; IV 28,4;

I(n)stantius Rufus *Gönner Martials*
VII 68,1; VIII 50,21.24; 73; XII 95,4;
98,5: *vielleicht auch* VI 82; VIII 52,5

Io *Geliebte des Zeus* XIV 180,2;
s. maesta iuvenca II 14,8 *und* Inachis,
Niliacus, Pharius

*Iollas XI 41,7

Iones Spect. 1,3; Ionicae attagenae
XIII 61,2

Iris *Botin der Götter* IV 19,10; XII 28,6

Irus *Bettler in Ithaka* V 39,9; VI 77,1;
XII 32,9

Isis, *ägyptische Göttin*, *s.* maesta iuvenca
II 14,8 *und* Inachis, Io

Ismarius Itys X 51,4

Issa *ein Hündchen* I 109

Italia VIII 55,19; Italus *Adj.* X 103,10;
Italides matres XI 53,4

Ithacus *Odysseus* XI 104,15

Itys *Sohn von Thereus und Prokne*
V 67,6; X 51,4

Iudaeus VII 30,5; XII 57,13; Iudaeus
Adj. VII 35,4

Iuleus *s.* Iulus

Iulia *Tochter Caesars und Frau des
Pompeius* XI 104,18

Iulia *Tochter von Kaiser Titus* VI 3,6;
13,1; IX 1,7

Iulia lex IV 7,1; 22,3; tecta VI 38,6;
*Iulianus III 25,2

Iulius mensis X 62,7; Iuliae Kalendae
XII 32,1

Iulius *s.* Caesar, Frontinus, Modestus

Iulius Cerialis *Dichter und Freund
Martials* X 48,5; XI 52

Iulius Martialis *der engste Freund Martials* IV 64; V 20; VI 1; VII 17;
X 47; XI 80 (?); *vielleicht auch* I 15;

III 5; IX 97; XII 34 *und* L. Iulius
I 107

Iulius Proculus, C. *ein Gönner Martials*
I 70; XI 36

Iulius Rufus *ein Freund Martials* X 99

Iulus *Sohn des Aeneas* VI 3,1; Iuleus
Adj. = *Albanus* IX 35,9; XIII 109,2;
= *Caesaris* habenae IX 101,15

Iunius s. Brutus, Iuvenalis, Mauricus

Iuno VI 13,8; 21,8; IX 36,6; 65,13;
X 63,5; 89,1.5.6; XI 43,3; 104,20;
XIV 85,2; *s.* matrona Tonantis IX 3,9

Iuppiter Spect. 16b,3; I 6,6; IV 1,2;
3,3; V 1,8; 22,4; 55,4; 63,6; VI 10,1.3;
83,4; VII 36,1; 56,3; 60,5; 73,4; 74,10;
VIII 15,2; 24,4; 39,6; 49,4; 55,16;
80,6; IX 3,14; 18,8; 20,7; 34,1; 35,7;
39,2; 86,8 (utrumque Iovem); 91,2;
101,14.22; X 66,8; XI 4,3; 9,1; 26,6;
57,3.4; 104,20; XII 15,4.8.10; 77,1.12;
90,4; XIII 4,2; XIV 112.1; 207,2;
Domitian IV 8,12; V 6,9; VI 10,4;
VIII 15,2; IX 24,3; 28,10; 36,2; 86,8
(utrumque Iovem); 91,6; XIV 1,2;
s. Tarpeius, Tonans

*Iustina I 71,1

*Iustinus XI 65

Iuvatus *ein Freund Martials* XII 24,4

Iuvenalis (D. Iunius) *der Satirendichter*
VII 24; 91; XII 18

*Laberius VI 14

Labicana (*varia lectio* Lavi-)humus
I 88,2

*Labienus II 62; V 49; VII 66;
XII 16; 33

*Labulla (*varia lectio* Fabulla
Heraeus-B.) XII 93

*Labullus   XI 24; XII 36

Labyrtas (*varia lectio* Labycas) *ein junger Sklave*   VII 87,9

Lacaena *Leda*   IX 103,2

Lacedaemon   IV 44,5; 55,7; Lacedaemonius *Adj.* II 43,3; IV 19,2; XI 47,5; XIV 156,1

Lachesis *eine der drei Parzen*   I 88,9; IV 54,9; IX 86,8; X 53,3

Lacon   VII 80,10; Lacones VI 42,16; *Kastor und Pollux*   Spect. 26, 5; I 36,2; IX 3,11

Ladas *berühmter Läufer*   II 86,8; X 100,5

Ladon *Schiffer auf dem Tiber*   X 85

*Laecania   V 43; VII 35

*Laelia   V 75; X 68; XII 23

*Laelius   I 91

Laertes *Vater des Odysseus*   X 67,3

*Laetilianus *s.* Caecilianus   I 65

*Laetinus   III 43; XII 17

*Laetorius   XII 29,13

*Laevia   I 71,1

*Laevina   I 62

*Laevinus   VI 9

Lageum litus   X 26,4

Lais *Name einer korinthischen Hetäre, generell für Hetäre*   X 68,12; XI 104,22

*Lais   III 11,3

*Lalage   II 66

Laletania *in Spanien*   I 49,22; Laletanus I 26,9; VII 53,6

Lampsacius *Adj. zu der Stadt Lampsakos am Hellespont*   XI 16,3; 51,2

Langon *eine Statue*   IX 50,5

Laomedon *König von Troja*   XI 4,2; Laomedontea mensa VIII 6,5

Lapithae *wildes Bergvolk in Thessalien*   VIII 6,8

*Laronia   II 32,5

Latinus *ein Mime*   I 4,5; II 72,3; III 86,3; V 61,11; IX 28,1; XIII 2,3

Latinus *Adj.*   II 8,2; V 51,7; XI 20,2

Latius *Adj.*   I 39,3; IV 75,2; VI 58,9; VII 5,2; 23,2; 63,2; VIII 4,1; 8,5; 15,4; 33,20; 80,3; IX 3,12; 17,4; 24,2; 64,2; 65,1; X 6,4; 26,1; 37,2; 96,2; XI 53,2; XII 60,4; 62,8

Latona *Leto*   IX 17,1

*Lattara   XI 47

Laurens aper   IX 48,5; X 45,4; Laurentinum litus X 37,5

Laureolus *Name eines gekreuzigten Räubers*   Spect. 7

*Laurus (*varia lectio* taurus)   II 64; X 86

Lausus *ein Freund Martials oder fiktiver Name*   VII 81; 87,6; 88,10

Lavicana *s.* Labicana

Leandros *Geliebter der Hero*   Spect. 25,1; 25b,1; XIV 181

*Leda   II 63; III 82,3; IV 4,9; XI 61,4; 71

Leda *Gattin des Tyndareos und Geliebte des Zeus*   V 35,4; 38,9; VII 24,6; IX 103,1; XIV 156,2; 175,2; Ledaeus *Adj.* I 36,2; 53,8; IV 25,5; 55,7; VIII 21,5; 28,3; 33,21; *s.* Lacaena, Tyndaris

Leitus *Platzanweiser im Theater*   V 8,12; 14,11; 25,2; 35,5

Lemniacae catenae   V 7,7

Lerna *in der Argolis*   V 65,13

Lesbia *Geliebte Catulls* VI 34,8;
VII 14,4; VIII 73,8; XII 44,5; 59,3;
XIV 77,2

*Lesbia I 34; II 50; V 68; VI 23; X 39;
XI 62; 99

Lethe *Fluß in der Unterwelt* VII 47,4;
X 2,7; 23,4; Lethaeae undae VII 96,7

Leuconicum *tomentum* XI 21,8;
Leuconicus *Adj.* XI 56,9; XIV 159;
160

Liber *ein Freund Martials* VIII 77;
IX 72

Libitina *Leichengöttin* VIII 43,4; X 97,1

Liburnus *Liburni heißen aus Illyrien
stammende Sklaven* I 49,33;
Liburnici cuculli XIV 140 *Titel*

Libye *Afrika* III 77,4; V 74,2;
VIII 53,13; IX 56,12; Libycus *Adj.*
I 104,5; II 43,9; 56,1; 75,4; IV 46,10;
V 65,3 Libyca palaestra = Antaios;
VI 86,5; VII 53,8; IX 6,1; 22,5; 35,8;
43,9; 56,1; XII 24,6; 61,5; XIII 12,1;
42,1; 43,2; 45,1; XIV 3,2; 91,2

Libys *Libyer* IV 30,8; VI 42,13; 77,8;
X 14,2; Libyn = Antaeum IX 101,4

Lichas *Diener des Herkules* IX 65,8

Licinianus *Landsmann Martials*
I 49,3; 61,11; Lucius IV 55,1 (?)

Licinius Sura (*L.*) *Gönner Martials*
I 49,40; VI 64,13; VII 47

Licinus *Freigelassener Caesars* VIII 3,6

*Licinus II 32,2

*Ligeia X 90; XII 7

Ligurum saxa III 82,22

*Ligurinus III 44; 45; 50

*Ligurra XII 61,7

Lingonus VIII 75,2; Lingonicus
bardocucullus I 53,5

Linus *ein Sohn Apollons* IX 86,4

*Linus I 75; II 38; 54; IV 66; VII 10;
95; XI 25; XII 49

Liris *Fluß in Italien* X 30,9; XIII 83,1

Livius, *T., der Historiker* I 61,3;
XIV 190

Lucanica *Lukaner Wurst* IV 46,8;
XIII 35; Lucanus ursus Spect. 8,1

Lucanus *der Dichter M. Annaeus*
I 61,7; VII 21; 22; XIV 194 *Titel*;
s. VII 23 *und* X 64

Lucanus, Curvius I 36; III 20,17;
VIII 75,15; IX 51,2; Curvii fratres
V 28,3

Lucensis *Patron eines Secundus* I 2,7

Lucilius *der Satirendichter* XI 90,4;
XII 94,7

Lucina *Geburtsgöttin* Spect. 12,4;
13,4

*Lucius *ein beliebiger Ritter* V 14,5

Lucretia *Frau des Tarquinius Collatinus*
I 90,5; XI 16,9; 104,21

Lucrinus *lacus* I 62,3; IV 57,1; VI 43,5;
68,1; XIII 82,1; Lucrinum stagnum
III 20,20; 60,3; V 37,3; Lucrina vena
X 30,10; concha XIII 90,2; Lucrina
ostrea VI 11,5; XII 48,4

Luna *die Mondgöttin* XII 57,17

Luna *Stadt in Etrurien* XIII 30,1;
Lunensis caseus 13,30 *Titel*

*Lupercus I 117; III 75; IV 28; VI 6;
51; VII 83; IX 87; XI 40; XII 47

Lupi balnea I 59,3; II 14,12

Lupus *ein Freund Martials* X 48,6; *der
gleiche vielleicht auch* X 40; XI 88;
s. V 56; VI 79; XI 18,1.25 (?)

*Lupus V 56 (?); VI 79; VII 10,7;
55,4; IX 2; XI 18,1.25 (?); 55; 108,3

Lyaeus *Bacchus* I 70,9; VIII 50,12; 78,2; IX 61,15; X 20,19; XIII 22,1; 114,1; 118,1

Lycambeus sanguis VII 12,6

*Lycis (*varia lectio* Lycas) I 71,2

*Lycisca IV 17,1

Lycoris *Geliebte des Dichters Cornelius Gallus* VIII 73

*Lycoris I 72,6; 102,1; III 39; IV 24; 62; VI 40; VII 13

*Lyde I 71,2

*Lydia XI 21; 102

Lydia *Hundename* XI 69,3

Lydia pensa (*Herculis*) IX 65,11

*Lygdus *Homosexueller* VI 39,13; 45,3; XI 73; XII 71

*Lygdus *Hirte* II 41,7

*Lyris *Dirne* II 73,1

Lysippus *berühmter Erzgießer* IX 43,6; 44,6

Macer *Prokonsul der südspanischen Provinz Baetica* XII 98

Macer *Legat in Dalmatien, vielleicht identisch mit dem Prokonsul der Baetica* X 78

Macer *curator der Via Appia* X 18

*Macer V 21,1; VIII 5

Machaones *Machaon, Sohn des Äskulap und Arzt der Griechen vor Troja* II 16,5

Maecenas *der Freund des Augustus und Kunstförderer* I 107,4; VII 29,7; VIII 55,5 (*im Plur.*).23; X 73,4; XI 3,10; XII 3,2; s. Tuscus eques

Maecilianus s. Caecilianus

Maenades *rasende Bacchantinnen* XI 84,11

Maenalius aper Spect. 27,4; sues V 65,10

Maeonides *Homer* V 10,8; Maeonius *Adj.* VII 46,2; XI 90,3; XIV 183,1

Maevius (*varia lectio* Mevius) X 76,8; XI 46,1

Magnus s. Pompeius

*Magulla XII 91

Maiae Idus III 6,1; XII 67,1; s. maternae Idus VII 74,5

*Malchio III 82,32

*Malisianus IV 6

*Mamercus II 88; V 28

Mamertina amphora XIII 117,1; Mamertinum *vinum* XIII 117 *Titel*

*Mamurianus I 92

*Mamurra IX 59,1; X 4

*Mancinus I 43; IV 37,1; 61

(Mandatus) s. nam flatus XIV 29,2

Manes VIII 38,5; X 61,4; XII 62,4

*Manius XI 20,5

Manius *ein alter Freund Martials* X 13,3

Manlius IV 55,26

*Manneia I 83

Mantua I 61,2; VIII 73,9; XIV 195,2

Marathon Spect. 27,3

Marcella *Gönnerin Martials* XII 21; 31

Marcellinus *ein Freund Martials* III 6; VI 25; VII 80; IX 45

Marcelli *theatrum* X 51,11; Marcellianum (*oder* Marcellanum) II 29,5

Marcia *aqua* VI 42,18; IX 18,6; XI 96,1

*Marcianus VI 70

Marcus s. Martialis; Severus

Marcus X 73

*Marcus VI 11

INDEX DER EIGENNAMEN

Mareotis *Stadt in Unterägyypten und See gleichen Namens* IV 42,5; Mareoticus *Adj.* VIII 36,3; XIV 209,1

*Marianus II 31; V 61; VI 63

Marica *eine Nymphe* X 30,9; XIII 83,1

*Marinus X 83

Marius *der Gegner Sullas* VI 19,7 *(Plur.)*

Marius VII 87,5

*Marius I 85; II 76; III 28; X 19

Maro s. Vergilius

*Maro(n) IV 80; IX 33; XI 34,3; 67,2; XII 90

*Maronilla I 10

Marrius *von Atina in Latium, ein Freund Martials* X 92

Mars Spect. 6,1; 22,3; 24,5; 29,2; V 7,6; 24,14; VI 13,7; 21,5; 25,7; 32,3; 76,1; VII 2,2; 51,4; VIII 44,7; 65,12; IX 31,2; 34,4; 41,6; 90,15; X 29,3; 30,2; 92,10; XII 60,1; Martius *Adj.* I 3,4; II 75,8; V 19,5; 24,1; 84,11; VII 6,6; IX 52,3; 90,15; XI 3,3; XII 8,5

Marsae cellae XIV 116,1; Marsica vina XIII 121,1

Marsua S*tatue des Marsyas* II 64, 8; Marsyas X 62,9

Marsus *Domitius, Epigrammatiker* I epist.; II 71,3; 77,5; V 5,6; VII 29,8; 99,7; VIII 55,21 (Plur.).24; Marsus in Amazonide IV 29,8

Martialis s. Iulius Martialis

Martialis, M. Valerius *der Dichter selbst (außer in den Titeln der Bücher* II; VIII; XII*)* I 1,2; 117,17; VI 82,4; VII 72,16; X 9,3; 92,15; Marcus I 5,2; 55,1; III 5,10; V 29,2; 63,1; VI 47,6; VIII 76,1

*Marulla VI 39; X 55

*Marullinus IV 70

*Marullus V 77

Masclion *ein Athlet* V 12,2

Massa *ein Dieb* XII 28,2

Massica *bz.* Massica vina III 26,3; 49,1; IV 13,4; 69,1; XIII 111,1; Massica cella I 26,8

Massilia *Marseille* X 36,1; XIII 123,2; XIV 118,1; Massilitanum *vinum* XIII 123 *Titel*; Massilitani fumi III 82,23

Massylus *Adj.; die Massyli sind ein Volksstamm in Numidien* VIII 53,1; IX 22,14; 71,1; X 94,1; XIII 37,2

Mater *Cybele* III 47,2; V 41,3

Maternus *Landsmann Martials und Rechtsgelehrter* X 37,3; *wohl auch* I 96; II 74

*Matho IV 79; VI 33; VII 10,3.4; 90; VIII 42; X 46; XI 68

*Matrinia III 32

Mattiacae pilae XIV 27,2

Mauricus *Iunius* V 28,5 *(Plur.)*

Maurus *die Mauren im heutigen Marokko)* VI 39,6; Mauri X 6 7; *Adj.* IX 22,5; XIV 90,1

Maurusiaca citrus XII 66,6

Mausolus *König von Karien* X 63,2; Mausolea Spect. 1,5; V 64,5

*Maximina II 41

Maximus s. Caesonius, Norbanus, Vibius

*Maximus I 7; 69; II 18, 53; III 18; V 70; VII 73; X 77

Medusaea coma VII 1,2

Megalensis purpura X 41,5

Megara *die Frau des Herkules* XI 43,6

Melaenis *Geliebte des Dichters Marsus*
    VII 29,8
*Melanthion X 67
Meleagros Spect. 15,1
Melior *Atedius* II 69,7; IV 54,8;
    VI 28; 29; VIII 38
Melpomene *eine Muse* IV 31,7
Memmius *(Plur.) wohl C. Memmius
    Regulus, Konsul 63* XII 36,8
Memnonis parens *Aurora* VIII 21,8
Memor *tragischer Dichter, Bruder des
    Turnus* XI 9; 10
Memphis *in Ägypten* Spect. 1,1;
    VII 99,2; VIII 36,2; Memphiticus
    Adj. II 14,17; VI 80,3; VII 30,3;
    XIV 38,1; Memphitis tellus
    XIV 150,1
Menander *der Dichter* V 10,9;
    XIV 187 *Titel*; *s.* XIV 214
Menapii *belgischer Stamm* XIII 54,2
Menelaus XII 52,9
*Menogenes XII 82,2
*Menophilus VII 82,1
Mentor *Ziseleur* III 40,1; VIII 50,2;
    XI 11,5; XIV 93,2; Mentoreus *Adj.*
    IV 39,5; IX 59,16
Mercurius IX 25,8; XII 67,1; *s.* Arcas,
    Cyllene
Messalla *M. Valerius Messalla Corvinus*
    VIII 3,5; X 2,9
Metamorphosis *das Werk Ovids*
    XIV 192 *Titel*
Metellus *Creticus* II 2,2
Methymnaeus Arion VIII 50,15
Metilius *Giftmischer* IV 43,6
Metrophanes *in einem Vers des Lucilius*
    XI 90,4
*Mevius *s.* Maevius

Mica, cenatio parva II 59,1
Midas *König von Phrygien* VI 86,4
Miletos *Stadt in Karien* VIII 28,10
*Milichus II 63
Minerva I 39,3; 76,5; 102,2; IV 23,7;
    V 5,1; 40,1; VI 64,16; VII 1,1; 32,3;
    X 20,14; XIV 179 *Titel*; *s.* Cecropius,
    Pallas, Tritonis
Minoa Creta XIII 106,1
*Mistyllus I 50,1
Mithridates *König von Pontos* V 76,1;
    Mithridaticus *Adj.* VI 19,5
Mitylene *auf Lesbos* X 68,1;
    Mitylenaeus mango VII 80,9
Modestus *Grammatiker* X 21,1
Molorchus *armer Weinbauer bei
    Nemea* IV 64,30; IX 43,13
Molossi *canes* Spect. 30,1; XII 1,1
Mucius *Scaevola* I 21,5; X 25,2; Mucii
    VI 19,7; *s.* VIII 30
Mulvius pons III 14,4; IV 64,23
Munatius Gallus X 33,1
*Munna IX 82; X 36; 60
Musa II 22,2; III 20,1; IV 49,8;
    VIII 3,2; IX 26,5; X 18,2; XII 11,1;
    im Plur. I 12,3; II 41,21; 89,3; 92,2;
    IV 31,9; V 6,2; VII 8,1; 46,5; 63,11;
    VIII 82,3; IX 11,17; 58,6; 99,1; X 58,13;
    XI 1,6; 93,2; XIII 1,3; *s.* Aonides,
    Camenae, Castalis, Pierides, Pipleis;
    s. auch doctae *bzw.* novem sorores
Mussetius *pornographischer Dichter*
    XII 95,1
Mutina *die Stadt Modena in Italien*
    III 59,2
Mycenae IV 55,5; XIV 1,11
Myrinus *Gladiator* Spect. 20;
    XII 28,7

INDEX DER EIGENNAMEN 1493

Myrini campi *im nordwestlichen Kleinasien* IX 42,1

Myron *berühmter Bildhauer und Ziseleur* IV 39,2; VI 92, 2; VIII 50,1

*Myrtale V 4,1.6

Mys *berühmter Ziseleur* VIII 34,1; 50,1; XIV 95,2

*Naevia I 68; 106,5; II 9; 26; III 13

*Naevolus I 97; II 46; III 71; 95; IV 83

Naïs VII 15,2; Naiades VI 68,2

*Nanneius V 14; XI 61

Narbo Paterna *Hauptstadt der Gallia Narbonensis* VIII 72,4.5

Narnia *in Umbrien* VII 93,1.7

*Nasica II 79; XI 28

*Nasidianus VII 54

Naso s. Ovidius

*Nasta IX 87,5

*Natta XI 72

Natura XI 80,2

Nausicaa XII 31,9

Neapolis V 78,14

Nemee *Tal in der Argolis* Spect. 6b,1; 27,3; V 65,2; IX 71,7; Nemeaeus *Adj.* IV 57,5; V 65,9

Nemesis *Geliebte Tibulls* VIII 73,7; *verwechselt mit Delia* XIV 193,1

Nepos *Nachbar und Freund Martials* VI 27; X 48,5; XIII 124

Nereides *die 50 Töchter des Nereus* Spect. 26,1; IV 57,8

Nereus *Meergottheit* Spect. 28,7; X 30,19

Nero *Kaiser Nero* Spect. 2,6; 28,11; III 20,4; IV 63,3; VII 21,3; 34,4; 44,3; 45,11; VIII 52,2; 70,8; IX 26,9; X 48,4; XI 6,10; 33,1(?); Neronianus *Adj.* II 48,8; III 25,4; VII 34,5.9; XII 57,8; 83,5; s. Drusi

Nero (= Domitian?) XI 33

Nerva *Kaiser* V 28,4 (*Plur.*); VIII 70,1; IX 26,1; XI 2,6; 4,6; 7,5; XII 6,2; *vgl.* X 72; XII 11,6; s. Caesar

Nessus *Kentaur* IX 65,8

Nestor *König von Pylos* II 64,3; V 58,5; VI 70,12; VII 96,7; VIII 6,9; 64,14; X 24,11; 67,1; XI 56,13; Nestoreus *Adj.* IX 29,1; XIII 117,1; s. Pylius

*Nestor III 28; XI 32

Niceros *Salbenhändler* XII 65,4; Nicerotianus *Adj.* VI 55,3; X 38,8

Nigrina *Mummia, Frau von Antistius Rusticus* IV 75; IX 30

Nilus Spect. 3,5; I 61,5; II 16,3; III 63,5; IV 11,8; VI 80,10; VII 88,6; X 26,8; 74,9; XI 11,1; 13,3; XIV 115,1; Niliacus *Adj.* I 86,7; III 93,7; IV 42,3; V 13,7; 65,14; VIII 81,2; X 12,12; 15,6; XII 74,1; XIII 1,3; 9,1; 57,1; 85,1; 122,1; XIV 150,2; Nilotica tellus VI 80,1; Nilotis tunica X 6,7

*Ninus V 12,3

Niobe III 32,3; V 53,2; X 67,2; Niobidae VI 39,20

Nomas *Numidien* VIII 53,8; IX 75,8; Nomades XII 29,6; s. Numidicae

Nomentum *nordöstlich von Rom* XII 57,1; XIII 15,1; Nomentanus I 105,1; II 38,1; VI 43,3; VII 93,5; Nomentanum *praedium* IX 60,6; X 44,3; 48,19; 94,3; XIII 42,2; 119 *Titel*

Norbana *Frau des Carpus* VII 74

Norbanus *Maximus* IX 84

Norici *Bewohner der Provinz Noricum* IV 55,12; Norica venabula Spect. 22,7

Notus *Südwind* V 71,4; VIII 14,3 (*Plur.*); XI 21,6

Novius *Nachbar Martials oder fiktiver Name* I 86; VII 72,7(?); *s. auch* Vindex

Numa *der zweite König von Rom* III 62,2; VI 47,3; IX 27,6 (*Plur.*); X 10,4; 35,14; 39,2; 44,3; 76,4; XI 5,2.4; 15,10; 104,2; XII 6,8; 62,8

*Numa X 52,2; 97,4

Numidicae *gallinae* III 58,15; XIII 73 *Titel*

Nursinae pilae XIII 20,2

Nutha (?) *Fluß in Spanien* I 49,18

Nympha *und Plur.* I 49,10; IV 57,8; VI 47,1; 68,8; VII 15,6; 50,7; IX 58,1.7; 65,14; X 7,1; XI 82,5

Nysae colles IV 44,3

Oceanus VI 34,2; X 37,4.20; 44,2

Oceanus *Theateraufseher* III 95,10; V 23,4; 27,4; VI 9,2

Odrysius = *thrakisch* VII 8,2; 80,1; IX 93,8; X 7,2

Oebalius puer *Hyacinthus* XI 43,8; XIV 173,2

Oedipodes (*Plural*) IX 25,10; (*als Sing.* = Oedipus) X 4,1

Oetaeus rogus IX 65,9

*Olfius IX 95,1

*Olus II 68; III 48; IV 36; VII 10; X 54

Olympiades = *lustra* IV 45,4; VII 40,6; X 23,2

Olympus IX 3,3; XIV 175,1

Opimius L., *Consul 121 v. Chr.* I 26,7; II 40,5;III 26,3; XIII 113,1; Opimianum *vinum* IX 87,1; X 49,2; Opimianum nectar III 82,24

*Oporinos *scherzhaft gebildet* IX 13,1

*Oppianus VI 42,2.24; 62; VII 4; VIII 25

Orciniana sponda (*varia lectio* Orciviana) X 5,9

Orestes VI 11,1.3.9; VII 24,3; X 11,7

Orpheus Spect. 21b,1; X 20,6; XI 84,11; *s.* XIV 165,1; Orpheus *Adj.* Spect. 3,3; 21,1

Ossa *Berg in Thessalien* VIII 36,6

*Otacilius X 79

Otho *der Kaiser* VI 32

Ovidius Naso *der Dichter* I 61,6; III 38,10 (*Plur.*); V 10,10; XII 44,6; XIV 192; *s.* Paelignus

Ovidius, Quintus *der Freund Martials* I 105; VII 44; 45; 93,3.7; IX 52,1.7; 53,1.4; 98,2; X 44,1; XIII 119,2

Paccius *ein Arzt* XIV 78,2

Pacorus *König der Parther* IX 35,3

Pacuvius *tragischer Dichter* XI 90,6

Padus *der Po* X 12,2

Paeligni *Volksstamm in Zentralitalien* I 61,6; VIII 73,9; Paelignus *Adj.* I 26,5; II 41,2 (*der Dichter Ovid*); XIII 121

Paestum *Stadt in Lukanien* V 37,9; XII 31,3; Paestanus *Adj.* IV 42,10; VI 80,6; IX 26,3; 60,1

Paetus Caecina I 13

*Paetus V 37; VI 30; XI 76; 79

Palaemon (*vielleicht der Grammatiker Q. Remmius*) II 86,11

Palamedes *griechischer Heroe*
  XIII 75,2
Palatia *Palatin und Kaiserpalast* I 70,5;
  IV 5,7; 78,7; VII 28,5; IX 42,5; 91,3;
  101,13; XII 21,3; Palatinus *Adj.*
  IV 45,2; V 5,1; 19,4; VIII 28,22; 39,1;
  60,1; IX 24,1; 39,1; 79,2; 86,7; XI 8,5;
  XIII 91,1; s. Parrhasius
Palinurus *Steuermann des Äneas;
  scherzhaft* III 78,2
Pallas I 76,7; IV 53,2; VI 10,11;
  VII 28,3 (=*oliva*); VIII 1,4; IX 3,10;
  24,5; XII 98,3; XIII 104,2; Palladius
  Adj. I 2,8; V 1,1; VI 13,2; VIII 50,14;
  IX 23,2; 99,3; s. Minerva
Palma *A. Cornelius, Konsul im Jahr 99*
  XII 9
Pan I 69,1; IX 61,13
*Panaretus VI 89
Pandion *König von Athen* I 25,3
Panniculus *ein Mime* II 72,4; III 86,3;
  V 61,12
Pannonicus *Adj. zu der römischen Provinz Pannonia* VIII 15,1; XIII 69,1
*Pannychus I 36; IV 39,9; 67,2;
  IX 47,8; XII 72,3
Pantaenis *wohl Freundin der Dichterin
  Sappho* VII 69,7
Pantagathus *junger Sklave* VI 52
Paphos *auf Zypern* IX 90,13; Paphius
  Adj. VII 74,4 (Paphie = *Venus*);
  VIII 28,13
*Papirianus VIII 81
*Papylus IV 48; 69; VI 36; VII 78; 94
Paractoniae urbes X 26,1
Parcae VI 62,3; IX 17,2; s. soror(es)
  IV 73,3; VI 58,7; IX 76,6; XI 36,3;
  Fata VII 47,8

Paris *Sohn des Priamos* II 84,2;
  IX 103,8; XII 52,10
Paris *Pantomime* XI 13,7
Parium saxum I 88,3
Parma *in Oberitalien* II 43,4; V 13,8;
  XIV 155,1; Parmense pecus IV 37,5
Parrhasius *Adj. septentrionalis*
  IV 11,3; VI 25,2; 58,1; *Palatinus*
  VII 56,2; 99,3; VIII 36,3; IX 11,8;
  XII 15,1
Parthenius *Kämmerer Domitians*
  IV 45,2; 78,8 (*Plur.*); V 6,2;
  VIII 28,16; XI 1,3; XII 11,1;
  Partheniana toga IX 49,3.10
*Parthenopaeus XI 86
Parthenopaeus *einer der Sieben vor
  Theben* VI 77,2; IX 56,8; X 4,3
Parthia X 76,2; Parthi V 58,4;
  VII 30,1; X 72,5; XII 8, 8; Parthus rex
  II 53,10
Pasiphaë *Frau des Minos und Mutter des
  Minotaurus* Spect. 5,1; 27,8
Passerinus *Zirkuspferd* VII 7,10;
  XII 36,12
Passeris fluctus *aquae Passerianae in
  Etrurien* VI 42,6
Passienus s. Crispus
Pastor *vielleicht Iunius Pastor, ein
  Freund Martials* IX 22
Patavinus *Adj. zu der Stadt Patavium*
  XI 16,8; XIV 143
Paterclianae sellae XII 77,9
Paterna s. Narbo
*Paternus XII 53
Patrenses fundi V 35,1
Patricius vicus VII 73,2; X 68,2
*Patrobas II 32,3
*Paula I 74; VI 6; IX 10; X 8; XI 7

Paulinus *ein Läufer* II 14,3
*Paulinus III 78
Paulus V 28,6 (*Plur.*)
Paulus *Advokat* VII 72
*Paulus II 20; IV 17; V 4; 22; VI 12 (?);
 VIII 33,1.26; IX 85; X 10; XII 69
Pax I 2,8; IX 99,4
Pedo *Albinovanus, Epigrammatiker*
 I epist.; II 77,5; V 5,6; X 20,10
Pegasis unda IX 58,6
Peleus II 64,3
Pelias *König von Iolkos* VI 71,3;
 XI 60,4
Pelion *Gebirge auf der thessalischen
 Halbinsel Magnesia* VIII 36,6
Pellaeus tyrannus *Alexander der Große*
 IX 43,7; Pellaea (*Alexandrina*) gula
 XIII 85,2
Pelops XII 84,3
Pelusia munera XIII 9,1
Penelope *Frau des Odysseus* I 62,6;
 XI 7,5; 104,16
Pentheus *König von Theben* XI 84,11
Peregrina s. Claudia
Perenna s. Anna
Pergamon XIV 51,1; Pergameus deus
 Aesculapius IX 16,2
Permessis *Nymphe* I 76,11; VIII 70,3
Persica *mala* XIII 46
Persius *der Satirendichter A. P. Flaccus*
 IV 29,7
Peteris *in Spanien* IV 55,18
Petiliana regna XII 57,19
Peuce *Donauinsel* VII 7,1; 84,3
Phaedrus *der Fabeldichter* III 20,5
Phaethon *Sohn des Sonnengottes*
 III 67,5 (= *Sol*); IV 47,1.2; V 48,4;
 53,4; Phaetonteus *Adj.* IV 25,2;
 VI 15,1; X 12,2; Phaetontis gutta
 IV 32,1
Phalanthus *Gründer von Tarent*
 VIII 28,3; Phalantinus Galaesus V 37,2
Phaon *Geliebter der Sappho* X 35,18
Pharus *Insel vor Alexandria mit
 berühmtem Leuchtturm* IX 40,2;
 Pharius *Adj.* III 66,1; Pharia coniunx
 IV 11,4 (*Kleopatra*); V 69,1; VI 80,3;
 VII 30,3; IX 35,7; X 48,1
Phasis *Fluß in Kolchis* III 77,4;
 XIII 72,2; Phasides volucres XIII 45,1
*Phasis V 8,4.5
Phidias *der Bildhauer* IX 44,6;
 Phidiacus *Adj.* III 35,1; IV 39,4;
 VI 13,1; 73,8; VII 56,3; IX 24,2;
 X 87,16; 89,2
*Philaenis II 33; IV 65; VII 67; 70;
 IX 29; 40,3; 62; X 22 (S.B. Philine);
 XII 22
*Phileros II 34,1; X 43
*Philetus II 44,8
*Philinus X 102,2; (X 22 S.B.)
Philippi porticus V 49, 12
*Philippus VI 84
Philistion *Mimendichter* II 41,15
Phillyrides *Chiron als Sohn der Phillyra*
 II 14,6
*Philo V 47
Philoctetes s. Poeantius
Philomela XIV 75,1; s. Attica paelex
Philomelus *ein reicher Alter* III 31,6;
 93,22; IV 5,10
*Philomusus III 10; VII 76; IX 35;
 XI 63
*Philostratus XI 82
Phineus *von den Göttern geblendet*
 IX 25,10 (*Plur.*)

Phlegraea victoria   VIII 78,1
*Phlogis   XI 60
Phoebi vada *wohl aquae Apollinares in Etrurien*   VI 42,7
Phoebus   I 31,1.4; 70,15; 76,5; II 22,1; III 45,1; IV 31,8; 45,2.8; VII 12,8; 23,1; 63,11; VIII 36,9; 82,7; IX 3,11; 28,9; 34,5; 42,11; 86,3; XI 43,7; 93,2; XII 11,4; XIV 173,2; s. Apollo
*Phoebus   I 58; II 35; 44,8; III 73; 89; VI 20; 57; IX 63; 92,7; 102; XII 45
Phosphorus *Venus als Morgenstern*   VIII 21,1.2
Phrixus *Bruder der Helle*   VI 3,6; VIII 28,20; 50,9; Phrixeus *Adj.* X 51,1; XIV 211,1
*Phryx   VI 78
Phryx *Phrygier*   VI 42,13; XI 4,1; semiviri Phryges IX 20,8; *Ganymed* IX 36,2; X 20,9; *Attis* VIII 46,4; Phrygius *Adj.* III 47,2; Phrygius vir *Aeneas* VIII 6,14; IX 75,8; XI 84,4; 104,13; XII 15,7; 52,10
*Phyllis   X 81; XI 29; 49; XII 65
*Picens   VIII 57; 62
Picentina Ceres   XIII 47,1; Picentini panes XIII 47 *Titel*
*Picentinus   IX 78
Picenus *Adj. zur italischen Landschaft Picenum*   I 43,8; IV 46,12; 88,7; V 78,20; VII 53,5; IX 54,1; XI 52,11; XIII 35,1; 36,1
Pierides *die Musen*   X 58,6; XII 68,4; Pierius *Adj.* I 76,3; VII 63,3; 69,8; VIII 70,5; IX 84,3; 86,3; X 64,4; XI 3,8; 93,11; XII 2,8; 11,4; 52,1
Pindarici modi   VIII 18,6

Pi(m)pleis *Muse*   XI 3,1; Pi(m)pleum antrum XII 11,3
Pirithous *König der Lapithen und Freund des Theseus*   VII 24,4; X 11,1.4
Pirum (Ad Pirum) *Adresse in Rom*   I 117,6
Pisa *Stadt in Elis*   VII 56,4
Pisones *besonders der von Nero getötete C. Calpurnius Piso*   IV 40,1; XII 36,8
Platea *Stadt in Spanien*   IV 55,13; XII 18,11
Plato *der Philosoph*   IX 47,1 (*Plur.*)
*Plecusa (Phlegusa) *Name einer Sklavin*   II 66,4
Plinius *C. P. Caecilius Secundus*   X 20; *wohl auch* Secundus V 80,7.13; *s.* Caecilius
*Plutia (Plotia)   X 67
Podalirius *Typus des Arztes*   X 56,7
Poeantius heros *Philoktet*   II 84,1
Poenus *Carthaginiensis*   IV 14,4; VIII 53,3; X 13,7; *s.* Punicus
Polla *Argentaria, Frau des Dichters Lukan*   VII 21,2; 23,3; X 64
*Polla   III 42; X 40; 69; 91; XI 89
Pollentinae lanae   XIV 157 *Titel*
Pollio *Kitharöde*   IV 61,9
Pollio *Freund des Canius Rufus, vielleicht der gleiche wie oben*   III 20,18
*Pollio   XII 12
Pollius Valerianus, Q. *Buchhändler*   I 113,5
Pollux *einer der beiden Dioskuren*   V 38,5.6; VII 57,1; IX 51,8; 103,3; *s.* Ledae genus VII 24,6 *und* Lacones

Polyb(i)us *bekannter Ballspieler*
 VII 72,11

*Polycharmus VIII 37; IX 69; XII 56

Polyclitus *Bildhauer und Ziseleur*
 VIII 50,2; IX 59,12; X 89,1.5

Polyhymnia *eine Muse* IV 31,7

Polyphemus IV 49,6; *s.* Cyclops

Polyphemus *riesiger Sklave des Severus*
 VII 38

*Polytimus *Homosexueller* XII 75,1;
 84,1

Pomona *Obstgöttin* I 49,8

Pompeii iuvenes *Cn. und Sextus*
 V 74,1

Pompeius Magnus, Cn. VIII 66,9;
 XI 5,11 Magnus; 104,18; *s. auch* Pompeios iuvenes V 74,1 *und* gener atque socer IX 70,3; *Portikus des Pompejus:*
 II 14,10; V 10,5; XI 1,11; 47,3 Pompeia umbra; Pompeianus (*Adj.*) IX 61,22; *Theater des Pompejus:* VI 9,1; X 51,11; XI 21,6; XIV 29,1; 166,1

Pompeius Auctus *Bewunderer Martials*
 VII 51; 52; IX 21; XII 13

*Pomponius VI 48

Pomptini paludes X 74,10; Pomptini campi XIII 112

*Pompulla IV 61,5

*Pompullus VI 61

Pontia *Giftmischerin* II 34,6; IV 43,5

*Pontia VI 75

*Ponticus II 32; 82; III 60; IV 85;
 V 63; IX 19; 41

*Pontilianus V 66; VII 3; XII 40

Porcia *Frau des M. Junius Brutus* I 42,1;
 XI 104,18

Porphyrio *Name eines Giganten und ein Wagenlenker* XIII 78,2

Porsena *Etruskerkönig* I 21,6;
 XIV 98,2

(Porthaoniam *Lindsay* Spect. 27,2)

*Postumianus VIII 71

*Postumilla XII 49

*Postumus II 10; 12; 21; 22; 23; 67; 72;
 IV 26; 40; V 52; 58; VI 19

Potestas XII 6,3

Pothinus *Mörder des Pompejus* III 66;
 V 69

Potitus *vir doctus* X 70

Praeneste *in Latium* IV 64,33; X 30,7;
 Praenestinus *Adj.* IX 60,3; 73,3

Praxiteles *der Bildhauer* IV 39,3

Priamus II 41,14; 64,3; V 58,5;
 VI 70,12; VIII 6,16; 64,14; IX 50,4;
 X 67,4; XI 60,3; XIV 184,1;
 s. Hecubae maritum VI 71,3

Priapus I 35,15; III 58,47; VI 72,4.6;
 73,9; VIII 40,2; X 92,12; XI 18,22;
 72,2; XIV 70; *s.* custos deus VII 91,4;
 Lampsaciae puellae XI 51,2

Primus *s.* Antonius

Priscus *Gladiator* Spect. 29,1

*Priscus I 112; II 41,10; VIII 12;
 IX 10,1.2

Priscus *wohl der Freund Martials;
 s. auch* Terentius VI 18; VII 46,4 (?);
 IX 77,2 (?); X 3,6 (?); XII 14; 92

(Priscus *Konjektur* = Q. Peducaeus Priscinus, cos. 93; *s.* Heraeus
 VII 79,3)

Priscus *s.* Sallustius; Terentius

Probus *M. Valerius, grammaticus*
 III 2,12

*Procillus I 27; 115

Procne *die in eine Schwalbe verwandelte Tochter des Pandion* XI 18,19

*Proculeia X 41
*Proculina VI 22
Proculus s. Iulius
Prometheus Spect. 7,1; XI 84,9;
  XIV 182,1; Prometheus *Adj.* IX 45,3;
  X 39,4; XIV 80,2
Propertius *der Elegiendichter*
  VIII 73,5; XIV 189,1
Proserpina III 43,3; XII 52,13; *s. auch*
  Elysia puella X 24,10
Publius I 109; II 57,3; VII 72,7; 87,3
*Publius X 98
Pudens, Aulus, *primipilaris und Freund*
  Martials I 31; IV 13; V 48; VI 58;
  VII 97,3; VIII 63; XIII 69; *von*
  Martial angeredet IV 29; V 28;
  VI 54; 58; 78; VII 11; 14; IX 81; XI 38;
  XII 51
Punicus *Adj.* I 43,6; IV 10,5; VI 19,6;
  VII 20,10; *s.* Poenus
Pylades *Freund des Orestes*
  VI 11,1.2.9; VII 24,3; 45,8; X 11,2.3.7
Pylius *Adj. zu Pylos, der Heimat des*
  (greisen) Nestor IV 1,3; VIII 2,7;
  6,10; X 38,14
Pyrgi *in Etrurien* XII 5,1
Pyrrha *Frau des Deukalion* X 67,1
Pythagoras *der Philosoph* IX 47,3
Pythagoras *Freigelassener Neros*
  XI 6,10

Quies IX 99,4
Quintianus *ein Freund Martials* I 52;
  V 18,10.
Quintilianus *M. Fabius, der Verfasser der*
  Institutio oratoria II 90
Quintius *L. Cincinnatus* IX 27,6
  (*Plur.*)

Quintus *s.* Ovidius *und* Pollius
*Quintus III 8; 11; 62; IV 72; V 21
  (*scherzhaft*); 75; VIII 9
*Quirinalis I 84
Quirinus X 26,3; 51,15; *templum*
  Quirini X 58,10; Porticus Quirini
  XI 1,9

Rabirius *Architekt Domitians* VII 56;
  X 71
Raetus IX 84,5; XI 74,1 Baccara
  Raetus (*konjiziert für* graecus *bzw.*
  vetus); Raetica vina XIV 100,2
Rasina *ein Wasserlauf bei Forum*
  Cornelii III 67,2
Ravenna III 56,1; 57,1; 91,1;
  †Ravennae† X 51,5; XIII 21,1;
  Ravennas *Adj.* III 93,8; XI 21,10
Redux *s.* Fortuna
Regulus *M'. Aquilius, ein Gönner*
  Martials I 12; 82; 111; II 74,2; 93;
  IV 16,6; V 10; 21,1; 28,6 (*Plur.*); 63,4;
  sein Sohn VI 38; 64,11; VII 16; 31
Remus X 76,4; XII 2,6
Restitutus *Advokat* X 87
Rhenus II 2,3; IV 11,7; V 37,8; VII 7,3;
  VIII 11,11; IX 1,3; 5,1; X 7,1; XI 96,1;
  XIV 170,1; Rhenana manus IX 35,4
Rhodope *Gebirge in Thrakien* Spect.
  21,1; cultor Rhodopeius Spect. 3,3
Rhodos IV 55,6; IX 20,6; X 68,1;
  XIV 69,2; Rhodius *Adj.* I 70,8;
  III 58,17; copta Rhodiaca XIV 69
  Titel
Rhoetus (Roecus *Konjektur S. B.*) *ein*
  Kentaur VIII 6,7
Rigae *Ort in Spanien* IV 55,19
Rixamae *Ort in Spanien* IV 55,16

INDEX DER EIGENNAMEN

Roma   Spect. 2,11; 7,10; I 3,3; III 4,1;
  14,1 30,2; 38,1.13; 66,4; 95,9; IV 8,3;
  64,12; V 7,3; 10,7; 16,3; 19,5; VI 4,5;
  28,2; 60,1; VII 5,4; 6,7; 61,10; 95,4;
  96,2; 99,2; VIII 11,7; 15,5; 21,3; 26,3;
  49,8; 55,2; 61,5; 65,6; IX 28,10; 40,2;
  48,8; 56,12; 59,2; 79,2; 97,2; X 2,5;
  6,6; 12,11; 13,10; 19,4; 28,4; 30,25;
  36,7; 51,5; 53,2; 58,6; 72,13; 74,1; 87,2;
  103,9; XI 3,10; 6,4; 24,6; XII epist.;
  2,2; 6,5; 8,1; 11,8; 21,10; 42,5; 57,27;
  59,1; 68,6; XIV 99,2; 129,1; Romanus X 7,7; Romana XI 53,3; Romani
  XIV 124,1; Romanus *Adj.* I 76,12;
  78,7; II 90,2; III 1,2; IV 23,7; V 69,3;
  VI 80,9; VII 30,7.8; 80,1; VIII 3,19;
  18,7; IX 1,9; X 63,3; 99,1; XI 9,1; 13,5;
  20,10; XII 21,8; 57,21; XIII 73,1;
  XIV 191,2; *s.* Ausonius, Latius
Romulus   XIII 16,2; Romuleus
  Tarentos IV 1,8; *s.* Quirinus
Romulus *Winzer aus Vienne*
  XIII 107,2
Rubrae *Saxa Rubra* IV 64,15
Rufina *s.* Claudia
*Rufinus   III 31
Rufus *s.* Camonius, Canius, Instantius,
  Iulius, Safronius
Rufus *Mann der Caesonia und Freund
  Matials* IX 39
Rufus *Mann der Sempronia* XII 52,3
Rufus *unbekannt* III 100,1; IV 13,1;
  82,1; V 51,6; VI 82,1.12; 89,8
*Rufus   I 68,1; 106,1.10; II 11,1; 29,1;
  48,7; 84,4; III 82,33; 94,2; 97,1;
  V 72,2; VIII 52,5; IX 88,2
Ruson   V 28,4 (*Plur.*)
*Rusticus   VIII 23,2

Sabaei *arabisches Volk* Spect. 3,7
*Sabella   II 41,12
*Sabellus   III 98; IV 46; VI 33; VII 85;
  IX 19; XII 39; 43; 60,7; *varia lectio zu*
  Sabinus IV 37,3
*Sabidius   I 32; III 17
Sabina Atestina X 93
*Sabineius   III 25
Sabinus *s.* Caesius, Sabellus
*Sabinus   IV 37,3; *varia lectio* Sabellus
Sabini   X 33,1; 44,9; Sabinae I 62,1;
  IX 40,5; XI 15,2; Sabinus *Adj.*
  IV 4,10; IX 54,2; X 49,3
*Saenia   XII 26
Saepta *Iulia* II 14,5; 57,2; IX 59,1;
  X 80,4; *s.* Agrippa
Safronius Rufus IV 71
*Safronius XI 103,1
Sagaris *in Wortspiel* VIII 58
Saguntum *in Spanien* IV 46,15;
  Saguntinus *Adj.* VIII 6,2; XIV 108
*Salanus VI 62
Salaria *via* IV 64,18
*Saleianus   II 65
Sallustius *der Historiker C. S. Crispus*
  XIV 191
Salmacis *eine Nymphe* X 30,10;
  s. VI 68,9 femineum Hermaphroditum
Salo *Fluß in Spanien* I 49,12; IV 55,15;
  X 13,1; 96,3; 103,2; 104,6; XII 2,3;
  21,1; XIV 33,2
Salonae *in Dalmatien* X 78,1
Saloninus *Freund des Priscus* VI 18
Samia testa III 81,3
Samiramis IX 75,2; Samiramia acus
  VIII 28,18
Santonicus *Adj.; die Santonen sind ein*

gallischer Volksstamm IX 94,1;
XIV 128,1
Santra *Grammatiker und Dichter*
XI 2,7
*Santra VI 39,7; VII 20
Sappho VII 69,9; X 35,16
Sarapis *ägyptische Gottheit* IX 29,6
Sardanapallus *König von Assyrien*
XI 11,6; s. Anchialus
Sardinia IV 60,6; Sardoae orae
VIII 32,7
Sarmata *Bewohner des polnisch-
russischen Tieflands* Spect. 3,4;
Sarmaticus *Adj.* VII 2,1; 6,10; 30,6;
80,8; VIII 11,3; IX 35,4; 101,17;
s. Sauromatae
Sassina *in Umbrien* I 43,7; IX 58,4;
Sassinas silva III 58,35
Sattia *eine uralte Frau* III 93,20
Saturnalia IV 46,1.18; V 84,6.11;
VI 24,2; VII 53,1; XI 2,5; XIV 71,1;
s. XI 6,1; XIV 1; Saturnalicius *Adj.*
V 19,11; 30,8; VII 91,2; X 18,1;
XI 15,12; XIV 182,2
Saturninus s. Antonius
Saturnus II 85,2; III 29,2; IV 88,2;
X 29,1; XII 62,12; 81,1; XIV 1,9; 72,2;
s. XI 6,1.2 *und sub voce* Tonans
Satyri IV 44,4; XIV 107,1
*Saufeia III 72
*Saufeius II 74
Sauroctonos XIV 172 *Titel*
Sauromatae XII 8,9; s. Sarmata
Saxetanus lacertus VII 78,1
*Scaevinus III 70
Scaevola s. Mucius
*Scaevola I 103
Scipio II 2,2; s. Africani IV 14,5

Scopas *Bildhauer und Ziseleur* IV 39,3
Scorpus *Zirkusrennfahrer* IV 67,5;
V 25,10; X 50,5; 53,1; 74,5; XI 1,16
Scylla *Meerungeheuer* VII 44,5; X 4,2
(*Plur.*); 35, 7.
Scylla *Sklavin des Severus* VII 38,3
Scytha *Adj.* IV 28,4; X 62,8;
Scythicus *Adj.* Spect. 7,1; VII 19,4;
IX 101,5; X 13,8; XI 84,9; XII 15,3;
53,5; XIV 109,1
*Secundilla II 65
Secundus s. Caecilius, Plinius
Secundus *Buchhändler* I 2,7
*Secundus *Homosexueller* XII 75,3
*Secundus *Wucherer* II 44,7;
VII 92,3
*Segius IV 21
*Selius II 11; 14; 27; 69,6
Semele *Geliebte des Zeus* V 72,2
Sempronia *wohl Frau von Rufus*
XII 52
Sempronius s. Gracchus
Sempronius Tucca VII 41
Seneca *L. Annaeus S., der Philosoph*
IV 40,2; VII 44,10; 45,1; Senecae
XII 36,8; duo Senecae (*der Philosoph
und sein Vater, der Rhetor Seneca*)
I 61,7
Septicianum argentum IV 88,3; libra
VIII 71,6
*Septicianus XI 107
Sequanica textrix IV 19,1
Serenus s. Annaeus
Seres *ostasiatisches Volk* XII 8,8;
Sericus *Adj.* III 82,7; IX 37,3; XI 8,5;
27,11
*Serranus IV 37,3
*Sertorius II 84,3; III 79; VII 10,5

Setia *in Latium* IV 64,34; X 36,6;
XIII 23,1; 112,1;

Setinum *oder* Setina *vina* IV 69,1;
VI 86,1; VIII 50,19; IX 2,5; XII 17,5;
XIII 112 *Titel*; 124,1; Setinus *Adj.*
IX 22,3; X 14,5; 74,11; XI 29,6;
XIV 103,1

Severus *Sohn des Dichters Silius*
IX 86; *s.* VIII 66,8

Severus *Dichter und Freund Martials*
XI 57; *s. auch* Marce X 73,8

Severus *anderer Freund Martials*
(?) II 6; V 80; VII 38; 49

Severus *andere Person oder der gleiche*
V 11; VI 8; VII 34; 79; VIII 61; X 73,2
(*konjiziert für* severa)

*Sextilianus I 11; 26; VI 54; X 29

*Sextillus II 28

Sextus *Bibliothekar Domitians* (?) V 5

*Sextus II 3; 13; 44; 55; 87; III 11,6;
38; IV 68; V 38; VII 86; VIII 17; X 21;
57

Sibylla *von Cumae* IX 29, 3;
XIV 114,2

Sicaniae apes II 46,2; XI 8,8; urbes
VII 64,3

Siculus *Adj.* II 84,3; IV 49,6; V 65,4;
VII 24,5; 45,5; 64,9; XIII 80,1; 105

Sidon = *purpura* II 16,3; XI 1,2;
Sidonius *Adj.* VII 32,12; XIV 154,1

Sigerus *Kämmerer Domitians* IV 78,8
(*Plur.*)

Signinum *und* Signina (*vinum*)
XIII 116

*Sila XI 23

Silai *Volksstamm in Spanien* IV 55,20

Silius Italicus *epischer Dichter* IV 14;
VI 64,10; VII 63; VIII 66; IX 86;
XI 48; 50; *sein älterer Sohn* VIII 66,4;
sein jüngerer Sohn s. Severus

Silvanus *römische Gottheit* X 92,6

Silvia *bei Vergil* XIII 96,2

Sinuessa *Stadt in Latium* VI 42,5;
Sinuessanus *Adj.* XI 7,12; 82,1;
XIII 111,1

Sirenes III 64,1

Sirius IV 66,3

Sisyphus V 80,11; X 5,15

Socrates X 99,1

Solis filia *Circe, d.h.* Circeii V 1,5

Sola *Nymphe* IV 25,4

Solyma *Jerusalem* VII 55,7; XI 94,5

Sophocleus cothurnus III 20,7
(*Plur.*); V 30,1

*Sosibianus I 81; IV 33; XI 83

Sotades *alexandrinischer Dichter*
II 86,2

*Sotades VI 26

*Sotas *ein Arzt* IV 9,1

*Spanius II 41,10

Sparsus *ein Freund Martials*
XII 57,3.18

Spartanus I 55,5; VIII 28,13;
XIV 164,1

*Spatale II 52

Spendophoros *junger Sklave* IX 56;
X 83,7

Spoletinum *und* Spoletina (*vinum*)
XIII 120 *Titel*; XIV 116; Spoletina
lagona VI 89,3 *und* XIII 120 (*Plur.*)

Stella *L. Arruntius, der Freund und
Gönner Martials* I 7,1.4; 44,3; 61,4;
IV 6,5; V 11,2; 12,7; 59,2; VI 21,1;
47,1; VII 14,5; 36,6; VIII 78,3;
IX 42,7; 55,2.8; 89,2; X 48,5;
XI 52,15; XII 2,11.12

INDEX DER EIGENNAMEN 1503

Stephani balnea   XI 52,4; XIV 60,2
Stertinius Avitus *L., Dichter und Freund Martials*   1,16; VI 84; IX epist.; X 96; 102; XII 24,9; 75
Stoicus   VII 64,8; 69,4; XI 56,1; 84,7; XIV 106,2
Strymonius grex   IX 29,8
Stymphalides *Vögel vom See Stymphalos in Arkadien*   IX 101,7
Styx   IV 60,4; IX 65,12; Stygius *Adj.* I 78,4; 101,5; 114,5; IV 73,2; V 25,6; VI 18,2; 58,3 (Stygias ad undas; IX 51,3; 101,8; X 72,10; XI 54,3; 84,1; XII 52,12; 90,3 (Stygias umbras, *varia lectio* undas)
Submemm- s. Summemm-
Subura *Stadtviertel in Rom*   II 17,1; VI 66,2; VII 31,12; IX 37,1,; X 20,5; 94,5; XII 2,9; 18,2; 21,5; Suburanus *Adj.* V 22,5; XI 61,3; 78,11
Sulla *der Diktator L. Cornelius Sulla*   VI 19,7; IX 43,10; XI 5,9
Sulpicia *Dichterin und Frau des Calenus*   X 35; 38
Summemmi fornix   I 34,6; Summemmianus *Adj.* III 82,2; XI 61,2; XII 32,22
Sura s. Licinius
Surrentinum *und* Surrentina (*vinum*)   XIII 110; Surrentinus *Adj.* XIV 102 *Titel*; Surrentina rota XIV 102,2
Sybaritici libelli   XII 95,2
Syene *in Ägypten*   I 86,7; V 13,7; IX 35,7
Sygambri (Sug-, Sic-) *germanischer Volksstamm*   Spect. 3,9
Symmachus *Arzt*   V 9,2.4; VI 70,6; VII 18,10

Symplegas gemina *zwei kleine Felsinseln bei Byzanz*   XI 99,5
Synnas *in Phrygien*   IX 75,8
Syria   X 76,2; Syra lagona IV 46,9; Syrus IX 22,9; Syri V 78,13; VII 53,10; IX 2,11; Syrii tumores IV 43,7
*Syriscus   V 70

Tagus *Fluß in Spanien*   I 49,15; IV 55,2; VI 86,5; VII 88,7; VIII 78,6; X 17,4; 65,4; 78,12; 96,3; XII 2,3
Talassus *personifizierter Hochzeitsruf*   XII 42,4
Tantalus s. X 5,16 inter undas garruli senis
*Taratalla   I 50,2
Tarentinum *vinum*   XIII 125 *Titel*; Tarentinus porrus XIII 18
Tarentos *Ort auf dem Marsfeld*   I 69,2; Romuleus Tarentos IV 1,8; Romanus X 63,3
Tarpeius *Adj. zum tarpejischen Felsen auf dem Kapitol*   IV 54,1; VII 60,1; IX 1,5; 3,8; 40,1; 86,7; 101,24; XIII 74,1
Tarraco *Stadt in Spanien*   I 49,21; X 104,4; XIII 118,1; Tarraconense *vinum* XIII 118 *Titel*
Tartareus canis   V 34,4; IX 65,12
Tartesiacus *Adj. zu der südwestspanischen Stadt Tartessus*   VII 28,3; VIII 28,5; IX 61,1; XI 16,4
Tatius *sabinischer König*   XI 104,2
Taygetus *Gebirge in Lakonien*   VI 42,11
tecta *via*   III 5,5; VIII 75,2
*Telesilla   VI 7; VII 87,8; XI 97 (*varia lectio* Telesina)

*Telesina II 49
*Telesinus III 41; VI 50; XII 25
Telesphorus s. Faenius
*Telesphorus *junger Sklave* X 83,7;
 XI 26; 58
*Telethusa VI 71; VIII 50,23
Terentianus *ein Freund Martials* I 86,6
Terentius Priscus *ein Freund und
 Gönner Martials* VIII 45; XII epist.;
 3,3; *wohl auch* Priscus XII 1; 14; 62;
 92
Tereus *König von Thrakien* IV 49,4;
 XIV 75,1
Terpsichore *eine Muse* III 68,6
Tethys *Göttin des Meeres* Spect. 3,6;
 X 44,2
Tettius Caballus *scurra?* I 41,17.20
Teutonici capilli XIV 26,1
Thais *Menanders Thaïs* XIV 187
*Thais *Hetäre* III 8; 11; IV 12; 50; 84;
 V 43; VI 93; XI 101
Thalamus *Barbier Neros* VIII 52,2
Thalia, *eine Muse* IV 8,12; 23,4;
 VII 17,4; 46,4; VIII 73,3; IX 26,8;
 73,9; X 20,3; XII 94,3
Thallus *Wagenlenker* IV 67,5
Thebae *in Böotien* IV 55,5; XIV 1,11;
 Thebanus I 90,9; VIII 50,9
*Thelys *ein Eunuch* X 52
*Themison XII 20
*Theodorus *ein schlechter Dichter*
 V 73; XI 93
Theophila *Verlobte von Canius Rufus*
 VII 69,1
*Theopompus *junger Sklave* X 66
Therapnaeae Amyclae *in Lakonien*
 IX 103,5
*Therinos IX 13,3 (*scherzhaft gebildet*)

Theseus VII 24,4; X 11,1; Theseus
 Adj. IV 13,4; XIII 104,1
Thessalicus *Adj. zu der griechischen
 Landschaft Thessalien* VIII 36,6;
 IX 29,9
Thestylis *Vergilii* VIII 55,18
Thestylus *junger Sklave des Voconius
 Victor* VII 29; VIII 63,1
Thetis *Göttin des Meeres* Spect. 26,8;
 28,4; V 1,2; VI 68,2; X 14,4; 30,11
Thraces XII 8,9
Thrasea *Paetus* I 8,1; IV 54,7
Thybris X 7,9; 85,4; s. Tiberis
Thyestes *Bruder des Atreus* III 45,1;
 IV 49,4; V 53,1; X 4,1; 35,6; 67,4;
 XI 31,2
Thymele *Schauspielerin* I 4,5
Tiberis IV 64,24; Tiberina carina
 X 85,1; s. Thybris
Tibullus *der Dichter Albius T.* IV 6,4;
 VIII 70,7; 73,7; XIV 193
Tibur *die Stadt Tivoli* I 12,1; IV 60,6;
 62,1; 64,32; V 71,6; VII 13,3; IX 60,1;
 X 30,5; s. auch Argeus colonus
 IV 57,3 *und* Herculei colles IV 57,9;
 Tiburtinum *ein Landgut* IV 79,1;
 Tiburtinus *Adj.* IV 57,10; 60,3;
 VII 13,1; 28,1; 80,12; VIII 28,12
Tiburtina pila *auf dem Quirinal*
 V 22,3
Tigillini balneum III 20,16
Tigris *Zirkuspferd* VII 7,10; XII 36,12
Timavus *Fluß in Istrien* IV 25,5;
 VIII 28,7; XIII 89,1
Tirynthius *Herkules* VII 15,3; XI 43,5
Titan *Sol* VIII 21,7
Titi thermae III 20,15; 36,6; s. auch
 Spect. 2,7

INDEX DER EIGENNAMEN

*Titius   IV 37,2; VII 55,5; XI 51
*Titullus   VIII 44
Titus *Kaiser* s. Caesar, Caesar uterque und Titi thermae
*Titus   I 17,1.3; VII 59
*Titus *Wucherer*   VII 10,7
Tityrus *Vergilii*   VIII 55,8
Tolosa *Toulouse*   IX 99,3; Tolosas caseus XII 32,18
Tonans = *Jupiter*   V 55,1; 72,1; VI 13,7; 83,5; VII 60,2; VIII 39,5; IX 3,9; 11,7; 86,7 (Tarpeius Tonans); 91,5; X 20,9; 35,19; 51,13; 92,6; XI 43,3; 94,7; XII 15,6; XIII 74,1
Tonans falcifer = *Saturnus*   V 16,5
Tonans = *Domitian*   VI 10,9; VII 56,4; 99,1; IX 39,1 (Palatinus); 65,1 (Latius); 86,7 (Palatinus Tonans)
*Tongilianus   III 52; XII 88
*Tongilius   II 40
Toranius *ein Freund Martials*   V 78; IX epist.
*Torquatus   X 79
Traianus *Imperator*   X 7; 34; XII 8; s. X 6 und s.v. Caesar
Transtiberinus *Adj.*   I 41,3; 108,2; VI 93,4
Trebula *in Samnium*   V 71,1; XIII 33,1; Trebulani casei XIII 33 *Titel*
Trifolinum *vinum*   XIII 114 *Titel*; Trifolina vitis XIII 114,1
Triton *Meeresgottheit*   Spect. 28,6
Tritonis = *Athene*   IV 1,5
Triumphus *Gladiator*   Spect. 20
Trivia = *Diana*   Spect. 1,3; V 1,2; VI 47,3; IX 64,3
Troia   XI 4,1; XIV 1,11

Tryphon *Buchhändler*   IV 72,2; XIII 3,4
Tucca s. Sempronius
*Tucca   I 18; VI 65; VII 77; IX 75; XI 70; XII 41; 94
*Tuccius   III 14
Tullius Cicero, M.   II 89,4; III 38,3; IV 16,5; V 51,5; 56,5; 69,2.8; VII 63,6; IX 70,1; XI 48; XIV 188; s. III 66
Tullus *Curvius*   I 36,1; III 20,17; IX 51,3; s. Lucanus
Turasia *in Spanien*   IV 55,21
Turgonti lacus *in Spanien*   IV 55,21
Turnus *Bruder des Memor und Autor von Satiren*   VII 97,8; XI 10
Tusculus *Adj.*   IV 64,13; IX 60,2; Tusculani secessus X 30,6; Tusculi VII 31,11
Tuscus *etruskisch*   I 26,6; III 24,3.13; VII 27,1; VIII 55,9; IX 22,4; 57,7; 101,10; XI 27,11; XII 14,9; XIII 118,2; XIV 98,2; Tusci VII 31,11
Tutela *in Spanien*   IV 55,16
Tutilius *Rhetor*   V 56,6
Tvetonissa *in Spanien*   IV 55,22
Tyndaris *Helena*   IX 103,4; XII 52,6
Tyrianthina *purpurviolette Gewänder*   I 53,5
Tyros *Stadt in Phönizien*   II 29,3; VI 11,7; X 17,7; Tyrius *Adj.* IV 19,12; 28,2; VIII 10,2; 48,1; IX 22,13; X 51,1; XI 39,11; XIV 133,2; 156 *Titel; s. auch* Tyrianthina

Ulixes   III 64,4; XIV 184,1; s. Ithacus
Ultor s. Mars
Umber *ein schlechter Dichter*   VII 90,3
*Umber   VII 53; XII 81

Umbria   VII 97,2; IX 58,3; XIII 69,1;
   Umber VII 31,9
Unicus *Elegiendichter und Verwandter*
   Martials   XII 44
Urbicus   VII 51; XI 55
Urbicus infans   VII 96
Usipi *germanischer Volksstamm*
   VI 61,3

*Vacerra   VIII 69; XI 66; 77; XII 32
Vadavero *Ort oder Wasserlauf in*
   Spanien   I 49,6
Valerianus *s.* Pollius
Varius *der Dichter L. V. Rufus*
   VIII 18,7; 55, 21 (*Plur.*); XII 3,1
Varro *ein Dichter*   V 30
Varus *Offizier*   X 26
*Varus   VIII 20
Vaternus *s.* Vatrenus
Vaticanus *Adj.*   I 18,2; VI 92,3; X 45,5;
   XII 48,14
Vatinius *Schuster aus Benevent*
   XIV 96,1; Vatinii calices X 3,4;
   XIV 96 *Titel*
Vativesca *Örtlichkeit in Spanien*
   IV 55,26
Vatrenus (Vaternus *codd.*) *Wasserlauf*
   III 67,2
Veientanum *oder* Veientana (*vinum*)
   I 103,9; III 49,1; Veientana uva
   II 53,4
Velabrensis focus   XI 52,10; fumus
   XIII 32,2
Velius *Velius Paulus, Prokonsul von*
   Bithynien   IX 31
*Velox   I 110
Venafrum *in Samnium*   XII 63,1;
   XIII 101

Venetus *Adj.*   III 74,4; XIII 88,1
Venuleius   IV 82,1
Venus   Spect. 6,2; I 46,2; 90,8; 102,1;
   103,10; 109,15; II 34,4; 53,7; 84,2;
   III 68,8; 75,6; IV 13,8; 44,5; V 7,6;
   40,1; VI 13,8; 21,2; 45,2.3; VII 89,4;
   VIII 1,3; 43,3; IX 41,2; X 14,6; 33,4;
   XI 26,5; 60,1; 80,1; XII 43,5; 96,4;
   XIV 206,2; Veneres IX 11,9; XI 13,6;
   s. Acidalius, Cytherea, Gnidia dea,
   Paphia
Vercellae *in Oberitalien*   X 12,1
Vergilius Maro, P.   I 61,2; 107,4;
   III 38,8.10 (*Plur.*); IV 14,14; V 5,8;
   10,7; 56,5; VII 29,7; 63,5; VIII 18,5; 55
   (*auch Plur.*); X 21,4; XI 48; 50;
   52,18; XII 3,1; 67,3.5; XIV 57,1; 185;
   186; 195
Veritas   X 72,11
Verona *in der Gallia Cisalpina*   I 7,2;
   61,1; X 103,5; XIV 195,1; *s.* XIV 100;
   152
Verus *Gladiator*   Spect. 29
Vesbius *der Vesuv*   IV 44,1
Vespasianus *Kaiser   s.* II 2,5;
   IX 34,8
Vestae domum   I 70,4; Vestae sacraria
   VII 73,3
Vestinus   IV 73
Vestinus caseus   XIII 31 *Titel*; grex
   XIII 31,2
*Vetustilla   III 93,1
*Vetustina II 28,4
Vibius Maximus C., *Freund des Statius*
   XI 106
Victor *s.* Voconius
Vienna *an der Rhône*   VII 88,2;
   XIII 107,1

Vindelicae orae   IX 84,5
Vindex *Novius Vindex*   IX 43;44
Violentilla s. Ianthis
Vipsanius *s.* Agrippa; Vipsanae columnae IV 18,1; laurus I 108,3
Virgo *aqua*   V 20,9; VI 42,18; VII 32,11; XI 47,6; XIV 163,2
Vitelliani *codicilli*   II 6,6; XIV 8; 9
Voberca *Stadt in Spanien*   I 49,14
Voconius Victor *Dichter und Freund Martials*   VII 29; XI 78

Votienus *aus Narbonne, ein Freund Martials*   VIII 72,5
Vulcanus   V 7,5

Xanthus *Sonnenpferd*   VIII 21,7

Zeno *stoischer Philosoph*   IX 47,1 (*Plur.*)
Zephyri   XII 44,7
*Zoïlus   II 16; 19; 42; 58; 81; III 29; 82; IV 77; V 79; VI 91; XI 12; 30; 37; 54; 85; 92; XII 54

ALPHABETISCHES VERZEICHNIS
DER LATEINISCHEN GEDICHTANFÄNGE

A Iove qui veniet, miscenda ad pocula largas   XIV 112

A latronibus esse te fututam   XII 26

A servo scis te genitum blandeque fateris   I 81

A Sinuessanis conviva Philostratus undis   XI 82

Abscisa servom quid figis, Pontice, lingua?   II 82

Abstulerat totam temerarius institor urbem   VII 61

Accidit infandum nostrae scelus, Aule, puellae   VII 14

Accipe belligerae crudum thoraca Minervae   VII 1

Accipe facundi Culicem, studiose, Maronis   XIV 185

Accipe felices, Atlantica munera, silvas   XIV 89

Accipe lunata scriptum testudine sigma   XIV 87

Accipe Niliacam, Pelusia munera, lentem   XIII 9

Accipe non vili calices de pulvere natos   XIV 102

Accipe quae nimios vincant umbracula soles   XIV 28

Accola iam nostrae Degis, Germanice, ripae   V 3

Ad cenam invitant omnes te, Phoebe, cinaedi   IX 63

Ad cenam si me diversa vocaret in astra   IX 91

Ad lapidem Torquatus habet praetoria quartum   X 79

Ad natalicias dapes vocabar   VII 86

Ad Palatinas acipensem mittite mensas   XIII 91

Ad populos mitti qui nuper ab urbe solebas   XII 2

Ad primum decuma lapidem quod venimus hora   XI 79

Ad te reptanti, puer insidiose, lacertae   XIV 172

Addat cum mihi Caecubum minister   X 98

Addere quid cessas, puer, inmortale Falernum?   IX 93

Addixti, Labiene, tres agellos   XII 16

Addixti servum nummis here mille ducentis   X 31

Adlatres licet usque nos et usque   V 60

Aedes emit Aper sed quas nec noctua vellet   XI 34

Aegrotas uno decies aut saepius anno   XII 56

Aemiliae gentes et Apollineas Vercellas   X 12

Aemula Baianis Altini litora villis   IV 25

Aeolidos Canace iacet hoc tumulata sepulchro   XI 91

Aera Celaenaeos lugentia matris amores   XIV 204

Aera domi non sunt, superest hoc, Regule, solum   VII 16

Aëra per tacitum delapsa sedentis in ipsos   VIII 32

Aestivo serves ubi piscem tempore, quaeris?   II 78

Aetherias aquila puerum portante per auras   I 6

Alcide, Latio nunc agnoscende Tonanti   IX 65

Alciden modo Vindicis rogabam   IX 44

Alcime, quem raptum domino crescentibus annis   I 88

Alea parva nuces et non damnosa videtur   XIV 19

Alfius ante fuit, coepit nunc Olfius esse   IX 95

Amisit pater unicum Salanus   VI 62

Amissum non flet cum sola est Gellia patrem   I 33

Amphitheatrales inter nutrita magistros   XI 69

Amphitheatrali nos commendamus ab usu   XIV 135

Amphora Nestorea tibi Mamertina senecta   XIII 117

Amphora Niliaci non sit tibi vilis aceti   XIII 122

Amphora vigesis, modius datur aere quaterno   XII 76

Ancillam tibi sors dedit lucernae   XIV 40

Ancillariolum tua te vocat uxor, et ipsa   XII 58

Annorum nitidique sator pulcherrime mundi   X 28

Ansere Romano quamvis satur Hannibal esset   XIII 73

Ante frequens, sed nunc rarus nos donat amicus   XIV 122

Antipolitani, fateor, sum filia thynni   XIII 103

Antiqui rex magne poli mundique prioris   XII 62

Antoni Phario nihil obiecture Pothino   V 69

Anxuris aequorei placidos, Frontine, recessus   X 58

Apollinarem conveni meum, scazon   VII 26

Appia, quam simili venerandus in Hercule Caesar   IX 101

Archetypis vetuli nihil est odiosius Eucti   VIII 6

Archetypum Myos argentum te dicis habere   VIII 34

Arctoa de gente comam tibi, Lesbia, misi   V 68

Ardea solstitio Castranaque rura petantur   IV 60

Argenti genus omne conparasti   IV 39

Argenti libram mittebas; facta selibra est   X 57

Argenti libras Marius tibi quinque reliquit   II 76

Argentum atque aurum facilest laenamque togamque   XIII 48

Argiletanas mavis habitare tabernas   I 3

VERZEICHNIS DER LAT. GEDICHTANFÄNGE 1511

Argoa primum sum transportata carina   XIII 72

Arrectum quotiens Marulla penem   X 55

Arretina nimis ne spernas vasa monemus   XIV 98

Arrigis ad vetulas, fastidis, Basse, puellas   III 76

Artemidorus habet puerum sed vendidit agrum   IX 21

Artibus his semper cenam, Philomuse, mereris   IX 35

Artis ebur medicae narthecia cernis: habebis   XIV 78

Artis Phidiacae toreuma clarum   III 35

Aspice quam densum tacitarum vellus aquarum   IV 3

Aspice quam placidis insultet turba iuvencis   V 31

Aspice quam tumeat magno iecur ansere maius   XIII 58

Aspicis hunc uno contentum lumine, cuius   VIII 59

Aspicis inbelles temptent quam fortia dammae   IV 74

Aspicis incomptis illum, Deciane, capillis   I 24

Aspicis ingenium Nili: quibus addere plura   XIV 115

Aspicis ut parvus nec adhuc trieteride plena   VI 38

Astra polumque dedit, quamvis obstante noverca   V 65

Astra polumque pia cepisti mente, Rabiri   VII 56

Atreus Caecilius cucurbitarum   XI 31

Atria Pisonum stabant cum stemmate toto   IV 40

Attenuare nives norunt et lintea nostra   XIV 104

Attica nectareum turbatis mella Falernum   XIII 108

Attice, facundae renovas qui nomina gentis   VII 32

Audet facundo qui carmina mittere Nervae   IX 26

Audieris in quo, Flacce, balneo plausum   IX 33

Auditur quantum Massyla per avia murmur   VIII 53

Augusti labor hic fuerat committere classes   Spect. 28

Augusto pia tura victimasque   VIII 66

Aurea porrigitur Iani caryota Kalendis   XIII 27

Aureolis futui cum possit Galla duobus   IX 4

Auriculam Mario graviter miraris olere   III 28

Aut Corcyraei sunt haec de frondibus horti   XIII 37

Baetis olivifera crinem redimite corona   XII 98

Baiana nostri villa, Basse, Faustini   III 58

Baiano procul a lacu, monemus   IV 30

Balsama me capiunt, haec sunt unguenta virorum   XIV 59

Barbara de pictis veni bascauda Britannis   XIV 99

Barbara pyramidum sileat miracula Memphis   Spect. 1

Barbatus rigido nupsit Callistratus Afro   XII 42

Basia da nobis, Diadumene, pressa
›quot‹ inquis? VI 34
Basia das aliis, aliis das, Postume,
dextram II 21
Basia dum nolo nisi quae luctantia
carpsi V 46
Bella es, novimus, et puella; verum
est I 64
Belliger invictis quod Mars tibi servit in
armis Spect. 6
Bellus homo et magnus vis idem,
Cotta, videri I 9
Bis Cotta soleas perdidisse se questus
XII 87
Bis quinquagenis domus est tibi milibus
empta XII 66
Bis tibi triceni fuimus, Mancine, vocati
I 43
Bis vicine Nepos – nam tu quoque
proxima Florae VI 27
Boletos et aprum si tamquam vilia
ponis XII 48
Bruma est et riget horridus December
VII 95
Brumae diebus feriisque Saturni
XII 81

Caecuba Fundanis generosa cocuntur
Amyclis XIII 115
Caede iuvencorum domini calet area
felix XIV 4
Caelatus tibi cum sit, Anniane VI 92
Caeretana Nepos ponat, Setina
putabis XIII 124
Caeruleus nos Liris amat, quem silva
Maricae XIII 83
Caesaris alma dies et luce sacratior
illa IV 1

Caesaris Augusti lascivos, livide, versus
XI 20
Callidus effracta nummos fur auferet
arca V 42
Callidus emissas eludere simius hastas
XIV 202
Callidus inposuit nuper mihi copo
Ravennae III 57
Calliodorus habet censum – quis
nescit? – equestrem V 38
Campis dives Apollo sic Myrinis
IX 42
Cana est barba tibi, nigra est coma:
tinguere barbam IV 36
Candida si croceos circumfluit unda
vitellos XIII 40
Candidius nihil est te, Caeciliane.
notavi II 71
Cantasti male, dum fututa es, Aegle
I 94
Capena grandi porta qua pluit gutta
III 47
Cappadocum saevis Antistius occidit
oris IX 30
Capto tuam, pudet heu, sed capto,
Maxime, cenam II 18
Carmina nulla probas molli quae limite
currunt XI 90
Carmina Paulus emit, recitat sua
carmina Paulus II 20
Carpere causidicus fertur mea
carmina: qui sit V 33
Caseus Etruscae signatus imagine
Lunae XIII 30
Casta nec antiquis cedens Laevina
Sabinis I 62
Casta suo gladium cum traderet Arria
Paeto I 13

VERZEICHNIS DER LAT. GEDICHTANFÄNGE 1513

Castora de Polluce Gabinia fecit Achillan VII 57
Cedere de nostris nulli te dicis amicis X 15
Cedere maiori virtutis fama secunda est Spect. 32
Cenabis belle, Iuli Cerialis, apud me XI 52
Cenes, Canthare, cum foris libenter IX 9
Ceno domi quotiens, nisi te, Charopine, vocavi V 50
Censor maxime principumque princeps VI 4
Centenis quod emis pueros et saepe ducenis III 62
Centum Coranus et ducenta Mancinus IV 37
Centum miselli iam valete quadrantes III 7
Cerea quae patulo lucet ficedula lumbo XIII 5
Cernere Parrhasios dum te iuvat, Aule, triones VI 58
Cerretana mihi fiat vel missa licebit XIII 54
Cessatis, pueri, nihilque nostis III 67
Chattica Teutonicos accendit spuma capillos XIV 26
Chia seni similis Baccho, quem Setia misit XIII 23
Chirurgus fuerat, nunc est vispillo Diaulus I 30
Cinctum togatis post et ante Saufeium II 74
Cinnam, Cinname, te iubes vocari VI 17

Circumlata diu mensis scribilita secundis III 17
Clamabat tumidis audax Leandros in undis XIV 181
Clarus fronde Iovis, Romani fama cothurni XI 9
Claudia caeruleis cum sit Rufina Britannis XI 53
Claudia, Rufe, meo nubit Peregrina Pudenti IV 13
Clinicus Herodes trullam subduxerat aegro IX 96
Cludere quae cenas lactuca solebat avorum XIII 14
Coccina famosae donas et ianthina moechae II 39
Coepit, Maxime, Pana qui solebat I 69
Cogis me calamo manuque nostra VII 11
Cogit me Titus actitare causas I 17
Colchida quid scribis, quid scribis, amice, Thyesten? V 53
Collo necte, puer, meros amores XIV 206
Commendare meas, Instanti Rufe, Camenas VII 68
Commendare tuum dum vis mihi carmine munus VII 46
Commendo tibi, Quintiane, nostros I 52
Communis tibi cum viro, Magulla XII 91
Comoedi tres sunt, sed amat tua Paula, Luperce VI 6
Concita veloces fugeret cum damma Molossos Spect. 30

Condita cum tibi sit iam sexagensima messis   IV 78

Conditus hic ego sum Bassi dolor, Urbicus infans   VII 96

Coniugis audisset fatum cum Porcia Bruti   I 42

Consilium formae speculum dulcisque capillos   IX 16

Constituit, Philomuse, pater tibi milia bina   III 10

Constrictos nisi das mihi libellos   XIV 37

Consule te Bruto quod iuras, Lesbia, natam   X 39

Consumpta est uno si lemmate pagina, transis   X 59

Contigeris nostros, Caesar, si forte libellos   I 4

Contigeris regina meos si Polla libellos   X 64

Contigit Ausoniae procerum mitissimus aulae   XII 6

Continuis vexata madet vindemia nimbis   I 56

Contulit ad saturas ingentia pectora Turnus   XI 10

Conviva quisquis Zoili potest esse   III 82

Coponem laniumque balneumque   II 48

Cornea si non sum, numquid sum fuscior? aut me   XIV 62

Corve salutator, quare fellator haberis?   XIV 74

Cosconi, qui longa putas epigrammata nostra   II 77

Cosmicos esse tibi, Semproni Tucca, videris   VII 41

Cotile, bellus homo es: dicunt hoc, Cotile, multi   III 63

Cras te victurum, cras dicis, Postume, semper   V 58

Credi virgine castior pudica   IV 6

Credis ob haec me, Pastor, opes fortasse rogare   IX 22

Creta dedit magnum, maius dedit Africa nomen   II 2

Crine ruber, niger ore, brevis pede, lumine laesus   XII 54

Crinitae Line paedagoge turbae   XII 49

Crispulus iste quis est, uxori semper adhaeret   V 61

Cui legisse satis non est epigrammata centum   I 118

Cui tradas, Lupe, filium magistro   V 56

Cuius vis fieri, libelle, munus?   III 2

Cum cathedrata litos portet tibi raeda ministros   X 14

Cum clamant omnes, loqueris tunc, Naevole, tantum   I 97

Cum coleret puros pauper Telesinus amicos   VI 50

Cum comes Arctois haereret Caesaris armis   IX 31

Cum dare non possim quod poscis, Galla, rogantem   III 54

Cum data sint equiti bis quina nomismata, quare   I 11

Cum dederis Siculos mediae de collibus Hyblae   XIII 105

Cum depilatos, Chreste, coleos portes   IX 27

Cum dicis ›propero, fac si facis‹, Hedyli, languet   I 46

Cum dixi ficus, rides quasi barbara verba   I 65
Cum dubitaret adhuc belli civilis Enyo   VI 32
Cum duo venissent ad Phyllida mane fututum   X 81
Cum facias versus nulla non luce ducenos   VIII 20
Cum faciem laudo, cum miror crura manusque   III 51
Cum fieret tristis solvendis auctio nummis   XIV 35
Cum futuis, Polycharme, soles in fine cacare   IX 69
Cum gravis extremas Vestinus duceret horas   IV 73
Cum Iuvenale meo quae me committere temptas   VII 24
Cum me captares, mittebas munera nobis   IX 88
Cum me ficus alat, cum pascar dulcibus uvis   XIII 49
Cum me velle vides tentumque, Telesphore, sentis   XI 58
Cum mensas habeat fere trecentas   VII 48
Cum mihi boleti dederint tam nobile nomen   XIV 101
Cum mittis turdumve mihi quadramve placentae   VI 75
Cum peteret dulces audax Leandros amores   Spect. 25b
Cum peteret pars haec Myrinum, pars illa Triumphum   Spect. 20
Cum peteret patriae missicius arva Ravennae   III 91
Cum peteret regem, decepta satellite dextra   I 21

Cum peteret seram media iam nocte matellam   VI 89
Cum pinguis mihi turtur erit, lactuca valebis   XIII 53
Cum placeat Phileros tota tibi dote redemptus   II 34
Cum pluvias madidumque Iovem perferre negaret   VII 36
Cum potes amethystinos trientes   X 49
Cum rogo te nummos sine pignore, ›non habeo‹ inquis   XII 25
Cum Saxetani ponatur coda lacerti   VII 78
Cum sene communem vexat spado Dindymus Aeglen   XI 81
Cum sexaginta numeret Cascellius annos   VII 9
Cum sint crura tibi simulent quae cornua lunae   II 35
Cum sis ipsa domi mediaque ornere Subura   IX 37
Cum sis nec rigida Fabiorum gente creatus   VI 64
Cum sis tam pauper quam nec miserabilis Iros   VI 77
Cum sit anus coniunx et sint tibi mortua membra   XIII 34
Cum sitis similes paresque vita   VIII 35
Cum steterit nullus vultu tibi talus eodem   XIV 14
Cum te municipem Corinthiorum   X 65
Cum te non nossem, dominum regemque vocabam   I 112
Cum tibi non Ephesos nec sit Rhodos aut Mitylene   X 68

Cum tibi non essent sex milia, Caeciliane IV 51
Cum tibi nota tui sit vita fidesque mariti XII 96
Cum tibi sit facies de qua nec femina possit VII 18
Cum tibi sit sophiae par fama et cura deorum I 111
Cum tibi tam crassae sint, Artemidore, lacernae VIII 58
Cum tibi trecenti consules, Vetustilla III 93
Cum tibi vernarent dubia lanugine malae II 61
Cum traheret Priscus, traheret certamina Verus Spect. 29
Cum tu, laurigeris annum qui fascibus intras X 10
Cum tua centenos expunget sportula civis XIII 123
Cum tua non edas, carpis mea carmina, Laeli I 91
Cum tua sacrilegos contra, Norbane, furores IX 84
Cum vocer ad cenam non iam venalis ut ante III 60
Cum voco te dominum, noli tibi, Cinna, placere V 57
Cunarum fueras motor, Charideme, mearum XI 39
Cur a te pretium Danae, regnator Olympi XIV 175
Cur, here quod dederas, hodie, puer Hylle, negasti IV 7
Cur non basio te, Philaeni? calva es II 33
Cur non mitto meos tibi, Pontiliane, libellos? VII 3
Cur saepe sicci parva rura Nomenti XII 57
Cur spleniato saepe prodeam mento X 22
Cur tantum eunuchos habeat tua Gellia quaeris VI 67
Cur tristiorem cernimus Saleianum? II 65
Curandum penem commisit Baccara Raetus XI 74
Currant verba licet, manus est velocior illis XIV 208
Cursorem sexta tibi, Rufe, remisimus hora III 100
Custodes das, Polla, viro, non accipis ipsa X 69
Cyllenes caelique decus, facunde minister VII 74
Cynthia, facundi carmen iuvenale Properti XIV 189

Da veniam subitis: non displicuisse meretur Spect. 31
Daedale, Lucano cum sic lacereris ab urso Spect. 8
Dante tibi turba querulos, Auguste, libellos VIII 82
Dantem vina tuum quotiens aspeximus Hyllum IX 25
Daphnonas, platanonas et aërios pityonas XII 50
Das gladiatores, sutorum regule, Cerdo III 16
Das numquam, semper promittis, Galla, roganti II 25
Das Parthis, das Germanis, das, Caelia, Dacis VII 30

Dat Baiana mihi quadrantes sportula
   centum   I 59
Dat chartis habiles calamos
   Memphitica tellus   XIV 38
Dat festinatas, Caesar, tibi bruma
   coronas   XIII 127
Dat mihi pinna rubens nomen, sed
   lingua gulosis   XIII 71
De cathedra quotiens surgis – iam
   saepe notavi   XI 99
De nostro, facunde, tibi, Iuvenalis,
   agello   VII 91
De nullo loqueris, nulli maledicis,
   Apici   III 80
De Pompeiano saepe est eiecta theatro
   XIV 166
De praetoricia folium mihi, Paule,
   corona   VIII 33
De Sinuessanis venerunt Massica prelis
   XIII 111
De Spoletinis quae sunt cariosa lagonis
   XIII 120
Declamas belle, causas agis, Attale,
   belle   II 7
Declamas in febre, Maron: hanc esse
   phrenesin   IV 80
Dederas, Apici, bis trecenties ventri
   III 22
Defendet manus haec scapulas
   mordente molesto   XIV 83
Defuerit si forte puer soleasque libebit
   XIV 65
Delicias, Caesar, lususque iocosque
   leonum   I 14
Delicias parvae si vis audire catellae
   XIV 198
Delicium parvo donabis dorcada nato
   XIII 99

Democritos, Zenonas inexplicitosque
   Platonas   IX 47
Denaris tribus invitas et mane togatum
   IX 100
Dente timetur aper, defendunt cornua
   cervum   XIII 94
Dentibus antiquas solitus producere
   pelles   IX 73
Dentibus atque comis – nec te pudet –
   uteris emptis   XII 23
Deprensum in puero tetricis me
   vocibus, uxor   XI 43
Derisor Fabianus hirnearum
   XII 83
Det tunicam locuples: ego te
   praecingere possum   XIV 153
Di tibi dent et tu, Caesar, quaecumque
   mereris   VI 87
Di tibi dent quidquid, Caesar Traiane,
   mereris   X 34
Dic mihi, quem portas, volucrum
   regina? ›Tonantem‹   V 55
Dic mihi, quis furor est? turba
   spectante vocata   I 20
Dic mihi simpliciter, comoedis et
   citharoedis   XIV 215
Dic mihi, virgo ferox, cum sit tibi cassis
   et hasta   XIV 179
Dic, Musa, quid agat Canius meus
   Rufus   III 20
Dic quotus et quanti cupias cenare nec
   unum   XIV 218
Dic, toga, facundi gratum mihi munus
   amici   VIII 28
Dic verum mihi, Marce, dic
   amabo   VIII 76
Dicere de Libycis reduci tibi gentibus,
   Afer   IX 6

Dicis amore tui bellas ardere puellas
II 87

Dicis formonsam, dicis te, Bassa, puellam V 45

Dicit se vetulam, cum sit Caerellia pupa IV 20

Difficilis facilis, iucundus acerbus es idem XII 46

Digna tuo cur sis indignaque nomine, dicam III 34

Dimidium donare Lino quam credere totum I 75

Discursus varios vagumque mane VII 39

Disticha qui scribit, puto, vult brevitate placere VIII 29

Dives eras quondam: sed tunc pedico fuisti XI 87

Dixerat astrologus periturum te cito, Munna IX 82

Dixerat ›o mores! o tempora!‹ Tullius olim IX 70

Do tibi naumachiam, tu das epigrammata nobis I 5

Doctorum Licini celeberrime Sura virorum VII 47

Donasse amicum tibi ducenta, Mancine IV 61

Donasti, Lupe, rus sub urbe nobis XI 18

Donasti tenero, Chloe, Luperco IV 28

Donavi tibi multa, quae rogasti XII 79

Dormis cum pueris mutuniatis III 73

Dotatae uxori cor harundine fixit acuta X 16

Drauci Natta sui vocat pipinnam XI 72

Ducit ad auriferas quod me Salo Celtiber oras X 13

Dulce decus scaenae, ludorum fama, Latinus IX 28

Dulcia cum tantum scribas epigrammata semper VII 25

Dulcia defecta modulatur carmina lingua XIII 77

Dulcis conscia lectuli lucerna XIV 39

Dum donas, Macer, anulos puellis VIII 5

Dum Ianus hiemes, Domitianus autumnos IX 1

Dum levis arsura struitur Libitina papyro X 97

Dum mea Caecilio formatur imago Secundo VII 84

Dum modo causidicum, dum te modo rhetora fingis II 64

Dum nimium vano tumefactus nomine gaudes IV 11

Dum non vis pisces, dum non vis carpere pullos III 13

Dum nos blanda tenent lascivi stagna Lucrini IV 57

Dum nova Pannonici numeratur gloria belli VIII 15

Dum novus est nec adhuc rasa mihi fronte libellus IV 10

Dum petit a Baulis mater Caerellia Baias IV 63

Dum Phaethontea formica vagatur in umbra VI 15

Dum poscor crepitu digitorum et verna moratur XIV 119

Dum proavos atavosque refers
   et nomina magna
   V 17
Dum repetit sera conductos nocte
   penates   VIII 75
Dum sibi redire de Patrensibus fundis
   V 35
Dum te prosequor et domum reduco
   XI 24
Dum tener est onager solaque lalisio
   matre   XIII 97
Dum tibi felices indulgent, Castrice,
   Baiae   VI 43
Dum tibi Niliacus portat crystalla
   cataplus   XII 74
Dum Tiburtinis albescere solibus audit
   VII 13
Dum toga per quinas gaudet
   requiescere luces   XIV 142
Dum tu forsitan inquietus erras
   XII 18
Dum tu lenta nimis diuque quaeris
   IV 23
Dux lanterna viae clusis feror aurea
   flammis   XIV 61
Duxerat esuriens locupletem pauper
   anumque   IX 80

Ebria Baiano modo veni concha
   Lucrino   XIII 82
Ebria nos madidis rumpit tibicina
   buccis   XIV 63
Ebria Sidoniae cum sim de sanguine
   conchae   XIV 154
Ebrius haec fecit terris, puto, monstra
   Prometheus   XIV 182
Ecquid Hyperboreis ad nos conversus
   ab oris   VII 6

Ede tuos tandem populo, Faustine,
   libellos   I 25
Edere lascivos ad Baetica crusmata
   gestus   VI 71
Edictum domini deique nostri
   V 8
Edita ne brevibus pereat mihi cura
   libellis   I 45
Editur en sextus sine te mihi, Rufe
   Camoni   VI 85
Effert uxores Fabius, Chrestilla
   maritos   VIII 43
Effigiem tantum pueri pictura
   Camoni   IX 74
Effugere in thermis et circa balnea non
   est   XII 82
Effugere non est, Flacce, basiatores
   XI 98
Egi, Sexte, tuam pactus duo milia
   causam   VIII 17
Egisti vitam semper, Line,
   municipalem   IV 66
Elidit geminos infans nec respicit
   anguis   XIV 177
Elysio redeat si forte remissus ab agro
   X 101
Emi seu puerum togamve pexam
   II 44
Emit lacernas milibus decem Bassus
   VIII 10
Empta domus fuerat tibi, Tongiliane,
   ducentis   III 52
Encaustus Phaethon tabula tibi pictus
   in hac est   IV 47
Epigramma nostrum cum Fabulla
   legisset   IV 81
Erras, meorum fur avare librorum
   I 66

Esquiliis domus est, domus est tibi colle Dianae   VII 73
Esse negas coctum leporem poscisque flagella   III 94
Esse nihil dicis quidquid petis, inprobe Cinna   III 61
Esse puta ceras, licet haec membrana vocetur   XIV 7
Esse putes nondum sumen; sic ubere largo   XIII 44
Esse quid hoc dicam quod olent tua basia murram   II 12
Esse quid hoc dicam vivis quod fama negatur   V 10
Esse tibi videor saevus nimiumque gulosus   VIII 23
Esse vides lignum; servas nisi lumina, fiet   XIV 44
Esset, Castrice, cum mali coloris   VII 4
Est mihi – sitque precor longum te praeside, Caesar –   IX 18
Est tibi – sitque precor multos crescatque per annos –   I 108
Et delator es et calumniator   XI 66
Et dolet et queritur sibi non contingere frigus   VI 59
Et iudex petit et petit patronus   II 13
Et latet et lucet Phaethontide condita gutta   IV 32
Et voltu poteram tuo carere   III 53
Etrusci nisi thermulis lavaris   VI 42
Eutrapelus tonsor dum circuit ora Luperci   VII 83
Excipient apros expectabuntque leones   XIV 30
Exigis a nobis operam sine fine togatam   III 46

Exigis ut donem nostros tibi, Quinte, libellos   IV 72
Exigis ut nostros donem tibi, Tucca, libellos   VII 77
Expirantis adhuc scombri de sanguine primo   XIII 102
Explicitum nobis usque ad sua cornua librum   XI 107
Extemporalis factus est meus rhetor   V 54

Fabricio iunctus fido requiescit Aquinus   I 93
Facere in Lyciscam, Paule, me iubes versus   IV 17
Facundi Senecae potens amicus   VII 45
Facundos mihi de libidinosis   XII 43
Fama refert nostros te, Fidentine, libellos   I 29
Famae non nimium bonae puellam   VI 66
Fascia crescentes dominae compesce papillas   XIV 134
Fastorum genitor parensque Ianus   VIII 2
Felicem fieri credis me, Zoile, cena,   II 19
Felices, quibus urna dedit spectare coruscum   X 6
Femina praeferri potuit tibi nulla, Lycori   VI 40
Femineam nobis cherson si credis inesse   XIV 88
Ferreus es, si stare potest tibi mentula, Flacce   XI 27
Fertur habere meos, si vera est fama, libellos   VII 88

Fervida ne trito tibi pollice pusula surgat   XIV 167

Festinat Polytimus ad puellas   XII 75

Festinata prior, decimi mihi cura libelli   X 2

Festinata sui gemeret quod fata Severi   IX 86

Festive credis te, Calliodore, iocari   VI 44

Fetere multo Myrtale solet vino   V 4

Ficosa est uxor, ficosus et ipse maritus   VII 71

Fila Tarentini graviter redolentia porri   XIII 18

Filia Picenae venio Lucanica porcae   XIII 35

Flavia gens, quantum tibi tertius abstulit heres!   Spect. 33

Flectere te nolim, sed nec turbare capillos   II 36

Flectit ab inviso morientia lumina disco   XIV 173

Flentibus Heliadum ramis dum vipera repit   IV 59

Flet Philomela nefas incesti Tereos, et quae   XIV 75

Flete nefas vestrum sed toto flete Lucrino   VI 68

Florida per varios ut pingitur Hybla colores   II 46

Foedasti miserum, marite, moechum   II 83

Fons dominae, regina loci quo gaudet Ianthis   VII 50

Formonsa Phyllis nocte cum mihi tota   XII 65

Formonsam faciem nigro medicamine celas   III 3

Formonsam Glyceran amat Lupercus   XI 40

Formonsam sane sed caecus diligit Asper   VIII 51

Formonsissima quae fuere vel sunt   VIII 54

Fragmentum quod vile putas et inutile lignum   VII 19

Frangat Idumaeas tristis Victoria palmas   X 50

Frangere dum metuis, franges crystallina: peccant   XIV 111

Fraudata tumeat fragilis tibi culcita mula   XIV 162

Frigida non derit, non derit calda petenti   XIV 105

Frontibus adversis molles concurrere dammas   IV 35

Frustra, Blanditiae, venitis ad me   X 72

Fugerit an Phoebus mensas cenamque Thyestae   III 45

Funera post septem nupsit tibi Galla virorum   IX 78

Fur notae nimium rapacitatis   VI 72

Gaius hanc lucem gemma mihi Iulius alba   XI 36

Galbina decipitur calamis et retibus ales   XIII 68

Galla, nega: satiatur amor nisi gaudia torquent   IV 38

Gallia Santonico vestit te bardocucullo   XIV 128

Garris in aurem semper omnibus, Cinna   I 89

Garrulus in laxo cur anulus orbe vagatur?   XIV 169

Gaudet in effossis habitare cuniculus
   antris   XIII 60
Gellius aedificat semper: modo limina
   ponit   IX 46
Gemmatum Scythicis ut luceat ignibus
   aurum   XIV 109
Gentibus in Libycis uxor tua, Galla,
   male audit   II 56
Genus, Aucte, lucri divites habent iram
   XII 13
Gestari iunctis nisi desinis, Hedyle,
   capris   IV 52
Gestavit modo fronte me iuvencus
   XIV 52
Gloria tam parvi non est obscura sigilli
   XIV 171
Gnosia Minoae genuit vindemia
   Cretae   XIII 106
Grandia ne viola parvo chrysendeta
   mullo   XIV 97
Grandia taurorum portant qui
   corpora, quaeris   XIV 91
Gratis qui dare vos iubet, puellae
   XII 55
Gratum est quod Celeri nostros
   legis, Aucte, libellos
   VII 52
Gratum munus erit scisso nec inutile
   ventri   XIV 60
Gratus sic tibi, Paule, sit December
   VII 72

Habere amicam nolo, Flacce, subtilem
   XI 100
Habet Africanus miliens, tamen captat
   XII 10
Hac licet in gemma, servat quae
   nomina Cosmi   XIV 110

Hac mihi bis seno numeratur tessera
   puncto   XIV 17
Hac primum iuvenum lascivos lusit
   amores   XIV 187
Haec de vitifera venisse picata Vienna
   XIII 107
Haec est illa dies, magni quae conscia
   partus   VII 21
Haec est illa meis multum cantata
   libellis   IX 49
Haec est illa tibi promissa Theophila,
   Cani   VII 69
Haec Fundana tulit felix autumnus
   Opimi   XIII 113
Haec illi sine sorte datur cui nomina
   Rhenus   XIV 170
Haec mihi quae colitur violis pictura
   rosisque   X 32
Haec quae de facili turget paganica
   pluma   XIV 45
Haec quae Picenis venit subducta
   trapetis   XIII 36
Haec quae pulvere dissipata multo
   I 82
Haec, quae saepe solet vinci, quae
   vincere raro   XIV 213
Haec, quae tota patet tegiturque et
   marmore et auro   IX 20
Haec rapit Antaei velox in pulvere
   draucus   XIV 48
Haec servavit avis Tarpei templa
   Tonantis   XIII 74
Haec sunt illa mei quae cernitis ora
   Camoni   IX 76
Haec tibi brumali gaudentia frigore
   rapa   XIII 16
Haec tibi erunt armata suo graphiaria
   ferro   XIV 21

VERZEICHNIS DER LAT. GEDICHTANFÄNGE

Haec tibi Memphitis tellus dat munera: victa est   XIV 150
Haec tibi multiplici quae structa est massa tabella   XIV 192
Haec tibi, non alia, est ad cenam causa vocandi   III 50
Haec tibi pro nato plena dat laetus acerra   IV 45
Haec tibi quae fontes et aquarum nomina dicit   XIV 196
Haec tibi quae torta venerunt condita meta   XIII 28
Haec tibi sorte datur tergendis spongia mensis   XIV 144
Haec tibi turbato Canusina simillima mulso   XIV 127
Haedina tibi pelle contegenti   XII 45
Hanc tibi Cumano rubicundam pulvere testam   XIV 114
Hanc tibi, Fronto pater, genetrix Flaccilla, puellam   V 34
Hanc tibi Sequanicae pinguem textricis alumnam   IV 19
Hanc volo quae facilis, quae palliolata vagatur   IX 32
Has cum gemina compede dedicat catenas   III 29
Have, mi Torani, frater carissime   IX epist.
Herbarum fueras indutus, Basse, colores   V 23
Herculis in magni voltus descendere Caesar   IX 64
Heredem cum me partis tibi, Garrice, quartae   IX 48
Heredem Fabius Labienum ex asse reliquit   VII 66

Heredem tibi me, Catulle, dicis   XII 73
Heredes, nolite brevem sepelire colonum   XI 14
Hermes Martia saeculi voluptas   V 24
Hermogenes tantus mapparum, ⟨Castrice⟩, fur est   XII 28
Hesterna factum narratur, Postume, cena   II 72
Hesterna tibi nocte dixeramus   I 27
Hesterno fetere mero qui credit Acerram   I 28
›Hexametris epigramma facis‹ scio dicere Tuccam   VI 65
Hiberna quamvis Arctos et rudis Peuce   VII 7
Hibernos peterent solito cum more recessus   V 67
Hic brevis ad numeros rapidum qui colligit unguem   XIV 199
Hic erat ille tuo domitus, Cyparisse, capistro?   XIII 96
Hic erit, ut perhibent doctorum corda virorum   XIV 191
Hic est pampineis viridis modo Vesbius umbris   IV 44
Hic est quem legis ille, quem requiris   I 1
Hic festinata requiescit Erotion umbra   X 61
Hic iacet ille senex Augusta notus in aula   VII 40
Hic quem videtis gressibus vagis lentum   II 57
Hic qui dura sedens porrecto saxa leone   IX 43
Hic qui libellis praegravem gerit laevam   V 51

Hic scarus, aequoreis qui venit adesus ab undis XIII 84
Hic tibi donatur panda ruber urceus ansa XIV 106
Hic tibi nocturnos praestabit cereus ignes XIV 42
Hic ubi Fortunae Reducis fulgentia late VIII 65
Hic ubi sidereus propius videt astra colossus Spect. 2
His tibi de mulis non est metuenda ruina XIV 197
Hoc agere est causas, hoc dicere, Cinna, diserte VIII 7
Hoc de Caesareis mitis vindemia cellis XIII 109
Hoc, Fortuna, tibi videtur aequum? X 76
Hoc iacet in tumulo raptus puerilibus annis VI 52
Hoc nemus aeterno cinerum sacravit honori I 116
Hoc nemus, hi fontes, haec textilis umbra supini XII 31
Hoc tibi Campani sudavit baca Venafri XIII 101
Hoc tibi, Palladiae seu collibus uteris Albae V 1
Hoc tibi quidquid id est longinquis mittit ab oris III 1
Hoc tibi Thesei populatrix misit Hymetti XIII 104
Horas quinque puer nondum tibi nuntiat et tu VIII 67
Hortatur fieri quod te Lupus, Urbice, patrem XI 55
Hos Amiternus ager felicibus educat hortis XIII 20

Hos nisi de flava loculos implere moneta XIV 12
Hos quoque commenda Venuleio, Rufe, libellos IV 82
Hos tibi, Phoebe, vovet totos a vertice crines I 31
Hos tibi vicinos, Faustine, Telesphorus hortos I 114
Hospes eras nostri semper, Matho, Tiburtini IV 79
Hostem cum fugeret, se Fannius ipse peremit II 80
Huc est usque tibi scriptus, matrona, libellus III 68
Hunc quem mensa tibi, quem cena paravit amicum IX 14
Hunc, quem saepe vides intra penetralia nostrae IV 53
Hunc qui femineis noctesque diesque cathedris XII 38
Hystericam vetulo se dixerat esse marito XI 71

I, felix rosa, mollibusque sertis VII 89
I nostro comes, i, libelle, Flavo X 104
I nunc, edere me iube libellos II 6
Iactat inaequalem Matho me fecisse libellum VII 90
Iam certe stupido non dices, Paula, marito XI 7
Iam nisi per somnum non arrigis et tibi, Maevi XI 46
Iam numerat placido felix Antonius aevo X 23
Iam parce lasso, Roma, gratulatori X 74
Iam prope desertos cineres et sancta Maronis XI 50

VERZEICHNIS DER LAT. GEDICHTANFÄNGE 1525

Iam senior Ladon Tiberinae nauta
 carinae X 85
Iam sex aut septem nupsisti, Galla,
 cinaedis VII 58
Iam tristis nucibus puer relictis V 84
Ibis litoreas, Macer, Salonas X 78
Icta gravi telo confossaque vulnere
 mater Spect. 13
Ignotos mihi cum voces trecentos
 XI 35
Iliaco similem puerum, Faustine,
 ministro III 39
Ilias et Priami regnis inimicus Ulixes
 XIV 184
Illa manus quondam studiorum fida
 meorum I 101
Illa salax nimium nec paucis nota
 puellis XI 25
Ille ego sum Scorpus, clamosi gloria
 Circi X 53
Ille sacri lateris custos Martisque togati
 VI 76
Imbue plebeias Clusinis pultibus ollas
 XIII 8
Improba Massiliae quidquid fumaria
 cogunt X 36
In matutina nuper spectatus harena
 X 25
In Nomentanis, Ovidi, quod nascitur
 arvis I 105
In omnibus Vacerra quod conclavibus
 XI 77
In Pompeiano dormis, Laevine,
 theatro VI 9
In Pompeiano tecum spectabo theatro
 XIV 29
In pretio scopas testatur palma fuisse
 XIV 82

In Saeptis Mamurra diu multumque
 vagatus IX 59
In Tartesiacis domus est notissima
 terris IX 61
In tenebris luges amissum, Galla,
 maritum IV 58
In thermis sumit lactucas, ova,
 lacertum XII 19
In Venetis sint lauta licet convivia
 terris XIII 88
Incideris quotiens in basia fellatorum
 XI 95
Incustoditis et apertis, Lesbia, semper
 I 34
Indignas premeret pestis cum tabida
 fauces I 78
Inducenda rota est: das nobis utile
 munus XIV 168
Indulget pecori nimium dum pastor
 Amyntas XI 41
Infantem secum semper tua Bassa,
 Fabulle IV 87
Infantem tibi vir, tibi, Galla, remisit
 adulter X 95
Infusum sibi nuper a patrono
 V 70
Ingenium mihi, Gaure, probas sic esse
 pusillum IX 50
Ingenium studiumque tibi moresque
 genusque V 27
Ingenuam malo, sed si tamen illa
 negetur III 33
Ingrediare viam caelo licet usque
 sereno XIV 130
Inguina succinctus nigra tibi servos
 aluta VII 35
Inguine torquati tardant hebetantque
 palumbi XIII 67

Inlustrem cum tota meis convivia
flammis   XIV 41
Inscripsit tumulis septem scelerata
virorum   IX 15
Insequeris, fugio; fugis, insequor; haec
mihi mens est   V 83
Inserta phialae Mentoris manu ducta
III 40
Insidiosorum si ludis bella latronum
XIV 18
Instanti, quo nec sincerior alter habetur
VIII 73
Intactas quare mittis mihi, Polla,
coronas?   XI 89
Inter aves turdus, si quid me iudice
certum est   XIII 92
Inter Caesareae discrimina saeva
Dianae   Spect. 12
Inter sapores fertur alitum primus
XIII 61
Inter tanta tuae miracula, Caesar,
harenae   IX 83
Interponis aquam subinde, Rufe
I 106
Intrasti quotiens inscriptae limina cellae
XI 45
Intres ampla licet torvi lepus ora leonis
I 60
Invasit medici Nasica phreneticus Eucti
XI 28
Invia Sarmaticis domini lorica sagittis
VII 2
Invisae nimium pueris grataeque
magistris   XIV 80
Invitas ad aprum, ponis mihi, Gallice,
porcum   VIII 22
Invitas centum quadrantibus et bene
cenas   IV 68

Invitas nullum nisi cum quo, Cotta,
lavaris   I 23
Invitas tunc me cum scis, Nasica,
vocasse   II 79
Invitum cenare foris te, Classice,
dicis   II 69
Ipsarum tribadum tribas, Philaeni
VII 70
Irasci nostro non debes, Cerdo, libello
III 99
Irasci tantum felices nostis amici
III 37
Iratus tamquam populo, Charideme,
lavaris   VI 81
Is mihi candor inest, villorum gratia
tanta est   XIV 145
Issa est passere nequior Catulli   I 109
Iste licet digitos testudine pungat acuta
XIII 86
Iste tibi faciet bona Saturnalia porcus
XIV 71
Ite procul, iuvenes: mitis mihi convenit
aetas   XIV 47
Itur ad Herculei gelidas qua Tiburis
arces   I 12
Iugera mercatus prope busta latentis
agelli   XII 72
Iuli iugera pauca Martialis   IV 64
Iulia lex populis ex quo, Faustine,
renata est   VI 7
Iunctam Pasiphaen Dictaeo credite
tauro   Spect. 5
Iungere nescisti nobis, o stulte, lacernas
XIV 140
Iuno labor, Polyclite, tuus et gloria felix
X 89
Iuppiter Idaei risit mendacia busti
IX 34

VERZEICHNIS DER LAT. GEDICHTANFÄNGE 1527

Iura trium petiit a Caesare
 discipulorum   X 60
Iurat capillos esse, quos emit, suos
 VI 12
Iure tuo nostris maneas licet, hospes, in
 hortis   V 62
Iuris et aequarum cultor sanctissime
 legum   X 37
Ius tibi natorum vel septem, Zoile,
 detur   XI 12

Κοινὰ φίλων. haec sunt, haec sunt
 tua, Candide, κοινά   II 43

Lacte mero pastum pigrae mibi matris
 alumnum   XIII 41
Laeserat ingrato leo perfidus ore
 magistrum   Spect. 10
Laevia sex cyathis, septem Iustina
 bibatur   I 71
Lambere quae turpes prohibet tua
 prandia muscas   XIV 67
Lambere securi dextram consueta
 magistri   Spect. 18
Lana quidem tristis sed tonsis nata
 ministris   XIV 158
Laneus Euganei lupus excipit ora
 Timavi   XIII 89
Languebam: sed tu comitatus protinus
 ad me   V 9
Languida cum vetula tractare virilia
 dextra   XI 29
Languida ne tristes obscurent lumina
 cerae   XIV 5
Languidior noster si quando est Paulus,
 Atili   IX 85
Lascivam tota possedi nocte puellam
 IX 67
Lascivos leporum cursus lususque
 leonum   I 44
Lascivum pecus et viridi non utile
 Baccho   XIII 39
Lassa quod hesterni spirant
 opobalsama dracti   XI 8
Lassus Amyclaea poteris requiescere
 pluma   XIV 161
Latonae venerande nepos, qui mitibus
 herbis   IX 17
Laudantem Selium cenae cum retia
 tendit   II 27
Laudas balnea versibus trecentis
 IX 19
Laudat, amat, cantat nostros mea
 Roma libellos   VI 60
Laudatus nostro quidam, Faustine,
 libello   V 36
Laurigeros domini, liber, intrature
 penates   VIII 1
Laxior hexaphoris tua sit lectica licebit
 II 81
Lecta suburbanis mittuntur apyrina
 ramis   XIII 43
Lector et auditor nostros probat, Aule,
 libellos   IX 81
Lege nimis dura convivam scribere
 versus   IX 89
Leniat ut fauces medicus, quas aspera
 vexat   XI 86
Lentiscum melius: sed si tibi frondea
 cuspis   XIV 22
Lesbia se iurat gratis numquam esse
 fututam   XI 62
Levis ab aequorea cortex Mareotica
 concha   XIV 209
Liber, amicorum dulcissima cura
 tuorum   VIII 77

Liber, Amyclaea frontem vittate
    corona   IX 72
›Liber homo es nimium‹, dicis mihi,
    Ceryle, semper   I 67
Libertus Melioris ille notus
    VI 28
Libras quattuor aut duas amico
    XII 36
Lingis, non futuis meam puellam
    III 96
Lingua maritus, moechus ore
    Nanneius   XI 61
Lintea ferret Apro vatius cum vernula
    nuper   XII 70
Lis mihi cum Balbo est, tu Balbum
    offendere non vis   II 32
Lis te bis decumae numerantem frigora
    brumae   VII 65
Litigat et podagra Diodorus, Flacce,
    laborat   I 98
Littera facundi gratum mihi pignus
    amici   X 73
Litus beatae Veneris aureum Baias
    XI 80
Livet Charinus, rumpitur, furit plorat
    VIII 61
Lodices mittet docti tibi terra Catulli
    XIV 152
Lomento rugas uteri quod condere
    temptas   III 42
Longa satis nunc sum; dulci sed
    pondere venter   XIV 151
Longior undecimi nobis decimique
    libelli   XII 4
Lotus nobiscum est, hilaris cenavit,
    et idem   VI 53
Luce propinquorum, qua plurima
    mittitur ales   IX 55

Luci, gloria temporum tuorum   IV 55
Ludi magister, parce simplici turbae
    X 62
Ludite lascivi, sed tantum ludite, servi
    XIV 79
Lusistis satis est: lascivi nubite cunni
    VI 45
Lusit Nereïdum docilis chorus aequore
    toto   Spect. 26
Lusus erat sacrae conubia fallere taedae
    VI 2
Lux tibi post Idus numeratur tertia
    Maias   III 6
Lydia tam laxa est equitis quam culus
    aeni   XI 21

Magna licet totiens tribuas, maiora
    daturus   VIII 56
Maiae Mercurium creastis Idus
    XII 67
Mammas atque tatas habet Afra, sed
    ipsa tatarum   I 100
Mammosas metuo; tenerae me trade
    puellae   XIV 149
Mane domi nisi te volui meruique
    videre   V 22
Mane salutavi vero te nomine casu
    VI 88
Marcelline, boni suboles sincera
    parentis   VI 25
Marcia, non Rhenus, salit hic,
    Germane: quid obstas   XI 96
Marcus amat nostras Antonius, Attice,
    Musas   IX 99
Marmora parva quidem sed non
    cessura, viator   X 63
Marri, quietae cultor et comes vitae
    X 92

Marsica Paeligni mittunt turbata coloni
   XIII 121
Martis alumne dies, roseam quo
   lampada primum   XII 60
Masculus intravit fontis: emersit
   utrumque   XIV 174
Massiliae fumos miscere nivalibus
   undis   XIV 118
Massyli leo fama iugi pecorisque
   maritus   IX 71
Matronae puerique virginesque
   V 2
Matutinarum non ultima praeda
   ferarum   XIII 95
Matutine cliens, urbis mihi causa
   relictae   XII 68
Maximus ille tuus, Ovidi, Caesonius
   hic est   VII 44
Medio recumbit imus ille qui lecto
   VI 74
Menophili penem tam grandis fibula
   vestit   VII 82
Mensas, Ole, bonas ponis, sed ponis
   opertas   X 54
Mense novo Iani veterem, Proculeia,
   maritum   X 41
Mentiris, credo: recitas mala carmina,
   laudo   XII 40
Mentiris fictos unguento, Phoebe,
   capillos   VI 57
Mentiris iuvenem tinctis, Laetine,
   capillis   III 43
Mentitur qui te vitiosum, Zoile, dicit
   XI 92
Mentula cum doleat puero, tibi,
   Naevole, culus   III 71
Mentula tam magna est tantus tibi,
   Papyle, nasus   VI 36

Mercari nostras si te piget, Urbice,
   nugas   VII 51
Mica vocor: quid sim cernis, cenatio
   parva   II 59
Miles Hyperboreos modo, Marcelline
   triones   IX 45
Milia misisti mihi sex bis sena petenti
   IV 76
Milia pro puero centum me mango
   poposcit   I 58
Milia viginti quondam me Galla
   poposcit   X 75
Militiae decus hoc gratique erit omen
   honoris   XIV 32
Mille tibi dulces operum manus ista
   figuras   XIV 222
Mille tibi nummos hesterna luce
   roganti   IV 15
Minxisti currente semel, Pauline,
   carina   III 78
Miraris docto quod carmina mitto
   Severo   XI 57
Miraris, quare dormitum non eat Afer?
   X 84
Miraris, quotiens gemmantis explicat
   alas   XIII 70
Miraris veteres, Vacerra, solos
   VIII 69
Mittebas libram, quadrantem, Garrice,
   mittis   XI 105
Mittit praecipuos nemoralis Aricia
   porros   XIII 19
Moechum Gellia non habet nisi unum
   VI 90
Moechus erat: poteras tamen hoc tu,
   Paula, negare   I 74
Moechus es Aufidiae, qui vir, Scaevine,
   fuisti   III 70

Mollia Phrixei secuisti colla mariti
  XIV 211
Mollia quod nivei duro teris ore Galaesi
  XI 22
Mollis erat facilisque viris Poeantius
  heros II 84
Mollis in aequorea quae crevit spina
  Ravenna XIII 21
Morio dictus erat: viginti milibus emi
  VIII 13
Mulio quod non det tacituris, accipe,
  mulis XIII 11
Mulio viginti venit modo milibus, Aule
  XI 38
· Multis dum precibus Iovem salutat
  XII 77
Multis iam, Lupe, posse se diebus
  XI 88
Munera qui tibi dat locupleti, Gaure,
  senique VIII 27
Munera quod senibus viduisque
  ingentia mittis IV 56
Muneribus cupiat si quis contendere
  tecum VII 42
Municipem rigidi quis te, Marcella,
  Salonis XII 21
Municipes, Augusta mihi quos Bilbilis
  acri X 103
Musseti pathicissimos libellos
  XII 95
Musteus est: propera, caros nec differ
  amicos XIII 55
Mutari melius tauro, pater optime
  divum XIV 180
Mutua quod nobis ter quinquagena
  dedisti III 41
Mutua te centum sestertia, Phoebe,
  rogavi VI 20

Mutua viginti sestertia forte rogabam
  II 30

Narnia, sulphureo quam gurgite
  candidus amnis VII 93
Narrat te rumor, Chione, numquam
  esse fututam III 87
Narratur belle quidam dixisse, Marulle
  V 77
Nascere Dardanio promissum nomen
  Iulo VI 3
Nasutus nimium cupis videri XII 37
Nasutus sis usque licet, sis denique
  nasus XIII 2
Natales mihi Martiae Kalendae X 24
Natali, Diodore, tuo conviva senatus
  X 27
Natali pallere suo, ne calda Sabello
  XII ›60 b‹
Natali tibi, Quinte, tuo dare parva
  volebam IX 53
Natorum mihi ius trium roganti II 92
Ne gravis hesterno fragres, Fescennia,
  vino I 87
Ne laudet dignos, laudat Callistratus
  omnes XII 80
Ne legat hunc Chione, mando tibi,
  Rufe, libellum III 97
Ne legeres partem lascivi, casta, libelli
  III 86
Ne lutet inmundum nitidos ceroma
  capillos XIV 50
Ne mendica ferat barbati prandia nudi
  XIV 81
Ne nimis exhausto macresceret inguine
  gallus XIII 63
Ne tibi pallentes moveant fastidia
  caules XIII 17

VERZEICHNIS DER LAT. GEDICHTANFÄNGE 1531

Ne toga barbatos faciat vel paenula libros   XIV 84
Ne toga cordylis et paenula desit olivis   XIII 1
Ne valeam, si non totis, Deciane diebus   II 5
Ne violes teneras periuro dente columbas   XIII 66
Nec doctum satis et parum severum   X 20
Nec dotes similae possis numerare nec usus   XIII 10
Nec fora sunt nobis nec sunt vadimonia nota   XIV 136
Nec mullus nec te delectat, Baetice, turdus   III 77
Nec toga nec focus est nec tritus cimice lectus   XI 32
Nec vocat ad cenam Marius, nec munera mittit   X 19
Nemo habitat gratis nisi dives et orbus apud te   XI 83
Nemo nova caluit sic inflammatus amica   X 86
Nequius a Caro nihil umquam, Maxime, factum est   X 77
Nescio quid de te non belle, Dento, fateris   VIII 31
Nescio tam multis quid scribas, Fauste, puellis   XI 64
Nescit, crede mihi, quid sint epigrammata, Flacce   IV 49
Nescit cui dederit Tyriam Crispinus abollam   VIII 48
Nihil Ammiano praeter aridam restem   IV 70
Nihil est miserius neque gulosius Santra   VII 20

Nil aliud loqueris quam Thesea Pirithoumque   X 11
Nil est tritius Hedyli lacernis   IX 57
Nil in te scripsi, Bithynice. credere non vis   XII 78
Nil intemptatum Selius, nil linquit inausum   II 14
Nil lascivius est Charisiano   VI 24
Nil mihi das vivus; dicis post fata daturum   XI 67
Nil miserabilius, Matho, pedicone Sabello   VI 33
Nil non, Lygde, mihi negas roganti   XII 71
Nil recitas et vis, Mamerce, poeta videri   II 88
Nil tibi legavit Fabius, Bithynice, cui tu   IX 8
Niliacum ridebis holus lanasque sequaces   XIII 57
Nobilis et lanis et felix vitibus Aulon   XIII 125
Nobilius villosa tegant tibi lintea citrum   XIV 139
Nolueram, Polytime, tuos violare capillos   XII 84
Nomen Athenagorae quaeris, Callistrate, verum   IX 95 b
Nomen cum violis rosisque natum   IX 11
Nomen habes teneri quod tempora nuncupat anni   IX 12
Nomen habet magni volucris tam parva gigantis?   XIII 78
Nomentana meum tibi dat vindemia Bacchum   XIII 119
Nomina candelae nobis antiqua dederunt   XIV 43

Nomina dat spondae pictis pulcherrima pinnis XIV 85
Non amo quod vincat, sed quod succumbere novit XIV 201
Non amo te, Sabidi, nec possum dicere quare I 32
Non cenat sine apro noster, Tite, Caecilianus VII 59
Non de plebe domus nec avarae verna catastae VI 29
Non de vi neque caede nec veneno VI 19
Non dicam, licet usque me rogetis II 23
Non dixi, Coracine, te cinaedum IV 43
Non donem tibi cur meos libellos V 73
Non erit in turba quisquam Μισούμενος ista XIV 214
Non est in populo nec urbe tota IV 84
Non est ista recens, nec nostri gloria caeli XIV 93
Non est lana mihi mendax nec mutor aheno XIV 133
Non est mentitus qui te mihi dixit habere XI 102
Non est munera quod putes pusilla XIV 10
Non est, Tucca, satis quod es gulosus XII 41
Non facit ad saevos cervix, nisi prima, leones I 51
Non habilis cyathis et inutilis uva Lyaeo XIII 22
Non horti neque palmitis beati VIII 40

Non hos lana dedit sed olentis barba mariti XIV 141
Non mea Massylus servat pomaria serpens X 94
Non mendax stupor est nec fingitur arte dolosa XIV 210
Non miror quod potat aquam tua Bassa, Catulle VI 69
Non omnis laudes pretiumque aurata meretur XIII 90
Non omnis nostri nocturna est pagina libri XI 17
Non per mystica sacra Dindymenes VIII 81
Non plenum modo vicies habebas I 99
Non possum vetulam. quereris, Matrinia? possum III 32
Non potare nivem sed aquam potare rigentem XIV 117
Non quemcumque focum nec fumum caseus omnem XIII 32
Non rudis indocta fecit me falce colonus VI 73
Non satis est ars sola coco: servire palatum XIV 220
Non sibi sed domino venatur vertragus acer XIV 200
Non silice duro structilive caemento IX 75
Non sim talorum numero par tessera, dum sit XIV 15
Non sum crispa quidem nec silvae filia Maurae XIV 90
Non sum de fragili dolatus ulmo VI 49
Non sum de primo, fateor, Trifolina Lyaeo XIII 114

VERZEICHNIS DER LAT. GEDICHTANFÄNGE 1533

Non tantum calamis sed cantu fallitur ales XIV 216

Non tantum pullo lugentes vellere lanas XIV 157

Non tibi de Libycis tubures et apyrina ramis XIII 42

Non tot in Eois timuit Gangeticus arvis VIII 26

Non totam mihi, si vacabis, horam V 80

Non urbana mea tantum Pimpleïde gaudent XI 3

Non vis in solio prius lavari II 70

Nondum legerit hos licet puella XIV 8

Nondum murice cultus asperoque VIII 72

Norica tam certo venabula dirigit ictu Spect. 23

Nos alicam, poterit mulsum tibi mittere dives XIII 6

Nos bibimus vitro, tu murra, Pontice. quare? IV 85

Nos Lacedaemoniae pastor donavit amicae XIV 156

Nos Satyri, nos Bacchus amat, nos ebria tigris XIV 107

Nos sumus audacis plebeia toreumata vitri XIV 94

Nosses iocosae dulce cum sacrum Florae I *epist.*

Nosti mortiferum quaestoris, Castrice, signum? VII 37

Nosti si bene Caesium, libelle VII 97

Nostris versibus esse te poetam I 72

Note, licet nolis, sublimi pectore vates IX *init*

Novit loturos Dasius numerare: poposcit II 52

Nubere Paula cupit nobis, ego ducere Paulam X 8

Nubere Sila mihi nulla non lege parata est XI 23

Nubere vis Prisco: non miror, Paula; sapisti IX 10

Nudo stragula ne toro paterent XIV 148

Nulla est hora tibi qua non me, Phylli, furentem XI 49

Nulla remisisti parvo pro munere dona IV 88

Nulli munera, Chreste, si remittis VII 55

Nulli, Thaï, negas, sed si te non pudet istud IV 12

Nullos esse deos, inane caelum IV 21

Nullus in urbe fuit tota qui tangere vellet I 73

Nummi cum tibi sint opesque tantae XII 53

Numquam dicis have sed reddis, Naevole, semper III 95

Numquam divitias deos rogavi IV 77

Numquam me revocas, venias cum saepe vocatus III 27

Numquam se cenasse domi Philo iurat, et hoc est V 47

Nunc hilares, si quando, mihi, nunc ludite, Musae VII 8

Nuntiat octavam Phariae sua turba iuvencae X 48

Nuper erat medicuc, nunc est vispillo Diaulus I 47

Nuper in Ausonia domini spectatus harena XIV 53

Nympha, mei Stellae quae fonte
   domestica puro   VI 47
Nympha sacri regina lacus, cui grata
   Sabinus   IX 58
Nympharum pater amniumque,
   Rhene   X 7

O cui Tarpeias licuit contingere
   quercus   IV 54
O cui virgineo flavescere contigit auro
   IX 23
O felix animo, felix, Nigrina, marito
   IV 75
O iucunda, covinne, solitudo   XII 24
O Iuliarum dedecus Kalendarum
   XII 32
O mihi curarum pretium non vile
   mearum   I 76
O mihi grata quies, o blanda,
   Telesphore, cura   XI 26
O mihi post nullos, Iuli, memorande
   sodales   I 15
O molles tibi quindecim, Calene
   X 38
O quam blandus es, Ammiane, matri
   II 4
O temperatae dulce Formiae litus
   X 30
Obstat, care Pudens, nostris sua turba
   libellis   IV 29
Occurris quocumque loco mihi,
   Postume, clamas   II 67
Occurris quotiens, Luperce, nobis
   I 117
Occurrit tibi nemo quod libenter
   III 44
Octaphoro sanus portatur, Avite,
   Philippus   VI 84

Octobres age sentiat Kalendas   X 87
Oculo Philaenis semper altero plorat
   IV 65
Oderat ante ducum famulos
   turbamque priorem   IX 79
Odi te quia bellus es, Sabelle   XII 39
Ohe, iam satis est, ohe, libelle   IV 89
Omnes eunuchos habet Almo nec
   arrigit ipse   X 91
Omnes persequeris praetorum, Cotta,
   libellos   X 88
Omnes quas habuit, Fabiane, Lycoris
   amicas   IV 24
Omnes quidem libelli mei, domine
   VIII *epist.*
Omnes Sulpiciam legant puellae   X 35
Omnia, Castor, emis: sic fiet ut omnia
   vendas   VII 98
Omnia cum retro pueris obsonia tradas
   III 23
Omnia femineis quare dilecta catervis
   XI 47
Omnia misisti mihi Saturnalibus,
   Umber   VII 53
Omnia promittis cum tota nocte bibisti
   XII 12
Omnia quod scribis castis
   epigrammata verbis   III 69
Omnia vis belle Matho, dicere. dic
   aliquando   X 46
Omnis aut vetulas habes amicas
   VIII 79
Omnis in hoc gracili Xeniorum turba
   libello   XIII 3
Oplomachus nunc es, fueras
   opthalmicus ante   VIII 74
Oppressae nimium vicina est fascia
   plumae?   XIV 159

VERZEICHNIS DER LAT. GEDICHTANFÄNGE 1535

Orbus es et locuples et Bruto consule natus   XI 44
Orphea quod subito tellus emisit hiatu   Spect. 21b
Os et labra tibi lingit, Manneia   I 83
Os male causidicis et dicis olere poetis   XI 30

Pallida ne Cilicum timeant pomaria brumam   VIII 14
Palma regit nostros, mitissime Caesar, Hiberos   XII 9
Pannonicas nobis numquam dedit Umbria cattas   XIII 69
Par scelus admisit Phariis Antonius armis   III 66
Parcius utaris moneo rapiente veredo   XII 14
Pars maxillarum tonsa est tibi, pars tibi rasa est   VIII 47
Parthenio dic, Musa, tuo nostroque salutem   XII 11
Parva rogas magnos; sed non dant haec quoque magni   XI 68
Parva suburbani munuscula mittimus horti   VII 49
Pascitur et dulci facilis gallina farina   XIII 62
Pater ex Marulla, Cinna, factus es septem   VI 39
Pauca Iovem nuper cum milia forte rogarem   VI 10
Pauper amicitiae cum sis, Lupe, non es amicae   IX 2
Pauper causidicus nullos referentia nummos   XIV 219
Pauper videri Cinna vult; et est pauper   VIII 19

Pauperis est munus sed non est pauperis usus   XIV 126
Pauperis extruxit cellam, sed vendidit Olus   III 48
Pax me certa ducis placidos curvavit in usus   XIV 34
Peccantis famuli pugno ne percute dentes   XIV 69
Pedicat pueros tribas Philaenis   VII 67
Pedicatur Eros, fellat Linus: Ole, quid ad te   VII 10
Pediconibus os olere dicis   XII 85
Pellibus exiguis artatur Livius ingens   XIV 190
Pendentem summa capream de rupe videbis   XIII 98
Pendula Pomptinos quae spectat Setia campos   XIII 112
Percidi gaudes, percisus, Papyle, ploras   IV 48
Perfrixisse tuas questa est praefatio fauces   III 18
Pergamon has misit. curvo destringere ferro   XIV 51
Periclitatur capite Sotades noster   VI 26
Perlege Maeonio cantatas carmine ranas   XIV 183
Perpetuam Stellae dum iungit Ianthida vati   VI 21
Perpetui numquam moritura volumina Sili   VII 63
Pervenisse tuam iam te scit Rhenus in urbem   VIII 11
Petit Gemellus nuptias Maronillae   I 10
Pexatus pulchre rides mea, Zoile, trita   II 58

Phoebe, veni, sed quantus eras cum
   bella tonanti   VII 23
Phosphore, redde diem: quid gaudia
   nostra moraris?   VIII 21
Pica loquax certa dominum te voce
   saluto   XIV 76
Picentina Ceres niveo sic nectare crescit
   XIII 47
Picto quod iuga delicata collo   I 104
Pierios vatis Theodori flamma penates
   XI 93
Pinxisti Venerem, colis, Artemidore,
   Minervam   V 40
Pistor qui fueras diu, Cypere   VIII 16
Plena laboratis habeas cum scrinia libris
   IV 33
Plorat Eros, quotiens maculosae
   pocula murrae   X 80
Plus credit nemo tota quam Cordus
   in urbe   III 15
Poma sumus Cybeles: procul hinc
   discede, viator   XIII 25
Pompeios iuvenes Asia atque Europa,
   sed ipsum   V 74
Ponitur Ausoniis avis haec rarissima
   mensis   XIII 65
Pontice, quod numquam futuis, sed
   paelice laeva   IX 41
Ponuntur semper chrysendeta
   Calpetano   VI 94
Potabis liquidum Signina morantia
   ventrem?   XIII 116
Potavi modo consulare vinum   VII 79
Poto ego sextantes, tu potas, Cinna,
   deunces   XII 27
Potor nobilis, Aule, lumine uno   VI 78
Praeceps sanguinea dum se rotat ursus
   harena   Spect. 11

Praedia solus habes et solus, Candide,
   nummos   III 26
Praedo fuit volucrum: famulus nunc
   aucupis idem   XIV 217
Praestitit exhibitus tota tibi, Caesar,
   harena   Spect. 9
Praetorem pauper centum sestertia
   Gaurus   IV 67
Praetores duo, quattuor tribuni
   VI 8
Prima Palatino lux est haec orta
   Tonanti   IX 39
Prima salutantes atque altera conterit
   hora   IV 8
Primos passa toros et adhuc placanda
   marito   IV 22
Primum est ut praestes, si quid te,
   Cinna, rogabo   VII 43
›Primus ubi est‹ inquis ›cum sit liber
   iste secundus?‹   II 93
Princeps Niliaci raperis, coracine,
   macelli   XIII 85
Principium des, Iane, licet velocibus
   annis   VIII 8
Priscus ab Aetnaeis mihi, Flacce,
   Terentius oris   VIII 45
Privignum non esse tuae te, Galle,
   novercae   IV 16
Pro sene, sed clare, votum Maro fecit
   amico   XII 90
Proficit poto Mithridates saepe
   veneno   V 76
Proficies nihil hoc, caedas licet usque,
   flagello   XIV 55
Proscriptum famulus servavit fronte
   notatus   III 21
Prostratum vasta Nemees in valle
   leonem   Spect. 6b

Proxima centenis ostenditur ursa columnis   III 19

Pruna peregrinae carie rugosa senectae   XIII 29

Psilothro faciem levas et dropace calvam   III 74

Psittacus a vobis aliorum nomina discam   XIV 73

Puella senibus dulcior mihi cycnis   V 37

Pugio, quem curva signat brevis orbita vena   XIV 33

Pulcher adest onager: mitti venatio debet   XIII 100

Pulchre valet Charinus et tamen pallet   I 77

Puncta notis ilex et acuta cuspide clusa   XIV 92

Pyrrhae filia, Nestoris noverca   X 67

Qua factus ratione sit requiris   X 102

Qua moechum ratione basiaret   XII 93

Qua vicina pluit Vipsanis porta columnis   IV 18

Quadrantem Crispus tabulis, Faustine, supremis   V 32

Quadringenta tibi non sunt, Chaerestrate: surge   V 25

Quadringentorum reddis mihi, Phoebe, tabellas   IX 102

Quae legis causa nupsit tibi Laelia, Quinte   V 75

Quae mala sunt domini, quae servi commoda, nescis   IX 92

Quae mihi praestiteris memini semperque tenebo   V 52

Quae modo litoreos ibatis carmina Pyrgos   XII 5

Quae natat in Siculo grandis murena profundo   XIII 80

Quae non sollicitus teneat servetque minister   XIV 108

Quae nova tam similis genuit tibi Leda ministros?   IX 103

Quae scit compositos manus inproba mittere talos   XIV 16

Quae tam seposita est, quae gens tam barbara, Caesar   Spect. 3

Quae te causa trahit vel quae fiducia Romam   III 38

Quae tibi non stabat praecisa est mentula, Glypte   II 45

Quaecumque lusi iuvenis et puer quondam   I 113

Quaedam me cupit – invide, Procille! –   I 115

Quaeris cur nolim te ducere, Galla? diserta es   XI 19

Quaero diu totam, Safroni Rufe, per urbem   IV 71

Qualem, Flacce, velim quaeris nolimve puellam?   I 57

Qualiter Assyrios renovant incendia nidos   V 7

Qualiter in Scythica religatus rupe Prometheus   Spect. 7

Quam brevis inmensum cepit membrana Maronem!   XIV 186

Quam mihi mittebas Saturni tempore lancem   X 29

Quam sit lusca Philaenis indecenter   XII 22

Quamvis Callaïco rubeam generosa metallo   XIV 95

Quamvis lata gerat patella rhombum
  XIII 81
Quamvis me ligulam dicant equitesque
  patresque XIV 120
Quamvis tam longo possis satur esse
  libello XI 108
Quanta Gigantei memoratur mensa
  triumphi VIII 49
Quanta quies placidi tantast facundia
  Nervae VIII 70
Quanta tua est probitas tanta est
  praestantia formae VIII 46
Quantum iam superis, Caesar,
  caeloque dedisti IX 3
Quantum sollicito fortuna parentis
  Etrusco VI 83
Quantus, io, Latias mundi conventus
  ad aras VIII 4
Quare non habeat, Fabulle, quaeris
  XII 20
Quare tam multis a te, Laetine, diebus
  XII 17
Quatenus Odrysios iam pax Romana
  triones VII 80
Quattuor argenti libras mihi tempore
  brumae VIII 71
Quem recitas meus est, o Fidentine,
  libellus I 38
Qui Corcyraei vidit pomaria regis
  VIII 68
Qui Diomedeis metuendus saetiger
  agris XIII 93
Qui ducis vultus et non legis ista
  libenter I 40
Qui gravis es nimium, potes hinc iam,
  lector, abire XI 16
Qui legis Oedipoden caligantemque
  Thyesten X 4

Qui modo per totam flammis
  stimulatus harenam Spect. 19
Qui nondum Stygias descendere
  quaerit ad umbras XI 84
Qui nunc Caesareae lusus spectatur
  harenae VIII 30
Qui Palatinae caperet convivia mensae
  VIII 39
Qui pinxit Venerem tuam, Lycori
  I 102
Qui potuit Bacchi matrem dixisse
  Tonantem V 72
Qui praestat pietate pertinaci
  VIII 38
Qui recitat lana fauces et colla revinctus
  VI 41
Qui tecum cupis esse meos ubicumque
  libellos I 2
Qui tonsor fueras tota notissimus urbe
  VII 64
Qui venit botulus mediae tibi tempore
  brumae XIV 72
Quid cum femineo tibi, Baetice Galle,
  barathro? III 81
Quid de te, Line, suspicetur uxor
  II 54
⟨Quid faciat se scire Lyris negat ebria
  semper⟩
Quid faciat volt scire Lyris? quod
  sobria: fellat II 73
Quid faciet nullos hic inventura
  capillos XIV 25
Quid factum est, rogo, quid repente
  factum V 44
Quid me conpactam ceris et harundine
  rides? XIV 64
Quid me, Thai, senem subinde dicis?
  IV 50

VERZEICHNIS DER LAT. GEDICHTANFÄNGE 1539

Quid mecum est tibi? me puella sumat XIV 56

Quid mihi reddat ager quaeris, Line, Nomentanus? II 38

Quid mihi vobiscum est, o Phoebe novemque sorores? II 22

Quid narrat tua moecha? non puellam III 84

Quid nobis, inquis, cum epistula? II epist.

Quid non cogit amor? secuit nolente capillos V 48

Quid nunc saeva fugis placidi lepus ora leonis? I 22

Quid pereunt stulto fortes haltere lacerti? XIV 49

Quid promittebas mihi milia, Gaure, ducenta V 82

Quid recitaturus circumdas vellera collo? IV 41

›Quid sentis‹ inquis ›de nostris, Marce, libellis?‹ V 63

Quid, stulte, nostris versibus tuos misces? X 100

Quid te, Tucca, iuvat vetulo miscere Falerno I 18

Quid tibi nobiscum est, ludi scelerate magister IX 68

Quid vellis vetulum, Ligeia, cunnum? X 90

Quidam me modo, Rufe, diligenter VI 82

Quidquid agit Rufus, nihil est nisi Naevia Rufo I 68

Quidquid in Orpheo Rhodope spectasse theatro Spect. 21

Quidquid Parrhasia nitebat aula XII 15

Quidquid ponitur hinc et inde verris II 37

Quinque satis fuerant: nam sex septemve libelli VIII 3

Quinte Caledonios Ovidi visure Britannos X 44

Quintiliane, vagae moderator summe iuventae II 90

Quintum pro Decimo, pro Crasso, Regule, Macrum V 21

Quintus nostrorum liber est, Auguste, iocorum V 15

Quis labor in phiala? docti Myos anne Myronos? VIII 50

Quis Palatinos imitatus imagine vultus IX 24

Quis puer hic nitidis absistit Ianthidos undis? VII 15

Quis, rogo, tam durus, quis tam fuit ille superbus X 66

Quis te Phidiaco formatam, Iulia, caelo VI 13

Quis tibi persuasit naris abscidere moecho? III 85

Quisquis Flaminiam teris, viator XI 13

Quisquis laeta tuis et sera parentibus optas X 71

Quisquis stolaeve purpuraeve contemptor X 5

Quo possit fieri modo, Severe VII 34

Quo tu, quo, liber otiose, tendis XI 1

Quo vis cumque loco potes hunc finire libellum XIV 2

Quod alpha dixi, Corde, paenulatorum V 26

Quod Caietano reddis, Polycharme, tabellas VIII 37

Quod clamas semper, quod agentibus
obstrepis, Aeli   I 95
Quod convivaris sine me tam saepe,
Luperce   VI 51
Quod cupis in nostris dicique legique
libellis   IV 31
Quod fellas et aquam potas, nil,
Lesbia, peccas   II 50
Quod Flacco Varioque fuit summoque
Maroni   XII 3
Quod fronte Selium nubila vides, Rufe
II 11
Quod lana caput alligas, Charine
XII 89
Quod magni Thraseae consum-
matique Catonis   I 8
Quod mihi vix unus toto liber exeat
anno   X 70
Quod minimos cernis, mitti nos credis
amicae   XIV 9
Quod nec carmine glorior supino
II 86
Quod nec Vergilius nec carmine dicit
Homerus   XIV 57
Quod nimio gaudes noctem producere
vino   II 89
Quod nimium lives nostris et ubique
libellis   XI 94
Quod nimium mortem, Chaeremon
Stoice, laudas   XI 56
Quod nocturna tibi, Leandre,
pepercerit unda   Spect. 25
Quod non argentum, quod non tibi
mittimus aurum   V 59
Quod non insulse scribis tetrasticha
quaedam   VII 85
Quod non sit Pylades hoc tempore,
non sit Orestes   VI 11

Quod novus et nuper factus tibi
praestat amicus   III 36
Quod nubis, Proculina, concubino
VI 22
Quod nulli calicem tuum propinas
II 15
Quod numquam maribus iunctam te,
Bassa, videbam   I 90
Quod nutantia fronte perticata   V 12
Quod optimum sit disputat convivium
IX 77
Quod pectus, quod crura tibi, quod
bracchia vellis   II 62
Quod pius et supplex elephas te,
Caesar, adorat   Spect. 17
Quod quacumque venis Cosmum
migrare putamus   III 55
Quod querulum spirat, quod acerbum
Naevia tussit   II 26
Quod semper casiaque cinnamoque
VI 55
Quod semper superos invito fratre
rogasti   IX 51
Quod siccae redolet palus lacunae
IV 4
Quod spirat tenera malum mordente
puella   III 65
Quod tam grande sophos clamat tibi
turba togata   VI 48
Quod te diripiunt potentiores   VII 76
Quod te mane domi toto non vidimus
anno   IV 26
Quod te nomine iam tuo saluto
II 68
Quod tibi crura rigent saetis et pectora
villis   VI 56
Quod tibi Decembri mense, quo
volant mappae   V 18

Quos cuperet Phlegraea suos victoria ludos   VIII 78

Raptus abit media quod ad aethera taurus harena   Spect. 16
Rara tibi curva craticula sudet ofella   XIV 221
Raros colligis hinc et hinc capillos   X 83
Raucae chortis aves et ova matrum   VII 31
Reclusis foribus grandes percidis, Hamille   VII 62
Redde pilam: sonat aes thermarum. ludere pergis?   XIV 163
Reddidit Eurydicen vati: sed perdidit ipse   XIV 165
Regia pyramidum, Caesar, miracula ride   VIII 36
Rem factam Pompullus habet, Faustine: legetur   VI 61
Rem peragit nullam Sertorius, inchoat omnes   III 79
Rerum certa salus, terrarum gloria, Caesar   II 91
Retia dum cessant latratoresque Molossi   XII 1
Rictibus his tauros non eripuere magistri   I 48
›Ride, si sapis, o puella, ride‹   II 41
Rideto multum qui te, Sextille, cinaedum   II 28
Roma magis fuscis vestitur, Gallia rufis   XIV 129
Romam petebat esuritor Tuccius   III 14
Romam vade, liber: si, veneris unde, requiret   III 4

Romanos rerum dominos gentemque togatam   XIV 124
Rufe, vides illum subsellia prima terentem   II 29
Rumpitur invidia quidam, carissime Iuli   IX 97
Ruris bibliotheca delicati   VII 17
Rustica mercatus multis sum praedia nummis   VI 5
Rustica sim an perdix quid refert, si sapor idem est?   XIII 76
Rusticus es? nescis quid Graeco nomine dicar   XIV 58

Sacra laresque Phrygum, quos Troiae maluit heres   XI 4
Saecula Carpophorum, Caesar, si prisca tulissent   Spect. 27
Saecula Nestoreae permensa, Philaeni, senectae   IX 29
Saepe ego Chrestinam futui. det quam bene quaeris?   II 31
Saepe gravis digitis elabitur anulus unctis   XIV 123
Saepe loquar nimium gentes quod, Avite, remotas   X 96
Saepe meos laudare soles, Auguste, libellos   IV 27
Saepe mihi dicis, Luci carissime Iuli   I 107
Saepe mihi queritur non siccis Cestos ocellis   I 92
Saepe rogare soles qualis sim, Prisce, futurus   XII 92
Saepe salutatus numquam prior ipse salutas   V 66
Saepius ad palmam prasinus post fata Neronis   XI 33

Sancta ducis summi prohibet censura vetatque VI 91

Sancta Salonini terris requiescit Hiberis VI 18

Sanctorum nobis miracula reddis avorum VIII 80

Sanguine de nostro tinctas, ingrate, lacernas XIII 87

Santonica medicata dedit mihi pocula virga IX 94

Sardonychas, zmaragdos, adamantas, iaspidas uno V 11

Saturnalia divitem Sabellum IV 46

Saturnalicio Macrum fraudare tributo X 18

Scio me patrocinium debere contumacissimae XII *epist.*

Scis te captari, scis hunc qui captat, avarum VI 63

Scribebamus epos; coepisti scribere: cessi XII 94

Scribere me quereris, Velox, epigrammata longa I 110

Scribere te quae vix intellegat ipse Modestus X 21

Scribit in aversa Picens epigrammata charta VIII 62

Scripsi, rescripsit nil Naevia, non dabit ergo II 9

Secta nisi in tenues essemus ligna tabellas XIV 3

Secti podicis usque ad umbilicum VI 37

Securo nihil est te, Naevole, peius; eodem IV 83

Sedere primo solitus in gradu semper V 14

Semper agis causas et res agis, Attale, semper I 79

Semper cum mihi diceretur esse X 40

Semper mane mihi de me mera somnia narras VII 54

Semper pauper eris, si pauper es, Aemiliane V 81

Senos Charinus omnibus digitis gerit XI 59

Septem clepsydras magna tibi voce petenti VI 35

Septem post calices Opimiani IX 87

Septima iam, Phileros, tibi conditur uxor in agro X 43

Seria cum possim, quod delectantia malo V 16

Serus ut aetheriae Germanicus imperet aulae XIII 4

Sescenti cenant a te, Iustine, vocati XI 65

Setinos, moneo, nostra nive frange trientes XIV 103

Setinum dominaeque nives densique trientes VI 86

Seu leviter noto, seu caro missa sodali XIV 11

Seu tu Paestanis genita es seu Tiburis arvis IX 60

Sex sestertia si statim dedisses VI 30

Sexagena teras cum limina mane senator XII 29

Sexagesima, Marciane, messis VI 70

Sextantes, Calliste, duos infunde Falerni V 64

Sexte, nihil debes, nil debes, Sexte, fatemur II 3

VERZEICHNIS DER LAT. GEDICHTANFÄNGE 1543

Sexte, Palatinae cultor facunde
  Minervae V 5
Sextiliane, bibis quantum subsellia
  quinque I 26
Sextus mittitur hic tibi libellus
  VI 1
Si caldum potas, ardenti murra
  Falerno XIV 113
Si comes ista tibi fuerit membrana,
  putato XIV 188
Si credis mihi, Quinte, quod
  mereris IX 52
Si daret autumnus mihi nomen,
  Oporinos essem IX 13
›Si dederint superi decies mihi milia
  centum‹ I 103
Si deiecta gemas longo venabula
  rostro XIV 31
Si desiderium, Caesar, populique
  patrumque VII 5
Si det iniqua tibi tristem fortuna
  reatum II 24
Si donare vocas promittere nec dare,
  Gai X 17
Si Libycae nobis volucres et Phasides
  essent XIII 45
Si, Lucane, tibi vel si tibi, Tulle,
  darentur I 36
Si matutinos facilest tibi perdere
  somnos XIV 125
Si me mobilibus scis expulsare sinistris
  XIV 46
Si memini, fuerant tibi quattuor, Aelia,
  dentes I 19
Si meus aurita gaudet lagalopece
  Flaccus VII 87
Si mihi Picena turdus palleret oliva
  IX 54

Si mutare paras longaevos cana capillos
  XIV 27
Si nimius videor seraque coronide
  longus X 1
Si non est grave nec nimis molestum
  V 6
Si non ignota est docti tibi terra Catulli
  XIV 100
Si non molestum est teque non piget,
  scazon I 96
Si possem, totas cuperem misisse
  lacernas XIV 132
Si prior Euganeas, Clemens,
  Helicaonis oras X 93
Si qua fides veris, praeferri, maxime
  Caesar V 19
Si qua videbuntur chartis tibi, lector, in
  istis II 8
Si quando leporem mittis mihi, Gellia,
  dicis V 29
Si quid adhuc superest in nostri faece
  locelli XIV 13
Si quid forte petam timido gracilique
  libello VIII 24
Si quid, Fusce, vacas adhuc amari
  I 54
Si quid lene mei dicunt et dulce libelli
  X 45
Si quid nostra tuis adicit vexatio rebus
  X 82
›Si quid opus fuerit, scis me non esse
  rogandum‹ VII 92
Si quis ades longis serus spectator ab
  oris Spect. 24
Si quis erit raros inter numerandus
  amicos I 39
Si quis forte mihi possit praestare
  roganti IV 42

Si quis plorator collo tibi vernula
　　pendet　XIV 54
Si recitaturus dedero tibi forte
　　libellum　XIV 137
Si Romana forent haec Socratis ora,
　　fuissent　X 99
Si sine carne voles ientacula sumere
　　frugi　XIII 31
Si solum spectes hominis caput,
　　Hectora credas　XIV 212
Si spumet rubra conchis tibi pallida
　　testa　XIII 7
Si te sportula maior ad beatos　VIII 42
Si tecum mihi, care Martialis　V 20
Si temperari balneum cupis fervens
　　III 25
Si tibi Cecropio saturata Cydonea
　　melle　XIII 24
Si tibi Mistyllos cocus, Aemiliane,
　　vocatur　I 50
Si tibi morosa prurigine verminat auris
　　XIV 23
Si tibi talis erit, qualem dilecta Catullo
　　XIV 77
Si tristi domicenio laboras　V 78
Si tua, Cerrini, promas epigrammata
　　vulgo　VIII 18
Si tua nec Thais nec lusca est, Quinte,
　　puella　III 11
Si veneto prasinove faves, quid coccina
　　sumes?　XIV 131
Si vicina tibi Nomento rura coluntur
　　XIII 15
Si vis auribus Atticis probari　IV 86
Si vis esse satur, nostrum potes esse
　　Priapum　XIV 70
Sic in gramine florido reclinis
　　IX 90

Sic me fronte legat dominus, Faustine,
　　serena　VII 12
Sic placidum videas semper, Crispine,
　　Tonantem　VII 99
Sic tamquam tabulas scyphosque,
　　Paule　XII 69
Sic Tiburtinae crescat tibi silva Dianae
　　VII 28
Siccus, sobrius est Aper; quid ad me?
　　XII 30
Sidera iam Tyrius Phrixei respicit agni
　　X 51
Sidere percussa est subito tibi, Zoile,
　　lingua　XI 85
Sili, Castalidum decus sororum
　　IV 14
Silius haec magni celebrat monimenta
　　Maronis　XI 48
Simplicior priscis, Munati Galle,
　　Sabinis　X 33
Sirenas hilarem navigantium poenam
　　III 64
Sit cisterna mihi quam vinea malo
　　Ravennae　III 56
Sit culus tibi quam macer, requiris?
　　III 98
Sit nobis aetate puer, non pumice levis
　　XIV 205
Sit Phlogis an Chione Veneri magis
　　apta requiris?　XI 60
Sola tibi fuerant sestertia, Miliche,
　　centum　II 63
Sollicitant pavidi dum rhinocerota
　　magistri　Spect. 22
Solvere dodrantem nuper tibi, Quinte,
　　volebat　VIII 9
Solvere, Paete, decem tibi me sestertia
　　cogis　XI 76

VERZEICHNIS DER LAT. GEDICHTANFÄNGE 1545

Sorba sumus, molles nimium tendentia ventres   XIII 26

Sordida cum tibi sit, verum tamen, Attale, dicit   IV 34

Sordida si flavo fuerit tibi pulvere vestis   XIV 68

Sordidior caeno cum sit toga, calceus autem   VII 33

Sortitus thecam calamis armare memento   XIV 20

Sotae filia clinici, Labulla   IV 9

Spadone cum sis eviratior fluxo   V 41

Spectabat modo solus inter omnes   IV 2

Spectas nos, Philomuse, cum lavamur   XI 63

Spendophoros Libycas domini petit armiger urbis   IX 56

Spero me secutum in libellis meis   I epist.

Spirat in advecto, sed iam piger, aequore mullus   XIII 79

Splendida cum volitant Spartani pondera disci   XIV 164

Splendida ne madidi violent bombycina crines   XIV 24

Spoletina bibis vel Marsis condita cellis   XIV 116

Sportula, Cane, tibi suprema nocte petita est   I 80

Sportula nulla datur; gratis conviva recumbis   III 30

Stare iubes semper nostrum tibi, Lesbia, penem   VI 23

Stare, Luperce, tibi iam pridem mentula desit   III 75

Stellae delicium mei columba   I 7

Stragula purpureis lucent villosa tapetis   XIV 147

Stragula succincti venator sume veredi   XIV 86

Subdola famosae moneo fuge retia moechae   II 47

Subripuit pastor quae nondum stantibus haedis   XIII 38

Succumbit sterili frustra gallina marito   XIII 64

Sum cocleis habilis sed nec minus utilis ovis   XIV 121

Sum, fateor, semperque fui, Callistrate, pauper   V 13

Sum figuli lusus russi persona Batavi   XIV 176

Sum fragilis: sed tu, moneo, ne sperne sigillum   XIV 178

Sume Cytheriaco medicatum nectare ceston   XIV 207

Summa licet velox, Agathine, pericula ludas   IX 38

Summa Palatini poteras aequare Colossi   VIII 60

Summa tuae, Meleagre, fuit quae gloria famae   Spect. 15

Sunt bona, sunt quaedam mediocria, sunt mala plura   I 16

Sunt chartae mihi quas Catonis uxor   XI 15

Sunt gemini fratres, diversa sed inguina lingunt   III 88

Sunt quidam qui me dicant non esse poetam   XIV 194

Sunt tibi, confiteor, diffusi iugera campi   III 31

Supremas tibi triciens in anno   V 39

Surgite: iam vendit pueris ientacula
  pistor   XIV 223
Surrentina bibis? nec murrina picta nec
  aurum   XIII 110
Sus fera iam gravior maturi pignore
  ventris   Spect. 14
Sutor Cerdo dedit tibi, culta Bononia,
  munus   III 59
Synthesibus dum gaudet eques
  dominusque senator
  XIV 1

Tam dubia est lanugo tibi, tam mollis ut
  illam   X 42
Tam male Thais olet quam non fullonis
  avari   VI 93
Tam saepe nostrum decipi Fabullinum
  XII 51
Tam tremulum crisat, tam blandum
  prurit, ut ipsum   XIV 203
Tamquam parva foret sexus iniuria
  nostri   IX 7
Tamquam simpliciter mecum,
  Callistrate, vivas   XII 35
Tanta est quae Titio columna pendet
  XI 51
Tanta tibi est animi probitas orisque,
  Safroni   XI 103
Tanta tibi est recti reverentia, Caesar,
  et aequi   XI 5
Tantos et tantas si dicere Sextilianum
  VI 54
Tantum dat tibi Roma basiorum
  XII 59
Tantum magna suo debet Verona
  Catullo   XIV 195
Tantus es et talis nostri, Polypheme,
  Severi   VII 38

Tarpeiae venerande rector aulae
  VII 60
Tarpeias Diodorus ad coronas   IX 40
Tarraco, Campano tantum cessura
  Lyaeo   XIII 118
Taurino poteras pectus constringere
  tergo   XIV 66
Te fortasse magis capiat de virgine
  porca   XIII 56
Tempora Pieria solitus redimire
  corona   XII 52
Tempore brumali non multum levia
  prosunt   XIV 138
Temporibus nostris aetas cum cedat
  avorum   VIII 55
Ter centena quidem poteras
  epigrammata ferre   II 1
Tercentum Libyci modios de messe
  coloni   XIII 12
Terrarum dea gentiumque Roma
  XII 8
Texta rosis fortasse tibi vel divite nardo
  XIII 51
›Thaida Quintus amat‹ ›quam
  Thaida?‹ ›Thaida luscam.‹   III 8
Thaida tam tenuem potuisti, Flacce,
  videre?   XI 101
Thais habet nigros, niveos Laecania
  dentes   V 43
Theca tectus ahenea lavatur   XI 75
Thelyn viderat in toga spadonem
  X 52
Thestyle, Victoris tormentum dulce
  Voconi   VII 29
Thestylon Aulus amat sed nec minus
  ardet Alexin   VIII 63
Tibi, summe Rheni domitor et parens
  orbis   IX 5

VERZEICHNIS DER LAT. GEDICHTANFÄNGE 1547

Tibur in Herculeum migravit nigra
    Lycoris IV 62

Tinctis murice vestibus quod omni
    IX 62

Tingue caput Cosmi folio, cervical
    olebit XIV 146

Titulle, moneo, vive: semper hoc
    serum est VIII 44

Tolle, puer, calices tepidique toreumata
    Nili XI 11

Tomentum concisa palus Circense
    vocatur XIV 160

Tondendis haec arma tibi sunt apta
    capillis XIV 36

Tongilianus habet nasum: scio, non
    nego. sed iam XII 88

Tonsorem puerum sed arte talem
    VIII 52

Tonstrix Suburae faucibus sedet primis
    II 17

Tota mihi dormitur hiems et pinguior
    illo XIII 59

Tota quidem ponatur anas, sed pectore
    tantum XIII 52

Totis, Galle, iubes tibi me servire
    diebus X 56

Toto vertice quot gerit capillos
    XII 7

Trebula nos genuit; commendat gratia
    duplex XIII 33

Tres habuit dentes, pariter quos expuit
    omnes VIII 57

Triginta mihi quattuorque messes
    XII 34

Triginta tibi sunt pueri totidemque
    puellae XII 86

›Triginta toto mala sunt epigrammata
    libro.‹ VII 81

Triste supercilium durique severa
    Catonis XI 2

Tristis Athenagoras non misit munera
    nobis VIII 41

Tristis es et felix. sciat hoc Fortuna
    caveto VI 79

Tu qui falce viros terres et pene
    cinaedos VI 16

Tu Setina quidem semper vel Massica
    ponis IV 69

Tunc triplices nostros non vilia dona
    putabis XIV 6

Turba gravis paci placidaeque inimica
    quieti Spect. 4

Turbabis versus nec littera tota volabit
    XIII 75

Tuscae glandis aper populator et ilice
    multa VII 27

Umida qua gelidas summittit Trebula
    valles V 71

Una est in nostris tua, Fidentine,
    libellis I 53

Una nocte quater possum: sed
    quattuor annis XI 97

Unctis falciferi senis diebus XI 6

Uncto Corduba laetior Venafro
    XII 63

Undecies una surrexti, Zoile, cena
    V 79

Undenis pedibusque syllabisque
    X 9

Unguenta et casias et olentem funera
    murram XI 54

Unguentum, fateor, bonum dedisti
    III 12

Unguentum fuerat, quod onyx modo
    parva gerebat VII 94

Unguentum heredi numquam nec vina
  relinquas   XIII 126
Unice, cognato iunctum mihi sanguine
  nomen   XII 44
Unus de toto peccaverat orbe
  comarum   II 66
Unus saepe tibi tota denarius arca
  II 51
Urbanus tibi, Caecili, videris
  I 41
Uri Tongilius male dicitur
  hemitritaeo   II 40
Ussit amatorem Nemesis lasciva
  Tibullum   XIV 193
Ut bene loquatur sentiatque
  Mamercus   V 28
Ut faciam breviora mones
  epigrammata, Corde   III 83
Ut nova dona tibi, Caesar, Nilotica
  tellus   VI 80
Ut patiar moechum rogat uxor, Galle,
  sed unum   III 92
Ut poscas, Clyte, munus exigasque
  VIII 64
Ut pueros emeret Labienus vendidit
  hortos   XII 33
Ut recitem tibi nostra rogas
  epigrammata. nolo   I 63
Ut sapiant fatuae, fabrorum prandia,
  betae   XIII 13
Utere femineis conplexibus, utere,
  Victor   XI 78
Utere lactucis et mollibus utere malvis
  III 89
Uxor cum tibi sit formonsa, pudica,
  puella   IX 66
Uxor cum tibi sit puella qualem
  XII 97

Uxor, vade foras aut moribus utere
  nostris   XI 104
Uxorem armati futuis, puer Hylle,
  tribuni   II 60
Uxorem, Charideme, tuam scis ipse
  sinisque   VI 31
Uxorem habendam non putat
  Quirinalis   I 84
Uxorem nolo Telesinam ducere:
  quare?   II 49
Uxorem quare locupletem ducere
  nolim   VIII 12

Vade salutatum pro me, liber: ire
  iuberis   I 70
Vapulat adsidue veneti quadriga
  flagello   VI 46
Vare, Paraetonias Latia modo vite per
  urbes   X 26
Varro, Sophocleo non infitiande
  cothurno   V 30
Vatis Apollinei magno memorabilis
  ortu   VII 22
Veientana mihi misces, ubi Massica
  potas   III 49
Vellera consumunt Patavinae multa
  trilices   XIV 143
Velleribus primis Apulia, Parma
  secundis   XIV 155
Vendere, Tucca, potes centenis
  milibus emptos?
  XI 70
Venderet excultos colles cum praeco
  facetus   I 85
Vendunt carmina Gallus et Lupercus
  XII 47
Ventris onus misero, nec te pudet,
  excipis auro   I 37

VERZEICHNIS DER LAT. GEDICHTANFÄNGE 1549

Venturum iuras semper mihi, Lygde, roganti   XI 73
Verbera securi solitus leo ferre magistri   II 75
Vernaculorum dicta, sordidum dentem   X 3
Verona docti syllabas amat vatis   I 61
Versiculos in me narratur scribere Cinna   III 9
Versus et breve vividumque carmen   XII 61
Versus scribere me parum severos   I 35
Versus scribere posse te disertos   VI 14
Vexerat Europen fraterna per aequora taurus   Spect. 16b
Vibi Maxime, si vacas havere   XI 106
Vicinus meus est manuque tangi   I 86
Viderat Ausonium posito modo crine ministrum   IX 36
Vidissem modo forte cum sedentem   V 49
Vidisti semel, Oppiane, tantum   VIII 25
Vilia maternis fueramus Persica ramis   XIII 46
Vilia sutoris calicem monimenta Vatini   XIV 96
Vimine clausa levi niveae custodia coctae   II 85
Vincentem roseos facieque comaque ministros   XII 64

Vindemiarum non ubique proventus   IX 98
Vir bonus et pauper linguaque et pectore verus   IV 5
Vir Celtiberis non tacende gentibus   I 49
Vis commendari sine me cursurus in urbem   III 5
Vis fieri liber? mentiris, Maxime, non vis   II 53
Vis futui gratis, cum sis deformis anusque   VII 75
Vis futui nec vis mecum, Saufeia, lavari   III 72
Vis te, Sexte, coli: volebam amare   II 55
Vitam quae faciant beatiorem   X 47
Vite nocens rosa stabat moriturus ad aras   III 24
Vivida cum poscas epigrammata, mortua ponis   XI 42
Vota tui breviter si vis cognoscere Marci   I 55
Vult, non vult dare Galla mihi, nec dicere possum   III 90

Zoile, quid solium subluto podice perdis?   II 42
Zoile, quid tota gemmam praecingere libra   XI 37
Zoilus aegrotat: faciunt hanc stragula febrem   II 16

ZU DIESER AUSGABE

Die vorliegende Übersetzung stellt die erste vollständige Übertragung Martials in deutsche Prosa dar. Sie verzichtet auf die metrische Nachahmung und läßt so ein entscheidendes Gestaltungsprinzip des römischen Epigrammatikers bewußt außer acht: die im Grunde unaufhebbare Interdependenz von Form und Gehalt. Die Entscheidung für einen Prosa-Martial bedeutet daher trotz unseres Bemühens, den Sprachduktus in der Abfolge der Gedanken nachzuempfinden und die Stilhöhe (auch den gelegentlichen ›Stilabfall‹) des Originals in der Nachbildung annähernd zu treffen, einen klaren Verzicht. Wir trösten uns damit, daß der Versuch, die lateinischen Metren im Deutschen nachzubilden, ohnehin zu einer neuen Künstlichkeit geführt hätte und dem Leser allenfalls die Illusion gäbe, näher am Original zu sein.

Die Vernachlässigung der rhythmischen Ausdrucksebene hat zur Folge, daß die poetische Intention jetzt viel stärker als im Original auf das Gemeinte hin fokussiert – und reduziert ist: Die Schönheit der Form liegt nunmehr gleichsam unter dem dünnen Schleier der prosaischen Übersetzung verborgen, und die Inhaltsseite der Epigramme wird dominierend; das Banale, das Undelikate und das Obszöne wirken krasser, und auch inhaltliche Schwächen mancher Gedichte fallen stärker ins Auge. Die Vollkommenheit der lateinischen Verse – und formvollendet sind so gut wie alle Epigramme Martials – läßt den Leser ja bisweilen auch über dürftige Aussagen hinwegsehen und ihn noch in den abstoßendsten Gedichten des *Liber spectaculorum* an der Ästhetik der Form partizipieren.

Der prosaischen Nachgestaltung eignet also ein stärkeres semantisches Insistieren, ein Ernst-nehmen der sprachlichen Nuancen, und weil man keine Rücksicht nehmen muß auf metrische Vorgaben und rhythmische Zwänge, kann sich der Übersetzer auch keine durch das Metrum entschuldbaren Floskeln und Ungenauigkeiten erlauben.

Die Übertragung will die lateinischen Gedichte so genau wie möglich in einer modernen (d. h. nicht altertümelnden) Diktion wiedergeben, wobei wir uns auch nicht scheuen, Brutales brutal und Obszönes obszön zu übertragen. Sie sollte einerseits in sich und ohne Blick auf den Ausgangstext verständlich sein und möglichst viel von dessen ›Poetizität‹ herüberretten, andererseits aber eine passable Brücke zum Original bilden und dazu ermutigen, Martial auch auf lateinisch zu lesen, zumindest aber das Lateinische stets mit ›ins Auge zu fassen‹. Indem sie es nahelegt, den Dichter nicht mehr nur selektiv wahrzunehmen, sondern vollständig, gibt sie den Blick frei für das ungemein facettenreiche Œuvre eines der Großen der lateinischen Literatur.

Bei unserer Arbeit hatten wir stets drei Adressatengruppen im Auge: die Freunde antiker Literatur, denen sich ein bisher noch wenig bekannter und oft unterschätzter römischer Autor vollständig erschließen sollte, Studierende der klassischen Sprachen und Philologen, die sich in den voraussetzungsreichen Autor gründlich einlesen wollen, und nicht zuletzt Literaturwissenschaftler der Nachbardisziplinen (Germanistik, Komparatistik), für die der Dichter als Ausgangspunkt für vergleichende Untersuchungen zum europäischen Epigramm bedeutsam ist.

Die Überschriften der Gedichte (nur bei den Xenia und Apophoreta des 13. und 14. Buches stammen sie von Martial) sind von uns formuliert; sie verdeutlichen die Diversität der Themen und erleichtern eine individuelle Lektüreauswahl. Auch die ausführliche Themenübersicht mag dem Leser helfen, die inhaltliche Vielfalt zu bündeln und sich ›Schneisen‹ in das komplexe Werk zu schlagen.

Die Erläuterungen sind so reichhaltig, daß sie nicht nur den Literaturfreund informieren, sondern auch dem Philologen in schwierigen Fragen weiterhelfen dürften; doch war es hier im einzelnen schwer abzusehen, ob bereits zu viel oder immer noch zu wenig expliziert wurde. Der *poeta doctus* Martial zieht alle Register, die ihm zur Verfügung stehen, und so ist eine Fülle von mythologischen, geo- und topographischen, auch von zeit- und mentalitätsgeschichtlichen Details in die Gedichte eingegangen, weshalb wir zusätzlich zu den Erläuterungen einen Namenindex mit knappen Sachhinweisen erstellten[1].

Es bleibt uns zu danken: dem Verlag und den Herausgebern, daß sie uns zu dieser Neuübersetzung ermutigten, Farouk Grewing, der uns als Experte für Buch VI bereitwillig und sachkundig weiterhalf, Cletus Barié, der uns über die Universitätsbibliothek der UNAM (Mexico-City) einen Einblick in die spanischsprachige Forschung ermöglichte, ganz besonders aber Willibald Heilmann, der mit großer Sorgfalt die Übersetzung überprüfte, in zahlreichen Einzelfragen mit uns gemeinsam um Klärung rang und mit seiner großen Martial-Kompetenz die Entstehung dieser Ausgabe begleitete; sie sei ihm gewidmet.

---

[1] Die Schreibung der Eigennamen warf viele Probleme auf. Wir sahen zunächst nur die Alternative: entweder Restituierung der griechischen Formen oder konsequente Latinisierung der Namen, beide Versuche führten dann aber im Detail zu unbefriedigenden Lösungen. Der Kompromiß sieht jetzt so aus, daß wir eingedeutschte Namen (z. B. Phöbus und Phönix, Äneas und Pompejus) beibehielten und im übrigen jeden Fall für sich erwogen; so steht jetzt kyanisch neben caeretanisch, Alkide und Amyklai neben Alcon, dem Individualnamen eines (fiktiven?) Arztes.